D1629084

SCHWEIZERISCHES PRIVATRECHT

Schweizerisches Privatrecht

HERAUSGEGEBEN VON

MAX GUTZWILLER · HANS HINDERLING
ARTHUR MEIER-HAYOZ · HANS MERZ
PAUL PIOTET · ROGER SECRÉTAN†
WERNER VON STEIGER · FRANK VISCHER

HELBING & LICHTENHAHN VERLAG AG
BASEL UND STUTTGART

«Schweizerisches Privatrecht»
erscheint in französischer Sprache
im Universitätsverlag Freiburg i. Ue.
unter dem Titel:

«Traité de droit privé suisse»

SIEBENTER BAND

Obligationenrecht – Besondere Vertragsverhältnisse

ERSTER HALBBAND

HERAUSGEGEBEN VON

FRANK VISCHER

Professor an der Universität Basel

HELBING & LICHTENHAHN VERLAG AG
BASEL UND STUTTGART 1977

ISBN 3 7190 0674 3

© 1977 by Helbing & Lichtenhahn Verlag AG, Basel
Satz und Druck: Basler Druck- und Verlagsanstalt, Basel
Einband: Max Grollimund, Reinach

Kauf, Tausch und Schenkung   Seite 1
PIERRE CAVIN
Professeur à l'Université de Lausanne
Juge au Tribunal fédéral

Gebrauchsüberlassungsverträge   Seite 199
CLAUDE REYMOND
Professeur ord. à l'Université de Lausanne
Professeur associé à l'Université de Genève

Der Arbeitsvertrag   Seite 279
FRANK VISCHER
Professor an der Universität Basel

Werkvertrag, Verlagsvertrag, Lizenzvertrag   Seite 495
MARIO M. PEDRAZZINI
Professor an der Hochschule St. Gallen
für Wirtschafts- und Sozialwissenschaften

Der Hinterlegungsvertrag   Seite 647
RENÉ JACQUES BAERLOCHER
Dr. iur., Basel

EINFÜHRUNG DES HERAUSGEBERS

1. Der siebente Band des «Schweizerischen Privatrechts» schließt an die Behandlung des Allgemeinen Teils des Obligationenrechts an und enthält die Darstellung der einzelnen Vertragsverhältnisse.

Der Spezielle Teil des Obligationenrechts ist mit dem Allgemeinen eng verknüpft. Die sich daraus stellende Frage nach dem Verhältnis der beiden zueinander ist vor allem im Beitrag über die Innominatkontrakte behandelt. Das Problem des Verhältnisses zwischen Allgemeinem und Speziellem Teil stellt sich jedoch bei zahlreichen Einzelbestimmungen. So wird man der Frage nachgehen müssen, ob eine Regelung des Besonderen Teils als «lex specialis» ausgestaltet und damit eine Bestimmung des Allgemeinen Teils ausgeschlossen worden ist, oder ob die Wahl zwischen beiden Regelungen offensteht, z.B. ob ein Vorgehen nach Art. 190 bzw. 214 OR die allgemeine Regelung von Art. 107 ff. OR ersetze oder mit ihr kombiniert werden könne oder auch, ob die Gewährleistungsansprüche nach Art. 197 ff. OR die Anfechtung eines Vertrages wegen Willensmangels ausschlössen.

2. Zu Umfang und Systematik des vorliegenden Bandes sei bemerkt: Die einfache Gesellschaft wurde von der Behandlung ausgenommen. Zwar würde sie als letzte Variante einer Vertragsart systematisch zu den einzelnen Vertragsverhältnissen gehören; der Gesetzgeber hat sie auch in dieser Weise eingeordnet. Sinnvollerweise wird sie aber als allgemeinste Organisationsform ihre Behandlung im Band über die Gesellschaften finden.

Dagegen wird der Versicherungsvertrag, welcher aus technischen Gründen getrennt vom Obligationenrecht geregelt ist, in die Darstellung einbezogen.

Zudem werden wirtschaftlich bedeutsame Innominatverträge wie z.B. der Alleinvertretungsvertrag, der Leasingvertrag und der Lizenzvertrag besprochen. Besteht hierbei eine engere Verwandtschaft mit einem gesetzlich geregelten Typus, wie z.B. beim Lizenzvertrag mit dem Werk- und Verlagsvertrag, so wird die Behandlung des Innominatkontrakts am entsprechenden Ort eingefügt.

Im Zusammenhang mit der Darstellung der einzelnen gesetzlich normierten Verträge finden auch die von der Praxis für bestimmte wirtschaftliche Zwecke herausgebildeten Formen wie der Kollektivanlagevertrag und der Architekturvertrag besondere Beachtung.

Bei der Anordnung des Stoffes wird aus technischen Gründen nicht immer der gesetzlichen Systematik gefolgt. Dies ist weiter auch nicht störend, da der Aufbau des Gesetzes nicht durchwegs nach logisch zwingenden Kriterien erfolgt ist, wenngleich ein gemeinsamer, jedoch nicht gehaltswesentlicher Bezugspunkt im Abstellen auf den Leistungsinhalt liegt[1]. So gehen die Verträge auf Übereignung oder auf Gebrauchsüberlassung und Nutzung oder auf Arbeitserbringung und -ausführung oder auf Verwahrung oder auf Sicherung, oder sie beziehen sich auf das Resultat eines Vertrages mit aleatorischer Natur.

Diese Ordnungsgruppen finden sich auch in anderen obligationenrechtlichen Kodifikationen, was auf deren gegenseitige Beeinflussung zurückzuführen sein dürfte. Die Materie des Obligationenrechts ist aus der Natur der Sache weniger national geprägt als jedes andere Gebiet des Zivilrechts; die Regelung von oft grenzüberschreitenden Fragen aus Handel und Verkehr legt einheitliche Lösungen nahe.

Die gesetzliche Einordnung der Verträge variiert allerdings: Das BGB und der Codice Civile Italiano weisen im Gegensatz zum Code Civil und zum ABGB eine unserem Obligationenrecht sehr ähnliche Folge der einzelnen Vertragstypen auf. Besonders das ABGB stellt als zusätzliches Kriterium zu den obgenannten auf das durch VON BÜREN in seinem Besondern Teil zum Obligationenrecht in den Vordergrund gestellte Merkmal der Entgeltlichkeit ab. Die unentgeltlichen, beziehungsweise prinzipiell unentgeltlichen Verträge wie Schenkung, Verwahrung, Leihe und Darlehen werden vorangestellt. Rechtsverhältnisse, die nicht als Verträge anzusprechen sind und bei uns im Allgemeinen Teil geregelt sind, wie Schuldbekenntnis, ungerechtfertigte Bereicherung, unerlaubte Handlung, wurden im BGB wie im CCit. im Anschluß an die einzelnen Verträge dem Besonderen Teil angefügt. Im BGB wird denn auch der Besondere Teil terminologisch richtig als «Einzelne Schuldverhältnisse» bezeichnet.

Auch im Speziellen Teil des OR werden allerdings nicht nur Verträge geregelt. So haben Anweisung, Geschäftsführung ohne Auftrag, gesetzlicher Forderungsübergang und Aussonderung bei indirekter Stellvertretung (Art. 401 OR) sowie Handlungsvollmachten hier ihren systemmäßig nicht völlig richtigen Platz gefunden.

Diese Einbrüche lassen sich nicht logisch erklären. Bei der Anweisung mag eine Rolle gespielt haben, daß sie ursprünglich als Doppelmandat aufgefaßt wurde[2]. Mit der Wandlung der rechtlichen Konstruktion stellte sich

---

[1] So auch TH. GUHL/H. MERZ/M. KUMMER, Das schweizerische Obligationenrecht, 6. Aufl., Zürich 1972, S. 294.
[2] So noch die Botschaft des Bundesrates, BBl 1905 II, S. 42.

die Frage der systematischen Einordnung. Aus praktischen, nicht logisch-systematischen Erwägungen wurde die Anweisung nach den Handlungsvollmachten eingeordnet mit der Begründung, die Anweisung, vor allem die kaufmännische, habe für den Verkehr selbständige Bedeutung[3]. Es dürfte hier dieselbe assoziative Methode entscheidend gewesen sein, die auch die Aufnahme der Handlungsvollmachten im Anschluß an die Regelung typischer Handlungsgeschäfte wie Kommission und Frachtvertrag beeinflußte. Die Regelung der Geschäftsführung ohne Auftrag, eines rein faktischen Verhältnisses, im Anschluß an den Auftrag läßt sich mit deren Struktur begründen, die, insbesondere wenn es sich um die echte Geschäftsführung handelt oder diese nachträglich genehmigt wird, eng mit dem Auftrag verwandt ist.

Im übrigen ist die Frage der Aufnahme eines Vertragstypus in die gesetzliche Regelung vor allem abhängig von historisch-wirtschaftlichen Gegebenheiten: ein zur Zeit der Entstehung des Obligationenrechts bedeutsamer Vertragstyp fand Aufnahme ins Gesetz; mit der Entwicklung der Wirtschaft entstehen Bedürfnisse nach neuen rechtlichen Formen. Die gesetzliche Anordnung kann deshalb nicht geschlossen sein. So fehlte z.B. damals beim heute wirtschaftlich so bedeutungsvollen Lizenz- und Alleinvertretungsvertrag das praktische Bedürfnis nach rechtlicher Normierung.

Oft entschieden allerdings auch sozialpolitische Erwägungen über die Aufnahme in das Gesetz: daß der vielleicht schon damals wirtschaftlich nicht so bedeutsame Agenturvertrag bei der Revision von 1949 in das Gesetz eingegliedert wurde, erklärt sich daraus, daß man – in Analogie zur Position des Handelsreisenden – die wirtschaftlich schwächere Stellung des Agenten rechtlich stärken wollte[4].

Der Versicherungsvertrag fand zwar eine gesetzliche Regelung, wurde aber dem Obligationenrecht ausgegliedert, da dieses Institut zum Schutze der Versicherungsnehmer einer so einläßlichen Normierung bedurfte, daß eine spezialgesetzliche Regelung gewählt wurde.

3. Das Gesagte gilt es zu beachten, wenn die Frage nach der Bedeutung der gesetzlich normierten Typen gestellt wird, insbesondere, ob sie im Sinne von Art. 19 Abs. 2 OR Ausdruck der öffentlichen Ordnung zu sein vermögen und deshalb nicht durch Formularverträge unterwandert werden können, oder ob zumindest einzelne dispositive Normen Ausdruck der öffentlichen Ordnung sind.

---

[3] Vgl. Botschaft, BBl 1909 III, S. 731.
[4] Vgl. z.B. Art. 418 m Abs. 2 OR; Botschaft, BBl 1947 III, S. 664, 666f.

Wie dargetan, hat die Mehrzahl der Vertragstypen nicht primär aus systematischen oder gar ethischen Erwägungen eine gesetzliche Regelung gefunden, beziehungsweise nicht gefunden, sondern aus Gründen des Verkehrsbedürfnisses und vielleicht auch infolge Zufälligkeit[5]. Gerade in Formularverträgen schlagen sich als erstes die Bedürfnisse eines sich wandelnden, weiterentwickelnden Verkehrs nieder und können zu einer Fortbildung des Rechts, zur rechtlichen Erfassung außergesetzlich geschaffener Typen führen. Eine zu starke, generelle Aufwertung der gesetzlichen Typen könnte diese Entwicklung unterbinden.

Der Begriff «öffentliche Ordnung» bezeichnet im Privatrecht etwas Spezifisches, nämlich alle Regeln, an deren Durchsetzung der Staat oder die Allgemeinheit ein essentielles Interesse haben. Dazu zählen insbesondere Grundwerte ethischer und sozialer Natur, wie auch der Grundsatz, daß eine übermäßige Machtstellung beim Vertragsabschluß nicht einseitig ausgenützt werden darf.

Der Typus als solcher ist in erster Linie vom Verkehrsbedürfnis geschaffen worden und ist nicht in allen Fragen Ausdruck einer für die Parteien verbindlichen Wertung, es sei denn, diese habe im zwingenden Gesetzesrecht Eingang gefunden. Insofern kann der Typus, soweit er nicht umfassend durch zwingende Normen geregelt ist, nicht als Ausdruck der öffentlichen Ordnung bezeichnet werden.

Jedoch finden sich im dispositiven Recht Bestimmungen, die nicht nur das tatsächlich Häufige wiedergeben, sondern ein allgemeines Rechtsprinzip oder einen Schutz- und Fürsorgegedanken zum Ausdruck bringen. Ein allgemeines Rechtsprinzip kann auch schon im ausgewogenen Gleichgewicht der beidseitigen rechtlich normierten Vertragsleistungen liegen[6]. Diese Gruppe von dispositiven Normen mit normativem Gehalt[7] berührt die «öffentliche Ordnung» des Art. 19 OR[8].

Eine Abweichung von derartigen dispositiven Normen muß sich deshalb mit dem jeweiligen – von Fall zu Fall verschieden starken – öffentlichen

---

[5] Vgl. MEIER-HAYOZ, SJK, Nr. 1134, S. 5.

[6] Diese Differenzierung treffen z.B. L. RAISER (Das Recht der allgemeinen Geschäftsbedingungen, Hamburg 1935, S. 295) und O. SANDROCK (Zur ergänzenden Vertragsauslegung im materiellen und internationalen Schuldvertragsrecht, Köln/Opladen 1966, S. 43ff.). Vgl. auch C.H. STOCKAR, Zur Frage der richterlichen Korrektur von Standardverträgen nach schweizerischem Recht, Basler Studien, Heft 98, S. 71f., S. 75ff. Im Gegensatz dazu steht W. BURCKHARDT (Die Organisation der Rechtsgemeinschaft, 2. Aufl., Zürich 1944, S. 53), welcher im dispositiven Recht nur das rein Zweckmäßige enthalten sieht.

[7] SANDROCK, a.a.O., S. 45/46.

[8] Vgl. auch R. STAMMLER, welcher in seinem Aufsatz über den Garantievertrag (AcP 69, S. 1ff.) die These vertritt, das dispositive Recht sei nur Ausdruck des öffentlichen Interesses. Kritik hierzu bei SANDROCK, a.a.O., S. 38f.

Interesse an der Durchsetzung des normativen dispositiven Rechts vereinbaren lassen. Diese Ansicht weicht von der Lösung ENNECCERUS/NIPPERDEY ab[9], wonach generell die Abweichung von allem dispositiven Recht auf die «Fairheit» und «sachliche Gerechtfertigtheit» hin zu untersuchen sei. Dabei wird jedoch außer acht gelassen, daß nur dort, wo das dispositive Recht der öffentlichen Ordnung dient, das öffentliche Interesse an dessen Durchsetzung im Einzelfall zum Maßstab dafür genommen werden muß, ob die Abweichung tragbar ist oder nicht. Das Kriterium der «sachlichen Gerechtfertigtheit», bezogen auf die Gesamtheit der dispositiven Normen, ist mit einer grundsätzlichen Parteiautonomie nicht zu vereinbaren. Andererseits kann aber die vertretene Lösung je nach Fall über eine Mißbrauchsüberprüfung nach Art. 2 Abs. 2 ZGB hinausgehen: das öffentliche Interesse kann z. B. durch das Abweichen von der gesetzlichen Haftungsregelung in Formularverträgen schon dann tangiert sein, wenn eine solche Abweichung im Individualvertrag noch durchaus angemessen wäre.

Bei Überprüfung der Haltbarkeit einer Abweichung ist nach dem oben Gesagten das öffentliche Interesse an der Durchsetzung des normativen dispositiven Rechts im konkreten Fall in Rechnung zu stellen. Das öffentliche Interesse an der Durchsetzung selbst der fürsorgerischen Normen kann variieren, da sie sonst zwingend ausgestaltet worden wären.

Dafür sind die Richtlinien, welche RAISER für die Überprüfung der Allgemeinen Geschäftsbedingungen entwickelt hat, aufschlußreich:

– Wenn es sich um typisierte, für eine Vielzahl von Fällen aufgestellte Vertragsbestimmungen handelt, ist das öffentliche Interesse an der Durchsetzung des normativen dispositiven Rechts größer, als wenn es sich um eine individuelle, auf einen konkreten Fall bezogene Klausel handelt[10].
– Ebenso ist das öffentliche Interesse dort speziell gewichtig, wo der betroffene Kreis von Kunden besonders groß ist, bzw. wo er sich in seiner sozialen Schichtung stark von demjenigen der vertragsentwerfenden Partei unterscheidet.
– Ein spezielles öffentliches Interesse ist gegeben, wenn eine Art faktischer Vertragszwang besteht, weil die angebotenen Güter oder Leistungen einen gewissen Grad von Unentbehrlichkeit besitzen[11].

In der Tendenz, eine gewisse Typen- oder Strukturgebundenheit zu suchen oder auf anderen Wegen eine Begrenzung der Vertragsfreiheit zu

---

[9] Allgemeiner Teil des bürgerlichen Rechts, Bd. I/1, Tübingen 1959, S. 301, Bd. I/2, Tübingen 1960, S. 1011.
[10] So auch STOCKAR, a.a.O., S. 77f.
[11] Vgl. zum Ganzen L. RAISER, a.a.O., S. 285ff.; STOCKAR, a.a.O., S. 73f.

finden, zeigt sich eine allgemeine Strömung unserer Zeit[12]. Nach der Epoche des klassischen Liberalismus mit der weitestgehenden Vertragsfreiheit stellt sich heute die Frage, wie Auswüchse einzudämmen, die Kräfte wieder ins Gleichgewicht zu bringen sind.

Dies schlägt sich z.B. in der Zunahme der Gesetzgebung zum Schutze der sozial Schwächeren, in der Vermehrung zwingender Gesetzesbestimmungen, ja in einer Verwischung der Grenzen zwischen öffentlichem und privatem Recht nieder. Vor allem stellt sich aber bei allen Freiheitsrechten, insbesondere bei der privatrechtlichen Vertragsfreiheit, die Frage nach dem echten Wesensgehalt, somit auch nach den S c h r a n k e n . So ist insbesondere im Bereich der «consumer contracts» anzustreben, der fehlenden «equality of the bargaining power» Rechnung zu tragen, ohne gleichzeitig die Vertragsfreiheit in ihrem berechtigten Wesensgehalt zu treffen.

---

[12] Vgl. dazu K. SIMITIS, Gute Sitten und Ordre Public, Marburg 1960, S. 10f., S. 176ff.

INHALT

Kauf, Tausch und Schenkung

Allgemeine Literatur zum Recht des Kaufs 1

Erstes Kapitel
Der Kauf im allgemeinen

§ 1.	Einleitung	2
	I. Allgemeines	2
	II. Übersicht. Der Handelskauf	3
§ 2.	Die Bestandteile des Kaufes	5
	I. Die Willenseinigung der Parteien	5
	II. Der Kaufgegenstand	7
	III. Der Preis	14
	IV. Die Bestimmung der Sache und des Preises	15
	V. Der Kauf als synallagmatischer Vertrag	17
§ 3.	Der Kauf als Rechtsgrund der Eigentumsübertragung	19
	I. Der Kauf als rein obligatorischer Vertrag	19
	II. Die Beziehungen zwischen dem Vertrag und der Verfügung	23
§ 4.	Der Übergang von Nutzen und Gefahr	27
	I. Der Grundsatz periculum est emptoris	27
	II. Anwendungsbereich der gesetzlichen Vorschrift	30
	III. Die Ausnahmen	33
	IV. Die Gattungssachen	35

Zweites Kapitel
Die wesentlichen Pflichten des Verkäufers und des Käufers

§ 5.	Die Verpflichtung des Verkäufers zur Übergabe des Kaufgegenstandes und zur Verschaffung des Eigentums	38
	I. Die Verpflichtung zur Übergabe	38
	II. Die Verpflichtung zur Verschaffung des Eigentums . . .	40
	III. Der Verzug des Verkäufers	42
§ 6.	Die Verpflichtung des Käufers zur Zahlung des Preises und zur Annahme der Kaufsache	51
	I. Der Inhalt der Verpflichtung	51
	II. Der Verzug des Käufers	53

Drittes Kapitel
Die Gewährleistung des veräußerten Rechts

§ 7.	Allgemeines	60
§ 8.	Die gesetzliche Ordnung	63
	I. Die Voraussetzungen der Gewährspflicht	63
	II. Die Wirkungen der Gewährspflicht	66

Viertes Kapitel
Die Gewährleistung für Mängel

§ 9.	Der Grundsatz	70
	I. Allgemeines	70
	II. Der Ursprung der Gewährleistung	71
	III. Natur der Gewährspflicht	72
§ 10.	Der Gegenstand der Gewährleistung	73
	I. Der Begriff der Eigenschaft	73
	II. Die rechtlichen Eigenschaften	75
	III. Die Zugehör	76
	IV. Gewährleistung für zukünftige Verhältnisse	77
	V. Die Wertpapiere	78
§ 11.	Die Voraussetzungen der Gewährspflicht	79
	I. Bei den zugesicherten Eigenschaften	79
	II. Bei den Mängeln	82
	III. Vom Käufer gekannte Mängel	84
	IV. Vereinbarungen über die Gewährspflicht	85
	V. Die Sondervorschriften über den Viehhandel	87
§ 12.	Die Voraussetzungen für die Geltendmachung der Gewährleistungsansprüche	88
	I. Grundsatz	88
	II. Die Prüfung und die Mängelrüge	89
	III. Die Unterlassung der Mängelrüge	91
	IV. Zusammenfassung	91
	V. Die Sondervorschriften über den Distanzkauf	92
	VI. Die Sondervorschriften über den Viehhandel	94
§ 13.	Die Ansprüche aus Gewährleistung	96
	I. Allgemeines	96
	II. Die Wandelungsklage	96
	III. Die Wirkungen der Wandelung	99
	IV. Die Minderungsklage	103
	V. Die Verjährung der Gewährleistungsansprüche	105
§ 14.	Verhältnis der Gewährleistungsvorschriften zu den allgemeinen Vorschriften	
	I. Die allgemeine Schadenersatzklage wegen Nichterfüllung der Obligation nach Art. 97 OR	109
	II. Die Haftung aus unerlaubter Handlung gemäß Art. 41 ff. OR	113
	III. Die Produktenhaftpflicht	113
	IV. Die Anfechtung wegen Grundlagenirrtums	117
	V. Die Anfechtung wegen Irrtums und die Wegbedingung der Gewährspflicht	121

§ 15. Die Rechte des Käufers beim Gattungskauf 121
      I. Das Problem in der Rechtslehre 121
     II. Das positive schweizerische Recht 123

Fünftes Kapitel
Der Grundstückkauf

§ 16. Die besonderen, auf alle Grundstückkäufe anwendbaren Vorschriften 127
      I. Allgemeines 127
     II. Die Form des Grundstückkaufs 129
    III. Die besonderen materiellrechtlichen Vorschriften 137
§ 17. Beschränkungen in der Veräußerung landwirtschaftlicher Grundstücke 140
      I. Einleitung 140
     II. Das Verbot des Wiederverkaufs landwirtschaftlicher Grundstücke . . . 142
    III. Die gesetzlichen Vorkaufsrechte 144
    IV. Der Einspruch gegen Liegenschaftskäufe 147

Sechstes Kapitel
Verschiedene Formen und Arten des Kaufs

§ 18. Vorvertrag zu einem Kauf, Kaufs-, Vorkaufs- und Rückkaufsrecht 150
      I. Einleitung 150
     II. Der Vorvertrag zu einem Kauf (promesse de vente) 150
    III. Das Kaufsrecht 153
    IV. Das Rückkaufsrecht 155
     V. Das Vorkaufsrecht 156
§ 19. Andere Arten des Kaufes 158
      I. Der Kauf nach Muster 158
     II. Der Kauf auf Probe 160
    III. Der Steigerungskauf 162
§ 20. Die Teilzahlungsgeschäfte 165
      I. Der Abzahlungsvertrag 166
     II. Der Vorauszahlungsvertrag 170
§ 21. Innominatkontrakte mit Kaufcharakter 172
      I. Der Sukzessivlieferungskauf 172
     II. Der Alleinvertretungsvertrag oder Alleinverkaufsvertrag 174
    III. Der Trödelvertrag (contractus aestimatorius) 176

Siebentes Kapitel
Der Tausch

§ 22. Begriff und Vorschriften 180
      I. Der Begriff des Tausches 180
     II. Die Vorschriften über den Tausch 181

Achtes Kapitel
Die Schenkung

§ 23.	Begriff und Merkmale der Schenkung	183
§ 24.	Die Form der Schenkung	187
	I. Die Schenkung von Hand zu Hand	187
	II. Das Schenkungsversprechen	188
§ 25.	Besondere Arten der Schenkung	189
	I. Die Schenkung mit Auflage	189
	II. Die Schenkung auf den Todesfall	192
	III. Die Schenkung mit Rückfallsrecht	193
§ 26.	Die Wirkungen der Schenkung	195
	I. Die Pflichten des Schenkers	195
	II. Der Widerruf der Schenkung	196

Gebrauchsüberlassungsverträge
Einführung

§ 27.	Allgemeine Grundzüge	201
§ 28.	Historische und rechtsvergleichende Hinweise	202
§ 29.	Die Entwicklung des schweizerischen Miet- und Pachtrechts	203
	I. Die ursprüngliche Regelung des OR	203
	II. Die Entwicklung des Miet- und Pachtrechts	204

Erster Abschnitt
Die Miete

§ 30.	Die Merkmale des Mietvertrages	209
§ 31.	Die Rechtsnatur des Mietvertrages	213
§ 32.	Die Pflichten des Vermieters	216
§ 33.	Die Pflichten des Mieters	231
§ 34.	Die Untermiete	235
§ 35.	Die Abtretung der Miete	237
§ 36.	Die Dauer des Mietverhältnisses	238
§ 37.	Die Beendigung des Mietverhältnisses	239
§ 38.	Die Rückgabe des Mietgegenstandes bei Beendigung des Mietverhältnisses	251
§ 39.	Das Retentionsrecht des Vermieters	253

Zweiter Abschnitt
Die Pacht

§ 40.	Pacht und Miete	257
§ 41.	Der Gegenstand des Pachtverhältnisses	258

§ 42.	Die Pflichten des Verpächters	261
§ 43.	Die Pflichten des Pächters	262
§ 44.	Unterpacht und Abtretung des Pachtvertrages	265
§ 45.	Die Dauer des Pachtverhältnisses	266
§ 46.	Die Beendigung des Pachtverhältnisses	266
§ 47.	Die Auseinandersetzung bei Beendigung des Pachtverhältnisses . .	269
§ 48.	Viehpacht und Viehverstellung	271

Dritter Abschnitt

Die Gebrauchsleihe

§ 49.	Vertragsinhalt	274
§ 50.	Rechte und Pflichten der Parteien	276
§ 51.	Die Beendigung des Vertragsverhältnisses	277

Der Arbeitsvertrag

Allgemeine Literatur zum Arbeitsvertragsrecht 281

Erstes Kapitel

Der Arbeitsvertrag

§ 52.	Der Begriff des Arbeitsvertrages	284
	I. Definition	284
	II. Dauerschuldverhältnis	284
	III. Typische Elemente	285
	IV. Geschichtliches	289
§ 53.	Arten und Quellen der arbeitsvertraglichen Regelungen	291
	I. Der Einzelarbeitsvertrag	291
	II. Der Gesamtarbeitsvertrag	294
	III. Der Normalarbeitsvertrag	295
	IV. Die Betriebsordnung	295
§ 54.	Der Arbeitsvertrag als Teil des Arbeitsrechts	297
	I. Allgemeines	297
	II. Verfassungsrecht	298
	III. Arbeitsschutzrecht	299
	IV. KUVG	301
	V. BG über die Arbeitslosenversicherung	301
§ 55.	Abgrenzung zu andern Verträgen auf Arbeitsleistung	302
	I. Allgemeines	302
	II. Abgrenzung zum Werkvertrag	304
	III. Abgrenzung zum Auftrag	308
	IV. Abgrenzung zum Gesellschaftsvertrag	314

§ 56. Die Ausleihe von Arbeitskräften 315
       I. Vorbemerkungen 315
      II. Das eigentliche Leiharbeitsverhältnis 316

§ 57. Das öffentlich-rechtliche Dienstverhältnis 318
       I. Allgemeines 319
      II. Rechtliche Grundlagen 319
     III. Besonderheiten des öffentlich-rechtlichen Dienstverhältnisses 320
     IV. Die Verantwortlichkeit 322
      V. Das Verfahren 323

Zweites Kapitel
Der Einzelarbeitsvertrag

§ 58. Der Abschluß des Einzelarbeitsvertrages 324
       I. Der Abschluß 324
      II. Das Prinzip der Formfreiheit 324
     III. Die gesetzliche Abschlußvermutung gemäß Art. 320 Abs. 2 OR 326
     IV. Die Rechtsfolgen beim nichtigen Arbeitsvertrag 331

§ 59. Das Weisungsrecht des Arbeitgebers und die Befolgungspflicht des Arbeitnehmers 333
       I. Allgemeines 334
      II. Das Weisungsrecht und die Weisungstypen 335
     III. Die Weisungspflicht 337
     IV. Die Befolgungspflicht und ihre Durchsetzung 337
      V. Schranken 338

§ 60. Sorgfalts- und Treuepflicht des Arbeitnehmers und die Fürsorgepflicht des Arbeitgebers (mit Einschluß des Freizeit- und Ferienanspruchs) 340
       I. Allgemeines 341
      II. Die Sorgfalts- und Treuepflicht des Arbeitnehmers 341
     III. Die Fürsorgepflicht des Arbeitgebers 347
     IV. Der Anspruch auf Freizeit und Ferien 351

§ 61. Die Haftung des Arbeitgebers und des Arbeitnehmers 357
       I. Die Haftung des Arbeitgebers 357
      II. Die Haftung des Arbeitnehmers 360

§ 62. Der Lohn und andere Vergütungen 361
       I. Vorbemerkungen 362
      II. Die Arten der Lohnberechnung 365
     III. Der Anteil am Geschäftsergebnis 371
     IV. Die Gratifikation 372
      V. Der Auslagenersatz 375
     VI. Der Lohnrückbehalt, die Sicherung des Lohnanspruchs, Fristen für die Lohnauszahlung 376

§ 63. Lohn bei Verhinderung an der Arbeitsleistung 380
       I. Der Annahmeverzug des Arbeitgebers 381
      II. Verhinderung des Arbeitnehmers an der Arbeitsleistung 385

§ 64.	Die Personalfürsorge	389
	I. Allgemeines	390
	II. Pflichten des Arbeitgebers	390
	III. Pflichten der Personalfürsorgeeinrichtung	391
	IV. Erfüllung der Schuldpflicht der Personalfürsorgeeinrichtung	393
§ 65.	Die Abgangsentschädigung	395
	I. Grundsätzliches	395
	II. Voraussetzungen der Abgangsentschädigung	396
	III. Die Höhe und Fälligkeit des Anspruchs	397
	IV. Ersatzleistungen	398
§ 66.	Rechte an Erfindungen und andern Immaterialgütern	398
	I. Allgemeines	399
	II. Die eigentliche Diensterfindung	400
	III. Die sogenannte Vorbehaltserfindung	402
	IV. Muster und Modelle	403
§ 67.	Der Übergang des Arbeitsverhältnisses	404
	I. Grundsätzliches	404
	II. Der Übergang des Arbeitsverhältnisses bei Betriebsnachfolge	405
§ 68.	Die Beendigung des Arbeitsvertrages	407
	I. Allgemeines	407
	II. Die Auflösung während der Probezeit	408
	III. Auflösung bei bestimmter Vertragszeit	409
	IV. Auflösung bei unbestimmter Vertragszeit	410
	V. Zeitliche Kündigungsverbote	412
	VI. Sachliche Kündigungsbeschränkungen	413
	VII. Die fristlose Auflösung des Arbeitsvertrages	418
	VIII. Die Folgen der Beendigung des Arbeitsverhältnisses	422
§ 69.	Das Konkurrenzverbot	423
	I. Grundlagen	423
	II. Voraussetzungen der Gültigkeit des Konkurrenzverbots	424
	III. Folgen der Übertretung des Konkurrenzverbots	426
	IV. Der Wegfall des Konkurrenzverbots	427

Drittes Kapitel

Besondere Einzelarbeitsverträge

§ 70.	Der Lehrvertrag	429
	I. Begriff des Lehrvertrages	429
	II. Das Verhältnis zum Bundesgesetz über die Berufsbildung vom 20. September 1973	430
	III. Abschluß und Inhalt des Lehrvertrages	432
	IV. Auflösung des Lehrvertrages	433
§ 71.	Der Handelsreisendenvertrag	434
	I. Der Begriff des Handelsreisendenvertrages	434
	II. Abschluß und Inhalt des Handelsreisendenvertrages	436
	III. Beendigung des Handelsreisendenvertrages	438

§ 72. Der Heimarbeitsvertrag 438
        I. Der Begriff des Heimarbeitvertrages 439
       II. Abschluß und Inhalt des Heimarbeitsvertrages 440
      III. Beendigung des Heimarbeitsverhältnisses 442

§ 73. Der Heuervertrag 443
        I. Begriff des Heuervertrages 443
       II. Abschluß und Inhalt des Heuervertrages 444
      III. Beendigung des Heuervertrages 445

Viertes Kapitel
Der Gesamtarbeitsvertrag

§ 74. Begriff und rechtstheoretische Begründung 446
        I. Der Begriff 447
       II. Die theoretische Begründung des Gesamtarbeitsvertrages 448
      III. Die Parteien des Gesamtarbeitsvertrages 450
      IV. Typen der Gesamtarbeitsverträge 451

§ 75. Abschluß des Gesamtarbeitsvertrages 452
        I. Die Stellung der Gewerkschaften beim Abschluß eines Gesamtarbeitsvertrages 452
       II. Der Verband als Partei eines Gesamtarbeitsvertrages 454
      III. Die Form des Gesamtarbeitsvertrages 455
      IV. Die Dauer des Gesamtarbeitsvertrages 455

§ 76. Der Inhalt des Gesamtarbeitsvertrages 455
        I. Die Garantie der Freiheit der Organisation und der Berufsausübung . . . 455
       II. Die normativen Bestimmungen des Gesamtarbeitsvertrages 459
      III. Die vertraglichen Bestimmungen des Gesamtarbeitsvertrages 462
      IV. Insbesondere das Friedensabkommen 465
       V. Das Institut der gemeinsamen Durchführung 467

§ 77. Gesamtarbeitsvertrag und Außenseiter 469
        I. Der persönliche Geltungsbereich des Gesamtarbeitsvertrages 469
       II. Formen der Erfassung des Außenseiters 470

§ 78. Insbesondere die Allgemeinverbindlicherklärung (AVE) des Gesamtarbeitsvertrages 472

§ 79. Die Beendigung des Gesamtarbeitsvertrages 477
        I. Ordentliche Beendigungsgründe 477
       II. Die Auflösung aus wichtigen Gründen 477
      III. Die Wirkung der Beendigung des Gesamtarbeitsvertrages 478

Fünftes Kapitel
Der Normalarbeitsvertrag

§ 80. Begriff und Bedeutung des Normalarbeitsvertrages (NAV) 480
        I. Begriff 480
       II. Erlaß des Normalarbeitsvertrages 482

§ 81. Zuständigkeit und Verfahren 482

Sechstes Kapitel
Einrichtungen und Verfahren bei Arbeitsstreitigkeiten

§ 82. Einrichtungen und Verfahrensvorschriften bei Streitigkeiten aus dem Arbeitsverhältnis 484
    I. Gerichtsstand 484
    II. Besondere Verfahrensvorschriften bei Rechtsstreitigkeiten aus dem Arbeitsverhältnis 485

§ 83. Einrichtungen und Verfahren bei Kollektivstreitigkeiten 488
    I. Vorbemerkungen 488
    II. Die kantonalen Einigungsstellen 492
    III. Die eidgenössische Einigungsstelle 492

Werkvertrag, Verlagsvertrag, Lizenzvertrag

Erstes Kapitel
Der Werkvertrag

Literatur zum Werkvertrag 497

§ 84. Begriff und Abgrenzung 498
    I. Begriff 498
    II. Abgrenzung gegenüber anderen Vertragsarten 500

§ 85. Pflichten des Unternehmers 511
    I. Hauptleistungen 511
    II. Nebenleistungen 531

§ 86. Pflichten des Bestellers 533
    I. Die Entgeltlichkeit des Werkvertrages 533
    II. Die Bestimmung des Entgeltes 537
    III. Mitwirkungspflichten des Bestellers 542

§ 87. Gefahrtragung, Rücktritt und andere Beendigungsgründe 543
    I. Gefahrtragung 543
    II. Unmöglichkeit der Ausführung aus Verschulden des Bestellers . . . 547
    III. Beendigung durch Rücktritt des Bestellers 549
    IV. Beendigung aus Gründen in der Person des Unternehmers 550

Zweites Kapitel
Der Verlagsvertrag

Literatur zum Verlagsvertrag 552

§ 88. Einleitung 553

§ 89. Begriff und Abgrenzung 555
    I. Wesen des Verlagsvertrages 555
    II. Abgrenzung von andern Vertragsarten 557
    III. Typische und atypische Elemente des Verlagsvertrages 561

§ 90.	Der Vertragsgegenstand	562
	I. Der verlagsrechtliche Werkbegriff	562
	II. Die verschiedenen Werkarten	566
§ 91.	Urheberrecht und Verlagsvertragsrecht	568
	I. Natur und Inhalt des Urheberrechtes (Überblick)	568
	II. Urheberrechtliche Verfügungsverträge	570
	III. Der Verlagsvertrag als Urhebervertrag	574
§ 92.	Pflichten des Verlaggebers	577
	I. Die Überlassung eines Werkexemplares	577
	II. Die Verschaffung der nötigen Rechtsstellung	578
	III. Unterlassungspflichten	579
	IV. Gewährleistungspflicht	580
	V. Mitwirkungspflichten	582
§ 93.	Pflichten des Verlegers	582
	I. Vervielfältigungs- und Verbreitungspflicht	582
	II. Die Honorarpflicht	588
	III. Freiexemplare und Verfasservergünstigungen	589
§ 94.	Die Beendigung des Verlagsverhältnisses	590
	I. Beendigungsgründe	590
	II. Die Liquidation	594

Drittes Kapitel

Der Lizenzvertrag

	Literatur zum Lizenzvertrag	596
§ 95.	Begriff und Funktionen	596
	I. Begriff	596
	II. Die Funktion des Lizenzvertrages	598
§ 96.	Die rechtliche Einordnung des Lizenzvertrages	600
	I. Gebrauchsüberlassungsvertrag	600
	II. Kaufvertrag	601
	III. Vertrag sui generis	602
	IV. Dauerschuldverhältnis	602
	V. Vertrag mit gesellschaftsrechtlichem Einschlag	602
	VI. Gesellschaftsvertrag	603
	VII. Schlußfolgerungen	604
§ 97.	Arten des Lizenzvertrages	604
	I. Einfache und ausschließliche Lizenzverträge	604
	II. Die Unterlizenz	606
	III. Lizenzvertrag und Verlagsvertrag	607
	IV. Die sogenannten Zwangslizenzen	607
	V. Freilizenz	607
§ 98.	Der Abschluß des Lizenzvertrages	608
	I. Allgemeines	608
	II. Sonderfälle	608

§ 99.	Die Beendigung des Lizenzvertrages	609
	I. Beendigung durch Zeitablauf	609
	II. Beendigung durch Kündigung	609
	III. Sonstige Beendigungsgründe	610
§ 100.	Die Außenwirkungen des Lizenzvertrages	610
§ 101.	Die Lizenz als Gegenstand des Rechtsverkehrs	611
§ 102.	International-privatrechtliche Probleme des Lizenzvertrages	611
§ 103.	Der Gegenstand des Lizenzvertrages im allgemeinen	612
§ 104.	Lizenzverträge über technische Güter	613
	I. Die lizenzfähigen Güter	613
	II. Die Leistungspflicht des Lizenzgebers bei Lizenzverträgen über technische Güter	618
	III. Die Leistungspflicht des Lizenznehmers	625
§ 105.	Lizenzverträge über urheberrechtsfähige Werke	628
§ 106.	Lizenzverträge über Muster und Modelle	628
§ 107.	Lizenzverträge über die sogenannte Ausstattung	629
§ 108.	Markenlizenzverträge	631
	I. Die lizenzfähigen Güter	631
	II. Die Funktion der Markenlizenz	633
	III. Die Publikumsbezogenheit der markenrechtlichen Lizenz	633
	IV. Die Voraussetzungen der Markenlizenz	634
	V. Die Arten des Markenlizenzvertrages	638
	VI. Die Kontrollpflicht des Lizenzgebers	638
	VII. Die Pflichten des Lizenznehmers	639
	VIII. Die Beendigung des Markenlizenzvertrages	640
	IX. Sonderfragen	641
§ 109.	Kartellrechtliche Behandlung von Lizenzverträgen	641
	I. Schweizerisches Kartellgesetz	641
	II. Art. 23 des Freihandelsvertrages zwischen der Schweiz und der EWG	645
	III. Ausländische Kartellgesetze	645

Der Hinterlegungsvertrag

	Zitierte Literatur	649
§ 110.	Vorbemerkung	654
§ 111.	Der Hinterlegungsvertrag im allgemeinen	655
	I. Echte Hinterlegung	655
	II. Unechte Hinterlegungsarten	659
§ 112.	Das depositum regulare	663
	I. Vorbemerkung	663
	II. Die Aufbewahrungspflicht im allgemeinen	663
	III. Exkurs: Der Hinterlegungsvertrag ein gemischter Vertrag? Abgrenzung vom Auftrag	667
	IV. Ergebnis	683

§ 113. Die reguläre Hinterlegung vertretbarer Sachen (Sammelverwahrung) 685
    I. Einführung und Arten der Sammelverwahrung 685
    II. Sammelverwahrung ist modifizierte reguläre Hinterlegung 687
    III. Zustimmung des Hinterlegers zur Sammelverwahrung 687
    IV. Miteigentum der Hinterleger 689
    V. Besonderheiten der Miteigentümergemeinschaft bei Sammelverwahrung . . 690

§ 114. Das depositum irregulare (Art. 481 OR) 696
    I. Einführung 696
    II. Sammelverwahrung und depositum irregulare 696
    III. Eigentum an der irregulär hinterlegten Sache 697
    IV. Aufbewahrungspflicht 699
    V. Sparkassengeschäft 700

§ 115. Die Rückgabe (restitution, restituzione) der hinterlegten Sache 701
    I. Die Rückgabepflicht des Aufbewahrers 701
    II. Verjährung 704
    III. Die Legitimation des Hinterlegers zur Rückforderung der hinterlegten Sache 705
    IV. Ort der Rückgabe 708
    V. Mehrere Aufbewahrer 709
    VI. Verpflichtungen des Hinterlegers 709
    VII. Haftung des Aufbewahrers 710
    VIII. Berufs- und Bankgeheimnis 711

§ 116. Das Lagergeschäft (le contrat d'entrepôt, magazzini di deposito) 711
    I. Einführung 711
    II. Abgrenzung von gewöhnlicher Hinterlegung nach Art. 472f. OR . . . 711
    III. Warenpapiere 714
    IV. Aufbewahrungspflicht 714
    V. Vermengung vertretbarer Güter 715
    VI. Entgelt 716
    VII. Rückgabe 717

§ 117. Gast- und Stallwirthaftung (Art. 487–491 OR) 717
    I. Einführung 717
    II. Stallwirthaftung und Garagierung von Motorfahrzeugen 718
    III. Die Gastwirthaftung im einzelnen 719

Register

Gesetzesregister 723
Sachregister 737
Übersicht über das Gesamtwerk «Schweizerisches Privatrecht» 753
Abkürzungsverzeichnis XXVII

Abkürzungsverzeichnis

ABGB	=	(Österreichisches) Allgemeines Bürgerliches Gesetzbuch (1811)
AcP	=	Archiv für civilistische Praxis (Tübingen 1818–1944, 1948ff.)
AFG	=	BG über die Anlagefonds, vom 1. Juli 1966
AGE	=	Entscheidungen des Appellationsgerichts und der Gerichte erster Instanz sowie der Aufsichtsbehörde über das Betreibungs- und Konkursamt des Kantons Basel-Stadt (1907–1952, 10 Bände)
AGVE	=	Aargauische Gerichts- und Verwaltungsentscheide (Aarau 1947ff.)
AHV	=	Alters- und Hinterlassenenversicherung
alt OR	=	aOR
AlVG	=	BG über die Arbeitslosenversicherung, vom 22. Juni 1951
AngO	=	Angestelltenordnung, vom 10. November 1959
Anm.	=	Anmerkung (ohne weitere Bezeichnung die Anm. des betr. Paragraphen)
aOR	=	altes schweizerisches Obligationenrecht (BG über das Obligationenrecht), vom 14. Brachmonat 1881
AppGer	=	Appellationsgericht
ArG	=	BG über die Arbeit in Industrie, Gewerbe und Handel (Arbeitsgesetz), vom 13. März 1964
ARV	=	Arbeitsrecht und Arbeitslosenversicherung (Zürich 1953ff.)
AS	=	Amtliche Sammlung der eidgenössischen Gesetze und Verordnungen
AVE	=	Allgemeinverbindlicherklärung
BAG	=	(Deutsches) Bundesarbeitsgericht
BaG	=	BG über die Banken und Sparkassen, vom 8. November 1934/ 11. März 1971
Basler Studien	=	Basler Studien zur Rechtswissenschaft (Basel 1932ff.)
BB	=	Der Betriebsberater (Heidelberg 1946ff.)
BBG	=	BG über die berufliche Ausbildung, vom 26. Juni 1930
BBl	=	Bundesblatt der Schweiz. Eidgenossenschaft
Berner Kommentar	=	Kommentar zum schweizerischen Zivilrecht (Bern 1910ff.). Seit 1964: Kommentar zum schweizerischen Privatrecht
BetrVG	=	(Deutsches) Betriebsverfassungsgesetz, in der Fassung vom 15. Januar 1972
BezGer	=	Bezirksgericht
BG	=	Bundesgesetz
BGB	=	(Deutsches) Bürgerliches Gesetzbuch, vom 18. August 1896
BGBl	=	(Deutsches) Bundesgesetzblatt
BGE	=	Entscheidungen des schweizerischen Bundesgerichts, Amtliche Sammlung (1875ff.)
BGer	=	Bundesgericht
BGH	=	(Deutscher) Bundesgerichtshof

BGHZ	=	Entscheidungen des (deutschen) Bundesgerichtshofs in Zivilsachen (seit 1951)
BIGA	=	Bundesamt für Industrie, Gewerbe und Arbeit
BJM	=	Basler Juristische Mitteilungen (Basel 1954 ff.)
BlAgrR	=	Blätter für Agrarrecht (Zürich 1967 ff.)
Bl.handelsrechtl.E., HRE	=	Blätter für handelsrechtliche Entscheidungen (Zürich 1882–1901)
BlPMZ	=	Blatt für Patent-, Muster- und Zeichenwesen (München 1898 ff.)
BlSchK	=	Blätter für Schuldbetreibung und Konkurs (Wädenswil 1937 ff.)
BlZR, ZR	=	Blätter für zürcherische Rechtsprechung (Zürich 1902 ff.)
Botschaft	=	Botschaft des Bundesrates
BR	=	Bundesrat
BRB	=	Bundesratsbeschluß
BS	=	Bereinigte Sammlung der Bundesgesetze und Verordnungen 1848–1947
BtG	=	BG über das Dienstverhältnis der Bundesbeamten, vom 30. Juni 1927
BtO	=	Beamtenordnung
BV	=	Bundesverfassung der Schweizerischen Eidgenossenschaft, vom 29. Mai 1874
BVerfG	=	(Deutsches) Bundesverfassungsgericht
CCfr.	=	Code civil français (1804)
CCit.	=	Codice civile italiano, vom 16. März 1942
DAktG	=	(Deutsches) Aktiengesetz, vom 6. September 1965
deutsche JZ	=	(Deutsche) Juristenzeitung (Tübingen 1946 ff.)
Dig.	=	Digest
DURG	=	(Deutsches) Urheberrechtsgesetz, vom 9. September 1965
DVerlG	=	(Deutsches) Verlagsgesetz, vom 19. Juni 1901
E	=	Entwurf
EBPatG	=	Entscheidungen des Bundespatentgerichtes (München 1962 ff.)
EFTAV	=	Vertrag zur Gründung der Europäischen Freihandelszone, vom 4. Januar 1960
EGG	=	BG über die Erhaltung des bäuerlichen Grundbesitzes, vom 12. Juni 1951
EntG	=	BG über die Enteignung, vom 20. Juni 1930
E OG LU	=	Entscheidungen des Obergerichtes des Kantons Luzern und seiner Kommissionen (1872 ff.)
Erw.	=	Erwägung
EuGH	=	Europäischer Gerichtshof
EWGV	=	Vertrag zur Gründung der Europäischen Wirtschaftsgemeinschaft, vom 25. März 1957
Fam.RZ	=	Zeitschrift für das gesamte Familienrecht (Bielefeld 1954 ff.)
FG	=	BG über die Arbeit in den Fabriken, vom 18. Juni 1914
GAV	=	Gesamtarbeitsvertrag
GewGer	=	Gewerbegericht
GewSchG	=	Gewerbliches Schiedsgericht
GG	=	Grundgesetz für die Bundesrepublik Deutschland, vom 23. Mai 1949
GRUR	=	Gewerblicher Rechtsschutz und Urheberrecht (Weinheim 1896 ff.)
GRUR Int.	=	Internationaler Teil von: Gewerblicher Rechtsschutz und Urheberrecht
HAG	=	BG über die Heimarbeit, vom 12. Dezember 1940
HGB	=	(Deutsches) Handelsgesetzbuch, vom 10. Mai 1897
HGer	=	Handelsgericht

HRAG	=	BG über das Anstellungsverhältnis der Handelsreisenden, vom 13. Juni 1941
HRE	=	Bl.handelsrechtl.E.
Iherings Jahrb.	=	Iherings Jahrbücher für die Dogmatik des bürgerlichen Rechts (Jena 1897–1942)
JT, JdT	=	Journal des Tribunaux (Lausanne 1853 ff.)
KassGer	=	Kassationsgericht
KGer	=	Kantonsgericht
KS	=	Kreisschreiben
KSchG	=	(Deutsches) Kündigungsschutzgesetz, in der Fassung vom 25. August 1969
KUVG	=	BG über die Kranken- und Unfallversicherung, vom 13. Juni 1911
LWG	=	BG über die Förderung der Landwirtschaft und die Erhaltung des Bauernstandes, vom 3. Oktober 1951
MDR	=	Monatsschrift für Deutsches Recht (Hamburg 1947 ff.)
Mitt., SchwMitt.	=	Schweizerische Mitteilungen über gewerblichen Rechtsschutz und Urheberrecht (Zürich 1925 ff.)
MSchG	=	BG betreffend den Schutz der Fabrik- und Handelsmarken, vom 26. September 1890/22. Juni 1939
N.	=	Note
NAV	=	Normalarbeitsvertrag
NF, n.F.	=	Neue Folge
NJW	=	Neue Juristische Wochenschrift (München 1947 ff.)
NR	=	Nationalrat
ObGer, ObG	=	Obergericht
OG	=	BG über die Organisation der Bundesrechtspflege, vom 16. Dezember 1943
OR	=	BG über das Obligationenrecht, vom 30. März 1911/18. Dezember 1936
ORvRev.	=	Schweizerisches Obligationenrecht vor der Revision des 10. Titels und des Titels 10bis
PatG, PtG	=	BG betreffend die Erfindungspatente, vom 25. Juni 1954
PKG	=	Die Praxis des Kantonsgerichtes von Graubünden (Chur 1942 ff.)
PMMBl	=	Schweizerisches Patent-, Muster- und Modellblatt (Bern 1962 ff.)
Pra	=	Die Praxis des schweizerischen Bundesgerichts (Basel 1912 ff.)
RabelsZeitschr.	=	Zeitschrift für ausländisches und internationales Privatrecht, begründet von RABEL (Berlin und Tübingen 1927 ff.)
RdA	=	Recht der Arbeit (München 1948 ff.)
RecNe	=	Recueil de jurisprudence neuchâteloise (Neuchâtel 1953 ff.)
Repertorio, RepPATRIA	=	Repertorio di giurisprudenza patria federale e cantonale forense ed amministrativa (Bellinzona 1869 ff.)
rev.	=	revidiert
Rev.trim. de droit civil	=	Revue trimestrielle de droit civil (Paris 1902 ff.)
RG	=	Reichsgericht
RVJ	=	Revue valaisanne de jurisprudence (Sion 1966 ff.)
SAG	=	Die Schweizerische Aktiengesellschaft (Zürich 1928 ff.)
SchKG	=	BG über Schuldbetreibung und Konkurs, vom 11. April 1889/28. September 1949
SchlT OR	=	Schlußtitel (Schlußbestimmungen) zum OR
SchwMitt.	=	Mitt.
Schweiz.Privatrecht	=	Schweizerisches Privatrecht, Basel, Band I, 1969; Band II, 1967; Band VIII/1, 1976; Band V/1, 1977
Sem. Jud.	=	La Semaine judiciaire (Genève 1879 ff.)

SGb	=	Die Sozialgerichtsbarkeit (Wiesbaden 1953 ff.)
SJK	=	Schweizerische Juristische Kartothek (Genf 1941 ff.)
SJV	=	Schweizerischer Juristenverein
SJZ	=	Schweizerische Juristen-Zeitung (Zürich 1904 ff.)
SR	=	Systematische Sammlung des Bundesrechts (1970 ff.)
SSchG	=	BG über die Seeschiffahrt unter der Schweizer Flagge, vom 23. September 1953
StenBullNR	=	Amtliches stenographisches Bulletin der Bundesversammlung, Nationalrat
StenBullStR	=	Amtliches stenographisches Bulletin der Bundesversammlung, Ständerat
StGB	=	Schweizerisches Strafgesetzbuch, vom 21. Dezember 1937
StR	=	Ständerat
SUVA	=	Schweizerische Unfallversicherungsanstalt
SVG	=	BG über den Straßenverkehr, vom 19. Dezember 1958
UFITA	=	Archiv für Urheber-, Film-, Funk- und Theaterrecht (München 1928 ff.)
URG	=	BG betreffend das Urheberrecht an Werken der Literatur und Kunst, vom 7. Dezember 1922/24. Juni 1955
UWG	=	BG über den unlauteren Wettbewerb, vom 30. September 1943
VE	=	Vorentwurf
VG	=	BG über die Verantwortlichkeit des Bundes sowie seiner Behördemitglieder und Beamten, vom 14. März 1958
VO	=	Verordnung
Vol	=	Volume
VV	=	Vollziehungsverordnung
WuR	=	Wirtschaft und Recht (Zürich 1949 ff.)
ZBGR	=	Schweizerische Zeitschrift für Beurkundungs- und Grundbuchrecht (Wädenswil 1920 ff.)
ZBJV	=	Zeitschrift des Bernischen Juristenvereins (Bern 1865 ff.)
ZGB	=	Schweizerisches Zivilgesetzbuch, vom 10. Dezember 1907
ZivGer	=	Zivilgericht
ZPO	=	Zivilprozeßordnung
ZSGV	=	Schweizerisches Zentralblatt für Staats- und Gemeindeverwaltung (Zürich 1900 ff.)
ZR	=	BlZR
ZSR	=	Zeitschrift für Schweizerisches Recht (Basel 1852 ff.; NF 1882 ff.)
Zürcher Kommentar	=	Kommentar zum Schweizerischen Zivilgesetzbuch (Zürich 1909 ff.)

Kauf, Tausch und Schenkung
PIERRE CAVIN

Das Manuskript wurde im September 1974 abgeschlossen.
Die Übersetzung besorgte Dr. Heinrich Pfister, Bundesgerichtsschreiber, Lausanne.

Allgemeine Literatur zum Recht des Kaufs

Die hier und am Eingang einzelner Paragraphen angeführten Werke werden in der Folge nur mit dem Namen des Autors, gegebenenfalls einem zusätzlichen Stichwort zitiert.

Schweiz

H. BECKER, Die einzelnen Vertragsverhältnisse, Bern 1943 (Berner Kommentar); B. VON BÜREN, Schweizerisches Obligationenrecht, Besonderer Teil, Zürich 1972; A. COMMENT, Vente, SJK 216–232 (1972–1974); H. GIGER, Kauf und Tausch, Schenkung, Bern 1973 (Berner Kommentar), im Erscheinen begriffen; TH. GUHL, Das schweizerische Obligationenrecht, 6. bereinigte Aufl., bearbeitet von H. MERZ und M. KUMMER, Zürich 1972 (zit. GUHL/MERZ/KUMMER); J.G. LAUTNER, Grundsätze des Gewährleistungsrechts, Zürich 1937; H. OSER/W. SCHÖNENBERGER, Die einzelnen Vertragsverhältnisse, Zürich 1936 (Zürcher Kommentar); Vom Kauf nach schweizerischem Recht, Festschrift zum 70. Geburtstag von Prof. Dr. Theo Guhl (zit. Festschrift Guhl), Zürich 1950; in dieser Festschrift insbesondere: PH. MEYLAN, Periculum est emptoris, S. 9; A. SIMONIUS, Der Kauf als Mittel der Übertragung und der Verletzung des Eigentums, S. 41 (zit. SIMONIUS, Übertragung); P. JÄGGI, Die Zusicherung von Eigenschaften der Kaufsache, S. 67 (zit. JÄGGI, Zusicherung); H. MERZ, Sachgewährleistung und Irrtumsanfechtung, S. 87 (zit. MERZ, Sachgewährleistung); P. LIVER, Besonderheiten des Viehkaufs, S. 109 (zit. LIVER, Viehkauf); P. CARRY, La garantie en raison des défauts de la chose dans la vente de toutes les actions d'une société immobilière, S. 179 (zit. CARRY, Garantie); A. VON TUHR, Der Allgemeine Teil des schweizerischen Obligationenrechts, 2. erg. Aufl., hrsg. von A. SIEGWART, Zürich 1942 (zit. von TUHR/SIEGWART); A. MEILI, Die Entstehung des schweizerischen Kaufrechts, Diss. Zürich 1956.

Frankreich

M. PLANIOL/G. RIPERT, Traité pratique de droit civil français, 2. Aufl., Tome X, Contrats civils, 1. Teil, verfaßt von J. HAMEL, Paris 1956; G. RIPERT/J. BOULANGER, Traité de droit civil (d'après le Traité de Planiol), Paris 1956–1958; A. COLIN/H. CAPITANT, Traité de droit civil, überarbeitet von L. JULLIOT DE LA MORANDIÈRE, Tome II, Paris 1959; H. L. und J. MAZEAUD, Leçons de droit civil, II, Principaux contrats, 3. Aufl., Paris 1968.

Deutschland

E. RABEL, Das Recht des Warenkaufs, Bd. I, Berlin/Leipzig 1936, Bd. II, Berlin/Tübingen 1958; ENNECCERUS/KIPP/WOLFF, Lehrbuch des bürgerlichen Rechts, Recht der Schuldverhältnisse, 15. Aufl., bearbeitet von H. LEHMANN, Tübingen 1958; K. LARENZ, Lehrbuch des Schuldrechts, Bd. II., 10. Aufl., München 1972.

Erstes Kapitel

Der Kauf im allgemeinen

§ 1. Einleitung

I. Allgemeines

Das Obligationenrecht enthält in Art. 184 folgende Definition des Kaufes:

«Durch den Kaufvertrag verpflichtet sich der Verkäufer, dem Käufer den Kaufgegenstand zu übergeben und ihm das Eigentum daran zu verschaffen, und der Käufer, dem Verkäufer den Kaufpreis zu bezahlen.»

Der Kaufvertrag hat somit die Entstehung von zwei Verpflichtungen zur Folge: Übergabe einer Sache und Verschaffung des Eigentums daran einerseits, Bezahlung eines Preises anderseits. Das sind die einzigen wesentlichen Vertragsbestandteile; die Einigung über diese Punkte ist notwendige und zugleich hinreichende Voraussetzung für das Zustandekommen des Vertrages, dessen wesentlicher Inhalt sich in diesen beiden Verpflichtungen erschöpft.

Das Gesetz auferlegt dem Verkäufer überdies zwei zusätzliche Verpflichtungen; die Gewährleistung des veräußerten Rechts und die Gewährleistung wegen Mängeln der Sache. Da diese Verpflichtungen dem Käufer die unumschränkte Verfügungsgewalt über eine seiner Erwartung entsprechende Sache verschaffen sollen, stellen sie die Ergänzung, die natürliche, jedoch nicht notwendige Folge der Pflicht zur Übergabe dar. Sie können durch Parteivereinbarung ausgeschlossen werden.

Das einzige wesentliche Element des Kaufes ist also, was den Verkäufer betrifft, die Verpflichtung, dem Käufer die tatsächliche und rechtliche Verfügungsgewalt über die Sache zu verschaffen. Der Schutz dieses Käufers gegen eine Entwehrung und die Gewährspflicht für die Eigenschaften der Sache stellen nur Nebenpunkte des Vertrages dar.

Diese sehr eigenartige Gliederung des Kaufvertrages, die weder durch eine logische Notwendigkeit noch durch die Bedürfnisse der Praxis geboten erscheint, ist historisch bedingt. Man findet hier charakteristische Züge des Kaufs des klassischen römischen Rechts, von dem unser Kaufvertrag in direkter Linie über das Corpus iuris civilis, das Pandektenrecht und das gemeine Recht abstammt.

Die Auffassung des Kaufes als Konsensualvertrag, der rein obligatorisch und nicht eigentumsübertragend wirkt, die Regelung des Gefahrenübergangs, die Rechts- und die Sachgewährleistung, das alles sind Wesensmerkmale, die das Gerüst unseres Kaufsrechts bilden und auf den alten römischen Kauf zurückgehen. Ihre Ausgestaltung erklärt sich einesteils aus der weit zurückliegenden Herkunft, aus einer dem Recht der Kaiserzeit vorausgegangenen Entwicklung, andernteils aus einer späteren, auf das alte ius civile aufgepfropften Ordnung, wie die ädilizischen Klagen. Nach dem Vorbild der großen Kodifikationen des 19. Jahrhunderts hat unser Obligationenrecht diese Grundsätze an uns weitergegeben aus Gründen, von denen schwer zu sagen ist, wieviel auf die Überlieferung und wieviel auf Zweckmäßigkeits- und Billigkeitsüberlegungen entfallen. Der alte römische Kauf mit allen seinen Besonderheiten, die nur aus ihren weit zurückliegenden Anfängen zu erklären sind, lastet schwer auf unserer Ordnung. Wie groß auch immer das Bestreben nach Systematisierung war, von dem sich die Verfasser unseres Gesetzes leiten liessen, so haben wir unter dem Einfluß der gemeinrechtlichen Lehre doch gewisse Vorschriften beibehalten, die sich mit der elementaren Logik nicht leicht vereinbaren lassen, wie diejenigen, die für den Gefahrenübergang gelten, oder solche, die überholt und ohne praktische Bedeutung sind, wie diejenigen über die Rechtsgewährleistung, oder schließlich, und das gilt für die Sachgewährleistung, solche, die sich schwer einfügen in das allgemeine System des Obligationenrechts.

Das Kaufsrecht ist infolgedessen weit davon entfernt, ein zusammenhängendes, mit den allgemeinen Lehren des Schuldrechts im Einklang stehendes System zu bilden, sondern weist zahlreiche Eigentümlichkeiten auf. Sein Studium kann daher nicht einfach auf dem Wege der logischen Deduktion, nach einer streng systematischen Methode betrieben werden. Vielmehr muß man zahlreiche Vorschriften aufgrund der rechtsgeschichtlichen Entwicklung erklären, um ihre Tragweite zu erfassen, ihnen ihren Platz zuzuweisen und ihr Verhältnis zu den allgemeinen Bestimmungen über die Entstehung oder die Erfüllung der Obligationen zu bestimmen.

II. Übersicht. Der Handelskauf

Der Hauptteil der Vorschriften des sechsten Titels des OR über «Kauf und Tausch» ist im zweiten Abschnitt: «Der Fahrniskauf» enthalten. Der dritte Abschnitt, handelnd vom «Grundstückkauf», verweist auf die Vorschriften über den Fahrniskauf und stellt nur einige Sondervorschriften auf. Wir behandeln daher den Kauf im allgemeinen, d.h. Fahrnis- und Grundstückkauf, und sparen für ein besonderes Kapitel nur die speziellen Vorschriften über den Grundstückkauf auf. Endlich werden wir die vom Kauf abgeleiteten oder ihm nahekommenden Veräußerungsverträge für sich behandeln, so die «besonderen Arten des Kaufes», die Gegenstand des vierten Abschnittes des Titels sind.

Im Gegensatz zu gewissen Gesetzgebungen, wie dem deutschen und österreichischen Recht, enthält das Obligationenrecht keine besondere Regelung des Handelskaufes, so daß dieser den für den sonstigen Kauf geltenden Bestimmungen untersteht. Von diesem Grundsatz gibt es indessen drei Ausnahmen, von denen sich zwei – die Art. 190 und 191 OR – auf die Folgen des Verzugs des Verkäufers beziehen und die dritte – Art. 215 OR – auf den Verzug des Käufers. Es ist daher der Handelskauf zu definieren, d.h. was das Gesetz unter dem Ausdruck «im kaufmännischen Verkehr» versteht, der in diesen drei Bestimmungen vorkommt.

Die Auslegung dieses Ausdrucks hat vom Zweck der Vorschriften auszugehen, in denen er enthalten ist. Der den drei Artikeln gemeinsame Zweck besteht darin, der Vertragspartei, die sich auf den Verzug der Gegenpartei beruft, den Ersatz des Schadens zu erleichtern für den in diesen drei Bestimmungen implicite oder ausdrücklich angenommenen Fall eines Kaufes zum Zwecke des Weiterverkaufs. Lehre[1] und Rechtsprechung[2] halten sich an dieses Kriterium: Ein Handelskauf im Sinne der Art. 190, 191 und 215 OR ist der Verkauf einer Ware an einen Käufer, der sie weiterverkaufen und hieraus Nutzen ziehen will. Es wird sich gewöhnlich um einen Vertrag handeln, bei dem beide Parteien Kaufleute sind oder doch einer davon ein Kaufmann ist. Indessen ist die Kaufmannseigenschaft der Vertragsparteien keine notwendige Voraussetzung. Der Gesetzgeber hat den Ausdruck «Verkehr unter Kaufleuten» mit Absicht vermieden[3]. Wenn eine Privatperson zum Zwecke des Weiterverkaufs kauft und dies für den Verkäufer erkennbar ist, schließt sie einen Handelskauf ab. Die Kaufmannseigenschaft der Parteien begründet dagegen eine Vermutung für das Vorliegen eines Handelskaufs. Diese Vermutung ist unwiderleglich, wenn die Ware zu denen gehört, mit welchen der Käufer gewöhnlich Handel treibt.

Infolgedessen hat ein Kauf, selbst wenn er unter Kaufleuten abgeschlossen wird, dann nicht den Charakter eines Handelskaufs, wenn der Kaufgegenstand dem eigenen Bedarf des Käufers, der Ausstattung seines Betriebes dienen soll.

---

[1] OSER/SCHÖNENBERGER, N.7 und BECKER, N.3 zu Art.190 OR; VON TUHR/SIEGWART, § 1, Anm. 6.
[2] BGE 65 II, 1939, S.172.
[3] A. SCHNEIDER/F. FICK, Das schweizerische Obligationenrecht, 3. Aufl., Zürich 1891, N.2 zu Art.234 aOR.

Heikler ist die Unterscheidung, wenn es sich um Sachen handelt, die dazu bestimmt sind, vom Käufer im Rahmen eines handwerklichen oder industriellen Betriebes umgestaltet zu werden. Es wird im allgemeinen angenommen, daß der Kauf von Rohstoffen, die ein Handwerker, ein Bauunternehmer verwendet, kein Handelskauf sei; denn es handelt sich dabei, von wenigen Ausnahmen abgesehen, nicht um Waren, welche ständigen Preisschwankungen unterliegen, und der Lieferungstermin spielt gewöhnlich eine weniger große Rolle als im Falle des Kaufs zum direkten und unverzüglichen Weiterverkauf[4]. Anders verhält es sich mit dem Verkauf von Rohstoffen an ein industrielles Unternehmen, namentlich wenn es sich um Waren mit einem Markt- oder Börsenpreis handelt[5].

Schließlich scheint es uns, daß der Begriff des Handelskaufs unseres OR auf den Kauf von Gattungssachen beschränkt ist. In gewissen Geschäftszweigen, wie im Handel mit Occasionen, mit Antiquitäten, mit Kunstwerken, gibt es zwar Käufe über individuell bestimmte Sachen zum Zwecke des Wiederverkaufs. Das ist der Sache nach Handel zwischen Kaufleuten. Doch fehlt es auch auf diesen Gebieten an raschen Preisschwankungen mit ihrem Gegenstück, der Wichtigkeit des auf den Tag genau bestimmten Liefertermins, wie auch an der Bildung eines «Marktpreises» für Waren einer bestimmten Qualität. Gerade im Hinblick auf diese Faktoren sind aber die besonderen Vorschriften über den Handelskauf erlassen worden.

§ 2. Die Bestandteile des Kaufes

I. Die Willenseinigung der Parteien

Nach Art. 1 OR ist zum Abschluß eines Vertrages die übereinstimmende gegenseitige Willenseinigung der Parteien über alle wesentlichen Punkte erforderlich. Der Kauf ist zustande gekommen, sobald die Parteien ihre Einigung darüber zum Ausdruck gebracht haben, daß dem Käufer eine bestimmte Sache zu übergeben und das Eigentum daran zu verschaffen sei gegen die Bezahlung eines bestimmten Preises. Dies sind die notwendigen, aber auch hinreichenden Voraussetzungen. Beim Fahrniskauf, der keiner

---

[4] BECKER, N. 3 zu Art. 190 OR.
[5] Auf diesem Boden stehen mehrere Urteile des BGer, die, soweit sich dies aufgrund des Sachverhaltes beurteilen läßt, den Kauf von Waren betreffen, die zur Umgestaltung in einem industriellen Betrieb bestimmt waren: BGE 41 II, 1915, S. 672; 43 II, 1917, S. 170 und 214.

Form bedarf, ist der Kauf zustande gekommen mit der gegenseitigen Äusserung dieser Willenseinigung. Der Grundstückkauf dagegen muß öffentlich beurkundet werden[1].

Alle andern, mit dem ergänzenden Recht übereinstimmenden oder von ihm abweichenden Bestandteile des Kaufvertrages können durch Willenseinigung der Parteien frei vereinbart werden. Die gesetzlichen Vorschriften stellen ergänzendes Recht dar. Dieser allgemeine Grundsatz, der von seltenen Ausnahmen[2] abgesehen auf alle Bestimmungen des sechsten Titels anwendbar war, gilt heute nicht mehr für das Gebiet der Abzahlungs- und der Vorauszahlungsverträge. Die Art. 226–228 OR enthalten eine ins einzelne gehende Reglementierung, die zahlreiche Ausnahmen vom Grundsatz der Vertragsfreiheit vorsieht.

Die vertraglichen Abweichungen von den gesetzlichen Vorschriften sind besonders häufig bei den Handelskäufen, für die sehr oft besondere Bedingungen gelten oder Formularverträge, die von Berufsverbänden oder Handelskammern ausgearbeitet worden sind und dann die Zustimmung des Käufers als Übernahmeerklärung erscheinen lassen.

Sodann spielt, namentlich auf dem Gebiet des Handelskaufs, die Geschäftsübung – die kaufmännischen Usanzen – eine bedeutende Rolle. Unser OR behält in gewissen seiner Bestimmungen, allerdings überflüssigerweise, denn es handelt sich um ergänzendes Recht, eine entgegenstehende «(kaufmännische) Übung» oder eine «Vereinbarung» ausdrücklich vor (Art. 184 Abs. 2, 185 Abs. 1, 188, 189, 212 Abs. 3, 213 OR).

Die Übung, welche diese Bestimmungen vorbehalten, ist nicht der Ortsgebrauch im Sinne des Art. 5 ZGB. Das Gesetz versteht darunter die Handelsbräuche, die sich in einer bestimmten Branche eingebürgert haben und die gesetzliche Regelung abändern oder verdeutlichen können. Diese Handelsbräuche sind denn auch nicht positives Recht. Sie können nicht als Rechtssätze angerufen werden und den Vorrang einnehmen vor den gesetzlichen Vorschriften ergänzender Natur. Nur wenn die Parteien sich, ausdrücklich oder durch schlüssiges Verhalten, auf sie bezogen und damit den übereinstimmenden Willen, ihr Vertragsverhältnis ihnen zu unterwerfen, zum Ausdruck gebracht haben, können Handelsbräuche zur Geltung kommen, und zwar als vertragliche Normen, als Bestandteil des Parteiwillens[3]. Der Vorbehalt der Übung, dem wir in gewissen Gesetzesbe-

---

[1] Vgl. unten S. 129.
[2] So Art. 186 OR, der die Kantone ermächtigt, die Klagbarkeit von Forderungen aus dem Kleinvertrieb geistiger Getränke zu beschränken oder sogar auszuschließen; die Beschränkungen des Rechts zur Verfügung über landwirtschaftliche Grundstücke, Art. 218ff. OR.
[3] BGE 47 II, 1921, S. 163; 83 II, 1957, S. 523; 86 II, 1960, S. 257; 90 II, 1964, S. 101.

stimmungen begegnen, meint in Wirklichkeit eine Einigung der Parteien darüber, gewisse gewohnheitsmäßige Regeln zu beobachten, die sie kennen und denen sie sich ausdrücklich oder stillschweigend unterworfen haben. Das ist in Tat und Wahrheit der Vorbehalt einer von der gesetzlichen Vorschrift abweichenden Abrede. Dieser Vorbehalt ergibt sich von selbst aus dem ergänzenden Charakter der Regelung des Kaufs. Er gilt also für alle Vorschriften dispositiver Natur und nicht nur für solche, in denen ihn das Gesetz ausdrücklich vorsieht. Handelt es sich um Kaufverträge zwischen Kaufleuten, bei denen Kenntnis der Übungen der Branche auf beiden Seiten vorauszusetzen ist, so ist aufgrund einer tatsächlichen Vermutung anzunehmen, sie hätten sich ihnen durch stillschweigende Bezugnahme darauf unterwerfen wollen. Demjenigen der dies bestreitet, obliegt es, diese Vermutung zu widerlegen. Beim Kauf im nichtkaufmännischen Verkehr dagegen hat die kaufmännische Partei, die sich auf die Übung der Branche berufen will, darzutun, daß die Gegenpartei diese Übung kennt und damit einverstanden war, sich ihr zu unterwerfen.

II. Der Kaufgegenstand

1. Bewegliche und unbewegliche Sachen

Da das OR besondere Regeln über den Grundstückkauf aufstellt, gibt es in Art. 187 Unterscheidungsmerkmale für die beiden Arten von Kauf. Es umschreibt den Fahrniskauf negativ als «jeden Kauf, der nicht eine Liegenschaft oder ein in das Grundbuch als Grundstück aufgenommenes Recht zum Gegenstand hat». Es ist daher aufgrund der Bestimmungen des ZGB, welche die Grundstücke definieren und für die Eintragung von Rechten als Grundstücke in das Grundbuch gelten, die Abgrenzung zwischen dem Fahrniskauf und dem Grundstückkauf vorzunehmen[4].

Art. 187 Abs. 2 OR regelt den besondern Fall des Kaufes von Bestandteilen eines Grundstückes, wie Ernten, Früchte, zum Schlagen bestimmtes Holz[5], Materialien aus dem Abbruch eines Gebäudes oder aus Steinbrüchen. Das sind Fahrniskäufe. Der Käufer, der die Lostrennung vornimmt aufgrund eines Rechts, das ihm der Kaufvertrag, meist stillschweigend, verleiht, wird mit der Lostrennung der gekauften Sachen Besitzer und damit Eigentümer derselben.

---

[4] Im wesentlichen sind es folgende Bestimmungen: a) die Art. 655, 675, 779, welche den Gegenstand des Grundeigentums und des Baurechts umschreiben; b) die Art. 704 und 780 über die Rechte an Quellen; c) Art. 56 SchlT über die Wasserrechte; d) Art. 713, der den Gegenstand des Fahrniseigentums bestimmt, und Art. 677 über die Fahrnisbauten.
[5] BGE 36 II, 1910, S. 198.

2. Der Gegenstand des Fahrniskaufs

Nach dem Gesetz ist Gegenstand des Kaufes eine **Sache**, d.h. eine körperliche, Gegenstand des Eigentums bildende Sache. Das kann eine **individuell bestimmte Sache** oder eine **Gattungssache** sein. Im zweiten Falle ist der Kaufgegenstand nur durch einen Gattungsbegriff bezeichnet, der mehr oder weniger genau sein kann, sowie durch die Angabe der Anzahl, des Gewichts oder des Maßes. So verhält es sich gewöhnlich beim Kauf vertretbarer Sachen. Wenn sich dagegen die Parteien geeinigt haben auf den Kauf eines deutlich bezeichneten Vorrats vertretbarer Sachen, liegt kein Gattungskauf vor. So verhält es sich beim Verkauf eines bestimmten Fasses Wein oder des gesamten, in einem Magazin gelagerten Vorrats an Heu[6], und zwar selbst dann, wenn der Preis nach der Menge festgesetzt sein sollte. Umgekehrt haben wir es mit einem Gattungskauf zu tun, wenn der Kaufgegenstand zwar keine vertretbare Sache, sondern eine individuelle, in Serien hergestellte Sache ist, die nach ihrer Gattung bezeichnet und nicht sogleich ausgesondert wird, so daß sich der Verkäufer durch Lieferung irgend einer, der vereinbarten Umschreibung entsprechenden Sache von seiner Verpflichtung befreien kann, so beim Kauf eines neuen Serien-Automobils, das durch Marke und Modell bestimmt ist[7]. Wenn der Gegenstand des Kaufvertrags derart nach seiner Gattung bezeichnet ist, hängt seine Bestimmung von den Präzisierungen ab, welche die Parteien vereinbart haben im Hinblick auf die Wichtigkeit, die sie gewissen Spezifikationen beimaßen. Der Begriff «Gattung» ist also relativ; er hängt ab von der mehr oder weniger genauen Umschreibung, die die Parteien dem Vertragsgegenstand gegeben haben, wobei sich der Verkäufer nur durch Lieferung einer alle vereinbarten Spezifikationen aufweisenden Sache befreien kann[8].

Bei den Liegenschaften kommt der Gattungskauf nicht in Betracht. Der Kauf einer gewissen, aus einem Grundstück auszuscheidenden Bodenfläche ist nach schweizerischem Recht nicht zulässig[9]. Abgesehen davon, daß die Bezeichnung des Kaufgegenstandes ohne Angabe der Lage und der Form

---

[6] BGE 41 II, 1915, S.436.
[7] BGE 84 II, 1958, S.158; 94 II, 1968, S.26.
[8] So kann ein Kauf eine bestimmte Menge «Waadtländer Wein», «Wein aus dem Lavaux, Ernte 1971», «Dézaley, Clos des Abbayes 1971» zum Gegenstand haben. Der Verkäufer kann sich nur befreien durch die Lieferung von Wein, der den vereinbarten Spezifikationen entspricht, welche im ersten Falle viel weiter sind als im dritten.
[9] BGE 62 II, 1936, S.159; 95 II, 1969, S.42. Anders die französische Cour de Cassation, 17. Juli 1968, in: Gazette du Palais, 9.–12. November 1968; Note von G. Cornu in der Revue trimestrielle de droit civil, 1969, S.137.

der Parzelle den Anforderungen des Art. 1 OR nicht genügt, kann Gegenstand des Grundeigentums und damit des Kaufes nach Art. 655 Abs. 2 Ziff. 1 ZGB nur eine bestimmte Liegenschaft sein, die als Grundstück in das Grundbuch aufgenommen ist. Höchstens ist es, namentlich im Falle der Parzellierung, möglich, einen Kaufvertrag oder einen Vorvertrag über eine bestehende oder noch zu bildende Parzelle abzuschließen, sofern diese Parzelle durch ihre ungefähre Lage, ihre Form und ihre Oberfläche hinreichend bestimmt ist, und zwar selbst dann, wenn die nähere Bestimmung durch Wahl einer Partei erfolgen soll. Es handelt sich dann nicht um einen Gattungskauf, sondern um einen Kauf mit einer Wahlobligation im Sinne des Art. 72 OR[10].

Unbestritten ist, daß der Kauf Naturkräfte zum Gegenstand haben kann, die, wie die Elektrizität, der Aneignung fähig sind und gemäß Art. 713 ZGB Gegenstand des Fahrniseigentums sein können. So ist die Lieferung elektrischer Energie gegen Bezahlung eines Preises ein Kauf, wenn die Verpflichtung des Lieferanten sich in der Zurverfügungstellung der Energie gegen Bezahlung eines aufgrund der gelieferten Menge bestimmten Preises erschöpft. Dagegen bildet sie einen Werkvertrag, wenn es auf den Erfolg ankommt, z.B. die Beleuchtung einer Ortschaft, das Funktionieren einer Anlage, die Erreichung einer bestimmten Temperatur in einem Backofen[11].

Im Gegensatz zum deutschen BGB (§ 433) spricht unser OR immer nur von der «verkauften Sache», was die Anwendung der Vorschriften über den Kauf auf die Übertragung von Rechten auszuschließen scheint. Indessen wird allgemein angenommen, daß alle übertragbaren vermögenswerten Rechte Gegenstand des Kaufes sein können.

Das steht außer Zweifel für diejenigen Rechte, die mit einer Urkunde verknüpft sind: Der Gegenstand des Kaufes ist das Wertpapier, in dem das Recht «verkörpert» ist. Das mit der Urkunde verknüpfte Recht ist dann nur der mittelbare Kaufgegenstand[12]. Diese Konstruktion, die auf der Rechtsnatur der Wertpapiere beruht, hat Auswirkungen auf den Umfang der Sachgewährleistung, auf die wir später zurückkommen werden[13]. Für die Rechte, die nicht mit einer Urkunde verknüpft sind, nehmen Rechtsprechung und Lehre an, ihre Veräußerung gegen Bezahlung eines Preises sei ein Kauf und unterstehe den Vorschriften über den Kaufvertrag. Das

---

[10] Vgl. BGE 95 II, 1969, S. 309, wo das BGer im Falle eines Tausches ungenügende Anforderungen an die Umschreibung des Vertragsgegenstands gestellt hat.
[11] BGE 48 II, 1922, S. 370; 53 II, 1927, S. 451; 76 II, 1950, S. 103.
[12] BGE 79 II, 1953, S. 156.
[13] Vgl. unten S. 78.

trifft namentlich zu für die Immaterialgüterrechte, die Erfindungspatente[14] und das Markenrecht, soweit dieses übertragbar ist.

In bezug auf die Forderungen ist die Rechtsprechung zurückhaltend wegen der besonderen Regelung der Forderungsabtretung, namentlich der Sondervorschrift des Art. 171 OR über die Gewährleistung. Sie geht davon aus, daß die Vorschriften über den Kauf hauptsächlich auf körperliche Sachen zugeschnitten seien und nicht immer auf die Abtretung obligatorischer Rechte zu passen scheinen. Obwohl das BGer anerkennt, daß die entgeltliche Forderungsabtretung rechtlich wie wirtschaftlich mit dem Fahrniskauf vieles gemeinsam habe, erklärt es daher, daß für sie, jedenfalls unmittelbar, nicht die gleichen Vorschriften gelten, insbesondere was die Gewährleistung für Mängel betreffe[15]. Demgegenüber sind wir, mit der herrschenden Lehre[16], der Auffassung, daß die Vorschriften über den Kauf grundsätzlich auch für die entgeltliche Abtretung von Forderungen gelten. Unter Vorbehalt der Ausnahmen, die sich aus besonderen Bestimmungen, namentlich aus Art. 171 ff. OR ergeben, sehen wir keinen Grund, auf Rechtsgeschäfte, die rechtlich und wirtschaftlich Käufe sind, nicht die Vorschriften über den Kauf anzuwenden, soweit nötig unter Berücksichtigung ihres besonderen Gegenstands.

Nicht mehr von einem Kauf kann gesprochen werden, welches auch die von den Parteien verwendeten oder gar handelsüblichen Ausdrücke seien, wenn die Verpflichtung des Abtretenden etwas anderes als die Übertragung des Eigentums an einer Sache oder der Verfügungsmacht über ein Recht zum Gegenstand hat, sondern dem «Käufer» lediglich einen wirtschaftlichen Vorteil sicherstellen soll, wie es namentlich bei der entgeltlichen Abtretung einer Kundschaft zutrifft. In einem solchen Falle ist Gegenstand der Verpflichtung des Zedenten nicht die Übertragung eines – nicht vorhandenen – subjektiven Rechtes, sondern der Verzicht auf seine weitere Geschäftstätigkeit in einem bestimmten Bezirk, d.h. ein Konkurrenzverbot, und allenfalls noch die Empfehlung und Einführung seines Nachfolgers. Der Verkäufer ist immer nur verpflichtet zu einem *tradere*, einem *dare*. Wer seine Kundschaft abtritt, verpflichtet sich aber hauptsächlich zu einem *non facere* und manchmal zu einem *facere*. Das sind ihrem Wesen nach ganz verschiedene Leistungen.

Wenn ein Kaufgeschäft sich auf mehrere Sachen bezieht, die nach der Verkehrsauffassung als voneinander verschieden betrachtet werden, handelt

---

[14] BGE 57 II, 1931, S. 404; 75 II, 1949, S. 166.
[15] BGE 78 II, 1952, S. 219; 82 II, 1956, S. 522.
[16] OSER/SCHÖNENBERGER, N. 3 zu Art. 184.

es sich um eine **Mehrzahl von Kaufgegenständen** und liegt daher nicht ein einziger Vertrag über mehrere Leistungen vor, sondern eine Mehrzahl von Käufen, nämlich ebenso vielen, als es Leistungsgegenstände hat, selbst wenn die Verpflichtungen ihren Grund im gleichen Rechtsgeschäft haben. Ein einziger Vertrag über eine Mehrheit ist anzunehmen, wenn zwischen den Kaufgegenständen ein natürlicher oder wirtschaftlicher Zusammenhang besteht oder wenn diese Gegenstände nach dem Willen der Parteien nicht getrennt werden sollen, so beim Kauf eines Handelsunternehmens, eines industriellen Betriebes[17]. In diesem letzteren Falle müssen die für jeden Gegenstand, namentlich für die Liegenschaften und die Immaterialgüterrechte geltenden Formerfordernisse beachtet werden. Der Unterschied ist wichtig im Falle teilweiser Erfüllung seitens des Verkäufers oder im Falle eines nur einzelnen Kaufgegenständen anhaftenden Mangels. Je nachdem man einen einzigen Kaufvertrag annimmt oder nicht, kann der Käufer die Wandelung des einzigen Vertrages als Ganzes verlangen, oder er muß sich beschränken auf die Geltendmachung seiner Rechte in bezug auf die nicht gelieferten oder mangelhaften Sachen. Das ist in Art. 209 OR geregelt.

3. Kauf und Werkvertrag

Indem der Kauf die Veräußerung eines Rechtsgutes zum Gegenstand hat und auf die Übertragung des Eigentums an einer Sache oder der Verfügungsgewalt über ein Recht gerichtet ist, unterscheidet er sich vom Werkvertrag, durch den sich der Unternehmer verpflichtet, ein Werk herzustellen (Art. 363 OR)[18]. Doch ist die Unterscheidung nicht immer einfach, denn der Kauf kann auch eine zukünftige Sache zum Gegenstand haben. Die Verpflichtung, eine noch nicht existierende Sache zu liefern, setzt häufig die Herstellung eines Werkes voraus, nämlich die Fabrikation dieser Sache, und für dieses Werk kann der Stoff, gemäß unserer Auffassung des Werkvertrages, vom Unternehmer zu liefern sein (Art. 365 Abs. 1 OR). Haben wir es mit einem Kauf zu tun, wenn der Schuldner gegen Bezahlung eines Preises sich verpflichtet hat, eine bestimmte Sache zu liefern, die er vorher herstellen muß? Seine Verpflichtung hat mit dem Werkvertrag gemein, daß er ein Werk herzustellen hat, und mit dem Kauf, daß er das Ergebnis seiner Tätigkeit liefern und das Eigentum daran übertragen muß.

---

[17] BGE 64 I, 1938, S. 154; OSER/SCHÖNENBERGER, N. 1b zu Art. 69 OR.
[18] So ist der Vertrag zwischen dem Veranstalter einer Vorstellung und dem Besucher ein Werkvertrag, denn die Eintrittskarte, die der Besucher «kauft», ist kein Wertpapier (BGE 80 II, 1954, S. 26). Dagegen ist der «Weiterverkauf» der Eintrittskarte, der eine entgeltliche Abtretung der Rechte des Besuchers gegen den Veranstalter der Vorstellung darstellt, ein Kauf.

Gewöhnlich wird als Unterscheidungsmerkmal das Element der Arbeitsleistung genommen. Je nachdem dieses überwiegt oder der Vertrag im Gegenteil hauptsächlich auf Lieferung einer Sache geht, fällt der Entscheid zugunsten des Werkvertrages oder des Kaufes aus[19]. Das ist richtig, wenn man unter «Werk» eine besondere Leistung versteht, die einen persönlichen, gewissermaßen individuellen Charakter aufweist. Das Werk ist eine Leistung, die die persönliche Bemühung, die schöpferische Tätigkeit, die Geschicklichkeit und die technischen Kenntnisse des Unternehmers, manchmal auch sein Organisationstalent in Anspruch nimmt. Das Überwiegen des Elements «Arbeit» kann dagegen nicht bedeuten, daß immer dann ein Werkvertrag vorliegt, wenn die Kosten der Arbeit diejenigen des Stoffes übersteigen. Wer sich verpflichtet, einen Massenartikel zu liefern, den er erst noch fabrizieren muß, schließt einen Kaufvertrag, auch wenn die Arbeitsleistung das Material wertmäßig übersteigt. So verhält es sich mit dem Verkauf eines ganz bestimmten Modells einer Maschine, eines Automobils, einer Uhr, sofern diese Sachen fabrikmäßig hergestellt werden. Das Element «Werk» ist freilich in gewisser Hinsicht vorherrschend, da der Käufer gerade eine vom Verkäufer hergestellte Sache erwerben möchte und damit zeigt, welches Gewicht er der Herstellung beilegt. Doch wird dieses Werk nicht eigens für den Käufer hergestellt. Es ist nur die oft mechanische Wiederholung von Vorgängen, die lange vor dem Vertragsschluß zur Entwicklung des Modells dienten und den Ruf des Fabrikanten begründeten. Der Käufer möchte nicht, daß der Fabrikant für ihn eine besondere, individuelle Arbeitsleistung erbringe, sondern vielmehr, daß er ihm ein beliebiges Erzeugnis seiner Fabrikation liefere, das ganz bestimmten Spezifikationen entspricht. Dabei kommt es ihm nicht darauf an, ob die Sache dem bestehenden Lager entnommen wird oder erst noch hergestellt werden muß. Es handelt sich in solchen Fällen um Gattungskäufe, und der Hersteller kann sich durch die Lieferung irgend eines Erzeugnisses aus seiner Fabrikation befreien, das den vereinbarten Spezifikationen entspricht.

Anders verhält es sich, wenn die Anfertigung oder Fabrikation eines einmaligen Gegenstandes bestellt wird, der eigens nach den Angaben des Bestellers auszuführen ist, so eine Maschine, die ganz besondern Anforderungen zu entsprechen hat, ein Möbel oder ein Schmuckstück nach einem Modell, ein Maßanzug. Das Verhältnis zwischen Arbeit und Material ist dann bedeutungslos. Die schöpferische Tätigkeit, die der Hervorbringung einer besonderen Sache dient und der Leistung einen individuellen Charakter verleiht, verschafft dem Werk ein persönliches Gepräge.

---

[19] BGE 21, 1895, S. 192.

Wenn der Unternehmer den Stoff liefert, weist der Werkvertrag die Besonderheit auf, daß sich die Verpflichtungen des Unternehmers nicht in der Herstellung des Werkes erschöpfen; er ist überdies verpflichtet, das Werk zu liefern und dem Besteller das Eigentum daran zu verschaffen. Die Rechtslehre[20] erblickt darin einen Vertrag besonderer Art, einen «Werklieferungsvertrag», für welchen grundsätzlich die Vorschriften über den Werkvertrag gelten, insbesondere was die Abnahme des Werkes, die Bestimmung der Vergütung, das Rücktrittsrecht des Bestellers betrifft. Sie befürwortet dagegen die Anwendung der Vorschriften über den Kauf, allenfalls derjenigen über den Handelskauf, hinsichtlich der Verpflichtung zur Verschaffung des Eigentums, der Rechtsmängel, des Gefahrenübergangs. Sie nimmt an, der Unternehmer könne sich durch einen Eigentumsvorbehalt schützen. Die Rechtsprechung des BGer hat den Begriff des «Werklieferungsvertrages» übernommen und behandelt diesen wie einen Werkvertrag[21].

Unseres Erachtens ist die Annahme einer zwischen Kauf und Werkvertrag liegenden Vertragsart nicht notwendig. Die Vermehrung der Verträge sui generis führt zu Rechtsunsicherheit. Wenn ein Vertrag der Definition eines gesetzlichen Vertragstypus entspricht, untersteht er den für diesen Typus aufgestellten Vorschriften und, soweit besondere Bestimmungen fehlen, den Vorschriften des Allgemeinen Teils. Der hier in Frage stehende Vertrag ist ein Werkvertrag mit einer vom Gesetz vorgesehenen Besonderheit, wie das aus den Art. 365 und 376 Abs. 2 OR hervorgeht. Er untersteht daher den Bestimmungen des elften Titels. Höchstens kann man nötigenfalls die Vorschriften über den Kauf analog heranziehen. Dagegen geht es nicht an, durchwegs spezifisch kaufsrechtliche Vorschriften anzuwenden, wie z.B. diejenigen über den Gefahrenübergang, über die Rechtsgewährleistung; die Anwendung der letzteren erscheint übrigens recht fragwürdig im Hinblick auf die Art. 726 und 933 ZGB. Wenn die Vorschriften über den Werkvertrag schweigen, ist auf diejenigen des Allgemeinen Teils zurückzugreifen[22].

Dagegen bestehen keine theoretischen Bedenken dagegen, daß ein solcher Unternehmer, der ein «Veräußerer» im Sinne des Art. 715 ZGB ist, sich das Eigentum am Werk bis zur Bezahlung des gesamten Kaufpreises vorbehält.

---

[20] OSER/SCHÖNENBERGER, N. 20 zu Art. 363 OR.
[21] BGE 24 II, 1898, S. 545; 26 II, 1900, S. 584; 29 II, 1903, S. 48; 72 II, 1946, S. 349.
[22] Bei den Grundstücken stellt sich die Frage des Werklieferungsvertrages nicht wegen des Akzessionsprinzips.

Häufig wird an einen Kauf die konnexe Verpflichtung des Verkäufers geknüpft, ein Werk herzustellen, so, wenn sich der Verkäufer verpflichtet, die gelieferte Maschine betriebsbereit zu machen, an der verkauften Sache Ausbesserungen vorzunehmen oder sie den besonderen Bedürfnissen, dem Geschmack, den Maßen des Käufers anzupassen. In diesem Fall liegt unseres Erachtens ein vom Kauf rechtlich zu unterscheidender Werkvertrag vor. Wenn die Anpassungs- oder Ausbesserungsarbeit, manchmal geringfügig im Vergleich mit dem Kaufgegenstand, sich als mangelhaft erweist, kann der Besteller vom Unternehmer stets aufgrund von Art. 368 OR verlangen, daß er den Mangel auf seine Kosten behebe.

Wie verhält es sich aber, wenn das Werk so wenig den Abmachungen entspricht, daß die Sache für den Besteller unbrauchbar ist, daß die Anpassung an den Geschmack oder die Bedürfnisse des Bestellers sich als unmöglich erweist? Die von uns befürwortete Dualität von Kauf und Werkvertrag führt dazu, dem Besteller nur den Rücktritt vom Werkvertrag zu gestatten und ihn zur Erfüllung seiner Pflichten als Käufer zu verhalten. In der Regel ist jedoch das Versprechen, die Sache anzupassen, maßgebend gewesen für den Entschluß des Käufers, und die gehörige Erfüllung dieses Versprechens stellt eine stillschweigende Bedingung des Kaufes im Sinne von Art. 151 OR dar mit der Wirkung, daß der Kauf als nichtig zu betrachten ist, wenn das Werk derart mangelhaft ist, daß der Besteller das Recht hat, die Annahme zu verweigern. Die weite Fassung von Art. 368 Abs. 1 OR: «die Annahme billigerweise nicht zugemutet werden kann», gestattet es, die Anpassungsarbeiten nicht nur für sich allein zu betrachten, sondern ihre Bedeutung in bezug auf den Gegenstand des Kaufes zu beurteilen. Es erscheint als richtig, unter Würdigung des Geschäftes als Ganzes nach Billigkeit zu beurteilen, ob dem Besteller die Annahme der Sache zuzumuten ist.

III. Der Preis

Der Preis, zu dessen Bezahlung sich der Käufer als Gegenleistung für die Sache verpflichtet, muß notwendigerweise in einer Geldsumme und kann nicht in der Lieferung einer andern Sache bestehen. Dadurch unterscheidet sich der Kauf vom Tausch. Diese Geldsumme kann auch in ausländischer Währung festgesetzt werden (Art. 84 OR)[23].

Für die Verpflichtung zur Zahlung des Kaufpreises gelten die in Art. 68 ff. OR enthaltenen allgemeinen Vorschriften über die Erfüllung der Obligationen; Art. 212 OR beschränkt sich auf einige Einzelfragen. Soweit nichts anderes vereinbart oder üblich ist, bestimmen sich daher der Ort und die Zeit der Bezahlung nach den Art. 74 und 75 OR. Der Normalfall ist der Barkauf, bei dem die Leistungen Zug um Zug ausgetauscht werden, was Art. 184 Abs. 2 OR bestätigt[24]. Die Vereinbarungen der Parteien oder die

---

[23] Das ausländische Geld kann Gegenstand eines Kaufes, d.h. «die verkaufte Sache» sein. Dies ist der Fall bei Wechselgeschäften, die nichts anderes sind als Käufe über Geldsorten.
[24] Vgl. unten S. 17.

Handelsusanzen weichen hievon oft ab, und dann sind die allgemeinen Vorschriften der Art. 76 ff. OR über die Fristbestimmung anwendbar. Gleich verhält es sich mit der Zahlweise; wenn rechtlich die Zahlung in barem Geld die Regel bildet (Art. 84 OR), so ist sie praktisch die Ausnahme, außer bei den Barkäufen im Detailhandel. Abgesehen von Handelsusanzen, hat die Verbreitung gewisser Ersatzmittel, wie in der Schweiz namentlich des Postchecks und des Bankchecks, zu einer allgemeinen Übung geführt, mit der die Parteien als einverstanden zu gelten haben. Vom Inhaber eines Postcheckkontos ist also anzunehmen, er sei mit der Zahlung durch Überweisung auf dieses Konto einverstanden[25].

Das Gesetz beschränkt sich darauf, eine Vermutung aufzustellen für die Berechnung des Preises, der für die nach dem Gewicht verkauften Waren unter Abzug der Verpackung (Taragewicht) zu verstehen ist (Art. 212 Abs. 2 OR).

Abweichend von der allgemeinen Vorschrift des Art. 104 OR ist die Kaufpreisschuld, auch ohne daß sich der Schuldner in Verzug befindet, verzinslich, wenn dies der Übung entspricht oder wenn der Käufer die Früchte des Kaufgegenstandes beziehen kann (Art. 213 Abs. 2 OR).

IV. Die Bestimmung der Sache und des Preises

Beim Kauf stehen sich eine unmittelbar oder nach ihrer Gattung bestimmte Sache und ein bestimmter Preis gegenüber. Der Vertrag ist daher nur zustande gekommen, wenn sich die Parteien über diese beiden Elemente geeinigt haben. Indessen kann diese Bestimmung der Sache und des Preises indirekt erfolgen.

Was den Preis betrifft, so besagt Art. 184 Abs. 3 OR, er sei «genügend bestimmt, wenn er nach den Umständen bestimmbar ist». Das ist nicht eine für die Auslegung des Parteiwillens aufgestellte Vermutung wie diejenige des Art. 212 OR, wonach bei einer festen Bestellung ohne Nennung des Preises vermutet wird, gemeint sei «der mittlere Marktpreis, der zur Zeit und an dem Orte der Erfüllung gilt». Art. 184 Abs. 3 OR erweitert den Begriff des «bestimmten Preises» in dem Sinne, daß das Gesetz nicht verlangt, es müsse von vorneherein eine feste Summe als Preis festgesetzt werden. Es genügt, wenn er objektiv bestimmbar ist. Dies trifft zu, wenn die spätere Festsetzung des Preises gemäß den Vertragsbestimmungen aufgrund von Faktoren zu erfolgen hat, die nicht mehr vom Willen der einen oder

---

[25] Im internationalen Handel ist das *Akkreditiv* ein Zahlungsmittel im eigentlichen Sinne. Wir verweisen dafür auf das Kapitel über die Anweisung.

andern Partei abhängen. Hieraus folgt, daß der Kaufvertrag dann, wenn gemäß den vertraglichen Bestimmungen eine der Parteien die spätere Festsetzung des Preises einseitig beeinflussen kann, nicht gültig zustande gekommen ist, da es an einem objektiv bestimmbaren Preis als einem wesentlichen Bestandteil des Vertrages fehlt.

Die Rechtsprechung des BGer auf dem Gebiete der Vorauszahlungsverträge hat den Begriff des «objektiv bestimmbaren Preises» sehr weitherzig ausgelegt. Sie betrachtet als solche Preise nicht nur die «Marktpreise» für Waren, die in großen Mengen angeboten werden und für welche sich ein Kurs entwickelt, sondern bei Verkäufen eines Händlers ebenfalls die Preise, zu denen die in der Branche tätigen Händler die den Gegenstand des Kaufes bildenden Waren zur Zeit und am Orte der Erfüllung üblicherweise verkaufen. Das BGer nimmt an, wegen der großen Zahl der möglichen Lieferanten biete die zwischen diesen Lieferanten bestehende Konkurrenz hinreichenden Schutz gegen eine willkürliche Festsetzung der Preise durch den Verkäufer[26]. Diese vor der Novelle vom 23. März 1962 über den Abzahlungs- und den Vorauszahlungsvertrag ergangenen Urteile wurden in dem hier interessierenden Punkte bestätigt durch den neuen Art. 227e Abs. 2 OR. Nachdem so die Lösung, welche die Rechtsprechung gefunden hat, Gesetz geworden ist, kann sie nicht mehr in Frage gestellt werden. Doch wäre es gefährlich, sie zu verallgemeinern. Man steht hier an der äußersten Grenze einer objektiven, dem Willen der Parteien entzogenen Bestimmung des Preises. Die Konkurrenzverhältnisse zwischen den Händlern, welche derartige Geschäfte praktizieren, schienen dem Richter und dem Gesetzgeber Gewähr dafür zu bieten, daß der Preis nicht «willkürlich», d.h. nach freiem Belieben des Verkäufers festgesetzt werde. Anders würde es sich verhalten bei Kaufverträgen über weniger regelmäßig gehandelte Waren oder über solche, deren Preise durch Kartellvereinbarungen künstlich festgesetzt werden. In solchen Fällen besteht die Gefahr, daß der Verkäufer einen zwar nicht ausschließlichen und vielleicht nur mittelbaren, aber nichtsdestoweniger wirksamen Einfluß auf die Preisbildung ausübt, was unvereinbar ist mit dem Erfordernis einer objektiven Bestimmung.

Der Kaufgegenstand muß, gleich wie der Preis, zum mindesten objektiv bestimmbar sein. Es gelten die gleichen Kriterien wie beim Preis. Auch hier war das BGer, und zwar wiederum auf dem Gebiete der Vorauszahlungverträge, sehr weitherzig[27]. Es kombinierte die Begriffe der Gattungsschuld und der Wahlobligation und kam dabei zum Schluß, der Kauf-

---

[26] BGE 84 II, 1958, S. 13 und 266; 85 II, 1959, S. 402.
[27] In der vorstehenden Anmerkung zitierte Urteile.

gegenstand sei hinreichend bestimmt, wenn Sachen mit einem festen Gesamtpreis verkauft würden, diese Sachen ihrer Gattung nach bestimmt seien und der Käufer berechtigt sei, sie aus den zur Zeit der Erfüllung beim Verkäufer auf Lager befindlichen Waren auszuwählen. Da diese Auffassung durch die Art. 227a ff. OR implizite gebilligt wurde, steht sie nicht mehr zur Diskussion. Es handelt sich jedoch um eine extreme Auffassung an der Grenze dessen, was aus dem Gesichtspunkt der Verkehrssicherheit noch hingenommen werden kann. Jede Ausdehnung des Anwendungsbereichs dieser Grundsätze ist entschieden abzulehnen.

V. Der Kauf als synallagmatischer Vertrag

Da der Kauf einen Austausch sofort zu erbringender Leistungen zum Gegenstand hat, ist er, zusammen mit dem Tausch, das Schulbeispiel eines vollkommenen synallagmatischen Vertrages, bei dem die Schuldpflicht jeder Partei ihren Grund in der sie voraussetzenden und von der Gegenpartei übernommenen Schuldpflicht hat.

Unter Vorbehalt der Abweichungen, die in gewissen Sondervorschriften enthalten sind, untersteht der Kauf daher den allgemeinen Bestimmungen, die für zweiseitige Verträge gelten, d.h. dem Art. 82 OR, der die exceptio non adimpleti contractus vorsieht, dem Art. 83 OR über den Rücktritt bei Zahlungsunfähigkeit der Gegenpartei, den Art. 107–109 OR über die Folgen des Verzugs, dem Art. 119 OR über das Unmöglichwerden einer Leistung.

Aus dem einander bedingenden Charakter der Schuldpflichten folgt der Grundsatz der Gleichzeitigkeit der gegenseitigen Leistungen, der in aller Klarheit zum Ausdruck kommt in Art. 184 Abs. 2 OR: «Verkäufer und Käufer sind verpflichtet, ihre Leistungen gleichzeitig – Zug um Zug – zu erfüllen». Es handelt sich um nichts anderes als um die Anwendung des allgemeinen Grundsatzes des Art. 82 OR: «Wer bei einem zweiseitigen Vertrage den andern zur Erfüllung anhalten will, muß entweder bereits erfüllt haben oder die Erfüllung anbieten.»

Art. 213 Abs. 1 OR scheint diesem Grundsatz zu widersprechen, wenn er bestimmt, daß «der Kaufpreis mit dem Übergange des Kaufgegenstandes in den Besitz des Käufers fällig wird». Diese Vorschrift macht also die Fälligkeit des Kaufpreises von der vorgängigen Übergabe des Besitzes an den Käufer abhängig. Der Verkäufer, der den Kaufpreis einfordern will, muß selber erfüllt haben. Das ist eine Abweichung vom Grundsatz der Gleichzeitigkeit der Leistungen. Nimmt man Art. 213 Abs. 1 OR wörtlich, so kann der Verkäufer, der die Sache anbietet und sie zur Verfügung des Käufers hält, nicht verlangen, daß dieser Zug um Zug erfülle. Er muß vorerst die Sache übergeben. Für diese Schlußfolgerung, die im Widerspruch zu dem in Art. 184 OR aufgestellten Grundsatz steht, spricht weiter das Fehlen einer ähnlichen Vorschrift über die Fälligkeit der Lieferung der Sache. Die Rechtslehre hat an dieser möglicherweise nur scheinbaren, aber nicht zu übersehenden Unstimmigkeit keinen Anstoß genommen. Die Autoren lehren bedenkenlos, Art. 213 Abs. 1 OR sei eine Anwendung des Art. 184 Abs. 2 OR und bestätige den Grundsatz der Gleichzeitigkeit der Leistungen[28]. Damit lesen sie aus dem Art. 213 etwas anderes heraus, als sein durchaus klarer Wortlaut besagt. Es ist das Verdienst von PHILIPPE MEYLAN, aufgrund einer scharfsinnigen Untersuchung und einer peinlich genauen Prüfung der Gesetzesmaterialien dargetan zu haben, daß es sich bei Art. 213 Abs. 1 OR um ein Versehen handelt und nicht um eine wohlüberlegte Willenskundgebung des Gesetzgebers, denn die Bestimmung bezog sich ursprünglich einzig auf die Verzinsung des Kaufpreises[29]. Diese Vorschrift ist überflüssig. Sie schafft nur Verwirrung. Es geht nicht an, darin einen Ausdruck des Grundsatzes der Zweiseitigkeit und der Gleichzeitigkeit zu erblicken, den der Art. 184 Abs. 2 OR mit aller wünschbaren Klarheit aufstellt und an den man sich zu halten hat.

Trotz der Bestimmung des Art. 213 Abs. 1 OR ist daher der Verkäufer, der Zahlung des Kaufpreises beansprucht, nicht genötigt, vorher zu liefern. Doch muß er die Lieferung anbieten nach Maßgabe von Art. 82 OR. Umgekehrt hat der Käufer das Recht, erst bei Übergabe der Sache zu bezahlen. Unter «Erfüllung anbieten» versteht das Gesetz ein «tatsächliches» Angebot (Realoblation). Ein wörtliches Angebot genügt nicht. Der Verkäufer muß die Sache zur Verfügung des Käufers halten. Wenn dieser die Lieferung zurückweist, muß der Verkäufer, der auf der Erfüllung besteht, die Sache hinterlegen gemäß den Vorschriften über den Gläubigerverzug (Art. 91 ff. OR). Erst dann wird die Kaufpreisforderung vorbehaltlos fällig, was es dem Verkäufer gestattet, einen Zahlungsbefehl für den Kaufpreis zu erlassen (worin eine unbedingte Zahlungsaufforderung liegt), provisorische Rechtsöffnung zu erwirken und sich der Aberkennungsklage mit Erfolg zu widersetzen[30]. Wenn er auf die Rechtsöffnung verzichtet und gerichtlich vorgeht, kann er von der Hinterlegung absehen und auf Zah-

---

[28] OSER/SCHÖNENBERGER und BECKER, je N. 1 zu Art. 213 OR. Dagegen hat VON TUHR/SIEGWART, § 62, Anm. 47 die Unstimmigkeit bemerkt. Doch stellt er Art. 372 OR, der sich auf den Werkvertrag bezieht, zu Unrecht auf die gleiche Stufe wie den Art. 213. Der strengere Art. 372 erklärt, die Vergütung sei zu zahlen «bei der Ablieferung des Werkes».

[29] PH. MEYLAN, Droit romain dans l'article 213 alinéa 1 du Code des Obligations? Recueil des travaux publiés par la Faculté de droit, Lausanne 1958, S. 47 ff.

[30] BGE 79 II, 1953, S. 280.

lung «Zug um Zug» klagen, indem er die Sache am Erfüllungsort zur Verfügung des Käufers hält. Das Urteil kann sein Begehren um Bezahlung des Kaufpreises nur in dem Sinne gutheißen, daß «Zug um Zug», d.h. gegen Übergabe der Sache zu bezahlen ist[31]. Die vorstehenden Überlegungen gelten mutatis mutandis auch für den Anspruch des Käufers bei Verzug des Verkäufers.

Dieses Erfordernis der Leistung «Zug um Zug», das bei den Detailkäufen allgemein beachtet wird, stößt auf Schwierigkeiten bei den Distanzkäufen. Meistens sehen die Vereinbarungen oder die Handelsbräuche etwas Abweichendes vor. Ist dies nicht der Fall, so bedienen sich die Parteien gewöhnlich des Akkreditivs, zufolge dessen ein zahlungsfähiger Dritter, meistens eine Bank, sich persönlich und unwiderruflich zur Bezahlung verpflichtet gegen Übergabe der Dokumente, welche dem Käufer die Verfügung über die Sache zu den im Vertrag vereinbarten Bedingungen verschaffen und beweisen, daß die Ware vertragskonform ist. Das wird immer mehr die im internationalen Handel übliche Zahlungsart.

§ 3. Der Kauf als Rechtsgrund der Eigentumsübertragung

I. Der Kauf als rein obligatorischer Vertrag

1. Das System des Gesetzes

Indem Art. 184 OR den Kauf definiert als Vertrag, durch den «sich der Verkäufer verpflichtet, dem Käufer den Kaufgegenstand zu übergeben und ihm das Eigentum daran zu verschaffen», macht er aus dem Kauf einen rein obligatorischen Vertrag, d.h. eine Willenseinigung, die nur Schuldverpflichtungen erzeugt. Der Kauf verschafft dem Käufer nicht das Eigentum an der verkauften Sache. Er verpflichtet nur. Der Käufer erwirbt das Eigentum an der Sache erst durch eine Übertragungshandlung, deren Vornahme die hauptsächliche Verpflichtung des Verkäufers bildet und bei beweglichen Sachen in der Übergabe, bei Grundstücken in der Eintragung im Grundbuch besteht.

---

[31] Ein solches Urteil, das die Verurteilung von einer Gegenleistung abhängig macht, bietet Schwierigkeiten bei der Vollstreckung, wenn das Prozeßrecht keine Bestimmungen über die Vollstreckung dieser Urteile enthält. Einige unserer Prozeßgesetze sehen sie vor, so namentlich Art. 74 Abs. 2 und 78 Abs. 1 BZivP, Art. 397 bernische ZPO, Art. 342 freiburgische ZPO, Art. 505 waadtländische ZPO.

Unser OR hält so am System des römischen Rechtes fest, nach dem der Kauf ein obligatorischer Vertrag war, ein System, das uns das gemeine Recht überliefert hat und das auch dasjenige des deutschen und des österreichischen Rechtes ist.

Diese Ordnung wurde nicht ohne Bedenken und Diskussionen in unser Recht übernommen. Der Entwurf MUNZINGER von 1863 behielt in diesem Punkte das kantonale Recht vor. Im Entwurf FICK von 1872 wie auch in demjenigen der zweiten Kommission von 1876 gab man dem französischen System mit eigentumsübertragender Wirkung des Kaufes den Vorzug. Nach dem Entwurf FICK (Art. 202) wird das Eigentum sofort durch das Rechtsgeschäft übertragen, ohne daß die Übergabe der Sache erforderlich ist (par la seule force des conventions). Im Entwurf des Eidg. Justiz- und Polizeidepartementes von 1879 schließlich wurde eine Kompromißlösung vorgeschlagen: Für die Übertragung des Eigentums ist Besitzesübergabe erforderlich; diese Besitzesübergabe ist indessen «geschehen, sobald die Sache ausgeschieden und als Eigentum des Erwerbers genügend bezeichnet ist». Erst in den parlamentarischen Kommissionen setzte sich dann das System durch, das Gesetz geworden ist.

Nach dem französischen CC dagegen und den von ihm beeinflußten Kodifikationen, so den belgischen, italienischen, ägyptischen sowie gewissen südamerikanischen Gesetzen, hat der Kaufvertrag als solcher eigentumsübertragende Wirkung[1]. Art. 1583 CCfr. bestimmt nämlich: «Elle (la vente) est parfaite entre les parties et la propriété est acquise de droit à l'acheteur à l'égard du vendeur, dèsqu'on est convenu de la chose et du prix, quoique la chose n'ait pas encore été livrée et le prix payé».[2] Nach französischem Recht fällt somit, jedenfalls bei individuell bestimmten Sachen, der Kauf mit der Veräußerung zusammen.

Diese Ordnung beruht keineswegs auf einer andern Rechtsauffassung vom Kauf als derjenigen des römischen Rechts, aus dem auch das französische Kaufrecht hervorgegangen ist, sondern ist auf eine Lockerung der Formen der Tradition zurückzuführen, für welche schon in gewissen Stellen der Digesten Beispiele zu finden sind[3]. Im alten französischen Recht wurden in den Kaufvertrag Vermietungs- oder Hinterlegungsklauseln oder die sog. «désaisine-saisine»-Klausel aufgenommen, durch welche der Verkäufer erklärte, er habe die Sache von nun an für den Käufer inne, und durch diese Klauseln, die zu üblichen Vertragsformeln wurden, hat das Erfordernis der Übergabe nach und nach seine Bedeutung verloren.

Die Änderung, die der CCfr. brachte, bestand lediglich darin, daß die ständige Praxis in eine Gesetzesformel gefaßt wurde. Zeuge dieser Entwicklung ist Art. 1582 CCfr., der den Kauf noch immer definiert als «einen Vertrag, durch den der eine sich verpflichtet, eine Sache zu übergeben, der andere, sie zu bezahlen»[4]. Diese Konzeption des eigentumsübertragenden Kaufs hat zur Folge, daß der Verkauf einer fremden Sache grundsätzlich nichtig ist.

---

[1] E. VON CAEMMERER, Rechtsvergleichung und Reform der Fahrnisübertragung, Rabels Zeitschr. für ausl. und internat. Privatrecht, Bd. 12, S. 675.

[2] Siehe auch den in den allgemeinen Vorschriften des CCfr. über die Wirkung der Obligationen befindlichen Art. 1138: «L'obligation de livrer la chose est parfaite par le seul consentement des parties contractantes. Elle rend le créancier propriétaire...».

[3] So die traditio longa manu (PAULUS, D. 41.2.1.21); das constitutum possessorium (CELSUS, D. 41.2.18); die traditio brevi manu (GAIUS, D. 41.1.9.5).

[4] Über diese Entwicklung des französischen Rechts vgl. RIPERT/BOULANGER, Traité, Bd. II, S. 854.

Nach dem von unserem Recht übernommenen System des obligatorischen Kaufs setzt sich die Veräußerung einer Sache aus zwei getrennten Rechtsgeschäften zusammen, aus dem Vertrag, der den Rechtsgrund der Veräußerung bildet, und aus der Verfügung, Übergabe des Besitzes oder Eintragung im Grundbuch, durch welche das Eigentum erworben wird. Diese beiden Rechtsgeschäfte können zeitlich zusammenfallen, wie z.B. bei den Barkäufen im Detailhandel. Sie müßen gleichwohl unterschieden werden.

Nun sind die technischen Kunstgriffe, deren sich die alten französischen Praktiker bedienten und die zum eigentumsübertragenden Kauf führten, auch unserm Recht nicht unbekannt. In gewissen Fällen wird der Besitz durch eine blosse Erklärung übertragen, die in einem schriftlichen Kaufvertrag enthalten sein kann. Die Besitzübertragung *longa manu*, die Besitzanweisung und das Besitzkonstitut sind zulässig (Art. 922 und 924 ZGB) und allgemein gebräuchlich. Solche Übertragungsarten sind jedoch nur wirksam, wenn – im Falle der Übertragung *longa manu* und der Besitzanweisung – der Erwerber das Mittel erhält, um tatsächlich über die Sache zu verfügen, oder – im Falle des Besitzkonstituts – wenn er ein Rechtsverhältnis nachweist, aufgrund dessen der Veräußerer die Sache als unselbständiger Besitzer im Gewahrsam behält. Die Übertragung des Besitzes und damit der Erwerb des Eigentums durch den Käufer kann und darf nicht abhängen von bloßen Formulierungen des Kaufvertrages und nicht erfolgen durch zum Schein abgeschlossene Vereinbarungen über eine Miete, eine Hinterlegung oder ein prekaristisches Verhältnis.

2. Folgen dieses Systems

Eine erste Folge dieses Systems besteht darin, daß der Verkäufer gültig eine Sache verkaufen kann, die nicht in seinem Eigentum steht, wie eine nicht existierende Sache, eine zukünftige Sache oder eine einem Dritten gehörende Sache. Wenn der Verkäufer sich die Sache nicht verschaffen kann, um sie im vereinbarten Zeitpunkt zu übergeben und das Eigentum daran zu übertragen, sind Streitigkeiten, die sich aus einem solchen Vertrag ergeben können, aufgrund der Bestimmungen über das Unmöglichwerden einer Leistung (Art. 119 OR) oder über den Schuldnerverzug zu entscheiden, je nachdem die Unmöglichkeit objektiv oder subjektiv ist. Die Unmöglichkeit gilt als subjektiv und der Verkäufer kann sich deshalb nicht auf Art. 119 OR berufen, wenn das Ausbleiben seiner Leistung zurückzuführen ist auf seine Unfähigkeit, sich die verkaufte Ware zu verschaffen[5].

---

[5] BGE 44 II, 1918, S. 406, Erw. 3.

Gültig sind ferner mehrere aufeinanderfolgende Verkäufe der gleichen Sache an verschiedene Käufer. Derjenige Käufer, dem die Sache übergeben wird, erwirbt das Eigentum daran, und zwar selbst dann, wenn er im Zeitpunkt des Vertragsschlusses oder der Übergabe der Sache von dem früher mit einem andern Käufer abgeschlossenen Kaufvertrage Kenntnis hatte. Dieser letztere hat nur einen obligatorischen Anspruch gegen den Verkäufer auf Übergabe der Sache. Dagegen hat er keinerlei Ansprüche gegen den Käufer, dem die Sache übergeben worden ist, auch nicht wenn dieser Käufer bösgläubig war. Er ist machtlos gegenüber demjenigen, der aufgrund eines gültigen Rechtsgrundes von einem Verkäufer erworben hat, der die Sache weiterhin besaß, das Eigentum an ihr behalten und damit die Befugnis hatte, über sie zu verfügen[6].

Das Ergebnis vermag nicht recht zu befriedigen, falls der zweite Käufer, dem die Sache übergeben wurde, den Verkäufer dazu verleitet hat, den ersten Kauf nicht zu erfüllen, und ihn, z.B. durch ein höheres Preisangebot, veranlaßt hat, den zweiten Kauf abzuschließen und zu erfüllen. Könnte man nicht eine Haftung aus unerlaubter Handlung ins Auge fassen aufgrund des Art. 41 Abs. 2 OR, welcher der widerrechtlichen Schadenszufügung die gegen die guten Sitten verstoßende absichtliche Schadenszufügung gleichstellt? Der zweite Käufer würde verurteilt, den vom ersten erlittenen Schaden zu ersetzen; dieser Schadenersatz könnte in der Verurteilung zur Herausgabe der Sache an den ersten Käufer bestehen, hat doch der Richter nach Art. 43 OR die Art des Ersatzes frei zu bestimmen. Bis heute ist indessen die Rechtsprechung sehr zurückhaltend und betont den relativen Charakter der aus Vertrag entstehenden Ansprüche. Sie lehnt es ab, den Mitschuldigen an einer Vertragsverletzung gegenüber dem Opfer schadenersatzpflichtig zu erklären. Die Anwendung von Art. 41 Abs. 2 OR setze voraus, daß der Dritte – in unserm Falle der zweite Käufer – in der Absicht, den Gläubiger zu schädigen, gehandelt habe oder daß er sich unlauterer Mittel bedient habe. Fehle es hieran, so könne sich der Gläubiger stets nur an seinen vertraglichen Schuldner halten[7].

---

[6] Anders würde es sich verhalten, wenn der erste Käufer dartun könnte, daß der Verkäufer die Sache für seine Rechnung behalten habe aufgrund eines besondern Rechtsverhältnisses, z.B. zur Instandstellung oder zur Hinterlegung. Der Käufer könnte dann geltend machen, daß ihm der Besitz ohne Übergabe der Sache, durch Besitzkonstitut, übertragen worden sei, und er könnte die Sache vom zweiten Käufer vindizieren, wobei er aber dessen bösen Glauben darzutun hätte.

[7] BGE 52 II, 1926, S. 370; 63 II, 1937, S. 18 und 86. CH.-PH. MERCIER, Faut-il admettre l'existence d'un ius ad rem en droit civil suisse? Thèse Lausanne 1929; J.-M. GROSSEN, La responsabilité du tiers complice d'un contrat, Mélanges en l'honneur de Wilhelm Schönenberger,

II. Die Beziehungen zwischen dem Vertrag und der Verfügung

1. Der Grundsatz

Da die Veräußerung zwei verschiedene Rechtsgeschäfte, den Vertrag und die Verfügung, voraussetzt, stellt sich die Frage nach der Beziehung zwischen diesen beiden Bestandteilen. Bewirkt die Verfügung den Eigentumsübergang unabhängig von der Gültigkeit des Vertrages? Wenn der Vertrag nichtig ist, z.B. weil er an einem Willensmangel leidet oder weil der Verkäufer handlungsunfähig ist, heilt dann eine im Anschluß an diesen Vertrag erfolgte, ordnungsgemäße Tradition den Mangel des Vertrages? Mit andern Worten, ist die Verfügung kausal oder abstrakt?

Unter dem Einfluß von SAVIGNY entwickelte sich in Deutschland die Lehre vom sog. abstrakten dinglichen Vertrag. Diese voluntaristische Theorie sieht in der Tradition keinen bloß faktischen Akt, sondern eine Willenseinigung zwischen dem Veräußerer und dem Erwerber als notwendigen Bestandteil des Verfügungsgeschäfts[8]. Dieser sog. dingliche Vertrag ist nicht nur vom Kaufe verschieden, er ist auch davon unabhängig, er ist ein abstraktes Rechtsgeschäft. Der Erwerbsgrund ist lediglich das Motiv für den dinglichen Vertrag und bildet nicht die rechtliche causa desselben. Wenn daher der Kaufvertrag an einem Mangel leidet und damit keinen gültigen Erwerbstitel bildet, wird durch die Tradition, als unabhängig davon wirksamen Vertrag, das Eigentum trotzdem übertragen. Diese Konstruktion des abstrakten dinglichen Vertrages hat die Lehre des gemeinen Rechts beherrscht. Sie wurde vom deutschen BGB übernommen und hält in Deutschland noch immer den kritischen Einwendungen stand, die gegen sie erhoben werden[9].

Die praktische Bedeutung dieser Lehre besteht darin, daß die Ungültigkeit des Kaufvertrages der Gültigkeit des durch eine an sich ordnungsgemäße Tradition erfolgten Eigentumsübergangs nicht entgegensteht, so daß der Veräußerer, der sich auf die Nichtigkeit beruft, nicht vindizieren kann. Es bleibt ihm nur ein obligatorischer Rückforderungsanspruch gegen den Erwerber und nur gegen diesen. Er kann die Sache nicht einem Dritten abverlangen, an den sie der Käufer allenfalls weiterverkauft hat, und ebensowenig kann er sie im Konkurs des Käufers vindizieren. Er hat also kein Folgerecht (droit de suite) noch irgend ein Vorzugsrecht an einer Sache, die

---

Fribourg 1968, S.121 und dort zit. Monographien; M. SCHWARTZ, La théorie des deux sujets d'Ernest Roguin et le tiers complice de violation d'un contrat, SJZ 65, 1969, S.36.
[8] F.C. VON SAVIGNY, System des heutigen römischen Rechts, Berlin 1840, Bd. III, § 140, S.312ff.
[9] LARENZ, § 39, II d, Anm.1, S.17.

er, trotz Ungültigkeit des Kaufvertrages, gültig veräußert hat. Diese Lehre schützt den Erwerber einer beweglichen Sache. Sie trägt zur Verkehrssicherheit auf dem Gebiete des Fahrniskaufes bei. Sie ist aus praktischen Gesichtspunkten eine notwendige Schranke in einer Rechtsordnung wie dem gemeinen Recht, das sich streng an die römischrechtlichen Grundsätze hielt, dem Eigentümer ein absolutes Folgerecht gewährte und den Schutz des gutgläubigen Erwerbers nicht kannte. Ohne eine derartige Schranke hätte die unbedingte Anerkennung des Folgerechts die Sicherheit der Handelsbeziehungen aufs schwerste beeinträchtigt. Ein solches Hemmnis wäre nicht vereinbar gewesen mit den steigenden Anforderungen, welche die Entwicklung des Handelsverkehrs im 19. Jahrhundert stellte.

Das OR von 1881 entschied die Frage nicht, und zwar aus dem einfachen Grunde, weil sich das Problem gar nicht stellte: Die Lehre vom abstrakten dinglichen Vertrag herrschte unwidersprochen. Das BGer hat sich ihr in zwei Urteilen angeschlossen[10].

Das revidierte OR von 1911 ließ die Frage ebenfalls offen. Man kann aus zahlreichen seiner Bestimmungen[11] wie auch aus dem Fehlen jeder Diskussion bei den Vorarbeiten schließen, daß der Gesetzgeber in diesem Punkte am bisherigen Rechtszustand nichts ändern wollte. Dagegen hat sich das ZGB in Art. 974 für den Erwerb des Grundeigentums auf den gegenteiligen Standpunkt gestellt. Nach dieser Bestimmung nämlich können, wenn ein dingliches Recht, insbesondere das Eigentum, aufgrund eines unverbindlichen Rechtsgeschäftes im Grundbuch eingetragen worden ist, Dritte sich auf den Eintrag nicht berufen; ein Vorbehalt gilt einzig für den gutgläubigen Erwerber. Der Verkäufer, der die Ungültigkeit des Kaufes geltend macht, kann somit vindizieren und auf Änderung des ungerechtfertigten Eintrages klagen gegen den Dritterwerber. Die Erwerbsart, d.h. die Eintragung im Grundbuch, ist also nicht abstrakt. Es gilt für sie der Grundsatz der Kausalität; ihre Wirksamkeit hängt von der Gültigkeit des Rechtsgrundes ab[12].

Ist diese Vorschrift auf den Erwerb von beweglichen Sachen analog anzuwenden? Die Rechtslehre war geteilt bis zu einem Urteil des BGer von 1929[13], das den Grundsatz des Art. 974 ZGB auch auf bewegliche Sachen anwandte und sich damit der Lehre vom kausalen Verfügungsgeschäft zuwandte. Von einigen vereinzelten Kritiken abgesehen, hat diese Recht-

---

[10] BlZR 2, S.321; BGE 34 II, 1908, S.812.
[11] Vgl. unten S. 25 ff.
[12] BGE 45 II, 1919, S.63, Erw. 3 und S.71; 64 II, 1938, S.284.
[13] BGE 55 II, 1929, S.302.

sprechung allgemeine Zustimmung gefunden und ist nicht mehr in Frage gestellt worden. Sie ist als feststehend zu betrachten.

Mit der Übergabe der verkauften Sache wird daher das Eigentum nach schweizerischem Recht nur übertragen, wenn der Kaufvertrag gültig ist; denn dieser bildet den Rechtsgrund, welcher der Tradition ihre Wirkung als eigentumsübertragende Verfügung verleiht. Die Rechtslehre hat es aufgegeben, in der Tradition einen besonderen, selbständigen Vertrag zu erblicken[14]. Im Falle der Ungültigkeit des Kaufes bleibt der Verkäufer Eigentümer der Sache und kann sie vindizieren; er kann sein Recht zur Wiedererlangung der Sache ausüben unter dem einzigen Vorbehalt des Schutzes von gutgläubigen Dritterwerbern; ferner wird sein Vorzugsrecht anerkannt im Konkurs des Käufers oder gegenüber einem Pfändungsgläubiger.

2. Einzelne Sonderfälle

Geht man davon aus, daß der Erwerb des Eigentums von der Gültigkeit des Kaufes abhängt, so wirken sich die Nebenbedingungen, die mit dem Kauf verbunden sein können, nicht nur auf die daraus entspringenden Schuldverpflichtungen, sondern auch auf die Eigentumsübertragung als solche aus[15]. Wenn aufgrund von Gesetz oder Vereinbarung eine Bedingung oder ein Rücktrittsrecht Wirkung *ex tunc* entfaltet und deshalb das kausale Vertragsverhältnis ab ovo aufgehoben wird, so fallen die Wirkungen der zur Erfüllung dieses Vertrages vorgenommenen Verfügungen, namentlich die Eigentumsübertragung, dahin. So bewirkt der Eintritt einer dem Kauf beigefügten Resolutivbedingung, daß die Eigentumsübertragung dahinfällt, sobald der Rechtsgrund der Zuwendungsverfügung selber dahingefallen ist[16]. Das gilt als Grundsatz.

Logischerweise müßte dies auch gelten für ein vertragliches Rücktrittsrecht, das eine Partei einseitig, aufgrund eines Gestaltungsrechtes, unter gewissen Voraussetzungen ausüben kann. Indessen zeigt sich in der Rechtslehre deutlich eine Tendenz, die Wirkung eines solchen Rücktritts auf das Schuldverhältnis allein zu beschränken. Das ist damit zu erklären, daß solche Klauseln in der Praxis meistens an die Erfüllung von Verpflichtungen des Käufers geknüpft sind. Würden sie als wirksam anerkannt, so würde auf

---

[14] Zu dieser ganzen Frage siehe die sehr gründliche Untersuchung mit Literaturangaben bei HAAB/SIMONIUS, Zürcher Kommentar, Bd. IV, 2. Aufl., Zürich 1929 ff., N. 13–44 zu Art. 714 ZGB.
[15] SIMONIUS, Übertragung, S. 48 ff.
[16] Obwohl Art. 154 Abs. 2 OR die Rückwirkung in der Regel ausschließt, nimmt die Rechtslehre einstimmig an, daß der resolutiv bedingte Kauf *ex tunc* aufgelöst wird durch den Eintritt der Bedingung. Vgl. unten S. 32; SIMONIUS, a.a.O., S. 49.

einem Umweg ein Eigentumsvorbehalt eingeführt, der neben den in Art. 715 ZGB vorgesehenen Eigentumsvorbehalt treten und den danach geltenden Voraussetzungen widersprechen würde[17].

Der Rücktritt vom Kauf *ex lege* wegen Verzugs des Käufers bewirkt ebenfalls, daß das Vertragsverhältnis *ex tunc* aufgelöst wird. Die natürliche Folge wäre das Dahinfallen der Eigentumsübertragung mit der Wirkung, daß der Verkäufer die verkaufte Sache vindizieren könnte. Das Gesetz bestimmt jedoch das Gegenteil: Art. 109 OR, den die in Art. 214 Abs. 3 OR enthaltene Sondervorschrift bestätigt, gibt dem Verkäufer nur ein persönliches Rückforderungsrecht[18].

Die Wandelungsklage aufgrund der Gewährleistung für Mängel gemäß Art. 205 ff. OR bewirkt, daß der Vertrag *ex tunc* aufgelöst wird[19]. Auch hier verlangt die Logik, daß die Wirkungen der «Rückgängigmachung» des Kaufs sich auf die Übertragung des Eigentums erstrecken. Diese Lösung ist um so eher angebracht, als die Rechtsprechung annimmt, in Konkurrenz mit der Wandelklage sei die Anfechtung des Kaufvertrages wegen Grundlagenirrtums zulässig[20]. Nun hat die Aufhebung des Kaufvertrages wegen Willensmängeln zur Folge, daß die Übertragung des Eigentums an der verkauften Sache dahinfällt. Art. 208 Abs. 1 OR, wonach «der Käufer die (gekaufte) Sache zurückgeben muß», hat freilich eine bloß obligatorische Rückerstattungspflicht im Auge. Diese Lösung drängt sich auf nach der Lehre vom abstrakten dinglichen Vertrag, die zur Zeit der Ausarbeitung dieser Bestimmung unangefochten galt. Wir ziehen dieser Lösung indessen eine logische Auslegung vor, welche den Vorzug hat, in Einklang zu stehen mit den Lösungen, zu denen die beiden parallelen Rechtsbehelfe führen, die nach der Rechtsprechung offenstehen[21]. Die Frage ist freilich ohne große

---

[17] SIMONIUS, a.a.O., S. 51.
[18] OSER/SCHÖNENBERGER, N. 5 zu Art. 109 und N. 13 zu Art. 214 OR. Art. 212 SchKG, der dem Verkäufer, welcher geliefert hat, das Recht abspricht, die Sache im Konkurs des Käufers zurückzufordern, und zwar selbst dann, wenn er sich das Rückforderungsrecht ausdrücklich vorbehalten hat, ist zweideutig: Diese Vorschrift, mit der ein (dingliches) Aussonderungsrecht ausgeschlossen werden sollte, setzt offenbar voraus, daß dieses Recht im Falle des Rücktritts vom Vertrag besteht. Andernfalls wäre die Bestimmung überflüssig, denn das obligatorische Rückforderungsrecht des Verkäufers wird gemäß Art. 211 Abs. 1 SchKG in eine Geldforderung umgewandelt.
[19] SIMONIUS, a.a.O., S. 53.
[20] Vgl. unten S. 97.
[21] Hervorzuheben ist, daß in Frankreich die Rechtsprechung mit Zustimmung der herrschenden Lehre dem Käufer eine bloße Rückerstattungspflicht auferlegt. Sie läßt sich dabei von Erwägungen leiten, die anknüpfen an den Ursprung des Rechtsbehelfs, von dem angenommen wird, er begründe einen besonderen Anspruch, dessen Gegenstand beschränkt ist, und nicht. die Aufhebung des Vertrags mitumfasse, wie dies der Fall ist im schweizerischen Recht PLANIOL/RIPERT/HAMEL, tome 10, no 134.

praktische Bedeutung, da Art. 207 Abs. 3 OR die Wandelung ausschließt für den Fall, daß der Käufer die Sache verkauft hat, was zur Folge hat, daß die Aufhebung des Kaufes Dritten nie entgegengehalten werden kann. Doch kann, im Falle der Zahlungsunfähigkeit des Käufers, der zur Rückerstattung des Kaufpreises verpflichtete Verkäufer die Sache vindizieren.

Es zeigt sich somit, daß teils infolge von Gesetzesvorschriften, die von der Idee des abstrakten dinglichen Vertrages beherrscht sind – und das scheint bei Art. 109 OR der Fall zu sein –, teils unter dem Einfluß einer Rechtslehre, die von dieser Idee nicht völlig losgekommen ist, unser Kaufsrecht noch nicht in systematischer Weise alle Konsequenzen gezogen hat, welche sich aus der Anerkennung der Lehre von der kausalen Natur des Übertragungsaktes ergeben.

§ 4. Der Übergang von Nutzen und Gefahr

Literatur:

PH. MEYLAN, Periculum est emptoris, Festschrift Guhl, S. 15 ff.; W. EGLI, Die Gefahrtragung beim Kaufvertrag, Diss. Affoltern a. A. 1926; R. SECRÉTAN, Evolution récente du problème des risques de la chose vendue, Recueil de travaux publiés à l'occasion du cinquantenaire de l'Ecole des Hautes Etudes commerciales, Lausanne 1961, S. 197.

I. Der Grundsatz periculum est emptoris

Gemäß Art. 119 OR gilt die Forderung als erloschen, wenn die Leistung unmöglich geworden ist infolge von Umständen, die der Schuldner nicht zu verantworten hat. Das ist ein selbstverständlicher Grundsatz. Der Schuldner einer individuell bestimmten Sache wird befreit im Falle des zufälligen Untergangs der Sache infolge von Umständen, für die er nicht einzustehen hat. Der Verkäufer einer individuell bestimmten Sache ist also nicht mehr zur Lieferung verpflichtet, wenn die Sache durch Zufall untergeht. Ein Urteil der Genfer Cour de Justice gibt ein gutes Beispiel hiefür: Eine Sammlung japanischer Stiche, die ein in Basel wohnhafter Sammler von einem Einwohner von Yokohama gekauft hat, wird wenige Stunden, nachdem die schriftliche Annahmeerklärung des Verkäufers beim Käufer eingetroffen ist, durch ein Erdbeben zerstört[1].

---

[1] Cour de Justice de Genève, 16. März 1926, Sem. jud. 1926, S. 433.

Beim Problem der Gefahr geht es darum, ob dann, wenn der Verkäufer dergestalt von der Schuldpflicht befreit wird, der Käufer gleichwohl den Kaufpreis zu bezahlen hat. Ist dies der Fall, so sagt man, die Tragung der Gefahr obliege dem Käufer (periculum est emptoris), andernfalls, der Verkäufer trage die Gefahr (periculum est venditoris).

Die Frage stellt sich nur, solange die Sache nicht übergeben worden ist. Ist einmal die Übergabepflicht durch die Ablieferung untergegangen, so ist die Rechtslage klar. Der Käufer ist dann Eigentümer geworden und hat den Nutzen und die Gefahr der Sache. Die zufällige Vernichtung befreit ihn nicht von seiner Verpflichtung, den Kaufpreis zu bezahlen.

Das Problem des Übergangs des Nutzens, d.h. des Ertrages der Sache wie z.B. der natürlichen oder zivilen Früchte, des Nachwuchses von Tieren, der Mehrwerte, stellt sich in gleicher Weise. Es tritt jedoch in der Praxis viel seltener auf, denn es handelt sich meistens nicht um zufällige Ereignisse, die sich der Voraussicht der Parteien entziehen.

Bei den synallagmatischen Verträgen, für welche die Gegenseitigkeit der sich daraus ergebenden Leistungen typisch ist, hat die Befreiung einer Partei, welcher es infolge eines zufälligen Ereignisses unmöglich ist, zu leisten, als selbstverständliches Gegenstück die Befreiung der andern Partei. Diese Lösung drängt sich aus Gründen der Logik und Billigkeit auf. Sie folgt aus der Absicht der Parteien, von denen sich jede nur verpflichtet hat im Hinblick auf die Rechte, die ihr der Vertrag im Austausch mit ihrer eigenen Leistung einräumt. Jede Verpflichtung hat ihren Rechtsgrund in der Verpflichtung der Gegenpartei. Dieser Grundsatz wird im Allgemeinen Teil des OR bestätigt durch Art. 119 Abs. 2: Bei zweiseitigen Verträgen haftet der hienach, d.h. wegen Unmöglichwerdens seiner Leistung «freigewordene Schuldner für die bereits empfangene Gegenleistung... und verliert die noch nicht erfüllte Gegenforderung».

Nun bestimmt Art. 185 Abs. 1 OR für den wichtigen Fall des Kaufes, des im höchsten Maße synallagmatischen Vertrages, gerade das Gegenteil:

«Sofern nicht besondere Verhältnisse oder Verabredungen eine Ausnahme begründen, gehen Nutzen und Gefahr der Sache mit dem Abschluß des Vertrages auf den Erwerber über.»

Dieser Grundsatz galt im römischen Recht der frühen Kaiserzeit und wurde in die justinianische Gesetzgebung übernommen, wo er schlecht in das Gefüge des Kaufrechts paßte. Die Romanisten erklären dies, nicht ohne Kontroversen, mit dem Weiterleben und der Verallgemeinerung alter Regeln, die sich aus Besonderheiten des früheren Kaufrechts ergaben[2]. Der Grundsatz periculum est emptoris blieb in Geltung bis ins gemeine Recht hinein trotz der Kritiken der Naturrechtslehre, namentlich von Pufendorf und Barbeyrac[3]. Unser OR hat ihn übernommen,

---

[2] Vgl. Meylan, Periculum est emptoris, S. 15 ff.
[3] Vgl. Ripert/Boulanger, tome II, no 508.

während das deutsche BGB mit größerer Folgerichtigkeit vorgegangen ist, indem es mit der Überlieferung brach und den gegenteiligen Grundsatz aufstellte, der allein vereinbar ist mit der obligatorischen Natur des Kaufes. Das französische Recht dagegen ist beim Grundsatz periculum est emptoris geblieben, was sich, wenigstens logisch betrachtet, mit der eigentumsübertragenden Wirkung (Translativeffekt) des französischen Kaufvertrages rechtfertigen läßt: wenn der Käufer das Eigentum mit dem Abschluß des Kaufvertrages erwirbt, kommt ohne weiteres der allgemeine Grundsatz zur Anwendung, wonach der Eigentümer den Nutzen und die Gefahr hat, res perit domino.

Art. 185 OR wurde nicht ohne Widerstand angenommen. Bei der Ausarbeitung des OR von 1881 wurde die Frage, die noch durch die Kontroverse über die (mit dem Gefahrenübergang eng zusammenhängende) eigentumsübertragende Wirkung des Kaufvertrages kompliziert wurde, ausgiebig diskutiert, was in der Verschiedenheit der Lösungen zum Ausdruck kommt, die in den einander ablösenden Entwürfen vorgeschlagen wurden. Der Entwurf MUNZINGER machte den Übergang der Gefahr vom Zustandekommen des Kaufes und von der Zurverfügungstellung der Sache an den Käufer abhängig. Die Entwürfe von 1872, 1876 und 1879 wie auch noch der zweite Entwurf des Eidg. Justiz- und Polizeidepartements vom 20. Januar 1881 knüpften den Übergang der Gefahr an die Übertragung des Eigentums. Erst im Laufe der Arbeiten der parlamentarischen Kommissionen wurde der Grundsatz res perit emptori angenommen, der sich in Art. 204 des OR von 1881 findet und nicht im Abschnitt über den Kauf, sondern im Abschnitt über den Erwerb des Eigentums an Mobilien steht. Er war also auf alle Veräußerungsverträge anwendbar. Bei der Revision von 1911 lebte die Kontroverse wieder auf, ohne daß sich jedoch eine andere Lösung durchsetzen konnte. Für den Grundstückkauf dagegen, für den bis dahin das kantonale Recht gegolten hatte, stellte Art. 220 OR den gegenteiligen Grundsatz auf[4].

Die Vorschrift des Art. 185 OR ist unlogisch, weil sie dem fundamentalen Grundsatz der Gegenseitigkeit der Verpflichtungen widerspricht. Sie ist unbillig, weil sie den Käufer Gefahren tragen läßt, die er nicht abzuwenden vermag, solange der Verkäufer die Sache besitzt. Sie stellt einen Einbruch in die allgemeine Regel des Art. 119 Abs. 2 OR dar und steht in Widerspruch zu den Bestimmungen über den Grundstückkauf (Art. 220), die Miete (Art. 254), den Werkvertrag (Art. 376) und den Verlagsvertrag (Art. 390). Sie läuft endlich den im Volke allgemein herrschenden Auffassungen zuwider. Es hält schwer, für diese Vorschrift eine befriedigende Erklärung zu finden, die sich mit dem Wesen unseres Kaufvertrages vereinbaren läßt. Zahlreiche Rechtfertigungen sind schon versucht worden. Allein ihre Zahl zeugt für ihre Untauglichkeit. Möglicherweise ist der Gesetzgeber, soweit er sich von theoretischen Überlegungen leiten ließ, durch die damals verbreitete Lehre WINDSCHEIDS vom «Veräußerungsvertrag» beeinflußt worden: wer verkauft, möchte das Eigentum an der Sache übertragen; sein wirklicher Wille geht nicht so sehr auf die Eingehung von Verpflichtungen als auf die Übergabe. WINDSCHEID leitet hieraus ab, daß im Verhältnis zwischen Verkäufer und Käufer die Sache schon dann als im Vermögen des Käufers befindlich zu gelten habe, wenn der Kaufvertrag perfekt geworden ist[5].

---

[4] Für Einzelheiten der Entstehungsgeschichte von Art. 204 aOR vgl. EGLI, S. 65 ff.
[5] WINDSCHEID, Lehrbuch des Pandektenrechts, 8. Aufl., Frankfurt a. M. 1900, Bd. II, § 321, Ziff. 3.

MEYLAN[6] erblickt ein Indiz für die Übernahme der Lehre WINDSCHEIDS im Wortlaut des Art. 204 aOR, wo nicht von «Kauf» und «Käufer» die Rede ist, sondern von «Veräußerungsvertrag» und «Erwerber». Indessen darf nicht übersehen werden, daß diese Bestimmung nicht im Abschnitt über den Kauf steht, sondern im Abschnitt über den Erwerb des Eigentums an Mobilien: Art. 204 OR bezieht sich auf alle Veräußerungsverträge. Die ersten Entwürfe, so der Entwurf FICK und der Entwurf der zweiten Expertenkommission von 1876, die den Gefahrenübergang an die Eigentumsübertragung knüpfen und daher kaum im Verdacht der Abhängigkeit von WINDSCHEID stehen, haben übrigens, aus den gleichen Gründen der Gesetzessystematik, dieselbe Terminologie gewählt. Es ist nicht ohne Reiz, festzustellen – wie es unseres Wissens MEYLAN erstmals getan hat –, daß diese Terminologie in den Art. 185 des geltenden OR übergegangen ist, wo sie offensichtlich fehl am Platze ist.

Ein Nachklang der Erklärung WINDSCHEIDS findet sich noch bei OSER/SCHÖNENBERGER[7], wo ausgeführt wird, auch wenn der Kaufgegenstand noch nicht Eigentum des Käufers sei, so gehöre er eben doch als Forderung zu dessen Vermögen, und das rechtfertige es, den Käufer als Eigentümer zu behandeln, wenigstens im Verhältnis unter den Parteien[8].

Unseres Erachtens ist es vorzuziehen, auf eine logische Rechtfertigung einer unlogischen Vorschrift zu verzichten, welche den natürlichen Grundsätzen widerspricht und sich nur erklären läßt mit dem Gewicht der Überlieferung und dem Ansehen, das die Lehre des gemeinen Rechts zu Ende des letzten Jahrhunderts in unserm Lande genoß.

Das Gesetz behält immerhin die durch «besondere Verhältnisse oder Verabredungen» begründeten Ausnahmen vor. Wir werden sehen, daß die Praxis die Tragweite des Art. 185 OR durch eine sehr weitherzige Anwendung dieses Vorbehalts erheblich eingeschränkt hat.

II. Anwendungsbereich der gesetzlichen Vorschrift

1. Unter «Gefahr» ist zunächst der gänzliche Verlust der Sache, ihre Zerstörung zu verstehen; dieser gleichzustellen sind behördliche Maßnahmen, welche der Lieferung der Sache auf die Dauer entgegenstehen, wie eine Konfiskation[9]. Eine Gefahr bilden auch der teilweise Verlust und die Beschädigung der Sache, namentlich die Havarien als Folge des Transportes oder einer Unterbrechung des Transportes, die auf höhere Gewalt zurückzuführen ist (z.B. Streik). Gleich verhält es sich nach der herrschenden

---

[6] a.a.O., S. 14.
[7] N. 2 zu Art. 185 OR.
[8] Näheres über die verschiedenen Theorien siehe WINDSCHEID, a.a.O., § 321, Anm. 19a und, für das schweizerische Recht, EGLI, S. 19–42.
[9] So die Beschlagnahme einer Ware durch eine kriegführende Macht, BGE 44 II, 1918, S. 416; RABEL, Bd. II, S. 306. Wer dagegen eine fremde Sache in eigenem Namen verkauft, kann sich nicht auf Art. 185 berufen, wenn er sie nachträglich infolge einer anderweitigen Verfügung des Eigentümers nicht zu liefern vermag; BGE 44 II, 1918, S. 406, Erw. 3.

Lehre[10] mit den Veränderungen, welche, ohne die Art oder die Qualität der Ware zu beeinträchtigen, ihren Handelswert vermindern, wie namentlich Gewichtsveränderungen im Laufe des Transportes[11].

Was die Verzögerungen in der Lieferung betrifft, die auf eine vom Verhalten des Verkäufers oder seiner Hilfspersonen unabhängige Transportunterbrechung wie Streik, Umwegrouten, Beschlagnahme zurückzuführen sind, so liegen die Dinge weniger einfach. Es muß dreierlei unterschieden werden: die Verzögerung als solche, für die die Vorschriften über den Verzug gelten, die infolge der Verzögerung entstehenden außerordentlichen Transportkosten wie Lagerkosten, Hafengebühren, welche von der Partei zu tragen sind, welche gemäß Vertrag oder Gesetz die Transportkosten zu übernehmen hat, und schließlich die Havarien, die sich aus der Verzögerung ergeben können und die allein Gefahren im Sinne des Art. 185 OR bilden und unter diese Bestimmung fallen.

2. Der Begriff der Gefahr setzt ein zufälliges Ereignis voraus[12]. Wenn der Verkäufer im Verzug ist, trägt er gemäß Art. 103 OR die Gefahr, es sei denn, er könne beweisen, daß der Verzug ohne jedes Verschulden von seiner Seite eingetreten ist oder daß der Zufall die Sache auch bei rechtzeitiger Erfüllung getroffen hätte[13].

3. Art. 185 Abs. 1 OR bestimmt, daß die Gefahr «mit dem Abschluß des Vertrages» auf den Käufer übergeht. Die Frage der Gefahrentragung stellt sich also nur für die Zeit zwischen dem Vertragsschluß und der Übergabe der Sache. Wenn daher die Sache durch Zufall untergegangen ist, bevor der Vertrag perfekt geworden ist, was unter Umständen beide Parteien nicht wissen konnten, als sie den Vertrag abschlossen, befinden wir uns außerhalb des Anwendungsbereichs von Art. 185 OR. Es liegt zwar ein perfekter Vertrag vor, dessen Erfüllung durch den Verkäufer sich aber als unmöglich erweist. Handelt es sich um eine objektive Unmöglichkeit, die schon vor dem Vertragsschluß bestand, so ist Art. 20 OR anwendbar; der Vertrag ist nichtig mit der Wirkung, daß der Käufer von seiner Pflicht befreit wird. So hätte es sich in dem oben erwähnten Beispiel des Kaufs einer Sammlung japanischer Stiche verhalten, wenn das Schreiben mit der Annahmeerklärung des Käufers einige Augenblicke nach dem Erdbeben, bei dem die Sammlung zerstört wurde, und nicht einige Tage vorher abgesandt worden wäre (Art. 10 OR).

---

[10] RABEL, Bd. II, S. 304.
[11] BGE 46 II, 1920, S. 457.
[12] BGE 44 II, 1918, S. 406, Erw. 3.
[13] OSER/SCHÖNENBERGER, N. 5 und BECKER, N. 1 zu Art. 185 OR.

4. Art. 185 Abs. 3 OR bestimmt für die Verträge, die unter einer aufschiebenden Bedingung abgeschlossen worden sind, daß die Gefahr erst mit dem Eintritt der Bedingung an den Käufer übergeht. Das leuchtet ohne weiteres ein, da ja gemäß Art. 151 Abs. 1 OR die Entstehung der Verbindlichkeiten vom Eintritt der Bedingung abhängig ist und es bei der Gefahrentragung um den Untergang der Verpflichtung zur Preiszahlung als Gegenstück zum Untergang der Verpflichtung zur Lieferung der Sache geht. Bis zum Eintritt der Bedingung ist die Kaufpreisforderung des Verkäufers nicht entstanden und stellen sich daher die Fragen, die ihr Untergang aufwerfen kann, gar nicht.

Im Falle der auflösenden Bedingung dagegen ist die Rechtslage weniger klar und schweigt das Gesetz. Die Kommentatoren nehmen, ohne ihre Auffassung zu begründen, an, daß der Käufer die Gefahr trägt, wenn diese sich während des Schwebens der Bedingung verwirklicht[14]. Das einzige Argument, das für diese Lösung spricht, ist der Schluß, den man a contrario aus Art. 185 Abs. 3 OR ziehen kann, der eine Ausnahme nur für den Fall der Suspensivbedingung vorsieht. Dieser Schluß findet eine Stütze im Umstand, daß das OR von 1881 nur von Bedingung sprach, also offenbar die Resolutivbedingung mitumfaßte. Erst bei der Revision von 1911 wurde der im geltenden Art. 185 Abs. 3 enthaltene Ausnahme ausdrücklich beschränkt auf die unter einer Suspensivbedingung abgeschlossenen Verträge.

Diesem auf dem Wortlaut beruhenden Argument ist entgegenzuhalten, daß der Eintritt der Bedingung von Rechts wegen bewirkt, daß die Verpflichtungen aus dem Vertrage dahinfallen. Gemäß Art. 154 Abs. 2 OR hat die Auflösung in der Regel freilich keine rückwirkende Kraft. Eine solche Wirkung ist jedoch nicht erforderlich; es genügt, daß der Käufer ex nunc, mit dem Eintritt der Bedingung, von seinen Verpflichtungen befreit wird. In der Rechtslehre wird übrigens für das Gebiet des Kaufes die Nichtrückwirkung beschränkt auf die vor dem Eintritt der Bedingung gezogenen Vorteile, nämlich auf den Nutzen der bereits gelieferten Sache oder die Zinsen des schon bezahlten Kaufpreises. Es leuchtet auch ein, daß der unter einer auflösenden Bedingung abgeschlossene Kauf dahin zu verstehen ist, daß die noch nicht erfüllten Verpflichtungen infolge der Auflösung dahinfallen und die bereits erbrachten Leistungen zurückzuerstatten sind[15].

Ist der Kauf aufgelöst, so kann er nicht mehr als Rechtsgrund der Verpflichtung angerufen werden. Art. 185 OR hat seine Rolle ausgespielt, denn es gibt keinen Vertrag mehr. Die Lösung ist auf dem Boden der Rückforderung einer bezahlten Nichtschuld (Art. 62 ff. OR) zu suchen. Wenn daher vor dem Eintritt der Bedingung noch keine Partei den Kaufvertrag erfüllt hat, so hat der von seiner Verpflichtung befreite Verkäufer keinen Anspruch auf Bezahlung des Kaufpreises. Falls dagegen der Käufer vorausbezahlt hat und die Sache vor dem Eintritt der Bedingung beim Verkäufer untergegangen ist, hat der Käufer das Recht, den bezahlten Kaufpreis als eine aus einem nachträglich weggefallenen Grund erfolgte Zuwendung zurückzuverlangen gemäß Art. 62 OR[16].

Wie verhält es sich, wenn die schon übergebene Sache beim Käufer vor dem Eintritt der Bedingung durch Zufall untergegangen ist? Streng genommen könnte der Käufer die Bezahlung des Kaufpreises verweigern, da die Verpflichtung hiezu durch die Auflösung des Vertrages dahingefallen ist. Anderseits wäre er von der Pflicht zur Rückgabe der Sache befreit, denn der Verkäufer kann sich weder auf einen vertraglichen Rechtsgrund berufen, da der Vertrag aufge-

---

[14] OSER/SCHÖNENBERGER, N. 15 und BECKER, N. 3 zu Art. 185 OR.
[15] VON TUHR/SIEGWART, § 86 IV; SIMONIUS, Übertragung, S. 49/50 und dort zitierte Autoren.
[16] In diesem Sinne ENNECCERUS/LEHMANN, § 103, III; LARENZ, § 42, II a, S. 78.

löst ist, noch – mangels einer Bereicherung des Käufers – auf ungerechtfertigte Bereicherung[17]: Hätte dieser Käufer den Preis bezahlt, so ließe sich sogar die Auffassung vertreten, er sei berechtigt, den Kaufpreis zurückzuverlangen, da dieser dem Verkäufer aus einem nachträglich weggefallenen Grunde bezahlt wurde[18]. Gegenüber diesen wenig befriedigenden oder, je nachdem der Preis bezahlt worden ist, sogar widerspruchsvollen Lösungen ziehen wir mit der herrschenden französischen Lehre[19] die Auffassung vor, daß dann, wenn die Sache nach ihrer Übergabe und vor dem Eintritt der Bedingung untergeht, anzunehmen ist, die Bedingung könne sich nicht mehr verwirklichen, weil die für sie wesentliche auflösende Wirkung, die Rückkehr der Sache zum Verkäufer, nicht mehr eintreten kann. Der Käufer bleibt Schuldner des Kaufpreises. Hat er ihn schon bezahlt, so kann er ihn nicht zurückverlangen. Er ist es, der natürlicherweise die Gefahr einer Sache trägt, die ihm übergeben worden und deren Eigentümer er geworden ist.

III. Die Ausnahmen

Art. 185 Abs. 1 OR behält «die durch besondere Verhältnisse oder Verabredungen begründeten Ausnahmen» vor.

Das versteht sich, was die «besonderen Verabredungen» betrifft, von selbst, denn die Vorschrift ist dispositiven Rechts. Die Rechtsprechung hat jedoch versucht, sich diesen Vorbehalt zu Nutzen zu machen, um den Anwendungsbereich des gesetzlichen Grundsatzes einzuschränken. So hat das BGer in einem ersten Urteil[20] die Klausel, wonach der Verkäufer die Kosten des Transportes übernimmt, sehr weit ausgelegt. Unter Berufung auf eine Bestimmung des Zürcher ZGB (§ 1444 Abs. 2) und auf Meinungen, die bei der Ausarbeitung des Gesetzes geäußert worden sind, hat es aus dieser Klausel den Schluß gezogen, der Verkäufer habe damit die Gefahrentragung übernommen, dies auch entsprechend einer mit der herkömmlichen Regelung des schweizerischen Rechts übereinstimmenden Handelsübung. In der Folge ist das BGer auf diese allzu absolute Schlußfolgerung zurückgekommen. In einem späteren Urteil[21] erblickte es in der Übernahme der Transportkosten nur noch einen Grund zur Vermutung des Willens, auch die Gefahr des Transportes zu tragen. Diese Vermutung könne widerlegt werden durch Indizien für einen gegenteiligen Willen, so wenn der Käufer sich mit dem Transport befaßt, die Art der Verpackung vorschreibt, den Spediteur auswählt und instruiert. In einem dritten Urteil von 1926[22] hat das BGer darauf verzichtet, in der Frankoklausel die Vermutung oder auch nur ein Indiz zu erblicken für eine Absicht des Verkäufers, die Gefah-

---

[17] In diesem Sinne die in der vorstehenden Anmerkung zitierte deutsche Lehre.
[18] In diesem Sinne ein Urteil der Haute Cour des Pays-Bas vom 18. Dezember 1879, Sirey 81.4.23 (zitiert von COLIN/CAPITANT, a.a.O.).
[19] RIPERT/BOULANGER, tome II, no 513; COLIN/CAPITANT, tome II, no 884.
[20] BGE 44 II, 1918, S. 416.
[21] BGE 46 II, 1920, S. 457.
[22] BGE 52 II, 1926, S. 365.

rentragung zu übernehmen. Es stellt mit Recht fest, daß diese Klausel sich nur auf die Transportkosten beziehe[23]. Von nun an sind es die «besonderen Verhältnisse», mit denen die Rechtsprechung die Ausnahmen vom gesetzlichen Grundsatz begründet. So ist namentlich der Umstand als entscheidend bezeichnet worden, daß der Käufer infolge der vom Verkäufer getroffenen Vorkehren bis zur Übergabe der Sache keinerlei Möglichkeit hatte, über die Ware zu verfügen und Maßnahmen zur Verhütung eines allfälligen Schadens zu treffen. In einem neueren Urteil[24] ging es um ein neues, in Genf zu übergebendes Automobil, das der Verkäufer aus einem Lager in Zürich bezogen hatte und durch einen Angestellten auf der Straße nach Genf verbringen ließ. Unterwegs wurde der Wagen ohne Verschulden des Angestellten durch einen Unfall beschädigt. Das Urteil nimmt an, der Verkäufer habe die mit diesem Transport verbundenen Risiken übernommen, und begründet dies wiederum damit, daß der Käufer über die Sache nicht verfügte und daher keinerlei Maßnahmen zur Abwendung der Transportgefahren treffen konnte; der Verkäufer habe die Art des Transportes bestimmt, den Fahrer ausgewählt und diesem seine Weisungen erteilt. Indem das BGer der gesetzlichen Vorschrift eine sehr enge Auslegung gibt, ihren Ausnahmecharakter unterstreicht und sie als der im Volke allgemein herrschenden Auffassung widersprechend bezeichnet, legt es an die «Ausnahmen infolge besonderer Verhältnisse» einen weitherzigen Maßstab an.

Diese Rechtsprechung hat die Zustimmung der Rechtslehre gefunden[25]. Es ist eine Übertreibung, wenn man, wie es R. SECRÉTAN getan hat[26], behauptet, man sei im Begriffe, den Grundsatz *res perit emptori* aufzugeben. Diese Rechtsprechung bezieht sich nur auf Transportrisiken, die sich freilich am häufigsten verwirklichen und daher in der Praxis die wichtigsten sind. Es ist natürlich, daß vom Verkäufer, der die alleinige Verfügung über die Sache behält, für den Transport sorgt und allein alle für diesen Zweck erforderlichen Maßnahmen trifft, angenommen wird, er übernehme die mit dem Transport verbundenen Risiken.

Was die Aufbewahrung der Sache und ihre Erhaltung in gutem Zustand betrifft, so wäre es ganz einfach eine Umkehrung der gesetzlichen Vorschrift,

---

[23] Ebenso ist, unter Vorbehalt gegenteiliger Handelsübungen, anerkannt, daß die Klauseln FOB (free on board) und CIF (cost, insurance, freight) an sich keine Vermutung für die Gefahrenübernahme durch den Verkäufer schaffen. So OSER/SCHÖNENBERGER, N.13 zu Art.185 OR; a.M. R.SECRÉTAN, Risques de la chose vendue, S.199. Es ist jedoch der Fall vorzubehalten, wo solche Klauseln, namentlich im internationalen Handel, als ein Hinweis auf die Incoterms zu verstehen sind (vgl. unten S.40).
[24] BGE 84 II, 1958, S.158.
[25] MERZ, ZBJV 1959, S.481; R.SECRÉTAN, a.a.O., S.200.
[26] a.a.O.

wenn man «besondere Verhältnisse» schon in der Tatsache erblicken wollte, daß der Verkäufer den Besitz behalten hat. Dagegen ist dieser Begriff der «besonderen Verhältnisse» weit auszulegen. Man muß, wie es übrigens schon die römischen Juristen[27] getan haben, davon ausgehen, daß der Verkäufer die Gefahr trägt, die abzuwenden in seiner Macht gestanden hätte, selbst wenn ihm kein Verschulden zur Last gelegt werden kann. So hat er einzustehen für den Diebstahl oder die Beschädigung, die durch bessere Vorsichtsmaßnahmen hätten vermieden werden können. Eine weitere Auslegung des Begriffs des vom Verkäufer zu verantwortenden Verlustes sowie strenge Anforderungen an seine Pflicht zur Aufbewahrung und Erhaltung müssen es gestatten, ihn alle Risiken tragen zu lassen, die zu verhüten ihm objektiv möglich ist. Der Grundsatz res perit emptori, den der Richter weder übergehen noch in sein Gegenteil verkehren darf, würde dann beschränkt auf die Fälle höherer Gewalt. Im Beispiel der Sammlung japanischer Stiche, die beim Verkäufer kurz nach Vertragsschluß durch ein Erdbeben vernichtet wurden, muß man, wie es die Genfer Cour de Justice getan hat, die Vorschrift anwenden, da keine besonderen Verhältnisse geltend gemacht werden können[28].

Auf diese Weise ist es möglich, mit Hilfe einer großzügigen Anwendung des in Art. 185 OR enthaltenen Vorbehalts für das Problem der Gefahrentragung eine Lösung zu finden, die dem der Logik und Billigkeit entsprechenden, natürlichen Grundsatz nahekommt, nach welchem der Gefahrenübergang an die Übergabe der Sache geknüpft ist.

IV. Die Gattungssachen

Wenn der Kauf Gattungssachen zum Gegenstand hat, geht die Gefahr erst dann auf den Käufer über, wenn die Sache ausgeschieden ist (Art. 185 Abs. 2 OR). Die Rechtsprechung nimmt an, diese Ausscheidung erfolge durch bloße, vom Verkäufer vorgenommene Aussonderung (Lostrennung), auch ohne daß der Käufer von ihr Kenntnis erhält[29]. Damit hat sie eine Kontroverse entschieden, zu der es in der Rechtslehre gekommen war. Verschiedene Meinungen standen sich gegenüber, die von der bloßen Aussonderung durch den Verkäufer bis zum Erfordernis einer Mitwirkung des Käufers, ja bis zur Übergabe der Sache an den Käufer gingen[30].

---

[27] PH. MEYLAN, a.a.O., S. 38.
[28] Sem. jud. 1926, S. 433.
[29] BGE 84 II, 1958, S. 160, Erw. 1a.
[30] Siehe die Übersicht über diese Lehren bei OSER/SCHÖNENBERGER, N. 8 zu Art. 185 OR.

Handelt es sich nicht nur um eine Gattungssache, sondern soll diese überdies «versendet» («expédiée dans un autre lieu») werden, so läßt die Spezifizierung die Gefahr noch nicht auf den Käufer übergehen. Erforderlich ist außerdem, daß der Verkäufer sie zur Versendung abgegeben hat (Art. 185 Abs. 2 am Ende). Diese Sonderbestimmung bezieht sich nicht auf jeden Transport der verkauften Sache vor der Übergabe an den Käufer. Sie ist nur auf Distanzkäufe anwendbar. Ein Distanzkauf im Sinne von Art. 185 OR liegt vor, wenn der Verkäufer die Ware an einen andern Ort zu senden hat als an den Erfüllungsort, der sich für Gattungssachen mangels gegenteiliger Vereinbarung am Wohnsitze des Verkäufers befindet (Art. 74 Abs. 2 Ziff. 3 OR). Möglicherweise vereinbaren die Parteien gemäß Art. 74 Abs. 1 OR einen andern Erfüllungsort als den Wohnort des Verkäufers, indem dieser sich verpflichtet, die Sache nicht nur zu versenden, sondern auch an einem andern Ort als seinem Wohnsitz abzuliefern. In diesem Falle übernimmt der Verkäufer nicht nur den Transport, sondern auch die Ablieferung der Sache an diesem andern Orte, z.B. am Wohnsitz des Käufers. Wir haben es dann nicht mit einem Distanzkauf zu tun, sondern mit einer Bringschuld, und Art. 185 Abs. 2 in fine ist nicht anwendbar. Die Sache wird am Erfüllungsort abgeliefert[31]. Im Falle des Distanzkaufs im engeren Sinne, wie ihn Art. 185 Abs. 2 OR versteht, geht die Gefahr erst auf den Käufer über, wenn die Sache versendet ist, was voraussetzt, daß der Verkäufer sie einem Transportführer übergeben hat, der sie für Rechnung des Käufers in Empfang genommen hat, was, besser als im deutschen Text, in der französischen Wendung zum Ausdruck kommt: «que le vendeur s'en soit dessaisi à cet effet».

Das deutsche Recht kennt die gleiche Regelung (§ 447 BGB). Doch wirkt sich diese Ausnahme im deutschen Recht, wo der Gefahrenübergang an die Übergabe der Sache geknüpft ist, zugunsten des Verkäufers aus, der von der Versendung an von der Gefahrentragung befreit ist. Die Ausnahme erklärt sich aus der Überlegung, daß sich der Erfüllungsort grundsätzlich am Wohnort des Verkäufers befindet. Dieser soll dadurch kein zusätzliches Risiko eingehen, daß er sich bereit erklärt hat, die Sache zu versenden; diese soll dann auf Rechnung und Gefahr des Käufers reisen, da die Übergabe an den Spediteur der Ablieferung gleichgestellt wird. Wenn der Verkäufer sich dagegen verpflichtet, die Sache am Wohnsitz des Käufers abzuliefern,

---

[31] Zu dieser in der Praxis manchmal sehr heiklen Unterscheidung, die das Urteil BGE 52 II, 1926, S. 365 zu verkennen scheint (es heißt dort: «Ankunft der Ware am Bestimmungs- und damit zugleich Erfüllungsort»), vgl. BGE 46 II, 1920, S. 457; 58 II, 1932, S. 419, Erw. 5; 84 II, 1958, S. 160, Erw. 1a; ENNECCERUS/LEHMANN, § 103, Ziff. 3a; LARENZ, § 42, II c, S. 78.

wird angenommen, er übernehme die Gefahrentragung bis zur Ablieferung. Die deutsche Vorschrift ist übrigens auf alle Fahrniskäufe anwendbar und nicht nur auf Gattungssachen.

Im schweizerischen Recht ist die Ausnahme beschränkt auf Gattungssachen, was der deutsche Text besser hervorhebt als die französische Fassung. Ein Grund hiefür ist kaum zu sehen. Die Ausscheidung bewirkt nämlich eine «Konzentration» des Kaufgegenstandes, die es richtig erscheinen läßt, ihn von nun an einer individuell bestimmten Sache gleichzustellen. Die Gründe, welche die Ausnahme rechtfertigen mögen, lassen sich auch für individuell bestimmte Sachen anrufen. Zudem wirkt sich die Ausnahme im schweizerischen Recht zugunsten des Käufers aus, indem der Verkäufer die Gefahr bis zur Versendung trägt. Nun besteht kein Grund, den Verkäufer, der sich bereit erklärt, die Ware zu versenden, die Gefahr länger tragen zu lassen als den Verkäufer, der abwartet, bis der Käufer die Sache abholt, und der vom Abschluß des Vertrages an von der Gefahrentragung befreit ist. Ist es gerechtfertigt, den ersten die vor dem Transport bestehenden Risiken tragen zu lassen, für welche der zweite vom Vertragsabschluß an nicht mehr einzustehen hat? Und warum diese Verschiedenheit der Behandlung im Verhältnis zum Verkäufer, der nicht nur die Versendung der Sache an den Wohnort des Käufers, sondern auch ihre Ablieferung an diesem Orte übernimmt, wobei der Verkäufer vom Abschluß des Kaufes an von der Gefahrentragung entlastet ist?

Die Absonderlichkeit dieser Vorschrift, diese mangelnde Konsequenz der Lösungen, die sich aus ihrer wörtlich genauen Anwendung ergeben würde, sind alles Gründe dafür, bei der Auslegung der gesetzlichen Regelung der Gefahrentragung der Richtung zu folgen, welche die Rechtsprechung eingeschlagen hat.

Zweites Kapitel

Die wesentlichen Pflichten des Verkäufers und des Käufers

§ 5. Die Verpflichtung des Verkäufers zur Übergabe des Kaufgegenstandes und zur Verschaffung des Eigentums

I. Die Verpflichtung zur Übergabe

Den Kaufgegenstand übergeben heißt, den Besitz an den Käufer übertragen, ihm die tatsächliche Gewalt im Sinne von Art. 922 Abs. 1 ZGB durch eine Verfügung zu verschaffen. Diese Übertragung erfolgt durch die Tradition, indem dem Käufer die Sache selbst oder die Mittel, die ihm die Gewalt über sie verschaffen, übergeben werden (Art. 922 ZGB), oder durch eine der anderen gesetzlichen Arten der Besitzesübertragung ohne Tradition. Die Vorschriften über das Besitzkonstitut und über Waren, für welche Wertpapiere ausgestellt worden sind (Art. 924 und 925 ZGB), sind unmittelbar anwendbar. Die Tradition ist vollzogen und der Verkäufer hat seine Übergabepflicht erfüllt, sobald sich die Sache in der Gewalt des Käufers befindet (Art. 922 Abs. 2 ZGB). Beim Distanzkauf befreien daher die Versendung der Sache und ihre Übergabe an den Frachtführer den Verkäufer noch nicht; er hat alle Maßnahmen zu treffen, die erforderlich sind, damit die Sache in gutem Zustand an den Bestimmungsort gelangt; er hat sie insbesondere gehörig zu verpacken und die Frachtart sowie den Frachtführer richtig auszuwählen[1]. Dazu kann sogar die Pflicht gehören, eine Versendung aufzuschieben, die bei sofortiger Vornahme zu einer Beschädigung der Ware führen könnte, z.B. infolge der Witterungsverhältnisse (große Hitze für verderbliche Lebensmittel, starker Frost für Weine), oder die sie besonderen Gefahren aussetzen könnte (Fall politischer Unruhen)[2].

BECKER[3] behauptet, beim Versendungskauf ergäben sich die die Versendung und den Transport betreffenden Verpflichtungen des Verkäufers nicht

---

[1] BGE 43 II, 1917, S. 665.
[2] BGE 20, 1894, S. 639.
[3] N. 1–3 zu Art. 189.

aus dem Kaufvertrag als solchem, sondern aus einem mandatähnlichen Verhältnis, das an den Kauf anknüpfe. Er unterstellt daher die vom Verkäufer übernommenen Pflichten den Vorschriften über den Auftrag. Diese Konstruktion erscheint als unnötig, ja sogar unrichtig. Es handelt sich vielmehr um Modalitäten der dem Verkäufer obliegenden Hauptpflicht zur Übergabe der Sache, Modalitäten, die zu bestimmen die Parteien frei sind, ohne daß dies eine Änderung ihres Rechtsverhältnisses zur Folge hätte[4]. Nur ausnahmsweise, wenn der Käufer besondere und genaue Weisungen über den Transport erteilt, die für den Verkäufer verbindlich sind, so daß er nicht mehr aus eigenem Antrieb, sondern als Treuhänder des Käufers handelt, läßt sich das Bestehen eines vom Kauf verschiedenen Auftrages annehmen.

Gehört die Übergabe der Sache zur Erfüllung der Pflichten des Verkäufers, so trägt dieser auch die Kosten der Übergabe. Das gilt vor allem für die Kosten des Messens und Wägens gemäß Art. 188 OR, dessen Aufzählung nicht abschließend ist. Wenn ein Apparat oder eine Maschine in Stücke zerlegt geliefert wird und die Zusammensetzung durch einen Fachmann erfolgen muß oder auch nur einen beträchtlichen Zeitaufwand erfordert, so obliegt diese Zusammensetzung selbstverständlich dem Verkäufer, welcher – vorbehaltlich gegenteiliger Vereinbarung – die Kosten zu tragen hat. Da Gegenstand des Kaufvertrages der Apparat oder die Maschine als solche und nicht zerlegte Stücke sind, ist die Übergabe erst vollzogen, wenn die Stücke zusammengesetzt sind.

Alle andern Kosten, nämlich diejenigen der Abnahme der Ware und, beim Versendungskauf, die Speditions- und Transportkosten, trägt der Käufer (Art. 188, 189 Abs. 1 OR). Ihm obliegen auch die Kosten der für die Abnahme oder den Transport notwendigen Verpackung. Der auf den Rechnungen oder Lieferscheinen übliche Vermerk: «Nicht retournierte Verpackungen werden berechnet» steht somit durchaus im Einklang mit dem Gesetz; indem der Verkäufer seine Verpackung leiht, tut er mehr, als das Gesetz ihm gebietet.

Art. 188 OR auferlegt schließlich die Beurkundungskosten dem Käufer. Die einzige Rechtfertigung dieser Vorschrift ist die Notwendigkeit, die Frage für den Fall des Stillschweigens des Vertrages zu regeln.

In der Praxis werden diese Nebenpunkte meistens durch die Parteivereinbarung oder durch die Handelsusanzen geregelt, die in den Art. 188 und 189 OR ausdrücklich vorbehalten werden. Unter den üblichen Klauseln erwähnt und erklärt das Gesetz die Frankoklausel, bei welcher vermutet

---

[4] In diesem Sinne BGE 43 II, 1917, S. 665.

wird, der Verkäufer habe die Transportkosten übernommen (Art. 189 Abs. 2 OR).

Auf dem Gebiete des internationalen Kaufrechts hat die Übung eine ganze Reihe abgekürzter Klauseln eingeführt, die manchmal von Land zu Land verschieden ausgelegt wurden. Die internationale Handelskammer hat diese Klauseln sozusagen kodifiziert, indem sie seit 1936 internationale Regeln für die genaue und klare Auslegung der gebräuchlichsten Klauseln veröffentlicht, wobei sie sich von der im internationalen Handel am meisten verbreiteten Praxis leiten ließ. Es handelt sich um elf Klauseln, nämlich:
1. «Ab Werk»: Der Verkäufer hat auf seine Kosten für die Verpackung zu sorgen, während der Käufer die Ware an dem vertraglich vereinbarten Ort und mangels eines solchen im Betrieb des Verkäufers abzunehmen hat, wobei der Verkäufer die Gefahren bis zum vereinbarten Abnahmetermin trägt;
2. «Frei (franco) Waggon»: Der Verkäufer verladet die Waren in den Waggon und der Käufer nimmt sie ab, sobald sie verladen sind;
3. «FAS» (free alongside ship, frei Längsseite Seeschiffs): Der Verkäufer liefert die Ware im vereinbarten Verschiffungshafen längsseits des Schiffes an den vom Käufer bezeichneten Verladeplatz, wobei dieser das Schiff rechtzeitig zu bezeichnen hat und alle Kosten und Gefahren von dem Zeitpunkt an trägt, in dem die Lieferung längs des Schiffes rechtzeitig erfolgt;
4. «FOB» (free on board, franko Bord): Der Verkäufer liefert an Bord des vom Käufer angegebenen Schiffes im vereinbarten Verschiffungshafen, während der Käufer das Schiff rechtzeitig zu bezeichnen hat und die Kosten und Gefahren vom Zeitpunkt an trägt, in dem sich die Ware an Bord befindet;
5. «C & F» (Kosten und Fracht): Der Verkäufer schließt auf seine Kosten den Vertrag über die Beförderung bis zum vereinbarten Ausladehafen auf einem geeigneten Seeschiff und verschafft dem Käufer nach der Verladung ein frei übertragbares Konnossement; der Käufer nimmt die Ware im Bestimmungshafen ab und trägt alle Kosten außer den Transportkosten sowie die Gefahren des Transportes;
6. «CIF» oder «CAF» (cost, insurance, freight; Kosten, Versicherung, Fracht): Zu den Verpflichtungen, die der Verkäufer mit der Klausel «C & F» übernimmt, kommt die Pflicht zur Versicherung gegen die Transportrisiken hinzu;
7. «Fracht frei ... bis»: Der Verkäufer übernimmt die Kosten des Transportes bis zu einem vereinbarten Bestimmungsort;
8. «Ex Ship» (ab Schiff): Vereinbarter Bestimmungshafen;
9. «Ab Kai», mit zwei Varianten: «verzollt» und «unverzollt»;
10. «Geliefert Grenze», d.h. an den vereinbarten Lieferungsort an der Grenze;
11. «Geliefert», d.h. an den vereinbarten Bestimmungsort im Einfuhrland, wobei der Verkäufer den Zoll zu entrichten hat[5].

II. Die Verpflichtung zur Verschaffung des Eigentums

Bei den beweglichen Sachen fällt die Übertragung des Eigentums mit der Übergabe zusammen. Die Übergabe des Besitzes gestützt auf den Rechtsgrund, den der Kaufvertrag bildet, überträgt dem Käufer das Eigentum an der Sache (Art. 714 ZGB). Indem der Verkäufer die Sache übergibt, er-

---

[5] Die neueste Ausgabe der «Internationalen Regeln für die Auslegung der handelsüblichen Vertragsformeln», Incoterms 1953, ist ergänzt worden durch einen Anhang von 1967 (Internationale Handelskammer, Paris).

füllt er also gleichzeitig seine Pflicht zur Verschaffung des Eigentums, soweit ihm das Verfügungsrecht darüber zusteht.

Bei den Grundstücken hat der Verkäufer das Grundbuchamt um Eintragung des Eigentumsübergangs zu ersuchen, wozu er nach Art. 963 ZGB im Normalfall, in welchem er Eigentümer ist, allein legitimiert ist. Dem Käufer kann die Befugnis, die Eintragung zu verlangen, nur durch eine ihm zu diesem Zweck erteilte Vollmacht eingeräumt werden. Diese Vollmacht kann im öffentlich beurkundeten Kaufvertrag selber erteilt werden (Art. 16 Abs. 2 GBV), was in gewissen Kantonen ständige Praxis ist.

Hat der Kauf ein Recht oder eine Forderung zum Gegenstand, dann hat die Übergabe so zu erfolgen, wie es die besondern Bestimmungen über die Abtretung dieser Rechte vorschreiben, also Art. 165 OR für die Abtretung von Forderungen, Art. 967 OR für die Wertpapiere, Art. 684 OR für die Aktien, Art. 33 PatG für die Erfindungspatente.

Ist nichts Gegenteiliges vereinbart, so ist das volle Eigentum zu übertragen, die Sache also frei von allen Rechten und allen Lasten, sowohl dinglichen als persönlichen, zu übergeben. Dies brachte Art. 229 des OR von 1881 im deutschen Text besser zum Ausdruck mit der Formel: «zu vollem Rechte und Genusse zu übergeben».

Bei den beweglichen Sachen ist der Käufer, der Eigentum erwirbt, geschützt, sobald die Sache in seinen Besitz übergegangen ist, da das Faustpfand nur durch die Besitzesübertragung begründet werden kann (Art. 884 ZGB) und die persönlichen Rechte an der Sache dem Käufer, selbst wenn er sie kennt, nicht entgegengehalten werden können, sobald er Eigentümer geworden ist. Die Vorschriften über den Schutz des gutgläubigen Erwerbers in den Art. 933–935 ZGB schützen auch den Käufer, dem die mangelnde Verfügungsmacht des Verkäufers unbekannt war, außer wenn es sich um gestohlene Sachen handelt. Der gutgläubige Erwerber von Inhaberpapieren ist immer geschützt (Art. 935 ZGB).

Bei Grundstücken ist der Käufer durch das Grundbuch unterrichtet über die dinglichen und die persönlichen Rechte, die ihm entgegengehalten werden können, und Art. 973 ZGB erlaubt ihm, sich auf dieses öffentliche Register zu verlassen. Grundsätzlich hat der Verkäufer das Grundstück von den es beschwerenden Rechten und Lasten zu befreien. Das ist indessen eine dispositive Vorschrift. Das Grundstück kann belastet mit beschränkten dinglichen Rechten verkauft werden, und der Käufer kann durch Vereinbarung die grundpfändlich gesicherten Schulden übernehmen wie auch die Schuldverpflichtungen, die das Grundstück zum Gegenstand haben. Eine solche Vereinbarung läßt sich jedoch in der Regel nicht aus dem bloßen Umstand ableiten, daß der Käufer vom Bestand ihm vorgehender Rechte

Kenntnis hat. Nur wenn der Käufer sich mit der Übernahme einverstanden erklärt hat, wird der Verkäufer befreit von der aus seiner Pflicht zur Verschaffung des vollen Eigentums folgenden Verpflichtung, die Lasten vom Grundstück abzulösen. Anders verhält es sich nur mit Rechten, deren Beseitigung nicht in der Macht des Verkäufers steht, wie bei den Dienstbarkeiten. Diese dem deutschen Recht (§ 439 BGB) entsprechende Lösung folgt aus Art. 192 Abs. 2 OR, der die Haftung für Rechtsmängel nicht ausschließt, wenn der Käufer bloß Kenntnis von dem die verkaufte Sache belastenden Rechte hat, wohl aber, wenn er die Gefahr der Entwehrung kannte[6].

In der Praxis für den Käufer am gefährlichsten sind die geheimen öffentlich-rechtlichen Lasten allgemeiner Natur, die ein Grundstück belasten können, namentlich die für die Benutzung des Grundstücks geltenden Beschränkungen wie insbesondere die Beschränkungen des Rechts zum Bauen. Es handelt sich dabei um Lasten, die der Verkäufer nicht zu beseitigen vermag. Dieser hat seine Verpflichtung erfüllt mit der Übertragung des vollen Eigentums im zivilrechtlichen Sinne mit dem selbstverständlichen und unvermeidlichen Vorbehalt, daß das Eigentum nur in den ihm vom öffentlichen Recht gezogenen Schranken ausgeübt werden kann. Der Käufer kann ihm in bezug auf die Erfüllung seiner Pflichten nichts vorwerfen. Nur unter den Voraussetzungen und in den Schranken der Vorschriften über den Grundlagenirrtum (Art. 24 Abs. 1 Ziff. 4 OR) oder über die Gewährleistung für Rechtsmängel (Art. 192 ff. OR) kann er unter Umständen die Entlassung aus dem Vertragsverhältnis verlangen.

III. Der Verzug des Verkäufers

1. Im Allgemeinen

Für den Fall der Nichterfüllung der Pflichten des Verkäufers gelten in erster Linie die allgemeinen Vorschriften über die Folgen der Nichterfüllung der Obligationen, d.h. die Art. 97–109 OR.

Der Verkäufer, der im Verzug ist, haftet zunächst gemäß den Art. 103, 104 und 106 OR für die Folgen der Verspätung. Der Verzug gibt dem Käufer Anspruch auf Schadenersatz wegen Nichterfüllung oder das Recht, unter den Voraussetzungen und mit den Wirkungen, die in den Art. 107–109 OR festgesetzt sind, den Rücktritt zu erklären. Der Käufer muß also dem in Verzug befindlichen Verkäufer eine angemessene Frist zur nachträglichen Er-

---

[6] OSER/SCHÖNENBERGER, N. 17 zu Art. 192 OR.

füllung ansetzen. Wird auch bis zum Ablauf dieser Frist nicht erfüllt, so kann er auf Erfüllung klagen, unbeschadet seines Anspruchs auf Schadenersatz wegen Verspätung. Er kann auch, sofern er dies unverzüglich erklärt, entweder Ersatz des aus der Nichterfüllung entstandenen Schadens (des sog. Erfüllungsinteresses) verlangen oder vom Vertrag zurücktreten und Ersatz des aus dem Dahinfallen des Vertrages erwachsenen Schadens (des sog. negativen Interesses) verlangen.

Gegenüber dieser allgemeinen und auf Käufe im bürgerlichen Verkehr ausnahmslos anwendbaren Regelung bringen die Art. 190 und 191 OR zwei Sondervorschriften, die ausschließlich für den Handelskauf gelten. Die erste bezieht sich auf Käufe mit einem bestimmten Lieferungstermin (Fixgeschäfte), die zweite enthält Vorschriften zur Vereinfachung der Schadensberechnung.

2. Der Kauf mit bestimmtem Lieferungstermin (Fixgeschäft)

a) Der Begriff des Fixgeschäfts

Art. 190 Abs. 1 OR lautet: «Ist im kaufmännischen Verkehr ein bestimmter Lieferungstermin verabredet und kommt der Verkäufer in Verzug, so wird vermutet, daß der Käufer auf die Lieferung verzichte und Schadenersatz wegen Nichterfüllung verlange.»

Diese Vorschrift hat den Zweck, eine rasche und sichere Abwicklung des Vertragsverhältnisses dort zu ermöglichen, wo das Interesse des Käufers nicht auf den Erwerb der Sache als solcher geht, sondern auf die Verfügung über sie, sei es um sie weiterzuverkaufen, sei es, wenn sie schon weiterverkauft ist, um sie dem neuen Käufer rechtzeitig zu liefern. In einem solchen Falle hat der Käufer meistens kein Interesse mehr an der nachträglichen Erfüllung.

Art. 190 OR bezieht sich daher nicht, wie der Wortlaut zu besagen scheint, auf alle Handelskäufe, bei denen ein Lieferungstermin vorgesehen ist. Der Terminkauf (Fixgeschäft) ist im Lichte des allgemeinen Begriffs zu verstehen, der in Art. 108 Ziff. 3 OR mit der Wendung «bestimmter Zeitpunkt für die Leistung» umschrieben ist: es handelt sich um einen Termin, der nach dem Vertrag einen wesentlichen Bestandteil desselben bildet mit der Wirkung, daß als Erfüllung nur die Leistung im vereinbarten Zeitpunkt gelten kann. Nach der Willensmeinung der Parteien soll das Bestehen des Geschäfts von der Einhaltung des Termins abhängen. Eine nachträgliche Leistung wird für den Gläubiger als nutzlos betrachtet. Dieser strikte Begriff liegt auch dem Art. 190 OR zugrunde.

Der Käufer, der sich auf Art. 190 OR berufen will, hat daher grundsätzlich darzutun, daß der vereinbarte Lieferungstermin nach dem übereinstimmenden Willen der Parteien diese Tragweite hat. Das ist meistens ein schwer zu erbringender Beweis, da es nicht üblich ist, die Bedeutung und die rechtlichen Wirkungen eines Termins näher anzugeben, zumal bei Distanzkäufen, die häufig durch Telegrammwechsel oder Telex abgeschlossen werden. Diese Beweisschwierigkeit ist unvereinbar mit dem Bedürfnis einer raschen und sicheren Vertragsabwicklung, die der Art. 190 OR gerade erleichtern will. Indem sie das Gesetz nach seinem Sinn und Zweck auslegten, haben daher die Rechtslehre und die Rechtsprechung, trotz Fehlens jeden Hinweises im Gesetzestext, angenommen, daß bei einem Handelskauf zu vermuten sei, die Vereinbarung eines Liefertermins bedeute, daß die Leistung im Sinne von Art. 108 Ziff. 3 OR genau zu diesem Zeitpunkt zu erfolgen habe. Jedesmal, wenn ein Termin vereinbart ist, gilt der Kauf als Fixgeschäft, und dies ohne Rücksicht auf den von den Parteien verwendeten Ausdruck. Demjenigen, der das bestreitet, obliegt es, diese Vermutung zu widerlegen, indem er dartut, daß der vereinbarte Termin weder nach dem übereinstimmenden Parteiwillen noch nach den Handelsbräuchen einen wesentlichen Vertragsbestandteil bilde, oder daß die Parteien in der Folge darauf verzichtet haben, ihm diese Bedeutung beizulegen[7].

b) Regelung des Handelskaufs mit bestimmtem Lieferungstermin

Die Wirkungen des Verzugs des Verkäufers unterscheiden sich in zwei wesentlichen Punkten von den allgemeinen Regeln der Art. 107–109 OR. Zunächst wird vermutet, daß der Käufer auf die Lieferung verzichte. «Zieht er vor, die Lieferung zu verlangen, so hat er es dem Verkäufer nach Ablauf des Termins unverzüglich anzuzeigen» (Art. 190 Abs. 2 OR). Das ist das Gegenteil der Vermutung des Art. 107 OR. Mangels einer unverzüglichen Erklärung des Käufers hat der Verzug des Verkäufers von Rechts wegen zur Folge, daß an die Stelle des Anspruchs auf Erfüllung in natura ein Anspruch auf Schadenersatz wegen Nichterfüllung tritt. Sodann hat der Käufer nicht, wie nach Art. 107 OR, ein dreifaches Wahlrecht. Er kann nur wählen zwischen dem Begehren um Erfüllung, das er durch unverzügliche Erklärung stellen muß, und einem Anspruch auf Schadenersatz wegen Nichterfüllung (positives Interesse). Dagegen kann er nicht vom Vertrag zu-

---

[7] BGE 41 II, 1915, S. 672; 43 II, 1917, S. 170; 46 II, 1920, S. 165; 49 II, 1923, S. 227, Erw. 5; 51 II, 1926, S. 323. OSER/SCHÖNENBERGER, N. 11 und BECKER, N. 6 zu Art. 190. Das Urteil von 1915 läßt die Frage offen, ob ein Versendungstermin unter Art. 190 OR falle. Die ratio legis dieser Bestimmung läßt es als geboten erscheinen, die Anwendung der Vorschrift auf alle Fristen auszudehnen, die sich auf die Erfüllung des Kaufes beziehen, unter anderm auch auf die Versendung.

rücktreten und Ersatz des aus dem Dahinfallen des Vertrages erwachsenen Schadens (negatives Interesse) verlangen, wie es Art. 109 Abs. 2 OR vorsieht[8].

Das OR von 1881 bestimmte im entsprechenden Art. 234 Abs. 1, es werde vermutet, daß der Käufer berechtigt sein solle, ohne weiteres vom Vertrag zurückzutreten. Ein Überbleibsel dieser Regelung findet sich in der deutschen Fassung des Randtitels von Art. 190 OR, dessen Inhalt irreführend ist: «Rücktritt im kaufmännischen Verkehr». Das OR von 1881 unterschied indessen nicht zwischen Schadenersatz wegen Nichterfüllung und Schadenersatz wegen Dahinfallens des Vertrages. Trotz des Rücktritts hatte der Käufer Anspruch auf vollen Schadenersatz entsprechend dem Gewinn, dessen Erzielung der Verzug des Verkäufers verhindert hat. Die Regel des Art. 190 OR hat somit das System des alten OR übernommen und es der in Art. 107 OR enthaltenen Ordnung angepaßt.

Der Gesetzgeber von 1911 hat die dritte, in Art. 107 OR vorgesehene Wahlmöglichkeit bewußt ausgeschlossen, nämlich den Rücktritt vom Kauf in Verbindung mit dem Ersatz nur des aus dem Dahinfallen des Vertrages erwachsenen Schadens[9]. Es war richtig, den komplizierten, wenn auch für Fixgeschäfte durch Art. 108 OR etwas vereinfachten Mechanismus des Art. 107 OR wenigstens für den Handelskauf noch weiter zu vereinfachen. Der Gesetzgeber beabsichtigte mit der neuen Regelung nicht so sehr, die Rechte des Käufers zu beschränken, als vielmehr, ihm den vollen Ersatz seines Schadens zu gewährleisten durch Herstellung der wirtschaftlichen Lage, in die ihn die Erfüllung des Vertrages versetzt hätte. Auf dem Gebiet des Handelskaufs wird der aus dem Dahinfallen des Vertrages erwachsene Schaden nur ganz ausnahmsweise höher sein als der aus der Nichterfüllung entstandene. Dieser letztere stellt das Maximum dessen dar, was der Käufer billigerweise erwarten kann, nämlich den Gewinn, den ihm das Geschäft eingebracht hätte. Es war daher gerechtfertigt, hier Abstand zu nehmen von der schwerfälligen Regelung des Art. 107 OR, dies auch im Hinblick auf die internationalen Kaufverträge; denn ausländischen Kaufleuten ist diese Regelung nicht vertraut, mit Ausnahme vielleicht der deutschen, von denen sie entlehnt ist.

Unter der Voraussetzung, daß er es unverzüglich nach Ablauf des Lieferungstermins erklärt, kann der Käufer die Lieferung verlangen. Die Anzeige muß, wie bei Art. 107 OR, unverzüglich sein, damit der in Verzug befindliche Verkäufer sofort weiß, was für Verpflichtungen er hat, nament-

---

[8] SCHNEIDER/FICK, N. 37; OSER/SCHÖNENBERGER, N. 14 und BECKER, N. 10 zu Art. 190.
[9] ProtExpKomm vom 11. Oktober 1908, S. 5.

lich, ob er trotz seiner Verspätung noch liefern muß, und auch, um zu verhüten, daß der Käufer zum Nachteil der Gegenpartei spekuliere.

Den Parteien steht es selbstverständlich frei, nachträglich zu vereinbaren, daß der Vertrag zu erfüllen sei, obwohl der Käufer nicht unverzüglich erklärt hat, er beharre auf der Lieferung. Diese Vereinbarung kann stillschweigend erfolgen. Sie ist namentlich anzunehmen, wenn der Käufer die verspätete Lieferung entgegennimmt. Die Parteien wandeln damit das Fixgeschäft in ein Mahngeschäft um. Sie verzichten darauf, den vereinbarten Erfüllungstermin als wesentlichen Vertragsbestandteil zu betrachten. Art. 190 OR ist dann nicht mehr anwendbar auf diesen Vertrag, für den nun die allgemeinen Regeln der Art. 107–109 OR gelten[10]. Wenn die Lieferung erfolgt, kann der Käufer Schadenersatz wegen Verspätung verlangen. Dauert der Verzug dagegen an, so hat der Käufer gemäß Art. 107 OR vorzugehen und zwischen den drei Möglichkeiten zu wählen, die ihm nach dieser Bestimmung offenstehen.

3. Berechnung des Schadens

a) *Im Allgemeinen*

Die Verpflichtung des in Verzug befindlichen Verkäufers zum Ersatz des aus der Nichterfüllung erwachsenen Schadens bestimmt sich nach den allgemeinen Grundsätzen, auf welche Art. 191 Abs. 1 OR implicite verweist. Anwendbar sind somit die Art. 97 ff. OR sowie, infolge der Verweisung in Art. 99 Abs. 3, die Art. 42 und 43 OR[11]. Das ist der Grundsatz, an den Abs. 1 von Art. 191 OR erinnert.

Es ist demnach Sache des Verkäufers, die konkreten Elemente seines Schadens nachzuweisen, sei es, daß er sich die Ware anderswo zu weniger vorteilhaften Bedingungen verschaffen mußte, sei es, daß ihm der Gewinn entging, den er mit dem Weiterverkauf erzielt hätte, oder sei es, daß er infolge des Verzuges außerdem noch gezwungen war, seinerseits seinen Käufer zu entschädigen. In diesen beiden letzten Fällen wendet der Verkäufer häufig ein, der Käufer hätte seinen Schaden dadurch vermindern können, daß er gleich nach dem Verzug einen sog. Deckungskauf vorgenommen hätte. Er hat jedoch die konkrete Möglichkeit eines solchen Kaufes sowie die Bedingungen, zu denen er hätte abgeschlossen werden können, nachzuweisen[12].

---

[10] BGE 49 II, 1923, S. 227, Erw. 5; 51 II, 1926, S. 323.
[11] Einige Fälle von Herabsetzung der Entschädigung in Anwendung von Art. 43 OR: BGE 43 II, 1917, S. 174, Erw. 3; 46 II, 1920, S. 145.
[12] BGE 44 II, 1918, S. 50.

Art. 191 OR stellt in den Abs. 2 und 3 Vorschriften auf, welche dem Käufer den Beweis seines Schadens erleichtern sollen. Diese bei der Revision aufgenommenen Bestimmungen gelten ausschließlich für den Handelskauf. Das wird im Gesetz für den Fall des Abs. 2 ausdrücklich gesagt.

Zu Unrecht vertritt VON TUHR[13] den gegenteiligen Standpunkt und will die Vorschriften des Art. 191 Abs. 2 und 3 OR auch auf den bürgerlichen Kauf anwenden. Für den Deckungskauf (Abs. 2) ist der Wortlaut des Gesetzes klar und läßt keine andere Auslegung zu. Im Falle eines bürgerlichen Kaufes kann sich der Richter bei seiner Schadensberechnung freilich auf ähnliche Kriterien wie Art. 191 Abs. 2 und 3 OR stützen. Art. 42 OR steht dem nicht entgegen. Hingegen gibt das Gesetz dem Käufer das Recht, nach seiner freien Wahl gemäß diesen Kriterien entschädigt zu werden, nur im kaufmännischen Verkehr.

Art. 191 Abs. 3 OR sagt dies nicht mit gleicher Deutlichkeit. Doch hat die abstrakte Schadensberechnung, die in dieser Bestimmung vorgesehen ist und ihr Vorbild im deutschen Handelsgesetzbuch hat, ihre Rechtfertigung in einem Bedürfnis des kaufmännischen Verkehrs. Sie beruht auf der Vermutung, daß die Ware zum Zwecke der Weiterveräußerung gekauft wird. Die Rechtsprechung hat diese Vorschrift immer auf die Handelskäufe angewendet[14].

Die in Art. 191 Abs. 2 und 3 OR enthaltenen Vorschriften gelten für alle Handelskäufe und nicht nur für die Käufe mit einem bestimmten Lieferungstermin gemäß Art. 190 OR. Es geht dabei um eine Berechnungsart für den positiven Schaden infolge Nichterfüllung. Der Käufer kann sich nicht darauf berufen, wenn er vom Vertrag zurückgetreten ist; in diesem Falle ist einzig Art. 109 OR anwendbar.

Die Rechtsprechung hat immer wieder[15] betont, daß diese beiden Absätze keine abschließende Regelung enthalten. Vielmehr hat der Käufer danach lediglich das Recht, sich auf diese Berechnungsarten zu stützen. Wenn er nicht den nach diesen Bestimmungen berechneten Schaden einklagen kann oder es nicht will, ist er befugt, seine Klage auf andere Faktoren zu stützen entsprechend den allgemeinen Vorschriften, auf die Abs. 1 verweist. Er ist nicht einmal auf die gewählte Methode festgelegt, sondern kann sich noch im Verlaufe des Prozesses im Sinne eines Eventualstand-

---

[13] SJZ 18, 1921/22, S. 367.
[14] BGE 44 II, 1918, S. 50; 49 II, 1923, S. 77; 78 II, 1952, S. 432; 81 II, 1955, S. 50. VON TUHR (a.a.O.) anerkennt dies ebenfalls.
[15] BGE 42 II, 1916, S. 367; 43 II, 1917, S. 178, Erw. 4; 44 II, 1918, S. 50, 510; 46 II, 1920, S. 145; 49 II, 1923, S. 77; 81 II, 1955, S. 50.

punktes auf andere Berechnungsarten berufen oder die zuerst gewählte Berechnungsweise preisgeben[16].

b) Die Preisdifferenz

Gemäß Art. 191 Abs. 2 OR kann der Käufer als seinen Schaden «die Differenz zwischen dem Kaufpreis und dem Preise, um den er sich einen Ersatz für die nicht gelieferte Sache in guten Treuen erworben hat, geltend machen». Es handelt sich um den Deckungskauf, der nach dem Eintritt des Verzuges erfolgt ist und dem Käufer Ersatz für die nicht gelieferte Ware bieten soll. Das ist eine Art der konkreten Schadensberechnung, beruhend auf dem Verlust, den der Käufer tatsächlich erlitten hat, wenn er gezwungen ist, sich anderweitig zu ungünstigeren Bedingungen einzudecken. Es kommt selten vor, daß ein Deckungskauf, auch wenn man vom Preise absieht, mit dem ursprünglichen Geschäft in jeder Hinsicht übereinstimmt. Die Lieferungs- und Zahlungsbedingungen, der Erfüllungsort, die Transportart werden häufig verschieden sein. Einem höheren Preis können für den Käufer vorteilhaftere Bedingungen entsprechen. Es ist daher nicht möglich, in genereller Weise genau anzugeben, zu welchen Bedingungen und in welchem Umfange der Deckungskauf dem Verkäufer belastet werden kann. Der Richter darf also nicht einfach auf die Preisdifferenz abstellen, sondern hat alle Bedingungen der beiden Geschäfte gegeneinander abzuwägen. Dazu kommt, daß der Preis für die als Deckung gekaufte Ware «in guten Treuen» bezahlt worden sein muß. Das will heißen, der Käufer habe dafür zu sorgen, daß sich der Schaden nicht erhöhe. Er hat namentlich ohne Säumnis zu handeln und darf mit dem Deckungskauf nicht zuwarten, wenn die Preise im Steigen begriffen sind[17]. Da der gute Glaube vermutet wird, hat der Verkäufer darzutun, daß der Käufer nicht mit der gebotenen Sorgfalt vorgegangen ist. Wenn der Deckungskauf gegen die gute Treue verstößt, kann sich der Käufer gleichwohl darauf berufen, doch hat der Richter die zu vergütende Preisdifferenz auf das angemessene Maß herabzusetzen[18].

Entgegen dem französischen Text, jedoch entsprechend der deutschen und der italienischen Fassung hat der Käufer nicht darzutun, daß der Deckungskauf ausgeführt worden ist. Es genügt, daß er ihn abgeschlossen hat. Denn der Schaden ist eingetreten, sobald sich der Käufer verpflichtet hat, einem Dritten einen höheren Preis zu bezahlen. Dies ist auch die

---

[16] BGE 81 II, 1955, S. 50.
[17] HGer Aargau, 27. Februar 1919, SJZ 16, 1919/20, S. 271.
[18] Obiges Urteil; OSER/SCHÖNENBERGER, N. 6 zu Art. 191.

Lösung des deutschen Rechts, das dem schweizerischen Gesetzgeber als Vorbild gedient hat[19]. Der Käufer braucht somit nur den Abschluß des Geschäfts nachzuweisen[20].

c) Die abstrakte Schadensberechnung

Die zweite vom Gesetz zugelassene Berechnungsweise ist eine abstrakte Berechnung. «Bei Waren, die einen Markt- oder Börsenpreis haben, kann er (der Käufer), ohne sich den Ersatz anzuschaffen, die Differenz zwischen dem Vertragspreise und dem Preise zur Erfüllungszeit als Schadenersatz verlangen» (Art. 191 Abs. 3 OR).

Schon unter der Herrschaft des OR von 1881 hat die Rechtsprechung beim Handelskauf die abstrakte Schadensberechnung aufgrund der Kursunterschiede als zulässig erachtet[21]. Das neue OR hat sie gesetzlich anerkannt, wobei wiederum das deutsche Handelsgesetzbuch zum Vorbild genommen und davon ausgegangen wurde, sie entspreche einem Bedürfnis des Handelsverkehrs. Sie setzt voraus, daß der Käufer, der Kaufmann ist, normalerweise die Ware weiterverkauft hätte, wenn sie ihm geliefert worden wäre. Es ist daher zwecklos, seinen Schadenersatzanspruch von einem effektiven Deckungskauf abhängig zu machen, denn da es sich um Waren mit einem Markt- oder Börsenpreis handelt, ergibt sich sein Schaden schon daraus, daß er die zwischen dem Kaufabschluß und dem Lieferungstermin eingetretene Preissteigerung nicht ausnutzen konnte. Das Gesetz entbindet also den Käufer vom Abschluß eines Deckungskaufes. Er darf seinen Schaden aufgrund des Kurses in dem für die Lieferung festgesetzten Zeitpunkt berechnen.

Während sich ohne jede Schwierigkeit feststellen läßt, ob eine Ware an der Börse kotiert ist, läßt sich nicht so leicht entscheiden, ob sie einen «Marktpreis» (prix-courant) habe. Wann besteht für eine Ware ein «Markt»?

Die deutsche Rechtsprechung und Lehre[22] wenden die abstrakte Schadensberechnung auf allen Waren an, welche den Gegenstand des Handelsverkehrs bilden, und von denen bis zum Beweis des Gegenteils zu vermuten ist, daß sie verkäuflich sind. Der Marktpreis (Verkäuflichkeitswert) ist der Preis, zu dem die Ware verkäuflich war, selbst wenn es nicht zu einem wirklichen Verkaufe kam. Die Rechtsprechung des BGer ist zurückhaltender.

---

[19] ProtExpKomm vom 14. Oktober 1908, S. 5.
[20] BGE 81 II, 1955, S. 50. Falls streitig ist, ob ein Deckungskauf wirklich abgeschlossen wurde, kann der Beweis seiner Ausführung den ernsthaften Charakter des behaupteten Geschäftes dartun.
[21] BGE 26 II, 1900, S. 131, 139.
[22] Handelsgesetzbuch, Großkommentar der Praxis, 3. Aufl., Berlin 1970, Anm. 370 vor § 373.

Sie scheint die Vermutung nicht zu kennen, daß jede Ware, die Gegenstand des Handelsverkehrs bildet, auch einen Marktpreis habe. Nach schweizerischem Recht ist unter Marktpreis der Preis zu verstehen, der infolge regelmäßiger Geschäftsabschlüsse für eine bestimmte Ware an einem bestimmten Handelsplatz zu einer bestimmten Zeit erzielt wird[23]. Der Käufer, der sich auf einen Marktpreis beruft, hat daher in erster Linie darzutun, daß es einen Markt gibt. Er hat, mit andern Worten, zu beweisen, daß die Ware am betreffenden Orte regelmäßig gehandelt wird. Sodann hat er darzutun, daß es infolge der Regelmäßigkeit dieser Geschäfte jederzeit möglich ist, die Ware an diesem Orte zu einem Preise zu verkaufen, der üblich ist und sich nach der Rechtsprechung «nach objektiven Gesichtspunkten» – wir würden eher sagen, aufgrund von Angebot und Nachfrage – feststellen läßt. Dies trifft nicht zu für Waren, bei denen es nur zu gelegentlichen Abschlüssen kommt zu Preisen, die von besondern persönlichen Beweggründen der Parteien beeinflußt werden. Wenn in unsern Städten ein «Markt» im weitern Sinne für Kunstgegenstände oder Occasionsautomobile besteht, so entspricht dieser Markt den genannten Voraussetzungen nicht, denn er führt nicht zur Bildung von «Marktpreisen». Vielmehr werden die Geschäfte dort abgeschlossen zu Bedingungen, für welche hauptsächlich persönliche Bewertungen von Interessenten maßgebend sind[24].

Dagegen ist es nicht erforderlich, daß Geschäfte über die in Frage stehenden Waren an dem für die Lieferung festgesetzten Ort und Zeitpunkt tatsächlich abgeschlossen worden sind. Es genügt, wenn die Ware «verkäuflich» ist. Der Marktpreis ist der Preis, zu dem der Käufer die Ware hätte verkaufen können, wenn er darüber verfügt hätte. Dieser Preis bestimmt sich aufgrund der Geschäfte, die abgeschlossen wurden unmittelbar vor und nach dem Lieferungstermin[25]. Frühere Abschlüsse können die Preise auf die Dauer bestimmt haben. Der Käufer ist nicht gehalten, den Beweis für die konkrete Möglichkeit der Weiterveräußerung zu erbringen. Diese Möglichkeit wird vermutet, wenn für die betreffende Ware ein Markt besteht. Es handelt sich um eine widerlegliche Vermutung, deren Entkräftung dem Verkäufer obliegt[26].

---

[23] BGE 49 II, 1923, S. 84; 78 II, 1952, S. 432; 81 II, 1955, S. 50.
[24] BGE 89 II, 1963, S. 220, Erw. 5.
[25] Das gleiche muß für die Waren gelten, die an einer Börse kotiert sind.
[26] BGE 78 II, 1952, S. 432; 81 II, 1955, S. 50.

d) Die Herabsetzung der Entschädigung

Die oben dargelegten Grundsätze beziehen sich einzig auf die Schadensberechnung. Sie schließen daher grundsätzlich die sich aus der Verweisung des Art. 99 Abs. 3 OR ergebende Anwendung der Art. 43 und 44 OR nicht aus. In einem vereinzelten Urteil[27] scheint das BGer aufgrund einer nicht publizierten Praxis angenommen zu haben, gemäß Art. 43 OR könne der abstrakte, nicht dagegen der konkrete Schaden herabgesetzt werden. Dabei werden jedoch zwei verschiedene Dinge vermengt, die Berechnung des Schadens und der Umfang der Ersatzpflicht. Welches auch immer die Berechnungsweise sei, verfügt der Richter gemäß Art. 43 OR über ein weites Ermessen bei der Bestimmung des Ersatzes.

§ 6. Die Verpflichtung des Käufers zur Zahlung des Preises und zur Annahme der Kaufsache

I. Der Inhalt der Verpflichtung

Für die Verpflichtung zur Bezahlung des Preises gelten die allgemeinen Vorschriften über die Erfüllung der Obligationen in Art. 68 ff. OR unter Vorbehalt einiger Präzisierungen in den Art. 212 und 213 OR. Wir verweisen diesbezüglich auf unsere Ausführungen über den Preis[1].

Nach Art. 211 Abs. 1 OR ist der Käufer verpflichtet, die gekaufte Sache anzunehmen. Handelt es sich dabei wirklich um eine Verpflichtung? Die Lieferung erfolgt in der Regel im Interesse des Käufers, welcher Anspruch auf die Lieferung hat. Dem Verkäufer stehen daher grundsätzlich keine Ansprüche auf Erfüllung und Schadenersatz wegen Nichterfüllung zu, bloß weil der Käufer sich weigert, die Sache anzunehmen. Die ungerechtfertigte Weigerung, die richtig angebotene Lieferung anzunehmen, ist vielmehr ein Gläubigerverzug, für den die Art. 91 ff. OR gelten[2]. Indessen wird beim Barkauf die Weigerung, die Sache anzunehmen, gewöhnlich mit der Weigerung, den Preis zu bezahlen, verbunden sein, was zum Verzug des

---

[27] BGE 46 II, 1920, S. 145.
[1] Siehe oben S. 14 ff.
[2] Zu Unrecht leitet das Urteil BGE 59 II, 1933, S. 305 im Anschluß an die Auffassung von Tuhrs (1. Aufl., S. 470, Anm. 2 und S. 476) aus dem Wortlaut von Art. 211 OR ab, daß nach der Wahl des Verkäufers die Vorschriften über den Gläubigerverzug oder diejenigen über den Schuldnerverzug anwendbar seien.

Käufers als Schuldner des Preises mit den in den Art. 103-109 OR vorgesehenen Folgen führt. Ebenso verhält es sich nach der Rechtsprechung mit der Weigerung, Vorbereitungshandlungen vorzunehmen, wie die Aufgabe der Bestellungen beim Sukzessivlieferungskauf auf Abruf des Käufers[3]. Beim Kreditkauf kann die Weigerung des Käufers, die Lieferung anzunehmen oder eine Vorbereitungshandlung vorzunehmen, je nach den Umständen in unzweideutiger Weise den Willen bekunden, den Vertrag nicht zu erfüllen und daher den Preis nicht zu bezahlen, so wenn sich der Käufer die Ware von einem andern Lieferanten verschafft hat[4]. Der Verkäufer kann dann gemäß den Art. 103-109 OR vorgehen. Schließlich gibt es Fälle, wo der Verkäufer ein Interesse an der Lieferung hat und die verkaufte Sache nicht ohne weiteres hinterlegen kann, so beim Verkauf des Materials eines abzubrechenden Gebäudes, beim Verkauf des Ertrages einer Ernte, beim Verkauf sehr schwerer Waren, die am Ort, wo sie sich befinden, zu liefern sind und deren Hinterlegung erhebliche Verladungs- und Transportkosten verursachen würde. Wir haben es dann mit einer eigentlichen Verpflichtung zu tun, deren Gegenstand nicht so sehr die Annahme der Lieferung als vielmehr die Wegschaffung der Sache ist. Bei diesen Käufen besteht für den Käufer die Pflicht zu einer positiven Leistung, welche den Charakter eines Werkes hat. Es rechtfertigt sich dann, auf dieses dem Kauf fremde Element Rücksicht zu nehmen und dem Verkäufer die Ansprüche aus Art. 97 ff. OR zu gewähren, insbesondere das Recht, sich ermächtigen zu lassen, die Leistung auf Kosten des Käufers vorzunehmen (Art. 98 OR), sowie das Recht, vom Vertrag unter den Voraussetzungen der Art. 107 ff. OR zurückzutreten.

Der Käufer braucht nur eine vertragskonforme Lieferung anzunehmen. Das setzt voraus, daß es sich bei der angebotenen Sache um die verkaufte Sache handelt, und bei Gattungssachen, daß diese genau der vereinbarten Beschreibung entsprechen und in der vereinbarten Menge angeboten werden, denn eine Teilleistung darf der Käufer zurückweisen. Die Leistung muß zur vereinbarten Zeit angeboten werden, unter Vorbehalt der Pflicht des Gläubigers, eine vorzeitige Leistung anzunehmen, wenn die Natur des Vertrags oder die Umstände dem nicht entgegenstehen (Art. 81 OR). Der Käufer muß eine verspätete Leistung annehmen, unter Vorbehalt seines Rechts auf Ersatz des durch die Verspätung verursachten Schadens, sofern die Leistung erfolgt, bevor er berechtigt ist, den Rücktritt vom Vertrag zu erklären. Der Käufer darf schließlich die Annahme mangelhafter Sachen

---

[3] BGE 49 II, 1923, S.32; 65 II, 1939, S.171.
[4] Vgl. die in der vorigen Anmerkung zitierten Urteile.

verweigern. Wenn er sie trotz offenkundiger, sofort feststellbarer Mängel annimmt und diese Mängel dem Verkäufer nicht sogleich anzeigt, so wird vermutet, er habe die Sache so, wie sie ihm geliefert wurde, genehmigt (Art. 201 Abs. 2 OR). Für den Distanzkauf ist jedoch das Recht, die Annahme der Lieferung zu verweigern, ausgeschlossen (Art. 204 OR).

Der Weigerung, die Leistung anzunehmen, wird in Art. 91 OR die Weigerung gleichgestellt, diejenigen Vorbereitungshandlungen vorzunehmen, die dem Gläubiger obliegen und ohne die der Schuldner nicht erfüllen kann: es können dies sachliche Leistungen sein, wie die Herrichtung des Standortes für eine zu installierende Maschine, oder Willenserklärungen, wie die Aufforderung zur Lieferung beim Sukzessivlieferungskauf auf Abruf des Käufers.

II. Der Verzug des Käufers

1. Die Wirkungen des Verzuges

Für die Wirkungen des Verzuges des Käufers gilt die Sondervorschrift des Art. 214 OR, die von den allgemeinen Vorschriften der Art. 107 ff. abweicht. Das Gesetz unterscheidet dabei zwischen dem Barkauf und dem Pränumerandokauf einerseits und dem Kreditkauf anderseits.

a) Wenn es sich um einen Barkauf handelt oder der Preis vorauszahlbar ist und der Käufer sich im Verzug befindet, kann der Verkäufer den Vertrag ohne weiteres auflösen, sofern er dem Käufer davon sofort Anzeige macht (Art. 214 Abs. 1 und 2 OR). Nach dem Wortlaut des Gesetzes kann der Verkäufer vom Vertrag «zurücktreten». Dieser Ausdruck ist nicht wörtlich zu nehmen. Es handelt sich um eine falsche Terminologie, ein Überbleibsel des Art. 263 des OR von 1881, der wörtlich übernommen wurde. Das alte OR kannte nämlich nur die Wahl zwischen dem Anspruch auf Erfüllung und der Auflösung des Vertrages verbunden mit einem Anspruch auf vollen Schadenersatz (Art. 122 und 124 aOR). Art. 214 OR ist im Zusammenhang mit der allgemeinen Vorschrift des Art. 107 OR zu verstehen. Entgegen seinem Wortlaut bedeutet er nicht, daß der Verkäufer lediglich den Vertrag auflösen und Ersatz des aus dem Dahinfallen des Vertrages erwachsenen Schadens verlangen könne. Er ist auch befugt, auf die Erfüllung zu verzichten und Schadenersatz wegen Nichterfüllung zu verlangen. Das ergibt sich außerdem aus der Vorschrift des Art. 215 OR, welche die Schadensberechnung regelt. Der Verkäufer, der die nach Art. 214 Abs. 2 OR erforderliche sofortige Anzeige nicht macht, verwirkt damit keineswegs die Ansprüche, die ihm Art. 107 OR einräumt. Er verliert bloß das Vorrecht, mit sofortiger Wirkung zurückzutreten oder auf die Erfüllung zu verzichten. Er kann immer noch gemäß Art. 107 OR vorgehen, d.h. dem im Verzug befindlichen Käufer eine angemessene Zahlungsfrist ansetzen und nach Ablauf dieser Frist entweder auf die Erfüllung verzichten und vollen Schadenersatz verlangen oder den Kauf aufheben. Die gegenteilige Lösung, die den Verkäufer des Rücktrittsrechts berauben und zur Erfüllung des Kaufvertrages zwingen würde, würde eine zu strenge Sanktion an die Unterlassung einer sofortigen Anzeige knüpfen, und das zugunsten eines säumigen Schuldners. Dies würde den Verkäufer veranlassen, jede Fristerstreckung zu verweigern und mit aller Strenge zu verfahren aus Furcht, sein Rücktrittsrecht zu verwirken. Dem läßt sich nicht entgegenhalten, das Erfordernis der sofortigen Anzeige wolle die Gefahr einer Spekulation des Verkäufers zum Nachteil des Käufers abwenden, denn dieser kann ein solches Manöver immer dadurch vereiteln, daß er innert der Nachfrist erfüllt, die der Verkäufer, welcher die sofortige Anzeige unterlassen hat, gemäß Art. 107 OR ansetzen muß[5].

b) Wenn der Kaufgegenstand schon vor der Zahlung des Preises in den Besitz des Käufers gelangt ist, so kann der Verkäufer nur dann vom Vertrag zurücktreten und die Sache zurückfordern, wenn er sich dieses Recht ausdrücklich vorbehalten hat (Art. 214 Abs. 3 OR). Diese Vorschrift gilt nicht nur für den Kreditkauf, sondern ist auf alle Fälle anwendbar, in denen, selbst bei Vereinbarung von Barzahlung oder Vorauszahlung, der Verkäufer vor der Bezahlung des Preises liefert (faktischer Kredit). Sie gilt auch für den Grundstückkauf, wenn die Übertragung des Eigentums im Grundbuch vor der Zahlung der Kaufsumme erfolgt[6]. Der Verkäufer kann also nur auf Erfüllung des Kaufes klagen. Der Weg des Art. 107 OR ist ihm verschlossen.

Nur wenn der Verkäufer sich das Recht dazu ausdrücklich vorbehalten hat, kann er vom Vertrag zurücktreten und die übergebene Sache zurückfordern. Der Kaufvertrag ist dann unter einer auflösenden Potestativbedingung abgeschlossen, der herkömmlichen *lex commissoria*. Die Lehre von der kausalen Tradition, der sich die Rechtsprechung angeschlossen hat, müßte, streng genommen, dazu führen, dem Verkäufer das Recht einzuräumen, seine in der Hand des Käufers befindliche Sache zu vindizieren und

---

[5] BGE 44 II, 1918, S. 407; 49 II, 1923, S. 28; 86 II, 1960, S. 221, Erw. 11, S. 234. Nach Art. 263 aOR beraubte die Unterlassung der sofortigen Anzeige den Verkäufer nicht des Rücktrittsrechts, sondern verpflichtete ihn zum Ersatz des sich aus dieser Unterlassung ergebenden Schadens.

[6] BGE 86 II, 1960, S. 221.

nicht, sie zurückzufordern. Das ist jedoch nicht die nach der Praxis geltende Ordnung: Der Verkäufer, der wegen Verzugs des Käufers vom Vertrag zurücktritt, hat nur ein obligatorisches Rückforderungsrecht[7]. Das wird bestätigt durch Art. 212 SchKG, der das Recht des Verkäufers zur Rückforderung der verkauften Sache ausschließt im Konkurs des Käufers, wie es der allgemeinen Vorschrift des Art. 211 SchKG entspricht, wonach jede Forderung, die nicht eine Geldzahlung zum Gegenstand hat, in eine Geldforderung umgewandelt wird. Daher kann auch der Verkäufer im Konkurs des Käufers nur seine Forderung auf Zahlung des Preises anmelden. Nur wenn sich der Verkäufer das Eigentum gemäß Art. 715 ZGB formrichtig vorbehalten hat, kann er eine Sache vindizieren, an der er das Eigentum nie aufgegeben hat. Während die auflösende Bedingung nur das Verhältnis zwischen den Parteien berührt und in Abweichung von der Lehre der kausalen Tradition des Eigentums ohne Einfluß auf den Erwerb der Sache durch den Käufer ist, wirkt sich der Eigentumsvorbehalt unmittelbar auf die Eigentumsübertragung aus, die er im allgemeinen hinausschiebt bis zur gänzlichen Bezahlung des Kaufpreises[8]. Der Eigentumsvorbehalt setzt jedoch voraus, daß der Verkäufer sich das Recht zum Rücktritt vom Vertrag vorbehalten hat, was Vorbedingung für die Rücknahme der Sache ist. Daher hat auch, selbst beim Fehlen einer Verfallsklausel, in der Verabredung eines Eigentumsvorbehalts der ausdrückliche Vorbehalt des Rechts, wegen Verzugs des Käufers vom Vertrag zurückzutreten, als mitenthalten zu gelten, selbst wenn dies nicht besonders ausbedungen ist. Wenn daher, mangels Eintragung im Eigentumsvorbehaltsregister, der Eigentumsvorbehalt als solcher gemäß Art. 715 ZGB unwirksam ist, so hat die Klausel, mit der er vereinbart wird, gleichwohl die Wirkung einer Verfallsklausel, und es steht dem Verkäufer ein obligatorisches Recht auf Rückgabe der Sache zu[9].

Der Gesetzeswortlaut spricht nur vom Vorbehalt des Verkäufers, «von dem Vertrage zurückzutreten», d.h. den Kauf aufzuheben, was die Rückerstattung der beiderseitigen Leistungen und den Ersatz lediglich des aus dem Dahinfallen des Vertrages entstandenen Schadens in sich schließt. Somit hat der Verkäufer, der sich das Rücktrittsrecht vorbehalten hat, nur die Wahl zwischen zwei Rechtsbehelfen: den Käufer auf Zahlung des Kaufpreises zu belangen oder den Kauf aufzuheben. Ein zu ersetzendes positives Interesse ist ohnehin praktisch nicht wohl denkbar, wenn die Sache ge-

---

[7] Vgl. oben S. 26. Sehr deutlich in diesem Sinne BGE 58 II, 1932, S. 347.
[8] In Anmerkung 7 zitiertes Urteil.
[9] BGE 51 II, 1925, S. 35; 60 II, 1934, S. 412; 88 II, 1962, S. 81; 90 II, 1964, S. 285.

liefert ist; der Verkäufer hat einen unbedingten Anspruch auf Bezahlung des Kaufpreises, von dem nicht einzusehen ist, wie er sich in einen Schadenersatzanspruch umwandeln könnte. Verzichtet der Verkäufer auf den Rücktritt vom Vertrag und damit auf die Rücknahme der Sache, so kann er nur sein Recht auf Bezahlung des Kaufpreises geltend machen.

Nach der Rechtsprechung[10] hat der Vorbehalt zur Folge, daß die allgemeine Regelung des Art. 107 OR wieder anwendbar ist, welche beim Fehlen einer besonderen Klausel durch Art. 214 Abs. 3 OR für den Kreditkauf ausgeschlossen wird. Indem er die Sonderregelung des Art. 214 OR ausschaltet, macht der Vorbehalt die allgemeinen Vorschriften des Art. 107 OR anwendbar mit der Wirkung, daß der Verkäufer nicht nach seinem Belieben zu jeder Zeit vom Vertrage zurücktreten kann. Für sein Rücktrittsrecht gelten vielmehr die Voraussetzungen des Art. 107 OR, d.h. Ansetzung einer angemessenen Nachfrist und unverzügliche Rücktrittserklärung nach Ablauf der Frist.

2. Die Berechnung des Schadenersatzes

Der im Verzug befindliche Käufer haftet für den Schaden, der dem Verkäufer aus dem Verzug erwächst. Durch eine Regelung, die das Gegenstück zu Art. 191 OR über den Verzug des Verkäufers bildet, stellt das OR in Art. 215 besondere Vorschriften nur auf für den kaufmännischen Verkehr sowie für Waren, die einen Markt- oder Börsenpreis haben.

Auf die andern Käufe sind somit die allgemeinen Vorschriften anwendbar.

Wenn bei einem synallagmatischen Vertrag eine Partei auf die Erfüllung verzichtet und Schadenersatz wegen Nichterfüllung verlangt, kann der Schaden nach zwei Methoden berechnet werden.

Der Anspruch auf Schadenersatz wegen Nichterfüllung (positives Interesse) setzt grundsätzlich das Weiterbestehen des Vertrages voraus als notwendige Grundlage der Verpflichtung, in Form von Schadenersatz den Gegenwert der Erfüllung zu bezahlen. Es ist gerade der Vertrag, der den Gläubiger berechtigt, eine Entschädigung zu verlangen, die dem Vorteil entspricht, den ihm die Erfüllung verschafft hätte. Nun gestattet ihm der synallagmatische Charakter des Vertrages, nur dann Schadenersatz anstelle der Erfüllung zu fordern, wenn er seinerseits die Gegenleistung erbringt (Art. 82 OR). Wenn der Gläubiger also seine eigene Leistung nicht erbracht hat und sie auch nicht anbietet, so kann er ebensowenig Schadenersatz

---

[10] BGE 90 II, 1964, S. 285.

wegen Nichterfüllung fordern, wie er Erfüllung verlangen könnte. Das verpflichtet den Gläubiger, hier den Verkäufer, die Sache zur Verfügung seines Schuldners, des im Verzug befindlichen Käufers, zu halten. Er hat sie ihm im Austausch gegen die Schadenersatzzahlung zu übergeben (sog. Austauschtheorie). Dieses System hat die Logik für sich. Wenn der Verkäufer den Vertrag bestehen lassen und daraus, in Form einer Entschädigung, Vorteil ziehen will, muß er seine eigene Leistung erbringen und die Sache zur Verfügung des Käufers halten. Er kann darüber nicht verfügen, denn dies liefe, was ihn betrifft, auf einen Rücktritt vom Vertrag hinaus[11].

Die gegenteilige Methode (sog. Differenztheorie) entbindet den Gläubiger von der Erbringung seiner eigenen Leistung. Der Gläubiger hat sich den Wert seiner Leistung auf die von ihm verlangte Entschädigung anrechnen zu lassen. Dieses System gilt nach Art. 215 OR für die Handelskäufe und die Käufe von Waren, die einen Markt- oder Börsenpreis haben.

Die Frage der Wahl zwischen diesen beiden Methoden stellt sich beim Verzug des Verkäufers nicht, da die Entschädigungsforderung des Käufers mit dem von ihm geschuldeten Kaufpreis zu verrechnen ist. Dagegen ist die Wahl unvermeidlich beim Verzug des Käufers. Die herrschende Lehre lehnt die Differenztheorie ab mit beachtlichen Argumenten, die sie aus dem Wesen der Entschädigungsforderung ableitet, welche das Weiterbestehen des Vertrages voraussetzt. Sie weist, nicht zu Unrecht, darauf hin, daß die Anwendung der Differenzmethode dem Verkäufer, zusätzlich zu den drei Wahlmöglichkeiten des Art. 107 OR, eine vierte verschaffen würde, indem er vom Vertrag zurücktreten und daraus Gewinn ziehen könnte, was ein innerer Widerspruch sei. Die Sondervorschrift des Art. 215 OR, welche die Differenzmethode in zwei Fällen zuläßt, schließe a contrario ihre allgemeine Anwendbarkeit aus.

Indessen wird die Differenzmethode von nicht weniger namhaften Autoren verteidigt[12]. Diese anerkennen zwar, daß die Austauschmethode theoretisch besser befriedige, wenden aber ein, daß es sich nicht rechtfertige, dem Verkäufer die Verfügung über seine Ware zu verwehren, wenn er Ersatz des ihm durch das Ausbleiben der Leistung des Käufers zugefügten Schadens erhalten wolle. Hierdurch werde die Vertragspartei, die ihren Verpflichtungen nachkomme, zu stark benachteiligt, und dies zugunsten

---

[11] In diesem Sinne die herrschende Lehre: VON TUHR/SIEGWART, § 68, III, 6; OSER/SCHÖNENBERGER, N. 23 zu Art. 107; BECKER, N. 22 zu Art. 97.
[12] TH. GUHL, Rücktritt vom Vertrag und Schadenersatz wegen Nichterfüllung beim Verzug des Schuldners, in: Festgabe für Carl Wieland, Basel 1934, S. 34; GUHL/MERZ/KUMMER, S. 230/31; W. YUNG, Sem. jud. 1940, S. 439; R. SECRÉTAN, Des droits du vendeur contre l'acheteur en demeure, JdT 1947, S. 34.

eines im Verzug befindlichen Schuldners. Das Rechtsgefühl erheische, daß der Verkäufer über eine Sache, deren Annahme der Käufer verweigere, verfügen könne, ohne deshalb von Rechts wegen seinen Anspruch auf vollen Schadenersatz zu verlieren. Sehe sie das Gesetz auch nur für die Handelskäufe vor, so habe diese Methode doch nicht einen ausgesprochen kaufmännischen Charakter. Es lasse sich schließlich nicht einwenden, daß diese Methode dadurch, daß sie es dem Verkäufer anheimstelle, anderweitig über die Ware zu verfügen, ihm gestatte, mit der gleichen Ware einen doppelten Gewinn zu erzielen, denn dies sei ein Umstand, der bei der Schadensberechnung berücksichtigt werden könne.

Während verschiedene kantonale Gerichte die Differenzmethode auch auf nichtkaufmännische Käufe angewendet haben[13], hat das BGer nicht Stellung genommen, abgesehen von einem *obiter dictum*, in welchem es heißt, es bestehe kein Grund, die Anwendung der Differenzmethode auf die Fälle des Art. 215 OR zu beschränken[14]. Es neigt offenbar zu einer Verallgemeinerung dieser Methode.

Uns scheint sich die Differenzmethode aufzudrängen, und zwar aus den oben dargelegten Gründen. Sie allein führt zu einem praktisch befriedigenden Ergebnis. Sie kehrt wieder zurück zum natürlichen System, das dasjenige des französischen Rechts ist, welches vom OR von 1881 übernommen wurde und an dem, unter dem Einfluß des deutschen BGB, der Gesetzgeber von 1911 aus rein theoretischen Überlegungen in Art. 107 OR eine wenig glückliche Korrektur vorgenommen hat, welche zu zahlreichen Schwierigkeiten und Verwirrungen Anlaß gegeben hat.

Die Differenztheorie bedeutet nicht, daß der Verkäufer stets die Differenz zwischen dem vereinbarten Preis und dem Preis, zu dem er die Sache weiterverkauft hat, einfordern darf, wie es Art. 215 OR für die Handelskäufe vorsieht. Der Verkäufer hat vom Preis grundsätzlich den Vorteil abzuziehen, den ihm der Umstand verschafft, daß er die Verfügung über die Sache behält, denn die Entschädigung soll dem tatsächlich erlittenen Schaden entsprechen. Dabei ergeben sich folgende Möglichkeiten, die von YUNG[15] untersucht worden sind:

a) Der Verkäufer kann die ihm verbleibende Ware weder veräußern noch sonst verwenden. Sein Schaden ist dann gleich dem vereinbarten

---

[13] Zürich, BlZR 36, 1937, S. 368 und SJZ 37, 1940/41, S. 43; Tessin, Repertorio 94, 1961, S. 100; Bern, ZBJV 1943, S. 269; Waadt, nicht publiziertes, aber von SECRÉTAN, a.a.O., S. 147 erwähntes Urteil.
[14] BGE 54 II, 1928, S. 308; 65 II, 1939, S. 171.
[15] a.a.O., Anm. 12.

Kaufpreis. Höchstens muß er die Sache gegen Bezahlung des Kaufpreises liefern. Da nichts abzuziehen ist, stimmen die Differenzmethode und die Austauschmethode hier im Ergebnis überein.

b) Wenn der Verkäufer die Sache nicht verkaufen kann oder will, diese aber doch einen Verkehrswert hat, dann ist dieser Wert auf die Entschädigung anzurechnen.

c) Wenn der Verkäufer die Sache in guten Treuen zu einem niedrigeren Preis verkauft hat, ist der zu ersetzende Schaden gleich dem Verlust, den er erleidet. Ist der Preis gleich hoch oder höher, hat er keinen Anspruch auf Entschädigung, unter Vorbehalt der Kosten des zweiten Verkaufs. Er braucht sich dagegen den Preis, zu dem er die Sache weiterverkauft hat, nicht anrechnen zu lassen, wenn er dartut, daß er in der Lage gewesen wäre, die Verpflichtungen aus beiden Käufen zu erfüllen. Der Käufer kann ihm nicht entgegenhalten, er erziele einen doppelten Gewinn, denn das hätte er auf alle Fälle getan. Der zu ersetzende Schaden ist dann gleich der Differenz zwischen dem vereinbarten Preis und dem Einstandspreis.

Was die Sondervorschrift des Art. 215 OR über die Handelskäufe betrifft, so entspricht sie genau dem Art. 191 OR, der sich auf den Verzug des Verkäufers bezieht. Es handelt sich auch hier um eine fakultative Berechnungsweise, und der Verkäufer hat immer die Möglichkeit, seine Forderung auf andere Faktoren zu stützen, aus denen sich ein tatsächlicher und konkreter Schaden ergibt.

Art. 215 Abs. 1 OR ermächtigt den Verkäufer, den Schaden nach der Differenz zwischen dem vereinbarten Preis und demjenigen, um den er die Sache in guten Treuen weiterverkauft hat, zu berechnen. Für den Selbsthilfeverkauf gelten also die gleichen Vorschriften, wie für den Deckungskauf beim Verzug des Verkäufers (Art. 191 Abs. 2 OR). Wir verweisen daher auf unsere Ausführungen über den Deckungskauf im Falle des Verzugs des Verkäufers. Hervorgehoben sei lediglich, daß es sich hier um eine Art der konkreten Schadensberechnung handelt, die den Nachweis eines tatsächlichen Geschäftsabschlusses voraussetzt.

Art. 215 Abs. 2 OR, der dem Art. 191 Abs. 3 entspricht, sieht eine Art der abstrakten Schadensberechnung vor für die Waren, die einen Markt- oder Börsenpreis haben. Auch hier ist der Schaden gleich der Differenz zwischen dem Vertragspreis und dem Markt- oder Börsenpreis zu dem für die Lieferung vereinbarten Termin, und braucht der Verkäufer nicht den Abschluß eines Selbsthilfeverkaufes nachzuweisen. Wir können auf unsere Ausführungen über den Verzug des Verkäufers verweisen, da die Regelung die gleiche ist.

Drittes Kapitel

Die Gewährleistung des veräußerten Rechts

§ 7. Allgemeines

Der Zweck der Gewährleistung des veräußerten Rechts ist der Schutz des Käufers, dem die verkaufte Sache weggenommen wird von einem Dritten, welcher sich als Inhaber eines vorgehenden Rechtes an der Sache ausweist.

Der Entzug (die Entwehrung) ist vollständig, wenn der Dritte das Eigentum an der Sache beansprucht und dem Käufer der Besitz entzogen wird. Er ist ein teilweiser, wenn der Anspruch nur einen Teil der Kaufsache, ein Zugehörstück, betrifft, oder wenn der Dritte ein beschränktes dingliches Recht, z.B. ein Pfandrecht oder eine Dienstbarkeit beansprucht.

Das OR sieht für diese Fälle zu Lasten des Verkäufers eine gesetzliche Gewährspflicht vor, die einen Bestandteil des Kaufvertrages bildet, welcher zu den beiden wesentlichen Bestandteilen, der Verpflichtung des Verkäufers zur Übergabe der Sache und zur Übertragung des Eigentums, hinzutritt.

Auch hier handelt es sich um ein Überbleibsel des römischen Kaufrechts, auf das der Gesetzgeber hätte verzichten können. Die Ordnung ist nämlich nicht leicht zu vereinbaren mit der gesetzlichen Definition des Kaufs, und zudem ist ihr praktischer Nutzen zum mindesten zweifelhaft.

Der römische Kaufvertrag verpflichtete an sich den Verkäufer nicht zur Eigentumsübertragung. Der Verkäufer hatte nur die Sache zu übergeben: *vacuam possessionem tradere*, woraus sich die Notwendigkeit ergab, dem Käufer diesen ungestörten Besitz zu gewährleisten, d.h. ihn im Besitz der Sache zu schützen und ihn zu entschädigen im Falle der Eviktion durch einen Dritten, der sich auf ein vorgehendes Recht berief. Die Gewährleistung für Mängel des Rechts erscheint als die notwendige Ergänzung der Übergabepflicht zugunsten eines Käufers, der beim Fehlen jeder Publizität der dinglichen Rechte und jeden Schutzes des gutgläubigen Erwerbers nur durch die Ersitzung zu einem absoluten Rechtsschutz kommt.

Zunächst geschützt durch eine besondere Klage, die *actio auctoritatis* auf Rückerstattung des doppelten Kaufpreises, die das *ius civile* schon sehr früh vorgesehen hatte zugunsten des Erwerbers durch *mancipatio*, ergab sich diese Gewährspflicht beim Fehlen einer mancipatio aus einem besonderen Versprechen, das der Verkäufer gegenüber dem Käufer abzugeben hatte und das eine eigene, vom Kauf verschiedene und durch eine besondere Klage geschützte Verpflichtung begründete. Erst in der klassischen Zeit wurde die Verpflichtung zur Rechtsgewährleistung beim Fehlen einer mancipatio und jeder besonderen Abrede unmittelbar aus dem Kaufvertrag abgeleitet und durch die auf den Kauf gestützte Klage, die *actio empti*, geschützt.

Diese Auffassung hat sich erhalten. Es ist diejenige des gemeinen Rechts[1]. In diesem System ist der Verkäufer einzig zur Übergabe der Sache und nicht zur Verschaffung des Eigentums an ihr verpflichtet, und im Falle des Entzugs der Sache kann er nicht wegen Nichterfüllung belangt werden. Doch hat er aufgrund seiner Gewährspflicht dafür einzustehen, daß der Käufer im ungestörten Besitz der Sache bleibt, und darin erschöpft sich seine Übergabepflicht. Daher die Beibehaltung der herkömmlichen Gewährleistung, die den Verkäufer lediglich dann, wenn der Käufer von einem Dritten gerichtlich belangt wird, verpflichtet, ihm im Prozesse beizustehen und ihn im Falle der Entwehrung zu entschädigen.

Sobald die Hauptverpflichtung des Verkäufers sich nicht auf die Übergabe der Sache beschränkt, sondern die Verschaffung des Eigentums mitumfaßt, ist die Einschiebung einer besondern Gewährspflicht überflüssig. Die Verpflichtung zur Verschaffung des Eigentums ist eine Verpflichtung zur Herbeiführung eines Erfolgs und nicht zur Verschaffung eines Mittels. Wenn daher der Käufer der Geltendmachung eines vorgehenden Rechts weichen muß, so hat der Verkäufer den Kaufvertrag nicht erfüllt. Das Problem, das sich im Falle der Entwehrung im Verhältnis zwischen dem Verkäufer und dem Käufer stellt, läßt sich auf dem Boden der Nichterfüllung der Obligationen lösen. Die Nichtverschaffung des Eigentums ist ein hinreichender Grund für die Aufhebung des Kaufvertrages und die Schadenersatzpflicht des Verkäufers, worin sich gemäß Art. 195 OR die Gewährspflicht erschöpft. Das herkömmliche System, das unser OR übernommen hat, auferlegt dem Verkäufer allerdings eine Pflicht, dem Käufer im Prozesse beizustehen, den der Dritte gegen diesen anstrengt (Art. 193 OR). Nach richtiger Auffassung gehört die zu diesem Zweck vorgesehene Streitverkündung jedoch mehr dem Prozeßrecht als dem materiellen Recht an.

Folgerichtiger als unser OR hat das deutsche BGB den logischen Schluß aus der Pflicht des Verkäufers zur Verschaffung des Eigentums gezogen. Es brach mit der Überlieferung und mit der Lehre des gemeinen Rechts, obwohl diese in Deutschland damals vorherrschten, und schaffte die besondere

---

[1] WINDSCHEID, Lehrbuch der Pandekten, 8. Aufl., §§ 389 und 391.

Gewährleistung wegen Entwehrung ab. Es gelten die allgemeinen Vorschriften über die Nichterfüllung der Verpflichtungen des Verkäufers (§§ 433 ff. BGB).

Das Anwendungsgebiet der Gewährspflicht für Entwehrung ist heute zudem ein außerordentlich enges geworden.

Die gesetzliche Gewährspflicht kann nur angerufen werden vom Käufer, der die Gefahr der Entwehrung nicht kannte. Dieser Käufer wird meistens ein gutgläubiger Erwerber im Sinne der Art. 933–935 und 973 ZGB sein[2]. Für Grundstücke gewährt aber die Öffentlichkeit des Grundbuches in Verbindung mit dem in Art. 973 ZGB vorgesehenen Schutz des gutgläubigen Erwerbers dem Käufer einen Schutz, der als absolut gelten kann[3].

Eine Ausnahme kommt nur in Betracht für bewegliche Sachen, die Zugehör der verkauften Liegenschaft bilden, sofern sie der Verkäufer der Liegenschaft unter Eigentumsvorbehalt gekauft hat: der Erwerb des Grundstücks durch Eintragung im Grundbuch bewirkt nicht, daß auch das Eigentum an dieser Zugehör übergeht. Wenn somit der Käufer vor der Übertragung des Besitzes an ihn vom Eigentumsvorbehalt Kenntnis erhalten hat und sich daher nicht auf seinen guten Glauben berufen kann, so geht das Recht des Eigentümers an den Zugehörstücken vor, und zwar selbst dann, wenn der Kauf schon im Grundbuch eingetragen worden ist[4].

Bei den beweglichen Sachen besteht, gemäß Art. 933–935 ZGB, für den gutgläubigen Käufer nur dann die Gefahr einer Entwehrung, wenn sie dem Eigentümer wider seinen Willen abhandengekommen sind. Und diese Gefahr ist erst noch zeitlich beschränkt; die Inhaberpapiere sind davon ausgenommen und ebenso, nehmen wir an, die andern Gattungssachen, sobald sie nicht mehr ausgesondert werden können[5]. Die Vorschriften über die Gewährspflicht bei Entwehrung sind nicht anwendbar auf den Kauf einer Forderung, für den die Sonderbestimmung des Art. 171 OR gilt. Dagegen hat die Rechtsprechung sie herangezogen für die Immaterialgüterrechte, namentlich für den Kauf eines Erfindungspatentes, das sich als nichtig erweist. Diese Auffassung ist in hohem Maße anfechtbar, denn wer sich auf die Nichtigkeit eines Patentes beruft, beansprucht kein vorgehendes Recht. Er bestreitet vielmehr den Bestand des Immaterialgüterrechts. Im übrigen kann die Gültigkeit eines Patentes jederzeit bestritten

---

[2] Das muß nicht immer der Fall sein; vgl. unten S. 65.
[3] So braucht sich der gutgläubige Käufer eines Grundstücks ein im Grundbuch nicht eingetragenes Wegrecht nicht entgegenhalten zu lassen und kann sich deshalb nicht auf die Gewährspflicht wegen Entwehrung berufen. BGE 98 II, 1972, S. 191.
[4] BGE 60 II, 1934, S. 191.
[5] BGE 47 II, 1921, S. 269: Dieses Urteil, das sich auf Geldstücke bezieht, enthält eine nach meiner Meinung auf alle Gattungssachen anwendbare Regel.

werden. Es handelt sich also um eine Gefahr, die der Erwerber kennen muß[6].

Die Art. 192–196 OR sind somit praktisch fast bedeutungslos. Es erstaunt daher nicht, daß seit dem Inkrafttreten des ZGB nur ein veröffentlichtes Urteil des BGer zu finden ist, in dem die Gewährspflicht für Entwehrung einer körperlichen, beweglichen oder unbeweglichen Sache zum Zuge kam[7].

§ 8. Die gesetzliche Ordnung

I. Die Voraussetzungen der Gewährspflicht

1. Objektive Voraussetzungen

Die Entwehrung setzt voraus, daß der Käufer Besitzer der Sache geworden ist. Wenn der Dritte beim Verkäufer vor der Erfüllung des Kaufes vindiziert und diese unmöglich macht, ist Art. 192 OR nicht anwendbar. Vielmehr haftet der Verkäufer gemäß Art. 97 ff. OR wegen Nichterfüllung des Vertrages.

Nach der genauen Bedeutung des Ausdrucks ist Entwehrung der Entzug infolge eines richterlichen Urteils. Ursprünglich stand die Klage nur dem Käufer offen, der gerichtlich verurteilt worden war, die Sache dem Drittansprecher zu übergeben. Heute genügt es, daß gegen den Käufer ein Anspruch erhoben wird, den er in guten Treuen als begründet anerkennen durfte. Er hat dann darzutun, daß er dem Verkäufer ohne Erfolg rechtzeitig die Führung des Prozesses angeboten hat, oder daß der Anspruch begründet war und er sich daher der gerichtlichen Klage, die gegen ihn erhoben worden war oder ihm wenigstens drohte, nicht hätte widersetzen können (Art. 194 OR). Das ist jedoch die Mindestvoraussetzung. Der Käufer, welcher nach der Übergabe der Sache erfährt, daß diese gestohlen war und er daher nicht ihr Eigentümer ist, gegen den aber keinerlei Ansprüche erhoben werden,

---

[6] BGE 57 II, 1931, S. 403. In der Rechtslehre ist umstritten, welche Klage dem Erwerber eines Patentes zur Verfügung steht, wenn er in dem von einem Dritten gegen ihn angestrengten Prozeß unterliegt. Die neuere Rechtsprechung auf dem Gebiete der Lizenzverträge stützt sich auf die objektive Unmöglichkeit, Art. 20 OR. Vgl. BGE 75 II, 1949, S. 169; 85 II, 1959, S. 38; A. TROLLER, Immaterialgüterrecht, 2. Aufl., Basel/Stuttgart 1971, Bd. II, S. 981; BLUM/PEDRAZZINI, Das schweizerische Patentrecht, Bern 1959, Bd. II, S. 190.

[7] BGE 100 II, 1974, S. 24, wo die Voraussetzungen der Anwendung der Art. 193 und 194 OR näher umschrieben werden.

erfüllt die erste Voraussetzung zur Berufung auf die Gewährspflicht nicht. Er wird nicht entwehrt. Er kann nicht eine konkrete Gefahr der Entwehrung geltend machen. Dagegen sind wir der Auffassung, dieser Käufer könne gleichwohl den Kaufvertrag gemäß Art. 97 OR auflösen, da der Verkäufer eine seiner wesentlichen Pflichten nicht erfüllt hat[1].

Die Pflicht zur Gewährleistung besteht auch dann weiter, wenn der Käufer darauf verzichtet, den Prozeß über sich ergehen zu lassen, den Anspruch des Dritten in guten Treuen anerkennt und einen Vergleich abschließt (Art. 194 Abs. 1 OR). Der Verkäufer bleibt gebunden, es sei denn, der Käufer habe durch die Anerkennung der Klage oder durch den Abschluß des Vergleichs gegen den Grundsatz von Treu und Glauben verstoßen, wofür die Beweislast gemäß Art. 3 ZGB dem gewährspflichtigen Verkäufer obliegt.

2. Subjektive Voraussetzungen

Die gesetzliche Gewährspflicht gilt nur zugunsten des Käufers, der die Gefahr der Entwehrung zur Zeit des Vertragsschlusses nicht kannte. Wenn er die Gefahr kannte, hat der Verkäufer nur insofern «Gewähr zu leisten, als er sich ausdrücklich dazu verpflichtet hat» (Art. 192 Abs. 2 OR). Eine solche Gewährspflicht kann also nicht aus dem Vertrag als Ganzes abgeleitet werden noch aus der Natur des Geschäfts. Die Gewährleistung muß in aller Form und in deutlichen Ausdrücken erklärt worden sein. Ist dies der Fall, so hat man es nicht mit einer gesetzlichen, sondern mit einer vertraglichen Gewährspflicht zu tun, deren Voraussetzungen und Wirkungen sich nach dem Vertrag bestimmen und auf welche die Art. 193–196 OR nur ergänzend anwendbar sind. So kann der Käufer eines Grundstücks, das mit ihm bekannten und im Kaufvertrag erwähnten Grundpfandrechten belastet ist, vom Verkäufer nur dann die Ablösung dieser Pfandrechte verlangen, wenn der Verkäufer sich dazu ausdrücklich verpflichtet hat. Unser OR kennt die Vermutung nicht, die in § 439 Abs. 2 BGB aufgestellt ist und die dahin geht, daß der Verkäufer die auf der Sache lastenden Pfandrechte (im weitesten Sinne) zu beseitigen hat, auch wenn der Käufer die Belastung kannte. Nach unserm Recht gilt die gegenteilige Regel, von der nur durch eine ausdrückliche Vereinbarung abgewichen werden kann.

---

[1] So der Fall des Käufers eines Occasionsautomobils, der nach der Lieferung erfährt, daß es sich um einen gestohlenen Wagen handelt. In der zutreffenden Annahme, daß die Gewährspflicht mangels Entwehrung nicht angerufen werden könne, hat das Bezirksgericht Affoltern a.A. den Kauf ungültig erklärt wegen Grundlagenirrtums (Art. 24 Abs. 1 Ziff. 1 OR). Das ist eine durchaus vertretbare Begründung, die indessen die Aufhebung wegen Nichterfüllung nicht ausschließt. Bezirksgericht Affoltern a.A., 6. Juli 1972, SJZ 68, 1973, S. 358, Nr. 211.

Das OR bestimmt, daß der Käufer, der «die Gefahr der Entwehrung kannte», sich nicht auf die Gewährleistung berufen kann. Unseres Erachtens schließt diese Bestimmung die gesetzliche Gewährspflicht nur für den Fall der tatsächlichen Kenntnis der Gefahr aus, nicht dagegen, wenn der Käufer bei der Aufmerksamkeit, die nach den Umständen von ihm verlangt werden darf, die Gefahr hätte kennen können und sollen. Eine fahrlässige Unkenntnis schließt die Gewährspflicht nicht aus. Wenn das Gesetz Rechtsfolgen an die Kenntnis einer Tatsache knüpft, will es ihr das Kennensollen nicht gleichstellen. Art. 3 ZGB ist nicht anwendbar. Wenn das Gegenteil gelten soll, spricht das Gesetz dies deutlich aus, so in Art. 200 und 273 OR[2]. Sowenig wie bei den Mängeln (Art. 200 OR), auferlegt das Gesetz dem Käufer eine Pflicht, nach Rechten zu forschen, welche die Sache belasten könnten. Es obliegt dem Verkäufer und ihm allein, von solchen dem Käufer gegebenenfalls Kenntnis zu geben. Höchstens ließe sich der Kenntnis der Gefahr der Entwehrung der Fall gleichstellen, wo es der Käufer absichtlich unterläßt, von den Belegen und Akten Kenntnis zu nehmen, die ihm der Verkäufer zur Einsicht unterbreitet hat[3]. Hieraus folgt, daß der Käufer, der aus Fahrlässigkeit die Gefahr der Entwehrung nicht kannte und sich daher gegenüber dem Drittansprecher nicht auf den Schutz des gutgläubigen Erwerbers berufen kann, berechtigt ist, gegenüber seinem Verkäufer die Gewährleistung für Entwehrung geltend zu machen.

Die Gewährspflicht für Entwehrung ist dispositiven Rechts. Sie kann durch Vereinbarung der Parteien aufgehoben oder beschränkt werden. Eine solche Wegbedingung ist jedoch gemäß Art. 192 Abs. 3 OR ungültig, wenn der Verkäufer das Recht des Dritten absichtlich verschwiegen hat. Obwohl auf Täuschung des Verkäufers beruhend, ist Art. 192 Abs. 3 OR eine Sondervorschrift, die die Anwendung der allgemeinen Ordnung der Art. 28–31 OR ausschließt. Das Gesetz sieht hier eine absolute Ungültigkeit vor, auf die sich der Käufer zu jeder Zeit berufen kann; so lange, als er wegen Gewährleistung für Entwehrung klagen kann, kann ihm die Wegbedingungsklausel nicht entgegengehalten werden. Die Ungültigkeit trifft einzig die Klausel, während der Kaufvertrag im übrigen gültig bleibt und der Verkäufer für die Rechtsfolgen der Entwehrung im vollen Umfange einzustehen hat.

Dieses besondere System findet sich in Art. 200 OR wieder bei der Gewährleistung wegen Mängeln der Kaufsache.

---

[2] In diesem Sinne Oser/Schönenberger, N. 15 zu Art. 192 OR; von Tuhr/Siegwart, § 23, Anm. 41. Gleich wird auch der Ausdruck «bewußt» in Art. 979 und 1007 OR ausgelegt: BGE 56 II, 1930, S. 290; P. Jäggi, Zürcher Kommentar, Teil 7a, Zürich 1959, N. 93 zu Art. 979 OR.

[3] In diesem Sinne Oser/Schönenberger, N. 15 zu Art. 192 OR.

II. Die Wirkungen der Gewährspflicht

Die Wirkung der Gewährspflicht ist eine zweifache: der Verkäufer, der dazu formrichtig aufgefordert wird, hat zunächst dem Käufer im Prozeß, den der Drittansprecher gegen diesen führt, beizustehen oder ihn zu vertreten; sodann hat er den Käufer zu entschädigen, wenn es zur Entwehrung kommt.

1. Die Streitverkündung

Wenn der Käufer gerichtlich belangt wird von einem Dritten, der das Eigentum oder ein Recht an der Sache geltend macht, stellen sich zwei Fragen: bei der ersten geht es darum, dem Käufer im Prozeß beizustehen und ihm die zu seiner Verteidigung notwendigen Beweisurkunden und Informationen zu verschaffen; bei der zweiten darum, dem Urteil, durch das der Käufer entwehrt wird, Wirkung gegenüber dem gewährspflichtigen Verkäufer zu verleihen.

Einige unserer Prozeßordnungen, die vom französischen Recht beeinflußt sind, gestatten es dem Beklagten, der im Falle des Unterliegens im Prozeß eine Rückgriffsforderung gegen einen Dritten zu haben glaubt, diesen Dritten zur Teilnahme am Prozeß aufzufordern (appeler en cause). Der so aufgeforderte Dritte wird zwangsläufig Prozeßpartei. Das Verfahren über den Gewährleistungsanspruch wird mit der Hauptklage verbunden, und der Beklagte stellt gegen seinen Gewährsmann ein Rückgriffsbegehren für den Fall, daß er gegenüber der Hauptklage unterliegen sollte. Infolgedessen hat der mit der Beurteilung der Drittansprache befaßte Richter im gleichen Urteil auch über den Gewährleistungsanspruch zu entscheiden. Nach diesem System, bei dem das französische Recht von «action incidente» spricht, während unsere Gesetze von «évocation en garantie» oder «appel en cause» sprechen, wirkt das Urteil, das dem Käufer die Sache entzieht, auch gegenüber dem Verkäufer, der als Prozeßpartei seine Verteidigungsmittel gegenüber dem Drittansprecher vorbringen konnte. Da er ein Interesse an der Abweisung der Drittansprache hat, wird sich der gewährspflichtige Verkäufer in der Regel bezüglich des Hauptanspruchs auf die Seite des Käufers stellen und diesem, in seinem eigenen Interesse, Beistand leisten. Der Verkäufer, der dem appel en cause keine Folge leistet, ist eine ausgebliebene Partei, und es ist ein Säumnisurteil gegen ihn zu fällen[4]. So wird über alle formellen und materiellen Fragen, die sich bei der

---

[4] Dies ist namentlich das System der Zivilprozeßordnungen der Kantone Genf (Art. 81 ff.) und Waadt (Art. 83 ff.). Nach gewissen Zivilprozeßordnungen ist diese Vereinigung von Streitigkeiten fakultativ und vom gemeinsamen Einverständnis des Denunzianten und des Denunziaten abhängig, so in den Kantonen St. Gallen (Art. 13) und Basel-Stadt (§ 23).

Gewährspflicht für Entwehrung stellen, in einem einzigen Verfahren entschieden aufgrund einer Vereinigung der Prozesse, die für den gewährspflichtigen Verkäufer obligatorisch ist. Immerhin beschränkt Art. 59 der Bundesverfassung den Anwendungsbereich dieser Einrichtung auf die Fälle, in denen der Verkäufer seinen Wohnsitz in dem Kanton hat, in dem der Käufer vor Gericht gezogen wird. Denn der appel en cause stellt einen Rechtsbehelf dar, mit dem eine persönliche Ansprache erhoben wird. Er kann daher den Denunziaten nicht seinem natürlichen Richter entziehen.

Nach fast allen kantonalen Zivilprozeßordnungen dagegen steht dem Beklagten, der Rückgriff auf einen Dritten nehmen möchte, die Streitverkündung zur Verfügung. Er verkündet dem Dritten den Streit und fordert ihn damit auf, entweder als Nebenintervenient an seiner Seite am Prozeß teilzunehmen, oder diesen im Namen des Litisdenuntianten und mit seiner Vollmacht fortzusetzen. Dem Denunziaten steht es frei, dieser Aufforderung Folge zu leisten. Unterläßt er es, so geht der Prozeß zwischen den ursprünglichen Parteien weiter[5].

Die Wirkung der Weigerung, der Streitverkündung Folge zu leisten, wurde in der Lehre wie in der Rechtsprechung lange als eine Frage des Prozeßrechts betrachtet. Mehrere kantonale Zivilprozeßordnungen enthalten Bestimmungen hierüber. Die Autoren erblickten in Art. 193 OR, der diese Wirkungen für den Kauf regelt, eine Ausnahmebestimmung, deren Tragweite auf die Gewährspflicht für Entwehrung beschränkt sei[6]. Heute wird allgemein angenommen, die Frage der Wirkung der Weigerung, der Streitverkündung Folge zu leisten, sei eine Frage des materiellen Rechts und werde daher vom Bundesrecht beherrscht. Das ist die heutige Rechtsprechung des BGer, welches Art. 193 OR nicht als Ausnahmebestimmung, sondern als Ausfluß eines allgemeinen Grundsatzes betrachtet[7]. Art. 193 OR auferlegt dem Verkäufer, dem der Streit verkündet wird, die Pflicht, dem Käufer im Prozeß nach den Vorschriften der kantonalen Prozeßordnung beizustehen, sei es, daß er als Nebenintervenient an der Seite des Beklagten am Prozeß teilnimmt, sei es, daß er an der Stelle des Beklagten in

---

[5] Dies ist das System fast sämtlicher schweizerischer Zivilprozeßordnungen, mit Einschluß der Bundeszivilprozeßordnung. Siehe die Aufzählung mit Angabe der Bestimmungen bei M. GULDENER, Schweizerisches Zivilprozeßrecht, 2. Aufl., Zürich 1958, S. 280, Anm. 18.

[6] So BGE 38 II, 1912, S. 578, die dort erwähnten früheren Urteile und deutschen Lehrmeinungen. OSER/SCHÖNENBERGER, N. 2 zu Art. 193, erblickt in Art. 193 OR noch einen Eingriff in das kantonale Prozeßrecht und erklärt, er dürfe nicht ausdehnend ausgelegt werden.

[7] BGE 90 II, 1964, S. 404; 100 II, 1974, S. 24; G. LEUCH, Die Zivilprozeßordnung für den Kanton Bern, 3. Aufl., Bern 1956, N. 1 zu Art. 48; GULDENER, a.a.O., S. 283; J. VOYAME, Droit privé fédéral et procédure cantonale, ZSR 80, 1961, S. 129; DESCHENAUX/CASTELLA, La nouvelle procédure civile fribourgeoise, Fribourg 1960, S. 74.

den Prozeß eintritt und diesen selber im Namen des Denunzianten weiterführt.

Wenn diese Regelung der Wirkungen der Weigerung des Streitberufenen, der Streitverkündung Folge zu leisten, praktisch nicht zur Anwendung kommt auf dem Gebiete, für das sie unmittelbar gilt, nämlich bei der Gewährspflicht für Entwehrung, und dies aus den am Anfang dieses Kapitels dargelegten Gründen, so wird sie dagegen von der Rechtsprechung erstreckt auf alle Fälle, in denen ein Beklagter ein Rückgriffsrecht gegen einen Dritten zu haben glaubt. Ihre wirkliche Nützlichkeit und Bedeutung bestehen somit darin, daß sie im schweizerischen Zivilrecht als Grundlage dient für die allgemeine Regelung der materiellrechtlichen Wirkungen der Streitverkündung [8].

2. Die Entschädigung

Die vollständige Entwehrung hat die Aufhebung des Kaufvertrages zur Folge. Der Käufer ist deshalb in die wirtschaftliche Lage zurückzuversetzen, in der er sich befunden hätte, wenn der Kaufvertrag nicht abgeschlossen worden wäre. Er ist berechtigt, vom Verkäufer die Rückerstattung des bezahlten Preises samt Zinsen zu verlangen, unter Abzug der von ihm gewonnenen oder versäumten Früchte oder sonstigen Nutzungen, ferner den Ersatz seiner Verwendungen, soweit er nicht vom berechtigten Dritten erhältlich ist, den Ersatz aller durch den Prozeß verursachten gerichtlichen und außergerichtlichen Kosten mit Ausnahme derer, die durch die Streitverkündung vermieden worden wären, sowie den Ersatz des sonstigen, durch die Entwehrung «unmittelbar» verursachten Schadens, worunter das sog. «negative Vertragsinteresse» zu verstehen ist (Art. 195 Abs. 1 OR) [9].

Im Falle eines Verschuldens haftet der Verkäufer überdies für den «weiteren Schaden» («tout autre préjudice subi par l'acheteur»; Art. 195 Abs. 2 OR). Das Gesetz versteht darunter das sog. «positive Vertragsinteresse», so daß der Käufer auch Anspruch auf Ersatz des ihm entgangenen Gewinnes hat, den er aufgrund des Kaufs hätte erzielen können. Wir werden eine entsprechende Regelung wiederfinden in bezug auf die Wirkungen der Rückgängigmachung des Kaufs wegen Mängeln der Kaufsache, wobei Art. 208 OR ausdrücklich auf die Vorschrift über die vollständige Ent-

---

[8] Das in der vorhergehenden Anmerkung zitierte Urteil wendet diese Regelung auf einen Schuldner an, der nach Leistung einer Zahlung an einen vollmachtlosen Stellvertreter zur nochmaligen Zahlung verurteilt worden ist und dem vollmachtlosen Stellvertreter den Streit verkündet hat.
[9] OSER/SCHÖNENBERGER, N. 7 zu Art. 195 OR.

wehrung verweist. Dort werden wir die Frage im einzelnen näher behandeln[10].

Bei teilweiser Entwehrung (Art. 196 OR) kann der Käufer den Kaufvertrag nicht aufheben, sofern nicht nach Maßgabe der Umstände anzunehmen ist, daß er den Vertrag nicht abgeschlossen haben würde, wenn er die Entwehrung vorausgesehen hätte. Er kann nur Ersatz des durch die Entwehrung verursachten Schadens verlangen. Wenn die Voraussetzungen der Aufhebung erfüllt sind, treten die gleichen Folgen wie bei der vollständigen Entwehrung ein, nur daß der Käufer den Teil der Kaufsache, der ihm nicht entwehrt worden ist, zurückzugeben hat.

---

[10] Vgl. unten S. 100 ff.

Viertes Kapitel

Die Gewährleistung für Mängel

Literatur:

P. Carry, Garantie, Festschrift Guhl, S.179; J. Fatton, La vente de toutes les actions d'une société immobilière, thèse Lausanne 1949; F. Gygi, Der Viehkauf und die Viehwährschaft, 2.Aufl., Bern 1967; J. Heim, La réparation de la chose défectueuse dans la vente au détail, thèse Lausanne 1972; Th. Jäger, Die Haftung des Verkäufers für die Mängel der Fahrniskaufsache, Diss. Zürich 1911; P. Jäggi, Zusicherung, Festschrift Guhl, S.67; J.G. Lautner, Grundsätze des Gewährleistungsrechtes, Zürich 1937; O. Liechti, Rechtsgewährleistung und Entwehrung im schweizerischen Obligationenrecht, Diss. Meilen 1927; P. Liver, Viehkauf, Festschrift Guhl, S.109; L. Magnin, Concurrence de l'action en garantie (art. 197 CO) avec l'action en nullité pour cause d'erreur (art. 24 ch. 4 CO), Thèse Fribourg 1932; E. Menghini, Die Zusicherung von Eigenschaften nach Art.197 OR, Diss. Freiburg 1949; H. Merz, Sachgewährleistung, Festschrift Guhl, S.87; O. Schenker, Die Zusicherung von Eigenschaften beim Kauf, Diss. Bern 1949; A. Schlaepfer, La vente du capital-actions d'une société anonyme immobilière, thèse Genève 1948; W. Schönenberger, Alternative Anwendbarkeit der Irrtumsvorschriften (Art.24 OR) und der Bestimmungen über Gewährleistung beim Kauf (Art.197 OR), SJZ 40, 1944, S.305; A. Schubiger, Verhältnis der Sachgewährleistung zu den Folgen der Nichterfüllung oder nicht gehörigen Erfüllung, Diss. Bern 1957; W. Stauffer, Von der Zusicherung gemäß Art.197 OR, ZBJV 80, 1944, S.145; O. Winiger, Zusicherung und Haftung nach Art.197ff. des schweiz. OR, Diss. Bern 1952; H. Witschi, Garantieklauseln und Garantiefristen im Kauf- und Werkvertrag nach schweizerischem Recht, Diss. Bern 1950.

W. Flume, Eigenschaftsirrtum und Kauf, Regensburg/Münster 1948; M. Wolff, Sachmängel beim Kauf, Jherings Jahrbücher für die Dogmatik, Jena, 56, 1910, S.1ff.; E. v. Caemmerer, Falschlieferung, Festschrift für Martin Wolff, Tübingen 1952, S.3ff.; O. Pisko, Gewährleistungs-, Nichterfüllungs- und Irrtumsfolgen bei Lieferung mangelhafter Ware, 2.Aufl., Wien 1928.

§ 9. Der Grundsatz

I. Allgemeines

Der Verkäufer einer individuell bestimmten Sache hat seine Pflichten erfüllt, wenn er die Sache dem Käufer übergeben und ihm das lastenfreie Eigentum daran verschafft hat. Es kommt jedoch vor, daß die Sache nicht den Erwartungen des Käufers entspricht, sei es, daß sie einen Mangel aufweist, der ihre Brauchbarkeit beeinträchtigt oder ihren Wert vermindert, sei es, daß ihr eine Eigenschaft abgeht, deren Vorhandensein der Verkäufer zugesichert hat. Der Käufer bezahlte den Preis im Hinblick auf die von ihm erwartete Brauchbarkeit der Sache, den ihr beigelegten Wert. Das Vertragsverhältnis ist dann nicht so, wie es sich der Käufer oder gar beide Parteien vorgestellt haben. Dem bezahlten Kaufpreis steht eine nur scheinbar gleichwertige Leistung gegenüber. Das vertragliche Gleichgewicht ist gestört. Es rechtfertigt sich, diesem Käufer die Möglichkeit zu geben, diese Störung zu beheben, entweder durch Aufhebung des Kaufs, wenn die Mängel derart sind, daß die Sache für ihn unbrauchbar ist, oder durch Herabsetzung des Kaufpreises, damit das von den Parteien gewollte Gleichgewicht zwischen dem Wert ihrer Leistungen wiederhergestellt wird. Das ist der Gegenstand der in den Art. 197–210 OR geregelten Gewährleistung wegen Mängel der Kaufsache.

Das Gesetz stellt dem Käufer zwei Klagen zur Verfügung: die Wandelungsklage, d.h. einen Anspruch auf sofortige Rückgängigmachung des Kaufs nebst einer von jedem Verschulden unabhängigen Haftung des Verkäufers, die sich jedoch auf den Ersatz des unmittelbaren Schadens beschränkt, worunter die Rechtsprechung *damnum emergens* versteht unter Ausschluß des *lucrum cessans*, für das nur der schuldhafte Verkäufer haftet[1]; die Minderungsklage *(actio quanti minoris)* auf Herabsetzung des Kaufpreises nach Maßgabe des Minderwertes der Sache.

Die rechtliche Natur und die Schranken dieser Gewährleistung sind nicht klar. Ihre Regelung entfernt sich vom übrigen Zivilrecht. Sie läßt sich in mancher Hinsicht kaum auf die allgemeinen Grundsätze zurückführen, und hieraus ergeben sich Schwierigkeiten und Widersprüche, sobald die Praxis versucht, die Tragweite der Sondervorschriften mit Hilfe der allgemeinen Bestimmungen zu präzisieren oder zu ergänzen.

Die Erklärung hiefür liegt, wie RABEL[2] gezeigt hat, in der Geschichte. Es ist der römische Kauf mit seinen Besonderheiten, der auch hier mit seinem ganzen Gewicht auf unserer Regelung lastet.

II. Der Ursprung der Gewährleistung

Im klassischen römischen Recht wurde die Sache so, wie sie war, verkauft. Nach dem *ius civile* hatte der Kaufvertrag für sich allein, außer bei Arglist des Verkäufers, keine Haftung für Mängel der verkauften Sache zur Folge. Eine solche Haftung ergab sich nur aus einer die *mancipatio* begleitenden Zusicherung oder, mangels einer mancipatio, aus einer besonderen Verein-

---

[1] BGE 79 II, 1953, S. 376.
[2] Das Recht des Warenkaufs, Bd. 2, S. 101.

barung. Die Haftung hatte damit einen unmittelbaren Rechtsgrund außerhalb des Kaufvertrages, der für sich allein keine Gewährleistungspflicht begründete[3]. An dieses System, das für den Verkäufer günstig war, obschon nach der *bona fides* die Gewährleistungsvereinbarung obligatorisch wurde, knüpften die Edikte der kurulischen Aedilen an. Diese Polizeibeamten, denen die Aufsicht über die Märkte oblag, schritten zum Schutz des Käufers ein. Sie führten eine rechtliche, von jeder besonderen Zusicherung unabhängige Gewährspflicht für Mängel ein und als Rechtsbehelfe des Käufers, selbst beim Fehlen jedes Verschuldens des Verkäufers, die Wandelungsklage sowie die Minderungsklage auf Herabsetzung des Kaufpreises. Ferner setzten sie kurze Verjährungsfristen fest. Wenn diese Regelung auf Verträge mit Peregrinen angewendet wurde, galt sie unabhängig vom ius civile. Sie trat zu diesem hinzu, ohne sich mit ihm zu verschmelzen, wenn die beiden Vertragspartner römische Bürger waren. Ihre Anwendung war beschränkt auf die Verkäufe auf dem Markt, insbesondere auf die Verkäufe von Sklaven und Vieh. Es handelte sich um Marktpolizeivorschriften, hinter denen der Wille stand, den meist römischen Käufer zu schützen vor Kaufleuten, Sklaven- und Viehhändlern, die oft Peregrinen waren, von denen PAULUS[4] schreibt: «id genus hominum ad lucrum potius vel turpiter faciendum pronius est».

Diese ausgesprochene Sonderregelung, deren Anwendung im justinianischen Recht auf alle Verkäufe ausgedehnt wurde, ist es, auf der die Einrichtung der Gewährleistung für Sachmängel in allen aus dem römischen Recht hervorgegangenen modernen Gesetzgebungen beruht. In Einzelheiten präzisiert, vielleicht auch verbessert, hat diese Ordnung doch die Zeichen ihres Ursprungs und den Charakter einer Sonderregelung deutlich bewahrt.

III. Natur der Gewährspflicht

Die Gewährleistung für Mängel blieb in unserm Recht eine besondere Pflicht, die das Gesetz dem Verkäufer auferlegt. Diese gesetzliche Pflicht kommt hinzu zu den wesentlichen Pflichten des Verkäufers, die sich in der Übergabe der Kaufsache und der Verschaffung des Eigentums erschöpfen und von denen sie sich unterscheidet. In bezug auf ihren Gegenstand, ihre Voraussetzungen und die Folgen ihrer Verletzung ist sie einer Spezialregelung unterworfen. Diese Sonderregelung deckt sich weder mit den Bestimmungen über die Erfüllung der Obligation noch mit denjenigen über die Willensmängel, obwohl es sich dabei um Gebiete handelt, die nicht nur aneinander grenzen, sondern sich oft überschneiden. So ist sogar die absichtliche Täuschung des Verkäufers über die Eigenschaften der Kaufsache der allgemeinen Regelung entzogen.

Nach ihrem Gegenstand kann die Gewährleistung für Mängel mit dem Garantievertrag verglichen werden, bei dem der Promittent die Verantwortung für einen bestimmten Sachverhalt oder Erfolg übernimmt und von dem der Vertrag zu Lasten eines Dritten des Art. 111 OR einen Son-

---

[3] Diese Auffassung, die heute veraltet scheint, ist vom schweizerischen Gesetzgeber für den Viehhandel (Art. 198 OR) nochmals zu Ehren gebracht worden. Es ist dies auch die Ordnung, die für Grundstückkäufe und Geschäftsübertragungen in der Form des Verkaufs des Aktienkapitals einer AG gilt.
[4] D. 21.1.44.1.

derfall darstellt. Sie unterscheidet sich davon durch ihren Ursprung, der im Gesetz liegt, und durch die Rechtsfolgen, die nicht in einer Pflicht zum Ersatz des Schadens bestehen, sondern in der Regel in der Auflösung des Vertrages, weil es die Eigenschaften der Sache sind, die den Käufer dazu bestimmen, den Kaufvertrag abzuschließen.

Es handelt sich schließlich um einen dispositiven Bestandteil des Kaufsrechts, dessen Anwendung durch Vereinbarung der Parteien eingeschränkt oder wegbedungen werden kann (Art. 199 OR).

Diese Sonderregelung der Gewährspflicht ist schwer in Einklang zu bringen mit dem Allgemeinen Teil des Obligationenrechts, an welchen sie sich anschließt, ohne sich ihm zwanglos einzufügen. Das gilt insbesondere für ihr Verhältnis zur Nichterfüllung der Schuldverhältnisse sowie zu den Willensmängeln. Wir werden diese Fragen nach der Darstellung der gesetzlichen Regelung erörtern.

§ 10. Der Gegenstand der Gewährleistung

I. Der Begriff der Eigenschaft

Art. 197 OR bestimmt:

«Der Verkäufer haftet dem Käufer sowohl für die zugesicherten Eigenschaften als auch dafür, daß die Sache nicht körperliche oder rechtliche Mängel habe, die ihren Wert oder ihre Tauglichkeit zu dem vorausgesetzten Gebrauch aufheben oder erheblich mindern.»

Das Gesetz unterscheidet demnach die zugesicherten Eigenschaften und die Mängel. Indessen handelt es sich um denselben Begriff, ist doch ein Mangel nichts anderes als das Fehlen einer Eigenschaft der Sache, deren Vorhandensein der Käufer im allgemeinen annehmen darf. Nur die Voraussetzungen der Gewährleistung sind verschieden, je nachdem eine Eigenschaft vom Verkäufer zugesichert wurde oder nicht. Der Begriff der Eigenschaft ist daher näher zu bestimmen.

Das Gesetz versteht unter «Eigenschaften» in erster Linie die **körperlichen Qualitäten** der Sache: zunächst die eigentliche stoffliche Beschaffenheit (massives Silber, Goldplattierung, echte Perle); sodann diejenigen, welche die Verwendung sowie das gehörige und dauernde Funktionieren der Sache ermöglichen[1]; ferner diejenigen, die der Sache ihren

---

[1] Selbst wenn bei einem neuen Wagen, der vor der Lieferung einen Zusammenstoß erlitten hat, die zu Tage getretenen Schäden repariert worden sind, kann der Zusammenstoß Auswirkungen

Wert verleihen, und das, auch wenn dieser Wert nicht von der Brauchbarkeit der Sache abhängt (z.B. Herkunft einer Ware, Alter oder Echtheit eines Kunstgegenstandes).

Die Quantitätsangaben über die Ausmaße, das Gewicht, das Fassungsvermögen einer individuell bestimmten Sache sind ebenfalls Eigenschaften, denn sie bedingen ihre Brauchbarkeit (z.B. der Rauminhalt eines Kühlschranks, das Gewicht einer Maschine, die Ausmaße eines Apparates)[2]. Anders verhält es sich mit den Gattungssachen: In der Lieferung einer geringeren als der vereinbarten Menge liegt eine teilweise Nichterfüllung, bei der der Käufer die Lieferung des Rests verlangen[3] oder auch nach Art. 69 OR die Annahme der Teilleistung verweigern kann[4].

Wenn der Kauf eine Gattungssache zum Gegenstand hat, hängt die Bestimmung des Vertragsobjekts von der mehr oder weniger genauen Beschreibung ab, welche die Parteien vereinbart haben. Die gelieferte Sache muß dieser Beschreibung entsprechen und sämtliche die Gattung kennzeichnenden Merkmale aufweisen. Wenn eines dieser Merkmale fehlt, so entspricht der gelieferte Gegenstand nicht dem vereinbarten. Es handelt sich nicht um eine mangelhafte Sache, sondern um eine andere Sache, um ein *aliud*. Der Käufer braucht die Lieferung nicht anzunehmen und kann auf Erfüllung klagen gemäß den allgemeinen Vorschriften der Art. 97 ff. OR[5]. Streng nach dem Gesetz dürfte der Käufer nicht auf Gewährleistung wegen Mängel klagen können. Doch legt die Praxis Art. 206 OR weit aus und läßt beide Klagen nebeneinander zu[6].

Die Eigenschaften können auch wirtschaftlich sein, wie der Mietertrag einer Liegenschaft, der Umsatz eines Geschäftes[7], die Eignung eines Gebäudes für einen bestimmten Zweck (z.B. seine Verwendung für den Betrieb eines Gewerbes, einer Wirtschaft).

Der Verkäufer haftet dagegen nicht für die Hoffnungen, die seine Anpreisung der Kaufsache beim Käufer über ihren Wert erweckt haben kann; selbst wenn der Verkäufer sie ausdrücklich bestätigt, stellen die Bewertung der Sache, die Vorteilhaftigkeit eines Handels, den er im besten Licht er-

---

zur Folge haben, die erst mit der Zeit in Erscheinung treten: der Wagen hat einen Mangel, BGE 84 II, 1958, S. 158. Beim Kauf eines Occasionswagens ist die Zahl der gefahrenen Kilometer oder der Grad der Abnutzung eine Eigenschaft, BGE 71 II, 1945, S. 239.

[2] BGE 57 II, 1931, S. 290; 87 II, 1961, S. 244.
[3] BGE 62 II, 1936, S. 162; 81 II, 1956, S. 140.
[4] Für den Grundstückkauf enthält Art. 219 OR eine besondere Vorschrift, vgl. S. 138 ff.
[5] BGE 16, 1890, S. 159; 40 II, 1914, S. 488; 94 II, 1968, S. 26.
[6] Vgl. unten S. 121 ff.
[7] BGE 45 II, 1919, S. 444; 63 II, 1937, S. 77.

scheinen läßt, keine «Eigenschaften» dar. Der Verkäufer hat nur Gewähr zu leisten für bestimmt umschriebene, objektiv feststellbare Tatsachen[8].

II. Die rechtlichen Eigenschaften

Die Gewährspflicht erstreckt sich auch auf rechtliche Eigenschaften. Die Abgrenzung von der Gewährspflicht bei Entwehrung kann heikel sein[9]. Die Gefahr der Entwehrung besteht, wenn der Käufer nicht das unbelastete Eigentum an der Sache erwirbt. Das Gebiet der Rechtsgewährleistung beschränkt sich demnach auf den Fall, wo ein Dritter ein subjektives Recht an der Sache geltend macht, sei es, daß er sie zu Eigentum beansprucht, sei es, daß er Rechte, insbesondere beschränkte dingliche Rechte, an ihr zu haben behauptet. Die rechtlichen Mängel im Sinne von Art. 197 OR sind solche, die einer normalen Verwendung der Sache entgegenstehen oder die, im Falle der Zusicherung einer bestimmten Eigenschaft, die der vereinbarten Bestimmung gemäße Verwendung nicht zulassen. Solche Mängel liegen vor, wenn Beschränkungen, die gewöhnlich auf öffentlichem Recht beruhen, diese Verwendung beeinträchtigen. Es handelt sich hauptsächlich um die öffentlich-rechtlichen Beschränkungen des Grundeigentums, wie die Beschränkungen des Rechts, zu bauen oder ein Gewerbe zu betreiben, die der Gesetzgeber im Auge hatte[10]. Der Handel mit zahlreichen Sachen und deren Benutzung werden immer stärker reglementiert; die Sicherheitsvorschriften für Maschinen und Apparate, die Beschränkungen und Bedingungen, unter denen chemische Produkte, Heilmittel und Farbstoffe in den Verkehr gebracht werden dürfen, stellen durchwegs Anforderungen dar, welche als rechtliche Eigenschaften des Erzeugnisses zu betrachten sind. So leidet eine Maschine, die einwandfrei funktioniert, deren elektrische Ausrüstung aber den von der Verwaltungsbehörde erlassenen Sicherheitsvorschriften nicht entspricht, an einem rechtlichen Mangel[11]. Die rechtliche Eigenschaft

---

[8] BGE 88 II, 1962, S. 410; 91 II, 1965, S. 353. Das zweite Urteil behält den Fall vor, daß die Überbewertung der Kaufsache auf der Angabe von Eigenschaften beruht, die sich nach dem Verkauf als nicht vorhanden erweisen. Unseres Erachtens kann in gewissen Fällen schon der Preis eine solche Angabe enthalten; so kann in einem sehr hohen Preis für ein antikes Möbel oder für ein Kunstwerk die stillschweigende Zusicherung der Echtheit liegen.
[9] Daß dem so ist, ergibt sich schon daraus, daß bei der Revision von 1911 die ausdrückliche Erwähnung der rechtlichen Eigenschaften eingeführt wurde, hauptsächlich im Hinblick auf den Verkauf einer Erfindung, deren Patent nichtig erklärt würde (ProtExpKomm vom 14. Oktober 1908, S. 6), während die Rechtsprechung des BGer hier, unseres Erachtens zu Unrecht, nicht einen rechtlichen Mangel, sondern einen Fall von Entwehrung annimmt (BGE 57 II, 1931, S. 403).
[10] ProtExpKomm vom 14. Oktober 1908, S. 6.
[11] BGE 95 II, 1969, S. 119.

hängt also hauptsächlich von den Verwaltungsvorschriften ab, die manchmal von einem Landesteil zum andern verschieden sind (wie z.B. Sicherheitsvorschriften der Elektrizitätswerke).

Ausnahmsweise kann der rechtliche Mangel seinen Grund in einem subjektiven Privatrecht haben, nämlich dann, wenn dieses Recht, ohne das Eigentum an der Sache direkt zu berühren, es gestattet, ihre Verwendung oder den Handel mit ihr zu verbieten. So verhält es sich mit dem Verkauf von Waren, die Nachahmungen eines patentierten Erzeugnisses sind; der Patentinhaber beansprucht kein Recht an der verkauften Sache, so daß der Käufer nicht Gefahr läuft, entwehrt zu werden; dagegen kann sich der Patentinhaber dem Verkauf und Inverkehrbringen der Ware widersetzen (Art. 8 PatG). Ein solcher Mangel hat für den Käufer die gleichen Wirkungen wie ein gesetzliches Verkaufsverbot[12]. Das gleiche gilt für Werke der Literatur oder der Kunst, die unter Verletzung des Urheberrechts herausgegeben werden (Art. 12 URG), oder für unerlaubte Übertragungen von Musik auf Instrumente (Art. 4 Abs. 2 URG).

III. Die Zugehör

Grundsätzlich bezieht sich die gesetzliche Gewährspflicht nur auf die verkaufte Sache. Sie erstreckt sich indessen auf die mitverkaufte Zugehör. Gleich verhält es sich mit der Verpackung, wenn diese nicht bloß für die Versendung an den Käufer bestimmt ist, sondern diesem für die Erhaltung der Sache dient oder ihm für den Weiterverkauf unentbehrlich ist, was der Fall ist bei Waren, die im Detailhandel in der Originalpackung weiterverkauft werden wie Zigaretten oder Schokolade[13]. Der rechtliche Mangel muß ebenfalls der Sache als solcher anhaften. Eine gesetzliche Benutzungsbeschränkung, die nicht die Sache selber trifft, fällt außer Betracht, selbst wenn der Verkäufer diese Benutzung garantiert haben sollte[14]. Ein solches Versprechen ist nicht mehr Gegenstand des Kaufs und daher keine Zusicherung einer Eigenschaft. Die Rechtsbehelfe des Art. 197 OR stehen dem Käufer nicht zur Verfügung; dagegen kann er wegen Nichterfüllung des

---

[12] BGE 82 II, 1956, S. 248, Erw. 2.
[13] BGE 96 II, 1970, S. 115. Dagegen ist die Verpflichtung, die Ware in einer neutralen Verpackung zu liefern, um ihre Herkunft zu verschleiern, keine Zusicherung von Eigenschaften, sondern eine Nebenabrede, deren Verletzung einen Schadenersatzanspruch wegen Nichterfüllung (Art. 97 OR) begründet (zit. Urteil).
[14] Kein Mangel der verkauften Liegenschaft ist die Verweigerung des Wirtschaftspatentes, wenn das Patent nach dem Verwaltungsrecht nicht mit der Liegenschaft verknüpft ist, BGE 55 II, 1929, S. 188, Erw. 4.

Garantieversprechens, das rechtlich etwas vom Kauf verschiedenes ist, klagen. Gleich verhält es sich nach der Rechtsprechung[15] mit den mit der Kaufsache verbundenen Nebenrechten wie der Befugnis des Käufers einer Liegenschaft, sich der Errichtung von Bauten auf einem Nachbargrundstück zu widersetzen. Unseres Erachtens ist zu unterscheiden: Wenn der Verkäufer versichert, es bestehe eine Dienstbarkeit zugunsten des verkauften Grundstücks, so befinden wir uns auf dem Boden der Gewährleistung wegen Eviktion. Wenn der Verkäufer dagegen garantiert hat, daß der Nachbar nicht bauen werde, oder wenn er die ihm aufgrund einer persönlichen Verpflichtung des Nachbars zustehenden Rechte an den Käufer abgetreten hat, so ist mit dem BGer anzunehmen, es liege hierin ein vom Kauf getrenntes Versprechen vor, das eine besondere Garantie zum Gegenstand hat, welche mit der allgemeinen Klage auf Erfüllung geltend zu machen ist.

IV. Gewährleistung für zukünftige Verhältnisse

Die in Art. 197 OR geregelte Gewährspflicht besteht nur für Mängel, die beim Übergang der Gefahr, d.h. grundsätzlich am Tage des Vertragsschlusses, spätestens aber bei der Lieferung vorhanden sind. Ebenso handelt es sich bei den zugesicherten Eigenschaften im Sinne dieser Bestimmung notwendigerweise um die gegenwärtigen Eigenschaften. Die Zusicherung einer Eigenschaft ist eine bekräftigende Angabe, eine nähere Bezeichnung oder Beschreibung der Kaufsache, so wie sie ist. Zukünftige Verhältnisse, wie die Dauer des Funktionierens eines Apparates, können an sich nicht Gegenstand einer «Zusicherung von Eigenschaften» im Sinne von Art. 197 OR sein, es sei denn, die abgegebene Erklärung enthalte die Aussage über einen bereits vorhandenen Sachverhalt[16]. Diese zukünftigen Tatsachen können immerhin Gegenstand einer unmittelbaren Garantie sein. So bedeutet die Vertragsklausel «sechs Monate Garantie für die Maschine», daß der Verkäufer die Verantwortung übernimmt für den Fall des Nichtfunktionierens und sie entweder instandzustellen oder zurückzunehmen hat. Dabei handelt es sich nicht um die Zusicherung einer Eigenschaft, sondern um ein vertragliches Garantieversprechen, das zum Kauf hinzutritt und aus dem Rahmen der gesetzlichen Gewährspflicht des Art. 197 OR fällt. Streng genommen unterstehen die Wirkungen und Voraussetzungen einer solchen Garantie nicht den Art. 197 bis 210 OR. Indessen sind diese Bestimmungen, wegen der engen Verwandtschaft zwischen den beiden Ar-

---

[15] BGE 72 II, 1946, S. 79.
[16] Jäggi, Zusicherung, S. 73.

ten von Garantie, mangels einer gegenteiligen Vereinbarung analog anwendbar.

V. Die Wertpapiere

Handelt es sich um Wertpapiere, insbesondere um Aktien, so fallen nur die Mängel der Urkunde als solcher, d.h. des Papiers, in Betracht: Fälschungen, Verfälschungen, Fehlen von Talons oder Coupons. Dagegen erstreckt sich die gesetzliche Gewährspflicht nicht auf den wirtschaftlichen Wert, der dem in der Urkunde verkörperten Gute beigelegt wird. So stellen der Ertrag einer Liegenschaft, die in der Form des Verkaufs der Aktien einer Immobiliengesellschaft übertragen wird, oder die Zuverlässigkeit der Bilanz eines als AG betriebenen und durch Verkauf des Aktienkapitals veräußerten Unternehmens weder körperliche noch rechtliche Eigenschaften der Wertpapiere dar, welche, rechtlich betrachtet, allein Gegenstand des Kaufes bilden. Selbst wenn der Verkäufer ausdrücklich einen bestimmten Ertrag angegeben oder auf eine Bilanz hingewiesen hat, kann die Unrichtigkeit dieser Angaben nicht unter dem Gesichtspunkt des Fehlens einer zugesicherten Eigenschaft geltend gemacht werden[17].

Dagegen können diese Verhältnisse zum Gegenstand eines besonderen Garantieversprechens gemacht werden. Solche Abmachungen sind üblich bei der Übertragung von Liegenschaften sowie von Handels- und Industrieunternehmen in der Form des Aktienverkaufs. Sie begründen eine vertragliche Garantiepflicht, die sich von den gesetzlichen Gewährspflichten des Verkäufers unterscheidet. Es handelt sich um einen Garantievertrag, um eine besondere Vereinbarung, die mit dem Kaufvertrag verbunden wird, auf die aber grundsätzlich die Bestimmungen des Allgemeinen Teils des OR anwendbar sind[18]. Indessen liegt der wirtschaftliche Zweck des Vertrages nicht so sehr im Erwerb der Wertpapiere als in der Übereignung der Liegenschaft oder des Unternehmens. Der Mietertrag oder die Richtigkeit der Bilanz sind die Eigenschaften des wirtschaftlichen Vertragsobjekts. Sie sind es, die den Ausschlag geben für den Abschluß des Aktienverkaufs und die Festsetzung des Kaufpreises. Für die Parteien hat eine solche Klausel

---

[17] BGE 79 II, 1953, S.156.
[18] Innerhalb der Schranken des Art.19 OR ist es möglich, einen Vertrag zu schließen, durch den ein beliebiger Sachverhalt garantiert wird, indem sich der Garant verpflichtet, für den Eintritt eines rechtlichen oder wirtschaftlichen Erfolgs oder auch für den Nichteintritt eines Schadens einzustehen. Der Vertrag zu Lasten eines Dritten (Art.111 OR), mit dem die Leistung eines Dritten versprochen wird, ist ein besonderer Fall dieses Garantieversprechens. CARRY, S.193.

die Bedeutung einer Zusicherung von Eigenschaften im Sinne von Art. 197 OR. Sie hat die gleiche Tragweite im Wirtschaftsleben. Es handelt sich um Eigenschaften des mittelbaren Kaufgegenstandes. Daher sind auch beim Stillschweigen des Vertrages die gesetzlichen Vorschriften über die Voraussetzungen der Klage auf Gewährleistung (Art. 201, 203 OR), über die Folgen der Gewährleistung (Art. 205, 208 OR), über die Verjährung des Gewährleistungsanspruches (Art. 210 OR) auf diese Garantieversprechen analog anwendbar[19]. Es ist zu vermuten, daß die Parteien der Garantieklausel ähnliche Wirkungen verleihen wollten wie der gesetzlichen Gewährspflicht. Es wäre z.B. nicht angängig, wenn der Käufer eines Unternehmens, ohne die Bilanz geprüft oder ohne die Unrichtigkeit, die er nachträglich entdeckte, je gerügt zu haben, bis zum Ende der ordentlichen zehnjährigen Verjährungsfrist auf Aufhebung des Vertrages oder auf Schadenersatz klagen könnte. Die gleichen Gründe, welche die gesetzlichen Vorschriften über die Sachgewährleistung rechtfertigen, treffen auch hier zu und lassen eine ähnliche Lösung als geboten erscheinen. Es handelt sich allerdings um eine analoge Anwendung, bei welcher der Richter die vermutliche Absicht der Parteien zu ermitteln und daran die Korrekturen vorzunehmen hat, die der Parteiwille oder die besonderen Umstände des Falles rechtfertigen mögen[20].

§ 11. Die Voraussetzungen der Gewährspflicht

I. Bei den zugesicherten Eigenschaften

Das Gesetz spricht von den «zugesicherten» Eigenschaften (qualités promises) in den gleichen Ausdrücken wie der entsprechende § 459 BGB. Die Rechtsnatur dieser «Zusicherung» ist umstritten. Der Ausdruck «Zusicherung» läßt an eine Erklärung denken, die den Willen, sich rechtlich zu verpflichten, zum Ausdruck bringt. In diesem Sinne wird er von der

---

[19] Damit soll weder die Schadenersatzklage wegen Nichterfüllung (Art. 97ff. OR) noch die Anfechtung des Vertrags wegen Grundlagenirrtums (Art. 24 Abs. 1 Ziff. 1 OR) ausgeschlossen werden, welche die Rechtsprechung dem Käufer in Konkurrenz mit den ädilizischen Klagen zur Verfügung stellt, jedoch mit den Einschränkungen, die nach dem Gesetz für diese letzteren gelten. Vgl. unten S. 109 ff.
[20] a.M. CARRY, S. 194. Der zit. BGE 79 II, 1953, S. 156 scheint auf dem Boden der hier vorgeschlagenen Lösung zu stehen, sofern der Verkäufer keine weitergehende Haftung übernehmen wollte.

Rechtsprechung und der herrschenden Lehre in Deutschland verstanden, die darin eine die Gewährspflicht begründende, verbindliche Erklärung des Verkäufers erblicken. Eine «zugesicherte» Eigenschaft liege nur vor, soweit der Verkäufer den Willen zu erkennen gab, sich zu verpflichten, d.h. die Verantwortung zu übernehmen für den Fall, daß die Eigenschaft fehlen sollte[1]. Hieraus folge, daß diese Zusicherung, als Bestandteil des Vertrages, in der für die Gültigkeit des Vertrages vorgeschriebenen oder vereinbarten Form zu erfolgen habe, beim Grundstückkauf also öffentlich zu beurkunden sei.

Die schweizerische Rechtsprechung steht auf einem andern Boden[2]. Das BGer hat jene Auslegung abgelehnt und sich aus entwicklungsgeschichtlichen und rechtslogischen Überlegungen der Auffassung von W. STAUFFER[3] angeschlossen. Die Zusicherung nach Art. 197 OR entspreche, so führte es aus, dem *dictum* des römischen Rechts – im Gegensatz zum *promissum*, d.h. einer bloßen Angabe des Verkäufers[4]. Man könne nicht wohl annehmen, der schweizerische Gesetzgeber habe mit einer Tradition, die noch im gemeinen Recht[5] fortbestand, brechen und die Gewährspflicht auf die Fälle beschränken wollen, wo der Verkäufer sich verpflichten wollte. Diese Lösung wäre auch unlogisch und kaum vereinbar mit dem Vertrauensprinzip und den Grundsätzen von Treu und Glauben, auf denen die Gewährspflicht beruhe. Es wäre nicht zu verstehen, wenn der Verkäufer nicht einzustehen hätte für eine Eigenschaft, die er ausdrücklich angegeben habe im Bewußtsein der Wichtigkeit, die der Käufer seinen Erklärungen beimaß, und dies nur deshalb, weil er den Willen, sich zu verpflichten, nicht zu erkennen gab, oder weil seine ausdrückliche Angabe nicht in eine besondere Form gekleidet war.

Mögen auch gegenüber den in diesen Urteilen angestellten rechtshistorischen Überlegungen gewisse Vorbehalte am Platze sein[6], so muß dem Ergebnis unbedingt beigepflichtet werden. Es hätte keiner besondern Vorschrift über die Rechtsfolgen eines Garantieversprechens bedurft, auf die sich die allgemeinen Vorschriften zwanglos anwenden lassen. Was das

---

[1] RGZ 54, S.223; 161, S.337; LARENZ, § 41, I b, S.39, Anm.2 und dort angeführte weitere Autoren.
[2] BGE 71 II, 1945, S.239; 73 II, 1947, S.218.
[3] STAUFFER, S.145.
[4] Der Text des Edikts lautete nach ULPIAN (D. 21.1.1.1.): «quod dictum promissumve fuerit.»
[5] DERNBURG, Pandekten, 5. Aufl., Berlin 1897, Bd. II, § 100.
[6] Man kann mit JÄGGI (Zusicherung, S. 82) füglich bezweifeln, daß die Pandektisten dem Worte «dictum» eine entscheidende Bedeutung beigemessen haben; verbunden mit «promissum» kann es sich sehr wohl um eine dieser Tautologien handeln, an welchen die römischen Juristen besondern Gefallen fanden.

Gesetz in Art. 197 OR meint, ist die **Angabe einer vorhandenen Eigenschaft**, eines als sicher bezeichneten Sachverhaltes, der nach der Lebenserfahrung kausal ist für den Entschluß des Käufers, zu den vereinbarten Bedingungen zu kaufen. Gerade aus dem Zweck der gesetzlichen Gewährspflicht, das Gleichgewicht zwischen Leistung und Gegenleistung, das durch das Fehlen einer Eigenschaft gestört wurde, wiederherzustellen, folgt, daß die Versicherungen des Verkäufers diesen verpflichten, sobald sie für den Käufer von entscheidender Bedeutung waren, selbst wenn keinerlei Garantieversprechen vorliegt[7].

Demnach hat, selbst für die zugesicherten Eigenschaften, die Gewährleistung nach Art. 197 OR ihren Grund stets im Gesetz. Die Angabe des Verkäufers über bestimmte Eigenschaften bezieht sich nur auf den **Gegenstand** der Gewährleistung gemäß dem Sinne, den ihr der Käufer nach Treu und Glauben beilegen durfte[8]. Es handelt sich nicht um ein Versprechen, das eine vertragliche Gewährspflicht begründet, wie es die Versprechen tun, die außerhalb des gesetzlichen Rahmens abgegeben werden und sich z.B. auf künftige Leistungen beziehen. Die Rechtsprechung leitet hieraus ab, daß die «Zusicherung» von Eigenschaften, weil nicht Bestandteil des Vertrages, für den Verkäufer selbst dann verbindlich ist, wenn sie nicht in der für die Gültigkeit des Vertrages erforderlichen Form erfolgt.

Daraus ist indessen nicht zu schließen, daß jede Angabe, mit der der Verkäufer eine Ware anpreist, z.B. zu Reklamezwecken in einem Prospekt, einem Inserat oder einer Offerte, die «Zusicherung» einer Eigenschaft darstelle. Nur die ernsthaften Angaben, die im allgemeinen den Entschluß des Käufers beeinflussen, sind Zusicherungen von Eigenschaften im Sinne des Gesetzes. Dabei ist jedoch Strenge am Platz. Jede Angabe, die eine ganz bestimmte Eigenschaft nennt und diese klar und deutlich bestätigt, verpflichtet den Verkäufer. Eine Ausnahme machen lediglich vage Anpreisungen, mit denen eine Ware verglichen (wäscht weißer, rasiert hautnaher) oder einfach beschrieben wird und aus denen der Kaufsinteressent nichts Bestimmtes entnehmen kann. Im Übergangsgebiet zwischen der einfachen Anpreisung und der Zusicherung einer Eigenschaft ist es nicht

---

[7] JÄGGI, S. 67 ff.; LIVER, S. 130; MENGHINI, S. 49; SCHENKER, S. 36; WOLFF, S. 43–48 (alle zit. vor § 9).
[8] Das BGer hat die etwas schwerfällige Definition von STAUFFER übernommen, welche lautet: «eine letzten Endes auf die Grundsätze von Treu und Glauben zurückzuführende gesetzliche Haftung, die beim Vorhandensein eines bestimmten Tatbestandes, nämlich der bestimmt umschriebenen Vorstellungsäußerung oder Aussage des Verkäufers Platz greift» (s. die in Anm. 2 zit. Urteile).

der Käufer, der die Kosten der durch die Reklame gestifteten Unklarheit zu tragen hat.

Der Verkäufer hat für die zugesicherten Eigenschaften selbst dann einzustehen, wenn deren Fehlen keinen Mangel bildet, der die Brauchbarkeit oder den Wert der Sache vermindert. Es genügt, daß die Angabe kausal war für den Entschluß des Käufers, zu den vereinbarten Bedingungen zu kaufen[9]. Diese Kausalität ist zu vermuten, wenn es sich um Zusicherungen handelt, die erfahrungsgemäß im allgemeinen geeignet sind, einen entscheidenden Einfluß auszuüben auf den Entschluß des Käufers, überhaupt oder zum verlangten Preise zu kaufen. Es ist Sache des Verkäufers, diese Vermutung zu widerlegen. Nur wenn es sich um eine Eigenschaft handelt, die, objektiv betrachtet, im allgemeinen keinen Einfluß auf den Entschluß des Käufers ausübt, hat dieser darzutun, daß diese Eigenschaft für ihn ausschlaggebend war[10].

II. Bei den Mängeln

Der Mangel im Sinne von Art. 197 OR ist das Fehlen einer Eigenschaft, die vom Verkäufer nicht zugesichert wurde, mit welcher der Käufer aber normalerweise rechnen durfte. In diesem Falle setzt die Gewährspflicht des Verkäufers voraus, daß die Mängel «den Wert der Sache oder ihre Tauglichkeit zu dem vorausgesetzten Gebrauche aufheben oder erheblich mindern» (Art. 197 OR).

Um diesen «vorausgesetzten Gebrauch» zu bestimmen, darf man nicht einfach auf die vom Käufer einseitig in Aussicht genommene Verwendung abstellen und nur diese Absicht ins Auge fassen. Der Verkäufer haftet lediglich für den vertragsmässig vorausgesetzten Gebrauch, wie dieser von beiden Parteien nach Treu und Glauben verstanden werden durfte[11]. Dieser Gebrauch ergibt sich in erster Linie aus der ausdrücklichen oder stillschweigenden Übereinkunft der Parteien. Die Bezeichnung der Sache durch den Verkäufer ist entscheidend, wenn sie auf die Tauglichkeit zu einer besonderen Verwendung schließen läßt. Fehlt es hieran, so hat als vertragsmäßig vorausgesetzt der übliche Gebrauch der Sache zu gelten, der ihrer

---

[9] BGE 71 II, 1945, S. 239; 73 II, 1947, S. 220; 81 II, 1955, S. 209; 87 II, 1961, S. 244.
[10] z.B. die auf den Zentimeter genauen Ausmaße eines Möbels oder Apparates, die dazu bestimmt sind, in eine bestehende Anlage eingefügt zu werden: die vom Verkäufer angegebenen Maße sind «zugesicherte Eigenschaften»; daß sie auf den Zentimeter genau stimmen, ist für den Käufer gewöhnlich nicht entscheidend; dieser hat daher darzutun, daß die genauen Ausmaße für ihn wegen der vorgesehenen Verwendung wesentlich waren.
[11] BGE 26 II, 1900, S. 739, Erw. 5, S. 746.

normalen Verwendung entspricht, welche die Parteien nach Treu und Glauben aufgrund der Umstände und der Natur des Geschäfts annehmen durften. Es geht somit um eine konkrete Würdigung, geboten durch die Auslegung des Zwecks, den die Parteien mit dem Vertragsschluß verfolgten. Wer eine Sache kauft, ohne sich um ihre Eigenschaften zu kümmern oder sich nach ihnen zu erkundigen, hat es sich selber zuzuschreiben, wenn sie seinen Erwartungen nicht entspricht. Er kann sich nur über solche Mängel beklagen, welche die Sache, objektiv betrachtet, zu einem normalen Gebrauch untauglich machen.

Der besondere Gebrauch, für den der Käufer die Sache bestimmt, kann dann als der vertraglich vorausgesetzte Gebrauch gelten, wenn der Verkäufer davon vor Vertragsschluß Kenntnis erhalten und er den Käufer, wenn auch nur stillschweigend, im Glauben bestärkt hat, die Sache eigne sich für diesen Gebrauch. Wir sind hier nahe bei der Zusicherung von Eigenschaften, kann doch in der selbst stillschweigenden Bestätigung des Verkäufers in bezug auf diese besondere Verwendung die Zusicherung einer Eigenschaft liegen.

Auf dem gleichen Boden stehen die deutsche Lehre und Praxis, welche, nachdem sie zunächst einen objektiven Fehlerbegriff vertreten haben, heute ein konkretes, aus dem Vertrag abgeleitetes Kriterium anwenden[12]. Im französischen Recht dagegen fällt nach Art. 1641 CCfr. einzig der Gebrauch in Betracht, für den der Käufer die Sache bestimmt. Wenn dieser Gebrauch unverkennbar ist, wenn er dem normalen Gebrauch entspricht, so haftet der Verkäufer. Dagegen entfällt seine Gewährspflicht, wenn der Gebrauch besonderer Art ist, es sei denn, der Käufer habe klar hingewiesen auf den besonderen Zweck, für den er die Sache verwenden wolle[13].

Was die Schwere der Mängel betrifft, so ist die Lösung klar, wenn die Mängel die Sache unbrauchbar machen. Ist die Tauglichkeit oder der Wert lediglich gemindert, so ist die Gewährspflicht nur gegeben, wenn diese Beeinträchtigung «erheblich» ist. Ob es sich so verhält, ist eine reine Ermessensfrage, die zu lösen ist nach dem Zweck des Vertrages, wie ihn die Parteien verstanden haben. Art. 1641 CCfr. bestimmt hierüber, daß nur Mängel in Betracht kämen, die den bestimmungsgemäßen Gebrauch derart beeinträchtigen, daß der Käufer den Vertrag nicht geschlossen oder nur einen geringeren Preis offeriert hätte, wenn er die Mängel gekannt hätte. Das ist eine gute Umschreibung dafür, was unter dem Ausdruck «erheblich» zu verstehen ist. Es ist dabei zu prüfen, ob der Mangel so schwer ist,

---

[12] BGHZ 16, S. 55; LARENZ, § 41, I, S. 34.
[13] PLANIOL/RIPERT, Traité pratique X, S. 143.

daß er bei Annahme redlicher Absichten der Parteien und nach der in der Branche geltenden Verkehrsauffassung auf den Entschluß zum Kauf von Einfluß sein konnte.

III. Vom Käufer gekannte Mängel

Die Gewährspflicht bezieht sich grundsätzlich nur auf die dem Käufer unbekannten Mängel. «Der Verkäufer haftet nicht für Mängel, die der Käufer zur Zeit des Kaufes gekannt hat» (Art. 200 Abs. 1 OR). Das ist die natürliche Folge des Grundsatzes, auf dem die Gewährleistung beruht: Es wird vermutet, der Käufer nehme die Sache so entgegen, wie er sie kannte, mit den Mängeln, die er an ihr bemerkte; er kann nicht behaupten, er sei enttäuscht, wenn die gelieferte Sache Mängel aufweist, die ihm bekannt waren.

Art. 200 Abs. 2 OR stellt den bekannten Mängeln diejenigen an die Seite, die «der Käufer bei Anwendung gewöhnlicher Aufmerksamkeit hätte kennen sollen». Für diese haftet der Verkäufer nur bei Arglist, wenn er das Nichtvorhandensein der Mängel bestätigt hat[14]. Die Rechtsprechung legt diese Vorschrift einschränkend aus. Sie mutet dem Käufer nicht zu, daß er vor dem Kaufabschluß eine Prüfung vornehme, wie er sie gemäß Art. 201 OR nach dem Empfang der Kaufsache vorzunehmen hat. Sie schreibt ihm nur sorgfältige Wahl und Besichtigung des Kaufobjekts vor. Sie berücksichtigt die Umstände, die Person des Käufers, seine Kenntnisse und Erkenntnismöglichkeiten. Das Einverständnis des Käufers ist nur in bezug auf solche Mängel anzunehmen, die er bei dieser aufmerksamen Besichtigung hätte entdecken können, selbst wenn eine regelrechte Prüfung umfangreiche Mängel aufgedeckt oder die wahre Tragweite anscheinend nur oberflächlicher Mängel gezeigt hätte. So wurde entschieden, daß der Käufer eines Hauses, der Spuren von Feuchtigkeit bemerkt, nicht jeden Gewährleistungsanspruch verliert, wenn er aufgrund seiner persönlichen Kenntnisse nicht wissen konnte, daß diese Feuchtigkeit ihre Ursache in schweren baulichen Mängeln des Hauses hat[15].

---

[14] Art. 200 Abs. 2 OR spricht allerdings nicht ausdrücklich von Arglist, d.h. Kenntnis der Mängel. Doch ist in dem hier geregelten Fall, in welchem der Käufer die Mängel hätte entdecken können, zu vermuten, daß sie dem Verkäufer, von dem anzunehmen ist, er wisse, was er verkauft, bekannt waren.

[15] BGE 66 II, 1940, S. 132. In der Vertragsklausel, mit welcher der Käufer erklärt, die Sache gesehen und genehmigt zu haben, liegt ein Ausschluß der Gewährspflicht im Sinne von Art. 99 OR, selbst wenn dargetan sein sollte, daß er die Sache nicht geprüft hat; BGE 41 II, 1915, S. 430. Gleich verhält es sich mit der Klausel, die Sachen würden «in ihrem den Ver-

Die Härte, welche die gesetzliche Ordnung für den Käufer bedeuten kann, wird nach der Rechtsprechung noch gemildert durch die Pflicht des Verkäufers, Mängel nicht wider Treu und Glauben zu verschweigen. Art. 200 Abs. 2 OR beruht auf dem Grundgedanken, der Käufer habe die Kaufsache so genehmigt, wie er sie bei einer aufmerksamen Besichtigung beurteilen konnte. Es wird vermutet, er habe auf die Geltendmachung der für ihn erkennbaren Mängel verzichtet. Nicht auf diese Vermutung berufen kann sich ein Verkäufer, der gewisse Mängel verschwiegen hat, von denen er sichere Kenntnis hatte. Einer Fahrlässigkeit des Käufers steht dann ein doloses Verhalten des Verkäufers gegenüber, das keinen Schutz verdient. Vielmehr hat der Verkäufer, aufgrund der *exceptio doli generalis*, die auf bloße Leichtfertigkeit des Käufers gegründete Einrede verwirkt[16].

Diese Voraussetzungen sind abschließend. Es ist zu betonen, daß der Verkäufer, selbst ohne jedes Verschulden, für Mängel haftet, die er nicht kennt (Art. 197 Abs. 2 OR). Er haftet für Mängel ohne Rücksicht auf ihre Ursache, auch wenn diese mit der verkauften Sache nichts zu tun hat[17].

Der Verkäufer haftet nur für die Mängel, die im Zeitpunkt des Gefahrenübergangs bestehen, d.h. bei Speziessachen grundsätzlich beim Abschluß des Vertrages, bei Grundstücken beim Übergang des Eigentums.

IV. Vereinbarungen über die Gewährspflicht

Die Gewährleistungsvorschriften sind dispositiver Natur. Die Parteien können durch Vereinbarung entweder den Gegenstand oder die Dauer der Gewährspflicht ausdehnen oder sie einschränken oder auch jede Gewährspflicht ausschließen.

Obwohl die Klauseln über die Ausdehnung der Gewährleistung eine vertragliche Verpflichtung begründen, untersteht diese, mangels gegenteiliger Vereinbarung, den gesetzlichen Vorschriften über die Voraussetzungen der Geltendmachung des Gewährleistungsanspruchs und über dessen Folgen[18]. Die häufigsten Klauseln sind diejenigen, mit denen sich

---

tragsparteien bekannten gegenwärtigen tatsächlichen und rechtlichen Zustand verkauft»; BGE 83 II, 1957, S. 401.

[16] BGE 66 II, 1940, S. 132.

[17] So beim Verkauf von Biskuits in einer Verpackung aus Kunststoff, der ihren Geschmack verändert; der Verkäufer haftet für den Mangel, selbst wenn er diesen Mangel der Verpackung nicht kannte und sich bei seinem Lieferanten vergewissert hat, daß die Verpackung sich für Biskuits eigne.

[18] Nur wenn die vertragliche Garantie einen andern Gegenstand als die Eigenschaften der Kaufsache hat, ist sie als ein vom Kauf verschiedenes Garantieversprechen zu behandeln, für welches eigene Vorschriften gelten. Vgl. für den Verkauf eines Aktienkapitals oben S. 78.

der Verkäufer zur Behebung der Mängel verpflichtet. Der Vertrag verleiht dem Käufer damit ein Recht, das er nicht hat nach der gesetzlichen Regelung, aufgrund deren er nur Wandelung des Kaufes oder Minderung des Kaufpreises verlangen kann. Wenn der Verkäufer seiner Verpflichtung zur Behebung der Mängel nicht nachkommt, hat der Käufer nach der Rechtsprechung Anspruch auf Wandelung, was sich nach der Rechtsnatur der Gewährspflicht rechtfertigt. Die Rechtsprechung gestattet ihm aber auch, gemäß Art. 107 OR vom Vertrage zurückzutreten, wenn die Sache infolge der Mängel zum bestimmungsgemäßen Gebrauch untauglich ist. Dieser Anspruch ist dann von Nutzen, wenn der Vertrag eine andere Gewährleistung als die Behebung von Mängeln ausschließt und einen ausdrücklichen Verzicht des Käufers auf die Wandelung enthält[19].

Vereinbarungen über Beschränkung oder Aufhebung der Gewährspflicht sind einschränkend auszulegen: Will der Verkäufer seine Gewährspflicht beschränken oder aufheben, so verpflichten ihn Treu und Glauben, seinen Willen klar zum Ausdruck zu bringen[20]. Solche Klauseln sind oft wenig klar[21]. Im Zweifel sind sie zugunsten des Käufers auszulegen, zumal wenn sie in einem vom Verkäufer abgefaßten Vertrag enthalten sind. Eine «Branchenusance» kann nur berücksichtigt werden, wenn der Käufer sie kennt und anzunehmen ist, er habe sich ihr unterzogen.

Vereinbarungen über Aufhebung oder Beschränkung der Gewährspflicht sind ungültig, wenn der Verkäufer die Mängel arglistig verschwiegen hat, indem er entweder der Kaufsache bewußt nicht vorhandene Eigenschaften zuschrieb oder absichtlich Gewährsmängel verheimlichte (Art. 199 OR).

Der Ausschluß der Gewährspflicht ist nicht unbedingt unvereinbar mit der Angabe bestimmter Eigenschaften seitens des Verkäufers, sofern diese Angabe gutgläubig gemacht wurde. Eine solche Angabe ist, wie wir gesehen haben[22], keine Zusicherung, die an sich mit dem Ausschluß der Gewährspflicht im Widerspruch steht. Sie ist die Äußerung einer Vorstellung, die sich der Verkäufer von der Sache macht. Dieser muß die Möglichkeit haben, seine Gewährspflicht auszuschließen für den Fall, daß seine Vorstellung sich als unrichtig erweisen sollte. Wenn indessen der Verkäufer die Eigenschaft ausdrücklich garantiert hat (wie etwa die Tragfähigkeit einer

---

[19] BGE 91 II, 1965, S. 344. Solche Klauseln sind im Automobilhandel üblich.
[20] BGE 72 II, 1946, S. 269; 73 II, 1947, S. 224; 83 II, 1957, S. 401.
[21] So kann die Klausel: «Die Maschine wird für .... garantiert» eine bloße Verlängerung oder Abkürzung der Frist bedeuten, oder aber eine Verpflichtung des Verkäufers, die sich innert der Garantiefrist zeigenden Mängel zu beheben.
[22] Siehe oben S. 80.

Decke, die Leistung einer Maschine) und wenn der Käufer aus dieser Garantie auf den Willen des Verkäufers, sich zur Lieferung einer diese Eigenschaft aufweisenden Sache zu verpflichten, schließen durfte, läßt sich die Ausschlußklausel einer solchen Zusicherung, der sie widerspricht, nicht entgegenhalten[23]. Die Unterscheidung ist in der Praxis oft schwierig. Es geht um die Auslegung des Parteiwillens, die im Zweifel zugunsten des Käufers auszufallen hat nach dem Grundsatz, daß Vereinbarungen über die Aufhebung der Gewährspflicht einschränkend auszulegen sind.

V. Die Sondervorschriften über den Viehhandel

Bis zum Inkrafttreten des OR von 1911 richtete sich die Gewährleistung im Viehhandel nach dem kantonalen Recht (Art. 890 aOR). Ein interkantonales Konkordat hatte versucht, diesem infolge der Entwicklung des Handels unhaltbar gewordenen Zustand abzuhelfen. Dem 1853 abgeschlossenen Konkordat haben sich 16 Kantone und Halbkantone angeschlossen, doch gehörten ihm zu Ende des letzten Jahrhunderts nur noch 4 an. Es beschränkte die Haftung des Verkäufers auf gewisse Hauptmängel. Ein BG vom 25. März 1896, das die Rechtseinheit schaffen sollte, wurde in der Volksabstimmung verworfen. Den kantonalen Gesetzen lagen im wesentlichen drei Systeme zugrunde: Die Anwendung des OR, eine auf gewisse abschließend aufgezählte Hauptmängel beschränkte Haftung und (so die überwiegende Mehrheit) die Haftung bloß für die ausdrücklich zugesicherten Eigenschaften[24].

Durch Art. 198 OR wird die Gewährleistung für Sachmängel grundsätzlich aufgehoben für die Verkäufe von Vieh, worunter die im Gesetz abschließend aufgezählten Tiere zu verstehen sind, nämlich Pferde, Esel, Maultiere, Rindvieh, Schafe, Ziegen und Schweine. Das Gesetz trägt den Interessen des Verkäufers Rechnung, der die Krankheit oder die Fehler des verkauften Tieres nicht kennt, ferner der Schwierigkeit der Feststellung, ob die Krankheit schon vor dem Kaufabschluß vorhanden war. Auch sollten Prozesse mit unverhältnismäßig hohen Kosten vermieden werden. Zu diesen Überlegungen, die auch in andern Ländern zu einer Beschränkung der Gewährleistung auf diesem Gebiet geführt haben[25], kam bei uns das Bestreben hinzu, den Bauern, der sein Vieh verkauft und zu dessen Verkauf häufig gezwungen ist, zu schützen gegen den berufsmäßigen

---

[23] BGE 73 II, 1947, S. 218.
[24] Näheres bei LIVER, Viehkauf, S. 109.
[25] Vgl. die Angaben hierüber bei LIVER, S. 112.

Händler[26]. Unser Gesetz ist damit zugunsten der von ihm als die schwächere betrachteten Vertragspartei vom Grundsatz der vertraglichen Äquivalenz abgegangen[27].

Nach Art. 198 OR ist der Verkäufer nur in zwei Fällen gewährspflichtig, nämlich:

a) wenn er sich schriftlich zur Gewährleistung verpflichtet hat. Es handelt sich dabei um ein Gewährleistungsversprechen, das eine vertragliche Verpflichtung begründet, deren Voraussetzungen (siehe die Sondervorschrift des Art. 198 OR) und Folgen indes im Gesetz geregelt sind. Die schriftliche Zusicherung einer Eigenschaft seitens des Verkäufers schließt kraft einer unwiderleglichen Vermutung die Übernahme der Gewährspflicht in sich[28]. Diese Gewährspflicht kann sich auf das Nichtvorhandensein bestimmter Mängel beziehen oder auf das Vorhandensein besonderer Eigenschaften wie Abrichtung eines Pferdes zum Reiten, Sprungfähigkeit eines Stieres.

b) wenn der Verkäufer den Käufer absichtlich getäuscht hat, indem er ihm falsche Angaben machte oder bewußt Stillschweigen bewahrte über Tatsachen, zu deren Bekanntgabe er nach Treu und Glauben verpflichtet war.

Jede weitergehende Gewährspflicht ist ausgeschlossen.

§ 12. Die Voraussetzungen für die Geltendmachung der Gewährleistungsansprüche

I. Grundsatz

Der Käufer hat die gelieferte Sache so bald als möglich zu prüfen und hat, sofern er Mängel entdeckt, dem Verkäufer hievon sofort Anzeige zu machen. Andernfalls verwirkt er seine Ansprüche auf Gewährleistung (Art. 201 OR). Diese Prüfungs- und Rügepflicht ist vorgesehen im Interesse des Verkäufers, damit er sich rasch ein Urteil darüber bilden kann, ob die Reklamation begründet sei, und rechtzeitig seine Interessen gegenüber seinem eigenen Lieferanten wahren kann. Es soll auch verhindert werden, daß der Käufer

---

[26] ProtExpKomm vom 14. Oktober 1908, S. 11, und vom 17. Oktober 1908, S. 1.
[27] Während also die römischen Aedilen die Gewährspflicht des Verkäufers zum Schutze des römischen Bauern als Käufer gegen die Verschlagenheit der Vieh- oder Sklavenhändler einführten, schafft unser OR sie ab und kehrt zur veralteten Ordnung zurück, um den Bauern als Verkäufer zu schützen.
[28] BGE 73 II, 1947, S. 221.

eine Änderung der Konjunktur zum Nachteil des Verkäufers ausnützt. Diese Pflicht bezieht sich auf das Fehlen zugesicherter Eigenschaften wie auf die Mängel[1]. Dabei handelt es sich wiederum um eine Regelung dispositiven Rechts, von der durch Parteivereinbarung abgewichen werden kann.

II. Die Prüfung und die Mängelrüge

Die Art und den Umfang der Prüfung können die Parteien durch Vereinbarung bestimmen, wobei sie namentlich vorsehen können, die Prüfung einem Dritten anzuvertrauen. Mangels einer Vereinbarung hat der Käufer die «übungsgemäße Untersuchung» vorzunehmen. Im Handelsverkehr wird meisten die Usanz der Branche maßgebend sein, und diese wird sich richten nach der Möglichkeit für den Käufer, eine wirksame Prüfung im Rahmen seines Geschäftsbetriebs vorzunehmen[2]. Unter Nichtkaufleuten hängen die Anforderungen an die Untersuchung von der Natur der Sache und der Mängel ab; der Käufer genügt seiner Pflicht, wenn er unverzüglich die Sache so aufmerksam prüft, wie es von ihm unter Berücksichtigung seiner Sachkenntnis erwartet werden darf.

Der Beizug eines Sachverständigen steht dem Käufer frei und ist mitunter nach den Usanzen der Branche notwendig, wird aber vom Gesetz nicht vorgeschrieben[3]. Zu der dem Käufer obliegenden Untersuchung gehört indes eine sachkundige Beurteilung des Vorliegens, der Schwere und der Tragweite von Mängeln. Dafür sind häufig technische Kenntnisse erforderlich, ja der Zweck der Prüfung erheischt solche. Wenn daher die Untersuchung beim Käufer ernsthafte Zweifel an der Qualität der Sache erweckt, soll er einen Fachmann zu Rate ziehen, jedenfalls aber dem Verkäufer über seine Feststellung berichten.

Soweit es für die Prüfung erforderlich ist, darf der Käufer nicht nur die Ware auspacken, sondern auch einen Teil davon verbrauchen, Muster nehmen und Versuche mit ihnen anstellen, ohne den Einwand befürchten zu müssen, er habe damit die Ware genehmigt.

Eine bestimmte Frist sieht das OR nicht vor. Die Prüfung ist gleich nach der Lieferung, mag diese auch vorzeitig erfolgen, vorzunehmen,

---

[1] BGE 63 II, 1937, S. 406; 81 II, 1955, S. 56; 88 II, 1962, S. 364.
[2] Bei der Lieferung von Milch durch Bauern an eine Käsereigenossenschaft kann dem Käufer nicht zugemutet werden, jede der zweimal täglichen Lieferungen von etwa 40 Bauern durch das allein wirksame Mittel der Laboruntersuchung zu prüfen; es genügt eine visuelle Prüfung und im Falle verdächtiger Lieferung von Zeit zu Zeit eine Analyse. BGE 41 II, 1915, S. 732.
[3] Dies kann a contrario aus den angeführten Urteilen geschlossen werden.

«sobald es nach dem üblichen Geschäftsgange tunlich ist» («aussitôt que l'acheteur le peut d'après la marche habituelle des affaires», Art. 201 Abs. 1 OR). Diese Vorschrift ist auf den Handelskauf zugeschnitten, wird doch mit dem «üblichen Geschäftsgang» auf die Usanzen der Branche verwiesen. Die Rechtsprechung geht hier sehr weit. Nach ihr darf bei gewissen Rohstoffen mit der Prüfung bis zur Verarbeitung zugewartet werden und ist eine anläßlich der Verwendung der Ware gemachte Feststellung noch rechtzeitig[4]. Der Käufer ist somit nicht verpflichtet, das Rohmaterial zum Zwecke der Prüfung sofort zu verarbeiten. Unter Vorbehalt gegenteiliger Vereinbarungen oder Usanzen braucht der Käufer keine außergewöhnlichen Vorkehren für die Prüfung zu treffen. Wenn ich einen Schneepflug kaufe, kann ich mit dessen Prüfung bis zum ersten Schneefall zuwarten und bin, auch wenn dieser erst spät kommt, nicht verpflichtet, ihn zur Prüfung in ein Schneegebiet zu verbringen, so nahe dieses auch sein mag. Es kommt auf die bestimmungsgemäße Verwendung der Sache an: Gewisse Sachen, wie Samen, Erzeugnisse zur Pflanzenbehandlung, Mähmaschinen, die thermische Isolierung einer Baute, können erst geprüft werden, wenn ihre Verwendung möglich ist[5]. Unter Umständen kann dies sehr lange dauern.

Der Ort der Prüfung ist naturgemäß der Ablieferungsort, also dort, wo die Verfügungsgewalt an den Käufer übergeht, so daß dieser in die Lage versetzt wird, die Ware entweder selber zu prüfen oder sie prüfen zu lassen, wobei wiederum Vereinbarungen und Handelsusanzen vorbehalten sind[6].

Die Mängelrüge ist eine Mitteilung, mit welcher der Käufer die festgestellten Mängel dem Verkäufer oder dessen Vertreter anzeigt. Diese Anzeige, die keiner besonderen Form bedarf, hat die festgestellten Mängel im einzelnen anzugeben und den Willen zu bekunden, sie geltend zu machen, d.h. die Sache so, wie sie geliefert wurde, nicht anzunehmen. Dagegen ist der Käufer nicht gehalten, schon jetzt anzugeben, wie er sein Wahlrecht ausüben werde, ob er Rückgängigmachung des Kaufes, Preisminderung, Behebung eines Mangels (im Falle besonderer Garantie) oder, beim Gattungskauf, Ersatzleistung verlangen wolle. Hiefür steht ihm eine Frist von einem Jahr seit der Ablieferung der Kaufsache zur Verfügung (Art. 210 OR). Der Käufer braucht nur solche Mängel anzuzeigen, deren Schwere die Wandelung des Kaufs oder eine Preisminderung rechtfertigt. Solange der Käufer sich nicht bewußt ist, daß die festgestellten Unzulänglichkeiten

---

[4] BGE 56 II, 1930, S. 38; 76 II, 1950, S. 221.
[5] BGE 81 II, 1955, S. 56.
[6] BGE 88 II, 1962, S. 364.

derart schwer sind, hat er keinen Anlaß und damit auch nicht die Pflicht, den Verkäufer zu benachrichtigen.

Die Anzeige ist «sofort» («sans délai») zu erstatten, gleich nach der Feststellung. Das ist eine streng zu handhabende Vorschrift. Der Käufer muß schnell handeln. Die mit einer Verspätung von einigen Tagen erstattete Anzeige ist nicht mehr rechtzeitig. Dies gilt auch für die **heimlichen Mängel**, die bei der üblichen Untersuchung nicht erkennbar sind und erst bei der Verwendung zutage treten; sie müssen «sofort» («immédiatement») nach der Entdeckung angezeigt werden.

Die Prüfung der Kaufsache und die Mängelrüge sind Voraussetzungen für die Geltendmachung der Gewährleistungsansprüche. Infolgedessen trifft die **Beweislast** den Käufer. Dieser hat darzutun, daß er seine Pflicht erfüllt hat, und zwar selbst dann, wenn der Verkäufer sich im Prozeß nicht auf das Ausbleiben oder die Verspätung der Prüfung und der Mängelrüge berufen sollte.

III. Die Unterlassung der Mängelrüge

Die Prüfung und die Mängelrüge stellen rechtlich nicht eine Verpflichtung des Käufers dar. Es handelt sich vielmehr um eine Diligenzpflicht, deren Nichtbeachtung von Gesetzes wegen zur Folge hat, daß der Käufer die Ansprüche aus Gewährleistung verliert, die «gekaufte Sache als genehmigt gilt» (Art. 201 Abs. 2 und 3 OR).

Eine Ausnahme gilt für den Fall «absichtlicher Täuschung des Käufers durch den Verkäufer». Der Verkäufer kann sich dann weder auf das Ausbleiben oder den ungenügenden Inhalt der Mängelrüge berufen noch die Verspätung der Anzeige einwenden (Art. 203 OR). Das trifft zunächst zu, wenn der Verkäufer Eigenschaften zugesichert hat, deren Fehlen ihm bewußt war, oder wenn er absichtlich Tatsachen verschwiegen hat, die er nach Treu und Glauben hätte bekanntgeben sollen, in welchen Fällen der Vertrag mit dem Willensmangel der absichtlichen Täuschung behaftet ist. Es kann aber auch zutreffen, wenn der Verkäufer nach dem Abschluß des Vertrages den Käufer durch gewisse, namentlich unwahre Zusicherungen davon abbringt, die Prüfung der Ware vorzunehmen. In diesem Falle leidet der Kauf nicht an einem Willensmangel, doch kann sich der Verkäufer nicht auf die Unterlassung der Mängelrüge berufen.

IV. Zusammenfassung

Die Voraussetzungen für die Geltendmachung der Gewährleistungsansprüche sind somit Gegenstand einer besonderen, abschließenden und starren Regelung. Der nachlässige Käufer verwirkt sein Klagerecht, so geringfügig die Folgen der verspäteten Anzeige für den Verkäufer auch sein mögen. Das gilt auch für die Schadenersatzansprüche des Art. 208 OR und für den allgemeinen Schadenersatzanspruch, den die Rechtsprechung dem Käufer gewährt. Oft werden, je nach der Natur der Mängel, die Interessen und Rechte des Verkäufers in keiner Weise beeinträchtigt durch die Verzögerung bei der Feststellung und der Anzeige der Mängel. Diese Strenge verträgt sich schlecht mit dem Grundgedanken unseres Vertragsrechts, in dem die Folgen einer Nachlässigkeit sich nach dem Umfang des der Gegenpartei zugefügten Schadens bemessen, soweit kein öffentliches Interesse auf dem Spiele steht. Die «Verkehrssicherheit», die allzu schnell angerufen wird, ist oft recht abstrakt und theoretisch, vor allem außerhalb des Gebiets des Handelskaufs. Der Richter ist häufig in Verlegenheit wegen dieser Strenge und sucht sie, außer in Handelssachen, zu mildern, indem er bei der Beurteilung der Diligenzpflicht des Käufers nicht kleinlich ist[7]. Parteivereinbarungen und Handelsusanzen verbessern und verdeutlichen übrigens häufig die gesetzliche Ordnung, namentlich was die Prüfungspflicht betrifft.

V. Die Sondervorschriften über den Distanzkauf

Zusätzliche Pflichten überbindet Art. 204 OR dem Käufer beim Distanzkauf. Dieser Begriff ist hier in seinem weitesten Sinne zu verstehen. Es ist jeder Kauf, bei dem die Sache an einem andern Ort übergeben wird als am Geschäftssitz des Verkäufers[8].

Zur Prüfungs- und Rügepflicht tritt zunächst die Pflicht zur Aufbewahrung der Kaufsache hinzu.

Das Gesetz will, daß der Käufer die Interessen des abwesenden Verkäufers wahre, und sieht daher eine Geschäftsführungspflicht vor. Diese Bestimmung ist somit nur anwendbar, wenn der Verkäufer keinen Stellvertreter am Empfangsort hat; andernfalls ist es dessen Sache, die Interessen seines Mandanten zu wahren.

Der Käufer ist nicht befugt, die angeblich mangelhafte Sache zurückzuschicken. Er hat, auf Kosten des Verkäufers, die zur Erhaltung der Sache notwendigen Maßnahmen zu treffen, sei es, daß er sie bei sich behält, sei es,

---

[7] Das deutsche Recht hat das herkömmliche System der «Mängelrüge» nur für die Handelskäufe beibehalten.

[8] Dazu gehört also die Bringschuld, im Gegensatz zum engen Begriff in Art. 185 Abs. 2 OR. In diesem Sinne OSER/SCHÖNENBERGER, N. 2 zu Art. 204.

daß er sie bei einem Dritten einlagert. Unterläßt er diese Vorkehren, so haftet er für den Schaden, den der Verkäufer infolgedessen erleidet.

Handelt es sich um **verderbliche Waren**, so ist der Käufer im Interesse des Verkäufers verpflichtet, sie unter Mitwirkung der zuständigen Amtsstelle des Ortes, wo sich die Ware befindet, verkaufen zu lassen, wobei die Amtsstelle die Verwertungsart bestimmt. Überdies hat er den Verkäufer von dieser Maßnahme unverzüglich zu benachrichtigen.

Der bei dieser Verwertung erzielte Erlös teilt, infolge dinglicher Subrogation, das rechtliche Schicksal der verkauften Sache. Wird das Begehren um Wandelung des Kaufes als begründet erklärt, so wird der Erlös auf den Kaufpreis angerechnet, den der Verkäufer zurückzuerstatten hat, und wenn dieser Preis noch nicht bezahlt ist, so ist der Verwertungserlös dem Verkäufer auszuhändigen, gleich wie ihm die Ware zurückzugeben wäre; im gegenteiligen Falle behält der Käufer den Verwertungserlös und schuldet weiterhin den Kaufpreis. Bei vertretbaren Sachen hat der Käufer, sofern der Verkäufer gemäß Art. 206 OR zur Ersatzlieferung verpflichtet ist, den Verwertungserlös zurückzuerstatten, wie wenn er die mangelhafte Ware zurückgeben würde.

Wenn der Käufer die Sache ohne Mitwirkung der Amtsstelle verkauft, so stellt dieser Verkauf einen Verfügungsakt dar, durch den er das Wandelungsrecht verliert, und zwar selbst dann, wenn er den Verkäufer davon benachrichtigt hat und ohne Rücksicht auf die Rügen, die er hätte erheben können. Der Käufer, der die Sache unter Mitwirkung der Amtsstelle verkauft, aber die Benachrichtigung des Verkäufers unterläßt, riskiert, diesem den Schaden ersetzen zu müssen, den dieser hätte abwenden können, wenn er, rechtzeitig benachrichtigt, die Ware hätte vorteilhafter verkaufen können.

Art. 204 Abs. 2 OR enthält schließlich Vorschriften über die **Sicherung der Beweise**: der Käufer soll «den Tatbestand gehörig feststellen lassen». Diese Feststellung muß nicht unbedingt in der Form einer richterlich angeordneten Beweisaufnahme oder Expertise erfolgen, noch in einem amtlichen Protokoll festgehalten sein. Es genügt eine Feststellung, für deren Zuverlässigkeit ernsthafte Gründe bestehen [9]. Für den Fall, daß der Käufer seiner Verpflichtung nicht nachkommt, bestimmt das Gesetz, es obliege ihm «der Beweis, daß die behaupteten Mängel schon zur Zeit der Empfangnahme vorhanden gewesen» seien.

---

[9] Eine private Expertise, welche die Verwaltung der Bundesbahnen zur Wahrung ihrer Interessen als Transportführerin angeordnet hat, genügt nach der Rechtsprechung; BGE 52 II, 1926, S. 362. Die Vorsicht läßt es indes für einen auf Sicherung seiner Beweise bedachten Käufer als geboten erscheinen, eine gerichtliche Feststellung oder Expertise in der Form der vorläufigen Beweisaufnahme zu verlangen.

Diese Vorschrift wirft das Problem der **Beweislast für die Mängel** im allgemeinen auf. Die Frage ist in der deutschen Lehre umstritten. Unser Gesetz enthält keine Bestimmung, außer der allgemeinen Vorschrift des Art. 8 ZGB, wonach jede Partei diejenigen von ihr behaupteten Tatsachen zu beweisen hat, aus der sie Rechte ableitet. Es scheint uns klar, daß es dem Käufer, der einen Mangel der gekauften Sache beanstandet, auch obliegt, den Beweis dieses Mangels zu erbringen. Die Bezeichnung der mangelhaften Lieferung als eine unvollkommene oder fehlerhafte Erfüllung, wie sie in der herrschenden Lehre und Rechtsprechung üblich ist, verschiebt die Beweislast nicht, denn es ist Sache des Gläubigers, der eine unvollkommene Erfüllung behauptet, diese zu beweisen.

Die Bestimmung des Art. 204 Abs. 2 OR, wonach beim Distanzkauf dem Käufer, der die Mängel nicht ohne Verzug gehörig feststellen läßt, der Beweis obliegt, daß sie schon zur Zeit der Empfangnahme vorhanden waren, scheint vom gegenteiligen Grundsatz auszugehen. Sie wäre überflüssig, wenn der Beweis immer dem Käufer obliegen würde. Der Schluß, zu dem diese Vorschrift in bezug auf die Beweislast für Mängel verleitet, findet eine Stütze in Art. 222 Abs. 3 OR, der sich auf den Kauf auf Probe bezieht: im Falle des Verlusts des Musters beim Käufer hat nicht der Verkäufer zu beweisen, daß die Sache mustergemäß sei, sondern der Käufer das Gegenteil.

Trotz diesen Schlußfolgerungen, die man durchaus logisch aus diesen beiden Bestimmungen ziehen kann, die als einzige sich mit der Beweislast für die Mängel im gewöhnlichen Kaufrecht befassen, lehnen wir es ab, in diesem Punkte von der allgemeinen Vorschrift des Art. 8 ZGB abzuweichen: es ist immer der Käufer, der die Beweislast trägt; er ist es, dem die Wahrung seiner Beweise obliegt, und zwar bei allen Käufen[10].

Alles, was man aus Art. 204 Abs. 2 OR ableiten kann, ist die tatsächliche Vermutung, daß die «ohne Verzug gehörig» festgestellten Mängel als «zur Zeit der Empfangnahme» vorhanden gewesen zu gelten haben. Das kann bei verderblichen Waren von Nutzen sein, wenn auch die «Empfangnahme» nicht notwendig mit dem Übergang der Gefahr zusammenfällt.

VI. Die Sondervorschriften über den Viehhandel

Für den Viehhandel setzt das Gesetz, außer wenn die Gewährleistung sich auf die Trächtigkeit des verkauften Tieres bezieht, eine feste Frist von neun

---

[10] Vgl. BGE 23, 1897, S. 1817, Erw. 4, S. 1823; 45 II, 1919, S. 336. Oser/Schönenberger, N. 18 zu Art. 197 OR; von Büren, S. 37. Im gegenteiligen Sinne ein obiter dictum in BGE 75 II, 1949, S. 217, vgl. S. 221 oben. Zur Beweislast bei unvollständiger Erfüllung vgl. Guhl/Merz/Kummer, S. 215.

Tagen seit der Übergabe an, vor deren Ablauf der Käufer nicht nur die Mängel angezeigt, sondern überdies bei der zuständigen Behörde die Untersuchung des Tieres durch Sachverständige verlangt haben muß (Art. 202 OR)[11].

Diese Frist kann nur durch schriftliche Vereinbarung verlängert werden, und dieses Erfordernis wird von der Rechtsprechung eng ausgelegt: Die Fristverlängerung muß ausdrücklich sein, und die Anzeige an den Verkäufer sowie das Gesuch an die Behörde um Untersuchung müssen mangels abweichender Vereinbarung vor dem Ablauf der vereinbarten Frist erfolgen. So lehnt die Praxis die Annahme ab, daß gewisse Zusicherungen von Eigenschaften, die sich auf keinen Fall innert der Frist von neun Tagen feststellen lassen, einen Verzicht des Verkäufers auf die gesetzliche Frist oder auch nur eine Verlängerung dieser Frist in sich schließen (so die Gewähr für die Sprungfähigkeit eines Stieres)[12]. Diese Rechtsprechung erweckt schwerste Bedenken. Nach dem Grundsatz von Treu und Glauben ist anzunehmen, ein Gewährleistungsversprechen gelte für einen Zeitraum, der dem Käufer die Feststellung des allfälligen Mangels gestatte. Und zwar handelt es sich um einen Grundsatz, den das BGer selber in bezug auf die Verjährung des Gewährleistungsanspruchs aufgestellt hat[13].

Die einzige Ausnahme, die das Gesetz vorsieht und deren Ausdehnung die Rechtsprechung selbst für Fälle ablehnt, für welche die Analogie es gebieten würde, ist die Gewährleistung für die Trächtigkeit des Tieres: der Käufer hat den Mangel dem Verkäufer anzuzeigen und bei der Behörde eine Untersuchung zu verlangen, sobald sich innert der vom Verkäufer angegebenen Frist sichere Zeichen des Nichtträchtigseins gezeigt haben (Art. 2 der VO).

Der Verkäufer, der den Käufer arglistig getäuscht hat, kann sich auf die Fristversäumnis nicht berufen und nicht geltend machen, der Käufer habe es innert der gesetzlichen oder der vertraglich vereinbarten Frist unterlassen, die Mängel anzuzeigen und die Untersuchung zu verlangen. Die Vorschrift des Art. 203 OR ist auch auf den Viehhandel anwendbar. Das ergibt sich aus seiner Stellung im Gesetz und aus dem Randtitel. Es handelt sich um eine allgemeine Vorschrift, die für alle Kaufverträge gilt.

---

[11] Das Verfahren ist geregelt in der VO des Bundesrates vom 14. November 1911 betreffend das Verfahren bei der Gewährleistung im Viehhandel.
[12] BGE 86 II, 1960, S. 27.
[13] BGE 56 II, 1930, S. 424. So wandte das BGer die Art. 198 und 202 OR mit aller Strenge an auf den Verkauf eines Stiers, dessen Sprungfähigkeit schriftlich zugesichert worden war, sich aber nach Ablauf der neuntägigen Frist als nicht vorhanden erwies; BGE 86 II, 1960, S. 27. In diesem Urteil wird es abgelehnt, den Kritiken von Liver (Viehkauf, S. 133) und Gygi (Der Viehkauf und die Viehwährschaft im schweiz. Recht) Rechnung zu tragen.

§ 13. Die Ansprüche aus Gewährleistung

I. Allgemeines

Nach Art. 205 OR hat der Käufer einer mangelhaften Sache die Wahl zwischen zwei Rechtsbehelfen: Er kann entweder den Kauf rückgängig machen, und hiefür steht ihm die Wandelungsklage zur Verfügung, oder er kann «Ersatz des Minderwertes» verlangen mit der Minderungsklage *(actio quanti minoris).* Dagegen hat er, sofern es sich um eine individuell bestimmte Sache und nicht um Gattungssachen handelt[1], unter Vorbehalt gegenteiliger Vereinbarung nicht das Recht, vom Verkäufer zu verlangen, daß er die Mängel behebe oder daß er ihm anstelle der mangelhaften Sache eine andere, mangelfreie liefere. Die Verpflichtung des Verkäufers geht auf Lieferung, auf ein *dare*, und nicht auf Herstellung eines Werkes, wie die Pflicht des Unternehmers. Mangels gegenteiliger Vereinbarung kann ihm der Käufer nicht eine Instandstellungspflicht auferlegen in Analogie zu Art. 368 Abs. 2 OR. Eine solche Pflicht versteht sich beim Werkvertrag als die Pflicht zur Verbesserung einer mangelhaften Leistung, eines unvollendeten Werkes[2].

II. Die Wandelungsklage

Nach dem französischen[3] wie nach dem deutschen[4] Recht vollzieht sich die Aufhebung des Kaufvertrages entweder durch Vereinbarung der Parteien, falls der Verkäufer den Anspruch des Käufers anerkennt, oder durch ein Gestaltungsurteil (durch richterlichen Gestaltungsakt). Der Richter ist es, der das Vertragsverhältnis auflöst. Indem Art. 205 OR dem Käufer das Recht einräumt, «mit der Wandelungsklage den Kauf rückgängig zu machen», scheint er auf dem gleichen Boden zu stehen. Das ist indessen nicht sein Sinn. Die Wandelung hat in unserm Recht den Charakter eines singulären, nur auf die Gewährleistung wegen Mängel beschränkten Instituts verloren, den sie infolge ihres Ursprungs im römischen Rechte hatte und den ihr in Frankreich die Rechtsprechung und ein Teil der Rechtslehre noch heute beilegen. Soweit immer möglich ist sie in unser allgemeines

---

[1] Siehe unten die Sondervorschriften über den Kauf von Gattungssachen, S. 121 ff.
[2] a.M. GUHL/MERZ/KUMMER, S. 339. Man könnte indessen, bei Verschulden des Verkäufers, eine Pflicht zur Instandsetzung konstruieren auf dem Umwege der allgemeinen Klage wegen Nichterfüllung, welche die Rechtsprechung, u.E. zu Unrecht, dem Käufer zur Verfügung stellt.
[3] RIPERT/BOULANGER, Bd. II, S. 149 ff.
[4] LARENZ, § 41, II, S. 48.

System des Obligationenrechts einzubauen und, was ihre allgemeinen Voraussetzungen und ihre Folgen betrifft, in eine Linie zu stellen mit den andern, vom Gesetz vorgesehenen Fällen des Rücktritts vom Vertrag[5].

Der in den Art. 205 ff. OR vorgesehene Anspruch auf Wandelung ist ein Gestaltungsrecht, das durch eine Willenserklärung an die Gegenpartei ausgeübt wird. Sind die Voraussetzungen des Anspruchs erfüllt, so entfaltet diese Erklärung mit ihrem Empfang ohne weiteres die Wirkung, die von ihrem Urheber gewollt und vom Gesetze angeordnet ist, nämlich die Aufhebung des Kaufvertrages. Im Falle der Bestreitung geht der Anspruch auf Herbeiführung einer Erklärung des Richters, daß diese Aufhebung zu Recht erfolgt sei. Das Urteil hat deklaratorische, nicht konstitutive Wirkung. Gleich wie die Klage auf Rücktritt vom Vertrag wegen Schuldnerverzugs oder auf Anfechtung eines Vertrags wegen Willensmangels geht daher auch die Wandelungsklage, wie sie unser Recht auffaßt, auf die richterliche Feststellung der den Vertrag aufhebenden Wirkung der Erklärung des Käufers. Ist die Klage begründet, so bewirkt die Wandelung, gleich wie eine Resolutivbedingung, die Auflösung des Vertrages, was aus dem deutschen Text des Art. 208 Abs. 1 OR deutlich hervorgeht: «Wird der Kauf rückgängig gemacht ...». Sie wirkt somit *ex tunc*. Der kausale Charakter der Tradition bringt es mit sich, daß die Sache das Eigentum des Verkäufers geblieben ist, genau gleich wie im Falle, wo der Käufer den Vertrag mit Erfolg wegen Grundlagenirrtums angefochten hat[6].

Der Käufer, der einen Mangel geltend macht, hat grundsätzlich die **Wahl zwischen der Rückgängigmachung des Kaufes und der Herabsetzung des Kaufpreises**. Dieses Wahlrecht ist indessen beschränkt:

a) Der Käufer, der die Sache durch sein Verschulden untergehen ließ, sie verbraucht oder über sie verfügt hat und infolgedessen außerstande ist, sie zurückzuerstatten, hat das Recht auf Wandelung verwirkt. Wenn die Sache dagegen infolge ihrer Mängel oder durch Zufall untergegangen ist, behält der Käufer das Wandelungsrecht; er hat dasjenige zurückzugeben, was ihm von der Sache geblieben ist (Art. 207 OR)[7].

---

[5] In diesem Sinne Simonius, Übertragung, S. 53, der mit Recht betont, daß diese Angleichung sich um so mehr empfehle, als die Rechtsprechung die Konkurrenz von Gewährleistungsklage und Anfechtung wegen Grundlagenirrtums zuläßt.
[6] Wir haben freilich (oben S. 25) gesehen, daß die Praxis nicht alle Konsequenzen gezogen hat, die sich aus der Lehre vom kausalen Charakter der Tradition ergeben.
[7] Art. 207 OR wendet somit den Grundsatz «casum sentit dominus» an, aber nicht absichtlich, ist doch die Gesetzesbestimmung unter der Herrschaft der Lehre des abstrakten dinglichen Vertrages abgefaßt worden.

b) Sind von mehreren zusammen verkauften Sachen bloß einzelne Stücke fehlerhaft, so kann die Wandelung nur für diese fehlerhaften Stücke verlangt werden, es sei denn, sie ließen sich nicht ohne Nachteil von den andern trennen. In diesem Falle muß sich die Wandelung auf den ganzen Kaufgegenstand erstrecken (Art. 209 Abs. 1 und 2 OR).

Die Wandelung der Hauptsache erstreckt sich auf die Nebensache, selbst wenn diese gesondert verkauft worden ist. Umgekehrt geben Mängel der Nebensache keinen Anspruch auf die Wandelung des Kaufs der Hauptsache (Art. 209 Abs. 3 OR).

c) Nach Art. 205 Abs. 3 OR kann der Käufer dann, wenn der Minderwert der mangelhaften Sache den Betrag des Kaufpreises erreicht, nur die Wandelung verlangen. Das trifft angesichts der Berechnungsweise für den Minderwert nur ausnahmsweise zu[8]. Es kann immerhin vorkommen, daß die Sache infolge der Mängel für den Käufer ohne jeden Gebrauchswert ist. Dann rechtfertigt es sich, den Verkäufer nur zur Rückerstattung des vollen Kaufpreises zu verhalten, wenn er wieder in den Besitz der Sache kommt.

d) Schließlich ermächtigt Art. 205 Abs. 2 OR den Richter, die Wandelung zu verweigern und bloß Ersatz des Minderwertes zuzusprechen, sofern «die Umstände es nicht rechtfertigen, den Kauf rückgängig zu machen».

Das trifft zu, wenn der Käufer die Ware im Rahmen seines Betriebs für andere Zwecke verwenden kann, wenn also z. B. ein Bäcker eine geringere Mehlsorte, die sich für gewisse Backwaren nicht eignet, für andere Waren, welche er ebenfalls herzustellen pflegt, verwenden kann[9]. Es kann auch vorkommen, daß die Wandelung, namentlich wegen der Transportkosten, für den Verkäufer Nachteile zur Folge hätte, die in keinem Verhältnis stünden zu den Vorteilen, die der Käufer daraus ziehen würde. Der Richter hat nach Billigkeit zu entscheiden, wobei er die Branchenusanzen und die Schwere des allfälligen Verschuldens des Verkäufers berücksichtigt (Art. 4 ZGB).

Diese Konversion bietet keine verfahrensrechtlichen Schwierigkeiten. Bei der Wandelung geht das Rechtsbegehren des Käufers auf Rückerstattung des Kaufpreises oder auf Befreiung von der Preiszahlungspflicht. Indem der Richter die Wandelung ablehnt und das Begehren um Rückzahlung des Kaufpreises oder um Befreiung von der Schuldpflicht nur teilweise gutheißt, spricht er weniger zu als verlangt wird. Die Minderungsklage stellt somit, verfahrensrechtlich gesehen, ein Minus im Verhältnis

---

[8] Vgl. unten S. 103.
[9] Bl. handelsrechtl. E. 18, S. 80.

zur Wandelungsklage dar. Das Umgekehrte ist dagegen nicht möglich. Ist auf Preisminderung geklagt worden, so kann der Richter die Wandelung aus zwei Gründen nicht anordnen: Einmal hat der Käufer dem Verkäufer nicht erklärt, er wolle wandeln, so daß der Richter nicht über die Berechtigung zur Wandelung entscheiden kann, und sodann würde der Richter ultra petita gehen. Wenn der Richter also die Voraussetzungen von Art. 205 Abs. 3 OR als erfüllt betrachtet, hat er die Minderungsklage vorbehaltlos abzuweisen.

III. Die Wirkungen der Wandelung

1. Hauptwirkungen

Der Käufer hat die Sache zurückzugeben und der Verkäufer den Kaufpreis zurückzuerstatten. Der Umfang dieser gegenseitigen Rückerstattungspflicht ist näher geregelt in Art. 208 Abs. 2 OR, der auf die Vorschriften über die Entwehrung verweist. Nach der Auffassung des Gesetzgebers zu einer Zeit, wo die Lehre vom abstrakten dinglichen Vertrag herrschend war, handelte es sich bei diesen Rückgabepflichten um Fälle von Rückerstattung wegen ungerechtfertigter Bereicherung: die Rückerstattung ist geschuldet, weil die Zuwendung «aus einem nachträglich weggefallenen Grund» im Sinne von Art. 62 Abs. 2 OR erfolgt ist. Das ist nicht mehr der Fall bei der Verpflichtung des Käufers, der nach der Lehre von der kausalen Tradition nicht Eigentümer ist, wenn der Grund seines Erwerbs dahingefallen ist. Es sind daher die Art. 938 ff. ZGB über die Verantwortlichkeit des Besitzers und nicht die Vorschriften über die ungerechtfertigte Bereicherung, die heranzuziehen sind, soweit die besonderen Vorschriften schweigen[10].

Das Gesetz bestimmt, daß der Käufer, der die Gefahr nicht trägt[11], die Sache samt dem bezogenen Nutzen zurückzugeben hat. Er hat auch Anspruch auf Ersatz seiner Aufwendungen (Art. 208 Abs. 2 OR).

In bezug auf die notwendigen oder nützlichen Aufwendungen ergeben sich keine Probleme. Wie verhält es sich aber mit den «andern» Aufwendungen, den sog. *impensae voluptuariae*? Zum Beispiel hat sich der Käufer eines Meistergemäldes, das sich später als eine Fälschung erwies –

---

[10] Die Verweisung des Art. 208 OR auf die Vorschriften über die Entwehrung hinsichtlich der Rückerstattung der Verwendungen bestätigt diesen Schluß, hat doch der entwehrte Käufer nie das Eigentum erworben. Die Art. 938 ff. ZGB sind übrigens unstreitig anwendbar im Falle der Unverbindlichkeit wegen Willensmangels, die in gewissen Fällen konkurriert mit der Aufhebung wegen Gewährleistung für Mängel. Es muß vermieden werden, daß die Wirkungen der beiden Klagen voneinander abweichen.

[11] Die Aufhebung des Kaufes schließt die Berufung des Verkäufers auf Art. 185 OR aus. Er ist es, der als Eigentümer der Sache die Gefahr trägt und den Nutzen hat.

was zur Aufhebung des Kaufes führte –, einen wertvollen, dem Bilde besonders angepaßten Rahmen anfertigen lassen. Art. 208 OR verweist auf Art. 195 OR über die Entwehrung, der nicht mehr besagt, den jedoch die Rechtslehre dahin auslegt, daß seine Ziff. 2 sich auf den Ersatz aller Verwendungen beziehe[12]. Nun kann nach Art. 939 Abs. 2 ZGB der gutgläubige Besitzer wieder wegnehmen, was er auf die Sache verwendet hat, aber nicht Ersatz für die impensae voluptuariae verlangen. Der Auffassung der Lehre ist indessen beizupflichten. Es ist klar, daß der Gesetzgeber von 1911, der in diesem Punkte den Gesetzestext von 1881 übernommen hat, nicht an die Art. 938ff. ZGB denken konnte, die nach der damals herrschenden Lehre nicht anwendbar waren. Dieses Argument könnte man freilich preisgeben zugunsten einer systematischen Auslegung. Indessen führt das Gesetz auf einem andern Wege zum gleichen Ergebnis: Nach Art. 208 Abs. 2 OR hat der Verkäufer, selbst wenn ihn kein Verschulden trifft, dem Käufer den unmittelbar verursachten Schaden zu ersetzen, wozu unbestreitbar solche gutgläubig vorgenommenen Verwendungen gehören.

Der Verkäufer anderseits hat den Kaufpreis samt Zinsen zurückzuerstatten und «entsprechend den Vorschriften über die vollständige Entwehrung, die Prozeßkosten zu ersetzen» (Art. 208 Abs. 2 OR). Das können nicht die Kosten des Prozesses sein, in dem sich die Parteien des Kaufvertrages gegenüber gestanden haben. Diese Kosten bestimmen sich nach dem kantonalen Prozeßrecht. Der Gesetzgeber ließ sich offenbar etwas zu stark beeinflussen von der Verweisung auf die Vorschriften über die Entwehrung, die den Verkäufer verpflichten, die Kosten des Prozesses zu ersetzen, den der ein Recht an der Sache geltend machende Dritte gegen den Käufer angestrengt hat. Die Bestimmung kann sich nur auf den Prozeß beziehen, den der Käufer gegen einen Dritten zu führen gezwungen war, an den er weiterverkauft hat[13]. Diese Kosten gehören aber auf alle Fälle zum direkten Schaden, für den der Verkäufer haftet.

2. Schadenersatz

Nach Art. 208 Abs. 2 OR hat der Verkäufer dem Käufer überdies zu ersetzen «den Schaden, der dem Käufer durch die Lieferung fehlerhafter Ware unmittelbar verursacht worden ist»[14]. Es handelt sich um eine Kausalhaftung, die von jedem Verschulden des Verkäufers unabhängig, aber auf den unmittelbaren Schaden beschränkt ist.

Dieser Begriff des durch die Lieferung fehlerhafter Ware verursachten «unmittelbaren» Schadens ist aus dem OR von 1881 übernommen worden, dessen Art. 116 darunter den Schaden verstand, der bei Eingehung des Vertrages als unmittelbare Folge der Nichterfüllung vorausgesehen werden

---

[12] OSER/SCHÖNENBERGER, N. 5 zu Art. 195 OR.
[13] BGE 79 II, 1953, S. 376.
[14] Während das Gesetz (außer in den Sonderfällen von Art. 191 Abs. 3 und 215 Abs. 3) den Kaufgegenstand immer als «Sache» oder «verkaufte Sache» bezeichnet, ist in Art. 208 Abs. 2 plötzlich von «fehlerhafter Ware» die Rede. Aus dieser inkonsequenten Terminologie dürfen keinerlei Schlüsse gezogen werden.

konnte. Die Rechtsprechung legte damals Art. 253 aOR, dem der gegenwärtige Art. 208 Abs. 2 OR wörtlich entspricht, dahin aus, daß der Verkäufer für den Schaden hafte, den er nach dem normalen Lauf der Dinge als unmittelbare Folge der fehlerhaften Lieferung voraussehen konnte. Dazu rechnete sie auch den entgangenen Gewinn des Käufers, der die Sache mit Wissen des Verkäufers zum Zwecke des Wiederverkaufs erworben hatte[15]. Dieser Begriff des unmittelbaren Schadens ist den allgemeinen Bestimmungen des neuen OR unbekannt; an seine Stelle ist das Erfordernis des adäquaten Kausalzusammenhangs zwischen dem rechtswidrigen Verhalten und dem Schaden getreten. Die Rechtsprechung hat die Auslegung aufgegeben, die nach dem alten Recht geboten war und zu kaum zu rechtfertigenden Unterscheidungen führte, namentlich zu einer Vorzugsstellung derjenigen Käufer, welche Kaufleute sind, denn bei diesen ist der Wiederverkauf und damit der Gewinnausfall für den Verkäufer immer voraussehbar. Da diese Vorschrift eine Kausalhaftung anordnet und damit eine Ausnahme vom allgemeinen Grundsatz der vertraglichen Haftung darstellt, ist sie einschränkend auszulegen. Ihre Anwendung ist zu beschränken auf den Schaden, bei dem es sich rechtfertigt, ihn dem Verkäufer zur Last zu legen, selbst wenn ihn kein Verschulden trifft, d.h. auf die Auslagen *(damnum emergens)*, welche der Käufer infolge der fehlerhaften Lieferung hatte. Dieser ist wieder in die wirtschaftliche Lage zu versetzen, in der er sich befände, wenn der Vertrag nicht abgeschlossen worden wäre. Dagegen kann der Käufer nicht eine Entschädigung für den entgangenen Gewinn *(lucrum cessans)* verlangen und so einen Gewinn erzielen auf Kosten des Verkäufers, den kein Verschulden trifft und der, ohne die Ausnahmebestimmung von Art. 208 Abs. 2 OR, sich von jeder Haftung befreien könnte[16]. Diese Rechtsprechung verdient vorbehaltlose Zustimmung. Sie hat die Logik für sich. Sobald der Vertrag rückgängig gemacht ist, hat der Käufer Anspruch auf Ersatz des aus dem Dahinfallen des Vertrages erwachsenen Schadens. Das entspricht der allgemeinen Vorschrift des Art. 109 OR.

Nach Art. 208 Abs. 3 OR ist schließlich der schuldhafte Verkäufer verpflichtet, dem Käufer allen weiteren Schaden zu ersetzen, der in einem adäquaten Kausalzusammenhang steht mit der Lieferung der fehlerhaften Sache. Das Verschulden wird vermutet; es obliegt dem Verkäufer, darzutun, daß ihn kein Verschulden trifft.

In diesem Falle haftet der Verkäufer für den dem Käufer entgangenen Gewinn. Eine solche Verpflichtung zum Ersatz des positiven Schadens

---

[15] BGE 23 II, 1897, S. 1101; 24 II, 1899, S. 71; 26 II, 1900, S. 750.
[16] BGE 79 II, 1953, S. 376.

läßt sich nicht ableiten aus der Auflösung des Vertrages als Folge seines Dahinfallens. Einzig die Aufrechterhaltung des Vertrages könnte, nach dem System der Art. 107–109 OR, einen solchen Anspruch auf Versetzung in die wirtschaftliche Lage rechtfertigen, die sich bei der Erfüllung ergeben hätte. Das Gesetz sieht somit, wie im Falle der Entwehrung (Art. 195 Abs. 2 OR), eine besondere Haftung vor, die ihren Grund in der gesetzlichen Gewährspflicht hat und die weiter geht als die Haftung wegen Nichterfüllung der Obligationen[17].

Die Rechtsprechung ist streng bezüglich des Beweises mangelnden Verschuldens des Verkäufers und verlangt z.B. vom Wiederverkäufer importierter Maschinen, daß er ihr Funktionieren prüfe oder sich vergewissere, daß der Fabrikant sie einer genauen Kontrolle unterzogen habe[18]. Bei der Feststellung des Schadens geht sie weit und rechnet dazu auch den Verlust von Kunden des Käufers, welcher dartut, daß er weitere Geschäfte über vom Verkäufer bezogene Erzeugnisse hätte abschließen können[19].

In allen Fällen von Schadenersatzklagen richten sich Maß und Art des Ersatzes, zum mindesten analog, nach den Vorschriften über die Haftung wegen Nichterfüllung der Obligationen, also gemäß der Verweisung in Art. 99 Abs. 3 OR nach den Art. 42 ff. OR. Dabei ist jedoch nicht außer acht zu lassen, daß die Gewährleistungsansprüche, was die Voraussetzungen ihrer Geltendmachung betrifft, Gegenstand einer besonderen und abschließenden Regelung bilden. Das Gesetz auferlegt dem Käufer in den Art. 200, 201 und 204 OR strenge Sorgfaltspflichten. Deren Mißachtung hat ganz genau umschriebene Folgen. Meistens ist es der Verlust des Gewährleistungsanspruchs. Wenn die Voraussetzungen der Gewährspflicht nach diesen besonderen Vorschriften erfüllt sind, so ist daher anzunehmen, der Käufer habe seinen ihm vom Gesetz auferlegten Sorgfaltspflichten genügt. Sein Anspruch darf somit nicht in Anwendung der Art. 43 und 44 OR abgewiesen oder herabgesetzt werden. Ihm ein Mitverschulden anzurechnen, liefe darauf hinaus, das gesetzliche System abzuändern und dem Käufer weitere, über die gesetzlich vorgeschriebenen hinausgehende Sorgfaltspflichten aufzuerlegen[20]. Wenn die Voraussetzungen der Gewährspflicht erfüllt sind, ist der Verkäufer also verpflichtet, allen Schaden zu

---

[17] Vgl. A. SIMONIUS, Über den Ersatz des «aus dem Dahinfallen des Vertrages» erwachsenen Schadens, ZSR 37, 1918, S. 266.
[18] BGE 82 II, 1956, S. 136.
[19] Gleiches Urteil. Damit geht es jedoch zu weit; man kann nicht einen Schadenersatzanspruch begründen mit zukünftigen Verträgen, deren Abschluß zu verweigern dem Verkäufer freigestanden hätte.
[20] BGE 85 II, 1959, S. 192.

IV. Die Minderungsklage

ersetzen, der in einem adäquaten Kausalzusammenhang steht mit der Lieferung einer fehlerhaften Sache. Eine Herabsetzung der Entschädigung kommt nur im Rahmen der Schadensfeststellung in Frage, soweit der geltend gemachte Schaden ganz oder teilweise nicht in einem adäquaten Kausalzusammenhang mit dem Mangel stehen sollte.

Art. 205 Abs. 1 OR gibt dem Käufer das Recht, «mit der Minderungsklage Ersatz des Minderwertes der Sache zu fordern». Trotz des wenig glücklichen Ausdrucks «Ersatz» (franz. «indemnité») geht diese Klage keineswegs auf Ersatz eines Schadens nach den Grundsätzen über die Haftung infolge Nichterfüllung einer Obligation. Sie ist gerichtet auf die verhältnismäßige Herabsetzung des Preises nach genauen und festen Regeln und soll das die Grundlage der synallagmatischen Verträge bildende Gleichgewicht zwischen den Leistungen wiederherstellen[21]. Die Vorschriften über den Schadenersatz, namentlich die Art. 42 ff. OR, sind daher nicht anwendbar.

Bei der Berechnung der Herabsetzung ist zu berücksichtigen, daß der Preis durch die Parteien frei festgesetzt wird und nicht immer dem Wert der Sache gemäß einer objektiven Schätzung entspricht. Man darf deshalb weder den Preis auf den wirklichen Wert der Sache herabsetzen noch ihn um die Differenz zwischen dem Marktwert der Sache ohne die Mängel und ihrem wirklichen Wert vermindern[22]. Die ständige, von der Rechtslehre gutgeheißene Rechtsprechung wendet die sog. relative Berechnungsweise an. Der Preis wird herabgesetzt um den Betrag, der dem Verhältnis entspricht, das zwischen dem objektiven Wert der Sache ohne die Mängel bzw. mit den zugesicherten Eigenschaften und ihrem objektiven Wert im tatsächlichen Zustand besteht.

Angenommen, eine für Fr. 3000 verkaufte Sache, deren Wert ohne die Mängel bei objektiver Schätzung Fr. 2500 betragen hätte, weise Mängel auf, derentwegen sie in Wirklichkeit nur Fr. 1500 wert ist. Das Verhältnis, zwischen dem Wert ohne die Mängel und dem wirklichen Wert, beide

---

[21] Gleiches Urteil.
[22] Diese Methode ist vorgeschrieben in Art. 11 Abs. 3 der VO des Bundesrates vom 14. November 1911 betreffend das Verfahren bei der Gewährleistung im Viehhandel. Dabei handelt es sich nicht, wie das BGer in BGE 81 II, 1955, S. 209 annimmt, um eine Ausnahme von der gesetzlichen Vorschrift. Die Vorschrift der VO ist vielmehr als gesetzwidrig und daher ungültig zu betrachten, da keinerlei Besonderheit des Viehhandels eine solche Abänderung der gesetzlichen Ordnung auf dem Verordnungsweg gestattet. In diesem Sinne: GUHL/MERZ/KUMMER, S. 338. Vgl. auch LIVER, S. 137; LAUTNER, S. 74.

objektiv bestimmt, ist 5 zu 3. Der Preis ist daher im gleichen Verhältnis, d.h. auf Fr. 1800 herabzusetzen.

Wenn eine Sache für Fr. 900 verkauft wird, während ihr objektiver Wert ohne die Mängel Fr. 1200 betragen würde, und wenn sie infolge der Mängel nur einen objektiven Wert von Fr. 800 hat, so ist das Verhältnis 3 zu 2 und der Preis in diesem Verhältnis, d.h. auf Fr. 600 herabzusetzen[23].

Kurz, der Preis wird herabgesetzt im Verhältnis des objektiv bestimmten Minderwertes. Die Schätzung hat zu erfolgen aufgrund des Wertes am Tage des Gefahrenüberganges, also bei beweglichen Sachen im Zeitpunkt des Vertragsschlusses und bei Grundstücken im Zeitpunkt der Übernahme[24].

Das Gesetz gibt dem Käufer, der eine Preisminderung erwirkt, **keinen Anspruch auf Entschädigung**. Art. 208 OR gilt nur für die Wandelung, und die Rechtsprechung, der es widerstrebt, die Fälle der Kausalhaftung auf dem Gebiete der Vertragsobligationen auszudehnen, ist dabei stehengeblieben. Sie hat entschieden, daß Art. 208 OR als Ausnahmevorschrift nur angerufen werden könne in den schwersten Fällen fehlerhafter Lieferung, wo es billig erscheine, den Verkäufer ohne die Möglichkeit einer Exkulpation für den unmittelbaren Schaden haften zu lassen. Die Preisminderung biete dem Käufer hinreichenden Schutz, und es bestehe kein Anlaß, ihn in den Genuß von Vergünstigungen zu versetzen, die über das gemeine Recht hinausgehen[25]. Dagegen gewährt die Praxis dem Käufer gegen den schuldhaften Verkäufer neben der Preisminderung die allgemeine Schadenersatzklage des Art. 97 OR.

Diese Rechtsprechung vermag uns nicht recht zu überzeugen. Von Tuhr[26] hat die Regelung der Minderungsklage mit Recht kritisiert, welche jeden andern Anspruch als den auf Herabsetzung des Preises ausschließt, und dies, streng genommen, selbst bei Verschulden des Verkäufers. Das ganze System der Gewährleistung beruht auf der Vorstellung, daß der Verkäufer für die Eigenschaften der verkauften Sache einzustehen hat. Er haftet daher für den unmittelbar durch den Mangel verursachten Schaden und bei Verschulden für jeden Schaden, und zwar aufgrund seiner Gewährspflicht. Es besteht kein Anlaß, diese Haftung auf den Fall der Wandelung zu beschränken. Ein geringerer Mangel kann einen bedeutenden Schaden

---

[23] BGE 81 II, 1955, S. 209; 88 II, 1962, S. 410; 89 II, 1963, S. 253, Erw. 11, wo die Liebhaber der Algebra die sehr einfache Regel in eine mathematische Formel übersetzt finden.
[24] BGE 45 II, 1919, S. 660; 81 II, 1955, S. 609.
[25] BGE 58 II, 1932, S. 207; 63 II, 1937, S. 401.
[26] SJZ 18, 1921/22, S. 370.

zur Folge haben: ein kleiner Defekt an einem Automobil oder an einer Werkzeugmaschine, der sehr leicht zu beheben ist, kann einen schweren Unfall verursachen. Selbst wenn den Verkäufer kein Verschulden trifft, besteht kein Grund, dem Käufer eine Entschädigung zu versagen, und es ist ungenau, zu behaupten, die Herabsetzung des Preises stelle einen vollen Ausgleich her. Um eine Entschädigung zu erhalten, könnte der Käufer in Versuchung kommen, die Wandelung des Kaufs zu verlangen, welche der Richter möglicherweise aufgrund von Art. 205 Abs. 2 OR verweigern müßte, und dann erleidet er einen Schaden. Die ausdehnende Anwendung von Art. 208 Abs. 2 und 3 OR auf die Minderungsklage würde sich durchaus rechtfertigen.

V. Die Verjährung der Gewährleistungsansprüche

1. Nach Art. 210 Abs. 1 OR «verjähren die Klagen auf Gewährleistung wegen Mängel der Sache mit Ablauf eines Jahres nach deren Ablieferung an den Käufer, selbst wenn dieser die Mängel erst später entdeckt». Für die Grundstücke beträgt diese Frist fünf Jahre (Art. 219 Abs. 3 OR).

Es handelt sich um eine Verjährung im Sinne der Art. 127 ff. OR und nicht um eine Verwirkung, die von Rechts wegen den Anspruch untergehen ließe. Nach Art. 142 OR darf aber der Richter die Verjährung nicht von Amtes wegen berücksichtigen, sondern diese muß vom Verkäufer in den Formen und in dem Stadium des Verfahrens geltend gemacht werden, die das kantonale Prozeßrecht dafür vorschreibt[27]. Die allgemeinen Vorschriften der Art. 134–139 OR über den Stillstand und die Unterbrechung der Verjährung sind anwendbar. Bei der Wandelungklage kann der Käufer seine Rechte nur durch Klage oder Ladung zu einem Sühneversuch geltend machen im Sinne von Art. 135 Ziff. 2 OR. Die bloße Schuldbetreibung auf Rückerstattung des bezahlten Kaufpreises erscheint als ungenügend, da damit nicht sogleich und unmittelbar das Recht auf Wandelung geltend gemacht wird. Es ist immerhin zu beachten, daß in einer solchen Betreibung die Absicht, die Gewährleistungsansprüche geltend zu machen, klar zum Ausdruck kommt. Wir neigen daher dazu, ihr für die Wandelungsklage verjährungsunterbrechende Wirkung beizulegen. Ohne weiteres klar ist, daß die Schuldbetreibung die Verjährung der Minderungsklage und der Schadenersatzklage wirksam unterbricht, da diese Klagen den Kauf bestehen lassen und nur auf Geldleistungen gerichtet sind.

---

[27] BGE 94 II, 1968, S. 26.

In Anlehnung an die Regelung im deutschen Recht (§ 477 Abs. 3 BGB) hat die Rechtsprechung der verjährungsunterbrechenden Handlung eine allgemeine Wirkung zuerkannt: Die Handlung, welche die Verjährung für einen der Gewährleistungsansprüche unterbricht, wirkt auch für die übrigen Ansprüche. So allgemein kann dies indessen nicht gesagt werden. Haben sie auch den gleichen Rechtsgrund, so handelt es sich bei den Gewährleistungsansprüchen doch um verschiedene Ansprüche. Wenn man auch annehmen kann, daß die Erhebung der Wandelungsklage, mit welcher Rückerstattung verlangt wird, oder eine auf Rückerstattung des ganzen Kaufpreises gerichtete Betreibung ebenfalls die Verjährung der Minderungs- oder der Schadenersatzklage unterbricht, und zwar bis zum Betrag, der mit der verjährungsunterbrechenden Handlung verlangt wird, so ist das Umgekehrte nicht richtig: eine Betreibung auf Rückerstattung eines Teils des bezahlten Kaufpreises oder auf Schadenersatz unterbricht die Verjährung der Wandelungsklage nicht, da der Käufer damit nicht den Willen bekundet, den Kaufvertrag aufzuheben[28].

2. Die **Verjährungsfrist** beginnt mit der Ablieferung der Sache, bei Grundstücken mit dem Erwerb des Eigentums, d.h. mit der Eintragung im Grundbuch (Art. 219 Abs. 3 OR). Diese Fristen sind unabhängig vom Zeitpunkt, in dem der Käufer Kenntnis von den Mängeln erhalten hat. Es besteht die Möglichkeit, daß ein die Wandelung begründender Mangel zutage tritt, nachdem die Verjährung bereits eingetreten ist, und daß der Käufer deshalb nicht mehr in der Lage ist, mit der Berufung auf die Gewährleistung durchzudringen. Die Rechtsprechung hat diese Vorschrift stets eng ausgelegt und es abgelehnt, einen Unterschied zu machen, je nachdem die Mängel wahrnehmbar sind oder nicht[29]. Sie nimmt an, die kurze Verjährung bezwecke, eine rasche Abwicklung der Kaufgeschäfte herbeizuführen, um damit die Verkehrssicherheit zu gewährleisten und Spätprozesse zu vermeiden, in denen die Feststellung des Sachverhalts schwierig wäre. Es bildet dies das Gegenstück zu den Vorteilen, die der Käufer aus der Gewährleistung zieht, und hält diese in einem angemessenen Rahmen[30].

3. Art. 210 Abs. 1 in fine OR behält den Fall vor, daß «der Verkäufer eine **Haftung auf längere Zeit** übernommen hat». Die Parteien können also die gesetzliche Pflicht abändern. Dagegen können sie nicht eine längere als die zehnjährige Frist des Art. 127 OR vereinbaren. Dem steht Art. 129 OR

---

[28] BGE 96 II, 1970, S. 181.
[29] BGE 78 II, 1952, S. 367; 82 II, 1956, S. 411; 83 II, 1957, S. 18; 90 II, 1964, S. 86.
[30] BGE 82 II, 1956, S. 411.

entgegen, von dem Art. 210 keine Ausnahme vorsieht[31]. Die Parteien können die gesetzliche Frist sowohl verlängern als auch abkürzen[32]. Wenn sie eine Garantiefrist vereinbart haben, ist zu vermuten, daß sie die gleiche Frist auch als Verjährungsfrist für die Gewährleistungsansprüche festsetzen wollten, es sei denn, die vertragliche Frist sei kürzer als die gesetzliche Verjährungsfrist. In diesem Fall ist eine ausdrückliche Vereinbarung erforderlich[33].

Daß eine Garantie für eine längere Zeit als die gesetzliche Frist übernommen wurde, kann aus der Natur, ja sogar aus dem Gegenstand der Garantieerklärung geschlossen werden. Wenn diese sich nicht auf ein beliebiges Merkmal bezieht, das der Kaufgegenstand nach der Behauptung aufweisen soll und auf das der Zeitablauf einen Einfluß haben kann, sondern eine in der Vergangenheit liegende Tatsache oder eine wesentliche und unveränderliche, ausdrücklich zugesicherte Eigenschaft zum Gegenstand hat, ist anzunehmen, daß die Garantie für eine unbegrenzte Zeit geleistet ist. In diesem Sinne hat das BGer entschieden bei der Zusicherung der Echtheit eines Gemäldes[34] oder einer wesentlichen Eigenschaft des Kaufgegenstandes wie das Herstellungsjahr eines Automobils[35]. Angesichts ihres Gegenstandes und ihres Zweckes können solche Garantien nicht für eine beschränkte Zeitdauer geleistet worden sein. Der Käufer kann sich jederzeit darauf berufen bis zum Ablauf der ordentlichen zehnjährigen Verjährungsfrist. Die Rechtsprechung bedient sich nicht häufig genug dieser vernünftigen Auslegung des Garantieversprechens, die ein brauchbares Mittel zur Milderung der Strenge des Art. 210 OR bildet. Wenn der Verkäufer eine wesentliche Eigenschaft wie die Echtheit eines Kunstwerkes, das Herstellungsjahr einer Maschine garantiert, so sind dies Tatsachen, an denen der Zeitablauf nichts ändern kann. Keinerlei schutzwürdiges Interesse rechtfertigt es, dem Käufer, der den Mangel erst mehr als ein Jahr nach der Lieferung entdeckt, jeden Gewährleistungsanspruch, außer bei Arglist des Verkäufers, abzusprechen und ihn auf die Anfechtung wegen Grundlagenirrtums mit dem oft schwierig zu erbringenden Beweis desselben zu verweisen. Von den Handelskäufen abgesehen verlangt die oft allzu rasch angerufene «Verkehrssicherheit» keineswegs einen derartigen

---

[31] VON TUHR/SIEGWART, § 80, Anm. 55; OSER/SCHÖNENBERGER, N. 6 zu Art. 210 OR.
[32] Die Möglichkeit der Abkürzung der Frist, die in Art. 210 OR, welcher nur von der Verlängerung handelt, nicht vorgesehen ist, ergibt sich mittelbar aus der Befugnis der Parteien, die Gewährspflicht gänzlich aufzuheben (Art. 199 OR).
[33] BGE 78 II, 1952, S. 367.
[34] BGE 56 II, 1930, S. 424.
[35] BGE 94 II, 1968, S. 26.

Eingriff in die Interessen des Käufers. Diese Rechtsprechung sollte immer vor Augen gehalten werden [36].

4. Die Einrede wegen Mängel der Sache kann jederzeit erhoben werden, wenn die Anzeige der Mängel innerhalb eines Jahres gemacht worden ist (Art. 210 Abs. 2 OR). Erforderlich ist aber überdies, daß der Käufer seiner Prüfungspflicht nachgekommen und daß diese Anzeige sofort nach der Prüfung und, bei den geheimen Mängeln, sofort nach ihrer Entdeckung gemacht worden ist.

Diese Vorschrift gilt nicht nur für die Einreden, die einem aus dem gleichen Kaufvertrag abgeleiteten Anspruch des Verkäufers entgegengehalten werden. Sie ist auch anwendbar auf die Einreden, die der Käufer gegen irgendeine Forderung des Verkäufers erheben kann, welches auch deren Rechtsgrund ist. Diese Auffassung entspricht den allgemeinen Vorschriften über die Verrechnung, die nicht verlangen, daß die beiden Forderungen auf dem gleichen Rechtsgrund beruhen, und die es gestatten, auch eine verjährte Forderung zur Verrechnung zu bringen. Die Interessen des Verkäufers werden gewahrt durch das Erfordernis der Anzeige der Mängel innerhalb der Verjährungsfrist. Hat er die Anzeige erhalten, so kann er selber den Streit vor den Richter bringen [37].

5. Nach Art. 210 Abs. 3 OR «kann der Verkäufer die mit Ablauf eines Jahres eingetretene Verjährung nicht geltend machen, wenn ihm eine **absichtliche Täuschung des Käufers** nachgewiesen wird». Das BGer hat hieraus abgeleitet, daß dann die zehnjährige Verjährung des Art. 127 OR zur Anwendung komme; da es sich um einen Anspruch aus Vertrag handle, lasse sich die Verjährung von einem Jahr seit Entdeckung des Schadens gemäß Art. 60 OR darauf nicht anwenden. Auf dem gleichen Boden stehen einzelne kantonale Entscheide sowie ein Teil der Rechtslehre. Ebenso wenig gehe es an, die allgemeine Bestimmung des Art. 31 OR anzuwenden und den Vertrag mangels Anfechtung innert eines Jahres seit Entdeckung der Täuschung als genehmigt zu betrachten, da der Anspruch auf Rückerstattung des bezahlten Kaufpreises gemäß den Vorschriften über die Rückforderung einer bezahlten Nichtschuld in einem Jahr verjähre. In der Tat hat die Klage des Käufers, der einen Mangel geltend macht, selbst dann einen vertraglichen Gewährleistungsanspruch zum Gegenstand, wenn er

---

[36] Dies scheint nicht geschehen zu sein in BGE 82 II, 1956, S. 411, wo es um die Echtheit eines Meisterbildes ging und das BGer zu Unrecht die Wandelungsklage als verjährt erklärt und den Käufer nur auf dem durchaus unnötigen Umweg über Art. 24 Ziff. 4 OR geschützt hat.
[37] BGE 91 II, 1965, S. 213.

über Eigenschaften der Sache getäuscht worden ist. Es handelt sich um einen Sonderfall der Wandelungsklage. Die absichtliche Täuschung über die Eigenschaften der Sache ist den besonderen Vorschriften über die Gewährleistung unterstellt, was die Art. 199 und 203 OR unterstreichen, und fällt nicht unter die Art. 23 ff. OR. Daher kann auch in dem in Art. 210 Abs. 3 OR enthaltenen Ausschluß der einjährigen Verjährung des Art. 210 Abs. 1 OR nicht eine Verweisung auf allgemeine Bestimmungen erblickt werden, die der Gesetzgeber auf diesem Gebiet durch eine besondere und abschließende Regelung ersetzt hat. Die Rechtsprechung hat mit Recht die zehnjährige Frist des Art. 127 OR als anwendbar erklärt[38].

§ 14. Verhältnis der Gewährleistungsvorschriften zu den allgemeinen Vorschriften

I. Die allgemeine Schadenersatzklage wegen Nichterfüllung der Obligation nach Art. 97 OR

1. Die Rechtslehre

Beim Spezieskauf (für den Gattungskauf stellt sich das Problem ganz anders) ist die Frage kontrovers, ob die Lieferung einer mit einem Mangel behafteten oder eine zugesicherte Eigenschaft nicht aufweisenden Sache eine mangelhafte Erfüllung des Kaufvertrages bilde. Die einen sind der Auffassung, das Fehlen von Mängeln und das Vorhandensein zugesicherter Eigenschaften seien Bestandteile der Leistung des Verkäufers, weshalb dieser seine Leistungspflicht nicht gehörig erfülle, wenn die Sache mangelhaft sei. Die Gewährleistung für Sachmängel gehöre somit zur Nichterfüllung der Obligationen[1]. Hinsichtlich der praktischen Folgerungen, die sich aus dieser Betrachtungsweise ergeben, sind sich ihre Anhänger nicht einig. Einzelne lassen die allgemeine Klage wegen Nichterfüllung des Vertrages in Konkurrenz mit der Gewährleistungsklage zu, und auch dies unter verschiedenen Voraussetzungen bis zur vorbehaltlosen Zulassung der Erfüllungsklage, während andere in den ädilizischen Klagen ein Sonderrecht

---

[38] BGE 58 II, 1932, S. 145; 81 II, 1955, S. 138; VON TUHR/SIEGWART, § 50, Anm. 26; OSER/SCHÖNENBERGER, N. 9 zu Art. 210; contra: BECKER, N. 4 zu Art. 210; GUHL/MERZ/KUMMER, S. 333; H. WEBER, SJZ 52, 1956, S. 116; HGer Aargau, SJZ 15, 1918/19, S. 392; KGer St. Gallen, SJZ 55, 1959, S. 261.
[1] Der maßgeblichste Vertreter dieser Lehre ist zweifellos RABEL (Das Recht des Warenkaufs, Bd. II, S. 104 ff.). Im gleichen Sinne OSER/SCHÖNENBERGER, N. 6 zu Art. 197; BECKER, Vorbem. 13 zu Art. 97-109; a. M. GUHL/MERZ/KUMMER, S. 340.

sehen, das allein anwendbar sei und den Rechtsbehelf der allgemeinen Klage ausschließe[2]. Ein Teil der Autoren ist demgegenüber der Meinung, die Gewährspflicht habe mit der Nichterfüllung nichts zu tun. Sie nehmen an, beim Spezieskauf erschöpfe sich die Verpflichtung des Verkäufers in der Lieferung und der Verschaffung des Eigentums[3].

Diese zweite Auffassung erscheint uns besser begründet. Wenn der Kauf eine individuell bestimmte Sache zum Gegenstand hat, liegt es häufig nicht in der Macht des Verkäufers, einen Mangel zu beseitigen oder der Sache eine Eigenschaft zu verleihen, die er ihr zu Unrecht zugeschrieben hat. Die Lieferung einer Sache so, wie sie sich die Parteien beim Vertragsschluß vorgestellt haben, ist dann unmöglich. Der Verkäufer ist gleichwohl zur Erfüllung verpflichtet, und er kann nur die vertraglich bestimmte Sache, und diese nur so, wie sie ist, liefern. Angenommen, ich verkaufe gutgläubig ein Möbel aus dem 18. Jahrhundert, das den Stempel von «Cressent», einem berühmten Kunstschreiner, trägt. Nach dem Verkauf, aber vor der Lieferung, stellt sich heraus, daß der Stempel eine Nachahmung ist. Das Möbel stammt zwar aus jener Zeit, ist aber nicht das Werk von Cressent. Das ist ein offensichtlicher Mangel, der den Wert des Möbels erheblich vermindert. Es ist mir völlig unmöglich, den Mangel zu beheben, und wenn der Käufer, dem das Möbel gefällt, den Kauf nicht aufheben will, so bleibe ich zur Lieferung verpflichtet. Das Gesetz hat aus diesem Sachverhalt den logischen Schluß gezogen, daß der Käufer keinen Anspruch auf Beseitigung des Mangels hat. Die nicht weniger logische Folge ist, daß es, weil es keine Möglichkeit der Erfüllung noch einen Anspruch auf Erfüllung gibt, auch keinen Schadenersatzanspruch wegen fehlerhafter Erfüllung geben kann. Es ist hier daran zu erinnern, daß die Zusicherung von Eigenschaften nach der Rechtsprechung nicht ein Versprechen ist, aufgrund dessen auf Erfüllung geklagt werden kann.

Hiegegen läßt sich nicht einwenden, der Gegenstand des Vertrages sei die Sache, und zwar nicht so, wie sie sei, sondern so, wie die Parteien sie sich vorstellten, zumal wenn diese Vorstellung auf den Angaben des Verkäufers beruhe. Unseres Erachtens ist eine solche subjektive Konzeption des Vertragsgegenstandes nicht vereinbar mit dem Wesen des Kaufs, der nur zur Lieferung, zur Eigentumsübertragung *(dare)* verpflichtet unter Ausschluß jeder Verpflichtung zu einem Tun *(facere)*. Eine derartige Verpflichtung, die sich auf die Übergabe der Sache beschränkt, kann als Gegenstand nur die Sache haben, wie sie objektiv betrachtet ist mit ihren Vorzügen und

---

[2] Vgl. den Überblick über die deutsche Lehre und die Literaturangaben bei LARENZ, S. 57 ff.
[3] In diesem Sinne namentlich: LARENZ, § 41, II, S. 57.

Mängeln, gleichgültig welche Vorstellung sich die Parteien von ihr machen. Die Sache als Gegenstand des Kaufes kann nicht durch den Willen der Parteien bestimmt sein; sie ist da und existiert, der Zweck des Vertrages ist nur die Übertragung der Verfügungsgewalt über sie. Es verhält sich hier ganz anders als beim Werkvertrag; der Unternehmer verpflichtet sich zu einer Arbeit, zur Herstellung einer Sache, die nicht existiert, oder zur Änderung einer bestehenden Sache. Die Bestimmung dieser Arbeit hängt also gerade vom Willen der Parteien ab mit der Wirkung, daß das Werk, wenn es dieser gemeinsamen Vorstellung nicht entspricht, schlecht ausgeführt ist; der Besteller kann die Verbesserung verlangen; er hat einen Erfüllungsanspruch.

Die Entdeckung von Mängeln enttäuscht freilich die berechtigten Erwartungen des Käufers. Die Sache entspricht nicht der Vorstellung, die er sich von ihr machte. Die mindestens subjektiv angenommene Gleichwertigkeit der beidseitigen Leistungen, welche die Grundlage der Einigung der Parteien bildete, besteht nicht. Sie ist wiederherzustellen, entweder durch Herabsetzung des Kaufpreises, oder aber durch Auflösung des Vertrages, wenn die Mängel derart sind, daß der Käufer bei Kenntnis derselben den Kauf nicht abgeschlossen hätte. Wir stehen hier viel näher beim Gebiet des Irrtums, d.h. des Zustandekommens des Vertrags, als bei der Nichterfüllung. Die Lieferung einer mangelhaften Sache ist nicht eine mangelhafte Erfüllung des Vertrages, sondern die Erfüllung eines Vertrages, dessen Zustandekommen mit einem Mangel behaftet war: die Sache, so wie sie ist und wie sie geliefert wird, hat nicht die Eigenschaften, die ihr die Parteien zuschrieben und die ausschlaggebend waren für den Entschluß des Käufers, überhaupt oder wenigstens zum vereinbarten Preise zu kaufen.

2. Die Rechtsprechung

Die Rechtsprechung des BGer hat die Klagen aus Gewährleistung wegen Mängeln immer zur Kategorie der Klagen wegen Nichterfüllung gerechnet. Die Lieferung einer mangelhaften Sache wird als Nichterfüllung oder als unrichtige Erfüllung bezeichnet. Die Praxis hat stets die Konkurrenz zwischen den ädilizischen Klagen und der allgemeinen Klage wegen Nichterfüllung gemäß Art. 97 OR zugelassen[4]. Freilich kann man in Art. 208 Abs. 3 OR, der die volle Verantwortlichkeit des schuldhaften Verkäufers anordnet, eine stillschweigende Verweisung auf Art. 97 OR erblicken, eine Verweisung, die noch deutlicher war im OR von 1881, das in Art. 253 auf

---

[4] BGE 17, 1891, S. 317; 26 II, 1900, S. 558; 41 II, 1915, S. 736; 58 II, 1932, S. 210; 63 II, 1937, S. 401; 82 II, 1956, S. 139.

Art. 241 verwies, welcher wiederum auf Art. 116, den heutigen Art. 99 OR verwies. Doch kann man einwenden, daß Art. 208 Abs. 3 OR keinen vernünftigen Zweck hätte, wenn die beiden Klagegruppen ihrer Natur nach in einem Konkurrenzverhältnis stünden. Überdies ordnet er, wie wir gesehen haben, eine über das gemeine Recht hinausgehende Schadenersatzpflicht an. Diese mehrfach bestätigte Rechtsprechung scheint gefestigt zu sein und kann offenbar nicht mehr in Frage gestellt werden.

Das BGer hat indessen aus seiner grundsätzlichen Stellungnahme nicht alle Folgerungen gezogen, die sich logischerweise daraus ergeben. Indem es die Klage, die der Käufer unter Berufung auf einen Mangel der Sache gestützt auf Art. 97 OR erhebt, als «Klage auf Gewährleistung» bezeichnete, entschied es, daß sich eine einheitliche Behandlung rechtfertige, gleichgültig wie vorgegangen werde. Es unterstellte daher die Klage aus Art. 97 OR den besonderen Vorschriften der Art. 201 ff. OR über die Voraussetzungen der Geltendmachung der Gewährleistungsansprüche, wie Prüfung der gelieferten Sache und Mängelrüge. Es wandte sodann die kurzen Verjährungsfristen der Art. 210 und 219 OR auf sie an [5].

Abgesehen davon, daß der dieser Praxis zugrunde liegende Grundsatz uns unrichtig zu sein scheint, ist der zwitterhafte Charakter der so konstruierten Klage ganz ungewöhnlich. Man kann sich überdies fragen, ob diese Lösung überhaupt einen praktischen Wert hat. Der Käufer hat keinerlei Vorteil von der Berufung auf Art. 97 OR, wenn er den Kauf auflösen möchte; die Gewährleistungsklage verschafft ihm mehr Rechte, als er aus der Klage wegen Nichterfüllung mit den nach der Rechtsprechung dafür geltenden Einschränkungen herleiten kann. Nur wenn der Käufer die Sache behalten möchte und sich darauf beschränkt, Herabsetzung des Kaufpreises und Wiedergutmachung seines Schadens zu verlangen, nützt ihm die Berufung auf Art. 97 OR etwas. Art. 208 Abs. 2 und 3 OR, die dem Käufer, welcher den Kauf rückgängig macht, einen Schadenersatzanspruch einräumen, sind nicht anwendbar. Diese Vorschriften beziehen sich nur auf die Wandelungsklage. Das BGer hat eine ausdehnende Anwendung dieser Vorschriften wegen ihres Ausnahmecharakters abgelehnt. Wir dagegen würden es vorziehen, statt der Konkurrenz der beiden Klagen einfach Art. 208 Abs. 2 und 3 OR auf dem Wege der Analogie auf den Fall der Minderungsklage aus-

---

[5] Der Grundsatzentscheid BGE 63 II, 1937, S. 401 ist mehrfach, namentlich in BGE 67 II, 1941, S. 135, bestätigt worden mit einer etwas abweichenden Begründung, nämlich daß die Unterlassung der Prüfung und der rechtzeitigen Mängelrüge die Genehmigung der gelieferten Sache bedeute und damit die Geltendmachung von Ansprüchen aus irgendeinem Rechtsgrund ausschließe. Vgl. auch BGE 77 II, 1951, S. 249; 96 II, 1970, S. 115.

zudehnen, denn schon der Grundsatz der Gewährleistung würde eine solche ausdehnende Auslegung rechtfertigen.

Indessen ist die von der Lehre im allgemeinen gebilligte Rechtsprechung heute offenbar gefestigt.

II. Die Haftung aus unerlaubter Handlung gemäß Art. 41 ff. OR

Die Schadenersatzklage aufgrund der Art. 41 ff. OR steht in Konkurrenz mit der Gewährleistungsklage. Das BGer hat festgestellt, daß jene Klage, gleich wie die Schadenersatzklage aus Vertrag, voraussetze, daß der Käufer die Sache geprüft und die Mängel dem Verkäufer angezeigt habe, wie es Art. 201 OR vorschreibt[6]. In einem späteren Urteil hat es die Frage offen gelassen[7]. Wir halten dafür, daß, wenn das Verhalten des Verkäufers eine unerlaubte Handlung darstellt, der Geschädigte sich immer auf die Deliktshaftung berufen kann, ohne an die Vorschriften über die Voraussetzungen einer Vertragshaftung gebunden zu sein. Die gesetzliche Haftung aus unerlaubter Handlung ist ihrer Natur nach verschieden von der Gewährleistung, die ihren Ursprung im Vertrag hat. Die besonderen Vorschriften der Art. 200 ff. OR über die Voraussetzungen der Geltendmachung der auf dem Vertrag gründenden Gewährleistungsansprüche gehören einer andern Kategorie an und sind in keiner Weise anwendbar auf dem Gebiete der Deliktshaftung. Der Richter wird allerdings bei der Bestimmung der Verantwortlichkeit und der Ersatzpflicht das Verhalten des Geschädigten berücksichtigen wie auch den Umstand, daß er nachlässig war und eine Prüfung unterließ, welche die übliche Sorgfaltspflicht gebot. Das kann jedoch nur in Betracht gezogen werden aus dem Gesichtspunkt der für die Deliktshaftung geltenden Vorschriften, d.h. der Art. 42 ff. OR, die vom Mitverschulden sowie von der Art und Größe des Ersatzes handeln[8].

III. Die Produktenhaftpflicht

Das Problem der Haftung des Verkäufers aus unerlaubter Handlung ist seit einigen Jahren Gegenstand besonderer Aufmerksamkeit, wozu einige aufsehenerregende Prozesse beigetragen haben, darunter die schweren und tragischen Thalidomid-Fälle. Es handelt sich um die Haftung des

---

[6] BGE 67 II, 1941, S. 132.
[7] BGE 90 II, 1964, S. 86.
[8] In diesem Sinne: GUHL/MERZ/KUMMER, S. 340.

Fabrikanten, der gefährliche oder auch nur mangelhafte Erzeugnisse in den Handel bringt und dadurch Personen oder Sachen schädigt, sei es, daß er die schädlichen Wirkungen des Erzeugnisses nicht gekannt oder mißachtet hat, sei es, daß er es unterlassen hat, den Verbraucher vor gewissen Wirkungen zu warnen.

In diesen Fällen geht es nicht an, den Geschädigten, im allgemeinen den letzten Abnehmer, einfach auf die Gewährleistungsklagen gegen seinen Verkäufer zu verweisen. Diese Klagen sind ihrer Natur nach auf Wiederherstellung des Gleichgewichts zwischen Leistung und Gegensleistung gerichtet. Die Wiedergutmachung eines Personen- oder Sachschadens kann damit nur unter einschränkenden Voraussetzungen verlangt werden, die in derartigen Verhältnissen häufig die Wirksamkeit der Klage in Frage stellen (Mängelrüge, Beschränkung der Haftung bei fehlendem Verschulden, kurze Verjährung). In der Regel trifft den Detailverkäufer kein Verschulden. Welche auch seine Rückgriffsrechte sein mögen, die ihrerseits wieder den für Gewährleistungsklagen geltenden einschränkenden Voraussetzungen unterliegen und deren Ausübung bei importierten Waren schwierig und kostspielig ist, erscheint es unbefriedigend, ihm eine in keinem Verhältnis zur Bedeutung des Verkaufs stehende Verantwortlichkeit aufzubürden. Daher besteht das allgemein anerkannte Bedürfnis, den Hersteller, der seine Erzeugnisse auf den Markt bringt, unmittelbar haften zu lassen gegenüber dem Verbraucher, oft dem letzten Abnehmer, und gegenüber Dritten. Das ist die Produktenhaftpflicht, die ihre Grundlage im Vertrieb, d.h. im Verkauf mangelhafter oder schädlicher Erzeugnisse hat. Es handelt sich somit um eine aus einem Verkauf abgeleitete Haftung. Wegen Fehlens einer unmittelbaren rechtlichen Beziehung zwischen dem Geschädigten und dem Fabrikanten, der sein Erzeugnis durch Vermittlung einer Verteilerkette vertreibt, steht aber dem Opfer kein vertraglicher Anspruch gegen den Fabrikanten als ersten Verkäufer zu. In gewissen Branchen «überträgt» freilich der Verkäufer dem Käufer die Garantie des Fabrikanten, so namentlich im Automobilhandel. Doch ist diese Garantie immer beschränkt auf die Reparatur von Defekten. Sie ist meistens verbunden mit einem Ausschluß jeder weitergehenden Garantie und überdies zeitlich sehr beschränkt, so daß der Käufer daraus keinen Anspruch auf Entschädigung ableiten kann.

Rechtslehrer, namentlich in Deutschland, haben versucht, eine vertragliche oder quasivertragliche Haftung des Fabrikanten gegenüber dem Dritten zu konstruieren. Andere haben sich für eine gesetzliche und nicht mehr vertragliche Haftung des Fabrikanten ausgesprochen und sich dabei auf die Angaben, die er bei seiner Reklame macht, sowie auf das Vertrauen, die diese beim Käufer erweckt, gestützt [9]. Die deutsche Rechtsprechung ist dem nicht gefolgt. Sie hält sich an die reine Deliktshaftung aufgrund des Verschuldens und läßt nur insofern eine Milderung eintreten, als sie die Beweislast für das Verschulden umkehrt aufgrund einer tatsächlichen Vermutung, deren Rechtsgrundlage allerdings umstritten ist [10]. Die französische Praxis, die ebenfalls auf dem Boden der Deliktshaftung geblieben ist, kommt zu einem analogen Ergebnis auf dem Wege der herkömmlichen Vermutung, wonach anzunehmen ist, der Fabrikant wisse, was er auf den Markt bringe. In den angelsächsischen Ländern dagegen nehmen gewisse Gerichte Zuflucht zu Konstruktionen, mit denen sie noch andere Personen als den Käufer in den Genuß der ausdrücklichen oder stillschweigenden Garantie des Fabrikanten-Verkäufers versetzen. Eine sehr deutliche Tendenz zeichnet sich in einigen der Vereinigten Staaten ab zugunsten einer Kausalhaftung [11].

In der Rechtsprechung des BGer ist nur ein Urteil zu finden, bei dem es um ein auf den Markt gebrachtes Mittel zum Färben von Leder ging, das sich als gesundheitsschädlich erwies [12]. Der Fall wurde in Anwendung von Art. 41 OR beurteilt. Das Urteil stellt strenge Anforderungen hinsichtlich der Sorgfaltspflicht des Fabrikanten, indem es von ihm, wie auch vom Grossisten, besondere Vorsicht verlangt: sie hätten nötigenfalls Sachverständige zu befragen, um sich über die Eigenschaften ihrer Produkte Rechenschaft zu geben, und hätten der Ware eine geeignete Gebrauchsanweisung oder eine Warnung mitzugeben.

Unseres Erachtens ist de lege lata die Klage der Art. 41 ff. OR der einzige Weg, auf dem der Fabrikant haftbar gemacht werden kann beim Fehlen einer direkten vertraglichen Beziehung. Es ist also Sache des Geschädigten,

---

[9] LARENZ, § 41, IV, S.65 ff.; W. LORENZ, Produktenhaftpflicht, Rabels Zeitschr. 1970, S.14 ff.; J.F. OVERSTAKE, La responsabilité du fabricant de produits dangereux, Rev.trim. de droit civil 1972, S.485; F. GILLIARD, Vers l'unification du droit de la responsabilité, ZSR 86, 1967, S.300; K. SPIRO, Zur Haftung für gesundheitsschädigende Produkte, in: Festgabe Oftinger, Zürich 1969, S.255; E. STARK, Einige Gedanken zur Produktenhaftpflicht, ibidem, S.281.
[10] BGHZ 40, 91; 51, 91; W. LORENZ, AcP 170, 1970, S.367.
[11] G. PETITPIERRE, La responsabilité du fait des produits, thèse Genève 1974.
[12] Eine Person, deren Schuhe mit diesem Produkt gefärbt worden waren, bekam ein Ekzem, das sich über den ganzen Körper ausdehnte und eine längere Spitalbehandlung nötig machte (BGE 49 I, 1923, S.465). Im Falle BGE 90 II, 1964, S.86, wo es um die Explosion eines Backapparates mehr als ein Jahr nach der Lieferung ging, wurde die Haftung des Fabrikanten-Verkäufers unter dem Gesichtspunkt des Art. 55 OR geprüft, da die vertraglichen Ansprüche verjährt waren. Vgl. auch BGE 27 II, 1901, S.598. In BGE 96 II, 1970, S.108, Erw. 7, S.113 erkannte das BGer, daß die Verpflichtung des Verkäufers sich auf die Lieferung der Kaufsache und die Verschaffung des Eigentums an ihr beschränke und nicht die Pflicht umfasse, vor der Gefährlichkeit des Produktes zu warnen. Eine solche Pflicht kann somit nur abgeleitet werden aus einer allgemeinen Sorgfaltspflicht, bei deren Verletzung die Haftung aus unerlaubter Handlung gegeben ist.

nicht nur den Mangel des Produktes, sondern auch das Verschulden des Fabrikanten zu beweisen. Den Schwierigkeiten dieses Beweises kann dadurch begegnet werden, daß strenge Anforderungen gestellt werden an die Sorgfaltspflicht des Fabrikanten und, soweit es sich um gesundheitsschädliche Produkte und insbesondere um die Nebenwirkungen gewisser Medikamente handelt, an seine Pflicht zur Warnung des Verbrauchers. Diese Anforderungen werden die in den Anzeigen und Prospekten enthaltenen Angaben über die Eigenschaften des Produktes berücksichtigen können. Hinzu kommt, daß die Klage sich fast immer gegen eine Unternehmung richtet, so daß für sie Art. 55 OR gilt, der eine Kausalhaftung vorsieht und damit den Kläger vom Beweis des Verschuldens befreit. Es ist dann Sache der Unternehmung, einer AG, einer Personengesellschaft oder auch eines das Gewerbe unter seiner persönlichen Firma treibenden Geschäftsherrn, den Beweis zu erbringen, daß sie «alle nach den Umständen gebotene Sorgfalt angewendet haben, um einen Schaden dieser Art zu verhüten, oder daß der Schaden auch bei Anwendung dieser Sorgfalt eingetreten wäre» (Art. 55 OR). Dieser Entlastungsbeweis aber ist schwer zu erbringen. Nach der Rechtsprechung hat der Geschäftsherr zu beweisen, daß er alle objektiv gebotenen Maßnahmen zur Abwendung des Schadens vorgekehrt hat, daß er namentlich seine Angestellten sorgfältig ausgewählt, ihnen die nötigen Anweisungen gegeben und ihre Arbeit gehörig überwacht hat, sowie daß er seinen Betrieb zweckmäßig organisiert hat[13]. In den größeren Fabriken hat die Verteilung der Funktionen eine solche Verwässerung der Verantwortlichkeiten zur Folge, welche die Schwierigkeit des an sich schon nicht leichten Entlastungsbeweises derart steigert, daß die in Art. 55 OR vorgesehene Haftung sich in der Praxis einer Kausalhaftung nähert. Wenn ein Mangel als Ursache eines schweren Schadens festgestellt worden ist, wird der Verdacht, daß «etwas nicht in Ordnung» war, dem Richter nicht leicht auszureden sein.

Angesichts der im Ausland, namentlich in den Vereinigten Staaten, feststellbaren Bereitwilligkeit, die Produktenhaftpflicht als selbständiges Gebiet des Haftpflichtrechts zu betrachten mit seinen eigenen Regeln, deren Hauptgrundsatz die Kausalhaftung des Fabrikanten bildet, neigen wir, de lege ferenda, zu einer gewissen Zurückhaltung. Die Materie ist noch neu. Die Erregung, die durch ebenso bedauerliche wie ungewöhnliche Vorfälle hervorgerufen worden ist, hat offenbar beigetragen zur heutigen Tendenz, die Haftung des Fabrikanten zu verschärfen. Vielleicht berücksichtigt man die Risiken nicht hinreichend, die mit jeder Erfindung untrennbar ver-

---

[13] BGE 90 II, 1964, S. 86; 95 II, 1969, S. 96; 96 II, 1970, S. 31.

bunden sind, die unvermeidlichen Mißgriffe, die den Preis des technischen Fortschritts bilden. Ein gewisser Abstand scheint uns notwendig, um die Tragweite des Problems besser zu überblicken und die auf dem Spiel stehenden Interessen, darunter auch das öffentliche Interesse, besser zu würdigen. Die Einführung einer reinen Kausalhaftung läßt sich nur rechtfertigen, wenn sie mit ganz bestimmten Einschränkungen verbunden ist[14] zugunsten des Fabrikanten, insbesondere der führenden Industrien, deren Schöpfergeist nicht gelähmt werden darf. Die Lage ist nicht derart, daß man das Tempo überstürzen und den Gesetzgebungsapparat in Bewegung setzen müßte, um ein neues Produkt zu erhalten, für dessen Mängel keinerlei Gewähr bestünde. De lege lata erlaubt die Ordnung des Art. 55 OR der Rechtsprechung, genügend strenge Anforderungen zu stellen, um den Verbrauchern einen angemessenen Schutz zu bieten. Es scheint uns besser, zunächst Erfahrungen zu sammeln und der Praxis zu ermöglichen, die objektiven Sorgfaltspflichten der Fabrikanten und der Zwischenhändler herauszuarbeiten und genau zu umschreiben[15].

IV. Die Anfechtung wegen Grundlagenirrtums

Das Verhältnis zwischen der Gewährleistung wegen Mängel und dem Grundlagenirrtum ist noch immer kontrovers. In Frankreich gestattet die Rechtsprechung dem Käufer, zwischen den beiden Rechtsbehelfen zu wählen, während in Deutschland die Gerichte und die herrschende Lehre übereinstimmend die Konkurrenz der Ansprüche ablehnen, und zwar hauptsächlich deshalb, weil die auf einer wohlabgewogenen Würdigung der beidseitigen Interessen beruhende Sonderregelung illusorisch würde durch die Anwendung der weitergehenden Vorschriften über den Irrtum. In der Schweiz nimmt die Rechtsprechung[16], die von der Mehrheit des Schrifttums[17] gebilligt wird, die Konkurrenz der beiden Ansprüche an, wenn die Voraussetzungen von Art. 24 Abs. 1 Ziff. 4 OR erfüllt sind, wenn also der Irrtum einen Sachverhalt betraf, den nach Treu und Glauben beide Parteien als wesentlich betrachten mußten. Diese Rechtsprechung ist so ge-

---

[14] F. Gilliard (a.a.O., S. 302) schlägt deren vier vor.
[15] a.A. G. Petitpierre, a.a.O.
[16] BGE 42 II, 1916, S. 498; 52 II, 1926, S. 145; 56 II, 1930, S. 424; 57 II, 1931, S. 290; 70 II, 1944, S. 50; 73 II, 1947, S. 222; 81 II, 1955, S. 217; 82 II, 1956, S. 411; 83 II, 1957, S. 18; 84 II, 1958, S. 517; 88 II, 1962, S. 410; 91 II, 1965, S. 275.
[17] von Tuhr/Siegwart, S. 276 ff.; Oser/Schönenberger, N. 5 zu Art. 197; W. Schönenberger, SJZ 40, 1944, S. 405; Simonius, Übertragung, S. 55. Die gegenteilige Auffassung wird vertreten von Becker, N. 22 zu Art. 24; Merz, Sachgewährleistung, S. 87 ff.; P. Piotet, ZSR 76, 1957, S. 116/18; derselbe, Culpa in contrahendo, Bern 1963, S. 113/14.

festigt, daß das BGer keine Bedenken hat, sie als «Norm des Gewohnheitsrechts» zu bezeichnen[18].

Es besteht kein Zweifel, daß der gleiche Umstand gleichzeitig den Tatbestand eines Mangels oder des Fehlens einer zugesicherten Eigenschaft im Sinne von Art. 197 OR und denjenigen eines Grundlagenirrtums nach Art. 24 Abs. 1 Ziff. 4 OR erfüllen kann, so die Echtheit eines Kunstwerkes, das Alter eines Teppichs oder Möbels. Das Problem reduziert sich somit auf die Frage, ob die Sonderregelung der Art. 197 ff. OR, als lex specialis betrachtet, die Anwendbarkeit der allgemeinen Vorschriften ausschließe. Das BGer verneint dies, indem es sich auf die verschiedene Rechtsnatur der beiden Ansprüche beruft und die Gewährleistung dem Gebiet der Nichterfüllung des Vertrages zuweist. Indessen ist, wie wir gesehen haben, gerade dieser Ausgangspunkt der Argumentation anfechtbar. Wenn es sich um Rechtsbehelfe handelt, die nebeneinander bestehen und auf der gleichen Grundlage beruhen, so scheint es uns, daß beim Vorliegen einer Sonderregelung, die der Eigenart des Vertrages und den gegenseitigen Interessen der Parteien Rechnung trägt, die allgemeinen Vorschriften nur insoweit anwendbar sein sollten, als die Gewährleistungsansprüche in einzelnen Fällen zu einem unangemessenen Ergebnis führen und schutzwürdige Interessen nicht gehörig berücksichtigen.

Es liegt auf der Hand, daß die Anwendung der allgemeinen Bestimmungen sich aufdrängt, wenn der Irrtum sich auf etwas anderes bezieht als auf die verkaufte Sache. Beim Verkauf des Aktienkapitals einer Immobiliengesellschaft sind Mängel, welche der im Eigentum der AG stehenden Liegenschaft anhaften, nicht Gegenstand der Gewährspflicht, welche sich nur auf die das Kaufobjekt bildenden Wertpapiere als solche erstreckt. Die Rechtsprechung[19] hat mit Recht in Berücksichtigung des wirtschaftlichen Zweckes des Kaufs angenommen, ein Irrtum über eine wesentliche Eigenschaft des mittelbaren Kaufobjekts, hier der Liegenschaft, könne gestützt auf Art. 24 OR geltend gemacht werden.

Wenn sich dagegen der Irrtum auf eine Eigenschaft der verkauften Sache bezieht, bieten die Gewährleistungsklagen dem Käufer einen besonderen Schutz, der grundsätzlich weiter geht und vom Beweis eines Irrtums unabhängig ist. Der Käufer braucht nur den Mangel darzutun und hat nicht zu beweisen, daß er ihn nicht kannte. Die besondere Klage verleiht ihm mehr Rechte, namentlich das Recht auf Schadenersatz. Nach einer umfassenderen Ordnung hat er die Wahl zwischen der Wandelung, der Preis-

---

[18] BGE 98 II, 1972, S. 15, Erw. 3, S. 21.
[19] BGE 79 II, 1953, S. 156. Vgl. oben S. 78.

minderung und, sofern es um vertretbare Sachen geht, der Ersatzlieferung[20]. Der Käufer hat nur in zwei Fällen ein Interesse an der Berufung auf Grundlagenirrtum: wenn er die Mängel mehr als ein Jahr (bei Liegenschaften fünf Jahre) nach der Lieferung entdeckt hat, und das ist, wie sich aus der Rechtsprechung ergibt, der typische Fall der Anrufung von Art. 24 OR; ferner dann, wenn er seiner Untersuchungs- und Rügepflicht nicht nachgekommen ist. Die kurze Verjährung des Art. 210 OR ist freilich streng, doch hat die Rechtsprechung nicht immer alle Möglichkeiten ausgenützt, die ihr der Vorbehalt am Schluß von Abs. 1 dieses Artikels bietet, und die sich auf den Fall beziehen, daß der Verkäufer seine Haftung auf eine längere Zeit übernommen hat, was aus dem Gegenstand der Gewährleistung abgeleitet werden kann. Die Aussage über eine wesentliche Eigenschaft der Sache ist zu unterscheiden von einer Zusicherung, die sich auf die Verwendung, das gute Funktionieren, den Ertrag bezieht, d.h. auf Eigenschaften, die sich verändern können. Eine solche Erklärung stellt eine zeitlich nicht beschränkte Garantie dar, auf welche man sich bis zum Ablauf der ordentlichen zehnjährigen Verjährung berufen kann. Gerade in derartigen Fällen aber wird der Grundlagenirrtum von unsern Gerichten im allgemeinen bejaht, und zwar nur, um die strengen Folgen der Verjährung abzuwenden.

Was die Untersuchung und die Mängelrüge betrifft, so nimmt die Praxis weitgehend Rücksicht auf die Sorgfalt, die normalerweise verlangt wird vom Käufer, dem sehr wohl zugemutet werden kann, den Verkäufer unverzüglich zu benachrichtigen, wenn er entdeckt, daß er über eine wesentliche Eigenschaft gröblich getäuscht worden ist. Es dürfen die Interessen des gutgläubigen Verkäufers, der seinerseits Rückgriff nehmen kann, nicht außer acht gelassen werden. Dem bösgläubigen Verkäufer aber wird durch Art. 203 OR verwehrt, sich auf Versäumung der Anzeige zu berufen.

Wenn man also den Bestimmungen alles entnehmen will, was sie enthalten, so sind die der Gewährleistungsklage vom Gesetz gezogenen Schranken nicht derart, daß sie im Hinblick auf die Interessen beider Parteien als ungerechtfertigt erscheinen, wenn der Käufer sich in einem wesentlichen Irrtum über eine Eigenschaft der Sache befunden hat. Die gleichzeitige Zulassung der Anfechtung wegen Irrtums heißt: die nach dem Gewährleistungsrecht geltenden Einschränkungen der Käuferansprüche illusorisch machen, ohne daß schutzwürdige Interessen des Käufers dies rechtfertigen würden[21].

---

[20] Siehe hierüber die Untersuchung von MERZ, a.a.O.
[21] In diesem Sinne MERZ, a.a.O.

Hinzu kommt, daß die Arglist des Verkäufers, der bewußt Mängel verheimlicht oder nicht vorhandene Eigenschaften zusichert, Gegenstand besonderer Vorschriften des Gewährleistungsrechtes ist. Die Art. 198, 199, 203 und 210 OR verweisen den Käufer nicht auf die allgemeine Anfechtung wegen absichtlicher Täuschung, sondern verbessern seine Rechtsstellung beträchtlich im Rahmen des Gewährleistungsrechts. Das zeigt, daß nach der Systematik des Gesetzes die besondere Ordnung der Art. 197 ff. OR abschließend ist. Wären die allgemeinen Vorschriften der Art. 24 ff. OR über den Irrtum und die absichtliche Täuschung alternativ anwendbar, so wären jene besondern Bestimmungen gegenstandslos. Wenn der durch arglistige Täuschung des Verkäufers hervorgerufene Irrtum von der Regelung des Gewährleistungsrechts mitumfaßt wird, so muß dies auch, und zwar erst recht, für den einfachen Irrtum gelten.

Es ist schon darauf hingewiesen worden, daß die Berufung auf den Grundlagenirrtum den Vorteil habe, daß der Irrtum vor der Lieferung geltend gemacht werden könne; die Wandelungsklage setze voraus, daß der Käufer die Lieferung, in der Regel gegen Bezahlung des Kaufpreises, in Empfang nehme und seine Rechte nach der Untersuchung der Sache geltend mache[22]. Dem ist entgegenzuhalten, daß dann, wenn die Mängel offenkundig sind, der Käufer nicht gehalten ist, die Lieferung anzunehmen. Er kann ohne weiteres den Kauf rückgängig machen und gegenüber den Ansprüchen des Verkäufers die sich aus dem Gewährleistungsrecht ergebenden Einreden erheben.

Das Bundesgericht hat immerhin eine Ausnahme von der alternativen Konkurrenz des allgemeinen Anspruchs aus Art. 24 OR mit dem Gewährleistungsanspruch gemacht. Und zwar für den Viehhandel: hier ist dem Käufer die Anfechtung wegen Irrtums verschlossen[23]. Als Grund hiefür wird das Interesse der Verkehrssicherheit angegeben. Dies gilt jedoch gleichermaßen für den gewöhnlichen Kauf, und es ist nicht logisch, die Sondervorschrift dort, wo sie sich drakonisch auswirkt, als ausschließlich anwendbar zu erklären, und sie dort zu mildern, wo sie den Interessen des Käufers besser Rechnung trägt.

---

[22] BGE 84 II, 1958, S. 515.
[23] BGE 70 II, 1944, S. 50. Das BGer wendet daher in BGE 86 II, 1960, S. 27 die Art. 198 und 202 OR mit aller Strenge an auf den Kauf eines Stieres, dessen Sprungfähigkeit schriftlich zugesichert worden war, sich aber erst nach Ablauf der Frist von 9 Tagen als nicht vorhanden erwies, ohne daß dies vorher hätte festgestellt werden können. In diesem Urteil werden die wohlbegründeten Kritiken von Liver (a.a.O., S. 133) und Gygi am zuerst genannten Urteil zurückgewiesen.

Wir glauben, das BGer habe es mit Recht abgelehnt, beim Viehhandel die Anfechtung wegen Irrtums mit der Gewährleistungsklage wegen Mängeln zu verbinden. Die gegenteilige Lösung würde die Regelung, die der Gesetzgeber bewußt streng ausgestaltet hat, weitgehend ihres Inhalts berauben[24]. Was aber für den Viehkauf zutrifft, muß auch für den gewöhnlichen Kauf gelten. Die ungleiche Behandlung, die sich nicht einfach mit einer unterschiedlichen Einschätzung der «Verkehrssicherheit» begründen läßt, ist eine große Schwäche der bundesgerichtlichen Konstruktion und entbehrt der Folgerichtigkeit.

V. Die Anfechtung wegen Irrtums und die Wegbedingung der Gewährspflicht

Die Zulassung der Anfechtung wegen Grundlagenirrtums bereitet Schwierigkeiten, wenn der Verkäufer seine Gewährspflicht wegbedungen hat. Ist der Vertrag wegen Grundlagenirrtums unverbindlich, so hat dies logischerweise zur Folge, daß die Vereinbarung über die Wegbedingung der Gewährspflicht, die einen Vertragsbestandteil bildet, dahinfällt. Wenn der Irrtum sich jedoch gerade auf die Eigenschaften bezieht, für welche die Gewährspflicht durch die Vereinbarung der Parteien ausgeschlossen worden ist, so gerät man in einen Circulus vitiosus. Die Rechtsprechung kam daher dazu, Unterschiede zu machen. Wenn sich der Irrtum auf Eigenschaften bezieht, für welche der Verkäufer die Gewährspflicht ausdrücklich wegbedungen oder die Abgabe einer Zusicherung abgelehnt hat, wird angenommen, der Käufer habe das Risiko übernommen, daß diese Eigenschaften fehlen. Er kann nicht behaupten, sie stellten einen wesentlichen Vertragsbestandteil dar. Gleich verhält es sich, wenn jede Gewährspflicht des Verkäufers ausgeschlossen wurde. Dagegen hindern Vertragsbestimmungen, welche die Gewährspflicht nur zeitlich oder inhaltlich beschränken, nicht, gewisse Eigenschaften als Vertragsgrundlage zu betrachten. Solche Vertragsbestimmungen fallen dann mit dem ganzen Vertrag dahin[25].

§ 15. Die Rechte des Käufers beim Gattungskauf

I. Das Problem in der Rechtslehre

Das Problem der Gewährleistung wegen Mängeln stellt sich ganz anders, wenn der Kauf Gattungssachen zum Gegenstand hat, was bei den meisten

---

[24] In diesem Sinne LIVER, a.a.O., S. 136.
[25] BGE 53 II, 1927, S. 153; 79 II, 1953, S. 161; 83 II, 1957, S. 21; 91 II, 1965, S. 275.

Handelskäufen der Fall ist. Geschuldet wird dann nicht eine individuell bestimmte Sache, sondern eine bestimmte Stückzahl oder eine bestimmte Menge von Sachen, welche der von den Parteien vereinbarten Umschreibung entsprechen. Gegenstand der Verpflichtung des Verkäufers ist nicht die verkaufte Sache als einziges und individualisiertes Objekt, das so geliefert werden muß und nur so geliefert werden kann, wie es ist, mit seinen Vorzügen und Mängeln. Die Gattungssachen existieren in unbestimmten, oft sehr beträchtlichen Mengen: Rohstoffe, landwirtschaftliche Produkte, massenhaft oder in Serien hergestellte Industrieerzeugnisse. Es ist nach Art. 71 OR Sache des Verkäufers, die zu liefernde Sache auszuwählen. Als Schuldner einer der Gattung nach bestimmten Sache hat er zunächst eine Sache der vereinbarten Gattung zu liefern, welche der im Vertrag enthaltenen Beschreibung in jeder Hinsicht entspricht, so einen Wein der vereinbarten Herkunft und Ernte, ein Automobil des vertraglich festgesetzten Modells und Fabrikationsjahres. Sodann wird seine Wahl durch Art. 71 Abs. 2 OR beschränkt; er darf nicht eine Sache unter mittlerer Qualität anbieten. Die gelieferte Sache muß nach einem französischen Ausdruck «de qualité loyale et marchande» sein. Das setzt die Lieferung einer Ware voraus, die nicht nur die spezifizierte Beschaffenheit aufweist, sondern mit keinen Mängeln behaftet ist; denn eine mangelhafte Ware kann nicht als von «mittlerer Qualität» gelten.

Hieraus folgt, daß der Verkäufer, der eine nicht der vereinbarten Qualifizierung entsprechende Sache liefert, wie z. B. Wein von einer andern Herkunft oder Ernte, ein Automobil eines andern Fabrikationsjahres, seine Pflicht nicht erfüllt. Er wird durch die Lieferung eines *aliud* nicht befreit. Und weil Art. 71 Abs. 2 OR ihn verpflichtet, eine Ware «de qualité loyale et marchande» zu liefern, befreit er sich auch nicht, wenn er zwar eine Sache der vereinbarten Art übergibt, diese aber von schlechterer als mittlerer Qualität oder mangelhaft ist oder nicht die zugesicherten Eigenschaften aufweist. Man kann hieraus schließen, daß der Käufer dann auf Erfüllung des Vertrages klagen, d.h. Ersatzleistung verlangen kann, und daß ihm dafür die allgemeine Klage wegen Nichterfüllung nach Art. 107 ff. OR zur Verfügung steht. Wenn die Ware nicht von mittlerer Qualität ist, wenn sie Mängel oder nicht die zugesicherten Eigenschaften aufweist, muß es dem Käufer auch freistehen, sich auf die Art. 197 ff. OR zu berufen und die Gewährleistungsansprüche geltend zu machen.

Die Frage war allerdings kontrovers, da gewisse Autoren dem Käufer das Wahlrecht in allen Fällen zuerkannten, während andere ihm die Erfüllungsklage nur für den Fall der Lieferung von Sachen einer andern Gattung einräumten und ihn, wenn es sich um einen Mangel handelt, auf die

Gewährleistungsklage verwiesen. Die Schwierigkeit wuchs noch mit den Spitzfindigkeiten, zu welchen die Unterscheidung zwischen einer «andern» Ware und einer mangelhaften Ware führen kann. Das deutsche BGB hat den Streit dahin entschieden, daß es in § 480 dem Käufer ein Wahlrecht einräumte; er kann zwischen der Gewährleistungsklage und der Klage auf Erfüllung wählen, wobei für die eine wie für die andere Klage die Voraussetzungen und die kurzen Verjährungsfristen der Gewährleistungsklagen gelten. Die herrschende deutsche Lehre schließt indessen die Anwendung dieser Vorschrift aus, wenn die gelieferte Sache offensichtlich einer andern Gattung angehört und der Verkäufer das Stillschweigen des Käufers nicht als Genehmigung betrachten kann. Der Käufer muß dann auf dem Wege der Klage auf Erfüllung vorgehen[1].

II. Das positive schweizerische Recht

Art. 206 Abs. 1 unseres OR enthält die gleiche Regelung wie das deutsche BGB:

«Geht der Kauf auf die Lieferung einer bestimmten Menge vertretbarer Sachen, so hat der Käufer die Wahl, entweder die Wandelungs- oder die Minderungsklage anzustellen oder andere währhafte Ware derselben Gattung zu verlangen.»[2]

Das Gesetz läßt somit dem Käufer die Wahl zwischen der Gewährleistungs- und der Erfüllungsklage mit der Wirkung, daß er bei Weigerung des Verkäufers zu erfüllen, d.h. die mangelhafte Ware zu ersetzen, Schadenersatz wegen Nichterfüllung verlangen oder nach Art. 107 OR vom Vertrage zurücktreten kann. Die Tragweite dieser Vorschrift und die Voraussetzungen dieser Wahl sind jedoch nicht klar ersichtlich. Zunächst wegen ihrer Stellung im Anschluß an Art. 205 OR, der die Wandelungs- und die Minderungsklage ordnet, und sodann wegen der Marginalien, die sie in den Abschnitt III «Gewährleistung wegen Mängel der Kaufsache» einordnen, scheint die Vorschrift von Art. 206 OR eine Art Gewährleistungsklage vorzusehen. Sie würde sich also auf die Lieferung einer mangelhaften Sache und nicht auf die eines *aliud* beziehen und würde die Folgen

---

[1] LARENZ, S. 41, III, S. 64/65 und dort zitierte Autoren.
[2] Der Ausdruck «vertretbar» ist ungenau. Es besteht kein Grund, die Tragweite dieser Vorschrift auf die Sachen einzuschränken, die üblicherweise nach Maß, Zahl oder Gewicht bestimmt werden. Art. 206 OR ist auf alle Gattungsschulden anwendbar, wie z.B. auf ein neues, mit Marke und Modell bezeichnetes Automobil. Er gilt dagegen nicht für den Kauf vertretbarer Sachen, wenn er einen bestimmten Warenvorrat zum Gegenstand hat. VON TUHR/SIEGWART, § 8, Anm. 7; OSER/SCHÖNENBERGER, N. 2 zu Art. 206 OR. BGE 41 II, 1915, S. 436; 94 II, 1968, S. 34.

der Mißachtung des Abs. 2 und nicht des Abs. 1 des Art. 71 OR regeln. Sodann bestimmt das OR nicht wie das BGB, daß für die Erfüllungsklage die Voraussetzungen und die Verjährung der Gewährleistungsklage gelten. Der Käufer kann sich daher in eine heikle Lage versetzt sehen, wenn er zwischen zwei Rechtsbehelfen mit verschiedenen Voraussetzungen wählen muß, je nachdem die gelieferte Sache ein *aliud* oder eine mangelhafte Ware ist, wobei die Wahl häufig schwer fällt, was Art. 206 OR, nach dem deutschen Vorbild, ihm gerade ersparen wollte.

Die Rechtsprechung ist nicht zu einer völlig klaren Lösung dieses Problems gelangt. In einem ersten Urteil[3], bei dem es um Wein einer andern als der vereinbarten Herkunft ging, erklärte das BGer, daß man es mit der Lieferung eines *aliud* zu tun habe und die Vorschriften über die Mängelrüge nicht anwendbar seien. Es hieß die Klage auf Erfüllung gut, ohne in seinen Erwägungen auf Art. 206 OR irgendwie Bezug zu nehmen. In einem viel neueren Urteil[4] ging es um die Lieferung eines neuen Automobils eines älteren als des im Vertrag vereinbarten Modells. Das BGer erklärte den Kaufvertrag als gültig aufgelöst, wobei es sich gleichzeitig auf die Art. 97 ff. und auf Art. 206 OR stützte, deren jeweilige Voraussetzungen kumulativ erfüllt waren. Es stellte fest, daß Art. 206 OR nicht eine bloße Art des Gewährleistungsanspruchs einräume[5], sondern einen Anspruch auf Vertragserfüllung. Daneben stehe dem Käufer auch der Wandelungsanspruch zu, denn Art. 206 OR verwende den Begriff des Mangels in einem weiteren Sinne.

Aus dieser Rechtsprechung ergibt sich zunächst, daß der Käufer im Falle der Lieferung eines *aliud* immer gemäß Art. 97 ff. OR auf Erfüllung klagen kann, und zwar ohne an die für die Erhebung der Gewährleistungsklage geltenden Voraussetzungen gebunden zu sein. Es stehen ihm aber auch die ädilizischen Klagen zur Verfügung aufgrund des Art. 206 OR, sofern er die Mängel dem Verkäufer rechtzeitig angezeigt hat und unter Vorbehalt der kurzen Verjährung des Art. 210 OR. Dieses System begünstigt den Käufer, der, auch wenn er die Mängelrüge unterlassen haben sollte, gleichwohl den Ersatz der Ware verlangen kann. Das hat freilich nicht viel zu besagen, denn wenn die gelieferte Sache eine andere als die vereinbarte ist, so handelt es sich um bleibende Eigenschaften, die sich nicht mehr verändern. Mag diese Lösung auch in der Praxis vertretbar sein, so entbehrt sie doch der logischen Strenge. Die Erfüllungsklage nach Art. 206 OR

---

[3] BGE 40 II, 1914, S. 480.
[4] BGE 94 II, 1968, S. 26.
[5] In diesem Sinne schon ein älteres Urteil in bezug auf Art. 252 aOR: BGE 16, 1890, S. 159.

führt zum gleichen Ergebnis wie der Weg der allgemeinen Erfüllungsklage. Hält man sich an das Urteil, so würde das Gesetz die gleiche Klage, die sich auf den gleichen Sachverhalt und den gleichen Rechtsgrund stützt, zwei verschiedenen und miteinander konkurrierenden Regelungen unterstellen. Das Interesse beider Parteien an einer einfachen und klaren Ordnung läßt die ausschließliche Anwendung des Art. 206 OR als geboten erscheinen: ob es sich um die Lieferung eines *aliud* oder einer mangelhaften Ware handelt, hat der Käufer die Wahl zwischen der Gewährleistungs- und der Erfüllungsklage, und dies in allen Fällen unter den für die Gewährleistungsklage geltenden Voraussetzungen, d.h. Mängelrüge beim Verkäufer und kurze Verjährung. Vom Käufer, der die Untersuchung unterläßt und den Verkäufer nicht benachrichtigt, ist zu vermuten, daß er die Lieferung angenommen habe, handle es sich um einen Mangel im engeren Sinne oder um die Lieferung einer Sache, die nicht der vereinbarten Gattung angehört. Die Verkäufe von Gattungssachen sind meist Handelskäufe. Es ist dabei das Interesse des Verkäufers zu berücksichtigen, der in diesem Punkte zur Annahme berechtigt sein muß, daß der Käufer, der innert den üblichen Fristen nicht protestiert, die Lieferung annehme, und dies entsprechend den allgemein geltenden Anschauungen und unter Vorbehalt der Arglist des Verkäufers (Art. 203 OR), zu der wir auch die wissentliche Lieferung einer Ware einer andern Gattung rechnen.

Unseres Erachtens steht die allgemeine Klage des Art. 97 OR nur zur Verfügung, wenn die Ware einer ganz andern Gattung angehört, wie bei der Lieferung von Äpfeln anstelle von Birnen, von rotem Wein anstelle von weißem, von Wein einer ganz andern Herkunft, in welchen Fällen der Verkäufer nicht gutgläubig aus dem Stillschweigen des Käufers auf eine Genehmigung schließen kann.

Nach Art. 206 Abs. 2 OR kann sich der Verkäufer von jedem weiteren Anspruch des Käufers befreien durch sofortige Lieferung vertragskonformer Ware der gleichen Gattung und Ersatz allen Schadens. Der Käufer ist verpflichtet, diese an sich verspätete Lieferung anzunehmen, wenn sie unmittelbar nach Eingang der Mängelrüge beim Verkäufer erfolgt. Das Gesetz beschränkt diese Möglichkeit auf das Platzgeschäft, wenn «die Sachen nicht von einem andern Ort zugesandt worden sind». Diese Einschränkung darf bei den heutigen Transportverhältnissen nicht streng genommen werden[6]. Wesentlich ist, daß die richtige Lieferung innert ganz kurzer Frist erfolgt, so daß sie für den Käufer noch in gleicher Weise von

---

[6] In diesem Sinne GUHL/MERZ/KUMMER, S. 339; HGer St. Gallen, SJZ 43, 1947, S. 112.

Nutzen ist. Wir glauben, daß die gleichen Verhältnisse, die nach Art. 108 Ziff. 2 und 3 OR den Rücktritt ohne Fristansetzung gestatten, auch den Ausschluß der Ersatzlieferung erheischen. Wir befinden uns auf dem Gebiete der Nichterfüllung. Die Möglichkeit der Ersatzlieferung, d.h. der vertragskonformen Lieferung innert einer Nachfrist, hat eine gewisse Ähnlichkeit mit der Nachfrist des Art. 107 Abs. 1 OR. Bei der Beurteilung der Voraussetzungen ihres Ausschlusses kann man sich daher von Art. 108 OR leiten lassen.

Fünftes Kapitel

Der Grundstückkauf

Literatur:

R. HAAB, Das Sachenrecht, 2. Aufl., Zürich 1929 ff. (Zürcher Kommentar), zu Art. 657 ZGB; A. MEIER-HAYOZ, Das Grundeigentum, Bern 1960 (Berner Kommentar), zu Art. 657 ZGB; A. BOLLA, L'acte authentique cantonal comme titre pour les inscriptions au registre foncier, ZBGR 32, 1951, S. 241 ff.; J. DROIN, Les effets de l'inobservation de la forme en matière de transfert de la propriété immobilière, Mémoires publiés par la Faculté de droit de Genève, No. 26, Genève 1969; H. MERZ, Berner Kommentar, Bern 1962, N. 461–560 zu Art. 2 ZGB; DERSELBE, Auslegung, Lückenausfüllung und Normberichtigung, AcP 163, 1964, S. 305 ff.; DERSELBE, Die privatrechtliche Rechtsprechung des Bundesgerichts im Jahre 1964, ZBJV 101, 1965, S. 427 ff.; R. SECRÉTAN, Vente d'immeubles, JdT 107, 1959, I, S. 322 ff.; K. SPIRO, Die unrichtige Beurkundung des Preises bei Grundstückkäufen, Basler Studien, Heft 70, Basel 1964; DERSELBE, Grundstückkauf und Formzwang, Replik zu BGE 90 II, 1964, S. 154 ff., BJM 1965, S. 213 ff.; B. PAOLETTO, Die Falschbeurkundung beim Grundstückkauf, Diss. Zürich 1973.

F. JENNY, Die Sperrfrist im Verkehr mit landwirtschaftlichen Grundstücken, ZBGR 18, 1937, S. 165; O. K. KAUFMANN, Das neue ländliche Bodenrecht der Schweiz, St. Gallen 1946, S. 218; J. P. CHATELAIN, Les droits de préemption du nouveau droit foncier rural, in: Festschrift «Notar und Recht», Bern 1953; A. COMMENT, Le droit de préemption agricole sous l'angle du conservateur du registre foncier, ZBGR 39, 1958, S. 1; F. E. JENNY, Das bäuerliche Vorkaufsrecht, Diss. Freiburg 1955; A. JOST, Handkommentar zum BG über die Erhaltung des bäuerlichen Grundbesitzes, Bern 1953.

§ 16. Die besonderen, auf alle Grundstückkäufe anwendbaren Vorschriften

I. Allgemeines

Gemäß Art. 187 OR sind Gegenstand des Grundstückkaufes die Grundstücke, wie sie der Art. 655 ZGB definiert, nämlich die Liegenschaften, die in das Grundbuch aufgenommenen selbständigen und dauernden Rechte, die Bergwerke und die Miteigentumsanteile an Grundstücken[1]. Diese Auf-

---

[1] Vgl. oben S. 7.

zählung ist erschöpfend, weshalb jeder Kauf, der einen andern Gegenstand hat, ein Fahrniskauf ist. Und zwar ist darunter der unmittelbare Gegenstand des Kaufes zu verstehen, selbst wenn der Vertrag mittelbar auf die Übertragung eines Grundstücks abzielt; der Kauf des Aktienkapitals einer Immobiliengesellschaft ist ein Fahrniskauf[2].

Bis zum Inkrafttreten des ZGB blieb der Grundstückkauf dem kantonalen Recht unterstellt. Das OR von 1881 behandelte ihn nicht. Erst bei der Revision von 1911 wurden die Vorschriften des dritten Abschnitts ins Gesetz aufgenommen. Dabei hat der Gesetzgeber auf eine besondere Regelung verzichtet und, von einigen Ausnahmen abgesehen, auf die Bestimmungen über den Fahrniskauf verwiesen, die auf den Grundstückkauf «entsprechende Anwendung» finden («s'appliquent par analogie», Art. 221 OR). Der Richter ist indessen nicht befugt, die Vorschriften über den Fahrniskauf nach Belieben anzuwenden. Vielmehr ist er gehalten, sie unmittelbar anzuwenden[3], abgesehen von denjenigen, die auf den Fahrnischarakter der Sache zugeschnitten sind, wie die Vorschriften über den Distanzkauf oder über den Kauf von Gattungssachen. Der Hauptunterschied zwischen der Regelung der beiden Käufe ergibt sich aus dem Unterschied der Art des Eigentumserwerbs, indem bei der Übertragung von Grundeigentum die Eintragung im Grundbuch an die Stelle der Besitzübergabe tritt. Wenn daher das Gesetz beim Fahrniskauf ein Recht von der Übergabe des Besitzes am Kaufgegenstand abhängig macht, ist zu prüfen, ob es damit die Übergabe der Sache als solche meint oder aber die dadurch bewirkte Übertragung des Eigentums. Wenn der Kaufgegenstand vor der Zahlung des Kaufpreises in den Besitz des Käufers übergegangen ist, so gibt dessen Verzug nach dem Wortlaut von Art. 214 Abs. 3 OR dem Verkäufer nur dann das Recht zum Rücktritt vom Vertrag, wenn er sich dieses Recht ausdrücklich vorbehalten hat. Das Gesetz versteht hier unter Besitzesübergang dessen rechtliche Wirkung, also die Eigentumsübertragung. Handelt es sich um einen Grundstückkauf, so hat daher die Eintragung des Käufers im Grundbuch die in Art. 214 Abs. 3 OR vorgesehenen Rechtsfolgen[4]. Nach Art. 201 Abs. 1 OR beginnt dagegen die Pflicht des Käufers zur Prüfung der Beschaffenheit der Sache mit der Lieferung. Damit meint das Gesetz die Besitzesübergabe als solche, unabhängig von der Übertragung des Eigentums. Der Käufer eines Grundstücks muß daher dessen Beschaffenheit mit dem

---

[2] BGE 45 II, 1919, S. 53.
[3] BGE 96 II, 1970, S. 47.
[4] BGE 86 II, 1960, S. 221.

Beginn der Nutzung prüfen, unabhängig vom Zeitpunkt der Eintragung im Grundbuch.

Die Sondervorschriften über den Handelskauf, die sich in den Art. 190, 191 Abs. 2 und 215 Abs. 1 OR finden, sind auf die Grundstückkäufe nicht anwendbar, und zwar selbst dann nicht, wenn es sich um Geschäfte zwischen Grundstückhändlern handelt, die alle Merkmale von Handelsgeschäften aufweisen. Wie groß auch die Preisschwankungen sein mögen, an die uns die Grundstückspekulation gewöhnt hat, so sind die Grundstücke doch keine Waren, welche ständigen Preisschwankungen unterworfen sind. Daß die Übergabe genau auf den vereinbarten Tag erfolgt, spielt auf diesem Gebiet keine wesentliche Rolle. Auf die ratio legis der besonderen Vorschriften über den Handelskauf kann man sich nicht berufen[5]. Es besteht kein Grund, den Beweis des Schadens zu erleichtern, den eine Partei im Falle des Verzuges der Gegenpartei erleiden kann.

II. Die Form des Grundstückkaufs

1. Der Gegenstand der öffentlichen Beurkundung

Nach Art. 657 ZGB bedürfen die Verträge auf Übertragung des Grundeigentums zu ihrer Verbindlichkeit der öffentlichen Beurkundung[6]. Art. 216 OR ist lediglich die Anwendung dieser allgemeinen Vorschrift auf den Fall des Kaufes. Es handelt sich dabei nach ständiger Rechtsprechung und hergebrachter Lehre und in Übereinstimmung mit den allgemeinen Vorschriften über die Form (Art. 11 OR) um eine Voraussetzung für die Gültigkeit des Vertrages. Ein Grundstückkauf, der nicht öffentlich beurkundet wird, ist absolut nichtig[7].

In der Rechtslehre umstritten ist die Frage, welche Bestimmungen des Vertrages öffentlich beurkundet werden müssen. Es ist dies nicht ein auf den Grundstückkauf beschränktes Problem, wenn es sich auch auf diesem Gebiet am häufigsten stellt. Es gehört zur Lehre von der Form der Rechtsgeschäfte im allgemeinen. Wir beschränken uns daher in diesem Kapitel darauf, die Lösungen aufzuzeigen, zu denen man für unsern Vertrag gekommen ist.

Allgemein einig ist man sich darüber, daß die wesentlichen Bestandteile des Vertrages, die essentialia negotii, öffentlich beurkundet sein müssen,

---

[5] Vgl. oben S. 4.
[6] Zum Begriff der öffentlichen Beurkundung vgl. DESCHENAUX, Schweiz. Privatrecht II, Kap. VIII, § 24, VI.
[7] BGE 49 II, 1923, S. 54. Wir werden indessen später sehen, daß dieser Grundsatz in Frage gestellt wird.

also die Namen der Parteien, die Bezeichnung des Grundstücks[8], der Preis[9], die Verpflichtung einerseits zur Übertragung des Eigentums, anderseits zur Bezahlung des Preises, der wirkliche Rechtsgrund, d.h. der Kauf[10]. Wie verhält es sich aber mit den übrigen Vertragsbestimmungen, d.h. mit den Nebenabreden?

Nach einer ersten Auffassung, die VON TUHR vertrat, gilt das Erfordernis der öffentlichen Beurkundung für alle denkbaren Punkte, über die sich die Parteien geeinigt haben, mit Einschluß sämtlicher Nebenpunkte. Immerhin behält VON TUHR die vom Gesetz vorgesehenen Ausnahmen vor. Es handelt sich zunächst um ergänzende Nebenbestimmungen, die mit der Urkunde nicht im Widerspruch stehen, und zwar leitet er dies aus Art. 12 OR ab, den er ausdehnend einerseits auf die öffentliche Beurkundung, anderseits auf die Bestimmungen des ursprünglichen Vertrages anwendet. Sodann betrachtet VON TUHR[11] in analoger Anwendung des Art. 115 OR solche nicht öffentlich beurkundeten Nebenabreden als gültig, welche die Verpflichtungen der Parteien mindern. Diese Lehre wird heute nicht mehr vertreten. Alle andern Autoren beschränken das Erfordernis der öffentlichen Beurkundung auf die wesentlichen Bestandteile des Geschäftes. Doch gehen die Meinungen über diesen Begriff auseinander. Nach einer objektiven Auffassung, die namentlich im Kommentar HAAB[12] vertreten wird, gelten als wesentlich alle Vertragsbestimmungen, welche die Leistungen präzisieren und die Verpflichtungen einer Partei erschweren oder verstärken. Die subjektive Auffassung stellt für den Entscheid darüber, was ein wesentlicher Bestandteil sei, auf den Willen der Parteien ab. Diese Auffassung hat die Zustimmung der meisten Autoren[13] gefunden und wird

---

[8] Wenn die Angabe der Grundbuchnummer auch nicht unerläßlich ist, so muß das Grundstück doch so bezeichnet werden, daß seine Identität sich feststellen läßt; BGE 90 II, 1964, S. 21.

[9] Über die Notwendigkeit der Angabe des wirklichen Preises vgl. unten S. 132 ff.

[10] So die fiduziarische Übertragung von Grundeigentum, ein an sich zulässiges Rechtsgeschäft, das jedoch nichtig ist, wenn es in die Form eines Kaufvertrages gekleidet und so sein wirklicher Rechtsgrund verschleiert wird; BGE 71 II, 1945, S. 99; 86 II, 1960, S. 221, Erw. 5, S. 231/32.

[11] VON TUHR/SIEGWART, § 30, VII, S. 230.

[12] N. 15-20 zu Art. 657 ZGB. Diese Lehre wurde kürzlich wieder aufgenommen von K. SPIRO, Die unrichtige Beurkundung, S. 21 ff. Dieser hat, unter Verwendung eines ganz ähnlichen Kriteriums wie HAAB, mit Recht betont, daß im Interesse der Rechtssicherheit ein einfaches und objektives Kriterium erforderlich sei.

[13] OSER/SCHÖNENBERGER, N. 10 zu Art. 11 und N. 5 und 9 zu Art. 216 OR; K. WIELAND, Zürcher Kommentar zum Sachenrecht, 1. Aufl., Zürich 1909, N. 7 zu Art. 657 ZGB; H. LEEMANN, Berner Kommentar zum Sachenrecht, 2. Aufl., Bern 1920, N. 15 und 16 zu Art. 657 ZBG; W. YUNG (Le contenu des contrats formels, Sem. jud. 1965, S. 646) analysiert die verschiedenen Lehren, ohne zu ihnen Stellung zu nehmen. MEIER-HAYOZ (N. 85-90 zu Art. 657 ZGB) scheint

§ 16   Die Form des Grundstückkaufs   131

vom BGer in ständiger Rechtsprechung[14] vertreten. Sie geht von Art. 2 OR aus, der in bezug auf das Zustandekommen des Vertrages zwischen wesentlichen Punkten und Nebenpunkten unterscheidet. Die Abreden, die öffentlich beurkundet sein müssen, umfassen, außer den wesentlichen Punkten im Sinne von Art. 2 OR, d.h. den essentialia negotii, alle weiteren Vertragsbestandteile, die für die Parteien ebenso wichtig sind wie die essentialia, so daß die Parteien den Vertrag nicht oder doch nicht zu den gleichen Bedingungen abgeschlossen hätten, wenn sie sich über diese Punkte nicht geeinigt hätten. Der wesentliche Charakter kann sich aus einer beim Vertragsschluß erfolgten Willensäußerung ergeben. Fehlt es hieran, so kann er aus den Umständen geschlossen werden, namentlich aus der Bedeutung der Abrede für die Parteien[15].

Voraussetzung ist aber außerdem, daß die Klausel auch wirklich ein Bestandteil des Kaufvertrages ist. Das Erfordernis der öffentlichen Beurkundung gilt nicht für Nebenabreden, die ihrer Natur nach nicht einen Teil des Kaufvertrages bilden. Die Rechtsprechung stellt zwei Voraussetzungen auf, die kumulativ erfüllt sein müssen, damit eine Nebenabrede einen wesentlichen Vertragspunkt darstellt; einmal muß der Gegenstand der Verpflichtung sich im Rahmen des Kaufvertrages halten, die rechtliche Situation der Kaufsache beeinflussen und unmittelbar den Vertragsinhalt betreffen; sodann muß die eingegangene Verpflichtung ihren Rechtsgrund in einem Anspruch haben, der nicht außerhalb des natürlichen Inhalts des Kaufvertrages steht, indem das Versprochene die Gegenleistung für den vereinbarten Preis oder für die Übertragung des Eigentums bilden muß. Von daher gesehen wurden als Klauseln des Kaufvertrages betrachtet eine

---

die objektiven und subjektiven Kriterien kumulativ anzuwenden; nach ihm sind vom Formzwang einzig die Abreden über solche Punkte befreit, die weder objektiv noch subjektiv wesentlich sind.

[14] BGE 41 II, 1915, S.256; 42 II, 1916, S.374; 45 II, 1919, S.565; 53 II, 1927, S.164; 54 II, 1928, S.303; 68 II, 1942, S.229; 75 II, 1949, S.144; 78 II, 1952, S.435; 86 II, 1960, S.36, 221, 260; 90 II, 1964, S.34.

[15] In analoger Anwendung des Art. 115 OR hat die Rechtsprechung angenommen, daß man den Umfang einer öffentlich beurkundeten Verpflichtung zum voraus formlos beschränken könne (BGE 75 II, 1949, S.144). Das ist aber sehr fraglich: Art. 115 OR bezieht sich auf die Aufhebung einer bestehenden Schuld. Die Ausdehnung, die dieses Urteil der Bestimmung im Anschluß an von Tuhr gibt, schafft Verwirrung, indem es den Parteien gestattet, in Mißachtung des Erfordernisses der Wahrhaftigkeit der Urkunde mündlich oder durch geheimes Gegenschreiben Erleichterungen zugunsten einer der Vertragsparteien zu vereinbaren. Aus einer Zeit stammend, in der die Wahrhaftigkeit der Preisangabe nicht als wesentlich betrachtet wurde, darf dieses unseres Wissens vereinzelt gebliebene Urteil nicht Schule machen. Bei den entgeltlichen Verträgen hat übrigens jede Minderung oder Beschränkung einer Leistung eine Mehrbelastung der Gegenpartei zum Gegenstück, auf welche dann Art. 115 OR nicht anwendbar ist.

Beschränkung des Bauens auf einer an das verkaufte Grundstück angrenzenden Parzelle sowie die vom Käufer im Interesse des Verkäufers übernommene Verpflichtung, auf dem Kaufgrundstück zu bauen[16]. Wenn dagegen der Käufer dem Verkäufer das ausschließliche Recht einräumt, die auf dem verkauften Land geplanten Bauten gegen eine Verkaufsprovision zu veräußern, so handelt es sich bei dieser Vereinbarung, obwohl sie mit dem Kaufvertrag eng zusammenhängt, um einen selbständigen Mäklervertrag[17].

Dies alles ist recht kompliziert und etwas gekünstelt. Im Grunde gelangt die subjektive Auffassung nicht zu merklich andern Ergebnissen als diejenige, welche von HAAB vorgeschlagen wird. Das stimmt vor allem, wenn es wegen Fehlens einer ausdrücklichen Willensäußerung nicht möglich ist, unmittelbar festzustellen, ob die beiden Parteien einer Vertragsklausel die Bedeutung einer wesentlichen Bestimmung beigemessen haben. Der Richter ist dann darauf angewiesen, den mutmaßlichen Parteiwillen nach objektiven Kriterien zu bestimmen[18]. Dazu kommt die Unsicherheit, die jeder Ermittlung eines nicht ausdrücklich kundgegebenen Willens anhaftet. Die Anwendung objektiver Kriterien, wie sie von HAAB befürwortet wird, ist einfacher und sicherer. Sie entspricht den Zwecken der Formvorschriften besser. Jede Vereinbarung, welche Leistung und Gegenleistung präzisiert, welche die Verpflichtungen einer Partei bekräftigt, kurz alles, was den Schuldner belastet, ist der öffentlichen Beurkundung bedürftig[19]. Eine Ausnahme gilt nur für Zusatzvereinbarungen zum Kauf, die rechtlich selbständig sind, und in diesem Punkte ist den von der Rechtsprechung aufgestellten Erfordernissen beizupflichten.

2. Die Angabe des Preises

Die Parteien sind beim Grundstückkauf oft in großer Versuchung, in der Urkunde nicht den gesamten Kaufpreis anzugeben. Einen Anreiz dazu bilden namentlich steuerliche Gründe. Zahlungen «unter dem Tisch» sind in der Praxis sehr verbreitet.

Da die öffentlichen Urkunden für die durch sie bezeugten und nicht als unrichtig erwiesenen Tatsachen vollen Beweis erbringen und dazu bestimmt sind, die Parteien zu schützen und der Rechtssicherheit zu dienen, muß die öffentliche Urkunde nicht nur vollständig, sondern auch wahrheitsgemäß

---

[16] BGE 68 II, 1942, S. 229; 90 II, 1964, S. 34.
[17] BGE 78 II, 1952, S. 435.
[18] So im Urteil BGE 68 II, 1942, S. 229, wie YUNG, a.a.O. (Anm. 13), zutreffend bemerkt.
[19] HAAB, Kommentar, N. 17 zu Art. 657 ZGB.

sein. Sie muß die wirkliche Einigung der Parteien festhalten. Das gilt für alle wesentlichen Bestandteile des Geschäfts. Wenn daher ein Kaufvertrag einen andern als den in Wirklichkeit vereinbarten Preis angibt, so genügt er einem Erfordernis der öffentlichen Beurkundung nicht.

Trotzdem hat das BGer während mancher Jahre angenommen, der Kaufvertrag sei gültig, wenn vor der Beurkundung eine Anzahlung geleistet und in der Urkunde als Kaufpreis nurmehr der noch geschuldete Restbetrag angegeben werde. Es nahm an, die Angabe dieses Restbetrages entspreche dem von den Parteien in Wirklichkeit gewollten Preis, wie er geschuldet war im Zeitpunkt der Beurkundung[20]. Diese Rechtsprechung wurde geändert mit einem Urteil von 1958, an dem das BGer seither festgehalten hat. Der Formzwang gilt für den als ein Ganzes betrachteten Vertrag. Der Kaufpreis muß in der Urkunde in seiner wahren und vollen Höhe angegeben werden, die nicht verschieden ist, je nachdem vor der Beurkundung eine Anzahlung geleistet wurde oder nicht. Der Zweck der Form ist nicht erreicht, wenn die vor der Beurkundung geleisteten Anzahlungen nicht angegeben werden[21].

3. Die Wirkungen der Nichteinhaltung der Form

Nach dem klaren Wortlaut des Gesetzes ist die Beobachtung der Form eine Voraussetzung für die Gültigkeit des Vertrages (Art. 11 Abs. 2 und 216 Abs. 1 OR). Die Rechtsprechung schließt daraus, daß der Vertrag dann, wenn die dafür vorgeschriebene Form nicht beobachtet worden ist, absolut nichtig ist. Er entfaltet keinerlei Rechtswirkung. Diese Nichtigkeit ist vom Richter von Amtes wegen zu beachten[22].

Diese strenge Rechtsfolge führt je nach den Umständen zu Ergebnissen, die in hohem Maße unbefriedigend sind. Unter dem Scheine der Einfachheit erzeugt sie eine folgenschwere Rechtsunsicherheit. Nehmen wir den Fall eines Grundstückkaufs, bei welchem der Preis nicht richtig angegeben worden ist. Die Erfüllung des Vertrages als solche hat keine heilende Wirkung. Die aufgrund eines nichtigen Rechtsgrundausweises vorgenommene Grundbucheintragung läßt das Eigentum nicht übergehen. Das ist die Hauptfolge des kausalen Charakters der Übertragungsverfügung, der sich aus Art. 975 ZGB ergibt. Obwohl im Grundbuch eingetragen, ist der Käufer nicht Eigentümer geworden. Nach strengem Recht kann der Verkäufer

---

[20] BGE 49 II, 1923, S. 466; 50 II, 1924, S. 142; 52 II, 1926, S. 60.
[21] BGE 84 IV, 1958, S. 163; 86 II, 1960, S. 37, S. 230, Erw. 5, S. 260; 87 II, 1961, S. 28; 90 II, 1964, S. 154, 295; 92 II, 1966, S. 323; 93 II, 1967, S. 97; 94 II, 1968, S. 270.
[22] Unter vielen andern: BGE 86 II, 1960, S. 398.

jederzeit sein Grundstück vindizieren und die Löschung des Eigentumsübergangs verlangen. Es ist sogar sehr zweifelhaft, ob der Käufer je die ordentliche zehnjährige Ersitzung geltend machen kann, die Art. 661 ZGB vorsieht; da er den Formmangel kennt, kann er sich nicht auf seinen guten Glauben berufen[23].

Lehre und Rechtsprechung sind sich darüber einig, daß es notwendig ist, diese strengen Rechtsfolgen zu mildern, und zwar drängt sich eine solche Milderung vollends gebieterisch auf, seitdem die Rechtsprechung über die unrichtige Preisangabe geändert worden ist. Das einzige Hilfsmittel, zu dem die Gerichte Zuflucht nehmen, ist der Rechtsmißbrauch (Art. 2 ZGB). In einer Reihe neuerer Urteile, bei denen es stets um unrichtige Preisangaben ging, hat das BGer erklärt, die bloße Berufung auf die Ungültigkeit eines Rechtsgeschäfts wegen Formmangels stelle als solche noch keinen Rechtsmißbrauch dar, denn sonst würde die Formvorschrift praktisch ihrer Wirksamkeit weitgehend beraubt. Ein Rechtsmißbrauch liege nur vor, wenn die Berufung auf den Formmangel nach den besonderen Umständen gegen Treu und Glauben verstoße. Was die Würdigung dieser Umstände betrifft, lehnt es die Rechtsprechung beharrlich ab, auf ein starres Kriterium abzustellen, wie es etwa die freiwillige Erfüllung des Vertrages durch beide Parteien sein könnte. Das BGer erklärt zwar, diese sei «ein sehr wichtiger Umstand, der in Betracht gezogen werden müsse», doch betont es, daß «der Richter alle besonderen Umstände des Einzelfalles frei zu würdigen hat, ohne dabei an starre Regeln gebunden zu sein»[24].

So hat die Rechtsprechung, um nur einige Beispiele zu nennen, bei denen es um erfüllte Kaufverträge ging, angenommen, die Klage auf Nichtigerklärung des Kaufvertrages sei rechtsmißbräuchlich, wenn der Kläger selber den Formmangel arglistig veranlaßt habe, um die Möglichkeit offenzuhalten, sich vom Vertrag zu befreien[25], wenn er den Mangel zu seinem

---

[23] MEIER-HAYOZ (N. 24 zu Art. 661 ZGB) nimmt an, der Erwerber, der wisse oder hätte wissen müssen, daß das Veräußerungsgeschäft wegen fehlerhafter Beurkundung ungültig ist, sei nicht gutgläubig. LIVER (Zürcher Kommentar, N. 92 zu Art. 731 ZGB) befürwortet mit Bezug auf die Ersitzung einen etwas weiteren Begriff des guten Glaubens: gutgläubig ist nach ihm, wer die Überzeugung haben darf, mit der Ausübung des Besitzes kein Unrecht zu begehen. Er beruft sich dabei auf BGE 57 II, 1931, S. 256. Dieser Entscheid betrifft jedoch einen Fall von Bau auf fremdem Boden (Art. 673 ZGB), und es ist zweifelhaft, ob diese Betrachtungsweise sich auf den Erwerb von Eigentum anwenden läßt, bei welchem es auf das Vertrauen in die Gültigkeit des Erwerbsgrundes ankommt.

[24] BGE 78 II, 1952, S. 221; 86 II, 1960, S. 221, Erw. 6, S. 232, S. 258, S. 398; 87 II, 1961, S. 28; 92 II, 1966, S. 323; 93 II, 1967, S. 97.

[25] BGE 88 II, 1962, S. 18 hinsichtlich einer Forderungsabtretung. Bestätigt für einen Grundstückkauf in BGE 90 II, 1964, S. 154.

eigenen Vorteil, um öffentliche Abgaben zu umgehen, gewollt habe[26], wenn er den Mangel geltend mache, um sich seiner Pflicht zur Gewährleistung für Mängel der Kaufsache zu entziehen[27]. Vom Gesichtspunkt des Rechtsmißbrauchs aus nicht berücksichtigt wird dagegen der bloße Umstand, daß der Verkäufer das Geschäft in der Annahme, zu billig verkauft zu haben, bereut oder daß der Käufer über den Kauf enttäuscht ist und ihn bereut. Die Partei, die sich übervorteilt fühlt, hat ein berechtigtes Interesse, den Formmangel geltend zu machen[28]. Es wäre gewagt, eine Rechtsprechung, die bewußt kasuistisch sein will, auf allgemeine Grundsätze zurückführen zu wollen. Immerhin geht aus ihr hervor, daß die Erfüllung des Vertrages die notwendige, wenn nicht die genügende Hauptvoraussetzung dafür bildet, um den Käufer in seinem Erwerb zu schützen. Ist diese Voraussetzung erfüllt, so ist Rechtsmißbrauch anzunehmen, wenn die Partei den Formmangel absichtlich veranlaßt hat oder mit ihm einverstanden war, oder wenn sie mit der Berufung auf ihn einen Zweck verfolgt, der nichts zu tun hat mit den Interessen, zu deren Schutz die Form bestimmt ist.

Was die nicht erfüllten Kaufverträge betrifft, so hat es die Rechtsprechung grundsätzlich abgelehnt, die Erfüllungsklage derjenigen Partei zu schützen, die der Berufung auf die Nichtigkeit den Einwand des Rechtsmißbrauchs entgegenhält; man kann nicht auf dem Umwege über Art. 2 ZGB einen formungültigen Vertrag als verbindlich erklären[29]. Obwohl neuere Urteile[30] eine Tür für eine positive Wirkung der Zuhilfenahme des Begriffs des Rechtsmißbrauchs öffnen zu wollen scheinen, sind wir der Auffassung, an jener Praxis sei festzuhalten.

Gesamthaft betrachtet vermag diese Rechtsprechung nicht zu befriedigen. Einmal wird der Käufer, selbst wenn die Nichtigkeitsklage am Einwand des Rechtsmißbrauchs scheitert, doch nicht Eigentümer. Vor allem aber, wenn es grundsätzlich richtig ist, das Abstellen auf starre Kriterien abzulehnen und die Umstände des Einzelfalles zu würdigen, führt diese Praxis zu einer völligen Rechtsunsicherheit, da bis zum Vorliegen eines rechtskräftigen richterlichen Entscheids niemand sagen kann, ob die Berufung auf Rechtsmißbrauch durchzudringen vermag. Das zeigt die Zahl der Streitfälle, welche in der reichhaltigen veröffentlichten Rechtsprechung des BGer anzutreffen sind. Die zahlreichen Kriterien, nach denen subjektive

---

[26] BGE 90 II, 1964, S. 154.
[27] BGE 90 II, 1964, S. 154 und 295.
[28] BGE 87 II, 1961, S. 28.
[29] BGE 68 II, 1942, S. 229.
[30] BGE 90 II, 1964, S. 21.

Faktoren gewürdigt werden, bilden eine Quelle der Unsicherheit. Das BGer ist sich dessen bewußt. Es hält trotzdem dafür, daß das Rechtsempfinden und die Rechtsethik, welche die Auslegung des Begriffs des Rechtsmißbrauchs beherrschen, kein taugliches Kriterium bieten, zumal auf einem Gebiet, wo beide Parteien dem Formmangel mit Wissen und Willen zugestimmt haben[31].

In der Rechtslehre sind verschiedene, auf eine klarere und einfachere Lösung zielende Konstruktionen vorgeschlagen worden. So hat HAAB[32], dessen Auffassung namentlich von MEIER-HAYOZ wieder aufgegriffen wurde, den Standpunkt eingenommen, daß die absolute Nichtigkeit nicht die notwendige Folge des Formmangels sei und sich nach dem Gesetzeswortlaut nicht gebieterisch aufdränge. Diese Autoren befürworten eine Ungültigkeit *sui generis*, die nur zu berücksichtigen sei, wenn eine Partei sich auf sie berufe, unter dem Vorbehalt immerhin, daß der Grundbuchverwalter gemäß Art. 965 ZGB das Eintragungsgesuch, das aufgrund eines mit einem Formmangel behafteten Vertrages gestellt wird, abzuweisen habe. So entfalte der ursprünglich unwirksame Vertrag gleichwohl alle seine Wirkungen, wenn der Mangel nicht geltend gemacht werde oder nicht ohne Rechtsmißbrauch geltend gemacht werden könne. Diese Lehre hat das Verdienst, die Folgen des Formmangels auf das, was im Hinblick auf die mit der Form geschützten Interessen notwendig ist, zu beschränken und gewisse Widersprüche zu vermeiden, welche sich aus der absoluten Nichtigkeit in Verbindung mit dem Rechtsmißbrauch ergeben[33]. Man kann ihr jedoch entgegenhalten, daß mit ihr, mangels einer Verwirkung des Rechts zur Geltendmachung der Nichtigkeit, die nur das Gesetz anordnen könnte, für die Rechtssicherheit nicht viel gewonnen ist, außer daß die Voraussetzungen der Ersitzung vielleicht leichter zu bejahen wären; denn das Fehlen einer Bestreitung gestattet es eher, den guten Glauben des Besitzers anzunehmen, wenn auch gutgläubiger Erwerb und unangefochtener Besitz nicht verwechselt werden dürfen. Wenn die Nichtigkeit von einer Partei geltend gemacht wird, gerät man in die gleichen Schwierigkeiten, denen die Praxis auf dem Gebiete der absoluten Nichtigkeit begegnet.

MERZ hat zu wiederholten Malen die entscheidende Bedeutung der freiwilligen Vertragserfüllung betont, die nach seiner Auffassung die Heilung des mit dem Formmangel behafteten Vertrages bewirkt[34]. Das ist zweifellos ein zuverlässiges und einfaches Kriterium. Der Zweck der Form ist einerseits der Schutz der Parteien vor unüberlegtem Handeln, andererseits eine so genaue Abfassung des Vertrages, wie es die Rechtssicherheit und die fehlerlose Führung des Grundbuchs erfordern. Dieser doppelte Zweck kann als erfüllt gelten, wenn der Vertrag freiwillig erfüllt worden ist. Die Rechtsprechung hat diese Erwägung nicht außer acht gelassen, hat sie doch stets betont, welche große Bedeutung der Erfüllung bei der Prüfung der Frage des Rechtsmißbrauchs zukomme. Es bestehen jedoch Bedenken gegen die Annahme, schon die Erfüllung allein heile den Mangel und mache den Vertrag gültig. Art. 975 ZGB, der den Grundsatz des kausalen Charakters des Verfügungsgeschäftes aufstellt, gestattet die Löschung einer ohne gültigen Rechtsgrund vorgenommenen Eintragung. Nun ist ein wegen Formmangels nichtiger Vertrag kein rechtsgültiger Erwerbsgrund. Die Vorschrift von § 313 BGB, wonach die Eintragung im Grundbuch einen wegen Formmangels nichtigen Vertrag gültig macht, läßt

---

[31] BGE 92 II, 1966, S. 323.
[32] HAAB, Kommentar, N. 34–40 zu Art. 657 ZGB; MEIER-HAYOZ, Kommentar, N. 130–134 zu Art. 657 ZGB. Zu verweisen ist ferner auf A. KUNZ, Öffentliche Vertragsbeurkundung und ihre Gültigkeit nach schweiz. Recht, Diss. Bern 1928, S. 132ff; A. KELLERHALS, Simulation im Grundstückkauf, Diss. Bern 1952.
[33] MERZ, Berner Kommentar, N. 510 zu Art. 2 ZGB und ZBJV 96, 1960, S. 457 betrachtet diese Konstruktion als unvereinbar mit dem Behelf des Rechtsmißbrauchs.
[34] Kommentar, N. 475–510 zu Art. 2 ZGB; ZBJV 97, 1961, S. 410ff; 101, 1965, S. 429; AcP 163, 1964, S. 305ff.

sich nicht auf das schweizerische Recht übertragen, denn diese Vorschrift ist ein Ausfluß der im deutschen Recht herrschenden Lehre vom abstrakten Charakter des Verfügungsgeschäfts.

In der jüngsten Zeit hat K. Spiro[35] das Problem neuerdings untersucht. Dieser Autor behauptet im wesentlichen, daß die allgemeine Vorschrift des Art. 657 ZGB, der die öffentliche Beurkundung für alle auf Übertragung von Grundeigentum gerichteten Verträge vorschreibe, nicht verlange, daß die Erklärungen beider Vertragsparteien in diese Form zu kleiden seien. Der Zweck dieser Vorschrift geht nach Spiro dahin, eine zuverlässige Grundlage für die Grundbucheintragung zu schaffen und den Veräußerer, und nur ihn allein, zu schützen. Der Schutz des Käufers sei dem Gesetze fremd. Wenn daher der Preis auch in die Urkunde einzusetzen sei, so nur als Voraussetzung der Verpflichtung des Verkäufers, nicht aber als Schuldversprechen des Käufers. Die Angabe des Preises in der öffentlichen Urkunde habe keinen andern Zweck, als dem Verkäufer den Beweis seiner Ansprüche zu sichern. Die Nichtbeobachtung dieser Form könne daher nicht zu einer Nichtigkeit des Vertrages führen, welche eine Rechtsfolge sei, die mit dem Schutz der Interessen des Verkäufers nichts zu tun habe.

Indem es den Ausgangspunkt dieser Beweisführung, nämlich daß das Gesetz die öffentliche Beurkundung nur für die Veräußerung von Grundstücken verlange, bestritt, und sich auf die ständige Rechtsprechung und auf die Rechtslehre berief, welche beide dieser Form alle Vertragsbestandteile unterwerfen, hat das BGer eine neue Überprüfung der Frage aufgrund der These Spiros abgelehnt[36].

Die Vielfältigkeit der von der Rechtslehre vorgeschlagenen Konstruktionen zeigt, wie außerordentlich verwickelt das Problem ist. Gleichwohl wäre es wünschbar, wenn sich die Rechtsprechung aus ihrer Erstarrung lösen und dieses Problem, das über den Rahmen des Grundstückkaufs hinausgeht und das allgemeine Problem der Rechtsfolgen der Mißachtung von Formvorschriften bei formbedürftigen Verträgen unter Lebenden ist, einer neuen Prüfung unterziehen würde.

III. Die besonderen materiellrechtlichen Vorschriften

1. Der Übergang von Nutzen und Gefahr

Gemäß dem im Abschnitt über die allgemeinen Bestimmungen enthaltenen Art. 185 OR gehen Nutzen und Gefahr mit dem Abschluß des Vertrages auf den Käufer über, und zwar selbst dann, wenn ein Lieferungstermin vereinbart worden ist. Beim Grundstückkauf dagegen gehen nach Art. 220 OR, sofern ein bestimmter Zeitpunkt für die Übernahme des Grundstücks ver-

---

[35] Vgl. die im Eingang dieses Kapitels zitierten beiden Monographien dieses Autors. von Büren, der sich im ersten Band seines Lehrbuchs (S. 142) dieser Auffassung angeschlossen hat, ist von ihr im zweiten Band (S. 73) wieder abgewichen. Er nimmt an, daß die Form im wesentlichen die Ordnung im Grundstückverkehr sichern wolle (Richtigkeitsform), und hält dafür, daß die unrichtige Preisangabe keine dingliche Wirkung habe und daher kein Hindernis für die Gültigkeit des Vertrages bilde. So scharfsinnig diese Konstruktion sein mag, vernachlässigt sie doch den Wortlaut des Gesetzes zu sehr.

[36] BGE 90 II, 1964, S. 154. Dieses Urteil stützt sich auf Oser/Schönenberger, Becker, Haab und Meier-Hayoz. Die Stellungnahmen von Yung (a.a.O., S. 67) und Merz (ZBJV 101, 1965, S. 429) sind, obwohl zurückhaltend, weniger negativ.

einbart worden ist, Nutzen und Gefahr erst in diesem Zeitpunkt auf den Käufer über. Infolgedessen ist die allgemeine Vorschrift des Art. 185 OR dann anwendbar, wenn kein Termin vorgesehen ist. Die Sonderbestimmung des Art. 220 OR bezieht sich auf einen Zeitpunkt für den Besitzantritt. Maßgebend ist also dieser Zeitpunkt und nicht die Eintragung im Grundbuch, sofern nicht beide zusammenfallen. Wenn der Verkäufer sich zum vereinbarten Zeitpunkt im Verzug befindet, richtet sich der Gefahrenübergang nach Art. 103 OR: der im Verzug befindliche Verkäufer haftet auch für den Zufall, wenn er nicht beweist, daß ihn kein Verschulden trifft oder daß der Schaden auf alle Fälle eingetreten wäre.

2. Die Gewährleistungsansprüche für die Mängel eines Gebäudes verjähren in fünf Jahren, vom Erwerb des Eigentums an gerechnet. Obwohl der Wortlaut des Gesetzes nur von Mängeln eines «Gebäudes» spricht (Art. 219 Abs. 3 OR), muß diese Vorschrift für alle Mängel gelten mit Einschluß des ungenügenden Flächeninhaltes, sowie für zugesicherte Eigenschaften, selbst wenn diese sich auf unüberbautes Land beziehen [37]. Eine einschränkende, sich an den Wortlaut klammernde Auslegung ist abzulehnen, da sie je nach dem Objekt des Mangels zu verschiedenen Verjährungsfristen führt.

3. Die Gewährleistung für den Flächeninhalt des Grundstücks

a) Gegenstand des Grundstückaufs kann nur ein Grundstück, so wie seine Grenzen festgelegt sind, sein, und zwar unabhängig von den Ausdrücken, deren sich die Parteien bedient haben, und von der Methode der Preisberechnung, z.B. der Festsetzung eines Preises für den Quadratmeter. Die Angabe des Flächenmaßes kann nie den Gegenstand des Kaufes bezeichnen, wie es die Quantitätsangaben beim Gattungskauf tun. Der Verkäufer ist nur verpflichtet, die bezeichnete Parzelle, so wie sie abgegrenzt ist, zu übergeben. Wenn ein Teil eines Grundstückes verkauft wird, der durch seinen Flächeninhalt bezeichnet wird, so setzt dies die vorherige Parzellierung voraus, d.h. die Bildung eines neuen Grundstücks, das eine eigene Individualität besitzt und den Gegenstand des Kaufes bildet.

Wenn also verkauftes Land nicht das vom Verkäufer angegebene Maß aufweist, so handelt es sich nicht, wie beim Gattungskauf, um eine teilweise Erfüllung. Ein Anspruch auf eine Ergänzung der Erfüllung, die im

---

[37] In diesem Sinne VON BÜREN, Bd. II, S. 77, wo auf kantonale Entscheide im gegenteiligen Sinne verwiesen wird.

Falle des Kaufes einer Parzelle anläßlich einer Parzellierung an sich denkbar wäre, ist ausgeschlossen. Das Gesetz stellt das Mindestmaß dem Fehlen einer zugesicherten Eigenschaft im Sinne des Art. 197 OR gleich, obwohl es sich nicht um einen körperlichen Mangel handelt, der die Sache unbrauchbar macht, noch um einen Rechtsmangel. Es berücksichtigt, daß die Grundfläche gewöhnlich einen wichtigen Faktor für die Festsetzung des Preises bildet und daß das Gleichgewicht von Leistung und Gegenleistung gestört ist, wenn die wirkliche Grundfläche der vom Verkäufer angegebenen nicht entspricht. Daher die in Art. 219 OR vorgesehene besondere Gewährleistung, die sich gemäß der Verweisung in Art. 221 OR nach den Vorschriften der Art. 197 ff. OR richtet.

b) Die Voraussetzungen der Gewährleistung sind verschieden, je nachdem das Grundstück ein im Grundbuch aufgrund amtlicher Vermessung angegebenes Maß aufweist und der Kaufvertrag auf diese Maßangabe Bezug nimmt. Das Gesetz geht davon aus, daß beide Parteien sich in gutem Glauben auf die ins Grundbuch aufgenommenen Angaben verlassen dürfen. In diesem Falle haftet der Verkäufer daher nur, wenn er die Gewährleistung ausdrücklich übernommen hat (Art. 219 Abs. 2 OR). Diese Verpflichtung ist ein vertragliches Garantieversprechen und nicht die bloße Zusicherung einer Eigenschaft. Sie bildet also einen Bestandteil des Kaufvertrages und bedarf deshalb der für dessen Gültigkeit vorgeschriebenen öffentlichen Beurkundung[38]. Nach dem Gesetz ist eine ausdrückliche Gewährleistung erforderlich. Eine solche Verpflichtung kann daher nicht aus bloß schlüssigen Äußerungen abgeleitet werden, namentlich nicht aus der bloßen Angabe des Flächenmaßes in der Offerte oder in der Urkunde[39].

Dieser Gewährleistungsanspruch konkurriert mit der Anfechtung wegen Willensmängeln[40]. Nach der Praxis hierüber steht daher die Klage auf Ungültigerklärung des Kaufs nach Art. 24 Ziff. 4 OR dem Käufer offen, wenn das Flächenmaß einen wesentlichen Vertragsbestandteil bildet. Dies ist der Fall, wenn das zur Erstellung einer Baute gekaufte Grundstück sich als unüberbaubar erweist oder wenn darauf nur in beschränktem Umfange gebaut werden kann, weil der wirkliche Flächeninhalt kleiner ist als der, welcher nach den verwaltungsrechtlichen Vorschriften für die Erteilung der Baubewilligung erforderlich ist. Der Käufer kann sich in diesem Falle

---

[38] Anders OSER/SCHÖNENBERGER, N. 5 zu Art. 219 OR; in BGE 62 II, 1936, S. 159 wurde die Frage offengelassen.
[39] In der vorigen Anm. zit. Urteil; BGE 87 II, 1961, S. 244.
[40] BGE 40 II, 1914, S. 534. Das entspricht der allgemeinen Praxis betreffend die Konkurrenz der ädilizischen Klagen und der auf Willensmängel gegründeten Klagen.

auf Grundlagenirrtum berufen, auch wenn der Verkäufer die Gewährleistung nicht ausdrücklich übernommen hat.

Nicht außer acht zu lassen ist schließlich, daß Art. 219 OR sich in die allgemeine Ordnung der Art. 197 ff. OR einfügt. Wenn also der Verkäufer die Unrichtigkeit der im Kaufvertrag und im Grundbuch enthaltenen Angaben kannte, haftet er auch beim Fehlen jedes Gewährleistungsversprechens wegen absichtlicher Täuschung in analoger Anwendung des Art. 199 OR, und dieser Anspruch verjährt in zehn Jahren (Art. 210 Abs. 3 OR)[41].

Wenn das Flächenmaß nicht aufgrund einer amtlichen Vermessung im Grundbuch angegeben ist, hat die Angabe des Flächenmaßes im Kaufvertrag die Bedeutung der Zusicherung einer Eigenschaft, für welche der Verkäufer gewährspflichtig ist. Gleich verhält es sich mit einer Angabe, die vor dem Kauf, z. B. in der Offerte gemacht worden ist.

Da für die Gewährleistung die allgemeinen Vorschriften der Art. 197 ff. OR gelten, muß der Käufer die Sache prüfen und den Mangel gemäß Art. 201 OR sofort anzeigen. Mit dieser Prüfungspflicht ist es indessen nicht allzu streng zu nehmen, da es sich bei der Nachmessung nicht um eine übliche Maßnahme handelt[42].

c) Art. 219 OR weicht von der allgemeinen Ordnung ab, soweit er die Wirkungen der Gewährleistung regelt. Der Käufer kann den Kauf nicht rückgängig machen. Er kann nur die Minderung des Preises verlangen, unter Vorbehalt des Falles, wo seine Klage sich auf Willensmängel, Grundlagenirrtum oder absichtliche Täuschung stützt.

§ 17. Beschränkungen in der Veräußerung landwirtschaftlicher Grundstücke

I. Einleitung

Seitdem das ZGB eingeführt und darin der bisher dem kantonalen Recht vorbehaltene Grundstückkauf durch das eidgenössische Recht geregelt worden war, befaßte sich der Gesetzgeber mit dem Gedanken, das landwirtschaftliche Grundeigentum der Spekulation zu entziehen und dafür zu sorgen, daß die Bodenpreise auf einer Höhe bleiben, die sich mit dem

---

[41] BGE 81 II, 1955, S. 138.
[42] VON BÜREN, Bd. II, S. 78.

Ertrag der Bauernbetriebe vereinbaren läßt. Art. 218 des OR von 1911 räumte den Kantonen das Recht ein, dem Erwerber eines landwirtschaftlichen Gewerbes zu verbieten, es während einer Frist von längstens fünf Jahren in Stücken weiterzuverkaufen. Nach der Abwertung des Schweizerfrankens im Jahre 1936 hat der Bundesrat durch einen Beschluß vom 16. Oktober 1936 die Anwendbarkeit dieser Bestimmung vorläufig eingestellt und ein provisorisches Verbot der Veräußerung landwirtschaftlicher Grundstücke innert sechs Jahren seit ihrem Erwerb erlassen. Dieser Beschluß wurde ersetzt durch die Art. 218–218ter des OR in der Fassung, die sie durch Art. 95 des BG vom 12. Dezember 1940 über die Entschuldung landwirtschaftlicher Heimwesen erhielten. Eine neue Änderung brachte das BG vom 12. Juni 1951 über die Erhaltung des bäuerlichen Grundbesitzes (EGG), das nach seinem Art. 1 bezweckt, «den bäuerlichen Grundbesitz als Träger eines gesunden und leistungsfähigen Bauernstandes zu schützen, die Bodennutzung zu fördern, die Bindung zwischen Familie und Heimwesen zu festigen und die Schaffung und Erhaltung landwirtschaftlicher Betriebe zu begünstigen». Diese anerkennenswerten Bestrebungen äußerten sich auf unserm Gebiete in einer Verschärfung der Art. 218 ff. OR, die in der Folge noch Änderungen erfuhren durch BG vom 19. März 1965 und vom 6. Oktober 1972 über Änderungen des bäuerlichen Zivilrechts. Der ursprüngliche Art. 218 OR ist heute ersetzt durch die Art. 218 bis 218^{quinquies} OR. Deren Hauptzweck besteht in der **Verhinderung der Weiterveräußerung landwirtschaftlicher Grundstücke während zehn Jahren**, von ihrem Erwerb an gerechnet.

Parallel dazu machte ein BRB vom 19. Januar 1940 über Maßnahmen gegen die Bodenspekulation jeden Vertrag über die Übertragung eines landwirtschaftlichen Grundstücks unter Androhung der Nichtigkeit von der Genehmigung einer Verwaltungsbehörde abhängig. Für die Genehmigung waren in erster Linie die Preisbedingungen maßgebend. Diese Ordnung wurde aufgehoben durch das BG über die Erhaltung des bäuerlichen Grundbesitzes von 1951. Dieses Gesetz, das durch BG vom 6. Oktober 1972 über Änderungen des bäuerlichen Zivilrechts abgeändert wurde, führte einerseits ein **gesetzliches Vorkaufsrecht** zugunsten der Angehörigen des Verkäufers und anderseits ein von Amtes wegen durchzuführendes **Einspracheverfahren** ein, dessen Einführung den Kantonen freisteht[1].

---

[1] Zu diesen Beschränkungen kommen solche, die sich auf alle Grundstücke, nicht nur die landwirtschaftlichen, beziehen und die seit 1961 in der Form der Bewilligungspflicht für den Erwerb von Grundstücken durch **Personen im Ausland** bestehen. Diese durch einen

II. Das Verbot des Wiederverkaufs landwirtschaftlicher Grundstücke

1. Nach Art. 218 OR dürfen landwirtschaftliche Grundstücke während einer Frist von zehn Jahren, von ihrem Erwerb an gerechnet, nicht veräußert werden. Dieses Verbot bezweckt, rasche Handänderungen von landwirtschaftlichem Boden zu verhindern, um die Spekulation und das Ansteigen der Preise zu bekämpfen, die sich daraus ergeben. Der Schutz des verkaufenden Eigentümers hat also nichts zu tun mit dieser Regelung, die für seine unmittelbaren Interessen von Nachteil ist, indem sie sein Verfügungsrecht im öffentlichen Interesse beschränkt.

Unter landwirtschaftlichem Grundstück ist jede Bodenfläche zu verstehen, die den ihr eigenen Wert durch die Bewirtschaftung und Ausnützung der natürlichen Kräfte des Bodens erhält oder die zu einem Betriebe gehört, der in der Hauptsache der Gewinnung und Verwertung organischer Stoffe des Bodens dient. Das sind namentlich die Grundstücke, die dem Ackerbau, dem Weinbau oder der Alpwirtschaft dienen[2]. Entscheidend ist also die Art der Benutzung des Grundstücks ohne Rücksicht auf sein Ausmaß, seinen Preis und seinen Ertrag. Es handelt sich demnach um einen weiteren Begriff als den des «landwirtschaftlichen Gewerbes, das eine wirtschaftliche Einheit bildet und eine ausreichende landwirtschaftliche Existenz bietet», welchen Begriff der für das bäuerliche Erbrecht geltende Art. 620 ZGB verwendet. Unter Erwerb ist jede Erwerbsart zu verstehen, sei es Erwerb unter Lebenden (Kauf, Tausch, Schenkung, Widmung für eine Stiftung, Einbringen in eine Gesellschaft), sei es Erwerb von Todes wegen mit Einschluß der Gesamtnachfolge kraft Erbrechts eines einzigen Erben oder einer Erbengemeinschaft[3]. Als Veräußerung gelten nach dem Gesetz alle Arten der Übertragung unter Lebenden mit Einschluß des Rückkaufs. Ferner ist dazuzurechnen die Bestellung eines Kaufsrechts[4]. Als Sanktion sieht das Gesetz vor, daß der Kauf und jedes andere,

---

BB vom 23. März 1961 eingeführte und durch BB vom 30. September 1965, 24. Juni 1970 und 21. März 1973 verlängerte Regelung ist zeitlich begrenzt. Nach der gegenwärtigen Fassung gilt der BB bis zum 31. Dezember 1977. Demnach ist die Gültigkeit des Erwerbs von Grundstücken durch Personen im Ausland von einer verwaltungsrechtlichen Bewilligung abhängig. Näheres bei A. MUFF, Zur Bewilligung für den Erwerb von Grundstücken durch Personen im Ausland, ZBGR 44, 1963, S. 1; J. VON TOBEL, Der Geltungsbereich..., ebenda, S. 193.

[2] Diese Definition stammt aus dem Art. 1 Abs. 2 der VO des Bundesrates vom 16. November 1945 über die Verhütung der Überschuldung landwirtschaftlicher Liegenschaften und ist von der Rechtsprechung übernommen worden; BGE 95 II, 1969, S. 426.

[3] BGE 88 I, 1962, S. 202. Dieser Entscheid hat indessen die Frage nur unter dem beschränkten Gesichtswinkel der Willkür beurteilt. Vgl. auch BGE 95 II, 1969, S. 426.

[4] Die Rechtsprechung verpönt das Kaufsrecht grundsätzlich nur, wenn es vor Ablauf der zehnjährigen Frist ausgeübt werden kann. Kann es sowohl vor als auch nach dieser Frist

auf Umgehung der gesetzlichen Vorschrift gerichtete Geschäft absolut nichtig ist (Art. 218 ter OR). Da der Erwerbstitel nichtig ist, hat der Grundbuchverwalter gemäß Art. 965 ZGB das Eintragungsbegehren abzuweisen [5]. Wird die Eintragung trotzdem vorgenommen, so kommt ihr keine eigentumsübertragende Wirkung zu, da es an einem gültigen Rechtsgrund fehlt. Der Verkäufer kann das Grundstück jederzeit vindizieren, und der Käufer kann den Kaufpreis zurückverlangen.

Die Strenge dieser Regelung wird durch Ausnahmen gemildert. Zunächst die gesetzlichen Ausnahmen, nämlich:

– das Bauland; das sind Grundstücke, die gegenwärtig landwirtschaftlich genutzt werden oder sich für eine solche Nutzung eignen, die jedoch alle Voraussetzungen erfüllen, die nach dem Verwaltungsrecht für eine sofortige Überbauung erforderlich sind. Der Baulandcharakter ist unabhängig von den Absichten des Eigentümers oder des Erwerbers. Maßgebend sind einzig die objektiven, nach dem Verwaltungsrecht geltenden Voraussetzungen, d.h. ob eine Baubewilligung für das Land erteilt werden kann [6],

– die Grundstücke, die sich in vormundschaftlicher Verwaltung befinden oder im Betreibungs- und Konkursverfahren verwertet werden. Die Bedürfnisse der vormundschaftlichen Verwaltung und die Interessen der Gläubiger in der Zwangsvollstreckung gehen vor.

Die vom Kanton der gelegenen Sache bezeichnete Verwaltungsbehörde kann sodann aus wichtigen Gründen eine Veräußerung des Grundstücks vor Ablauf der Sperrfrist gestatten (Art. 218 bis OR). Das Gesetz erwähnt als Beispiel drei solche wichtige Gründe, nämlich die Veräußerung zum Zwecke einer erbrechtlichen Auseinandersetzung (den Verkauf an einen Dritten zur Durchführung der Erbteilung), die Abrundung eines landwirtschaftlichen Betriebs oder die Verhinderung einer Zwangsvollstreckung. Die wichtigen Gründe können somit persönlicher Natur sein und

---

ausgeübt werden, so nimmt sie an, daß Art. 218 OR der Einräumung des Kaufsrechts nur insoweit entgegenstehe, als es den Erwerb vor Ablauf der Sperrfrist gestatte, während es im übrigen gültig sei (BGE 94 II, 1968, S. 105). Dabei wird jedoch übersehen, daß die aus einem Kaufrechtsvertrag fließenden Rechte, insbesondere das Recht auf Übertragung des Eigentums, abgetreten werden können (BGE 94 II, 1968, S. 274). Es ist daher der Spekulation auf Zeit Tür und Tor geöffnet. Wenn ein solches Geschäft nicht unmittelbar unter Art. 218 OR fallen sollte – und selbst das erscheint fraglich –, so gestattet es seine Umgehung und ist daher gemäß Art. 218 ter zu verbieten.

[5] BGE 84 II, 1958, S. 187.
[6] BGE 92 I, 1966, S. 331; 93 I, 1967, S. 597; 95 II, 1969, S. 426.

nur bei einer Partei des Kaufvertrages vorliegen. Die kantonale Behörde verfügt über einen weiten Spielraum des Ermessens[7].

Nach dem bäuerlichen Erbrecht (Art. 619 ZGB) können die Miterben dann, wenn ein landwirtschaftliches Grundstück bei der Erbteilung einem Erben zum Ertragswert zugeteilt worden ist, ihren Anteil am Gewinn verlangen, wenn das Grundstück innert 25 Jahren veräußert oder enteignet wird. Art. 218 ^{quinquies} OR dehnt diese Ordnung auf die Weiterveräußerung und die Enteignung eines landwirtschaftlichen Grundstücks aus, das der Eigentümer zu Lebzeiten auf einen seiner mutmaßlichen Erben übertragen hat. Zweck dieser Regelung ist die Erleichterung der Übertragung eines Landwirtschaftsbetriebes an einen Erben zu Lebzeiten des Betriebsinhabers. Das gestattet die Weiterführung des Betriebs durch eine junge Kraft, wodurch jungen Landwirten das Fortkommen erleichtert und Erbstreitigkeiten verhütet werden. Die Möglichkeiten des Weiterverkaufs mit Gewinn, die stark zugenommen haben mit der baulichen Entwicklung und dem Ansteigen der Preise, können indessen einen bäuerlichen Familienvater davon abhalten, seinen Betrieb auf einen seiner Söhne zu übertragen. Das Anteilsrecht des Verkäufers und seiner Erben an einem allfälligen Gewinn soll diesem Nachteil entgegenwirken.

III. Die gesetzlichen Vorkaufsrechte

Der wichtigste Rechtsbehelf, zu dem der Gesetzgeber zum Schutze des landwirtschaftlichen Grundeigentums gegriffen hat, ist die Einführung eines Vorkaufsrechts, vor allem zugunsten der Angehörigen des Verkäufers. Die Bestimmungen hierüber finden sich in den Art. 6–17 des BG vom 12. Juni 1951 über die Erhaltung des bäuerlichen Grundbesitzes, abgeändert durch das BG vom 6. Oktober 1972 über Änderungen des bäuerlichen Zivilrechts.

---

[7] BGE 92 I, 1966, S. 60 und 331. Das Ermessen der kantonalen Verwaltungsbehörde ist indessen enger nach der Novelle von 1965, welche den Weg der verwaltungsgerichtlichen Beschwerde an das BGer gegen die Entscheide dieser Behörden und namentlich auch gegen die Entscheide über ein Begehren um vorzeitige Übertragung (Art. 218bis OR) öffnete. Der Ausdruck «jugements cantonaux» in der französischen Fassung von Art. 218^{quater} OR ist ungenau; BGE 95 II, 1969, S. 426. Die verwaltungsgerichtliche Beschwerde hat nichts geändert an der Zuständigkeit der Zivilgerichte zum Entscheid über zivilrechtliche Streitigkeiten, die namentlich über die Frage der Gültigkeit von Veräußerungsgeschäften im Hinblick auf Art. 218 OR entstehen können. Die Entscheide der Grundbuchbehörden, mit denen die Eintragung verweigert wird (Art. 218ter OR), können wie bisher mit verwaltungsgerichtlicher Beschwerde angefochten werden.

Dieses Vorkaufsrecht hat die gleiche Natur und die gleichen Wirkungen wie das vertragliche Vorkaufsrecht[8]. Es ist persönlich, steht nur den im Gesetz abschließend aufgezählten Personen zu und kann nicht abgetreten werden. Sein Inhaber kann nicht zum voraus darauf verzichten[9]. Gegenstand des Vorkaufsrechts ist jedes landwirtschaftliche Gewerbe[10] oder ein wesentlicher Teil eines solchen[11], und zwar selbst dann, wenn das Kaufsobjekt für sich allein einer Bauernfamilie keine genügende Existenz zu bieten vermag[12]. Doch können die Kantone die Bestimmungen über das Vorkaufsrecht unanwendbar erklären für landwirtschaftliche Gewerbe oder für Liegenschaften bis zu drei Hektaren (Art. 16 EGG). Das Bauland ist vom Vorkaufsrecht ausgenommen[13]. Die Kantone sind sogar befugt, die Anwendung des Gesetzes auszuschließen für Bauzonen, die für die Entwicklung einer Ortschaft unentbehrlich sind. Endlich behält das Gesetz das gesetzliche Vorkaufsrecht des Miteigentümers vor, den Eigentumserwerb bei Zwangsversteigerungen, die Enteignung und die Käufe, die zur Erfüllung öffentlicher Aufgaben abgeschlossen werden oder dem Ersatz von Liegenschaften dienen, die für solche Zwecke verkauft worden sind[14].

Berechtigt zum Vorkauf sind die Nachkommen[15], der Ehegatte und die Eltern des Verkäufers (Art. 6 Abs. 1 EGG). Die Kantone können auf ihrem Gebiet das Vorkaufsrecht ausdehnen:

– auf die Geschwister und an Stelle verstorbener Geschwister auf deren Nachkommen, wenn der Verkäufer das Gewerbe von seinen Eltern oder aus deren Nachlaß erworben hat (Art. 6 Abs. 2 EGG);
– auf den Pächter, der die verkaufte Liegenschaft seit einer vom Kanton zu bestimmenden Mindestdauer in Pacht hat, wenn er sie selbst bewirtschaften will und hiefür geeignet erscheint (Art. 7 EGG);
– auf Dienstpflichtige unter den gleichen Voraussetzungen wie beim Pächter (Art. 8 EGG);

---

[8] Vgl. unten S. 156.
[9] Über den Verzicht vgl. BGE 82 II, 1956, S. 72; 84 II, 1958, S. 187; 88 II, 1962, S. 185.
[10] Zum Begriff des landwirtschaftlichen Gewerbes vgl. BGE 86 II, 1960, S. 427.
[11] Zum Begriff «wesentlicher Teil eines Gewerbes» vgl. BGE 81 II, 1955, S. 73, Erw. 5, S. 77.
[12] BGE 91 II, 1965, S. 239.
[13] Der Begriff «Bauland» ist der gleiche wie in Art. 218 OR. Vgl. oben S. 143.
[14] Zu dieser letzteren Ausnahme in Art. 10 EGG, vgl. BGE 84 II, 1958, S. 114; 85 II, 1959, S. 272; 90 II, 1964, S. 62; 93 II, 1967, S. 204.
[15] Mit Einschluß der Adoptivkinder, BGE 92 II, 1966, S. 57. Im Falle des Verkaufs eines im Mit- oder Gesamteigentum stehenden Gewerbes kann das Vorkaufsrecht gemäß Art. 6 EGG nur geltend machen, wer mit sämtlichen Verkäufern in einem Verwandtschaftsverhältnis steht, von dem das Gesetz das Recht abhängig macht, ohne daß dieses Verhältnis in bezug auf jeden der Verkäufer vom gleichen Grade sein muß.

- auf Eigentümer angrenzender Liegenschaften für Parzellen, deren Ausmaß 20 Aren nicht übersteigt (Art. 15 EGG);
- auf Gemeinden, öffentlich-rechtliche Korporationen und Alpgenossenschaften, jedoch nur für den Erwerb privater Alpweiden (Art. 17 EGG)[16].

Der Rang der Berechtigten bestimmt sich unter Verwandten nach folgender Reihenfolge: Kinder, Enkel, Ehegatte, Eltern, Geschwister, Nachkommen von Geschwistern. Unter Berechtigten im gleichen Range erhält derjenige den Vorzug, der die Liegenschaft selbst bewirtschaften will und hiefür geeignet erscheint, während im übrigen der Richter unter Berücksichtigung der persönlichen Verhältnisse der Vorkaufsberechtigten entscheidet (Art. 11 EGG). Die Pächter und Dienstpflichtigen gehen den Verwandten nach, wenn diese ihr Vorkaufsrecht geltend machen oder die Liegenschaft an sie verkauft wird (Art. 7 EGG)[17]. Was das Vorkaufsrecht der Nachbarn an kleinen Parzellen betrifft, so können die Kantone es demjenigen der Verwandten vor- oder nachgehen lassen (Art. 15 EGG).

Da es sich um eine gesetzliche Beschränkung des Verfügungsrechtes handelt, geht das gesetzliche Vorkaufsrecht den vertraglichen Vorkaufsrechten vor ohne Rücksicht auf den Zeitpunkt ihrer Begründung, vorausgesetzt daß sie nach dem Inkrafttreten des EGG entstanden sind.

Was die Ausübung des Vorkaufsrechts betrifft, so hat die Urkundsperson, vor welcher der Kaufvertrag abgeschlossen wird, dem Grundbuchverwalter das Verzeichnis der vorkaufsberechtigten Verwandten einzureichen. Die in diesem Verzeichnis aufgeführten Personen, denen der Kauf vom Grundbuchverwalter mitgeteilt wird, müssen ihr Recht innert der peremptorischen Frist eines Monats seit Empfang dieser Mitteilung geltend machen durch eine Erklärung gegenüber dem Grundbuchverwalter, welcher die Vertragsparteien hievon benachrichtigt (Art. 13, 14 EGG). Das Gesetz ordnet die absolute Verwirkung des Vorkaufsrechts mit Ablauf von drei Monaten seit dem Begehren um Eintragung der Handänderung an, ohne Rücksicht auf den Zeitpunkt, in dem der Betroffene Kenntnis vom Kaufvertrag erhalten hat (Art. 13, 14 EGG)[18].

---

[16] Zum Begriff der «Alpweide»: BGE 84 II, 1958, S. 114.
[17] Der Pächter kann kein Vorkaufsrecht geltend machen beim Verkauf an einen nicht vorkaufsberechtigten Verwandten, der jedoch vermutlicher Erbe des Verkäufers ist; BGE 87 II, 1961, S. 263.
[18] Im Streitfalle ist es unter Ausschluß der Grundbuchbehörden der Zivilrichter, der über den Bestand des Vorkaufsrechts und über seine ordnungsgemäße Geltendmachung entscheidet. Die Grundbuchbehörden können indessen die Zustellung der Anzeigen ablehnen, wenn die Möglichkeit, daß ein Vorkaufsrecht besteht, nicht ernstlich in Betracht fällt (BGE 79 I, 1953, S. 272).

Wenn der Vorkaufsberechtigte sein Recht innert der gesetzlichen Frist geltend gemacht hat durch eine Erklärung, die vorbehalt- und bedingungslos sein muß[19], so hat ihm der Verkäufer das Eigentum zu den im Kaufvertrag festgelegten Bedingungen zu übertragen (Art. 12 Abs. 4 EGG). Das ist die Wirkung des Vorkaufsrechts im allgemeinen. Die Blutsverwandten in gerader Linie (Eltern und Nachkommen), welche die Liegenschaft zur Selbstbewirtschaftung beanspruchen und hiefür geeignet erscheinen, sowie der Ehegatte besitzen ein qualifiziertes Vorkaufsrecht: sie können verlangen, daß ihnen die Liegenschaft zum Ertragswert im Sinne des BG vom 12. Dezember 1940 über die Entschuldung landwirtschaftlicher Heimwesen überlassen wird[20]. Im Falle der Weiterveräußerung oder Enteignung hat der Verkäufer jedoch Anspruch auf den Gewinn, der sich nach den Vorschriften über die Erbteilung bemißt.

IV. Der Einspruch gegen Liegenschaftskäufe

Das dritte Mittel zum Schutz des bäuerlichen Grundbesitzes, der Einspruch, ist wie das gesetzliche Vorkaufsrecht Gegenstand des BG vom 12. Juni 1951 über die Erhaltung des bäuerlichen Grundbesitzes (Art. 18–21).

Die Kantone sind frei, diese Einrichtung in dem durch das Bundesrecht festgesetzten Rahmen für ihr Gebiet einzuführen. Sie dürfen die in der bundesrechtlichen Ordnung vorgesehenen Einspruchsgründe nicht erweitern[21]. Dagegen steht es in ihrem Belieben, gewisse Kategorien von Liegenschaften vom Einspruchsverfahren auszuschließen oder die im Bundesrecht vorgesehenen Einspruchsgründe zu beschränken[22]. Der Gesetzgeber greift hier zu einem öffentlich-rechtlichen Rechtsbehelf, der der Beurteilung des Zivilrichters entzogen ist. Zweck des Einspracheverfahrens ist die Wahrung des öffentlichen Interesses an der Erhaltung lebensfähiger landwirtschaftlicher Betriebe. Hierauf kommt es an, und wenn das Gesetz die Beurteilung einer Verwaltungsbehörde überläßt, so hat diese ihren Entscheid unter Berücksichtigung dieses Interesses zu fällen. Sie hat insbesondere darüber zu befinden, ob im betreffenden Falle die schutzwürdigen Privatinteressen gegenüber dem öffentlichen Interesse überwiegen.

---

[19] BGE 81 II, 1955, S. 239; 88 II, 1962, S. 185.
[20] BGE 81 II, 1955, S. 570; 88 II, 1962, S. 185; 91 II, 1965, S. 239. Gemäß Art. 6 des Entschuldungsgesetzes erfolgt die Schätzung zum Ertragswert mit einem allfälligen Zuschlag von 25%. Wenn das Gewerbe über diesen Wert hinaus mit Grundpfandschulden belastet ist, so erhöht sich der Übernahmepreis um den Betrag dieser Schulden.
[21] BGE 93 I, 1967, S. 679.
[22] BGE 87 I, 1961, S. 232, 326.

Mit diesem Verfahren erhält eine vom Kanton bezeichnete Verwaltungsbehörde das Recht, von Amtes wegen Einspruch zu erheben gegen Kaufverträge über landwirtschaftliche Heimwesen oder über Grundstücke, die Teil eines solchen bilden[23]. Die zum Einspruch befugte Behörde entscheidet von Fall zu Fall unter dem Gesichtspunkt der Opportunität, ob der Einspruch, dessen Voraussetzungen gegeben sind, erhoben werden soll. Sie kann jedoch nicht nach freiem Belieben entscheiden, sondern hat eine objektive Beurteilung vorzunehmen und jeweils derjenigen Lösung den Vorzug zu geben, die ihr nach den besondern Verhältnissen des Falles als angemessen erscheint[24]. Jede Partei des Kaufvertrags kann gegen den Entscheid über den Einspruch bei einer kantonalen Behörde Beschwerde führen, wofür die Kantone zudem zwei Instanzen vorsehen können. Gegen letztinstanzliche kantonale Entscheide ist die Verwaltungsgerichtsbeschwerde an das BGer zulässig.

Der Begriff des «landwirtschaftlichen Heimwesens» umfaßt die Gesamtheit des Bodens und der Gebäulichkeiten, welche die Grundlage für den Betrieb eines landwirtschaftlichen Gewerbes bilden, mit Einschluß der Kleinheimwesen[25] sowie der Parzellen, die in einem als Bauzone ausgeschiedenen Gebiete liegen[26].

Die Einspruchsgründe, deren Aufzählung abschließend ist, sind die folgenden:
- wenn der Käufer offensichtlich zum Zwecke der Spekulation oder des Güteraufkaufs erwerben will[27];
- wenn der Käufer bereits Eigentümer so vieler Liegenschaften ist, daß sie ihm und seiner Familie eine auskömmliche Existenz bieten, wobei wichtige Gründe vorbehalten bleiben, darunter namentlich der Kauf, der dazu bestimmt ist, Nachkommen die Gründung eines selbständigen landwirtschaftlichen Gewerbes zu ermöglichen[28];
- wenn die Veräußerung bewirkt, daß ein landwirtschaftliches Gewerbe

---

[23] Den Kaufverträgen gleichzustellen sind: der Vertrag über die Begründung eines Kaufsrechts (BGE 92 I, 1966, S. 415; 94 I, 1968, S. 173) sowie der Verkauf sämtlicher Aktien einer Immobiliengesellschaft (BGE 97 I, 1971, S. 548).
[24] BGE 89 I, 1963, S. 62.
[25] BGE 89 I, 1963, S. 55, 230; 92 I, 1966, S. 316; 97 I, 1971, S. 555.
[26] Das kantonale Recht kann gleichwohl das Bauland vom Einspracheverfahren ausschließen; BGE 94 I, 1968, S. 173.
[27] Kasuistik: BGE 88 I, 1962, S. 331; 89 I, 1963, S. 55; 90 I, 1964, S. 264; 92 I, 1966, S. 317, 415.
[28] Kasuistik: BGE 83 I, 1957, S. 224; 92 I, 1966, S. 317; 93 I, 1967, S. 679; 94 I, 1968, S. 644; 95 I, 1969, S. 184; 97 I, 1971, S. 550, 555.

seine Existenz verliert, weil das Heimwesen nach Verlust der verkauften Parzelle nicht mehr ausreicht, um eine Familie zu ernähren[29].

Das Gesetz behält wichtige, die Veräußerung rechtfertigende Gründe vor und überläßt der Behörde einen Ermessensspielraum beim Entscheid darüber, ob ein schutzwürdiges privates Interesse gegenüber dem mit dem Gesetz verfolgten öffentlichen Interesse überwiegt.

Das Einspruchsverfahren ist schließlich nicht anwendbar auf Rechtsgeschäfte, für die das Enteignungsrecht gegeben ist oder die zur Erfüllung öffentlicher, gemeinnütziger oder kultureller Aufgaben abgeschlossen werden oder dem Ersatz von Liegenschaften dienen, die für solche Zwecke verkauft worden sind[30].

---

[29] Kasuistik: BGE 88 I, 1962, S. 325; 92 I, 1966, S. 317, 415; 93 I, 1967, S. 679; 94 I, 1968, S. 173.
[30] Nur die unmittelbare Verwendung für einen gemeinnützigen oder kulturellen Zweck rechtfertigt die Ausnahme (BGE 80 I, 1954, S. 409). Eine öffentliche Aufgabe ist die Errichtung von Schullagern (BGE 92 I, 1966, S. 324). Dagegen dient die Einrichtung eines Golfplatzes in einem Gebiet, das kein ausgesprochenes Fremdenverkehrsgebiet ist und wo daher kein starkes Bedürfnis nach einer Golfanlage besteht, nicht einem öffentlichen oder gemeinnützigen Zweck (BGE 97 I, 1971, S. 548).

Sechstes Kapitel

Verschiedene Formen und Arten des Kaufs

§ 18. Vorvertrag zu einem Kauf, Kaufs-, Vorkaufs- und Rückkaufsrecht

Literatur:

G. FLATTET, Rôle de la promesse de vente pour soi ou son nommable en droit moderne, JdT 96, 1948, droit cant., S.2; J.F. REYMOND, La promesse de vente pour soi ou son nommable, Diss. Lausanne 1945; J.D. DÉNÉRÉAZ, Promesse de vente, pacte d'emption et pratique notariale vaudoise, Diss. Lausanne 1941; P. CAVIN, La promesse de contracter, Sem. jud. 92, 1970, S.321; P. PETERMANN, La promesse de vente immobilière et plus particulièrement le pacte de droit d'emption en droit suisse, Diss. Lausanne 1921; P. JÄGGI, Über das vertragliche Vorkaufsrecht, ZBGR 39, 1958, S.65.

I. Einleitung

Der Vorvertrag zu einem Kauf sowie die Verträge, die ein Kaufs-, Vorkaufs- oder Rückkaufsrecht begründen, sind Modalitäten des Kaufs, deren Begriff das Gesetz nicht bestimmt. Das OR beschränkt sich darauf, bei Grundstücken für Vorverträge, Kaufs- und Rückkaufsrechtsverträge die öffentliche Beurkundung und für Vorkaufsverträge die Schriftform vorzuschreiben (Art. 216 OR). Das ZGB gestattet in Art. 959 die Vormerkung der Kaufs-, Vorkaufs- und Rückkaufsrechte im Grundbuch und setzt in Art. 681 die Wirkungen zwar nicht des Vorkaufsrechts als solchem, jedoch seiner Vormerkung im Grundbuch fest. Nun sind diese Verträge, wie der Vorvertrag zu einem Kauf, auch bei beweglichen Sachen häufig, namentlich bei Verkäufen von Aktien.

Wir behandeln sie daher als Formen des Kaufs im allgemeinen und lassen hier die Frage der Form beiseite, die sich für Grundstücke in gleicher Weise stellt wie beim Kauf von Grundstücken, während keine Form erforderlich ist, wenn es um bewegliche Sachen geht.

II. Der Vorvertrag zu einem Kauf (promesse de vente)

Es handelt sich um einen besonderen Fall des in Art. 22 Abs. 1 OR geregelten Vorvertrages. Der Vorvertrag zu einem Kauf ist ein Begriff, der sich nur schwer definieren und insbesondere vom Kauf unterscheiden läßt. Natürlich kann man sich durch einen Vertrag verpflichten, später einen bestimmten Vertrag abzuschließen, wobei die versprochene Leistung darin besteht, durch eine Willenserklärung mitzuwirken am Abschluß eines künftigen Vertrages, der ein vom Vorvertrag rechtlich verschiedenes Rechtsgeschäft ist und dessen Erfüllung darstellt[1]. Eine solche Verpflichtung zur Vertragsschließung kommt jedoch unter den Voraussetzungen von Art. 1 OR zustande. Die Parteien müssen gegenseitig ihren übereinstimmenden Willen über alle wesentlichen Punkte geäußert, d.h. den Gegenstand der Leistungen bestimmt haben, die den Inhalt des versprochenen Vertrages sein sollen. Handelt es sich um einen Kauf, so müssen sich die Parteien des Vorvertrages geeinigt haben über die Übergabe einer bestimmten Sache gegen Bezahlung eines bestimmten Preises. Haben wir es aber, wenn die Willenseinigung über die wesentlichen Punkte zustandegekommen ist, nicht schon mit einem perfekten Kaufe zu tun? Der Inhalt dieses Kaufes ist bereits festgelegt, wenigstens in den wesentlichen, allein entscheidenden Punkten, so daß keine Partei einseitig davon abgehen kann, ebensowenig wie sie die Nebenpunkte nach ihrem Belieben regeln kann, die vorbehalten worden sein sollten und über die, mangels Einigung, der Richter gemäß Art. 2 OR zu entscheiden hat. Durch ihre Erklärung gebunden, ist jede Vertragspartei verpflichtet, den vereinbarten Vertrag abzuschließen, was nichts anderes ist, als eine bereits eingegangene Verpflichtung zu bestätigen. Als Rechtsgrund der vertraglichen Obligationen setzt die Willenserklärung aber einen freien Willen voraus. Wer gebunden ist, kann nicht eine Verpflichtung eingehen mit demselben Gegenstand; er ist schon verpflichtet. Wenn auf einen Vorvertrag ein Hauptvertrag folgt, so ergeben sich die Verpflichtungen der Parteien aus dem Vorvertrag und nicht aus dem Hauptvertrag, der eine bloße Bestätigung der ersten Vereinbarung ist, welche schon damals auf den Austausch von Leistungen gerichtet war. Dieser Vorvertrag allein ist es, der ein neues, ein für allemal bestimmtes Rechtsverhältnis entstehen läßt. Man kann mit GUHL sagen: «Ist man durch einen Vorvertrag schon zur Übernahme bestimmter Verbindlichkeiten verpflichtet, so ist der Hauptvertrag kein Vertrag mehr, und ist man noch nicht dazu verpflichtet, so ist der Vorvertrag noch kein Vertrag.»[2] Man muß, in der

---

[1] Indem er mit dem alten Begriff des Vorvertrags brach, der als eine bloß vorläufige Abmachung, gewissermaßen als eine Vorstufe, die zum Abschluß des perfekten Vertrages führt, galt, hat DEGENKOLB diese Konstruktion der Verpflichtung zum Abschluß eines Vertrages entwickelt (Der Begriff des Vorvertrages, AcP 71, 1887, S.1ff.).
[2] Das Schweiz. Obligationenrecht, 5. Aufl., Zürich 1956, S.94; im gleichen Sinne GUHL/MERZ/KUMMER, S.113; SCHLOSSMANN, Jherings Jahrb. 45, 1903, S.89.

Theorie, den Begriff des Vorvertrages fallen lassen und sich dem Entweder-Oder von GUHL anschließen.

Die herrschende Lehre und die Rechtsprechung[3] sind indessen über diesen Widerspruch, von dem sie sich keine Rechenschaft zu geben suchten, hinweggegangen; sie anerkennen die Rechtsfigur des Vorvertrages und weisen ihm keine andere Wirkung zu als einen Anspruch auf Verurteilung zum Abschluß des Hauptvertrages, unter Ausschluß einer unmittelbar auf Erbringung der Leistung gerichteten Klage[4].

Dem Problem kommt besondere Bedeutung zu auf dem Gebiete des Grundstückkaufs; denn der Vorvertrag, gefolgt von einem Kaufgeschäft als Grundlage für die Eintragung des Eigentumsübergangs im Grundbuch, ist in der Notariatspraxis gewisser Kantone, vor allem der französischsprachigen Schweiz, häufig anzutreffen. Das kommt daher, daß der Kauf nach dem früheren kantonalen wie nach dem französischen Recht eigentumsübertragende Wirkung hatte[5], weshalb der Kauf weder mit einer aufschiebenden oder auflösenden Fristbestimmung noch mit einer solchen Bedingung verbunden werden konnte[6]. Deshalb verurkundeten die Parteien eine «promesse de vente», die eine persönliche Verbindlichkeit begründete und dadurch dem «promettant acquéreur» im Falle des Verzuges des «promettant vendeur» das Recht verlieh, ein den Kaufvertrag ersetzendes und alle Wirkungen eines solchen entfaltendes Urteil zu erwirken, d.h. ein das Eigentum zusprechendes Urteil[7]. Man kann annehmen, daß diese Praxis nicht richtig gewürdigt wurde von den Schöpfern des OR, die jene Verträge nur ungenügend überprüft haben. Auf diese irrtümliche Qualifikation in Verbindung mit dem Einfluß der Lehre von DEGENKOLB sind, so nehmen wir an, die Art. 22 und 216 OR zurückzuführen. Die «promesses de vente» des alten Rechts, an denen die Notariatspraxis festgehalten hat, verleihen unseres Erachtens einen obligatorischen Anspruch auf Übertragung des Eigentums und auf Bezahlung des Kaufpreises. Es sind Käufe

---

[3] BGE 56 I, 1930, S.198; 97 II, 1971, S.48; OSER/SCHÖNENBERGER, N.9 und BECKER, N.13 zu Art.22 OR; H.ROTH, Der Vorvertrag, Diss. Freiburg 1928; M.REHFOUS, La formation du contrat et l'avant-contrat en matière mobilière, Sem.jud. 87, 1965, S.330; LEUCH, Die ZPO für den Kt. Bern (zit. § 8, Anm.7), N.1 zu Art.404.

[4] VON TUHR/SIEGWART (I, S.253) machen dagegen eine Ausnahme und lassen die Klage auf Erbringung der Leistung zu, was auf das Zugeständnis hinausläuft, daß sich der Vorvertrag nicht vom Hauptvertrag unterscheide.

[5] Art.1113 des CC des Kt. Waadt: «Das Eigentum wird vom Käufer gültig erworben, ... sobald die Sache und der Preis vereinbart ist. Doch ist der Kauf einer Liegenschaft erst perfekt, wenn die öffentliche Urkunde erstellt ist; bis dahin kann zwischen den Parteien nur ein Vorvertrag (promesse de vente) bestehen.»

[6] Art.1117 des CC des Kt. Waadt.

[7] Dies schreiben die Art.115 des Waadtländer CC und 1589 des Genfer CC ausdrücklich vor.

im Sinne des OR und keine Vorverträge[8]. Dem entspricht jedoch nicht die Rechtsprechung des BGer, das infolge einer mangelhaften Überprüfung dieser Verträge und in Verkennung ihres historischen Ursprungs sie als Vorverträge bezeichnet und ihnen nur die beschränkten Wirkungen zuweist, die die Rechtsprechung diesem Institut verleiht, nämlich einen Anspruch auf Abschluß des Kaufvertrages[9]. Unter diesen Umständen ist es Sache der Notariatspraxis, auf die Abfassung der veralteten Vertragsurkunden zu verzichten und sich der geltenden gesetzlichen Ordnung anzupassen. Sie sollte auf die «promesse de vente» gefolgt von einem Kaufvertrag verzichten und in Anpassung an das gesetzliche System Grundstückkaufverträge abfassen, die befristet oder mit Bedingungen versehen sein können, und im Anschluß an die bei Ablauf der Frist oder Eintritt der Bedingung ein bloßes Eintragungsbegehren beim Grundbuch zu stellen oder in Ermangelung eines solchen eine Klage auf gerichtliche Zusprechung des Eigentums gemäß Art. 665 ZGB zu erheben wäre. Das zweideutige Institut der «promesse de vente», Überbleibsel einer abgeschafften Rechtsordnung, wird so verschwinden, da es keinerlei praktisches Interesse mehr bietet. Die «promesse de vente» begründet allerdings zugunsten des promettant acheteur ein abtretbares Recht. Dieses kann vereinbart werden zugunsten des Unterzeichners oder seines «nommable» (des von ihm als Vertragspartner Bezeichneten) und dient als Mittel der Spekulation. Indessen besteht kein Grund, der der Abtretung der Rechte des Käufers aus einem Grundstückkauf oder einem Vorkaufsvertrag entgegenstehen würde, und die Parteivereinbarung kann das Recht des Käufers vorbehalten, einen Vertragspartner mit den gleichen Wirkungen wie bei der «promesse de vente» zu bezeichnen.

III. Das Kaufsrecht

Der Vertrag auf Einräumung eines Kaufsrechts gewährt dem Berechtigten die Befugnis, durch eine einseitige Willenserklärung eine bestimmte Sache käuflich, d.h. gegen Bezahlung eines Preises, zu erwerben.

Es ist ein mit einer potestativen Bedingung versehener Kauf: der Verkäufer ist gebunden; dem Inhaber des Kaufsrechts steht es frei, sein Recht auszuüben oder darauf zu verzichten.

---

[8] Weil dies so ist, verleiht der promettant vendeur in der Genfer Notariatspraxis dem promettant acheteur in der gleichen Vertragsurkunde ein Kaufsrecht, um ihm die Vormerkung im Grundbuch zu ermöglichen.
[9] BGE 56 I, 1930, S. 195; 97 II, 1971, S. 48; im gegenteiligen Sinne und m. E. richtig: BGE 42 II, 1916, S. 494 und die Rechtsprechung des Waadtländer KGer: JdT 98 III, 1950, S. 120; 105 III, 1957, S. 9; DÉNÉRÉAZ, Promesse de vente (Lit. verz. §18), S. 100, 122.

Dieser Vertrag, der auch Option genannt wird, kommt nicht nur bei Grundstücken häufig vor, sondern auch bei der Abtretung von Unternehmungen in der Form der Aktienübertragung, ferner beim Erwerb beweglicher Sachen, z.B. von Linienflugzeugen. Das Recht kann unentgeltlich oder gegen eine Gegenleistung eingeräumt werden[10]. Es ist üblicherweise befristet. Es kann an Bedingungen geknüpft und schließlich mit einem andern Vertrag, namentlich mit einem Mietvertrag, der die gleiche Sache zum Gegenstand hat, verbunden werden.

Die Rechtsnatur des Kaufsrechts war in der Rechtslehre Gegenstand von Kontroversen[11], ohne daß die verschiedenen vorgeschlagenen Lösungen in der praktischen Auswirkung zu erheblichen Unterschieden führten. Die Rechtsprechung hat sich der herrschenden Meinung angeschlossen und erblickt in der Einräumung des Kaufsrechts einen bedingten Kauf, wobei die Bedingung in der Erklärung des Berechtigten liegt, welche in ganz unnötiger Ehrerbietung vor der Lehre von den Gestaltungsrechten als «Gestaltungserklärung» bezeichnet wird[12].

Die wesentlichen Vertragsbestandteile sind die gleichen wie beim Kauf. Der Preis muß also im Kaufrechtsvertrag bestimmt sein. Wenn der Vertrag Grundstücke zum Gegenstand hat, muß er öffentlich beurkundet werden. Der Beurkundungszwang gilt sowohl für die Angabe des Preises wie für die Bezeichnung der verkauften Sache.

Wenn der Kaufberechtigte dem Verkäufer erklärt hat, er wolle sein Recht ausüben, ist die Bedingung, von welcher der Kauf abhängig war, eingetreten: Der Kauf entfaltet seine Wirkungen. Der Käufer hat Anspruch auf Lieferung der Sache, der Verkäufer auf Bezahlung des Preises. Bei Grundstücken bildet der öffentlich beurkundete Kaufrechtsvertrag in Verbindung mit der schriftlichen Erklärung des Käufers, sein Recht auszuüben, den Rechtsgrundausweis für die Eintragung im Grundbuch. Falls sich der Verkäufer weigert, die Anmeldung vorzunehmen, kann der Käufer, der über einen vollständigen Rechtsgrundausweis verfügt, beim Richter gemäß Art. 665 Abs. 1 ZGB die Zusprechung des Eigentums verlangen. Das Kaufsrecht kann im Grundbuch vorgemerkt werden, was ihm, wie allgemein angenommen wird, den Charakter einer Realobligation verleiht.

---

[10] Das Erfordernis der öffentlichen Beurkundung, das für Grundstücke aufgestellt ist, gilt nicht für Leistungen, die für die Einräumung eines Kaufsrechts versprochen werden; BGE 86 II, 1960, S.33.
[11] Zum Überblick über die Lehrmeinungen und ihre Kritik vgl. OSER/SCHÖNENBERGER, N.18 zu Art. 216 OR. Da sich das Problem in gleicher Weise auch für das Vorkaufsrecht stellt, sei ferner auf MEIER-HAYOZ (Kommentar, N.41ff. zu Art.681 ZGB) verwiesen.
[12] BGE 86 II, 1960, S.33; 88 II, 1962, S.158. Zur Frage der Abtretbarkeit des Kaufsrechts vgl. BGE 94 II, 1968, S.274.

IV. Das Rückkaufsrecht

Durch das Rückkaufsrecht erhält der Verkäufer ein Kaufsrecht an der verkauften Sache. Es wird damit für den Verkäufer die Befugnis zum Rückkauf begründet. Das Rückkaufsrecht wird im allgemeinen in der gleichen Urkunde wie der Kauf vereinbart. Doch steht nichts entgegen, es getrennt davon zu beurkunden, auch nach dem Abschluß und sogar nach der Erfüllung des Kaufs.

Die Vertragsbestandteile und die Wirkungen des Rückkaufsrechts unterscheiden sich in keiner Weise von denen des Kaufsrechts. Als Rückkaufspreis hat, wie es das deutsche Recht (§ 497 Abs. 2 BGB) und das französische Recht (Art. 1673 CCfr.) vorschreiben, beim Stillschweigen des Vertrages der Preis zu gelten, den der Käufer bezahlt hat. Die Preisangabe ist daher kein wesentlicher Punkt des Rückkaufvertrags, da dann, wenn im Vertrag kein Preis angegeben ist, zu vermuten ist, daß die Parteien es beim Kaufpreis bewenden lassen wollten.

Das Rückkaufsrecht beschränkt das Benutzungsrecht des Käufers in keiner Weise, weshalb er für Verschlechterungen der Sache, die ihm zuzuschreiben sind, nicht verantwortlich gemacht werden kann[13]. Dem Verkäufer steht es, angesichts des Zustandes der Sache, frei, sein Recht auszuüben oder darauf zu verzichten. Er kann auf keinen Fall unter Berufung auf den Minderwert die Rückgabe der Sache zu einem herabgesetzten Preise verlangen. Der Käufer hat also nur einzustehen für die einzige, ihm durch das Rückkaufsrecht auferlegte Verpflichtung: er darf die Sache nicht veräußern.

Das Rückkaufsrecht ist eine alte Einrichtung, die vor dem Ausbau der modernen Grundpfandrechtsordnungen der Sicherstellung diente, vor allem in Frankreich, wo die Ausübung des Rückkaufsrechts die rückwirkende Auflösung des Kaufvertrages und von Rechts wegen die daraus folgende Übertragung des Eigentums bewirkte. Es hat heute seine Daseinsberechtigung verloren. Trotzdem kann das Rückkaufsrecht, sofern es im Grundbuch vorgemerkt ist, noch immer zum Zwecke der Bestellung einer dinglichen Sicherheit verwendet werden. Hierin liegt nichts Widerrechtliches, so wenig wie in der fiduziarischen Eigentumsübertragung zu Sicherungszwecken. Doch muß man sich davor hüten, daß eine solche Vereinbarung durch damit verbundene Bedingungen zwingende Vorschriften zum Schutze des Schuldners umgeht, wie namentlich diejenigen, welche wucherische Zinssätze oder das Verbot der Verfallsklausel verpönen.

---

[13] Im gegenteiligen Sinne das deutsche Recht, das eine Verantwortlichkeit des Käufers für die von ihm verschuldete Verschlechterung der Sache anordnet (§ 498 Abs. 2 BGB).

V. Das Vorkaufsrecht

Der Vorkaufsvertrag ist die Verpflichtung des Eigentümers, der Gegenpartei, dem Vorkaufsberechtigten, den Vorrang zu geben, wenn er die Sache verkaufen will. Der Berechtigte erhält damit das Recht, die Sache durch eine einseitige Willenserklärung käuflich zu erwerben, ein Recht, das durch den Verkauf der Sache an einen Dritten bedingt ist. Seine rechtliche Natur und seine Wirkungen sind die gleichen wie diejenigen des Kaufsrechts, von dem es eine besondere Form ist. Es handelt sich um einen bedingten Kaufrechtsvertrag[14].

Wenn der Vertrag nichts darüber bestimmt, so gibt das Vorkaufsrecht dem Berechtigten die Befugnis, die Sache zum Preis und zu den Bedingungen zu kaufen, zu denen sie an den Dritten verkauft worden ist. Es steht den Parteien jedoch frei, im voraus bestimmte Bedingungen und namentlich einen Preis zu vereinbaren, die unabhängig von den Bedingungen des Verkaufs an den Dritten sind (sog. qualifiziertes oder limitiertes Vorkaufsrecht). Der Rechtsgrund für den Erwerb des Vorkaufsberechtigten ist in allen Fällen der Vorkaufsvertrag. Selbst wenn die Bedingungen des Verkaufs an den Dritten für die Ausübung des Vorkaufsrechts maßgebend sind, tritt der Vorkaufsberechtigte nicht in die Rechte des Drittkäufers ein. Er erwirbt aufgrund eines eigenen Rechts.

Falls nichts Gegenteiliges vereinbart ist, kann das Vorkaufsrecht unter Lebenden nicht abgetreten werden[15]. Die gesetzlichen Vorkaufsrechte sind unübertragbar.

Die Ausübung des Vorkaufsrechts setzt den Verkauf an einen Dritten voraus. Es ist dies die notwendige und zugleich hinreichende Voraussetzung. Der Abschluß des Kaufvertrages bewirkt, daß das Recht geltend gemacht werden kann. Er bildet den Eintritt der Bedingung, an die das Recht geknüpft ist. Selbst wenn der Kauf aufschiebend bedingt ist oder der Genehmigung durch eine Behörde bedarf, kann der Vorkaufsberechtigte sein Recht ausüben, doch muß er sich die mit dem Drittkäufer vereinbarten Bedingungen entgegenhalten lassen. Die vertragliche Rückgängigmachung des Kaufs ist ohne Wirkung auf das Vorkaufsrecht, das sein Inhaber bereits ausgeübt hat. Im Falle anderer Veräußerungsgeschäfte als des Kaufs ist der Vorkaufsberechtigte nicht befugt, sein Recht auszuüben. So verhält es sich bei der Schenkung, beim Tausch, beim Einbringen in eine Gesell-

---

[14] MEIER-HAYOZ, N. 41–49 zu Art. 681 ZGB.
[15] BGE 94 II, 1968, S. 274.

schaft, bei der Handänderung infolge Erbgangs oder Erbteilung, bei der Enteignung, bei der Versteigerung in der Zwangsvollstreckung[16].

Das Vorkaufsrecht begründet für den Verkäufer die Pflicht, dem Vorkaufsberechtigten Kenntnis zu geben vom Verkauf und, im Falle des nicht qualifizierten Vorkaufsrechts, für das die Bedingungen des Kaufs maßgebend sind, vom Preis und von den besondern Bedingungen. Solange der Vorkaufsberechtigte, dem der Verkauf angezeigt wurde, sein Recht nicht ausgeübt hat, sind der Verkäufer und der Drittkäufer im ungewissen und kann der Kaufvertrag nicht vollzogen werden. Das Gesetz hat die Voraussetzungen der Ausübung des Vorkaufsrechts nur für die Grundstücke und für den Fall der Vormerkung des Vorkaufsrechts im Grundbuch geregelt. Es auferlegt dem Verkäufer die Verpflichtung, den Vorkaufsberechtigten von einem Verkaufe in Kenntnis zu setzen, und bestimmt, daß der Vorkaufsberechtigte sein Recht innert der Verwirkungsfrist von einem Monat seit der Anzeige durch eine Erklärung gegenüber dem Verkäufer auszuüben hat (Art. 681 Abs. 2 und 3 ZGB)[17], oder, mangels einer Anzeige, seitdem er vom Kauf und gegebenenfalls von dessen Bedingungen Kenntnis erhalten hat[18]. Die Rechtsprechung hat diese Regelung auf nicht im Grundbuch vorgemerkte Vorkaufsrechte an Grundstücken übertragen[19]. Es erscheint als geboten, sie mangels einer Abmachung hierüber auch auf Vorkaufsrechte an beweglichen Sachen anzuwenden. Die Anzeigepflicht des Verkäufers ist die natürliche Folge des Vorkaufsrechts, und der Vorkaufsberechtigte muß sich innert einer angemessenen Frist entscheiden, die mangels abweichender Vereinbarung richtigerweise gemäß der Vorschrift des Art. 681 ZGB festzusetzen ist.

Wenn der Vorkaufsberechtigte innert der gesetzlichen oder vertraglich bestimmten Frist nicht erklärt, er wolle sein Recht ausüben, ist aufgrund einer unwiderlegbaren Vermutung anzunehmen, er verzichte darauf.

An sich verleiht das Vorkaufsrecht seinem Inhaber nur einen obligatorischen Anspruch, der sich ausschließlich gegen den Verkäufer richtet[20]. Der Vorkaufsberechtigte hat kein Recht, die Sache einem Dritten abzuverlangen (droit de suite, Folgerecht). Wenn der Verkauf an den Dritten in Mißachtung seines Rechts erfüllt ist, kann er nur den Verkäufer auf Scha-

---

[16] BGE 44 II, 1918, S. 362, 380; 73 II, 1947, S. 162; 85 II, 1959, S. 572; 89 II, 1963, S. 444; MEIER-HAYOZ, N. 144–175 zu Art. 681 ZGB.
[17] Für die gesetzlichen Vorkaufsrechte an landwirtschaftlichen Grundstücken siehe die Sonderregelung in den Art. 13 und 14 EGG.
[18] BGE 56 II, 1930, S. 170.
[19] BGE 83 II, 1957, S. 12.
[20] BGE 85 II, 1959, S. 565.

denersatz belangen. Er hat keinerlei Ansprüche gegen den Drittkäufer, selbst wenn dieser bösgläubig war. Aus der obligatorischen Natur des Rechts folgt weiter, daß es erlischt, wenn der Berechtigte anläßlich eines Kaufes auf die Ausübung verzichtet und dieser Kauf erfüllt wird[21]. Anders verhält es sich mit den Vorkaufsrechten an Grundstücken, die im Grundbuch vorgemerkt sind. Nach der herrschenden Lehre, der sich die Rechtsprechung[22] angeschlossen hat, verleiht die Vormerkung der Obligation, auf die sie sich bezieht, den Charakter einer Realobligation, die eine unmittelbare rechtliche Beziehung schafft zwischen dem Inhaber des vorgemerkten persönlichen Rechts und der Person, die im Grundbuch als Eigentümerin des Grundstücks eingetragen ist. Der Inhaber eines vorgemerkten Vorkaufsrechts besitzt somit ein Folgerecht, das er unmittelbar gegen jede Person geltend machen kann, die das Grundstück in Mißachtung seines Rechts erworben hat. Ferner folgt hieraus, daß dann, wenn der Vorkaufsberechtigte sein Recht beim ersten Verkaufe nicht ausübt, dieses Recht gegenüber dem Erwerber weiterbesteht, solange die Vormerkung bestehen bleibt. Es kann somit bei einem späteren Verkauf ausgeübt werden. Der Vorkaufsberechtigte kann also auf die Ausübung seines Rechts bei einem ersten Verkaufe verzichten, ohne die Befugnis zu verlieren, es bei einem späteren Verkaufe auszuüben, sofern dem die Bedingungen des Vorkaufsvertrags nicht entgegenstehen[23].

§ 19. Andere Arten des Kaufes

I. Der Kauf nach Muster

1. Der Begriff

Der Kauf nach Muster kennzeichnet sich dadurch, daß der Verkäufer dem Käufer eine kleine Menge der Ware, das Muster, übergibt in der Meinung, daß die Qualität der gelieferten Ware durch Vergleichung mit diesem Muster geprüft werden soll.

Die Übergabe des Musters ist somit eine besondere Form der «Zusicherung einer Eigenschaft» im Sinne des Art. 197 OR, da sich der Ver-

---

[21] Es sei denn, der Käufer habe die Verpflichtung des Verkäufers gegenüber dem Vorkaufsberechtigten übernommen. Vgl. MEIER-HAYOZ, N. 296 zu Art. 681 ZGB.
[22] BGE 92 II, 1966, S. 155 und die in diesem Urteil erwähnte Doktrin; MEIER-HAYOZ, N. 255–275 zu Art. 681 ZGB.
[23] BGE 92 II, 1966, S. 147.

käufer verpflichtet, eine mit dem Muster übereinstimmende Ware zu liefern. Es ist dies eine Art der Bestimmung der Ware.

Das Muster kann sich lediglich auf gewisse Eigenschaften beziehen, wie die Farbe, das Dessin eines Gewebes[1]. Es ist auch denkbar, daß gewisse Eigenschaften der Ware, die sich bei der Prüfung des Musters nicht feststellen lassen, wie die Widerstandsfähigkeit gegen Abnützung, gegen Korrosion, Gegenstand einer in der üblichen Form abgegebenen Zusicherung sind. Die besonderen Vorschriften über den Kauf nach Muster sind dann nur auf diejenigen Eigenschaften der Ware anwendbar, zu deren Festlegung das Muster bestimmt ist. Ebenso befreit eine mustergetreue Lieferung den Verkäufer nicht von seiner gesetzlichen Gewährspflicht für Mängel, die bei einer Untersuchung des Musters nicht entdeckt werden konnten[2].

Nicht mit einem Kauf nach Muster haben wir es zu tun, wenn sich der Verkäufer nicht, auch nicht durch schlüssiges Verhalten, verpflichtet, eine mit dem Muster übereinstimmende Ware zu liefern, wenn das Muster z.B. nur dazu bestimmt ist, dem Käufer einen Begriff von der Beschaffenheit oder von der äußerlichen Erscheinung der Sache zu geben. Gleich verhält es sich, wenn nach dem Abschluß des Kaufvertrages und vor der Erfüllung der Verkäufer ein Muster nimmt, um dem Käufer die Vornahme einer vorläufigen Untersuchung zu ermöglichen (Ausfallmuster). Im Zweifelsfall begründet die Übergabe eines Musters vor dem Kauf die Vermutung für einen Kauf nach Muster.

2. Besondere Wirkungen des Kaufs nach Muster

Die Untersuchung der Ware muß durch Vergleichung mit dem Muster erfolgen: es ist die Übereinstimmung der gelieferten Ware mit dem Muster, die darüber entscheidet, ob die in der Übergabe des Musters liegende Qualitätszusicherung eingehalten wurde. Der Käufer, der das bestreitet, kann sich unter den Voraussetzungen des Art. 197 ff. OR auf die Gewährleistung wegen Mängeln berufen.

Im allgemeinen ist es Sache des Käufers, der das Fehlen einer zugesicherten Eigenschaft geltend macht, zunächst das Vorliegen der Zusicherung und sodann die Nichtübereinstimmung der Ware zu beweisen[3]. Art. 222 Abs. 3 OR scheint diesem Grundsatz zu widersprechen, wenn er bestimmt, im Falle des Verlusts oder des Verderbs des Musters beim Käufer «habe der Verkäufer nicht zu beweisen, daß die Sache mustergemäß sei, sondern

---

[1] ObGer Solothurn, 28. Juni 1945, SJZ 43, 1947, S. 260, Nr. 129.
[2] BGE 76 II, 1950, S. 221.
[3] Vgl. oben S. 94.

der Käufer das Gegenteil». Bei normaler Auslegung ist hieraus zu schließen, daß im Falle der Vorlegung eines Musters der Verkäufer zu beweisen hat, daß seine Leistung dem Muster entspricht[4]. Trotz den sich aus dem Wortlaut ergebenden Gründen, deren Gewicht wir nicht bestreiten, bleiben wir bei der Annahme, daß es stets der Käufer ist, der die Nichtübereinstimmung der Ware mit dem Muster zu beweisen hat. Es ist dies die allgemeine Regel, von der abzuweichen beim Kauf nach Muster kein Anlaß besteht. Es handelt sich übrigens um eine in der Praxis untergeordnete Frage, denn wenn das Muster vorgelegt wird, so verliert die Beweislastverteilung weitgehend an Bedeutung.

Die wichtigste Sondervorschrift ist in Art. 222 Abs. 1 und 2 OR enthalten und betrifft den Beweis der Identität des vom Verkäufer übergebenen mit dem vom Käufer vorgewiesenen Muster: der persönlichen Versicherung des Käufers vor Gericht wird Glauben geschenkt, ohne daß er die Identität zu beweisen hat, und zwar gilt dies selbst dann, wenn er das Muster in veränderter Gestalt vorgewiesen hat, wenn diese Veränderung die notwendige Folge der von ihm vorgenommenen Prüfung des Musters ist. Die Versicherung vor Gericht schafft somit eine Vermutung zugunsten des Käufers, die der Verkäufer widerlegen kann durch den Nachweis der Nichtidentität[5].

II. Der Kauf auf Probe

Beim Kauf auf Probe steht es im Belieben des Käufers, ob er die Kaufsache genehmigen will oder nicht, nachdem er sie geprüft oder erprobt hat. Es ist ein aufschiebend bedingter Kauf, wobei es sich um eine reine Potestativbedingung handelt, deren Erfüllung ganz im Belieben des Käufers steht. Diese Konstruktion war freilich umstritten, da einige Autoren im Kauf auf Probe eine Offerte des Verkäufers, andere einen Vorvertrag erblickten[6]. Diese Auffassungen finden eine gewisse Stütze im Wortlaut von Art. 225 OR, wonach der Kauf «als genehmigt gilt» («est réputée parfaite»), wenn der Käufer über die Sache verfügt, sie bezahlt oder es unterläßt, sie zurückzugeben. Da indessen sprachliche Genauigkeit und Schärfe nicht die

---

[4] Das Urteil BGE 75 II, 1949, S. 217 zieht diesen Schluß, wobei es, etwas überraschend, beifügt, er entspreche «der allgemeinen Regel».

[5] Wenn der Käufer das Muster einem Dritten anvertraut, besteht die Vermutung zu seinen Gunsten nur, wenn er den Nachweis der Identität des dem Dritten übergebenen Musters mit dem von diesem ihm zurückerstatteten und von ihm vorgelegten Muster erbringt. BGE 75 II, 1949, S. 217.

[6] Siehe die Literaturangaben bei OSER/SCHÖNENBERGER, N. 3 zu Art. 223 OR. Vgl. ferner GUHL/MERZ/KUMMER, S. 304; VON BÜREN, S. 59.

Stärke unseres Gesetzes bilden, vermag der Hinweis auf den Wortlaut nicht aufzukommen gegen eine einfache und klare Konstruktion, deren Wirkungen sich nach den unzweideutigen gesetzlichen Vorschriften der Art. 151 ff. OR bestimmen. Das ist denn auch die in der Lehre und Rechtsprechung herrschende Auffassung[7].

Der Kauf auf Probe entfaltet also erst dann Wirkungen, wenn die Bedingung gemäß Art. 151 Abs. 1 OR erfüllt ist. Daher bleibt die Sache, selbst wenn sie in den Besitz des Käufers übergegangen ist, im Eigentum des Verkäufers, der die Gefahr trägt und den Nutzen hat (Art. 185 Abs. 3 OR), da die Wirkungen des Erwerbsgrundes aufgeschoben sind. Der Käufer, der die Sache besitzt, wird erst mit der Genehmigung ihr Eigentümer.

Was ist unter Genehmigung zu verstehen? Braucht der Käufer nur zu erklären, die Sache gefalle ihm, oder muß er außerdem den Willen bekunden, sie zu behalten? Kann er dem Verkäufer erklären: «die Sache gefällt mir, aber ich werde mich erst nach zehn Tagen entscheiden?» Die Genehmigung ist zwar weder eine Annahmeerklärung noch eine Bestätigung (ratification); denn der Verkäufer ist durch einen gültig zustandegekommenen Vertrag gebunden, dessen Wirkungen lediglich aufgeschoben sind. Aus der rein potestativen Natur der Bedingung ist indessen zu schließen, daß in der Genehmigung die Äußerung des Willens, die Sache zu behalten, liegen muß. Ob sie ihm gefällt oder nicht, steht es immer noch in seinem Belieben, sie nicht zu genehmigen[8]. Die Befugnis des Käufers, die Sache zu genehmigen oder abzulehnen, ist unbeschränkt[9]. Es liegt deshalb kein Kauf auf Probe vor, sobald diese Freiheit eingeschränkt ist, namentlich wenn der Käufer verpflichtet ist, die Sache zu prüfen, wobei seine Ablehnung vom Ergebnis dieser – objektiv gewürdigten – Prüfung, z.B. von der Verwendbarkeit einer Maschine, abhängen soll. Wir haben es dann mit einem gewöhnlichen bedingten Kaufe zu tun. Im Zweifel hat die Partei, welche sich auf die Vorschriften über den Kauf auf Probe berufen will, den Beweis für das Vorliegen eines solchen Kaufes zu erbringen.

Das Gesetz bestimmt in den Art. 224 und 225 die Wirkungen des Stillschweigens des Käufers, wobei es unterscheidet, je nachdem die Prüfung beim Verkäufer vorzunehmen ist oder die Sache dem Käufer übergeben worden ist.

Im ersten Falle wird, wenn der Käufer die Sache nicht bis zum Ablauf der vereinbarten oder üblichen Frist genehmigt hat, angenommen, er habe

---

[7] BGE 55 II, 1929, S. 39.
[8] Oser/Schönenberger, N. 5 und Becker, N. 9 zu Art. 223 OR.
[9] BGE 55 II, 1929, S. 190.

auf den Kauf verzichtet. Mangels einer vereinbarten oder üblichen Frist kann der Verkäufer nach Ablauf einer angemessenen Zeit den Käufer zur Abgabe einer Erklärung auffordern. Wenn der Käufer sich hierauf nicht sofort ausspricht, wird vermutet, er verzichte auf den Kauf. Dagegen kann der Verkäufer nicht dem Käufer erklären, er betrachte den Kauf mangels eines Entscheids als zustandegekommen: wir haben hier eine gesetzliche Vorschrift über die Tragweite des Stillschweigens der einen Partei.

Im zweiten Falle, wenn die Sache dem Käufer übergeben wurde, stellt das Gesetz die gegenteilige Vermutung auf: das Stillschweigen des Käufers innert der vertragsgemäßen oder üblichen Frist gilt als Genehmigung. In Ermangelung einer solchen Frist kann der Verkäufer den Käufer zur Stellungnahme auffordern, und wenn der Käufer hierauf nicht sofort die Nichtannahme erklärt oder die Sache zurückgibt, so gilt der Kauf als genehmigt. Gleich verhält es sich, wenn der Käufer den Preis ohne Vorbehalt bezahlt oder über die Sache in anderer Weise verfügt, als es zur Prüfung oder zur Erprobung notwendig ist.

Diese Vorschriften sind dispositives Recht; der Vertrag kann eine abweichende Ordnung vorsehen.

III. Der Steigerungskauf

1. Im allgemeinen

Der Steigerungskauf ist eine Form des Kaufes unter Anwesenden, bei welchem Kaufliebhaber versammelt sind und der Vertrag mit demjenigen abgeschlossen wird, der den höchsten Preis bietet.

Die Versteigerung heißt **privat**, wenn sie nicht öffentlich angekündigt wird oder wenn der Kreis der Bietenden auf bestimmte Personen beschränkt ist. Das ist namentlich der Fall bei der in Art. 612 Abs. 3 ZGB vorgesehenen Versteigerung unter Miterben oder, gemäß Art. 651 Abs. 2 ZGB, unter Miteigentümern. Über diese Versteigerung bestehen keine besonderen Vorschriften. Für sie gelten die gewöhnlichen Bestimmungen, namentlich was die formellen Bedingungen, den Eigentumsübergang, die Gewährleistung wegen Mängeln betrifft.

Die Versteigerung heißt **öffentlich**, wenn sie öffentlich angekündigt wird und jedermann bieten kann, wobei alle Angebote zugelassen sind. Die öffentliche Versteigerung kann eine **freiwillige** Versteigerung oder eine **Zwangsversteigerung** sein. Bei der freiwilligen Versteigerung ist die Veräußerung auf den Willen des Verkäufers zurückzuführen, sei es, daß dieser aus freiem Antrieb handelt, sei es, daß ihm das Gesetz diese Art der Veräußerung vorschreibt, was in zahlreichen Bestimmungen geschieht, so in den Art. 400, 404, 596, 612, 651, 721 ZGB und 93 OR. Für die freiwillige öffentliche Versteigerung gelten die besonderen Vorschriften der Art. 229-235 OR, welche die Kantone durch weitere Vorschriften ergänzen können.

Die Zwangsversteigerung ist der Akt, durch den im Zwangsvollstreckungsverfahren, auf dem Wege der Pfändung, der Pfandverwertung oder des Konkurses, Vermögensstücke des Schuldners liquidiert werden. Eine ältere Auffassung stellte die Zwangsversteigerung einem privatrechtlichen Kaufe gleich. Diese Lehre, der sich die Rechtsprechung angeschlossen hatte[10], beeinflußte noch das revidierte OR von 1911, das im Abschnitt über die Versteigerung einige die Vorschriften über die Zwangsvollstreckung ergänzende Bestimmungen enthält. So bestimmt insbesondere Art. 229 Abs. 1 OR: «Auf einer Zwangsversteigerung gelangt der Kaufvertrag dadurch zum Abschluß, daß der Versteigerungsbeamte den Gegenstand zuschlägt.» Mit einem Urteil von 1912 hat die Rechtsprechung[11] diese Betrachtungsweise aufgegeben. Die Zwangsversteigerung ist kein Rechtsgeschäft des Privatrechts, sie ist kein Kauf. Der Zuschlag, den die Behörde in einem Zwangsvollstreckungsverfahren vornimmt, ist eine amtliche Verfügung, die Eigentum begründet, deren Voraussetzungen und Wirkungen aber durch das Zwangsvollstreckungsrecht bestimmt werden. Daraus sich ergebende Streitigkeiten sind der Zuständigkeit des Zivilrichters entzogen[12] (Art. 230 Abs. 2 OR). Die Zwangsversteigerung ist daher hier nicht zu behandeln.

2. Die besonderen Bestimmungen über die freiwillige öffentliche Versteigerung

a) Der Vertragsschluß. Die Veranstaltung einer Versteigerung ist eine bloße Einladung an die Kaufliebhaber, Angebote zu machen. Das setzt, wenn nicht rechtlich, so doch praktisch notwendig voraus, daß die Steigerungsbedingungen, die den Kaufgegenstand und gewisse Modalitäten der Versteigerung näher angegeben, dem Publikum bei der Auskündigung der Versteigerung oder den Kaufliebhabern vor dem Beginn

---

[10] BGE 24 I, 1898, S. 79; 28 II, 1902, S. 319.
[11] BGE 38 I, 1912, S. 312.
[12] Die Freihandverkäufe, welche die Zwangsvollstreckungsbehörde vornehmen kann, werden gleichwohl als dem Privatrecht unterstehende Käufe betrachtet (BGE 50 III, 1924, S. 107). Diese Rechtsprechung, der der Vorwurf eines Mangels an Folgerichtigkeit nicht erspart werden kann, wird übrigens nicht immer konsequent angewendet, denn die Aufsichtsbehörden in Betreibungs- und Konkurssachen schreiten manchmal ein, um einen solchen Kauf aufzuheben (BGE 63 III, 1937, S. 85; in diesem Sinne GUHL/MERZ/KUMMER, S. 321).

der Versteigerung bekanntgegeben werden. Die durch Zuruf der Bietenden genannten Preise sind Angebote. Der Zuschlag bekundet die Annahme des letzten Angebots und führt damit zum Abschluß des Kaufes (Art. 229 Abs. 2 OR). Der Verkäufer kann also stets auf den Zuschlag verzichten oder die Sache aus der Versteigerung herausnehmen, wenn er das letzte Angebot als ungenügend betrachtet.

Der Bieter ist an sein Angebot nicht mehr gebunden, wenn ein höheres Angebot gemacht wird oder wenn der Zuschlag nicht sofort erfolgt (Art. 231 Abs. 2 OR). Wird die Versteigerung unterbrochen, so wird der letzte Bietende frei. Ein gegenteiliger Vorbehalt ist nur bei beweglichen Sachen gestattet. Bei Grundstücken muß die Zu- oder Absage an der Steigerung selber erfolgen. Ein Vorbehalt, durch den der Bietende über die Steigerungsverhandlung hinaus bei seinem Angebot behaftet wird, ist nur gültig, wenn der Verkauf der Genehmigung durch eine Behörde bedarf (Art. 232 OR). Wenn die Versteigerung unterbrochen und dann wieder aufgenommen wird, so ist die Unterbrechung und der Zeitpunkt der Wiederaufnahme den anwesenden Bietern vorher bekanntzugeben; es ist dies eine notwendige Voraussetzung dafür, daß die wiederaufgenommene Versteigerung ihren öffentlichen Charakter behält[13].

b) Die Form. Für die Versteigerung von Grundstücken wird die öffentliche Beurkundung vom Bundesrecht nicht vorgeschrieben. Es ist jedoch ein Protokoll zu führen, das den Zuschlag feststellt und als Rechtsgrundausweis für die Eintragung des Eigentumsübergangs im Grundbuch dient. Die kantonalen Gesetzgebungen setzen im übrigen aufgrund von Art. 236 OR die Formerfordernisse näher fest. Einzelne bestimmen, daß das Protokoll von einer Amtsperson (Notar, Urkundsperson) zu führen sei, was dem Protokoll die Eigenschaft einer öffentlichen Urkunde verleiht[14].

c) Der Eigentumsübergang erfolgt bei beweglichen Sachen mit dem Zuschlag, unabhängig von jeder Besitzesübertragung. Bei Grundstücken dagegen erwirbt der Ersteigerer das Eigentum erst mit der Eintragung im Grundbuch (Art. 235 OR). Obwohl das Gesetz der Versteigerungsbehörde vorschreibt, die Eintragung «sofort» zu verlangen, nehmen wir an, daß das Eintragungsbegehren einstweilen verschoben werden kann, und zwar nicht nur, was selbstverständlich ist, wenn der Kauf einer behördlichen Genehmigung bedarf, sondern auch, wenn die Steigerungsbedingungen

---

[13] BGE 98 II, 1972, S. 50.
[14] So die ZPO der Kantone: Waadt (Art. 598), Neuchâtel (Art. 533 ff.) sowie die Einführungsgesetze zum ZGB der Kantone: Bern (Art. 132), Freiburg (Art. 359) und Zürich (§ 223).

einen Termin für die Zahlung des Preises oder für die Leistung von Sicherheiten vorsehen.

d) Der Verzug des Erwerbers gibt dem Veräußerer das Recht, sofort vom Vertrage zurückzutreten, auch wenn er sich dieses Recht nicht ausdrücklich vorbehalten hat (Art. 233 Abs. 2 OR). Wenn der Ersteigerer zur Barzahlung verpflichtet ist – was die Regel bildet, wenn die Versteigerungsbedingungen nichts anderes vorsehen (Art. 233 Abs. 1 OR) –, kann der Rücktritt sogleich erklärt werden, wobei der Bieter, der sein Angebot nicht halten kann, auf Schadenersatz belangt werden kann.

e) Die Gewährleistung wegen Mängeln ist die gleiche wie beim gewöhnlichen Kauf. Der Veräußerer kann also, durch die Versteigerungsbedingungen, jede Gewährleistung ablehnen, mit Ausnahme von Mängeln, die er arglistig verschwiegen hat (Art. 199, 234 Abs. 3 OR).

f) Das Institut der Versteigerung kann seinen Zweck nur dann richtig erfüllen, wenn zwischen den Bietern ein echter Wettbewerb stattfindet. Wenn dieser Wettbewerb durch Machenschaften gestört wird, wird das Ergebnis der Versteigerung verfälscht. Dies kann namentlich der Fall sein bei Abmachungen, die zwischen den Bietenden getroffen werden, um den Wettbewerb zwischen ihnen auszuschalten (pactum de non licitando)[15], oder durch ein Manöver des Verkäufers, der Strohmänner zu Scheinangeboten veranlaßt, um die Versteigerung anzuregen (pactum de licitando). Eine besondere Klage auf Anfechtung der Versteigerung ist vorgesehen, die innert einer Verwirkungsfrist von zehn Tagen seit Kenntnis des Anfechtungsgrundes zu erheben ist und zu der jeder, der ein Interesse hat, so namentlich der Veräußerer, die Versteigerungsbehörde oder andere Bietende legitimiert sind (Art. 230 OR). Die ordentlichen Klagen aufgrund des allgemeinen Zivilrechts bleiben vorbehalten.

§ 20. Die Teilzahlungsgeschäfte

Literatur:

H. Giger, Systematische Darstellung des Abzahlungsrechts, Zürich 1972; H. Stofer, Kommentar zum schweiz. Bundesgesetz über den Abzahlungs- und

---

[15] Ein solcher Pakt ist widerrechtlich und daher nach Art. 20 OR nichtig. Die Parteien können folglich aus diesen oft gegen ein Entgelt abgeschlossenen Verträgen keinerlei Ansprüche ableiten, gleichgültig ob es zur Veräußerung kam oder nicht. BGE 82 II, 1956, S. 21.

Vorauszahlungsvertrag, 2. Aufl., Basel/Stuttgart 1972; H. Stofer, Der Abzahlungsvertrag de lege ferenda, ZSR 77, 1958, S. 219a ff.; R. Jeanprêtre, La vente à tempérament et la vente-épargne de lege ferenda, ZSR 77, 1958, S. 361a ff.; W. Hug, Zur Problematik des Miet-Kaufvertrags, in: Festgabe für W. Schönenberger, Freiburg 1968, S. 267 ff.

I. Der Abzahlungsvertrag

1. Allgemeines

In der Fassung von 1911 regelte das OR die Abzahlungsgeschäfte in drei Artikeln (Art. 226–228), indem es sich darauf beschränkte, die Wirkungen des Rücktritts des Verkäufers vom Vertrag zwingend vorzuschreiben und die Klauseln über die Fälligkeit des Restkaufpreises im Falle der Nichtleistung einer Teilzahlung zu beschränken, wobei es die Vorschriften über den Eigentumsvorbehalt vorbehielt. Im übrigen war das gemeine Recht anwendbar, namentlich das Recht zum Schutze des Käufers gegen einseitig den Verkäufer begünstigende Vertragsbedingungen.

Die verbreiteten Mißbräuche, die in der Praxis des Abzahlungsgeschäfts auftraten, führten zu einer vollständigen Umarbeitung des Gesetzes im Sinne eines weit entwickelten Schutzes des Käufers, um ihn über die Geschäftsbedingungen aufzuklären, ihm Zeit zur Überlegung zu verschaffen, die zeitliche Verteilung der Abzahlungen zu beschränken und ihn besser zu schützen im Falle des Verzuges mit der Zahlung des Kaufpreises. Das alles ist Gegenstand der Gesetzesnovelle vom 23. März 1962, welche die Art. 226–228 durch die Art. 226a–m OR ersetzt[1].

Das Gesetz definiert den Abzahlungsvertrag als einen Kauf, bei dem der Verkäufer sich verpflichtet, dem Käufer eine bewegliche Sache vor der Zahlung des Kaufpreises zu übergeben, und der Käufer, den Kaufpreis in Teilzahlungen zu entrichten (Art. 226a Abs. 1 OR.) Die Rechtsform oder die gewählte Bezeichnung, wie etwa «Miet-Kaufvertrag», sind bedeutungslos. Entscheidend ist der von den Parteien verfolgte wirtschaftliche Zweck (Art. 226m Abs. 1 OR). Nach Art. 226m Abs. 2 OR sind die Vorschriften über den Abzahlungsvertrag sinngemäß anzuwenden auf die Gewährung von Darlehen, die den Darlehensnehmer in die gleiche wirtschaftliche Lage versetzen wie einen Abzahlungskäufer.

Gewisse Käufe sind immerhin von der spezialgesetzlichen Regelung ausgenommen, so wenn der Käufer im Handelsregister eingetragen ist, wenn

---

[1] Gegenwärtig (September 1974) ist eine Revision der Novelle vom 23. März 1962 im Gang. Sie will den Käufer noch wirksamer schützen und einige umstrittene Fragen entscheiden. Wir werden dieses Gebiet daher nur ganz summarisch behandeln und uns an die Allgemeinheiten halten, denn die vorliegende Darstellung wird sehr bald überholt sein.

der Kauf sich auf Gegenstände bezieht, die nach ihrer Beschaffenheit vorwiegend für einen Gewerbebetrieb oder für berufliche Zwecke bestimmt sind, wenn der Gesamtkaufpreis höchstens Fr. 200 und die Vertragsdauer höchstens sechs Monate betragen, oder wenn der Gesamtkaufpreis in weniger als vier Teilzahlungen, die Anzahlung inbegriffen, zu begleichen ist (Art. 226 m Abs. 4 OR). Auf diese Käufe sind einzig die Bestimmungen über den Verzug des Käufers anwendbar, d.h. die Art. 226 h Abs. 2, 226 i Abs. 1 und 226 k OR.

2. Der Abschluß des Vertrages

Der Abzahlungsvertrag bedarf zu seiner Gültigkeit der **schriftlichen Form**. Der Vertragsinhalt muß nicht nur die allein wesentlichen Punkte enthalten, sondern auch gewisse Nebenabreden, die sich nach einer elf Punkte umfassenden Aufzählung (Art. 226 a Abs. 2 OR) namentlich auf die Bestimmung und die Zahlung des Preises beziehen. Unerläßlich vom Gesichtspunkt der Form aus sind jedoch nur die folgenden Angaben: Die Bezeichnung des Kaufgegenstandes sowie die Angabe der Höhe der Anzahlung, des Barkaufpreises und des Gesamtkaufpreises, ferner der Hinweis auf das Recht des Käufers, innert fünf Tagen nach Erhalt des Vertragsdoppels auf den Abschluß des Vertrages zu verzichten. Das Fehlen dieser Angaben hat die Ungültigkeit des Vertrages zur Folge (Art. 226 a Abs. 3 OR).

Wenn der Käufer verheiratet ist und die Eheleute einen gemeinsamen Haushalt führen, so bedarf der Abzahlungsvertrag, aus dem sich eine Gesamtverpflichtung von mehr als Fr. 1000 ergibt, der **Zustimmung des Ehegatten**, die spätestens bei der Unterzeichnung des Vertrages durch den Käufer schriftlich zu erteilen ist. Der von einem minderjährigen Käufer abgeschlossene Vertrag bedarf der schriftlichen Zustimmung des gesetzlichen Vertreters, die ebenfalls spätestens bei der Unterzeichnung des Vertrages zu erteilen ist, was die Anwendung des Art. 410 ZGB ausschließt, wonach Verpflichtungen des Bevormundeten durch ausdrückliche oder stillschweigende Genehmigung des Vormunds gültig werden (Art. 226 b OR).

Der Käufer ist erst nach einer Frist von fünf Tagen seit Erhalt eines beidseitig unterzeichneten Vertragsdoppels gebunden und kann während dieser Frist durch schriftliche Anzeige an den Verkäufer auf den **Vertragsschluß verzichten**: es ist dies ein einseitiges Widerrufsrecht, auf das der Käufer nicht zum voraus verzichten kann und bei dessen Ausübung nicht die Bezahlung eines Reugelds von ihm verlangt werden kann. Der Vertrag wird somit unter der potestativen und suspensiven Bedingung abgeschlossen, daß der Käufer die Frist verstreichen läßt, ohne die Erklärung, daß er auf den Kauf verzichte, abzugeben. Der Käufer verwirkt sein Recht nur, wenn er die Sache benützt (Art. 226c OR).

3. Die Nebenabreden des Vertrages

Nach zwingender Vorschrift des Gesetzes ist der Käufer verpflichtet, spätestens bei der Übergabe der Kaufsache eine Mindestanzahlung von mindestens einem Fünftel des Kaufpreises zu bezahlen und die Restschuld innerhalb von zweieinhalb Jahren seit Vertragsschluß zu tilgen. Die Höhe der Mindestanzahlung und die maximale Vertragsdauer können, innerhalb bestimmter Grenzen, vom Bundesrat auf dem Verordnungswege geändert werden.

Für die Verletzung dieser Vorschriften ordnet das Gesetz folgende Sanktionen an: Wenn der Verkäufer die Sache vor Erhalt der vollen Mindestanzahlung übergibt, verliert er den Anspruch auf den nicht geschuldeten Teil derselben; jede Vereinbarung, welche die Leistung von Teilzahlungen nach Ablauf der maximalen Vertragsdauer vorsieht, ist ungültig (Art. 226d OR).

Zweck dieser Bestimmung ist die Verhinderung von Käufen, welche die Mittel des Käufers übersteigen.

Die Abtretung künftiger Lohnforderungen des Käufers zur Sicherung der Kaufpreisforderung wird vom Gesetz auf die pfändbare Quote beschränkt und ist nur während zweieinhalb Jahren seit Vertragsschluß wirksam (Art. 226e OR). Das Gesetz verbietet den zum voraus erklärten Verzicht des Käufers auf das Recht, seine allfälligen Forderungen aus dem Abzahlungsvertrag mit den Forderungen des Verkäufers zu verrechnen: so einen Anspruch auf Minderung des Kaufpreises oder auf Schadenersatz, was eine Ausnahme von der allgemeinen Regel des Art. 126 OR bedeutet, wonach es zulässig ist, zum voraus auf die Verrechnung zu verzichten. Bei einer Abtretung der Forderung des Verkäufers können die Parteien keine Vereinbarungen treffen, die abweichen von Art. 169 OR, wonach die Einreden des Schuldners auch gegen den Erwerber geltend gemacht werden können (Art. 226f OR).

Schließlich kann der Käufer, sofern er keine Akzepte für die Restschuld begeben hat, diese Schuld jederzeit schon vor der Fälligkeit durch einmalige Zahlung begleichen. Während der Schuldner, der vor der Fälligkeit bezahlt, nach den allgemeinen Bestimmungen grundsätzlich kein Recht auf Abzug eines Diskonts hat (Art. 81 Abs. 2 OR), verleiht Art. 226g OR dem Käufer das Recht auf Vergütung von mindestens der Hälfte der Differenz zwischen dem vereinbarten Gesamtkaufpreis und dem Barkaufpreis, entsprechend der Verkürzung der Vertragsdauer.

4. Der Verzug des Käufers

a) Befindet sich der Käufer mit der Anzahlung im Verzug, so kann der Verkäufer nur entweder diese Zahlung verlangen und auf Erfüllung des Vertrages klagen, und zwar gemäß Art. 107 Abs. 1 OR, oder aber vom Vertrag zurücktreten[2]. Entschließt er sich zum Rücktritt, so muß er jedoch dem Käufer eine Frist von mindestens 14 Tagen ansetzen, bevor er das Rücktrittsrecht ausüben kann.

b) Befindet sich der Käufer mit Teilzahlungen im Verzug, so kann der Verkäufer stets am Vertrag festhalten und die fälligen Teilzahlungen einklagen. Wenn er sich das Recht dazu ausdrücklich vorbehalten hat, kann er, nachdem er dem Käufer die Gnadenfrist von mindestens 14 Tagen angesetzt hat, entweder vom Vertrag zurücktreten oder den Restkaufpreis fordern. Indessen stehen ihm diese Möglichkeiten erst zur Verfügung, wenn der Käufer sich mit mindestens zwei Teilzahlungen, die zusammen mindestens einen Zehntel des Gesamtkaufpreises ausmachen, oder mit einer einzigen Teilzahlung, die mindestens einen Viertel des Gesamtkaufpreises ausmacht, oder endlich mit der letzten Teilzahlung in Verzug befindet (Art. 226 h OR).

Außerdem kann der Richter dem Käufer Zahlungserleichterungen gewähren, wenn der Käufer Gewähr dafür bietet, daß er seine Verpflichtungen erfüllen wird (Art. 226 k OR).

Jede für den Käufer nachteiligere Klausel ist ungültig.

Die Wirkungen des Rücktritts vom Vertrag entsprechen den allgemeinen Vorschriften: die Parteien sind gehalten, einander die empfangenen Leistungen zurückzuerstatten. Im Anschluß an die Regel des OR von 1911, wie sie von der Rechtsprechung ausgelegt worden ist, bestimmt Art. 226 i OR, daß der Verkäufer einen angemessenen Mietzins sowie eine Entschädigung für außerordentliche Abnützung der Sache verlangen kann[3]. Der

---

[2] Im Rücktrittsrecht liegt keine Ausnahme von Art. 214 Abs. 3 OR, wonach nur der Verkäufer, der sich das Rücktrittsrecht ausdrücklich vorbehalten hat, wegen Verzuges des Käufers, dem die Sache bereits übergeben worden ist, vom Vertrage zurücktreten kann. Nach Art. 226 d Abs. 1 OR muß nämlich die Anzahlung spätestens bei der Übergabe der Sache geleistet werden. Wenn dies nicht der Fall ist, verliert der Verkäufer sein Recht auf den nicht geleisteten Teil der Anzahlung, und es kann dafür kein Verzug des Käufers eintreten (im gleichen Sinne GUHL/MERZ/KUMMER, S. 310).

[3] Der angemessene Mietzins ist aufgrund des vereinbarten Kaufpreises und unter Berücksichtigung der ordentlichen Entwertung, sei es infolge der gewöhnlichen Abnützung, sei es infolge bloßen Zeitablaufs, namentlich weil die Sache aus der Mode gekommen ist, zu bestimmen. Der Verkäufer hat, pro rata temporis, Anspruch auf Amortisation des vollen Kaufpreises und auf den Zins. Eine Entschädigung für außerordentliche Abnützung kommt nur in Frage im

Verkäufer kann auf keinen Fall mehr fordern als das Erfüllungsinteresse, d.h. den Gesamtkaufpreis[4] (Art. 226i Abs. 1 a. E. OR).

Wenn der Rücktritt vor der Lieferung erfolgt, kann der Verkäufer nur einen angemessenen Kapitalzins sowie Ersatz für eine seit Vertragsschluß eingetretene Wertverminderung der Kaufsache beanspruchen. Eine allfällige Konventionalstrafe darf 10% des Barkaufpreises nicht übersteigen (Art. 226i Abs. 2 OR).

5. Das Gesetz verbietet schließlich jeden zum voraus erklärten Verzicht des Käufers auf den Gerichtsstand seines Wohnsitzes sowie den Abschluß eines Schiedsgerichtsvertrages mit dem Verkäufer (Art. 226 l OR).

II. Der Vorauszahlungsvertrag

1. Allgemeines

Es handelt sich um den Fahrniskauf, bei welchem sich der Käufer verpflichtet, den Kaufpreis zum voraus in Teilzahlungen zu entrichten, während der Verkäufer die Sache erst nach Zahlung aller Raten zu übergeben hat.

Diese Verkaufsart hat einen bedeutenden Aufschwung genommen in der Zeit nach 1950, insbesondere im Handel mit Möbeln und Aussteuern. Meistens bezieht sich der Vertrag nicht auf eine bei seinem Abschluß bestimmte Sache, sondern auf Gegenstände, mit denen der Verkäufer Handel treibt und die vom Käufer näher zu bezeichnen sind, nachdem er seine Verpflichtungen erfüllt hat, wobei die dannzumal üblichen Barverkaufspreise des Verkäufers gelten. Von dieser Verkaufsart handelt Art. 227e Abs. 2 OR. Die Rechtsprechung hat die Gültigkeit dieser Käufe bejaht trotz den Zweifeln, die man haben kann in bezug auf die Bestimmbarkeit der Sache und des Preises als wesentliche Punkte jedes Kaufes[5]. Der Vorauszahlungsvertrag bietet den Vorteil, daß er den Käufer anregt, Ersparnisse zu machen im Hinblick auf künftig notwendige Anschaffungen, namentlich um einen eigenen Hausstand zu gründen. Er führt für den Käufer ein Zwangssparen ein. Seine Nachteile, ja Gefahren haben sich jedoch bald gezeigt: die Vorauszahlungen stellten einen Kredit des Käufers an den Verkäufer dar, für welchen meistens keinerlei Sicherheiten bestanden; der Käufer war nicht immer sicher, bei der Fälligkeit im Lager des Verkäufers Sachen nach seinem Geschmack zu finden; die Schwierigkeiten steigerten

---

Falle einer die normale Amortisation übersteigenden Wertverminderung, gleichgültig worauf diese zurückzuführen ist. BGE 95 II, 1969, S. 312; 96 II, 1970, S. 186.

[4] BGE 62 II, 1936, S. 30. Im gegenteiligen Sinne BGE 68 II, 1942, S. 292.
[5] BGE 84 II, 1958, S. 13, 267, 628; 85 II, 1959, S. 402. Vgl. oben S. 16.

sich, wenn die Gründe, die den Käufer zum Vertragsschluß veranlaßt hatten, wegfielen oder wenn der Käufer im Gegenteil den Lieferungstermin vorzuverschieben wünschte. Die Novelle vom 23. März 1962 sah davon ab, dieses Verkaufssystem einfach zu verbieten, sondern erließ eine zwingende Regelung mit besonders einschneidenden Vorschriften zum Schutze des Käufers.

2. Die gesetzlichen Vorschriften

Die Gültigkeitsvoraussetzungen für den Abschluss des Vertrages sind ähnlich wie beim Abzahlungsvertrag, von dem gewisse Bestimmungen aufgrund einer bloßen Verweisung anwendbar sind. Das gilt für das Erfordernis der Schriftform, der Zustimmung des Ehegatten oder des gesetzlichen Vertreters, des Rechts zum Verzicht innert fünf Tagen, der Beschränkung der Lohnabtretung. Gleich verhält es sich mit den Einreden des Käufers, der Gewährung von Zahlungserleichterungen durch den Richter, dem Gerichtsstand und dem Verbot von Schiedsgerichtsklauseln.

Das Gesetz räumt überdies dem Käufer bei überjährigen Verträgen ein einseitiges Kündigungsrecht zu für ihn außerordentlich günstigen Bedingungen ein: das Reugeld darf 2,5 bzw. 5% der Gesamtforderung des Verkäufers nicht übersteigen und höchstens Fr. 100 bzw. 200 betragen, je nachdem die Kündigung innert Monatsfrist nach Vertragsabschluß oder später erfolgt.

Die Vertragsdauer ist auf fünf Jahre beschränkt. Der Käufer kann jederzeit die Umwandlung des Vorauszahlungsvertrages in einen Abzahlungsvertrag zu den handelsüblichen Bedingungen verlangen und darf, sofern der Verkäufer dies verweigert, den Vertrag kündigen, ohne ein Reugeld bezahlen zu müssen. Der Käufer ist berechtigt, jederzeit gegen Barzahlung des ganzen Kaufpreises die Übergabe der Kaufsache zu verlangen.

Das Gesetz sorgt für die Sicherung der Vorauszahlungen: bei einem überjährigen Vertrag hat der Käufer die Vorauszahlungen an eine Bank zu leisten, die diese Zahlungen einem auf seinen Namen lautenden Spar-, Depositen- oder Einlagekonto gutzuschreiben und in der üblichen Höhe zu verzinsen hat. Auszahlungen bedürfen der Zustimmung beider Vertragsparteien; diese kann nicht zum voraus erteilt werden.

Die Vorschriften über die Wirkungen des Verzugs des Käufers (Art. 227 h OR) beruhen auf den gleichen Grundsätzen wie beim Abzahlungsvertrag und sind vom Schutzbedürfnis des Käufers diktiert.

Die Kautelen, mit denen der Gesetzgeber den Vorauszahlungsvertrag umgeben hat, sind derart, daß er für den Verkäufer kein Interesse mehr bietet, da dieser die Kündigung zu gewärtigen hat zu lächerlichen Bedingungen, bei denen nicht einmal seine Aquisitionskosten gedeckt werden. Der Vorteil, den diese Form des Kaufes dem Verkäufer bot, indem sie ihm die vorgängige Finanzierung brachte – mit allen damit verbundenen Gefahren für den Käufer –, ist ausgeschaltet worden durch die Verpflichtung, die Vorauszahlungen bei einer Bank auf den Namen des Käufers zu hinterlegen. Daher ist denn auch der Vorauszahlungsvertrag seit dem Inkrafttreten des Gesetzes praktisch verschwunden. Die zunehmende Geldentwertung seit 1970 konnte nur zu seinem völligen Verschwinden beitragen. Es wäre besser gewesen, diese Form des Kaufes, aus der sich unseres Erachtens, welches auch die damit verbundenen Kautelen sind, kein sozial wertvolles Institut machen läßt, ganz einfach zu verbieten[6].

§ 21. Innominatkontrakte mit Kaufcharakter

Unter dieser Überschrift werden drei Verträge behandelt, die in der Praxis verbreitet sind, aber vom OR nicht erwähnt werden: der Sukzessivlieferungskauf, der nur eine besondere Form des Kaufes ist, der Alleinvertretungsvertrag, der ein gemischter Vertrag ist, und der Trödelvertrag, den wir, entgegen der herrschenden Meinung, als einen Kauf betrachten.

I. Der Sukzessivlieferungskauf

Der Sukzessivlieferungskauf besteht im Abschluß eines einheitlichen Vertrages über zeitlich gestaffelte Leistungen des Verkäufers, wobei diese Teilleistungen zu im voraus festgesetzten Zeiten auf Abruf des Käufers oder nach dessen Bedarf zu erbringen sind[1].

Während der Kauf in der Regel ein «Augenblicks»-Vertrag ist, bei dem die Leistungen in einem Zug zu erbringen sind, begründet der Sukzessivlieferungskauf ein Dauerschuldverhältnis zwischen den Parteien. Die Erfüllung des Vertrages ist für beide Parteien in Teile zerlegt. Sie erstreckt

---

[6] Das war schon die Schlußfolgerung, zu der R. JEANPRÊTRE im Jahre 1958 gelangt war (ZSR 77, 1958, S. 452a).
[1] Die Rechtsprechung bietet zahlreiche Beispiele: Bierlieferungen, Versorgung mit Gas oder Elektrizität; BGE 47 II, 1921, S. 440; 48 II, 1922, S. 366; 50 II, 1924, S. 305; 56 II, 1930, S. 107.

sich über mehrere Monate, möglicherweise sogar über mehrere Jahre. Angesichts dieser Besonderheit stellt sich die Frage, welche Wirkungen die Säumnis einer Vertragspartei in der Erbringung einer Teilleistung auf den Vertrag hat, der eine Einheit bildet.

Rechtsprechung und Lehre haben den Grundsatz aufgestellt, daß Unmöglichkeit der Erfüllung in bezug auf eine Teilleistung sowie die Verspätung oder die Mangelhaftigkeit einer Lieferung das Vertragsverhältnis unberührt lassen. Der Gläubiger kann also die Rechte, die ihm bei Verzug des Schuldners oder bei Mangelhaftigkeit der Ware zustehen, nur für die in Frage stehende Lieferung ausüben. Nur wenn aus den Umständen, aus dem Verhalten des Schuldners zu schließen ist, daß dieser auch die künftigen Verpflichtungen nicht mehr gehörig erfüllen wird, kann der Gläubiger vom Vertrage zurücktreten.

So geben der Verzug des Verkäufers oder die Unmöglichkeit zu liefern dem Käufer nur dann das Recht, vom Kauf gemäß den Art. 107–109 oder 190 OR zurückzutreten, wenn er dartut, daß die Säumigkeit des Schuldners das gesamte Vertragsverhältnis in Mitleidenschaft zieht, sei es, daß aus den Umständen hervorgeht, die ausstehenden Leistungen würden nicht mehr erbracht, sei es, daß die späteren Lieferungen für den Käufer wertlos geworden sind[2]. Der Verzug des Käufers mit der Zahlung des Preises einer Lieferung gibt dem Verkäufer das Recht, weitere Lieferungen gemäß Art. 82 OR zurückzubehalten, solange der fällige Preis für frühere Lieferungen nicht bezahlt ist[3]. Dagegen kann der Verkäufer nur dann unter den Voraussetzungen der Art. 107 und 108 OR vom Vertrage zurücktreten, wenn es wahrscheinlich ist, daß der Käufer auch bei späteren Lieferungen in Verzug kommen wird.

Gleich verhält es sich mit den Mängeln einer Lieferung: der Käufer ist nur dann befugt, vom Kaufvertrag zurückzutreten, wenn die Umstände vermuten lassen, daß die späteren Lieferungen nicht besser sein werden, weil der Verkäufer nicht imstande ist, die festgestellten Mängel zu beheben. Solange dies nicht der Fall ist, kann der Käufer die Gewährleistungsansprüche wegen Mängeln nur für die in Frage stehende Lieferung geltend machen.

Der unausgesprochene Grundsatz, der hinter dieser Rechtsprechung steht, ist in Wirklichkeit derjenige des Rücktritts aus wichtigem Grunde, der für alle Vertragsverhältnisse gilt, welche dauernde Rechtsverhältnisse begründen, wie der Arbeitsvertrag (Art. 337 OR), der Agenturvertrag

---

[2] BGE 45 II, 1919, S. 51; VON TUHR/SIEGWART, § 73, VIII.
[3] BGE 52 II, 1926, S. 137; 84 II, 1958, S. 149.

(Art. 418r OR), die Gesellschaft (Art. 547 Ziff. 7 OR), die Geschäftsführungsbefugnis eines Gesellschafters (Art. 539 OR). Die in den Art. 107 ff. OR enthaltenen Vorschriften über den Rücktritt ex tunc sind auf solche Verhältnisse nicht anwendbar. Es handelt sich vielmehr um einen Rücktritt ex nunc, der sich nach der aus einer ständigen Rechtsprechung übernommenen Formel von Art. 337 Abs. 2 OR nur rechtfertigt beim Vorliegen von Umständen, unter denen dem Gläubiger nach Treu und Glauben die Fortsetzung des Vertragsverhältnisses nicht mehr zugemutet werden darf. Wenn diese Voraussetzung erfüllt ist, kann der Sukzessivlieferungskauf aus wichtigen Gründen aufgelöst werden, mit Wirkung ex nunc und dadurch bedingter Schadenersatzpflicht. Diese Lösung scheint uns sachlich richtig im Hinblick auf den Dauercharakter der sich aus dieser Art des Kaufs ergebenden Verpflichtungen. Wenn dagegen die Säumnis zufälliger Natur ist und ein vereinzeltes Vorkommnis bildet, das – objektiv betrachtet – das Vertragsverhältnis nicht berührt, so untersteht ihre Wirkung den gewöhnlichen Vorschriften über den Kauf und beschränkt sich auf die in Frage stehende Lieferung.

II. Der Alleinvertretungsvertrag oder Alleinverkaufsvertrag

Der Vertrag über die Vertretung mit Alleinverkaufsrecht ist ein Vertrag sui generis, durch den sich der Verkäufer gegenüber dem Alleinvertreter verpflichtet, eine bestimmte Ware zum Verkaufe zu liefern und ihm den ausschließlichen Vertrieb in einem bestimmten Gebiete zu gewährleisten, während der Alleinvertreter sich verpflichtet, die Ware abzunehmen und zu bezahlen und ihren Absatz in diesem Gebiete zu fördern.

Meistens handelt es sich um einen Sukzessivlieferungskauf, verknüpft mit der Verpflichtung des Käufers, jährlich eine bestimmte Mindestmenge von Waren zu beziehen.

So verbinden sich zwei Kategorien von Verpflichtungen: einerseits die gegenseitigen Verpflichtungen des Verkäufers und des Käufers, anderseits die Verpflichtung jeder Partei, sich für die Geschäftsinteressen ihres Partners einzusetzen, des Verkäufers, indem er verhindert, daß dem Vertreter in seinem Rayon Konkurrenz erwächst, des Käufers, indem er dort den Absatz zu steigern sucht. Mit dieser zweiten Kategorie von Verpflichtungen nähert sich die Alleinvertretung dem Agenturvertrag der Art. 418a ff. OR, mit dem wesentlichen Unterschied jedoch, daß der Alleinvertreter fest kauft und in seinem eigenen Namen und auf seine eigene Rechnung verkauft, während der Agent ein Beauftragter ist, der im Namen und für Rechnung des Auftraggebers verkauft. Was die Alleinvertretung am meisten in die

Nähe des Agenturvertrages bringt, ist der Umstand, daß der Vertreter, gleich wie der Agent, in seinem Rayon den Absatz der Produkte des Verkäufers organisiert, was von ihm eine Verkaufsorganisation mit den dazu gehörigen Arbeits- oder Agenturverträgen sowie Investitionen erfordert. Die Alleinvertretung begründet damit ein Dauerschuldverhältnis, das in diesem Punkte eine gewisse Ähnlichkeit mit dem Agenturvertrag aufweist.

Dieser gemischte Charakter des Vertrages zeigt sich bei den Wirkungen der Nichterfüllung und bei den Kündigungsfristen.

Beim Verzug mit den Warenlieferungen oder mit den Zahlungen sowie bei Mängeln der Kaufsache sind die für den Sukzessivlieferungskauf geltenden Grundsätze anwendbar: das Gesamtverhältnis wird durch eine vereinzelte Vertragsverletzung nicht berührt. Dagegen gibt der Verzug der einen Partei, da es sich um einen Sukzessivlieferungskauf handelt, der andern Partei das Recht, ihre weiteren Leistungen gestützt auf Art. 82 OR zu verweigern[4].

Im übrigen ist es auch hier die Dauerhaftigkeit der durch diesen Vertrag begründeten Beziehungen, welche die Anwendung der Art. 107–109 OR ausschließt[5]. Für den einseitigen Rücktritt gelten, analog angewendet, die Bestimmungen über den Agenturvertrag, insbesondere Art. 418 r OR, der die Auflösung aus wichtigen Gründen vorsieht mit daraus folgender Pflicht zu vollem Schadenersatz (vgl. Art. 337 b OR, der sich auf den Dienstvertrag bezieht und auf den Art. 418 r OR verweist)[6].

Für die Kündigung gelten die Vorschriften über den Agenturvertrag, die auf die einzuhaltenden Fristen anwendbar sind.

Man muß sich freilich hüten, die Vorschriften über den Agenturvertrag unbesehen auf die Alleinvertretung zu übertragen. Der Vertreter ist ein selbständiger Kaufmann, der auf eigene Rechnung und Gefahr arbeitet und sich eine eigene Kundschaft schafft. Es rechtfertigt sich daher nicht, ihm die Berufung auf Bestimmungen zu gestatten, die ihren Grund in dem mit dem Agenturvertrag verbundenen Abhängigkeitsverhältnis haben. So hat der Vertreter nach Beendigung des Vertrags grundsätzlich keinen Anspruch auf eine Entschädigung für die Kundschaft, wie ihn Art. 418 u OR vorsieht[7].

---

[4] BGE 78 II, 1952, S. 32.
[5] BGE 89 II, 1963, S. 30.
[6] Der aus dem Arbeitsrecht übernommene Begriff der «wichtigen Gründe» ist der gleiche, dem wir soeben beim Sukzessivlieferungskauf begegnet sind (oben S. 173). BGE 60 II, 1934, S. 336; 78 II, 1952, S. 32; 88 II, 1962, S. 169; 89 II, 1963, S. 30.
[7] BGE 88 II, 1962, S. 169.

III. Der Trödelvertrag (contractus aestimatorius)

Literatur:

K. OFTINGER, Der Trödelvertrag, Zürich 1937; A. MEIER-HAYOZ, SJK, Nr. 68, 1964, S. 27; P. PIOTET, Le contrat estimatoire, Bern 1967.

1. Allgemeines

Der Trödelvertrag (contractus aestimatorius), auch Submissions- oder Konsignationsvertrag genannt, ist der Vertrag, durch den eine Partei, der Verträdler, sich verpflichtet, der andern Partei, dem Trödler, eine bewegliche Sache zum Verkauf im eigenen Namen und auf eigene Rechnung zu übergeben, während der Trödler sich verpflichtet, entweder den vom Verträdler festgesetzten Preis zu zahlen oder die Ware zurückzugeben.

Dieser Vertrag kommt auf zahlreichen Gebieten vor, namentlich im Handel mit Wertsachen, Kunst- und Luxusgegenständen. Er ist auch im Handel mit Uhren, Büchern, Zeitschriften verbreitet.

Er funktioniert folgendermaßen: Der Verträdler übergibt die Ware dem Trödler, der sie im eigenen Namen und auf eigene Rechnung zum bestmöglichen Preis verkauft. Dann hat er dem Verträdler den im Trödelvertrag festgesetzten Preis zu bezahlen. Er kann, zu den gleichen Bedingungen, selber in den Kauf eintreten. Kommt es nicht zum Verkauf, so gibt er die Sache zurück. Dieser Vertrag hat für den Trödler den Vorteil, daß er mit Waren handeln kann, die er nicht erwerben könnte, ohne Gefahr zu laufen, daß er sie mit Verlust verkaufen muß oder daß sie sich entwerten, und ohne Kapital investieren zu müssen. Für den Verträdler ist es eine Form des Absatzes, die es ihm gestattet, unter Einsatz von Kapital sein Verteilernetz zu erweitern.

Der Vertrag steht der Kommission nahe, da der Trödler, ganz wie der Kommissionär, in eigenem Namen und nicht als Vertreter eine Sache verkauft, die Eigentum eines Dritten ist, zu deren Veräußerung er aber befugt ist. Der Unterschied zur Kommission liegt darin, daß der Trödler auf seine eigene Rechnung verkauft, also ohne an einen vom Verträdler festgesetzten Preis gebunden zu sein. Er hat gegen den Verträdler keinen Anspruch auf ein Entgelt, sondern zieht seinen Gewinn aus der Differenz zwischen dem Preis, zu dem er verkauft, und dem vereinbarten Schätzungspreis.

2. Die Rechtsnatur des Trödelvertrages

ist noch immer umstritten. In der Schweiz erblickte die Rechtsprechung darin zunächst einen Kauf, abgeschlossen unter der Suspensivbedingung der Nichtrückgabe der gekauften Sache. Bei Ablauf der vereinbarten Frist oder beim Weiterverkauf durch den Trödler werde die Bedingung erfüllt, und dann entfalte der Vertrag alle Wirkungen eines Kaufs[8]. Mit einem Grundsatzentscheid von 1929[9] hat das BGer diese Konstruktion jedoch aufgegeben. Es bezeichnet den Trödelvertrag als Vertrag *sui generis*, der eine Wahlschuld des Trödlers begründe, welcher entweder den Schätzungspreis zu bezahlen oder die Sache zurückzugeben habe. Es nimmt im wesentlichen an, daß die Rückgabepflicht ein wenn auch alternativer, so doch wichtiger Vertragsbestandteil, eine vertragliche Verpflichtung sei, was bei einem bedingten Kaufe nicht der Fall sei. Diese in ständiger Rechtsprechung[10] bestätigte und von der Rechtslehre[11] mehrheitlich gutgeheißene Auffassung wird zu widerlegen versucht von PIOTET[12], der im Trödelvertrag einen Kauf erblickt, der mit einer Suspensivbedingung verbunden und mit dem Kauf auf Probe verwandt sei. Nach dieser Konstruktion hat die Rückgabepflicht des Trödlers, sofern er nicht verkauft und nicht selber als Erwerber eintritt, ihren Grund nicht im Vertrag, welcher, mangels Eintritts der Bedingung, keinerlei Wirkung entfaltet. Kann man nicht einwenden, die Rückgabepflicht sei wesentlich, wenn auch alternativ, und leite sich unmittelbar aus dem Vertrag ab? Nicht anders verhält es sich indessen beim Kauf auf Probe, bei dem der Käufer sich naturgemäß zur Rückgabe der Sache verpflichtet, die ihm nicht gefällt, und welcher, wie heute allgemein angenommen wird, als bedingter Kauf zu betrachten ist. Es besteht eine sehr enge Verwandtschaft zwischen den beiden Verträgen. Außerdem bringt diese Theorie eine ungezwungene und klare Lösung des Problems des Eigentumsübergangs, bei dessen Erklärung die herrschende Lehre in größte Verlegenheit gerät. Die Theorie PIOTETS, die zur ursprünglichen Rechtsprechung des BGer zurückkehrt, scheint uns den Vorzug zu verdienen.

3. Die Wirkungen des Vertrages

Der Verträdler hat dem Trödler den Besitz zu übertragen und ist verpflichtet, ihm auch das Eigentum zu verschaffen. Dieser Eigentumsübergang entfaltet seine Wirkungen mit dem Eintritt der Bedingung, d.h. sobald der Trödler verkauft oder den Selbsteintritt erklärt hat.

Die Gefahr trägt vorläufig der Verträdler gemäß Art. 185 Abs. 3 OR, der für den aufschiebend bedingten Kauf bestimmt, die Gefahr gehe erst

---

[8] BGE 47 II, 1921, S. 218.
[9] BGE 55 II, 1929, S. 39.
[10] BGE 58 II, 1932, S. 347; 69 II, 1943, S. 110; 70 II, 1944, S. 103; 75 IV, 1949, S. 11; 89 II, 1963, S. 214.
[11] OFTINGER, a.a.O., S. 20; MEIER-HAYOZ, a.a.O., S. 2, 7; VON BÜREN, S. 59, Anm. 253; COMMENT, SJK, Nr. 232, S. 1; GUHL/MERZ/KUMMER, S. 290.
[12] a.a.O., insbesondere S. 24–58.

mit dem Eintritt der Bedingung auf den Käufer über. Der Vertrödler hat für **Mängel** einzustehen unter den Voraussetzungen der Art. 197 ff. OR, gleichgültig ob es sich um Mängel handelt, die schon vor dem Verkauf an den Dritten entdeckt worden sind[13], oder um verborgene Mängel, die erst nach dem Verkauf durch den Trödler entdeckt werden und für welche dieser gegenüber dem Drittkäufer einzustehen hat.

Der **Verzug** des Trödlers hat verschiedene Folgen, je nachdem dieser über die Sache verfügt hat oder nicht. Hat er es, so ist die Bedingung eingetreten und der Kauf entfaltet seine Wirkungen. Da der Trödler den Besitz der Sache vor der Zahlung des Preises erlangt hat – und das ist der Normalfall –, kann der Vertrödler gemäß Art. 214 Abs. 3 OR nicht vom Vertrag zurücktreten und die Sache zurückfordern. Das würde ihm auch nichts helfen, wenn der Trödler die Ware schon verkauft hat. Der Verzug gibt dem Vertrödler somit nur die Befugnis, die Erfüllung zu verlangen, also die Zahlung des Preises. Vom Vertrag zurücktreten und die vom Trödler durch Selbsteintritt erworbene Sache zurückfordern kann er nur, wenn er sich das Recht dazu ausdrücklich vorbehalten hat.

Der Trödler kann sich in Verzug befinden, bevor er über die Sache verfügt hat, entweder weil die Parteien eine Frist vereinbart haben – was die Regel ist – oder weil der Trödler nach Ablauf einer angemessenen Frist, innert der er die Sache nicht verkaufen konnte, vergebens aufgefordert worden ist, sie zurückzugeben[14]. Da die Bedingung, unter der der Kaufvertrag abgeschlossen wurde, nicht eingetreten ist, hat der Kauf keine Wirkungen entfaltet. Infolgedessen steht dem Vertrödler die Vindikationsklage zu.

4. Rechtsmissbrauch des Trödlers

Der Trödler kann zu dem Preis und zu den Bedingungen verkaufen, die er für gut befindet. Er darf jedoch dieses Verfügungsrecht nur innerhalb der Schranken des Rechtsmißbrauchs (Art. 2 ZGB) ausüben. Es kommt nicht selten vor, daß ein Trödler die ihm übergebene Sache zu einem Schleuderpreis verkauft oder sie verpfändet, obwohl er weiß, daß er außerstande ist, sie dem Vertrödler zu bezahlen. Ein solcher Mißbrauch verdient keinen Schutz. Der Trödler ist nicht berechtigt, unter dieser Bedingung zu verfügen. Hieraus folgt, daß der Dritterwerber, Käufer oder Pfandgläubiger

---

[13] Der Trödler kann freilich die Sache zurückgeben. Er kann es aber auch vorziehen, die *actio quanti minoris* zu erheben (OFTINGER, S. 58) oder gemäß Art. 208 Abs. 3 OR auf Schadenersatz zu klagen (PIOTET, S. 101).

[14] Grundsätzlich können die Parteien nicht auf unbegrenzte Zeit gebunden bleiben aufgrund eines Kaufvertrages, der keine Frist festsetzt, während welcher die Bedingung in Erfüllung gehen kann. BGE 72 II, 1946, S. 29.

nur geschützt ist, wenn er gemäß den Voraussetzungen der Art. 714 Abs. 2 und 933 ZGB gutgläubiger Besitzer ist, d.h. wenn er vom Mißbrauch keine Kenntnis hatte. Wenn der Erwerber bei der Aufmerksamkeit, wie sie nach den Umständen von ihm verlangt werden darf (Art. 3 Abs. 2 ZGB), erkennen konnte, daß der Veräußerer nicht Eigentümer war und daß er sein Verfügungsrecht mißbrauchte, erwirbt er keinerlei Recht an der Sache und wird in seinem Besitze nicht geschützt. Der Vertrödler kann vindizieren[15].

---

[15] BGE 69 II, 1943, S. 110; 70 II, 1944, S. 103.

Siebentes Kapitel

Der Tausch

§ 22. Begriff und Vorschriften

I. Der Begriff des Tausches

Der Tausch ist der Vertrag, durch den sich die Parteien zur wechselseitigen Übertragung des Eigentums an je einer bestimmten Sache verpflichten.

Im Verhältnis zum Kauf ist der Tausch der ältere Vertrag, aus dem der Kauf in dem Zeitpunkt hervorgegangen ist, in dem das Geld als Wertmesser benutzt wurde. In unserem Wirtschaftssystem ist der Tausch verhältnismäßig selten und erscheint heute als eine Abart des Kaufes: die gesetzliche Regelung erschöpft sich in einer Verweisung auf die Vorschriften über den Kauf.

Daß die Tauschobjekte völlig gleichwertig sind, stellt eine Ausnahme dar. Gewöhnlich besteht zwischen ihnen ein Wertunterschied, der durch eine Geldzahlung, ein Aufgeld, ausgeglichen wird. Grundsätzlich ändern die Schätzung der Tauschobjekte und die Bezahlung eines Aufgeldes nichts an der Rechtsnatur des Tauschvertrages. Doch kann die Bestimmung der Vertragsnatur Schwierigkeiten bereiten, so bei einem Kauf mit Hingabe bestimmter, auf den Kaufpreis anzurechnender Sachen seitens des Käufers, oder bei zwei wechselseitigen und formell voneinander unabhängigen Kaufverträgen zwischen den gleichen Parteien mit Verrechnung der entsprechenden Preise und Bezahlung eines Restes durch einen der beiden Käufer. Die Hauptsache beim Tausch ist die Verschaffung der Sache gegen eine andere. Das Aufgeld hat also immer nebensächlichen Charakter und darf nach dem Willen der Parteien nur den Zweck haben, für das Gleichgewicht der Leistungen zu sorgen. Wir haben es mit einem Kauf zu tun, wenn nach der Absicht der Parteien die Zahlung eines bestimmten Preises im Vordergrund steht und die Hingabe einer Sache an Zahlungs Statt seitens des Käufers eine bloße Zahlungsmodalität für einen Teil des Kaufpreises darstellt. Im Falle von zwei wechselseitigen Käufen ist zu prüfen, ob diese Käufe so eng miteinander verbunden sind, daß der eine ohne den andern nicht abgeschlossen worden wäre, indem jede Partei die «gekaufte» Sache als Gegenleistung für die «verkaufte» Sache erhalten, d.h. sich eine Sache gegen eine andere verschaffen wollte und die Preisfestsetzung nur die Bedeutung einer Bestimmung der Tauschwerte hatte. Maßgebend für die Qualifikation ist der wirkliche Wille der Vertragsparteien, nicht die von ihnen verwendeten Ausdrücke noch die Form, die sie ihrer Vereinbarung gegeben haben (Art. 18 OR)[1].

Wenn das Aufgeld nicht ziffernmässig bestimmt ist, muß es bestimmbar sein nach den gleichen Grundsätzen, die gemäß Art. 184 Abs. 3 OR für den Kaufpreis gelten[2].

II. Die Vorschriften über den Tausch

Die Vorschriften über den Kaufvertrag sind in dem Sinne auf den Tauschvertrag anwendbar, daß jede Vertragspartei in bezug auf die von ihr versprochene Sache als Verkäufer und mit Bezug auf die ihr zugesagte Sache als Käufer behandelt wird (Art. 237 OR).

Diese Verweisung bezieht sich zunächst auf die Natur des Vertrages, der so wenig wie der Kauf eigentumsübertragende Wirkung hat, sondern ein gegenseitiges Schuldverhältnis begründet. Sodann bezieht sie sich auf die formellen Erfordernisse[3] und auf die Wirkungen des Vertrages.

Für die Rechts- und Sachgewährleistung gelten die gleichen Voraussetzungen wie beim Kauf. Was die Wirkungen der Gewährleistung betrifft, so gibt Art. 238 OR der Partei, welcher die Sache entwehrt wurde oder die sie wegen ihrer Mängel zurückgegeben hat, das Recht, Schadenersatz zu verlangen oder die von ihr übergebene Sache zurückzufordern. Diese Regelung ist nicht erschöpfend, sondern unvollständig und muß mit den Vorschriften über den Kauf in Verbindung gebracht werden. Das führt bei der Gewährleistung wegen Sachmängeln zu folgenden Ergebnissen:

a) Die Tauschpartei, welche die gelieferte Sache behält, hat keinen Anspruch auf Preisminderung, welche nach der Natur der Leistungen ausgeschlossen ist. Sie kann dagegen aufgrund analoger Anwendung des Art. 205 OR entweder eine Entschädigung für den Minderwert verlangen oder, in Anwendung der entsprechenden Rechtsprechung zum Kaufvertrag, volle Entschädigung gemäß Art. 97 OR[4].

b) Der Tauschpartei steht das Recht auf Wandelung zu in Anwendung und unter den Voraussetzungen der Art. 205 und 208 OR: sie hat die er-

---

[1] BGE 35 II, 1909, S. 270; 45 II, 1919, S. 441.
[2] BGE 81 II, 1955, S. 221.
[3] Form des Grundstücktausches: BGE 95 II, 1969, S. 309.
[4] Siehe oben S. 104.

haltene Sache zurückzugeben und kann diejenige, die sie übergeben hat, unbeschadet der Entschädigungsansprüche nach Art. 208 Abs. 2 und 3 OR zurückverlangen.

Dieser Wandelungsanspruch steht indessen unter dem Vorbehalt von Art. 205 Abs. 2 OR, wonach es dem Richter, sofern er die Rückgängigmachung für ungerechtfertigt erachtet, frei steht, «bloß Ersatz des Minderwertes zuzusprechen», d.h. die andere Tauschpartei zur Zahlung einer Entschädigung für den Minderwert zu verurteilen.

c) Die Tauschpartei kann schließlich gemäß Art. 97 OR – dessen Anwendbarkeit der Wortlaut des Art. 238 OR zu bestätigen scheint – auf die ihr versprochene Lieferung verzichten (oder die ihr bereits gelieferte Sache zurückerstatten) und anstelle der Rückgabe der von ihr gelieferten Sache vollen Schadenersatz in der Höhe des Erfüllungsinteresses verlangen.

d) Bei vertretbaren Sachen kommt Art. 206 OR zur Anwendung, welcher der Tauschpartei Anspruch auf Lieferung währhafter Ware derselben Gattung gibt.

Die Rechtslage wird komplizierter, wenn die beiden Tauschparteien sich auf Gewährleistung wegen Mängeln berufen. Streng genommen muß jeder der beiden Ansprüche für sich betrachtet werden. Eine Ausgleichung kann zum Schlusse vorgenommen werden. Sie hat zur Abweisung beider Ansprüche zu führen, wenn sich ergibt, daß die gegenseitigen Mängel das Gleichgewicht von Leistung und Gegenleistung nicht stören, oder zur Zusprechung einer Minderwertsentschädigung an die eine Partei, wenn dieses Gleichgewicht nur leicht gestört ist[5].

---

[5] BGE 45 II, 1919, S. 441, Erw. 5, S. 446.

Achtes Kapitel

Die Schenkung

§ 23. Begriff und Merkmale der Schenkung

Literatur:
  A. von Tuhr, Bemerkungen zur Schenkungslehre, SJZ 18, 1921/22, S. 201.

Die Schenkung ist der Vertrag, mit dem eine Person, der Schenker, sich unter Lebenden verpflichtet, einer andern, dem Beschenkten, Vermögenswerte ohne entsprechende Gegenleistung zuzuwenden[1].

Aus dieser Definition ergeben sich drei Begriffsmerkmale: 1. die Schenkung ist ein Vertrag, 2. der eine Vermögenszuwendung zum Gegenstande hat, 3. welche unentgeltlich ist.

1. Der Vertrag

Als Vertrag, der ein Schuldverhältnis begründet und daher ein zweiseitiges Rechtsgeschäft ist, kommt die Schenkung zustande durch ein Angebot und eine anschließende Annahmeerklärung, für welche beide die Art. 3–6 OR gelten. Während jedoch nach diesen Vorschriften der Antragsteller bis zum Zeitpunkt gebunden bleibt, in dem er den Eingang einer Antwort erwarten darf (Art. 3–5 OR), kann der Schenkungsantrag bis zur Annahme widerrufen werden (Art. 244 OR)[2].

Die Offerte muß zur Kenntnis des Beschenkten gelangt sein. Die Schenkung ist also noch nicht zustandegekommen, wenn der Schenker eine Sache für Rechnung des Beschenkten, aber ohne dessen Wissen, einem Dritten

---

[1] Art. 239 OR definiert die Schenkung als «Zuwendung unter Lebenden, womit jemand aus seinem Vermögen einen andern ohne entsprechende Gegenleistung bereichert». Diese Definition ist wenig glücklich, denn die Schenkung ist ein Vertrag, mit dem ein Schuldverhältnis begründet wird, und nicht eine Verfügung, mit welcher Eigentum zugewendet wird. Überdies braucht der Gegenstand der Schenkung im Zeitpunkt der Schenkung nicht notwendig im Eigentum des Schenkers zu stehen, wie aus der Wendung «aus seinem Vermögen» («cède tout ou une partie de ses biens») geschlossen werden könnte.
[2] In diesem Sinne Becker, N. 1 zu Art. 244; a.A. Oser/Schönenberger, N. 2 zu Art. 244.

übergibt, oder allgemeiner, wenn der Schenker einen Vertrag zugunsten Dritter zum Vorteil und ohne Wissen des Beschenkten abschließt[3].

Die Schenkung wird erst perfekt, wenn der Beschenkte von ihr Kenntnis erhalten hat. Die Annahme muß zu Lebzeiten des Schenkers erfolgen[4], da es sich um ein Rechtsgeschäft unter Lebenden handelt. Das Angebot gilt gemäß Art. 6 OR als angenommen, wenn es nicht innert angemessener Frist abgelehnt wird, so daß also der Vertrag zustande kommt, sobald der Beschenkte vom Angebot Kenntnis erhalten hat.

Die Schenkungsfähigkeit setzt die Handlungsfähigkeit voraus. Das Kind unter elterlicher Gewalt, der Entmündigte, der einen Vormund hat, können, selbst wenn sie urteilsfähig sind, keine Schenkung von etwelchem Werte, d.h. mehr als die üblichen Gelegenheitsgeschenke machen, und zwar weder durch Vermittlung ihres gesetzlichen Vertreters noch selber unter dessen Mitwirkung[5]. Der Mehrjährige, dem ein Beirat gemäß Art. 395 Abs. 1 ZGB (Mitwirkungsbeirat) gegeben wurde, bedarf zur Schenkung der Mitwirkung seines Beirates. Wenn der Beirat im Sinne von Art. 395 Abs. 2 ZGB mit der Verwaltung betraut ist, so gelten für das unter seiner Verwaltung stehende Vermögen die Vorschriften über die Vormundschaft. Die Schenkungsfähigkeit ist beschränkt unter Ehegatten, wenn die Schenkung das eingebrachte Gut der Ehefrau oder das Gemeinschaftsgut zum Gegenstand hat; eine solche Schenkung ist nur gültig, wenn ihr die Vormundschaftsbehörde zustimmt (Art. 177 Abs. 2 ZGB)[6]. Weitere Beschränkungen ergeben sich aus dem Erbrecht, als Folge des Pflichtteilsrechts (Art. 527, 529 ZGB), sowie aus dem Zwangsvollstreckungsrecht (Anfechtungsklage; Art. 286 SchKG). Schließlich kann nach Art. 240 Abs. 3 OR eine Schenkung auf Klage der Vormundschaftsbehörde für ungültig erklärt werden, wenn der Schenker wegen Verschwendung entmündigt wird, sofern das Entmündigungsverfahren gegen ihn innerhalb eines Jahres nach der Schenkung eröffnet worden ist[7].

Die Fähigkeit, eine Schenkung entgegenzunehmen, setzt lediglich die

---

[3] BGE 42 II, 1916, S.59; 45 II, 1919, S.145; 49 II, 1923, S.96; 67 II, 1941, S.88. So verhält es sich bei einem Bankdepot zugunsten des Beschenkten (BGE 69 II, 1943, S.305), bei der Errichtung eines Sparheftes.

[4] BGE 69 II, 1943, S.305, Erw. 6, S.309.

[5] Art. 280 und 408 ZGB; BGE 69 II, 1943, S.65; F. EGGER, Zürcher Kommentar, 2. Aufl., Bd. II/3, Zürich 1948, N. 2 zu Art. 408 ZGB.

[6] Eine Schenkung des Ehemanns an die Ehefrau fällt nicht unter diese Beschränkung (BGE 47 II, 1921, S.172), ebensowenig die Schenkung, die der Ehemann der Ehefrau aus den Erträgnissen ihres eingebrachten Gutes macht, BGE 74 II, 1948, S.73.

[7] Die Ungültigerklärung muß nicht in jedem Falle erfolgen; der Richter entscheidet frei aufgrund der Umstände. OSER/SCHÖNENBERGER, N.6 und BECKER, N.3 zu Art. 240 OR.

Urteilsfähigkeit voraus. Ein Minderjähriger, ein Entmündigter können Schenkungen entgegennehmen (Art. 19 Abs. 2 ZGB, Art. 241 Abs. 1 OR). Immerhin wird die Schenkung aufgehoben oder widerrufen, wenn der gesetzliche Vertreter ihre Annahme untersagt oder die Rückleistung anordnet (Art. 241 Abs. 2 OR). Es gibt nämlich Geschenke, die wegen ihres Gegenstandes, wegen der Person des Schenkers entwürdigend sein können, die moralische Pflichten gegenüber dem Schenker begründen können. Die hier dem gesetzlichen Vertreter eingeräumte Befugnis ist unbeschränkt; er braucht das Verbot, eine Schenkung anzunehmen, nicht zu begründen. Doch kann der bevormundete Handlungsunfähige gegen diesen Entscheid des Vormunds bei der Vormundschaftsbehörde Beschwerde führen nach Maßgabe des Art. 420 ZGB. Die Entgegennahme einer mit einer Auflage verbundenen Schenkung bedarf, weil darin eine Verpflichtung des Beschenkten liegt, immer der Zustimmung des gesetzlichen Vertreters[8].

2. Die Vermögenszuwendung

Zur Schenkung gehört die Zuwendung von Vermögenswerten, die aus dem Vermögen des Schenkers in dasjenige des Beschenkten übergehen; sie bewirkt beim Schenker eine Vermögensverminderung und beim Beschenkten eine Bereicherung. Es kann sich um die verschiedensten Vermögenswerte handeln: bewegliche oder unbewegliche Sachen, Forderungen, Rechte wie die Errichtung einer Dienstbarkeit oder der Verzicht auf eine solche, die unentgeltliche Bestellung einer Nutznießung oder die Abtretung einer Forderung oder der Erlaß einer Schuld. Diese Zuwendung kann eine bloß mittelbare sein: die Übernahme oder die Bezahlung der Schuld eines Dritten. Keine Schenkung liegt vor, wenn es an einem solchen Vermögensübergang fehlt, so wenn Dienstleistungen aus Gefälligkeit erbracht werden, wenn man auf ein noch nicht erworbenes Recht verzichtet, eine günstige Offerte nicht annimmt, ein Kaufs- oder Vorkaufsrecht nicht ausübt, eine Erbschaft zugunsten eines Miterben ausschlägt oder davon absieht, vom andern Ehegatten einen Beitrag zur Bestreitung der ehelichen Lasten zu verlangen. In allen diesen Fällen wird das Vermögen desjenigen, der auf einen geldwerten Vorteil verzichtet, nicht unmittelbar vermindert[9].

3. Die Unentgeltlichkeit

Die Absicht des Schenkers muß auf unentgeltliche Zuwendung gerichtet sein. Es ist dies der *animus donandi*: der Rechtsgrund seiner Verpflichtung

---

[8] OSER/SCHÖNENBERGER, N. 1 und BECKER, N. 2 zu Art. 241 OR.
[9] Art. 239 Abs. 2 OR. BGE 82 II, 1956, S. 477, Erw. 2, S. 489: die Zuweisung des gesamten Vorschlags des ehelichen Vermögens an den einen Ehegatten gemäß Art. 214 Abs. 3 ZGB.

liegt nicht, wie bei den entgeltlichen Verträgen, in einer Gegenleistung, sondern in der Absicht, dem Beschenkten einen Vermögenswert zuzuwenden, und diese Absicht muß, für sich allein, den hinreichenden Rechtsgrund der von ihm übernommenen Verpflichtung bilden. Diese auf unentgeltliche Zuwendung gerichtete Absicht offenbart sich im Fehlen einer entsprechenden Gegenleistung. Dies ist das gesetzliche Kriterium.

Infolgedessen sind die Beweggründe, aus denen der Schenker gehandelt haben mag, bedeutungslos. Sie können eigennützig sein und auf Publizitätsbedürfnis oder auf Liebesdienerei zurückzuführen sein. Keine Schenkung bilden Leistungen, die aufgrund einer Naturalobligation erbracht werden, so die Bezahlung einer verjährten Schuld oder die, selbst freiwilligen, Leistungen, die der Belohnung dienen, wie die einem Angestellten ausgerichteten Gratifikationen, denen die geleisteten Dienste als Gegenposten gegenüberstehen.

Nach Art. 239 Abs. 3 OR ist die Erfüllung einer sittlichen Pflicht keine Schenkung. Der Begriff der sittlichen Pflicht ist im einschränkenden Sinne zu verstehen, da sonst ein großer Teil der Schenkungen nicht unter die gesetzliche Regelung fallen würde. Gemeint sind nur konkrete Sachverhalte, aus denen bei objektiver Würdigung auf eine bestimmte sittliche Pflicht zu schließen ist; so die Bezahlung von Unterhaltsbeiträgen an Verwandte trotz Fehlens einer Unterstützungspflicht, das Versprechen der Leistung von Unterhaltsbeiträgen an ein außereheliches Kind, das Versprechen eines Ruhegehalts an einen alten Angestellten[10]. Die Wirkung dieser Unterscheidung besteht darin, daß die freiwillig in Erfüllung einer sittlichen Pflicht eingegangenen Verpflichtungen weder den Formerfordernissen für die Schenkung noch den materiellen Vorschriften über diese unterstehen[11].

Ein entgeltlicher Vertrag kann eine unentgeltliche Zuwendung in sich schließen. Das ist namentlich der Fall bei einem Kaufe, bei dem der Kaufpreis absichtlich auf einen niedrigeren Betrag als den üblichen Preis festgesetzt wird. Man spricht in diesem Falle von gemischter Schenkung (venditio cum donatione mixta). Dies setzt voraus, daß zur Zeit des Vertragsschlusses die Zuwendung an den Käufer den Wert der Gegenleistung übersteigt, und zwar mit Wissen der Parteien, so daß der Erbringer der

---

[10] VON BÜREN, S. 275; BGE 45 II, 1919, S. 291; 53 II, 1927, S. 198.
[11] Anderer Meinung VON BÜREN, a.a.O. Es sind hier zwei Fragen zu unterscheiden: einerseits, ob der Erbringer der Leistung in Erfüllung einer sittlichen Pflicht gehandelt hat, und anderseits, ob das ganz formlos abgegebene Versprechen den Charakter einer rechtlichen Verpflichtung hat, wobei sich das Gegenteil, abgesehen von andern Anhaltspunkten, gerade aus der Formlosigkeit des Versprechens und dem Fehlen jeder schriftlichen Bestätigung ergeben kann.

Zuwendung in Schenkungsabsicht gehandelt hat. Diese Absicht ist zu vermuten, wenn der Wertunterschied zwischen den beiden Leistungen, den die Parteien kennen und auch wollen, erheblich ist. Keine gemischte Schenkung liegt vor, wenn der Verkäufer sich dieses Wertunterschiedes oder, zum mindesten annähernd, seiner Größe nicht bewußt war und deshalb nicht in Schenkungsabsicht handelte[12]. Soweit in einem solchen Vertrag eine Schenkung steckt, d.h. in bezug auf die ohne Gegenleistung erbrachte Leistung, untersteht er den Vorschriften über die Schenkung.

§ 24. Die Form der Schenkung

Das Gesetz unterscheidet zwei Arten der Schenkung: die Schenkung von Hand zu Hand und das Schenkungsversprechen.

I. Die Schenkung von Hand zu Hand

Gemäß Art. 242 Abs. 1 OR erfolgt «eine Schenkung von Hand zu Hand durch Übergabe der Sache vom Schenker an den Beschenkten». Es handelt sich nicht um ein abstraktes Verfügungsgeschäft, bei welchem die Übergabe als solche die Schenkung bildet. Die Schenkung von Hand zu Hand ist ein schuldrechtlicher Vertrag, dessen Abschluß mit der Erfüllung zusammenfällt. Sie kann nur bewegliche Sachen und Forderungen zum Gegenstand haben.

Für die Schenkung von Hand zu Hand bedarf es keiner andern Form als derjenigen, die für die Gültigkeit des Verfügungsgeschäfts erforderlich ist, also der Übergabe bei beweglichen Sachen, der Abtretung bei Forderungen, der gesetzlichen Übertragungsformen bei Wertpapieren. Die Herausgabe der Sache oder des Wertpapiers und, bei den Forderungen, die schriftliche Abtretungserklärung bringen dem Schenker die Tragweite seiner Handlung deutlich genug zum Bewußtsein, so daß das Gesetz auf das Erfordernis einer Form verzichtet hat. In seiner anfänglichen Rechtsprechung verlangte das BGer die reale Übergabe der Sache und schloß damit namentlich das Besitzkonstitut als gültige Form der Schenkung von Hand zu Hand aus. Es ging von dem Gedanken aus, daß der Schenker dann, wenn er aus einem

---

[12] Es gibt zu diesem Begriff eine reichhaltige Rechtsprechung, die sich namentlich auf die erbrechtliche Herabsetzung und Ausgleichung solcher Schenkungen bezieht. Vgl. BGE 77 II, 1951, S. 36; 82 II, 1956, S. 430; 84 II, 1958, S. 247, 338; 98 II, 1972, S. 352; P. Piotet, La donation mixte et la réduction selon l'art. 527 ch. 1 ou 3 CC, JdT 1973, I, S. 333.

besondern Grunde nach wie vor den Besitz behielte, sich von der Tragweite seiner Erklärung nicht Rechenschaft geben könnte. Nur die reale Übergabe rechtfertigt es nach dieser Betrachtungsweise, auf jedes Formerfordernis zu verzichten. Das kommt im alten französischen Rechtssprichwort zum Ausdruck: «donner et retenir ne vaut»[1]. Die Rechtsprechung hat dann aber der Übergabe der Sache die Besitzanweisung gleichgestellt, also die einem Dritten, dem Depositär, erteilte Weisung, den Besitz für Rechnung des Beschenkten auszuüben[2]. Durch ein Urteil von 1937 schließlich hat sich das BGer der herrschenden Lehre angeschlossen und anerkannt, daß die Schenkung von Hand zu Hand gültig auch durch Besitzkonstitut erfolgen könne; es führte dabei aus, daß die Beibehaltung des Erfordernisses der realen Übergabe die Schenkung von Hand zu Hand unter den ja weitestgehenden Mitbesitz ausübenden Ehegatten außerordentlich erschweren würde[3]. Es genügt somit eine einfache Erklärung, die nicht ausdrücklich zu sein braucht. Damit sind alle Arten der Besitzübertragung gültig als «Übergabe» der Sache im Sinne, wie sie das Gesetz versteht.

Die Arten der mittelbaren Besitzübertragung spielen in der Praxis eine große Rolle bei beweglichen Vermögenswerten wie Wertpapieren, Bankdepots, Sparheften. Meistens sind diese Werte bei einer Bank hinterlegt. Die «Übergabe» dieser Werte erfolgt durch die auch mündlich mögliche, der Bank erteilte Weisung, den Besitz inskünftig für Rechnung des Beschenkten auszuüben. Die Schenkung kommt indessen erst zustande, wenn sie dem Beschenkten angezeigt worden ist; erst von diesem Zeitpunkt an hat er den Besitz und ist zu vermuten, er habe die Schenkung angenommen[4].

II. Das Schenkungsversprechen

Es ist der Schenkungsvertrag, der nicht gleichzeitig mit seinem Abschluß vollzogen wird. Das Gesetz schützt hier den Schenker vor unüberlegtem Handeln, indem es besondere Formvorschriften aufstellt: die schriftliche Form für bewegliche Sachen, die öffentliche Beurkundung für Grundstücke und dingliche Rechte an solchen[5].

---

[1] BGE 47 II, 1921, S.115.
[2] BGE 52 II, 1926, S.368.
[3] BGE 63 II, 1937, S.395. Vgl. zugunsten der dort vertretenen Auffassung namentlich OSER/ SCHÖNENBERGER, N.39 zu Art.239 OR.
[4] BGE 67 II, 1941, S.88.
[5] Die Begründung einer Dienstbarkeit durch Schenkung bedarf somit der öffentlichen Beurkundung, obwohl nach Art.732 ZGB für den Vertrag über die Errichtung einer Dienstbarkeit

Das Erfordernis der Form gilt für alle Bestandteile des Schenkungsversprechens, die der Schenker als wesentlich betrachtet, wie die Bedingungen, mit denen es verbunden sein kann, und die Auflagen, die dem Empfänger auferlegt werden können. Gemäß Art. 13 Abs. 1 OR muß einzig die Willenserklärung des Schenkers in der vorgeschriebenen Form erfolgen. Die Annahme des Beschenkten, der keine Verpflichtungen übernimmt, unterliegt keiner Form, und zwar selbst dann nicht, wenn die Schenkung bedingt ist. Ist die Schenkung mit einer Auflage verbunden, die eine Verpflichtung des Beschenkten begründet, so muß die Zustimmung beider Parteien in der vorgeschriebenen Form abgegeben werden.

Die Beobachtung der Form, Schriftform oder öffentliche Beurkundung, ist Voraussetzung für die Gültigkeit des Schenkungsversprechens. Wenn es sich indessen um eine Schenkung beweglicher Sachen handelt, so kann sich der Schenker nicht mehr auf den Formmangel berufen, nachdem das Versprechen vollzogen worden ist, denn der Vertrag ist dann einer Schenkung von Hand zu Hand gleichgestellt (Art. 243 Abs. 3 OR). Die Verfügung erfüllt dann nämlich die Voraussetzungen, die das Gesetz für eine perfekte Schenkung von Hand zu Hand aufstellt. Diese Ordnung gilt nicht für Grundstücke und dingliche Rechte an solchen, für welche die Schenkung von Hand zu Hand nicht in Frage kommt, sondern die öffentliche Beurkundung Gültigkeitserfordernis der Schenkung ist.

§ 25. Besondere Arten der Schenkung

I. Die Schenkung mit Auflage

1. Nach Art. 246 Abs. 1 OR kann der Schenker aufgrund des Vertragsinhaltes die Vollziehung einer vom Beschenkten angenommenen Auflage verlangen.

Die Auflage ist also die vom Schenker dem Beschenkten auferlegte Verpflichtung, eine bestimmte Leistung zu erbringen. Diese Leistung kann in der Verwendung aller oder eines Teils der geschenkten Vermögenswerte für einen bestimmten Zweck bestehen, in bestimmten Dienstleistungen

---

nur die schriftliche Form erforderlich ist. In diesem Sinne Liver, Zürcher Kommentar, N. 80 ff. zu Art. 732 ZGB.

gegenüber dem Schenker oder Dritten, in der Unterlassung gewisser Handlungen, in der Erfüllung von Verpflichtungen gegenüber Dritten[1].

Im einzelnen Falle kann es zweifelhaft sein, ob man es mit einer Auflage zu tun hat oder mit einer Gegenleistung, welche dem Vertrag den Charakter der Unentgeltlichkeit nehmen und daraus ein entgeltliches Rechtsgeschäft machen würde. Die Rechtsprechung erblickt das Kriterium in der akzessorischen Natur, welche die Auflage nach der Meinung des Schenkers im Verhältnis zum Gegenstand der Schenkung besitzt[2]. Dieses Kriterium ist sicherlich brauchbar. Es löst jedoch die Frage nicht restlos. Es kommt häufig vor, daß die dem Beschenkten auferlegte Verpflichtung, ohne eine Gegenleistung zu sein, nach der Vorstellung des Schenkers ein wesentliches Element darstellt und sogar den Beweggrund der Zuwendung bildet, so wenn ein Grundstück geschenkt wird unter der Auflage, darauf ein Gebäude für eine bestimmte Verwendung zu erstellen. Diese Verpflichtung ist der einzige Zweck der Schenkung. Sie kann nach ihrem Zweck, nach dem ihr zugrunde liegenden Beweggrund nicht als nebensächlich bezeichnet werden. Daher muß der Charakter von Auflagen auch solchen dem Beschenkten auferlegten Verpflichtungen zugesprochen werden, die darauf gerichtet sind, die Erbringung von Leistungen zugunsten Dritter oder des Gemeinwesens zu gewährleisten, auf die der Schenker aus Gründen Wert legt, die mit dem Empfang eines Entgelts nichts zu tun haben[3].

Von der Bedingung unterscheidet sich die Auflage dadurch, daß die Bedingung die Wirkungen des Vertrages aufschiebt, aber keine Verpflichtung begründet, während die Auflage nicht aufschiebt, aber verpflichtet. Wenn die Bedingung nicht eintritt, entfaltet der Vertrag keine Wirkung oder hört, im Falle der auflösenden Bedingung, auf, eine solche zu entfalten. Der Schenker hat keinen Anspruch auf Herbeiführung des Eintritts der Bedingung, selbst wenn es sich um eine Potestativbedingung handelt. Wenn die Sache schon übergeben worden ist, kann der Schenker sie vindizieren oder, wenn es sich um eine Geldsumme handelt, diese als eine bezahlte Nichtschuld zurückfordern. Im Falle der Auflage dagegen kann der Schenker deren Vollziehung verlangen. Die Unterscheidung kann im Einzel-

---

[1] So die Schenkung einer Statue mit der Verpflichtung, sie an einem bestimmten Orte aufzustellen (BGE 80 II, 1954, S. 260); die Schenkung eines Grundstücks mit der Verpflichtung, es in einer bestimmten Weise zu verwenden (BGE 85 II, 1959, S. 609); die Schenkung von Wertschriften, deren Verwaltung sich der Schenker vorbehält (BGE 57 II, 1931, S. 513); die dem Beschenkten auferlegte Verpflichtung, die Armen eines Gemeinwesens zu unterstützen (BGE 32 II, 1906, S. 682).
[2] BGE 80 II, 1954, S. 260, unter Berufung auf ein Gutachten von Merz; Guhl/Merz/Kummer, S. 345.
[3] Dies ist offenbar die Auffassung, die von Büren (S. 278) vertritt.

fall schwierig sein bei Potestativbedingungen. Es ist dies eine Frage der Vertragsauslegung, wobei abzuklären ist, ob die Parteien den Willen hatten, daß der Beschenkte eine Verpflichtung im eigentlichen Sinne des Wortes übernehmen sollte.

Dieses wesentliche Element der Begründung einer vom Beschenkten übernommenen Verpflichtung schließt es unseres Erachtens aus, als Auflagen diejenigen mit einer Schenkung verbundenen Klauseln zu betrachten, welche dem Beschenkten ein bestimmtes Verhalten in dessen eigenem Interesse zur Pflicht machen, ein Verhalten, das nicht zum Gegenstand einer Rechtspflicht gemacht werden kann, der *modus simplex* des gemeinen Rechts[4]. Wir halten also dafür, als Auflagen seien nur diejenigen Verpflichtungen zu betrachten, die dem Beschenkten auferlegt werden im Interesse Dritter, des Gemeinwesens und vor allem des Schenkers, der *modus qualificatus* des gemeinen Rechts, da der Ausdruck «Verpflichtungen» in seinem technischen Sinne zu verstehen ist. So sind, um bei Beispielen aus der Rechtsprechung zu bleiben, als Auflagen zu betrachten: das von einem Bildhauer gemachte Geschenk einer Statue an eine Stadt mit der Bestimmung, sie an einem bestimmten Orte aufzustellen, das Geschenk eines Gebäudes zur Verwendung als Altersheim für Priester, die Schenkung eines Grundstücks an eine Freimaurerloge, um darauf einen Tempel zu bauen[5].

2. Der Schenker kann auf Vollziehung der Auflage klagen, denn das Gesetz sieht in Art. 246 Abs. 1 OR ausdrücklich die Klage auf Vollziehung vor. Er kann, nach Maßgabe des Art. 97 OR, den Ersatz des Schadens verlangen, der ihm aus der Nichtvollziehung erwächst (Erfüllungsinteresse)[6]. Dieses Klagerecht geht auf die Erben des Schenkers und, sofern die Vollziehung der Auflage im öffentlichen Interesse liegt, auf die zuständige Behörde über (Art. 246 Abs. 2 OR). Dem Schenker steht es ferner frei, die Schenkung zu widerrufen (Art. 249 Ziff. 3 OR).

Der Beschenkte ist schließlich befugt, die Vollziehung einer Auflage zu verweigern, soweit der Wert der Zuwendung die Kosten der Auflage nicht

---

[4] Man denke z. B. an die Schenkung einer Geldsumme, die dem Beschenkten gestatten soll, sein Studium zu beenden, sich einer ärztlichen Behandlung zu unterziehen, eine Reise zu machen. In einem solchen Fall kann man freilich den Widerruf der Schenkung gemäß Art. 249 Ziff. 3 OR ins Auge fassen. In diesem Sinne von Büren, S. 277/78. Unseres Erachtens muß man sich dagegen an das juristische Kriterium der Verpflichtung im technischen Sinne halten und die vom Schenker gewollte Verwendung immer dann als Bedingung betrachten, wenn der Schenker nicht einen bloßen Wunsch geäußert hat, sondern daraus ein wesentliches Element der unentgeltlichen Zuwendung machen wollte.
[5] BGE 80 II, 1954, S. 260; 76 II, 1950, S. 202 (ein Vermächtnis mit Auflage betreffend); 85 II, 1959, S. 609.
[6] BGE 80 II, 1954, S. 260.

deckt und ihm der Ausfall nicht ersetzt wird (Art. 246 Abs. 3 OR), und zwar kann er dies gegenüber einer Klage auf Vollziehung einwenden.

II. Die Schenkung auf den Todesfall

Die Schenkung auf den Todesfall (oder von Todes wegen) ist die Schenkung, mit welcher der Schenker sich verpflichtet, einen Vermögenswert unentgeltlich bei seinem Tode übergehen zu lassen.

Genau betrachtet ist die Schenkung auf den Todesfall keine Verfügung von Todes wegen. Sie begründet eine obligationenrechtliche Verpflichtung, die den Schenker schon zu Lebzeiten bindet und lediglich befristet ist, womit die Vollziehbarkeit bis zum Tode des Schenkers aufgeschoben wird, während die Verfügung von Todes wegen zu Lebzeiten des Verfügenden keinerlei Rechte begründet und der Bedachte bis zum Tode eine bloße Anwartschaft besitzt. Die vorbehaltlose Anerkennung der Schenkung, deren Erfüllung bis zum Tode des Schenkers hinausgeschoben ist, würde die Umgehung gewisser wichtiger Vorschriften über die Verfügungen von Todes wegen gestatten. Aus diesem Grunde bestimmt Art. 245 Abs. 2 OR: «Eine Schenkung, deren Vollziehbarkeit auf den Tod des Schenkers gestellt ist, steht unter den Vorschriften über die Verfügungen von Todes wegen.» Rechtsprechung und Lehre nehmen übereinstimmend an, daß diese Verweisung sich nicht nur auf die Formvorschriften bezieht und damit für die Schenkung auf den Todesfall die Form des Erbvertrages vorschreibt[7], sondern daß sie eine allgemeine Tragweite hat und auf die materiellen Vorschriften anwendbar ist.

Dieser materielle Wirkungsbereich ist in der Rechtslehre umstritten. Nach gewissen Autoren stellt das Gesetz die Schenkung auf den Todesfall dem Erbvertrag völlig gleich. Sie bestreiten, daß es eine Schenkung auf den Todesfall als selbständiges Rechtsinstitut gebe[8]. Nach andern Autoren dagegen schafft die Schenkung auf den Todesfall nicht eine bloße Anwartschaft zugunsten des Empfängers, sondern ein bereits zu Lebzeiten des Schenkers entstehendes Recht, weshalb sie sich vom Erbvertrag unter-

---

[7] BGE 76 II, 1950, S. 276. Das gilt auch für die Sanktion, die bei Nichtbeobachtung der Form eintritt und in der Anfechtbarkeit der Verfügung gemäß den Art. 519 und 520 ZGB, nicht in der absoluten Nichtigkeit besteht: BGE 89 II, 1963, S. 87.

[8] A. Escher, Zürcher Kommentar, 3. Aufl., Bd. III/1, Zürich 1959, Einleitung zum 14. Titel, S. 99/100; von Tuhr, SJZ 18, 1921/22, S. 205, Anm. 23; F. Guisan, Recherches théoriques de la limite entre le contrat et l'acte à cause de mort, in: Recueil de travaux de la Faculté de droit de Lausanne, 1934, S. 40; Ch. Knapp, Zum schweiz. Erbrecht, in: Festgabe für P. Tuor, Zürich 1946, S. 227; von Büren, S. 280; P. Piotet, Les actes bilatéraux à cause de mort, in: Estudios ... en honor del Prof. Castan, Pamplona 1968, vol. I, S. 506.

scheide und ein selbständiges Rechtsinstitut sei [9]. Die praktische Konsequenz dieser Unterscheidung – und auch sie wird nicht von allen gezogen – besteht nach der Auffassung der Mehrheit darin, daß der Beschenkte einem Vermächtnisnehmer oder einem Gläubiger gleichgestellt wird. Ist er Vermächtnisnehmer, so haben seine Erben keinerlei Rechte, wenn er vor dem Schenker stirbt (Art. 515 und 543 ZGB), während eine Forderung, auch wenn sie auf den Tod des Schuldners befristet ist, auf die Erben des Gläubigers übergeht; wenn er Vermächtnisnehmer ist, gehen ferner die Ansprüche der Gläubiger des Verstorbenen seinem Rechte vor (Art. 564 Abs. 1 ZGB).

Da die Unterscheidung zwischen den beiden Rechtsinstituten heikel ist, bietet sie in der Praxis Schwierigkeiten und wirft um so schwerer zu lösende Probleme der Vertragsauslegung auf, als die Parteien den Unterschied meistens gar nicht beachtet haben werden. Sie führt zu praktischen Ergebnissen, die im Einzelfalle von großer Tragweite sein können, ohne daß diese Unterscheidungen wirklich gerechtfertigt sind oder sich im Hinblick auf den Parteiwillen rechtfertigen lassen.

Die Verweisung auf die Vorschriften über die Verfügungen von Todes wegen ist zu verstehen als Ausdruck des Willens, den gordischen Knoten dadurch zu lösen, daß die Schenkung auf den Todesfall als Rechtsinstitut keine selbständige Existenz haben und den Verfügungen von Todes wegen völlig gleichgestellt sein soll.

III. Die Schenkung mit Rückfallsrecht

Gemäß Art. 247 Abs. 1 OR «kann der Schenker den Rückfall der geschenkten Sache an sich selbst vorbehalten für den Fall, daß der Beschenkte vor ihm sterben sollte». Diese Befugnis ergibt sich schon aus der Vorschrift des Art. 245 Abs. 1 OR, nach welcher die Schenkung mit Bedingungen verbunden werden kann. Nach den allgemeinen Bestimmungen kann der Rückfall der geschenkten Sache auch von andern Bedingungen abhängig gemacht werden, welche von den Parteien nach Belieben vereinbart werden können. Wenn das Gesetz eine Sonderbestimmung über den Rückfall im Falle des Vorabsterbens des Beschenkten aufgestellt hat, so deshalb, weil es für diesen Fall – und nur für diesen – eine Vormerkung im Grundbuch gestattet (Art. 247 Abs. 2 OR).

---

[9] OSER/SCHÖNENBERGER, N. 19 zu Art. 245 OR; TUOR, Kommentar, 2. Aufl., Vorb. 20 zum Erbvertrag, S. 278; GUHL/MERZ/KUMMER, S. 346. Die Rechtsprechung des BGer hat die Frage bis heute offengelassen: BGE 84 II, 1958, S. 247, Erw. 7, S. 252; 89 II, 1963, S. 87.

Die Rückfallsklausel kommt nur in Betracht, wenn die Sache dem Beschenkten übergeben und, bei Grundstücken, auf seinen Namen im Grundbuch eingetragen worden ist. Bei beweglichen Sachen gelten in bezug auf die Form die Vorschriften über die Schenkung von Hand zu Hand, so daß die Klausel auch ohne jede Form gültig ist, wie der Vertrag, dessen Bestandteil sie ist. Bei Grundstücken ist sie nur gültig, wenn sie öffentlich beurkundet ist.

Durch die Rückfallsklausel wird die Schenkung mit einer auflösenden Bedingung versehen. Der Beschenkte erwirbt also das Eigentum an der geschenkten Sache und ist befugt, über sie zu verfügen. Streng genommen wäre daher der Schenker nicht geschützt gegen die Folgen einer Veräußerung der Sache durch den Beschenkten, und zwar selbst dann nicht, wenn der Dritterwerber bösgläubig war. Es rechtfertigt sich indessen, die Härte dieses Grundsatzes zu mildern durch analoge Anwendung des Art. 152 Abs. 3 OR, der in bezug auf die aufschiebende Bedingung bestimmt, daß jede Verfügung während der Schwebezeit insoweit hinfällig (im französischen Text nul) ist, als sie die Wirkungen der Bedingung beeinträchtigt. So hat der Eintritt der Bedingung, also der Tod des Beschenkten, die Hinfälligkeit derjenigen Verfügungen des Beschenkten zur Folge, welche die Ausübung des Rückfallsrechtes des Schenkers beeinträchtigen, unter Vorbehalt jedoch des Schutzes gutgläubiger Dritterwerber[10]. Daß dies der wahre Sinn des Gesetzes ist, ergibt sich aus Art. 247 Abs. 2 OR, der für Grundstücke die Vormerkung des Rückfallsrechts im Grundbuch vorsieht, also voraussetzt, daß mangels einer Vormerkung der gutgläubige Dritterwerber nach Maßgabe des Art. 973 ZGB geschützt ist.

Beim Eintritt der Bedingung hören die Wirkungen des Schenkungsvertrages auf. Der Schenker kann daher die Sache von den Erben des Beschenkten vindizieren. Er besitzt ein Vorzugsrecht, das mit dem Eigentumsrecht verknüpft ist. Die Vormerkung des Rückfallsrechts im Grundbuch weist also die Besonderheit auf, daß sie den Schutz eines eventuellen dinglichen Rechts und nicht eines persönlichen Rechts (Art. 959 ZGB) verstärkt. Dabei handelt es sich um eine Sondervorschrift, die sich nicht auf andere auflösende Bedingungen anwenden läßt, welche mit einer Schenkung verbunden werden können[11].

---

[10] VON TUHR/SIEGWART, § 85, V, S. 713; GUHL/MERZ/KUMMER, S. 347.
[11] BGE 85 II, 1959, S. 609; GUHL/MERZ/KUMMER, S. 347.

§ 26. Die Wirkungen der Schenkung

Als einseitiger Vertrag begründet die Schenkung nur für den Schenker charakteristische Verpflichtungen. Mit Rücksicht auf die Unentgeltlichkeit dieser Verpflichtungen mildert das Gesetz einerseits deren Wirkungen, anderseits sieht es für den Schenker Möglichkeiten vor, die Verpflichtungen einseitig aufzuheben.

I. Die Pflichten des Schenkers

Die Verpflichtung des Schenkers besteht im wesentlichen in der Übergabe der Sache und der Übertragung des Eigentums an ihr sowie in einer Gewährspflicht.

Für den Fall wiederkehrender Leistungen enthält Art. 252 OR eine Auslegungsregel: sofern es nicht anders bestimmt ist, erlischt die Verbindlichkeit mit dem Tode des Schenkers.

Der Beschenkte kann gegen den Schenker auf Erfüllung und, sofern diese nicht erreicht werden kann, auf Schadenersatz wegen Nichterfüllung klagen gemäß Art. 97 OR. Da das Geschäft jedoch für den Schuldner keinerlei Vorteil bezweckt, ist das Maß der Haftung des Schenkers nach der allgemeinen Vorschrift des Art. 99 Abs. 2 OR milder zu beurteilen[1]. Sodann sind Verzugszinsen nach Art. 105 OR erst vom Tage der Anhebung der Betreibung oder der gerichtlichen Klage an geschuldet.

Gemäß Art. 248 Abs. 1 OR haftet der Schenker nur im Falle der Absicht oder der groben Fahrlässigkeit für den Schaden, der dem Beschenkten «aus der Schenkung erwächst». Das Gesetz hat hier eine mangelhafte Erfüllung der Schenkung im Auge, namentlich den Fall, wo die geschenkte Sache sich als schädlich erweist: ein tückisches oder mit einer ansteckenden Krankheit behaftetes Tier. Man kann noch weiter gehen und annehmen, daß Art. 99 Abs. 2 OR die analoge Anwendung des Art. 248 Abs. 1 OR auf die Nichterfüllung schlechthin gestattet und der Schenker daher nur haftet, wenn er die Erfüllung absichtlich oder durch sein grobes Verschulden unmöglich gemacht hat, so wenn er die geschenkte Sache wissentlich veräußert, zerstört oder verbraucht hat. Die Unentgeltlichkeit der Verpflichtung drängt diese Regelung auf.

Art. 248 Abs. 2 OR bestimmt, daß der Schenker für die geschenkte Sache oder die abgetretene Forderung nur die Gewähr zu leisten hat, die er ver-

---

[1] OSER/SCHÖNENBERGER und BECKER, je N. 2 zu Art. 248 OR.

sprochen hat. Dieser Wortlaut schließt also eine gesetzliche Gewährleistung als ergänzenden Vertragsbestandteil aus, wie sie das Kaufrecht anordnet. Eine solche Gewährleistung wird übrigens in Art. 171 Abs. 3 OR ausdrücklich ausgeschlossen für die Abtretung von Forderungen. Dieses Gewährleistungsversprechen ist ein Rechtsgeschäft und nicht eine bloße Angabe von Eigenschaften, ein «*dictum*» wie die «zugesicherte Eigenschaft» des Art. 197 OR[2]. Bestimmt der Vertrag nichts hierüber, so gelten für die Voraussetzungen und die Wirkungen dieses Gewährleistungsversprechens die Vorschriften über den Kauf und die Forderungsabtretung, die analog anwendbar sind.

II. Der Widerruf der Schenkung

Der Schenker kann, unter gewissen Voraussetzungen, ein vollzogenes Schenkungsversprechen oder eine Schenkung von Hand zu Hand widerrufen. Es ist dies eine Auflösung des Vertrages durch eine einseitige Willenserklärung[3]. Da sie die Aufhebung der Schenkung *ex tunc* bewirkt, wenn die gesetzlichen Voraussetzungen erfüllt sind, sollte dieser Widerruf dem Schenker ein Vindikationsrecht verschaffen, unter Vorbehalt des Schutzes des gutgläubigen Dritterwerbers, hat doch das Dahinfallen des Schenkungsvertrages, als des Rechtsgrunds der Besitzesübertragung, normalerweise das Dahinfallen der Eigentumsübertragung zur Folge. Gleichwohl hat das Gesetz, wahrscheinlich unter dem Einfluß der zur Zeit seiner Ausarbeitung herrschenden Lehre vom abstrakten dinglichen Vertrag, dem Schenker nur ein obligatorisches Rückforderungsrecht im Umfange der Bereicherung des Beschenkten eingeräumt[4].

Die Widerrufsfälle sind: einerseits ein schweres Verbrechen, das der Beschenkte gegen den Schenker oder eine diesem nahe verbundene Person begeht, und die schwere Verletzung einer familienrechtlichen Pflicht, die dem Beschenkten gegenüber dem Schenker oder einem von dessen Familienangehörigen obliegt, womit das Gesetz die Enterbungsgründe des

---

[2] Vgl. oben S. 79.
[3] VON TUHR (SJZ 18, 1921/22, S. 206) lehnt diese Betrachtungsweise ab. Er beschränkt den Widerruf auf das Recht, die Erfüllung zu verweigern, oder wenn diese schon erfolgt sein sollte, die geschenkte Sache zurückzufordern, ohne daß es einer Erklärung bedürfte. Dieser Auffassung, die dem klaren Wortlaut des Gesetzes und dem im OR enthaltenen System der Aufhebung der Verträge widerspricht, kann nicht beigepflichtet werden. Im gegenteiligen Sinne: OSER/SCHÖNENBERGER, N. 3 zu Art. 249 OR, der die Argumente VON TUHRS widerlegt; BECKER, N. 1–3 zu Art. 249 OR.
[4] OSER/SCHÖNENBERGER, N. 4 und BECKER, N. 7 zu Art. 249 OR. Gleich verhält es sich in den gesetzlich vorgesehenen Fällen der Aufhebung im Kaufrecht. Siehe oben S. 25 ff.

Art. 477 ZGB übernimmt[5]; anderseits die ungerechtfertigte Nichterfüllung einer mit der Schenkung verbundenen Auflage (Art. 249 OR).

Zu diesen der Schenkung von Hand zu Hand und dem Schenkungsversprechen gemeinsamen Gründen kommen beim Schenkungsversprechen, das noch nicht erfüllt ist, die beiden folgenden besonderen Widerrufsgründe hinzu (Art. 250 OR): wenn seit dem Versprechen die Vermögensverhältnisse des Schenkers sich so geändert haben, daß die Schenkung ihn außerordentlich schwer belasten würde; wenn seit dem Versprechen dem Schenker familienrechtliche Pflichten erwachsen sind, die vorher gar nicht oder in erheblich geringerem Umfange bestanden haben.

Schließlich ist das noch nicht erfüllte Schenkungsversprechen von Rechts wegen ungültig im Falle der Zahlungsunfähigkeit des Schenkers, d.h. wenn der Konkurs über ihn eröffnet oder ein Verlustschein gegen ihn ausgestellt wird. Es ist dies eine Anwendung des alten Rechtssprichwortes: *nemo liberalis nisi liberatus*[6].

Das Widerrufsrecht ist ein höchstpersönliches, nicht übertragbares Recht. Zu Lebzeiten des Schenkers kann es einzig von ihm selber ausgeübt werden[7]. Es geht weder auf die Erben über noch auf die Willensvollstrecker; diese können nur auf Vollziehung von Auflagen klagen. Das Widerrufsrecht muß innerhalb eines Jahres vom Zeitpunkt an, in welchem der Schenker vom Widerrufsgrund Kenntnis erhalten hat, ausgeübt werden[8]. Es handelt sich dabei um eine Verwirkungsfrist.

Art. 251 Abs. 2 OR macht eine Ausnahme vom Grundsatz der Unübertragbarkeit der höchstpersönlichen Rechte und läßt in beschränktem Umfange den Übergang des Widerrufsrechts auf die Erben zu. Wenn der Schenker vor dem Ablauf der Jahresfrist stirbt, geht das Klagerecht auf die Erben über, die es bis zum Ende der Frist geltend machen können. Die Erben können nicht nur innert dieser Frist klagen, um einen bereits vom Schenker zu seinen Lebzeiten erklärten Widerruf durchzusetzen. Vielmehr können sie innert der Frist die Schenkung auch widerrufen, wenn es der Schenker nicht getan hätte. Die Erben können also die Schenkung während höchstens

---

[5] Anwendung im Falle einer Schenkung von Schmucksachen seitens des Ehemanns an die Ehefrau: BGE 85 II, 1959, S. 70.

[6] Die gleiche Erwägung führt auf dem Wege der Anfechtungsklage zur Aufhebung derjenigen Schenkungen, welche vom Schuldner innerhalb der letzten sechs Monate vor der Pfändung oder Konkurseröffnung vorgenommen worden sind (Art. 286 SchKG).

[7] BGE 85 II, 1959, S. 609, Erw. 5.

[8] Handelt es sich um die Nichterfüllung einer Auflage, so ist dieser Zeitpunkt schwer zu bestimmen; denn der Widerruf ist die schwerste Sanktion, zu welcher der Schenker erst greifen darf, wenn die Nichterfüllung erwiesen ist. Es rechtfertigt sich daher eine gewisse Toleranz bei der Bestimmung des dies a quo.

eines Jahres seit dem Tode des Schenkers und einzig aus einem vor seinem Tode eingetretenen Grunde widerrufen[9]. Dagegen können sie jederzeit auf Vollziehung der Auflagen klagen, da es sich dabei nicht um ein höchstpersönliches Recht handelt. Eine solche Klage verjährt innert der ordentlichen zehnjährigen Frist des Art. 127 OR.

Trotz des Wortlautes von Art. 251 Abs. 2 OR, nach welchem das «Klagerecht» für den Rest der Frist auf die Erben übergeht, und unbeschadet dessen, was das neueste Urteil des BGer[10] anzunehmen scheint, halten wir mit der herrschenden Lehre dafür, daß der Schenker die Verwirkungsfrist durch die bloße Widerrufserklärung innerhalb der Jahresfrist wahrt. Für den Rückforderungsanspruch gilt die Verjährungsfrist von einem Jahr entsprechend Art. 67 OR, wobei diese Frist mit der Kenntnis des Schenkers von der Entstehung des Rückforderungsrechts, d.h. mit dem Widerruf zu laufen beginnt[11].

Das Gesetz verleiht schließlich den Erben des Schenkers ein eigenes Widerrufsrecht, dessen Gründe den Erbunwürdigkeitsgründen (Art. 540 ZGB) entsprechen: wenn der Beschenkte den Schenker vorsätzlich und rechtswidrig getötet oder am Widerruf gehindert hat. Für diesen Widerruf gilt die gleiche Verwirkungsfrist wie für denjenigen des Schenkers.

Bei einer Mehrheit von Erben setzt der Widerruf voraus, daß die Erben gemäß Art. 602 Abs. 2 ZGB gemeinsam handeln. Die höchstpersönliche Natur des Widerrufsrechts schließt es aus, daß dieses Recht im Falle der Uneinigkeit der Erben durch einen Vertreter der Erbengemeinschaft ausgeübt wird. Mangels Einigung der Erben über den Widerruf der Schenkung ist daher der Widerruf ausgeschlossen. Dagegen ist ein Vertreter der Erbengemeinschaft befugt, auf Vollziehung einer Auflage zu klagen oder auf Rückforderung geschenkter Vermögenswerte infolge eines Widerrufs, der ordnungsgemäß vom Schenker zu dessen Lebzeiten oder von seinen im gegenseitigen Einverständnis handelnden Erben erklärt worden ist.

---

[9] BGE 96 II, 1970, S. 119.
[10] In der Anm. 9 zitierter BGE.
[11] In diesem Sinne: OSER/SCHÖNENBERGER, N. 4 zu Art. 251 OR; GUHL/MERZ/KUMMER, S. 349. Dagegen hätte ich Bedenken, die Frist für die Verjährung des Rückforderungsrechts auf zehn Jahre zu erstrecken, wozu man angesichts der Rechtsprechung über den Rückforderungsanspruch nach Art. 109 OR im Falle des Rücktritts vom Vertrag neigen könnte (BGE 60 II, 1934, S. 27; 61 II, 1935, S. 255). Diese Rechtsprechung beruht auf der Erwägung, daß die unmittelbare Grundlage des Anspruchs in einer Nichterfüllung des Vertrages durch den Schuldner liegt, was dem Anspruch einen vertraglichen Charakter verleihe. Diese Erwägung kann nicht für alle Fälle des Widerrufs einer Schenkung gelten.

Gebrauchsüberlassungsverträge

CLAUDE REYMOND

Das Manuskript wurde am 30. April 1973 abgeschlossen.
Die wichtigsten Veröffentlichungen und Entscheidungen konnten bis zum
30. Mai 1975 berücksichtigt werden.
Die Übersetzung wurde von Prof. Dr. BERND STAUDER,
Genf, unter Mitarbeit von ULRICH WITTKOPP, Hamburg/Genf, besorgt.

Einführung

§ 27. Allgemeine Grundzüge

Miete (Art. 253–274 OR) und Pacht (Art. 275–304 OR) bilden zusammen mit der Gebrauchsleihe (Art. 305–311 OR) eine Gruppe von Vertragstypen, die darin übereinstimmen, daß jeweils die Überlassung eines Gegenstandes durch eine Partei zum Zwecke seiner Benutzung durch die andere Partei rechtlich geregelt wird, ohne daß letztere ein dingliches Recht an ihm erwirbt. Ihnen ist eine Reihe von Problemen, etwa hinsichtlich der Übergabe der Sache, der Voraussetzungen ihres Gebrauchs und ihrer Rückgabe bei Vertragsende, gemeinsam.

Im Gegensatz zum Kauf- oder Schenkungsvertrag, bei dem die Pflichten der Parteien mit ihrer Erfüllung erlöschen, lassen die Gebrauchsüberlassungsverträge zwischen den Parteien fortdauernde Rechte und Pflichten, und zwar meistens für die gesamte Vertragsdauer, entstehen. Damit sind sie zur Gruppe der Dauerschuldverhältnisse zu zählen, zu denen auch der Arbeitsvertrag, der Auftrag und noch weitere Vertragstypen gehören. Aber abweichend von den beiden letztgenannten Vertragsverhältnissen, bei denen die Beziehungen zwischen den Parteien in erster Linie persönlicher Art sind, sind bei den Gebrauchsüberlassungsverträgen die vertraglichen Beziehungen gerade mit dem Gebrauch verknüpft. Aus diesem Grunde kommt den Vorschriften über den Umfang der Rechte des Begünstigten an der Sache während der Vertragsdauer, die für ihn die wirtschaftliche Substanz des Vertrages ausmachen, zumindest ebensoviel Bedeutung wie den Bestimmungen über die eigentlichen Beziehungen der Parteien untereinander zu.

Die Lehre von den Dauerschuldverhältnissen wurde vor allem von O. VON GIERKE[1] entwickelt. Auch die Rechtsprechung schenkt diesem Begriff zunehmend Bedeutung[2].

Wie wir sehen werden, kommen trotz der unterschiedlichen Funktion der beiden Vertragstypen viele miet- und pachtrechtliche Vorschriften den ent-

---

[1] Dauernde Schuldverhältnisse, Jherings Jahrbücher 64, 1914, S. 356 ff. Zum schweizerischen Recht vgl. P. GAUCH, System der Beendigung von Dauerverträgen, Diss. Freiburg/Schweiz 1968.
[2] Vgl. insbes. BGE 93 II, 1967, S. 290, 300 f. und 97 II, 1971, S. 390.

sprechenden kaufrechtlichen Bestimmungen recht nahe oder werden doch in ihrem Sinne ausgelegt. Das trifft insbesondere für die Mängelrüge zu.

<small>Hierauf haben schon römische Juristen wie Gaius hingewiesen (Dig. XIX. 2.2. pr): «Locatio et conductio proxima est emptioni et venditioni isdemque juris regulis constitit.»</small>

§ 28. Historische und rechtsvergleichende Hinweise

Geschichtlich haben sich der Miet- und Pachtvertrag des schweizerischen Rechts aus der römisch-rechtlichen locatio conductio, die Gebrauchsleihe aus dem commodatum entwickelt. Im klassischen römischen Recht war die locatio conductio ein Konsensualvertrag, der entweder eine körperliche Sache (locatio rei) oder eine menschliche Arbeitsleistung zum Gegenstand hatte. Im letzteren Fall wurde unterschieden zwischen der locatio operarum (entsprechend unserem Arbeitsvertrag) und der locatio operis faciendi (dem heutigen Werkvertrag). Der Rechtsschutz bestand für den locator in der actio locati und für den conductor in der actio conducti. Ebenfalls aus dem römischen Recht stammt die Lösung einiger grundlegender Probleme des Miet- und Pachtrechts. Genannt seien insbesondere der persönliche Charakter der vertraglichen Ansprüche, mit der Folge, daß der Vertrag gegenüber einem Erwerber der Sache keine Wirkungen entfalten kann, sowie der Begriff der stillschweigenden Erneuerung. Das commodatum des römischen Rechts ist ein Realvertrag, während nach schweizerischem Recht die Gebrauchsleihe einen Konsensualvertrag darstellt. Es unterscheidet sich vom precarium, einer bloßen Überlassung der Sache, mit der keinerlei Rechtserwerb des Prekaristen verbunden ist[1].

Diese Einteilung findet sich in systematischer Hinsicht seit dem Code Napoléon in den meisten romanischen Rechtsordnungen wieder; dieser führt unter demselben Titel «Überlassungsverträge» («contrat de louage») den Miet- und Pachtvertrag (Art. 1713–1778), also die Überlassung von Sachen («Du louage des choses»), den Arbeits- und Werkvertrag («Du louage d'ouvrage et d'industrie», Art. 1779–1799) und die Viehpacht und Viehverstellung («Du bail à cheptel», Art. 1800–1831) auf. Allerdings hat diese Einteilung keine entscheidende Bedeutung mehr; denn der von ihr erfaßte Bereich ist heute weitgehend in Spezialgesetzen geregelt. Dies gilt zum Beispiel für das Miet- und Pachtrecht, die Geschäftsmiete und den Arbeitsvertrag.

<small>[1] Vgl. P. Jörs/W. Kunkel, Römisches Privatrecht, 3. Aufl., Berlin 1949, S. 112 und 221 ff.; M. Kaser, Das römische Privatrecht, 2. Aufl., München 1962, S. 388, 553, 562 ff.</small>

Der italienische Codice Civile von 1942 hat die Systematik des französischen Rechts aufgegeben. Miete und Pacht stellen dort einen eigenständigen, vom Arbeitsvertrag getrennten Vertragstyp dar (locazione, Art. 1571–1654).

Im deutschen Rechtskreis werden Miete und Pacht (im engen Sinne) als ein von Arbeits- und Werkvertrag gesonderter Vertragstyp behandelt. So regelt z.B. das BGB die Miete in den §§ 535–580 und die Pacht in den §§ 581–597. Der systematische Aufbau der Rechtsmaterie und die materiell-rechtlichen Vorschriften sind in diesen Rechtsordnungen vom römischen Recht geprägt. Im Bereich des Miet- und Pachtrechts scheint das germanische Recht keinen entscheidenden Einfluß ausgeübt zu haben. Obwohl in ihm die Rechtsstellung des Mieters und Pächters erhöhten Schutz genoß, wurde sie doch ebenfalls als Ausfluß des persönlichen Charakters des Rechtsverhältnisses angesehen.

Das common law unterscheidet bei den Gebrauchsüberlassungsverträgen danach, ob der Gegenstand der Überlassung eine bewegliche oder eine unbewegliche Sache ist. Bei einer beweglichen Sache spricht man von *hiring* (hire), also von einem Vertrag im Rahmen eines *bailment* (Vereinbarung über den Gebrauch einer Sache). Hingegen handelt es sich bei einem Vertrag über eine unbewegliche Sache, sofern er einige formelle und materielle Erfordernisse erfüllt, um ein *lease agreement*. Dieses begründet ein Recht unmittelbar am Miet- und Pachtgegenstand *(leasehold estate)* und ist gegenüber dem neuen Eigentümer wirksam.

Das Miet- und Pachtrecht hat, unabhängig von der jeweiligen Systematik, in welche die allgemeinen Vorschriften eingeordnet sind, in allen Ländern durch die Spezialgesetze wichtige Änderungen erfahren. Jeder Staat war mit den gleichen Problemen konfrontiert: Wohnraummangel, Mietzinskontrolle, Schutz des gewöhnlichen Mieters, des Geschäftsmieters, des Pächters landwirtschaftlicher Grundstücke. Diesen Fragen werden wir auch im schweizerischen Recht begegnen.

§ 29. Die Entwicklung des schweizerischen Miet- und Pachtrechts

I. Die ursprüngliche Regelung des OR

Die Regelung von Miete und Pacht im OR von 1881 und im OR von 1912 war vom Grundsatz der Privatautonomie beherrscht. Die gesetzlichen Bestimmungen waren vorwiegend dispositiver Natur. Der Gesetzgeber hatte lediglich folgende Vorschriften als zwingendes Recht ausgestaltet: im Mietrecht Art. 254 Abs. 3 OR (aufgrund der Verweisung in Art. 277 Abs. 2 OR), Art. 265 OR, Art. 287 OR (nach Maßgabe des Abs. 2) und im Pachtrecht Art. 213 OR. Wir werden sogleich sehen, daß die Rechtsentwicklung durch eine Vermehrung der zwingenden Bestimmungen gekennzeichnet war.

Miete und Pacht gehören zu den Rechtsgebieten des Bundesprivatrechts, in denen das Gesetz am häufigsten auf den Ortsgebrauch verweist. Hierbei handelt es sich oft um örtliche Gebräuche im engsten Wortsinn. Zu unterscheiden sind zwei Arten von Bestimmungen: entweder verweist das Gesetz ganz einfach auf den Ortsgebrauch (z. B. in den Art. 263, 271 Abs. 1, 275 Abs. 3, 284 OR), oder es enthält dispositive Vorschriften, die bei Fehlen eines Gebrauchs Anwendung finden (z. B. in den Art. 262, 267, 286, 290, 302–304 OR). Die wichtigsten Fragen, zu deren Lösung das Gesetz auf den Ortsgebrauch verweist, betreffen den Zeitpunkt der Zahlung des Miet- oder Pachtzinses (Art. 262 Abs. 1, 286 Abs. 1 OR) und denjenigen der Kündigung des Vertragsverhältnisses (Art. 267, 290 OR). Fraglich ist, wie der Ortsgebrauch festgestellt werden kann. Gemäß Art. 5 Abs. 2 ZGB gilt das bisherige kantonale Recht als Ausdruck des Ortsgebrauchs. Für das Miet- und Pachtrecht ist dieser Hinweis unzureichend. Häufig handelt es sich um Gewohnheitsrecht im herkömmlichen Sinn. Oft ist auch ein ausschließlich örtlicher Gebrauch maßgeblich, der innerhalb des Kantonsgebiets von Ort zu Ort verschieden sein kann. Somit wird man vor allem auf die Rechtsprechung (vgl. unten § 37, 2) und auf die in den wichtigsten Städten veröffentlichten Sammlungen der Mietgebräuche zurückgreifen müssen.

II. Die Entwicklung des Miet- und Pachtrechts

Eine Darstellung des Miet- und Pachtvertrags darf die Wandlungen nicht außer acht lassen, die die Struktur der Immobiliarmiete und -pacht auf dem Umweg über das öffentliche Recht erfahren hat. Miet- und Pachtverträge sind nämlich von erheblicher sozialer Bedeutung, soweit sie die Überlassung einer Wohnung oder solcher Räumlichkeiten zum Gegenstand haben, in denen eine Geschäfts- oder Produktionstätigkeit ausgeübt werden soll. Die wirtschaftlichen Verhältnisse, unter denen diese Verträge ihre Wirkungen entfalten, lösen folglich ein Eingreifen des Gesetzgebers, spontan oder als Ergebnis politischen Drucks, aus. Das schweizerische Recht, wie auch das Recht anderer Länder, wurde von zahlreichen gesetzgeberischen Eingriffen geprägt; diese erwiesen sich als bedeutsam und dauerhaft zunächst in Kriegs- (1914–1918, 1939–1945) und Krisenzeiten, sodann unter normalen wirtschaftlichen Verhältnissen. Es würde den Rahmen dieser Arbeit sprengen, die geschichtliche Entwicklung aller in diesem Bereich getroffenen Maßnahmen darzustellen[1]; vielmehr soll sie nur in großen Zügen nachgezeichnet werden.

Aus drei Gründen sah sich der Gesetzgeber zum Tätigwerden gezwungen und erließ jeweils spezielle Maßnahmen.

Zunächst ging es um die Höhe des Miet- und Pachtzinses. Die Maßnahmen, die in Zeiten wirtschaftlicher Schwierigkeiten eine Preiskontrolle einführten, umfaßten auch gleich Bestimmungen, die für die Mietzinse galten. Diese Mietzinskontrolle blieb über einen längeren Zeitraum hin in Kraft, als die Maßnahmen auf dem Gebiet der allgemeinen Preiskontrolle schon wieder aufgehoben waren. Schließlich wurde sie durch ein System der Mietzinsüberwachung ersetzt. Als dieses System verschwand, traten unverzüglich an seine Stelle Bestimmungen des allgemeinen Rechts, die darauf abzielten, dem Mieter einen indirekten Schutz gegen Mietzinserhöhungen zu gewähren (BG vom 24. Juni 1970 und BG vom 17. Dezember 1971, die Kündigungsbeschränkungen im Miet- und Pachtrecht einführten). Diese wurden sehr schnell wieder durch neue ausnahmerechtliche Vorschriften ergänzt.

Dabei handelt es sich um den dringlichen BB vom 30. Juni 1972 über Maßnahmen gegen Mißbräuche im Mietwesen, ergänzt durch die VO vom 10. Juli 1972. Er gilt aufgrund des BB vom 20. Dezember 1972 in der ganzen Schweiz, allerdings beschränkt auf die in den Ausführungsbestimmungen bezeichneten Kategorien von Wohnungen oder Geschäftsräumen. Da diese Vorschriften wohl nur provisorischen Charakter besitzen, werden sie in diesem Kapitel nicht näher behandelt; vielmehr sollen lediglich die wichtigsten durch sie eingeführten Ergänzungen zum allgemeinen Miet- und Pachtrecht erwähnt werden. Allerdings ist ihre große Bedeutung für die Praxis hervorzuheben[2].

Sodann mußte sich der Gesetzgeber um das Problem des Verbleibens des Mieters in den gemieteten Räumen kümmern. Denn in Zeiten der Wohnraumknappheit[3] kann ihm die Lage des Mieters, dessen Vertrag gekündigt wird, ohne daß er sich sogleich andere Miträume beschaffen kann, nicht gleichgültig sein. Daher wurden die Mietpreiskontrollmaßnahmen durch öffentlich-rechtliche Vorschriften ergänzt, die dem Mieter die Möglichkeit gaben, eine Kündigung des Mietvertrages durch den Vermieter zu vereiteln. Diese Maßnahmen wurden bereits während des Ersten Weltkrieges erlassen und waren in verschiedenen Formen von 1939 bis 1970 in Kraft. Bei ihrer

---

[1] Eine Zusammenfassung ist in der Botschaft des Bundesrates über die Kündigungsbeschränkung im Mietrecht vom 27. November 1968 (BBl 1968 II, S. 849 ff.) enthalten; siehe auch R. JEANPRÊTRE, La prolongation des baux à loyer, in: 10ᵉ Journée juridique, Genf 1970, S. 103–111.
[2] Vgl. die Botschaft des BR, BBl 1972 I, S. 1225; W. RAISSIG, Maßnahmen gegen Mißbräuche im Mietwesen, ein kleiner Kommentar zum BB vom 10. Juli 1972, Zürich 1972.
[3] Es steht uns nicht zu, uns hier – aus wirtschaftlicher Sicht – über Ursachen und Natur der Erscheinung zu äußern, die man etwas übereilt Wohnungsnot nennt.

endgültigen Aufhebung wurden sie sogleich durch Normen des allgemeinen Rechts (Art. 267a bis 267f OR) ersetzt. Sie sind auch auf nichtlandwirtschaftliche Pachtverhältnisse, die sich auf Wohnungen oder Geschäftsräume beziehen, anwendbar (BG vom 24. Juni 1970 und BG vom 17. Dezember 1971; s. unten § 37, 4). Damit gibt es seit 1970 im allgemeinen Recht ein durchgängiges System der Beschränkung des Rechts des Vermieters zur Kündigung von Immobiliarmiet- und -pachtverträgen, während die bis zu diesem Zeitpunkt geltenden öffentlich-rechtlichen Vorschriften nur auf bestimmte Kategorien von Wohnungen, die in den wichtigsten Gemeinden des Landes gelegen waren, Anwendung fanden. Ausnahmerechtliche Vorschriften haben auch in diesem Bereich die neuen Bestimmungen des allgemeinen Rechts ergänzt (BB vom 30. Juni 1972, s. unten § 30, 5).

Und schließlich sorgt sich der Gesetzgeber um die Erhaltung einer lebendigen und leistungsfähigen Landwirtschaft in der Schweiz. Daher enthalten die zu ihren Gunsten getroffenen Maßnahmen wichtige Bestimmungen über die Pacht landwirtschaftlicher Grundstücke und Gewerbe. Diese sind zum Teil von gleicher Art wie die soeben angeführten. Sie unterwerfen die Höhe des Pachtzinses einer öffentlich-rechtlichen Kontrolle (BG vom 21. Dezember 1960 über die Kontrolle der landwirtschaftlichen Pachtzinse) und bestimmen die Mindestdauer der Pacht (Art. 23 des BG vom 12. Juni 1951 über die Erhaltung des bäuerlichen Grundbesitzes). Das allgemeine Pachtrecht wurde dahingehend geändert, daß der Pachtvertrag über landwirtschaftliche Grundstücke auch bei Veräußerung des Pachtgegenstandes aufrechterhalten wird (Art. 281bis und 281ter OR, eingeführt durch das BG von 1951 über die Erhaltung des bäuerlichen Grundbesitzes). Endlich hat das BG vom 6. Oktober 1972 über Änderungen des bäuerlichen Zivilrechts die maßgeblichen Rechtssätze über die Pacht landwirtschaftlicher Grundstücke kodifiziert, die sich nunmehr nach den neuen Art. 23 ff. des BG über die Erhaltung des bäuerlichen Grundbesitzes richtet.

Unter dem Blickwinkel der Gesetzgebungstechnik betrachtet, ist somit festzustellen, daß die erheblichen Beschränkungen, welche die von Kriegsumständen und Notlagen ausgelöste Ausnahmegesetzgebung gebracht hat, allmählich Bestandteil des allgemeinen Rechts geworden sind. Da der Gesetzgeber diese Beschränkungen gleichwohl als noch nicht ausreichend erachtete, um einer Mangelsituation zu begegnen, hat er sie um Ausnahmevorschriften erweitert. Deren Geltung soll zwar zeitlich begrenzt sein, aber vermutlich werden sie – wie die vorangegangenen – ziemlich lange in Kraft bleiben.

Allerdings ist der schweizerische Gesetzgeber in einem Bereich dem ausländischen Beispiel nicht gefolgt, und zwar bei der Geschäftsmiete. In mehreren europäischen Ländern gewähren die Bestimmungen über die Geschäftsmiete dem Mieter eines Geschäftslokals einen besonderen Schutz, der insbesondere das Recht auf Erneuerung des Mietvertrages umfaßt (vgl. z.B. das französische Décret vom 30. September 1953). Die Eidgenössischen Räte haben es abgelehnt, den kantonalen Initiativen Folge zu leisten, die auf eine Ergänzung des OR um Spezialbestimmungen über die Geschäftsmiete abzielten[4].

Auch wenn man nur die Bestimmungen berücksichtigt, die heute zum allgemeinen Recht gehören, stellt man fest, daß sie die Eigenart der Immobiliarmiete und -pacht nachhaltig verändert haben. Das Miet- und Pachtrecht wird nicht länger vom Grundsatz der Willensautonomie beherrscht, da es dem Mieter und Pächter – entgegen den Vertragsklauseln oder den gesetzlichen Bestimmungen – offensteht, eine Erstreckung des Vertrages vom Richter zu erwirken. Ohne wichtigen Grund kann der Eigentümer das Mietverhältnis nicht immer kündigen. In der heutigen Rechtsordnung ist die Immobiliarmiete und -pacht nicht länger ausschließlich ein Vertrag; sie gewährt dem Mieter und dem Pächter die Rechtswohltat eines Statuts, das vor den Vertragsklauseln und den Bestimmungen des allgemeinen Rechts Vorrang hat. Vielleicht wird es eines Tages leichter sein, sich scheiden zu lassen als den Auszug eines Mieters zu erreichen.

Die augenblicklich in Kraft befindlichen Ausnahmevorschriften (BB vom 30. Juni 1972) unterstreichen diese Situation noch, da sie Mietzinserhöhungen von einem besonderen Verfahren abhängig machen, und außerdem einigen dispositiven Bestimmungen des OR zwingenden Charakter verleihen (s. § 30, 5).

Überdies bewirken die jüngsten Änderungen des OR, daß in zahlreichen Fällen das Miet- und Pachtverhältnis auch dem neuen Eigentümer gegenüber wirksam ist (Erweiterung von Art. 267a OR durch das BG vom 17. Dezember 1971, Einfügung von Art. 281bis OR durch das BG von 1951 über die Erhaltung des bäuerlichen Grundbesitzes). Diese Bestimmungen betonen die Verknüpfung des Vertrages mit der gemieteten Sache. Sie bringen eine beträchtliche Stärkung der Rechtsstellung des Mieters und Pächters mit sich, die so eine fast dingliche Prägung erhält, wenn nicht nach ihrem Inhalt, so doch zumindest in ihren Auswirkungen.

Das Miet- und Pachtrecht stellt damit einen der Teilbereiche des Obligationenrechts dar, in dem man am stärksten die Auswirkungen der ständig zunehmenden unmittelbaren Eingriffe des Gesetzgebers spürt, welche vielleicht ein Kennzeichen unserer gegenwärtigen Rechtsordnung sind. Es handelt sich also nicht um ein einheitliches Recht. Zu den Unterschieden, die sich schon aus dem Gegenstand von Miete und Pacht (bewegliche und unbewegliche Sache) ergeben, treten weitere, die die Folge der verschiedenen Formen und Stufen des gesetzgeberischen Eingriffs sind. So gelten unter-

---

[4] BBl 1964 II, S. 1644 ff.; vgl. A. BRÖNIMANN, Les maisons de commerce et le bail commercial, Diss. Lausanne 1952; R. JEANPRÊTRE, Le bail commercial, Neuenburg 1958.

schiedliche Vorschriften für bestimmte wesentliche Punkte des Miet- und Pachtverhältnisses, je nachdem ob der Vertrag über bewegliche oder unbewegliche Sachen, gewöhnliche oder landwirtschaftliche Grundstücke, Wohnraum oder Geschäftslokale, möblierte oder unmöblierte Zimmer, über Räume in Gebieten mit Wohnraumknappheit oder über Räumlichkeiten, die außerhalb der hiervon betroffenen Gegenden liegen, lautet.

Erster Abschnitt

Die Miete

§ 30. Die Merkmale des Mietvertrages

Literatur:

Kommentar zum schweizerischen ZGB (Berner Kommentar), VI. Bd.: Das Obligationenrecht, bearb. von H. BECKER, Bern 1934, 2. Abt., Art. 253 ff.; Kommentar zum schweizerischen ZGB (Zürcher Kommentar), V. Bd., Teil 2: Die einzelnen Vertragsverhältnisse, bearb. von H. OSER/W. SCHÖNENBERGER, 2. Aufl., Zürich 1945; 3. Aufl., völlig neu bearb., hrsg. von W. SCHÖNENBERGER/P. JÄGGI, Teil 2b: Art. 253–318. Miete, Pacht, Leihe, bearb. von E. SCHMID, Zürich 1974 (zit. SCHÖNENBERGER/JÄGGI); TH. GUHL, Das schweizerische Obligationenrecht, bearb. von H. MERZ/M. KUMMER, Zürich 1972, S. 349 ff. (zit. GUHL/MERZ/KUMMER); Das Mietrecht in der Schweiz, mit erläuternden Hinweisen und Angaben über die kantonale Zuständigkeitsordnung, herausgegeben von L. SCHÜRMANN, C. STÖCKLI und P. ZWEIFEL, Zürich 1973.

M. BRUNNER, Mietrecht, 2. Aufl., Rorschach 1938; DERSELBE, Mietvertrag, SJK, Nr. 358–364a; K. DÜRR, Der Mietvertrag, Bern 1961; P. BOLLER, Beiträge zur Unterscheidung zwischen Kauf und Pacht, Diss. Zürich 1947; P. EGGENSCHWEILER, Das Problem der Geschäftsmiete unter besonderer Berücksichtigung des Rechtsanspruchs des Mieters bei Beendigung des Vertrages, Diss. Basel 1955; K. KELLER, Das zwingende Recht im Mietrecht und die Mietvertragsformulare, Diss. Zürich 1925; P. RÜF, Das schweizerische Wohnungsmietrecht nach den Vertragsformularen unter Berücksichtigung der Geschäftsmiete, Diss. Zürich 1937; W. SPRENGER, Entstehung, Auslegung und Auflösung des Mietvertrags für Immobilien, Zürcher Beiträge, Nr. 388, Zürich 1972.

Gemäß dem Wortlaut des Gesetzes verpflichtet sich «durch den Mietvertrag ... der Vermieter, dem Mieter den Gebrauch einer Sache zu überlassen, und der Mieter, dem Vermieter hiefür einen Mietzins zu leisten» (Art. 253 OR). Aus dieser Definition ergeben sich die folgenden Wesensmerkmale des Mietvertrages (oder des Mietvorvertrages[1]):

1. Gebrauchsüberlassung

Das Mietverhältnis gewährt dem Mieter das Recht, die Ausübung der Sachherrschaft zu verlangen. Sie ist auf den Gebrauch der Mietsache beschränkt. Der «Gebrauch» ist ein Rechtsbegriff, der nicht nur beim Mietvertrag, sondern auch bei anderen Rechtsinstituten, wie z. B. bei der Nutz-

---

[1] BGer, Sem. Jud. 74, 1952, S. 197; AppGer Tessin, SJZ 68, 1972, S. 222, Nr. 101.

nießung (Art. 755 ZGB), anzutreffen ist. Seinen Umfang bestimmen das Gesetz, der Vertrag und die Art der Mietsache. Die Überlassung des Gebrauchs der Sache und die Zahlung des Mietzinses sind die beiden Hauptmerkmale des Mietvertrages[2].

Die Übertragung des Gebrauchs geschieht auf Zeit. Am Ende des Vertragsverhältnisses hat der Mieter die Sache dem Vermieter zurückzugeben (Art. 271 OR). Diese zeitliche Begrenzung liefert das Merkmal, das eine Abgrenzung zwischen Miete und Kauf ermöglicht, insbesondere wenn man mit gemischten Verträgen von der Art des «Miet-Kaufs» konfrontiert wird. Nach einer ständigen Rechtsprechung liegt in den Fällen, in denen ein als Miet-Kauf bezeichneter Vertrag den endgültigen Übergang der Herrschaft über die Sache auf den vermeintlichen Mieter bezwecken soll, in Wirklichkeit ein Kaufvertrag vor[3].

Häufig wird auf einen sog. «Mietkaufvertrag» zurückgegriffen, um den gesetzlichen Beschränkungen beim Abzahlungskauf zu entgehen. Daher hat der Gesetzgeber im Jahre 1962 besonders bestimmt, daß die ins OR neu eingefügten Vorschriften über den Kauf auf Abzahlung insbesondere auch für Verträge dieser Art gelten, «soweit die Parteien damit die gleichen wirtschaftlichen Zwecke wie bei einem Kauf auf Abzahlung verfolgen, gleichgültig, welcher Rechtsform sie sich dabei bedienen» (Art. 226 m Abs. 1 OR)[4].

Es kommt auch vor, daß der Vertrag eine Klausel enthält, die dem Mieter das Recht gibt, unter bestimmten Voraussetzungen als Käufer der gemieteten Sache aufzutreten. Diese Klausel ist in Mietverträgen über Liegenschaften anzutreffen, wo sie entweder ein Kaufsrecht darstellt, vorausgesetzt die Rechtsform der öffentlichen Beurkundung (Art. 216 Abs. 2 OR) wird gewahrt, oder aber ein Vorkaufsrecht. Ebenso kommt sie in Mietverträgen vor, die bewegliche Sachen, insbesondere Investitionsgüter, zum Gegenstand haben. Soweit diese Klausel dem Mieter das Recht gewährt, durch einseitige Willenserklärung die Mietsache zu erwerben, muß sie als Nebenbestimmung des Mietvertrages angesehen werden, dessen Rechtsnatur durch sie nicht verändert wird. Enthält dagegen die Klausel eine Regelung, derzufolge das Eigentum an der Sache zu dem Zeitpunkt übergehen soll, in dem die Zahlungen des Mieters eine bestimmte Höhe erreicht haben, so liegt ein Kaufvertrag vor, der einen Mietvertrag verschleiert, oder aber ein Mietkaufvertrag, von dem soeben die Rede war.

---

[2] BGE 98 II, 1972, S. 211 und 215.
[3] BGE 24 II, 1898, S. 84, 92; BGE 86 IV, 1960, S. 163; BGE 89 I, 1963, S. 547, 552f.; BGer, SJZ 64, 1968, S. 134 Nr. 90.
[4] Vgl. hierzu: W. HUG, Zur Problematik des Mietkaufvertrags, in: Festgabe für W. Schönenberger, Freiburg/Schweiz 1968, S. 283ff.; A. SCHMUCKI, Der Mietkaufvertrag, Diss. Zürich 1956.

Die Geschäftspraxis hat in der Schweiz vor kurzem den Leasing-Vertrag eingeführt. Er ist als atypischer Vertrag zu werten und wird als solcher an anderer Stelle dieses Werks untersucht werden (Band VII/2, Innominatverträge)[5].

2. Der Mietgegenstand

Bei der Miete geht es um den Gebrauch beweglicher oder unbeweglicher körperlicher Sachen. Aus einer Gegenüberstellung der Begriffe der Miete (Art. 253 OR) und der Pacht (Art. 275 Abs. 1 OR) lassen sich zwei zusätzliche Merkmale ableiten: die Miete betrifft immer eine nicht nutzbare Sache; Mietgegenstand ist niemals ein Recht. Gleichwohl kann es vorkommen, daß eine nutzbare Sache Gegenstand eines Mietvertrages ist, etwa wenn ihr vertragsmäßiger Gebrauch (Art. 259 Abs. 1 OR; siehe § 41,1, unten S. 258) ihren Nutzcharakter unberührt läßt. So wird die Vermietung einer Wiese als Sportplatz als Mietvertrag angesehen. In diesen Grenzen kann sich die Miete auf jeden körperlichen Gegenstand beziehen. So können z.B. Gegenstand der Fahrnismiete eine Baumaschine[6], ein Schrankfach[7], ein Musikautomat[8], ein Auto usw. sein. Außer im klassischen Fall der Wohnungszwecken (Häuser und Wohnungen) oder der Ausübung einer Geschäftstätigkeit (Hotels[9], Ladenlokale, Lager, Werkstätten usw.) dienenden Sachen liefert die Rechtsprechung im Bereich der unbeweglichen Sachen zahlreiche Beispiele: Vermietung eines Waffenplatzes[10], einer Garagenbox[11] oder einer Wandfläche zum Anbringen von Reklamen[12].

Die Frage nach der Rechtsnatur des Schrankfachvertrages war lange Zeit umstritten. Während einige Autoren hierin eine Miete erblickten, nahmen andere einen Hinterlegungsvertrag an. Nach OSER/SCHÖNENBERGER beispielsweise (Art. 253, N. 13) liegt ein gemischter Vertrag vor. Das Bundesgericht hat die Streitfrage entschieden, indem es sich für das Vorliegen eines Mietvertrages ausgesprochen hat[13].

Die Untersuchung des Garagevertrags ermöglicht es, die Kriterien herauszuarbeiten, welche eine Abgrenzung der Miete von benachbarten Instituten erlauben. Miete liegt vor, wenn aufgrund des Vertrages das ausschließliche Verfügungsrecht über einen abschließbaren Raum (Box) verliehen wird, zu dem einzig der Mieter den Schlüssel besitzt. Dagegen liegt ein Hinterlegungsvertrag vor, wenn ein Wagen dem Betriebsleiter einer allgemein zugänglichen Garage anver-

---

[5] A. SCHUBIGER, Der Leasing-Vertrag nach schweiz. Privatrecht, Diss. Freiburg 1970; B. STAUDER, Le contrat de «Finance-Equipment-Leasing», Mémoires publiés par la Faculté de droit de Genève, No 30, Genf 1970, S. 1 ff.
[6] BGE 91 II, 1965, S. 291; BGE 98 II, 1972, S. 288.
[7] BGE 95 II, 1969, S. 541.
[8] BGer, SJZ 62, 1966, S. 61.
[9] BGE 97 II, 1971, S. 58, 61.
[10] BGE 41 II, 1915, S. 230.
[11] BGE 76 II, 1950, S. 154.
[12] BGE 27 II, 1901, S. 40.
[13] BGE 95 II, 1969, S. 541; s. P. LOTZ, Der Schrankfachvertrag unter besonderer Berücksichtigung des Bankgeheimnisses, Basler Studien, Heft 13, Basel 1940.

traut wird, um dort mit anderen Fahrzeugen – entweder stets am selben Platz oder an wechselnden Stellen – abgestellt zu werden[14,15].

3. Die Entgeltlichkeit

Die Miete ist ein entgeltlicher Vertrag. Wenn der Gebrauch der Sache unentgeltlich überlassen wird, liegt eine Gebrauchsleihe (Art. 306 OR) und keine Miete vor. Jeder Mietvertrag beinhaltet also notwendig die Zahlung eines Mietzinses.

Die Höhe des Mietzinses gehört zu den essentialia negotii, mit der Folge, daß bei Fehlen einer diesbezüglichen Vereinbarung der Vertrag nicht zustandegekommen ist (Art. 2 Abs. 1 OR)[16]. Eine ausdrückliche Vereinbarung ist indessen nicht erforderlich. Es reicht aus, wenn der Mietzins bestimmbar ist[17]; denn in zahlreichen Fällen kann auf das Vorliegen einer stillschweigenden Vereinbarung über die Höhe des Mietzinses erkannt werden. So kann er etwa unter Bezugnahme auf den im vorigen Mietvertrag festgelegten Zins bestimmt werden, wie er entweder mit dem Vormieter oder aber mit demselben Mieter vereinbart war, wenn dessen ursprünglicher Mietvertrag nicht verlängert worden ist[18]. Der Mietzins kann sich ebenfalls nach einem Gebührensatz richten (Miete eines Schrankfaches, einer Garagenbox usw.).

Der Mietzins kann in anderer Form als der Zahlung einer Geldsumme geschuldet werden. Er kann zum Beispiel in der Übernahme von Sachleistungen durch den Mieter bestehen, die normalerweise dem Vermieter obliegen, wie die größeren Wiederherstellungen (Art. 263 Abs. 2 OR) oder die Heizung[19]. Häufigster Fall ist aber, daß der Mieter Dienstleistungen als Gesamt- oder Teilausgleich für seinen Mietzins schuldet (Hauswartvertrag). Dann liegt ein gemischter Vertrag vor, der Elemente sowohl des Mietvertrages als auch des Arbeitsvertrages enthält[20].

4. Die zeitliche Begrenzung

Schließlich wird dem Mieter die Sache auf Zeit überlassen. Die Dauer der Gebrauchsüberlassung kann zwischen den Parteien vereinbart werden, wie

---

[14] BGE 76 II, 1950, S. 154; Anm. R. SECRÉTAN, JT 1951 I, S. 179.
[15] Hinsichtlich des Grenzfalls der Überlassung einer Maschine, die von einem Angestellten des «Vermieters» bedient wird, vgl. die beiden Entscheidungen BGE 91 II, 1965, S. 291 und BGE 97 II, 1971, S. 123.
[16] A. VON TUHR, Allgemeiner Teil des Schweizerischen Obligationenrechts, Band I, Lieferung 1, auf Grund der Ausgabe von A. SIEGWART neu bearb. von H. PETER, 3. Aufl., Zürich 1974, S. 155; BGE 23 II, 1897, S. 1113; BGE 98 II, 1972, S. 211 und 215.
[17] BGE 23 II, 1897, S. 1113; BGer, Urteil vom 7.3.75, JT 1976 I, S. 163, mit Anm. R. JEANPRÊTRE, ibid., S. 165; vgl. aber BGE 99 II, 1973, S. 290 und BGE 100 II, 1974, S. 330.
[18] BGE 63 II, 1937, S. 368.
[19] BGE 47 II, 1921, S. 318.
[20] BGE 25 II, 1899, S. 373; BGer, Sem. Jud. 74, 1952, S. 572; OSER/SCHÖNENBERGER, Art. 253, N. 12.

bei einem auf bestimmte Zeit abgeschlossenen Mietverhältnis oder bei einem Mietvertrag, der für aufeinanderfolgende Zeitabschnitte stillschweigend erneuert wird. Liegt über die Dauer des Mietverhältnisses keine Vereinbarung vor, so bestimmt das Gesetz selbst die Kündigungsfristen; sie bewirken, daß das Mietverhältnis eine Mindestdauer erhält (Art. 267 OR).

5. Die übrigen Merkmale des Vertrages

Neben den Wesensmerkmalen umfaßt die Miete noch zahlreiche Haupt- und Nebenbestimmungen, die genau den Regelungsbereich der Art. 253 bis 274 OR ausmachen. Grundsätzlich sind diese Regelungen dispositiver Natur; auf die wenigen zwingenden Vorschriften wird im folgenden jeweils besonders hingewiesen werden.

Der BB vom 30. Juni 1972 über Maßnahmen gegen Mißbräuche im Mietwesen hat eine Anzahl dispositiver Vorschriften des Gesetzes (s. Art. 5 des BB) sowie die Art. 6 bis 12 und Art. 22 des Beschlusses selbst zwingend ausgestaltet.

Darüber hinaus kann die Vereinbarung zwischen Mieter und Vermieter Klauseln rein vertraglicher Art enthalten, z.B. die Pflicht des Vermieters, keine anderen Räume zur Ausübung einer Geschäftstätigkeit zu vermieten, die zu der des Mieters in Konkurrenz steht, oder eine Verpflichtung des Mieters, seine Unternehmung in den gemieteten Räumen zu betreiben (s. die §§ 32, 1 und 33, 8). Die Nichtbeachtung dieser Klauseln kann zur Kündigung des Mietverhältnisses berechtigen oder eine Schadenersatzforderung begründen[21].

6. Der Rechtstitel des Vermieters

Der Rechtstitel, aufgrund dessen der Vermieter dem Mieter den Gebrauch der Sache gestattet, ist nicht notwendig das Eigentum. Zwar ist der Vermieter im allgemeinen Eigentümer der Mietsache, aber er kann auch Träger eines anderen dinglichen Rechts, namentlich eines Nutznießungsrechts[22], oder eines persönlichen Rechts sein, das sich z.B. aus einem anderen Mietvertrag ableitet (Fall der Untervermietung, s. unten § 34).

§ 31. Die Rechtsnatur des Mietvertrages

Der Mietvertrag ist ein Konsensualvertrag. Er kommt zustande, sobald sich die Parteien über die wesentlichen Punkte des Vertrages geeinigt haben.

---

[21] BGer, Repertorio 1969, S. 229; SJZ 68, 1972, S. 222, Nr. 101.
[22] BGE 18, 1892, S. 100.

Da die Übergabe der Sache nur eine Erfüllungshandlung darstellt, kann auch eine Sache vermietet werden, die der Vermieter noch nicht besitzt, die er aber zu erwerben oder herstellen zu lassen gedenkt (von der Praxis Miete von Sachen nach Plan genannt)[1]. Vom Zeitpunkt der Einigung an sind also die Parteien verpflichtet, ihre Leistungen zu erbringen. Folglich ist der Mieter auch dann zur Zahlung des Mietzinses verpflichtet, wenn er den Besitz an der Sache nicht erlangt oder wenn er von ihr keinen Gebrauch mehr macht (Art. 257 OR). Auch muß der Vermieter die Sache vom vereinbarten Zeitpunkt an und während der gesamten Vertragsdauer zur Verfügung des Mieters halten; nimmt er die Sache wieder in Besitz und nutzt sie selbst weiter, so gilt dies als Verzicht auf die Erfüllung des Vertrages[2].

Der Mietvertrag ist ein synallagmatischer Vertrag: die Leistungen der Parteien stehen im Austauschverhältnis zueinander. Wenn eine Partei nicht oder nicht gehörig leistet, kann die andere die Rechte geltend machen, die sich aus den Art. 102 ff. OR, ergänzt durch die besonderen Bestimmungen über den Mietvertrag (Art. 254 und 255 OR, s. unten S. 224), ergeben. Hierbei sind mit der Rechtsprechung[3] zwei Fälle zu unterscheiden: einmal die Nichterfüllung vor Übergabe der Mietsache, die dem Mieter die Rechtsbehelfe der Art. 102 ff. OR gewährt, zum anderen die Schlechterfüllung, wenn also der Mangel bei Übergabe vorhanden ist oder erst später entsteht. Hier kann sich der Mieter auf die Art. 254 und 255 OR berufen.

Die Frage nach der Rechtsnatur des Rechts des Mieters an der Mietsache ist nicht so leicht zu beantworten, wie es auf den ersten Blick scheint. Die Lehre unterteilt die subjektiven Rechte herkömmlich in absolute und relative Rechte[4]. Sie zählt die Rechte des Mieters zu den relativen Rechten, mit der Folge, daß diese nur dem Vermieter, nicht jedoch Dritten gegenüber wirksam sind.

<small>Andere Rechtsordnungen räumen demgegenüber dem Mieter einer unbeweglichen Sache ein dingliches Recht an der Mietsache ein, wie zum Beispiel das englische Recht, das den *leasehold* bei den beweglichen Sachen einordnet *(chattels real)*[5].</small>

Nun enthält die Regelung der Miete aber einige Eigentümlichkeiten, die diesem Vertragstyp ein besonderes Gepräge verleihen: Ist der Mietgegenstand eine unbewegliche Sache, so gilt der neue Eigentümer, der die Kündi-

---

[1] BGE 97 II, 1971, S. 58, 63.
[2] BGer, JT 1905 I, S. 614.
[3] BGE 97 II, 1971, S. 58, 62 f.
[4] Vgl. A. MEIER-HAYOZ, Sachenrecht: Das Eigentum (Syst. Teil und Allg. Bestimmungen), Bern 1966, N. 128 ff. (Berner Kommentar); VON TUHR/PETER, S. 9/10; vgl. auch B. WINDSCHEID, Lehrbuch des Pandektenrechts, Bd. 1, 9. Aufl., Frankfurt 1906, Neudruck 1963, §§ 38 ff.
[5] Siehe JOWITT's Dictionary of English Law, V° Lease und Leasehold.

gung unterläßt, als in das Mietverhältnis eingetreten (Art. 259 Abs. 2 OR); ein im Grundbuch vorgemerktes Mietverhältnis muß vom neuen Eigentümer des Grundstücks fortgesetzt werden (Art. 260 OR); mangels anderslautender vertraglicher Bestimmungen ist der Mieter berechtigt, die Mietsache weiterzuvermieten oder die Miete an eine dritte Person abzutreten (Art. 264 OR); der Mieter hat weiterhin das Recht, die Erstreckung des Mietverhältnisses sowohl gegenüber seinem Vermieter als auch gegenüber dem Erwerber des Grundstücks zu begehren (Art. 267a ff. OR).

Nach schweizerischem Recht bleiben die Rechte des Mieters trotz dieser Besonderheiten persönliche Rechte. Die Frage nach den Rechtswirkungen der Vormerkung des Mietverhältnisses im Grundbuch ist zwar lebhaft diskutiert worden. Später wird jedoch dargetan werden, daß auch für die Vormerkung nichts anderes gilt (s. unten § 32, 10, S. 230). Dennoch folgt aus dem Schutz, den die Gesetzgebung zunehmend den Rechten des Mieters im Vergleich zu denjenigen des Vermieters und Dritten, namentlich des Dritterwerbers, gewährt, daß diese Rechte von ihren Wirkungen her, wenn nicht gar nach ihrem Inhalt, im Ergebnis eine Bedeutung haben, die der eines zeitlich beschränkten dinglichen Rechts nahekommt.

Nach allgemeinem Recht unterliegt der Mietvertrag keinem Formzwang. Obwohl Mietverträge über Grundstücke üblicherweise in schriftlicher Form abgeschlossen werden, stellt diese nicht ein rechtliches Erfordernis dar; daher besteht unserer Ansicht nach kein Anlaß, den Abschluß des Mietvertrages unter Berufung auf einen Ortsgebrauch von einer Form abhängig zu machen, die das Bundesrecht nicht vorschreibt[6].

Nach Artikel 275 aOR war die Schriftform für die Klauseln in Grundstücksmietverträgen erforderlich, die vom dispositiven Gesetzesrecht abwichen. Diese Bestimmung wurde im OR von 1912 nicht übernommen.

Demgegenüber schreibt Art. 13 des BB vom 30. Juni 1972 nunmehr die Schriftform für die Kündigung des Mietverhältnisses vor. Die Schriftform ist ebenso bei Verträgen über die Schiffsmiete erforderlich (vgl. Art. 90 Abs. 2 BG vom 23. September 1953 über die Seeschiffahrt unter der Schweizerflagge).

Bei der Auslegung von Verträgen, die nach vorgedruckten Formularen abgeschlossen werden, sind die von der Rechtsprechung entwickelten Grundsätze über die Auslegung von Allgemeinen Geschäftsbedingungen anzuwenden: der Vertrag ist «contra proferentem» auszulegen; bei einem Widerspruch zwischen einer gedruckten und einer hand- oder maschinengeschriebenen Bestimmung geht letztere vor usw.[7]

---

[6] Cour de justice civile Genf, Sem. Jud. 63, 1941, S. 419.
[7] BGE 81 II, 1965, S. 346.

§ 32. Die Pflichten des Vermieters

Literatur:

J. CUENDET, La faute contractuelle et ses effets, Abh.schweiz.R, Nr. 398, Bern 1970; M. EHRBAR, Rücktrittsrecht und Schadenersatzanspruch des Mieters nach Art. 254/55 OR, SJZ 47, 1951, S. 7; H. LANZ, Der Rücktritt vom Mietvertrag wegen Mängel der Mietsache und die Kündigung aus wichtigen Gründen, Diss. Bern 1937; J.-G. LAUTNER, Die Instandstellungsvereinbarung und die Rechtsnatur der Instandstellungsentschädigung des Mieters, Diss. Zürich 1953; M. NEUENSCHWANDER, Die Schlechterfüllung im schweizerischen Vertragsrecht, Abh. schweiz. R., Nr. 405, Diss. Bern 1971; K. OFTINGER, Entwicklungen im Recht der Lärmbekämpfung, SJZ 55, 1959, S.177; C. SCHMID, Die Bedeutung des allgemeinen Schuldnerverzugsrechts für die Verzugsregelung bei Miete und Pacht, Abh.schweiz.R, Nr. 319, Diss. Bern 1956.

1. Allgemeine und besondere Pflichten

Wie bei den übrigen Vertragstypen zählt auch das Gesetz die Pflichten auf, die sich aus dem bloßen Vertragsschluß bei der Miete für den Vermieter (Art. 254 bis 260 OR) und für den Mieter (Art. 261 und 262 OR) ergeben. Dabei handelt es sich bis auf wenige Ausnahmen um dispositive Vorschriften.

<small>Im allgemeinen Recht sind als zwingende Vorschriften die Art. 254 Abs. 3, 265 und 267e OR zu betrachten[1].</small>

<small>Zwingend sind seit dem dringlichen BB vom 30. Juni 1972 auch die Art. 254 Abs. 1 und 2, 255, 256 Abs. 2, 257 Abs. 2, 258, 271 Abs. 2 OR sowie die Art. 6 bis 12 des Beschlusses selbst.</small>

Aufgrund der Privatautonomie können die Parteien im Vertrag nicht nur die dispositiven Vorschriften des Gesetzes abändern, sondern auch neue Klauseln vereinbaren. Die Abweichung vom dispositiven Recht geschieht sehr häufig. Gleiches gilt für die Einführung von Spezialklauseln. So sind etwa bei der Geschäftsmiete häufig Wettbewerbsklauseln anzutreffen, die es einerseits dem Vermieter untersagen, Räume an Dritte für die Aufnahme einer Tätigkeit zu vermieten, die in Konkurrenz zu der vom Mieter ausgeübten steht[2], andererseits es dem Mieter verbieten, ein weiteres Geschäft innerhalb eines gewissen Umkreises um das Gebäude, in dem sich die Mieträume befinden, zu eröffnen.

2. Allgemeine Rechtsbehelfe des Obligationenrechts und besondere Rechtsbehelfe des Mietrechts

Die Art. 254 und 255 OR enthalten besondere Bestimmungen für den Fall, daß der Vermieter seine Pflicht nicht erfüllt, die Sache in gutem Zu-

---

[1] Vgl. K. KELLER, Das zwingende Recht im Mietrecht und die Mietvertragsformulare, Diss. Zürich 1925.
[2] BGE 95 II, 1969, S. 433.

stande zu übergeben und zu erhalten. Diese Regelung ist nicht abschließend; die Parteien können sich darüber hinaus auf die Vorschriften des Allgemeinen Teils des OR berufen. Hierzu gehören zunächst die Regeln über Willensmängel beim Vertragsschluß; besonders der Irrtum kann bei der Miete eine wichtige Rolle spielen. Hinsichtlich der Vertragserfüllung regelt das Gesetz ausdrücklich nur die Rechtsfolgen der vollständigen oder teilweisen Nichterfüllung, d.h. der nicht ordnungsgemäßen Erfüllung von zwei Pflichten des Vermieters, nämlich die Sache zunächst in gutem Zustand zu übergeben (Art. 254 OR) und sie anschließend während der gesamten Vertragsdauer in diesem Zustand zu erhalten (Art. 255 OR). Daraus ergibt sich, daß alle mit der Nichterfüllung der anderen Vermieterpflichten zusammenhängenden Fragen allein nach den allgemeinen gesetzlichen Bestimmungen (Art. 97 ff. OR) zu entscheiden sind. Das gilt insbesondere für den Fall, daß der Vermieter vor Übergabe der Mietsache an den Mieter seine Pflichten nicht erfüllt[3].

Die besonderen Vorschriften der Art. 254 und 255 OR müssen dabei ihrerseits im Lichte der Art. 97 ff. OR ausgelegt werden. Fraglich ist, ob darüber hinaus zwischen den besonderen Rechtsbehelfen des Mietvertragsrechts und den allgemeinen Rechtsbehelfen des Obligationenrechts Konkurrenz besteht. Rechtsprechung und Lehre lassen bekanntlich im Kaufrecht die Konkurrenz zu[4]. Diese Auffassung erscheint aus den gleichen Gründen auch für das Mietvertragsrecht vertretbar[5].

Schließlich ist darauf hinzuweisen, daß im schweizerischen Recht eine Konkurrenz zwischen der auf Art. 41 ff. OR gestützten deliktischen Klage und den vertraglichen Klagen weitgehend zulässig ist. Nichts anderes kann im Mietrecht gelten[6].

3. Die Übergabe der Mietsache

Der Vermieter ist zur Übergabe der Mietsache verpflichtet. Diese Verpflichtung ist in dem Augenblick erfüllt, in dem der Vermieter die Sache zur Verfügung des Mieters hält[7]. Kommt er ihr nicht nach, so bestehen die Wahlmöglichkeiten der Art. 107 bis 109 OR[8]. In Übereinstimmung mit den allgemeinen Grundsätzen des OR gilt die Verpflichtung des Vermieters als erloschen, wenn seine Leistung durch Umstände, die er nicht zu verant-

---

[3] BGE 97 II, 1971, S. 58, 62–63.
[4] Vgl. P. CAVIN, Considérations sur la garantie en raison des défauts de la chose vendue, Sem. Jud. 91, 1969, S. 329 ff.
[5] BGE 51 II, 1925, S. 57.
[6] Vgl. P. ENGEL, Traité des obligations en droit suisse, Neuenburg 1973, S. 508–511.
[7] BGE 21, 1895, S. 239.
[8] BGE 97 II, 1971, S. 58, 62f.

worten hat, unmöglich geworden ist (Art. 119 OR), insbesondere wenn die Mietsache untergeht.

Der Vermieter ist verpflichtet, alles für den Übergang der Sache auf den Mieter Erforderliche in die Wege zu leiten, insbesondere zu erreichen, daß der Vormieter auszieht. Wenn das Recht des Mieters auf Übergabe der Sache sich mit den Rechten eines Dritten nicht verträgt, ist der Vermieter aufgrund seiner Gewährleistungspflicht zum Schadenersatz verpflichtet (Art. 258 OR, s. unten 7).

Da es sich um eine vertragliche Pflicht handelt, wird ein Verschulden des Vermieters vermutet, wenn er zur Überlassung der Sache an den Mieter außerstande ist. Er kann sich von seiner Haftung befreien, indem er nachweist, daß ihn kein Verschulden trifft, z. B. daß er alle zweckdienlichen Maßnahmen (Kündigung, Räumungsklage) ergriffen habe, um den Auszug des Vormieters zu erreichen[9]. Fraglich ist, was geschieht, wenn der Vormieter eine Erstreckung des Mietverhältnisses gemäß Art. 267a OR erlangt hat. Wird der Vermieter von seiner Verpflichtung frei, wenn er gemäß Art. 97 Abs. 1 a. E. OR nachweist, daß ihm kein Verschulden zur Last fällt, z. B weil er sich dem Erstreckungsbegehren widersetzt hat? Oder ist er im Gegenteil aufgrund der Sondervorschriften des Art. 258 OR haftbar? Siehe hierzu unten 7.

Besitzt der Vermieter die vermietete Sache noch nicht, so ist er verpflichtet, alles zu unternehmen, um sie zu erwerben bzw. bei einer Miete von Sachen nach Plan herzustellen. Selbst wenn dem Mieter nach den vertraglichen Vereinbarungen keinerlei Schadenersatz zusteht, falls ihm die Sache verspätet übergeben wird, ist der Vermieter gleichwohl gehalten, unverzüglich mit den Bauarbeiten zu beginnen und diese innerhalb der üblichen Fristen zu vollenden (Art. 75 OR)[10].

Auch wenn der Mieter von der Mietsache keinen Gebrauch macht, hat er seine Verpflichtungen zu erfüllen. Die Forderung des Vermieters hängt nämlich nicht davon ab, ob der Mieter die Sache nutzt, sondern ob der Vermieter sie bereitgehalten hat (Art. 257 Abs. 1 OR). Hierbei kommt es nicht darauf an, ob der Mieter die Abnahme der Sache ohne Rechtsgrund, d. h. nach dem Text des Art. 257 Abs. 1 OR wegen eigenen Verschuldens verweigert oder ob Umstände, die außerhalb seiner Person liegen, ihn an der Nutzung der Sache hindern.

So wurde zum Beispiel entschieden, daß ein Ausländer, dessen Aufenthaltsbewilligung nicht erneuert worden ist, sich nicht auf diesen Umstand berufen kann, um von seinem Mietvertrag zurückzutreten. Er bleibt im Gegenteil bis zum Ende des Mietverhältnisses verpflichtet[11].

---

[9] Cour de Justice civile Genf, Sem. Jud. 71, 1949, S. 388.
[10] BGE 97 II, 1971, S. 58, 62 ff.
[11] ObGer Zürich, BlZR 62, 1963, Nr. 79, S. 218.

Demgegenüber obliegt es dem Vermieter, den Schaden für den Mieter nicht absichtlich anwachsen zu lassen. Er muß also einen neuen Mieter suchen, um den säumigen Mieter zu ersetzen[12]. Gegebenenfalls kann er dazu verpflichtet sein, den ihm von diesem vorgeschlagenen Ersatzmieter zu akzeptieren[13]. Stets muß sich jedoch der Vermieter auf seine Mietforderung die Vorteile anrechnen lassen, die er aus einem anderweitigen – auch aus eigenem – Gebrauch der Sache gezogen hat. Zumindest hat er sich die ersparten Auslagen (Instandsetzungs- oder Reparaturkosten) anrechnen zu lassen. Trotz dieser Vorteilsanrechnung wird der Mieter von seinen Verpflichtungen nicht befreit; er bleibt bis zum Ende des Mietverhältnisses aus dem Vertrag verpflichtet. Nur im Ausnahmefall des Art. 269 OR (Rücktritt aus wichtigen Gründen) kann der Mieter einer unbeweglichen Sache vor Ablauf der Mietzeit kündigen.

Hingegen kann der Vermieter nicht verlangen, daß der Mieter auch tatsächlich von der Sache Gebrauch macht. Der Mieter, der dies nicht tut, hat gleichwohl sämtliche ihm obliegenden Pflichten einschließlich der Pflicht zur Unterhaltung der Sache (z.B. Heizung, Reinigung und laufende Unterhaltung einer unbeweglichen Sache) zu erfüllen. Kommt er ihnen nicht nach, so kann der Vermieter einen Anspruch auf Schadenersatz geltend machen. Es gibt aber auch Fälle, in denen Treu und Glauben den Mieter verpflichten, die Sache in Besitz zu nehmen und sie gemäß dem Zweck des Mietverhältnisses zu nutzen. Das ist insbesondere der Fall bei Geschäftsräumen, für die die Rechtsprechung eine Verpflichtung des Mieters anerkennt, seine Geschäftstätigkeit während der gesamten Mietdauer in den gemieteten Räumen auszuüben[14].

4. Die Haftung des Vermieters für Sachmängel

Der Vermieter ist gemäß Art. 254 OR verpflichtet, die Sache in einem zu dem vertragsmäßigen Gebrauche geeigneten Zustande zu übergeben und sie während der Mietzeit in demselben zu erhalten. Die Rechtsgrundlage dieser Pflicht ist dieselbe wie bei der Gewährleistung des Verkäufers. Dementsprechend finden mehrere Bestimmungen des Kaufrechts im Mietrecht analoge Anwendung. Bei der Erfüllung dieser Verpflichtung ist jedoch den Besonderheiten der Miete, und zwar unabhängig von ihrer Eigenschaft als Dauerschuldverhältnis, Rechnung zu tragen. Folglich ist das Problem der zur Zeit der Übergabe der Mietsache vorhandenen Mängel getrennt von der

---

[12] KtGer St. Gallen, SJZ 58, 1962, S.11; ObGer Zürich, BlZR 64, 1965, Nr. 146, S.228.
[13] ObGer Zürich, BlZR 62, 1963, Nr.79, S.218.
[14] BGE 68 II, 1942, S.237; vgl. BGE 28 II, 1902, S.239; 33 II, 1907, S.603; 37 II, 1911, S.26.

Frage der während des Mietverhältnisses auftretenden Mängel zu untersuchen, wobei letztere im Zusammenhang mit der Unterhaltspflicht des Vermieters steht.

A. Mängel vor der Übergabe der Mietsache

Die spezifische Pflicht des Vermieters besteht darin, die Sache in einem zu dem vertragsmäßigen Gebrauch geeigneten Zustand zu übergeben. Ob dies der Fall ist, kann sich einmal aus der Beschaffenheit der Sache, zum anderen – stillschweigend oder ausdrücklich – aus dem Vertrag selbst ergeben.

Beschaffenheit der Sache:
Ein Auto muß bei der Übergabe in fahrbereitem Zustand sein[15]; ein Ladengeschäft hat für die Öffentlichkeit zugänglich zu sein; eine Wohnung muß bewohnbar sein; in einem neuen Gebäude müssen die Arbeiten beendet sein[16].
Aus dem Vertrag sich ergebende Zweckbestimmungen: Ein zum Zwecke der Warenlagerung gemietetes Grundstück muß die Belastung durch die Waren aushalten können[17]; ein als Laboratorium gemieteter Raum muß zu diesem Zwecke benutzt werden können. Erklärt die Verwaltungsbehörde den Raum als hierzu ungeeignet, so kann der Mieter unverzüglich vom Vertrag zurücktreten[18].

Die Frage, ob der Mieter gehalten ist, die Sache zu untersuchen und – wie im Kaufrecht – dem Vermieter die Mängel anzuzeigen, mit der Folge, daß die Unterlassung einer Prüfung den Verlust der durch Art. 254 Abs. 2 OR gewährten Rechte zur Folge hat, ist umstritten. Nach OSER/SCHÖNENBERGER[19] ist der Mieter nicht verpflichtet, die Sache zu untersuchen; ihn trifft jedoch die Verpflichtung, die Mängel anzuzeigen. Unserer Ansicht nach ist das Problem folgendermaßen zu lösen: der Mieter kann sich nicht auf die Mängel berufen, die er bei Vertragsabschluß kannte; er hat die Sache zu untersuchen und die Mängel dem Vermieter anzuzeigen; tut er dies nicht, so wird vermutet, daß er die Sache in gutem Zustand empfangen habe (Art. 271 Abs. 3 OR). Um die ihm durch Art. 254 Abs. 2 OR gewährten Rechte geltend machen zu können, muß der Mieter den Vermieter zuvor nach den allgemeinen Regeln des Obligationenrechts in Verzug setzen[20].

Von diesem Grundsatz ist eine Ausnahme zu machen: wenn die Mängel der Sache eine ernsthafte Gefahr für die Gesundheit des Mieters oder der Personen, die die Sache aufgrund seines Mietvertrages benutzen, darstellen,

---

[15] ObGer Thurgau, SJZ 53, 1957, S. 171.
[16] ObGer Luzern, ZBJV 97, 1961, S. 404.
[17] BGE 24 II, 1898, S. 404.
[18] AppGer Tessin, Repertorio 91, 1958, S. 89; SJZ 55, 1959, S. 74.
[19] Art. 254, N. 10.
[20] BGE 21, 1895, S. 240; 19, 1893, S. 897; AppGer Tessin, Urteil vom 16. Mai 1967, Repertorio 100, 1967, S. 232.

so kann der Mieter die Rechte des Art. 254 Abs. 2 OR auch hinsichtlich der ihm bekannten Mängel, die er nicht angezeigt hat oder die er sogar genehmigt hat, geltend machen. Der Mieter kann sich auf die ihm durch Art. 254 OR gewährten Rechte selbst dann berufen, wenn kein Verschulden des Vermieters vorliegt. Gemäß den allgemeinen Grundsätzen des OR über die Nichterfüllung der Verträge kann der Mieter darüber hinaus Schadenersatz verlangen, es sei denn, der Vermieter weist nach, daß ihn kein Verschulden trifft[21].

B. Mängel während des Mietverhältnisses

Der Vermieter hat während der gesamten Mietzeit aufgrund des Mietvertrages die Pflicht zur Erhaltung der Sache (Art. 254 Abs. 1 OR), wobei es gleichgültig ist, ob er die Sache als Eigentümer oder als Mieter (weiter-)vermietet. Nichterfüllung der Verpflichtung des Vermieters liegt somit von dem Zeitpunkt an vor, in dem die Sache in einen Zustand gerät, der ihren üblichen Gebrauch nicht mehr zuläßt. Von dieser Regel ist eine Ausnahme zu machen: soweit der Zustand der Sache auf ein Verschulden des Mieters zurückzuführen ist, wenn dieser zum Beispiel die ihm obliegenden Arbeiten nicht ausgeführt (s. unten § 33, 7) oder wenn er die Sache beschädigt hat, so wird der Vermieter von seiner Haftung befreit.

Da der Mieter im Besitz der Sache ist, trifft ihn die Pflicht, dem Vermieter die Mängel anzuzeigen, damit dieser Abhilfe schaffen kann[22]. Versäumt er eine solche Anzeige, trifft ihn ein Verschulden, das den Verlust der ihm in Art. 255 OR gewährten Rechte zur Folge haben kann.

Da es sich um eine vertragliche Verpflichtung handelt, haftet der Vermieter unabhängig von Verschulden. Ein Verschulden ist nur für die Frage des Schadenersatzes bedeutsam.

C. Der Umfang der Erhaltungspflicht

Der Vermieter ist verpflichtet, die Sache in einem zu dem vertragsmäßigen Gebrauche geeigneten Zustand zu erhalten. Dem Mieter muß also die Sache in tatsächlicher und rechtlicher Hinsicht in einem Zustand übergeben werden, welcher diesen Gebrauch ermöglicht.

<small>In erster Linie sind die Einrichtungen funktionsfähig zu halten, die den Gebrauch der Sache ermöglichen, wie etwa die Heizung der Räume[23], die Beleuchtung des Treppenhauses eines Mietshauses[24]. Dann geht es um die eigentliche Erhaltung im Sinne des Art. 263 Abs. 2 OR.</small>

---

[21] AppGer Tessin, Repertorio 76, 1943, S. 516.
[22] BGE 60 II, 1934, S. 341.
[23] BGE 42 II, 1916, S. 349.
[24] BGE 60 II, 1934, S. 341.

Die Verpflichtung des Vermieters geht über die Erhaltung der Sache noch hinaus. Nimmt er Erhaltungsarbeiten vor, die ihm obliegen, so darf er keine Veränderungen an der Sache vornehmen, die deren vereinbarten Gebrauch verhindern oder beeinträchtigen würden[25]. Im Rahmen der ihm zustehenden Rechte hat er sich auch Arbeiten zu widersetzen, die von dritter Seite geplant werden und die den Gebrauch der Sache schmälern würden. So hat er z.B. Einspruch gegen ein Bauvorhaben zu erheben, weil es etwa einem Haus die Sonneneinstrahlung entzieht oder die Sicht nimmt[26]. Ebenso muß der Vermieter für die Aufrechterhaltung der Rechtsstellung sorgen, die es dem Mieter erlaubt, von der Sache den vereinbarten Gebrauch zu machen (z.B. Wirtschaftspatent[27]). Falls er sich hierzu verpflichtet hat, hat er dafür Sorge zu tragen, daß Geschäftstätigkeiten, die zu denen des Mieters in Wettbewerb stehen, nicht in anderen Teilen der gemieteten Räume ausgeübt werden.

Die Verpflichtung des Vermieters findet ihre Grenze dort, wo sein Einflußbereich aufhört. So haftet er für die Nichterfüllung der Erhaltungspflicht nicht, wenn der Gebrauch der Sache aufgrund von Umständen, auf die er nicht einwirken kann, gemindert oder aufgehoben wird. Dies ist etwa der Fall bei der Verweigerung oder Entziehung einer polizeilichen Erlaubnis[28], der Errichtung eines Gebäudes in der Nachbarschaft in Übereinstimmung mit öffentlich-rechtlichen und privatrechtlichen Vorschriften oder der Eröffnung eines Konkurrenzunternehmens in der Nähe der Geschäftsräume.

Hat der Vermieter seine Erhaltungspflicht nicht verletzt, so kann der Mieter weder Herabsetzung des Mietzinses noch Schadenersatz verlangen (s. 5). Er kann sich allerdings u. U. auf die Vorschriften über die Unmöglichkeit[29] oder über den wesentlichen Irrtum berufen.

Nicht jeder Fehler eröffnet automatisch ein Recht auf Herabsetzung des Mietzinses. Der vertraglich eingeräumte Gebrauch der Sache muß ausgeschlossen oder zumindest in erheblicher Weise eingeschränkt sein (Art. 255 Abs. 1 OR). Wenig bedeutsam ist in diesem Zusammenhang, ob der Mangel von Dauer ist oder lediglich zeitlich begrenzt vorliegt. Die vorübergehende Entziehung oder die erhebliche Minderung des Gebrauchs der Sache berechtigen zu einer im Verhältnis zur Dauer und zum Umfang des Nutzungsausfalls stehenden Mietzinsherabsetzung. Das ist insbesondere der Fall während der Durchführung von Reparaturarbeiten an der Sache[30]. Auch wenn diese

---

[25] BGE 88 II, 1962, S. 338.
[26] BGE 88 II, 1962, S. 338.
[27] BGE 82 II, 1956, S. 525.
[28] BGE 36 II, 1910, S. 48; AppGer Tessin, SJZ 55, 1959, S. 74; BGE 21, 1895, S. 1076.
[29] AppGer Tessin, SJZ 55, 1959, S. 74.
[30] BGE 21, 1895, S. 243; 30 II, 1904, S. 239; 42 II, 1916, S. 349.

Arbeiten in Erfüllung einer gesetzlichen Pflicht des Vermieters ausgeführt werden, wird dieser selbstverständlich nicht von seiner Verpflichtung befreit, dem Mieter eine Herabsetzung des Mietzinses zu gewähren.

5. Die Auswirkungen der Erhaltungspflicht

Dem Vermieter obliegt die übliche Erhaltung der Sache. Er hat zu veranlassen, daß diejenigen Erhaltungs- und Reparaturarbeiten vorgenommen werden, die erforderlich sind, um die zugesicherte Verwendbarkeit der Mietsache während der gesamten Mietzeit zu gewährleisten. Sind untergeordnete Mängel zu beheben, so ist der Mieter berechtigt, selbst für die Durchführung der notwendigen Arbeiten zu sorgen, wenn der Vermieter trotz Anzeige innerhalb einer angemessenen Frist nicht Abhilfe schafft (Art. 256 Abs. 2 OR)[31]. Liegen erhebliche Mängel vor, die entsprechende Arbeiten erforderlich machen, so muß der Mieter eine gerichtliche Ermächtigung zu deren Ausführung auf Kosten des Vermieters einholen, wenn dieser nicht innerhalb einer angemessenen Frist für Abhilfe sorgt (Art. 98 Abs. 1 OR)[32].

Wenn die Ausführung der Reparaturarbeiten den Gebrauch der Sache erheblich schmälert, und sei es nur während der Dauer der Arbeiten, so hat der Mieter gemäß Art. 255 OR Anspruch auf eine Herabsetzung des Mietzinses und gegebenenfalls auf Schadenersatz (Art. 256 Abs. 1 a.E. OR, vgl. auch unten 6)[33]. Allerdings muß es sich um unaufschiebbare Arbeiten handeln; sonst muß der Vermieter mit ihrer Vornahme bis zum Ende des Mietverhältnisses warten. Ebenso kann der Vermieter dem Mieter keine Arbeiten aufdrängen, die über die Erhaltung und die Reparatur der Sache hinausgehen. So darf er zum Beispiel gegen dessen Willen keine Arbeiten vornehmen, die die Sache verändern[34]. Hingegen muß der Mieter sich unaufschiebbare Arbeiten unter Vorbehalt seiner Rechte gefallen lassen (Art. 256 Abs. 1 OR).

Der Gebrauch der Sache führt mit der Zeit zu einer gewissen Abnutzung. Wenn auch der Vermieter diese gewöhnliche Abnutzung zu tragen hat[35], so gehen doch die kleineren, im Laufe des gewöhnlichen Gebrauchs der Sache erforderlich werdenden Ausbesserungen zu Lasten des Mieters (Art. 263 Abs. 2 OR).

Mögen diese Grundsätze auch eindeutig sein, so bereitet ihre praktische Anwendung Schwierigkeiten. Fraglich ist etwa, wann es sich um kleinere, zu Lasten des Mieters gehende Ausbesserungen und wann es sich um übliche Erhaltungsarbeiten bzw. Wiederherstellungen, die dem

---

[31] BGE 61 II, 1935, S. 37.
[32] BGE 61 II, 1935, S. 37.
[33] BGE 30 II, 1904, S. 239.
[34] BGE 88 II, 1962, S. 331; ZBJV 83, 1947, S. 416.
[35] BGE 41 II, 1915, S. 230.

Vermieter obliegen, handelt. Das Gesetz verweist recht vorsichtig auf den Ortsgebrauch (Art. 263 Abs. 2 a.E. OR). Im Fall der Miete von unbeweglichen Sachen enthalten die Formularverträge häufig ins einzelne gehende Aufzählungen von Arbeiten, die entweder zu Lasten des Mieters oder des Vermieters gehen.

6. Die Folgen der Nichterfüllung der Erhaltungspflicht

Dem Mieter steht das Recht auf Herabsetzung des Mietzinses bereits dann zu, wenn der Gebrauch der Sache geschmälert wird, und zwar unabhängig vom Verschulden des Vermieters. Voraussetzung hierfür ist allerdings, daß der Mieter seinen Pflichten zur Erhaltung und Überwachung der Mietsache und zur Mängelanzeige gegenüber dem Vermieter nachgekommen ist. Tut er dies nicht, handelt er schuldhaft, so daß er sein Recht auf Herabsetzung des Mietzinses und gegebenenfalls auf Schadenersatz verlieren kann.

Die Mietzinsherabsetzung wird von dem Tage an geschuldet, an dem sich der Mangel einstellt; der Mieter braucht den Vermieter nicht zuvor in Verzug zu setzen[36]. Sie bemißt sich nach dem Ausmaß, um das der Gebrauch der Sache geschmälert wird[37]. Man kann hier die Reduktionsformel anwenden, die sich mit der von der Rechtsprechung bei der Minderung des Kaufpreises entwickelten Formel deckt[38]. Schließlich wird die Herabsetzung unabhängig von jedem Verschulden des Vermieters geschuldet. Der Vermieter kann sich also nicht von seiner Haftung befreien, indem er unter Berufung auf die allgemeinen Grundsätze des Obligationenrechts (Art. 97 Abs. 1 OR) nachweist, daß ihn kein Verschulden trifft. Im Mietrecht bestimmt sich die Gewährleistungspflicht des Vermieters nach ähnlichen Regeln wie die des Verkäufers: das Vorhandensein oder Auftreten von Mängeln berechtigt den Mieter unabhängig vom Verschulden des Vermieters, eine Herabsetzung des Mietzinses zu verlangen, gegebenenfalls auch das Mietverhältnis zu kündigen[39]. Der Mieter kann darüber hinaus Schadenersatz verlangen. In diesem Fall wird ein Verschulden des Vermieters vermutet; er kann sich aber exkulpieren (Art. 255 Abs. 2 OR).

A. *Schadenersatz*

Der Umfang der sich aus dem vertragswidrigen Verhalten des Vermieters ergebenden Haftung richtet sich nach den allgemeinen Grundsätzen des Obligationenrechts (Art. 97 ff., insbesondere Art. 99 OR)[40].

---

[36] Cour de Justice Genf, Sem. Jud. 85, 1963, S. 589; ObGer Zürich, SJZ 46, 1950, S. 225.
[37] BGE 30 II, 1904, S. 239.
[38] BGE 30 II, 1904, S. 239; ObGer Luzern, SJZ 62, 1966, S. 329; vgl. für das Kaufrecht BGE 89 II, 1963, S. 253; siehe auch CAVIN, vorn § 13, IV.
[39] BGE 42 II, 1916, S. 349.
[40] BGE 90 I, 1964, S. 142 f.

Die Rechtsprechung hatte sich nur selten mit der Höhe eines auf Art. 255 OR gestützten Schadenersatzanspruchs zu befassen. Einem früheren Entscheid des Bundesgerichts kann man als Beispiel entnehmen: die Erstattung der Aufenthaltskosten des Mieters im Hotel, die nach einer Kündigung des Mietverhältnisses aufgrund von Art. 255 OR anfallen[41]. Die Rechtsprechung stellt es dem Mieter frei, sich nach seiner Wahl auf Art. 254 OR oder Art. 58 OR zu berufen[42].

B. Auflösung

Unbeschadet seines Rechts, eine Herabsetzung des Mietzinses und gegebenenfalls Schadenersatz zu verlangen, kann der Mieter darüber hinaus vom Vertrag zurücktreten. Die Auflösung unterliegt drei Bedingungen:

a) Nach dem allgemeinen Grundsatz des Art. 255 OR muß der Mangel, der der Mietsache anhaftet, so schwerwiegend sein, daß er den vertragsmäßigen Gebrauch ausschließt oder doch zumindest erheblich schmälert. Der Grundsatz ist derselbe wie bei der Gewährleistung im Kaufrecht.

b) Der Mieter muß den Vermieter mahnen, die Sache wieder instandzusetzen, und ihm zu diesem Zweck eine angemessene Frist bestimmen bzw. durch den Richter bestimmen lassen. Damit gelten hier wieder die allgemeinen Vorschriften des Obligationenrechts über den Schuldnerverzug[43].

c) Der Vermieter hat die Mietsache innerhalb einer angemessenen Frist nicht wieder instandgesetzt.

Umstritten ist, ob es sich um eine Auflösung mit Wirkung ex nunc oder um eine Aufhebung mit Wirkung ex tunc handelt.

Der Meinungsstand zum Zeitpunkt der Veröffentlichung des Kommentars von OSER/ SCHÖNENBERGER wird dort in N. 12 zu Art. 254 OR aufgeführt. Nach SCHÖNENBERGER, der in erster Linie den im Rahmen des Art. 254 OR erfolgten Rücktritt behandelt, liegt sogar bei Art. 255 OR eine Aufhebung mit Wirkung ex tunc vor. Er begründet seine Auffassung in erster Linie mit systematischen Gesichtspunkten, die sich aus der Revision des OR ableiten lassen. Nach anderen Autoren, vor allem nach VON TUHR und HERSCHSOHN, liegt eine Auflösung mit Wirkung ex nunc vor. Die jüngere Lehre, insbesondere LAUTNER und SPRENGER, hat sich dieser Ansicht angeschlossen. Unseres Erachtens führt die Regelung der Kündigung von langfristig geschlossenen Verträgen zu der Schlußfolgerung, daß die Kündigung von Mietverträgen, die während der Vertragsdauer erfolgt, ex nunc-Wirkung haben muß. In einer jüngeren Entscheidung ist das Bundesgericht aus eben diesem Grunde ebenfalls dieser Lösung gefolgt[44].

Es fragt sich nun, ob die allgemeinen Verzugsregeln des OR (Art. 107 ff.) neben den besonderen mietrechtlichen Vorschriften, vor allem den Art. 254 und 255 OR, anwendbar sind.

Diese Meinung wurde insbesondere von GAUCH[45] vertreten. Wir sind jedoch der Auffassung, daß die Art. 254 und 255 OR spezielle Regeln für den Mietvertrag darstellen, die zwar durch Rückgriff auf allgemeine Vorschriften des Gesetzes, z.B. bei der Inverzugsetzung, ergänzt

---

[41] BGE 21, 1895, S. 245 f.
[42] BGE 60 II, 1934, S. 341.
[43] GAUCH, a.a.O. (§ 27, Anm. 1), S. 159.
[44] BGE 97 II, 1971, S. 65 f.
[45] GAUCH, a.a.O., S. 160.

werden können, die aber als Spezialvorschriften den allgemeinen Regeln vorgehen. Diese Lösung liegt implicite der Entscheidung BGE 97 II, 1971, S. 58, 62 f.[46] zugrunde.

7. Rechtsgewährleistung

Literatur:

K. LIECHTI, Rechtsgewährleistung und Entwehrung im schweizerischen OR, Diss. Bern 1927.

Die Gewährleistungspflicht des Vermieters erstreckt sich auch auf die Rechtsmängel, die die Nutzung der Sache durch den Mieter zu stören geeignet sind. Die ratio des Art. 258 OR ist zwar dieselbe wie bei der Gewährleistung des veräußerten Rechts im Falle der Entwehrung im Kaufrecht (Art. 192 ff. OR); jedoch sind die Voraussetzungen im Mietrecht andere. Der Mieter hat nur ein persönliches Recht auf den Besitz der Sache; er leitet seinen Rechtstitel von dem des Vermieters ab und kann sich Dritten gegenüber nicht auf ein eigenes dingliches Recht berufen. Daher obliegt es dem Vermieter, den Rechtsstreit mit dem Dritten zu übernehmen, der ein Recht an der Sache beansprucht, das sich mit dem des Mieters nicht verträgt. Dieses Recht kann dinglicher Art sein, wie z. B. Eigentum, Nutznießung oder Dienstbarkeit[47]; es kann aber auch ein eingetragenes persönliches Recht sein, insbesondere ein im Grundbuch vorgemerktes Mietverhältnis. Es kann sich sogar um ein gewöhnliches persönliches Recht handeln, wie etwa um einen älteren Mietvertrag, für den der Berechtigte die Erstreckung durch den Richter erwirkt hat (Art. 267 a und b OR).

Fällt die gerichtliche Entscheidung zugunsten der Rechte des Dritten aus, so hat der Vermieter dem Mieter den ihm daraus entstehenden Schaden zu ersetzen. Diese Verpflichtung ist von jedem Verschulden des Vermieters unabhängig und besteht stets hinsichtlich des Schadens, der dem Mieter aus der Vorrangigkeit fremder dinglicher Rechte gegenüber seinen eigenen erwächst[48].

Das Schrifttum nahm zunächst an, der Vermieter sei in jedem Fall verpflichtet, den Schaden zu ersetzen, gleich welcher Art das Recht des Dritten ist (ob dinglich oder persönlich), hat dann aber diese Pflicht auf den Schaden begrenzt, der sich aus dinglichen Rechten an der Sache ergibt. Diese Entwicklung der Doktrin wird in BGE 90 I, 1964, S. 143 zusammengefaßt. Hinsichtlich der persönlichen Rechte Dritter stellte sich das Problem im wesentlichen im Zusammenhang mit der behördlichen Verlängerung von Auszugsfristen, die in Anwendung der Gesetzgebung über den Wohnraummangel gewährt wurden. Wiederholt bejahten die Gerichte eine Haftung des Vermieters, indem sie ihm die Pflicht auferlegten, sich zu vergewissern, ob er auch in der Lage sei, dem neuen Mieter die Sache zu übergeben[49].

---

[46] Vgl. SPRENGER, S. 97.
[47] BGE 81 II, 1955, S. 351.
[48] BGE 90 I, 1964, S. 143 f.
[49] BGE 47 II, 1921, S. 199; vgl. auch zurückhaltender BGE 90 I, 1964, S. 137.

Unserer Ansicht nach ergibt sich die rechtliche Grundlage der Haftung des Vermieters aus seiner Pflicht, dem Mieter einen durchsetzbaren Anspruch zu verschaffen. Seine Gewährleistungspflicht ist von gleicher Art wie die des Käufers bei Entwehrung. Die Haftung des Vermieters tritt also ein, wenn von dritter Seite ein Recht an der Sache geltend gemacht werden kann, das ihm selbst gegenüber wirksam ist, denn er hätte die Sache angesichts der Existenz dieses Rechts nicht vermieten dürfen. Nun wird die Erstreckung des Mietverhältnisses ohne Rücksicht auf den Willen des Vermieters angeordnet. Grundsätzlich haftet er deshalb dem Mieter in diesem Falle nicht, es sei denn, er hat es versäumt, sich dem Erstreckungsbegehren zu widersetzen, oder die Erstreckung war schon vor Abschluß des Mietvertrages mit dem neuen Mieter angeordnet worden[50]. Die während der Geltung der öffentlich-rechtlichen Bestimmungen über den Wohnraummangel ergangene Rechtsprechung (vgl. oben Anm. 49) kann hier nicht herangezogen werden, da insoweit die Gemeinde dem Vermieter für den Schaden haftete, der durch Entscheidungen über die Aufhebung von Kündigungen entstand. Diese Lage hat sich mit Einführung des Art. 267a OR geändert. Nun bildet Art. 258 OR aber eine Ausnahme von dem – insbesondere für Art. 255 OR geltenden – Prinzip, daß der Schuldner nur für schuldhaft von ihm verursachte Schäden haftet[51]. Daher ist Art. 258 OR restriktiv auszulegen. Die Erstreckung des Mietverhältnisses durch den Richter beruht nicht auf einem dinglichen Recht des Mieters. Sie begründet keine Ersatzpflicht für den vom entwehrten Mieter erlittenen Schaden, es sei denn, der Vermieter hat schuldhaft gehandelt.

8. Die Haftung des Vermieters bei Veräußerung der Sache

Literatur:

R. BEETSCHEN, Der Grundsatz «Kauf bricht Miete» im schweizerischen Recht, Diss. Zürich 1925.

Die Haftung bei Veräußerung der Sache oder Verlust des Eigentums als Folge von Zwangsvollstreckungsmaßnahmen ist ein besonderer Fall der allgemeinen Vermieterhaftung. Da der Mieter kein dingliches Recht darauf hat, die Sache zu besitzen, kann er seine Rechtsstellung nur von der des Vermieters ableiten. Von dem Zeitpunkt an, in dem dessen Rechtsanspruch erlischt, kann dieser den Mieter nicht mehr gegen Dritte verteidigen. Im allgemeinen beruht die Rechtsstellung des Vermieters auf seinem Eigentumsrecht; dieses kann durch Verkauf oder Zwangsvollstreckung sowie auch durch Enteignung erlöschen. Für den letzteren Fall verweist das Gesetz auf die einschlägigen Bestimmungen (Art. 259 Abs. 3 OR). Nach ihnen steht dem Mieter in der Regel ein unmittelbarer Anspruch auf Entschädigung gegen den Enteigner zu[52]. Aber der Vermieter braucht nicht notwendig Eigentümer der Sache zu sein. Er kann sie aufgrund eines beschränkten dinglichen Rechts (Nutznießung, Wohnungsrecht) oder eines persönlichen Rechts (im Fall der Untervermietung) vermietet haben.

Die Auswirkungen des Verlusts der Rechtsstellung des Vermieters auf die Beziehungen zwischen Vermieter und Mieter und auf die Beziehungen

---

[50] Anderer Ansicht JEANPRÊTRE, a.a.O. (§ 29, Anm. 1), S. 149.
[51] Vgl. BGE 90 I, 1964, S. 137.
[52] Art. 23 Abs. 2 EntG.

zwischen dem Mieter und dem anderen Inhaber des Rechts an der Sache müssen getrennt untersucht werden. Da der Verkauf der Sache den klassischen Fall bildet, soll er im Mittelpunkt der Untersuchung stehen.

Der Untergang der Nutznießung des Vermieters schafft übrigens eine dem Kaufrecht entsprechende Lage. Bei Beendigung der Nutznießung erhält der Eigentümer wieder die volle Verfügungsgewalt über die Sache. Er muß wie ein Neuerwerber vorgehen, wenn er nicht in das Mietverhältnis eintreten will; Art. 259 OR ist hier analog anzuwenden[53].

Obwohl der Randtitel des deutschen Textes zu Art. 259 OR den bekannten Grundsatz «Kauf bricht Miete» wiedergibt, so bricht doch in Wahrheit der Kauf die Miete gerade nicht. Ganz im Gegenteil: der Verkauf – oder genauer der Übergang des Eigentums an der Mietsache auf den Erwerber – setzt dem Mietvertrag kein Ende. Der Vertrag besteht zwischen Vermieter und Mieter fort. Der Vermieter bleibt also weiterhin verpflichtet, dem Mieter die Mietsache zu belassen. Wenn der Erwerber nicht die Fortsetzung des Mietvertrages übernimmt, hat der Vermieter Schadenersatz wegen Nichterfüllung des Vertrages zu zahlen. Die Höhe des Anspruchs wird nach den allgemeinen Grundsätzen des Obligationenrechts über die Nichterfüllung von Vertragspflichten berechnet[54]. Folglich bestehen die Vertragspflichten des Mieters gegenüber dem Vermieter fort. Er schuldet insbesondere weiterhin den Mietzins bis zu dem Zeitpunkt, in dem er die Mietsache dem Erwerber überlassen muß[55].

Der Mietvertrag entfaltet gegenüber dem Erwerber der Mietsache keine Wirksamkeit. Folglich kann der Erwerber, sobald er Eigentümer geworden ist, also nach Eintragung im Grundbuch[56], die sofortige Herausgabe der Sache verlangen. Dieses Recht ist aus ersichtlichen Gründen bei Mietverträgen über unbewegliche Sachen in gewissem Umfang eingeschränkt; der Erwerber kann die Aushändigung der Mietsache nur zum nächsten gesetzlichen Kündigungstermin verlangen[57], es sei denn der Mietvertrag läßt eine Kündigung zu einem früheren Zeitpunkt zu. Im letzteren Fall ist der Erwerber berechtigt, unter Berufung auf Bestimmungen eines Vertrages, in dem er selbst nicht Vertragspartei ist, das Mietverhältnis zu kündigen. Darüber hinaus kann der Mieter den Erwerber zwingen, die Bestimmungen des Mietvertrages zu beachten, dessen Erstreckung er aufgrund der Art. 267a ff. OR zu verlangen berechtigt ist. Weiterhin «gilt» bei Mietverträgen über unbewegliche Sachen der Erwerber nach der Formulierung des Gesetzes «als

---

[53] BGE 18, 1892, S. 104; Pra 1 Nr. 11; AppGer Bern, ZBJV 55, 1919, S. 464.
[54] Grundsatzentscheidung: BGE 28 II, 1902, S. 78; vgl. auch BGE 28 II, 1902, S. 279 und 95 II, 1969, S. 319 = Pra 59 Nr. 3; 79 II, 1953, S. 382.
[55] BGE 28 II, 1902, S. 78.
[56] BGer, Sem. Jud. 70, 1948, S. 369; vgl. BGE 39 II, 1913, S. 470 und 42 II, 1916, S. 284.
[57] d.h. die in Art. 267 OR festgesetzte Frist, Cour de Justice Genf, Sem. Jud. 71, 1949, S. 423.

in das Mietverhältnis eingetreten», wenn er nicht fristgemäß gekündigt hat. Es stellt sich nun die Frage nach der Rechtsnatur dieser Vorschrift. Im Unterschied zu anderen Rechtsordnungen (z.B. dem italienischen Recht, Art.1406 bis 1410 CCit.) kennt das schweizerische Recht nicht das Institut der Vertragsabtretung. Die Rechte und Pflichten, die sich aus einem Vertrag ergeben, können daher auf einen Dritten nur auf dem Umweg über die Forderungsabtretung und die Schuldübernahme übertragen werden, wobei im letzteren Fall die Zustimmung des Gläubigers erforderlich ist. Das bedeutet, daß die Vertragsübernahme mittels einer Einigung zwischen Vermieter und Erwerber – wie sie Art. 259 Abs. 1 OR vorsieht – den Vermieter seiner Verpflichtungen nicht enthebt. In diesem Fall liegt eine kumulative Schuldübernahme durch den Erwerber vor, ohne daß der Vermieter befreit wird[58]. Der Vermieter ist von seinen Verpflichtungen gegenüber dem Mieter erst von dem Zeitpunkt an befreit, in dem der Mieter der Übernahme entweder ausdrücklich oder durch konkludentes Verhalten (Art. 176 Abs. 3 OR) zugestimmt hat. Hierbei wird die Zahlung des Mietzinses an den Erwerber nicht als Billigung der Übernahme des Mietvertrages mit schuldbefreiender Wirkung angesehen[59].

Das Gesetz gewährt darüber hinaus dem Mieter das Recht, vom Erwerber die Fortsetzung des Mietvertrages zu verlangen, wenn dieser sich hierzu gegenüber dem Vermieter verpflichtet hat (Umkehrschluß aus Art. 259 Abs. 1 OR). In diesem Fall enthält also die Klausel über die Abtretung des Mietverhältnisses einen Vertrag zugunsten Dritter, nämlich des Mieters.

9. Die Rechtsstellung des neuen Eigentümers

Zu prüfen ist weiter, wie die Rechtslage ist, wenn der Erwerber als in das Mietverhältnis eingetreten gilt, ohne sich dem Vermieter gegenüber zur Fortsetzung des Mietvertrages verpflichtet zu haben. Die Lehre ist sich in dieser Frage nicht einig. Für OSER/SCHÖNENBERGER[60] und BEETSCHEN liegt eine Neuerung vor. Nach VON TUHR/ESCHER[61] behandelt Art. 259 OR den Fall einer Rechtsnachfolge besonderer Art, wobei der Erwerber selbst Vertragspartei wird. Wie dem auch sei, der Vermieter wird, außer im Falle der Zustimmung des Mieters zur Übernahme, nicht aus seinen Vertragspflichten entlassen. So bleibt er zum Beispiel schadenersatzpflichtig, wenn der Erwer-

---

[58] BGE 82 II, 1956, S. 525; 79 II, 1953, S. 382.
[59] BGE 82 II, 1956, S. 525, 531 f.
[60] Art. 259, N. 13 und 23.
[61] A. VON TUHR, Allgemeiner Teil des schweizerischen Obligationenrechts, Band 2, auf Grund der Ausgabe von A. SIEGWART neu bearb. von A. ESCHER, 3. Aufl., Zürich 1974, § 94, I.

ber die sich aus dem Mietvertrag ergebenden Verpflichtungen nicht einhält[62]. Da der Erwerber nach dem Gesetz als in das Mietverhältnis eingetreten gilt, ist er durch den Mietvertrag gebunden, sobald er ihn nicht mehr innert der in Art. 267 OR angeordneten Fristen kündigen kann.

10. Die Vormerkung des Mietverhältnisses im Grundbuch

Literatur:
TH. GUHL, Persönliche Rechte mit verstärkter Wirkung, Festgabe für das Bundesgericht, Bern 1924, S. 93 ff.; H. DESCHENAUX, Obligations «propter rem», Festgabe Max Gutzwiller, Basel 1959, S. 711 ff.; P. PIOTET, Des effets de l'annotation au registre foncier de rapports de droit personnels, ZSR 79, 1960, S. 401 ff.; D. SCACCHI, L'obligation «propter rem» et les droits personnels annotés au registre foncier, Diss. Genf 1970.

Wenn sich die Parteien gegen die Veräußerung der Sache durch den Vermieter schützen wollen, können sie die Vormerkung des Mietverhältnisses im Grundbuch verabreden (Art. 260 OR). Die Vormerkung bewirkt, daß jeder neue Eigentümer dem Mieter die Benutzung der Mietsache gemäß den vertraglichen Vereinbarungen zu gestatten hat (Art. 260 Abs. 2 OR). Zur Frage der Form und der Rechtsnatur der Vormerkung persönlicher Rechte im Grundbuch (Art. 959 ZGB) siehe Schweiz. Privatrecht, Band V/2, in dem die dinglichen Rechte behandelt sind.

Das Problem der rechtlichen Wirkungen von Vormerkungen persönlicher Rechte hat zu interessanten Kontroversen in der Lehre Anlaß gegeben. In einem Punkt besteht dort jedenfalls Einigkeit: Die Eintragung macht das persönliche Recht nicht zu einem dinglichen; sie verstärkt es lediglich dadurch, daß es nunmehr auch Dritten gegenüber wirksam ist, und zwar im Mietvertragsrecht gemäß Art. 260 Abs. 1 OR gegenüber jedem neuen Eigentümer des Grundstücks.

Hingegen ist umstritten, ob die Vormerkung zur Folge hat, daß der neue Eigentümer nur zur Duldung des Mieters verpflichtet ist, oder ob er im Gegenteil selbst Partei des Mietvertrags werden muß. Mit der neuesten Lehre (anders der beachtliche Beitrag von DESCHENAUX) sind wir der Auffassung, daß durch die Eintragung des Mietverhältnisses im Grundbuch die Stellung des Vermieters mit der des Eigentümers des Grundstücks so verknüpft wird, daß der neue Eigentümer allein aufgrund des Erwerbs des Eigentums am Grundstück an die Stelle des ursprünglichen Vermieters rückt. Seine Stellung stimmt mit derjenigen eines gewöhnlichen Neuerwerbers überein, der das Mietverhältnis nicht innert der Frist des Art. 259 Abs. 2 OR gekündigt hat. Fraglich ist nun, ob der ursprüngliche Vermieter automatisch von seinen Verpflichtungen gegenüber dem Mieter frei wird (wie in Art. 259 OR) oder ob dieser dem Eintritt des neuen Eigentümers in das Mietverhältnis erst noch zustimmen muß. Die Rechtsprechung hat diese schwierige Frage noch nicht behandelt[63]. Es scheint aber der von der jüngsten Rechtsprechung entwickelten Auffassung über die Wirkungen der Vormerkung im Grundbuch zu entsprechen, der Übertragung des Eigentums befreiende Wirkung für den ursprünglichen Vermieter zuzumessen.

---

[62] BGE 79 II, 1953, S. 382.
[63] OSER/SCHÖNENBERGER, Art. 260, N. 5.

§ 33. Die Pflichten des Mieters

Literatur:

Siehe die am Eingang zu § 32 aufgeführten Werke.

1. Die Zahlung des Mietzinses

Im Mietverhältnis wird der Gebrauch einer Sache gegen einen Mietzins ausgetauscht. Die Hauptpflicht des Mieters besteht also in der Zahlung des Mietzinses nach den Bestimmungen des Vertrages. Die Mietzinsschuld ist eine Geldschuld (Art. 84 OR) und somit Bringschuld (Art. 74 Abs. 2 Ziff. 1 OR). Die Erfüllung geschieht durch Zahlung. Die Hinterlegung des Mietzinses gilt nicht als Zahlung, es sei denn das Gesetz sieht die Hinterlegung ausdrücklich vor, wie etwa bei Gläubigerverzug (Art. 92 OR) und bei Unklarheit über die Person des Gläubigers (Art. 168 OR)[1].

Der Mietzins ist zur vereinbarten Zeit zu bezahlen. Mangels einer solchen Vereinbarung ist der Mietzins gemäß Art. 262 Abs. 2 OR bei Mieten auf die Dauer von einem oder mehreren Jahren oder Halbjahren je nach Ablauf eines halben Jahres, bei Mieten von kürzerer Dauer je nach Ablauf eines Monats, spätestens aber am Ende der Mietzeit zu bezahlen. Art. 262 Abs. 2 OR sieht also die Zahlung zu bestimmten Fälligkeitsterminen vor und weicht damit vom allgemeinen Grundsatz der Gleichzeitigkeit der Erfüllung der Verpflichtung aus zweiseitigen Verträgen (Art. 82 OR) ab. Art. 262 Abs. 2 OR ist jedoch dispositiver Natur. In Mietverträgen über unbewegliche Sachen wird in der Regel vereinbart, daß der Mietzins im voraus, und zwar entweder am Anfang der jeweiligen Periode oder zum Monatsbeginn, zu zahlen ist.

Bei jedem Fälligkeitstermin entsteht die jeweilige Mietzinsforderung von neuem[2].

2. Die Sicherung des Mietzinses

Die Vermieter verlangen immer häufiger, daß für die Zahlung des Mietzinses eine Sicherheit geleistet wird. Geschieht dies in Form der Bürgschaft, so geben die Vorschriften des Gesetzes über diesen Vertragstyp Aufschluß darüber, wie und unter welchen Voraussetzungen Rückgriff beim Bürgen genommen werden kann. Die Sicherheit kann auch in Form eines Pfandrechts, z. B. an Wertpapieren, bestellt werden. Das Pfandrecht besteht nor-

---

[1] BGer, Urteil vom 15. Juni 1955, SJZ 52, 1956, S. 27 (die zürcherischen Gerichte haben eine andere Praxis, die zu Recht von SPRENGER, S. 103 ff., kritisiert wird).
[2] BGE 41 III, 1915, S. 224, 230.

malerweise bis zum Ablauf des Mietverhältnisses fort; es sichert dem Vermieter die Zahlung des Mietzinses und die Erfüllung der Verpflichtung, die Räume wieder in gutem Zustand zu übergeben. Im Falle der Nichterfüllung der insoweit gesicherten Verpflichtungen kann das Pfand gemäß den Bestimmungen der Art. 72 ff. SchKG verwertet werden.

Die häufigste Sicherungsform ist die der Hinterlegung einer Geldsumme zu Händen des Vermieters. Man kann sie als uneigentliches Pfand ansehen[3]. Sie sichert die Erfüllung der Verpflichtungen des Mieters, insbesondere diejenige, den Mietzins zu bezahlen und die Sache am Ende des Vertragsverhältnisses wieder in gutem Zustand zu übergeben. Werden diese Verpflichtungen verletzt, so kann der Vermieter seine Schuld, die Geldsumme zurückzuerstatten, mit seinen Forderungen bis zu der ihm geschuldeten Höhe verrechnen.

Der BB vom 30. Juni 1972 enthält hierzu eine besondere Regelung, die durch kantonale Bestimmungen ergänzt werden kann.

3. Die Rechtsnatur der Mietzinsforderung

Bereits mit Abschluß des Mietvertrages entstehen Forderungen und Pflichten zu Lasten und zugunsten der Parteien. Die grundsätzliche Verpflichtung zur Zahlung des Mietzinses besteht insoweit während der gesamten Dauer des Mietverhältnisses. Dagegen stellt jeder einzelne Mietzins eine periodische Leistungsverpflichtung (Art. 128 Ziff. 1 OR) dar, die jeweils im Fälligkeitszeitpunkt entsteht[4]. Deshalb ist auch das Retentionsrecht des Vermieters auf den verfallenen Mietzins und den laufenden Halbjahreszins begrenzt (Art. 272 OR).

4. Die Herabsetzung des Mietzinses

Wie schon dargelegt (oben § 32, 4), ist der Mieter berechtigt, eine Herabsetzung des Mietzinses zu verlangen, wenn die gemietete Sache schwere Mängel aufweist oder ihr Gebrauch geschmälert wird (Art. 254 bis 256 OR). Das Gesetz enthält keine besondere Bestimmung für den Fall, daß der Gebrauch der Sache als Folge von Umständen, wie etwa von wirtschaftlichen und politischen Situationen, eingeschränkt wird, für die der Vermieter nicht aufgrund der Art. 254 bis 256 OR einzustehen hat. Die Rechtsprechung hat dieses Problem, das im übrigen allen Dauerschuldverhältnissen gemeinsam ist, gelöst, indem sie auf die clausula rebus sic stantibus, gesetzlich im Werkvertragsrecht (Art. 373 OR) geregelt, zurückgreift[5].

---

[3] K. Oftinger, Komm. zu Art. 884 ff. ZGB (Zürcher Kommentar), Zürich 1952, Syst. Teil, N. 182 ff.; vgl. ObGer Zürich, BlZR 69, 1970, Nr. 99, S. 255.
[4] BGE 41 III, 1915, S. 230.
[5] BGE 47 II, 1921, S. 314; 48 II, 1922, S. 249.

5. Die Rückforderung des zu Unrecht gezahlten Mietzinses

Von 1936 bis 1970 enthielt das schweizerische Recht verschiedene ausnahmerechtliche Vorschriften, die den Schutz der Mieter von unbeweglichen Sachen bezweckten; dies geschah hauptsächlich durch Maßnahmen zur Beschränkung des Kündigungsrechts des Vermieters und durch Bestimmungen auf dem Gebiet der Mietzinskontrolle. Diese Regelungen haben bewirkt, daß dem Problem der Rückforderung des zu Unrecht bezahlten Mietzinses eine besondere Bedeutung zukam. Durch die Gesetzesnovelle von 1970 wurde namentlich Art. 267a Abs. 4 OR ins Privatrecht eingeführt, der den Richter bei einer Erstreckung des Mietverhältnisses ermächtigt, einem begründeten Gesuch des Vermieters um Änderung der Vertragsbedingungen angemessen Rechnung zu tragen. Diese Bestimmung zielt vor allem auf eine Anpassung der Mietzinse ab. Außerdem wurde durch BB vom 30. Juni 1972 vorläufig eine Bestimmung ins ordentliche Recht aufgenommen, nach der der Richter ermächtigt ist, eine mißbräuchliche Mietzinserhöhung für nichtig zu erklären. Diese Bestimmungen werden unweigerlich dazu führen, daß neue Fälle eintreten, in denen ein Mietzins gezahlt wird, der über dem vom Richter zugebilligten Betrag liegt.

In Ermangelung einer besonderen Bestimmung hat der Mieter, der einen über dem erlaubten Betrag liegenden Mietzins gezahlt hat, nur die Möglichkeit der Bereicherungsklage (Art. 63 ff. OR). Folglich muß er nachweisen, irrtümlich der Überzeugung gewesen zu sein, der von ihm gezahlte Betrag stimme mit dem gerichtlich erlaubten Mietzins überein. Andererseits kann ein Mieter, der wissentlich einen zu hohen Mietzins gezahlt hat, diesen nicht zurückfordern. Nach langen Jahren uneinheitlicher kantonaler Rechtsprechung ist dies nunmehr die vom Bundesgericht vertretene Lösung[6].

6. Der Schuldner des Mietzinses

Der Mieter ist selbst Schuldner des Mietzinses, auch wenn seine Schuld im Einzelfall durch Gegenstände gesichert ist, die einem Dritten gehören (Art. 272 OR). Allerdings kann die Ehefrau, wenn der Mietvertrag zwar vom Ehemann, aber für die Unterhaltung des gemeinsamen Haushalts abgeschlossen wurde, im Falle seiner Zahlungsunfähigkeit zur Begleichung der Mietzinsschuld verpflichtet sein; das ergibt sich aus Art. 207 Abs. 2 ZGB (gesetzlicher Güterstand), Art. 220 Abs. 2 ZGB (Gütergemeinschaft) und Art. 243 Abs. 3 ZGB (Gütertrennung)[7].

7. Die gewöhnliche Erhaltung der Sache

Die übliche Erhaltung der Sache obliegt dem Vermieter, der erforderlichenfalls die anfallenden Reparaturen vorzunehmen hat. Allerdings bringt der Gebrauch der Sache einige Arbeiten (Reinigen der Räume, Service eines Wagens usw.) sowie kleinere Ausbesserungen mit sich, die der Mieter zu tragen hat, da sie sich aus der üblichen Nutzung der Sache ergeben.

Bisweilen ist es schwierig zu bestimmen, bis zu welchem Punkt man noch von kleineren Ausbesserungen sprechen kann. Deswegen findet man häufig entweder in den Formularverträgen

---

[6] BGE 93 II, 1967, S. 97 = Pra 56 Nr. 128.
[7] KtGer Aargau, SJZ 67, 1971, S. 343.

oder in den Sammlungen der Mietgebräuche eine Aufzählung der Arbeiten, die zu Lasten des Mieters unbeweglicher Sachen gehen. Zu diesem Fragenkomplex gibt es wenig Rechtsprechung[8].

8. Die Art und Weise der Nutzung der Sache

Der Mieter ist verpflichtet, beim Gebrauch der Sache mit aller Sorgfalt, oder wie Art. 283 aOR sich ausdrückte, mit der Sorgfalt eines sorgsamen Familienvaters zu verfahren. Er hat normalerweise den Anweisungen des Vermieters hinsichtlich der Benutzung der Sache Folge zu leisten: so muß er die Hausordnung bei Mietverträgen über unbewegliche Sachen und die Bedienungsvorschriften für Maschinen und technische Einrichtungen beachten[9]. Allerdings dürfen diese Vorschriften den gewöhnlichen Gebrauch, auf den der Mieter einen Anspruch hat, nicht beeinträchtigen.

Der Mieter kann die Sache nur zum vertragsmäßigen Gebrauch benutzen. Dabei kann der Gebrauchszweck der Sache im Mietvertrag näher bestimmt sein oder sich aus der Natur der Sache ergeben.

So können zu Wohnungszwecken gemietete Räume nicht zu Geschäftszwecken verwendet werden, dürfen Wohnräume nicht überbelegt[10] und überhaupt Räume grundsätzlich nicht zu einem anderen als dem im Vertrag vorgesehenen Gewerbe benutzt werden.

Bei der Wohnungsmiete (Art. 261 OR) muß sich der Mieter darüber hinaus gegenüber den übrigen Hausgenossen (den Mitmietern oder dem Vermieter) korrekt verhalten. Diese Verpflichtung besteht auch, wenn der Vermieter oder sein Vertreter nicht im Haus wohnt[11]. Sie trifft nicht nur den Mieter selbst, sondern auch die übrigen Mitglieder der Hausgemeinschaft[12].

Der Mieter ist nicht verpflichtet, die Sache zu nutzen (vgl. oben § 32, 3 a.E.). Anders ist es bei Räumen, die zu Geschäftszwecken gemietet wurden. Der Mieter hat dann aufgrund von Treu und Glauben sein Handelsgeschäft oder Gewerbe auch tatsächlich in den Mieträumen zu betreiben und darf die Stammkundschaft vom Besuch der Geschäftsräume nicht fernhalten[13].

Auch hat der Mieter Beschädigungen, für deren Beseitigung der Vermieter einzustehen hat (vgl. oben § 32, 4 A), sowie Ansprüche, die Dritte gegebenenfalls in bezug auf die Sache erheben, anzuzeigen (Art. 258 OR).

Wenn der Mieter oder aber die Personen, für die er haftet, diese Pflichten nicht beachten, so ist der Vermieter berechtigt, entweder Erfüllung, unter Umständen zuzüglich Schadenersatz[14], zu verlangen oder den Vertrag zu

---

[8] Vgl. aber BGE 41 II, 1915, S. 230: Desinfektionsarbeiten gehen zu Lasten des Mieters.
[9] AppGer Bern, SJZ 51, 1955, S. 143.
[10] ObGer Luzern, ZBJV 85, 1949, S. 463.
[11] BGE 54 II, 1928, S. 183.
[12] AppGer Basel-Stadt, SJZ 44, 1948, S. 210.
[13] BGE 68 II, 1942, S. 237; 28 II, 1902, S. 239; 33 II, 1907, S. 603; 37 II, 1911, S. 26.
[14] ObGer Thurgau, SJZ 38, 1941/42, S. 32.

kündigen. Art. 261 Abs. 2 OR macht jedoch die Auflösung des Mietverhältnisses von Voraussetzungen abhängig, die strenger sind als diejenigen der allgemeinen Vorschriften des Obligationenrechts. So kann der Vermieter nur kündigen, wenn er den Mieter zuvor abgemahnt hat. Diese Abmahnung ist nicht gleichbedeutend mit einer Inverzugsetzung im Sinne der Art. 107 bis 109 OR; sie stellt eine Verwahrung gegen die Nichtbeachtung der Verpflichtungen des Mieters dar[15]. Auch muß der Verstoß von einer gewissen Schwere sein oder wiederholt vorgekommen sein. Beharrt der Mieter trotz einer oder mehrerer Abmahnungen des Vermieters auf seinem Verhalten, so kann dieser ohne vorherige Inverzugsetzung das Mietverhältnis kündigen.

Wenn eine schwere und fortdauernde Verletzung der Pflichten des Mieters die Mietsache oder die übrigen Hausbewohner einer erheblichen oder unmittelbaren Gefahr aussetzt, so ist der Vermieter berechtigt, den Vertrag fristlos und ohne vorherige Abmahnung zu kündigen[16].

In beiden Fällen kann der Vermieter darüber hinaus Schadenersatz in Höhe der Wertminderung, die die Sache als Folge der Nichtbeachtung der Pflichten durch den Mieter erlitten hat, und den Mietausfall verlangen.

§ 34. Die Untermiete

Literatur:

E. Thilo, Sous-location et cession de bail, JT 1954 I, S. 2.

Mit der Befugnis, eine Sache während einer bestimmten Zeit zu gebrauchen, tritt bei einem Mietverhältnis das Recht des Mieters an der Sache in den Vordergrund, während den persönlichen Beziehungen zwischen Mieter und Vermieter eher zweitrangige Bedeutung zukommt. Für diesen Sachverhalt ist Art. 264 OR bezeichnend. So stellt sich denn auch die Frage, wie aus dogmatischer Sicht das Recht des Mieters zu qualifizieren ist, die Vorteile aus dem Vertrag auf einen Dritten zu übertragen, ohne daß hierzu die Einwilligung des Vermieters erforderlich wäre.

Wenngleich die Untermiete und die Abtretung des Mietverhältnisses in wirtschaftlicher Hinsicht verwandte Institute sind, so ist ihre Rechtsnatur doch so verschieden, daß beide getrennt behandelt werden müssen.

---

[15] Eine gleichlautende Pflicht wurde in Art. 267c lit. a OR anläßlich der Revision von 1970 eingeführt, die zusätzlich das Erfordernis der Schriftform brachte.
[16] BGE 54 II, 1928, S. 183.

Der Untermietvertrag ist ein Mietvertrag, in dem der Hauptmieter als Vermieter und der Untermieter als Mieter auftreten. Daher gelten auch für die Untermiete die Vorschriften über den Mietvertrag. Der «Untervermieter» ist z.B. verpflichtet, die Mietsache seinem Untermieter zur Verfügung zu stellen[1]. Der Abschluß des Untermietvertrages ändert nichts an den im Hauptmietvertrag festgelegten Rechtsbeziehungen; nach diesem bestimmt sich auch weiterhin das Verhältnis zwischen Vermieter und Hauptmieter. Dennoch bringt die Tatsache, daß die Rechtsstellung des «Untervermieters» nicht auf einem dinglichen, sondern auf einem persönlichen Recht beruht, zwei wichtige Besonderheiten mit sich.

Das Gesetz bestimmt, daß der Mieter zur Untervermietung berechtigt ist (Art. 264 Abs. 1 OR); aber diese Vorschrift ist nicht zwingendes Recht[2]. Sie kann also rechtsgültig durch eine Klausel im Mietvertrag wegbedungen werden, welche die Untervermietung untersagt. Handelt der Mieter dieser Klausel zuwider, so kann der Vermieter das Mietverhältnis kündigen[3]. Der Vermieter braucht nicht zu begründen, aus welchen Gründen er es ablehnt, eine Untervermietung zu gestatten, wenn diese bereits im Mietvertrag untersagt ist[4]. Wenn jedoch der Mietvertrag eine Untervermietung gestattet, sie aber von der Erlaubnis des Vermieters abhängig macht, so darf diese Erlaubnis nicht willkürlich verweigert werden[5].

Obwohl die Untermiete keine Rechtsbeziehungen zwischen Vermieter und Untermieter begründet, ist der Vermieter gesetzlich berechtigt, den Untermieter unmittelbar dazu anzuhalten, die Sache nicht in anderer Weise zu gebrauchen, als es dem Hauptmieter gestattet ist (Art. 264 Abs. 3 OR)[6]. Folglich darf der Untermieter die Sache nicht zu Zwecken benutzen, die die im Hauptmietvertrag festgelegten Grenzen überschreiten würden. Im Hinblick auf diese Rechtslage ist zu beachten, daß der mutmaßlichen Absicht der Parteien bei Vertragsschluß gegebenenfalls ein Verbot der Untervermietung entnommen werden kann (z.B. im Fall einer Dienstwohnung).

---

[1] BGE 36 II, 1910, S. 183.
[2] BGE 67 II, 1941, S. 139.
[3] Cour de Justice Genf, Sem. Jud. 79, 1957, S. 373; AppGer Bern, ZBJV 82, 1946, S. 525.
[4] BGE 67 II, 1941, S. 139.
[5] BGE 38 II, 1912, S. 151 = Pra 1 Nr. 141; BGer, Urteil vom 21. März 1950, Sem. Jud. 72, 1950, S. 533.
[6] BGE 39 II, 1912, S. 702.

§ 35. Die Abtretung der Miete

Literatur:

G. LANZ, Parteiwechsel bei Miete und Dienstvertrag, Diss. Zürich 1934;
E. THILO, Sous-location et cession de bail, JT 1954 I, S. 2.

Zu prüfen ist nun die Rechtsnatur der Abtretung der Miete. Handelt es sich um eine Vertragsabtretung, mit der Folge, daß der Zessionar an die Stelle des Zedenten tritt, oder liegt eine einfache Forderungsabtretung vor?

Im schweizerischen Recht wird die Vertragsabtretung nicht als besonderes Rechtsinstitut geregelt. Die Abtretung gegenseitiger Verträge, zu denen die Miete gehört, kann also nur durch Verknüpfung einer Forderungsabtretung mit einer Schuldübernahme vollzogen werden; deshalb ist die Zustimmung des Vermieters erforderlich (Art. 176 OR). Liegt eine Einigung zwischen Vermieter und ursprünglichem Mieter nicht vor, bleibt dieser weiterhin durch den Mietvertrag verpflichtet[1]. Aber im Gegensatz zur Untervermietung begründet die Mietabtretung unmittelbare vertragliche Beziehungen zwischen Zessionar und Vermieter[2]. Der Zessionar kann also aus eigenem Recht die abgetretenen Rechte des Mieters, also zum Beispiel das Recht zur Nutzung der Sache oder die sich aus Art. 255 ff. OR ergebenden Rechte, ausüben. Der Vermieter kann sich seinerseits unmittelbar an den Zessionar wenden, um diesen zur Erfüllung seiner Pflichten anzuhalten, also den Mietzins zu bezahlen und beim Gebrauch der Sache mit der gebotenen Sorgfalt zu verfahren (Art. 261 OR).

In der Praxis kommt es sehr häufig vor, daß mit der Abtretung der Miete der ursprüngliche Mieter durch den neuen Mieter ersetzt wird, insbesondere dann, wenn der Vermieter gemäß der Vorschrift des Art. 176 Abs. 3 OR ohne Vorbehalt vom Übernehmer des Mietvertrages die Zahlung des Mietzinses annimmt.

Wie bei der Untermiete ist auch das Recht zur Abtretung der Miete nur dispositiver Natur. Die Abtretung kann also rechtsgültig durch den Mietvertrag ausgeschlossen werden. Die Rechtsprechung geht zu Recht davon aus, daß das Verbot der Untervermietung gleichzeitig ein Verbot, die Miete abzutreten, enthält[3]. Wenn der Mietvertrag die Abtretung von der Zustimmung des Vermieters abhängig macht, so ist wie im Fall der Untervermietung davon auszugehen, daß diese Zustimmung nicht willkürlich verweigert werden darf.

---
[1] BGE 47 II, 1921, S. 421; 67 II, 1941, S. 140; 81 II, 1955, S. 346.
[2] BGE 81 II, 1955, S. 349; 93 II, 1967, S. 457f. = Pra 57 Nr. 111.
[3] BGE 54 II, 1928, S. 394; 67 II, 1941, S. 139; 81 II, 1955, S. 346.

§ 36. Die Dauer des Mietverhältnisses

Die Dauer ist ein Wesensmerkmal des Mietverhältnisses. Hierbei sind zu unterscheiden:

a) das auf eine bestimmte Dauer oder bis zu einem bestimmten Zeitpunkt abgeschlossene Mietverhältnis;
b) das auf eine bestimmte Zeit abgeschlossene Mietverhältnis, das sich nach deren Ablauf erneuert, wenn keine Vertragspartei kündigt;
c) das auf unbestimmte Zeit abgeschlossene Mietverhältnis.

Die Laufzeit des ursprünglichen Mietvertrages und die Dauer der etwaigen Erneuerungszeiträume können von den Parteien frei vereinbart werden. Das Gesetz schreibt lediglich für Pachtverhältnisse über landwirtschaftliche Grundstücke eine Mindestdauer vor. Im übrigen enthält das Gesetz dispositive Bestimmungen über die Dauer und die Erneuerung der Miete.

Die Mietverhältnisse der ersten Kategorie enden ohne Kündigung mit Ablauf des vereinbarten Zeitraums. Art. 268 OR bestimmt, daß in Ermangelung anderer Vereinbarungen das auf eine bestimmte Zeit geschlossene Mietverhältnis als auf unbestimmte Zeit erneuert gilt, wenn der Mieter trotz Ablauf der ursprünglichen Mietzeit die Sache weiterhin nutzt.

Demgegenüber können die Mietverhältnisse der zweiten Kategorie nur durch Kündigung beendet werden. Erfolgt keine Kündigung, so werden sie entweder für den Zeitraum bzw. die Zeiträume erneuert, die jeweils vertraglich vereinbart sind, oder auf unbestimmte Zeit, wenn der Vertrag hierüber keine besondere Bestimmung enthält.

Zur dritten Kategorie gehören die Mietverhältnisse, über deren Dauer die Parteien nichts vereinbart haben. Hierbei handelt es sich also von vornherein um auf unbestimmte Zeit abgeschlossene Verträge.

Bei den Mietverhältnissen der beiden ersten Kategorien spielt die stillschweigende Erneuerung eine Rolle. Gesetz und Ortsgebrauch sprechen von «Erneuerung». Rechtlich handelt es sich um eine Erstreckung des Mietverhältnisses. Es besteht in allen seinen Bestimmungen fort, mit Ausnahme derjenigen über die Dauer bei auf bestimmte Zeit abgeschlossenen Verträgen.

Rein logisch kann man die Mietverhältnisse der zweiten und dritten Kategorie als unbefristet ansehen, wobei allerdings bei der zweiten Kategorie eine Mindestdauer vorliegt. Der wesentliche Unterschied zwischen diesen beiden Arten von Mietverhältnissen und dem auf bestimmte Zeit abgeschlossenen Vertrag besteht darin, daß zu ihrer Beendigung eine Kündigung erforderlich ist[1].

---

[1] ObGer Zürich, SJZ 68, 1972, S. 374, Nr. 236.

Es ist wichtig, die Dauer des Mietverhältnisses und die Kündigungsfrist nicht miteinander zu verwechseln. Dies sind zwei völlig verschiedene Begriffe.

§ 37. Die Beendigung des Mietverhältnisses

Literatur:
H. HERSCHSOHN, Die Kündigung im schweizerischen OR, Diss. Zürich 1925; W. HUG, Das Kündigungsrecht, Diss. Zürich 1926.

Die Beendigung von Dauerschuldverhältnissen wirft generell zahlreiche Probleme auf, gleichgültig ob es sich dabei um die Anwendungsfälle und die Durchführung einer normalen Kündigung oder um die Möglichkeiten einer außerordentlichen Kündigung handelt.

1. Der Ablauf des auf bestimmte Zeit geschlossenen Mietverhältnisses

Den ersten Fall des Erlöschens eines Mietverhältnisses stellt der Ablauf der vertraglich fest vereinbarten Mietzeit dar. Dieses endet dann zum vorgesehenen Zeitpunkt, ohne daß es einer besonderen Mitteilung zwischen den Parteien bedarf.

Durch die Novelle von 1970 wurde Art. 267b ins OR eingefügt, der es dem Mieter gestattet, um gerichtliche Erstreckung des auf bestimmte Dauer geschlossenen Mietverhältnisses nachzusuchen. Er muß sein Begehren spätestens sechzig Tage vor Ablauf des Mietverhältnisses stellen. Zuvor muß er den Vermieter schriftlich um eine Erstreckung ersucht haben (Art. 267b Abs. 1 OR).

Wenn der Mieter mit Wissen und ohne Widerspruch des Vermieters nach Ablauf der Mietzeit in den Räumen bleibt, so gilt das Mietverhältnis als zu den alten Bedingungen erneuert; aber es ist dann nicht länger befristet, sondern wandelt sich zu einem Mietverhältnis auf unbestimmte Zeit um (Art. 268 OR).

2. Die ordentliche Kündigung

Am häufigsten, zumindest bei Mietverträgen über unbewegliche Sachen, wird ein Mietverhältnis, das entweder auf unbestimmte Zeit abgeschlossen ist oder das mit Ablauf der vereinbarten bzw. ursprünglichen Mietzeit oder nach dem Zeitraum, der sich jeweils aus der stillschweigenden Erneuerung ergibt, enden soll, dadurch aufgelöst, daß eine Partei kündigt.

Die Auflösung des Mietverhältnisses durch Kündigung (Art. 267 OR, im französischen Text «congé») ist ein empfangsbedürftiges einseitiges Rechtsgeschäft. Nach dem Gesetz ist für die Kündigung keine besondere Form vorgeschrieben[1]. Im Mietvertrag kann jedoch eine bestimmte Form vertraglich vereinbart werden; das ist bei Mietverträgen über unbewegliche Sachen häufig die Schriftlichkeit oder der eingeschriebene Brief. Die Kündigung ist eine empfangsbedürftige Willenserklärung. Es reicht nicht aus, wenn sie lediglich fristgemäß abgeschickt wird; sie muß den Empfänger darüber hinaus innerhalb der vereinbarten Frist erreichen.

Die Kündigungsfrist ist in den meisten Fällen Gegenstand vertraglicher Vereinbarung, insbesondere bei Mietverhältnissen über unbewegliche Sachen. Liegt eine solche Vereinbarung nicht vor, so gelten die Kündigungsfristen des Art. 267 OR. Für die Kündigungsziele verweist Art. 267 Abs. 2 Ziff. 1 OR in erster Linie auf den Ortsgebrauch; nur wenn ein solcher fehlt, kann auf das Ende einer halbjährigen Mietsdauer gekündigt werden.

> Die Ortsgebräuche sind unterschiedlich. Für Mietverträge über unbewegliche Sachen sind sie häufig in den Sammlungen der Mietgebräuche niedergelegt. Nach der Rechtsprechung sind die üblichen Ziele in Zürich der 31. März und der 30. September[2], in Lugano der 29. März und der 29. September[3]. Nach den Sammlungen der Mietgebräuche sind die üblichen Ziele in Basel der 31. März und der 30. Juni, der 30. September und der 31. Dezember, in Lausanne der 1. Januar, der 1. April, der 1. Juli und der 1. Oktober, in Neuenburg der 24. März, der 24. Juni und der 24. September, usw.

Wenn das Mietverhältnis auf ein unrichtiges Ziel gekündigt wird (z. B. auf ein übliches Ziel, während der Vertrag etwas anderes bestimmt) oder wenn die Kündigung zu spät erfolgt, so stellt sich eine Auslegungsfrage. Läßt sich der Erklärung für den Empfänger erkennbar der Wille des Erklärenden entnehmen, das Mietverhältnis zu beenden, so ist davon auszugehen, daß die Kündigung sich auf das nächstmögliche Ziel, zu dem frühestens gekündigt werden kann, beziehen soll. Die kantonale Rechtsprechung zu diesem Problem ist sehr umfangreich[4].

Weiterhin ist zu untersuchen, inwieweit die Parteien rechtsgültig die Möglichkeit, ein Mietverhältnis zu kündigen, beschränken können. Miete ist begrifflich die Überlassung des Gebrauchs einer Sache für eine gewisse Dauer. Ein unbefristetes Mietverhältnis, in dem einer Partei oder beiden Parteien

---

[1] Der dringliche BB vom 30. Juni 1972 schreibt in Art. 13 Schriftform vor.
[2] ObGer Zürich, BlZR 62, 1963, S. 96, Nr. 36.
[3] AppGer Tessin, SJZ 39, 1942–43, S. 381.
[4] ObGer Zürich, SJZ 68, 1972, S. 10; ObGer Luzern, ZBJV 91, 1955, S. 492; ObGer Aargau, SJZ 50, 1954, S. 260; AppGer Tessin, Repertorio 100, 1967, S. 235; Cour de Justice Genf, Sem. Jud. 70, 1948, S. 268.

jegliche Kündigung untersagt sein soll, müßte unserer Ansicht nach als den Persönlichkeitsrechten zuwiderlaufend und folglich als nichtig angesehen werden (Art. 20 OR und Art. 28 ZGB). Demgegenüber sind Vereinbarungen zuzulassen, nach denen die Dauer eines Mietverhältnisses bis zu einem Zeitpunkt befristet sein soll, der vom Willen der Parteien unabhängig ist. So hat die Rechtsprechung die Gültigkeit eines auf Lebenszeit des Mieters geschlossenen Mietvertrags anerkannt[5]. Zweifeln kann man allerdings an der Rechtsgültigkeit eines Mietvertrags, bei dem eine Kündigung nur im Falle des Eintritts einer Bedingung möglich sein soll[6].

Da im Mietvertragsrecht eine der arbeitsrechtlichen Vorschrift des Art. 336 Abs. 2 OR entsprechende Regel fehlt, sind unterschiedliche Kündigungsfristen für Mieter und Vermieter als zulässig anzusehen.

3. Die Erstreckung des Mietverhältnisses durch den Richter

Literatur:

R. JEANPRÊTRE, La prolongation des baux à loyer, Mémoires publiés par la Faculté de Droit de Genève, Nr. 30, Genf 1970, S. 101 ff.; deutsche Übersetzung: Die Kündigungsbeschränkungen im Mietrecht, Zürich 1971; N.N., Erste Erfahrungen der zürcherischen Mietgerichte, SJZ 68, 1972, S. 279 ff.; F. HASENBÖHLER, Aus der basellandschaftlichen Rechtsprechung zu den Art. 267a–267f OR, BJM 1972, S. 1 ff.; M. MOSER, Die Erstreckung des Mietverhältnisses nach Artikel 267a–267f des OR, Zürich 1975; P. WEGMANN, Die Praxis des zürcherischen Obergerichts zu den Art. 267a–267f OR, SJZ 69, 1973, S. 177 ff.

Von 1936 bis 1969 hat das schweizerische Recht im Bereich der Kündigung von Mietverhältnissen eine Vermengung von Vorschriften des ordentlichen Rechts und des Verwaltungsrechts erlebt. Gemäß den Bestimmungen, die aufgrund der außerordentlichen Vollmachten des Bundesrates und von befristeten Verfassungszusätzen erlassen worden waren, konnten die Mieter bestimmter Immobilien gegen die Kündigung ihres Mietverhältnisses Einsprache erheben und erreichen, daß eine Behörde – meist eine Verwaltungsbehörde – eine nach zivilrechtlichen Grundsätzen rechtsgültige Kündigung aufhob[7].

Als Ende 1970 das System der Mietzinsüberwachung abgeschafft wurde, sollten auch die noch verbliebenen Kündigungsbeschränkungen im Mietrecht aufgehoben werden. Der Gesetzgeber bestand jedoch darauf, eine Be-

---

[5] BGE 56 II, 1930, S. 189.
[6] BGE 96 II, 1970, S. 129; vgl. ObGer Zürich, BlZR 66, 1967, Nr. 109, S. 242.
[7] Dieser Dualismus der Gesetzgebung hat zu einer umfangreichen Rechtsprechung geführt und Anlaß zu reichhaltiger Literatur gegeben. Besonders zu erwähnen sind hierbei: A. COMMENT, Le bail et la législation exceptionnelle en matière de protection des locataires sous l'angle de la jurisprudence du TF, ZBJV 84, 1948, S. 145 ff. und 193 ff.; W. BIRCHMEIER, Die Mietnotrechtserlasse in der Rechtsprechung des Bundesgerichts, Zürich 1948; H. WEIL, Schweizerisches Mietnotrecht, speziell die Beschränkung der Kündigung, Diss. Zürich 1944.

schränkung des Kündigungsrechts bei Mietverträgen über unbewegliche Sachen beizubehalten. Im Vergleich zu der Regelung, die mit im einzelnen unterschiedlichen Bestimmungen von 1936 bis 1970 in Kraft war, weist das Gesetz vom 24. Juni 1970 zwei Neuerungen auf: zunächst einmal werden Vorschriften, die das Recht des Vermieters, die Mietverhältnisse zu kündigen, einschränken, ins allgemeine Recht aufgenommen; deswegen gelten sie für alle Mietverträge über unbewegliche Sachen, die Wohn- oder Geschäftsräume zum Gegenstand haben. Zum zweiten besteht die Rechtstechnik der Kündigungsbeschränkung nunmehr in einer Erstreckung des Vertrages durch den Zivilrichter anstelle einer Aufhebung der Kündigung durch die Verwaltungsbehörde.

Zur Entstehung des Gesetzes vom 24. Juni 1970 und zur Auslegung der neuen Bestimmungen siehe die Untersuchung von R. JEANPRÊTRE[8]. Der erste Absatz des Art. 267a OR wurde kurz nach seinem Inkrafttreten durch das Gesetz vom 17. Dezember 1971 abgeändert. Das Recht auf Erstreckung des Mietverhältnisses, das ursprünglich auf den Fall der Auflösung durch Kündigung (Art. 267 OR) beschränkt war, besteht nunmehr auch in den Fällen einer auf Art. 259 und 270 OR gestützten Kündigung.

Der Gegenstand der Regelung der Art. 267a ff. OR umfaßt alle Immobilienmiet- und -pachtverhältnisse (Art. 290a OR), die sich auf Wohnungen oder Geschäftsräume beziehen, wobei es gleichgültig ist, ob der Vertrag über diese Räume mit der Miete einer Wohnung verbunden ist oder nicht. Sie finden keine Anwendung auf Mietverträge über möblierte Einzelzimmer (Art. 267d Abs. 2 OR) und über unbebaute Grundstücke[9].

Hinsichtlich ihres Anwendungsbereichs setzen die Art. 267a ff. OR eine rechtswirksame Kündigung voraus. Sie muß entweder zu einem vertraglich vereinbarten oder gesetzlich bestimmten Fälligkeitstermin (Art. 267 OR) sowie im Falle des Todes des Mieters (Art. 270 OR) vom Vermieter oder vom Erwerber des Gebäudes (Art. 259 OR) ausgesprochen sein.

Für die Erstreckung des Mietverhältnisses ist der Zivilrichter zuständig (Art. 267f OR). Dieser ist befugt, dem Mieter auf Antrag zwei aufeinanderfolgende Erstreckungen zu bewilligen; die erste kann bis zu einem Jahr (zwei Jahre bei Geschäftsräumen), die zweite bis zu zwei Jahren (drei Jahre bei Geschäftsräumen) dauern.

Das Gesetz gewährt dem Richter einen zwar weiten, aber nicht unbegrenzten Ermessensspielraum hinsichtlich der grundsätzlichen Entscheidung über die Erstreckung sowie im Hinblick auf deren Dauer. Dieses Ermessen besteht nur in den Grenzen des Gesetzestextes selbst, wobei Art. 267c OR eine wichtige Rolle spielt; außerdem müssen die gesetzlichen Bestimmungen re-

---

[8] Die Kündigungsbeschränkungen im Mietrecht, oben Literatur zu § 37, 3.
[9] BGE 98 II, 1972, S. 199.

striktiv ausgelegt werden, da sie ausnahmerechtlichen Charakter haben und das Eigentumsrecht einschränken[10]. Im Grundsatz kann die Erstreckung bewilligt werden, wenn die Kündigung für den Mieter oder für seine Familie eine Härte zur Folge hat, die auch unter Würdigung der Interessen des Vermieters nicht zu rechtfertigen ist. Der Richter muß folglich eine Interessenabwägung vornehmen. Der Mieter hat darzulegen, inwiefern die Kündigung des Mietverhältnisses für ihn eine sehr große Härte zur Folge hätte; auch muß er nachweisen, daß er vergeblich die nötigen Schritte unternommen hat, um sich Ersatz für die Mieträume zu verschaffen[11]. Der Vermieter hat seinerseits das Vorhandensein der Umstände nachzuweisen, die sein Interesse an einer Auflösung des Mietverhältnisses belegen.

Abweichend von dieser allgemeinen Vorschrift ist der Mieter in bestimmten Fällen, die in Art. 267 c OR exemplarisch aufgezählt sind, nicht berechtigt, eine Erstreckung des Mietverhältnisses zu verlangen. Es handelt sich vornehmlich um die Fälle, in denen der Mieter seinen vertraglichen oder gesetzlichen Verpflichtungen nicht nachkommt (Art. 267 c lit. a OR), oder der Vermieter den Vertrag kündigt, um selbst die Räume zu benutzen oder sie nahen Verwandten zur Verfügung zu stellen (Art. 267 c lit. c OR).

Der Vermieter kann sich auf Art. 267 c lit. c OR nur berufen, wenn er selbst Eigentümer der Mieträume ist.

Der französische Text geht hier dem deutschen und dem italienischen Text vor, die vom Vermieter und nicht vom Eigentümer sprechen.

Es stellt sich nun die Frage, ob sich auf Art. 267c lit. c OR nur der unmittelbare Eigentümer der Sache berufen kann oder auch derjenige, der die mittelbare Herrschaft über die Sache innehat, insbesondere der Alleinaktionär einer Immobilienaktiengesellschaft. Während der Geltung des Notrechts neigte die Rechtsprechung einer restriktiven Auslegung zu[12]. Die ersten Entscheidungen, die nach Einführung der neuen Bestimmungen ergingen, weisen in dieselbe Richtung[13]. Unseres Erachtens muß man jedoch der Lebenswirklichkeit gerecht werden. In unserer modernen Wirtschaftsordnung stellt die Aktiengesellschaft eine Form des Grundeigentums dar. Die steuerliche Belastung bei der Liquidation einer Immobiliengesellschaft ist so erheblich, daß ein derartiges Vorgehen in der Regel praktisch unmöglich ist. Der Gesetzgeber von 1970 stützte sich schließlich auf Gedanken zum Institut des Rechtsmißbrauchs (vgl. unten, S. 245), als er den Mieter ermächtigte, ohne Nachweis berechtigter Interessen eine Kündigung des Mietvertragsverhältnisses vorübergehend zu vereiteln. Unter diesen Umständen ist zu fragen, ob der Mieter nicht mißbräuchlich gehandelt hat, wenn er sich darauf beruft, daß Vermieter und Aktionär nicht miteinander identisch sind, zumindest wenn es sich um einen Einzelaktionär handelt.

Der Eigentümer muß die Gründe seines Eigenbedarfs darlegen. Ist das Vorliegen eines echten Bedarfs ohne weiteres zu bejahen, so findet Art. 267 c

---

[10] Vgl. den wichtigen Grundsatzentscheid BGE 98 II, 1972, S. 199.
[11] ObGer Baselland, SJZ 68, 1972, S. 313, Nrn. 182, 183, 184.
[12] Vgl. R. JEANPRÊTRE, S. 133–134; BGer, JT 1947 I, S. 123 und 353; BGE 77 I, 1951, S. 20; a. A. H. VON WALDKIRCH, Der mietnotrechtliche Eigenbedarf der Immobiliengesellschaften, Schweiz.AG 20, 1947/48, S. 66 und 114.
[13] ObGer Zürich, BlZR 70, 1971, S. 327.

OR Anwendung, ohne daß der Richter die Interessen des Eigentümers und des Mieters gegeneinander abwägen darf; Dringlichkeit des Eigenbedarfs ist dabei nicht erforderlich[14]. Zu betonen ist, daß der Vermieter zum Zeitpunkt seiner Kündigung nicht die Gründe für seine Entscheidung darzulegen braucht. Es reicht aus, wenn dies im Rahmen des Art. 267c OR als Antwort auf das Erstreckungsbegehren des Mieters geschieht[15].

Veräußert der Vermieter die Mietsache, so tritt bei einer Erstreckungsklage der neue Eigentümer an seine Stelle[16]; die Frage des Bedarfs an den Miträumen bestimmt sich dann nach der Lage des Käufers[17].

Diese Regel gilt sowohl für Wohnungen als auch für Geschäftsräume[18].

Die erste Erstreckung soll dem Mieter die notwendige Zeit verschaffen, die Auswirkungen der Kündigung zu beseitigen, d.h. im allgemeinen neue Mieträume zu suchen. Die zweite Erstreckung kann nur unter der Voraussetzung gewährt werden, daß der Mieter erfolglos alles hierzu Erforderliche unternommen hat.

Sowohl das erste als auch das zweite Erstreckungsbegehren muß in den gesetzlich festgelegten Fristen anhängig gemacht werden, und zwar im Falle der Kündigung innert dreißig Tagen seit deren Zugang[19], in anderen Fällen sechzig Tage vor Ablauf des ursprünglichen oder des bereits erstreckten Mietverhältnisses (Art. 267a Abs. 3 und Art. 267b Abs. 2 OR). Dabei handelt es sich um Verwirkungsfristen[20].

Diese Frist, die man als «retrospektiv» bezeichnen könnte, wirft die Frage nach der Berechnungsweise auf: ist der Tag, an dem das Mietverhältnis abläuft, mitzuzählen oder nicht? Es entspricht wohl am ehesten der Regelung des Art. 77 OR, nach dem alle Fristen zu berechnen sind (Art. 77 Abs. 2 OR), wenn man den Tag des Ablaufs des Mietverhältnisses als den letzten Tag der Frist von sechzig Tagen ansieht. Da das Erstreckungsbegehren an eine richterliche Behörde gerichtet werden muß, handelt es sich nicht um eine empfangsbedürftige Willenserklärung. Es reicht also aus, wenn es fristgemäß an den Richter abgeschickt worden ist.

Aufgrund der gerichtlichen Erstreckung besteht das Mietverhältnis zwischen den Parteien fort mit der einzigen Änderung, daß die Vertragsfrist verlängert ist. Der Richter ist jedoch ermächtigt, die Vertragsbedingungen zu ändern, indem er einem dahingehenden begründeten Gesuch des Vermieters angemessen Rechnung trägt. Diese Änderungen können die Höhe des Mietzinses, die Mieträume (Zuweisung anderer Räume, Verringerung der An-

---

[14] BGE 99 II, 1973, S. 50; das BGer urteilte, eine andere Entscheidung sei willkürlich: BGE 99 Ia, 1973, S. 312.
[15] BGE 99 II, 1973, S. 50.
[16] ObGer Zürich, BlZR 72, 1973, S. 122, Nr. 51.
[17] BGE 98 II, 1972, S. 294.
[18] BGE 98 II, 1972, S. 104; vgl. BGE 74 I, 1948, S. 3 und 92 I, 1966, S. 191.
[19] Vgl. BGE 99 II, 1973, S. 167.
[20] ObGer Zürich, BlZR 72, 1973, S. 120, Nr. 50.

zahl der Räume), die Nutzung dieser Räume (Erlaubnis, vor Ablauf des Mietverhältnisses mit Umbauarbeiten zu beginnen) usw. betreffen.

Die Bestimmungen, die es dem Mieter gestatten, um eine Erstreckung des Mietverhältnisses nachzusuchen, sind zwingendes Recht. Das Gesetz erklärt daher Vertragsklauseln für nichtig, in denen der Mieter zum voraus auf die Geltendmachung dieses Rechts verzichtet (Art. 267e OR).

Zusammenfassend ist festzustellen, daß die Regelung, die durch das Gesetz vom 24. Juni 1970 eingeführt und durch die Novelle vom 17. Dezember 1971 erweitert wurde, faktisch dem Vermieter die Verpflichtung auferlegt, die Kündigung des Mietverhältnisses zu rechtfertigen. Hieraus ergibt sich, daß der Rechtsbegriff der «wichtigen Gründe», der bis dahin lediglich bei der vorzeitigen Auflösung von Dauerschuldverhältnissen verwendet wurde (Art. 255 Abs. 1, 261 Abs. 2 OR für den Mietvertrag, Art. 337 Abs. 1 OR für den Arbeitsvertrag usw.), sich nunmehr im Bereich der ordentlichen Kündigung von Verträgen einbürgert. Die Art. 267a ff. OR stellen also unbestreitbar einen Eingriff in den Grundsatz der Vertragsfreiheit dar, der allerdings vom Gesetzgeber von 1970 in zwei wichtigen Punkten begrenzt wurde. So hat er es abgelehnt, dem Mieter ein unbedingtes Recht auf Erstreckung des Mietverhältnisses zu gewähren, indem er den Richter ermächtigte, die Interessen der beiden Parteien zu berücksichtigen. Außerdem wurde die Erstreckung zeitlich begrenzt. Damit ist diese Regelung dem deutschen Recht (vgl. §§ 556a ff. BGB) viel eher verwandt als dem französischen, welches den Begriff eines unter bestimmten Voraussetzungen vererblichen und übertragbaren Mietrechts geschaffen hat. In dieser Hinsicht kann die Regelung der Art. 267a ff. OR als eine speziell im Mietrecht geltende Erweiterung des Begriffs des Rechtsmißbrauchs verstanden werden[21].

4. Die vorzeitige Auflösung des Mietverhältnisses

Der Mietvertrag kann vor seinem normalen Ablauf im Falle der Nichterfüllung von Pflichten durch den Vertragsgegner gekündigt werden. Oben wurde bereits ausgeführt, daß der Mieter berechtigt ist, vom Vertrage zurückzutreten, wenn die Sache in schlechtem Zustand übergeben wird (Art. 254 Abs. 2 und 3 OR) oder wenn sie während der Mietzeit in einen solchen gerät (Art. 255 OR). Entsprechend kann der Vermieter das Mietverhältnis kündigen, wenn der Mieter die Sache vernachlässigt oder wenn er auf seine Hausgenossen nicht genügend Rücksicht nimmt (Art. 261 OR). Allgemein gesagt, handelt es sich bei der Nichterfüllung von gesetzlichen

---

[21] Vgl. hierzu die Botschaft des Bundesrates vom 27. November 1968, BBl 1968 II, S. 873.

oder vertraglichen Pflichten durch eine Partei um einen Fall nicht gehöriger Erfüllung gemäß Art. 97 Abs. 1 OR, der zum Rücktritt in der in Art. 107 ff. OR bestimmten Weise führen kann.

Überdies macht das Gesetz die drei Hauptfälle vorzeitiger Auflösung, Nichtzahlung des Mietzinses, Konkurs und Tod des Mieters (Art. 275, 266, 270 OR), von besonderen Voraussetzungen abhängig. Im wesentlichen handelt es sich hierbei um Fristen. Darüber hinaus kennt das Gesetz einen besonderen Fall vorzeitiger Auflösung, nämlich die Kündigung aus wichtigen Gründen, die sich aus der Person der Partei, die sich vom Vertrag lösen will, ergeben (Art. 269 OR).

Die besonderen Voraussetzungen, denen das Gesetz eine vorzeitige Auflösung des Mietverhältnisses unterwirft, müssen aus systematischer Sicht als Normen verstanden werden, die die allgemeinen Bestimmungen über den Schuldnerverzug ergänzen[22].

A. Die Kündigung wegen Verzugs mit der Zahlung des Mietzinses

Literatur:

W. HAMANN, Gerichtliche Ausweisung des Mieters wegen Zahlungsverzugs, Schweiz. Zeitschrift für Betreibungs- und Konkursrecht 16, 1926, S. 138; E. HAURI, Die Exmission infolge Zahlungsverzuges nach schweizerischem Obligationen-, Schuldbetreibungs- und Zivilprozeßrecht, Diss. Zürich 1932.

Kommt der Mieter mit der Zahlung einer fälligen Mietrate, gleichgültig ob sie gemäß vertraglicher Abmachung im voraus zahlbar oder aufgrund der dispositiven Vorschrift des Art. 262 Abs. 2 OR fällig ist, oder mit anderen vertraglich geschuldeten Geldleistungen, wie z.B. dem Beitrag zu den Heizungskosten[23], in Verzug, so muß der Vermieter, der den Vertrag zu kündigen beabsichtigt, dem Mieter für die Zahlung zunächst eine Nachfrist ansetzen, verbunden mit der Androhung, daß das Mietverhältnis im Falle der Nichtzahlung innerhalb dieser Frist mit deren Ablauf aufgelöst sei. Das Gesetz bestimmt eine Mindestfrist, die bei Mietverträgen, die für ein halbes Jahr oder längere Zeit geschlossen sind, dreißig Tage, in den übrigen Fällen sechs Tage beträgt. Diese Frist kann durch vertragliche Vereinbarung nicht verkürzt werden (Art. 265 Abs. 3 OR). Die Pflicht des Vermieters, jeweils eine Nachfrist anzusetzen, ist ebenfalls zwingendes Recht (Art. 265 Abs. 3 OR). Die Androhung ist eine Voraussetzung der Kündigung. Sie muß ausdrücklich erfolgen; ein bloßer Hinweis auf Art. 265 OR reicht nicht aus[24].

---

[22] Vgl. hierzu C. SCHMID, Die Bedeutung des allgemeinen Schuldnerverzugsrechtes für die Verzugsregelung bei Miete und Pacht, Diss. Bern 1956.
[23] KassGer Zürich, SJZ 46, 1950, S. 23; ObGer Luzern, SJZ 54, 1958, S. 187; ObGer Zürich, BlZR 54, 1955, S. 360, Nr. 180.
[24] ObGer Zürich, SJZ 38, 1941/42, S. 298.

In den Art. 282 ff. SchKG wird ein besonderes Verfahren der Schuldbetreibung von Miet- und Pachtzinsen geregelt. Im Bereich der Zwangsbetreibung wird es durch Vorschriften des kantonalen Rechts über die Ausweisung ergänzt. Obgleich das SchKG für den Vermieter ein besonderes Formular für den Zahlungsbefehl mit Kündigungs- und Ausweisungsandrohung vorsieht, braucht er hiervon nicht Gebrauch zu machen. Die Androhung stellt ein Privatrechtsgeschäft und nicht eine Betreibungshandlung dar. Sie bleibt daher auch bei Ungültigkeit der Schuldbetreibung wirksam[25].

Erfolgt die Zahlung nicht innert der Frist, so gilt das Mietverhältnis in Ausführung der Androhung, die zusammen mit der Mahnung ausgesprochen wurde, als aufgelöst. Damit endet das Mietverhältnis. Der Mieter hat nur noch die Stellung eines rechtsgrundlosen Besitzers[26]. Wenn er die Sache nicht zurückgibt, schuldet er von diesem Zeitpunkt an eine Entschädigung für den ungerechtfertigten Besitz, deren Höhe sich unbeschadet einer weitergehenden Schadenersatzforderung in der Regel mit dem Mietzins deckt. Die Auflösung des Mietverhältnisses berechtigt den Vermieter, im Zwangsbetreibungsverfahren fortzufahren, das einerseits die Zahlung des rückständigen Mietzinses nach den im SchKG geregelten Verfahren, andererseits die Ausweisung des Mieters nach dem Verfahren des jeweiligen kantonalen Rechts zum Ziele hat.

B. Die Auflösung wegen Konkurses des Mieters

Literatur:

M. GULDENER, in: H. FRITZSCHE, Schuldbetreibung, Konkurs und Sanierung nach schweiz. Recht, Band II, Zürich 1954–1955, S. 66–69; E. TAILLENS, Des effets de la faillite sur les contrats du débiteur, Diss. Lausanne 1950; P. WEYDMANN, Zweiseitige Verträge im Konkurs einer Vertragspartei, Diss. Zürich 1958.

Der Konkurs des Mieters bringt das Mietverhältnis (anders als nach Art. 295 OR beim Pachtverhältnis)[27] nicht automatisch zum Erlöschen. Er berechtigt den Vermieter, das Vertragsverhältnis zu kündigen. Eine Auflösung der Miete kann jedoch abgewendet werden, wenn die Masse dem Vermieter für die rückständigen und die bis zum Ablauf des Mietverhältnisses noch fällig werdenden Mietzinse Sicherheit leistet. Wird eine Sicherheit nicht geleistet, ist der Vermieter berechtigt, im Konkurs eine Schadenersatzforderung wegen Nichterfüllung des Vertrages anzumelden. Die Höhe dieser Forderung bestimmt sich nach dem Unterschied zwischen dem Gesamtbetrag der zu-

---

[25] BGE 70 I, 1944, S. 138.
[26] Cour de Justice Genf, Sem. Jud. 62, 1940, S. 151.
[27] BGE 27 II, 1901, S. 44.

künftigen Mietzinse, die bei Einhalten des Vertrages zu bezahlen gewesen wären und deren Höhe sich am Tage der Konkurseröffnung bestimmen läßt, und dem Betrag, den der Vermieter nach Auflösung des Vertrages aus dem Gebrauch oder der Vermietung der Sache während eben dieser Zeit erzielen kann[28].

C. Die Auflösung wegen Konkurses des Vermieters

Der Konkurs des Vermieters vor Übergabe der Sache stellt einen Fall der Nichterfüllung dar, der den Mieter berechtigt, seine eigene Leistung zu verweigern und Schadenersatz gemäß den allgemeinen Bestimmungen des OR zu verlangen.

Wird der Konkurs des Vermieters nach Erlangung des Besitzes durch den Mieter eröffnet, so besteht der Mietvertrag als solcher fort. Es taucht dann allerdings die Frage auf, ob die auf Nutzung der Sache gerichtete Forderung des Mieters sich gemäß Art. 211 Abs. 1 SchKG in eine Geldforderung umwandelt, oder ob der Mieter im Gegenteil weiterhin Erfüllung des Vertrages bis zur Zwangsverwertung des Mietgegenstandes verlangen kann[29].

Mit der herrschenden Lehre sind wir der Auffassung, daß sich aus Art. 259 OR das Recht des Mieters ergibt, bis zum Verkauf der Mietsache diese weiter zu besitzen, vorausgesetzt natürlich, er entrichtet den Mietzins an die Konkursverwaltung.

Wenn die Konkursverwaltung entscheidet, den Mietvertrag auch weiterhin zu erfüllen (Art. 211 Abs. 2 SchKG), obliegt es ihr, den Erwerber der Sache zur Fortsetzung des Mietverhältnisses zu verpflichten. Dieser kann sich dann gegenüber dem Mieter nicht auf Art. 259 OR berufen. Wenn sich die Konkursverwaltung nicht für die Fortsetzung des Mietverhältnisses entscheidet, läuft der Mieter Gefahr, daß der Erwerber den Vertrag aufgrund von Art. 259 OR kündigt. Der Mieter kann dann seine Schadenersatzforderung als Massaschuld geltend machen[30].

D. Die Auflösung im Falle des Todes des Mieters

Die Miete gehört nicht wie der Arbeitsvertrag (Art. 321 OR) oder der Auftrag (Art. 405 OR) zu den intuitu personae geschlossenen Verträgen. Das Mietverhältnis wird deshalb vom Tod einer Partei nicht berührt, vielmehr mit den Erben fortgesetzt. Jedoch ermächtigt das Gesetz (Art. 270 OR) im Falle des Todes des Mieters jede der Parteien, die auf ein Jahr oder für längere

---

[28] BGE 42 III, 1916, S. 279; die Lehre ist sich in dieser Frage nicht einig; vgl. TAILLENS, S. 177–180.
[29] Vgl. zu dieser Frage die Anm. von GULDENER, S. 68–69.
[30] BGE 42 III, 1916, S. 70; vgl. JAEGER, Art. 213 SchKG, N. 9 und 12.

Zeit abgeschlossenen Mieten zu kündigen. Auch wenn anderslautende vertragliche Vereinbarungen getroffen wurden, kann das Mietverhältnis auf das nächste gesetzliche, also auf das nach Art. 267 OR in Betracht kommende Ziel unter Beobachtung der in dieser Vorschrift bestimmten Fristen gekündigt werden. Diese Auflösung begründet keinen Anspruch auf Entschädigung. Erfolgt innerhalb dieser Fristen keine Kündigung, so wird das Mietverhältnis zu Lasten und zugunsten der Erben der verstorbenen Partei fortgesetzt.

E. Die Kündigung aus wichtigen Gründen

Literatur:
H. ROGGWILLER, Der wichtige Grund und seine Anwendung in ZGB und OR, Diss. Zürich 1957.

Abgesehen von der Möglichkeit, wegen Nichterfüllung des Vertrages zurückzutreten, oder vom besonderen Fall der Auflösung des Mietverhältnisses wegen Todes des Mieters, haben die Parteien nach dem Gesetz außerdem das Recht, die Miete aus wichtigen Gründen zu kündigen (Art. 269 OR). Hierbei handelt es sich um eine gesetzliche Ausnahme vom Grundsatz «pacta sunt servanda», die sich auf die Regeln von Treu und Glauben gründet (Art. 2 ZGB). Sie trägt im übrigen zur Lösung eines Problems bei, das sich bei allen Dauerschuldverhältnissen stellt; eine Änderung der Umstände in der Person einer Partei kann dazu führen, daß die Fortsetzung des Vertrages unerträglich wird, ohne daß Verschulden irgendeiner Partei vorliegt.

Eine Kündigung aus wichtigen Gründen ist nur bei in der Zeit beschränkten Mietverhältnissen über unbewegliche Sachen zulässig, d.h. bei solchen Verträgen, die, unabhängig von ihrer Laufzeit, auf einen gesetzlich bestimmten oder vertraglich vereinbarten Zeitraum geschlossen oder erneuert worden sind. Eine Kündigung ist entsprechend aber auch bei Mietverhältnissen zuzulassen, die für eine unbestimmte Dauer abgeschlossen sind, wenn die vertragliche Kündigungsfrist länger als die gesetzliche Frist des Art. 267 OR ist. Dieses Recht kann sogar schon ausgeübt werden, bevor der Mieter den Besitz an den Räumen erlangt hat.

Die Partei, die zu kündigen beabsichtigt, hat nachzuweisen, daß besonders schwerwiegende Umstände eingetreten sind, die ihr die Erfüllung des Vertrages unerträglich machen. Dabei kann es sich um Umstände handeln, die in der Person der Partei begründet sind (wie z.B. die Untersagung der Berufsausübung[31]), oder um wirtschaftliche oder politische Ereignisse (Krieg,

---

[31] BGE 67 II, 1931, S. 532; vgl. BGE 62 II, 1936, S. 42.

Wirtschaftskrise[32]) oder schließlich um Tatsachen, die die Mietsache in Mitleidenschaft ziehen, ohne Mängel im Sinne der Art. 254 und 255 OR zu sein[33]. Außerdem dürfen diese Umstände zum Zeitpunkt des Abschlusses des Mietvertrages nicht bekannt und auch nicht vorauszusehen gewesen sein[34]. Die Partei, die sich auf Art. 269 OR berufen will, muß die Umstände dartun, die ihre Entscheidung rechtfertigen[35]. Sie hat auch die gemäß Art. 267 OR für das jeweilige Mietobjekt geltende gesetzliche Kündigungsfrist zu beachten. Dagegen braucht sie nicht die aufgrund dieser Bestimmung geltenden Kündigungsziele einzuhalten[36].

Mit der Kündigung nach Art. 269 OR ist die Verpflichtung verbunden, der anderen Seite vollen Ersatz zu gewähren. Grundsätzlich entspricht diese Entschädigung dem positiven Interesse der anderen Seite an der Erfüllung des Vertrages. Die Berechnung ihrer Höhe hat also gemäß Art. 99, 43 und 44 OR zu erfolgen. Allerdings stimmt diese Entschädigung nicht notwendig mit dem vollen Betrag des Mietzinses für die gesamte Dauer des Mietverhältnisses überein. Im Falle der Kündigung durch den Mieter muß der Vermieter sich den Betrag anrechnen lassen, den er aufgrund der Nutzung der Räume einspart oder infolge ihrer Vermietung an Dritte erhält. Darüber hinaus kann der Richter den wichtigen Gründen, die zur Kündigung geführt haben, Rechnung tragen, um die Höhe der Ersatzpflicht herabzusetzen[37]. Der Nachweis eines Schadens wird also häufig schwierig sein. Daher hat das Gesetz eine Pauschalentschädigung vorgesehen: sie ist zumindest so hoch wie der Mietzins von sechs Monaten, wenn der Mietvertrag noch eine Laufzeit von einem Jahr oder mehr hatte. Diese Entschädigung hat einen Doppelcharakter: sie ist pauschaliert und wird daher auch bei fehlendem Nachweis eines Schadens geschuldet. Sie stellt einen Mindestbetrag dar, so daß der Gläubiger immer noch die Möglichkeit hat, die Begleichung eines höheren Schadens zu verlangen, dessen Vorliegen er dann allerdings nachzuweisen hat[38]. Beruft sich der Vermieter auf Art. 269 OR, so ist er verpflichtet, zunächst dem Mieter Ersatz zu leisten, bevor er dessen Auszug verlangen kann (Art. 269 Abs. 3 OR).

Zur Anwendung von Art. 269 OR wird man mit Nutzen die vier Entscheidungen Rogenmoser gegen Tiefengrund lesen[39].

---

[32] BGE 60 II, 1934, S. 205.
[33] BGE 38 II, 1912, S. 76.
[34] BGE 33 II, 1907, S. 576; 60 II, 1934, S. 205; 63 II, 1937, S. 79; BlZR 62, 1963, Nr. 79.
[35] BGE 21, 1895, S. 1080.
[36] BGE 60 II, 1934, S. 363.
[37] BGE 95 II, 1969, S. 319 = Pra 59 Nr. 3; vgl. BGE 46 II, 1920, S. 173; 61 II, 1935, S. 259.
[38] BGE 95 II, 1969, S. 319 = Pra 59 Nr. 3.
[39] 1) BGE 59 II, 1933, S. 372, vgl. Pra 22, 1933, Nr. 176; 2) BGE 60 II, 1934, S. 205; 3) BGE 60 II, 1934, S. 363; 4) BGE 61 II, 1935, S. 259.

Die Auflösung nach Art. 269 OR wird ex nunc mit Ablauf der gesetzlichen Kündigungsfrist rechtswirksam[40].

Es stellt sich nun die Frage, ob beim Mietvertrag neben der Möglichkeit, den Vertrag aus wichtigen Gründen zu kündigen, Raum für eine gerichtliche Auflösung des Vertrages unter Berufung auf die Lehre von der clausula rebus sic stantibus besteht, ob also, wie im Werkvertragsrecht, eine Auflösung des Vertragsverhältnisses ohne Entschädigung möglich ist. Dieser Standpunkt wird von mehreren Autoren vertreten[41], worin ihnen ein kantonsgerichtliches Urteil folgt[42]. Wir können dieser Auffassung nicht zustimmen. Die neuere Rechtsprechung und Lehre stützen die clausula rebus sic stantibus auf den Grundsatz von Treu und Glauben[43]. Das Gesetz sieht in Art. 269 OR die Möglichkeit einer Kündigung vor Ablauf der Mietzeit vor, deren rechtliche Begründung auf diesem Grundsatz beruht. Unter diesen Umständen ist schlecht einzusehen, wie man sich auf denselben Grundsatz berufen kann, um damit eine andere Art der Vertragsauflösung juristisch zu begründen[44].

Die Rechtsprechung hat die in Art. 269 OR vorgesehene pauschale Schadensberechnung auch auf den Fall einer Kündigung des Miet- oder Pachtvertrags ohne genügenden Grund angewandt[45].

§ 38. Die Rückgabe des Mietgegenstandes bei Beendigung des Mietverhältnisses

Mit dem Ablauf des Mietverhältnisses erlischt das Recht des Mieters auf den Besitz der Mietsache. Den Mieter trifft die vertragliche Verpflichtung, sie dem Vermieter zurückzugeben. Ist Gegenstand der Miete eine bewegliche Sache, so hat der Mieter diese dem Vermieter körperlich zu übergeben; diese Verpflichtung ist als Bringschuld zu charakterisieren. Wenn der Mietgegenstand eine unbewegliche Sache ist, muß der Mieter die Sache dem Vermieter nach Maßgabe des Ortsgebrauchs zur Verfügung stellen. Hiernach bestimmen sich vor allem Zeitpunkt und Modalitäten der Übergabe.

Das Problem, das in der Praxis die meisten Schwierigkeiten mit sich bringt, besteht in dem Umfang der Anforderungen, die an den Zustand der Sache am Ende des Mietverhältnisses zu stellen sind. Nach der gesetzlichen Vorschrift des Art. 271 Abs. 3 OR wird vermutet, daß der Mieter den Gegenstand in gutem Zustand empfangen habe. Es obliegt ihm also, zu Beginn des Mietverhältnisses die der Mietsache anhaftenden Mängel feststellen zu

---

[40] BGE 60 II, 1934, S. 205.
[41] Vgl. SPRENGER (Lit.verz. vor § 30), S. 74, m.w.N. in N. 267 und 269.
[42] Vgl. ObGer Zürich, BlZR 62, 1963, Nr. 79, S. 218.
[43] Vgl. MERZ, Berner Kommentar, Art. 2 ZGB, N. 231 ff.; BGE 59 II, 1933, S. 372; 62 II, 1936, S. 45; 67 I, 1941, S. 300; 68 II, 1942, S. 173.
[44] Vgl. in diesem Sinn OSER/SCHÖNENBERGER, Art. 269, N. 1; SPRENGER, S. 74.
[45] BGE 95 II, 1969, S. 319.

lassen. Dies geschieht in der Regel durch gemeinsames Aufsetzen eines Protokolls mit dem Vermieter oder durch richterliche Feststellung des mangelhaften Zustands. Im Unterlassungsfall läuft er wegen der Vermutung des Art. 271 Abs. 3 OR Gefahr, für die Beseitigung dieser Mängel selbst aufkommen zu müssen.

Entsprechend ist es Sache des Vermieters, am Ende des Mietverhältnisses den Zustand der Sache zu prüfen oder prüfen zu lassen. Auch muß er dem Mieter unverzüglich die Beschädigung anzeigen, für die er ihn haftbar zu machen beabsichtigt. Anderenfalls wird davon ausgegangen, daß er die Sache in gutem Zustand empfangen hat[1]. Eine Entlastung des Mieters tritt ebenfalls ein, wenn der Vermieter ohne Vorbehalte den Zustand der Räume, wie er am Ende des Mietverhältnisses ermittelt worden ist, akzeptiert und die Zahlung der Entschädigung, die für die zu diesem Zeitpunkt festgestellten Verschlechterungen festgesetzt worden ist, annimmt[2]. Versteckte Beschädigungen hat er dem Mieter sofort nach ihrer Entdeckung anzuzeigen (vgl. Art. 201 Abs. 3 OR).

Der Gebrauch der Mietsache hat eine gewisse Abnutzung zur Folge. Die normale Abnutzung geht zu Lasten des Vermieters, der dafür die Zahlung des Mietzinses erhalten hat (Art. 271 Abs. 2 OR). Nur die Abnützung und Verschlechterung, die sich nicht mehr im Rahmen des normalen Verschleisses bewegen, gehen zu Lasten des Mieters. Wenn dieser Grundsatz auch klar ist, so ist doch seine praktische Anwendung häufig schwierig, und zwar insbesondere bei Immobilien. In den Sammlungen der Mietgebräuche sind recht detaillierte Vorschriften über die Kostenverteilung in diesem Bereich zu finden.

Der Mieter haftet dem Vermieter für die Abnützung, die den normalen Verschleiß überschreitet. Diese Haftung gründet sich auf seine Pflicht, die Mietsache mit der gebotenen Sorgfalt zu benutzen (Art. 261 Abs. 1 OR). Da es sich um eine Vertragspflicht handelt, wird sein Verschulden vermutet. Er haftet für eigenes Verschulden und für das seiner Hilfspersonen sowie derjenigen Personen, die die Sache gemeinsam mit ihm genutzt haben, wie Familienmitglieder und Hausgenossen, Untermieter und Angestellte[3]. Er kann sich von seiner Haftpflicht nur befreien, indem er nachweist, daß ihn kein Verschulden trifft (Art. 97 Abs. 1 a.E. OR)[4].

Der Mieter muß den gesamten Schaden, für den er verantwortlich ist, ersetzen; er hat also die Reparatur- und Instandsetzungskosten sowie den

---

[1] BGE 47 II, 1921, S. 91 = Pra 10 Nr. 68; vgl. BGE 48 II, 1922, S. 384 = Pra 11 Nr. 146.
[2] BGE 47 II, 1921, S. 91 = Pra 10 Nr. 68.
[3] BGE 90 II, 1964, S. 21; 98 II, 1972, S. 288.
[4] Vgl. BGE 90 II, 1964, S. 21 und BGE 91 II, 1965, S. 294.

Nutzungsausfall, der aufgrund der mangelnden Verfügbarkeit über die Sache während der Arbeiten entstanden ist, und eine etwaige Wertminderung zu tragen[5].

Ein besonderer Schadensfall liegt vor, wenn die Sache verspätet zurückgegeben wird. Hier handelt es sich erneut um die Nichterfüllung einer Vertragspflicht; der Mieter muß für den gesamten Schaden aufkommen, der dem Vermieter entstanden ist. Dieser Schaden kann einmal infolge des Ausfalls des Gebrauchs der Sache eintreten, aber auch auf eine etwaige Unmöglichkeit zurückgehen, den mit einem Dritten abgeschlossenen, finanziell einträglicheren Mietvertrag zu erfüllen oder die Sache dem vom Vermieter bestimmten Gebrauch zuzuführen.

§ 39. Das Retentionsrecht des Vermieters

A. Rechtsnatur des Retentionsrechts

Literatur:

R. EICHENBERGER, Das Retentionsrecht des Vermieters und Verpächters mit besonderer Berücksichtigung des SchK-Rechts, BlSchK 36, 1972, S. 65; G. VETSCH, Das Retentionsrecht des Vermieters und Verpächters, BlSchK 10, 1946, S. 129; O. BRANER, Das Retentionsrecht nach schweizerischem Zivilrecht, Diss. Zürich 1935.

Unter der Bezeichnung Retentionsrecht gewährt Art. 272 OR dem Vermieter als Sicherheit für seine Mietzinsforderung ein Vorrecht an den beweglichen Sachen, die sich in den vermieteten Räumen befinden. Trotz seines Namens handelt es sich nicht um das in den Art. 895 ff. ZGB geregelte Retentionsrecht. So steht dem Vermieter das besagte Recht zu, obwohl er nicht den Besitz an den Gegenständen hat, auf die es sich erstreckt. Es entsteht auch bei fehlender individueller Bestimmung der einzelnen Gegenstände. Es sichert im übrigen Forderungen, die nicht notwendig fällig zu sein brauchen (vgl. Art. 895 Abs. 1 ZGB). Gleichwohl handelt es sich um ein dingliches Recht, da es ein gewisses Verfolgungsrecht einräumt (Art. 274 Abs. 2 OR). Daher ist das in Art. 272 OR bezeichnete Recht als gesetzliches Pfandrecht anzusehen[1].

---

[5] BGE 48 II, 1922, S. 384 = Pra 11 Nr. 146.
[1] Vgl. die Grundsatzentscheidung BGE 63 II, 1937, S. 368 sowie BGE 51 III, 1925, S. 147; 61 II, 1935, S. 259; 74 III, 1948, S. 11 = Pra 37 Nr. 71; siehe auch OFTINGER, Zürcher Kommentar, Art. 895 ZGB, N. 195.

B. Der Umfang des Retentionsrechts

Das Retentionsrecht des Art. 272 OR besteht nur bei Mietverhältnissen über unbewegliche Sachen. Es sichert nur einen Teil der Forderungen des Vermieters, nämlich die für die Überlassung des Gebrauchs der Mietsache geschuldeten Leistungen. Das sind im wesentlichen der Mietzins und die Nebenbeiträge (Kosten für Heizung, Warmwasser usw.)[2]. Es sichert nicht die anderen Forderungen aus dem Mietverhältnis wie die Schadenersatzforderung wegen Vertragsbruchs[3], den Ersatz für die Instandsetzung der Räume am Ende des Mietverhältnisses[4] oder die Entschädigung wegen vorzeitiger Auflösung (Art. 269 OR)[5].

Das Retentionsrecht ist auch begrenzt im Hinblick auf den Zeitabschnitt, für den die Leistungen, die es jeweils sichern soll, geschuldet sind. Es deckt die Zahlung des Mietzinses jeweils für ein abgelaufenes Jahr, d.h. für das Jahr, das mit dem letzten Fälligkeitstermin endet; ebenso wird die Zahlung des laufenden Halbjahreszinses oder des von diesem Zeitraum an geschuldeten Mietzinses für sechs Monate gesichert[6]. Das Retentionsrecht wird somit von einem Fälligkeitstermin zum nächsten erneuert und sichert dabei jeweils neue Forderungen[7]. Die Zahlungsweise des Mietzinses, ob zum voraus oder nach Ablauf einer bestimmten Frist, hat keinen Einfluß auf das Retentionsrecht, das insoweit auch die Zahlung einer noch nicht fälligen Forderung sichern kann.

Das Retentionsrecht besteht ungeachtet des Ablaufs des Mietverhältnisses fort. Es sichert dann die Zahlung des Mietzinses für das letzte Vertragsjahr in dem Umfang, in dem er noch nicht beglichen ist[8].

C. Der Gegenstand des Retentionsrechts

Das Retentionsrecht erstreckt sich auf die beweglichen Sachen, die sich in den vermieteten Räumen befinden und zu deren Einrichtung oder Benutzung gehören. Somit stellt die Zweckbestimmung dieser Gegenstände und ihre Verknüpfung mit der Art und Weise des Gebrauchs oder der Nutzung der Miträume ein Kriterium für die Frage dar, ob sie dem Retentions-

---

[2] BGE 63 II, 1937, S. 381; bestätigt in BGE 72 III, 1946, S. 37; 76 III, 1949, S. 32; ObGer Zürich, BlZR 38, 1939, Nr. 74, S. 162.
[3] BGE 86 III, 1960, S. 36.
[4] BGE 80 III, 1954, S. 130 unter Aufgabe der früheren Rechtsprechung (BGE 72 III, 1946, S. 36).
[5] BGE 86 III, 1960, S. 36.
[6] BGE 42 III, 1916, S. 279.
[7] BGE 72 II, 1946, S. 364 = Pra 36 Nr. 1.
[8] BGE 72 II, 1946, S. 364 = Pra 36 Nr. 1; 79 III, 1953, S. 75.

recht unterfallen oder nicht[9]. Bei zu Wohnzwecken gemieteten Räumen ist dies im wesentlichen die Wohnungseinrichtung; bei Räumen, die zu Handwerks-, Geschäfts- oder Gewerbzwecken gemietet wurden, handelt es sich um die Ausstattung und die Maschinen.

Die anderen in den Mieträumen befindlichen beweglichen Sachen, wie Bargeld, Wertpapiere, hinterlegte Gegenstände usw., fallen nicht unter das Retentionsrecht[10]. Schließlich gibt es auch unter den Sachen, auf die sich normalerweise das Retentionsrecht erstrecken würde, solche, die das Gesetz ausdrücklich hiervon ausnimmt, nämlich diejenigen, die nach Schuldbetreibungsrecht nicht gepfändet werden können (Art. 92 SchKG)[11].

> Es handelt sich hier um ein Grenzgebiet zwischen Privatrecht und Zwangsvollstreckungsrecht (Art. 283 und 284 SchKG). Da Fragen über Umfang und Ausübung des Retentionsrechts des Vermieters anläßlich von Zwangsbetreibungsverfahren auftauchen, ist die Rechtsprechung in diesem Bereich hauptsächlich eine solche der Betreibungsbehörden und -gerichte. Angesichts des großen Umfangs, den diese Rechtsprechung inzwischen angenommen hat, müssen wir uns darauf beschränken, hier nur auf die wichtigsten Entscheidungen hinzuweisen.

Das Retentionsrecht erstreckt sich vor allem auf die im Eigentum des Mieters stehenden Sachen. Dies gilt auch für die im Eigentum des Untermieters befindlichen Sachen, allerdings nur insoweit, als dies für die Sicherung der unmittelbaren Ansprüche des Hauptvermieters gegen den Untermieter erforderlich ist (Art. 272 Abs. 2 OR). Auch die Sachen, die das Eigentum Dritter sind, fallen unter das Retentionsrecht, es sei denn der Vermieter wußte oder hätte wissen müssen, daß sie nicht im Eigentum des Mieters standen (Art. 273 Abs. 1 OR). Wenn in den gemieteten Räumen Sachen vorhanden sind, die nicht dem Mieter gehören, so kann der betreffende Dritte ein Widerspruchsverfahren (Art. 106 bis 109 SchKG) anstrengen. In ihm ist der Dritte nicht nur berechtigt, seinen Anspruch geltend zu machen und zu beweisen, daß er sich mit Erfolg auf Art. 273 OR berufen darf, sondern er kann auch den Eintritt der in Art. 272 OR bestimmten Voraussetzungen bestreiten bzw. das Vorhandensein des Retentionsrechts und dessen Eingreifen im Hinblick auf die streitigen Gegenstände in Abrede stellen[12]. In der Praxis ist es üblich, daß die Verkäufer von Einrichtungen und Maschinen unter Eigentumsvorbehalt vor Lieferung der Sache dem Vermieter von ihrem Recht Anzeige machen, um auf diese Weise zu vermeiden, daß der Kaufgegenstand unter Umständen dem Retentionsrecht des Vermieters unterfällt.

Erfährt der Vermieter während der Mietdauer, daß die in den Mieträumen befindlichen Sachen nicht dem Mieter gehören, so besteht sein Retentions-

---

[9] Vgl. BGE 79 III, 1953, S. 75.
[10] BGE 79 III, 1953, S. 75; 82 III, 1956, S. 77.
[11] BGE 82 III, 1956, S. 77.
[12] BGE 70 II, 1944, S. 226.

recht nur unter der Voraussetzung fort, daß er das Mietverhältnis auf das nächste offene Ziel kündigt; unterläßt er diese Kündigung, so erlischt sein Recht (Art. 273 Abs. 2 OR).

D. Die Geltendmachung des Retentionsrechts

Da das Retentionsrecht juristisch als Pfandrecht einzustufen ist, hat es akzessorischen Charakter. Wenn es auch im Hinblick auf den unbezahlten Mietzins ipso jure ausgeübt werden kann, so darf es doch zur Sicherung des noch nicht fälligen Mietzinses nur geltend gemacht werden, wenn der Vermieter glaubhaft macht, daß seine Rechte gefährdet sind, weil der Mieter im Begriff ist auszuziehen oder Sachen fortzuschaffen, auf die sich das Retentionsrecht erstreckt[13]. Unter diesen Voraussetzungen hat der Vermieter das Recht, beim Betreibungsamt um die Erstellung eines Inventars der vom Retentionsrecht betroffenen Gegenstände gemäß dem Verfahren des Art. 283 SchKG nachzusuchen.

Hat der Mieter Gegenstände heimlich oder gegen den Widerstand des Vermieters fortgeschafft, so steht diesem ein Verfolgungsrecht zu. Der Vermieter kann nach dem Verfahren des Art. 284 SchKG verlangen, daß die auf diese Weise entfernten Gegenstände innert den ersten zehn Tagen nach ihrer Fortschaffung zurückgebracht werden[14]. Anderenfalls erlischt sein Recht.

Das Inventar dient der näheren Bestimmung der vom Retentionsrecht betroffenen Gegenstände. Der Vermieter muß nach dessen Erstellung ein Verfahren zur Pfandverwertung gegen den Mieter in der ihm vom Betreibungsamt gesetzten Frist beantragen und im Falle der Einsprache innert zehn Tagen Klage in der Hauptsache erheben (vgl. KS Nr. 24 der Schuldbetreibungs- und Konkurskammer des Bundesgerichts vom 12. Juli 1909).

---

[13] BGE 83 III, 1957, S. 112 = Pra 46 Nr. 122.
[14] BGE 76 III, 1950, S. 55 = Pra 39 Nr. 161; BGE 68 III, 1942, S. 3.

Zweiter Abschnitt

Die Pacht

Literatur:

BECKER, Berner Kommentar, Art. 275 ff.; OSER/SCHÖNENBERGER, Zürcher Kommentar, Art. 275 ff.; GUHL/MERZ/KUMMER, S. 349 ff.; E. SCHMID, Zürcher Kommentar (SCHÖNENBERGER/JÄGGI).

A. BOREL/W. NEUKOMM, Pachtvertrag, SJK Nr. 832–840; P. BOLLER, Beiträge zur Unterscheidung von Kauf und Pacht, Diss. Zürich 1948; A. BURCKHARDT, Probleme der modernen Pachtgesetzgebung, Diss. Basel 1951; L. KLINGLER, Die Unternehmenspacht, Diss. Zürich 1943; H. NAUER, Der Annoncenpachtvertrag nach schweizerischem Recht, Diss. Zürich 1927.

§ 40. Pacht und Miete

Der Aufbau des Gesetzes ist bei Pacht und Miete derselbe. Es kann also jeweils auf den vorangegangenen Abschnitt Bezug genommen werden, wenn die Bestimmungen sich nicht unterscheiden. Hingegen macht der Gegenstand des Pachtverhältnisses eine besondere Regelung erforderlich. Dies gilt insbesondere für die Pacht landwirtschaftlicher Güter. Darüber hinaus wurde zum Schutz der Landwirtschaft eine bedeutsame Landwirtschaftsgesetzgebung erlassen, welche die Vorschriften des ordentlichen Rechts in sehr wichtigen Punkten ergänzt oder abändert. Aus diesem Grunde sind die landwirtschaftlichen Pachtverhältnisse einer besonderen Regelung mit zwingenden Vorschriften unterworfen, deren Hauptmerkmale wie folgt zu kennzeichnen sind:

a) Die Dauer der Pachtverhältnisse, die ein landwirtschaftliches Gewerbe oder einzelne zu einem solchen gehörende Liegenschaften zum Gegenstand haben, ist auf mindestens sechs Jahre festgesetzt (Art. 23 BG vom 12. Juni 1951 über die Erhaltung des bäuerlichen Grundbesitzes, geändert durch BG vom 6. Oktober 1972);

b) Die Höhe des Pachtzinses unterliegt einer Kontrolle (BG vom 21. Dezember 1960 über die Kontrolle der landwirtschaftlichen Pachtzinse);

c) Pachtverhältnisse über landwirtschaftliche Grundstücke bestehen ungeachtet einer eventuellen Veräußerung oder eines Entzugs des Grundstücks im Wege des Schuldbetreibungsverfahrens fort (Art. 281bis und 281ter OR, eingeführt durch Art. 26 BG über die Erhaltung des bäuerlichen Grundbesitzes).

Das landwirtschaftliche Pachtverhältnis ist damit zu einer besonderen Art von Pacht geworden, die zahlreichen zwingenden zivil- und verwaltungsrechtlichen Vorschriften unterliegt.

> Die Vorschriften über landwirtschaftliche Pachtverhältnisse sind Teil der bedeutsamen Landwirtschaftsgesetzgebung. Die hauptsächlichen Bestimmungen sind:
> – Die Vorschriften des ZGB (Art. 617 Abs. 2, 619bis, 619^{sexies}, 620 ff.) über das landwirtschaftliche Erbrecht;
> – BG vom 12. Juni 1951 über die Erhaltung des bäuerlichen Grundbesitzes;
> – BG vom 12. Dezember 1940 über die Entschuldung landwirtschaftlicher Heimwesen;
> – VO vom 16. November 1945 über die Entschuldung landwirtschaftlicher Heimwesen;
> – BG vom 21. Dezember 1960 über die Kontrolle der landwirtschaftlichen Pachtzinse;
> – BG vom 6. Oktober 1972 über Änderungen des bäuerlichen Zivilrechts.
>
> Das letztgenannte Gesetz führte zu einer tiefgreifenden Umwandlung des bäuerlichen Zivilrechts. Alle einschlägigen Bestimmungen über die Pacht landwirtschaftlicher Grundstücke wurden in den Art. 23 ff. EGG zusammengefaßt und stellen in einem besonderen Abschnitt eine erschöpfende Regelung der Materie dar (vgl. die Botschaft des Bundesrates zum Entwurf eines Bundesgesetzes über Änderungen des bäuerlichen Zivilrechts vom 29. April 1970, BBl 1970 I, S. 805 ff.; revidierter Entwurf gemäß Botschaft des Bundesrates vom 8. März 1971, BBl 1971 I, S. 737 ff.)[1].

§ 41. Der Gegenstand des Pachtverhältnisses

Die Pacht unterscheidet sich von der Miete durch die Art des Gegenstandes des Vertrages und durch den Umfang der dem Pächter gewährten Rechte.

1. Der Gegenstand des Pachtverhältnisses ist notwendig eine nutzbare Sache oder ein nutzbares Recht (Art. 275 Abs. 1 OR). Unter einer nutzbaren Sache ist eine Sache zu verstehen, die natürliche Früchte hervorbringt, unter einem nutzbaren Recht ein Recht, das Zivilfrüchte abwirft. Weist der Ver-

---

[1] Es gibt eine umfangreiche Literatur zur landwirtschaftlichen Pacht, die im Begriffe ist, ein besonderes Rechtsgebiet im Grenzbereich von Privatrecht und Verwaltungsrecht zu werden. Besonders hingewiesen sei auf: M. BÜHLMAYER, Pachtdauer, Pachtzins und der Wechsel im Eigentum am verpachteten Grundstück, Diss. Basel 1944; O. K. KAUFMANN, Das neue ländliche Bodenrecht der Schweiz, St. Gallen 1946; P. KELLER, Das landwirtschaftliche Pachtrecht, Baden 1966; DERSELBE, Die Revision des landwirtschaftlichen Pachtrechts, Zbl 1968, S. 247 und 271; A. PERRENOUD, Des baux à ferme, BlAgrR 2, 1969, S. 15 ff. Zur Kontrolle der Pachtzinse siehe R. JEANPRÊTRE, Le contrôle des fermages agricoles et le droit civil, in: Mélanges R. Secrétan, Lausanne 1964, S. 139 ff.

tragsgegenstand nicht dieses Merkmal auf, so liegt Miete und nicht Pacht vor. Die nutzbare Sache ist im allgemeinen ein Grundstück. Dabei handelt es sich in der Regel um landwirtschaftliche Liegenschaften, aber es kann auch eine andere Art von Grundstück, z.B. ein Steinbruch[1] oder eine Kiesgrube[2], sein. Gleichwohl sind im täglichen Leben Pachtverhältnisse auch über bewegliche Sachen anzutreffen, insbesondere die Viehpacht und Viehverstellung, die in den Art. 302 bis 304 OR geregelt sind. Bezieht sich der Pachtvertrag auf ein nutzbares Recht, so handelt es sich im allgemeinen um ein Dauernutzungsrecht, das sich entweder aus dem Privatrecht ableitet, wie bei einer Nutznießung, oder von einer behördlichen Bewilligung abhängt, wie ein Jagd- oder Fischereirecht[3] oder das Recht, das Eis eines Sees auszubeuten[4].

Schließlich kann das Pachtverhältnis eine Unternehmung zum Gegenstand haben, d.h. eine Gesamtheit von nutzbaren Rechten und Pflichten, sofern sie in kaufmännischer Weise genutzt werden und sich der Pächter zum Weiterbetrieb der Unternehmung verpflichtet[5]. In diesem Fall können die Räume, in denen das Gewerbe betrieben wird, sowie auch die erforderlichen Gerätschaften und Maschinen verpachtet werden. Sie stellen dann die materielle Grundlage des verpachteten Betriebs dar, deren Gebrauch ebenfalls den pachtrechtlichen Vorschriften unterliegt. Gegenstand des Pachtverhältnisses kann folglich der Betrieb eines Hotels[6], eines Restaurants[7] oder eines gewerblichen Unternehmens mit den dazugehörigen Warenzeichen[8] sein. Wenn der Vertrag hingegen nicht die Unternehmung selbst, sondern lediglich den Gebrauch von Räumen zu kaufmännischen oder gewerblichen Zwecken betrifft, liegt keine Pacht, sondern eine gewöhnliche Miete vor[9].

Bisweilen hat man auf einige gesetzlich nicht geregelte Verträge pachtrechtliche Bestimmungen unmittelbar oder analog angewandt. So ist entschieden worden, daß der Annoncenpachtvertrag, häufig auch als Verpachtungsvertrag bezeichnet, in analoger Anwendung den Vorschriften des Pachtvertrags unterliegt[10]. Die neuere Rechtsprechung unterstellt ihn nun den Vorschriften über den Agenturvertrag[11].

---

[1] BGE 81 II, 1955, S. 351; 44 II, 1918, S. 267.
[2] BGE 86 I, 1960, S. 229.
[3] BGE 21, 1895, S. 221.
[4] BGE 37 II, 1911, S. 202.
[5] BGE 50 II, 1924, S. 82. Das deutsche Gesellschaftsrecht widmet dem Betriebspachtvertrag besondere Bestimmungen, vgl. § 292 DAktG von 1965.
[6] BGE 19, 1893, S. 897; AppGer Tessin, SJZ 68, 1972, S. 222.
[7] BGE 48 II, 1922, S. 249.
[8] Art. 11 MSchG; vgl. BGE 50 II, 1924, S. 82.
[9] BGE 93 II, 1967, S. 453, 457 = Pra 57 Nr. 111.
[10] BGE 57 II, 1931, S. 160 = Pra 20 Nr. 68; vgl. aber BGE 32 II, 1906, S. 528, 533 und BGE 23 II, 1897, S. 1799, 1806.
[11] BGE 83 II, 1957, S. 32.

Ebenso ist der Patentlizenzvertrag als Miet- bzw. Pachtvertrag angesehen worden[12]. Er wird heute als Vertrag sui generis eingestuft[13].

2. Entsprechend der Rechtslage beim Mietvertrag gewährt das Pachtverhältnis dem Pächter das Recht, die verpachtete Sache zu gebrauchen. Aber es gibt ihm zusätzlich das Recht zum Bezug der natürlichen oder zivilen Früchte (Art. 275 Abs. 1 a.E. OR). Diesem für die Pacht kennzeichnenden Recht steht die Pflicht des Pächters gegenüber, für eine nachhaltige Ertragsfähigkeit des Pachtgegenstandes zu sorgen (Art. 283 Abs. 1 OR; vgl. Art. 298 Abs. 3 OR). Die Ausübung dieses Rechts muß dem Zweck des Pachtverhältnisses entsprechen.

3. Die Pacht ist ein entgeltlicher Vertrag, der den Pächter zur Zahlung eines Pachtzinses verpflichtet. Rechtlich gesehen ist die Pachtzinsschuld von gleicher Art wie die Mietzinsschuld. In tatsächlicher Hinsicht kann der Pachtzins entweder in Geld oder in einem Bruchteil der Früchte oder Erträgnisse bestehen. Im letzteren Fall spricht man von Teilpacht (in der welschen Schweiz, je nach Kanton, von métayage oder colonage partiaire).

Im Unterschied zum französischen Recht, das dieser Form der Pacht, colonat partiaire genannt, eine Reihe von Bestimmungen widmet (vgl. Art. 819 ff. Code rural vom 16. April 1955), begnügt sich das schweizerische Recht mit einem Verweis auf den Ortsgebrauch. Die Teilpacht scheint de facto in der Schweiz keine große Rolle zu spielen[14].

4. Wie wir oben gesehen haben, hat das Pachtverhältnis in der Regel unbewegliche Sachen zum Gegenstand. Dennoch geschieht es häufig, daß bewegliche Sachen als Zubehör in einen Immobiliarpachtvertrag aufgenommen werden, zum Beispiel die Betriebsausrüstung und das Mobiliar bei der Pacht eines Restaurants, das Vieh oder das Ackergerät bei einem landwirtschaftlichen Pachtverhältnis. Diese Gegenstände unterliegen also ungeachtet ihrer Eigenschaft als bewegliche Sachen den pachtrechtlichen Bestimmungen, vorbehaltlich der besonderen Vorschriften über ihre Rückgabe bei Vertragsende (Art. 298, 299 und 300 OR).

Die Parteien sind verpflichtet, bei Beginn der Nutzung der Sache gemeinsam ein Inventar aufzunehmen, das eine Schätzung des Wertes der Gegenstände enthalten muß (Art. 276 OR).

---

[12] BGE 51 II, 1925, S. 57; 53 II, 1927, S. 127.
[13] Vgl. R. Blum/M. Pedrazzini, Das schweizerische Patentrecht, Band II, Bern 1959, S. 359 ff.; ferner den Abschnitt über die gesetzlich nicht geregelten Verträge, in: Schweizerisches Privatrecht, Bd. VII/2.
[14] Vgl. T. Guhl, Die Teilpacht in der Schweiz, ZSR 41, 1922, S. 249; R. Cavalli, La colonia parziaria, Diss. Bern 1927.

§ 42. Die Pflichten des Verpächters

1. Die mietrechtlichen Vorschriften betreffend die Überlassung der Sache sind auf das Pachtverhältnis entsprechend anwendbar (Art. 277 OR). Gleiches gilt im Hinblick auf die Mängelgewährleistung.

2. Im Unterschied zur Miete obliegt bei der Pacht der laufende Unterhalt des Pachtgegenstandes dem Pächter (Art. 284 Abs. 1 OR). Nur die Hauptreparaturen fallen dem Verpächter zur Last, wobei der Pächter verpflichtet ist, ihm gegebenenfalls sofort mitzuteilen, daß solche Reparaturen notwendig sind (Art. 284 Abs. 2 und Art. 278 OR). Bei der Pacht ist der Begriff der Hauptreparaturen enger als bei der Miete[1].

3. Die auf dem Pachtgegenstande haftenden Abgaben und Lasten sind vom Verpächter zu tragen (Art. 288 OR). Dabei handelt es sich um solche Abgaben und Lasten, die aufgrund des Eigentums an der Sache anfallen, wie die Vermögenssteuer, die Grundsteuer, die für Bodenmeliorationen zu erbringenden Lasten und, im privatrechtlichen Bereich, die hypothekarischen Belastungen (Zinsen und Tilgungen). Hingegen obliegen die aufgrund des Gebrauchs und der Nutzung der Sache anfallenden Abgaben, wie die Einkommenssteuer, die für den Anschluß an ein Abwässernetz zu zahlenden wiederkehrenden Gebühren, die Beiträge für Produktionsgenossenschaften usw., dem Pächter.

4. Die mietrechtlichen Vorschriften über die Rechtsgewährleistung finden ebenfalls auf die Pacht Anwendung (Art. 280 OR).

5. Im allgemeinen Recht sind die Grundsätze, die für die Miete hinsichtlich des Schicksals des Vertrags und der Haftung des Vermieters im Falle der Veräußerung der Sache gelten, auch auf die Pacht anwendbar. Art. 281 OR stimmt mit Art. 259 OR überein.

Von diesem Grundsatz wurde jedoch eine bedeutsame Ausnahme durch Art. 281bis OR gemacht, der durch das Bundesgesetz von 1951 über die Erhaltung des bäuerlichen Grundbesitzes ins OR eingefügt wurde. Wird bei der Pacht landwirtschaftlicher Grundstücke der Pachtgegenstand veräußert oder auf dem Wege der Zwangsbetreibung entzogen, so hat der Erwerber nicht das Recht, den Vertrag zu kündigen. Er tritt im Gegenteil im Wege einer gesetzlichen Surrogation in die Rechte und Pflichten des Verpächters ein (Art. 281bis OR), ohne daß eine Vertragsabtretung nötig wäre, die ihrerseits aus Forderungsabtretung und Schuldübernahme bestehen würde.

---

[1] BGE 38 II, 1912, S. 76; vgl. auch BGE 93 II, 1967, S. 97, 109 = Pra 56 Nr. 128.

Es handelt sich um eine echte Surrogation kraft Gesetzes (Art. 166 OR)[2], die bewirkt, daß der ursprüngliche Verpächter von seinen Verpflichtungen gegenüber dem Pächter befreit wird.

Es ist wichtig festzuhalten, daß Art. 169 OR auch im Fall der Surrogation kraft Gesetzes anwendbar ist[3].

Im Bereich der landwirtschaftlichen Pachtverhältnisse wird durch Art. 281ter OR vom Grundsatz der Surrogation in drei Fällen eine Ausnahme gemacht, und zwar, wenn das verpachtete landwirtschaftliche Grundstück unmittelbar zu Bauzwecken oder zu öffentlichen Zwecken veräußert wird (in der Regel handelt es sich um einen Verkauf oder um eine Abtretung an eine Körperschaft des öffentlichen Rechts) oder wenn es vom neuen Eigentümer zur Selbstbewirtschaftung erworben wird. Liegt einer dieser Fälle vor, so ist der Erwerber befugt, den Vertrag innert der gesetzlichen Frist zu kündigen (Art. 281ter OR; vgl. auch Art. 281 Abs. 2 und 290 OR). Der Verpächter ist dann zum Ersatz allen Schadens verpflichtet, der dem Pächter aus der vorzeitigen Auflösung des Pachtverhältnisses erwächst (Art. 281 a.E. OR).

6. Das Pachtverhältnis über ein Grundstück kann unter den gleichen Voraussetzungen und mit den gleichen Wirkungen im Grundbuch vorgemerkt werden wie die Miete (Art. 282 OR).

§ 43. Die Pflichten des Pächters

1. Die Zahlung des Pachtzinses

Die Pachtzinsforderung ist von gleicher Art wie die Mietzinsforderung (vgl. oben § 33, 1 und 3). Sie ist zum vertraglich vereinbarten Zeitpunkt zahlbar, d.h. im allgemeinen einmal im Jahr; liegt eine vertragliche Vereinbarung hierüber nicht vor, so ist der Pachtzins nach Ablauf je eines Pachtjahres, spätestens aber am Ende der Pachtzeit zu bezahlen (Art. 286 Abs. 1 und 2 OR).

2. Die Höhe des Pachtzinses

Nach allgemeinem Recht steht es den Parteien frei, den Pachtzins nach ihrem Belieben festzusetzen. Bei landwirtschaftlichen Pachtverhältnissen hingegen unterwirft die Spezialgesetzgebung die Höhe des Pachtzinses der Kontrolle durch den Staat (siehe BG vom 21. Dezember 1960 über die

---

[2] Vgl. von Tuhr/Escher, a.a.O. (§ 32, Anm. 61), S. 369–373.
[3] Vgl. von Tuhr/Escher, a.a.O.

Kontrolle der landwirtschaftlichen Pachtzinse, abgeändert durch BG vom 6. Oktober 1972 über Änderungen des bäuerlichen Zivilrechts, vgl. oben § 40).

Die Tatsache, daß in diesem Bereich auch eine öffentlichrechtliche Spezialgesetzgebung gilt, hat eine Reihe von privatrechtlichen Auswirkungen. Wird in einem Pachtvertrag ein Pachtzins vereinbart, der über dem behördlich erlaubten Betrag liegt, so ist gemäß Art. 20 Abs. 2 OR Teilnichtigkeit anzunehmen[1]. Ein übermäßiger Pachtzins muß auf die gesetzlich erlaubte Höhe herabgesetzt werden[2]. Der Pächter hat das Recht, die Rückzahlung der über dem erlaubten Pachtzins liegenden, zuviel gezahlten Beträge gemäß Art. 63 Abs. 1 OR zu verlangen[3].

Wie dargetan, ist dies die Rechtsfolge bei Mietverhältnissen. Für die Pacht wird die Frage durch Art. 12 Abs. 1 des BG vom 21. Dezember 1960 über die Kontrolle der landwirtschaftlichen Pachtzinse kompliziert. Nach dieser Vorschrift kann der Strafrichter die Zahlung des vom Verpächter vereinnahmten unrechtmäßigen Vermögensvorteils an den Kanton oder an den Pächter verfügen. Es fragt sich daher, ob diese Bestimmung einer auf Art. 63 Abs. 1 OR gestützten Zivilklage des Pächters entgegensteht. Die Lehre[4] und die kantonale Rechtsprechung sind der Ansicht, daß dies nicht der Fall ist. Als das Bundesgericht mit einer staatsrechtlichen Beschwerde gegen ein kantonsgerichtliches Urteil befaßt wurde, das die Klage des Pächters zugelassen hatte, entschied es, diese Auslegung sei nicht willkürlich[5]. Unserer Auffassung nach ist sie begründet.

3. Der Nachlaß des Pachtzinses

Literatur:

P. G. STAUFFER, Über den Nachlaß des Pachtzinses nach schweizerischem Obligationenrecht, Art. 287, Diss. Zürich 1938.

Im Unterschied zu den mietrechtlichen Vorschriften enthalten die Bestimmungen über den Pachtvertrag eine Spezialvorschrift, die eine Herabsetzung des Pachtzinses bei landwirtschaftlichen Pachtverhältnissen gestattet (Art. 287 OR). Es handelt sich dabei um eine Ausnahmebestimmung, denn im Gegensatz zu anderen Rechtsordnungen wie dem französischen oder dem römischen Recht läßt das schweizerische Recht den Verpächter nicht die Gefahr mangelnder Ertragsfähigkeit des Pachtgegenstandes tragen. Daher hat es die Rechtsprechung abgelehnt, den Geltungsbereich von Art. 287 OR auf andere als landwirtschaftliche Grundstücke auszudehnen[6].

Die Herabsetzung des Pachtzinses, die bis zum vollständigen Nachlaß gehen kann, setzt den Eintritt außerordentlicher Unglücksfälle oder Natur-

---

[1] BGE 93 II, 1967, S. 97 = Pra 56 Nr. 128.
[2] BGE 93 II, 1967, S. 97 = Pra 56 Nr. 128.
[3] BGE 93 II, 1967, S. 97 = Pra 56 Nr. 128; vgl. auch BGE 98 Ia, 1972, S. 187 und oben § 33, 5.
[4] JEANPRÊTRE, a.a.O. (§ 40, Anm. 1).
[5] BGE 98 Ia, 1972, S. 187.
[6] BGE 37 II, 1911, S. 202.

ereignisse voraus, die einen beträchtlichen Abbruch des Ertrages des verpachteten Gegenstandes zur Folge hatten. Sie wird nach billigem Ermessen festgesetzt[7]. Ein Nachlaß wurde zum Beispiel in Fällen von außergewöhnlicher Trockenheit[8], von Frost[9] oder von Hagel gewährt.

Art. 287 OR ist nicht zwingendes Recht; der Pächter kann also auf diese Rechtswohltat vertraglich verzichten. Aber ein solcher Verzicht ist nur verbindlich, wenn bei der Festsetzung des Pachtzinses das besondere Risiko berücksichtigt worden ist, oder wenn der Schaden dem Pächter infolge von Versicherung vergütet wird (Art. 287 Abs. 2 OR).

4. Der Unterhalt des Pachtgegenstandes

Wie oben (§ 42, 2) ausgeführt wurde, obliegt dem Pächter der Unterhalt des Pachtgegenstandes (Art. 284 Abs. 1 OR). Art. 284 Abs. 2 OR nennt hierzu einige Beispiele. Als Grundsatz kann man festhalten, daß der Pächter für den üblichen und regelmäßigen Unterhalt der Sache zu sorgen hat und sie auf diese Weise in einem gebrauchs- und ertragsfähigen Zustand erhalten muß. Diese Verpflichtung zum Unterhalt ist nicht auf die Erhaltung der zu Beginn des Pachtverhältnisses bereits vorhandenen Gegenstände begrenzt; sie umfaßt auch die regelmäßige Ersetzung der in den Pachtvertrag als Zubehör aufgenommenen Betriebsmittel.

Lediglich die Hauptreparaturen sind vom Verpächter zu tragen (Art. 278 und 285 OR). Wir verweisen auf das oben zu diesem Fragenbereich Gesagte.

5. Die Bewirtschaftung des Pachtgegenstandes

Die Pflicht, die Sache zu unterhalten, ist mit der Pflicht zu ihrer Bewirtschaftung verknüpft. Diese Verpflichtung, die bei der Miete nicht besteht (vgl. § 42, 2), ist kennzeichnend für das Pachtverhältnis[10]. Sie ist das Gegenstück zu dem Recht auf Bezug der Früchte der verpachteten Sache. Der Pächter kann sich nicht auf den Genuß des Pachtgegenstandes und die Ernte der Erträgnisse beschränken; er muß sie auch in einem ertragsfähigen Zustand erhalten. Daher hat er nicht nur das Recht, sondern auch die Pflicht, die Erträgnisse des Pachtgegenstandes jeweils in dem für eine ordnungsgemäße Bewirtschaftung erforderlichen Umfange abzuernten. Bei landwirtschaftlichen Pachtverhältnissen ist er verpflichtet, die nach den anerkannten

---

[7] BGE 93 II, 1967, S. 97, 108f. = Pra 56 Nr. 128; vgl. auch BGE 20, 1894, S. 1036.
[8] BGE 20, 1894, S. 1036.
[9] BGE 93 II, 1967, S. 97, 108f. = Pra 56 Nr. 128.
[10] BGE 44 II, 1918, S. 267.

Berufsregeln eines Landwirts erforderlichen Arbeiten, Anpflanzungen, Düngungen usw. vorzunehmen. Ist der Pachtgegenstand kein landwirtschaftlicher Betrieb, sondern etwa eine Unternehmung, so muß der Pächter sie in einer Weise betreiben, daß sie ihren Ruf und ihren Kundenstamm behält.

Der Pächter muß der Bewirtschaftung die gebotene Sorgfalt widmen («diligentia quam in suis»), wie sie sich aus den einschlägigen Berufsregeln ergibt. In diesem Sinne hat er in dem Maße neue Methoden und Verfahren anzuwenden, wie sie von seinem Berufsstand anerkannt werden.

Der Pächter ist indessen an die Zweckbestimmung des Pachtgegenstandes gebunden (Art. 283 Abs. 2 OR). Er muß die vereinbarte oder, falls eine Abmachung hierüber im Vertrag fehlt, diejenige Zweckbestimmung beibehalten, die zum Zeitpunkt der Übernahme der Nutzung der Sache durch ihn bestand. So könnte er zum Beispiel einen landwirtschaftlichen Betrieb nicht in ein Weingut umwandeln, soweit die Spezialgesetzgebung ihm dazu überhaupt das Recht gibt. Auf jeden Fall hat er es zu unterlassen, Umwandlungen vorzunehmen, die grundlegende Änderungen in der Zweckbestimmung der Sache herbeiführen würden, deren Folgen noch über die Pachtzeit hinaus von wesentlichem Einfluß sein könnten (Art. 283 Abs. 2 OR).

§ 44. Unterpacht und Abtretung des Pachtvertrages

Im Gegensatz zum Mieter darf der Pächter den Pachtgegenstand ohne Zustimmung des Verpächters nicht weiter verpachten (Art. 289 Abs. 1 OR). Die Tatsache, daß die Pflicht zum Unterhalt der Sache dem Pächter obliegt, legt in der Tat die Vermutung nahe, daß die beruflichen Befähigungen eine entscheidende Rolle bei der Wahl des Pächters gespielt haben, der daher dem Verpächter nicht vorschreiben kann, nunmehr die Nutzung des Pachtgegenstandes einem Bewirtschafter anzuvertrauen, den er nicht akzeptiert hätte. Damit ist das Einverständnis des Verpächters erforderlich, das entweder allgemein und grundsätzlich zur Unterverpachtung oder aber von Fall zu Fall jeweils für die Person eines Bewirtschafters erteilt werden kann. Diese Vorschrift gilt jedoch nur für nutzbare Sachen. Hinsichtlich der zum Pachtgegenstand gehörenden Räume finden die Vorschriften über die Untermiete dem Grundsatze nach sowie hinsichtlich der einzelnen Bestimmungen Anwendung.

Bei einer vom Verpächter gestatteten Unterpacht bestimmen sich die Beziehungen zwischen dem Pächter und dem Unterpächter grundsätzlich nach den Vorschriften über die Pacht, allerdings mit den Einschränkungen, die sich aus dem abgeleiteten Charakter der Unterpacht ergeben und wie sie auch bei der Untermiete gelten (Art. 289 Abs. 3 OR).

Wenn auch bei einem Mietverhältnis der Mieter grundsätzlich befugt ist, die Miete an eine dritte Person abzutreten (Art. 264 OR; vgl. oben § 35), so ist doch die Abtretung des Pachtvertrages nur mit Zustimmung des Verpächters möglich. Der persönliche Charakter der Leistungen des Pächters spielt hier eine entscheidende Rolle und steht sowohl einer freien Abtretung der Pacht als auch einer uneingeschränkten Unterverpachtung im Wege.

§ 45. Die Dauer des Pachtverhältnisses

Die Bestimmungen über die Dauer des Pachtverhältnisses weisen grundsätzliche Verschiedenheiten auf, je nachdem, ob es sich um eine gewöhnliche oder um eine landwirtschaftliche Pacht handelt. Nach allgemeinem Recht steht es den Parteien frei, die Dauer des Pachtverhältnisses selbst festzusetzen. Tun sie dies nicht, so bestimmt sich die Vertragsdauer nach dem Ortsgebrauch. Fehlt es auch hieran, so gilt das Pachtverhältnis als auf eine Zeit von sechs Monaten geschlossen und wird stillschweigend auf je ein weiteres halbes Jahr erneuert (Art. 290 Abs. 1 und 2 OR). Bei landwirtschaftlichen Pachtverhältnissen oder bei der Pacht einzelner dazugehöriger Flurstücke beträgt die Mindestvertragsdauer sechs Jahre, es sei denn, es liegt eine Ausnahmebewilligung vor (Art. 23 n.F. EGG).

Nach allgemeinem Recht gilt ein auf bestimmte Zeit abgeschlossenes nichtlandwirtschaftliches Pachtverhältnis, das nicht gekündigt wird, als auf je ein Jahr erneuert (Art. 292 OR), also nicht, wie bei der Miete, auf unbestimmte Zeit (Art. 268 OR). Mit dieser Einschränkung und unter Vorbehalt der Kündigungsfristen sind die mietrechtlichen Vorschriften über die stillschweigende Erneuerung entsprechend anwendbar (vgl. oben § 36). Bei landwirtschaftlichen Pachtverhältnissen erfolgt die Erneuerung jeweils auf einen Zeitraum von drei Jahren. Wurde für einen Pachtvertrag eine anfängliche Laufzeit von weniger als sechs Jahren bewilligt, so gilt er als stillschweigend für einen Zeitraum von drei Jahren erneuert (Art. 24 EGG).

§ 46. Die Beendigung des Pachtverhältnisses

1. Ist das Pachtverhältnis auf eine bestimmte Zeit abgeschlossen, so endet es mit dem Eintritt des vereinbarten Zeitpunktes.

Wenn der Pächter den Pachtgegenstand mit Wissen und ohne Widerspruch des Verpächters auch weiterhin nutzt, so gilt das Pachtverhältnis stillschweigend als auf je ein Jahr erneuert (Art. 292 n.F. OR; vgl. oben § 36).

2. Nach allgemeinem Recht kann die Kündigungsfrist zwischen den Parteien vereinbart werden. Fehlt eine solche Abmachung, so richtet sie sich nach dem Ortsgebrauch. Liegt auch ein besonderer Ortsgebrauch nicht vor, so beträgt die Frist nach dem Gesetz sechs Monate (Art. 290 Abs. 1 OR).

<small>Es handelt sich um eine ergänzende Bestimmung, die nach der Neufassung aufgrund des Bundesgesetzes vom 6. Oktober 1972 bei Pachtverhältnissen über nichtlandwirtschaftliche Grundstücke Anwendung findet. Es stellt sich nun die Frage, ob sie auch hinsichtlich anderer nichtlandwirtschaftlicher Gegenstände gelten soll. Ein Vergleich zwischen der alten und der neuen Fassung von Art. 290 OR läßt u.E. die Annahme zu, daß Art. 290 OR über seinen Wortlaut hinaus auf alle nichtlandwirtschaftlichen Pachtverhältnisse, gleich welcher Art der Pachtgegenstand ist, anwendbar ist.</small>

Bei landwirtschaftlichen Pachtverhältnissen findet die stillschweigende Erneuerung jeweils für einen Zeitabschnitt von drei Jahren statt (Art. 24 Abs. 1 und 3 EGG). Wenn im Vertrag eine Vereinbarung über die Erneuerungsfrist enthalten ist, darf diese, außer im Falle einer besonderen behördlichen Genehmigung, nicht unter drei Jahren liegen (Art. 24 Abs. 2 EGG). Die Kündigungsfrist beträgt, vorbehaltlich einer abweichenden kantonalen Bestimmung, ein Jahr, wenn Gegenstand des Pachtverhältnisses ein ganzer landwirtschaftlicher Betrieb ist (Art. 24bis Abs. 1 EGG), und sechs Monate, wenn nur einzelne Grundstücke verpachtet werden (Art. 24bis Abs. 2 und Art. 25 Abs. 2 EGG).

3. Art. 290a OR, eingefügt durch die Gesetzesnovelle vom 24. Juni 1970, erklärt die Bestimmungen der Art. 267a bis 267f OR für sinngemäß anwendbar auf nichtlandwirtschaftliche Pachtverhältnisse, die sich auf Wohnungen oder Geschäftsräume beziehen. Hieraus folgt, daß der Pächter solcher Räume nach den Voraussetzungen der Art. 267a ff. OR um die Erstreckung eines auf bestimmte Zeit geschlossenen Pachtverhältnisses nachsuchen kann.

Dieselben Bestimmungen sind gemäß Art. 24ter EGG, eingeführt durch BG vom 6. Oktober 1972 über Änderungen des bäuerlichen Zivilrechts, entsprechend auf Pachtverhältnisse über landwirtschaftliche Betriebe oder Grundstücke anwendbar.

4. Die gesetzliche Regelung der vorzeitigen Auflösung des Pachtverhältnisses stimmt im Grundsatz mit den entsprechenden Bestimmungen über das Mietverhältnis überein. Der persönliche Charakter der Pacht zeigt sich aber auch hier in einigen besonderen Vorschriften.

Der Pächter ist berechtigt, den Vertrag zu kündigen, wenn ihm der Pachtgegenstand in schlechtem Zustand übergeben wird (Art. 277 Abs. 2 OR) und wenn der Verpächter die ihm zur Last fallenden Hauptreparaturen nicht ausführt (Art. 278 OR).

Der Verpächter hat das Recht, den Vertrag nach erfolgter Mahnung aufzugeben, wenn der Pächter seiner Pflicht in bezug auf die Benützung und Unterhaltung der Sache nicht nachkommt (Art. 294 OR). Eine Kündigung des Vertrages ist damit in folgenden Fällen möglich: der Pächter bewirtschaftet den Pachtgegenstand nicht[1]; er bewirtschaftet ihn zwar, verfährt dabei aber nicht mit der gebotenen Sorgfalt; er nimmt Änderungen an der bisherigen Bewirtschaftung vor; er kommt seiner Verpflichtung, für einen ordentlichen Unterhalt der Sache zu sorgen, nicht nach.

Im Falle der Nichtzahlung des Pachtzinses bei Fälligkeit, gleichgültig, ob er aufgrund des Vertrages im voraus oder erst am Ende der betreffenden Frist zahlbar ist, muß der Verpächter, der den Vertrag zu kündigen beabsichtigt, in gleicher Weise wie bei einem Mietverhältnis vorgehen. Er muß dem Pächter eine Nachfrist von sechzig Tagen setzen und ihm gleichzeitig androhen, daß, sofern der rückständige Pachtzins innert dieser Frist nicht bezahlt werde, das Pachtverhältnis mit deren Ablauf aufgelöst sei. Diese Bestimmung ist zwingendes Recht (Art. 293 OR).

Das besondere Verfahren der Art. 282 ff. SchKG (Betreibung von Miet- und Pachtzinsen) und das kantonalrechtliche Ausweisungsverfahren stehen dem Verpächter in gleicher Weise wie dem Vermieter offen (vgl. oben § 37, 4 A).

Der Konkurs des Pächters führt, im Unterschied zum Konkurs des Mieters, ipso iure mit der Konkurserkenntnis zum Erlöschen des Pachtverhältnisses (Art. 295 Abs. 1 OR; Art. 175 SchKG). Die Konkursmasse des Pächters kann gegen Stellung hinreichender Sicherheiten nur die weitere Durchführung des Vertragsverhältnisses bis zum Ende des bei Konkurseröffnung laufenden Pachtjahres erreichen (Art. 295 Abs. 2 OR). Da das Pachtverhältnis als Folge des Konkurses erlischt, hat der Verpächter keinen Anspruch auf Schadenersatz wegen Nichterfüllung des Vertrages für die Zeit bis zu dessen regulärem Ablauf[2].

Im Falle des Todes des Pächters wird das Pachtverhältnis mit seinen Erben fortgesetzt. Jedoch haben sowohl der Verpächter als auch die Erben des Pächters das Recht, den Vertrag auf das nächste gesetzliche Ziel, allerdings unter Beachtung einer sechsmonatigen Frist, zu kündigen (Art. 297 OR). Die Kündigung wird bei einem gewöhnlichen Pachtverhältnis (Art. 290 Abs. 1 OR) mit Ablauf der sechsmonatlichen Frist und bei einem landwirt-

---

[1] BGE 44 II, 1918, S. 267.
[2] BGE 21, 1895, S. 221.

schaftlichen Pachtverhältnis zu dem vom Ortsgebrauch bestimmten Zeitpunkt (Art. 290 Abs. 2 OR) wirksam, wobei hier eine Kündigungsfrist von sechs Monaten einzuhalten ist (Art. 24bis EGG). Wie bei der Miete muß diese Kündigung auf das nächstmögliche Ziel erfolgen. Sie begründet keinen Anspruch auf Entschädigung.

Das Gesetz gibt den Parteien ebenso wie im Mietrecht die Möglichkeit, den Pachtvertrag aus wichtigen Gründen zu kündigen (Art. 291 OR). Inhaltlich handelt es sich dabei um dasselbe Institut (vgl. oben § 37, 4 E). Die Kündigung ist nur statthaft, wenn die Pacht auf eine bestimmte Anzahl von Jahren abgeschlossen ist. Sie bringt für die kündigende Partei die Verpflichtung mit sich, der anderen Seite Ersatz in Höhe von mindestens einem Jahreszins zu leisten (Art. 291 Abs. 2 OR). Bei landwirtschaftlichen Pachtverhältnissen beträgt die Kündigungsfrist sechs Monate (vgl. Art. 24bis EGG).

5. Anläßlich eines Flurbereinigungsverfahrens (Güterzusammenlegung oder -umlegung) verliert der Verpächter das Eigentum an einzelnen Flurstücken und erhält im Austausch dafür andere. Diese Veränderungen sind im allgemeinen für den Wirtschaftsbetrieb von Vorteil; zumindest wird mit ihnen dieser Zweck verfolgt. Aber es kann auch vorkommen, daß sie Beeinträchtigungen zur Folge haben oder die Voraussetzungen des Wirtschaftsbetriebs verändern. Das kann insbesondere bei solchen Umlegungen der Fall sein, die in Verbindung mit großen Bauvorhaben (Anlage von Straßen, Flughäfen usw.) durchgeführt werden. Unter diesen Umständen kann jede Partei das Pachtverhältnis ohne Entschädigung auf das Ende des laufenden Pachtjahres kündigen (Art. 296 OR).

§ 47. Die Auseinandersetzung bei Beendigung des Pachtverhältnisses

Grundsätzlich gleichen sich die gegenseitigen Pflichten der Vertragsparteien einer Miete und einer Pacht bei Beendigung des Vertragsverhältnisses (vgl. oben § 38). Der Pächter hat den Pachtgegenstand und die Inventarstücke zurückzuerstatten (Art. 298 Abs. 1 OR). Dem Verpächter obliegt es, den Zustand der Sache zu überprüfen oder überprüfen zu lassen und dem Pächter die Verschlechterungen anzuzeigen, für die er ihn haftbar zu machen gedenkt[1].

---

[1] BGE 26 II, 1900, S. 85, 89.

Die normale Abnutzung des Pachtgegenstandes und der Inventarstücke geht zu Lasten des Verpächters (Art. 296 Abs. 1 und Art. 299 Abs. 2 OR). Der Pächter haftet demgegenüber für die Schäden, die über den Umfang einer normalen Abnutzung hinausgehen, es sei denn, er weist nach, daß ihn kein Verschulden trifft. Mit dieser Einschränkung haftet er ebenso für die Verschlechterungen des Pachtgegenstandes; diese Haftung ist der Ausfluß seiner Unterhaltungspflicht (Art. 298 Abs. 2 OR).

Wenn ein Pachtverhältnis über eine unbewegliche Sache Inventarstücke einschließt, die bei ihrer Überlassung an den Pächter abgeschätzt wurden, so hat der Pächter für ihren Untergang einzutreten, es sei denn, dieser beruht auf höherer Gewalt oder auf dem Verschulden des Verpächters (Art. 299 Abs. 2 OR); desgleichen haftet er für den Schaden, der über den Umfang einer normalen Abnutzung hinausgeht (Art. 299 Abs. 1 OR).

Am Pachtgegenstand vorgenommene Verbesserungen, die aus der gehörigen Bewirtschaftung durch den Pächter aufgrund seiner Unterhaltungspflicht hervorgegangen sind, begründen keinen Ersatzanspruch (Art. 298 Abs. 3 OR). Wenn diese Verbesserungen dagegen über die Grenzen der Verpflichtung des Pächters hinausgehen, kann er entsprechend dem Umfang der bleibenden Bereicherung des Verpächters Ersatz fordern; denn in diesem Fall handelt es sich nicht mehr um eine Forderung aus Vertrag, sondern um eine Anwendung der Vorschriften über die ungerechtfertigte Bereicherung[2].

Die im Inventar verzeichneten beweglichen Sachen hat der Pächter nach Gattung und Schätzungswert zurückzuerstatten (Art. 299 Abs. 1 OR). Folglich läßt das Gesetz den Pächter die Wertminderung, die durch die normale, aber auch die über das übliche Maß hinausgehende Abnutzung eintritt, sowie, außer im Fall höherer Gewalt (Art. 299 Abs. 2 OR), die Gefahr des Untergangs tragen. Der Pächter ist also zum Unterhalt und zur Erneuerung des Inventars als Ausfluß seiner Pflicht, für eine nachhaltige Ertragsfähigkeit des Pachtgegenstandes zu sorgen, verpflichtet. Wenn die zum Inventar gehörenden Gegenstände einen Schätzungswert haben, der über dem im ursprünglichen Inventar ausgewiesenen Wert liegt, kann der Pächter entsprechenden Ersatz fordern, soweit dieser Mehrwert als Ergebnis seiner Arbeit und eigener Investitionen zu betrachten ist (Art. 299 Abs. 3 OR).

Endet ein landwirtschaftliches Pachtverhältnis zu einem Zeitpunkt, in dem die Ernte noch nicht eingebracht ist, so stehen dem Pächter die noch nicht eingesammelten Feldfrüchte nicht zu (Art. 300 Abs. 1 OR). Diese Erträgnisse kommen also dem Verpächter zugute. Da sie aber auf die Arbeit und die Ausgaben des Pächters zurückgehen, hat dieser einen Anspruch auf Ersatz

---

[2] BGE 75 II, 1949, S. 38, 46 = Pra 38 Nr. 140; BGE 93 II, 1967, S. 97, 110 = Pra 56 Nr. 128.

der Verwendungen, die er im Hinblick auf die Ernte, die bei Beendigung des Pachtverhältnisses noch nicht eingebracht ist, gemacht hat. Mangels besonderer Abmachung wird die Höhe der Vergütung nach billigem Ermessen vom Richter festgesetzt (Art. 300 Abs. 2 OR). Sie darf den Betrag der letzten Pachtrate nicht übersteigen, kann aber, entgegen dem Wortlaut von Art. 300 Abs. 2 OR, auch anders als im Wege der Anrechnung auf den Pachtzins, nämlich nach den Vorschriften über die ungerechtfertigte Bereicherung, geltend gemacht werden[3].

Außerdem muß der Pächter eines landwirtschaftlichen Betriebes die für die weitere Bewirtschaftung notwendigen Vorräte an Dürrfutter, Stroh, Streue und Dünger zurücklassen (Art. 301 Abs. 1 OR). Der Umfang dieser Verpflichtung richtet sich nach den Erfordernissen einer normalen und ordentlichen Bewirtschaftung. Da diese Pflicht hiermit unmittelbar zusammenhängt, ist sie in natura zu erfüllen. Der Pächter oder im Konkursfalle die Masse kann sich nicht durch eine Barzahlung befreien[4]. Eine Auseinandersetzung findet statt, je nachdem ob der Pächter bei Antritt der Pacht mehr oder weniger empfangen hat (Art. 301 Abs. 2 OR).

§ 48. Viehpacht und Viehverstellung

Wenn das Pachtverhältnis nicht nur Liegenschaften, sondern auch Vieh zum Gegenstand hat, finden die pachtrechtlichen Vorschriften auf den gesamten Inhalt des Vertrages, mit Einschluß des Viehs, Anwendung. Wenn der Pachtvertrag hingegen lediglich auf Vieh, also nutzbare Sachen, lautet, so spricht man von Viehpacht und Viehverstellung. Die rechtliche Behandlung dieser besonderen Art von Pacht bestimmt sich nach dem Ortsgebrauch oder, wenn ein solcher fehlt, nach den Vereinbarungen der Parteien. Das Gesetz enthält hierzu einige subsidiäre Bestimmungen; im übrigen sind die Vorschriften über den Pachtvertrag entsprechend anwendbar.

Im Gegensatz zum französischen Text des OR (bail à cheptel) wird in der deutschen und italienischen Fassung zwischen Viehpacht (affito di bestiame) und Viehverstellung (socciala) unterschieden. Im ersten Fall überwiegt das Interesse des Pächters am Vertragsverhältnis wegen der ihm zustehenden Nutzungen; im zweiten Fall ist dem Versteller mehr am Vertrag gelegen, da die Nutzungen nur die Pflegekosten decken. Abgesehen von dieser eher terminologischen Unterscheidung unterliegen die Viehpacht und Viehverstellung denselben Bestimmungen.

---

[3] BGE 55 II, 1929, S. 266 = Pra 18 Nr. 150.
[4] BGE 29 II, 1903, S. 669, 675.

Bei der Viehpacht und Viehverstellung hat der Einsteller das Recht auf Nutzung des eingestellten Viehs; so stehen ihm zum Beispiel die Milch, die Jungen der Tiere, die Wolle der Schafe usw. zu (Art. 302 Abs. 1 OR). Er ist verpflichtet, das eingestellte Vieh zu füttern und zu pflegen (Art. 302 Abs. 2 OR). Diese Verpflichtung ist jedoch auf die gewöhnliche Pflege begrenzt; für außerordentliche Pflegekosten kann er vom Versteller Ersatz verlangen (Art. 303 Abs. 2 OR).

Der Einsteller haftet grundsätzlich für den Schaden, der dem Vieh widerfährt; von dieser Verpflichtung kann er sich befreien, indem er beweist, daß ihn kein Verschulden trifft (Art. 303 Abs. 1 OR). Die Gefahr eines zufälligen Schadens trägt damit der Versteller als Eigentümer.

Der Einsteller schuldet dem Versteller einen Zins, der entweder in einem bestimmten Geldbetrag oder in einem Teil der Nutzung bestehen kann und in bar oder in natura zu entrichten ist (Art. 302 Abs. 2 OR).

Hinsichtlich der Vertragsdauer sowie der Kündigungsziele und -fristen verweist das Gesetz ebenfalls auf den Ortsgebrauch und auf die vertragliche Regelung. Subsidiär erklärt es eine Kündigung auf einen beliebigen Termin und ohne Fristen für zulässig, allerdings mit der Einschränkung, daß sie in guten Treuen und nicht zur Unzeit zu geschehen hat (Art. 304 OR). Hierunter ist insbesondere ein Kündigungsziel zu verstehen, das mit den Besonderheiten der Haltung und Nutzung des Viehs unvereinbar ist. Dies wäre zum Beispiel der Fall, wenn der Versteller in einem Augenblick kündigt, in dem der Einsteller um ein Erzeugnis des Viehs gebracht würde, oder wenn der Einsteller zu einer Zeit kündigt, in der der Versteller nicht die zur weiteren Nutzung des Viehs erforderlichen Vorkehrungen treffen könnte.

In der Praxis spielen die Viehpacht und die Viehverstellung in erster Linie bei den Viehsömmerungsverträgen eine Rolle. Dem Ortsgebrauch, auf den das Gesetz ausdrücklich verweist, kommt hier eine entscheidende Bedeutung zu, und zwar sowohl zwischen Versteller und Einsteller als auch im Verhältnis zwischen verschiedenen Verstellern, deren Vieh auf derselben Weide sömmert.

Die Terminologie ist von Kanton zu Kanton, bisweilen sogar innerhalb desselben Kantons, verschieden. Im waadtländischen Jura wird der Verpächter (und Einsteller) amodiataire genannt; im Wallis kennt man die Alpengenossenschaft[1].

Wirft das Vieh keine Nutzungen ab, so handelt es sich nicht um einen Viehpacht- bzw. Viehverstellungsvertrag, da ein wesentliches Merkmal des

---

[1] Zu diesem Gebiet gibt es verschiedene Monographien; vgl. z.B. E. THILO, Les consortages du Lötschental, JT 1928 I, S. 418–421; I. GRÜNENFELDER, Die Privatalpkorporationen des Bezirkes Sargans, Mels 1941; P. HUGGER, Hirtenleben und Hirtenkultur im Waadtländer Jura, Basel 1972 (franz. Übersetzung, Lausanne 1975).

Pachtvertrags, die Überlassung einer nutzbaren Sache, nicht gegeben ist. Es liegt vielmehr ein gemischter Vertrag mit Auftrags- und Hinterlegungsvertragselementen vor. Das trifft insbesondere bei Verträgen über die Sömmerung jungen oder nicht nutzbaren Viehs zu[2].

---

[2] Vgl. K. LANG, Zur Rechtsnatur des Viehsömmerungsvertrags, SJZ 70, 1975, S. 279 f., mit Rechtsprechungsnachweisen. Vgl. zur Haftung des Aufbewahrers den öffentlich-rechtlichen Entscheid des BGer vom 18. Mai 1960 (nicht veröffentlicht in der AS, jedoch teilweise wiedergegeben in SJZ 57, 1961, S. 192, Nr. 4).

Dritter Abschnitt

Die Gebrauchsleihe

Literatur:

BECKER, Berner Kommentar, Art. 305 ff.; OSER/SCHÖNENBERGER, Zürcher Kommentar, Art. 305 ff.; E. SCHMID, Zürcher Kommentar (SCHÖNENBERGER/ JÄGGI); GUHL/MERZ/KUMMER, S. 372 ff.; G. BROSSET, Gebrauchsleihe, SJK Nr. 752; P. DE MURALT, Le prêt à usage en droit allemand et en droit suisse, Diss. Lausanne 1923.

§ 49. Vertragsinhalt

Inhalt des Gebrauchsleihevertrages ist die Überlassung einer Sache zu unentgeltlichem Gebrauch. Abgesehen vom Merkmal der Unentgeltlichkeit hat die Gebrauchsleihe eine Funktion, die derjenigen von Miet- und Pachtverträgen sehr nahe kommt. Infolgedessen ist es nicht überraschend, daß sie ähnlichen Vorschriften unterliegt und dogmatisch zur selben Gruppe von Verträgen gerechnet wird (vgl. oben § 27).

Das OR behandelt wie das französische Zivilgesetzbuch, das BGB und das italienische Zivilgesetzbuch die Gebrauchsleihe im selben Titel wie das Darlehen. Dabei handelt es sich um ein Erbe aus dem römischen Recht, welches das commodatum bei der Leihe einstufte, wobei dieses als der Vertrag definiert wurde, aufgrund dessen der «accipiens» in bestimmter Weise eine Sache gebrauchen konnte, die ihm unentgeltlich zu diesem Zweck überlassen worden war (Dig. XIII, 6, Commodati vel contra)[1].

Die Gebrauchsleihe wird in Art. 305 OR definiert als der Vertrag, durch den sich der Verleiher verpflichtet, dem Entlehner eine Sache zu unentgeltlichem Gebrauch zu überlassen, und der Entlehner, dieselbe Sache nach gemachtem Gebrauch dem Verleiher zurückzugeben. Von der Miete unterscheidet sich die Gebrauchsleihe durch das Merkmal der Unentgeltlichkeit. Gleichwohl stellt sie einen Vertrag dar, durch dessen Abschluß Verpflichtungen auf beiden Seiten begründet werden.

Im römischen Recht unterschied man zwischen «commodatum» und «precarium», einem Vertragsverhältnis, in dem es dem Verleiher freistand, die Sache jederzeit nach Belieben zurückzufordern (Dig. XLIII, 26, De Precario)[2]. Im schweizerischen Recht ist davon auszugehen, daß

---

[1] Vgl. M. KASER, Das römische Privatrecht, 2. Aufl., München 1962, S. 533.
[2] KASER, a.a.O., S. 388.

Verträge dieser Art, die häufig vorkommen und die man in der Praxis zum Teil als Gefälligkeitsverträge oder mit ähnlichen Wendungen bezeichnet, rechtlich Gebrauchsleiheverträge sind, welche gemäß Art. 309 OR jederzeit beendigt werden können.

Die wesentlichen Merkmale der Gebrauchsleihe sind folgende:

a) Die Überlassung einer Sache zum Gebrauch. Da die Gebrauchsleihe im Unterschied zur Leihe (commodatum), bei der es sich um einen Realvertrag handelte, ein Konsensualvertrag ist, begründet bereits der Vertragsabschluß für den Verleiher die Verpflichtung, die Sache dem Entlehner gemäß den Vertragsbestimmungen zu überlassen.

b) Der Gebrauchsleihevertrag hat eine körperliche, bewegliche oder unbewegliche, nutzbare oder nicht nutzbare Sache zum Gegenstand. Deswegen tauchen bei der Gebrauchsleihe ähnliche Probleme wie bei der Miete und der Pacht auf, die durch entsprechende Anwendung der Vorschriften über den einen oder anderen dieser Vertragstypen gelöst werden können.

Fraglich ist, ob Gegenstand eines Gebrauchsleihevertrages auch ein nutzbares Recht sein kann, wie dies bei einem Pachtverhältnis möglich ist. Trotz des Wortlauts von Art. 305 OR scheint die insofern bestehende Ähnlichkeit mit einem Pachtverhältnis darauf hinzudeuten, daß eine Nutzleihe als zulässig anzusehen ist.

c) Von der Miete und der Pacht unterscheidet sich die Gebrauchsleihe grundlegend durch ihre Unentgeltlichkeit. Dieses Merkmal liegt vor, wenn der Entlehner dem Verleiher für die Überlassung der Sache keine Gegenleistung schuldet. Wird also im Vertrag bestimmt, daß der Entlehner eine solche Leistung zu erbringen hat, so handelt es sich in Wahrheit um eine Miete oder Pacht, nicht aber um eine Gebrauchsleihe.

Unentgeltlichkeit bei der Gebrauchsleihe bedeutet nicht, daß den Entlehner keinerlei Verpflichtung trifft, gegebenenfalls auch Kosten zu tragen, die im Zusammenhang mit der Leihe auftreten können. So gehen die Kosten für die gewöhnliche Erhaltung der geliehenen Sache vielmehr zu seinen Lasten (Art. 307 OR).

Es kommt häufig vor, daß eine Sache einer Partei überlassen wird, ohne daß sie hierfür einen Mietzins zu zahlen hat, daß sie aber laut Vertrag Leistungen, die über die gewöhnliche Erhaltung hinausgehen, wie zum Beispiel außergewöhnliche Arbeiten (Hauptreparaturen oder Umbauten), übernehmen muß, die dem Verleiher bei Beendigung des Vertragsverhältnisses entschädigungslos zugutekommen sollen. Problematisch ist, ob es sich in solchen Fällen noch um eine Gebrauchsleihe oder bereits um eine Miete oder Pacht handelt. Diese Frage stellt sich nur für den Fall, daß der Entlehner verpflichtet ist, diese Arbeiten auszuführen; wenn nämlich lediglich vereinbart wurde, daß der Verleiher den Nutzen der Verbesserungen haben soll, die der Entlehner während der Dauer des Vertragsverhältnisses an der Sache vorgenommen hat, ohne jedoch hierzu verpflichtet zu sein, so liegt noch ein Fall der Gebrauchsleihe vor, wobei nur die dispositive Vorschrift des Art. 307 OR vertraglich abgeändert worden ist. Wenn hingegen der Entlehner zur Ausführung bestimmter Arbeiten verpflichtet ist und der Wert der Sache bei Ende des Vertragsverhältnisses hierdurch in dauerhafter Weise erhöht wurde, muß man von einer Miete ausgehen, bei der eben diese Verwendungen den Mietzins darstellen.

d) Der Kreis der Gegenstände, auf die sich die Gebrauchsleihe beziehen kann, unterliegt keiner Einschränkung. Im gewöhnlichen Leben kommt die Gebrauchsleihe tagtäglich vor, mag nun ein Buch, ein Werkzeug, ein Möbelstück oder ein Fahrzeug verliehen werden.

<small>So wurde entschieden, daß eine Gebrauchsleihe vorliegt, wenn ein Ehemann seiner Frau Familienschmuck zum Tragen überläßt[3].</small>

Auch im Geschäftsleben kommt die Gebrauchsleihe häufig vor, so etwa bei unentgeltlicher Überlassung von Wertpapieren, die für eine Schuld des Verleihers verpfändet werden sollen[4], oder von Aktien als Sicherheit für die Geschäftsführung eines Mitglieds der Verwaltung einer Aktiengesellschaft durch einen anderen Aktionär (Art. 707 Abs. 3 und 709 Abs. 2 OR).

Bei unbeweglichen Sachen können Gegenstand eines Gebrauchsleihevertrages Räume, wie z.B. eine Wohnung, ein Ferienhaus, Geschäftsräume oder Werkstätten, aber auch unbebaute Grundstücke (Überlassung einer Parkfläche[5] oder des Grund und Bodens, der für die Errichtung einer Zapfsäule für Benzin und eines Vorratsbehälters erforderlich ist[6]) und schließlich sogar Landwirtschaftsbetriebe[7] sein.

§ 50. Rechte und Pflichten der Parteien

1. Als Konsensualvertrag begründet die Gebrauchsleihe mit Abschluß des Vertrages die Verpflichtung für den Verleiher, dem Entlehner die Sache zu dem vereinbarten Gebrauch und für die vorgesehene Dauer zu überlassen (Art. 305, 309 Abs. 1 OR).

---

[3] BGE 85 II, 1959, S. 70 = Pra 48 Nr. 100.
[4] ObGer Zürich, BlZR 45, 1946, S. 210, Nr. 119.
[5] KtGer St. Gallen, SJZ 68, 1972, S. 222, Nr. 103.
[6] AppGer Bern, ZBJV 84, 1948, S. 235.
[7] BGE 75 II, 1949, S. 38, 45 = Pra 38 Nr. 140.

Es stellt sich die Frage nach dem Umfang der Gewährleistungspflichten des Verleihers. Es ist davon auszugehen, daß er dem Entlehner in jedem Fall für versteckte Mängel, die der Sache anhaften und die ihm bekannt waren, einstehen muß (vgl. Art. 1891 CCfr.). Wenn diese Mängel also beim Entlehner einen Schaden verursachen, so haftet der Verleiher.

Hinsichtlich der erkennbaren Mängel, die der Entlehner kannte, trifft den Verleiher hingegen keine Haftpflicht. Diese Mängel können den Entlehner höchstens berechtigen, das Vertragsverhältnis unverzüglich durch Rückgabe der Sache zu beenden.

2. Mit Vertragsabschluß erwirbt der Entlehner das Recht, die Überlassung der Sache zu dem vereinbarten Gebrauch und für die vertraglich festgelegte Dauer zu verlangen.

Er ist berechtigt, die Sache zu gebrauchen. Seine Rechtsstellung stimmt hier mit der des Mieters überein. Der Entlehner darf die Sache nur zum vereinbarten Gebrauch benutzen; fehlt es an einer solchen Vereinbarung, so darf er von der Sache nur denjenigen Gebrauch machen, der sich aus ihrer Beschaffenheit oder Zweckbestimmung ergibt (Art. 306 Abs. 1 OR). Seinem Gebrauchsrecht entspricht die Pflicht, die Sache mit aller gebotenen Sorgfalt und Umsicht zu behandeln. Ebenso muß er für die laufende Erhaltung aufkommen (Art. 307 Abs. 1 OR). Auch in diesem Punkt stimmen seine Pflichten mit denen des Mieters überein. Wenn also während des Vertragsverhältnisses dringende Reparaturen an der Sache vorgenommen werden müssen, so hat der Entlehner dem Verleiher hiervon Anzeige zu machen. Führt der Entlehner die notwendigen Reparaturen selbst aus, so ist er berechtigt, Ersatz zu fordern (Art. 307 Abs. 2 OR).

Für den Fall, daß mehrere eine Sache gemeinschaftlich entlehnen, ordnet das Gesetz schließlich eine solidarische Haftung der Entlehner an (Art. 308 OR).

§ 51. Die Beendigung des Vertragsverhältnisses

Aufgrund der Unentgeltlichkeit der Gebrauchsleihe ist der Entlehner befugt, die Sache jederzeit dem Verleiher zurückzugeben. Dabei ist allenfalls zu beachten, daß die Rückgabe in guten Treuen und nicht zur Unzeit zu geschehen hat; dies entspricht einem allgemeinen Grundsatz, der beim Auftrag (Art. 404 Abs. 2 OR) oder auch, wie wir soeben sahen, bei der Viehpacht und Viehverstellung (Art. 304 Abs. 2 OR) zum Ausdruck kommt.

Das Vertragsverhältnis endigt automatisch, also ohne Kündigung, mit Ablauf der vereinbarten Zeit oder sobald der Entlehner den vertragsmäßigen Gebrauch gemacht hat (Art. 309 Abs. 1 OR).

Wenn weder über die Dauer noch über den Gebrauch eine Vereinbarung vorliegt, kann der Verleiher den Vertrag jederzeit kündigen (Art. 310 OR). Aufgrund der Unentgeltlichkeit der Leihe ist der Verleiher im übrigen ermächtigt, den Vertrag vor dem vereinbarten Fälligkeitszeitpunkt zu kündigen, wenn er selbst wegen eines unvorhergesehenen Falles der Sache für eigene Zwecke dringend bedarf (Art. 309 Abs. 2 a.E. OR). Die persönliche Ausprägung des Vertragsverhältnisses hat schließlich zur Folge, daß dieses mit dem Tode des Entlehners endigt (Art. 311 OR).

Bei Beendigung des Vertrages ist der Verleiher berechtigt, die Rückgabe der Sache zu verlangen. Es handelt sich um einen vertraglichen Herausgabeanspruch gegen den Entlehner, der unabhängig von sonstigen Klagemöglichkeiten besteht, auf die sich der Verleiher, etwa als Eigentümer oder Nutznießer der verliehenen Sache, berufen kann.

Eine etwa erforderliche Auseinandersetzung zwischen den Parteien wird in entsprechender Anwendung der miet- und pachtrechtlichen Vorschriften durchgeführt[1]. Wenn auch die normale Abnützung zu Lasten des Verleihers geht, so muß der Entlehner doch die Sache in guterhaltenem Zustand oder, bei einer nutzbaren Sache, im Zustand nachhaltiger Ertragsfähigkeit zurückgeben. Der Entlehner hat seinerseits Anspruch auf Ersatz der außerordentlichen Verwendungen, die er im Interesse des Verleihers gemacht hat (Art. 307 Abs. 2 OR).

Er kann ebenfalls einen Ausgleich für den Wertzuwachs fordern, den die Sache durch eine über den Umfang seiner Pflichten hinausgehende Pflege erfahren hat. Die Höhe dieser Entschädigung wird nach den Vorschriften über die ungerechtfertigte Bereicherung berechnet[2].

---

[1] BGE 75 II, 1949, S. 38, 48 = Pra 38 Nr. 140.
[2] BGE 75 II, 1949, S. 38, 45 = Pra 38 Nr. 140.

Der Arbeitsvertrag
FRANK VISCHER

Die wichtigsten Veröffentlichungen und Entscheidungen konnten bis Ende August 1975 berücksichtigt werden. Nach Möglichkeit wurde die Gesetzgebung bis Juni 1976 nachgeführt.

Mein ganz besonderer Dank geht an Herrn Dr. Peter Mosimann, der mir bei der Vorbereitung des Manuskripts, bei der Erstellung des Registers und der Lesung der Korrekturen wertvollste Dienste geleistet hat.

Auch Fräulein Dr. Marie-Louise Stamm möchte ich für ihre grossen Vorbereitungsarbeiten am Manuskript meinen herzlichen Dank abstatten.

Allgemeine Literatur zum Arbeitsvertragsrecht

(Die hier und am Eingang einzelner Paragraphen angeführten Werke werden in der Folge nur mit dem Namen des Autors, gegebenenfalls einem zusätzlichen Stichwort zitiert.)

I. Lehrbücher, Kommentare, Aufsätze allgemeinen Inhalts:

Schweiz

H. BECKER, Kommentar zu Art. 184–551 OR, Bern 1934 (Berner Kommentar); H. OSER/W. SCHÖNENBERGER, Kommentar zu Art. 184–418 OR, 2. Aufl., Zürich 1936 (Zürcher Kommentar); E. SCHWEINGRUBER, Kommentar zum Dienstvertrag des schweizerischen Obligationenrechts, 3. Aufl., Bern 1960; DERSELBE, Kommentar zum Arbeitsvertrag des schweizerischen Obligationenrechts (als 5. Aufl. des Kommentars zum Dienstvertrag), Bern/Zürich 1974; DERSELBE, Das Arbeitsrecht der Schweiz, 2. Aufl., Zürich 1951; A. GYSIN, Arbeitsrecht, 2. Aufl., Zürich 1956; W. HUG, Kodifikation und Revision des schweizerischen Arbeitsvertragsrechts, in: Das Arbeitsrecht der Gegenwart, Bd. VI, Berlin 1969, S. 23 ff.; DERSELBE, Arbeitgeberpolitik in der Nachkriegszeit 1948–1967, Bern 1968; DERSELBE, Die Revision des Dienstvertragsrechts, in: St. Galler Festgabe 1965, Bern 1965, S. 187–243; DERSELBE, Das Kündigungsrecht, Zürcher Beiträge, NF 1926/27, Hefte 3 und 4, Aarau 1926/27; DERSELBE, Grundfragen des Arbeitsrechts, Chur 1926; R. JOST, Le droit du contrat de travail et le droit en matière d'assurance-chômage, ARV 23, 1975, S. 73 ff.; M. REHBINDER, Grundriß des schweizerischen Arbeitsrechts, 3. Aufl., Bern 1975; W. SCHÖNENBERGER, Das Verhältnis des Arbeitnehmerschutzrechts zum Dienstvertrag, Verhandlungen SJV 1933, Heft 1; U. STREIFF, Leitfaden zum neuen Arbeitsvertragsrecht, Glattbrugg/Zürich 1972; F. VISCHER, Kritische Stellungnahme zum Revisionsentwurf des Bundesrates vom 25.8.1967 über den Arbeitsvertrag, SJZ 65, 1969, S. 49 ff.; TH. GUHL/H. MERZ/M. KUMMER, Das schweizerische Obligationenrecht, 6. bereinigte Aufl., Zürich 1972 (zit. GUHL/MERZ/KUMMER).

W. BIGLER, Kommentar zum Arbeitsgesetz, 2. Aufl., Bern 1968; W. HUG, Kommentar zum Arbeitsgesetz, Bern 1971; A. RICHARD, Les rapports entre le contrat de travail et la législation protectrice du travail, Verhandlungen SJV 1933, Heft 1; A. GYSIN, Privates und öffentliches Recht im Arbeitsrecht, ZBJV 87, 1951, S. 49 ff.; W. E. HINDERMANN, Leitfaden zum Arbeitsgesetz, Zürich 1966; E. NAEGELI, Einführung in das Arbeitsgesetz, 10 Vorträge, Bern 1966.

E. SCHWEINGRUBER/W. BIGLER, Kommentar zum Gesamtarbeitsvertrag mit Einschluß der Allgemeinverbindlicherklärung, 2. Aufl., Bern/Zürich 1972; A. GYSIN, Probleme des kollektiven Arbeitsrechts, Zürich 1950; R. SCHOOP, Der Gesamtarbeitsvertrag, St. Gallen 1969; E. SCHWEINGRUBER, Entwicklungstendenzen in der Praxis des Gesamtarbeitsvertrags, ZBJV 83, 1947, S. 193 ff.

Deutschland

H. BROX/B. RÜTHERS, Arbeitskampfrecht, Stuttgart 1965; P. HANAU/K. ADOMEIT, Arbeitsrecht, 4. Aufl., Frankfurt a. M. 1972; A. HUECK/H. C. NIPPERDEY, Lehrbuch des Arbeitsrechts, 7. Aufl., 3 Bde., Berlin 1963 bis 1970; DIESELBEN, Grundriß des Arbeitsrechts, 5. Aufl., Berlin/Frankfurt a. M. 1970; W. KASKEL/

H. Dersch, Arbeitsrecht, 4. Aufl., Berlin 1957; W. Maus, Handbuch des Arbeitsrechts, Stand 30.1.1970, Baden-Baden 1971; A. Nikisch, Arbeitsrecht, 3 Bde., Tübingen 1955/56; G. Schaub, Arbeitsrechtshandbuch, München 1972; L. Schnorr von Carolsfeld, Arbeitsrecht, 2. Aufl., Göttingen 1954; A. Söllner, Arbeitsrecht, Stuttgart 1969.

Österreich

F. Bydlinski, Arbeitskodifikation und allgemeines Zivilrecht, Wien 1970; T. Mayer-Maly, Österreichisches Arbeitsrecht, Wien 1969.

Frankreich

A. Brun/H. Galland, Droit du travail, Paris 1958; G.-H. Camerlynck, Traité de droit du travail, Paris 1966; G.-H. Camerlynck/G. Lyon-Caen, Droit du travail, 2. Aufl., Paris 1967; P. Durand, Traité de droit du travail, 3 Bde., Paris 1947–1956; G. Lyon-Caen, Manuel de droit du travail, Paris 1955; J. Rivero/J. Savatier, Droit du travail, 4. Aufl., Paris 1966.

England

F. R. Batt/G. J. Webber, Law of master and servant, 5. Aufl., London 1967; C. D. Drake, Labour Law, London 1969.

U.S.A.

M. Beatty, Labor management, arbitration manual, New York 1960; A. Cox/D. C. Bok, Cases and materials on labor law, 7. Aufl., Brooklyn/New York 1970; M. D. Forkosch, Treatise on labor law, New York 1965; B. Werne, Labor relations: law and practise, 4 Bde., New York 1966–1969; W. M. Wilson, Labor law handbook, Indianapolis 1963.

II. Praxis und Periodika:

Schweiz

Arbeitsrecht und Arbeitslosenversicherung, Mitteilungsblatt des Bundesamtes für Industrie, Gewerbe und Arbeit, Bde. 1 ff., Zürich 1953 ff.; R. Canner, Aus der Rechtsprechung zum Dienstvertragsrecht, Zürich/München, 1. Folge 1971, 2. Folge 1972; Wirtschaft und Recht, Bde. 1 ff., Zürich 1954 ff.; Schweizerische Arbeitgeberzeitung, Bde. 1 ff., Zürich 1906 ff.; Gewerkschaftliche Rundschau, Bde. 1 ff., Bern 1908 ff.

Deutschland

L. Wenzel, Arbeitsrecht, Höchstrichterliche Rechtsprechung, Berlin/Frankfurt a. M. 1966; A. Hueck/H. C. Nipperdey/R. Dietz, Nachschlagewerk des Bundesarbeitsgerichts, Arbeitsrechtliche Praxis, Bde. 1 ff., München u.a. 1950 ff.; H. Meissinger, Die Rechtsprechung des Reichsarbeitsgerichts, 1927–1945, Ausgewählte Entscheidungen in 5690 systematisch geordneten Auszügen, Stuttgart 1958; Entscheidungen des Reichsarbeitsgerichts (RAG), Sammlung nach wichtigen Entscheidungen zeitlich geordnet, herausgegeben von E. Koest, Berlin 1954; Recht der Arbeit, Bde. 1 ff., München 1948 ff.; Das Arbeitsrecht der Gegenwart, Jb. für das gesamte Arbeitsrecht und für die Arbeitsgerichtsbarkeit, Bde. 1 ff., Berlin 1964 ff.; Der Betrieb, Bde. 1 ff., Düsseldorf 1948 ff.

Frankreich

A. BRUN, La jurisprudence en droit du travail, Paris 1967; Droit social, Bde. 1 ff., Paris 1938 ff.

England

K. W. WEDDERBURN, Cases and Materials on Labour Law, Cambridge 1967.

International

Revue Internationale du Travail, Bde. 1 ff., Genève (OIT) 1921 ff.; F. GAMILLSCHEG, Labour Contracts, in: International Encyclopedia of Comparative Law 4, Tübingen/Paris 1975, Vol. III: Private International Law.

Erstes Kapitel

Der Arbeitsvertrag

§ 52. Der Begriff des Arbeitsvertrages

Literatur: ENNECCERUS/LEHMANN, Recht der Schuldverhältnisse, 15. Bearbeitung, Tübingen 1958; J. ESSER, Schuldrecht, Bd. 2, 3. Aufl., Karlsruhe 1969; W. FIKENTSCHER, Schuldrecht, 4. Aufl., Berlin/New York 1973; P. GAUCH, System der Beendigung von Dauerverträgen, Freiburg/Schweiz 1968; KLANG/GSCHNITZER, Kommentar zum Allgemeinen Bürgerlichen Gesetzbuch, Bd. 5, 2. Aufl., Wien 1954; F. GSCHNITZER, Schuldrecht, Bde. 1 und 2, Wien/New York 1963/65; H. F. KOECHLIN, Les aspects juridiques de relation de travail, Paris 1972; K. LARENZ, Lehrbuch des Schuldrechts, Bd. 2, 10. Aufl., München 1972; U. CH. NEF, Temporäre Arbeit, Zürcher Diss., Abh. schweiz. R. 404, Bern 1971; TH. SOERGEL/W. SIEBERT, Kommentar zum BGB, Bd. 3: Schuldrecht II, 10. Aufl., Stuttgart/Berlin/Köln/Mainz 1969; J. v. STAUDINGER, Kommentar zum BGB, Bd. 2, 3. Teil, 11. Aufl., Berlin 1958.

I. Definition

Durch den Arbeitsvertrag verpflichtet sich der Arbeitnehmer auf bestimmte oder unbestimmte Zeit zur Leistung von Arbeit im Dienste des Arbeitgebers und dieser zur Entrichtung eines Lohnes (vgl. die ähnliche Umschreibung in Art. 319 Abs. 1 OR).

II. Dauerschuldverhältnis

Der im schweizerischen OR geregelte Arbeitsvertrag[1] stellt ein doppelseitiges Schuldverhältnis dar, in welchem Arbeit und eine Vergütung (Lohn) gegeneinander ausgetauscht werden. Die gegenseitigen Leistungen des Arbeitsvertrages sind auf die Dauer geschuldet; der Arbeitsvertrag ist deshalb ein Dauerschuldverhältnis[2].

---

[1] Vgl. Bundesgesetz vom 25. Juni 1971 über die Revision des 10. Titels und des Titels 10 bis OR (Der Arbeitsvertrag), in Kraft gesetzt auf 1. Januar 1972.
[2] OSER/SCHÖNENBERGER, Zürcher Kommentar, N. 1–3 zu Art. 319 OR; BECKER, Berner Kommentar, N. 1 und 16 zu Art. 319 OR; Botschaft BBl 1967 II, S. 296; STAUDINGER, Vorbemer-

III. Typische Elemente

Die typischen Elemente des Arbeitsvertrages sind:

a) Der Arbeitnehmer ist verpflichtet, Arbeit zu leisten und dem Arbeitgeber seine Arbeitskraft zur Verfügung zu stellen.

In der Regel hat der Arbeitnehmer diese Verpflichtung persönlich zu erfüllen, wie dies Art. 321 OR in Abänderung von Art. 68 OR ausdrücklich festlegt[3]. Es muß sich um menschliche Arbeit handeln, und zwar im Sinne einer positiven Betätigung (obligatio in faciendi); eine bloße Unterlassung oder ein Dulden genügen nicht[4]. Dieser Grundsatz gilt uneingeschränkt allerdings nur für die Hauptleistung des Arbeitnehmers, für seine Arbeitspflicht. Die während der Dauer des Arbeitsvertrages bestehenden Nebenpflichten und die nach der Beendigung nachwirkenden Pflichten können je nach deren Inhalt auch eine Unterlassungspflicht beinhalten (z. B. Konkurrenzverbot, Art. 340 OR; Wahrung von Geschäfts- und Fabrikationsgeheimnissen, Art. 321 a Abs. 4 OR). Die einzelnen Treuepflichten können sowohl die Pflicht zu einer Unterlassung wie auch zu einem Tun beinhalten (vgl. unten S. 340 ff.).

Die Art der zu leistenden Arbeit ist kein für den Arbeitsvertrag wesentliches Merkmal. Der Begriff «Arbeit» umfaßt nicht etwa eine bloß produktive oder nützliche Arbeit, sondern jede Dienstleistung zur Befriedigung eines Bedürfnisses; es kann sich sowohl um körperliche wie auch um geistige Arbeit handeln[5].

Aus der Umschreibung der Hauptpflicht des Arbeitnehmers folgt: Der Arbeitnehmer haftet nicht für einen bestimmten Erfolg, sondern lediglich für den Einsatz seiner Arbeitskraft. Im Versprechen auf Arbeitsleistung liegt bloß die Zusage einer zur Erreichung des Erfolges geeigneten Tätigkeit, nicht aber die Gewährleistung für den Erfolg[6].

---

kungen zu § 611 BGB, Nr. 2 sowie N.6 und 7 zu § 611 BGB; SOERGEL/SIEBERT, N.40 vor § 611 BGB; HUECK/NIPPERDEY, Lehrbuch, Bd. I, S.115; NIKISCH, Bd. I, S.161; CAMERLYNCK/LYON-CAEN, n° 107; U. CH. NEF, Temporäre Arbeit, S.30; DERSELBE, ZSR 90 I, 1971, S.405ff.; GAUCH, S.12; als Beispiele für Dauerschuldverhältnisse: BGE 93 II, 1967, S.300 und BGE 97 II, 1971, S.399.

[3] Vgl. auch Art. 327 OR in der Fassung von 1911, woraus die Bestimmung unverändert übernommen wurde; s. dazu Botschaft BBl 1967 II, S.299, ebenso für Deutschland § 613 BGB. Vgl. NIKISCH, Bd. I, S.271; BRUN, S.52; BRUN/GALLAND, S.196; ESSER, Bd. II, S.149; GSCHNITZER, Schuldrecht, Besonderer Teil, Bd. 2, S.74; GUHL/MERZ/KUMMER, S.61 und 387; KASKEL/DERSCH, S.135; ADLER/HÖLLER, in: KLANG/GSCHNITZER, N. II/1. zu § 1153 ABGB.

[4] OSER/SCHÖNENBERGER, N.2 zu Art. 319 OR; BECKER, N.8 zu Art. 319 OR; GUHL/MERZ/KUMMER, S.38.

[5] BECKER, N.9 zu Art. 319 OR; CAMERLYNCK/LYON-CAEN, n° 107; STAUDINGER, N.29 zu § 611 BGB; ENNECCERUS/LEHMANN, S.605.

[6] OSER/SCHÖNENBERGER, N.35 zu Art. 319 OR; BECKER, N.11 zu Art. 319 OR; LARENZ,

b) Die Leistung von Arbeit muß auf eine **bestimmte oder unbestimmte Zeit** (Art. 319 Abs. 1 OR, identisch mit Art. 319 Abs. 1 OR, 1911) zugesagt sein. Die Arbeitsleistungen des Arbeitnehmers sind im Rahmen des Dauerschuldverhältnisses in ständiger Wiederkehr zu erbringen. Die Vertragserfüllung erschöpft sich deshalb nicht in einer einmaligen Leistung (wie z.B. bei den Veräußerungsverträgen), sondern in einer zum voraus bestimmten oder noch zu bestimmenden Anzahl wiederkehrender Teilleistungen während eines längeren Zeitraums. Deshalb erlischt das Arbeitsverhältnis auch nicht durch Erfüllung wie bei den Obligationen auf Sachleistung, sondern durch Zeitablauf oder Kündigung.

Leistung von Arbeit auf Zeit bedeutet nur, daß grundsätzlich eine zeitliche Bindung der Arbeit vorhanden sein muß, die normalerweise innerhalb der festgelegten Arbeitszeit erbracht wird[7].

Die zeitliche Bindung wurde in der Judikatur des Bundesgerichtes stets als «élément essentiel» betrachtet. Dabei wird allerdings die Bedeutung des Faktors Zeit überbetont; denn Zeit und Lohn allein sind für die Qualifikation des Arbeitsvertrages noch nicht entscheidend, vielmehr bedarf es zusätzlich der rechtlichen Abhängigkeit (subordination juridique) des Arbeitnehmers vom Arbeitgeber und des Weisungs- und Kontrollrechtes des letzteren[8].

Der Umstand, daß der Arbeitnehmer über seine Zeit frei verfügen kann und darüber keine Kontrolle besteht, spricht in der Regel allerdings gegen das Vorliegen eines Arbeitsvertrages[9].

Nicht notwendig ist, daß die Arbeitszeit des Arbeitnehmers während der Dauer des Vertragsverhältnisses vollständig in Anspruch genommen wird. Vielmehr gilt – auf Grund der ausdrücklichen Regelung in Art. 319 Abs. 2 OR – auch der Vertrag, durch den sich ein Arbeitnehmer bloß zur Teilzeitarbeit im Dienst des Arbeitgebers verpflichtet, als Arbeitsvertrag; so z.B. die Verpflichtung zu regelmäßiger, stundenweiser Arbeit, Halbtagsarbeit usw. Diese Tatbestände der Teilzeitarbeit ließen sich bereits in Abs. 1 von Art. 319 OR einordnen. Ihre ausdrückliche Normierung erfolgte lediglich um der Rechtssicherheit willen[10]. Damit hat der Arbeitnehmer die Möglichkeit, mit verschiedenen Arbeitgebern gleichzeitig Arbeitsverträge einzugehen. Das aus der Treuepflicht resultierende Verbot der sog. Schwarzarbeit (Art. 321a Abs. 3 OR in Verbindung mit Art. 64 ArG) wird relativiert, indem nur solche Arbeitsleistungen

---

S. 198; Esser, S. 139; Fikentscher, S. 459; Enneccerus/Lehmann, S. 602; Gschnitzer, S. 72; G. Gautschi, Nichterfüllung, Haftungsgrund und Haftungsverzicht bei Arbeitsobligationen, in: Festgabe für Karl Oftinger, Zürich 1969, S. 24; Staudinger, Vorbem. zu § 611 BGB, N. 141; Soergel/Siebert, N. 47 vor § 611 BGB.

[7] Nikisch, Bd. I, S. 287 und 664; Staudinger, N. 20 zu § 611 BGB; ähnlich Ph. Heck, Grundriß des Schuldrechts, Tübingen 1929, S. 339.

[8] BGE 90 II, 1964, S. 485; BGE 73 I, 1947, S. 420; BGE 58 II, 1932, S. 375; vgl. auch Becker, N. 26 zu Art. 319 OR; die Kritik dieser Auffassung findet sich in Botschaft BBl 1967 II, S. 294.

[9] Becker, N. 26 zu Art. 319 OR.

[10] Botschaft BBl 1967 II, S. 295.

§ 52 Der Arbeitsvertrag – Typische Elemente

unzulässig sind, die den Arbeitgeber konkurrenzieren oder die Leistungsfähigkeit des Arbeitnehmers während der Arbeitsstunden beeinträchtigen (vgl. unten S. 342)[11].

Das Gesetz stellt Arbeitsverträge, die auf bestimmte oder unbestimmte Zeit eingegangen werden, einander gleich. Allerdings können befristete Arbeitsverträge zur Umgehung von Arbeitnehmerschutznormen führen.

Das Problem stellt sich im deutschen Recht mit seinem umfassend geregelten Kündigungsschutz (insbesondere in Verbindung mit der Mitbestimmung des Betriebsrates bei Kündigungen, vgl. § 102 BetrVG 1972) in besonders pointierter Weise. Kurzfristig begrenzte Arbeitsverträge, die sich aneinanderreihen, können den Arbeitnehmer um den ihm vom Gesetz zugedachten Schutz bringen. Befristete Arbeitsverträge, die gemäß § 620 BGB grundsätzlich zulässig sind, können deshalb unter besonderen Voraussetzungen nach der Rechtsprechung des Bundesarbeitsgerichtes unzulässig sein, in welchem Fall solche Kettenarbeitsverträge weiterbestehen und gegenüber dem Arbeitgeber wie unbefristete Arbeitsverhältnisse wirken. Eine Absicht des Arbeitgebers, die Kündigungsschutznormen zu umgehen, ist nicht erforderlich; es genügt, daß der Kündigungsschutz objektiv vereitelt wird. Befristete Arbeitsverhältnisse bedürfen im deutschen Recht zu ihrer Wirksamkeit eines sachlichen Grundes, der im Einzelfall und unter Berücksichtigung der wirtschaftlichen Verhältnisse zu überprüfen ist (z.B. Probe- oder Aushilfsvertrag, Verträge mit Künstlern, Saisonarbeit, besonderer Wunsch des Arbeitnehmers nach zeitlicher Begrenzung)[12].

Das Problem der Gesetzesumgehung von Arbeitnehmerschutznormen kann sich auch im schweizerischen Recht stellen. Auch in der Schweiz wird ein Arbeitsvertrag in der Regel auf unbestimmte Zeit abgeschlossen; doch ist der befristete Arbeitsvertrag grundsätzlich zulässig, auch wenn er auf den Regelfall nicht zugeschnitten ist. Dabei kann der befristete Arbeitsvertrag, der normalerweise (stillschweigend) verlängert wird, dem Arbeitnehmer eine erhöhte Sicherheit bieten, da während der fest vereinbarten Zeit eine ordentliche Kündigung ausgeschlossen ist.

c) Die Leistung von Arbeit muß **gegen ein Entgelt** (Lohn genannt, Art. 319 Abs. 1 OR) erbracht werden. Dies ist die Gegenleistung und gleichzeitig die Hauptleistungspflicht des Arbeitgebers. Die Vereinbarung einer Vergütung ist ein wesentliches Element des Arbeitsvertrages. Die Vergütung kann in einer Geldleistung oder sonst in einer andern vermögenswerten Leistung bestehen[13]. Im Unterschied zur Frage der Arbeitsleistung ist für die Umschreibung der Lohnzahlungspflicht das Zeitelement nicht begriffs-

---

[11] R. CANNER/R. SCHOOP, Arbeitsgesetz, Zürich 1968, S. 116; E. FECHNER, Probleme der Arbeitsbereitschaft, Tübingen 1963, S. 78; Botschaft BBl 1967 II, S. 300.
[12] LARENZ, S. 217; ENNECCERUS/LEHMANN, S. 631; NIKISCH, Bd. I, S. 673f.; WENZEL, N. 5; SOERGEL/SIEBERT, N. 6–14 zu § 620 BGB; SÖLLNER, S. 228; HANAU/ADOMEIT, S. 204; M. REHBINDER, RdA 24, 1971, S. 211ff.; H. WOLF, Rechtsgeschäftliche Entscheidungsfreiheit und vertraglicher Interessenausgleich, Tübingen 1970, S. 198ff.
[13] OSER/SCHÖNENBERGER, N. 15 zu Art. 319 OR; BECKER, N. 15 zu Art. 319; Botschaft BBl 1967 II, S. 395; STAUDINGER, N. 19 und N. 179ff. zu § 611 BGB; LARENZ, S. 200; ESSER, S. 148; SOERGEL/SIEBERT, N. 82ff. zu § 611 BGB und N. 1 zu § 612 BGB; ENNECCERUS/LEHMANN, S. 605; SCHNORR VON CAROLSFELD, S. 175/76; SCHAUB, S. 222; BRUN/GALLAND, S. 206; BRUN, n° 16; J. CHITTY, The law of Contracts, 23. Aufl., London 1968, Bd. II, S. 642; abweichend: HUECK/NIPPERDEY, Lehrbuch, Bd. I, S. 48 und NIKISCH, Bd. I, S. 94, die den Lohn nicht als wesentliches Merkmal des Arbeitsvertrages auffassen, weil in verschiedenen Fällen ein Arbeitsverhältnis bestehe, ohne daß ein Entgelt dafür entrichtet werde.

bestimmend: Der Vertrag bleibt ein Arbeitsvertrag, auch wenn der Lohn nach Maßgabe der geleisteten Arbeit und nicht nach Zeit berechnet wird (Akkordlohn, Stücklohn etc.)[14].

Erfolgt die Arbeitsleistung unentgeltlich, so liegt in der Regel ein Auftrag (BGE 64 II, 1938, S. 10) oder, wenn die Arbeitsleistung auf keiner Verpflichtung beruht, eine Gefälligkeit vor[15].

Im Rahmen des Arbeitsvertrages ist das Erbringen einer Arbeitsleistung ohne Vergütung nur in sachlich gerechtfertigten Ausnahmefällen zulässig (z.B. Volontäre, freiwillige oder ständige Helfer bei kirchlichen, karitativen oder sozialen Einrichtungen, Rotkreuzschwestern etc.; nicht hingegen Lehrlinge, die für ihre Arbeit grundsätzlich einen Lohnanspruch haben, vgl. Art. 344a Abs. 2 OR). Auf diese Verträge werden die Vorschriften für den Arbeitsvertrag analog angewendet[16].

d) Der Arbeitnehmer hat sich mit Antritt der Stelle der Organisationsgewalt des Arbeitgebers unterzuordnen; er unterstellt sich der Weisungsgewalt des Arbeitgebers und wird dadurch von diesem rechtlich und in der Regel auch wirtschaftlich abhängig. Typisch für den Arbeitsvertrag sind deshalb die Unterstellung unter das Weisungsrecht des Arbeitgebers und die Befolgungspflicht des Arbeitnehmers (Art. 321d OR)[17]. Das Tatbestandsmerkmal einer mehr oder weniger ausgeprägten Abhängigkeit des Arbeitnehmers in seiner funktionellen Stellung ist für den Arbeitsvertrag, besonders in der Frage der Abgrenzung zu anderen Verträgen auf Arbeitsleistung, wesentliches Merkmal[18]. Der Arbeitgeber bestimmt, wann, wie und wo zu arbeiten ist; er verfügt im Rahmen des Arbeitsvertrages über die Arbeitskraft des Arbeitnehmers für seine Zwecke und Bedürfnisse. Dadurch wird dem Arbeitsvertrag das begriffs-

---

[14] Gleicher Meinung KASKEL/DERSCH, S. 117.
[15] OSER/SCHÖNENBERGER, N. 15 zu Art. 319 OR; SOERGEL/SIEBERT, N. 5 zu § 612 BGB; STAUDINGER, N. 8 zu § 612 BGB; ENNECCERUS/LEHMANN, S. 605, mit der Abweichung, die unentgeltliche Dienstleistung begründe ein Schenkungsversprechen; BRUN/GALLAND (S. 208) und BRUN (S. 55/56) bezeichnen die nicht in Erfüllung einer Verpflichtung vorgenommene Arbeitsleistung ebenfalls als «acte spontané de complaisance»; vgl. zum französischen Recht: M. FERID, Das französische Zivilrecht, Bd. I, Stuttgart 1971, S. 725.
[16] OSER/SCHÖNENBERGER, N. 15 zu Art. 319 OR; STAUDINGER, N. 8 zu § 612 BGB; SCHAUB, S. 222; gl. M. LARENZ, S. 200, Anm. 1, mit der Abweichung, daß solche Verträge sui generis seien mit analoger, eingeschränkter Anwendung der Vorschriften des Dienstvertrages; ähnlich KLANG/GSCHNITZER, S. 178, die ein Rechtsgeschäft eigener Art annehmen.
[17] OSER/SCHÖNENBERGER, N. 14 zu Art. 319 OR; HUECK/NIPPERDEY, Lehrbuch, Bd. I, S. 41; SÖLLNER, S. 30; NIKISCH, Bd. I, S. 96; HECK, a.a.O. (Anm. 7), S. 337; CAMERLYNCK, Tome I, n° 31. Dies ist auch die seit langem herrschende Auffassung in der Schweiz; vgl. GYSIN, Arbeitsrecht, S. 17.
[18] Siehe unten S. 333 ff.

notwendige Merkmal des «fremdbestimmten» Arbeitseinsatzes aufgeprägt[19].

IV. Geschichtliches

Soweit Arbeit auf Zeit gegen Vergütung versprochen wird, liegt ein schuldrechtliches Austauschverhältnis vor, das Merkmale eines Interessengegensatzvertrages trägt. Mit dem Antritt der Stelle treten Elemente zum Vertrag, die mehr personeller Natur sind und eine **gegenseitige Interessenwahrung** bedingen. Sie werden insbesondere unter den Begriffen Treuepflicht des Arbeitnehmers und Fürsorgepflicht des Arbeitgebers zusammengefaßt. Inwieweit diese personenrechtlichen Elemente zum Wesen des Arbeitsvertrages gehören, ist kontrovers. Ein kurzer historischer Überblick zeigt m. E., daß sie heute tragende Elemente dieses Dauerschuldverhältnisses sind.

1. Im klassischen römischen Recht stellte der Arbeitsvertrag eine «Dienstmiete» dar (locatio conductio operarum), die ihrerseits eine Untergruppe der locatio conductio war, welche Miete und Pacht, Dienst- und Werkvertrag umfaßte. In den Rechtsquellen spielte die locatio conductio operarum hauptsächlich wegen der verbreiteten Sklavenarbeit eine untergeordnete Rolle; sie konnte aber auch Dienste «höherer» Art umfassen. Sozial gehobene Stände konnten sich jedoch nicht zu einer entgeltlichen Leistung verpflichten. Man nahm in solchen Fällen ein Mandat an, bei dem in der Regel lediglich ein Ehrensold (honorarium) entrichtet wurde, oder es handelte sich bei einem solchen Rechtsgeschäft um eine Gefälligkeit. Damit beschränkte sich die locatio conductio operarum im wesentlichen auf Dienstleistungen freier Handwerker und Taglöhner[20].

In der Zeit vom Mittelalter bis zur Neuzeit gab es kein einheitliches Arbeitsvertragsrecht, sondern Partikularrechte einzelner Berufsgruppen. Innerhalb der Grund- und Gutsherrschaft waren die Arbeitsleistungen persönlich oder dinglich an den «Arbeitgeber» (in der Regel den Inhaber der Grund- und Gutsherrschaft) gebunden. In der Folge vollzog sich die Entwicklung über Mitarbeit und Fronarbeit zu einem Schuldverhältnis, das nur sekundär öffentlich-rechtliche Komponenten enthielt. Die personenrechtliche Über- und Unterordnung, ursprünglich Grundlage des Arbeitsverhältnisses, wurde zu einer Folge des Schuldverhältnisses, das gegenseitige Treue- und Fürsorgepflichten beinhaltete, vor allem wenn der Arbeitnehmer in die Hausgemeinschaft des Arbeitgebers eingegliedert und der Munt unterworfen war. Bei diesem deutschrechtlichen Vertrag bestand kein Zusammenhang mit der römischrechtlichen locatio conductio operarum[21].

---

[19] SÖLLNER, S. 197 f.; SOERGEL/SIEBERT, Vorbem. zu § 611 BGB, N. 9; LARENZ, S. 196; vgl. zum ganzen Problem die kritischen Ausführungen von KUNZE, Bemerkungen zum Verhältnis von Arbeits- und Unternehmensrecht, in: Festschrift für Wolfgang Schilling, Berlin/New York 1973, S. 333 ff.; F. FABRICIUS, Leistungsstörungen im Arbeitsverhältnis, Tübingen 1970, S. 10 ff.

[20] M. KASER, Das römische Privatrecht, 6. Aufl., München 1968, Bd. I, S. 468 und insbes. S. 474/75; P. JÖRS/W. KUNKEL/L. WENGER, Römisches Privatrecht, 3. Aufl., Berlin 1949, S. 238; OSER/SCHÖNENBERGER, Vorbem. zu Art. 319 bis 362 OR, N. 2; vgl. zum Ganzen ausführlich TH. MAYER-MALY, Locatio conductio, Wien 1956; P. OURILAC/J. DE MALAFOSSE, Histoire de droit privé, Tome I, Les obligations, Paris 1969, S. 293.

[21] L. CARLEN, Zur Geschichte des Arbeitsrechts in der Schweiz, ZSR 91, 1972, S. 235 ff.

Bei den Kodifikationen des 19. Jahrhunderts zeigt sich eine Orientierung an der locatio: Das Preussische Allgemeine Landrecht lehnte sich weitgehend an den klassischen Austauschvertrag an. Der Code Civil übernahm die locatio im allgemeinen und die Dienstmiete im besonderen, welche letztere auch heute noch die Grundlage für den Einzelarbeitsvertrag bildet. Daneben hat sich aber in Frankreich ein Sonderrecht der individuellen und kollektiven Arbeitsverhältnisse gebildet, das im Code de Travail seinen Niederschlag gefunden hat[22].

Das österreichische ABGB von 1811 enthielt einen «Lohnvertrag», der sowohl Werk- wie Dienstvertrag umfaßte und streng auf dem Standpunkt der Vertragsfreiheit (d.h. ohne Schutznormen zugunsten des Arbeitnehmers) stand[23]. In der Pandektistik wurde der Arbeitsvertrag, praktisch unverändert aus dem römischen Recht übernommen, immer noch als Subspecies der Miete, d.h. als Dienstmiete qualifiziert[24].

Das BGB stand noch weitgehend auf dem Boden des freien Arbeitsvertrages, der der Grundhaltung des Liberalismus entsprach und sich weitgehend an der «Dienstmiete» orientierte. Die Wissenschaft beschäftigte sich zunächst nur am Rande mit dem Problem des Arbeitsvertrages, dessen Regelung auf einer rein individualistischen Grundlage erfolgte. Am nachdrücklichsten wandte sich OTTO VON GIERKE[25] gegen diese individualistische Konzeption und führte den Dienstvertrag des BGB auf den «Treuedienstvertrag» des germanischen Rechts zurück, eine These, die jedoch einer genaueren Nachprüfung nicht standhält[26]; gleichwohl kommt GIERKE das Verdienst zu, dem Arbeitsrecht neue Impulse und Einsichten vermittelt und auf die soziale Frage hingewiesen zu haben[27]. Auch in Deutschland entwickelte sich in der Folge, nicht zuletzt wegen einer falsch verstandenen Privatautonomie, außerhalb des BGB ein selbständiges Arbeitsrecht, das in zahlreichen Gesetzen kodifiziert ist, in seinen Hauptzügen jedoch durch die Gerichtspraxis geformt wird. Heute ist das Arbeitsrecht aus dem BGB praktisch ausgegliedert[28].

2. In allen industrialisierten Staaten hat sich in neuerer Zeit der Arbeitsvertrag von den römisch- bzw. tauschrechtlichen Grundlagen entfernt. Ein freier Arbeitsmarkt als Grundlage einer tauschvertragsrechtlichen und rein individualistischen Konzeption bestand angesichts der ökonomischen und politischen Struktur seit dem 18. Jahrhundert in weitem Umfang nicht. Die Folgen waren eine Kollektivierung des Arbeitsangebots und eine paritätische Aushandlung des Vertragsinhaltes[29]. Dadurch wurde auf den Inhalt der Rechtsbeziehung wesentlich Einfluß genommen. Auch im Einzelarbeitsvertrag wurde die gegenseitige Interessenwahrung ein wesentliches Strukturelement, und zwar in stärkerem Maße, als sie Dauerverträgen ohnehin eigen ist. Die Abkehr von der rein individualistischen, tauschrechtlichen Konzeption des Arbeitsvertrags und der Einbezug mehr personenbezogener Elemente gehen parallel mit der Entwicklung des klassisch liberalen Staates zum Sozialstaat.

Das Arbeitsrecht war und wird einem stetigen Wandel unterworfen sein, der sich nach den jeweiligen Sozialwertentscheidungen richten wird, welche über das Kollektivarbeitsrecht – dem gleichsam eine Durchgangs-

---

[22] CAMERLYNCK, Tome I, nos 1–4; vgl. auch KŒCHLIN, S. 25–35.
[23] KLANG/GSCHNITZER, Dienstvertrag, Vorbem., N. 4.
[24] B. WINDSCHEID/TH. KIPP, Lehrbuch des Pandektenrechts, 9. Aufl., Frankfurt 1906, Bd. II, S. 744 ff.
[25] Der Entwurf eines bürgerlichen Gesetzbuches und das deutsche Recht, Leipzig 1889, S. 245 ff.
[26] H. E. ISELE, Die Bedeutung Otto von Gierkes für das moderne Arbeitsrecht, in: Festschrift Maridakis, Athen 1963, Bd. II, S. 285 ff.
[27] Vgl. zum Ganzen A. SÖLLNER, Der Arbeitsvertrag im 19. Jahrhundert, in: Studien zur europäischen Rechtsgeschichte, Frankfurt a/M 1972, S. 288–303; G. BERNERT, Arbeitsverhältnisse im 19. Jahrhundert, Marburg 1972.
[28] K. LARENZ, Allgemeiner Teil des deutschen Bürgerlichen Rechts, 2. Aufl., München 1972, S. 43 ff.
[29] SCHNORR VON CAROLSFELD, S. 39 ff; CAMERLYNCK/LYON-CAEN, nos 6 und 9.

funktion zukommt – in einer gesetzlichen Regelung oder in der Judikatur Eingang finden werden. Dem Arbeitsrecht ist deshalb ein dynamischer Zug eigen [30].

§ 53. Arten und Quellen der arbeitsvertraglichen Regelungen

I. Der Einzelarbeitsvertrag

1. Der Einzelarbeitsvertrag ist das zwischen dem Arbeitnehmer und Arbeitgeber abgeschlossene Rechtsverhältnis. Er ist im ersten Abschnitt des 10. Titels OR (Art. 319–343) geregelt. Das Rechtsverhältnis ist durch die Revision, die am 1.1.1972 in Kraft getreten ist, vollständig neu normiert worden.

Der Dienstvertrag ist erstmals eidgenössisch im OR von 1881 durch 12 Artikel geregelt worden. Leitender Gedanke war die Vertragsfreiheit. Die Gestaltung des Dienstverhältnisses wurde, von wenigen Ausnahmen abgesehen, grundsätzlich der freien Vereinbarung der Parteien überlassen. Die Revision des OR von 1911 führte zu einer vollständigen Umgestaltung des Dienstvertragsrechtes, das nunmehr 44 Artikel umfaßte. Zwar wurde die Vertragsfreiheit als Grundsatz ausdrücklich beibehalten, diese jedoch zum Schutze des Dienstleistenden durch zahlreiche zwingende Bestimmungen eingeschränkt. Für bestimmte Dienstverhältnisse, wie das Dienstboten- und Gesellenverhältnis, das landwirtschaftliche Dienstverhältnis mit Hausgemeinschaft, das Lehrverhältnis, wurden im OR Sondervorschriften aufgestellt. Zudem wurden in Spezialgesetzen für bestimmte Arten von Dienstverhältnissen Sonderregelungen getroffen.

Schon das Fabrikgesetz von 1877 kannte außer den gewerbepolizeilichen Anordnungen dienstvertragliche Vorschriften. Das revidierte Fabrikgesetz von 1914 enthielt eine Reihe vertraglicher Spezialbestimmungen.

Das KUVG von 1911 schränkte den Anwendungsbereich von Art. 335 aOR über die Lohnzahlungspflicht des Dienstherrn bei Geldleistungen einer anerkannten Krankenkasse oder der Schweizerischen Unfallversicherungsanstalt bei Krankheit und Unfall ein.

Privatrechtliche Spezialbestimmungen enthielt das Bundesgesetz vom Jahre 1940 über die Heimarbeit. Das Bundesgesetz von 1941 über das Anstellungsverhältnis der Handelsreisenden regelte diese Unterart des Arbeitsvertrages in umfassender Weise. Materielle Regelungen des Dienstverhältnisses finden sich im 6. Titel des Bundesgesetzes von 1951 über die Förderung der Landwirtschaft und die Erhaltung des Bauernstandes. Durch das Bundesgesetz von 1949 über die Beschränkung der Kündigung von Anstellungsverhältnissen bei Militärdienst wurden im wesentlichen die Bestimmungen des Notrechts in die ordentliche Gesetzgebung übergeführt. Das Bundesgesetz von 1962 über den Zivilschutz hat den Kündigungsschutz auch auf die Schutzdienstleistenden als sinngemäß anwendbar erklärt.

Das neue Recht bezweckt eine umfassende und systematisch aufgebaute Ordnung des gesamten Arbeitsvertragsrechts, die alle Vorschriften über

---

[30] CAMERLYNCK/LYON-CAEN, n° 14.

den Arbeitsvertrag umschließt und auf alle Arten von Arbeitsverträgen anwendbar ist. Die bisherigen Sondervorschriften für einzelne Arten von Arbeitsverträgen sind deshalb aufgehoben und in das allgemeine Recht überführt worden. Die öffentlich-rechtliche Arbeitsschutzregelung im Arbeitsgesetz von 1964 und die privatrechtliche Normierung des revidierten 10. Titels OR bilden zusammen einen eigentlichen «code du travail».

Es hat sich allerdings gezeigt, daß der Lehrvertrag, der Handelsreisendenvertrag und der Heimarbeitsvertrag wegen ihrer Eigenart einer besonderen Ordnung bedürfen. Sie werden unter dem 2. Abschnitt des 10. Titels (Art. 344–354 OR) als «Besondere Einzelarbeitsverträge» geregelt, wobei die allgemeinen Vorschriften über den Einzelarbeitsvertrag ergänzend anwendbar sind (Art. 355 OR).

Außerhalb der umfassenden Regelung des Arbeitsvertrags verbleibt einzig der Heuervertrag für Schiffsleute, der nach wie vor in den Art. 68ff., 162 und 165 des Bundesgesetzes vom 23. September 1953 über die Seeschiffahrt unter der Schweizer Flagge geregelt ist[1]. Der Nichteinbezug des Heuervertrags hat seinen Grund in der weitgehenden Abhängigkeit dieses Vertrages von den internationalen Konventionen.

2. Für die Revision des Einzelarbeitsvertrags waren neben der Absicht der kodifikatorischen Zusammenfassung folgende Ziele maßgebend:

a) Die stärkere Ausrichtung des Arbeitsvertrages auf den Tatbestand der unselbständigen, abhängigen Arbeit verlangt nach einer Ordnung, die nach Möglichkeit eine materielle Parität zwischen den Vertragsparteien gewährleistet und die persönlichen Pflichten im Sinne des Gemeinschaftsverhältnisses stärker betont[2]. Insbesondere soll in der Regelung zum Ausdruck kommen, daß «das Rechtsverhältnis zwischen den Vertragsparteien, das dem Grunde nach schuldrechtlicher Art ist und bleibt, auch Züge eines Gemeinschaftsverhältnisses annimmt»[3]. Dies bedingt eine Reihe von Vorschriften, welche die Treue- und Sorgfaltspflichten des Arbeitnehmers und die Fürsorgepflicht des Arbeitgebers konkretisieren. Die materielle Stellung des Arbeitnehmers ist insbesondere durch das Institut der Abgangsentschädigung teilweise verstärkt worden. Die in den Anfängen der Revisionsarbeit als vordringlich empfundene Regelung des sachlichen Kündigungsschutzes[4]

---

[1] AS 1956, S. 1305.
[2] Vgl. HOFSTETTER, StenBullNR 1969, S. 398ff. (besonders S. 401ff.).
[3] Botschaft BBl 1967 II, S. 296.
[4] Vgl. z.B. VE 1945 zu einem BG über die Arbeit im Handel und in den Gewerben, Art. 14; VE 1948, Art. 55.

wurde jedoch auf Druck der Arbeitgeberverbände, von Art. 336g OR abgesehen, nicht verwirklicht. Insofern dürfte es richtig sein, das Gesetz als «Kind der Hochkonjunktur» zu bezeichnen.

b) Das neue Arbeitsvertragsrecht will eine «homogénisation des catégories des travailleurs»[5] herbeiführen. Die bisherigen Begriffe des Angestellten, Arbeiters, Gesellen, Dienstboten gehen im Begriff des Arbeitnehmers auf. Auch die Unterscheidung zwischen den Arbeitnehmern, die im Monatslohn entlöhnt werden, und allen andern Arbeitnehmern, die im Entwurf noch vorhanden war, wurde fallengelassen (Art. 323 OR). Die Aufhebung der unterschiedlichen Ordnung für verschiedene Arbeitnehmerkategorien und die Unterstellung aller Arbeitnehmer unter eine einheitliche Regelung dienen dem legislatorischen Zweck eines Ausgleichs der Rechtsstellung sämtlicher Arbeitnehmer.

c) Die Betonung der sozialrechtlichen Komponenten des Arbeitsvertragsrechts bringt eine Vermehrung der zwingenden Vorschriften mit sich. Auch für das neue Recht gilt der Grundsatz der Vertragsfreiheit. Diese ist jedoch wesentlich beschränkt auf die Freiheit der Eingehung und Auflösung sowie der Festsetzung des Entgelts. Die übrige inhaltliche Ausgestaltung des Arbeitsvertrages ist durch zahlreiche zwingende Normen begrenzt. Zur Vereinfachung der Rechtsanwendung enthält der 4. Abschnitt (Art. 361/62 OR) eine Enumeration derjenigen Normen, die zu Ungunsten des Arbeitgebers und des Arbeitnehmers unabänderlich sind (Art. 361: absolut zwingende Normen), sowie derjenigen Bestimmungen, die nur zu Ungunsten des Arbeitnehmers unabänderlich sind (Art. 362: relativ zwingende Normen). Der Gesetzgeber hat mit dieser Aufzählung gesetzestechnisch einen neuen Weg beschritten.

d) Das schweizerische Arbeitsvertragsrecht ist bislang wesentlich durch die Gesamtarbeitsverträge ausgestaltet und weiterentwickelt worden. Dem schweizerischen Gesetzgeber stellte sich deshalb in besonderer Weise das Problem des Verhältnisses von Vertrag und Gesetz. Das neue Arbeitsvertragsrecht will bewußt dem Gesamtarbeitsvertrag nach wie vor eine führende Rolle sichern; es beschränkt sich deshalb in zahlreichen Fällen auf Minimalordnungen (typisches Beispiel: Ferienregelung in Art. 329 a–e OR), die im Wege gesamtarbeitsvertraglicher Regelung erweitert werden können und sollen. Ein angemessener Schutz derjenigen Arbeitnehmer, die nicht in den Genuß einer gesamtarbeitsvertraglich besseren Regelung kommen, wird damit allerdings nicht immer adäquat gewährleistet.

---

[5] BOREL, StenBullStR 1969, S. 314.

II. Der Gesamtarbeitsvertrag

1. Der Gesamtarbeitsvertrag ist der zwischen den Arbeitgebern oder deren Verbänden einerseits und den Arbeitnehmerverbänden (Gewerkschaften) andererseits abgeschlossene Vertrag, der normalerweise Bestimmungen über Abschluß, Inhalt und Beendigung der einzelnen Arbeitsverhältnisse der beteiligten Arbeitnehmer und Arbeitgeber enthält. Er besteht im wesentlichen aus zwei Teilen: dem vertragsrechtlichen Teil, der das Verhältnis zwischen den beiden vertragschließenden Parteien regelt, und dem normativen Teil, der die arbeitsvertragliche Stellung der beteiligten Arbeitnehmer und Arbeitgeber bestimmt und für diese unter dem Vorbehalt des Günstigkeitsprinzips eine gesetzesähnliche Bedeutung hat.

Der Gesamtarbeitsvertrag ist im 3. Abschnitt des 10. Titels OR in den Art. 356–358 geregelt. Seine erstmalige Normierung erfuhr er im OR von 1911. An die Stelle der Bestimmungen von Art. 322 und 323 traten 1957 die Art. 322–323quater[6]. Die Revision des Arbeitsvertragsrechts hat lediglich in Art. 356a Abs. 2 und 3 Bestimmungen über die Unzulässigkeit einer Einschränkung der Koalitionsfreiheit und der Freiheit der Berufsausübung in Gesamtarbeitsverträgen aufgenommen, im übrigen aber die bisherige Regelung belassen.

Unter bestimmten Umständen kann der Gesamtarbeitsvertrag behördlich allgemeinverbindlich erklärt werden. Hierfür maßgeblich ist das BG vom 28. September 1956 über die Allgemeinverbindlicherklärung von Gesamtarbeitsverträgen[7].

2. Der Gesamtarbeitsvertrag beruht im wesentlichen auf dem Grundgedanken, daß durch die Kollektivvereinbarung und die Anerkennung der Gewerkschaften als Vertragspartner die ungleiche Machtstellung zwischen dem Arbeitgeber und dem einzelnen Arbeitnehmer ausgeglichen, somit die für die Vertragsfreiheit wesentliche «balance of power» garantiert werden soll. Nach dem liberalen Staatsprinzip will und soll sich der Staat in der Frage der Festsetzung des Arbeitsentgeltes vom Prinzip der Nichtintervention leiten lassen und von direkten Maßnahmen absehen. Dies ist jedoch nur dann möglich, wenn private Ordnungsmächte, die Gewerkschaften und die Arbeitgeber mit ihren Verbänden, als gleichstarke und gleichberechtigte Partner die Aufgabe der Festsetzung der Arbeitsbedingungen übernehmen und erwartet werden darf, daß das Resultat kollektiver Tarifvertragsverhandlungen einen vernünftigen Ausgleich der Interessengegensätze herbeiführt, der jede Ausbeutung der Arbeitskraft verunmöglicht und dem Arbeitnehmer einen angemessenen Anteil am Sozialprodukt sichert. Deshalb wur-

---

[6] AS 1956, S. 1549.
[7] AS 1956, S. 1543 ff.

den die privaten Sozialpartner mit dem ungewöhnlichen, im Grunde dem Staat vorbehaltenen Mittel gesetzgeberischer Macht ausgestattet und ihren Vereinbarungen über Lohn und andere Arbeitsbedingungen in den Gesamtarbeitsverträgen normative Wirkung für die Beteiligten zuerkannt.

III. Der Normalarbeitsvertrag

1. Entgegen der Bezeichnung handelt es sich beim Normalarbeitsvertrag nicht um eine vertragliche Vereinbarung, sondern um eine für einzelne Arten von Arbeitsverhältnissen hoheitliche, staatliche Normierung von Bestimmungen über deren Begründung, Inhalt und Beendigung. Die Bestimmungen des Normalarbeitsvertrages gelten normativ für die ihm unterstellten Arbeitsverhältnisse, sofern die Vertragsparteien nichts anderes verabredet haben.

Der Normalarbeitsvertrag ist in den Art. 359/360 OR geregelt und durch die Revision des Arbeitsvertragsrechts modifiziert worden.

2. Der Normalarbeitsvertrag hat seine Bedeutung vor allem in den Branchen und Berufen, deren Angehörige gewerkschaftlich nicht organisiert sind, weshalb keine Gesamtarbeitsverträge abgeschlossen werden können (z.B. Landwirtschaft, Hausdienst, Krankendienst). Bei diesen sozial besonders gefährdeten Arbeitnehmern soll die fehlende Gleichheit der «bargaining power» durch staatliche Verordnung ausgeglichen werden. Diese Zielsetzung wird allerdings dadurch beeinträchtigt, daß die Parteien die Bestimmungen des Normalarbeitsvertrages im Rahmen der zwingenden Normen durch individuelle Vertragsbestimmungen ersetzen können.

<small>Der in den Vorentwürfen geforderte Normalarbeitsvertrag mit absolut verbindlicher Regelung, die diesen Nachteil behoben hätte, drang nicht durch, da dagegen rechtsstaatliche Bedenken angemeldet wurden: die Normen des Normalarbeitsvertrages kommen nicht im ordentlichen Rechtssetzungsverfahren zustande, sondern werden durch die Exekutive im Verordnungswege erlassen[8]. Immerhin ist nicht zu übersehen, daß mit dem Mittel des Normalarbeitsvertrages durch die Behörden in weitem Umfange privates Arbeitsvertragsrecht mit faktisch zwingendem Charakter geschaffen wird.</small>

IV. Die Betriebsordnung

1. Ein Ordnungsinstrument besonderer Art für den Arbeitsvertrag ist die Betriebsordnung. Sie ist in den Art. 37–39 des Bundesgesetzes über die

---

[8] Botschaft BBl 1967 II, S. 285 ff. und S. 423 ff.

Arbeit in Industrie, Gewerbe und Handel (Arbeitsgesetz) vom 13. März 1964[9] geregelt.

Die Ordnung ist 1970 im Zusammenhang mit der Neuregelung des Arbeitsvertrags revidiert worden. Sie ersetzt die Arbeitsordnung des Obligationenrechts (Art. 321 ORvRev.; vgl. Art. 5 der Schluß- und Übergangsbestimmungen zum 10. Titel OR). Die Betriebsordnung ist, wie bereits im Fabrikgesetz (Art. 11) vorgesehen, für industrielle Betriebe obligatorisch. Sie kann aber auch in anderen, nicht industriellen Betrieben freiwillig aufgestellt werden. Die Betriebsordnung wird entweder vom Arbeitgeber nach Anhören der Arbeitnehmer erlassen oder zwischen dem Arbeitgeber und einer von den Arbeitnehmern frei gewählten Vertretung schriftlich vereinbart. Im letzteren Fall handelt die Arbeitnehmervertretung als Organ der Arbeitnehmerschaft des Betriebes oder Betriebsteils, für den die Betriebsordnung gelten soll. Vertragspartei ist somit nicht die Arbeitnehmervertretung als solche, sondern die von ihr repräsentierte Arbeitnehmerschaft des Betriebes[10].

Die Betriebsordnung zerfällt gemäß Art. 38 ArG in einen obligatorischen Inhalt, d.h. Bestimmungen, die unbedingt in die Betriebsordnung aufgenommen werden müssen, in einen sogenannten bedingt obligatorischen Inhalt, d.h. Bestimmungen, die aufgenommen werden müssen, wenn bestimmte Fragen geregelt werden sollen, und in einen fakultativen Inhalt. Unbedingt obligatorisch sind Bestimmungen über die Gesundheitsvorsorge und Unfallverhütung. Zum bedingt obligatorischen Inhalt «soweit notwendig» gehören Bestimmungen über das Verhalten der Arbeitnehmer im Betrieb, Bestimmungen über die Ordnung im Betrieb, insbesondere auch über Bußen und Ordnungsstrafen (Art. 38 Abs. 1 ArG). Der fakultative Inhalt ist auf die vereinbarte Betriebsordnung beschränkt. Er umfaßt andere Bestimmungen, «die das Verhältnis zwischen dem Arbeitgeber und den Arbeitnehmern betreffen» (Art. 38 Abs. 2 ArG). Hierunter fallen in erster Linie betriebs- und arbeitsorganisatorische Bestimmungen sowie Bestimmungen betriebsverfassungsrechtlicher Natur. Bestimmungen des fakultativen Teils sind aber nur soweit zulässig, als der Gegenstand in dem Bereich, dem der Betrieb angehört, nicht üblicherweise durch Gesamtarbeitsvertrag oder andere Kollektivvereinbarungen geregelt wird (Art. 38 Abs. 2 ArG). Es gilt somit der Vorrang des staatlichen Rechts und der kollektivvertraglichen Regelung.

2. In der Beratung des Arbeitsgesetzes in seiner ursprünglichen Fassung war die Frage, ob die vereinbarte Betriebsordnung auch «andere Bestimmungen, die das Arbeitsverhältnis betreffen», aufstellen kann, heftig umstritten. Die Diskussion endigte mit der Streichung der Bestimmungen. Man befürchtete, ein Konkurrenzinstrument zum Gesamtarbeitsvertrag zu schaffen, somit auch die Stellung der Gewerkschaften in den Vertragsverhandlungen zu gefährden. Die Revision von 1970 hat jedoch auf Antrag des BIGA eine Erweiterung des fakultativen Inhalts gebracht, weil die Beschränkung des Inhalts auf einzelne Punkte als unnötige Belastung

---

[9] AS 1966, S. 57 ff.
[10] Vgl. W. Hug, Kommentar zum Arbeitsgesetz, Bern 1971, Art. 37, N. 6 ff.

und als Hindernis für die Entwicklung einer Regelung des innerbetrieblichen Verhältnisses empfunden wurde[11]. Mit Sorgfalt wurde jedoch jegliche Kollision mit dem Gesamtarbeitsvertrag vermieden, um ein Aufleben der «Hausverträge» zu unterbinden, die nicht mit der Gewerkschaft abgeschlossen werden.

3. Die Betriebsordnung bedarf der Genehmigung der kantonalen Behörde und ist nach der Bekanntgabe im Betrieb für Arbeitgeber und Arbeitnehmer verbindlich (Art. 39 ArG).

4. Die Betriebsordnung ist ein Institut des Privatrechts auch dort, wo ihre Aufstellung eine öffentlich-rechtliche Pflicht des Arbeitgebers ist. Ihre Wirkungen sind zivilrechtlicher Natur, und aus ihr entstehende Ansprüche können auch nur mit zivilrechtlichen Mitteln durchgesetzt werden. Es handelt sich um Normen objektiven Rechts, die aber in der Rangordnung hinter dem Gesetz und dem Gesamtarbeitsvertrag zurückstehen.

Die Betriebsordnung ist somit eine abgeleitete und nachgeordnete Rechtsquelle, eine autonome betriebliche Satzung, die für den Bereich des Betriebes für den Arbeitgeber wie für den Arbeitnehmer unmittelbar verbindliche und unabdingbare Rechtsnormen enthält. Gesetzespolitisch dürfte die Hauptbedeutung der Betriebsordnung darin liegen, daß sie Ansatzpunkt für die Entwicklung der Betriebsverfassung und für die Entfaltung des Betriebsrechts ist, den Gedanken der betrieblichen Partnerschaft und der Verwirklichung der Betriebsgemeinschaft betont und fördert[12].

§ 54. Der Arbeitsvertrag als Teil des Arbeitsrechts

I. Allgemeines

Die Eigenart des Arbeitsvertrags, insbesondere seine Sonderstellung gegenüber den andern Vertragstypen des Obligationenrechts, wird nur verständlich, wenn der Arbeitsvertrag als Teil des gesamten Arbeitsrechts begriffen wird. Das Arbeitsrecht umfaßt sämtliche Normen, welche die Regelung der abhängigen Arbeit zur Aufgabe haben. Hierzu zählen die Verfassungsnormen, der Komplex der öffentlich-rechtlichen Arbeitsschutzvorschriften, die Arbeitsvertragsbestimmungen, die betriebsverfassungsrechtlichen Normen, die Rechtsstellung der Organisationen der Arbeitnehmer

---

[11] Bericht des BIGA vom 12. Juli 1968.
[12] Kommentar Hug, Art. 39, N. 20; H. Nawiasky, Die Betriebs- und Berufsgemeinschaft als Rechtsproblem, in: Festgabe St. Gallen 1944, S. 220.

(Gewerkschaften), insbesondere auch in ihrer Beziehung zu den Außenseitern (das Problem der Koalitionsfreiheit), das Arbeitskampfrecht (Streik, Aussperrung, arbeitsrechtlicher Boykott) und die Schlichtung des Arbeitskampfes sowie die Rechtsstellung des Arbeitslosen. Die verschiedenen Teile des Arbeitsrechts stehen nicht beziehungslos einander gegenüber. Sie sind gekennzeichnet durch eine gemeinsame Zielsetzung: den Schutz des Arbeitnehmers in gesundheitlicher, persönlichkeits- und vermögensrechtlicher Hinsicht, die Milderung der durch die Arbeit geschaffenen Abhängigkeit. Diese umfassende sozialrechtliche Regelung findet ihre Rechtfertigung schon in der Tatsache, daß für die Mehrzahl der Arbeitstätigen die Arbeitsleistung in abhängiger Form die Existenzgrundlage bildet.

II. Verfassungsrecht

Das Verfassungsrecht gibt dem Bund die Kompetenzgrundlage für den Erlaß der arbeitsrechtlichen Normen. Soweit es sich um privatrechtliche Bestimmungen handelt, ist die Zivilrechtskompetenz in Art. 64 BV maßgebend. Die Kompetenz zum Erlaß öffentlich-rechtlicher Arbeitsschutznormen besitzt der Bund heute auf Grund von Art. 34ter lit. a BV.

Dieser durch die Verfassungsrevision vom 6. Juli 1947 geschaffene Artikel gibt auch die Kompetenzgrundlagen zur Regelung des Verhältnisses zwischen Arbeitgebern und Arbeitnehmern, insbesondere für die gemeinsame Regelung betrieblicher und beruflicher Angelegenheiten (Art. 34ter lit b), für die Allgemeinverbindlicherklärung von Gesamtarbeitsverträgen und andere gemeinsame Vorkehren von Arbeitgeber- und Arbeitnehmerverbänden zur Förderung des Arbeitsfriedens (Art. 34ter lit. c), für die Arbeitsvermittlung (Art. 34ter lit. e) sowie für die Arbeitslosenversicherung und -fürsorge (Art. 34ter lit. f).

Auch der Arbeitnehmer ist Subjekt der Handels- und Gewerbefreiheit. Richtigerweise garantiert diese auch das Recht der freien Berufswahl[1]. Im Arbeitsvertragsrecht findet das Recht der freien Berufswahl – hier als Persönlichkeitsrecht und nicht als Freiheitsrecht verstanden – seinen Niederschlag in Art. 356a Abs. 2 und 3 OR: Bestimmungen eines Gesamtarbeitsvertrages und Abreden zwischen den Vertragsparteien, durch die Arbeitnehmer von einem bestimmten Beruf oder einer bestimmten Tätigkeit oder von einer hierfür erforderlichen Ausbildung ausgeschlossen oder darin beschränkt werden, sind nichtig, sofern nicht überwiegende schutzwürdige Interessen wie Schutz der Sicherheit und Gesundheit von Personen oder der Qualität der Arbeit sie rechtfertigen. Nicht als schutzwürdig gilt das

---

[1] Vgl. den Ansatz in BGE I, 1874, S. 118 ff.; hierzu P. SALADIN, Grundrechte im Wandel, Bern 1970, S. 225 ff., 278, 408 ff.; Deutsches GG, Art. 12.

Interesse, neue Berufsangehörige fernzuhalten. Ebenso bestimmt Art. 344a Abs. 4 OR für den Lehrvertrag, daß Abreden, die den Lehrling im freien Entschluß über die berufliche Tätigkeit nach beendigter Lehre beeinträchtigen, nichtig sind. Auch bei der Beurteilung der Zulässigkeit eines Konkurrenzverbotes ist der Gesichtspunkt der freien Berufswahl zu berücksichtigen. Er verlangt nach möglichster Sicherung der Freizügigkeit[2].

Die verfassungsrechtliche Garantie der Vereinsfreiheit (Art. 56 BV) bildet die Grundlage für die Koalitionsfreiheit der Arbeitnehmer. Das Bundesgericht hat ein diesem Freiheitsrecht entsprechendes Persönlichkeitsrecht auf freie Bildung einer Gewerkschaft und auf freien Beitritt zu einer Gewerkschaft (positive Koalitionsfreiheit), wie das Recht auf freien Entschluß zum Nichtbeitritt zu einer Gewerkschaft (negative Koalitionsfreiheit) anerkannt – ein Recht, das den Schutz auch auf der horizontalen privatrechtlichen Ebene der Beziehungen unter den Rechtsgenossen, wo heute besonders die negative Koalitionsfreiheit gefährdet ist, gewährleistet[3].

III. Arbeitsschutzrecht

Der älteste Teil des Arbeitsrechts ist das öffentlich-rechtliche Arbeitsschutzrecht. Der Bund hat erst mit dem Erlaß des Bundesgesetzes über die Arbeit in Industrie, Gewerbe und Handel vom 13. März 1964 (Arbeitsgesetz) in umfassender Weise und für die überwiegende Mehrzahl der Arbeitsverhältnisse von seiner Kompetenz Gebrauch gemacht. Das Arbeitsgesetz regelt die Gesundheitsvorsorge und Unfallverhütung, die Arbeits- und Ruhezeit, den Sonderschutz der jugendlichen und weiblichen Arbeitnehmer sowie die Betriebsordnung.

Es findet Anwendung auf alle öffentlichen und privaten Betriebe, wie namentlich auf solche der Industrie, des Handwerks, des Handels, des Bank-, Versicherungs-, Transport- und Gastgewerbes, der Krankenpflege und anderer Dienstleistungen sowie auf Forstbetriebe öffentlicher Waldungen (Art. 1), soweit nicht eine Ausnahme vom betrieblichen oder persönlichen Geltungsbereich (Art. 2 und 3) vorliegt[4]. Ein Betrieb im Sinne des Arbeitsgesetzes ist anzunehmen,

---

[2] Vgl. insbesondere auch die Regelung betreffend die Personalfürsorgeeinrichtung, Art. 331, 331a, b und c OR.

[3] Vgl. BGE 74 II, 1948, S. 158, 75 II, 1949, S. 305, 82 II, 1956, S. 308. Vgl. E. Lusser, Ist Zwang zum Beitritt zu einer Gewerkschaft zulässig?, SJZ 52, 1956, S. 69 ff.

[4] Für die nicht dem Arbeitsgesetz unterstellten Arbeitnehmer vgl. zudem: VO vom 18. Jan. 1966 über die Arbeits- und Ruhezeit der berufsmäßigen Motorfahrzeugführer (AS 1966, S. 39); BG über die Heimarbeit vom 12. Dez. 1940, mit Abänderungen gemäß AS 1966, S. 81; BG über die Förderung der Landwirtschaft und die Erhaltung des Bauernstandes (AS 1953, S. 1073, insbes. Art. 98–100); BG über die Arbeitszeit beim Betrieb der Eisenbahnen und anderer Verkehrsanstalten vom 6. März 1972 (sog. Arbeitszeitgesetz, AS 1972, S. 601 ff.).

wenn ein Arbeitgeber dauernd oder vorübergehend einen oder mehrere Arbeitnehmer beschäftigt, unabhängig davon, ob bestimmte Einrichtungen oder Anlagen vorhanden sind (Art. 1 Abs. 2).

Die ursprünglich umfassende kantonale Kompetenz zum Erlaß öffentlich-rechtlicher Schutzvorschriften ist seit der Schaffung des Arbeitsgesetzes wesentlich eingeschränkt. Den Kantonen verbleiben gewerbepolizeiliche Befugnisse (Art. 71c ArG). Die Kantone können überdies selbst sozialpolitische Ziele mit den Mitteln des öffentlichen Rechts verfolgen (BGE 97 I, 1971, S. 499 ff.); doch dürfen sie damit nicht in die durch das Arbeitsgesetz geregelten Sachgebiete eingreifen (BGE 98 Ia, 1972, S. 395 ff.; vgl. auch unten Kap. II, S. 363). Die Kantone haben auf Grund ihrer öffentlich-rechtlichen Gesetzgebungskompetenz Familienausgleichskassen errichtet und treiben damit staatliche Lohnregulierung, indem sie die Arbeitgeber, wenn auch in geringem Umfang, zur Ausrichtung von Soziallöhnen zwingen. (Fraglich ist allerdings, ob damit die Kantone noch im Rahmen ihrer Kompetenz handeln. Nach H. HUBER[5] verletzt das ergänzende Zwangslohnsystem die Vertragsfreiheit des Bundeszivilrechts.)

Die Bestimmungen des öffentlich-rechtlichen Arbeitsschutzrechtes werden – mit Ausnahme der Normen der Betriebsordnung in den Art. 37 ff. ArG, die privatrechtlicher Natur sind – hoheitlich, d.h. mit den Mitteln des Verwaltungszwanges durchgesetzt (vgl. Art. 50 ff. ArG).

Die Normen des öffentlichen Arbeitsschutzrechts wirken in vielfacher Hinsicht auf den Arbeitsvertrag ein:

– Sie beschränken die Vertragsfreiheit: Ein Arbeitsvertrag, der in Mißachtung der öffentlich-rechtlichen Beschäftigungsverbote (vgl. z.B. Art. 30 ArG: «Vor dem vollendeten 15. Altersjahr dürfen Jugendliche nicht beschäftigt werden») eingegangen wurde, ist nichtig, wobei allerdings die Modifikation der zivilrechtlichen Nichtigkeit in Art. 320 Abs. 3 OR zu beachten ist (vgl. unten S. 331 ff.). Die Nichtbeachtung der Höchstarbeitszeitvorschriften hat nur die Nichtigkeit der betreffenden Vereinbarung zur Folge; an Stelle der nichtigen Vereinbarung tritt die gesetzliche Höchstarbeitszeit (Art. 20 Abs. 2 OR).

– Vorschriften des öffentlichen Arbeitsrechts, die dem Arbeitgeber oder Arbeitnehmer eine öffentlich-rechtliche Verpflichtung auferlegen, geben der andern Vertragspartei auch einen zivilrechtlichen Anspruch auf Erfüllung, wenn die Verpflichtung Inhalt des Einzelarbeitsvertrages sein könnte (Art. 342 Abs. 2 OR).

Das Arbeitsgesetz schreibt z.B. in Art. 13 dem Arbeitgeber die Bezahlung eines Lohnzuschlages von wenigstens 25% für Überzeitarbeit vor. Die Nichterfüllung einer solchen Vorschrift löst primär den Verwaltungszwang gegenüber dem Arbeitgeber aus. Gleichzeitig wird aber gemäß Art. 342 Abs. 2 OR dem Arbeitnehmer auch ein zivilrechtlicher Anspruch auf Zahlung gegeben.

Die Frage der zivilrechtlichen Wirkung öffentlich-rechtlicher Schutznormen war bis zur Revision des Arbeitsvertragsrechts in der Doktrin und Praxis umstritten. Man hatte sich mit der Theorie der sogenannten Doppel-

---

[5] Berner Kommentar, N. 223 zu Art. 6 ZGB.

norm beholfen, die in die öffentlich-rechtliche Norm gegebenenfalls einen auch zivilrechtlich durchsetzbaren Anspruch hineininterpretiert[6].

– Die Verletzung öffentlich-rechtlicher Anordnungen über die Einhaltung von Schutzvorschriften, über das Verbot der Verwendung bestimmter Kategorien von Arbeitnehmern zu bestimmten Arbeiten oder für bestimmte Zeiten[7] gibt dem betroffenen Arbeitnehmer neben allfälligen Schadenersatzansprüchen das Recht, die Arbeitsleistung zu verweigern, ohne in Leistungsverzug zu geraten.

IV. KUVG

Die Folgen von Betriebs- und Nichtbetriebsunfällen (Krankheit, Invalidität oder Tod) sowie von Berufskrankheiten werden durch die obligatorische Versicherung der Arbeitnehmer in industriellen und diesen gleichgestellten Betrieben auf Grund des Bundesgesetzes über die Kranken- und Unfallversicherung vom 13. Juni 1911 (KUVG; Art. 60 ff.) gemildert[8].

V. BG über die Arbeitslosenversicherung

Das Arbeitsrecht im weitesten Sinne umfaßt auch die Normen, die den nicht im Arbeitsprozeß Stehenden betreffen. Das Bundesgesetz über die Arbeitslosenversicherung vom 22. Juni 1951[9], welches das Vollmachtenrecht des Bundesrates ablöste, regelt, auf versicherungsrechtlicher Basis aufgebaut, die Unterstützung des Arbeitslosen. Die Arbeitslosenversicherung wird heute von den anerkannten Kassen unter Bundesaufsicht und unter Mitwirkung der Kantone betrieben (Art. 1 AlVG). Das Arbeitslosenversicherungsrecht wird zur Zeit neu geordnet[10].

---

[6] Vgl. Botschaft BBl 1967 II, S. 404; H.P. Tschudi, Die Ferien im schweiz. Arbeitsrecht, Basel 1948, S. 216 ff., bes. S. 227 ff.; W. Schönenberger, Das Verhältnis des Arbeitnehmerschutzrechts zum Dienstvertrag, ZSR 52, 1933, S. 1a ff., bes. S. 34a, 48a).

[7] Vgl. z.B. Art. 29 Abs. 2 ArG (jugendliche Arbeitnehmer), Art. 33 Abs. 2 ArG (weibliche Arbeitnehmer), Art. 35 ArG (Schutz der Schwangeren und Mütter).

[8] Art. 130 KUVG, der das Verhältnis zu Art. 335 aOR betreffend Lohnforderungen bei Verhinderung der Arbeitsleistung infolge Krankheit des Arbeitnehmers regelte, ist durch die Revision des Arbeitsvertragsrechts aufgehoben (Art. 6 Ziff. 2 der Schluß- und Übergangsbestimmungen zum 10. Titel OR) und durch Art. 324b OR ersetzt worden.

[9] AS 1951, S. 1163.

[10] Das Arbeitslosenversicherungsrecht wird auf der Grundlage der neuen Bundeskompetenz gemäß Art. 34novies BV umgestaltet. Vgl. dazu Botschaft (vom 3. Sept. 1975) betr. Änderung der BV für eine Neukonzeption der Arbeitslosenversicherung, BBl 127, 1975, S. 1557 ff. Ziel der Revision ist die Einführung des Versicherungsobligatoriums für den Arbeitnehmer auf Bundesebene. Der Geltungsbereich des neuen Art. 34novies BV wird über die Errichtung von Tag-

Für die Rechtsstellung des Arbeitslosen ist wesentlich die Arbeitsvermittlung[11]. Für den infolge Invalidität zum vornherein Arbeitsunfähigen oder aus dem Erwerbsprozeß Ausgeschiedenen ist das Bundesgesetz über die Invalidenversicherung vom 19. Juni 1959[12] von entscheidender Bedeutung. Es muß eine besondere Aufgabe des Arbeitsrechts sein, nicht bloß den im Erwerbsleben Eingegliederten zu schützen, sondern auch Maßnahmen zu treffen, die dem nicht mehr oder noch nicht Eingegliederten eine sinnvolle Arbeitstätigkeit ermöglichen. Das de lege ferenda postulierte soziale Grundrecht «Recht auf Arbeit» müßte im Sinne eines Auftrages an alle Behörden verstanden werden, die Vollbeschäftigung sicherzustellen, durch geeignete Vorkehren die Berufsausbildung (auch im Wege einer Umschulung) so zu fördern, daß insbesondere die Abhängigkeit von der Konjunkturlage in den einzelnen Berufs- und Betriebszweigen möglichst gemildert wird, was auch die Freizügigkeit und Mobilität des Arbeitnehmers voraussetzt.

§ 55. Abgrenzung zu andern Verträgen auf Arbeitsleistung

Literatur: J. ESSER, Schuldrecht, Bd. 2: Besonderer Teil, 3. Aufl., Karlsruhe 1969; W. FIKENTSCHER, Schuldrecht, 4. Aufl., Berlin/New York 1973; H. P. FRIEDRICH, Fragen aus dem Auftragsrecht, ZBJV 91, 1955, S. 449 ff.; W. HUG, Die Revision des Dienstvertragsrechts, in: St. Galler Festgabe 1965, Bern 1965; K. LARENZ, Lehrbuch des Schuldrechts, Bd. 2: Besonderer Teil, 10. Aufl., München 1972; T. MAYER-MALY, Österreichisches Arbeitsrecht, Wien 1969.

I. Allgemeines

Arbeit wird nicht nur auf Grund des Arbeitsvertrages, sondern auch auf Grund anderer Verträge, die eine Arbeitsleistung zum Inhalt haben, geleistet, insbesondere im Werkvertrag und Auftrag. Der Begriff «Arbeitsvertrag» bezeichnet einerseits eine Unterart der Verträge auf Arbeitsleistung;

---

geldern hinaus auf Maßnahmen zur Verhütung und Bekämpfung von Arbeitslosigkeit ausgedehnt. Die Versicherung wird durch die Versicherten und die Arbeitgeber je zur Hälfte finanziert. Selbständigerwerbende sollen unter gewissen Voraussetzungen versichert werden können. Die bestehenden Kassen sollen besondere Funktionen übernehmen, wie Umschulung, Betreuung der Arbeitslosen allgemein.

[11] Vgl. BG über die Arbeitsvermittlung vom 22. Juni 1951 (AS 1951, S. 1218 ff.); dazu Botschaft vom 10. Juli 1950, BBl 1950 II, S. 341 ff.

[12] AS 1959, S. 827 ff.

andererseits werden darunter im weiteren Sinne alle Verträge zusammengefaßt, bei denen eine Arbeitsleistung Leistungsgegenstand ist. Deshalb entbehrt die neue Bezeichnung für den Dienstvertrag nicht einer gewissen Problematik. Der Begriff «Arbeitsvertrag» ist nicht identisch mit dem Sammelbegriff «Verträge über Arbeitsleistung», wie er in Art. 394 Abs. 2 OR verwendet wird[1].

Der Begriff «Dienstvertrag» wurde durch den Begriff «Arbeitsvertrag» ersetzt, um die bisher in den drei Amtssprachen divergierenden Ausdrücke «Dienstvertrag», «contrat de travail» und «contratto di lavoro» aufeinander abzustimmen, deren einheitliche Regelung die präzise begriffliche Umschreibung des zu regelnden Tatbestandes ermöglichen sollte. Auch kennzeichnete der Begriff «Dienstvertrag» den Vertragsinhalt nicht genau, denn im Arbeitsverhältnis werden nicht nur Dienste, sondern Arbeit allgemein zur Verfügung gestellt[2]. Endlich ist auf die bereits oben erwähnte Tatsache hinzuweisen, daß das schweizerische Recht nicht – wie das deutsche Recht – zwischen einem unabhängigen Dienstvertrag und einem abhängigen Arbeitsvertrag im Sinne des Arbeitsrechtes unterscheidet. Die Bezeichnung Arbeitsvertrag soll dazu beitragen, diesen Sachverhalt klarzustellen[3].

Die Abgrenzung gegenüber andern Verträgen, die eine Arbeitsleistung zum Inhalt haben, bereitet große Schwierigkeiten, insbesondere dort, wo die Verhältnisse des Arbeitsleistenden die Anwendung der Sozialnormen des Arbeitsvertrages verlangen, obwohl die in Frage stehende Tätigkeit sich nur mit Schwierigkeiten unter den Arbeitsvertrag einreihen läßt. Beim Heimarbeitsvertrag hat der Gesetzgeber die Konsequenzen gezogen, indem er die Tätigkeit des des Sozialschutzes besonders bedürftigen Heimarbeiters – allerdings nur, sofern dieser nicht selbst fremde Hilfskräfte in seinen Dienst stellt – als Arbeitsvertrag qualifiziert, obwohl der Heimarbeiter nicht notwendigerweise der unmittelbaren Aufsicht des Arbeitgebers untersteht, Dauer und Zeit der Arbeit meist selbst bestimmen und auch den Ort der Arbeitstätigkeit auswählen kann (vgl. Art. 351 ff. OR).

Auch das öffentliche Arbeitsrecht setzt für die Anwendung seiner Schutznormen grundsätzlich die Existenz eines Arbeitsvertrages voraus, was ebenfalls oft die Qualifikation eines Rechtsverhältnisses als Arbeitsvertrag be-

---

[1] Gysin, Arbeitsrecht, S. 31.
[2] Hug, St. Galler Festgabe 1965, S. 219.
[3] Auch im französischen Recht wird die Bezeichnung «contrat de louage de service» (= locatio conductio operarum) von Art. 1779 CCfr. immer häufiger durch den Ausdruck «contrat de travail» ersetzt. Vgl. Camerlynck, no 27 und Rouast bei Planiol/Ripert, Traité pratique de droit civil français, 2. Aufl., Paris 1952, no 765. In älteren Kodifikationen findet man noch vorwiegend die Bezeichnung Dienstvertrag, so z. B. in § 611 BGB (wobei das neuere Arbeitsrecht durchgehend den Ausdruck Arbeitsvertrag verwendet), ebenso in § 1153 ff. ABGB, wobei allerdings die Terminologie uneinheitlich ist und sich doch vorwiegend der Ausdruck Arbeitsvertrag durchgesetzt hat. Vgl. Klang/Gschnitzer, Kommentar zu § 1151, IV ABGB; moderne Gesetze verwenden durchwegs den Begriff Arbeitsvertrag, so z. B. das 5. Buch des Codice Civile Art. 2016 ff.

günstigt. Die Qualifikation durch die Vollzugsbehörden des öffentlichen Arbeitsrechts, insbesondere die Sozialversicherungsbehörde (z.B. bei ihrem Entscheid über die Verpflichtung des Arbeitgebers zu Sozialleistungen, wie SUVA-, AHV-Prämienzahlungen), ist allerdings zivilrechtlich nicht verbindlich[4].

II. Abgrenzung zum Werkvertrag

1. «Durch den Werkvertrag verpflichtet sich der Unternehmer zur Herstellung eines Werkes und der Besteller zur Leistung einer Vergütung» (Art. 363 OR). Als Abgrenzungskriterien stehen zur Verfügung: das Unterordnungsverhältnis, das Versprechen eines Arbeitserfolges (Erfolgshaftung), das Zeitmoment, die Regelungen der Gefahrtragung und des Unternehmerrisikos.

2. Das Bundesgericht stellt zur Unterscheidung zwischen Werk- und Arbeitsvertrag auf das Zeitmoment, auf den Arbeitserfolg und auf das Unterordnungsverhältnis ab[5].

Die Doktrin ist in der Frage der maßgeblichen Kriterien nicht einheitlich. OSER/SCHÖNENBERGER[6] und BECKER[7] stellen im wesentlichen auf das beim Werkvertrag im Vordergrund stehende einheitliche Arbeitsergebnis ab. G. RÜMELIN[8] sieht das Unterscheidungsmerkmal in der Gefahrtragung durch den Unternehmer, während GAUTSCHI[9] entscheidendes Gewicht auf die Stellung des Arbeitspflichtigen legt; der Unternehmer stehe in keinem Subordinationsverhältnis zum Besteller.

Die deutsche Lehre stellt vorwiegend auf den verschiedenartigen Inhalt der Leistungspflicht ab und bezeichnet den Arbeitserfolg als das maßgebliche Kriterium, während das Unterordnungsverhältnis lediglich als Indiz eingestuft wird[10]. Zweifel gegen den Leistungsinhalt und die daraus gewonnene Unterscheidung zwischen «Werk» und «wirken» bringt ESSER[11] vor, der das Unternehmerrisiko und die Selbständigkeit des Unternehmers u.a. als maßgebliche Kriterien bezeichnet.

---

[4] G. GAUTSCHI, Werkvertrag, Berner Kommentar, Vorbem. zu Art. 363–379 OR, N. 13.
[5] Vgl. auch BGE 63 II, 1937, S. 178 (Architekturvertrag). Aus der umfangreichen kantonalen Praxis vgl. Repertorio di giurisprudenza patria 76, 1943, S. 326; ZR 42, 1943, Nr. 200; 46, 1947, Nr. 134; 50, 1951, Nr. 151; Sem. jud. 81, 1959, S. 66 ff.; 83, 1961, S. 167; SJZ 62, 1966, S. 329; RVJ (Revue valaisanne de jurisprudence) 1968, S. 170.
[6] Zürcher Kommentar, Art. 319, N. 35.
[7] Berner Kommentar, Art. 319, N. 11.
[8] Dienstvertrag und Werkvertrag, Tübingen 1905, S. 31 ff.
[9] Berner Kommentar, Vorbem. zu Art. 363–379, N. 13.
[10] FIKENTSCHER, S. 458 ff.; STAUDINGER, vor § 611 BGB, N. 141; SOERGEL/SIEBERT, vor § 611 BGB, N. 47; NIKISCH I, S. 158 ff.; HUECK/NIPPERDEY I, S. 134 f.; LARENZ, S. 222 ff.
[11] ESSER, S. 145 f.

In der österreichischen Lehre und Praxis ist die Streitfrage der Unterscheidungsmerkmale bis heute nicht entschieden. Neben der Dauer und dem Leistungsgegenstand wird nun allerdings von der Doktrin «die in der persönlichen Abhängigkeit sichtbar werdende Unterwerfung unter eine funktionelle Autorität» als das am besten geeignete Merkmal für die Abgrenzung empfohlen[12].

Die französische Lehre hat in einem früheren Stadium maßgeblich auf die Art der Vergütung (Stücklohn für Werkvertrag, Zeitlohn für Arbeitsvertrag) abgestellt[13]. Jedoch spätestens seit der Entscheidung der Cour de Cassation vom 9. März 1938 hat sich das rechtliche Unterordnungsverhältnis (= subordination juridique, worunter nicht etwa die soziale oder wirtschaftliche Abhängigkeit zu verstehen ist) als maßgebliches Kriterium nicht allein für die Abgrenzung zum Werkvertrag, sondern auch zu anderen Verträgen und insbesondere zu den übrigen Verträgen auf Arbeitsleistung durchgesetzt; dies wird heute allgemein anerkannt[14]. Ob ein Arbeitsvertrag oder ein anderes Vertragsverhältnis vorliegt, wird regelmäßig an der Intensität der rechtlichen Unterordnung gemessen. Allerdings ergeben sich auch bei der Anwendung dieses Kriteriums in Grenzfällen Abgrenzungsschwierigkeiten. Hier hat die französische Praxis in nuancierter Anwendung des Kriteriums der subordination juridique folgende Lösung aufgezeigt: Weisungen des Bestellers, die nicht unmittelbar in die Tätigkeit des Unternehmers eingreifen und die Ausführung der Arbeit direkt beeinflussen, sondern lediglich «l'orientation générale du travail et le but à atteindre» betreffen, erfüllen – sofern die Selbständigkeit des Unternehmers erhalten bleibt – den Tatbestand des Unterordnungsverhältnisses nicht. Beim Arbeitsvertrag muß die fremdbestimmte Tätigkeit auch die Arbeitsmittel umfassen und sich in der Leitung, Ausführung und Überwachung der Arbeitsleistung auswirken[15].

3. Die folgenden Merkmale haben zwar ihre Bedeutung, erlauben aber für sich allein nicht eine eindeutige Abgrenzung:

– Der Vertragsgegenstand: Die Tätigkeit als solche ist zwar in beiden Vertragsarten dieselbe; beide Verträge beinhalten eine Tätigkeit – Arbeit. Verschieden hingegen ist der Gegenstand des Leistungsversprechens: Beim Arbeitsvertrag wird nur die Tätigkeit als solche, beim Werkvertrag ein Arbeitserfolg schlechthin versprochen. Die Abgrenzung nach dem Inhalt der geschuldeten Leistung kann allerdings selten ohne Berücksichtigung weiterer Merkmale erfolgen[16].

– Die Art der Vergütung: Sie kann für die Abgrenzung nicht entscheidend sein; denn auch beim Arbeitsvertrag kann die Höhe der Vergütung in ein Bestimmungsverhältnis zum Arbeitserfolg gebracht werden (Akkordlohn, Provision), während andererseits auch der Unternehmer im Zeitlohn und nicht auf Grund einer Pauschalvergütung arbeiten kann (Regiearbeit)[17].

---

[12] TH. TOMANDL, Wesensmerkmale des Arbeitsvertrages, Wien/New York 1971, S. 112–117; a.M. MAYER-MALY (S. 4), der am Kriterium des Arbeitserfolges festhält.

[13] ROUAST, no 769; BRUN, S. 112; BRUN/GALLAND, S. 247.

[14] CAMERLYNCK, S. 73; BRUN, S. 112, mit zahlreichen Belegen; BRUN/GALLAND, S. 248; ROUAST bei PLANIOL/RIPERT (no 772) und CAMERLYNCK/LYON-CAEN (nos 109 und 118) heben bei der Abgrenzung zum Werkvertrag hervor, daß die «direction et contrôle effectif du travail» eines der entscheidenden Merkmale bilde.

[15] BRUN/GALLAND, S. 250; CAMERLYNCK, no 73; BRUN, S. 114; CAMERLYNCK/LYON-CAEN, no 118.

[16] ESSER, S. 143 f.; D. LEENEN, Typus und Rechtsfindung, Berlin 1971, S. 147 ff.; BRUN, S. 112; BRUN/GALLAND, S. 246; ENNECCERUS/LEHMANN, S. 603.

[17] ESSER, S. 143 ff.; Sem. jud. 64, 1942, S. 277 ff.; BRUN, S. 112 und 283; ROUAST bei PLANIOL/RIPERT, no 769; CAMERLYNCK/LYON-CAEN, no 119; CAMERLYNCK, no 143; ENNECCERUS/LEHMANN, S. 601 ff.; NIKISCH, Bd. I, S. 158 f.

– Die Gefahrtragung: Sie kann nicht das einzige unterscheidende Merkmal sein, da sie durch den Parteiwillen anders geregelt werden kann. Immerhin gibt ihre Regelung im Einzelfall einen Hinweis auf die Interessenlage[18].

– Das Zeitmoment: Die zeitliche Bestimmung der Tätigkeit ist nur insofern von Bedeutung, als sie beim Werkvertrag im unmittelbaren Leistungsinhalt des Vertragsverhältnisses (auch bei wiederkehrenden Leistungen) bereits enthalten ist, weshalb der Werkvertrag einen Vertrag selbstbestimmter Dauer darstellt[19]. Auch beim Werkvertrag können ständige Leistungen erbracht werden (z.B. «laufende» Wagenpflege, Sukzessivlieferungsvertrag mit werkvertraglichem Charakter)[20].

4. Das entscheidendste Abgrenzungskriterium ist das Fehlen eines rechtlichen Unterordnungsverhältnisses beim Werkvertrag[21]. Dem Werkvertrag ist eigen, daß der Unternehmer das Risiko von Arbeit und Produktion trägt, die versprochene Leistung unabhängig von der notwendigen Arbeitsintensität schuldet, den Einsatz seiner Produktionsmittel selbst bestimmt und überwacht, somit auf einer Ebene der Autonomie gegenüber dem Besteller steht. Das den Arbeitsvertrag kennzeichnende Unterordnungsverhältnis ist, wie GYSIN[22] betont, nicht bloß als wirtschaftliche oder technische, sondern als rechtliche Unterordnung zu verstehen, die durch die funktionelle Eingliederung des Arbeitnehmers im Betrieb des Arbeitgebers entsteht[23]. Dieses Unterscheidungsmerkmal gilt auch für die übrigen Arbeitsobligationen (Auftrag und seine Unterarten) sowie für andere Verträge (Miete, Gesellschaft etc.). Die sub Ziffer 2 dargestellte französische Praxis ist deshalb auch für das schweizerische Recht wegleitend[24].

---

[18] ENNECCERUS/LEHMANN, S.602; ESSER, S.143f. Frage offengelassen bei BECKER, N.12 zu Art.319 OR.
[19] NEF, Temporäre Arbeit, S.41.
[20] ESSER, S.143f.
[21] Vgl. oben S.288 (Anm.4a).
[22] A. GYSIN, Arbeitsrecht, 1.Aufl., Zürich 1943, S.18ff.
[23] ESSER, S.144; GAUTSCHI, Berner Kommentar, Vorbem. zu Art.363–379 OR, N.13.
[24] Dies um so mehr, als sich auch im österreichischen Recht die Subordination als das entscheidende Merkmal durchzusetzen beginnt: TOMANDL, S.116. Die Ausführungen der deutschen Lehre (ENNECCERUS/LEHMANN, S.603f.; STAUDINGER, vor § 611 BGB, N.144), wonach die Unselbständigkeit der Arbeit für das Vorliegen eines Arbeitsvertrages charakteristisch sei, führen im Grunde genommen zum gleichen Ergebnis; nur ist die Methode wegen der Unterscheidungsmerkmale weniger sicher, da sie zum Teil auf die Eingliederung abstellt und nicht zwischen wirtschaftlicher oder persönlicher Abhängigkeit und rechtlicher Unterordnung differenziert. LARENZ (S.222) nähert sich dem Unterordnungsverhältnis als maßgebliches Kriterium an, wenn er ausführt, daß bei strenger Weisungsgebundenheit des Tätigen niemals Werkvertrag vorliege. Die Bedeutung des Subordinationsverhältnisses als entscheidendes Abgrenzungskriterium geht auch aus Art.2222 CCit. hervor, dessen Bestimmung wie folgt lautet: «Quando una persona si obbliga a compiere verso un corrispettivo un'opera o un servizio, con lavoro prevalentemente proprio e senza vincolo di subordinazione nei confronti del committente, si applicano le norme di questo capo, salvo che il rapporto abbia una disciplina particolare nel libro IV.»

Die Abgrenzung nach dem rechtlichen Unterordnungsverhältnis steht mit den tatsächlichen Verhältnissen in Übereinstimmung und hat den Vorteil, daß man sich auf ein einheitliches Abgrenzungskriterium gegenüber allen Verträgen auf Arbeitsleistung beschränken kann.

Grenzfälle sind deshalb danach zu entscheiden, in welcher Intensität das Unterordnungsverhältnis vorliegt, d.h. ob die Selbständigkeit des Unternehmers in der Verfügung über die Produktionsmittel oder in der Einteilung der Arbeit beschränkt ist, und ob die Arbeit unter Leitung und Aufsicht des Bestellers ausgeführt wird[25]. In solchen Fällen ist das Vertragsverhältnis nicht als Werkvertrag, sondern als Arbeitsvertrag zu qualifizieren.

«Weisungen» des Bestellers berühren, sofern sie sich auf das Arbeitsergebnis und den Zeitpunkt der Fertigstellung («l'orientation générale du travail et le but à atteindre») beziehen, die Selbständigkeit des Unternehmers nicht[26].

Außerdem ist auf den sachenrechtlichen Aspekt hinzuweisen: Nach allgemeinen Grundsätzen steht dem Arbeitgeber das Recht am Arbeitsergebnis oder -erzeugnis zu. Bei körperlichen Gegenständen findet ein originärer Eigentumserwerb durch den Arbeitgeber statt, weil dieser als Verarbeiter im Sinne von Art. 726 ZGB vermutet wird[27], während beim Werkvertrag – soweit er körperliche Gegenstände umfaßt – dem Besteller ein obligatorischer Anspruch auf die Sache eingeräumt wird und ein derivativer Eigentumserwerb stattfindet[28].

5. Besondere Schwierigkeiten bereiten in der Praxis Verträge, auf Grund welcher künstlerische Darbietungen i.w.S. geleistet werden, gleichgültig ob sie nur einen Arbeitnehmer oder eine ganze Gruppe betreffen. Im letzteren Falle stoßen wir zusätzlich auf das Problem des Gruppenarbeitsverhältnisses (vgl. dazu unten die Ausführungen zum Gruppenakkord, S. 368 ff.).

Läßt sich im Vertragsverhältnis mit dem Künstler ein Unterordnungsverhältnis unter die Weisungen des Arbeitgebers, verbunden mit Kontrollrechten der letzteren feststellen (der Bühnenkünstler hat sich einer Regie unterzuordnen; der Kaffeehausbesitzer hat auf die Gestaltung des Musikprogrammes seines Stehgeigers direkten Einfluß; das Mannequin ist an feste Zeiten und Auftritte gebunden), so liegt ein Arbeitsvertrag vor, insbesondere wenn ein Engagement auf Zeit besteht[29]. Wurde aber ein Künstler verpflichtet, ohne daß sein Vertragspartner auf dessen individuelle Leistung unmittelbar gestaltend eingreifen oder durch Kontrolle einwirken kann – d.h. der Vertrag beschränkt sich lediglich auf die Fixierung von allgemeinen Punkten (Zeit der Darbietung, Entschädigung) –, so ist dieses Rechtsverhältnis als Werkvertrag zu qualifizieren[30].

Wenn hingegen eine Gruppe von Artisten (Schauspielergruppe, Show, Musikkapelle usw.) verpflichtet wird, so ändert sich die Rechtslage hinsichtlich der zur Arbeitsleistung Verpflichteten; es liegt ein Gruppenarbeitsverhältnis («contrat d'équipe») vor. In einem solchen Fall kann der Kapellmeister den Vertrag mit dem Wirt auch als direkter Stellvertreter der einzelnen Mitglieder seiner Kapelle abschließen, womit gegebenenfalls ein Arbeitsverhältnis zwischen dem Wirt und sämtlichen Mitgliedern der Kapelle entsteht. In der Regel aber wird der Vertrag nur zwischen dem Kapellmeister und dem Wirt abgeschlossen; jener entscheidet allein über Einstellung und

---

[25] BGE 57 II, 1931, S. 163; 63 II, 1937, S. 179; ZR 50, 1951, Nr. 191; GAUTSCHI, N. 13 vor Art. 363–379 OR.
[26] Siehe oben Ziff. 3 und GYSIN, Arbeitsrecht, a.a.O. (Anm. 22), S. 33.
[27] Botschaft BBl 1967 II, S. 304.
[28] Vgl. auch ESSER, S. 145.
[29] Vgl. Appellationsgericht Basel-Stadt, in: ARV 1958, S. 59 = BJM 1957, S. 325; P. SCHWARTZ, Einführung in die Praxis des Dienstvertragsrechts, Basel 1949, S. 15; ZR 35, 1936, Nr. 75; BRUN/GALLAND, S. 253.
[30] ARV 14, 1966, S. 13; BRUN/GALLAND, S. 253.

Entlassung der Mitglieder der Kapelle, tritt diesen gegenüber somit allein als Arbeitgeber auf. Die Musiker sind dann gegenüber dem Wirt Hilfspersonen des Kapellmeisters. Die Besonderheit liegt in diesem Fall auf der persönlichen Ebene, indem bei Annahme eines Arbeitsvertrages der Wirt berechtigt ist, den einzelnen Musikern Weisungen zu erteilen, und das Arbeitsresultat unmittelbar nicht dem Kapellmeister, sondern dem Wirt zugute kommt. Man kann hier von einem «gestuften Arbeitsvertrag» sprechen, wie er sich etwa auch beim vom Hauseigentümer angestellten Hausverwalter im sog. «Hausverwaltervertrag» vorfindet[31].

6. Vom Arbeitsvertrag zu unterscheiden ist ferner der gesetzlich nicht geregelte Vertrag, durch den sich jemand verpflichtet, einem anderen, in der Regel gegen Entgelt, die Dienste eines Dritten zu verschaffen und ihm zur Verfügung zu stellen.

Eine bloße Arbeitsvermittlung oder der Abschluß eines Arbeitsvertrages durch einen Stellvertreter stellen keinen Dienstverschaffungsvertrag dar. Die Leistungspflicht desjenigen, der die Dienstleistung eines Dritten zu verschaffen übernommen hat, erschöpft sich in der Zurverfügungstellung der Arbeitskraft und Dienstbereitschaft des Dritten während der vereinbarten Zeit. In der Praxis liegt ein Dienstverschaffungsvertrag beispielsweise in der Vermietung eines Wagens mit Chauffeur vor; hier ist ein Mietvertrag mit einem Dienstverschaffungsvertrag gekoppelt. Ebenso entsteht ein Dienstverschaffungsvertrag beim Abschluß eines Gruppenarbeitsverhältnisses mit einer bereits bestehenden Eigengruppe von Arbeitskräften, wenn ein Mitglied der Gruppe oder ein Dritter (Zwischenmeister) das Arbeitsverhältnis für diese abschließt. Die Leitungsbefugnis liegt zwar beim Unternehmer, doch stehen die Angehörigen der Gruppe nicht in einem unmittelbaren Arbeitsverhältnis zu diesem. Denkbar ist auch, daß der Dienstverschaffungsvertrag nur mit dem Leiter der Gruppe abgeschlossen wird, der seinerseits die Mitglieder der Gruppe im eigenen Namen einstellt und für jedes Verschulden bei der Auswahl der Mitglieder haftet. Davon zu unterscheiden ist der Beizug von Gehilfen für die Ausführung von Arbeitsverpflichtungen; hier greift die Haftung für Hilfspersonen Platz[32].

III. Abgrenzung zum Auftrag

1. Der Auftrag ist das allgemeinste Rechtsverhältnis, in dem der Beauftragte die Geschäftsbesorgung für einen andern (Auftraggeber) verspricht. Dieser Typus nimmt unter den Verträgen über Arbeitsleistungen insofern eine subsidiäre Stellung ein, als ihm alle Arbeitsobligationen, die nicht unter ein besonderes Vertragsverhältnis subsumiert werden können, unterstehen[33].

Für den Auftrag ist wesentlich, daß der Beauftragte bei der Wahrnehmung der Interessen des Auftraggebers eine fremdnützige (im Gegensatz zur fremdbestimmten) Tätigkeit ausübt. Hauptpflicht des Beauftragten bei der Verfolgung fremder Interessen bildet eine spezifisch ausgestaltete Treuepflicht, die die Stellung des Beauftragten kennzeichnet[34].

---

[31] NEF, Temporäre Arbeit, S.23; NIKISCH I, S.32; HUECK/NIPPERDEY, Lehrbuch I, S.788ff.; STAUDINGER, vor § 611 BGB, N.276.
[32] Vgl. STAUDINGER, § 613 BGB, N.12; LARENZ, S.199; SOERGEL/SIEBERT, vor § 611 BGB, N.55; ENNECCERUS/LEHMANN, S.604.
[33] FRIEDRICH, ZBJV 91, 1955, S.451.
[34] ESSER, S.183; GAUTSCHI, N.3a/b zu Art.398 OR.

§ 55 Abgrenzung zum Auftrag 309

Als verwertbare Merkmale der Abgrenzung zwischen Auftrag und Arbeitsvertrag kommen in Betracht: Inhalt der Tätigkeit, Dauer, Entgelt. Keines dieser genannten Merkmale kann für sich allein als ausschlaggebendes Kriterium für die Abgrenzung zwischen Arbeitsvertrag und Auftrag verwendet werden. Der Inhalt der Tätigkeit kann in beiden Vertragsarten derselbe sein; denn Arbeitsvertrag wie auch Auftrag können sowohl Tathandlungen als auch (gesondert oder damit verbunden) Rechtshandlungen umfassen[35].

Im österreichischen Recht wird zwar die Unterscheidung zwischen Tathandlungen (Naturalakte) und Rechtshandlungen als Merkmal der Abgrenzung verwendet[36]. Auf einer anderen Grundlage befindet sich das deutsche Recht, das die Unentgeltlichkeit als hauptsächliches Merkmal zur Unterscheidung zwischen Auftrag und Dienst- bzw. Arbeitsvertrag heranzieht[37].

Ebenso fällt das Zeitmoment als für die Abgrenzung allein ausschlaggebendes Merkmal außer Betracht; denn ein Auftragsverhältnis kann sich über eine gewisse Zeit erstrecken (z.B. Mandat als Verwaltungsrat), während das Arbeitsverhältnis seinerseits sich auf eine einmalige oder mehrere voneinander abgegrenzte Arbeitsleistungen beschränken kann[38].

Ausschlaggebend für die Abgrenzung ist das bereits beim Werkvertrag (s.o. S. 304 ff.) verwendete Unterscheidungsmerkmal der rechtlichen Subordination. Es kommt maßgeblich darauf an, in welcher Stellung vom Handelnden gearbeitet wird, und ob dieser einer gewissen Kontrolle unterworfen ist[39]. Auch das Bundesgericht stellt das Subordinationsverhältnis als Abgrenzungsmerkmal zum Auftrag in den Vordergrund (BGE 95 I, 1969, S. 21). Die gleiche Meinung vertreten die französische und – im Ergebnis – auch die österreichische Lehre[40].

---

[35] GUHL/MERZ/KUMMER, S. 430; GAUTSCHI, N. 27 a/b zu Art. 394 OR; Art. 396 Abs. 2 OR.
[36] GSCHNITZER, Schuldrecht, Bes. Teil, S. 98; doch wird diese Unterscheidung der Wirklichkeit wenig gerecht, weil im Arbeitsvertrag ganz allgemein bei den Leistungen des Verpflichteten die Vornahme von Rechtshandlungen oder Tathandlungen gar nicht mehr sorgfältig unterschieden werden kann. Auch die Entgeltlichkeit des Arbeitsvertrages, im Gegensatz zur Unentgeltlichkeit des Mandats, fällt für die Abgrenzung im schweizerischen Recht außer Betracht, da eine Vergütung mit dem Wesen des Auftrags durchaus vereinbar ist: Art. 394 Abs. 3 OR; OSER/SCHÖNENBERGER, N. 14 zu Art. 394 OR; vgl. zur Entwicklung der Entgeltlichkeit des Auftrags GAUTSCHI, N. 70a ff. zu Art. 394 OR.
[37] FIKENTSCHER, S. 487; LARENZ, S. 256; STAUDINGER, vor § 611 BGB, N. 150; SOERGEL/SIEBERT, vor § 611 BGB, N. 53; a.M. freilich ESSER (S. 183f.), der die spezifische Treuepflicht des Beauftragten in den Vordergrund schiebt.
[38] Vgl. hinten S. 310 ff.; GAUTSCHI, N. 62a zu Art. 394 OR.
[39] GAUTSCHI, N. 62b zu Art. 394 OR, der weitere Umstände wie die Gestaltung der Arbeit, die Fürsorgepflicht des Arbeitgebers usw. erwähnt; vgl. auch GewSchGer ZH, ZR 74, 1975, Nr. 68.
[40] CAMERLYNCK, no 46; BRUN, no 34/35; BRUN/GALLAND, II, S. 64; ROUAST bei PLANIOL/RIPERT, a.a.O. (Anm. 3), no 774, mit der Einschränkung, daß neben der subordination juridique auch der Vertragsinhalt maßgebend sei; für Österreich vgl. TOMANDL, S. 139; MAYER-MALY, S. 7.

Dabei ist festzuhalten, daß Weisungen des Auftraggebers im Sinne von Art. 397 OR und die Rechenschaftsablegung im Sinne von Art. 400 OR die Qualifikation eines Vertragsverhältnisses als Auftrag nicht berühren. Erst wenn Weisungen und Instruktionen den Gang und die Gestaltung der Arbeit durch den Verpflichteten unmittelbar beeinflussen und dem Berechtigten eine Kontrollbefugnis zusteht, liegt ein Arbeitsverhältnis vor. Die Unterscheidung ist nicht immer leicht zu treffen; im Einzelfall müssen die Gegebenheiten einer Abgrenzung sorgfältig untersucht werden.

Somit gelangen bei der Abgrenzung zum Auftrag dieselben Kriterien zur Anwendung wie beim Werkvertrag. Die persönliche Stellung des zur Arbeitsleistung Verpflichteten ist bei beiden Vertragsarten eine unabhängige; in der Organisation seiner Arbeit ist er grundsätzlich selbständig. Verschieden ist hingegen das Ergebnis der geschuldeten Tätigkeit: Dem Werkvertrag ist das Versprechen eines Arbeitserfolges eigen, während beim Auftrag nur eine fremdnützige Tätigkeit geschuldet wird; entsprechend gilt hier eine Sorgfaltshaftung und dort eine Erfolgshaftung.

Dabei ist es durchaus denkbar und möglich, daß ein und dieselbe Person bald Partei eines Arbeitsvertrages, bald eines Werkvertrages oder eines Auftrages sein kann: Das Verhältnis Arzt–Patient ist Auftrag; der Arzt, welcher sein Gutachten erstellt, untersteht den Regeln des Werkvertrages oder, wenn man den «Geisteswerkvertrag» ablehnt, dem Auftrag; in seiner Tätigkeit als Spitalarzt ist der Arzt den Vorgesetzten gegenüber Arbeitnehmer (oder gegebenenfalls Beamter)[41].

2. Die Frage, ob Auftrag oder Arbeitsvertrag vorliegt, stellt sich besonders in zwei Fällen:

a) Häufig bereitet in der Praxis die Abgrenzung zwischen dem Handelsreisendenvertrag (Art. 347–350a OR, ein besonderer Arbeitsvertrag) und dem Agenturvertrag (eine Unterart des Auftrages, Art. 418a–418v OR) besondere Schwierigkeiten. Richtigerweise hat die Judikatur für die Abgrenzung das Moment der Selbständigkeit und das Vorliegen eines Unterordnungsverhältnisses in den Vordergrund gestellt; die Pflicht zur Berichterstattung gilt als Indiz für ein Subordinationsverhältnis[42]. Ein Provisionsreisender ist insbesondere dann kein Arbeitnehmer, wenn er ohne jegliche Arbeitsverpflichtung Bestellungen aufnimmt und in arbeitsorganisatorischer Hinsicht kein Unterordnungsverhältnis vorliegt[43]. Auch das deutsche Handelsrecht stellt für die Unterscheidung zwischen Handelsvertreter und angestelltem Geschäftsvermittler auf die rechtliche Abhängigkeit ab[44].

b) Im schweizerischen Recht stellt die Einordnung der sog. freien Dienste, insbesondere im Zusammenhang mit den sog. liberalen Berufen

---

[41] ZR 54, 1955, Nr. 183.
[42] Vgl. ARV 1957, S. 50; ZR 50, 1951, Nr. 191, S. 285; SJZ 48, 1952, S. 363; ZBJV 73, 1937, S. 485, ZBJV 91, 1955, S. 385.
[43] Vgl. auch office de travail du canton Vaud vom 25.1.1971 = ARV 1971, S. 16.
[44] § 87, I, 1. Satz HGB; D. BRÜGGEMANN, Großkommentar HGB, 3. Aufl., Berlin 1967, Anm. 9 zu § 84 HGB.

(operae liberales, arts libéraux), kein spezifisches Problem dar. Es handelt sich um Arbeitsleistungen vorwiegend intellektueller Natur, die eine besondere fachliche Ausbildung voraussetzen und die in der Regel gegen Honorar geleistet werden (Beispiele: Rechtsanwalt, Arzt, Redaktor, Architekt, Künstler etc.)[45]. Noch im römischen, wie auch im gemeinen Recht waren die freien Dienste stets Gegenstand des Mandates. Die Evolution des Arbeitsrechts, insbesondere der schuldrechtlichen Beziehungen zwischen Arbeitnehmer und Arbeitgeber, wie auch die Zunahme der unselbständigen Arbeit, unterlagen auch hier einem tiefgreifenden Wandel. In neuerer Zeit wurde durchwegs anerkannt, daß die Ausübung der freien Berufe nicht allein dem Auftragsrecht zuzuordnen sei, sondern daß diese auch Gegenstand eines Arbeitsvertrages bilden können, wenn die Voraussetzungen dafür erfüllt sind[46]. Diese Auffassung fand in Art. 361 ORvRev. ihren Niederschlag, der – angesichts der sozialen Wandlungen – eine ausgewogene Lösung darstellte und den Grundsatz, daß der Arbeitsvertrag Leistungen jeglicher Art umfassen könne, folgerichtig auch auf die freien Berufe anwandte, allerdings mit der Einschränkung, daß die Voraussetzungen für das Vorliegen eines Dienstvertrages erfüllt sein müssen[47].

Artikel 361 OR wurde bei der Revision des Arbeitsvertrages gestrichen. Der Entwurf wollte, da er primär auf die Regelung der abhängigen Arbeit ausgerichtet war, auf die Übernahme von Art. 361 OR verzichten[48]. Die mißverständliche Bemerkung in der Botschaft[49]: «Die Regelung der selbständigen Arbeit wird nicht mehr einbezogen und deshalb auf die Übernahme der Vorschrift von Art. 361 OR verzichtet. Die selbständige Arbeit unterliegt somit inskünftig den Vorschriften über den Auftrag (Art. 394 Abs. 2 OR), soweit nicht Werkvertrag (Art. 363 OR) vorliegt...» hat insbesondere in der parlamentarischen Beratung etwelche Verwirrung hervorgerufen. Es wurde mit Recht klargestellt, daß die Streichung von Art. 361 OR nicht die Bedeutung hat, daß freie Dienste nicht mehr Gegenstand eines Arbeitsvertrages sein können[50]. Wäre nach der Absicht der Redaktoren der Streichung von Art. 361 OR die Bedeutung zugekommen, daß die freien Dienste fortan dem Recht des Auftrages oder Werkvertrages zuzuordnen gewesen wären, so hätte dies – vor allem vom Arbeitenden aus gesehen – einen Rückschritt bedeutet, denn diesem wäre der umfassende Schutz nicht mehr zuteil geworden. Für die künftige Anwendung des Gesetzes bleibt es daher dabei, daß freie Berufe, die eine wissenschaftliche oder künstlerische Ausbildung voraussetzen, Gegenstand eines Arbeitsvertrages sein können, wenn der Leistungspflichtige von den Weisungen des Arbeitgebers abhängig ist, seiner Kontrolle untersteht und das Vertragsverhältnis auf die Dauer ausgerichtet ist[51]. Für die Unterscheidung, ob der Leistungsverpflichtete bei freien Berufen seine Arbeit als selbständiger Unternehmer oder

---

[45] BECKER, N. 1, zu Art. 361 OR; SCHWEINGRUBER, Kommentar, S. 141.
[46] BECKER, N. 1 zu Art. 361 OR; PLANIOL/RIPERT, a.a.O. (Anm. 3), no 777; BRUN, nos 24–27; ENNECCERUS/LEHMANN, S. 605; CAMERLYNCK, no 45.
[47] Vgl. BECKER, N. 2 zu Art. 361 OR; OSER/SCHÖNENBERGER, N. 2 zu Art. 361 OR; SCHWEINGRUBER, Kommentar, S. 141.
[48] Vgl. auch eindeutig HUG, in: St. Galler Festgabe 1965, S. 219.
[49] BBl 1967 II, S. 277.
[50] Vgl. StenBullNR 1969: S. 417, CHAVANNE; S. 425, HOFSTETTER; S. 428, VON MOOS.
[51] Dieser Auffassung pflichtet im Ergebnis auch GAUTSCHI bei, der die Selbständigkeit, die Vielzahl der Auftraggeber und das Recht zur jederzeitigen Mandatsniederlegung als grundlegend

als Arbeitnehmer verrichtet, stellt die Eingliederung ein taugliches Unterscheidungsmerkmal dar; ergibt der «organization-test», daß die Arbeitsleistungen regelmäßig und nicht nur für eine bestimmte Aufgabe erfolgen und daß der Arbeitnehmer regulär in die Organisation des Betriebes eingegliedert ist, so wird man auf einen Arbeitsvertrag schließen können[52]. Entscheidend ist mithin, ob der Verpflichtete im Rahmen seiner eigenen Unternehmung tätig ist und das damit verbundene Risiko übernimmt; trifft dies zu, so liegt kein Arbeitsvertrag, sondern ein Auftrag oder allenfalls ein Werkvertrag vor[53]. Der für eine Firma tätige Rechtsberater, der an einem Spital tätige Arzt oder der bei einer Zeitung oder bei einem Verlag arbeitende Redaktor untersteht den Vorschriften des Arbeitsvertrages, wenn er hinsichtlich Zeit und Gestaltung seiner Tätigkeit weisungsgebunden ist und damit auch in persönlicher Beziehung vom Arbeitgeber abhängig ist. Dem steht nicht entgegen, daß z.B. der Chefarzt eines Krankenhauses bei seiner rein medizinischen Tätigkeit (Diagnose und Wahl der Therapie) keinen Fachanweisungen unterliegt, wenn nur die Weisungsgebundenheit im Sinne der Zielanweisung und der behördlichen Eingliederung vorliegt[54]. Auch der Ausschluß der Arbeitnehmer, die «eine höhere leitende Tätigkeit oder eine wissenschaftliche oder selbständige künstlerische Tätigkeit» ausüben, vom persönlichen Geltungsbereich des Arbeitsgesetzes (Art. 3 lit. d ArG) führt nicht ohne weiteres zur Ablehnung eines privatrechtlichen Arbeitsvertrages. Der Regelung des Arbeitsgesetzes liegt die Überlegung zugrunde, daß solche Personen keines öffentlich-rechtlichen Schutzes bedürfen, ihre Tätigkeit auch mit sich bringt, daß sie keinem starren Stundenplan unterworfen werden können. Die Verordnung zum Arbeitsgesetz I (Art. 7) umschreibt die höhere leitende Tätigkeit durch die beiden Merkmale der Entscheidungsbefugnis in wesentlichen Angelegenheiten und der entsprechenden Verantwortung[55,56]. Beide Kriterien sprechen aber nicht notwendigerweise für den Ausschluß eines privaten Arbeitsvertrags. Auch der leitende Direktor eines Unternehmens übt seine Tätigkeit auf der Grundlage eines Arbeitsvertrags aus, obwohl er ohne Zweifel eine gesteigerte Entscheidungsbefugnis in wesentlichen Angelegenheiten hat und ihm eine entsprechende Verantwortung auferlegt ist. Grundsätzlich ist er aber auch in den Betrieb eingegliedert und von den generellen Zielweisungen (z.B. des Verwaltungsrates) abhängig. Es können ihm denn auch jederzeit andere Funktionen zugewiesen oder seine Entscheidungsfreiheit beschränkt werden. Das deutsche Recht unterstellt z.B. den Vorstand einer Aktiengesellschaft dem Dienstvertrag des BGB, nicht aber dem Arbeitsvertrag des Arbeitsrechts (BGHZ 10, S. 190). Im schweizerischen Recht, das, wie mehrfach betont wurde, diese Zweiteilung nicht kennt, wird man bei Vorliegen der genannten Merkmale einen Arbeitsvertrag im Sinne des 10. Titels des OR annehmen. Wo dagegen ein Arzt oder ein Rechtsanwalt selbständig tätig ist, selbst wenn er in einer dauernden Verbindung z.B. mit einem Unternehmen steht, ist ein Auftrag anzunehmen, so z.B. beim selbständigen Arzt, der regelmäßig Schirmbilduntersuchungen durchführt, oder beim selbständigen Anwalt, der einer Firma als Rechtskonsulent zur Verfügung steht[57]. Immerhin stellt sich dann die Frage, ob nicht das Auftragsverhältnis im Hinblick auf die dauernde Verbindung gewisse Modifikationen erfahren muß.

---

für die Unterscheidung zwischen abhängigem und freiem Berufsdienst ansieht; vgl. auch GAUTSCHI, Berner Kommentar, N. 28b und N. 28c zu Art. 394 OR.

[52] Vgl. die im englischen Recht verwendete Methode der Unterscheidung zwischen employee und independent contractor bei CHITTY, a.a.O. (§ 52, Anm. 13), Nr. 647, S. 33, die im Ergebnis auf die Eingliederung hinausläuft.

[53] Vgl. ESSER, S. 145; KLANG/GSCHNITZER, S. 156.

[54] Vgl. BAG, Entscheid vom 27.7.1961, bei WENZEL, Nr. 1; ZR 54, 1955, S. 165; BGE 95 I, 1969, S. 21.

[55] HUG, Kommentar, N. 12 zu Art. 3 ArG.

[56] HUG, N. 12 zu Art. 3 ArG; CANNER/SCHOOP, N. 7–9 zu Art. 3 ArG. Für die Richtigkeit der oben angeführten Begründung spricht auch der in Art. 3 lit. d vorgenommene Ausschluß der Assistenzärzte vom Geltungsbereich des Arbeitsgesetzes, für die aber privatrechtlich ein Normalarbeitsvertrag gilt (vgl. AS 1963, S. 261).

[57] Vgl. HOFSTETTER, StenBullNR 1969, S. 425.

3. Aus der für das schweizerische Recht singulären Bestimmung von Art. 394 Abs. 2 OR schließt GAUTSCHI⁵⁸, daß der Arbeitsvertrag «sui generis» dem schweizerischen Recht unbekannt sei, und daß durch die im genannten Artikel aufgestellte Vermutung Innominatkontrakte bei den Verträgen über Arbeitsleistungen ausgeschlossen seien, m.a.W. daß für die Arbeitsobligationen (ähnlich dem ehelichen Güterrecht und den Grundpfandrechten) ein «numerus clausus» bestünde. Dieser Meinung hat sich offenbar auch NEF⁵⁹ angeschlossen; ebenso sprechen GUHL/MERZ/KUMMER⁶⁰ bei der Abgrenzung des Werkvertrages davon, daß «das Gesetz im Bereich der Arbeitsverträge praktisch einen numerus clausus schafft». Die Frage nach der Tragweite der Bestimmung von Art. 394 Abs. 2 OR geht dahin, ob gemischte Verträge bei den Arbeitsobligationen zulässig seien, oder ob nicht vielmehr das Recht des Auftrages auf Mischtatbestände im Sinne der Absorptionstheorie ausschließlich zur Anwendung gelange.

Unbestritten ist, daß gemischte Verträge, die Elemente der Arbeitsleistung mit solchen anderer Vertragsarten (als gekoppelte Haupt- oder Nebenpflicht) verbinden, möglich sind und auch sehr oft vorkommen⁶¹. Ebenso sind Kombinationen von Verträgen mit verschiedenen Elementen der Arbeitsobligationen⁶² zulässig und nicht durch die subsidiäre Stellung des Auftrages ausgeschlossen. Die strikte Anwendung von Art. 394 Abs. 2 OR würde der Interessenlage in vielen atypischen Fällen nicht gerecht. Die historisch bedingten Sonderheiten des Auftragsrechtes, wie der jederzeit mögliche Widerruf des Auftrages, die Ausgestaltung der Haftung im Sinne einer Sorgfaltshaftung und die Solidarität mehrerer Auftraggeber⁶³, verunmöglichen oft eine adäquate Anwendung der Regelungen des Auftragsrechts auf die Arbeitsobligation. Die Annahme, Abs. 2 von Art. 394 OR begründe einen Typenzwang innerhalb der Arbeitsobligationen, würde im OR einen Fremdkörper darstellen. Aus der Freiheit der inhaltlichen Gestaltung des Vertrages (Art. 19 Abs. 1 OR) ist zu folgern, daß im Schuldrecht kein Typenzwang herrscht⁶⁴ und somit Vertragsverbindungen wie auch gemischte Verträge zulässig sind⁶⁵.

---

[58] Vorbemerkungen zu Art. 363 bis 379 OR, N. 7 und N. 5b zu Art. 394 OR.
[59] NEF, Temporäre Arbeit, S. 40.
[60] GUHL/MERZ/KUMMER, S. 490.
[61] Vgl. BGE 41 II, 1915, S. 108.
[62] z. B. Werkvertrag und Auftrag; vgl. ZR 54, 1955, Nr. 183; Sem. jud. 84, 1962, S. 251 f.; SJZ 60, 1964, S. 42 f.
[63] GUHL/MERZ/KUMMER, S. 419; FRIEDRICH, ZBJV 91, 1955, S. 451 ff.
[64] FIKENTSCHER, S. 348; SCHMIDT bei SOERGEL/SIEBERT, vor § 305 BGB, N. 12 f.; LARENZ, Bd. I, S. 3; HECK, S. 245; ENNECCERUS/LEHMANN, S. 391.
[65] ESSER, Schuldrecht, Bd. I: Allg. Teil, S. 100 f.; GUHL/MERZ/KUMMER, S. 291 f.

Offen bleibt lediglich, nach welcher Methode solche gemischte oder atypische Verträge zu qualifizieren sind[66]. Um zu einem sachgerechten Ergebnis zu gelangen, wird man die Absorptionsmethode, wonach der zu beurteilende Tatbestand nur einer Vertragsart zuzuordnen sei, generell ablehnen und nur für typische Verträge mit untergeordneten, andersartigen Leistungen als zulässig betrachten[67]. Auch die Kombinationsmethode, wonach sowohl die Regeln der einen, wie auch der anderen in Frage kommenden Vertragsarten anzuwenden seien, kann nur ausnahmsweise gelten, so z.B. bei den Typenverbindungsverträgen[68].

Das Problem läßt sich nicht allein durch abstrakte Regelungen lösen; es kommt vielmehr auf den Vertragszweck und auf die Interessenlage im einzelnen Falle an, welche der verschiedenen Methoden bei der Rechtsanwendung vorzuziehen seien. Letzten Endes muß auch hier eine generelle Norm nach Treu und Glauben ermittelt werden[69]. So wird z.B. in der Botschaft zur Revision des Arbeitsvertrages (BBl. 1967 II, S. 277) zu Recht betont, daß die Rechtsprechung Vorschriften des Arbeitsvertragstitels analog z.B. auf die sog. freien Dienste, sofern sie den Vorschriften über den Auftrag unterstehen, zur Anwendung bringen könne, soweit der konkrete Sachverhalt der selbständigen Arbeit dies zulasse und als geboten erscheinen lasse.

Für den Auftrag ist insbesondere die Möglichkeit der jederzeitigen Auflösung charakteristisch (Art. 404 OR). Für Verträge, die eine dauernde Tätigkeit, wie z.B. eine dauernde Rechtsberatung einer Firma oder einen ständigen Immobilienverwaltungsauftrag zum Inhalt haben, wird oft eine Unkündbarkeit während einer gewissen Zeit vereinbart. Eine solche Regelung steht an sich im Widerspruch zum Auftrag, doch stellt das Bundesgericht mit Recht die Frage, ob nicht u.U. ein Vertrag «sui generis» anzunehmen sei, bei dem im Hinblick auf die getroffenen Dispositionen des Beauftragten (z.B. Ablehnung konkurrierender Aufträge, Anstellung von Personal, Disposition von Zeit usw.) die Möglichkeit der Unkündbarkeit für eine gewisse Zeit angenommen werden müsse[70].

Beim Architekturvertrag hat das Bundesgericht (BGE 89 II, 1963, S. 406) bei grundsätzlicher Anwendung des Auftragsrechts die Verjährung des Anspruchs wegen Mängel des Bauwerks nicht der zehnjährigen, sondern der fünfjährigen Frist unterstellt (Art. 371 Abs. 2 OR), somit eine Kombination von Auftrag und Werkvertrag angenommen[71].

IV. Abgrenzung zum Gesellschaftsvertrag

Diese Abgrenzung ist im Einzelfalle sehr schwierig, weil eine Gewinnbeteiligung für sich allein genommen aus dem Arbeitgeber noch keinen Gesellschafter macht. Hingegen bildet die Einräumung von Kontrollrechten

---

[66] Vgl. zu den verschiedenen Methoden im einzelnen: GUHL/MERZ/KUMMER, S. 419; HECK, S. 274; SCHMIDT bei SOERGEL/SIEBERT, vor § 305 BGB, N. 17ff.; ENNECCERUS/LEHMANN, S. 395; TOMANDL, S. 109.

[67] Ähnlich GUHL/MERZ/KUMMER, S. 293; ENNECCERUS/LEHMANN, S. 396; FIKENTSCHER, S. 350.

[68] GUHL/MERZ/KUMMER, S. 291.

[69] Vgl. im einzelnen: GUHL/MERZ/KUMMER, S. 293/94; HECK, S. 244; ENNECCERUS/LEHMANN, S. 396; SCHMIDT bei SOERGEL/SIEBERT, vor § 305, BGB, N. 18.

[70] BGE 83 II, 1957, S. 529, Erw. 1 für den Immobilienverwaltungsvertrag. Gleicherweise hat die Praxis den Unterrichtsvertrag mit einer Privatschule als Vertrag sui generis qualifiziert (SJZ 60, 1964, Nr. 173, S. 253).

[71] Vgl. auch schon 63 II, 1937, S. 171. Auch O. BLOETZER (Der Bergführervertrag, Diss. Fribourg 1941, S. 34ff.) nimmt eine solche Mischung von Auftrag und Arbeitsvertrag an; a.A. C. DANNEGGER (Die Rechtsfragen der Bergsteiger und der Skifahrer, Zürich 1938, S. 128ff.), der den Bergführervertrag mangels einer bes. Vertragsart dem Auftrag unterstellt.

ein Indiz für die Gesellschafterstellung. Grundsätzlich unterscheidet sich der Gesellschafter vom Arbeitnehmer dadurch, daß jener auf der Grundlage der Gleichberechtigung und in seiner Eigenschaft als Gesellschafter Arbeit leistet, während dieser in einem Subordinationsverhältnis zu seinem Arbeitgeber steht. Im Einzelfall ist auf den Zweck des Vertrages und auf das Verhältnis der Tätigkeit der Beteiligten zueinander abzustellen [72].

§ 56. Die Ausleihe von Arbeitskräften

I. Vorbemerkungen

1. Die Ausleihe von Arbeitskräften bedingt vertragliche Konstruktionen «sui generis». Insbesondere die Hochkonjunktur und der damit verbundene Mangel an Arbeitskräften einerseits und eine gewisse Tendenz zur Bindungslosigkeit bei den Arbeitnehmern andererseits haben zur Ausbildung neuer Institute wie insbesondere der sogenannten «temporären Arbeit» geführt, die allerdings vom sozialen und volkswirtschaftlichen Gesichtspunkt aus nicht ganz unbedenklich sind. Grundtatbestand ist, daß ein Arbeitgeber einem Betrieb einen Arbeitnehmer ausleiht oder besser gesagt «vermietet». Dadurch entstehen in der Regel dreifache Rechtsbeziehungen: Die Beziehung zwischen dem Verleiher und Entleiher; die Beziehung des Arbeitnehmers zum Verleiher; die Beziehung zwischen dem Arbeitnehmer und dem Entleiher.

2. Kein Leihverhältnis liegt vor, wenn ein Arbeitnehmer nur als Erfüllungsgehilfe seines Arbeitgebers (z. B. eines Maschinenbauers) die Erfüllung des zwischen dem Arbeitgeber und dem Kunden abgeschlossenen Vertrages bewirken soll (z. B. beim sog. Montagevertrag).

Der Kunde geht mit dem Arbeitnehmer (Monteur) kein Vertragsverhältnis ein, kann diesem gegenüber auch kein Weisungsrecht geltend machen, das über dasjenige hinausgeht, das jeder Betriebsinhaber kraft seines Hausrechts gegenüber jedem andern Dritten beanspruchen könnte (z. B. Verhaltensregeln, die sich zur Wahrung eines geordneten Betriebsablaufes an alle Personen richten, die sich im Betrieb aufhalten). Muß der Kunde dem Monteur während der Montage geeignetes Hilfspersonal stellen, so hat der Monteur während seiner Tätigkeit im Betrieb des Kunden über dessen Arbeitnehmer ein begrenztes Weisungsrecht, das sich aber lediglich so weit

---

[72] николай, Bd. I, S. 120; HUECK/NIPPERDEY, S. 46; SOERGEL/SIEBERT, vor § 611 BGB, N. 54; für das französische Recht vgl. BRUN, no 38.

erstreckt, als die fachgerechte Montagetätigkeit in Frage steht; d.h. das Weisungsrecht des Monteurs ist begrenzt auf Anordnungen, die mit der Erfüllung des Werkvertrages zusammenhängen.

Eine ähnliche Situation liegt vor, wenn sich der Vermieter in einem Mietvertrag verpflichtet, dem Mieter als Nebenleistung einen seiner Arbeitnehmer zur Verfügung zu stellen (z.B. Mietvertrag über Gegenstände wie Schiff, Flugzeug, Auto, Bagger, mit Bedienung)[1]. Die Bedienungsleute treten insofern in die Weisungssphäre des Mieters, als dieser befugt ist, gewisse Zielanweisungen zu erteilen; Fachanweisungen dagegen sind ihm verwehrt. Die Arbeitsleistung tritt als Nebenleistung gegenüber der Überlassung des Mietgegenstandes eher in den Hintergrund. Der Arbeitnehmer steht allein mit dem Vermieter in einem arbeitsvertraglichen Verhältnis[2].

II. Das eigentliche Leiharbeitsverhältnis

1. Für das eigentliche Leiharbeitsverhältnis ist charakteristisch, daß der Arbeitnehmer nicht bloß als Hilfsperson des Arbeitgebers (z.B. in Ausführung eines Werk- oder eines Mietvertrages) tätig wird, sondern daß zwischen Entleiher und Verleiher ein Vertrag über die «Vermietung» eines Arbeitnehmers geschlossen wird. Dabei spricht man von einem «unechten Leiharbeitsverhältnis», wenn die Tätigkeit des Verleihers in der Vermittlung und Ausleihe von Arbeitskräften besteht und wenn er deshalb die Arbeitnehmer von vorneherein nur, oder in erster Linie, zum Zwecke der Ausleihe annimmt, wie dies z.B. bei den sog. temporären Arbeitsorganisationen der Fall ist.

Der Unterschied zur bloßen Stellenvermittlung liegt darin, daß der Arbeitnehmer in einem dauernden Vertragsverhältnis zum ausleihenden Arbeitgeber (temporäre Arbeitsorganisation) verbleibt. Von der Teilzeitarbeit unterscheidet sich das Leiharbeitsverhältnis dadurch, daß der Teilzeitarbeiter wie ein gewöhnlicher Arbeitnehmer angestellt wird und dauernd im selben Unternehmen tätig ist, wenn auch mit reduzierter Arbeitszeit, während der sog. temporäre Arbeiter von einer ausschließlich mit der Vermittlung von temporären Arbeitskräften beschäftigten Organisation angestellt, aber nach Bedarf an einen Kunden weitervermittelt, somit lediglich ausgemietet wird[3].

2. Die Leiharbeit umfaßt drei Rechtsverhältnisse:

a) Der Vertrag zwischen dem Verleiher (beim unechten Leihverhältnis: temporäre Arbeitsorganisation) und dem Entleiher (Kunde) ist ein Vertrag «sui generis» und zu qualifizieren als Dienstverschaffungsvertrag, der Elemente des Auftrags enthält. Der Verleiher verspricht dem Kunden gegen Entgelt die Arbeitsleistung des Arbeitnehmers. In der Regel soll der Kunde

---

[1] Vgl. BGE 91 II, 1965, S.291.
[2] Vgl. Nef, Temporäre Arbeit, S.24ff.; A.Meier-Hayoz, SJK 1135 (gemischte Verträge), S.2ff.
[3] Vgl. R. von Büren, Teilzeitarbeit und temporäre Arbeit als neue Form von Dienstleistungen im schweizerischen Recht, Bern/Frankfurt a.M. 1971.

gegenüber dem Arbeitnehmer kein eigenes Forderungsrecht besitzen. Man kann deshalb von einem unechten Vertrag zugunsten eines Dritten (Kunde), respektive zu Lasten eines Dritten (Arbeitnehmer) sprechen[4]. Im Vertrag zwischen dem Entleiher und Verleiher wird in der Regel bloß die generelle Eignung des Arbeitnehmers für die verlangte Arbeit versprochen; der Entleiher haftet somit nicht für die spezielle Eignung des Arbeitnehmers zur Ausführung der konkreten Arbeit.

b) Der Arbeitnehmer steht allein zum Ausleiher in einem Arbeitsverhältnis. Dessen Eigenart liegt darin, daß der Arbeitnehmer seinem Arbeitgeber gegenüber verpflichtet ist, die Arbeitsleistung nicht diesem, sondern einem Dritten zu erbringen. In der Regel wird zwischen einem generellen Arbeitsvertrag (Rahmenarbeitsvertrag) und einem individuellen Arbeitsvertrag (Einsatzvertrag) unterschieden. Der Rahmenvertrag kann als ein durch den Abschluß eines individuellen Arbeitsvertrages bedingter Arbeitsvertrag angesehen werden[5]. Der Arbeitnehmer ist der temporären Arbeitsvermittlungsorganisation gegenüber in der Regel nicht verpflichtet, eine ihm angebotene Arbeit bei einem Dritten anzunehmen, d.h. einen individuellen (Einsatz-) Vertrag zu schließen.

c) Zwischen dem Kunden und dem Arbeitnehmer besteht, jedenfalls nach herrschender Meinung, kein eigentliches arbeitsvertragliches Verhältnis, insbesondere untersteht der Arbeitnehmer nicht einem allfällig für den Betrieb des Kunden geltenden Gesamtarbeitsvertrag. Jedoch läßt die Eingliederung des Arbeitnehmers in den Betrieb des Kunden gewisse vertragliche oder quasivertragliche Beziehungen entstehen[6]. So ist der Arbeitnehmer mit Bezug auf Treuepflicht, Gehorsam, Arbeitsdisziplin, Schweigepflicht, Sorgfaltspflicht wie ein Arbeitnehmer des Kunden zu behandeln, während dieser die zum Schutz der Persönlichkeit des sogenannten Arbeitnehmers notwendigen Maßnahmen zu treffen hat[7]. Das Weisungsrecht ist zwischen der Organisation und dem Kunden geteilt. Der Kunde hat ein auf die Ausführung der konkreten Arbeit bezogenes Weisungsrecht. Das Weisungsrecht der Organisation als des eigentlichen

---

[4] Vgl. NEF, S. 47, der betont, daß der Kunde gegenüber dem Arbeitnehmer bloß Leistungsempfänger ist, ohne gegen diesen ein eigentliches Hauptforderungsrecht zu besitzen; a.M. VON BÜREN, S. 79 ff.

[5] NEF, S. 37 ff.; VON BÜREN, S. 111 ff.

[6] Vgl. Bundesgericht (Sem. jud. 77, 1955, S. 355), Urteil vom 7. Juli 1954: «... le contrat de location du personnel fait naître, entre l'employeur secondaire et l'employé, des relations contractuelles ou quasi contractuelles qui, bien qu'indirectes, permettent au premier de se prévaloir de l'art. 328 CO à l'égard du second».

[7] VON BÜREN, S. 115; NEF, S. 73.

Arbeitgebers ist jedoch in der Regel stärker als dasjenige des Kunden; jene kann insbesondere dem Arbeitnehmer die Weisung erteilen, seinen Einsatz zu beenden.

Ein direkter Lohnanspruch des Arbeitnehmers gegenüber dem Kunden besteht in der Regel nicht[8]. Der Arbeitnehmer besitzt bereits ein Konkursprivileg erster Klasse gegenüber seinem eigentlichen Arbeitgeber, dem Ausleiher, und es würde eine unzulässige Privilegierung des Arbeitnehmers bedeuten, diesem einen zusätzlichen Lohnanspruch gegenüber dem Kunden zuzuerkennen. Auch der Ferienanspruch des Arbeitnehmers richtet sich gegen seinen Arbeitgeber, den Ausleiher (in der Regel wird eine pro rata-Ferienentschädigung vereinbart, die zum Lohn geschlagen und ausbezahlt wird). Gegenüber Dritten ist der Arbeitnehmer jedoch Hilfsperson des Kunden. Dieser haftet nach Art. 101 OR und Art. 55 OR für Schäden, die der Arbeitnehmer in Ausführung seiner Tätigkeit bei der Organisation des Kunden verursacht hat.

3. In Deutschland ist durch das Grundsatzurteil des Bundessozialgerichts vom 29. Juli 1970[9] die Frage, inwieweit die Ausleihe von Arbeitskräften den Tatbestand der unzulässigen privaten Arbeitsvermittlung erfülle, aufgeworfen worden. Nach der Meinung des Gerichts liegt dann keine Arbeitsvermittlung vor, wenn der Verleiher das volle Arbeitgeberrisiko trägt, der Leiharbeitnehmer also auch dann entlöhnt wird, wenn er nicht bei einem Entleiher beschäftigt werden kann. Ein Gesetz zum verstärkten Schutz der Leiharbeitnehmer ist am 12. Oktober 1972 in Kraft getreten[10].

In der Schweiz stehen die gewerbsmäßigen Arbeitsvermittlungsbüros unter Erlaubnispflicht[11]. Wenn der Arbeitnehmer aber in einem Vertragsverhältnis zum Entleiher verbleibt, findet das Arbeitsvermittlungsgesetz keine Anwendung[12].

§ 57. Das öffentlich-rechtliche Dienstverhältnis

Literatur: H. NAWIASKY, Von der Bürgerpflicht zum dauernden Dienstverhältnis; H. NEF, Öffentliche und privatrechtliche Anstellung, beide Aufsätze in: Veröffentlichungen der schweiz. Verwaltungskurse an der Handelshochschule St. Gallen 1944; P. HUBER, Das Dienstverhältnis des Bundesarbeiters, Diss. Zürich 1928; TH. KERN, Das Dienstrecht des Bundespersonals, Bern 1935; M. IMBODEN, Schweizerische Verwaltungsrechtsprechung, 3. Aufl., Basel/Stuttgart 1969; A. IMHOF, Das öffentlichrechtliche Dienstverhältnis, ZSR 48, 1929, S. 230a ff.; H. R. SCHWARZENBACH, Grundriß des allgemeinen Verwaltungsrechts, 4. Aufl., Bern 1970; A. GRISEL, Droit administratif suisse, Neuchâtel 1970.

---

[8] VON BÜREN, S. 129; NEF, S. 79.
[9] In SGb 72, 58; vgl. dazu BVerfG, Entscheid vom 11.1.1971, BvR 572/70.
[10] Vgl. Gesetz zur Regelung der gewerbsmäßigen Arbeitnehmerüberlassung, BGBl 1972 I, S. 1393 ff.; dazu K. NOACK, Die Erlaubnispflicht nach dem Arbeitnehmerverfassungsgesetz, NJW 1972, S. 2114 ff.
[11] BG über die Arbeitsvermittlung vom 22. Juni 1951 (AS 1951, S. 1211), Art. 7.
[12] Vgl. M. PANAYOTAPOULOS, L'emploi temporaire, in: Recueil de travaux suisses présentés au VIIIe Congrès international de droit comparé, Basel/Stuttgart 1970, S. 225–237.

I. Allgemeines

Der Staat kann grundsätzlich wie jeder Private Arbeitsverträge nach OR abschließen. Typischerweise jedoch begründet er öffentlich-rechtliche Dienstverträge, wie dies für bestimmte Verwaltungsaufgaben sogar gesetzlich vorgeschrieben ist. Kennzeichnend für das Vorliegen eines öffentlich-rechtlichen Dienstverhältnisses ist, daß es durch einseitigen Verwaltungsakt zustandekommt und durch das öffentliche Recht geregelt wird[1]. Je nach dem maßgebenden öffentlichen Recht des Bundes oder der Kantone differiert die Einzelausgestaltung der Dienstverträge. Es soll im folgenden nur von der bundesrechtlichen Normierung die Rede sein.

II. Rechtliche Grundlagen

1. Das Arbeitsvertragsrecht findet prinzipiell keine Anwendung auf das öffentlich-rechtliche Dienstverhältnis.

Für den Bund vgl. BG über das Dienstverhältnis der Bundesbeamten vom 30. Juni 1927; Verordnung über das Dienstverhältnis der Beamten der allgemeinen Bundesverwaltung (Beamtenordnung I, BtOI) vom 10. November 1959; Verordnung über das Dienstverhältnis der Angestellten der allgemeinen Bundesverwaltung (Angestelltenordnung, AngO) vom 10. November 1959; BG über die Verantwortlichkeit des Bundes sowie seiner Behördemitglieder und Beamten (VG) vom 14. März 1958.

Immerhin ist eine allgemeine Tendenz festzustellen, die Grundsätze des privaten Arbeitsvertrags analog zur Anwendung zu bringen, soweit öffentlich-rechtliche Vorschriften fehlen und die privatrechtlichen Bestimmungen sich mit der Grundstruktur des öffentlich-rechtlichen Dienstverhältnisses vertragen[2].

2. Der Beamte untersteht nicht dem Geltungsbereich des öffentlich-rechtlichen Arbeitsgesetzes. Dieser Grundsatz ist allerdings in mehrfacher Hinsicht durchbrochen.

Dem betrieblichen Geltungsbereich des Arbeitsgesetzes unterstehen nicht:
– Verwaltungen des Bundes, des Kantons und des Gemeinwesens (Art. 2 Abs. 1a ArG);
– Öffentliche Anstalten und Betriebe des Bundes, des Kantons und der Gemeinden, soweit sie nicht durch Verordnungen dem Arbeitsgesetz unterstellt worden sind (Art. 2 Abs. 2 ArG; Art. 8, 9 VO II zum ArG);

---

[1] Vgl. NEF, öffentlich- und privatrechtliche Anstellung, in: Veröffentlichungen der schweiz. Verwaltungskurse an der HHS St. Gallen, Bd. 2, S. 23.
[2] Vgl. BGE 75 II, 1949, S. 329, Auflösung eines kant. öffentl.-rechtl. Dienstverhältnisses aus wichtigem Grund nach Grundsätzen analog zum OR.

– Betriebe, die dem BG betreffend die Arbeitszeit der Bahn und anderer Verkehrsbetriebe vom 8. Oktober 1971 (sog. Arbeitszeitgesetz) unterstehen (Art. 2 Abs. 1 lit. b ArG)[3].

Dem betrieblichen Geltungsbereich des Arbeitsgesetzes unterstehen dagegen (vgl. Art. 9 VO I zum ArG):

– Werkstätten, Betriebe und Laboratorien, die sich als industrielle Betriebe kennzeichnen (zum Begriff des industriellen Betriebes vgl. Art. 5 Abs. 2 ArG);
– Regiebetriebe, die in unmittelbarer Verwaltung durch das Gemeinwesen stehen, soweit sie nicht Monopolcharakter haben.

III. Besonderheiten des öffentlich-rechtlichen Dienstverhältnisses

1. Nach herrschender Meinung wird das öffentlich-rechtliche Dienstverhältnis nicht durch Vertragsschluß begründet, sondern der Arbeitnehmer (sei er Beamter i.e.S., Angestellter oder Arbeiter) wird auf seinen Antrag hin oder mit seiner Zustimmung vom zuständigen Organ der Behörde oder der öffentlich-rechtlichen Anstalt durch konstitutiven Verwaltungsakt zum öffentlich-rechtlichen Bediensteten ernannt[4]. Feste Amtsdauer und periodische Wiederwahl durch die Wahlbehörde sind zumindest für den Bundesbeamten kennzeichnende, aber nicht allein entscheidende Kriterien, die auf das Vorliegen eines öffentlich-rechtlichen Dienstverhältnisses hinweisen[5].

Das öffentlich-rechtliche Dienstverhältnis wird entweder durch Ablauf der Amtsdauer beendigt[6] oder durch einen Entscheid der vorgesetzten Behörde (disziplinarische Entlassung, Art. 31 Ziff. 9 BtG; Auflösung aus wichtigen Gründen, Art. 55 BtG) oder auch auf Verlangen des Beamten (Art. 53 BtG).

2. Der Inhalt des öffentlich-rechtlichen Dienstverhältnisses wird grundsätzlich durch zwingende, von Amtes wegen anzuwendende Normen geregelt und nicht vom Parteiwillen bestimmt. Daraus folgt, daß sich die Rechte und Pflichten des Beamten nicht nach dem im Privatrecht geltenden Vertrauensgrundsatz bemessen, sondern durch Gesetzesauslegung bestimmt werden[7].

---

[3] Art. 4 des Arbeitszeitgesetzes verankert die 44-Std.-Woche: «Die tägliche Arbeitszeit beträgt im Durchschnitt 7 Std. 20 Min.»
[4] Vgl. GRISEL, S. 242; SCHWARZENBACH, S. 22, 23.
[5] Der Bundesangestellte ist nicht auf eine Amtsperiode angestellt (Art. 8 AngO).
[6] Der Beschluß der Nichtwiederwahl muß aber dem Beamten 3 Monate vor Ablauf der Amtszeit mitgeteilt werden (Art. 57 Abs. 2 BtG) – eine Regelung, die zeigt, daß auch die auf bestimmte Zeit eingegangenen öffentl.-rechtl. Dienstverhältnisse Elemente eines dauernden aufweisen. So auch NAWIASKY, in: Veröffentlichungen d. schweiz. Verwaltungskurse an der HHS St. Gallen, Bd. 2, S. 20.
[7] Vgl. KERN, S. 44. So ist für die Besoldungs- und Pensionsansprüche der Beamten der jeweilige Stand der Gesetzgebung maßgebend. Wo eine kantonale Gesetzesänderung eine Reduk-

3. Der öffentlich-rechtliche Bedienstete steht in einem besonderen Gewaltverhältnis zum Staat. Dies zeigt sich in seiner starken Eingliederung in die Behörde und ergibt eine spezielle Ausgestaltung seiner Rechte und Pflichten.

a) Der Beamte hat Dienstbefehle zu vollziehen und untersteht der Disziplinargewalt der vorgesetzten Behörde (Art. 21, 22, 25 BtG; Näheres sub IV 3).

b) Der Beamte steht zu seiner vorgesetzten Behörde und zum Staat in einer besonderen Loyalitätspflicht, welche sich in einer gesteigerten Treuepflicht äußert. Vor allem wirkt sich diese in einem verstärkten Einfluß des Beamtenrechts auf die private Sphäre aus (Art. 24 BtG: «Verhalten im und außer Dienst»; Art. 26 AngO)[8].
Der Beamte ist zur Amtsverschwiegenheit verpflichtet (Art. 27 BtG)[9]. Er untersteht dem Verbot der Geschenkannahme (Art. 26 BtG; Art. 20 BtO I; Art. 27 AngO)[10].
Nebenbeschäftigungen sind ihm untersagt, soweit sie mit der amtlichen Stellung unvereinbar oder von nachteiliger Wirkung auf die Erfüllung der öffentlich-rechtlichen Amtspflicht sind und von der vorgesetzten Behörde nicht bewilligt wurden (Art. 15 BtG, Art. 17 AngO)[11]. Insbesondere darf der Beamte ein öffentliches Amt nur mit Erlaubnis der zuständigen Behörde übernehmen (Art. 14 BtG)[12].
Die zuständige Behörde bestimmt das Domizil des Beamten, und ein Wechsel ist nur mit ihrer Zustimmung möglich (Art. 8 BtG)[13].

c) Nach geltendem Recht unterliegen die Beamten einem Streikverbot (Art. 23 BtG, Art. 25 AngO). Dies wird einerseits damit begründet, daß das Organ des Staates nicht gegen sich selbst streiken könne, andererseits damit, daß durch einen Streik die Staatsaufgabe, insbesondere die Daseinsfürsorge für die Bürger, gefährdet würde. Gegen das letztere Argument läßt sich einwenden, daß die Bestreikung großer privater Unternehmen ebenso folgenschwer sein kann. Die Entscheidung für oder gegen ein Streikverbot ist primär politischer Natur[14].
Der Beamte darf auch keinem Verein beitreten, der den Streik von Beamten vorsieht oder anwendet (Art. 13 Abs. 2 BtG). Der Bundesrat ist für die Durchsetzung dieser Bestimmung allein zuständig. (Art. 13 Abs. 2 BtG)[15].

d) Den speziellen Pflichten entsprechen spezielle Rechte des Beamten, vor allem vermögensrechtlicher Natur. So hat er einen Anspruch auf Besoldung, der sich nach den Fähigkeiten, Pflichten und der Verantwortung des Beamten bemißt (Art. 38 Abs. 2 BtG). Der Bund trifft besondere Vorsorge für die finanziellen Folgen von Invalidität, Alter, Tod, Krankheit und Unfall (Art. 48 BtG, Art. 62 BtO I, Art. 72, 73 AngO). Zudem werden verschiedene Fälle des Auslagenersatzes und von Zuschlägen gesetzlich vorgesehen (Art. 37, 42–44 BtG).

---

tion der Ansprüche herbeiführt, ist höchstens eine Berufung auf die Eigentumsgarantie möglich, vorausgesetzt allerdings, daß eine bestimmte Leistungshöhe speziell zugesichert worden ist: BGE 67 I, 1941, S. 177; 70 I, 1944, S. 22; 74 I, 1948, S. 470. Wo aber der Bundesgesetzgeber eine solche Änderung herbeiführt, ist gemäß Art. 113 Abs. 3 BV keinerlei gerichtliche Überprüfung möglich. Vgl. GRISEL, S. 255.

[8] Vgl. auch BGE 57 I, 1931, S. 154 betr. politische Betätigung.
[9] Dazu BGE 77 IV, 1951, S. 39.
[10] Vgl. auch BGE 83 I, 1957, S. 298.
[11] Zum Beispiel Verbot einer Tätigkeit, die zu unlauterem Wettbewerb gegenüber dem Handwerk, Gewerbe, Handel oder anderen Berufen führt; vgl. auch BGE 83 I, 1957, S. 298.
[12] BGE 56 I, 1930, S. 496.
[13] BGE 56 I, 1930, S. 496.
[14] Vgl. in diesem Sinne GRISEL, S. 246.
[15] BGE 57 I, 1931, S. 160.

IV. Die Verantwortlichkeit

1. Die vermögensrechtliche Verantwortung

Ganz allgemein haftet der Bund gemäß dem Verantwortlichkeitsgesetz für seine Beamten exklusiv, sofern diese in Ausübung ihrer amtlichen Tätigkeit einem Dritten widerrechtlich Schaden zugefügt haben. Ein Verschulden des Beamten wird also nicht vorausgesetzt (vgl. Art. 3 Abs. 1 VG). Immerhin kann das Verschulden eine Rolle spielen, z. B. für die Zusprechung einer Genugtuungssumme (Art. 6 VG)[16].

Handelt der Bund durch seinen Beamten nicht hoheitlich, sondern privatrechtlich, so richtet sich seine Haftung nach den Regeln von ZGB und OR, jedoch mit der Besonderheit, daß ein direkter Anspruch gegen den fehlbaren Beamten aus OR 41 – entgegen den rein privatrechtlichen Regeln – ausgeschlossen ist (Art. 11 Abs. 1, 2 VG)[17].

Der Bund hat ein Rückgriffsrecht gegen den fehlbaren Beamten, sofern diesen ein schweres Verschulden trifft (Art. 7 VG; bezüglich des Verfahrens vgl. Art. 4, 5 Vollziehungsverordnung zum VG).

2. Die strafrechtliche Verantwortung

Für gewisse schwere Pflichtverletzungen kann der Beamte strafrechtlich zur Verantwortung gezogen werden. Grundsätzlich kommt hierbei das Strafrecht zur Anwendung. Hingegen sieht das Verantwortlichkeitsgesetz als besondere Modalität vor, daß die Strafverfolgung nur mit spezieller Ermächtigung der eidgenössischen Räte, sofern diese den betreffenden Beamten gewählt haben, sonst mit derjenigen des Justiz- und Polizeidepartementes möglich ist (vgl. Art. 14, 15 VG, Art. 7 Vollziehungsverordnung zum VG).

Eine Ermächtigung ist auch vonnöten, wenn der Beamte kein eigentliches Beamtendelikt begeht, sondern gegen allgemeine Strafbestimmungen verstößt und dies auf seine amtliche Stellung Rückwirkungen hat[18].

Diese Regelung, die direkte Strafverfolgungen verhindert, zeigt wiederum die starke Integration des Beamten in die Behörde.

3. Die disziplinarische Verantwortung

Ein spezifisch öffentlich-rechtliches Element im öffentlich-rechtlichen Dienstverhältnis ist die disziplinarische Verantwortlichkeit des Beamten.

---

[16] BGE 93, I, 1967, S. 67.
[17] BGE 88 II, 1962, S. 439, insbes. S. 443, 445; 95 I, 1969, S. 288.
[18] Ausgenommen von dieser Regel sind nur Verstöße gegen das SVG, vgl. Art. 15 VG.

Sie besteht neben der straf- und vermögensrechtlichen Verantwortlichkeit (vgl. Art. 18 Abs. 1 VG, Art. 30 Abs. 2 BtG).

Voraussetzung für eine disziplinarische Maßnahme ist, daß der Beamte verschuldetermaßen seine Dienstpflichten verletzt hat (Art. 30 Abs. 1 BtG).

Da mit der disziplinarischen Verantwortlichkeit ein möglichst reibungsloser Ablauf der Verwaltungstätigkeit erzielt werden soll, muß aus den verschiedensten Anlässen heraus eine zweckentsprechende Sanktion ergriffen werden können. Deshalb fehlen hier fest umrissene Deliktstatbestände, und das Gesetz sieht eine Vielzahl möglicher Sanktionen vor, beides ganz im Gegensatz zum Strafrecht (zum Verfahren vgl. unten V/1. und Art. 33 BtG).

V. Das Verfahren

Die Ansprüche aus dem öffentlich-rechtlichen Dienstverhältnis sind nicht auf dem Wege der ordentlichen Gerichtsbarkeit geltend zu machen.

1. Für die nichtvermögensrechtlichen Angelegenheiten besteht die Möglichkeit einer Beschwerde innerhalb der Verwaltung bis hin zum Bundesrat (Art. 58 BtG), sofern die Verwaltungsgerichtsbeschwerde ans Bundesgericht gemäß Art. 99 lit. f und Art. 100 lit. e Bundesgesetz über die Organisation der Bundesrechtspflege ausgeschlossen ist (vgl. auch Art. 70, 71 BtOI; Art. 78 AngO). Wo aber eine Beschwerde ans Bundesgericht möglich ist, ist eine solche an den Bundesrat unzulässig (Art. 74 lit. a BG über das Verwaltungsverfahren vom 20. Dez. 1968).

2. Ansprüche vermögensrechtlicher Natur können mit einer verwaltungsrechtlichen Klage vor Bundesgericht geltend gemacht werden (Art. 60 BtG; Art. 116 lit. a OG; Art. 72–74 BtOI; Art. 79, 80 AngO)[19].

---

[19] Vgl. auch BGE 85 I, 1959, S. 180. Die Ansprüche des kantonalen Beamten gegen den Kanton und umgekehrt, die aus dem öffentl.-rechtl. Dienstverhältnis fließen, sind zwar ebenfalls öffentl.-rechtl. Natur (so BGE 70 I, 1944, S. 22; GRISEL, S. 234); aber dennoch können sie, wenn die Voraussetzungen von Art. 42 OG erfüllt sind, !mit einer zivilrechtl. Klage direkt vor Bundesgericht gebracht werden! (BGE 72 I, 1946, S. 287; 80 I, 1954, S. 245; nähere Begründung bei GRISEL, S. 49, 441). Deliktische Ansprüche des Beamten gegen den Kanton und des Kantons gegen den Beamten werden ganz dem Privatrecht zugeordnet und müssen auf zivilprozeßrechtl. Wege geltend gemacht werden. Vgl. BGE 71 II, 1945, S. 225; 76 II, 1950, S. 107, nach denen der Anspruch mit einer zivilrechtl. Berufung vor Bundesgericht gebracht werden konnte.

Zweites Kapitel

Der Einzelarbeitsvertrag

§ 58. Der Abschluß des Einzelarbeitsvertrages

Literatur: H. GEORGE, Das fehlerhafte Arbeitsverhältnis, Diss. Basel 1961; R. MESSERLI, Die Arbeitsleistungen unter Ehegatten nach schweizerischem Recht, Diss. Bern 1970; R. JUCKER, Die Anwendung der allgemeinen Bestimmungen des Obligationenrechts auf Rechtsverhältnisse zwischen Ehegatten (Art. 7 ZGB), Diss. Basel 1973; TH. MÜLLER, Der Abschluß des Dienstvertrages und des Lehrvertrages, Diss. Zürich 1948; P. RUDOLF, Das formelle Dienstvertragsrecht Englands und der Schweiz in rechtsvergleichender Darstellung, Diss. Basel 1961; Les modes non formels d'expression de la volonté en droit du travail, in: Les modes non formels d'expression de la volonté, Travaux de l'association Henri Capitant, tome XX, Paris 1972, S. 125–167; J. ZOLLER, Lidlohnansprüche (Art. 334 und 633 ZGB), Diss. Zürich 1969.
Zum deutschen Recht: J. GERNHUBER, Lehrbuch des Familienrechts, 2. Aufl., München 1971; W. MÜLLER-FREIENFELS, Der Ausgleich der Mitarbeit im Beruf oder Geschäft des Ehepartners, in: Festschrift für H. C. Nipperdey zum 70. Geburtstag, München 1965.

I. Der Abschluß

Der Einzelvertrag wird durch Vertrag zwischen Arbeitgeber und Arbeitnehmer geschlossen. Der Vertragsschluß kann ausdrücklich oder stillschweigend erfolgen (Art. 320 Abs. 1 OR)[1].

II. Das Prinzip der Formfreiheit

1. Nach Art. 320 Abs. 1 OR bedarf der Einzelvertrag zu seiner Gültigkeit keiner besondern Form. Das gilt auch für ein beim Abschluß oder während der Dauer des Arbeitsvertrages abgegebenes, mit diesem zusam-

---

[1] OSER/SCHÖNENBERGER, N. 1 zu Art. 320 OR; BECKER, N. 2 zu Art. 320 OR; SCHWEINGRUBER, Kommentar, 3. Aufl., S. 22. Die gleiche Situation besteht im deutschen Recht, vgl. LARENZ, S. 200; ENNECCERUS/LEHMANN, S. 608.

menhängendes Ruhegehaltsversprechen. Das Bundesgericht hat eine Unterstellung unter Art. 517 OR (Leibrentenvertrag mit Schriftlichkeitserfordernis) mit dem Hinweis auf den Entgeltcharakter des Versprechens abgelehnt[2].

2. Die Neuordnung des Arbeitsvertrags schreibt für eine Reihe von Abreden die Schriftform als Gültigkeitserfordernis vor:

Art. 321 c Abs. 3 OR, Lohn bei Überstundenarbeit; Art. 323 Abs. 2, Aufschub der Fälligkeit von Provisionsansprüchen bei Beendigung des Arbeitsverhältnisses; Art. 324 a Abs. 4, abweichende Vereinbarung betr. Lohn bei Krankheit oder Unfall des Arbeitnehmers; Art. 327 a Abs. 2, Taggeld oder Pauschalvergütung für Auslagen des Arbeitnehmers; Art. 330 Abs. 2, Aufschub der Rückgabe einer Kaution an den Arbeitnehmer; Art. 332 Abs. 2, Erwerb von Erfindungen, die nicht in Erfüllung arbeitsvertraglicher Verpflichtungen gemacht wurden; Art. 336 b Abs. 2, Änderung der Kündigungsfristen bei überjährigem Arbeitsverhältnis; Art. 339 Abs. 2, Aufschub der Provisionsfälligkeit bei Ende des Arbeitsvertrages; Art. 339 c, Vereinbarung über Höhe und Fälligkeit der Abgangsentschädigung; Art. 340 b Abs. 3, besondere Folgen der Übertretung des Konkurrenzverbotes.

Grundsätzlich formbedürftig ist der Lehrvertrag, Art. 344 a Abs. 1 OR. (Über die Bedeutung des Formerfordernisses vgl. unten S. 332/33).

Beim Handelsreisendenvertrag ist zwar die Schriftform vorgeschrieben, aber ausdrücklich nicht als Gültigkeitsvoraussetzung (Art. 347 a OR).

Im schriftlichen Handelsreisendenvertrag sind grundsätzlich zu regeln: die Dauer und Beendigung des Arbeitsverhältnisses, die Vollmachten des Handelsreisenden, das Entgelt und der Auslagenersatz sowie das anwendbare Recht und der Gerichtsstand, sofern eine Vertragspartei ihren Wohnsitz im Ausland hat. Soweit dies unterbleibt, werden die genannten Fragen durch die gesetzlichen Vorschriften und durch die üblichen Arbeitsbedingungen bestimmt. Die mündliche Abrede gilt nur für die Festsetzung des Beginns der Arbeitsleistung, der Art und des Gebietes der Reisetätigkeit sowie für weitere Bestimmungen, die mit den gesetzlichen Vorschriften und dem schriftlichen Vertrag nicht in Widerspruch stehen (Art. 347 a Abs. 2 und 3 OR).
Aus der Formulierung von lit. d in Art. 347 a OR darf nicht a maiore ad minus der Schluß gezogen werden, daß die Vereinbarung eines Gerichtsstandes, wenn beide Parteien in der Schweiz Wohnsitz haben, grundsätzlich formfrei sei. Vielmehr gelten für einen solchen prozeßrechtlichen Vertrag die durch die Praxis des Bundesgerichtes entwickelten Grundsätze einer qualifizierten Schriftform; der Gesetzeswortlaut enthält hier eine unechte Lücke.

3. Obwohl an sich für den Arbeitsvertrag das Prinzip der Formfreiheit besteht, ist es zumindest im größeren Betrieb üblich, das Arbeitsverhältnis in einem Formularvertrag festzulegen. Werden zusätzliche mündliche Abreden getroffen, so haben diese Gültigkeit, da nicht anzunehmen ist, daß die Parteien im Sinne von Art. 16 OR sich ausschließlich die Schriftform vorbehalten hatten.

---

[2] BGE 73 II, 1947, S. 226.

III. Die gesetzliche Abschlußvermutung gemäß Art. 320 Abs. 2 OR

1. Nach Art. 320 Abs. 2 OR gilt ein Arbeitsvertrag auch dann als abgeschlossen, wenn der Arbeitgeber Arbeit in seinem Dienst auf Zeit entgegennimmt, deren Leistung nach den Umständen[3] nur gegen Lohn zu erwarten ist. Dabei handelt es sich nicht um die widerlegbare Vermutung einer stillschweigenden Vereinbarung, sondern um eine in erster Linie aus sozialen Gründen aufgestellte praesumptio iuris und de iure über das Bestehen eines Arbeitsvertrags mit der Folge, daß bei Vorliegen der rechtlichen Voraussetzungen die arbeitsvertragsrechtlichen Bestimmungen zur Anwendung gelangen, insbesondere der Lohn gesetzlich geschuldet ist. Art. 320 beinhaltet somit nicht eine bloße Auslegungsregel, sondern eine gesetzliche, unwiderlegbare Vermutung des Bestehens eines Arbeitsvertrags, wenn unter Berücksichtigung aller Umstände der Lohn, wenn auch nicht als einziger, so doch als wichtigster Grund der Arbeitsleistung anzusehen ist[4].

Der Umstand, daß in unserer Zeit Arbeit, wenn nicht besondere Verhältnisse vorliegen, in der Regel nur in Erwartung des Lohnes geleistet wird, spricht im Zweifel für die Anwendung von Art. 320 Abs. 2 OR. Letztlich soll das Prinzip, daß jede Arbeit ihren Lohn wert ist, verwirklicht und die Ausnützung einer Arbeitskraft unterbunden werden.

2. Die Frage, ob der die gesetzliche Abschlußvermutung begründende Tatbestand vorhanden sei, stellt sich oft bei **Arbeitsleistungen, die im Rahmen eines familienrechtlichen oder quasi-familienrechtlichen Verhältnisses** erbracht werden.

a) Die Ehefrau als Mitarbeiterin im Betrieb des Ehemannes[5]

Nach der Praxis des Bundesgerichts und der Doktrin[6] kommt der Ehefrau die Vermutung von Art. 320 Abs. 2 OR grundsätzlich nicht zugute. Die

---

[3] Dabei stellt sich die Frage, von welchem Zeitpunkt aus man die Umstände beurteilt: ob vom Zeitpunkt der Diensterbringung aus oder ex post. Das Bundesgericht tendiert zur letzteren Lösung (vgl. BGE 67 II, 1941, S. 203; 90 II, 1964, S. 443. Kritisch dazu Th. Müller, S. 53 ff. Befürworter der Bundesgerichtspraxis: Zoller, S. 153 ff.; vgl. auch unten S. 364).

[4] Vgl. ebenso BGE 87 II, 1961, S. 165; 90 II, 1964, S. 443; 95 II, 1965, S. 131; Oser/Schönenberger, N. 3–6 zu Art. 320 OR; Botschaft BBl 1967 II, S. 297; Larenz, S. 201; Staudinger, § 612 BGB, N. 2. Anderer Ansicht Becker, N. 18 zu Art. 320 OR; Schweingruber, Kommentar, Ziff. 5 zu Art. 320 OR.

[5] Messerli (oben Lit. verz.); A. Wegmann, Beistandspflicht und Lohnanspruch der Ehefrau, SJZ 62, 1966, S. 299 ff.; Jucker (oben Lit. verz.). Zum deutschen Recht vor allem: J. Gernhuber, Mitarbeit der Ehegatten im Zeichen der Gleichberechtigung, FamRZ 1958, S. 243 ff.; derselbe, Lehrbuch des Familienrechts; D. Leuze/C. Ott, Arbeitsverhältnisse zwischen Familienangehörigen, FamRZ 1965, S. 15 ff.; H. Fenn, Die juristische Qualifikation der Mitarbeit bei Angehörigen und ihre Bedeutung für die Vergütung, FamRZ 1968, S. 291 ff.

[6] Oser/Schönenberger, N. 14 zu Art. 320 OR; Becker, N. 23 zu Art. 319 OR; P. Lemp, Berner Kommentar, N. 21 zu Art. 159 ZGB, N. 51 zu Art. 161 ZGB.

Ehefrau leiste ihre Arbeit auf Grund der ehelichen Beistandspflicht und komme ebenfalls in den Genuß der Früchte ihrer Tätigkeit, weil sich die Lebenshaltung der Familie hebe. Auch erfahre das eheliche Vermögen einen Zuwachs, an dem die Ehefrau unter dem gesetzlichen Güterstand im Falle der Auflösung der Ehe beteiligt sei. Die Ehefrau besitze zudem eine erbrechtliche Anwartschaft[7]. Dabei übersieht das Bundesgericht allerdings, daß eine Beteiligung am ehelichen Vermögen nicht eintritt, wenn Gütertrennung vorliegt, und ein Erbanspruch wegfällt, wenn die Ehe durch Scheidung aufgelöst wird.

Nicht die güterrechtlichen oder erbrechtlichen Ansprüche können deshalb für den Ausschluß der Abschlußvermutung maßgebend sein, sondern nur die Tatsache, daß insoweit, als die Ehefrau ihre Tätigkeit im Rahmen ihrer gesetzlichen Beistandspflicht ausübt, nicht zu erwarten ist, daß ohne besondere Abmachung die Leistung «nach den Umständen» nur gegen Lohn erbracht wird.

Das Bundesgericht vollzieht nicht einmal diese Konsequenz. Im Entscheid 82 II, 1956, S. 96 erklärt es: «Wenn die Klägerin (Ehefrau) ihrem Mann in ganz außergewöhnlichem Maße beim Aufbau und bei der Führung seiner Praxis half und ihm jahrelang eine gutbezahlte Laborantin, Arztgehilfin ersetzte, so hat sie die Mitarbeit nicht als Angestellte, sondern als Ehefrau geleistet, und zwar auch insoweit, als ihre Tätigkeit über den Rahmen einer Beistandspflicht gemäß Art. 161 ZGB hinausging. Eine derartige Mithilfe ... wird üblicherweise nicht gegen Lohn geleistet, sondern es handelt sich dabei um einen, wenn auch außergewöhnlichen Beitrag der Ehefrau an die Existenz der Familie ...». Die Annahme eines Arbeitsvertrags würde, so meint das Bundesgericht, eine kommerzielle Betrachtungsweise fördern, «die bei der Würdigung des persönlichen Einsatzes der Ehegatten für die Familie nicht am Platz ist».

BGE 95 II, 1969, S. 126 stellte insofern einen Sonderfall dar, als die Arbeit der Ehefrau für eine Kollektivgesellschaft geleistet wurde, der Ehemann bloßer Gesellschafter war. Die Tätigkeit der Ehefrau kam mindestens zur Hälfte ihrem Schwiegervater zugute. In diesem Fall wurde deshalb auch eine Lohnforderung gegenüber der Gesellschaft auf der Grundlage von Art. 320 Abs. 2 OR als begründet angesehen.

Die bundesgerichtliche These überzeugt nicht. Wenn die Ehefrau ihre Arbeit im Dienste des Ehemannes über den Rahmen ihrer Beistandspflicht hinaus leistet, hat sie Anspruch auf arbeitsvertragliche Entschädigung. Mit Recht weist EGGER[8] darauf hin, daß die Verweigerung eines Entgeltanspruchs bei größerem Umfang der beruflichen Tätigkeit im Dienste des Ehemannes eine ungerechtfertigte Benachteiligung gegenüber einer selbständigen, der gleichen Tätigkeit bei einem Dritten nachgehenden Ehefrau mit sich bringen würde[9].

---

[7] BGE 72 III, 1946, S. 120; 74 II, 1948, S. 202; 82 II, 1956, S. 94; 95 II, 1969, S. 126.
[8] Zürcher Kommentar, N. 13 zu Art. 161 ZGB.
[9] Vgl. Schwedisches Ehegesetz, Kap. 8, § 6: «Ein Ehegatte, der seinem Ehepartner bei seiner Erwerbstätigkeit hilft, hat einen Anspruch auf ein angemessenes Entgelt, auch wenn eine Abrede über eine Vergütung nicht getroffen worden ist». Nach deutschem Recht ist die «übliche» Mitarbeit unter Ehegatten unentgeltlich (BGH, FamRZ 1963, S. 28); W. MÜLLER-FREIENFELS (Festschrift H. C. Nipperdey, Bd. 1, S. 625–658) will eine familienrechtliche Ausgleichspflicht als Mittellösung vorschlagen, die er aus der Generalklausel von § 1353 BGB ableitet. In neuerer Zeit hat die deutsche Rechtsprechung eine andere Lösung entwickelt: Wiederholt wurde eine Innengesellschaft angenommen, wenn die Ehefrau über das gesetzliche

Das Argument der Gefahr der Kommerzialisierung der Ehe steht, wie MÜLLER-FREIENFELS zu Recht betont, im Gegensatz zur heutigen «civilisation de travail», in welcher der Einzelne sehr empfindlich auf jede Ausnützung seiner Arbeitskraft reagiert. Auch die Familie, die auf die Mitarbeit ihrer Mitglieder angewiesen ist, kann nicht nach dem Gegenteil des Prinzips, daß jede Arbeit ihren Lohn wert sei, leben. Eine gerechte Lösung der materiellen Lage ist endlich auch für die innere Befriedigung des Ehegatten von wesentlicher Bedeutung. Die Vermutung von Art. 320 Abs. 2 OR sollte demnach dann eintreten, wenn die Ehefrau über den Rahmen ihrer ehelichen Beistandspflicht hinaus Arbeit im Dienste des Ehemannes verrichtet[10].

Abmachungen arbeitsvertraglicher Natur sind für den Fall einer über die Beistandspflicht hinausgehenden Arbeit möglich[11].

Dagegen steht die schweizerische Doktrin auf dem Standpunkt, daß der Abschluß eines Arbeitsvertrages wegen der Natur der ehelichen Gemeinschaft dort ausgeschlossen sei, wo ein Ehegatte nur diejenige Arbeit leiste, zu welcher ihn schon seine Stellung als Ehegatte verpflichtet. Im Rahmen der Beistandspflicht wäre somit nicht nur die Vermutung von Art. 320 Abs. 2 OR abzulehnen, sondern auch der Abschluß eines Arbeitsvertrages unzulässig[12]. Demgegenüber läßt die deutsche herrschende Lehre nunmehr zu, daß besondere Vereinbarungen über ein Entgelt auch für die «übliche Mitarbeit der Ehefrau» getroffen werden[13]. Meines Erachtens steht

---

Maß hinaus und ohne Vergütung im Betrieb des Ehemannes oder dieser im Geschäft der Ehefrau mitarbeitet. Aus der ehelichen Gemeinschaft ergebe sich, daß die Arbeit nicht für den anderen Teil, sondern für gemeinsame Rechnung geleistet werde; nicht entnommener Gewinn stellt hiernach eine Vermögensbeteiligung, wenn auch nur im «Innenverhältnis», dar. Der Gesellschaftsvertrag sei in einem solchen Fall durch schlüssiges Verhalten mit dem gemeinsamen Einsatz der Arbeitskraft zu Erwerbszwecken zustande gekommen. (BGHZ 8, S. 249; 31, S. 197). LARENZ (S. 310) bezeichnet jedoch einen solchen Gesellschaftsvertrag als Fiktion, da die Mitarbeit nicht auf Grund eines Gesellschaftsvertrages, sondern im Rahmen der ehelichen Lebensverhältnisse erfolge; eine Vergütung habe aus diesem Rechtsverhältnis abgeleitet zu werden. Allgemein setzt sich auch im deutschen Recht die Tendenz durch, daß eine Mitarbeit der Ehefrau entgeltlichen Charakter habe (GERNHUBER, Lehrbuch, S. 183 ff.; vgl. dazu vor allem LEUZE/OTT, a.a.O. [Anm. 5]).

Im deutschen Recht bietet vor allem die nachträgliche Konstruktion eines Arbeitsvertrages (z.B. bei der Scheidung), welcher mittels der «Denaturierung» einer Willenserklärung zustandekomme, Anlaß zu Kritik (vgl. GERNHUBER, FamRZ 1958, S. 244; FamRZ 1959, S. 469; FENN, a.a.O. [Anm. 5], S. 294 ff.). Eine ähnliche Kritik richtet sich auch in der Schweiz gegen die ex post-Beurteilung der Umstände nach Art. 320 Abs. 2 OR (vgl. TH. MÜLLER, S. 53 ff.; MESSERLI, S. 47 ff.). Immerhin ist dabei zu bedenken, daß der Art. 320 Abs. 2 OR anerkanntermaßen eine Fiktion beinhaltet. Es ist deshalb nicht einzusehen, weshalb die ex post-Beurteilung, weil auch sie Fiktionscharakter hat, nicht just im Einklang mit dieser Sonderbestimmung des OR stehen sollte (so auch ZOLLER, S. 153 ff. Vgl. auch BGE 95 II, 1969, S. 131 f: «ainsi entendu, l'art. 320 al. 2 CO permet d'apporter, en équité, un tempérament à la rigueur de la situation de celui qui n'a pas réclamé de salaire parce qu'il comptait être rétribué ultérieurement d'une autre manière et qui voit déçu cette attente légitime à la suite d'un événement imprévu»).

Meines Erachtens sollte mit derselben Begründung auch im Scheidungsfall, der unvorhergesehen zu einem anderen (und in Anbetracht der geleisteten Dienste unbilligen) Teilungsergebnis führt als erwartet, die Konstruktion eines Arbeitsvertrages möglich sein (entgegen MESSERLI, S. 15, S. 48).

[10] Im Ergebnis gleich WEGMANN, a.a.O. (Anm. 5), S. 300. Vgl. auch die deutsche Lehre: LANGE bei SOERGEL/SIEBERT, § 1356 BGB, N. 23 ff.
[11] OSER/SCHÖNENBERGER, N. 10 zu Art. 319 OR.
[12] EGGER, N. 3 zu Art. 177 ZGB; LEMP, N. 21 zu Art. 159 ZGB; a.M. MESSERLI, S. 24 ff.
[13] Vgl. MÜLLER-FREIENFELS, op. cit.; so auch LANGE bei SOERGEL/SIEBERT, N. 27 ff. zu § 1356 BGB.

einer solchen Lösung auch im schweizerischen Recht nichts entgegen. Ein Arbeitsvertrag, der auf dem freien Willen beider Ehegatten beruht, kann nicht als unsittlich betrachtet werden.

Auch das französische Recht hat in der Frage der arbeitsvertraglichen Beziehungen zwischen Ehegatten grundlegende Wandlungen durchgemacht. Früher war der Ehefrau die selbständige Berufstätigkeit ohne Genehmigung des Gatten untersagt; heute hingegen werden Arbeitsverträge zwischen Ehegatten grundsätzlich (auch vom Steuer- und Sozialversicherungsrecht her) anerkannt, wobei im Zweifel angenommen wird, die Ehefrau erfülle ihre Verpflichtungen im Rahmen der «entr'aide familiale» – dies jedoch eine widerlegbare Vermutung. So hat die französische Rechtsprechung auch schon Fälle von Geschäftsherrenhaftung des Mannes für die Tätigkeit seiner Ehegattin entschieden. Zwischen der Tätigkeit der Ehefrau im Betrieb des Ehemannes und derjenigen des Ehemannes bei seiner Frau wird nicht unterschieden. Das Problem ist im französischen Recht auch deshalb nicht so umstritten, weil eine dem Art. 320 Abs. 2 OR entsprechende Bestimmung fehlt[14].

b) Der Ehemann als Mitarbeiter im Betrieb der Ehefrau

Die gesetzliche Vermutung von Art. 320 Abs. 2 OR wird vom Bundesgericht dem Ehemann zuerkannt[15], vornehmlich mit der Begründung, der Ehemann habe, wenn beide Ehegatten ihre Arbeitskraft dem Geschäft der Ehefrau zugewendet haben, bei der Auflösung der Ehe keinen güterrechtlichen Anspruch, da der «fonds de commerce» nach Art. 191 Ziff. 2 ZGB Sondergut der Frau bilde und dessen Ertrag wiederum dem Sondergut zuwachse. Auffallend ist, daß das Argument der Kommerzialisierung der Ehe hier nicht angeführt wird. Auch die Doktrin stellt den Ehemann besser als die Ehefrau[16]. Die Abschlußvermutung von Art. 320 Abs. 2 ist jedenfalls immer dann anzunehmen, wenn die Tätigkeit des Ehemannes nicht eine völlig untergeordnete ist und nicht eine rein familienrechtliche Pflicht darstellt, wie z.B. bei gelegentlicher Aushilfe im Geschäft der Ehefrau.

c) Die Arbeitsleistung im Rahmen eines quasi-familienrechtlichen Verhältnisses

Überträgt man die Argumentation des Bundesgerichts, die es bei der Mitarbeit der Ehefrau im Betrieb des Ehemannes entwickelt hat, auf den Fall der Konkubine, die im Betrieb ihres Geliebten Arbeit leistet, so müßte man ohne Zweifel die Abschlußvermutung von Art. 320 Abs. 2 OR zur Anwendung bringen. Die Gesichtspunkte der ehelichen Beistandspflicht, des Ausgleichs im Wege des Güter- und Erbrechts sowie der Gefahr der Kommerzialisierung der Ehe treffen ohne Zweifel nicht zu. Diesen Standpunkt hat das Bundesgericht im Entscheid 79 II, 1953, S. 168 denn auch eingenommen[17]. Im Entscheid 87 II, 1961, S. 164 hat es jedoch die Praxis geändert. Bei der Partnerin einer «wilden Ehe» bestünden enge persönliche Beziehungen, welche der eigentliche Grund für die Arbeitsleistung seien.

---

[14] Vgl. BRUN, nos 71–73; CAMERLYNCK, Traité, no 35.
[15] BGE 66 II, 1940, S. 227.
[16] EGGER, N. 10 zu Art. 167 ZGB.
[17] Ebenso BJM 1958, S. 333.

In aller Regel wirke sich die Tätigkeit auch in einer Verbesserung der eigenen Lebenshaltung aus.

Im Vordergrund des bundesgerichtlichen Urteils steht das Argument, es dürfe dem Partner eines Konkubinatsverhältnisses durch Einräumung eines Lohnanspruches nicht eine günstigere Stellung verschafft werden als der in Gütertrennung lebenden Ehefrau. Das Bundesgericht hätte sich wohl richtigerweise die Frage stellen müssen, ob nicht der Ehefrau – jedenfalls soweit ihre Tätigkeit den Rahmen der ehelichen Unterstützungspflicht überschreitet und sie unter dem Güterstand der Gütertrennung lebt – ein Lohnanspruch zuzubilligen wäre. Die Aberkennung eines Lohnanspruches gegenüber der im Konkubinatsverhältnis lebenden Frau hat offensichtlich auch pönalen Charakter und läßt sich durch sachliche Gründe nicht rechtfertigen.

d) Die Mitarbeit mündiger Kinder im Betrieb der Eltern[18]

Arbeiten mündige Kinder im Betrieb der Eltern, so kann über ihre Tätigkeit ein Arbeitsvertrag abgeschlossen werden. Fraglich ist indessen, ob die familienrechtliche Bindung der Anwendung der Vermutung von Art. 320 Abs. 2 OR entgegensteht.

Das ZGB erkennt mündigen Kindern, die ihren Eltern im gemeinsamen Haushalt ihre Arbeit zugewendet haben, eine «angemessene» Entschädigung zu, wobei der Richter über die Höhe der Forderung und ihre Fälligkeit unter Berücksichtigung der Vermögenslage der Eltern und des Kindes nach seinem Ermessen entscheidet (sog. Lidlohn)[19].

Nach der neuen Fassung von Art. 334bis ZGB kann die Entschädigung bereits zu Lebzeiten der Eltern verlangt werden, «wenn der gemeinsame Haushalt aufgehoben wird oder wenn der Betrieb in andere Hände übergeht». Überdies kann der Anspruch durch Anschlußpfändung oder Eingabe im Konkurs geltend gemacht werden. Art. 334 ZGB verleiht denselben Anspruch auch den Großkindern, die unter den gleichen Voraussetzungen als Hausgenossen ihre Leistungen erbracht haben. Die Frage geht somit dahin, ob die Regelung in den Art. 334 und 334bis ZGB erschöpfend ist und eine Anwendung der gesetzlichen Abschlußvermutung gemäß Art. 320 Abs. 2 OR ausschließt. Dies muß nach der neuen Fassung von Art. 334bis ZGB, die über die frühere Regelung, welche eine Geltendmachung des Anspruchs zu Lebzeiten der Eltern nur bei Pfändung und Konkurs derselben zuließ, weit hinausgeht, wohl dann angenommen werden, wenn die Kinder ihre Arbeit den Eltern «im gemeinsamen Haushalt» zugewendet haben[20]. Wo jedoch z.B. der mündige Sohn im väterlichen

---

[18] ZOLLER, op. cit.; R. PIOTET, La rémunération de celui qui, vivant avec ses parents ou alliés, leur consacre son travail ou ses revenus, ZSR 88 I, 1969, S. 165 ff.
[19] Art. 334 und 334bis in der Fassung des BG über die Änderung des bäuerlichen Zivilrechtes vom 6. Okt. 1972 (AS 1973, S. 93, S. 102); Art. 633 ZGB ist durch dieses BG aufgehoben worden.
[20] Ebenso schon unter dem bisherigen Recht; PIOTET, S. 179.

Geschäft außerhalb des Haushalts arbeitet, steht, da eine familienrechtliche Pflicht zu einer solchen Tätigkeit fehlt, der Anwendung von Art. 320 Abs. 2 OR nichts entgegen[21].

> Ebenso muß Art. 320 Abs. 2 dort zur Anwendung kommen, wo kein von den Art. 334a und 334bis ZGB erfaßtes Kindschaftsverhältnis vorliegt. So kommen Stiefkinder oder das mündige Pflegekind nicht in den Genuß der Bestimmungen des ZGB, weshalb die Lücke durch die Anwendung von Art. 320 Abs. 2 geschlossen werden muß[22]. (Denkbar wäre allerdings auch eine analoge Anwendung von Art. 334 ZGB. Aber es ist nicht zu übersehen, daß die familienrechtliche Bindung hier fehlt.) Ebenso besteht die Vermutung von Art. 320 Abs. 2 OR auch bei einem Arbeitsvertrag zwischen Geschwistern, wenn die Arbeitsleistungen regelmäßig nur gegen Lohn erwartet werden können[23].

Vorbehalten bleibt in allen Fällen der Nachweis des stillschweigenden Abschlusses eines Arbeitsvertrages. Ein solcher kann sich aus den besonderen Umständen ergeben, so z.B. wenn der Vater beabsichtigt, dem Sohne dereinst den Betrieb zu überlassen, und der Sohn im Hinblick auf diese Erwartung auf die Geltendmachung eines Anspruchs verzichtet. Bei Nichteintritt der Erwartung ist aus den Umständen zu schließen, daß Vater und Sohn stillschweigend vereinbart hatten, die Lohnforderung werde bis zur Auflösung des Arbeitsverhältnisses gestundet[24].

e) Soweit ein Arbeitsvertrag, sei es auf Grund einer Vereinbarung oder auf Grund der Abschlußvermutung, anzunehmen ist, beginnt der Lauf der Verjährung der Forderungen der Arbeitnehmer, die mit dem Arbeitgeber in Hausgemeinschaft leben, nach Art. 134 Ziff. 4 OR (neue Fassung) erst, wenn das Arbeitsverhältnis beendet ist (schon so unter dem bisherigen Recht in weiter Auslegung des in Art. 134 Ziff. 4 ORvRev. verwendeten Begriffs «Dienstbote»[25]).

IV. Die Rechtsfolgen beim nichtigen Arbeitsvertrag

1. Für den Abschluß eines Arbeitsvertrages bestehen verschiedene Schranken. In erster Linie ist auf die öffentlich-rechtlichen Bestimmungen, die Abschlußverbote beinhalten, hinzuweisen; diese führen zur Ungültigkeit eines in Verletzung dieser Vorschriften abgeschlossenen Arbeitsvertrages, wenn die Norm dies ausdrücklich oder nach ihrem Sinn und Zweck, ins-

---

[21] BGE 90 II, 1964, S. 443.
[22] Ebenso BGE 67 II, 1941, S. 200 und SJZ 45, 1949, S. 141; für Geschwister vgl. CANNER, 2. Folge, Nr. 93.
[23] Vgl. SJZ 62, 1966, S. 14.
[24] BGE 90 II, 1964, S. 443.
[25] BGE 90 II, 1964, S. 448.

besondere nach der Bedeutung des zu bekämpfenden Erfolges, verlangt, was bei den Abschlußverboten des Arbeitsgesetzes in aller Regel der Fall ist. Die Ungültigkeit tritt ferner bei Verletzung von Formvorschriften ein, soweit diese Gültigkeitsvoraussetzungen sind[26]. Auch können beim Abschluß des Arbeitsvertrages Willensmängel vorkommen. Bei offensichtlichem Mißverhältnis der vereinbarten Entlöhnung zur geleisteten Arbeit und Ausnützung (insbesondere einer Notlage des Arbeitnehmers) kann der Tatbestand der Übervorteilung gemäß Art. 21 OR gegeben sein. In gewissen Fällen kann der Vertrag sittenwidrig im Sinne von Art. 20 OR sein. Immerhin ist dabei eine gewisse Zurückhaltung geboten. So ist der Vertrag einer Unterhaltungsstätte mit einer Striptease-Tänzerin sicherlich nicht wegen der von der Arbeitnehmerin zu erbringenden Leistung unsittlich[27].

2. Die normale Folge der Nichtigkeit bestünde in der Aufhebung des Vertrages ex tunc; der Arbeitnehmer wäre für seinen Entschädigungsanspruch auf den Weg der ungerechtfertigten Bereicherung (allenfalls des Schadenersatzes aus unerlaubter Handlung) zu verweisen. Ein eigentlicher Lohnanspruch als Entgelt für die bereits geleistete Arbeit könnte nicht geltend gemacht werden. Diese Rechtsfolge ist für den Fall, daß der Arbeitnehmer bereits Arbeit im Betrieb des Arbeitgebers geleistet hat, unbefriedigend und wird der Sachlage nicht gerecht. Schon die Bemessung des Entschädigungsanspruches unter dem Gesichtspunkt der ungerechtfertigten Bereicherung bereitet Schwierigkeiten. Auch entgehen dem Arbeitnehmer die Sicherungen für seinen Lohnanspruch, wie z.B. das Konkursprivileg[28].

Art. 320 Abs. 3 OR zieht aus dieser Situation die Konsequenz, daß die Ungültigkeitsfolge erst ex nunc, d.h. bezogen auf den Zeitpunkt der Geltendmachung der Ungültigkeit des Vertrags, eintritt, wenn der Arbeitnehmer bereits Arbeit im Dienste des Arbeitgebers geleistet hat. Bis zu diesem Zeitpunkt entfaltet der Vertrag seine vollen Wirkungen.

Dabei dürfte es im Falle der Übervorteilung gemäß Art. 21 OR richtig sein, die Lohnabrede, die in einem offensichtlichen Mißverhältnis zur Leistung steht, nicht aufrecht zu erhalten, son-

---

[26] Nicht hingegen beim Handelsreisendenvertrag, wo bei Fehlen der Schriftform der Vertragsinhalt durch die gesetzlichen Vorschriften und die üblichen Arbeitsbedingungen bestimmt wird (Art. 347a Abs. 2 OR); vgl. Botschaft BBl 1967 II, S. 410.

[27] Vgl. die widersprechenden Urteile deutscher Arbeitsgerichte, in: «Der Spiegel», 1972, Nrn. 21 und 31.

[28] Diese Problematik hat auch in der deutschen Doktrin dazu geführt, daß die Folgen aus der Unwirksamkeit eines Arbeitsverhältnisses sich lediglich ex nunc auswirken dürfen und das Arbeitsverhältnis von jedem Partner jederzeit durch einseitige Erklärung beendet werden kann (vgl. WENZEL, Nr. 2, S. 34; ENNECCERUS/LEHMANN, S. 610; ESSER, S. 147f.).

dern an deren Stelle den «üblichen» Lohn treten zu lassen (vgl. Art. 322 Abs. 1 OR). Für den Fall, daß der Arbeitnehmer seine Dienste noch nicht angetreten hat, bleibt die normale Ungültigkeitsfolge bestehen.

Der Ausschluß der Rückwirkung der Ungültigkeit hat zur Konsequenz, daß der Ungültigkeitsgrund wegfällt, wenn der Mangel nach Vertragsabschluß behoben wird; z.B. der Jugendliche inzwischen das Alter erreicht hat, das eine Beschäftigung zuläßt.

3. Art. 320 Abs. 3 OR macht allerdings die Rechtsfolge ex nunc davon abhängig, daß der Arbeitnehmer «in gutem Glauben Arbeit im Dienste des Arbeitgebers» geleistet hat. Voraussetzung ist somit, daß der Arbeitnehmer den Rechtsmangel nicht gekannt hat oder hätte kennen sollen, wobei er sich auf die Vermutung des guten Glaubens gemäß Art. 3 ZGB berufen kann. Nach der Botschaft[29] soll die Regelung das Vertrauen der Beteiligten, vor allem des Arbeitnehmers, in die rechtliche Gültigkeit des gegebenen Tatbestandes schützen, somit den Vertrauensschutz verwirklichen und dem Schein des Rechtes Wirkung beilegen.

Ob diese Begrenzung allerdings immer angemessen ist, erscheint mir zweifelhaft. Sollte z.B. der im Schutzalter stehende Jugendliche, der sich zur Behebung einer Notlage für sich oder seine Familie gezwungen sieht, eine Arbeit anzunehmen, obwohl er weiß, daß seine Tätigkeit gegen das Beschäftigungsverbot gemäß Arbeitsgesetz (vgl. Art. 30 ArG) verstößt, von der Geltendmachung eines Lohnanspruches ausgeschlossen sein? Die adäquate Rechtsfolge läge doch wohl allein in der Bestrafung des Arbeitgebers gemäß den Sanktionsnormen des Arbeitsgesetzes und in der Auflösung des Vertragsverhältnisses mit Wirkung ex nunc. Meines Erachtens sollte bei der Lösung des Problems weniger der Vertrauensschutz als der Gedanke des Sozialschutzes des Arbeitnehmers im Vordergrund stehen[30].

§ 59. Das Weisungsrecht des Arbeitgebers und die Befolgungspflicht des Arbeitnehmers

Literatur: R. BIRK, Die arbeitsrechtliche Leitungsmacht, Köln 1973; A. BÖKER, Das Weisungsrecht des Arbeitgebers, Frankfurt 1971; H. HUBER, Der Schutz der Staatsbürgerrechte des Arbeitnehmers, ZSR 82 I, 1963, S. 131 ff.; G. HUEBNER, Der fachlich weisungsfreie Arbeitnehmer, Diss. Zürich 1975; E. MOLITOR, Grund

---

[29] BBl 1967 II, S. 298/99.
[30] Ähnliches Konzept bei TH. MÜLLER, S. 91: Bei bevormundeten, urteilsfähigen Arbeitnehmern wird dieses Resultat durch die Anwendung von Art. 411 ZGB erreicht, wonach der Handlungsfähige vollen Ersatz zu leisten hat und nicht bloß die Bereicherung nach Art. 62 ff. OR herausgeben muß. In den übrigen Fällen, besonders beim Urteilsunfähigen, könne die Berufung auf Nichtigkeit gegen Treu und Glauben verstoßen (vgl. MÜLLER, S. 101 f.; EGGER, Kommentar, N. 13 zu Art. 18 ZGB), so daß auch in diesem Fall ein voller Lohnanspruch entstanden sei. Vgl. auch unten S. 434 (Lehrvertrag).

und Grenzen des Weisungsrechts, RdA 1959, S. 2 ff.; U. Ch. Nef, Temporäre Arbeit, Zürcher Diss., Abh. schweiz. R. 404, Bern 1971; derselbe, Aktuelle Probleme des Persönlichkeitsschutzes im arbeitsrechtlichen Rechtsverhältnis, ZSR 92 I, 1973, S. 355 ff.; R. Ostheim, Die Weisung des Arbeitgebers als arbeitsrechtliches Problem, in: Verhandlungen des vierten österreichischen Juristentages, Wien 1970, Bd. 1, 4. Teil; M. Rehbinder, Optisches Arbeitsrecht, Heft 1: Das Arbeitsverhältnis im Privatrecht, Berlin 1972; M.-L. Stamm, Das Weisungsrecht des Arbeitgebers und seine Schranken, Diss. Basel 1975; K.-F. Zapf, Das Direktionsrecht des Arbeitgebers, Diss. Heidelberg 1971; A. Zeugin, Die Gehorsamspflicht des Arbeitnehmers im Dienstvertrag, Diss. Basel 1959.

I. Allgemeines

1. Durch den Arbeitsvertrag wird zwischen dem Arbeitgeber und dem Arbeitnehmer ein rechtliches Subordinationsverhältnis begründet. Der Arbeitnehmer tritt deshalb unter das Weisungsrecht des Arbeitgebers und hat die Pflicht, die Weisungen nach Treu und Glauben zu befolgen (Art. 321 d OR). Nicht jede an den Arbeitnehmer ergehende Weisung ist jedoch aus dem arbeitgeberischen Weisungsrecht abzuleiten: Im Werkvertrag oder Auftrag kommen Weisungen vor, wie sie genau gleich im Rahmen eines Arbeitsvertrages gefunden werden können. Die für den Arbeitsvertrag typischen Weisungen werden deshalb – im Gegensatz zu den auch im Auftrag und Werkvertrag vorkommenden, sich auf den **Arbeitserfolg** beziehenden, **sachlichen Weisungen** – **persönliche, die Art und Weise der Arbeitserbringung** bestimmende Weisungen genannt[1].

In der schweizerischen Terminologie hat sich der Ausdruck «Weisungsrecht» allgemein durchgesetzt. Die oft verwendeten Begriffe «Leitungsrecht» und «Direktionsrecht» sind identisch mit dem Ausdruck «Weisungsrecht»[2].

Indem der Gesetzgeber dem Weisungsrecht im Arbeitsvertrag eine eindeutige Rechtsgrundlage gab, wurden zahlreiche dogmatische Probleme, wie z. B. dasjenige der Grundlage des Weisungsrechtes (ob es auf einen staatlichen Rechtssatz abgestützt werden könne, z. B. Auftragsrecht, oder ob es sich aus den Gegebenheiten der betrieblichen Ordnung ableiten lasse), vermieden[3]. Die gesetzgeberische Lösung stellt einen echten Fortschritt dar, gleichzeitig wird auch die notwendige Abgrenzung zum Weisungsrecht des Auftraggebers vorgenommen.

Das Weisungsrecht ist mit der Leitungsmacht des Arbeitgebers über die Ausführung der Arbeit und das Verhalten der Arbeitnehmer im Betrieb verknüpft. Die Leitungsmacht des Arbeitgebers ist notwendig, weil andernfalls ein planmäßiges Zusammenarbeiten aller Arbeitnehmer und damit der Zweck des Betriebes nicht erreicht werden könnte[4].

2. Der Arbeitsvertrag ist seiner Rechtsnatur nach ein Vertrag mit fremdbestimmbarer Dauer. Deshalb muß beim Abschluß eines Arbeitsvertrages

---
[1] Vgl. Ostheim, Weisung, S. 21 ff.
[2] Vgl. auch Botschaft im BBl 1967 II, S. 308.
[3] Vgl. dazu Böker, S. 41 ff.
[4] Hueck/Nipperdey, Lehrbuch, Bd. I, S. 430.

notwendigerweise das Weisungsrecht vorbehalten bleiben. Die Vertragserfüllung von vornherein bis in alle Details vorauszusehen und im voraus den genauen Ablauf der Tätigkeit festzulegen, ist unmöglich[5].

Der Arbeitsvertrag enthält in der Regel nur die wesentlichen Elemente und kommt einem Rahmenvertrag gleich; sein Inhalt wird aber nicht durch mehrere Einzelverträge ausgefüllt, sondern durch die verschiedenen Arten von Weisungen bestimmt. Notwendigerweise ist das Weisungsrecht beim Abschluß des Arbeitsvertrages vorbehalten[6].

Das Weisungsrecht gilt nur, soweit nicht durch Gesetz (dispositive, einseitig oder zweiseitig zwingende Bestimmungen), Normal- oder Gesamtarbeitsvertrag, Betriebsordnung (darin inbegriffen Verhaltensvereinbarungen ganz allgemein) oder spezielle einzelvertragliche Normen die Pflichten des Arbeitnehmers festgelegt werden. Das Weisungsrecht kommt deshalb, im Verhältnis zu diesen Bestimmungen, nur subsidiär zur Anwendung[7]. Je umfassender im Einzelarbeitsvertrag die Verpflichtungen des Arbeitnehmers umschrieben sind, desto weniger Raum bleibt für Ziel- oder Verhaltensanweisungen. Das Weisungsrecht findet an den Abmachungen des Einzelvertrages seine Schranken[8].

Immerhin ist es – vom Gedanken der Vertragsinhaltsfreiheit aus gesehen – zulässig, die Arbeitsleistung nur generell zu umschreiben. Die Zwecksetzung der Unternehmung erfordert eine umfassende Organisationsfreiheit des Arbeitgebers, die ihm ermöglicht, durch Weisungen, die sich nach den Gegebenheiten richten, die Ziele des Unternehmens zu verfolgen[9, 10].

II. Das Weisungsrecht und die Weisungstypen

1. Der Arbeitgeber hat nach dem oben Gesagten das Recht und die Pflicht, durch Zielanweisung den Leistungsgegenstand zu konkretisieren, welcher im Vertrag nur generell umrissen wird[11].

Denkbar wäre, daß ein Arbeitsvertrag, der nur auf ganz kurze Zeit (z.B. wenige Tage) abgeschlossen wurde, ohne nachherige Weisungen abgewickelt werden könnte, weil die Weisungen im Detail schon zum Vertragsinhalt erhoben wurden. Mit Recht betont aber NEF[12], daß auch in diesem Fall das Weisungsrecht dem Arbeitgeber potentiell erhalten bleibt; dieser könnte es bei einer nicht voraussehbaren Störung in der Vertragsabwicklung jederzeit in Anspruch nehmen.

Auf der andern Seite ist aber festzuhalten, daß das Weisungsrecht als solches nicht begriffsnotwendig für den Arbeitsvertrag ist. Vielmehr bildet es ein Symptom für das begriffsnotwendige Unterordnungs- oder Abhängigkeitsverhältnis, welches sich auch ohne Weisungsunterworfen-

---

[5] Vgl. hiezu auch HUECK/NIPPERDEY, Lehrbuch, Bd. I, S.158; NIKISCH, Arbeitsrecht, Bd.1, S.255.
[6] NEF, Temporäre Arbeit, S.43.
[7] Botschaft BBl 1967 II, S.309; HUECK/NIPPERDEY, Lehrbuch, Bd. I, S.158 und 161; BÖKER, S.62ff.
[8] OSER/SCHÖNENBERGER, N.14 zu Art.319 OR.
[9] Dieses Bedürfnis wird auch in der Botschaft anerkannt, vgl. BBl 1967 II, S.309.
[10] Nach diesen Grundsätzen beurteilt sich auch die Frage der Versetzung des Arbeitnehmers. Sofern die Arbeitsstelle im Einzelvertrag nicht genau festgelegt ist, kann der Arbeitgeber eine Versetzung vornehmen, wobei der Lohn nicht herabgesetzt werden darf. Vgl. dazu die herrschende deutsche Lehre und Rechtsprechung, in: HUECK/NIPPERDEY, Lehrbuch, Bd. I, S.202.
[11] NEF, S.42ff.
[12] NEF, S.43.

heit ergeben kann, z.B. gerade aus der vertraglichen Fixierung der persönlichen Arbeitsbedingungen oder aus der Unterworfenheit unter eine dem einseitigen Weisungsrecht des Arbeitgebers entzogene betriebliche Ordnung[13]. Doch ist ein ausgeprägtes Weisungsrecht, wie oben dargelegt, ein Indiz für das Bestehen eines Arbeitsvertrages, da bei der organisatorischen Eingliederung ein besonders intensives und auf verschiedenen Ebenen wirksames Weisungsrecht vorkommt[14].

Die Zielanweisungen (auch Leitungsanweisungen genannt) betreffen Art, Umfang und Organisation (in rein organisatorischer wie auch in zeitlicher Hinsicht) der zu leistenden Arbeit[15]. Diese Zielanweisungen verkörpern das eigentliche Weisungsrecht[16] und stellen das hauptsächliche Führungsmittel der Unternehmensleitung dar.

2. Das Recht des Arbeitgebers, Zielanweisungen zu erteilen, ergibt sich aus der Tatsache, daß der Arbeitgeber grundsätzlich das Betriebsrisiko zu tragen hat (vgl. Art. 324 OR sowie die Ausführungen unten S. 381 ff.)[17]. Wird der vorgesehene Arbeitsablauf gestört oder durch Umstände, die vom Arbeitgeber zu vertreten sind, unmöglich, so muß der Arbeitgeber Ersatzarbeit beschaffen, wobei der Arbeitnehmer ihm bei der Umstellung entgegenzukommen hat, indem er z.B. seinen Arbeitsplatz wechseln muß. Diese Verpflichtung des Arbeitnehmers ergibt sich aus seiner Treuepflicht[18], ebenso wie sich die Schranken aus der Treuepflicht ergeben[19].

3. Zu den Zielanweisungen treten die **Fachanweisungen** hinzu, welche Methode, Technik der Arbeitsausführung und die Handhabung der Arbeitsmittel betreffen, wie etwa die funktionsgemäße Behandlung von Maschinen, die Durchführung einer Funktionskontrolle oder einer Wartung. Zusammen mit den sogenannten Zielanweisungen konkretisieren sie die Tätigkeit des Arbeitnehmers nach dem Eintritt in den Betrieb.

Ein Arbeitnehmer, der über besondere Fachkenntnisse verfügt, kann sich allerdings u.U. der Einmischung durch Fachanweisungen widersetzen. So ist an den angestellten Chefarzt einer Klinik zu erinnern (vgl. oben S. 415 ff.), der sich im Bereich seiner ärztlichen Tätigkeit keine Fachanweisungen gefallen lassen muß.

4. Durch den Arbeitsantritt erfolgt die organisatorische Eingliederung des Arbeitnehmers in den Betrieb des Arbeitgebers. Der Arbeitgeber hat deshalb das Recht und die Pflicht, Vorschriften über das Verhalten im Betrieb zu erlassen (sog. **Verhaltensanweisungen**)[20]. Verhaltensanweisungen sind dem Arbeitgeber durch die Vorschriften des Arbeitsgesetzes über die Gesundheitsvorsorge und Unfallverhütung vorgeschrieben.

---

[13] So Ostheim, Weisung, S. 28 ff., insbes. S. 29 f.
[14] Vgl. dazu auch Molitor, RdA 1959, S. 2 ff., insbes. S. 4.
[15] Nef, S. 69.
[16] Nef, S. 42.
[17] Kaskel/Dersch, 5. Aufl., S. 146.
[18] Nef, S. 43.
[19] Vgl. unten § 3, II und § 4 (Annahmeverzug).
[20] Vgl. dazu auch Zapf, Direktionsrecht, S. 141 ff., wonach die typische Grundlage für viele Weisungen zur betrieblichen Ordnung (so vor allem für die Benützungs- oder Zugangsverbote) nicht im arbeitsrechtlichen Weisungsrecht liegt, sondern im Eigentum bzw. Besitz des Betriebsinhabers am Betrieb. So erklärt sich, daß auch Dritte, welche in keinem Arbeitsvertrag stehen und dem Betrieb nicht eingegliedert sind, an diese «Weisungen» gebunden sind.

So hat der Arbeitgeber z.B. Verhaltensvorschriften über die Sicherungsvorrichtungen an gefährlichen Maschinen zu erlassen (Art. 6 ArG). Auch hier können sich Differenzierungen aus der Art der Arbeit ergeben. Bei Arbeitnehmern, die außerhalb des Betriebs ihres Arbeitgebers ihre Arbeit erfüllen (z.B. der Handelsreisende), treten die Verhaltensvorschriften naturgemäß in den Hintergrund.

In industriellen Betrieben müssen obligatorisch in der Betriebsordnung Bestimmungen über die Gesundheitsvorsorge und Unfallverhütung und «soweit notwendig» über die Ordnung im Betrieb oder das Verhalten der Arbeitnehmer im Betrieb erlassen werden. Für nicht-industrielle Betriebe ist die generelle Festsetzung der Verhaltensweisen in einer Betriebsordnung fakultativ. Soweit die Betriebsordnung nicht einseitig vom Arbeitgeber erlassen, sondern zwischen Arbeitgeber und Arbeitnehmern vereinbart wird (Art. 37 Abs. 4 ArG), wandelt sich die Natur des Erlasses: Anstelle von Verhaltensanweisungen treten Verhaltensvereinbarungen. Gerade im Bereich der Verhaltensweisungen kann sich das betriebliche Mitspracherecht entfalten[21].

III. Die Weisungspflicht

Der Arbeitgeber hat nicht nur das Recht, sondern auch die Pflicht, Weisungen zu erteilen. Dies ergibt sich schon aus der Geschäftsherrenhaftung gemäß Art. 55 OR, welche die umfassende Instruktionspflicht des Arbeitgebers voraussetzt. Bei Schädigung des Arbeitnehmers infolge mangelhafter oder unterbliebener Weisung trifft den Arbeitgeber eine Schadenersatzpflicht aus Art. 328 OR.

IV. Die Befolgungspflicht und ihre Durchsetzung

Die Verletzung der Befolgungspflicht des Arbeitnehmers hinsichtlich Verhaltensweisungen kann neben den allgemeinen Vertragsverletzungsfolgen (wie Schadenersatzpflicht, Auflösung des Arbeitsvertrages aus wich-

---

[21] Vgl. z.B. den nichtverwirklichten Vorschlag von Nationalrat BRUNNER (StenBullNR 1969, S. 422): «Der Arbeitgeber hat den Arbeitnehmer in seine Aufgaben einzuführen und ihm die damit verbundenen Pflichten und Rechte darzulegen. Werden von einem Arbeitnehmer selbständige Entscheidungen verlangt, so ist der Bereich seiner Entscheidungsfreiheit zu umschreiben. Das gilt insbes., wenn der Arbeitnehmer Vorgesetztenfunktionen auszuüben hat. Ebenso ist festzulegen, in welchen Fragen dem Arbeitnehmer ein Mitspracherecht zusteht. Der Arbeitgeber ist berechtigt, Aufgabenstellung und Unterstellungsverhältnisse den Bedürfnissen des Betriebes anzupassen. Der Arbeitnehmer hat seinerseits Anspruch darauf, daß eine in Kraft stehende Regelung der Zuständigkeiten von den Vorgesetzten aller Stufen respektiert wird.»

tigem Grund, Konventionalstrafen) Ordnungsstrafen zur Folge haben, wie Bußen, vorübergehender Ausschluß von der Arbeit ohne Lohn[22]. Bei Konkretisierungsweisungen ist dies unzulässig, da die Ordnungsstrafen nicht die allgemeinen Behelfe des Obligationenrechts zur Durchsetzung vertraglicher Ansprüche ersetzen sollen[23].

Ordnungsstrafen (Bußen) können vom Arbeitgeber nur verhängt werden, wenn sie in der Betriebsordnung angemessen geregelt sind (Art. 38 Abs. 1 ArG rev. Fassung). Solange der Bundesrat die entsprechende Verordnung nicht erlassen hat, sind die Grundsätze von Art. 13 FG weiterhin als wegleitend anzusehen. So dürfen die Einzelbußen einen Viertel des Tageslohnes nicht überschreiten, und sie sind im Interesse der Arbeitnehmer vor allem für Unterstützungskassen zu verwenden. Bußen im Sinne von Art. 38 Abs. 1 ArG sind keine Konventionalstrafen im Sinne von Art. 161 OR, sondern Strafsanktionen für Verletzungen der betrieblichen Ordnung[24]. Eine Rechtsgrundlage für Ordnungsstrafen außerhalb der Betriebsordnung besteht nicht[25].

V. Schranken

Dem Weisungsrecht des Arbeitgebers und der Befolgungspflicht des Arbeitnehmers sind allerdings verschiedene Schranken[26] gesetzt:

1. Der Arbeitnehmer ist nicht verpflichtet (und auch nicht berechtigt), Weisungen zu befolgen, die widerrechtlich oder unsittlich sind. Das Weisungsrecht ist insbesondere durch öffentlich-rechtliche Arbeitsschutzbestimmungen eingeschränkt. Der Arbeitnehmer hat die erhaltenen Weisungen nicht blindlings, sondern vernünftig auszuführen.

2. Soweit der Arbeitnehmer für eine ausgeführte Arbeit die Verantwortung trägt, kann er sich sachwidrigen Weisungen widersetzen, insbesondere dann, wenn durch die Befolgung Gefährdungen entstehen könnten. Das Weisungsrecht des Arbeitgebers befreit den Arbeitnehmer nicht von eigenen Entscheidungen im Rahmen seiner Fähigkeiten und Möglichkeiten.

---

[22] Allgemein gilt, daß Konventionalstrafen oder Bußen speziell geregelt sein müssen. Die Konventionalstrafe bedarf einer besonderen und eindeutigen Bestimmung im Einzel- oder im Gesamtarbeitsvertrag (Art. 357b Abs. 1c OR; vgl. HUECK/NIPPERDEY, Lehrbuch, Bd. I, S. 260).
[23] Vgl. U. CH. NEF, ZSR 92 I, 1973, S. 366; Art. 13 Abs. 1 FG und dazu die Botschaft in BBl 1913 III, S. 611 f.
[24] Vgl. Kommentar HUG, N. 12 und 13 zu Art. 38 ArG. Eine identische Rechtslage besteht in Deutschland, vgl. HUECK/NIPPERDEY, Bd. I, S. 261 ff.
[25] Vgl. über das Unwesen der Ordnungsstrafen in der Schweiz. Industrie des 19. Jahrhunderts E. GRUNER, Der Arbeiter in der Schweiz im 19. Jahrh., Bern 1968, S. 97 ff. Gruner weist allerdings darauf hin, daß rigoros mit Strafen durchgesetzte Arbeitsdisziplin die Grundlage für die schweizerische Präzisionsindustrie gelegt habe. Vgl. allgemein A. ROSER, Die Betriebsstrafe, Diss. Zürich 1969.
[26] Vgl. dazu allgemein ZAPF, Direktionsrecht, S. 217 ff.

3. Das Weisungsrecht hat ferner das Persönlichkeitsrecht des Arbeitnehmers zu respektieren[27]. Dazu gehört auch das Recht des Arbeitnehmers auf Privatsphäre. Verhaltensweisungen sind deshalb primär auf das Verhalten des Arbeitnehmers während der Arbeitszeit beschränkt. Der Arbeitgeber kann sein Weisungsrecht außerhalb des Betriebes nur in Ausnahmefällen durchsetzen, wenn das Verhalten des Arbeitnehmers außerhalb des Betriebes dem Zwecke der Unternehmung dient (z.B. Kundenbetreuung, Vorschriften über Reisen und Repräsentationen) oder sich unmittelbar auf die vertragliche Tätigkeit auswirkt[28]. Insbesondere setzt die umfassende Fürsorgepflicht[29] des Arbeitgebers, dem es gemäß Art. 328 Abs. 1 OR in allgemeiner Weise obliegt, die Persönlichkeit des Arbeitnehmers zu achten und zu schützen, dem Direktionsrecht des Arbeitgebers Schranken[30]. Zwischen dem Recht des Arbeitgebers, Verhaltensvorschriften vorzuschreiben, und den sich aus der Fürsorgepflicht ergebenden umfassenden Schutzpflichten besteht ein innerer Zusammenhang.

4. Fraglich ist, ob der Arbeitnehmer einen Anspruch auf Ausübung eines öffentlichen Amtes besitzt, den er gegenüber dem Arbeitgeber durchzusetzen vermag, oder ob der Arbeitgeber das Recht hat, ein verbindliches Verbot auszusprechen. Die politischen Rechte sind zwar keine Abwehr-, sondern Mitwirkungsrechte, weshalb die Drittwirkung[31] fraglich ist, es sei denn, man sehe im Verbot des Arbeitgebers auf Übernahme eines öffentlichen Amtes eine Verletzung der Meinungsfreiheit des Arbeitnehmers[32]. Das gilt besonders für das Weisungsrecht des Arbeitgebers. Verbote, ein öffentliches Amt auszuüben, können eine Überschreitung der Grenze dieses Rechts bedeuten, wobei im Einzelfall eine Güter- und Interessenabwägung vorzubehalten ist. Auch ein vertragliches Verbot, ein Amt zu übernehmen, kann u.U. wegen Verstoßes gegen Art. 27 Abs. 2 ZGB nichtig sein; denn im Schutz der Freiheit steckt auch ein Schutz der Überzeugungsfreiheit[33].

Daß ein solcher Anspruch auf Übernahme eines öffentlichen Amtes u.U. bestehen kann, ergibt sich auch aus Art. 324a Abs. 1 OR, wo die Ausübung eines solchen Amtes ausdrücklich als Fall nicht verschuldeter Verhinderung der Arbeitsleistung genannt ist, mit der Folge, daß der Arbeitnehmer im Rahmen von Art. 324a Abs. 2 OR einen Lohnanspruch besitzt.

Soweit ein Anspruch besteht, sind Disziplinarmaßnahmen des Arbeitgebers unzulässig[34]. In krassen Fällen hat der Arbeitnehmer einen Genugtuungsanspruch wegen Verletzung der persönlichen Verhältnisse. Die besondere Problematik stellt sich allerdings bei der Kündigung[35].

Bei realistischer Betrachtung kann allerdings nicht übersehen werden, daß dem Arbeitgeber wirksame Mittel verbleiben, um die Übernahme oder Ausübung des Amtes zu erschweren; man denke nur an Versetzung oder Nichtbeförderung.

5. Eine Schranke des Weisungsrechts stellt endlich auch das Willkürverbot dar[36]. Dieses beinhaltet nicht nur die Rücksicht des Arbeitgebers auf die berechtigten Interessen des Arbeit-

---

[27] Vgl. auch OSTHEIM, Weisung, S. 99 ff.
[28] Botschaft BBl 1967 II, S. 309. So auch NIKISCH, Arbeitsrecht, Bd. 1, S. 258; REHBINDER, Grundriß, S. 35. Anderer Meinung HUECK/NIPPERDEY (Lehrbuch, Bd. 1, S. 159), die nur ein Direktionsrecht bezüglich des Verhaltens innerhalb des Betriebes anerkennen.
[29] So auch OSTHEIM, Weisung, S. 113 ff.
[30] Vgl. unten S. 347 ff.; vgl. auch deutsches BetrVG 1972, § 75; ferner Botschaft BBl 1967 II, S. 345; REHBINDER, Grundriß, S. 63.
[31] Ob diese Drittwirkung indirekt oder direkt genannt wird, ist nicht entscheidend, da mit P. SALADIN festzuhalten ist, daß die Ausstrahlung gewisser Grundrechte unmittelbar ist, «im Ergebnis diese aber indirekt über das Vehikel der unbestimmten Gesetzesbegriffe» angewendet werden (so P. SALADIN, Grundrechte im Wandel, Bern 1970, S. 319).
[32] Vgl. HUBER, ZSR 82 I, 1963, S. 131 ff., bes. S. 139 ff.
[33] HUBER, a.a.O., S. 147 ff.
[34] HUBER, a.a.O., S. 154/55.
[35] Vgl. unten S. 415 ff.
[36] Vgl. auch BÖKER, S. 77. Kritisch dazu MOLITOR, op. cit., S. 6: «Es würde das im Ergebnis

nehmers bei der Ausübung des Weisungsrechts, sondern verbietet auch eine durch keine sachlichen Gründe gerechtfertigte unterschiedliche Behandlung des Arbeitnehmers. § 75 des deutschen Betriebsverfassungsgesetzes (BetrVG) schreibt ausdrücklich vor, daß der Arbeitgeber und der Betriebsrat über die Wahrung von Recht und Billigkeit gegenüber allen im Betrieb beschäftigten Personen zu wachen haben; sie haben insbesondere darauf zu achten, daß «jede unterschiedliche Behandlung von Personen wegen ihrer Abstammung, Religion, Nationalität, Herkunft, politischen oder gewerkschaftlichen Betätigung oder Einstellung oder wegen ihres Geschlechts unterbleibt». Die Vorschrift dient in erster Linie der Sicherung der betrieblichen Ordnung und beinhaltet die Pflicht des Arbeitgebers, das Gleichbehandlungsprinzip zu beachten. § 75 BetrVG (in der Fassung vom 15. Januar 1972) übernimmt die schon vorher durch die Doktrin[37] und Praxis[38] entwickelten Grundsätze über das Prinzip der arbeitsrechtlichen Gleichbehandlung, die auch für das schweizerische[39] Recht anerkannt werden müssen.

6. Außer durch diese gesetzlichen Schranken kann das Weisungsrecht auch vertraglich begrenzt werden. So steht z.B. dem Arbeitgeber prinzipiell das Recht zu, den Arbeitszeitplan aufzustellen. Mit dem Aufkommen der gleitenden Arbeitszeit wird jedoch diese Seite des Weisungsrechts eingeschränkt, und eine «Wahlforderungsmodalität» auf der Arbeitgeberseite wird durch Vereinbarung zu einer «Wahlschuldmodalität» auf der Arbeitnehmerseite[40].

§ 60. Sorgfalts- und Treuepflicht des Arbeitnehmers und die Fürsorgepflicht des Arbeitgebers (mit Einschluss des Freizeit- und Ferienanspruchs)

Literatur: OSER/SCHÖNENBERGER, Kommentar zu Art. 319 OR; U. BÄRLOCHER, Der Ferienanspruch nach schweizerischem Arbeitsrecht, Diss. Basel 1971; R. CANNER, Aus der Rechtsprechung zum Dienstvertragsrecht, 1. Folge, Zürich/München 1971; 2. Folge, Zürich 1972; R. DIETZ, Die Pflicht des ehemaligen Beschäftigten zur Verschwiegenheit über Betriebsgeheimnisse, in: Festschrift für J.W. Hedemann, Jena 1938, S. 330ff.; F. ENG, Die rechtliche Behandlung der Schwarzarbeit, Diss. Bern 1957; E. FERG, Die Auskunftspflicht des Arbeitgebers nach deutschem und schweizerischem Recht, Diss. Basel 1956; HUECK/NIPPERDEY, Lehrbuch des Arbeitsrechts, Bd. 1, 7. Aufl., Berlin/Frankfurt a.M. 1963; E. LAUR, Das Dienstzeugnis im schweizerischen Recht, Diss. Zürich 1922; U. CH. NEF, Temporäre Arbeit, Zürcher Diss., Abh. schweiz. R. 404, Bern 1971; A. NIKISCH, Arbeitsrecht, Bd. I, 3. Aufl., Tübingen 1961; H.E. RAAFLAUB, Die

---

darauf hinauslaufen, daß der Arbeitnehmer, bevor er einer Weisung folgt, und ebenso im Streitfalle das Gericht, eine Weisung auf ihre Zweckmäßigkeit nachprüfen könnte und müßte, was praktisch zu unabsehbaren Folgen führen würde.» Eine Zweckmäßigkeitsüberprüfung dürfte in der Tat zu weit gehen; nur eine beschränkte Prüfung auf Willkür kommt in Betracht.

[37] Vgl. z.B. HUECK/NIPPERDEY, Lehrbuch, Bd. 1, S. 430.
[38] Vgl. G. HUECK, Der Grundsatz der gleichmäßigen Behandlung im Privatrecht, München/Berlin 1958, S. 92ff.
[39] So auch REHBINDER, Grundriß, S. 63, wonach die Ausübung des Direktionsrechts sogar der Hauptanwendungsbereich für den Gleichbehandlungsgrundsatz ist.
[40] Vgl. U. CH. NEF, Rechtliche Aspekte der «gleitenden Arbeitszeit», ZSR 90 I, 1971, S. 407.

Treuepflicht des Arbeitnehmers beim Dienstvertrag, Diss. Bern 1959; H.P. Tschudi, Die Ferien im schweizerischen Arbeitsrecht, Basler Studien, Heft 24, Basel 1948; B. Zanetti, Le droit aux vacances selon la législation fédérale, les législations cantonales et les conventions collectives de travail, Schweizerische Zeitschrift für Sozialversicherung 1966, S. 277 ff.

I. Allgemeines

Mit dem Eintritt des Arbeitnehmers in den Betrieb des Arbeitgebers entfalten sich die aus der Zusammenarbeit sich ergebenden Verpflichtungen zur gegenseitigen Interessenwahrung[1]. Diese äußern sich auf seiten des Arbeitnehmers als Sorgfalts- und Treuepflicht, auf seiten des Arbeitgebers als Fürsorgepflicht.

Die Sorgfalts- und Treuepflicht[2] besagt, daß der Arbeitnehmer die Interessen des Arbeitgebers zu wahren hat. Er ist zur gewissenhaften Ausführung der Arbeit und zur Vornahme all derjenigen Maßnahmen, die mit Rücksicht auf die Interessen des Arbeitgebers und den ungestörten Gang der Geschäfte geboten sind, verpflichtet, soweit dies von ihm gemäß der Stellung, die er im Betrieb einnimmt, und entsprechend dem in ihn gesetzten Vertrauen nach Treu und Glauben erwartet werden darf[3]. Die Treuepflicht findet ihre Entsprechung in der umfassenden Fürsorgepflicht des Arbeitgebers. Dieser hat alle persönlichen Güter des Arbeitnehmers, die mit dessen geistiger, leiblicher und sozialer Individualität verknüpft sind, zu wahren, sowie sich jedes, durch den Arbeitsvertrag nicht gerechtfertigten Eingriffs in dessen Persönlichkeitsrechte zu enthalten und diese auch gegen Eingriffe Vorgesetzter, Mitarbeiter oder Dritter zu schützen.

II. Die Sorgfalts- und Treuepflicht des Arbeitnehmers

Gemäß Art. 321a OR hat der Arbeitnehmer die ihm übertragene Arbeit sorgfältig auszuführen und die berechtigten Interessen des Arbeitgebers

---

[1] So auch Hueck/Nipperdey, Lehrbuch, Bd. 1, S. 241 und 390; Dietz, S. 330 f., mit einer sehr starken Akzentuierung dieser gegenseitigen Interessenwahrungspflicht: «Die Treuepflicht (i.w.S.) ist die eigentliche, primäre Pflicht. Alle andern Pflichten entspringen aus ihr, sind eigentlich in ihr schon enthalten, sind Erscheinungsformen der Treuepflicht. Auch die Pflicht zur Lohnzahlung und zur Arbeitsleistung erscheint als Konkretisierung, allerdings als charakteristische Konkretisierung der gegenseitigen Treuepflicht im Rahmen des Arbeitsverhältnisses.»
[2] Gesetzlich normiert wurde die Treuepflicht erstmals bei der Revision des OR im Zusammenhang mit dem Erlaß des Arbeitsgesetzes (vgl. Botschaft BBl 1967 II, S. 299).
[3] Oser/Schönenberger, N. 31/32 zu Art. 319 OR.

in guten Treuen zu wahren. Die Sorgfalts- und Treuepflicht ist zu verstehen[4] im Sinne einer umfassenden Verpflichtung des Arbeitnehmers, die für besonders wichtige Fragen allerdings nicht in abschließender Weise gesetzlich konkretisiert ist.

1. Die Sorgfaltspflicht des Arbeitnehmers bezieht sich auf die fachgerechte und sorgfältige Bedienung und Behandlung der Maschinen, Arbeitsgeräte, technischen Einrichtungen und Anlagen. Das gleiche gilt für Material, das dem Arbeitnehmer zur Ausführung der Arbeit zur Verfügung gestellt worden ist (vgl. Art. 321a Abs. 2 OR). Die Verletzung der Sorgfaltspflicht löst die Haftung des Arbeitnehmers gemäß Art. 321e OR aus (vgl. unten S. 360 ff.).

2. Eine gesetzliche Konkretisierung der Treuepflicht ist das Schwarzarbeitsverbot. Ohne Einwilligung des Arbeitgebers darf der Arbeitnehmer keine entgeltliche[5] Arbeit für einen Dritten leisten, soweit er dadurch seine Treuepflicht verletzt, insbesondere den Arbeitgeber konkurrenziert (vgl. Art. 321a Abs. 3 OR).

Im Nationalrat wurde von einer Minderheit verlangt, daß das Schwarzarbeitsverbot nur dann gelten solle, wenn dadurch der Arbeitgeber geschädigt wird, wobei dieser hierfür beweispflichtig sei[6]. Mit gewisser Berechtigung wurde darauf hingewiesen, daß in Zeiten der Hochkonjunktur schwerlich die Konkurrenzierung in den Vordergrund gestellt werden könne; die Formulierung basiere zu stark auf der Situation in den Krisenjahren. Zu beachten ist, daß in der gesetzlichen Regelung das Element der Konkurrenz nur als Beispiel aufgeführt ist. Die grundsätzliche Begrenzung des Verbots liegt in der Treuepflicht ganz allgemein, die auch verletzt sein kann, wenn keine Konkurrenz vorliegt, und zwar insbesondere dann, wenn die Nebenbeschäftigung den Arbeitnehmer an der Leistung im Betrieb hindert oder seine Leistungsfähigkeit stark herabsetzt. Der Umfang der Treuepflicht kann nur im Einzelfall festgelegt werden. So dürfte insbesondere die Beschäftigung am Samstag bei der Fünftagewoche dann die Treuepflicht nicht verletzen, wenn weder eine Schädigung noch eine Konkurrenzierung des Arbeitgebers eintritt[7, 8].

---

[4] Zum Beispiel ist die Treuepflicht «auch von Einfluß auf die Arbeitspflicht. So muß der Arbeitnehmer z.B. in Notfällen eine andere als die vertraglich übernommene Arbeit verrichten» (Botschaft BBl 1967 II, S. 300); ebenso NEF, Temporäre Arbeit, S. 43; REHBINDER, Grundriß, S. 41; RAAFLAUB, S. 82. Dies hat die praktische Konsequenz, daß der Arbeitgeber, welcher bei Betriebsstörungen eine gemäß der Treuepflicht zumutbare Arbeit zuweisen kann, nicht in Annahmeverzug gerät (vgl. unten S. 381 ff.).

[5] Der Arbeitnehmer könnte den Arbeitgeber auch durch die Leistung von unentgeltlicher Arbeit schädigen. «Diese Arbeitsleistung wäre zwar nicht vom Verbot gemäß Abs. 2 (jetzt Abs. 3) betroffen, würde aber gegen die Treuepflicht gemäß Abs. 1 verstoßen.» So die Botschaft (BBl 1967 II, S. 301).

[6] StenBullNR 1969: S. 430, HEIL; S. 430, WEBER; S. 431, BERGER.

[7] Vgl. StenBullNR 1969: S. 431, HOFSTETTER.

[8] Eine Sonderregelung erfuhr das Verbot der Schwarzarbeit während der Ferien (vgl. Art. 329d Abs. 3 OR). Demnach kann der Arbeitgeber den ausbezahlten Ferienlohn zurückverlangen, wenn der Arbeitnehmer für einen Dritten arbeitet und damit die berechtigten Inter-

3. Ausfluß der Treuepflicht ist ferner die nunmehr geregelte umfassende **Geheimhaltungspflicht** (Art. 321a Abs. 4 OR). Dabei ist zu unterscheiden zwischen der Geheimhaltungspflicht während der Dauer und derjenigen nach Beendigung des Arbeitsverhältnisses.

Während der Dauer des Arbeitsverhältnisses besteht eine absolute Geheimhaltungspflicht für alle geheim zu haltenden Tatsachen, vor allem Fabrikations- und Geschäftsgeheimnisse, von denen der Arbeitnehmer im Dienste des Arbeitgebers Kenntnis erlangt hat. Der Arbeitnehmer darf solche Tatsachen während des Arbeitsverhältnisses nicht verwerten oder andern mitteilen (Art. 321a Abs. 4).

Die Bestimmung wurde weitgehend von der Praxis vorgebildet. In BGE 64 II, 1938, S. 172 wurde zwar eine generelle Pflicht zur Wahrung des Geschäfts- und Fabrikationsgeheimnisses als zu weitgehend bezeichnet, jedoch betont, daß auch ohne Vertragsanordnung eine aus den Umständen des konkreten Falles sich ergebende Geheimhaltungspflicht bestehen könne. «Vorausgesetzt werden muß in erster Linie das Bewußtsein des Dienstnehmers, daß das, was er im Geschäft des Dienstgebers erfährt, ein Geheimnis ist[9]. Ferner müssen die vertraglichen Grundlagen, die Person und Ausbildung des Dienstnehmers, dessen Stellung im Geschäft, das Arbeitsgebiet und die Entlöhnung in einer gewissen Beziehung stehen zu der besonderen Tatsache, daß er ins Vertrauen gezogen wird und die Wahrung von Geheimnissen zu übernehmen hat.» Die neue Bestimmung geht insofern weiter als die bisherige Praxis, als sie die Schweigepflicht während der Dauer des Arbeitsverhältnisses verabsolutiert. Damit wird auch eine eindeutige Voraussetzung für die Anwendung von Art. 162 StGB betreffend die Verletzung des Fabrikations- oder Geschäftsgeheimnisses geschaffen, indem eine gesetzliche Pflicht zur Geheimnisbewahrung aufgestellt wird.

Neu eingeführt wurde eine gesetzliche **Geheimnispflicht nach Beendigung des Vertragsverhältnisses**, und zwar auch ohne Vereinbarung eines Konkurrenzverbotes. Allerdings ist beim Ausscheiden des Arbeitnehmers eine Beschränkung im Hinblick auf das Recht des Arbeitnehmers auf wirtschaftliche Entfaltung notwendig. Die Pflicht zur Verschwiegenheit besteht nur, soweit es «zur Wahrung der berechtigten Interessen des Arbeitgebers erforderlich ist».

---

essen des Arbeitgebers verletzt. BÄRLOCHER (S. 121) ist der richtigen Auffassung, daß der Arbeitnehmer nur für die Zeit, während der er effektiv unerlaubter Ferienarbeit nachging, seines Entgeltsanspruchs verlustig geht. Vgl. ferner Urteil des GewGer der Stadt Bern, vom 28. Sept. 1970, CANNER, 2. Folge, Nr. 139.

[9] Es muß sich also um Tatsachen von relativer (auf die betreffenden Fachkreise bezogen), objektiver Unbekanntheit handeln. Nicht erforderlich ist, daß z. B. eine Erfindung patentfähig ist. Gerade nicht patentfähige Erfindungen sollen auf diese Art, sofern sie «Geheimnischarakter» aufweisen, geschützt werden. Vgl. RAAFLAUB, S. 66.

Ferner muß der Arbeitgeber dem Arbeitnehmer seinen Geheimhaltungswillen bekundet haben. Dies kann konkludent geschehen, so, wenn der Arbeitnehmer aus den Umständen heraus wissen muß, daß er nur unter der Bedingung der Geheimhaltung eingeweiht worden ist. Vgl. BGE 80 IV, 1954, S. 30; RAAFLAUB, S. 62; Entscheid des GewGer Zürich, vom 4. März 1969, CANNER, 2. Folge, Nr. 156. Auch wo der Arbeitnehmer zufällig Kenntnis erwirbt, aber wissen muß, daß sie geheim ist und daß der Arbeitgeber den Geheimhaltungswillen hat, wird er verpflichtet. Vgl. BBl 1967 II, S. 302.

Im Nationalrat wollte die Minderheit ausdrücklich in die Tatbestandsvoraussetzung einschließen, daß das wirtschaftliche Fortkommen des Arbeitnehmers nicht unbillig erschwert werden dürfe[10]. Diese Einschränkung wurde insbesondere mit dem Argument abgelehnt, daß beim Ausscheiden eines Arbeitnehmers aus dem Arbeitsverhältnis auch die Interessen aller im Betrieb verbliebenen Mitarbeiter in Frage stünden, die oft identisch mit denjenigen des Arbeitgebers seien, nämlich daß das im Betrieb geheim bleibe, was z.B. der Produktivität des Unternehmens diene. Das schließt aber m.E. nicht aus, daß der Richter im Zweifelsfalle immer die Interessen des Arbeitgebers gegen diejenigen des Arbeitnehmers abzuwägen hat, wobei auf seiten des Arbeitgebers die Interessen der übrigen bei ihm beschäftigten Arbeitnehmer mitzuberücksichtigen sind. Insbesondere ist dort, wo die Kündigung durch den Arbeitgeber erfolgt, darauf zu achten, daß nicht durch eine übermäßige Geheimhaltungspflicht das Fortkommen des Arbeitnehmers allzusehr erschwert wird. Auch die Geheimhaltungspflicht steht unter dem Grundsatz von Treu und Glauben. Es ist im übrigen nicht zu übersehen, daß die Schweigepflicht nach Beendigung des Vertragsverhältnisses bei extensiver Auslegung in ihren Wirkungen nahe an das Konkurrenzverbot herankommen kann[11,12].

4. Eine weitere positivierte Konkretisierung der Treuepflicht besteht in der Verpflichtung des Arbeitnehmers zur Überstundenarbeit (Art. 321c OR)[13]. Die tägliche und wöchentliche Dauer der Arbeit ist auf der einen Seite beschränkt durch die vertragliche Vereinbarung oder durch die Festsetzung im Normalarbeitsvertrag, auf der andern Seite durch die öffentlich-rechtlichen Bestimmungen über die Arbeits- und Ruhezeit, insbesondere durch die Festsetzung der wöchentlichen Höchstarbeitszeit (Art. 9 ff. ArG)[14].

---

[10] Vgl. StenBullNR 1969: S.435, GROLIMUND; S.436, ALLGÖWER.
[11] Vgl. Urteil des GewGer Zürich, vom 4. März 1969, CANNER, a.a.O. (Anm. 9): «Das Konkurrenzverbot vermag diesen (sc. den Arbeitnehmer) für bestimmte Zeit zu blockieren, was namentlich dann schwer ins Gewicht fällt, wenn jemand jahre- oder jahrzehntelang auf einem und nur einem Spezialgebiet tätig war – die nachwirkende Treuepflicht dagegen hindert ihn lediglich daran, gewisse besonders geartete Kenntnisse auszubeuten.»
[12] Im geltenden deutschen Recht besteht eine Geheimhaltungspflicht nach Beendigung des Arbeitsverhältnisses nur, wenn der Arbeitnehmer Betriebsgeheimnisse durch eine gegen das Gesetz oder die guten Sitten verstoßende Handlung erlangt hat. Eine nachwirkende Treuepflicht wird von der Praxis und z.T. auch der Doktrin abgelehnt. So HUECK/NIPPERDEY, Lehrbuch, Bd. I, S.245. Anderer Meinung DIETZ, (S.341ff.), der unterscheidet zwischen selbst erworbenen Kenntnissen und Fähigkeiten, die jedermann verwerten darf, und Betriebsgeheimnissen, welche der Kenntnis von der Arbeitsleistung bzw. dem Arbeitserfolg eines anderen bedeuten und deren Verwertung eine – «unverdiente» – Bevorzugung im Wettbewerb bedeuten würde. Dieser Gedanke dürfte auch der jetzigen schweiz. Regelung zugrunde liegen. Vgl. auch NIKISCH, Arbeitsrecht, Bd. 1, S.456, welcher eine nachwirkende Treuepflicht in dem Sinne bejaht, daß der Arbeitnehmer nicht Geheimnisse, welche für den Arbeitgeber von besonderer Wichtigkeit sind, ohne jedes eigene berechtigte Interesse preisgeben darf (was aber im Gebot des Handelns nach Treu und Glauben bereits enthalten ist).
[13] Die Mehrarbeit war im bisherigen Recht unter den Pflichten des Arbeitgebers (Pflicht zur Zahlung des Zuschusses) eingereiht (Art. 336 ORvRev.).
[14] Das ArG setzt nur die wöchentliche Höchstarbeitszeit fest (46 Stunden für Arbeitnehmer in industriellen Betrieben und für weitere in Art. 9 aufgezählte Arbeitnehmergruppen, 50 Stunden für alle übrigen Arbeitnehmer). Das Gesetz legt den Rahmen fest, innerhalb dessen die Arbeitszeit liegen muß: Nachtarbeit ist grundsätzlich verboten (Art. 16 ArG); die

Die im Arbeitsgesetz festgelegte wöchentliche Höchstarbeitszeit kann unter gewissen Voraussetzungen überschritten werden (Art. 12 ArG). Dabei darf der Arbeitgeber bis 60 Überstunden im Kalenderjahr ohne behördliche Bewilligung anordnen; für weitere Überstunden bedarf er einer Bewilligung der kantonalen Behörden (Art. 12 Abs. 3 ArG). Soweit das Obligationenrecht von Überstundenarbeit spricht, hat es die über die vertragliche Dauer hinausgehende Arbeitszeit im Auge[15], die nach oben beschränkt ist durch die öffentlich-rechtlichen Bestimmungen des Arbeitsgesetzes. Dieses regelt nur die Voraussetzungen, unter welchen der Arbeitgeber Arbeit über die gesetzliche Höchstarbeitszeit hinaus anfordern darf, nicht aber die Frage, ob der Arbeitnehmer verpflichtet ist, einer Anordnung auf Leistung von Arbeit über die vertraglich festgesetzte Dauer hinaus Folge zu leisten. Eine solche Verpflichtung ergibt sich nach Art. 321c OR als Ausfluß der Treuepflicht des Arbeitnehmers, wenn die Leistung von Überstundenarbeit notwendig ist, der Arbeitnehmer sie zu erbringen vermag und sie ihm nach Treu und Glauben zugemutet werden kann[16]. Die im Art. 12 Abs. 1 ArG aufgestellte Liste der Fälle zulässiger Überzeitarbeit dürfte in der Regel auch für die Frage der Zumutbarkeit maßgebend sein.

Der Arbeitnehmer ist nicht nur auf ausdrückliche Weisung des Arbeitgebers zur Leistung von Überstundenarbeit verpflichtet, sondern er kann und muß dies aus eigenem Antrieb tun, wenn es für den guten Gang des Unternehmens unumgänglich ist und ihm billigerweise zugemutet werden kann. Immerhin entsteht aus solcher Überstundenarbeit aus eigener Initiative, wenn sie sich über längere Zeit erstreckt, nur dann ein spezieller Vergütungsanspruch (Freizeitausgleich oder Lohnzuschlag), wenn sie vom Arbeitgeber genehmigt wird; dies kann stillschweigend geschehen, z. B. indem der Arbeitgeber davon Kenntnis hat und keinen Einspruch erhebt[17].

Überstundenzeit kann durch Freizeit von mindestens gleicher Dauer, die innert eines angemessenen Zeitraumes[18] zu gewähren ist, ausgeglichen werden. Eine solche Abgeltung bedarf aber des Einverständnisses des Arbeitnehmers. Die Bestimmung ist allerdings dispositiver Natur (vgl. Art. 321c Abs. 2 OR).

Arbeitszeit ist durch Pausen zu unterbrechen (Art. 15 ArG); wöchentlich ist mindestens ein halber Tag frei zu geben (Art. 21 ArG); der Sonntag ist arbeitsfrei zu halten (Art. 18 ArG). Dadurch erfolgt auch eine quantitative Begrenzung der Tageshöchstarbeitszeit: Sie beträgt 13,5 Std. im Sommer, 12,5 Std. im Winter, für weibliche und jugendliche Arbeitnehmer 11 Std. (Art. 34 ArG) resp. 9 Std. (Art. 31 ArG). Dies ermöglicht eine sehr freie Gestaltung des Arbeitsrhythmus in der Woche: Die 4-Tage-Woche wie die 5½-Tage-Woche, jeweils zu 46 resp. 50 Stunden, ist möglich. Der Übertrag von Arbeitszeitsalden von einer Woche in eine andere ist nur bei Ausgleichsarbeit für bereits ausgefallene oder künftig ausfallende Arbeitszeit möglich; zudem darf während eines Zeitraumes von 14 Wochen die wöchentliche Höchstarbeitszeit um täglich 2 Stunden überschritten werden (Art. 11 ArG, Art. 39 Abs. 1 VO I zum ArG; vgl. U. Ch. Nef, ZSR 90 I, 1971, S. 406f.).

[15] Vgl. auch Botschaft BBl 1967 II, S. 304.
[16] Ein Verstoß gegen diese Pflicht kann einen wichtigen Grund zur fristlosen Entlassung bilden. Vgl. Urteil des GewGer Zürich, vom 19. März 1963, Canner, 2. Folge, Nr. 166a.
[17] BGE 86 II, 1960, S. 156.
[18] Für die dem Arbeitsgesetz unterstellten Arbeitsverhältnisse beträgt dieser Zeitraum längstens 8 Wochen (Art. 40 Abs. 2 VO I zum ArG).

Wird die Überstundenarbeit nicht durch Freizeit ausgeglichen, so hat der Arbeitgeber dafür grundsätzlich Lohn zu entrichten, der sich nach dem Normallohn samt einem Zuschlag von mindestens ¼ berechnet. Damit wurde der im Arbeitsvertragsrecht vorgesehene Lohnzuschlag der Regelung des Arbeitsgesetzes angeglichen.

Nach der Bundesgerichtspraxis zum alten Obligationenrecht waren höhere Angestellte innerhalb gewisser Grenzen zur Leistung von Überstundenarbeit ohne besondere Entschädigung verpflichtet[19]. Nach Art. 321c Abs. 3 ist dies nunmehr nur noch aufgrund einer schriftlichen Abrede oder einer Bestimmung in einem Normalarbeits- oder Gesamtarbeitsvertrag möglich.

5. Der Arbeitnehmer hat als Folge der Sorgfalts- und Treuepflicht eine umfassende Rechenschafts- und Herausgabepflicht (Art. 321b OR)[20]. Er hat dem Arbeitgeber über alles, was er bei seiner vertraglichen Tätigkeit für diesen von Dritten erhält, wie namentlich Geldbeträge, Rechenschaft abzulegen und ihm alles sofort herauszugeben. Ebenfalls hat er die Pflicht zur Herausgabe all desjenigen, was er in Ausübung seiner vertraglichen Tätigkeit hervorbringt[21]. Dieser Grundsatz wird für die sog. Diensterfindungen und für den Fall der Schaffung gewerblicher Muster und Modelle in den Art. 332 und 332a OR spezifiziert (vgl. unten, S. 398 ff.).

Fraglich ist, was nach der neuen Regelung mit empfangenen Schmiergeldern zu geschehen hat.

Früher wurde ein Herausgabeanspruch unter Beiziehung der auf einen entsprechenden Sachverhalt zugeschnittenen Art. 400 OR und Art. 5 HRAG bejaht. Da in diesen beiden Artikeln einzig auf objektive Kriterien abgestellt wird (alles was infolge der Geschäftsführung bzw. Reisetätigkeit zugekommen ist, unterliegt der Herausgabepflicht) und diese beim Schmiergeldempfang gegeben sind[22], war solches unproblematisch.

In der jetzigen gesetzlichen Formulierung ist jedoch der Zuwendungswille des Gebers mitberücksichtigt, vor allem um klarzustellen, daß die üblichen Trinkgelder oder regelmäßig überreichten Weihnachtsgeschenke nicht an den Arbeitgeber abgeführt zu werden brauchen[23]. Es

---

[19] BGE 86 II, 1960, S. 155.
[20] Diese Bestimmung wurde aus dem Handelsreisendengesetz übernommen und als allgemeine Arbeitsvertragspflicht ausgestaltet. Vgl. Botschaft BBl 1967 II, S. 278.
[21] Bei körperlichen Sachen hat der Arbeitgeber zumeist noch einen dinglichen Herausgabeanspruch. Zur Konstruktion des Eigentums des Arbeitgebers an körperlichen Sachen vgl. Botschaft BBl 1967 II, S. 303/4. Zur Problematik derselben vgl. NIKISCH, Arbeitsrecht, Bd. 1, S. 309; HUECK/NIPPERDEY, Lehrbuch, Bd. I, S. 497.
[22] Vgl. OSER/SCHÖNENBERGER, N. 7 zu Art. 400 OR; O. HIRZEL, Das Schmiergeldunwesen und die Rechtsbehelfe der davon Beeinträchtigten nach schweizerischem Recht, Diss. Zürich 1930, S. 88: «Unter die Herausgabepflicht fallen somit sicherlich auch die Schmiergelder ...; ihr wirtschaftlicher Grund, ihre wirtschaftliche Rechtfertigung und Erklärung ist untrennbar mit den auf Dienstvertrag oder Auftrag beruhenden geschäftlichen Verrichtungen des Empfängers verbunden.»
[23] Allerdings ist die deutsche Textfassung unklar, könnte man doch auch lesen: «Tätigkeit für diesen». Aus dem französischen Text und der Botschaft ergibt sich jedoch klar, daß «für diesen erhalten» gemeint ist. Vgl. BBl 1967 II, S. 303.

würde aber diese zur Klarstellung der erwähnten Beispiele dienende Formulierung über das gesetzte Ziel hinausschießen, wenn damit auch einem rechtlich verpönten Zuwendungswillen Nachachtung verschafft würde[24].

Bei richtiger Auslegung des Textes wird man dem Arbeitgeber einen Herausgabeanspruch einräumen für das, was der Arbeitnehmer für ihn erhalten hat, bzw. was er bei Wahrung seiner Treuepflicht für ihn hätte erwerben müssen[25].

Ausgenommen von der Herausgabepflicht bleiben also nur die Fälle, in denen ein rechtlich einwandfreier Zuwendungswille, der sich somit nicht an der Treuepflicht des Arbeitnehmers brechen darf, vorliegt[26].

III. Die Fürsorgepflicht des Arbeitgebers

1. Gemäß Art. 328 Abs. 1 OR ist der Arbeitgeber in ganz allgemeiner Weise verpflichtet, die Persönlichkeit des Arbeitnehmers zu achten und zu schützen. Nach dem bisherigen Recht wurden dem Arbeitgeber lediglich einige besonders umschriebene Fürsorge- und Schutzpflichten auferlegt (Art. 339, 334 Abs. 2 ORvRev.). In Lehre und Rechtsprechung wurde freilich anerkannt, daß sich aus der Natur des Arbeitsverhältnisses als einem Gemeinschaftsverhältnis weitere Fürsorgepflichten des Arbeitgebers ableiten lassen. Dieser Erkenntnis trägt Art. 328 Abs. 1 OR nunmehr Rechnung.

Die Fürsorgepflicht[27] ist einerseits eine Schranke des Weisungsrechts (vgl. oben S. 339), andererseits konkretisiert sie sich in vielfältigen Einzelpflichten, die nur zum Teil im Gesetz festgelegt sind. Sie ist einem ständigen Wandel unterworfen; auch ursprünglich freiwillige soziale Leistungen können sich mit der Zeit zu einer rechtlichen Pflicht entwickeln, so daß deren Erfüllung kraft Gewohnheitsrechts gefordert werden kann[28]. Der Fürsorgepflicht kommt als Gene-

---

[24] «Cum de dolo damnandus sit, absurdum videtur eiusdem negotii quicquam consequi», vgl. HIRZEL, a.a.O. (Anm. 22), S. 90. Daß die Regelung nicht so gemeint war, ergibt sich implizit auch aus der Botschaft: «Trinkgelder, die sich im Rahmen des Üblichen halten und nicht als Schmiergelder bestimmt sind, fallen nicht unter den Herausgabeanspruch, weil sie dem Arbeitnehmer und nicht dem Arbeitgeber zukommen sollen» (BBl 1967 II, S. 303). Die Begründung ist allerdings unzutreffend, da dies für Schmiergelder ebenfalls gilt!
[25] Vgl. OSER/SCHÖNENBERGER, N. 7 zu Art. 400 OR; BECKER, N. 8 zu Art. 400 OR. Anders das deutsche Recht: Vgl. HUECK/NIPPERDEY, Lehrbuch, Bd. I, S. 248 f.; NIKISCH, Arbeitsrecht, Bd. 1, S. 457 f.
[26] Vgl. ferner den etwas anders gelagerten Fall, in dem der Arbeitnehmer als Schmiergeld bestimmte Summen weiterleiten soll, dieser Weisung seines Arbeitgebers aber nicht Folge leistet und die Rückgabe unter Berufung auf Art. 66 OR verweigert. Auch hier ist er aufgrund seines Vertrages zur Herausgabe verpflichtet. Siehe Pra 63, 1974, Nr. 59.
[27] Zur Terminologie: Wie der Arbeitnehmer, so hat auch der Arbeitgeber aus dem Gemeinschaftsverhältnis resultierende Treuepflichten, die sich weitgehend in einer Fürsorge für das Wohl des Arbeitnehmers äußern, «und man hat sich deshalb daran gewöhnt, die Gesamtheit der hierher gehörenden Pflichten des Arbeitgebers kurz als Fürsorgepflicht zu bezeichnen, schon um sie von der Treuepflicht des Arbeitnehmers zu unterscheiden.» So HUECK/NIPPERDEY, Lehrbuch, Bd. I, S. 390.
[28] Andrerseits «besteht keineswegs eine Pflicht zu allen Leistungen, die, wenn sie erbracht werden, als Ausfluß des Fürsorgegedankens erscheinen. Es bleibt vielmehr ein weites Gebiet

ralklausel die Bedeutung einer Ermächtigungsnorm zu, welche vom Richter in durch den Gesetzgeber gestellten, aber nicht abschließend beantworteten Fragen ein Werturteil verlangt[29]. Insofern hat die Fürsorgepflicht, wie jede Generalklausel, eine Durchgangsfunktion, d.h. neu aufgeworfene, vom Gesetzgeber nicht oder noch nicht beachtete Probleme werden dadurch gemeistert, daß sich für diese allmählich Lösungsgrundsätze herausbilden[30].

Im folgenden sei auf wesentliche gesetzliche Konkretisierungen der Fürsorgepflicht hingewiesen:

2. Der Arbeitgeber hat die Persönlichkeit des Arbeitnehmers zu achten und zu schützen, auf dessen Gesundheit Rücksicht zu nehmen und für die Wahrung der Sittlichkeit zu sorgen (Art. 328 Abs. 1 OR).

Das Arbeitsgesetz hat entsprechende öffentlich-rechtliche Pflichten zur Rücksicht auf die Gesundheit und zur Wahrung der Sittlichkeit nur zum Schutz jugendlicher und weiblicher Arbeitnehmer aufgestellt (Art. 29 Abs. 2, Art. 33 Abs. 1 ArG)[31]. Das hindert den Zivilgesetzgeber nicht, entsprechende privatrechtliche Pflichten zu begründen, und zwar zum Schutz aller Arbeitnehmer (auch der männlichen Arbeitnehmer und derjenigen, die dem Arbeitsgesetz nicht unterstellt sind).

Der Schutz der Persönlichkeit des Arbeitnehmers bedingt insbesondere eine sachgemäße Organisation der Arbeit und den richtigen Einsatz der Arbeitskräfte am Arbeitsplatz, so daß Schädigungen und Überanstrengungen vermieden werden[32].

Aus der Fürsorgepflicht des Arbeitgebers ergibt sich u.U. auch ein Anspruch des Arbeitnehmers auf eine effektive Beschäftigung. Dies ist ohne Zweifel anzunehmen für alle Tätigkeiten, bei welchen durch die Nichtbeschäftigung die spätere wirtschaftliche Entfaltung beeinträchtigt (z.B. Künstler, Journalisten, Spezialisten) oder, wie beim Lehrvertrag, der Zweck des Arbeitsvertrags (Ausbildung) sonst nicht erfüllt würde. Fraglich ist, ob man auch im schwei-

---

freiwilliger, sozialer Leistungen des Arbeitgebers, die zwar wünschenswert sind, für die aber mangels besonderer individueller oder kollektiver Vereinbarung (oder Gewohnheitsrechts) keine Rechtspflicht besteht» (HUECK/NIPPERDEY, Lehrbuch, Bd. I, S. 393).

[29] MERZ, Berner Kommentar, Einleitung zu Art. 1–10 ZGB, N. 293 zu Art. 2 ZGB; NIKISCH, Arbeitsrecht, Bd. 1, S. 470 ff.; Botschaft BBl 1967 II, S. 344 ff.; MEIER-HAYOZ, Zürcher Kommentar, N. 263 zu Art. 1 ZGB.

[30] MERZ, N. 42 zu Art. 2 ZGB.

[31] Zur Frage, ob die Kantone noch Kompetenzen zum Erlaß öffentlich-rechtlicher Schutzbestimmungen haben, vgl. A. BERENSTEIN, La loi sur le travail, 7e journée juridique, Genève 1967, S. 14 f., der sie bejaht, da Art. 73 Abs. 1 lit. a ArG die kantonale Kompetenz nur in den vom Gesetz geregelten «Sachgebieten» ausschließe, wobei dieser Begriff sehr eng ausgelegt wird. Anderer Auffassung jedoch die eidgenössische Justizabteilung in einem Gutachten, in: ARV 15, 1967, S. 28 ff., worin an der exklusiven Bundeskompetenz festgehalten wird.

Für die dem ArG nicht unterstellten Arbeitnehmer ist diese Kompetenz vom Bundesgericht im Entscheid 97 I, 1971, S. 499 bejaht worden, und zwar nicht nur im Falle der Verfolgung rein polizeilicher, sondern auch sozialpolitischer Ziele (in einer zeitgemäßen Auslegung von Art. 31 Abs. 2 BV). Vgl. auch oben S. 300.

[32] Dem dienen vor allem die Weisungen des Arbeitgebers, zu denen er im Rahmen der Fürsorgepflicht verpflichtet ist (vgl. oben S. 333 ff.). Immerhin sind ausdrückliche Weisungen bezügl. offenkundiger Gefahren in der Regel nicht erforderlich. Wo sich aber der Arbeitnehmer unter den Augen des Arbeitgebers in eine gefährliche Lage bringt, ist dieser auch verpflichtet (vgl. BGE 83 II, 1957, S. 29; 89 II, 1963, S. 120).

zerischen Recht wie in der deutschen Praxis aus der Fürsorgepflicht eine grundsätzliche Beschäftigungspflicht ableiten kann. Das BAG[33] geht davon aus, daß die Achtung und Anerkennung des Arbeitnehmers als Mensch nicht nur auf dem wirtschaftlichen Wert seiner Leistung beruhe, sondern weitgehend auch darauf, wie er die ihm obliegende Aufgabe erfülle. Gerade das gebe ihm im Bereich des Arbeitslebens seine Würde als Mensch im Sinne von Art. 1 Abs. 2 GG. Es bedeute deshalb eine Verletzung der Fürsorgepflicht, wenn einem Arbeiter zugemutet werde, daß ihm nicht bloß vorübergehend, sondern über längere Zeit nur sein Gehalt ausbezahlt werde, ohne die Möglichkeit, sich in seinem bisherigen Beruf betätigen zu können. Das gilt jedenfalls auch im schweizerischen Recht für Angestellte oder andere Arbeitnehmer mit besonders bedeutsamen Aufgaben, da gerade hier durch eine lange Befreiung von der Arbeitsleistung der Eindruck hervorgerufen wird, daß die bisherigen Leistungen so minderwertig seien, daß der Arbeitgeber lieber Geld aufwendet, als die Leistung in Empfang zu nehmen[34].

Zulässig ist es aber auch nach deutschem Recht, dem Arbeitnehmer auch ohne dessen Einverständnis für **vorübergehende Zeit** keine Arbeit zur Verfügung zu stellen, etwa während des Laufes einer Kündigungsfrist oder aus andern besondern Gründen (wie Mangel an Aufträgen).

3. **Der Arbeitgeber hat insbesondere alle Maßnahmen zum Schutz von Leben und Gesundheit des Arbeitnehmers zu treffen.** Der Art. 328 Abs. 2 OR ist der Fassung des Arbeitsgesetzes (Art. 6 Abs. 1) und des KUVG (Art. 65 Abs. 1) angeglichen worden, um zum Ausdruck zu bringen, daß es sich, soweit der Geltungsbereich dieser Gesetze reicht, im Grunde um eine einheitliche Pflicht handelt. Im Gegensatz zu den öffentlich-rechtlichen Vorschriften relativiert allerdings der Art. 328 Abs. 2 OR die Schutzpflicht des Arbeitgebers in dem Sinne, daß dieser nur soweit zu Schutzmaßnahmen verpflichtet ist, als es ihm mit Rücksicht auf das Arbeitsverhältnis und die Natur der Arbeitsleistung billigerweise zugemutet werden kann.

Die Schutzpflicht des Arbeitgebers soll somit ihre Grenzen in den technisch möglichen und wirtschaftlich zumutbaren Schutzmaßnahmen finden[35, 36]. Das kann aber nicht bedeuten, daß die Pflicht auf den Schutz vor offensichtlichen Gefahren beschränkt ist. Vorbehaltlich groben Verschuldens des Arbeitnehmers trägt dieser nicht die Betriebsgefahren, die mit der Verwendung der zum Nutzen des Arbeitgebers eingesetzten Maschinen verbunden sind.

Gesteigerte Fürsorgepflichten des Arbeitgebers bestehen bei **Hausgemeinschaft (Art. 328a OR).**

Der Arbeitgeber hat für ausreichende Verpflegung und einwandfreie Unterkunft zu sorgen. Er hat im Falle der schuldlosen Verhinderung an der Arbeitsleistung durch Krankheit oder Unfall Pflege und ärztliche Behandlung für eine beschränkte Zeit zu gewähren (im ersten Dienstjahr für 3 Wochen und nachher für eine angemessene längere Zeit, je nach Dauer des Arbeits-

---

[33] BAG 10.11.1955, zit. bei Wenzel, Nr. 22.
[34] Anderer Ansicht offensichtlich B. von Büren (Schweiz. OR, Bes. Teil, Zürich 1972, S. 164, Anm. 174), der allerdings die Lücke im Persönlichkeitsschutz bedauert.
[35] Vgl. BGE 77 II, 1951, S. 208; 90 II, 1964, S. 229; ferner W. Bähler, Die Arbeitgeberhaftpflicht gemäß Art. 339 des Schweizerischen Obligationenrechts, Olten 1961, S. 31; K. Spiro, Über den Gerichtsgebrauch zum allgemeinen Teil des rev. Obligationenrechts, Basler Studien 25, Basel 1948, S. 241.
[36] Zudem darf beim Arbeitnehmer ein gewisses, nach objektiven Kriterien zu ermittelndes Selbstschutzvermögen vorausgesetzt werden (vgl. Bähler, a.a.O., S. 34f.).

verhältnisses und den besonderen Umständen). Die gleiche Pflicht trifft den Arbeitgeber im Falle der Hausgemeinschaft bei Schwangerschaft und Niederkunft der Arbeitnehmerin (Art. 328a Abs. 3 OR).

4. Zur Fürsorgepflicht des Arbeitgebers gehört auch die Sorge für die vom Arbeitnehmer eingebrachten Sachen. Die Konstruktion eines stillschweigend abgeschlossenen Verwahrungsvertrages dürfte unnötig sein [37].

Diese Schutzpflicht ist unmittelbar aus dem Arbeitsvertrag abzuleiten und bezieht sich auf diejenigen Sachen des Arbeitnehmers, die üblicherweise oder doch im Zusammenhang mit seiner Arbeitstätigkeit mitgebracht werden [38]. Auch hier entfaltet die Fürsorgepflicht eine lückenfüllenden Funktion [39].

5. Die Fürsorgepflicht erstreckt sich nicht nur auf die Stellung des Arbeitnehmers im Betrieb; sie umfaßt, wie bereits bei der Behandlung des Rechts auf tatsächliche Arbeitsleistung hingewiesen wurde, auch die Rücksicht auf das weitere Fortkommen des Arbeitnehmers im Falle eines Stellenwechsels. Dies kommt besonders deutlich in der Regelung über das Arbeitszeugnis zum Ausdruck.

Der Arbeitnehmer kann jederzeit[40] vom Arbeitgeber ein Zeugnis verlangen, das sich über die Art und Dauer des Arbeitsverhältnisses sowie über seine Leistungen und sein Verhalten ausspricht (Art. 330a Abs. 1 OR). Der Arbeitnehmer hat einen klagbaren Anspruch auf Ausstellung eines klar und eindeutig formulierten, wahrheitsgemäßen Zeugnisses, das auf seinen Wunsch auch den Grund der Beendigung des Arbeitsverhältnisses anzugeben hat[41]. Doch kann der Arbeitgeber nicht zur Abgabe eines günstigen subjektiven Werturteils über den Arbeitnehmer verpflichtet werden[42]. Auf besonderes Verlangen des Arbeitnehmers hat sich jedoch, gerade im Hinblick auf dessen wirtschaftliches Fortkommen, das Zeugnis auf Angaben über die Art und Dauer des Arbeitsverhältnisses zu beschränken[43]. Dann entfällt allerdings auch eine Haftung des

---

[37] So auch die deutsche Doktrin, vgl. HUECK/NIPPERDEY, Lehrbuch, Bd. I, S. 406 ff.
[38] Näheres bei HUECK/NIPPERDEY, Lehrbuch, Bd. I, S. 406, Anm. 58. Der Treuegedanke ergibt hier zugleich Grundlage und Grenze der Fürsorgepflicht.
[39] KASKEL/DERSCH, Arbeitsrecht, S. 189 ff.
[40] «Jederzeit» – wie es neu in der gesetzlichen Formulierung heißt – verdeutlicht nur, was schon früher herrschende Lehre war, nämlich daß «während des Arbeitsverhältnisses, bei dessen Beendigung aber auch nachher» ein Zeugnis verlangt werden kann (vgl. Botschaft BBl 1967 II, S. 355; ebenso schon OSER/SCHÖNENBERGER, N. 4 zu Art. 342 OR; BECKER, N. 4 zu Art. 342 OR; LAUR, S. 3 ff.).

Ein wiederholtes Verlangen eines Zeugnisses ist möglich, wenn der Arbeitnehmer den Stellenwechsel aufgeschoben hat, «vor allem, wenn er im Geschäft vorgerückt ist oder eine bessere Gratifikation erwarten darf als früher» (BECKER, N. 2 zu Art. 342 OR). Immerhin ist der Zweck des Zeugnisses, nämlich das Auffinden einer neuen Stelle zu erleichtern, auch Schranke für den Zeugnisanspruch, der nur dann besteht, wenn der Arbeitnehmer sich ernstlich mit dem Gedanken eines Stellenwechsels trägt.
[41] GewGer Zürich, 6. Jan. 1970, ZR 70, Nr. 54, CANNER, 2. Folge, Nr. 141.
[42] ObGer Zürich, 2. Okt. 1947, ZR 48 Nr. 20, Canner, 2. Folge, Nr. 140.
[43] Betr. Zusatzauskünfte zu einem Kurzzeugnis ist folgendes festzuhalten: Der Arbeitgeber hat dem Dritten gegenüber, zu dem keine vertraglichen Beziehungen bestehen, keinerlei Auskunftpflicht (FERG, S. 17 ff.; HUECK/NIPPERDEY, Lehrbuch, Bd. I, S. 471). Allgemein anerkannt

Arbeitgebers gegenüber Dritten, d.h. dem neuen Arbeitgeber, wenn er im Interesse des Arbeitnehmers besondere Vorkommnisse (wie z.B. Unterschlagungen) im Arbeitszeugnis nicht erwähnt[44]. Andererseits können unwahre Angaben im Zeugnis gegenüber Dritten den Tatbestand von Art. 41 OR erfüllen[45].

6. Ausfluß der Fürsorgepflicht ist die Lohnfortzahlungspflicht des Arbeitgebers bei Unfall oder Krankheit des Arbeitnehmers (vgl. unten S. 385 ff.).

7. Die Rechtsfolgen der Verletzung der Fürsorgepflicht sind gesetzlich nicht besonders festgelegt. Sie ergeben sich aus den allgemeinen Rechtsgrundsätzen. Der Arbeitnehmer kann z.B. bei Nichterfüllung der Schutzvorschriften die Arbeit ablehnen, ohne in Leistungsverzug zu gelangen. Ferner steht ihm ein Anspruch auf Erfüllung zu; im Falle von Schaden trifft den Arbeitgeber die Schadenersatzpflicht (vgl. unten S. 357 ff.)[46].

IV. Der Anspruch auf Freizeit und Ferien

Die Rücksicht auf die Gesundheit des Arbeitnehmers verlangt nach einer angemessenen Freizeit und nach Ferien. Der Arbeitnehmer hat im Interesse seiner Erholung und Entspannung, aber auch im Interesse der Entfaltung seiner Persönlichkeit Anspruch darauf, daß die Arbeitszeit regelmäßig unterbrochen wird.

1. Die Freizeit

Der Arbeitgeber hat dem Arbeitnehmer jede Woche einen freien Tag zu gewähren, in der Regel den Sonntag (Art. 329 Abs. 1 OR). Eine gesetzliche Verankerung der Fünftagewoche

---

ist hingegen das Recht des Arbeitgebers, Zusatzinformationen, die wahrheitsgemäß sind und den berechtigten Interessen des Dritten entsprechen, abzugeben (vgl. REHBINDER, Grundriß, S. 71; HUECK/NIPPERDEY, Lehrbuch, Bd. I, S. 471; NIKISCH, Arbeitsrecht, Bd. 1, S. 867; FERG, S. 14 ff., mit weiteren Literaturangaben).

Immerhin ist der Arbeitgeber bei der Ausübung dieses Rechts an die Fürsorgepflicht gebunden (deren Konkretisierung ja das Kurzzeugnis bedeutet). Er muß das Interesse des Arbeitnehmers am Auffinden einer neuen Stelle gegen die berechtigten Interessen des Dritten abwägen (vgl. dazu FERG, S. 47 f., der aus der Fürsorgepflicht heraus eine Schweigepflicht des Arbeitgebers ableitet, in Analogie zur Geheimhaltungspflicht des Arbeitnehmers. Allerdings bleibt bei diesem Autor letztlich unklar, ob die Fürsorgepflicht effektiv eine Schweigepflicht beinhalten soll oder ob bloß die Auskunftspflicht verneint wird, vgl. S. 49; ferner auch U.CH. NEF, ZSR 92 I, 1973, S. 362, der eine Schweigepflicht aus der Fürsorgepflicht heraus bejaht).

[44] BGE 101 II, 1975, S. 69 ff.; vgl. BGH, 26.11.1963, WENZEL, Nr. 38.

[45] Vgl. dazu LAUR, S. 96 ff. Im deutschen Recht kann nur bei sittenwidriger, vorsätzlicher Schädigung des Dritten eine Haftung des Arbeitgebers konstruiert werden, vgl. NIKISCH, Arbeitsrecht, Bd. 1, S. 868; LAUR, S. 96, Anm. 8.

[46] Bei einer schweren Persönlichkeitsverletzung kann der Arbeitnehmer fristlos kündigen (vgl. auch REHBINDER, Grundriß, S. 74).

besteht bis heute nicht. Die Zusammenlegung der wöchentlichen Freizeit ist nur unter besonderen Umständen und mit Zustimmung des Arbeitnehmers möglich (Art. 329 Abs. 2). Zu denken ist insbesondere an landwirtschaftliche Verhältnisse. Im übrigen hat der Arbeitnehmer Anspruch auf die üblichen freien Stunden und Tage. Hiebei ist besonders auf die den Sonntagen gleichgestellten Feiertage und auf deren Regelung im Arbeitsgesetz (Art. 18 und VO I Art. 76 Abs. 1 e) hinzuweisen. Die Kantone können für diese Feiertage keine Lohnpflicht anordnen (vgl. BGE 76 I, 1950, S. 312, 321). Das Bundesgericht hat den engen Zusammenhang zwischen der öffentlich-rechtlichen Schutzpflicht und dem Entgelt, somit der zivilrechtlichen Verstärkung, abgelehnt. Eine Standesinitiative des Kantons Genf (1940) sowie parlamentarische Vorstöße[47] forderten deshalb eine gesetzliche Regelung, die jedoch mit der nicht völlig überzeugenden Begründung unterblieb, die gesamtarbeitsvertraglichen Regelungen machten für die hier allein zur Diskussion stehenden im Stunden-, Tag- oder Akkordlohn beschäftigten Arbeitnehmer eine gesetzliche Lösung überflüssig[48].

Nach erfolgter Kündigung[49] ist dem Arbeitnehmer die für das Aufsuchen einer neuen Arbeitsstelle erforderliche Zeit zu gewähren. Die nähere Regelung der Freizeit erfolgt für die dem Arbeitsgesetz unterstellten Personen gemäß den Art. 9-28 (Arbeits- und Ruhezeit) und Art. 29-36 (Sonderschutz der jugendlichen und weiblichen Arbeitnehmer)[50].

2. Ferien

a) Der Arbeitnehmer hat Anspruch auf Ferien. Ferien sind eine im voraus bestimmte, pro Jahr bemessene Zahl aufeinanderfolgender Tage, an denen der Arbeitnehmer im Interesse seiner Erholung und Entspannung von seiner Arbeitspflicht befreit ist, gleichwohl aber den regelmäßigen Lohn weiterbezieht. Über die rechtliche Natur der Ferien besteht in der Doktrin keine einhellige Meinung. Auf der einen Seite wird der Entgeltscharakter der Ferien betont. Die Ferien stellen demnach ein Entgelt für geleistete Dienste und bewahrte Treue, somit neben dem Barlohn eine besondere Form der Entschädigung dar (Entgeltstheorie)[51]. Auf der andern Seite wird die Meinung vertreten, die Ferien ergäben sich aus der Pflicht des Arbeitgebers zur Rücksicht auf die Gesundheit und die Persönlichkeit des Arbeitnehmers. Richtigerweise dürften die Ferien Elemente beider Theorien enthalten, wobei m.E. das Element der Fürsorge im Vordergrund steht und auch am ehesten geeignet ist, die zahlreichen Lücken der Ferienordnung auszufüllen[52].

b) Durch das Arbeitsgesetz wurde erstmals eine eidgenössische Ferienregelung, und zwar in privatrechtlicher Ausgestaltung, eingeführt, während vorher die Kantone durch öffentlich-rechtliche Gesetzgebung unter dem Gesichtspunkt des öffentlichen Gesundheitsschutzes die

---

[47] Vgl. Botschaft BBl 1967 II, S. 253.
[48] Botschaft BBl 1967 II, S. 349/50. Vgl. auch die Antwort des Bundesrates vom 29. Mai 1968 auf eine Kleine Anfrage Wyler, ARV 21, 1973, Nr. 3.
[49] Falls das Arbeitsverhältnis durch Zeitablauf endigt, so dürfte der Zeitpunkt maßgebend sein, in dem bei unbestimmter Vertragsdauer erstmals gekündigt werden könnte. Vgl. auch REHBINDER, Grundriß, S. 66.
[50] Für die dem Arbeitsgesetz nicht unterstellten Arbeitnehmer (vgl. Art. 2-14 ArG) ist der Kanton zum Erlaß öffentlich-rechtlicher Bestimmungen polizeilicher und sogar sozialpolitischer Natur (z.B. einer Ladenschlußordnung, die pro Woche einen halben freien Arbeitstag vorsieht) weiterhin befugt. Vgl. dazu BGE 97 I, 1971, S. 499 ff.; 98 I, 1972, S. 400, wonach Art. 31 Abs. 2 BV heutzutage auch sozialpolitische Eingriffe miterfasse. (Von einem qualifizierten Schweigen des Arbeitsgesetzes – so noch ein Gutachten der eidgenössischen Justizabteilung vom 27. Februar 1967, ARV 15, 1967, Nr. 8 – distanziert sich also das Bundesgericht.)
[51] So TSCHUDI, S. 151.
[52] BÄRLOCHER (S. 35 ff.) lehnt beide Ferientheorien ab, da sie auf einer petitio principii beruhten und – dies in Verkennung der Sachlage – mit dem Erlaß von besonderen Ferienvorschriften an Bedeutung verloren hätten.

Ferienregelung getroffen hatten[53]. Dabei war den Kantonen auch gestattet, in den Feriengesetzen eine «zivilrechtliche Verstärkung» in dem Sinne vorzunehmen, daß für die gesetzliche Feriendauer die Lohnzahlungspflicht angeordnet wurde. Zwischen der öffentlich-rechtlichen Anordnung der Ferien und dem privatrechtlichen Anspruch auf Lohn während der Ferien hatte das Bundesgericht einen so engen Zusammenhang angenommen, daß es den Kantonen das Recht zusprach, mit der öffentlich-rechtlichen Anordnung von Ferien auch den privatrechtlichen Lohnanspruch zu verbinden, somit in dieser Beziehung in die Bundeszivilrechtskompetenz ergänzend einzugreifen[54].

Die durch die Revision des 10. Titels erneut modifizierte privatrechtliche Ferienregelung verzichtet auf öffentlich-rechtliche Sanktionen bei der Verletzung der Vorschriften. Eine privatrechtliche Ordnung hat den Vorteil der einfacheren Normierung[55], des Verzichts auf öffentliche Kontrollapparate und läßt der Ergänzung im Wege der Verträge, insbesondere der Gesamtarbeitsverträge, Raum. Die Durchsetzung des Ferienanspruchs ist allerdings allein dem berechtigten Arbeitnehmer überlassen. Darin liegt eine gewisse Schwäche der Regelung: Bei wirtschaftlichen Krisen besteht die Gefahr, daß der Arbeitnehmer aus Sorge um die Erhaltung des Arbeitsplatzes die Geltendmachung des Anspruchs unterläßt[56].

Das Ferienrecht ist zwingendes Privatrecht in dem Sinne, als eine abweichende Vereinbarung zuungunsten des Arbeitnehmers unzulässig ist (vgl. Art. 362 OR). Durch Normalarbeits- oder Gesamtarbeitsvertrag kann eine von der gesetzlichen Regelung abweichende Ordnung getroffen werden, sofern diese (für den Arbeitnehmer) der gesetzlichen Normierung im ganzen gesehen zumindest ebenbürtig ist.

Die Frage der Gleichwertigkeit stellt allerdings fast unlösbare Probleme. Der Bundesrat geht von einem sogenannten abstrakten Vergleich aus: Alle Ferienvorschriften des Gesetzes seien der Gesamtheit der Ferienregelungen in einem Gesamtarbeits- oder Normalarbeitsvertrag gegenüberzustellen. Dabei sei maßgebend vor allem jene Altersstufe oder Anstellungsdauer, die unter den vom Gesamtarbeits- oder Normalarbeitsvertrag zu erfassenden Arbeitnehmern am stärksten vertreten ist. Gleichwertigkeit liegt somit vor, wenn sich für die von einem Gesamtarbeits- oder Normalarbeitsvertrag konkret erfaßten Arbeitnehmer «im gewogenen Durchschnitt» eine der gesetzlichen Regelung gleichwertige Ausgestaltung ergibt. In seinem Bericht über die 54. Tagung der internationalen Arbeitskonferenz[57] präzisiert der Bundesrat diese Auslegung:

> «Nach der gegenwärtigen Regelung kann in einem Gesamtarbeitsvertrag die gesetzliche Mindestdauer unterschritten werden, wenn anderseits zugunsten von Arbeitnehmern mit einer bestimmten Anzahl Dienstjahre oder von einem gewissen Alter an längere als die gesetzlichen Ferien zugestanden werden. So könnten z.B. für die Altersklassen von 19–28 Jahren 1½ Wochen, für jene von 29–40 Jahren 2 Wochen und für jene von mehr als 40 Jahren 2½ Wochen Ferien vereinbart werden, oder es könnte in gleicher Weise unterschieden werden zwischen Arbeitnehmern mit 5, 10 und mehr Dienstjahren. Eine analoge Abstufung

---

[53] Zur Regelung vor Inkrafttreten des Arbeitsgesetzes vgl. auch Botschaft BBl 1960 II, S. 1012 ff.; ZANETTI, Le droit aux vacances, Schweiz. Zeitschrift für Sozialversicherung 1966, S. 278 ff.
[54] Vgl. BGE 58 I, 1932, S. 26; 73 I, 1947, S. 229; TSCHUDI, S. 254.
[55] Im Gegensatz zum beschränkten persönlichen Geltungsbereich des ArG können alle Arbeitnehmer erfaßt werden.
[56] Die Kantone können nunmehr keine zusätzlichen öffentlich-rechtlichen Ferienbestimmungen gemäß Art. 6 ZGB erlassen, da gemäß Art. 73 Abs. 1 lit. b ArG die ausschließliche Kompetenz beim Bund liegt (vgl. BBl 1960 II, S. 1022 f.; ZANETTI, S. 285 ff.).
Soweit frühere öffentlich-rechtliche kantonale Bestimmungen dem Art. 329a Abs. 2 OR (früher Art. 341 bis Abs. 2) standhielten, sind sie von Bundesrechts wegen in Zivilrecht umgewandelt worden. Im übrigen haben die Kantone einzig noch die Kompetenz zur privatrechtlichen Regelung der Ferienverlängerung gemäß Art. 329a Abs. 2 OR. Vgl. dazu auch BÄRLOCHER, S. 24 f.; siehe unten S. 354.
[57] BBl 1971 II, S. 1530 ff.

könnte auch in jenen Kantonen vorgenommen werden, die die Mindestferien auf drei Wochen verlängert haben.»

Meines Erachtens steht diese Auslegung im Widerspruch zum Zweck der Ferien, der den einzelnen Arbeitnehmer schützen will. Die an sich unglückliche Lösung in Art. 329e OR bedarf einer Auslegung, die bei jeder einzelnen Arbeitnehmerkategorie die Frage der Gleichwertigkeit der Ferienregelung gesondert betrachtet. Die Minimaldauer der Ferien gemäß OR darf für keine vom Gesamtarbeits- oder Normalarbeitsvertrag erfaßten Arbeitnehmerkategorien unterschritten werden; doch könnte z.B. eine längere Karenzfrist als zulässig erachtet werden, wenn andererseits bei Krankheit ein Lohnanspruch, der erheblich über das gesetzliche Minimum hinausgeht[58], zuerkannt wird.

Die Ferienregelung des OR ist als eine Minimalordnung konzipiert, und zwar in erster Linie deshalb, um Platz für gesamtarbeitsvertragliche, bessere Regelungen zu lassen. Das darf nicht dazu führen, über den Weg der Gesamtarbeitsverträge eine für den einzelnen, individuell betroffenen Arbeitnehmer schlechtere Lösung zu schaffen.

Ziel der eidgenössischen Regelung des Ferienrechts war u.a. die Vereinheitlichung des Ferienrechts in der Schweiz, zumindest was den Minimalschutz anbetrifft. Es sollten die Konsequenzen aus der Tatsache gezogen werden, daß die Schweiz ein zusammengehöriger Wirtschaftsraum ist, der eine einheitliche Arbeits- und Sozialgesetzgebung voraussetzt. Diese Lösung ist allerdings bedauerlicherweise nicht in vollem Umfang verwirklicht worden. Nach Art. 329a OR hat der Arbeitnehmer einen Mindestanspruch von 2 Wochen Ferien pro Dienstjahr, der jugendliche Arbeitnehmer bis zum vollendeten 19. Jahr einen solchen von 3 Wochen. Dem Lehrling stehen bis zum vollendeten 20. Altersjahr für jedes Lehrjahr mindestens 3 Wochen Ferien zu (Art. 345a Abs. 3 OR). Die Kantone sind durch kantonale Einführungsgesetze befugt, die Mindestdauer der Ferien bis auf 3 Wochen und für jugendliche Arbeitnehmer bis zum 19. Altersjahr sowie für Lehrlinge bis zum vollendeten 20. Altersjahr bis auf 4 Wochen zu verlängern (Art. 329a Abs. 2 und Art. 345a Abs. 3 OR)[59]. Diese Ermächtigung an die Kantone stellt das Vereinheitlichungsziel wesentlich in Frage.

c) Der Ferienanspruch beinhaltet die Freistellung von der Arbeit für eine bestimmte Dauer aufeinanderfolgender Tage unter Vorzahlung des regelmäßigen Lohnes. Selbstverständlich kann durch Abrede, insbesondere im Gesamtarbeitsvertrag, ein zusätzliches Feriengeld vereinbart werden.

Der Ferienanspruch (Urlaub und Lohn) ist als einheitliches Ganzes zu betrachten.

Der Ferienanspruch wird nicht auf einmal, sondern während der Dauer der Arbeit fortlaufend erworben. Für ein unvollständiges Dienstjahr sind deshalb Ferien pro rata temporis zu gewähren (Art. 329a Abs. 3 OR)[60].

Der Zeitpunkt der Ferien wird vom Arbeitgeber bestimmt, der insofern sein Weisungsrecht geltend machen kann. Er hat dabei aber auf die Wünsche des Arbeitnehmers Rücksicht zu nehmen, soweit dies mit den Interessen des Betriebes oder des Haushaltes vereinbar ist. Die Ferien müssen aber im entsprechenden Dienstjahr, spätestens im folgenden gewährt werden, da sonst der Anspruch verwirkt. (vgl. Art. 329c Abs. 1 OR)[61]. Der Arbeitgeber könnte allerdings durch

---

[58] Vgl. BÄRLOCHER, S. 29.

[59] Vgl. dazu die Aufstellung über die Feriendauer in den einzelnen Kantonen (Stand 1. April 1973), ARV 21, 1973, Nr. 5.

[60] Vgl. Botschaft zum Arbeitsgesetz (BBl 1960 II, S. 1019). Als Berechnungsgrundlage vgl. Tabelle in ARV 21, 1973, Nr. 4.

[61] «Verspätete Feriengewährung ist ein rechtlich mißbilligtes Verhalten, an das die Rechtsordnung den Untergang der Ferienforderung knüpft.» Eine verspätete Feriengewährung zugunsten des Arbeitnehmers (woran man deshalb denken könnte, weil Art. 329c Abs. 1 OR nur relativ zwingend ist) ist vom Zweck der gesetzlichen Regelung her gesehen undenkbar: am Erholungszweck der Ferien gemessen erfolgt sie zwangsläufig zu Ungunsten des Arbeitnehmers und nur deswegen hat das Gesetz eine zeitliche Fixierung vorgenommen (so BÄR-

Unterlassen der Festsetzung vor Ende der Ferienperiode den Anspruch vereiteln. Deshalb ist grundsätzlich die Fälligkeit auf den letztmöglichen Termin anzunehmen[62]. Nötigenfalls kann der Arbeitgeber oder -nehmer Stundung des Anspruchs und Übertragung auf das folgende Dienstjahr verlangen[63].

Die Berechnung des Ferienanspruches bereitet in der Praxis sehr oft Schwierigkeiten. Das Gesetz geht von einer Berechnung nach Wochen aus. Zweckmäßiger wäre es, die Arbeitstage als Berechnungsgrundlage zu nehmen. Der normale Ferienanspruch würde dann 14 Tage betragen, wobei zwei Ruhetage eingeschlossen sind.

Im Hinblick auf den Ferienzweck sind die Ferien in der Regel zusammenhängend zu gewähren. Bei jugendlichen Arbeitnehmern müssen wenigstens zwei Ferienwochen zusammenhängen.

Bei Auflösung des Arbeitsvertrages wird der Grundsatz des einheitlichen Ferienanspruchs durchbrochen. Für nichtgewährte Ferien besteht ein Ersatzanspruch. Es handelt sich im Grunde um eine Art Schadenersatzanspruch[64].

Im Hinblick auf den Ferienzweck fällt der Anspruch dahin, wenn der Arbeitnehmer stirbt[65].

d) Durch den Nationalrat wurde für den Ferienanspruch eine Karenzfrist von 3 Monaten eingeführt (Art. 329a Abs. 1 OR). Ein Ferienanspruch besteht nur dann, wenn das Arbeitsverhältnis mehr als 3 Monate gedauert hat oder auf mehr als 3 Monate eingegangen wurde. Die Berechtigung dieser Beschränkung des Ferienanspruches erscheint auch im internationalen Vergleich als fragwürdig. Selbst wenn das Arbeitsverhältnis nur kurz gedauert hat, sollte ein entsprechender Anspruch entstehen. Jedenfalls ist die Bestimmung zugunsten des Arbeitnehmers auszulegen. Berechtigte Absenzen können die Karenzfrist nicht hemmen[66]. Eine Umgehung

---

LOCHER, S. 116, insbes. Anm. 213). Wo allerdings der Arbeitnehmer aus objektiven Gründen am Ferienantritt innerhalb der gesetzlichen Frist verhindert ist, muß ihm die Möglichkeit eingeräumt werden, sofort nach Wegfall der Hinderungsgründe die Ferien antreten zu können. Eine andere Lösung würde krasse Unbilligkeit bedeuten. Vgl. BÄRLOCHER, S. 17.

[62] Vgl. TSCHUDI, S. 166 f.; BÄRLOCHER, S. 73.

[63] Vgl. BÄRLOCHER, S. 73.

[64] Den Abgeltungsbetrag für nicht bezogene Ferien kann der Arbeitgeber nicht verrechnen (z.B. mit einer Rückforderung des Lohnes, den er trotz verschuldeter Arbeitsversäumnis entrichtet hat). «Der Abgeltungsbetrag dient nämlich wie die Ferien dem Schutz der Gesundheit. Er eröffnet dem Arbeitnehmer die Möglichkeit ..., sich eine den Ferien entsprechende Erholungszeit zu verschaffen. Die Abgeltungssumme ist daher unter denjenigen Verpflichtungen zu subsumieren, ‹deren besondere Natur die tatsächliche Erfüllung an den Gläubiger verlangt›.» Vgl. BÄRLOCHER, S. 99. Immerhin wird der Abgeltungsbetrag als solcher im obigen Beispiel niedriger ausfallen, sofern die Ferien gemäß Art. 329b OR gekürzt werden dürfen.

[65] Zur Frage der Abtretbarkeit, Pfändbarkeit und Verrechenbarkeit des Ferienlohnes erklärt BÄRLOCHER (S. 124 f.) zu Recht: «Die Eigenart des Ferienlohnes besteht darin, daß durch seine Zahlung dem Arbeitnehmer der Genuß einer längerdauernden Erholungszeit insofern ermöglicht werden soll, als er sich durch ihren Bezug in seiner Lebenshaltung nicht einzuschränken braucht. Der Ferienlohn erweist sich wohl als zweckgerichtet, aber nicht als zweckgebunden.» Dies führt dazu, daß er bezüglich Abtretbarkeit, Pfändbarkeit und Verrechenbarkeit denselben Regeln wie der Arbeitslohn untersteht. Vgl. unten S. 378; ferner NIKISCH, Arbeitsrecht, Bd. 1, S. 539; a.M. HUECK/NIPPERDEY, Lehrbuch, Bd. I, S. 452: das Urlaubsentgelt sei eine aus der Fürsorgepflicht des Arbeitgebers heraus entrichtete zweckgebundene Zahlung, so daß es unübertragbar und unpfändbar sei.

Vererblich ist der Anspruch, sofern der Arbeitnehmer die Ferien bereits bezogen, den Lohn aber noch nicht erhalten hat. Falls der Arbeitnehmer vor Ferienbezug stirbt, so wird die von der Ferienforderung abhängige Lohnforderung ebenfalls unmöglich (BÄRLOCHER, S. 128).

[66] Noch weitergehend BÄRLOCHER (S. 67 f.): «Eine extensive Auslegung zuungunsten der Arbeitnehmer hat zu unterbleiben. Es ist vielmehr davon auszugehen, daß der Entwurf (jetzt Gesetz) die Voraussetzungen der Erfüllung der Wartezeit abschließend umschreibt.»

des Ferienanspruches durch Aneinanderreihen von Verträgen mit fester dreimonatiger Dauer ist schon durch den Wortlaut ausgeschlossen. Die Karenzfrist muß bei der späteren Berechnung der Feriendauer mitzählen, weshalb während der Karenzfrist eine Anwartschaft anzunehmen ist[67].

e) Art. 329b OR regelt neu die Frage der Kürzung des Ferienanspruches, wenn auch in unvollständiger Weise. War der Arbeitnehmer während eines Dienstjahres um mehr als einen Monat an der Arbeitsleistung verhindert, so kann der Arbeitgeber um $1/_{12}$ kürzen. Eine Kürzung ist ausgeschlossen, wenn die Verhinderung «durch Gründe, die in der Person des Arbeitnehmers liegen, wie Krankheit, Unfall, Erfüllung gesetzlicher Pflichten oder Ausübung eines öffentlichen Amtes, ohne Verschulden des Arbeitnehmers verursacht» wurde und diese Verhinderung nicht mehr als einen Monat im Dienstjahr betrug. Ebenso ist eine Kürzung unzulässig, wenn eine Arbeitnehmerin wegen Schwangerschaft und Niederkunft bis zu 2 Monaten an der Arbeitsleistung verhindert ist.

Die Auslegung dieser Bestimmung bereitet allerdings Schwierigkeiten. Hat der Arbeitnehmer z. B. wegen Krankheit während 2 Monaten im Dienstjahr keine Arbeit geleistet, so ist die Kürzung nur um einen Zwölftel möglich, d. h. ein Monat der Zeit, während welcher der Arbeitnehmer an der Arbeit verhindert war, ist bei der Bemessung des Ferienanspruchs gemäß Art. 329b Abs. 2 OR anzurechnen. Die Verhinderung darf allerdings nicht vom Arbeitnehmer verschuldet sein.[68] Auch ist kein Ferienanspruch für die Zeit eines Streiks anzunehmen, da die Nichtleistung der Arbeit der Durchsetzung rein arbeitnehmerischer Interessen dient und dem Arbeitgeber nicht zuzumuten ist, durch Gewährung von Ferien dies zu unterstützen.

Erkrankt der Arbeitnehmer während der Dauer der Ferien, so ruht der Ferienanspruch und verlängert sich um die Dauer der Krankheit[69, 70].

Fraglich ist, ob bei vorzeitiger Auflösung des Arbeitsverhältnisses wegen Verschuldens des Arbeitnehmers ein Wegfall oder eine Kürzung des Ferienanspruchs eintritt.

Eine Reihe kantonaler Feriengesetze hatte für diesen Fall den Ferienanspruch dahinfallen lassen. Die Botschaft[71] meint, diese Frage könne durch Gesamtarbeits- oder Normalarbeitsver-

---

Absenzen des Arbeitnehmers, aus welchen Gründen auch immer, hemmen oder unterbrechen die Karenzfrist nicht. Diese Auslegung führt zu keinen unbilligen Resultaten, da Ferien in der Regel trotz erfüllter Wartezeit nur nach Maßgabe der effektiv erbrachten Arbeitszeit geschuldet werden» (BÄRLOCHER, S. 68 und S. 97, Anm. 114 zu Art. 329b Abs. 1 OR).

[67] Das heißt, sie hat den Charakter einer Warte- und nicht einer Sperrfrist. So auch TSCHUDI, S. 162; BÄRLOCHER, S. 65ff.

[68] Verschulden an der Arbeitsverhinderung ist untechnisch zu verstehen. «Es besagt in diesem Zusammenhang soviel wie gröblich unverständiges, krass leichtfertiges oder mutwilliges Verhalten.» Denn an sich ist der Arbeitnehmer dem Arbeitgeber gegenüber nicht verpflichtet, sich gesund und arbeitsfähig zu erhalten. Vgl. BÄRLOCHER, S. 92/93.

[69] Vgl. Urteil des GewGer Zürich vom 17. Sept. 1962, CANNER, 1. Folge, Nr. 47.

[70] Bezieht der Arbeitnehmer zuviel Ferien, so ist eine Rückforderung nach Bereicherungsrecht ausgeschlossen, da die zuviel gewährte Freizeit keinen Vermögensvorteil darstellt und der Arbeitnehmer auch nicht bereichert ist durch das Ferienentgelt, welches er als Lohn ohnehin erhalten hätte, ausgenommen der Fall, in dem er ein spezielles, zusätzliches Feriengeld erhält. Vgl. HUECK/NIPPERDEY, Lehrbuch, Bd. 1, S. 435; BÄRLOCHER, S. 112. Voraussetzung für die Rückforderung ist also eine diesbezügliche Vereinbarung zwischen Arbeitnehmer und Arbeitgeber. Diese kann auch stillschweigend getroffen werden, vgl. Urteil des GewGer Zürich vom 12. Dez. 1967, CANNER, 1. Folge, Nr. 48 (Die Zulässigkeit einer solchen Vereinbarung ist – m.E. zu Unrecht – z.T. umstritten: vgl. HUECK/NIPPERDEY, Lehrbuch, Bd. I, S. 453, Anm. 109 und weitere Literaturnachweise bei BÄRLOCHER, S. 112, Anm. 195).

Hingegen hat der Arbeitgeber einen Schadenersatzanspruch in Höhe des zuviel bezahlten Ferienlohnes, wenn der Arbeitnehmer seine Treuepflicht schuldhaft verletzt hat (vgl. HUECK/NIPPERDEY, Lehrbuch, Bd. I, S. 453f., Anm. 109; BÄRLOCHER, S. 114).

[71] BBl 1967 II, S. 352.

trag geregelt werden und im übrigen der Rechtsprechung überlassen bleiben. Meines Erachtens verlangt die dem Ferienzweck inhärente Fürsorgepflicht eine Abgeltung des Ferienanspruchs, selbst wenn das Arbeitsverhältnis durch Verschulden des Arbeitnehmers aufgelöst wurde[72].

f) Bei der parlamentarischen Beratung des Ferienanspruchs wurde die Einführung eines gesetzlichen Bildungsurlaubs abgelehnt mit der Begründung, daß das Gesetz nur enthalten solle, was die Praxis bereits anerkannt habe[73].

Zahlt der Arbeitgeber die Weiterausbildung, so wird oft vertraglich vereinbart, daß im Falle der Auflösung des Arbeitsverhältnisses die Kosten zurückzuerstatten sind. Dies ist nur unter dem Vorbehalt zulässig, daß dadurch das Recht der freien Wahl des Arbeitsplatzes nicht in übermäßiger Weise beschränkt wird. Eine Rückerstattungspflicht, die über eine gewisse Dauer des Arbeitsvertrages hinausgeht, kann deshalb u.U. gegen das Recht auf freie Kündigung verstoßen[74].

§ 61. Die Haftung des Arbeitgebers und Arbeitnehmers

Literatur: W. BÄHLER, Die Arbeitgeberhaftpflicht, Olten 1961; B. VON BÜREN, Schweizerisches Obligationenrecht, Besonderer Teil, Zürich 1972; R. CANNER, Aus der Rechtsprechung zum Dienstvertragsrecht, 1. Folge, Zürich/München 1971; 2. Folge, Zürich 1972; F. GAMILLSCHEG/P. HANAU, Die Haftung des Arbeitnehmers, Karlsruhe 1974; A. KELLER, Haftpflicht im Privatrecht, Bern 1970; P. KLAMETH, Der Schadensausgleich bei Arbeitsunfällen, unter besonderer Berücksichtigung der Sachschäden der Arbeitnehmer nach deutschem, englischem und französischem Recht, Diss. Freiburg i.Br. 1968.

I. Die Haftung des Arbeitgebers

1. Der Arbeitgeber haftet für allen Schaden, den er in Verletzung seiner arbeitsvertraglichen Verpflichtungen dem Arbeitnehmer zufügt. Erfüllt die Vertragsverletzung gleichzeitig den Tatbestand einer unerlaubten Handlung (Verletzung von Art. 28 ZGB), so kann im Rahmen von Art. 49 OR, bei Körperverletzung oder Tötung im Rahmen von Art. 47 OR, neben Schadenersatz auch Genugtuung gefordert werden[1].

---

[72] Vgl. BÄRLOCHER, S.141f.
[73] StenBullNR 1969: S.779, WÜTHRICH bejahend; S.783, BRUNNER; S.785, HOFSTETTER; S.786, VON MOOS verneinend.
[74] Vgl. BAG 29.6.1962, WENZEL, Nr.19.
[1] In Konkurrenz zur vertraglichen Haftung des Arbeitgebers kann nach herrschender Praxis und Doktrin die außervertragliche Haftung treten, sofern deren spezielle Voraussetzungen gegeben sind (vgl. K. OFTINGER, Haftpflichtrecht I, S.404ff.; II, S.489; BGE 64 II, 1938, S.258; zur Konkurrenz von Art. 41 OR zu Art. 339 ORvRev. vgl. OSER/SCHÖNENBERGER, N.15 und 18 zu Art.339; BGE 72 II, 1946, S.311; zur Konkurrenz von Art. 55 und 58 OR mit Art. 339 ORvRev. vgl. BGE 58 II, 1932, S.291; 90 II, 1964, S.227).
Bedeutsam ist die Konkurrenz des vertraglichen Anspruchs zu Art. 41 OR vor allem deshalb, weil auf diese Weise die Angehörigen des Verletzten, welche ja nicht Vertragspartei sind,

Im Vordergrund steht insbesondere die Schädigung des Arbeitnehmers infolge mangelhafter Erfüllung der dem Arbeitgeber obliegenden Schutzpflichten (Art. 328 OR; vgl. oben S. 347 ff.)[2]. Die Tendenz des Bundesgerichts geht eindeutig dahin, strenge Anforderungen an die Pflichten des Arbeitgebers, alle notwendigen Schutzmaßnahmen zu treffen, zu stellen, und zwar ganz besonders dort, wo es sich um nicht der SUVA unterstellte Betriebe handelt (BGE 95 II, 1969, S. 132 ff.). Das Bundesgericht will damit die in unserem Sozialversicherungssystem bestehende Lücke durch eine besonders strenge Haftung des Arbeitgebers überbrücken. Das führt dazu, daß der Arbeitgeber den Arbeitnehmer selbst gegen Betriebsgefahren zu schützen hat, welche sich erst zufolge einer Unachtsamkeit des letzteren verwirklichen, soweit diese nicht außerhalb der normalen Voraussehbarkeit liegen[3, 4].

Ein vertraglicher Ausschluß der Haftung des Arbeitgebers gegenüber dem Arbeitnehmer ist durch Art. 100 Abs. 2 OR für Absicht und grobe Fahrlässigkeit ausgeschlossen, somit auf leichte Fahrlässigkeit beschränkt.

2. *a)* Die Haftung des Arbeitgebers ist gegenüber SUVA-versicherten Arbeitnehmern durch Art. 129 Abs. 2 KUVG wesentlich beschränkt. Für einen Unfall eines bei der Anstalt Versicherten haftet der Arbeitgeber des Versicherten nur, wenn er den Unfall absichtlich oder grobfahrlässig herbeigeführt hat. Das gleiche gilt, wenn der Schaden durch einen andern Arbeitnehmer des Arbeitgebers verursacht wurde.

Der Grund für diese Haftungsbeschränkung des Arbeitgebers liegt darin, «daß der Verunfallte bzw. seine Hinterbliebenen die Vorteile der gesetzlichen Versicherung genießen und der

---

Rechte geltend machen können (vgl. z. B. BGE 87 II, 1961, S. 143 ff.: Schadenersatz und Genugtuung wegen Verletzung persönlicher Verhältnisse bei Vertragsbruch des Arbeitgebers; dieser, ein Baumeister, hatte einen Arbeitsvertrag mit dem Kläger abgeschlossen, um an dessen Stelle im Berufsregister eingetragen zu werden. Als das Ziel erreicht war, schob er den Arbeitnehmer beiseite und verletzte die vertragliche Verpflichtung auf Übertragung besonders honorierter Aufträge).

Die Konkurrenz mit Kausalhaftungen kann für die Beweislage des Arbeitgebers von Bedeutung sein, sofern nicht ohnehin die Spezialregelung des Art. 129 Abs. 2 KUVG eingreift (vgl. BGE 72 II, 1946, S. 431 f.; diese führt immer zu einer Umkehr der Beweislast, da Absicht oder grobe Fahrlässigkeit vom Verletzten zu beweisen sind). Wenn nämlich eine konkurrierende Kausalhaftung gegeben ist, kann der Arbeitgeber nur noch den Entlastungsbeweis antreten. Mit den strengen Anforderungen an den Exkulpationsbeweis nach Art. 328 OR (vgl. unten Anm. 4) dürfte sich allerdings dieser Unterschied verwischen.

[2] Ein Haftpflichtanspruch aus SVG kann mit einem Anspruch aus Art. 328 OR konkurrieren, was für die Verjährungsfristen von Bedeutung sein kann. Vgl. P. STEIN, Unfall des Arbeitnehmers, Jurist. Schriften des TCS, 1974, Heft 4, S. 20; BGE 99 II, 1973, S. 315.
[3] Vgl. die eingehende Kasuistik bei KELLER, S. 343; zudem BGE 100 II, 1974, S. 352 ff.
[4] «Die Schutzpflicht, die das Gesetz dem Dienstherrn auferlegt, umfaßt somit die Verhütung jedes Unfalles, der nicht auf ein nicht vorhersehbares, ein schweres Verschulden darstellendes Verhalten des Verunfallten zurückzuführen ist» (BGE 95 II, 1969, S. 133); kritische Stellungnahme zu dieser Praxis von W. BÄHLER (S. 60 f.): Dies bedeute strenggenommen eine Systemwidrigkeit in unserem Haftpflichtrecht, da damit dem Arbeitgeber in vielen Fällen der Beweis des mangelnden Kausalzusammenhangs wegen Selbstverschuldens des Arbeitnehmers abgeschnitten werde. In Anbetracht der heutigen – die Aufmerksamkeit des Einzelnen notwendigerweise erlahmenden – Produktionsweise ist jedoch diese Besonderheit gerechtfertigt.

Arbeitgeber dafür Leistungen (SUVA-Prämien) entrichtet» (BGE 72 II, 1946, S. 314). Die obligatorische Unfallversicherung ersetzt somit die Haftpflicht des Arbeitgebers, es sei denn, dieser handle absichtlich oder grobfahrlässig (BGE 81 II, 1955, S. 550). Zwar sind die SUVA-Leistungen niedriger als die Haftpflichtansprüche und unterliegen gewissen Beschränkungen (Beschränkung der Bestattungsentschädigung auf Fr. 500.–, der Invalidenrente auf 70% des Lohnes). Der Arbeitgeber hat jedoch für jeden Unfall des Arbeitnehmers vorgesorgt; dieser kommt auch dann in den Genuß der SUVA-Leistungen, wenn er aus der vertraglichen Haftpflicht nichts zu fordern hätte. Die Haftungsbeschränkung dient überdies der Erhaltung des Arbeitsfriedens, weil sie Auseinandersetzungen zwischen Arbeitgeber und Arbeitnehmer im Normalfall ausschaltet[5].

Der SUVA-versicherte Arbeitnehmer hat somit gegenüber dem Arbeitgeber lediglich dann einen Anspruch, wenn er diesem ein absichtliches oder grobfahrlässiges, für den Unfall kausales Verhalten nachzuweisen vermag (BGE 72 II, 1946, S. 432). Die in Art. 129 Abs. 2 KUVG getroffene Regelung hat nach der Meinung des Bundesgerichtes zur Folge, daß für eine Haftung des Betriebsinhabers für fremdes Verschulden im Sinne von Art. 55 und Art. 101 OR kein Raum bleibt (BGE 72 II, 1946, S. 430 ff.). Ist der Arbeitgeber eine juristische Person, so muß deshalb die haftpflichtbegründende grobe Fahrlässigkeit einem Organ zur Last fallen[6].

b) Die Haftungsbeschränkung bezieht sich nur auf Betriebsunfälle[7] und auf das Gebiet des KUVG. (BGE 72 II, 1946, S. 315).

SUVA-fremde Schadensposten sind insbesondere Sachschäden und Genugtuung[8]. Für die Verletzung von arbeitsvertraglichen Schutzpflichten durch den Arbeitgeber hat das Bundesgericht, sofern die erforderlichen Voraussetzungen erfüllt waren, stets einen Genugtuungsanspruch anerkannt[9, 10].

c) Gemäß Art. 100 Abs. 1 KUVG tritt die Anstalt bis zur Höhe ihrer Leistungen in die Rechte des Versicherten und seiner Hinterlassenen gegenüber einem Dritten, der für den Unfall haftet, ein.

Grundsätzlich besteht ein Rückgriff nur bei grober Fahrlässigkeit oder Absicht des Arbeitgebers. Die SUVA auferlegt sich freiwillig eine weitere Beschränkung, indem der Rückgriff nur dann ausgeübt wird, wenn der Arbeitgeber schuldhafterweise die Prämie nicht bezahlt oder wenn er den Unfall absichtlich oder «außergewöhnlich» grobfahrlässig herbeigeführt hat[11].

---

[5] Vgl. KELLER, S. 391.
[6] BGE 88 II, 1962, S. 527; 87 II, 1961, S. 187; 81 II, 1955, S. 225; KELLER, S. 392 ff.; vgl. die berechtigte Kritik VON BÜRENS, OR. Bes. Teil, S. 166.
[7] BGE 67 II, 1941, S. 236; KELLER, S. 397 ff. Für den Begriff des Betriebsunfalls vgl. Art. 67 Abs. 2 KUVG; dazu KELLER, S. 397 ff.
[8] Dies bedeutet, daß der Genugtuungsanspruch stets beim Versicherten oder seinen Angehörigen bleibt und nicht nur bei Absicht oder grober Fahrlässigkeit gegeben ist. Vgl. BGE 72 II, 1946, S. 311.
[9] Die Voraussetzungen eines Genugtuungsanspruchs, wie er aus der Verletzung von Art. 328 OR erwachsen mag, beurteilen sich bei Körperverletzung nach Art. 47 OR, d.h. weder eine besonders schwere Körperverletzung noch ein grobes Verschulden des Arbeitgebers ist erforderlich. Vgl. Urteil des GewGer Zürich vom 1. Nov. 1960, CANNER, 1. Folge, Nr. 40.
[10] BGE 93 I, 1967, S. 293; 88 II, 1962, S. 526; 88 II, 1962, S. 47; KELLER, S. 398 ff. Über den Begriff der Grobfahrlässigkeit im Sinne von Art. 129 Abs. 2 KUVG vgl. BGE 87 II, 1961, S. 189; 72 II, 1946, S. 318; 65 II, 1939, S. 270; 59 II, 1933, S. 433: Grobfahrlässigkeit bejaht, BGE, 88 II, 1962, S. 39; 88 II, 1962, S. 527; 81 II, 1955, S. 225; 68 II, 1942, S. 287; 57 II, 1931, S. 178: Grobfahrlässigkeit verneint. Dazu KELLER, S. 400 ff.
[11] Vgl. Führer durch die obligatorische Unfallversicherung, Aarau 1933, S. 306; KELLER, S. 393 ff.; für den Fall, daß ein Arbeitnehmer bei einem Dritten arbeitet, vgl. oben S. 315 ff.

II. Die Haftung des Arbeitnehmers

1. Der Arbeitnehmer ist für den Schaden verantwortlich, den er dem Arbeitgeber absichtlich oder fahrlässig zufügt (Art. 321e OR). Der Umfang der Haftung hängt wesentlich von den Umständen und der Person des einzelnen Arbeitnehmers ab: «Das Maß der Sorgfalt, für die der Arbeitnehmer einzustehen hat, bestimmt sich nach dem einzelnen Arbeitsverhältnis, unter Berücksichtigung des Berufsrisikos[12], des Bildungsgrades oder der Fachkenntnisse, die zu der Arbeit verlangt werden[13], sowie der Fähigkeiten und Eigenschaften des Arbeitnehmers, die der Arbeitgeber gekannt hat oder hätte kennen sollen» (Art. 321e Abs. 2 OR)[14].

Die neue Regelung der Haftung des Arbeitnehmers ist relativ zwingend ausgestaltet, so daß eine Vertragsabrede unzulässig wird, die z.B. die uneingeschränkte Mankohaftung des Filialleiters oder Kassiers für Waren oder Geld, ohne Rücksicht auf das Verschulden, vorsieht.

Diese Beschränkung der Schadenersatzpflicht des Arbeitnehmers gilt auch für den Fall eines Rückgriffs des Arbeitgebers, wenn dieser einem Dritten aus Art. 55 oder Art. 101 OR Schadenersatz zu bezahlen hatte. Grundsätzlich müßte der Arbeitnehmer sein Nichtverschulden beweisen, wenn man in Art. 321 OR lediglich eine Konkretisierung von Art. 97 OR erblickt[15]. Die Frage stellt sich allerdings, ob die Regelung in Art. 321e Abs. 2 nicht eine Umkehr der Beweislast beinhalte. KELLER[16] verneint dies bei grundsätzlicher Anerkennung der Wünschbarkeit, weil die Bejahung einen zu starken Einbruch in das Gefüge der vertraglichen Haftung mit sich brächte.

---

[12] Eine besondere Rolle spielt hier die Berücksichtigung der sog. «gefahrengeneigten» Arbeit, d.h. einer Arbeit, die «infolge ihrer Eigenart eine besonders große Wahrscheinlichkeit mit sich bringt, daß dem Arbeitnehmer gelegentlich einmal ein Versehen unterläuft, auch wenn er in aller Regel bei seiner Arbeit die erforderliche Sorgfalt anwendet» (so HUECK/NIPPERDEY, Lehrbuch, Bd. I, S. 232). Dieser Ausschluß oder diese Beschränkung der Haftung des Arbeitnehmers gegenüber dem Arbeitgeber bei gefahrengeneigter Arbeit ist eine Parallelerscheinung zur oben geschilderten Bundesgerichtspraxis, wonach bei Untersuchung der Arbeitgeberhaftpflicht das Selbst- oder Mitverschulden des Arbeitnehmers in diesen Fällen ausgeschlossen wird (vgl. oben S. 358, Anm. 4).

Im deutschen Recht fehlt eine dem Art. 321e Abs. 2 OR entsprechende positive Gesetzesbestimmung, so daß die Haftungsbeschränkung bei «gefahrengeneigter» Arbeit überwiegend aus der Fürsorgepflicht des Arbeitgebers abgeleitet werden muß. Vgl. dazu HUECK/NIPPERDEY, Lehrbuch, Bd. I, S. 233f.; KLAMETH, S. 10ff.; NIKISCH, Arbeitsrecht, Bd. I, S. 304f.

[13] So ist der Arbeitnehmer nach Art. 321e OR haftbar, wenn er kraft seiner Stellung im Betrieb zu ausdrücklichen Weisungen berechtigt und verpflichtet wäre und diese unterläßt. Vgl. Urteil des GewGer Zürich vom 31. Aug. 1966, CANNER, 1. Folge, Nr. 12.

[14] So kann ein schweres Verschulden des Arbeitgebers bei der Auswahl des Arbeitnehmers oder bei der Organisation der Arbeit den Arbeitnehmer von jeder Verantwortlichkeit befreien. Vgl. Urteil des GewGer Zürich vom 7. Nov. 1963, CANNER, 2. Folge, Nr. 98. Nicht jedes mangelhafte oder unwirtschaftliche Vorgehen des Arbeitnehmers führt aber zu einer Haftung gemäß Art. 321e OR. Der Arbeitgeber hat es im Prinzip in der Hand, durch Weisungen, Versetzungen oder Entlassungen solchen Mißständen zu begegnen. «Eine Haftung im Sinne des Art. 321e OR wird nur geltend gemacht, wenn ganz konkrete Verfehlungen vorliegen, die genau umschriebene Schäden verursacht haben.» Vgl. Urteil des Zürcher ObGer vom 21. Mai 1963, CANNER, 2. Folge, Nr. 97.

[15] So BECKER, N. 12 zu Art. 328 ORvRev.

[16] KELLER, S. 346.

Meines Erachtens ist indessen auf die besondere Situation des Arbeitnehmers im Arbeitsverhältnis hinzuweisen. Überdies läßt sich aus Art. 321 e Abs. 2 OR die Folgerung ziehen, daß die Regelung eine besondere Haftungsvoraussetzung enthält, deren Vorhandensein vom Arbeitgeber nachgewiesen werden muß.

2. Indem Art. 321 e OR an den Schluß des Unterabschnitts über die Pflichten des Arbeitnehmers gestellt wird, kommt zum Ausdruck, daß sich dessen Haftung aufgrund der schuldhaften Verletzung einer jeden Pflicht, durch die dem Arbeitgeber Schaden zugefügt wird, nicht nur aus der unsorgfältigen Ausführung seiner Arbeit ergeben kann[17].

3. Der Arbeitgeber ist verpflichtet, Ersatz für einen ihm bekannten Schaden spätestens bei Beendigung des Arbeitsverhältnisses vorzubehalten, ansonst Verzicht anzunehmen ist[18].

4. Hat der Arbeitnehmer Schadenersatz zu leisten, so kann der Arbeitgeber seine Forderung mit der Lohnforderung soweit verrechnen, als diese pfändbar ist[19]. Die Verrechnungsbeschränkung fällt jedoch dahin, wenn die Schädigung absichtlich erfolgt ist (Art. 321 b Abs. 2 OR).

§ 62. Der Lohn und andere Vergütungen

Literatur: W. BIRCHMEIER, Der Lohnanspruch aus Dienstvertrag im OR, Diss. Zürich 1926; D. BÜHRLE, Die Lohnzession im schweizerischen Recht, Diss. Zürich 1952; E. EICHHOLZER, Die Gratifikationen, SAG 1959/60, S. 214 ff.; P. FACKLAM, Maßnahmen bei Mißständen in der Lohnfortzahlung nach dem Entwurf eines schweizerischen Arbeitsgesetzes, Diss. Basel 1956; W. FELLER, Betriebs- und sozialpolitische Probleme der Gleichbehandlung der Frau im Arbeitsrecht unter besonderer Berücksichtigung der Entlöhnungsfrage, Diss. Freiburg/Schweiz 1963; F. HERMAN, Die Gruppenarbeit, Diss. Basel 1970; R. JEANPRÊTRE, La cession de salaire, SJZ 63, 1967, S. 17 ff.; E. KÜNG, Wirtschaft und Gerechtigkeit, Tübingen 1967; R. REINHARDT, Die Interessengemeinschaften, AcP, NF 40, 1914, S. 62 ff.; P. SCHWARTZ, Einführung in die Praxis des Dienstvertragsrechts, Diss. Basel 1949; H. STEIGER, Gesetzliche Mindestlöhne, Diss. Bern 1958; H. STOFER, Die wirtschaftliche Bedeutung der Gratifikation, BJM 1960, S. 255 ff.; F. VISCHER, Die Beteiligung der Arbeitnehmer an Unternehmen, WuR 19, 1967, S. 42 ff.; DERSELBE, Beteiligung der Betriebsangehörigen am Aktienkapital der Gesellschaft, SAG 1965, S. 1 ff.; G. WUEST, Die Interessengemeinschaft, ein Ordnungsprinzip des Privatrechts, Frankfurt 1958; H. ZIMMERMANN, Gruppenarbeit und Gruppenlöhne in der Industrie, Diss nat. ök. Zürich 1968.

---

[17] Vgl. BBl 1967 II, S. 278/79.
[18] BGE vom 26. Aug. 1955, CANNER, 2. Folge, Nr. 107.
[19] Grundsätzlich muß also der Arbeitgeber die Gefahr des Mißlingens der Arbeit tragen, denn auch wenn er mit Schadenersatzansprüchen verrechnen kann, bleibt er doch an die Pfändungsgrenze gebunden. Vgl. NIKISCH, Arbeitsrecht, Bd. I, S. 302 f.

I. Vorbemerkungen

1. Der Arbeitsvertrag ist seiner Natur nach entgeltlich. Unter dem Begriff «Lohn» gemäß Art. 322 OR ist die periodische Vergütung für die Zurverfügungstellung der Arbeit zu verstehen. Der Lohn wird in der Regel in Form von Geldleistungen erbracht, kann aber auch als Naturallohn ausgerichtet werden (Art. 322 Abs. 2 OR). Die Frage, was als Lohn zu betrachten ist, hängt wesentlich von der Parteiabrede ab. So hat z. B. im Gastgewerbe das Trinkgeld in der Regel Lohncharakter[1]. Als Lohn ist auch der vertraglich begründete Anspruch auf den sog. 13. Monatslohn zu betrachten (vgl. die Ausführungen unten S. 373 ff.)[2].

2. Die Festsetzung der Höhe des Lohnes ist grundsätzlich der Autonomie der Vertragspartner anheimgestellt. Der Staat mischt sich in die Lohnfestsetzung, mit Ausnahme einer allfälligen Allgemeinverbindlichkeitserklärung von Gesamtarbeitsverträgen, nicht ein. Der Nichtintervention des Staates liegt der Gedanke zugrunde, daß die ungleiche Machtstellung der Vertragspartner durch die Verbände (Gewerkschaften) ausgeglichen wird. Deshalb wird auch der Lohnfestsetzung im Gesamtarbeitsvertrag normative Wirkung zuerkannt[3].

Die Schweiz kennt daher im Gegensatz zu anderen Staaten[4] keine gesetzlichen Minimallöhne.

Eine Ausnahme findet sich im Bundesgesetz über die Heimarbeit vom 12. Dezember 1940[5]. Gemäß Art. 12 dieses Gesetzes kann der Bundesrat durch Verordnung die Löhne festsetzen, sofern sie in der Heimarbeit eines Erwerbszweiges außerordentlich niedrig sind und nicht durch Gesamtarbeitsvertrag in angemessener Weise geregelt werden können[6]. Gemäß Art. 13 kann

---

[1] SCHWEINGRUBER, Kommentar, Ziff. 5 zu Art. 322 OR; vgl. auch Entscheid des GewGer der Stadt Bern vom 3. Aug. 1964, ARV 13, 1965, Nr. 1.

[2] Botschaft BBl 1967 II, S. 320: «Eine ausdrückliche Gratifikationsabrede liegt in der vertraglichen Zusicherung des 13. Monatsgehaltes.»

[3] Die im GAV enthaltenen Lohnansätze sind in der Regel Minimalansätze. Möglich ist aber auch die Festlegung eines Durchschnittslohnes. Hier sind Abweichungen auch nach unten möglich, soweit sie objektiv begründbar sind. Vgl. ObGer Baselland, 1. März 1963, BJM 1964, S. 98; CANNER, 2. Folge, Nr. 162; vgl. ferner unten S. 461.

[4] Vgl. in der BRD das Gesetz über die Festsetzung von Mindestarbeitsbedingungen vom 11. Januar 1952. Die staatliche Lohnfestsetzung hat danach allerdings ausgesprochen subsidiären Charakter, indem die tariflichen Bestimmungen immer den Vorrang haben. Das Gesetz will nur eine Lücke füllen, «die dann gegeben ist, wenn keine oder doch keine ausreichenden Verbände der Arbeitnehmer oder der Arbeitgeber bestehen, auch durch die Allgemeinverbindlicherklärung eines Tarifvertrages nicht geholfen werden kann, andererseits aber die wirtschaftliche und soziale Lage der Arbeitnehmer eine Regelung notwendig erscheinen läßt.» So HUECK/NIPPERDEY, Lehrbuch, Bd. I, S. 148/49.

[5] AS 57, 1941, S. 1461.

[6] Der Bundesrat hat vorher die beteiligten Kantone, die eidgenössische Heimarbeitskommission und die beteiligten Berufsverbände anzuhören. Vgl. Art. 68 ArG, welcher Art. 12 Abs. 1 Heimarbeitsgesetz abändert (AS 1966 I, S. 82).

die Lohnfestsetzung auch auf andere Betriebe des gleichen Erwerbszweiges ausgedehnt werden, sofern diese unter wirtschaftlich ähnlichen Bedingungen wie Heimarbeiter tätig sind und mit solchen in Konkurrenz treten. Durch diese Regelung ist grundsätzlich anerkannt, daß der Bundesrat das Prinzip der Vertragsfreiheit bei der Festsetzung des Lohnes dort durchbrechen kann, wo besondere Notsituationen vorliegen. Eine Ratifikation des Übereinkommens Nr. 131 und der Empfehlung Nr. 135 der Internationalen Arbeitsorganisation über die Festsetzung von Mindestlöhnen[7], die die ratifizierenden Mitgliedstaaten verpflichten, ein Mindestlohnsystem einzuführen, das alle Gruppen von Arbeitnehmern erfaßt, deren Arbeitsbedingungen eine solche Erfassung als angebracht erscheinen lassen, ist denn auch vom Bundesrat abgelehnt worden. Zwar wird zugegeben, daß die Aufstellung von Mindestlohnvorschriften grundsätzlich nicht im Widerspruch zu unserer Rechtsordnung stehe, andernfalls Art. 12 des Heimarbeitsgesetzes und die Allgemeinverbindlicherklärung von Mindestlohnbestimmungen im Gesamtarbeitsvertrag unzulässig sein müßten. «Jedoch wäre mit einer umfassenden gesetzlichen Regelung der Mindestlöhne unsere gegenwärtige, sich zur Hauptsache auf Gesamtarbeitsverträge stützende Ordnung der Mindestlöhne ernsthaft in Frage gestellt.» Bekanntlich gehören die Mindestlöhne zu den wichtigsten Gegenständen gesamtarbeitsvertraglicher Verständigung. Wenn schon anläßlich der parlamentarischen Beratungen des Ferienartikels von gewerkschaftlicher Seite mit Bedauern festgestellt wurde, ‹daß damit (d.h. mit dem Ferienartikel) die Position des Vertrages in einer wichtigen Frage ungebührlich geschwächt wird[8]›, so gilt dies erst recht für eine umfassende Regelung der Mindestlöhne. Im übrigen beweisen die internationalen statistischen Lohnvergleiche und die große Zahl der bei uns beschäftigten ausländischen Arbeitnehmer, daß die Löhne in unserem Land einen hohen Stand erreicht haben und sich im internationalen Vergleich durchaus sehen lassen dürfen. Es besteht daher, auch von dieser Seite her betrachtet, kein Bedürfnis nach einer allgemeinen Festlegung der Mindestlöhne.»

Kantonale Gesetzesinitiativen auf Einführung eines generellen Minimallohnes wurden vom Bundesgericht als unzulässig bezeichnet, weil sie gegen das Prinzip der Verhältnismäßigkeit und gegen die Handels-und Gewerbefreiheit verstießen (vgl. BGE 81 I, 1955, S. 155); doch dürfte der Kanton wohl für spezielle Erwerbszweige, in denen eine ausgesprochene Notsituation besteht, aus dem Gesichtspunkt des öffentlich-rechtlichen Sozialschutzes Mindestlöhne festlegen. Kantonale Familienausgleichskassen haben im übrigen den Zweck einer staatlichen Lohnregulierung, indem sie den Arbeitgeber in beschränktem Maß zur Ausrichtung von Soziallöhnen zwingen (vgl. oben S. 300).

3. Die Schweiz hat nunmehr das Übereinkommen Nr. 100 über die Gleichheit des Entgelts männlicher und weiblicher Arbeitskräfte für gleichwertige Arbeit, das von der 34. Tagung der Arbeitskonferenz (1951) angenommen wurde, ratifiziert[9,10]. In Art. 2 werden die

---

[7] Botschaft betr. die Genehmigung des Übereinkommens Nr. 100 über die Gleichheit des Entgelts männlicher und weiblicher Arbeitskräfte für gleichwertige Arbeit, BBl 1971 II, S. 1531 ff. und S. 1553 ff.
[8] StenBullNR 1963, S. 351.
[9] Vgl. BBl 1971 II, S. 1541 ff. und S. 1572 ff.
[10] Zu den früheren Empfehlungen des Bundesrates zur Nichtratifizierung des Übereinkommens Nr. 60 vgl. BBl 1952 III, S. 829 ff.; 1956 II, S. 956 ff.; 1960 I, S. 39 ff.

Mitgliedstaaten verpflichtet, «den Grundsatz der Gleichheit des Entgelts männlicher und weiblicher Arbeitskräfte für gleichwertige Arbeit anzuwenden, soweit dies auf Grund der innerstaatlichen Gesetzgebung möglich ist». Ist, wie in der Schweiz, die Möglichkeit der direkten Anwendung des Grundsatzes nicht gegeben, so ist der Mitgliedstaat gehalten, die Anwendung des Übereinkommens durch Empfehlungen zu fördern und Maßnahmen zu treffen, welche eine objektive Arbeits- und Leistungsbewertung ermöglichen. Der Bundesrat hat die Annahme des Übereinkommens deshalb befürwortet, weil die Wahl der hierbei anzuwendenden Mittel den einzelnen Staaten überlassen bleibt.

In der Schweiz ist die Möglichkeit der Verwirklichung gegeben, einmal in der Bundesverwaltung bei der Mindestlohnfestsetzung für die Heimarbeit sowie dadurch, daß der Bundesrat nur solche Gesamtarbeitsverträge allgemeinverbindlich erklärt, bei welchen hinsichtlich der Mindestlöhne keine Unterschiede zwischen männlichen und weiblichen Arbeitnehmern für gleichwertige Arbeit getroffen werden. In bezug auf die Kantone und die private Wirtschaft ist, nach Meinung des Bundesrates, im übrigen den Verpflichtungen des Übereinkommens mit Empfehlungen Genüge getan. Man muß sich allerdings fragen, ob sich der Grundsatz des gleichen Lohnes für männliche und weibliche Arbeitskräfte für vergleichsweise Arbeit jedenfalls innerhalb des Betriebes nicht schon aus einer indirekten Wirkung von Art. 4 BV ergibt. Auf alle Fälle ist für die Kantone eine Bindung an das Abkommen anzunehmen.

In seiner Botschaft[11] weist der Bundesrat darauf hin, daß sich seit 1961 der Unterschied zwischen den Männer- und Frauenlöhnen um 2,8% verringert habe. Heute betrage die Differenz noch 33,5%. Allerdings habe die Lohndifferenz ihren Hauptgrund in der Verschiedenheit der von Männern und Frauen verrichteten Arbeit, «wobei auch das erheblich tiefere durchschnittliche Lebens- und Dienstalter der weiblichen Arbeitnehmer mit ins Gewicht» falle.

4. Fehlt in einem Vertrag die Festsetzung des Lohnes, so ist der Lohn zu entrichten, der üblich ist (Art. 322 Abs. 1 OR). Für die Frage, was üblich ist, muß in erster Linie auf die vergleichbaren Leistungen derselben Branche abgestellt werden. Dabei sind auch Lohnansätze allfälliger in dieser Branche bestehender Gesamtarbeitsverträge von besonderer Bedeutung[12].

5. Der Arbeitnehmer ist grundsätzlich vorleistungspflichtig. Der Lohn ist, sofern nicht kürzere Fristen oder andere Termine verabredet oder üblich oder durch Normalarbeits- oder Gesamtarbeitsvertrag bestimmt sind, dem Arbeitnehmer am Ende jeden Monats auszurichten (Art. 323 Abs. 1 OR).

Damit wird auf die Differenzierungen im früheren Recht verzichtet. Selbst die im Entwurf[13] noch vorgesehene Unterscheidung von Arbeitnehmern im Monatslohn und Arbeitnehmern, die nicht monatlich entlöhnt werden, wurde fallen gelassen. Damit besteht grundsätzlich nur eine Kategorie von Arbeitnehmern, wobei allerdings, insbesondere durch Gesamtarbeitsverträge,

---

[11] BBl 1971 II, S. 1544.
[12] Vgl. dazu auch BBl 1967 II, S. 313/14.
[13] Botschaft BBl 1967 II, S. 322.

Unterscheidungen eingeführt werden können. Doch geht die Entwicklung mehr und mehr in Richtung der gesetzlichen Regelung, die sich auch aus betriebswirtschaftlichen Überlegungen der rationellen Abrechnung aufdrängt.

Der Arbeitgeber hat dem Arbeitnehmer allerdings nach Maßgabe der geleisteten Arbeit den Vorschuß zu gewähren, dessen der Arbeitnehmer infolge einer Notsituation bedarf und den der Arbeitgeber billigerweise zu gewähren vermag (Art. 323 Abs. 4 OR). Umstritten ist, ob der Arbeitgeber das Recht hat, eine Lohnvorauszahlung auch über die Voraussetzung in Art. 323 Abs. 4 hinaus zu gewähren. Die Frage stellt sich insbesondere hinsichtlich der Verrechnungsbeschränkung für Lohnansprüche. Ist, wie z.B. SCHWARTZ[14] annimmt, der Vorschuß nur innerhalb der Voraussetzungen von Art. 323 Abs. 4 möglich, so ist ein darüber hinausgehender Betrag als Darlehen zu betrachten und kann nur im Rahmen von Art. 329 Abs. 2 OR mit dem Lohn verrechnet werden[15]. Nach Art. 81 Abs. 1 OR kann der Schuldner schon vor Verfall seine Verpflichtung erfüllen, sofern sich nicht aus den Umständen eine andere Willensmeinung der Parteien ergibt[16]. Daraus wäre an sich zu schließen, daß bei Zahlungen während des Dienstverhältnisses im Zweifel die Leistung solvendi causa und nicht credendi causa erbracht würde, mit der Folge, daß der Ausgleich des Vorschusses im Wege der Anrechnung und nicht der Verrechnung erfolgte; die Verrechnungsbeschränkung käme nicht zur Anwendung. Die Bestimmung von Art. 323 Abs. 4 OR ist nun allerdings relativ zwingend ausgestaltet, was die Ausrichtung eines Vorschusses auch über die in diesem Artikel genannten Grenzen hinaus nur dann ermöglicht, wenn sie für den Arbeitnehmer günstiger ist[17].

Unter diesem Gesichtspunkt ist auch der Gedanke des Lohnschutzes zu beachten. Ein Darlehen ist immer dann anzunehmen, wenn der Vorschuß betragsmäßig in erheblichem Umfang über die geleistete Arbeit hinausgeht und der Vorschuß nicht rechtzeitig, d.h. nach eingetretener Fälligkeit, vom Lohn in Abzug gebracht, sondern durch besondere Abrede gestundet wird[18].

6. Wurde dem Arbeitnehmer irrtümlicherweise[19] ein zu hoher Betrag als Lohn ausbezahlt, so ist er zur Rückerstattung nach den Grundsätzen des Bereicherungsrechts verpflichtet[20].

II. Die Arten der Lohnberechnung

Es ist zwischen Zeit- und Leistungslohn zu unterscheiden, wobei zahlreiche Mischformen vorkommen. So wird der Akkord- oder Prämienarbeiterschaft zur Einkommenssicherung ein Mindestlohn in Form eines Zeitlohnes zugesichert. Die Provision ist in der Regel eine zum festen Zeitlohn hinzutretende Vergütung.

---

[14] SCHWARTZ, Einführung, S. 65.
[15] CANNER, 1. Folge, Nr. 44.
[16] Vgl. Urteil des GewGer Zürich vom 5. Juli 1967.
[17] Botschaft BBl 1967 II, S. 324.
[18] BIRCHMEIER, S. 122.
[19] Vgl. BJM 1958, S. 318: Keine irrtümliche Leistung liegt vor, wenn der Arbeitgeber dem Arbeitnehmer freiwillig den vollen Lohn über den von der Ausgleichskasse erstatteten Betrag hinaus entrichtet. Bei der späteren Kündigung von seiten des Arbeitnehmers kann diese Zusatzleistung nicht mehr zurückgefordert werden.
[20] BAG 31.3.1910, WENZEL, Nr. 10. Das BAG beruft sich wohl zu Unrecht für diese Rückerstattungspflicht auf die Treuepflicht des Arbeitnehmers. Vgl. auch die Bemerkungen von WENZEL, S. 9.

1. Der Zeitlohn

Zeitlohn liegt vor, wenn die Vergütung nach der Dauer der Arbeitszeit ohne Rücksicht auf das Ergebnis der Arbeit berechnet wird. Wird der Lohn nach Wochen, Monaten oder Jahren berechnet, so ist allerdings für die Lohnhöhe nicht die effektive Arbeitszeit, sondern die Kalenderzeit maßgebend. Dies ist ein wesentlicher Unterschied gegenüber dem Stundenlohn, der allen Schwankungen ausgesetzt ist, denen die Arbeitszeit aus natürlichen Gründen unterliegt – eine Unsicherheit, die er mit dem Akkordlohn teilt.

Beim Zeitlohn wird der Lohn für die Zurverfügungstellung der Arbeit geschuldet; der Arbeitnehmer haftet grundsätzlich nicht für den Arbeitserfolg. Deshalb kann der Zeitlohn auch nicht nach Maßgabe des Leistungserfolges nachträglich durch einseitige Anordnung des Arbeitgebers korrigiert werden[21].

2. Der Leistungslohn

Der Leistungslohn setzt nach der Natur der Sache Arbeitsvorgänge voraus, bei welchen die individuelle Leistung entscheidend ist. Deshalb stehen dem Leistungslohn technische Einzelheiten entgegen, bei welchen der Arbeitserfolg in erster Linie durch das Arbeitsmittel (Maschine) oder durch das zu verwendende Material bestimmt wird. Hier kann allenfalls die Sorgfalt in der Behandlung von Maschinen und Material mittels einer Prämie belohnt werden.

a) *Der Akkordlohn*

Akkordlohn ist insofern Leistungslohn, als die Vergütung nach dem erzielten Arbeitsergebnis bemessen wird. Deshalb beinhaltet der Akkordlohn werkvertragliche Elemente. Allerdings spielt auch beim Akkordlohn die Zeit, die für die Arbeit benötigt wird, eine entscheidende Rolle; nur ist nicht, wie beim Stundenlohn, die Zeit maßgebend, die der Arbeitnehmer tatsächlich gebraucht hat, sondern die Zeit, die ein Arbeitnehmer bei normaler Leistung benötigen würde (Akkordsatz oder Akkordvorgabe). Auf

---

[21] GewGer Zürich, 1.Nov. 1960, ARV 1962, S.6. So auch ZR 70, Nr.48: «Der festgesetzte Lohn ... kann nicht nach subjektivem Eindruck des Arbeitgebers abgeändert werden. Für Schaden, welchen der Arbeitnehmer ihm schuldhaft zufügt, steht ihm eventuell die Verrechnung diesbezüglicher Gegenforderungen mit dem Salär zur Verfügung ...; kleinere Disziplinwidrigkeiten jedoch sind vom Arbeitgeber kraft dienstvertraglicher Überwachung und dienstvertraglichen Weisungsrechts abzustellen.» Zur Frage, ob die Nichterfüllung von Erwartungen, die der Arbeitgeber in den Arbeitnehmer gesetzt hat, als wichtiger Grund für die Auflösung des Arbeitsvertrages «aus wichtigen Gründen» anzusehen ist, vgl. unten S. 420 und BGE 97 II, 1971, S.122ff.

diese angenommene Zeit wird ein bestimmter Lohnbetrag bezogen, so daß ein Arbeitnehmer, der weniger Zeit benötigt, mehr, einer, der mehr Zeit braucht, weniger verdient als der Normalarbeiter. Früher wurden die Zeiten meistens geschätzt (sog. Faustakkord) oder aufgrund der betrieblichen Erfahrung vom Meister festgesetzt (sog. Meisterakkord), während man heute mehr zu arbeitswissenschaftlich einwandfreien Arbeitszeitermittlungen übergegangen ist.

> Der Akkordsatz kann auf verschiedene Weise festgelegt werden. Beim Geldakkord (auch Stückakkord genannt) wird für eine bestimmte Arbeitsverrichtung ein Geldbetrag (Stückpreis) festgesetzt. Dabei ist bereits im Stückpreis der normale Zeitaufwand einberechnet. Der Akkord kann aber auch in Zeit ausgedrückt werden: beim Zeitakkord wird dem Arbeitnehmer die Zahl der Minuten, die der Normalarbeiter für die Arbeitsverrichtung braucht, vorgegeben, mit der Folge, daß der Arbeitnehmer mehr verdient, wenn er innerhalb der vorgesehenen Zeit eine größere Leistung erbringt. Der Zeitakkord sagt deshalb unmittelbar aus, wieviel Zeit der Arbeitende bei normaler Leistung für eine Mengeneinheit benötigen darf[22]. Der Zeitfaktor tritt damit auch äußerlich in Erscheinung, und der auf die Minute entfallende Lohn ist als Geldfaktor selbständig erkennbar. Zur Berechnung des Verdienstes muß beim Geldakkord die Zahl der Leistungseinheiten mit dem Stückpreis multipliziert werden. Beim Zeitakkord wird die als normal festgesetzte Minutenzahl (Zeitfaktor, Vorgabezeit) mit dem für die Minute festgesetzten Geldbetrag (Geldfaktor) und der fertiggestellten Stückzahl multipliziert. Im Ergebnis und auch im Wesen besteht allerdings zwischen den beiden Berechnungsarten kein Unterschied. Auch beim Zeitakkord hängt der effektive Verdienst nicht von der Dauer der Arbeit, sondern von der Zahl der fertiggestellten Leistungseinheiten ab[23].

Der Akkordlohnansatz ist dem Arbeitnehmer vor Beginn der einzelnen Arbeit bekanntzugeben (Verbot des sog. Blindakkords, Art. 326a OR).

Der Arbeitnehmer, der vertragsgemäß ausschließlich Akkordarbeit für nur einen Arbeitgeber leistet, hat Anspruch auf Zuweisung genügender Arbeit (Art. 326 Abs. 1 OR). Ist der Arbeitgeber hierzu auch ohne sein Verschulden nicht imstande oder verlangen die Verhältnisse des Betriebes vorübergehend die Leistung von Zeitlohnarbeit, so kann dem Arbeitnehmer solche zugewiesen werden (Art. 326 Abs. 2). Ist dieser ersatzweise ausbezahlte Zeitlohn nicht von vornherein durch Abrede, Normalarbeits- oder Gesamtarbeitsvertrag bestimmt, so hat der Arbeitgeber dem Arbeitnehmer den vorher durchschnittlich verdienten Akkordlohn zu entrichten (Art. 326

---

[22] HERMAN, S. 98.
[23] Beispiel: Ist der Stückpreis auf Fr. 0.20 festgesetzt, so verdient der Arbeiter bei 12 Stück in der Stunde Fr. 2.40, bei 15 Stück Fr. 3.–. Waren ihm im Zeitakkord die dem Stückpreis von Fr. 0.20 zugrundeliegenden 5 Minuten vorgegeben, so erhält er bei 12 Stück 60 Minuten, bei 15 Stück 75 Minuten vergütet. Der Geldfaktor beträgt bei einem Stundenlohn von Fr. 2.40 Fr. 0.04 in der Minute; das ergibt bei 60 Minuten Fr. 2.40, bei 75 Minuten Fr. 3.–. Dies setzt allerdings voraus, daß der Akkordlohn proportional zur Leistung steigt. Es sind aber auch abweichende Lohnsysteme möglich, bei welchen sich mit dem Anstieg der Leistung der dadurch erzielte Überverdienst nicht gleichmäßig, sondern in abnehmendem oder in zunehmendem Maße erhöht.

Abs. 3). Ist auch die Zuweisung von Zeitlohnarbeit nicht möglich, so bleibt der Arbeitgeber dennoch zur Zahlung desjenigen Lohns verpflichtet, den er bei Zuweisung von Zeitlohnarbeit zu entrichten hätte (Art. 326 Abs. 4). Diese Regelung ergibt sich aus der grundsätzlichen Tragung des Betriebsrisikos durch den Arbeitgeber, was auch beim Akkordlohn gilt.

b) Die Prämie

Die Prämie ist eine zusätzliche Vergütung zur Belohnung einer besonders befriedigenden Erfüllung der dienstlichen Obliegenheiten. Sie wird oft mit dem Zeitlohn verbunden, um den Gedanken des Leistungslohnes auch dort zur Geltung zu bringen, wo eine Entlöhnung im Akkord nicht möglich ist, weil die für die Arbeit benötigte Arbeitszeit sich nicht mit der erforderlichen Genauigkeit feststellen läßt und trotzdem ein Anreiz zu gesteigerter Leistung geschaffen werden soll (sog. Mengenprämie).

Das Prämiensystem kann auch mit dem Akkord verbunden werden, sei es, daß die Qualität der Arbeit besonders belohnt werden soll (Güteprämie) oder daß ein nur proportional mit der Leistung wachsender Akkordverdienst nicht als ausreichend angesehen wird und deshalb mittels Prämien progressive Akkordsätze festgesetzt werden[24, 25].

Die Prämien können individuell oder als Gruppenprämie für die Leistung einer Arbeitnehmergruppe oder einer ganzen Betriebsabteilung gewährt werden, auf deren Mitglieder sie dann verteilt werden. Ob ein klagbarer Anspruch auf die Ausrichtung der Prämie besteht, kann nur nach dem Inhalt der Vereinbarung entschieden werden.

Auch freiwillig gewährte Prämien stellen einen Bestandteil des Lohnes dar.

c) Gruppenakkord und Gruppenprämie

Leistungslohn, insbesondere Akkordlohn, wird sehr oft für Gruppenarbeit ausgerichtet[26] (sog. Gruppenakkord[27] oder Gruppenprämie[28]).

---

[24] Das entscheidende Kriterium der Prämienentlöhnung liegt in der möglichen Kombination mehrerer Bezugsgrößen. «Der Gütegrad der Leistung, der Nutzungsgrad der Betriebsmittel (Maschinenausnutzung, Materialersparnis), die Menge und anderes mehr sind neben den technischen und betriebspolitischen Gründen (weil die Voraussetzungen zur Anwendung des Akkordlohnes nicht mehr gegeben sind) der Anlaß zur Ausrichtung eines Prämienlohnes.» So HERMAN, S. 92f.

[25] Insofern als die Prämie nach dem Ergebnis der Arbeitsleistung bemessen wird, ist sie echter Leistungslohn (vgl. HERMAN, S. 95, mit Verweis auf ein Urteil des BAG vom 10. 12. 1965). Die gesetzlichen Bestimmungen über den Akkordlohn sind diesfalls entsprechend anzuwenden (vgl. HERMAN, S. 99 ff.). Nicht analog anwendbar sind sie hingegen auf Entgelte, bei denen sich Leistungsschwankungen nicht unmittelbar in Lohnschwankungen umsetzen. Hierzu gehören z. B. Schmutzzulagen oder freiwillige Zahlungen des Arbeitgebers für eine einmalige Sonderleistung des Arbeitnehmers (vgl. HERMAN, S. 101 ff.).

[26] Zur Entwicklung und Bedeutung der Gruppenarbeit und des Gruppenlohnes in der Industrie vgl. ZIMMERMANN (oben Lit. verz.): «Eine Gruppenarbeit beziehungsweise ein Gruppenergebnis mit einem Gruppenlohn zu verbinden, ist keine zwingende, aber eine die bestehende Zusammenarbeit förderungsfähige Maßnahme. ... Der Gruppenlohn muß ... in besonderer Weise fähig sein, sowohl die individuelle Leistungsmotivation als auch die kooperativen Zusammenhänge zu intensivieren» (ZIMMERMANN, S. 83/84).

Die Frage stellt sich, ob zwischen den Mitgliedern der Gruppe ein gesellschaftsrechtliches Verhältnis besteht. In Deutschland wird von einzelnen Autoren angenommen, es liege immerhin ein gesellschaftsähnliches Verhältnis vor, mit der Folge, daß gewisse Gesellschaftsregeln (§§ 705 ff. BGB) und Normen über die Gemeinschaft (§§ 741 ff. BGB) zur Ordnung der Verhältnisse unter den Mitgliedern der Gruppe herangezogen werden müßten[29]. Doch dürften im schweizerischen Recht solche Konstruktionen im Gegensatz zur Rechtswirklichkeit stehen, weil die einzelnen Gruppenmitglieder eine rechtliche Bindung unter sich ablehnen. Weiter bestünde die Gefahr, daß unklare Verhältnisse herrschten, wenn die einzelnen Mitglieder gegeneinander oder gar die Gruppe gegenüber einem Mitglied Erfüllungs- oder Schadenersatzansprüche hätten. Allfällige Differenzen innerhalb der Gruppe sind vom Arbeitgeber in Ausübung seines Weisungsrechts zu beheben. Ein Gesellschaftsverhältnis ist also im Normalfall zu verneinen, insbesondere wenn sich die Gruppe erst nach Antritt der Stelle formiert oder vom Arbeitgeber zusammengesetzt wird. Zwar wäre der Gesellschaftszweck, Erzielung eines möglichst hohen Gruppenlohnes durch gemeinsames Bestreben, oft gegeben; doch fehlt in der Praxis in aller Regel der Wille der Gruppenmitglieder, sich vertraglich untereinander zu binden; insbesondere die aus der Annahme eines Gesellschaftsverhältnisses sich ergebende Haftung gegenüber den Mitgesellschaftern für den Fall, daß ein Mitglied nicht die zur Erreichung des Gesellschaftszweckes notwendige Anstrengung erbringt, ist abzulehnen. Ferner fehlt eine rechtlich durchsetzbare Treuepflicht der Gruppenmitglieder untereinander. Es ist deshalb bloß eine tatsächliche, nicht aber eine rechtliche Gemeinschaft im Sinne einer einfachen Gesellschaft anzunehmen[30].

In der Praxis kommt, wenn auch sehr selten, die selbständige Akkordgruppe (Eigengruppe) vor. Die Arbeitnehmer haben sich schon **vor Abschluß** ihrer Arbeitsverträge zum Zwecke der Leistung gemeinsamer Arbeit zu einer Gruppe zusammengeschlossen und bieten sich nunmehr gemeinsam dem Arbeitgeber zur Arbeitsleistung an. Für die rechtliche Beurteilung des Verhältnisses zum Arbeitgeber ist zu unterscheiden, ob der Vertragsschluß im Namen der einzelnen Mitglieder erfolgt, oder ob die Gruppe zugleich in eigenem Namen und im Namen der Mitglieder den Vertrag abschließt, oder ob endlich die Gruppe allein Partei des Vertrags sein soll. In den beiden ersten Fällen liegen echte Arbeitsverträge der einzelnen Gruppenmitglieder mit dem Arbeitgeber vor, wenn diese Arbeitsverträge auch in einem mehr oder weniger starken Abhängigkeitsverhältnis zueinander stehen, welches sich in der Festsetzung eines Gesamtentgeltes (Gruppenakkordlohn) zeigen kann. Schließt die Gruppe als solche den Vertrag mit dem Arbeitgeber, ohne zugleich im Namen der einzelnen Mitglieder zu handeln, entstehen zunächst zwischen dem Arbeitgeber und den Gruppenmitgliedern als Einzelpersonen keine unmittelbaren Vertragsbeziehungen. Ist die Gruppe eine juristische Person, so ist diese Partner des Arbeitgebers; ist sie dagegen eine einfache Gesellschaft, so sind Träger der vertraglichen Rechte und Pflichten die Gruppenmitglieder, aber nicht als Einzelne, sondern in ihrer Gesamtheit. Daneben haften allerdings die Gruppenmitglieder auch persönlich für die Erfüllung der Gruppenverpflichtung. In diesem Fall wird in der Regel ein Gesamtentgelt vereinbart, das der Gruppe als Ganzes zustehen soll und allen Mitgliedern der Gruppe zu gesamter Hand gehört. Den einzelnen Mitgliedern steht sodann nicht mehr ein Lohnanspruch gegenüber der Gesellschaft zu, sondern ein Anspruch auf Anteil am Gesellschaftsgewinn.

---

[27] Gruppenakkord sind diejenigen Gruppenlöhne, «bei denen die ganze Lohnsumme direkt mit dem Leistungsergebnis variiert, die Beeinflußbarkeit allein bei der Gruppe liegt und bei denen der Verteilungsschlüssel im voraus festgelegt ist und der Einzelakkordsituation möglichst zu entsprechen sucht» (ZIMMERMANN, S. 82).

[28] «Die Gruppenprämien ergeben sich danach aus zwei verschiedenen Grundlagen, nämlich aus Prämienarten wie bei den Einzelprämienlöhnen und aus dem vom Gruppenakkord abweichenden Verteilungsprinzip» (ZIMMERMANN, S. 83).

[29] Vgl. HERMAN (S. 76 ff.) und insbesondere WUEST, Die Interessengemeinschaft, ein Ordnungsprinzip des Privatrechts, insbes. S. 50 ff., und die Kritik von REINHARDT, Die Interessengemeinschaften, AcP, NF 40, S. 62 ff.

[30] Vgl. HERMAN, S. 72 ff. und die dort zitierten Autoren.

Möglich ist auch ein gestuftes Arbeitsverhältnis in dem Sinne, daß der Gruppenleiter als Arbeitgeber der Gruppenmitglieder mit dem Dritten ein arbeitsvertragliches Verhältnis eingeht, wobei es dann dem Zwischenarbeitgeber obliegt, den Gewinn unter seine Arbeitnehmer zu verteilen (gestuftes Arbeitsverhältnis, s. oben S. 307/08)[31].

d) Die Provision

Die Provision ist in der Regel eine in Prozenten ausgedrückte Beteiligung des Arbeitnehmers am Wert der einzelnen von ihm vermittelten oder abgeschlossenen Geschäfte. Die Provision richtet sich nach dem Ergebnis der Arbeit und ist insofern ebenfalls eine Erscheinungsform des Leistungslohnes.

Der Anspruch auf Provision entsteht, sobald das Geschäft mit dem Dritten rechtsgültig abgeschlossen ist (Art. 322b Abs. 1 OR). Bei Geschäften mit gestaffelter Erfüllung sowie bei Versicherungsverträgen kann schriftlich vereinbart werden, daß der Provisionsanspruch auf jeder Rate mit ihrer Fälligkeit oder ihrer Leistung entsteht (Art. 322b Abs. 2). Allerdings steht der Provisionsanspruch unter einer Resolutivbedingung. Da er bereits mit dem Abschluß des Geschäfts entsteht, läßt das Gesetz, um einen Ausgleich zwischen den Interessen des Arbeitnehmers und denjenigen des Arbeitgebers herzustellen, den Anspruch nachträglich wegfallen, wenn ein Geschäft vom Arbeitgeber ohne Verschulden nicht ausgeführt oder vom Kunden nicht erfüllt wird. Bei nur teilweiser Erfüllung tritt eine verhältnismässige Herabsetzung der Provision ein (Art. 322 b Abs. 3 OR; vgl. auch BGE 90 I, 1964, S. 483. Das Bundesgericht spricht allerdings von einer Suspensivbedingung).

Die Entlöhnung auf Provisionsbasis ist am häufigsten beim Handelsreisenden. In der Regel hat der Arbeitgeber einen Lohn zu entrichten, bei dem zum Schutz des Handelsreisenden das feste Gehalt (Zeitlohn) Hauptbestandteil ist (Art. 349a Abs. 1 OR). Immerhin ist die schriftliche Abrede möglich, daß der Lohn ausschließlich oder vorwiegend in einer Provision bestehen soll, vorausgesetzt, daß die Provision ein angemessenes Entgelt[32] für die Tätigkeit des Handelsreisenden ergibt (Art. 349a Abs. 2).

e) Soziale Aspekte des Leistungslohnes

Der Leistungslohn, insbesondere beim Akkord, entspricht an sich der Entlöhnung nach dem Prinzip der Leistungsgerechtigkeit. Er appelliert

---

[31] Allgemein zu den Prinzipien der Gruppenverdienstverteilung vgl. ZIMMERMANN, S. 87 ff.

[32] «Es liegt in der Natur eines ausschließlich auf Provision beruhenden Einkommens, daß seine Höhe monatlich stark variieren kann. Daher ist es naheliegend und billig anzunehmen, daß der höhere Verdienst eines 'guten' den Ausgleich für den geringern Verdienst eines 'schlechten' Monats bedeuten soll» (Entscheid des gew. Schiedsgerichts BS, SJZ 41, S.259). Wegen des Grundsatzes des vollen Auslagenersatzes muß zudem der effektive monatliche Verdienst ohne Rücksicht auf den Spesenersatz festgestellt werden (BGE 75 II, 1949, S.243). Dem so gefundenen Betrag ist dann das für die entsprechende Zeit errechnete «angemessene Entgelt» gegenüberzustellen. Vgl. auch A. HAGMANN, Die finanziellen Ansprüche des Handelsreisenden, Diss. Basel 1957, S.38 ff.

auch an die Tendenz des Menschen zum Wettbewerb. Gerade wegen der durch den Leistungslohn geförderten Neigung zur Gruppenbildung, die ihren eigenen Korpsgeist entwickelt, besteht aber die Gefahr der Überforderung des einzelnen, insbesondere des schwächeren Arbeitnehmers, der, um nicht aus der Gruppe ausgeschlossen zu werden, oft Leistungen über seine Kräfte erbringt. Es werden deshalb, insbesondere von der Arbeitspsychologie, die negativen Einflüße des Leistungslohnes betont [33].

III. Der Anteil am Geschäftsergebnis

1. Der Arbeitnehmer kann vertraglich Anspruch auf einen Anteil am Gewinn, am Umsatz oder am Geschäftsergebnis zugesichert erhalten [34]. An sich kann auch die ganze Belegschaft am wirtschaftlichen Erfolg des Unternehmens beteiligt werden. Der Gedanke der Ertragsbeteiligung kommt aber nur dort zur Geltung, wo die zur Verteilung gelangenden Beträge allein durch das Betriebsergebnis bestimmt werden. Die Abrede eines Anteils am Geschäftsergebnis beinhaltet ein gesellschaftsrechtliches Element. Sie bedingt das Recht des Arbeitnehmers zur Information über das Geschäftsergebnis, auch auf Einsicht in die Geschäftsbücher, soweit dies zur Nachprüfung erforderlich ist. Wenn der Arbeitgeber hierzu nicht bereit ist, kann der Richter zum Zwecke der Nachprüfung einen Sachverständigen [35] ernennen (Art. 322 a Abs. 2 OR). Bei der Verabredung eines Anteils am Gewinn des Unternehmens hat der Arbeitgeber überdies dem Arbeitnehmer auf Verlangen eine Abschrift der Gewinn- und Verlustrechnung des Geschäftsjahres zu übergeben [36].

Eine Beteiligung am Geschäftsgewinn findet sich oft in der Form der sog. Tantième bei leitenden Angestellten, die nach ihrer Stellung das Geschäftsergebnis unmittelbar beeinflussen

---

[33] Vgl. Küng, S. 55 ff.

[34] Zum gesetzgeberischen Problem bei der Behandlung des Anteils am Geschäftsergebnis vgl. BBl 1967 II, S. 315: «Die Beteiligung am Betriebs- oder Unternehmenserfolg kann in ganz verschiedener Weise ausgestaltet werden, so daß es nicht Aufgabe des Gesetzes sein kann, das dadurch entstehende Rechtsverhältnis in allen Teilen zu ordnen. Vielmehr bleibt seine Ausgestaltung Sache der vertraglichen Abrede und allenfalls der Regelung durch Gesamtarbeitsvertrag. Der Entwurf (jetzt das Gesetz) begnügt sich damit, den Begriff des Anteils am Geschäftsergebnis zu umschreiben, für dessen Berechnung eine Vorschrift vorzusehen (Abs. 1) und eine angemessene Kontrolle sicherzustellen (Abs. 2 und 3).»

[35] Neu ist an der gesetzlichen Regelung, daß es sich nicht bloß um einen Vertrauensmann handeln darf, sondern daß ein eigentlicher Sachverständiger nötig ist (vgl. BBl 1967 II, S. 317).

[36] Im übrigen aber können die allgemeinen gesellschaftsrechtlichen Regeln nicht einfach beigezogen werden, z.B. ist «die Gewinnbeteiligung nur ein Maßstab für die Lohnberechnung, verpflichtet aber nicht den Arbeitgeber dem Arbeitnehmer gegenüber zu sorgfältiger Leitung der Geschäfte, wie es im Gesellschaftsrecht zutrifft»; ausgenommen bleibt eine arglistige Handlungsweise des Arbeitgebers. So Hueck/Nipperdey, Lehrbuch, Bd. I, S. 303.

können und an einer gewinnbringenden Führung des Geschäfts ein eigenes Interesse erhalten sollen. Der Unterschied zur Provision besteht darin, daß sich der Beteiligungsanspruch auf den Gesamterfolg eines Betriebes oder Unternehmens bezieht und nicht auf ein einzelnes vermitteltes Geschäft.

Soweit eine Beteiligung am Reingewinn verabredet wird, ist im Zweifel der Geschäfts- und nicht der Bilanzgewinn maßgebend[37]. Deshalb darf ein früher entstandener Verlust nicht der nachfolgenden Abrechnungsperiode belastet werden, wenn der Posten schon vorher völlig verloren war und zu Unrecht aktiviert worden ist. Auch darf das Geschäftsjahr nicht gegen den Willen des Gewinnbeteiligten mit ausnahmsweise ausgerichteten Gratifikationen für das vergangene Geschäftsjahr belastet werden. Mit Recht führt das Bundesgericht aus (BGE 81 II, 1955, S. 145):

«Es hieße, die Natur der Gewinnbeteiligung des Angestellten, die eine Form des Zeitlohnes ist, verkennen, und es entspräche nicht dem anerkannten Grundsatz, daß Verluste aus vorhergehenden Jahren den Gewinnanspruch des Angestellten nicht verkürzen dürfen, wollte man die nachträgliche Berücksichtigung früher entfallener Betriebsspesen zulassen. Um solche handelt es sich auch bei den in Frage stehenden Gratifikationen. Anders verhielte es sich, wenn eine Firma regelmäßig derartige Entgelte ausrichtet.»

2. Eine besondere Form der Beteiligung des Arbeitnehmers am Unternehmensresultat besteht in der Zuteilung von Aktien (sog. Mitarbeiteraktien), Genuß- oder Partizipationsscheinen, unentgeltlich oder zu Vorzugspreisen. Die Zuteilung setzt einen Beschluß der Generalversammlung der Aktiengesellschaft voraus, wobei anlässlich der Erhöhung des Aktien- oder des PS-Kapitals das Bezugsrecht der Aktionäre oder der PS-Inhaber zugunsten der Arbeitnehmer ausgeschlossen werden muß. Das finanzielle Opfer erbringen deshalb die Aktionäre, respektive die PS-Inhaber. Beteiligungen am Unternehmen, sei es in Form von Aktien oder PS, wollen den Arbeitnehmer in erster Linie auch an der Steigerung des inneren Wertes des Unternehmens partizipieren lassen, dem Gedanken Rechnung tragend, daß in dieser Wertsteigerung der «Mehrwert der Arbeit» zum Ausdruck kommt. Dies setzt allerdings Unternehmen voraus, bei denen, insbesondere durch Eigenfinanzierung, ein Wertzuwachs überhaupt möglich ist[38].

IV. Die Gratifikation

1. Unter Gratifikation versteht das Gesetz (Art. 322d Abs. 1 OR) eine Sondervergütung, die vom Arbeitgeber neben dem Lohn bei bestimmten

---

[37] Vgl. auch BBl 1967 II, S. 316.
[38] Vgl. im einzelnen VISCHER, Die Beteiligung der Arbeitnehmer am Unternehmen, WuR 19, 1967, S. 54 ff.; DERSELBE, Beteiligung der Betriebsangehörigen am Aktienkapital der Gesellschaft, SAG 1965, S. 1 ff.

Anlässen wie Weihnachten oder Abschluß des Geschäftsjahres entrichtet wird. Typisch für die Gratifikation bleibt demnach, daß sie eine «dem Grundsatz und der Höhe nach freiwillige Sondervergütung des Arbeitgebers ist», ohne aber eine Schenkung zu sein[39].

Man muß sich allerdings fragen, ob diese Definition der Rechtswirklichkeit genügend Rechnung trägt. Die Gratifikation war ursprünglich, wie der Name sagt, ein Geschenk des Arbeitgebers als Anerkennung für besondere Leistung oder Treue des Arbeitnehmers.

Sie ist aber heute, zumindest in den größeren Betrieben, weitgehend entpersönlicht und auch sehr oft ihres Charakters als einer völlig freiwilligen, unentgeltlichen Leistung enthoben. Sie wird in diesen Betrieben meist unabhängig von der individuellen Leistung oder Treue ausgerichtet und hat mehr und mehr die Funktion übernommen, dem Arbeitnehmer einen gewissen Anteil am finanziellen Ergebnis des Unternehmens zu sichern.

Keine Gratifikation ist der ziffernmäßig bestimmte, vorbehaltlos zugesicherte Anspruch wie Zahlung eines 13. Monatslohnes, einer summenmäßig bezifferten Herbst- oder Weihnachtszulage oder einer Teuerungszulage. Solche Versprechen haben Lohncharakter und sind rechtlich wie das Lohnversprechen zu behandeln[40].

2. Nach Art. 322 d OR besteht ein Anspruch auf die Gratifikation nur, «wenn es verabredet ist». Gemäß den allgemeinen Prinzipien des Vertragsrechts genügt eine stillschweigende Abrede[41]. Diese kann aus einem konkludenten Verhalten des Arbeitgebers hervorgehen, insbesondere wenn eine Gratifikation während längerer Zeit wiederholt und vorbehaltlos, ohne Hinweis auf ihre Freiwilligkeit[42] und Widerruflichkeit, entrichtet worden ist und wenn sie einen für die Lebenshaltung des Arbeitnehmers ins Gewicht fallenden Betrag erreicht[43].

---

[39] Vgl. dazu BBl 1967 II, S. 320.
[40] Vgl. GewGer Zürich, 24. Jan. 1957, ARV 8, 1960, Nr. 36; Bericht des gew. Schiedsgerichtes BS 1956–1958, BJM 1960, S. 177, Canner, 1. Folge, Nr. 18; Gew. Schiedsgericht Zürich, 13. April 1962, ARV 1963, S. 77, Canner, 1. Folge, Nr. 19; AppGer BS, 14. Dez. 1962, BJM 1963, S. 113, Canner, 1. Folge, Nr. 23.
[41] Vgl. dazu ARV 11, 1963, Nr. 34.
[42] Auch ein ausdrücklicher Freiwilligkeitsvorbehalt kann unbehelflich sein, wenn er nur dazu dient, aus sachfremden Erwägungen heraus die Leistung zu verweigern. So wurde einem Arbeitnehmer, dem während 23 Jahren regelmäßig eine Gratifikation ausbezahlt worden war, bei seinem Ausscheiden aus dem Betrieb dieselbe verweigert. Das Gericht entschied, daß der Arbeitnehmer, der zudem nur ein sehr bescheidenes Gehalt bezog, Anspruch auf die Gratifikation habe, sofern der Geschäftsgang die Auszahlung erlaube und angesichts der Tatsache, daß ihm «mangelnde Geschäftstreue» nicht vorgeworfen werden könne. Vgl. SJZ 57, 1961, S. 256, ARV 7, 1959, Nr. 51.

Noch weitergehend ARV 4, 1956, Nr. 36: «Es erscheint fraglich, ob sie (die Gratifikation) auf die Dauer trotz der Erklärung des Arbeitgebers nicht auch rechtlich zum Lohn werde». Dieser wäre dann auch bei schlechtem Geschäftsgang geschuldet.
[43] Vgl. Vischer, WuR 1967, Heft 1, S. 50 ff., sowie Eichholzer, Die Gratifikationen, SAG 1959/60, S. 214 ff.; Stofer, Die wirtschaftliche Bedeutung der Gratifikation, BJM 1960, S. 255 ff.; Oser/Schönenberger, N. 18 ff. zu Art. 330 OR; ARV 3, 1955, Nr. 67. Dazu aus der deutschen Literatur: Hueck/Nipperdey, Lehrbuch, Bd. I, S. 305 ff.; Nikisch, Arbeitsrecht, Bd. I, S. 409 ff.

Im Nationalrat unterlag der Antrag, daß die Gratifikation auch geschuldet sei, wenn sie im Betriebe «üblich» ist. Man befürchtete, durch die Einführung des Begriffs der «Betriebsübung» eine neue Rechtsquelle gesetzlich anzuerkennen. Mit Recht wurde aber betont, daß die stillschweigende Verabredung sich auch aus einer betrieblichen Übung ergeben könne[44].

Ist die Gratifikation nur dem Grundsatz nach verabredet, so ist der Anspruch von verschiedenen Voraussetzungen abhängig: das Geschäftsergebnis muß die Auszahlung gestatten, die Arbeitsleistung und das Verhalten des Arbeitnehmers sie rechtfertigen, und der Arbeitnehmer darf nicht vorzeitig aus dem Betrieb ausgeschieden sein[45]. Tritt der Arbeitnehmer nach Beendigung der Gratifikationsperiode aus, so ist der Arbeitgeber berechtigt, die Gratifikation der Höhe nach um diejenige Quote zu reduzieren, die als Ansporn für weitere Leistungen gedacht ist[46].

3. Endigt das Arbeitsverhältnis vor Ende der Gratifikationsperiode, so hat nach Art. 322 d Abs. 2 OR der Arbeitnehmer nur dann einen Anspruch auf einen verhältnismässigen Teil (pro-rata-Anspruch), wenn es verabredet ist. Das Gesetz geht davon aus, daß die Gratifikation aufschiebend bedingt ist durch die Fortdauer des Arbeitsverhältnisses bis zu dem Anlaß, bei welchem sie regelmässig zur Ausrichtung gelangt[47]. Hierbei ist meines Erachtens der Zeitpunkt des Ablaufs des Kündigungstermins und nicht derjenige der Kündigung maßgebend, da das Arbeitsverhältnis bis zum Ende der Kündigungsfrist fortdauert.

Die Abrede eines pro-rata-Anspruchs bedarf keiner besondern Form und kann sich aus einer ständigen betrieblichen Übung ergeben[48]. Ein pro-rata-Anspruch dürfte insbesondere auch dann gerechtfertigt sein, wenn der Arbeitgeber den Vertrag ohne achtbare Gründe vor Ende der Vertragsperiode aufgelöst hat. In diesem Falle auch ohne Abrede die Verweigerung eines pro-rata-Anspruches unter dem Gesichtspunkt des Rechtsmißbrauchs unzulässig sein.

Ein pro-rata-Anspruch ist, wenn nichts anderes vereinbart ist, für die oben erwähnten besonderen Lohnzulagen (13. Monatslohn usw.) gegeben.

4. Wird die Gratifikation nur dem Prinzip nach versprochen, ohne daß die Höhe oder die Berechnungsart festgelegt wird, so stellt sich die Frage, ob in größeren Betrieben die Ausrichtung nach einem einheitlichen Maßstab zu erfolgen hat, ob mit andern Worten das Gleichbehandlungsprinzip zur Anwendung gelangt. Dort, wo sich eine Kollektivität von Arbeitnehmern mit einheitlichen Funktionen findet, die betriebliche Ordnung eine personale Gemeinschaftsordnung darstellt, erscheint eine rein individuelle Bemessung der Gratifikation nicht nur praktisch schwer durchführbar, sondern auch geradezu unzulässig. Das den größeren Betrieb notwendigerweise

---

[44] StenBullNR 1969: S. 433 (ROHNER), S. 444 (HOFSTETTER), S. 445 (MUGNY); 1970, S. 719 (ROHNER); 1971, S. 721 (BRUNNER). StenBullStR 1970, S. 325 (VON MOOS).
[45] Vgl. AppGer BS, 13. März 1959, BJM 1959, S. 177/78; ZivGer BS, 23. Dez. 1960, BJM 1961, S. 7, CANNER, 1. Folge, Nr. 15.
[46] Vgl. Gew. Schiedsgericht BS, 11. Jan. 1955, BJM 1955, S. 183; ARV 1961, S. 47; STOFER, S. 326; BJM 1971, S. 19.
[47] Vgl. ebenso ObGer Luzern, 11. April 1960, ARV 1962, S. 8, CANNER, 1. Folge, Nr. 24.
[48] Botschaft BBl 1967 II, S. 321 und BJM 1970, S. 135.

beherrschende Ordnungsprinzip verlangt nach einheitlichen, die Gleichbehandlung respektierenden Maßstäben bei der Ausrichtung der Gratifikation. Dadurch wird die Verweigerung der Auszahlung an einzelne Arbeitnehmer oder an eine Gruppe von Arbeitnehmern innerhalb einer Belegschaft nicht mehr tragbar. Das schließt nicht aus, daß Abstufungen, z.B. nach Qualifikation der Arbeit, nach Funktionen, Dauer der Beschäftigung, Anzahl der Familienangehörigen des Arbeitnehmers, vorgenommen werden.

Es ist auch sicherlich – entgegen verschiedener Behauptungen – zulässig, bei der Bemessung die Leistung des einzelnen Arbeitnehmers zu berücksichtigen; vorausgesetzt, daß die Bewertung nach einheitlichen, objektiven Maßstäben erfolgt, ist die Leistung des Einzelnen doch einer der Faktoren, die zur Erzielung des Gewinns beitrugen. Auch ist dem Arbeitgeber nicht untersagt, darüber hinaus im Einzelfall eine besondere Leistung oder Treue zu prämieren. Nur darf eine solche individuelle Leistung nicht zu Lasten der übrigen Arbeitnehmer gehen und sie ist grundsätzlich von der allgemeinen Gratifikation zu unterscheiden. Sie hat weitgehend noch den Charakter einer freiwilligen Leistung im Sinne eines Geschenkes[49].

V. Der Auslagenersatz

Der Arbeitnehmer hat grundsätzlich Anspruch auf Ersatz der ihm durch die Arbeitsleistung erwachsenen Auslagen.

1. Der Arbeitgeber hat dem Arbeitnehmer alle für die Ausführung der Arbeit notwendigen Auslagen zu ersetzen (Art. 327a OR). Die Pflicht zum Auslagenersatz beschränkt sich auf die bei der vertraglichen Arbeit notwendig entstandenen Auslagen[50]. Darunter fallen nicht Auslagen, die der Arbeitnehmer für sich persönlich macht (wie Auslagen für Kleidung, Verköstigung, Fahrt zur Arbeitsstelle usw.).

Grundsätzlich hat der Arbeitgeber den Arbeitnehmer mit den Geräten und dem Material auszurüsten, die dieser zur Arbeit benötigt. Stellt der Arbeitnehmer im Einverständnis mit dem Arbeitgeber die Geräte oder das Material für die Ausführung der Arbeit selbst zur Verfügung, so ist er hiefür angemessen zu entschädigen, sofern nichts anderes abgemacht oder üblich ist (Art. 327b).

Setzt der Arbeitgeber den Arbeitnehmer an auswärtigen Arbeitsorten ein, so sind die Reisekosten und die für den Unterhalt erforderlichen Aufwendungen zu ersetzen, und zwar ohne Abzug dessen, was der Arbeitnehmer bei Verpflegung und Unterkunft zu Hause aufzuwenden hätte.[51] Dieser Regelung liegt der Gedanke zugrunde, daß die Unterhaltsersparnis des Arbeitnehmers eine geringfügige sei und die Mehrkosten für den Unterhalt auswärts kaum genau bestimmt werden können[52].

Benützt der Arbeitnehmer im Einverständnis[53] mit dem Arbeitgeber für seine Arbeit ein von diesem oder von ihm selbst gestelltes Motorfahrzeug, so sind ihm die üblichen Aufwendungen

---

[49] Vgl. VISCHER, WuR 1967, S. 50/51.
[50] Bezüglich des Ersatzes von Ausbildungskosten vgl. ZR 68, Nr. 83: «Ein Arbeitgeber kann nicht schon deshalb zur Tragung von Ausbildungskosten verpflichtet werden, weil bei der Anstellung oder später von der Wünschbarkeit irgendwelcher Weiterbildung die Rede war. Vielmehr muß, um diese Pflicht zu begründen, mindestens ein bestimmter Auftrag vorliegen, eine strikte Anordnung des Dienstherrn.»
[51] Vgl. auch HAGMANN, S. 73 (mit weiteren Literaturangaben): Die Summe, welche den persönlichen Unterhalt des Reisenden deckt, hat Lohncharakter, so daß dieser Betrag vom Arbeitgeber im Falle der Verhinderung an der Reisetätigkeit nach Art. 349c OR zu vergüten ist.
[52] Botschaft BBl 1967 II, S. 341.
[53] «Im Einverständnis» bedeutet eine Änderung gegenüber Art. 14 HRAG, wo noch von «Weisung des Dienstherrn» die Rede war. Von der Regelung des Art. 327b OR werden also

für dessen Betrieb und Unterhalt nach Maßgabe des Gebrauchs für die Arbeit zu vergüten (Art. 327b Abs. 1). Wird das Motorfahrzeug im Einverständnis mit dem Arbeitgeber vom Arbeitnehmer selbst gestellt, so hat er überdies Anspruch auf einen nach Maßgabe des Gebrauchs für die Arbeit anteilmäßigen Ersatz für die öffentlichen Abgaben, die Haftpflichtversicherung und die Abnützung des Fahrzeuges. Überdies hat ihn der Arbeitgeber auf seine Kosten in angemessener Weise gegen Unfälle mit dem Motorfahrzeug, die sich bei der Arbeit ereignen können, zu versichern, sofern der Arbeitnehmer nicht bei der Schweizerischen Unfallversicherungsanstalt obligatorisch versichert ist (Art. 327b Abs. 2 und 3)[54].

Durch schriftliche Abrede, Normal- oder Gesamtarbeitsvertrag kann als Auslagenersatz eine feste Entschädigung festgesetzt werden (festes Taschengeld, pauschale Wochen- oder Monatsvergütung), die aber so bemessen sein muß, daß alle notwendig entstehenden Auslagen gedeckt werden.

Beim Handelsreisendenvertrag wird eine Abrede, daß der Auslagenersatz ganz oder teilweise im festen Gehalt oder in der Provision[55] eingeschlossen sei, als nichtig erklärt (Art. 349d Abs. 2 OR). Aus dieser Spezialregelung beim Handelsreisenden, die in der allgemeinen Regelung fehlt, kann geschlossen werden, daß es bei andern Vertragsverhältnissen zulässig ist, eine Gesamtvergütung festzulegen, die Lohn- und Auslagenersatz umfaßt. Voraussetzung ist, daß nach Abzug des üblichen Lohnes der verbleibende Teil der Gesamtvergütung die tatsächlich notwendigen Auslagen vollständig deckt[56].

Abreden, wonach die Auslagen auf den Arbeitnehmer überwälzt werden, sind nichtig (Art. 327a Abs. 3), da die Auslagen zur Ausführung der Arbeit im Interesse des Arbeitgebers gemacht werden.

2. Der Auslagenersatz ist jeweils zusammen mit dem Lohn[57] auszurichten, sofern nicht kürzere Fristen verabredet oder üblich sind. Hat der Arbeitnehmer zur Erfüllung der vertraglichen Pflichten regelmäßige Auslagen zu machen, so ist ihm in bestimmten Zeitabständen, mindestens aber jeden Monat, ein angemessener Vorschuß auszurichten (Art. 327c).

VI. Der Lohnrückbehalt, die Sicherung des Lohnanspruchs, Fristen für die Lohnauszahlung

1. Bereits das Bundesgesetz vom 26. Juni 1902 betr. Lohnzahlung und Bußenwesen bei den nach dem Bundesgesetz vom 26. April 1887 haftpflichtigen Unternehmen[58] sah vor, daß am Zahltag nicht mehr als der Lohn von 6 Tagen ausstehen bleiben dürfe (Art. 1 lit. a Abs. 3). Gleicherweise

---

auch die Fälle erfaßt, in denen keine ausdrückliche oder konkludente Weisung des Arbeitgebers vorliegt, sondern die Initiative vom Arbeitnehmer ausgeht und der Arbeitgeber dies duldet. Konkludent ist dieses Einverständnis gegeben, wenn und soweit die Verwendung eines Fahrzeugs zur richtigen Erfüllung der Aufgabe objektiv notwendig ist, und der Arbeitgeber nicht eine ausdrückliche, anderslautende Weisung erlassen hat.

[54] Entgegen einem Antrag im Nationalrat wurde eine Regelung für die Benützung eines privaten Fahrzeuges, das nicht ein Motorfahrzeug ist (z.B. Fahrrad), nicht aufgenommen (StenBullNR 1969, S. 471 (BÄRLOCHER)).

[55] Vgl. BGE 81 II, 1955, S. 234ff., S. 622ff.; 84 II, 1958, S. 53.

[56] Botschaft BBl 1967 II, S. 341.

[57] Vgl. unten S. 380.

[58] AS, N.F. 19, S. 348.

hatte das Fabrikgesetz in Form einer zwingenden Vorschrift für die ihm unterstellten Arbeitnehmer Rückbehalte auf den Lohn auf höchstens 6 Arbeitstage beschränkt (Art. 25 Abs. 3).

Die Frage des Lohnrückbehaltes wird nunmehr für alle Arbeitsverhältnisse einheitlich geordnet. Während nach Fabrikgesetz der Arbeitgeber ein gesetzliches Recht zum Lohnrückbehalt hatte, ist nunmehr Voraussetzung, daß der Rückbehalt verabredet oder üblich oder durch Normalarbeits- oder Gesamtarbeitsvertrag bestimmt ist. Der Lohnrückbehalt hat zwei Funktionen: Wird der Arbeitnehmer im Stunden- oder Akkordlohn entlöhnt, so ist es oft aus rein technischen Gründen der Lohnabrechnung nicht möglich, den Lohn genau bis und mit dem Arbeitstag festzustellen, an dem er auszurichten ist. Insofern hat der Lohnrückbehalt eine mehr abrechnungstechnische Überbrückungsfunktion. Zum Zweiten dient der Lohnrückbehalt als Sicherheit[59] für die Forderungen des Arbeitgebers aus dem Arbeitsverhältnis. Im Zweifel gilt er nicht als Konventionalstrafe (Art. 323a Abs. 3 OR).

Art. 323a Abs. 2 OR beschränkt gegenüber dem Fabrikgesetz die Höhe des Lohnrückbehaltes auf den Lohn einer Arbeitswoche (bei 5-Tage-Woche somit auf den Lohn von 5 Arbeitstagen); vom jeweils fälligen Lohn darf nicht mehr als $^1/_{10}$ zurückbehalten werden. Der Lohnrückbehalt darf als absolute Grenze (auch wenn er aufaddiert wird) den Lohn für eine Arbeitswoche nicht übersteigen (Art. 323a Abs. 2 OR). Abweichende Regelungen durch Normal- und Gesamtarbeitsverträge, jedoch nicht durch Einzelabreden[60], sind zulässig.

Der zurückbehaltene Lohn wird mit der Beendigung des Arbeitsverhältnisses fällig (Art. 339 Abs. 1 OR); diese Fälligkeit kann im Gegensatz zur Kaution nicht hinausgeschoben werden. Stehen dem Arbeitgeber keine Gegenforderungen gegenüber dem Arbeitnehmer zu, so darf er die Ausrichtung des zurückbehaltenen Lohnes nicht verweigern. Dagegen darf er nach der Botschaft Gegenforderungen mit dem zurückbehaltenen Lohn verrechnen, ohne an die Beschränkung des Art. 323b Abs. 1 OR (Verrechnungsbeschränkung) gebunden zu sein. Das ergebe sich daraus, daß die zurückbehaltene Lohnsumme zusätzlich zum Lohn der letzten Lohnperiode zur Ausrichtung gelange und nur für den letzteren die Verrechnungsbeschränkung in vollem Umfange wirksam sei. Der zurückbehaltene Lohn gehöre damit nicht mehr zum unpfändbaren Lohn[61]. Dagegen ist allerdings einzuwenden, daß auch der Lohnrückbehalt Lohn darstellt und es deshalb nicht einzusehen ist, weshalb er von der Schutzvorschrift von Art. 323b Abs. 2 OR ausgeschlossen sein soll.

2. Durch die Revision des 10. Titels des OR wurden eine Reihe von Lohnsicherungen eingeführt, die bisher zum Teil nur für den Fabrikarbeiter galten[62].

---

[59] Vgl. BBl 1967 II, S. 326: «Also nicht bloß zur 'Deckung des Schadens' wie nach geltendem Recht, sondern zur Deckung aller Forderungen aus dem Arbeitsverhältnis. Die Sicherheitsleistung in Form des Lohnrückbehaltes erfüllt damit die gleichen Voraussetzungen wie die Kaution. Von dieser unterscheidet sich aber der Lohnrückbehalt dadurch, daß er aus Teilen des fälligen Lohnes gebildet und nicht als besondere Leistung aus dem übrigen Vermögen des Arbeitnehmers dem Arbeitgeber übergeben wird (Art. 330 Abs. 1).»
[60] Vgl. Art. 323 Abs. 2 in Verbindung mit Art. 362.
[61] Botschaft BBl 1967 II, S. 326.
[62] Eine spezielle Form der verfahrensmäßigen Lohnsicherung war im sog. Mißstandsverfahren des VE 1945 und des E 1950 vorgesehen. Danach wäre beim Vorliegen eines Miß-

a) Das Fabrikgesetz enthielt bisher für Arbeiter in industriellen Betrieben die Bestimmung, daß der Lohn in bar und in gesetzlicher Währung auszubezahlen sei. Art. 323b Abs. 1 OR übernimmt in modifizierter Weise diese Regelung: Der Geldlohn ist dem Arbeitnehmer in gesetzlicher Währung innert der Arbeitszeit auszurichten, sofern nichts anderes verabredet oder üblich ist. Der Grundsatz, daß der Arbeitnehmer innerhalb der Arbeitszeit am Fälligkeitsdatum den Lohn zur Verfügung haben muß, kann damit zugunsten der bargeldlosen Lohnzahlung eingeschränkt werden. Ein Verbot der Lohnauszahlung an Sonn- und Feiertagen wurde nicht als notwendig erachtet. Eine solche erweckt auch bei Arbeitsverhältnissen mit Hausgemeinschaft, wo dies noch vorkommt, kaum Bedenken. Zwar hat das Fabrikgesetz vorgeschrieben, daß der Zahltag nur ausnahmsweise aus zwingenden Gründen auf den Samstag verlegt werden dürfe, um der Gefahr «anderweitiger mißbräuchlicher Verwendung des Lohns» vorzubeugen[63]. Ein solcher Protektionismus ist mit Recht als überflüssig erachtet worden[64].

Die Möglichkeit der Lohnzahlung in Fremdwährung ist insbesondere für Grenzgänger und Arbeitnehmer, die vorübergehend im Ausland tätig sind, notwendig. Deshalb läßt das Gesetz vom Erfordernis der Lohnzahlung in Landeswährung abweichende Abreden zu.

b) Die Verrechnung von Gegenforderungen des Arbeitgebers mit der Lohnforderung des Arbeitnehmers ist nach Art. 323b Abs. 2 OR nur soweit zulässig, als die Lohnforderung nach Maßgabe des Schuldbetreibungs- und Konkursgesetzes pfändbar ist (Art. 93 SchKG). Der Arbeitgeber muß den unpfändbaren Teil des Lohnes ausrichten und seine Gegenforderung, soweit sie nicht durch Verrechnung getilgt werden kann, gesondert geltend machen. Eine Ausnahme von der Verrechnungsbeschränkung gilt für Ersatzforderungen wegen absichtlich zugefügten Schadens, gleichgültig ob dieser durch vorsätzliche Vertragsverletzung oder vorsätzliche unerlaubte Handlung herbeigeführt worden ist. Fahrlässigkeit genügt nicht (Art. 323b Abs. 2).

Keine Verrechnung ist die Anrechnung eines bereits bezogenen Vorschusses (vgl. oben S. 365).

c) Gemäß Art. 323b Abs. 3 OR gilt das sog. Truckverbot nunmehr für alle Arbeitnehmer: Abreden über die Verwendung des Lohnes im Interesse des Arbeitgebers sind nichtig. Die Vorschrift, die sich bereits im Fabrikgesetz (Art. 28) fand, unterbindet die vor allem in den Anfängen der industriellen Entwicklung verbreitete Unsitte des Arbeitgebers, in Anrechnung auf den Lohn Waren zu liefern. Es ist aber auch unzulässig, durch Abreden den Arbeitnehmer zu verpflichten, den Lohn für den Ankauf von Waren aus dem Unternehmen des Arbeitgebers oder einem ihm nahestehenden Unternehmen zu verwenden. Dagegen wird selbstverständlich der freie Verkauf von Waren im Areal des Unternehmens gegen bar nicht verboten[65]. Nicht unter das Truckverbot fällt die bargeldlose Lohnzahlung durch Bank- oder Postüberweisung, sofern der Arbeitnehmer spätestens am Zahlungstermin über den Lohnbetrag verfügen kann. Ebenso wird vom Art. 323b Abs. 3 eine Abrede nicht betroffen, wonach der Arbeitnehmer sich verpflichtet, durch regelmäßige Lohnabzüge ein vom Arbeitgeber gewährtes Darlehen zu tilgen, wobei allerdings die Lohnverrechnungsbeschränkung zu beachten ist. Zulässig endlich ist die Abrede, wonach der Arbeitnehmer einen Teil des Lohnes im Unternehmen des Arbeitgebers als Guthaben gegen

---

standes in der Lohnzahlung «die mit dem Vollzug der Arbeitnehmerschutzbestimmungen betraute Behörde befugt, ... einzuschreiten. Zu diesem Zweck kann die Behörde dem Arbeitgeber den Befehl erteilen, die von diesem begangene Rechtswidrigkeit zu beheben. Im Falle der Nichtbeachtung dieses Befehls hat der Arbeitgeber Rechtsnachteile zu gewärtigen, wie Ordnungsbuße oder Überweisung an den Strafrichter wegen Ungehorsams gegen eine amtliche Verfügung (StGB 292).» Vgl. FACKLAM, S. 1.

Da in der Folge das Arbeitsgesetz von der Revision des OR getrennt wurde und ersteres sich bewußt auf den öffentlich-rechtl. Arbeitsschutz im eigentlichen Sinne beschränkte (vgl. Botschaft BBl 1960 II, S. 920), wurde diese Lohnsicherung fallen gelassen.

[63] Botschaft BBl 1910 III, S. 605.
[64] Botschaft BBl 1967 II, S. 327.
[65] Botschaft BBl 1967 II, S. 329.

eine Zinsvergütung stehen läßt, allerdings nur, sofern der Arbeitnehmer jederzeit über dieses Guthaben verfügen kann. Dagegen wäre eine zum voraus getroffene Abrede, einen Teil des Lohnes dem Arbeitgeber als Darlehen zu gewähren, eine unzulässige Abrede über die Verwendung des Lohnes im Interesse des Arbeitgebers[66].

d) Der Lohnsicherung dient das Verbot der Abtretung oder der Verpfändung künftiger Lohnforderungen über den pfändbaren Betrag hinaus (Art. 325 Abs. 1 OR[67]). Die Beschränkung auf den pfändbaren Betrag gilt nicht, wenn der Arbeitnehmer eine solche Forderung zur Sicherung familienrechtlicher Verpflichtungen abtritt oder verpfändet (Art. 325 Abs. 2).

Ebenso können künftige Vorsorgeleistungen einer Personalfürsorgeeinrichtung nicht gültig abgetreten oder verpfändet werden (Art. 331c Abs. 2 OR). Das Verbot gilt hier noch weitergehend, indem die gesamten künftigen, noch nicht fälligen Forderungen erfaßt werden. Die Abtretung fälliger Lohnansprüche ist nach herrschender Meinung ohne Einschränkung möglich[68]. Ein pactum de non cedendo bleibt vorbehalten.

e) Die Lohnansprüche kann der Arbeitnehmer innert der fünfjährigen Verjährungsfrist von Art. 128 Ziff. 3 OR geltend machen.

Bei der bisherigen Regelung entstanden zahlreiche Streitfragen: Umstritten waren die Fälle, in denen der Arbeitnehmer die Geltendmachung seiner Forderung unterließ (sei es während der Dauer oder nach Beendigung des Dienstverhältnisses). Vielfach wurde erwogen, ob hier ein konkludenter Verzicht auf die Forderung vorliegen könnte[69]. Ferner stellte sich die Frage, wie weit der Arbeitnehmer mit Saldoquittungen auf seine Ansprüche verzichtet habe und ob durch Vertrag kürzere Verwirkungsfristen aufgestellt werden könnten[70].

Die neue Bestimmung in Art. 341 Abs. 1 OR (welche im alten Recht nur für Forderungen aus einem GAV bestand, Art. 323 Abs. 3 ORvRev.) hält nun generell fest, daß der Arbeitnehmer während der Dauer des Arbeitsverhältnisses und eines Monats nach dessen Beendigung nicht auf Forderungen aus unabdingbaren Vorschriften des Gesetzes oder eines GAV verzichten kann. In dieser Frist abgegebene Saldoquittungen oder allfällige konkludente Verzichtserklärungen sind unbeachtlich[71].

f) Im Konkurs des Arbeitgebers hat der Arbeitnehmer für die Lohnforderungen der letzten 6 Monate vor Konkurseröffnung sowie für die Forderungen wegen vorzeitiger Auflösung des Arbeitsverhältnisses infolge Konkurses des Arbeitgebers und für die Rückforderung von Kautionen ein Privileg erster Klasse (Art. 219 Abs. 4 lit a SchKG).

---

[66] Botschaft BBl 1967 II, S. 329.
[67] Eine analoge Regelung findet sich in Art. 226e OR beim Abzahlungskauf. Auf eine zeitliche Limitierung wie in Art. 226e (zweieinhalb Jahre) wurde bewußt verzichtet, da je nach Art der zu sichernden Forderung, sei sie Kaufpreis, Darlehensforderung, Alimentationsforderung, verschiedene Zeitdauern in Frage stehen und so keine sinnvolle generelle Limite gefunden werden konnte. Vgl. JEANPRÊTRE, La cession de salaire, SJZ 63, 1967, S. 38. Sowie zum ganzen Problem der Lohnzession BÜHRLE (oben Lit.verz.); BGE 85 I, 1959, S. 30; 95 III, 1969, S. 39.
[68] BÜHRLE, S. 197 ff.; BGE 40 II, 1914, S. 627.
[69] Vgl. ZR 42, 1943, Nr. 20; ZR 47, 1948, Nr. 144.
[70] Vgl. ZR 43, 1944, Nr. 2b.
[71] Vgl. SCHWEINGRUBER, Kommentar, Ziff. 6 zu Art. 341 OR, wonach die Monatsfrist zwar keine Verwirkungsfrist darstelle, der Arbeitnehmer sich aber ein fortdauerndes Schweigen grundsätzlich als Verzicht anrechnen lassen müsse.

3. Die Fristen für die Auszahlung des Lohnes, der Provision und des Anteils am Geschäftsergebnis während der Dauer des Arbeitsverhältnisses sind in Art. 323 OR relativ zwingend festgesetzt (bei Beendigung des Arbeitsverhältnisses vgl. Art. 339 OR; siehe unten S. 424). Demnach ist der Lohn Ende jedes Monats auszuzahlen, unabhängig davon, ob der Arbeitnehmer ein Angestellter oder Arbeiter ist [72, 73].

Durch Gesamt- oder Normalarbeitsvertrag kann allerdings auch zuungunsten des Arbeitnehmers von der gesetzlichen Regelung abgewichen werden[74].

Für die Provisionsauszahlung gilt dieselbe Frist, wobei die Fälligkeit durch schriftliche Abrede hinausgeschoben werden kann, sofern die Geschäftsabwicklung mehr als ein halbes Jahr dauert (Art. 323 Abs. 2 OR). Von der Setzung einer Maximalfrist für den Aufschub hat man bewußt abgesehen, da die Fälle sehr verschieden gelagert sein können[75].

Eine Spezialregelung besteht für den Handelsreisenden, indem Art. 349b Abs. 3 OR zwingend vorsieht, daß bei Fälligkeit[76], sofern der Wert des Geschäftes noch nicht genau bestimmt werden kann, zunächst eine Provision auf den geschätzten Minderwert zu entrichten ist.

Die Fälligkeit des Anteils am Geschäftsergebnis kann erst nach dessen Ermittlung am Ende des Geschäftsjahres eintreten. Dem trägt die Regelung in Art. 323 Abs. 3 OR Rechnung, welcher festsetzt, daß spätestens 6 Monate nach Ablauf des Geschäftsjahres der Betrag auszuzahlen ist.

§ 63. Lohn bei Verhinderung an der Arbeitsleistung

Literatur: H. BECKER, Kommentar zu Art. 332, 335 OR; OSER/SCHÖNENBERGER, Kommentar zu Art. 332, 335 OR; E. SCHWEINGRUBER, Kommentar zum Dienstvertrag des schweizerischen OR, 4. Aufl., Bern 1969; F. AMREIN, Der Annahmeverzug des Dienstherrn nach schweizerischem Recht unter Berücksichtigung des deutschen und französischen Rechts, Diss. Basel 1957; K. BIEDENKOPF, Die Betriebsrisikolehre als Beispiel richterlicher Rechtsfortbildung, Karlsruher Schriftenreihe, Heft 98, Karlsruhe 1970; B. VON BÜREN, Schweizerisches Obligationenrecht, Besonderer Teil, Zürich 1972; M. DÜNNER, Das Betriebsrisikoproblem nach schweizerischem Arbeitsrecht, Diss. Basel 1974; F. FABRICIUS, Leistungsstörungen im Arbeitsverhältnis, Tübingen 1970; A. HEINIMANN, Witterungsbedingte Arbeitsunterbrüche im Baugewerbe und ihre Behandlung im schweizeri-

---

[72] Anders noch der Entwurf (vgl. BBl 1967 II, S. 322, S. 432). Da keine klaren Abgrenzungskriterien gefunden werden können, wurde die Unterscheidung fallen gelassen, vgl. StenBullNR 1969, S. 446 (HOFSTETTER); StenBullStR 1970, S. 325.
[73] Über die Lohnzahlungspflicht bei Heimarbeit vgl. Art. 353a Abs. 1 OR, ferner unten S. 442 ff.
[74] Vgl. Botschaft BBl 1967 II, S. 323.
[75] Vgl. Botschaft BBl 1967 II, S. 323.
[76] Gemeint ist wohl die regelmäßige Fälligkeit (vgl. dazu BBl 1940 II, S. 1341 zum entsprechenden Art. 11 Abs. 2 HRAG); ein Aufschub der Fälligkeit nach Art. 323 Abs. 2 OR dürfte wegen der Sonderbestimmung des Art. 349b Abs. 3 OR ausgeschlossen sein.

schen Arbeitsrecht, Diss. Bern 1970; P. Kopp, Selbstverschuldete Arbeitslosigkeit und Arbeitslosenversicherung, Diss. Bern 1960; F. Meyer, Le droit au salaire de l'employé empêché de travailler, Diss. Neuchâtel 1962; E. Schweingruber, Der Dienstvertrag und seine Beziehung zum Arbeitslosenversicherungsrecht, ARV 2, 1954, S. 136 ff.; Soergel/Siebert, Kommentar zu § 615 BGB, 10. Aufl., Stuttgart/Berlin/Köln/Mainz 1967.

I. Der Annahmeverzug des Arbeitgebers

1. Der Arbeitgeber trägt grundsätzlich das Betriebsrisiko. Er ist verpflichtet, dafür zu sorgen, daß Arbeit tatsächlich geleistet werden kann. Er wird deshalb von der Lohnzahlungspflicht nicht befreit, wenn er seiner Pflicht zu den notwendigen Vorbereitungs- und Mitwirkungshandlungen nicht nachzukommen vermag (Art. 324 Abs. 1 OR).

Voraussetzung für den Arbeitgeberverzug ist, daß der Arbeitnehmer seine Leistung angeboten hat, wobei es genügt, daß das Dienstangebot aus den Umständen klar hervorgeht und die Leistung des Arbeitnehmers überhaupt möglich war. Unmöglichkeit der Arbeitsleistung schließt den Annahmeverzug aus[1].

Grundsätzlich ist für den Annahmeverzug[2] des Arbeitgebers unerheblich, ob die Verhinderung in der Annahme der Arbeitsleistung von ihm verschuldet wurde oder nicht[3].

Fraglich ist, ob die Folgen des Arbeitgeberverzuges auch dann eintreten, wenn eine außerordentliche Erschwerung oder gar eine Unmöglichkeit der dem Arbeitgeber obliegenden Vorbereitungen und Mitwirkungshandlungen vorliegt, z.B. infolge Ausfalls der Energieversorgung, von Rohstoffen und Werkzeugen, ungünstiger Witterung, Streik in einem Zulieferungsbetrieb etc. Die herrschende Meinung will auch in diesen Fällen keine den Arbeitgeber entlastenden gerechtfertigten Gründe im Sinne von Art. 91 OR anerkennen[4,5].

---

[1] Oser/Schönenberger, N. 3 zu Art. 332; GewGer Zürich, 19. Sept. 1963, ZR 65, Nr. 35, Canner, 2. Folge, Nr. 114; ferner unten S. 382 und S. 385.

[2] «Die Rechtsprechung hat bisher auch die Fälle von ungerechtfertigter fristloser Entlassung des Arbeitnehmers als Annahmeverzug des Arbeitgebers behandelt (BGE 78 II, 1952, S. 442/43). Da der Entwurf (jetzt das Gesetz) für diesen Tatbestand eine besondere Regelung vorsieht (Art. 337c), wird der Anwendungsbereich von Art. 324 inskünftig auf die Fälle des eigentlichen Annahmezwangs des Arbeitgebers beschränkt bleiben» (BBl 1967 II, S. 330).

[3] Vgl. Schweingruber, Kommentar, Ziff. 6 zu Art. 324 OR; Entscheid des GewGer Zürich, 9. April 1956, ZR 57, Nr. 30, Canner, 2. Folge, Nr. 113.

[4] Vgl. allerdings BJM 1965, S. 77; Der Arbeitgeber muß das Risiko nicht tragen, wenn der Stromausfall im Elektrizitätswerk begründet ist, nicht in seinem eigenen Unternehmen! Oder ZR 47, 1948, Nr. 143: «Als ungerechtfertigt gilt die Annahmeverweigerung dann, wenn dem Gläubiger keine objektiven Gründe zur Seite stehen. Ein solch objektiver Grund

Immerhin wird eine Ausnahme gemacht, wenn die Mitwirkung des Arbeitgebers durch höhere Gewalt verunmöglicht wurde[6]. Zu denken ist insbesondere an Ereignisse von Intensität und Dauer oder Katastrophen, die das ganze Land (z.B. Generalstreik, Krieg) oder ganze Regionen treffen.

Nicht unter die höhere Gewalt fällt z.B. im Baugewerbe die Unmöglichkeit der Mitwirkungshandlung des Arbeitgebers infolge schlechter Witterung[7].

Im Unterschied zum schweizerischen Recht werden im deutschen Recht die allgemeinen Grundsätze des BGB über den Gläubigerverzug und die Unmöglichkeit auf den Arbeitsvertrag nicht angewendet. Die allgemeinen obligationenrechtlichen Regeln über den Annahmeverzug und die nachträgliche objektive Unmöglichkeit seien für eigentliche Austauschverhältnisse gedacht, könnten also dem Arbeitsverhältnis als einem Dauerverhältnis nicht gerecht werden. Ein Annahmeverzugsfall läge einzig dann vor, wenn «ein in der Person des Arbeitgebers liegender Grund vorhanden ist, der den Arbeitnehmer daran hindert, seine Arbeitspflicht zu erfüllen. Praktisch sind dies nur die Fälle, wo der Arbeitgeber nicht beschäftigen will»[8].

Die Regeln der nachträglichen objektiven Unmöglichkeit nach § 323 BGB hingegen seien dem Arbeitsverhältnis unangemessen, da «der Arbeitnehmer, der seine Arbeitskraft pflichtgemäß zur Verfügung stellt, seine Leistung teilweise erbracht hat, wenn der Arbeitgeber seine Beschäftigungspflicht ohne sein Verschulden nicht erfüllen kann und daher von seiner Entgeltpflicht frei wird»[9].

Es wird von folgenden spezifisch arbeitsrechtlichen Grundsätzen ausgegangen: In erster Linie trägt der Arbeitgeber das Betriebsrisiko und damit auch die Verantwortung, daß der Betriebsorganismus in Funktion bleibt und die Arbeitsmittel zur Verfügung stehen. Dieser Grundsatz findet aber keine Anwendung, wenn die Unmöglichkeit der Beschäftigung auf das Verhalten der Arbeitnehmerschaft (als solidarische Einheit verstanden) zurückgeht, wie z.B. bei einem verschuldeten Teilstreik im eigenen Betrieb, bei einem Streik in einem Zuleitungsbetrieb. Entscheidend sei die Solidarität der Arbeitnehmer, die, wie die Existenz der Gewerkschaften zeige, über den einzelnen Betrieb hinausreiche[10, 11]. Somit unterscheidet das deutsche Recht,

---

liegt in der objektiven Unmöglichkeit der Erfüllung, d.h. einer Unmöglichkeit, von der jedermann betroffen wird, nicht aber in subjektiven Momenten, wie dem vertragsbrüchigen Verhalten des Lieferanten H. gegenüber dem Beklagten im vorliegenden Fall.»

[5] Vgl. Botschaft BBl 1967 II, S.330. Die Begründung von OSER/SCHÖNENBERGER (N.4 und 5 zu Art.332 OR), durch die Nichtvornahme der Handlungen des Arbeitgebers sei die Leistung des Arbeitnehmers nicht unmöglich geworden, dürfte wohl kaum zutreffen. Die Frage ist allein, was als «motif légitime» i.S. von Art.91 OR (franz. Text) anzuerkennen ist; Unmöglichkeit gilt im Hinblick auf die Tragung des Betriebsrisikos nicht als Entlastungsgrund.

[6] Vgl. SJZ 26, 1930, S.118, Nr.28 und SJZ 27, 1931, S.188, Nr.33; ferner auch BECKER, N.6 zu Art.332.

[7] Vgl. dazu HEINIMANN, S.61 ff; SCHWEINGRUBER, Der Dienstvertrag und seine Beziehung zum Arbeitslosenversicherungsrecht, ARV 2, 1954, S.136; DERSELBE, Kommentar, S.56f.

[8] FABRICIUS, S.99; vgl. aber demgegenüber Art.324 OR, der ausdrücklich weitere Fälle einbezieht.

[9] Vgl. dazu FABRICIUS, S.80 ff., insbes. S.82. Die Einschränkung der Unmöglichkeitsfälle findet sich auch in der schweiz. Doktrin (vgl. OSER/SCHÖNENBERGER, N.4 und 5 zu Art.332 und S.381 und S.385), ohne daß deshalb völlig von den allgemeinen obligationenrechtlichen Bestimmungen Abstand genommen werden müßte.

[10] BAG 8.2.57, WENZEL, Nr.46; SOERGEL/SIEBERT, N.13ff. zu § 615 BGB. Grundlegend schon RGZ 106, S.272 (Teilstreik).

in welche «Sphäre» die Verhinderung der Arbeitsleistung fällt[12]. Der Arbeitgeber kommt nur dann in Annahmeverzug, wenn die Unmöglichkeit der Mitwirkungshandlung in die eigentliche Betriebssphäre, nicht jedoch dann, wenn sie in die Arbeitnehmersphäre fällt[13]. Meines Erachtens dürfte auch im schweizerischen Recht eine Lösung in dieser Richtung einen gerechteren Ausgleich der Interessen bringen. Zwar anerkennt auch die schweizerische Doktrin, daß Härten aus der grundsätzlichen Regelung zu mildern seien. Doch hat die deutsche Lösung den Vorteil der klaren Ausscheidung der Risiko- und Verantwortlichkeitssphäre[14]. Fraglich erscheint mir die von OSER/SCHÖNENBERGER (N. 5 zu Art. 332 OR) genannte Lösung durch Auflösung der Arbeitsverhältnisse aus wichtigem Grund, da die Folgen der Risikotragung nicht über die fristlose Entlassung auf den Arbeitnehmer abgewälzt werden können. Hingegen ist z.B. der Ausgleich ausgefallener Arbeitszeit ohne zusätzliches Entgelt im Rahmen von Art. 11 ArG zulässig.

2. **Die Folge des Arbeitgeberverzuges ist der Weiterbestand der Lohnzahlungspflicht, ohne daß der Arbeitnehmer nachleisten müßte**[15]. **Doch hat sich der Arbeitnehmer auf seinen Lohn anrechnen zu lassen, was er bei der Verhinderung an der Arbeitsleistung erspart, durch anderweitige Arbeit erworben oder zu erwerben absichtlich unterlassen hat (Art. 324 Abs. 2 OR); durch den Annahmeverzug des Arbeitgebers soll sich der Arbeitnehmer nicht bereichern**[16].

Die Nichtannahme eines anderweitigen Erwerbes muß nur absichtlich, nicht böswillig gewesen sein[17]. Voraussetzung ist allerdings, daß der anderweitige Erwerb zumutbar war[18]. Die

---

[11] «Von dem Grundsatz der Beherrschbarkeit des Risikos ist insbesondere die Frage zu lösen, ob eine Verpflichtung des Arbeitgebers auf Weiterzahlung des Lohnes gegenüber nicht am Arbeitskampf beteiligten, nicht organisierten, arbeitswilligen Arbeitnehmern besteht.» Dabei dürfte anderseits das Sozialstaatsprinzip in Verbindung mit der verfassungsrechtlich geschützten Koalitionsfreiheit für solche Arbeitnehmer gewisse Milderungen bringen. So FABRICIUS, S. 92f.; vgl. auch HUECK/NIPPERDEY, Lehrbuch, Bd. I, S. 353f.; NIKISCH, Arbeitsrecht, Bd. I, S. 605ff.
[12] Vgl. dazu FABRICIUS, S. 91 ff. mit Literaturhinweisen.
[13] Zur Begriffsklärung: Die «Sphärentheorie» spielt nur in den Fällen eine Rolle, wo sich Arbeitnehmer- und Arbeitgebersphären gegenüberstehen (also bei Arbeitskämpfen). Sie bedeutet aber nichts für die Fälle, wo ein Risiko in der inner- oder außerbetrieblichen «Sphäre» erwachsen ist.
[14] Vgl. zur Sphärentheorie auch REHBINDER, Grundriß, S. 52f.
[15] Art. 324 OR regelt aber nicht abschließend die Folgen des Annahmeverzuges, stattdessen hat der Arbeitnehmer auch die Möglichkeit, sich nach Art. 107 OR vom Vertrag zu lösen.
Art. 324 bezweckt einzig, dem Arbeitnehmer den Nachweis seines Schadens zu erleichtern und ihm das Konkursprivileg nach Art. 219 SchKG zu sichern, da es sich um Lohnfortzahlung und nicht um einen eigentlichen Schadenersatz handelt. Vgl. nichtpubl. Entscheid d. Bundesgerichts vom 24. Juni 1958, ARV 6, 1958, Nr. 56.
[16] Botschaft BBl 1967 II, S. 331.
[17] Anderer Meinung REHBINDER, Grundriß, S. 56.
[18] Im Falle des Prozesses ist umstritten, ob der Arbeitgeber nur nachweisen muß, daß eine allgemeine Nachfrage nach Arbeitskräften im betreffenden Berufe herrscht, derzufolge der Arbeitnehmer bei gutem Willen eine ungefähr gleichwertige Stelle hätte finden können (so BGE 78 II, 1952, S. 441; 86 II, 1960, S. 155; 96 II, 1970, S. 57). Dagegen wird vorgebracht, daß die sog. Äquivalenz zweier Stellen nicht bloß im mehr oder weniger gleichen Salär zu suchen sei. «Es liegt kaum im Sinne des Gesetzes, den geschädigten Arbeitnehmer zur Opferung seiner legitimen Interessen nur deshalb zu verhalten, damit die vom andern Teil geschuldete

Lohnzahlungspflicht entfällt somit in dem Umfange, in dem der Arbeitnehmer in Kenntnis der objektiven Umstände eine anderweitige Erwerbsmöglichkeit ablehnt, obwohl sie ihm zugemutet werden kann[19].

3. Eine Suspension der Arbeits- und Lohnpflicht bei Aufrechterhaltung des Arbeitsverhältnisses oder Kurzarbeit ist nach dem Gesagten nur mit Zustimmung[20] des Arbeitnehmers möglich[21,22]. Allerdings kann der Arbeitgeber durch Drohung mit der Kündigung wesentlich auf den Willen des Arbeitnehmers Einfluß nehmen[23].

Fraglich ist, ob der Arbeitnehmer Anspruch auf Zahlung der Arbeitslosenversicherung hat, wenn er infolge Arbeitsmangel unter Verzicht auf die Lohnforderung mit der Arbeit aussetzt. Nach Art. 28 Ziff. 1 des Bundesgesetzes über die Arbeitslosenversicherung vom 2.. Juni 1951

Entschädigung herabgesetzt werden kann» (so ZR 70, Nr. 50). Letztere Auffassung dürfte vor allem für die analoge Regelung der ungerechtfertigten fristlosen Entlassung (Art. 337c Abs. 2 OR, vgl. unten S. 422ff.) zutreffen, weil dort den Arbeitgeber ein Verschulden trifft. Falls aber beim eigentlichen Annahmeverzug des Art. 324 Abs. 2 ein Verschulden des Arbeitgebers fehlt, darf m.E. dem Arbeitnehmer eine gewisse «Opferung seiner Interessen» zugemutet werden.

[19] Da in den Fällen des Annahmeverzugs die Forderung echte Lohnforderung und nicht Schadenersatz ist, erfolgt keine Herabsetzung wegen Mitverschuldens des Arbeitnehmers (BGE 78 II, 1952, S. 44).

[20] «Das ... Einverständnis zum Aussetzen kann widerrufen werden, allerdings ... nicht rückwirkend. Der Widerruf gibt dem Arbeitnehmer aber einen Lohnanspruch vom Datum seiner Erklärung an.» Vgl. Entscheid des GewGer der Stadt Bern vom 23. Aug. 1954, CANNER, 2. Folge, Nr. 146.

[21] Das Auseinanderhalten von Arbeitsaussetzung im Einverständnis mit dem Arbeitnehmer und einseitiger Anordnung der Arbeitsaussetzung ist deshalb besonders wichtig, weil die Folgen letzterer unter die relativ zwingenden Bestimmungen eingereiht werden. Es dürfen also keinerlei Abreden zuungunsten des Arbeitnehmers erfolgen, und dieser kann während der Dauer des Arbeitsverhältnisses und des ersten Monats nach dessen Auflösung auch nicht einseitig auf seine Ansprüche verzichten. (vgl. Art. 341 OR; BBl 1967 II, S. 330/31). Die Grenzziehung dürfte allerdings oft schwierig sein: z.B. teilt der Arbeitgeber dem Arbeitnehmer mit, er könne keine Arbeit zuteilen, woraufhin der Arbeitnehmer von der Arbeit wegbleibt, ohne sich irgendwelche Ansprüche vorzubehalten. Hat er damit sein Einverständnis erklärt oder hat er nur nach einseitiger Anordnung der Arbeitsaussetzung konkludent auf die Geltendmachung seiner Ansprüche verzichtet, was er aber nach Art. 341 OR nicht kann? (ähnliche Problematik bei der Auflösung des Arbeitsverhältnisses im gegenseitigen Einverständnis und bei fristloser Entlassung ohne wichtigen Grund). Bei Stillschweigen des Arbeitnehmers ist im Zweifel Annahmeverzug des Arbeitgebers eingetreten. Dies in Analogie zum Entscheid des GewGer Zürich vom 19. Sept. 1963, CANNER, 2. Folge, Nr. 114: «Das Unterbleiben eines raschen Widerspruchs seitens des Arbeitnehmers ohne weiteres als Zustimmung zur Beendigung des Dienstverhältnisses (hier zur Suspension) zu deuten, die der Arbeitgeber einseitig rechtens nicht herbeizuführen vermag ..., hieße gerade den unerfahrenen und unbeholfenen Arbeitnehmer benachteiligen und um seine wohlberechtigten Ansprüche bringen.»

Vgl. auch SCHWEINGRUBER, Kommentar, Ziff. 8 zu Art. 324 OR: der Arbeitnehmer kann nicht zum vornherein, im Anstellungsvertrag, auf seine Ansprüche verzichten, wohl aber im konkreten Einzelfall.

[22] Die Suspension kann allenfalls einer Branchenusanz entsprechen und deshalb ausdrücklich oder stillschweigend zum Vertragsinhalt werden (vgl. BJM 1959, S. 70).

[23] SCHWEINGRUBER, Kommentar, Ziff. 6 zu Art. 324 OR; Botschaft BBl 1967 II, S. 330.

besteht kein Anspruch auf Arbeitslosenversicherung, wenn dem Arbeitnehmer ein Anspruch gegen den Arbeitgeber zusteht. Die Praxis nahm unter dem früheren Recht bei objektiv unvermeidbarem Aussetzen einen zulässigen Verzicht des Arbeitnehmers auf Lohnzahlung in der Regel dort an, wo es den Verhältnissen des Berufs und der Branche (z.B. Baugewerbe) entspricht[24]. Diese Lösung ist im Ergebnis gerechtfertigt, weil sie eine Kündigung seitens des Arbeitgebers vermeiden hilft, die beim Beharren des Arbeitnehmers auf der Lohnzahlungspflicht erfolgen könnte. Als Grundlage wäre allerdings heute eine stillschweigende Einwilligung zur Suspension des Arbeitsverhältnisses anzunehmen.

II. Verhinderung des Arbeitnehmers an der Arbeitsleistung

1. Ist der Arbeitnehmer an der Arbeitsleistung verhindert oder ist seine Leistung gar unmöglich geworden, so entfällt grundsätzlich die Lohnzahlungspflicht des Arbeitgebers. Dabei sind folgende Fälle der Verhinderung eines Arbeitnehmers an der Arbeitsleistung zu unterscheiden:

a) Der Arbeitnehmer kommt seiner Arbeitspflicht **schuldhafterweise** nicht nach. Nach Art. 97 ff. OR gelten hier die allgemeinen Regeln über die Nichterfüllung eines Vertrages.

b) Es liegt eine **subjektive anfängliche Unmöglichkeit** vor. Der Arbeitnehmer hat hier im Prinzip in Analogie zu Art. 97 ff. OR dafür einzustehen.

c) Die **subjektive Unmöglichkeit ist nachträglich** eingetreten. Hier hat das Gesetz für bestimmte Fälle eine Spezialregelung getroffen, wonach der Lohn weiterzuzahlen ist[25]. In allen andern Fällen entfällt die Lohnzahlungspflicht des Arbeitgebers gemäß Art. 119 Abs. 2 OR.

d) Bei **objektiver anfänglicher Unmöglichkeit** ist der Vertrag nach Art. 20 OR nichtig.

e) Bei **objektiver nachträglicher Unmöglichkeit** dürfte es sich in Wahrheit zumeist um Fälle des Betriebs- oder Wirtschaftsrisikos handeln, woraus ein Annahmeverzug des Arbeitgebers resultiert[26]. Waren aber die Vorbereitungshandlungen durch den Arbeitgeber noch möglich, nur die Arbeitsleistung des Arbeitnehmers unmöglich, so liegt ein Fall des Art. 119 OR vor[27].

2. Bei unverschuldeter Arbeitsverhinderung des Arbeitnehmers aus in seiner Person liegenden Gründen wie Krankheit, Unfall, Erfüllung gesetzlicher Pflichten (Militärdienst, Zivilschutzdienst) oder Ausübung eines öffentlichen Amtes[28,29] hat der Arbeitgeber eine zeitlich beschränkte Lohn-

---

[24] ARV 1953, Nr. 64; 1954, Nr. 28; Kopp, S. 77. Vgl. dazu auch das Merkblatt des Bundesamtes für Industrie, Gewerbe und Arbeit vom 19. Dez. 1974.
[25] Vgl. Art. 324a OR; näheres im folgenden sub 2.
[26] Vgl. oben S. 381 ff.; ferner auch Oser/Schönenberger, N. 5 zu Art. 332 OR.
[27] Vgl. auch Oser/Schönenberger, N. 3 zu Art. 332: «Hat die Behinderung ihren Grund ... in objektiven Umständen, welche nur die Person des Arbeitnehmers betreffen und nicht etwa in der Nichtvornahme der Vorbereitungshandlungen des Diensthern beruhen, so ist kein Lohn zu bezahlen, sei es aus dem Gesichtspunkt von Art. 82 oder von Art. 119»; ferner N. 6 zu Art. 335 OR; Becker, N. 7 zu Art. 335 OR.
[28] Mit «Gründen, die in seiner Person» liegen, erfuhr die gesetzliche Regelung eine Präzisierung, analog zu § 616 Abs. 1 BGB, die allerdings nicht unproblematisch ist. Auch **objektive** Gründe fallen nämlich insoweit in Betracht, als sie den Arbeitnehmer an **jeder** Arbeitsleistung verhindern, d.h. **direkt auf seine Arbeitskraft einwirken** (vgl. BBl 1967 II, S. 333; Oser/

zahlungspflicht, sofern das Arbeitsverhältnis drei Monate gedauert hat oder auf mehr als drei Monate eingegangen ist (Art. 324a Abs. 1 OR)[30]. Derselbe Anspruch besteht bei Schwangerschaft und Niederkunft der Arbeitnehmerin (Art. 324a Abs. 3 OR). Die Dauer der Lohnzahlungspflicht ist für das erste Dienstjahr auf drei Wochen festgesetzt. Nachher ist der Lohn für eine angemessen längere Zeit zu entrichten, je nach der Dauer des Arbeitsverhältnisses und den besonderen Umständen (Art. 324a Abs. 2 OR). Das Gesetz verzichtet auf eine Skala und begnügt sich mit einer allgemeinen Richtlinie. Der Richter muß somit im Streitfall neben der Dauer des Arbeitsverhältnisses alle andern Umstände, wie frühere Leistungen des Arbeitgebers, Zeitpunkt und Umfang dieser Leistungen, wirtschaftliche Verhältnisse der Vertragsparteien usw., nach freiem Ermessen würdigen (vgl. BGE 84 II, 1958, S. 31). Motiv dieser Lösung ist die Befürchtung, daß sich eine gesetzliche Skala, insbesondere bei rezidivierenden Krankheiten, zum Nachteil des Arbeitnehmers auswirken müßte, weil der Arbeitgeber zur Kündigung greifen würde, um der Lohnzahlungspflicht zu entgehen[31, 32].

Unter Lohn im Sinne von Art. 324a Abs. 1 OR ist der für die beschränkte Zeit anfallende Lohn samt angemessener Entschädigung für den ausfallenden Naturallohn zu verstehen, wozu auch nicht realisierte Trinkgeldeinnahmen zu rechnen sind. Der Arbeitnehmer soll die gleiche Vergütung erhalten, wie wenn er gearbeitet hätte, mit Einschluß von Zulagen dauernden Charakters wie Teuerungs- und Sozialzulagen. Bei Akkordlohn ist der Betrag zu entrichten, den der Arbeitnehmer voraussichtlich verdient hätte. Das gleiche gilt beim Anspruch auf Provision[33].

SCHÖNENBERGER, N.6 zu Art. 335 OR). Die deutsche Praxis bezieht «Todesfälle, Begräbnisse, Krankheitsfälle, Geburten in den Tatbestand mit ein», wenn sie dazu angetan sind, «die Person des Dienstverpflichteten selbst im Sinne einer Verhinderung am Dienst bei billiger Rücksichtnahme auf die Verhältnisse in Mitleidenschaft zu ziehen. ... Die h.M. hat daher die gesetzliche Voraussetzung, daß die Verhinderung in der Person des Arbeitnehmers liegen müsse, dadurch ausgedehnt, daß sie nur fordert, daß es sich um eine Verhinderung des Dienstverpflichteten an der Arbeitsleistung handle, ‹die in seinen persönlichen Verhältnissen liegt›» (FABRICIUS, S. 108). Diese letztere Formulierung hätte sich auch für unser Recht empfohlen.

Daneben bleiben aber die Fälle der obj. Unmöglichkeit der Arbeitsleistung, ohne daß die Vorbereitungshandlungen des Arbeitgebers «unmöglich» geworden wären (was zum Betriebsrisiko gehören würde), bestehen (vgl. OSER/SCHÖNENBERGER, N.6 zu Art. 335 OR; AMREIN, S. 34; MEYER, S. 42/43; REHBINDER, Grundriß, S. 57. Die Einzelbeispiele sind allerdings umstritten, vgl. z.B. zur Landestrauer OSER/SCHÖNENBERGER, N.6 zu Art. 335, entgegen REHBINDER, S. 52f. Hingegen ist der Fall, wo wegen eines Verkehrszusammenbruchs der Arbeitnehmer nicht zur Arbeit erscheinen kann, ein typischer Fall der Unmöglichkeit).

[29] Vgl. weitere Beispiele bei REHBINDER, Grundriß, S. 51.
[30] Falls diese Hinderungsgründe während der Dauer eines Annahmeverzuges des Gläubigers eintreten, so behält der Arbeitnehmer die weitergehenden Ansprüche nach Art. 324 OR. Vgl. AMREIN, S. 182.
[31] Botschaft BBl 1967 II, S. 334/35.
[32] Nach der Botschaft wurde höchstens erwogen, ob nicht nach jedem Dienstjahr eine Erhöhung der Mindestleistung um eine Woche vorgesehen werden sollte.
[33] Vgl. die Spezialregelung für den Handelsreisenden in Art. 349c; Botschaft BBl 1967 II, S. 333.

3. Die gesetzliche Regelung in Art. 324a Abs. 2 OR ist als Minimalordnung gedacht. Eine längere als die gesetzliche Dauer der Lohnzahlungspflicht kann durch formlose Abrede vereinbart werden (Art. 324a Abs. 2). Durch Gesamtarbeitsvertrag, Normalarbeitsvertrag und schriftliche Abrede kann auch eine andere, von der gesetzlichen Regelung abweichende Ordnung getroffen werden, sofern sie für den Arbeitnehmer im ganzen mindestens gleichwertig ist (Art. 324a Abs. 4).

Die Frage der Gleichwertigkeit stellt sich insbesondere bei Lösungen auf privater versicherungsrechtlicher Basis. Das System der Krankenversicherung hat gegenüber der gesetzlichen Ordnung für den Arbeitnehmer den Vorteil, daß es eine Risikoverteilung bewirkt und die Ausrichtung eines Taggelds für eine längere, von der Dauer des Arbeitsverhältnisses unabhängige Zeitspanne sichert. Es verdient nach Ansicht des Bundesgerichts vor der gesetzlichen Regelung den Vorzug, wenn der durch das Taggeld gedeckte Teil des Lohnes dem Arbeitnehmer während der ganzen Dauer seiner Krankheit diejenigen Leistungen garantiert, die für seinen Unterhalt und jenen der von ihm abhängigen Personen notwendig sind. Der gedeckte Lohnanteil muß also verhältnismäßig um so größer sein, je geringer der Lohn ist. Das Bundesgericht hat im allgemeinen (unter Vorbehalt einer abgestuften angenäherten Schätzung im Einzelfall) angenommen, daß eine Versicherung, die während eines Jahres Taggelder in der Höhe von 60% des Lohnes garantiert, als gleichwertig zu bezeichnen sei, sofern der Arbeitgeber für die Hälfte der Prämien aufkommt (BGE 96 II, 1970, S. 135, Pra 59, Nr. 147). Im Hinblick auf die Regelung in Art. 324b OR muß wohl nach dem Inkrafttreten des revidierten 10. Titels die von der Versicherung ausgerichtete Leistung 4/5 (80%) des Lohnes betragen. Ist die Leistung der Versicherung nicht gleichwertig, behält der Arbeitnehmer seinen vollen Lohnanspruch für die vom Gesetz vorgesehene Zeit. Der Arbeitgeber kann dabei die von der Kasse für diese Zeit ausgerichteten Zahlungen, nicht jedoch auch die späteren Zahlungen, abziehen (BGE 96 II, 1970, S. 135, Pra. 59, Nr. 147).

4. Ist der Arbeitnehmer aufgrund gesetzlicher Vorschrift gegen die wirtschaftlichen Folgen unverschuldeter Arbeitsverhinderung aus Gründen, die in seiner Person liegen, obligatorisch versichert[34], so hat der Arbeitgeber nach Art. 324b OR den Lohn nicht zu entrichten, wenn die für die beschränkte Zeit geschuldete Versicherungsleistung mindestens 4/5 des darauf entfallenden Lohnes deckt. Sind die Versicherungsleistungen geringer, so hat der Arbeitgeber die Differenz zwischen diesen und 4/5 des Lohnes zu entrichten, auch wenn er die Prämien ganz oder teilweise bezahlt hat. Diese Bestimmung, die erst in der parlamentarischen Beratung eingeführt worden ist, bringt eine grundsätzliche Neuordnung in der Frage des Verhältnisses der arbeitsvertraglichen Normen zu denjenigen der Sozialversicherung[35].

Nach bisherigem Recht war die Lohnzahlung des Arbeitgebers in den erwähnten Fällen kraft ausdrücklicher Gesetzesvorschrift völlig aufgehoben (vgl. z.B. Art. 130 KUVG). Die neue Bestimmung bedingt eine Änderung zahlreicher sozialversicherungsrechtlicher Bestimmungen[36].

---

[34] Vgl. für die in Frage kommenden Versicherungen SCHWEINGRUBER, Kommentar, Ziff. 2 zu Art. 324b OR.
[35] Vgl. StenBullNR 1970, S. 722, 724, 726ff.; 1971, S. 431, 432ff.; StR 1970, S. 327, 341; 1971, S. 61.
[36] Vgl. Art. 6 Ziff. 2 der Schluß- und Übergangsbestimmungen; Art. 130 Ziff. 8 KUVG; Art. 32 Ziff. 10 der Erwerbsersatzordnung; Art. 49 des Bundesgesetzes über den Zivilschutz.

Nach der neuen Regelung hat z.B. auch der Rekrut im Rahmen der gesetzlichen Dauer von Art. 324a Abs. 2 OR Anspruch auf $^4/_5$ des Lohnes. Zahlreiche gesamtarbeitsvertragliche Regelungen, welche bei Rekruten die Lohnzahlungspflicht im Hinblick auf die Erwerbsersatzordnung verneinen, sind deshalb nicht mehr gültig. Man muß sich allerdings fragen, ob die neue Ordnung den Arbeitgeber nicht u. U. zu stark belastet, besonders wenn die Prämienzahlungspflicht mit in die Interessenabwägung einbezogen wird.

5. Ist die Arbeitsunfähigkeit des Arbeitnehmers auf eine Handlung zurückzuführen, für welche ein Dritter verantwortlich ist[37], so hat der Arbeitgeber im Rahmen seiner nach Art. 324a OR erbrachten Leistungen einen Regreßanspruch. Die Haftung ist eine gesetzliche, soweit sie sich im Rahmen von Art. 324a OR bewegt; darüber hinausgehende Leistungen sind dagegen vertraglicher Natur. Dies ist bei der Regreßordnung von Art. 51 OR zu beachten[38].

6. Die Lohnzahlungspflicht des Arbeitgebers entfällt, wenn der Arbeitnehmer die Arbeit ungerechtfertigterweise verweigert.

a) **Tritt der Arbeitnehmer ohne wichtigen Grund die Arbeitsstelle nicht an oder verläßt er sie fristlos**, so ist er dem Arbeitgeber schadenersatzpflichtig. Gemäß Art. 337d OR ist eine Pauschalentschädigung festgesetzt (vgl. nähere Ausführungen unten S. 423).

b) Eine besondere Situation ergibt sich im Falle eines **Streiks** der Arbeitnehmer oder einer **Aussperrung** seitens des Arbeitgebers.

Die Wirkungen der kollektiven Arbeitsstreitigkeiten auf das Arbeitsverhältnis sind im schweizerischen Recht bis jetzt wenig geklärt. Es dürfte in Übernahme der deutschen Praxis richtig sein, im Falle eines legitimen Streikes respektive einer gerechtfertigten Aussperrung lediglich eine Suspension des Arbeitsverhältnisses anzunehmen, mit der Folge, daß die gegenseitigen Verpflichtungen aus dem Arbeitsverhältnis bis zur Beendigung der Arbeitsstreitigkeit ruhen[39].

---

[37] Der Arbeitnehmer kann gegen den Haftpflichtversicherer des Dritten keinen Erwerbsausfall geltend machen, solange der Arbeitgeber zur Lohnzahlung verpflichtet ist. Diese Lohnzahlung muß er sich anrechnen lassen. Hingegen ist bei einer freiwilligen Arbeitgeberleistung die Geltendmachung des Haftpflichtanspruchs zusätzlich möglich; vgl. BGE 97 II, 1971, S. 259; Pra. 63, Nr. 156, Ziff. 3; P. STEIN, Unfall des Arbeitnehmers, Jurist. Schriften des TCS 1974, Heft 4, S. 27/28. Zur Frage des Regresses zwischen Arbeitgeber–Haftpflichtversicherer vgl. unten Anm. 38.

[38] Vgl. K. OFTINGER, Schweiz. Haftpflichtrecht, Bd. I, 4. Aufl., Zürich 1975, S. 349 ff. Er qualifiziert allerdings Art. 335 ORvRev. als vertragliche Norm, da sie nachgiebiges Recht enthalte. Vgl. ferner STEIN, a.a.O. (Anm. 37), S. 32: Für Pflichtleistungen hat der Arbeitgeber grundsätzlich einen Regreßanspruch auch gegen einen rein Kausalhaftpflichtigen (z.B. Automobilhaftpflichtversicherer). Freiwillige Leistungen des Arbeitgebers können Schenkungscharakter haben: Es ist aber auch zulässig, sich dafür arbeitnehmerische Versicherungsansprüche zedieren zu lassen. Vgl. STEIN, a.a.O., S. 30 ff.

[39] Für die deutsche Praxis vgl. die Zusammenfassung bei BROX/RÜTHERS, Arbeitskampfrecht, S. 218 ff.

Die Arbeitsniederlegung aus Anlaß eines rechtmäßigen Streikes stellt keine Verletzung der arbeitsvertraglichen Pflichten dar[40]. Ist der Streik als Mittel zur Durchsetzung arbeitsvertraglicher Forderungen in unserer Rechtsordnung zumindest geduldet, so kann die Teilnahme am Streik keine Verletzung des Arbeitsverhältnisses darstellen, vorausgesetzt, daß sich der Streik im Rahmen der von der Rechtsordnung aufgestellten Schranken bewegt, also insbesondere einen Streik um arbeitsrechtliche Ziele gegen den Arbeitgeber darstellt, zweck- und mittelproportional ist, von der Gewerkschaft als Trägerin der kollektiven Vertretung der Arbeitnehmer sanktioniert ist und nicht gegen eine gesamtarbeitsvertragliche Friedenspflicht verstößt. Ist der Streik kollektivrechtlich rechtmäßig, so muß dies auch für die Arbeitsverweigerung der einzelnen Streikbeteiligten gelten[41].

Die gleichen Grundsätze wie für den Streik gelten auch für die Aussperrung, das Kampfmittel des Arbeitgebers. Soweit sich diese gegen den Teil der Belegschaft des Betriebes richtet, der nicht am Streik beteiligt ist, hat sie ebenfalls eine Suspension des Arbeitsverhältnisses zur Folge. Fraglich ist allerdings, was für Rechtsfolgen eine Aussperrung gegenüber bereits streikenden Arbeitnehmern nach sich zieht. Die Aussperrung könnte in diesem Falle, da das Arbeitsverhältnis bereits durch den Streik suspendiert ist, lediglich eine Gesamtlösung des Arbeitsverhältnisses bedeuten; doch würden damit durch einseitige Handlung des Arbeitgebers die Folgen des rechtmäßigen Streikes prinzipwidrig verschärft. Konsequenterweise kann deshalb gegenüber Arbeitnehmern, die sich aufgrund eines rechtmäßigen Streikes im Ausstand befinden, keine Aussperrung zulässig sein (vgl. insbes. die Ausführungen unten S. 464 ff.)[42].

§ 64. Die Personalfürsorge

Literatur: C. HELBLING, Personalfürsorge, Bern 1964; W. E. HINDERMANN, Leitfaden für die Gründung von Personalfürsorgeeinrichtungen, Zürich 1958; H. MEYER, Arbeitsvertragsrecht und Personalvorsorge, SJZ 69, 1973, S. 229 ff.; P. RICHNER, Die Anspruchsberechtigung innerhalb privater Personalversicherungseinrichtungen, Diss. Zürich 1962; E. SCHWEINGRUBER, Die Anpassung bestehender Personalfürsorgeeinrichtungen an die neuen gesetzlichen Bestimmungen des Arbeitsvertragsrechts, SJZ 70, 1974, S. 121 ff.; S. SIEGRIST, Die Vermögensrechte der Destinatäre von Personalvorsorgeeinrichtungen im Lichte des Schuldbetreibungs- und Konkursrechts, Diss. Zürich 1967; U. STREIFF, Leitfaden zum neuen Arbeitsvertragsrecht, Zürich 1972; H. WOHLMANN, Zu einigen Lücken im neuen Arbeitsvertragsrecht, in: Festgabe für A. Meier-Hayoz zum 50. Geburtstag, Zürich 1972, S. 135 ff.

---

[40] Anderer Ansicht allerdings BGE 45 II, 1919, S. 557 und Gew. Schiedsgericht Zürich, ZR 33, Nr. 22.
[41] Vgl. G. A. BULLA, Das zweiseitige Kollektivwesen des Arbeitskampfes, in: Festschrift Nipperdey, München 1955, S. 163 ff.
[42] Nach dem Entscheid des BAG vom 21. April 1971 (Arbeitsrechtliche Praxis, N. 43 zu Art. 9 GG, ebenso in RdA 71, S. 185 ff.) ist die Aussperrung gegenüber streikenden Arbeitnehmern zulässig, und sie erlaubt dem Arbeitgeber, die suspendierend ausgesperrten Arbeitnehmer in zeitlicher Staffelung wieder einzustellen, entsprechend den betrieblichen und marktmäßigen Erfordernissen des Unternehmens.

I. Allgemeines

Die Regelung des OR über die betriebliche Personalfürsorge (Art. 331–331c), welche die frühere, rudimentäre Ordnung der Art. 89bis ZGB und 343bis OR ersetzte und ihre Gestalt erst in der parlamentarischen Beratung angenommen hatte[1], war als Etappe zur Einführung des Obligatoriums der betrieblichen Personalfürsorge gedacht.

Mit der Annahme von Art. 34^{quater} BV («Drei-Säulen-Prinzip») und mit dem geplanten Erlaß des Ausführungsgesetzes, des Bundesgesetzes über die berufliche Alters-, Hinterlassenen- und Invalidenvorsorge (BVG)[2] wird sich die Bedeutung der Regelung des Obligationenrechts verändern: Das Gesetz über die berufliche Vorsorge (BVG) wird als Spezialgesetz den allgemeinen Bestimmungen des ZGB und des OR vorgehen. Damit wird der obligatorische Teil der Vorsorge durch das BVG geregelt werden; dies gilt besonders auch für das Kernstück der OR-Regelung, für die Freizügigkeitsbestimmungen. Die Bestimmungen des OR bleiben, allerdings mit nicht unwesentlichen Änderungen, in Kraft, gelten aber nur noch für den nichtobligatorischen Teil der Vorsorge, d.h. für denjenigen Teil der betrieblichen Vorsorge, der eine zusätzliche, das Obligatorium gemäß BVG übersteigende Alters-, Hinterlassenen- oder Invalidenvorsorge beinhaltet. Die Abgrenzung und das Zusammenspiel von BVG und OR sollen in Art. 28 BVG geregelt werden, der auf der Unterscheidung zwischen obligatorischer und weitergehender Vorsorge aufbaut. Die Schwierigkeit der Abgrenzung der Freizügigkeitsbestimmungen für das Obligatorium gemäß BVG und der Bestimmungen des OR für die weitergehende Vorsorge zwingt zu einer getrennten Berechnung der beiden Leistungen.

Die Freizügigkeitsregelung der Art. 331a–c soll in Zukunft auch für Personalfürsorgeeinrichtungen des öffentlichen Rechts gelten. Die bisherige ungleiche Behandlung des öffentlichen und privaten Arbeitgebers soll behoben, die Mobilität der Arbeitnehmer, die das Hauptanliegen der Freizügigkeit ist, gesteigert werden.

II. Pflichten des Arbeitgebers

1. Der Arbeitgeber hat die Pflicht der Beitragsleistung mindestens in der gleichen Höhe wie der Arbeitnehmer (Art. 331 Abs. 3 OR).

---

[1] Vgl. StenBullNR 1969, S. 803 ff.; 1970, S. 731 ff.; 1971, S. 437 ff.; StR 1970, S. 334 ff., S. 341 ff.; 1971, S. 64 ff.

[2] Botschaft des Bundesrates zum Bundesgesetz über die berufliche Alters-, Hinterlassenen- und Invalidenvorsorge vom 19. Dez. 1975, BBl. 1976, S. 149 ff. Für die Koordination des BVG mit dem OR vgl. besonders S. 160 f., 196 ff.

2. Zuwendungen des Arbeitgebers und Beiträge des Arbeitnehmers für die Personalfürsorge sind aus dem Vermögen des Arbeitgebers auszuscheiden und auf eine Stiftung, eine Genossenschaft oder eine Einrichtung des öffentlichen Rechts zu übertragen (Art. 331 Abs. 1).

> Der revidierte Art. 89bis ZGB statuiert für den Fall der Stiftung ein Auskunftsrecht der Begünstigten, eine Mitverwaltung der Arbeitnehmer nach Maßgabe ihrer Beiträge sowie einen klagbaren Anspruch der Begünstigten auf Ausrichtung von Leistungen der Stiftung, wenn sie Beiträge an diese entrichtet haben oder ihnen nach den Stiftungsbestimmungen ein Rechtsanspruch auf Leistungen zusteht. Das Stiftungsvermögen darf in der Regel in dem den Beiträgen des Arbeitnehmers entsprechenden Verhältnis nicht in einer Forderung gegen den Arbeitgeber bestehen, es sei denn, diese werde sichergestellt.
>
> Auffallend ist, daß für den Fall, daß die Zuwendungen und Beiträge an eine Genossenschaft übertragen werden, entsprechende Schutzvorschriften im Genossenschaftsrecht fehlen. Lediglich das Auskunftsrecht des Arbeitnehmers ist in allen Fällen, also auch bei Bestehen einer Genossenschaft, gesichert (Art. 331 Abs. 4).

3. Die Ausscheidung der Zuwendungen des Arbeitgebers und der Beiträge des Arbeitnehmers kann unterbleiben, wenn diese zugunsten des Arbeitnehmers für eine Kranken-, Unfall-, Lebens-, Invaliden-, Todesfallversicherung bei einer der Versicherungsaufsicht unterstellten Unternehmung oder bei einer anerkannten Krankenkasse verwendet werden. Voraussetzung ist, daß dem Arbeitnehmer mit dem Eintritt des Versicherungsfalles ein selbständiges Forderungsrecht gegen den Versicherungsträger zusteht (Art. 331 Abs. 3). Gemäß der revidierten Fassung von Art. 87 VVG besteht ein solches selbständiges Forderungsrecht z.B. bei der Kollektiv-Unfallversicherung und bei der Kollektiv-Krankenversicherung (vgl. Art. 3 der Schlußbestimmungen zum 10. Titel OR).

III. Pflichten der Personalfürsorgeeinrichtung[3]

1. Bei Spareinrichtungen

Der Arbeitnehmer, der für die Alters-, Hinterlassenen- oder Invalidenvorsorge Beiträge an eine Spareinrichtung entrichtet hat und bei Beendigung des Arbeitsverhältnisses keine Leistung erhält, besitzt gegen diese eine Forderung, die mindestens seinen Beiträgen samt Zins entspricht (Art. 331a Abs. 1 OR). Sind vom Arbeitnehmer und vom Arbeitgeber oder, aufgrund einer Abrede, von diesem allein für 5 oder mehr Jahre Beiträge ge-

---

[3] Zu den Typen von Fürsorgeeinrichtungen wie Alterssparkassen, Pensionskassen, Abwälzung der versicherungsmäßigen Risiken auf eine Versicherungsgesellschaft (evtl. mit Gruppenversicherung) usw. vgl. HINDERMANN, S. 96 ff.; HELBLING, S. 33 ff.

Zur rechtlichen Qualifikation des praktisch wichtigsten Typus, der sog. «Pensionskasse» (welche seit der Streichung von Art. 343bis ORvRev. nur noch als autonome vorkommt), vgl. RICHNER, S. 19 ff.

leistet worden, so entspricht die Forderung des Arbeitnehmers, außer seinen eigenen Beiträgen, einem der Anzahl der Beitragsjahre angemessenen Teil der Beiträge des Arbeitgebers samt Zins (Art. 331a Abs. 2). Die Forderung beläuft sich auf das gesamte, durch die Beiträge des Arbeitnehmers und des Arbeitgebers gebildete Sparguthaben samt Zins, wenn für 30 Jahre oder mehr Beiträge geleistet worden sind (Art. 331a Abs. 3). Durch das BVG soll ein Art. 331a Abs. 3bis eingeführt werden, der die Personalfürsorgeeinrichtung verpflichtet, in ihren Statuten oder Reglementen die Höhe der Forderung für die Anzahl der Beitragsjahre vom 6. bis zum 30. Beitragsjahr festzulegen. Dadurch soll den Vorsorgeeinrichtungen mit einer das Obligatorium übersteigenden Vorsorge die Berechnung der Freizügigkeitsleistungen nach Art. 28 BVG erleichtert werden[4].

Ist mit der Spareinrichtung eine Risikoversicherung verbunden (insbesondere Invaliditäts- und Todesfallrisikoversicherung), so kommen die Aufwendungen zur Deckung des Risikos für die Dauer des Arbeitsverhältnisses von der Forderung des Arbeitnehmers in Abzug (Art. 331a Abs. 4).

2. Bei Versicherungseinrichtungen

Dem Arbeitnehmer, der für die Alters-, Hinterlassenen- oder Invalidenvorsorge Beiträge an eine Versicherungseinrichtung entrichtet hat, steht, sofern er bei Beendigung des Arbeitsverhältnisses von ihr keine Leistung erhält, gegen diese eine Forderung zu, deren Höhe für das Obligatorium nach dem (in Vorbereitung stehenden) BVG bemessen wird, für die darüber hinaus gehenden Vorsorge-Leistungen dagegen nach Art. 331b Abs. 1 OR. Die Forderung nach OR entspricht mindestens den Beiträgen des Arbeitnehmers, unter Abzug der Aufwendungen zur Deckung eines Risikos für die Dauer des Arbeitsverhältnisses. Im Gegensatz zur Regelung bei der Spareinrichtung ist keine Verzinsung der Arbeitnehmerbeiträge vorgesehen.

Dies erklärt sich aus der Tatsache, daß das Gesetz zwei Systeme für die Altersvorsorge kennt: einerseits die Spareinrichtungen, bei denen das einbezahlte Kapital in einem individuellen Konto angelegt wird, anderseits die Versicherungseinrichtungen, bei denen die einbezahlten Prämien in einen Fonds fließen. Als Drittes ist eine Kombination der beiden Systeme vorgesehen[5].

Diesen verschiedenen Konzeptionen entspricht nun die Ausgestaltung der Rückforderung des ausscheidenden Arbeitnehmers: Bei der Spareinrichtung ist die Bezugsgröße das eingelegte Kapital des Arbeitnehmers (eventuell auch des Arbeitgebers) samt Zins; bei der Versicherungseinrichtung ist die Bezugsgröße das prospektiv zu berechnende Deckungskapital. Falls jedoch der Arbeitnehmer bereits vor Ablauf von 5 Jahren ausscheidet, ohne daß sich der

---

[4] Vgl. Botschaft zum BVG, S. 276.
[5] Vgl. Art. 331a Abs. 4, dazu auch StenBullStR 1970, S. 346 (Votum HEFTI).

Versicherungsfall realisiert, legt das Gesetz eine untere Grenze für den Forderungsbetrag fest: diese muß mindestens der Höhe der Arbeitnehmerbeiträge entsprechen, abzüglich eines Prämienteils für Risiken, die während der Dauer des Arbeitsverhältnisses bestanden haben (z.B. Unfall, Krankheit im Gegensatz zur Altersgrenze bei der Lebensversicherung)[6].

Als Äquivalent für den entgangenen Zins sind die Versicherungsnehmer schon während der 5 Jahre versichert, erhalten also bei Eintritt des Versicherungsereignisses höhere Leistungen, als dies den bloßen Beiträgen samt Zins entsprechen würde (im Gegensatz zur bloßen Spareinrichtung). Die Einrichtung trägt also ein versicherungstechnisches Risiko. Dies setzt allerdings voraus, daß kein Abzug der Risikoprämien (wie er an sich nach Art. 331b Abs. 1 zulässig wäre) stattfindet, wie dies in der Praxis meist auch nicht üblich ist.

Bei der Spareinrichtung kombiniert mit Risikoversicherung entspricht die Forderung folgerichtig dem eingelegten Kapital samt Zins (eventuell auch noch einem Teil oder allen Arbeitgeberbeiträgen), abzüglich einer Risikoprämie (vgl. Art. 331a Abs. 4: «montants affectés à la couverture d'un risque»)[7,8].

Haben der Arbeitnehmer und der Arbeitgeber oder, auf Grund einer Abrede, der Arbeitgeber allein für 5 oder mehr Jahre Beiträge geleistet, so entspricht die Forderung des Arbeitnehmers einem der Anzahl der Beitragsjahre angemessenen Teil des auf den Zeitpunkt der Beendigung des Arbeitsverhältnisses berechneten Deckungskapitals (Art. 331b Abs. 2). Die Forderung entspricht dem gesamten Deckungskapital, wenn für 30 oder mehr Jahre Beiträge geleistet worden sind[9].

Art. 331b Abs. 4 regelt die Berechnung des Deckungskapitals. Vom Gegenwert der künftigen Leistungen ist der Gegenwert der künftigen, durch Reglement festgesetzten Beiträge des Arbeitnehmers und des Arbeitgebers abzuziehen; freiwillige, nicht reglementarische Beiträge des Arbeitgebers fallen dabei außer Betracht. Ein allfälliger versicherungstechnischer Fehlbetrag kann zu Lasten des Arbeitnehmers berücksichtigt werden.

Die Vorschriften über die Personalfürsorgeeinrichtung bei Versicherungseinrichtungen sind insofern nur relativ zwingend, als durch Reglement eine abweichende Regelung getroffen werden kann, sofern sie für den Arbeitnehmer mindestens gleichwertig ist (Art. 331b Abs. 5).

IV. Erfüllung der Schuldpflicht der Personalfürsorgeeinrichtung

1. Nach der bisherigen Regelung (Art. 334bis ORvRev.) hatte der Arbeitnehmer bei Auflösung des Dienstverhältnisses Anspruch auf Heraus-

---

[6] Irreführend insofern die französische Fassung von Art. 331b Abs. 1: «prestations versées en couverture d'un risque». Zur – fälschlicherweise getroffenen – Differenz in der Textfassung von Art. 331a Abs. 4 und Art. 331b Abs. 1, insbesondere im Französischen, vgl. MEYER, SJZ 69, 1973, S. 232.

[7] Im Zweifel ist wohl nur die Risikoprämie, die der Arbeitnehmer geleistet hat, abzuziehen; so MEYER, a.a.O. (Anm. 6).

[8] Vgl. zu den verschiedenen Systemen: SIEGRIST, S. 27–33; STREIFF, S. 100.

[9] Auch hier soll durch die Einfügung eines Art. 331b Abs. 3bis die Höhe der Freizügigkeitsleistung für die Anzahl der Beitragsjahre vom 6. bis zum 30. Beitragsjahr in den Statuten oder Reglementen der Personalfürsorgeeinrichtung festgelegt werden (vgl. Botschaft zum BVG, S. 276).

gabe mindestens der Summe der von ihm geleisteten Beiträge, sofern er nicht in den Genuß der Wohlfahrtsbeiträge gelangte oder, namentlich durch Deckung des Risikos, bereits gelangt war. Dies hatte zur Folge, daß der Arbeitnehmer im Falle einer Auflösung des Arbeitsvertrages in den Besitz erheblicher Barmittel gelangte, ohne daß für die Zwecksicherung Gewähr bestand.

Die Regelung des Art. 331c OR will die Beiträge dem Fürsorgezweck erhalten. Barauszahlung ist deshalb grundsätzlich unzulässig, es sei denn, es liege einer der Ausnahmefälle des Art. 331c Abs. 4 OR vor[10].

2. Die Personalfürsorgeeinrichtung hat nach Art. 331c Abs. 1 ihre der Forderung des Arbeitnehmers entsprechende Schuldpflicht nunmehr dadurch zu erfüllen, daß sie zu dessen Gunsten eine Forderung auf künftige Vorsorgeleistungen gegen die Personalfürsorgeeinrichtung eines andern Arbeitgebers, gegen eine der Versicherungsaufsicht unterstellte Unternehmung oder bei Sparguthaben auch gegen eine Bank oder Sparkasse begründet. Die Personalfürsorgeeinrichtung hat somit einen echten Vertrag zugunsten Dritter abzuschließen, wobei die Forderung des Arbeitnehmers nach den Bestimmungen des Reglements der Personalfürsorgeeinrichtung fällig wird. Sie kann vom Arbeitnehmer vor der Fälligkeit weder abgetreten noch verpfändet werden (Art. 331c Abs. 2).

Es sind somit zwei verschiedene Wege der Erfüllung zu unterscheiden:

a) Die Erfüllung erfolgt durch Vertrag zugunsten des Arbeitnehmers, abgeschlossen zwischen der Personalfürsorgeeinrichtung des alten Arbeitgebers (Promissar) und derjenigen des neuen Arbeitgebers (Promittent). In diesem Fall dürfte die Forderung in erster Linie dazu bestimmt sein, den Einkauf in die neue Personalfürsorgeeinrichtung zu ermöglichen. Die Personalfürsorgeeinrichtung des alten Arbeitgebers wird den auf den Arbeitnehmer entfallenden Betrag auf die Einrichtung des neuen Arbeitgebers übertragen. Durch den Eintritt des Arbeitnehmers in die neue Personalfürsorgeeinrichtung untersteht er deren Reglement, weshalb es allerdings nicht konsequent erscheint, daß sich nach dem Gesetz die Fälligkeit des Anspruchs nach wie vor nach dem Reglement der alten Personalfürsorgeeinrichtung richtet. Schwierigkeiten dürfte diese Lösung dort bereiten, wo die Leistungen der alten und neuen Personalfürsorgeeinrichtung nicht gleichwertig sind.

b) Ferner kann gegen eine Versicherungsgesellschaft eine sog. Freizügigkeitspolice zugunsten des Arbeitnehmers begründet werden. Diese Lösung dürfte vor allem dann angemessen sein,

---

[10] Gemäß der Revision des OR vom 25. Juni 1976 hat Art. 331c Abs. 4 folgenden Wortlaut erhalten: Sie erfüllt ihre Schuldpflicht durch Barauszahlung:
a) wenn der Arbeitnehmer insgesamt weniger als neun Monate Personalfürsorgeeinrichtungen angehört hat oder seine Forderung geringfügig ist;
b) wenn das Begehren gestellt wird
   1. von einem Arbeitnehmer, der die Schweiz endgültig verläßt;
   2. von einem Arbeitnehmer, der eine selbständige Erwerbstätigkeit aufnimmt;
   3. von einer verheirateten oder vor der Heirat stehenden Arbeitnehmerin, welche die Erwerbstätigkeit aufgibt.

wenn der Arbeitnehmer seine Arbeitstätigkeit überhaupt aufgibt oder beim neuen Arbeitgeber keine Personalfürsorgeeinrichtung besteht. An den Fall, daß der Arbeitnehmer endgültig ins Ausland abwandert, hatte der Gesetzgeber offensichtlich nicht gedacht. Die Lücke wird nun durch den neuen Absatz 4 des Art. 331c OR geschlossen[11,12,13]. Bei Sparguthaben kann die Schuldpflicht auch durch Begründung einer Forderung gegen eine Bank oder Sparkasse zugunsten des Arbeitnehmers begründet werden.

3. Keine Übertragung hat zu erfolgen, wenn der Arbeitnehmer auch nach Beendigung des Arbeitsverhältnisses weiterhin der Personalfürsorgeeinrichtung angehört (Art. 331c Abs. 3 OR).

§ 65. Die Abgangsentschädigung

I. Grundsätzliches

Die Regelung über die Personalfürsorge wird ergänzt durch das Institut der Abgangsentschädigung in Art. 339b–d OR. Bei langdauernden Arbeitsverhältnissen hat der Arbeitnehmer bei Auflösung des Arbeitsverhältnisses einen gesetzlichen Anspruch auf eine besondere Entschädigung. An ihre Stelle können allerdings Leistungen einer Personalfürsorgeeinrichtung oder eigene Fürsorgeleistungen des Arbeitgebers treten. Das Institut ist deshalb in erster Linie für Fälle gedacht, in denen noch keine Personalfürsorgeeinrichtung besteht, und es sollte auch einen Anreiz für den Arbeitgeber bil-

---

[11] Vgl. BBl 1976, S. 1024 und Botschaft zum BVG, S. 277.
[12] Barauszahlung ist nunmehr auch in andern Fällen zulässig, bei welchen Praxis und Doktrin bisher eine Lücke in der gesetzlichen Regelung vermuteten (vgl. obige Anmerkung[10]).
   Umstritten war die Bedeutung von Art. 7 Abs. 2 Schluß- und Übergangsbestimmungen; insbesondere die Frage, ob bis zum 31. Dez. 1976 Barauszahlungen gemäß den alten, noch unangepaßten Stiftungsreglementen möglich seien. Das Bundesgericht nimmt in BGE 100 Ib, 1974, S. 137 ff. die Nichtrückwirkung von Art. 7 Abs. 2 an, solange die Kasse ihre Reglemente nicht der neuen Regelung angepaßt hat.
[13] Die bestehende Lückenhaftigkeit des Gesetzes führte vielerorts zur Erscheinung, daß die kantonalen Stiftungsaufsichtsbehörden diesbezüglich einheitliche Weisungen aufstellten. Ihre Kompetenz dazu ist allerdings fraglich, handelt es sich doch bei der Kontrollfunktion der Aufsichtsbehörden über Stiftungen gemäß Art. 84 ZGB um «eine Aufsicht durchaus sui generis und hat sich sinngemäß auf die Feststellung einer stiftungsgemäßen Verwendung der verfügbaren Mittel zu beschränken» (M. GUTZWILLER, in: Schweiz. Privatrecht, Bd. II, S. 616).
   Die Schaffung der nötigen Rechtssicherheit im Sinne einer einheitlichen Auslegungs- bzw. Lückenfüllungspraxis ist Sache der Zivilgerichte, besonders da Weisungen der Aufsichtsbehörden nicht an Personalfürsorgeeinrichtungen in Genossenschaftsform oder Institute öffentlichen Rechts ergehen können. Zudem drängt sich aber gerade in dieser Materie eine präzisere gesetzliche Gestaltung auf Bundesebene auf.

den, notwendigenfalls eine solche zu schaffen[1]. Insofern hat es eine Übergangsfunktion bis zur Schaffung des Obligatoriums der betrieblichen Personalfürsorgeeinrichtung (sog. zweite Säule).

Die Abgangsentschädigung will die sozialen Folgen einer Beendigung des Arbeitsverhältnisses, insbesondere im Falle der Kündigung und des Todes des Arbeitnehmers, mildern. Die neue Regelung über die Personalfürsorgeeinrichtung und die Abgangsentschädigung, die beide den ältern Arbeitnehmer begünstigen, haben es dem Gesetzgeber offensichtlich erleichtert, von einer Bestimmung über die sozialwidrige Kündigung abzusehen (vgl. unten S.415ff.). Das Institut der Abgangsentschädigung war dem bisherigen Recht unbekannt und auch in den Gesamtarbeitsverträgen kaum vorgebildet[2]. Es handelt sich wohl um die einschneidendste Neuerung der Revision, die sich nur gegen starke Widerstände[3] durchsetzen konnte.

II. Voraussetzungen der Abgangsentschädigung

1. Voraussetzungen für den Anspruch einer Abgangsentschädigung sind ein Mindestalter des Arbeitnehmers von 50 Jahren und eine Mindestdauer des Arbeitsverhältnisses von 20 Jahren (Art. 339b Abs. 1 OR).

Jede Festlegung einer solchen Zeitdauer trägt naturgemäß ein gewisses Maß an Willkür in sich, doch läßt sich eine andere praktikable Lösung kaum finden. Die Kritik, daß die gesetzliche Fixierung der Mindestdauer des Arbeitsverhältnisses eine Beschränkung der Freizügigkeit zur Folge habe, weil der Arbeitnehmer den Stellenwechsel unterläßt, um nicht seinen Anspruch zu verlieren, hat gewisse Berechtigung. Theoretisch hätte sich eine Lösung denken lassen, die bei Beendigung des Arbeitsverhältnisses einen pro-rata-Anspruch entstehen läßt, der in analoger Weise wie der Anspruch auf Personalfürsorge dem Arbeitnehmer gesichert bliebe. Doch hätte sie eine relativ komplizierte Regelung zur Voraussetzung und würde insbesondere einen starren Anspruch, der für bestimmte Zeitperioden geschuldet ist, bedingen[4].

2. Der Anspruch entsteht, wenn das Arbeitsverhältnis endigt.

Stirbt der Arbeitnehmer während der Dauer des Arbeitsverhältnisses, so ist die Entschädigung dem überlebenden Ehegatten oder den überlebenden Kindern oder bei Fehlen dieser Erben andern Personen auszurichten, denen gegenüber er eine Unterstützungspflicht erfüllt hat. Fehlen solche Personen, fällt der Anspruch dahin (Art. 339b Abs. 2 OR).

---

[1] Vgl. Art. 339d OR; BBl 1967 II, S. 397.

[2] Vgl. dazu BBl 1967 II, S.395: «Es bedarf offensichtlich einer minimalen gesetzlichen Ordnung, um den Anstoß für entsprechende kollektiv-vertragliche Regelungen zu geben.»

[3] Zur Vorgeschichte vgl. BBl 1967 II, S.394f.; StenBullNR 1969, S.843ff.

[4] Vgl. auch die Begründung der Mindestdauer in der Botschaft (BBl 1967 II, S.396): «Mit der Mindestdauer von 20 Jahren will der Entwurf zum Ausdruck bringen, daß ... nur jene Arbeitnehmer anspruchsberechtigt sein sollen, die einen wesentlichen Teil ihrer Lebensarbeit dem gleichen Arbeitgeber gewidmet haben. Der Entwurf will damit auch dem Einwand eines Verbandes der Personalfürsorgeeinrichtungen beggenen, der behauptet, das Institut der Abgangsentschädigung werde den Stellenwechsel fördern.»

Da bewußt eine Regelung angestrebt wurde, die keinen Anreiz zum Stellenwechsel bieten sollte, war es folgerichtig, auch einen pro-rata-Anspruch abzulehnen. Allerdings bleibt zu bedenken, daß mit einer Bestimmung wie Art.339c Abs.2 OR, wonach bei Kündigung des

Im Falle der Beendigung des Arbeitsverhältnisses infolge Todes des Arbeitnehmers ergibt sich eine weitere Sicherung des Ehegatten oder der minderjährigen Kinder oder der unterstützungsberechtigten Personen durch deren Anspruch auf Lohnweiterzahlung für einen weiteren Monat und nach fünfjähriger Dienstdauer für zwei weitere Monate, vom Todestage an gerechnet (Art. 338 Abs. 2 OR).

III. Die Höhe und Fälligkeit des Anspruchs

1. Die Höhe der Entschädigung ist primär durch schriftliche Abrede, Normalarbeits- oder Gesamtarbeitsvertrag zu bestimmen. Dabei darf der Mindestanspruch, der dem Lohn für zwei Monate entspricht, nicht unterschritten werden (Art. 339c Abs. 1 OR). Fehlt eine Bestimmung, so hat der Richter die Entschädigung unter Berücksichtigung aller Umstände nach seinem Ermessen festzusetzen. Das Gesetz setzt allerdings eine oberste Limite in der Höhe des Lohnanspruchs für 8 Monate fest (Art. 339c Abs. 2)[5,6].

2. Die durch Abrede, Gesamtarbeits- oder Normalarbeitsvertrag bestimmte Entschädigung kann herabgesetzt werden oder wegfallen, wenn das Arbeitsverhältnis vom Arbeitnehmer ohne wichtigen Grund gekündigt oder vom Arbeitgeber aus wichtigen Gründen fristlos aufgelöst wurde, oder wenn der Arbeitgeber durch die Leistung der Entschädigung in eine Notlage geriete. Diese Herabsetzungsgründe, die – ausgenommen der letzt-

---

Arbeitnehmers ohne wichtigen Grund der Anspruch gekürzt bzw. überhaupt hinfällig wird, die Gefahr des Stellenwechselanreizes gebannt sein dürfte.

[5] Diese obere Limite war in den parlamentarischen Beratungen äußerst umstritten. Der Entwurf sah ursprünglich 6 Monate vor, hauptsächlich um die Opposition gegen dieses neue Institut nicht noch zu befördern (vgl. StenBullNR 1969, S. 848, Votum VON MOOS). Im Nationalrat drang dann aber ein Minderheitsantrag auf Heraufsetzung auf 12 Monate durch, um dem Richter einen möglichst großen Spielraum zu gewähren, und in Anlehnung an entsprechende nachbarstaatliche Regelungen (vgl. StenBullNR 1969, S. 846, Votum WELTER; 1970, S. 826). Der Ständerat hingegen tendierte auf Beibehaltung der 6 Monate (vgl. StenBullStR 1970, S. 362; zur Begründung vgl. vor allem Votum BOREL); ferner zur Anwendung der Übergangsbestimmungen Entscheid des BezGer Liestal vom 4. Sept. 1973, SJZ 70, 1974, S. 111 f.

[6] Die Abfindung nach deutschem Recht unterscheidet sich insofern beträchtlich von der schweizerischen, als sie vom Richter nur zugesprochen werden kann, wenn die Kündigung sozial ungerechtfertigt war, das Arbeitsverhältnis aber wegen Unzumutbarkeit für den Arbeitnehmer gerichtlich aufgelöst wird. Altersgrenzen bestehen nicht; der generelle Rahmen für die Abfindungshöhe geht bis zu 12 Monatsverdiensten, kann aber u.U. noch erweitert werden (vgl. E. STAHLHACKE, Kündigung und Kündigungsschutzgesetz im Arbeitsverhältnis, München 1970, S. 89 ff.; KSchG §§ 9, 10). Diese Regelung des Kündigungsschutzgesetzes kennt aber doch nicht die Gefahr, einen Stellenwechselanreiz zu schaffen, da es sich immer nur um die vom Arbeitgeber ausgehenden Kündigungen handelt, die zu einer Abfindung führen können. Ähnlich auch die Regelung nach Art. 336g OR, immerhin mit der Höchstgrenze für die Entschädigung bei 6 Monatsverdiensten (vgl. unten S. 419 ff.).

genannte – auf dem Verschulden des Arbeitnehmers basieren, lassen sich allerdings mit dem Gedanken, daß die Abgangsentschädigung auch Ersatz für eine fehlende Altersfürsorge darstellen soll, nicht vereinbaren[7].

3. Der Anspruch wird bei der Beendigung des Arbeitsverhältnisses fällig. Eine spätere Fälligkeit kann durch schriftliche Abrede, Normalarbeits- oder Gesamtarbeitsvertrag bestimmt oder vom Richter angeordnet werden (Art. 339c Abs. 4 OR).

IV. Ersatzleistungen

Kein Anspruch auf die Abgangsentschädigung besteht, wenn eine Personalfürsorgeeinrichtung Vorsorgeleistungen für die Zukunft zu erbringen hat, welche die vom Arbeitnehmer geleisteten Beiträge (bei Spareinlagen samt Zins) übersteigen, unter Abzug der Aufwendungen zur Deckung eines Risikos für die Dauer des Arbeitsverhältnisses[8]. Ebenso entfällt ein Entschädigungsanspruch, wenn der Arbeitgeber selbst dem Arbeitnehmer künftige Vorsorgeleistungen verbindlich zusichert oder durch einen Dritten (z. B. eine Versicherungsgesellschaft) zusichern läßt (Art. 339d Abs. 1 und 2 OR)[9]. Ein völliges Dahinfallen des Anspruches bei eigenen Leistungen des Arbeitgebers ist allerdings nur dann am Platz, wenn die Höhe der Leistung der Abgangsentschädigung äquivalent ist.

§ 66. Rechte an Erfindungen und andern Immaterialgütern

Literatur: Kommentare: R. E. BLUM/M. PEDRAZZINI, Das schweizerische Patentrecht, 2. Aufl., Bern 1975; OSER/SCHÖNENBERGER, Kommentar zu Art. 343 OR.
K. BEUTTNER, Die Angestelltenerfindung im schweizerischen Recht, Diss. Bern 1927; J. BUCHLI, Der Erfinder im Dienstverhältnis nach schweizerischem Recht, Diss. Zürich 1929; K. ENGLÄNDER, Die Angestelltenerfindung nach geltendem Recht, Leipzig 1925; CH. ENGLERT, L'invention faite par l'employé dans l'entreprise privée, Basel 1960; B. GODENHIELM, International Encyclopedia of Comparative Law, Tübingen/Paris 1975, Vol. XIV, Copyright and Industrial Property, Chap. 7 Employee Inventions; A. HUECK, Gedanken zur Neuregelung des Rechts der Arbeitnehmererfindungen, in: Festschrift für A. Nikisch, Tübingen 1958; H. HUBMANN, Das Recht am Arbeitsergebnis, in: Festschrift für A. Hueck, München/Berlin 1959; G. KRAYER, Immaterialgüterrechtliche Erzeugnisse von Personen im Arbeitsverhältnis, Diss. Basel 1970; M. J. LUTZ, Sollen Werke, die aufgrund eines Dienstvertrages geschaffen wurden, gleich wie die Angestelltenerfindungen behandelt werden?, Mitt. 1965, S. 173 ff.; M. PEDRAZZINI, Bemerkungen zur Struktur der Diensterfindung, in: Festschrift zum Centenarium des Schweizerischen Juristenvereins, Zürich 1961; REIMER/SCHADE/SCHIPPEL,

---

[7] Der Grund für diese Regelung liegt auch hier darin, möglichst keine Stellenwechsel zu fördern (vgl. oben S. 398, Anm. 6).
[8] Analog zur Regelung in Art. 331a Abs. 4 OR bzw. Art. 331b Abs. 1 OR.
[9] So z. B. das Versprechen des Arbeitgebers, ein Ruhegehalt oder eine Pension auszurichten, das formlos begründet werden kann (vgl. BBl 1967 II, S. 398; BGE 73 II, 1947, S. 226).

Das Recht der Arbeitnehmererfindung, 5. Aufl., Berlin 1975; E. H. ZOLLINGER, Die Stellung des Angestelltenerfinders im schweizerischen Dienstvertragsrecht, Diss. Basel 1955; H. ZUMBACH, Die Angestelltenerfindung im schweizerischen und deutschen Recht, Diss. Basel 1959.

I. Allgemeines

1. Schafft der Arbeitnehmer im Rahmen seiner arbeitsvertraglichen Verpflichtungen Immaterialgüterrechte, stehen sich die Prinzipien des Arbeitsrechts und diejenigen des Immaterialgüterrechts gegenüber. Das Immaterialgüterrecht geht vom Grundgedanken aus, daß das geschaffene Immaterialgut dem individuellen Schöpfer gehört – die sog. Betriebserfindung ist dem Patentrecht noch immer fremd. Nach arbeitsrechtlichen Grundsätzen hat der Arbeitgeber Anspruch auf das Resultat der Arbeitsleistung seines Arbeitnehmers. Nach Art. 321 b Abs. 2 OR besteht deshalb eine Herausgabepflicht des Arbeitnehmers. Bei der Lösung des Konflikts ist aber auch das rechtspolitische Ziel des Patentrechtes, die Förderung des technischen Fortschritts und die Weiterentwicklung der Technik, im Auge zu behalten[1] und der Tatsache Rechnung zu tragen, daß Erfindungstätigkeit heute in weitem Umfange auf industrieller Basis erfolgt, wobei die erfinderische Leistung meist nicht von einer einzelnen Person, sondern von einem Team erbracht wird. Dem Gesetzgeber stellen sich zwei Probleme: Die Frage der Zuordnung des Immaterialgutes und die Frage der Entschädigung des Schöpfers. Die gesetzliche Regelung stellt, auch im internationalen Vergleich, eine mittlere Lösung dar, indem die Zuordnung ohne besondere Entschädigung an den Arbeitgeber erfolgt, wenn die immaterialgüterrechtliche Leistung Resultat der wesentlichen Verpflichtung des Arbeitnehmers im Rahmen der arbeitsvertraglichen Tätigkeit ist.

2. Der Geltungsbereich von Art. 332 ff. OR umfaßt Erfindungen im Sinne des Patentrechtes, und zwar unabhängig von ihrer Schutzfähigkeit[2],

---

[1] Vgl. dazu auch HUECK, in: Festschrift für A. Nikisch, S. 66, 67: «So wünschenswert vom sozialen Standpunkt aus ein möglichst intensiver Schutz der Arbeitnehmer, eine möglichst weitgehende Verbesserung ihrer Lage ist, so finden die Bestrebungen in dieser Richtung doch ihre Grenze an der Belastungsfähigkeit der Wirtschaft. Die Beachtung dieser Grenze liegt auch im Interesse der Arbeitnehmer selbst, denn sie sind an der Erhaltung einer leistungsfähigen Wirtschaft genauso interessiert wie die Arbeitgeber.»
[2] Vgl. Botschaft BBl 1967 II, S. 364. «Somit sind unter Erfindungen ... alle technischen Ideen zu verstehen, die unabhängig von ihrer Schutzfähigkeit qualitativ doch für einen Fachmann beachtlich sind. ... Die Verwertbarkeit, der vermutete wirtschaftliche Wert entscheiden dabei vor Erfindungshöhe und technischem Fortschritt», KRAYER, S. 153/54. Die Charakteristika einer jeden Erfindung, ob patentierbar oder nicht, bleiben aber dieselben, so daß dafür auf die bundesgerichtliche Definition verwiesen werden kann; vgl. BGE 76 I, 1950, S. 381; 85 II, 1959, S. 141; ferner ENGLERT, S. 13.

sowie gewerbliche Muster und Modelle im Sinne des Bundesgesetzes vom 30.März 1900 (in der Fassung vom 15. März 1961) betreffend die gewerblichen Muster und Modelle[3], auch hier unabhängig von deren Schutzfähigkeit.

Nach dem Entwurf sollte auch das durch das Urheberrecht geschützte Werk miteingeschlossen sein, in der Meinung, daß auch bei einem Werk, das vom Urheber in Ausübung seiner dienstlichen Tätigkeit und in Erfüllung seiner arbeitsvertraglichen Verpflichtungen geschaffen wurde (man denke z.B. an Grafiker- und Werbeateliers, Architekturbüros usw.), die gleiche Interessenlage vorliege wie insbes. beim Muster und Modell. Dagegen erhob sich allerdings im National- und Ständerat energischer Widerspruch[4]; die urheberrechtliche Werkschöpfung sei ihrer Natur nach untrennbar mit der Person des Urhebers verbunden und könne den andern vom Gesetz erfaßten immaterialgüterrechtlichen Leistungen nicht gleichgestellt werden, bei welchen die persönliche Bindung des Resultates zum Schöpfer nicht in gleicher Weise gegeben sei. Insbesondere die Journalisten befürchteten eine Gefährdung ihrer Rechtsstellung. Das Urheberrecht wurde aufgrund der parlamentarischen Opposition vom Geltungsbereich des Arbeitsvertragsrechts ausgeschlossen und die Lösung des Konfliktes für die Urheberrechtsrevision in Aussicht gestellt, obwohl nach allgemein urheberrechtlichen Prinzipien sich kein wesentlicher Unterschied zur Lösung, die das Gesetz für die Muster und Modelle trifft, ergeben dürfte, da auch bei einer Werkschöpfung im Rahmen eines arbeitsvertraglichen Verhältnisses bei Fehlen einer anderweitigen Abmachung anzunehmen ist, daß die Nutzungsrechte in dem Umfange auf den Arbeitgeber übergehen, wie es der Vertragszweck erfordert[5]. Sollte das neue Urheberrechtsgesetz das Prinzip der Unabtretbarkeit des Urheberrechts inter vivos verwirklichen, so müßte eine dem Vertragszweck entsprechende einfache oder ausschließliche Lizenz zugunsten des Arbeitgebers angenommen werden. Nachdem das Arbeitsvertragsrecht die Muster und Modelle einbezieht, wäre es zweckmäßig und konsequent gewesen, auch die urheberrechtliche Leistung in analoger Weise im Gesetz zu regeln. Die beiden Rechtsgebiete hängen eng zusammen und betreffen das gleiche Gebiet der geistigen Tätigkeit. Zudem ist sehr oft ein kumulativer Anspruch aus Urheberrecht sowie aus Muster- und Modellrecht gegeben[6].

II. Die eigentliche Diensterfindung

In Übereinstimmung mit dem früheren Recht gehören Erfindungen, die der Arbeitnehmer bei Ausübung[7] seiner dienstlichen Tätigkeit und in Er-

---

Anders z.B. nach schwedischem oder dänischem Recht, wo nur patentfähige Erfindungen von der gesetzlichen Regelung erfaßt werden. Vgl. als Übersicht über das ausländische Recht ENGLERT, S.12; LUTZ, Mitt. 1965, S.189.

[3] AS 1962, S.59.
[4] Vgl. StenBullNR 1969, S.820 ff.; 1970, S.808 ff.; StR. 1971, S.68 ff.
[5] So auch KRAYER, S.191 f.
[6] Vgl. dazu auch die Botschaft BBl 1967 II, S.367. Für eine Weglassung der urheberrechtlichen Leistung (wohl auch derjenigen aus Muster und Modellen) aus dem Arbeitsvertragsrecht spricht sich LUTZ (in: Mitt. 1965, S.202 ff.) aus, das Recht der Angestelltenwerke könne wegen seines Anwendungsbereiches, der Auftrag und Werkvertrag mitumfassen müsse, nicht im Arbeitsvertragsrecht erfolgen.
[7] Nach h.M. fällt hierbei ein zeitliches Moment außer Betracht, entscheidend ist vielmehr der innere sachliche Zusammenhang der Tätigkeit des Arbeitnehmers mit der Erfindung. So OSER/SCHÖNENBERGER, Kommentar zu Art.343 OR, N.11; BLUM/PEDRAZZINI, Kommentar zu Art.3 PtG, S.288; ZUMBACH, S.72; ENGLERT, S.144.

füllung seiner vertraglichen Pflichten[8] macht oder an deren Zustandekommen er mitwirkt[9], grundsätzlich dem Arbeitgeber. Dieser besitzt nicht bloß einen gesetzlichen Anspruch auf Abtretung, sondern die Rechte stehen ihm originär zu[10].

Diese Zuordnung steht nicht in Widerspruch zum Patentgesetz, weil dieses gegenüber dem Erfinder ausdrücklich das Recht des Dritten vorbehält, dem die Erfindung aus einem andern Rechtsgrund gehört (Art. 3 Abs. 1 PtG)[11]. Die Zuordnung gilt auch für Erfindungen, welche die Voraussetzungen der Patentfähigkeit nicht erfüllen[12]. Für diese eigentlichen sogenannten Diensterfindungen steht dem Erfinder (im weiten Sinne) kein Anspruch auf besondere

---

[8] «Ob eine dienstliche Obliegenheit vorliegt..., beurteilt sich nach den tatsächlichen Verhältnissen zur Zeit der Erfindungskonzeption.... Die dienstliche Obliegenheit kann sich während des andauernden Arbeitsverhältnisses konkludent wandeln.» So KRAYER, S. 158. Vgl. auch BGE 57 II, 1931, S. 304; 72 II, 1946, S. 273; ZUMBACH, S. 82 ff.; BEUTTNER, S. 83 ff. Hinweise auf das Vorliegen einer Obliegenheitserfindung geben z. B. die Höhe des Gehalts, die Stellung des Arbeitnehmers im Betrieb, die durch Weisungen erteilten Aufgaben, die Erfahrung und Vorbildung, die Selbständigkeit der Arbeitsgestaltung (KRAYER, S. 158), weniger hingegen der Umstand, ob die Erfindung während der Arbeitszeit oder außerhalb, ob sie im Fabrikraum oder zu Hause oder ob sie mit oder ohne Verwendung des Materials und der Werkzeuge der Firma getätigt wurde. Vgl. dazu ENGLÄNDER, S. 34.

Schwierig wird die sachliche Abgrenzung der arbeitsvertraglichen Pflichten vor allem in Unternehmen, die verschiedenste technische Gebiete umfassen, wie dies im Zuge der Großmarktbildung immer mehr der Fall ist. Die Forderung des Arbeitgebers nach einer weiten Formulierung des Arbeitsvertrags kann hier wohl begründet sein, da der Arbeitnehmer in einem solchen Betrieb von der breiten Informationsbasis profitiert und erst damit gewisse Anregungen erhält. Ausschlaggebend dürfte auch hier das tatsächlich befolgte Programm sowie die Stellung des Arbeitnehmers im Betrieb sein. So PEDRAZZINI, in: Festschrift zum Centenarium des Schweizerischen Juristenvereins, S. 108 ff.

[9] Dies soll nach KRAYER (S. 178) eine Stellungnahme gegen die sog. «Betriebserfindung» beinhalten. Meines Erachtens ist dies nicht zwingend, denn der Fall einer Erfindung, «die aus einem Betrieb herausgewachsen ist, ohne daß ein bestimmter Angestellter dank seiner erfinderischen Tätigkeit als Erfinder betrachtet werden könnte» (vgl. BEUTTNER, S. 75/77; ZOLLINGER, S. 78 f.), bleibt dennoch denkbar. So auch BLUM/PEDRAZZINI, Kommentar zu Art. 3 PtG, S. 301; OSER/SCHÖNENBERGER, Kommentar zu Art. 343 OR, N. 5 ff. (insbes. N. 8, wonach die Betriebserfindung möglichst eng zu fassen ist). Andere Meinung in der Botschaft BBl 1967 II, S. 364.

[10] BGE 74 II, 1948, S. 113; 57 II, 1931, S. 307 ff.; BBl 1967 II, S. 366.

[11] Anders das deutsche Recht: Jede Diensterfindung steht ursprünglich dem Erfinder zu, aber der Arbeitgeber hat ein gesetzliches Aneigungsrecht. Mit einer schriftlichen Inanspruchnahmeerklärung geht das Recht auf den Arbeitgeber über, ohne daß es noch irgendeiner vertraglichen Regelung oder einer Zustimmung des Arbeitnehmers bedürfte (vgl. § 6 des Gesetzes über Arbeitnehmererfindungen vom 25. Juli 1957). Für jede in Anspruch genommene Erfindung muß der Arbeitgeber eine angemessene Vergütung leisten (vgl. §§ 9–12). Verfügungen des Arbeitnehmers, die er vor der Inanspruchnahme trifft, sind dem Arbeitgeber gegenüber unwirksam, soweit sie dessen Rechte beeinträchtigen (vgl. § 7 Abs. 3). Dennoch ist dieses Inanspruchnahmerecht nicht ein eigentliches dingliches Recht. Näheres bei REIMER/SCHADE/SCHIPPEL, S. 45 f.; HUBMANN, in: Festschrift für A. Hueck, S. 47 f.

Als rechtsvergleichender Überblick über die Form des Rechtserwerbs vgl. REIMER/SCHADE/SCHIPPEL, S. 61.

[12] Vgl. oben S. 399, Anm. 2.

Vergütung zu. Die erfinderische Tätigkeit ist hier die eigentliche Vertragsleistung des Arbeitnehmers, für die er bereits durch den Lohn und die andern Entgelte entschädigt wird; die Resultate gehören deshalb auch dem Arbeitgeber (vgl. Art. 321 b Abs. 2 OR). Das Gesetz kümmert sich bei seiner Lösung allerdings nicht darum, ob die Entschädigung im Hinblick auf den Wert der Erfindung angemessen ist[13]. Die schweizerische Lösung geht weniger weit als z. B. das deutsche Gesetz über die Arbeitnehmererfindung von 1957, welches auch in diesem Fall dem Arbeitnehmer das unabdingbare Recht auf eine angemessene Sondervergütung zusichert[14]. Ein entsprechender Vorstoß im Nationalrat[15] hat im Gesetz keinen Niederschlag gefunden.

Vorbehalten bleibt der Anspruch des Erfinders auf Nennung seines Namens (sog. Erfindernamensrecht).

III. Die sogenannte Vorbehaltserfindung

1. Hat der Arbeitnehmer die Erfindung (im weiteren Sinne) zwar bei Ausübung seiner dienstlichen Tätigkeit, aber nicht in Erfüllung seiner vertraglichen Verpflichtungen gemacht, so stehen die Rechte am Immaterialgut grundsätzlich dem Arbeitnehmer zu, in diesem Fall ist die Erfindertätigkeit nicht der hauptsächliche Inhalt des Arbeitsvertrags. Durch schriftliche Abrede kann sich der Arbeitgeber jedoch den Erwerb dieser Erfindungen ausbedingen[16] (Art. 332 Abs. 2 OR).

2. Für den Fall, daß der Arbeitnehmer eine Erfindung im weiteren Sinne gemacht hat, sieht das Gesetz ein relativ umständliches, schriftliches Meldeverfahren vor.

Der Arbeitnehmer hat dem Arbeitgeber schriftlich von der Erfindung Kenntnis[17] zu geben. Dieser hat innert 6 Monaten dem Arbeitnehmer schriftlich mitzuteilen, ob er die Erfindung erwerben will oder ob er sie dem Arbeitnehmer freigibt[18]. Im letzteren Fall verzichtet der Arbeitgeber auf seinen Anspruch auf Abtretung, und es steht dem Arbeitnehmer frei, die Erfindung beliebig zu verwenden (Art. 332 Abs. 3)[19].

---

[13] Botschaft BBl 1967 II, S. 365.
[14] Vgl. §§ 9–12 des Gesetzes.
[15] Postulat GITERMANN vom 22. Nov. 1952.
[16] Die Umschreibung in sachlicher Hinsicht sollte möglichst präzise sein, da sonst der Arbeitgeber sein Interesse, möglichst jede Konkurrenz durch den Arbeitnehmer auszuschalten, auf diesem Wege durchsetzen kann, was nicht Sinn und Zweck dieser Gesetzesbestimmung ist. Vgl. dazu PEDRAZZINI, in: Festschrift SJV, S. 112/13.
[17] Korrelat zur Offenbarungspflicht gegenüber dem Arbeitgeber bildet die Geheimhaltungspflicht gegenüber Dritten. Vgl. ZOLLINGER, S. 92f.
[18] Kritisch dazu KRAYER, S. 183/84: «Wieso sollte der Arbeitgeber schriftlich melden, daß er die Erfindung freigebe? Läßt er die 6-Monate-Frist unbenützt verstreichen, so kann er ohnehin die Erfindung nicht mehr einseitig auf Grund des Vorbehalts in Anspruch nehmen.»
[19] Sofern die Erfindung vom Arbeitgeber freigegeben wird (oder eine freie Erfindung ist), darf dieser nicht unter Berufung auf die Geheimhaltungspflicht des Arbeitnehmers die Verwertung verhindern. Die Geheimhaltungspflicht muß soweit entfallen, als die Mitteilung einer Betriebserfahrung für die Verwertung der Erfindung notwendig ist. Vgl. HUECK, in: Festschrift für A. Nikisch, S. 79/80. Ähnlich auch ZOLLINGER, S. 93f.

3. Macht der Arbeitgeber vom vertraglichen Anspruch auf Abtretung Gebrauch, so hat er dem Arbeitnehmer unabdingbar eine zusätzliche, angemessene Vergütung auszurichten.

Dabei sind alle Umstände in Betracht zu ziehen, wie insbesondere der wirtschaftliche Wert der Erfindung, die Mitwirkung des Arbeitgebers, die Inanspruchnahme der Hilfspersonen und Betriebseinrichtungen des Arbeitgebers, die Aufwendungen des Arbeitnehmers und seine Stellung im Betrieb (Art. 332 Abs. 4)[20]. Das Recht auf die Sondervergütung ergibt sich aus der Überlegung, daß der Arbeitnehmer für die vom Arbeitgeber in Anspruch genommene Erfindung durch das normale arbeitsvertragliche Entgelt nicht honoriert wird, da die erfinderische Tätigkeit nicht eine vertragliche Verpflichtung ist. Es bleibt den Vertragsparteien überlassen, eine Regelung für den Fall einer nur teilweisen Benützung der Erfindung durch den Arbeitgeber zu finden.

4. Die sogenannte freie Erfindung, die der Arbeitnehmer nicht bei Ausübung seiner dienstlichen Tätigkeit und nicht in Erfüllung seiner vertraglichen Pflichten gemacht hat, gehört grundsätzlich dem Arbeitnehmer, der darüber frei verfügen kann[21]. Eine zum voraus getroffene Abrede, wonach der Arbeitnehmer auch solche Erfindungen dem Arbeitgeber übertragen wird, dürfte im Rahmen von Art. 27 ZGB zulässig sein, vorausgesetzt, daß er hierfür ein angemessenes Entgelt erhält. Art. 332 Abs. 4 OR muß auch für diesen Fall in analoger Weise Anwendung finden, weil der Arbeitnehmer infolge seiner abhängigen Stellung ansonst einem Druck des Arbeitgebers weichen könnte.

IV. Muster und Modelle

Schafft der Arbeitnehmer bei Ausübung seiner dienstlichen Tätigkeit und in Erfüllung seiner vertraglichen Pflichten ein gewerbliches Muster oder Modell, so hat der Arbeitgeber das Recht, dieses zu nutzen, soweit es der Zweck des Arbeitsverhältnisses erfordert[22,23]. Dabei darf der Arbeitnehmer

---

[20] Das Gesetz steht hier sowohl auf dem Boden des Sonderleistungsprinzips als auch des Monopolprinzips: die Vergütung ist auch für nicht patentfähige Erfindungen geschuldet (vgl. dazu auch BLUM/PEDRAZZINI, Kommentar zu Art. 3, S. 288), und ihre Höhe richtet sich u.a. auch nach dem Leistungsaufwand des Arbeitnehmers; anderseits bleibt weiterhin der wirtschaftliche Wert der Erfindung von Bedeutung (welcher bei einer patentfähigen Erfindung zumeist höher sein wird). Vor allem ist das Monopolprinzip dann relevant, wenn es sich um eine Zufallserfindung handelt, der Arbeitnehmer also gar keine besondere «Leistung» im eigentlichen Sinne erbracht hat. «Sonderleistungs- und Monopolprinzip sind keine einander ausschließenden Gegensätze, sondern sie betonen zwei verschiedene Momente, die in ihrem Zusammentreffen den Vergütungsanspruch rechtfertigen» (so HUECK, S. 72/73).
[21] Für die freien Arbeitnehmererfindungen ist im deutschen Recht eine Mitteilungs- und Anbietungspflicht des Arbeitnehmers vorgesehen. Vgl. §§ 18, 19 des Gesetzes; HUBMANN, S. 49.
[22] Insbesondere dürfte dies für das Vervielfältigungs- und das Verbreitungsrecht zutreffen. Vgl. BBl 1967 II, S. 370.
[23] In der BRD gilt das Gesetz über die Arbeitnehmererfindungen auch für die gebrauchsmusterfähigen Erfindungen bzw. für Verbesserungsvorschläge, die nicht gebrauchsmusterfähig

sich der Ausübung der Nutzungsbefugnis durch den Arbeitgeber nicht in einer gegen Treu und Glauben verstoßenden Weise widersetzen (Art. 332 a OR).

Das Gesetz geht somit vom Prinzip der Zweckübertragungstheorie aus, die, wie oben angedeutet, auch für das vom Urheberrecht erfaßte Werk gilt. Im Gegensatz zum Patentrecht erfolgt kein originärer Erwerb des Arbeitgebers an dem vom Arbeitnehmer geschaffenen Muster und Modell, sondern es besteht lediglich ein Anspruch auf Einräumung der für den Vertragszweck erforderlichen Nutzungsbefugnisse, wobei bei Fehlen einer Abmachung in diesem Umfang eine Zwangslizenz vorliegt.

Art. 332a ist nicht zwingendes Recht, sondern hat nur die Funktion, die Rechtsfrage bei Fehlen einer Vertragsabrede zu lösen.

§ 67. Der Übergang des Arbeitsverhältnisses

Literatur: E. BÖTTICHER, Zum Übergang des Arbeitsverhältnisses auf den Betriebsnachfolger, in: Festschrift für A. Nikisch, Tübingen 1958; R. D. FALKENBERG, Schicksal der Arbeitsverhältnisse bei Betriebsinhaberwechsel, RdA 1967, S. 121 ff.; P. SCHAI, Der Übergang des Arbeitsverhältnisses nach schweizerischem Recht und den Rechtsordnungen der Nachbarstaaten, Diss. Basel 1962; SOERGEL/SIEBERT, Kommentar zum BGB, Bd. III, 10. Aufl., Stuttgart 1969.

I. Grundsätzliches

Die allgemeinen Prinzipien des OR kennen das Institut der Vertragsübertragung nicht; es bedarf vielmehr der Zession der vertraglichen Forderung und einer Übernahme der vertraglichen Verpflichtungen (Art. 164 ff. und 175 ff. OR). Allerdings dürfte auch nach allgemeinen Prinzipien die Nachfolge in ein bestehendes Vertragsverhältnis im ganzen möglich sein, wenn alle beteiligten Personen zustimmen. Voraussetzung ist, daß eine Globalvereinbarung schriftlich erfolgt, weil in ihr auch eine Zession der Ansprüche enthalten ist.

Beim Arbeitsvertrag drängt sich eine Regelung der Rechtsnachfolge zur Sicherung des Arbeitnehmers auf. Deshalb wird in Art. 333 OR der Übergang des Arbeitsverhältnisses auf einen andern Arbeitgeber unter bestimm-

---

sind (vgl. §§ 2, 3). Diese Gleichbehandlung ist deshalb möglich, weil das Gesetz im Gegensatz zum schweizerischen Recht immer vom Entstehen beim Arbeitnehmer ausgeht (vgl. HUBMANN, S. 48).

ten Voraussetzungen und unter Anordnung besonderer Rechtsfolgen anerkannt. Insofern hat Art. 333 OR auch für die Lehre von der Vertragsübernahme allgemein eine besondere Bedeutung[1].

II. Der Übergang des Arbeitsverhältnisses bei Betriebsnachfolge

1. Ein Wechsel des Arbeitgebers infolge Übergangs des Betriebes soll den Weiterbestand des Arbeitsverhältnisses grundsätzlich nicht berühren. Das Arbeitsverhältnis geht als ganzes mit allen Rechten und Pflichten auf den neuen Betriebsinhaber über, sofern dies zwischen dem alten und dem neuen Arbeitgeber verabredet ist, wobei sich eine Willensübereinstimmung auch aus den Umständen ergeben kann. Zumeist muß wohl eine stillschweigende Abrede angenommen werden, weil ja die Fortführung des Betriebes die Übernahme der Arbeitsverhältnisse verlangt[2]. Der Arbeitnehmer kann allerdings den Übergang ablehnen. In diesem Fall wird das Arbeitsverhältnis nach Ablauf der gesetzlichen Kündigungsfrist aufgelöst. Bis zu diesem Zeitpunkt sind der Erwerber des Betriebes und der Arbeitnehmer zur Erfüllung des Vertrages verpflichtet. Bei Stillschweigen des Arbeitnehmers tritt der Wechsel des Arbeitgebers automatisch ein (Art. 333 Abs. 1 und 2 OR). Wird der Übergang des Arbeitsverhältnisses zwischen diesem und dem neuen Betriebsinhaber nicht ausdrücklich oder stillschweigend[3,4] ver-

---

[1] Vgl. Botschaft BBl 1967 II, S. 370.
[2] Vgl. Botschaft BBl 1967 II, S. 371.
[3] Falls der Arbeitgeber den Arbeitnehmer nicht weiter beschäftigen kann, gerät er in Annahmeverzug nach Art. 324 OR. Immerhin spielt dann auch die Regelung des Art. 324 Abs. 2, so daß die Lohnforderung oft entfallen dürfte, weil dem Arbeitnehmer zuzumuten war, eine kurze Zeit beim neuen Geschäftsinhaber weiterzuarbeiten. Vgl. dazu SCHAI, S. 12f.; ZR 10, Nr. 112.
[4] Das Gesetz sieht also davon ab, «dem Erwerber die Pflicht zur Übernahme aller bestehenden Arbeitsverhältnisse aufzuerlegen oder mit der Betriebsnachfolge deren Übergang ohne weiteres eintreten zu lassen» (BBl 1967 II, S. 371).
Anders z. B. die Regelung in Frankreich, welche den Übernahmezwang statuiert; vgl. Abs. 7 und 8 des Art. 23 L I Code du Travail; RIVERO/SAVATIER, Droit du travail, S. 96 und S. 481 ff.
In Deutschland wird ein Übernahmezwang für den Erwerber nur z. T. abgelehnt (vgl. SCHAI, S. 55; HUECK/NIPPERDEY, Lehrbuch, Bd. I, S. 516 ff.; a. M. aber NIKISCH, Arbeitsrecht, Bd. I, S. 659 ff.; SOERGEL/SIEBERT, Kommentar zu § 613 BGB, N. 11; BÖTTICHER, in: Festschrift für A. Nikisch, S. 22). Anderseits wird dem Arbeitnehmer in der Regel kein Recht eingeräumt, im Falle des Betriebsüberganges die Übertragung des Anspruchs auf die Arbeitsleistung zu verhindern (vgl. HUECK/NIPPERDEY, Lehrbuch, Bd. I, S. 514 ff.). Daraus wird z. T. gefolgert, «daß die Zustimmung des Arbeitnehmers zum Übergang der Pflichten des Arbeitgebers (vor allem der Lohnzahlungspflicht) als zum voraus erteilt anzusehen sei, womit der Übertragung der ganzen Rechtsstellung des Arbeitgebers nichts mehr im Wege steht» (SCHAI, S. 68 und dortige Literaturangaben). Anderer Meinung SOERGEL/SIEBERT,

abredet, so bleibt der bisherige Arbeitgeber zur Erfüllung verpflichtet und kann sich davon nur mit der ordentlichen Kündigung befreien.

2. Zur Sicherung des Arbeitnehmers haften der bisherige Arbeitgeber und der Erwerber des Betriebs solidarisch für die Forderungen des Arbeitnehmers, die vor dem Übergang fällig geworden sind und die nachher bis zum Zeitpunkt fällig werden, auf den das Arbeitsverhältnis ordentlicherweise beendigt werden könnte oder, bei Ablehnung des Übergangs durch den Arbeitnehmer, beendigt wird. Im ersten Fall gilt somit die solidarische Haftung für fällig gewordene Forderungen während der Dauer der vertraglichen[5], im zweiten Fall für die Dauer der gesetzlichen Kündigungsfrist. Die Lösung des Gesetzes lehnt sich an die Regelung der Geschäftsübernahme gemäß Art. 181 Abs. 2 OR an.

3. Nicht geregelt ist der Wechsel des Arbeitgebers infolge der Fusion einer Aktiengesellschaft.

Für den häufigsten Fall der Absorptionsfusion dürfte folgende Lösung angemessen sein: Das Arbeitsverhältnis der Arbeitnehmer der absorbierten Gesellschaft geht im Wege der Universalsukzession auf die absorbierende Gesellschaft über, doch dürfte dem Arbeitnehmer auch in diesem Fall das Recht zustehen, den Übergang mit den Folgen von Art. 333 Abs. 2 OR abzulehnen. Die Sicherung der Forderungen des Arbeitnehmers ergibt sich aus der Regelung von Art. 748 OR. Keine Änderung in der Rechtsstellung tritt für Arbeitnehmer der absorbierenden Gesellschaft ein. Im Falle der Kombinationsfusion (Art. 749 OR) wird man das Recht zur Ablehnung der Rechtsnachfolge den Arbeitnehmern beider fusionierenden Gesellschaften zubilligen müssen, da dabei zumindest formell ein Wechsel des Arbeitgebers eintritt.

4. Die einseitige Abtretung der Rechte des Arbeitgebers aus dem Arbeitsverhältnis ist unzulässig (Art. 333 Abs. 4 OR). Über die Fälle der Ausleihe des Arbeitnehmers mit dessen Zustimmung vgl. oben S. 315 ff.).

Kommentar zu § 613 BGB, Anm. 10: «Unabhängig von der i.d.R. nicht zustimmungsbedürftigen Übertragung des Arbeitgeberanspruchs auf die Arbeitsleistung, schließt aber ein Widerspruch eines Arbeitnehmers stets aus, daß die Arbeitgeberpflichten und damit auch das Arbeitsverhältnis als Ganzes auf den Betriebserwerber übergehe.»

Falls der Arbeitnehmer nicht einverstanden ist, kann er nach dieser Auffassung mit der für ihn geltenden ordentlichen Kündigungsfrist gegenüber dem Veräußerer kündigen.

[5] Vgl. dazu die Botschaft BBl 1967 II, S. 372: «Diese Mithaftung des bisherigen Arbeitgebers rechtfertigt sich aus dem Grunde, weil er bei Nichtübernahme des Arbeitsverhältnisses durch den Erwerber entsprechend für die Forderungen des Arbeitnehmers aus Annahmeverzug haftet.»

§ 68. Die Beendigung des Arbeitsvertrages

Literatur: K. ARNOLD, Die mißbräuchliche Kündigung des Arbeitsverhältnisses nach französischem und schweizerischem Recht, Diss. St. Gallen 1970; A. BERENSTEIN, Le droit du travail et de la sécurité sociale, in: Festschrift des Schweizerischen Juristenvereins zur Schweizerischen Landesausstellung 1964, Basel 1964, S. 281 ff.; A. BILLETER, La résiliation abusive du contrat de travail, Neuchâtel 1952; B. VON BÜREN, Schweizerisches Obligationenrecht, Besonderer Teil, Zürich 1972; R. GOLDSCHMIDT, Unsoziale Kündigung im Arbeitsrecht, SJZ 36, 1939/40, S. 165; W. HUG, Das Kündigungsrecht. Nach schweizerischem und unter Berücksichtigung des deutschen und österreichischen Arbeitsrechts, samt einem allgemeinen Teil über die arbeitsrechtlichen Grundlagen, 1. Bd. 1926, 2. Bd. 1927, Aarau; H. MONJAU, Kündigung aus Sicherheitsgründen, in: Festschrift für H. C. Nipperdey, Berlin 1965, S. 403 ff.; H. R. SCHMID, Der Kündigungsschutz im Arbeitsverhältnis, Diss. Basel 1952; E. STAHLHACKE, Kündigung und Kündigungsschutz im Arbeitsverhältnis, München 1970; H. STOFER, Zum Problem der mißbräuchlichen Kündigung im Arbeitsrecht, WuR 4. Jg., 1952, S. 197 ff.; S. H. UIBEL, Der Probearbeitsvertrag nach deutschem, schweizerischem und österreichischem Recht, Diss. Basel 1959; W. WICHSER, Kündigungsschutz als Rechtsproblem, ZSGV 66, 1965, S. 361 ff.

I. Allgemeines

1. Das Arbeitsverhältnis endet:
— ohne Kündigung durch Zeitablauf bei bestimmter Vertragsdauer, außer es sei auch in diesem Fall vereinbart, daß eine Kündigung voranzugehen habe;
— durch Kündigung bei einem Arbeitsverhältnis, das auf unbestimmte Zeit eingegangen ist (Art. 336 OR);
— aus wichtigen Gründen durch fristlose Auflösung (Art. 337 OR);
— durch fristlose Auflösung wegen Zahlungsunfähigkeit des Arbeitgebers, sofern dem Arbeitnehmer für seine Forderungen aus dem Arbeitsverhältnis nicht innert angemessener Frist Sicherheit geleistet wird (Art. 337a OR);
— infolge Todes des Arbeitnehmers (vgl. betr. Lohnfortzahlungspflicht oben S. 385 ff.).

Beim Tod des Arbeitgebers erlischt das Arbeitsverhältnis nur, wenn es wesentlich mit Rücksicht auf die Person des Arbeitgebers eingegangen worden ist (Art. 338 und 338a OR).

2. Bei der Auflösung des Arbeitsverhältnisses stellt sich die besondere Problematik des Kündigungsschutzes.

Ein solcher läßt sich mit den Mitteln der Kündigungsfristen oder zeitlicher Kündigungsverbote sowie sachlicher Kündigungsbeschränkungen verwirklichen. Im Unterschied z.B. zum deutschen[1] und französischen[2] Recht verzichtet das OR auf eine eingehende Regelung der sachlichen Kündigungsbeschränkungen, obwohl diese bei der Schaffung des neuen Arbeitsrechts als eines der dringendsten Postulate im Vordergrund stand (vgl. unten S. 415 ff.). Eine Normierung sozialer Kündigungsbeschränkungen stand nicht zur Diskussion. Das Institut der Abgangsentschädigung stellt einen gewissen Ersatz dar[3,4].

3. Eine Kündigung des Arbeitsverhältnisses ist erst nach Stellenantritt möglich. Eine Kündigung auf einen Zeitpunkt vor Beginn des vereinbarten Stellenantritts ist deshalb ohne Wirkung; die Parteien sind mindestens für die Zeit der ersten möglichen Kündigungsfrist gebunden[5].

II. Die Auflösung während der Probezeit

1. Ist das Arbeitsverhältnis nicht auf eine bestimmte Zeit eingegangen oder geht eine solche nicht aus dem angegebenen Zweck der Arbeit hervor, so gilt nach Art. 334 OR der erste Monat als Probezeit, sofern durch Abrede, Normalarbeits- oder Gesamtarbeitsvertrag nichts anderes bestimmt ist.

Die Probezeit kann höchstens auf drei Monate verlängert werden. Während der Probezeit kann das Arbeitsverhältnis jederzeit mit 7 Tagen Kündigungsfrist auf das Ende der Arbeitswoche gekündigt werden, sofern durch Abrede, Normalarbeits- oder Gesamtarbeitsvertrag nichts anderes vereinbart worden ist. Da es sich weder um eine absolut noch um eine relativ zwingende Vorschrift handelt, kann die Kündigungsfrist während der Probezeit auch verkürzt werden.

---

[1] Vgl. Kündigungsschutzgesetz vom 25. Aug. 1969; STAHLHACKE, S. 74 ff.; vgl. HUECK/NIPPERDEY, Lehrbuch, Bd. I, S. 627 ff. Die deutsche Regelung verbindet Elemente des sachlichen Kündigungsschutzes und des sozialen: Das KSchG geht davon aus, daß der Arbeitnehmer grundsätzlich das Recht hat, seinen Arbeitsplatz beizubehalten, da der Verlust des Arbeitsplatzes regelmäßig von schwerwiegenden Folgen für den Arbeitnehmer begleitet ist. Ferner würde eine Gleichbehandlung von Arbeitgeber und Arbeitnehmer in dieser Hinsicht mit der sozialen Gerechtigkeit nicht in Einklang stehen. Das subjektive Gestaltungsrecht des Arbeitgebers besteht also nur insoweit, als es durch soziale Gesichtspunkte gerechtfertigt ist, was der Arbeitgeber zu beweisen hat.

[2] Vgl. Gesetz vom 19. Juli 1928, Art. 23 L Ier; zur Entwicklung, die die Praxis genommen hat: RIVERO/SAVATIER, Droit du travail, S. 502 f.; CAMERLYNCK/LYON-CAEN, Précis de droit du travail, Paris 1967, S. 140 ff.; ferner ARNOLD, S. 48 ff.

[3] Zum Zusammenhang soziale Kündigungsschranke – Abgangsentschädigung vgl. auch GOLDSCHMIDT, SJZ 36, 1939/40, S. 165.

[4] Zum Überblick über ausländische Regelungen des Kündigungsschutzes vgl. BERENSTEIN, in: Festschrift zur Schweizerischen Landesausstellung 1964, S. 288/89.

[5] GewGer Stadt Bern, 8. Okt. 1970, CANNER, 2. Folge, Nr. 144; SCHWARTZ, Einführung, S. 81/82; a.A. HUG, Kündigungsrecht, Bd. 2, S. 84.

Aus Art. 334 ist zu folgern, daß bei bestimmter Vertragsdauer eine Probezeit von Gesetzes wegen nicht vorgesehen ist. Dies schließt aber eine anderweitige Vereinbarung nicht aus.

2. Die Probezeit soll den Vertragsparteien die Möglichkeit bieten, sich gegenseitig kennenzulernen, was zur Schaffung eines Vertrauensverhältnisses notwendig ist. Eine festere Bindung soll nur dann eintreten, wenn sich ein solches gegenseitiges Vertrauensverhältnis entwickelt hat, weshalb die Auflösung des Arbeitsverhältnisses durch Verkürzung der Kündigungsfrist vom Gesetz erleichtert wird[6].

III. Auflösung bei bestimmter Vertragszeit

1. Wurde das Arbeitsverhältnis auf eine bestimmte[7] Zeit eingegangen, wobei sich dies auch aus dem angegebenen Zweck der Arbeit im Sinne einer stillschweigenden Vereinbarung ergeben kann, so endigt das Arbeitsverhältnis mit Ablauf dieser Zeit ohne Kündigung, sofern nicht auch in diesem Fall eine solche verabredet ist, was insbesondere bei höheren Angestellten mit fester Vertragsdauer regelmäßig zutrifft (Art. 335 Abs. 1 OR).

2. Wird das Arbeitsverhältnis nach Ablauf der bestimmten Vertragszeit stillschweigend fortgesetzt oder unterbleibt eine Kündigung in einem Fall, wo eine solche verabredet ist, so gilt es als auf unbestimmte Zeit verlängert. Das bisherige Recht (Art. 346 Abs. 1 ORvRev.) sprach von einer Erneuerung des Vertrages. Mit dem Wort «verlängert» soll zum Ausdruck gebracht werden, daß das Arbeitsverhältnis nicht nur faktisch, sondern auch rechtlich fortbesteht und der Weiterbestand nicht auf einem neuen Vertragsverhältnis beruht. Deshalb wird die abgelaufene Vertragszeit überall dort, wo eine Rechtsfolge von einer zeitlichen Voraussetzung abhängt (z.B. Lohnfortzahlung bei schuldloser Verhinderung an der Arbeitsleistung, Abgangsentschädigung, Kündigungsfristen), bei der Zeitberechnung mitberücksichtigt.

Während nach bisherigem Recht (Art. 346 Abs. 1 ORvRev.) die Erneuerung für die gleiche Zeit, höchstens für ein Jahr erfolgte, gilt nach dem neuen Recht (Art. 335 Abs. 2 OR) die Vermutung, daß das Vertragsverhältnis auf unbestimmte Zeit verlängert wird, mit der Folge, daß nach Ablauf der bestimmten Vertragszeit das Arbeitsverhältnis unter Einhaltung der gesetzlichen Fristen gekündigt werden kann[8].

3. Ist ein Arbeitsverhältnis für länger als 10 Jahre eingegangen, so kann es nach deren Ablauf vom Arbeitnehmer jederzeit mit einer Kündigungs-

---
[6] Vgl. dazu auch UIBEL, Probearbeitsvertrag (oben Lit.verz.).
[7] Vgl. dazu OSER/SCHÖNENBERGER, N.3-7, 9-12 zu Art. 345 ORvRev.
[8] Vgl. Botschaft BBl 1967 II, S.373.

frist von 6 Monaten auf das Ende eines Monats gekündigt werden (Art. 336 d OR). Die Bestimmung konkretisiert Art. 27 ZGB für den Arbeitsvertrag.

Es leuchtet allerdings nicht ein, weshalb die Auflösungsmöglichkeit nur dem Arbeitnehmer, nicht aber auch dem Arbeitgeber zustehen soll. Diesem steht bei einem Arbeitsvertrag auf bestimmte Dauer vor Vertragsablauf lediglich die Auflösung aus wichtigem Grund zu. Eine Erklärung dieser Regelung könnte im Unterhaltscharakter eines solchen langdauernden Arbeitsverhältnisses gefunden werden. Das Gesetz ist auf Fälle für den Hausdienst zugeschnitten und will dem Arbeitnehmer einseitig den aus der Vertragsabrede sich ergebenden Schutz, der gleichzeitig Unterhaltscharakter hat, sichern.

IV. Auflösung bei unbestimmter Vertragszeit

1. Die Auflösung bei unbestimmter Vertragszeit erfolgt grundsätzlich durch Kündigung, d.h. durch Ausübung des vertragsaufhebenden Gestaltungsrechts. Die Kündigung muß rechtzeitig [9] in bestimmter und klarer Weise dem Vertragspartner zur Kenntnis gebracht werden. Von Gesetzes wegen ist eine Angabe des Grundes nicht vorgeschrieben. Ist dies jedoch vereinbart, so hat die Nichtangabe die Unwirksamkeit der Kündigung zur Folge [10].

Die bedingte Kündigung oder eine bedingte automatische Beendigung des Arbeitsverhältnisses kann nach BGE 96 II, 1970, S. 55 nur vereinbart werden, «wenn und soweit der Eintritt der Beendigung vom Willen der Parteien nicht abhängt oder beide Parteien ihn in gleicher Weise herbeiführen können». Meines Erachtens ist die Zulässigkeit der bedingten Kündigung auf diejenigen Fälle der Bedingungen zu beschränken, die leicht feststellbar sind und keine unzumutbare Ungewißheit über den Fortbestand des Arbeitsverhältnisses enthalten [11].

2. Wird trotz ordnungsgemässer Kündigung das Vertragsverhältnis nach Ablauf der Kündigungsfrist unter veränderten Vertragsbedingungen fortgesetzt, so liegt kein Verzicht des Arbeitgebers auf die Kündigungsfolgen, sondern der Abschluß eines neuen Vertrages vor [12].

3. Wie schon im bisherigen Recht (Art. 347 Abs. 3 ORvRev.; Art. 21 Abs. 2 Fabrikgesetz) gilt das Paritätserfordernis der Kündigungsfrist: für Arbeitgeber und Arbeitnehmer dürfen keine verschiedenen Kündigungsfristen festgesetzt werden (Art. 336 Abs. 2 OR). Die Regelung bezweckt in erster Linie, den Arbeitnehmer vor einer für ihn ungünstigen Kündigungsfrist

---

[9] Vgl. GewGer Zürich, Urteil vom 9. Mai 1946, CANNER, 2. Folge, Nr. 148; ZR 49, 1950, Nr. 186: Die Zeitspanne, innert welcher gekündigt werden muß, damit die Kündigungsfrist voll eingehalten ist, verlängert sich nicht um den nachfolgenden Werktag, wenn ihr Ende auf einen Sonntag fällt. Art. 78 Abs. 1 OR findet hier keine Anwendung.
[10] HUG, Das Kündigungsrecht, Bd. 2, S. 8; OSER/SCHÖNENBERGER, N. 13 zu Art. 347 ORvRev.
[11] So auch OSER/SCHÖNENBERGER, N. 6ff. zu Art. 347 ORvRev.
[12] BGE vom 1. Nov. 1954, CANNER, 2. Folge, Nr. 145.

zu schützen, welche auf seine bei Eingehung des Arbeitsvertrags bestehende Unterlegenheit[13] zurückzuführen ist. Die Bestimmung kann aber in Zeiten der Hochkonjunktur auch dem Interesse des Arbeitgebers dienen, indem sein Arbeitnehmer nicht kurzfristig kündigen kann, während er selbst vertraglich an eine längere Frist gebunden ist.

Ungleiche Kündigungen treten oft in verklausulierter Form auf.

So wurde in BGE 96 II, 1970, S. 52 bei zeitlich befristeter Vertragsdauer die Möglichkeit vorzeitiger Kündigung durch den Arbeitgeber aus einem «vom Angestellten nicht zu vertretenden Grund» vorbehalten. Im Entscheid 92 II, 1966, S. 180 war als Kündigungsfrist 6 Monate vorgesehen, doch mußte sich der Arbeitnehmer verpflichten, im Hinblick auf die lange Dauer der Einarbeitung nach Ablauf der Probezeit im Minimum 3 Jahre an seiner Arbeitsstelle zu verbleiben. Nachdem dem Arbeitnehmer vorzeitig gekündigt worden war, erklärte das Bundesgericht, daß die Minimalvertragsdauer von 3 Jahren auch für den Arbeitgeber gelte. Der Einwand, das Kündigungsverbot während der drei ersten Jahre des Arbeitsverhältnisses stelle den Ausgleich für die lange Einarbeitungszeit dar, wurde nicht als Rechtfertigungsgrund für eine nicht paritätische Ausgestaltung der Auflösungsmöglichkeit des Vertrags anerkannt.

Art. 347 Abs. 3 ORvRev. war eine lex imperfecta, weil die Rechtsfolgen, welche bei Verletzung des Paritätsgrundsatzes eintreten sollten, nicht geregelt waren. Das Bundesgericht hatte sich für die jetzt kodifizierte Lösung entschlossen (Art. 336 Abs. 2), wonach bei widersprechender Abrede für beide Vertragsparteien die längere Frist gelten soll[14]. Ob diese Lösung in Zeiten der Vollbeschäftigung angemessen ist, erscheint allerdings fraglich. SCHWEINGRUBER[15] empfindet die Regelung als einen Hemmschuh für den Arbeitnehmer, der nunmehr durch die längere Frist gebunden sei. Er vertritt die an sich logischere Lösung, aus der Teilnichtigkeit der Vertragsabrede über die Kündigungsfrist sei die Anwendung der gesetzlichen Kündigungsfrist zu folgern.

4. Die gesetzlichen Kündigungsfristen sind die folgenden:

– Beim unterjährigen Arbeitsverhältnis (Dauer des Arbeitsverhältnisses von weniger als einem Jahr) kann auf Ende des auf die Kündigung folgenden Monats gekündigt werden (Art. 336a Abs. 1 OR). Diese Vorschrift ist nachgiebiges Recht.

– Beim überjährigen Arbeitsverhältnis (Dauer des Arbeitsverhältnisses mehr als ein Jahr) kann im zweiten bis und mit neunten Dienstjahr mit einer Kündigungsfrist von 2 Monaten und nachher mit einer solchen von 3 Monaten je auf Ende eines Monats gekündigt werden (Art. 336b Abs. 1 OR). Durch schriftliche Abrede, Normalarbeitsvertrag oder Gesamtarbeitsvertrag dürfen

---

[13] BGE 78 I, 1952, S. 235; vgl. schon RGZ 68, S. 317.
[14] Vgl. BGE 92 II, 1966, S. 180. Die ältere Gerichtspraxis behalf sich z. T. auch damit, daß sie gewisse «unparitätische» Abreden für gültig erachtete. Entgegen dem Wortlaut von Art. 347 Abs. 3 ORvRev. legte sie die Bestimmung so aus, «daß die vom Arbeitnehmer einzuhaltende Kündigungsfrist nicht länger, **wohl aber kürzer sein darf** als die für den Arbeitgeber vereinbarte Kündigungsfrist». Vgl. SCHMID, S. 19. Dieser Behelf läßt sich nun mit dem revidierten Gesetzestext nicht mehr vereinbaren.
[15] Festschrift Fritz Marbach, Bern 1962, S. 437.

diese Fristen abgeändert, jedoch nicht unter einen Monat herabgesetzt werden (Art. 336 b Abs. 2 OR).

– Beim landwirtschaftlichen Arbeitsverhältnis mit Hausgemeinschaft darf der Arbeitgeber dem Arbeitnehmer, der während eines ganzen Sommers bei ihm gearbeitet hat, in den Monaten September bis und mit Dezember, und der Arbeitnehmer dem Arbeitgeber, der ihn während des ganzen Winters im Dienst behalten hat, in den Monaten Februar bis und mit Mai nur mit einer Kündigungsfrist von wenigstens sechs Wochen kündigen, gleichgültig, ob es sich um einen unterjährigen oder überjährigen Arbeitsvertrag handelt (Art. 336 c OR).

5. Während der Zeit bis zum Ablauf der ordentlichen Kündigungsfrist besteht grundsätzlich kein Anspruch des Arbeitnehmers auf Beschäftigung[16]. Eine Schranke für diesen Grundsatz liegt dann vor, wenn die Nichtbeschäftigung eine Verletzung der Persönlichkeit des Arbeitnehmers beinhaltet, weil sein weiteres Fortkommen dadurch in Frage gestellt wird, z. B. bei künstlerisch tätigem Personal, vorbehalten bleibt aber auch hier die Zumutbarkeit für den Arbeitgeber. So entfällt diese relative Beschäftigungspflicht, wenn das Vertrauensverhältnis in schwerwiegender Weise gestört ist.

V. Zeitliche Kündigungsverbote

1. Zeitliche Kündigungsverbote untersagen Kündigungen während einer bestimmten, gesetzlich näher bezeichneten Zeitdauer. Sie dienen dem Schutz des Arbeitnehmers vor Verlust des Arbeitsplatzes in Fällen, wo er nicht in der Lage ist, sich nach einer andern Stelle umzusehen und er einer erhöhten sozialen Sicherheit bedarf.

Das Obligationenrecht enthielt vor der Revision keine zeitlichen Beschränkungen des Kündigungsrechts. Hingegen bestanden solche in Spezialgesetzen, so im Fabrikgesetz (Art. 23 und 69) und im Bundesgesetz über die Beschränkung der Kündigung von Anstellungsverhältnissen bei Militärdienst vom 1. April 1949. Das neue Recht hat sämtliche Tatbestände in Art. 336 e OR zusammengefaßt und erweitert. Die zeitliche Kündigungsbeschränkung tritt erst nach Ablauf der Probezeit ein.

2. In folgenden Fällen ist eine Kündigung durch den Arbeitgeber unzulässig (Art. 336 e Abs. 1 OR):

a) während des obligatorischen schweizerischen Militärdienstes oder Zivilschutzdienstes des Arbeitnehmers, sofern die Dienstleistung mehr als 12 Tage dauert, vier Wochen vor Beginn und nach Beendigung,

b) in den ersten vier Wochen einer durch unverschuldete Krankheit oder unverschuldeten Unfall verursachten Arbeitsunfähigkeit des Arbeitnehmers, vom zweiten Dienstjahr an in den ersten acht Wochen,

---

[16] Vgl. BGE 99 I, 1973, S. 133 unter Hinweis darauf, daß der Arbeitgeber den Arbeitnehmer während der Dauer des Arbeitsverhältnisses bei Bezahlung des Lohnes auch beurlauben kann. Ebenso GUHL/MERZ/KUMMER, S. 393 f.

c) in den ersten vier Wochen einer von der zuständigen Bundesbehörde angeordneten Dienstleistung des Arbeitnehmers für eine Hilfsaktion im Ausland.

3. Da auch vom Arbeitnehmer Rücksichtnahme auf die Situation des Arbeitgebers, seines Betriebes und der Mitarbeiter verlangt werden darf, werden dem Arbeitnehmer die gleichen Kündigungsbeschränkungen auferlegt, sofern ein Vorgesetzter, dessen Funktion er auszuüben vermag, oder der Arbeitgeber selbst unter den in Art. 336e Abs. 1 OR angeführten Voraussetzungen an der Tätigkeit verhindert ist und der Arbeitnehmer dessen Tätigkeit während der Verhinderung zu übernehmen hat (Art. 336 f).

4. Die Rechtsfolge der unzeitigen Kündigung ist die Nichtigkeit (Art. 336e Abs. 2 OR). Sie gilt für beide Vertragspartner gleichermaßen. Auch nach Ablauf der Sperrfrist hat eine während dieser Zeit ausgesprochene Kündigung keinerlei Rechtswirkung. Soll das Arbeitsverhältnis beendet werden, so muß nach Ablauf der Sperrfrist erneut gekündigt werden.

Eine vor Beginn der Sperrfrist ausgesprochene Kündigung ist gültig, jedoch wird die ordentliche oder vereinbarte Kündigungsfrist während der Sperrfrist unterbrochen (Art. 336e Abs. 2)[17].

Ohne Einfluß ist die gesetzliche Kündigungsbeschränkung auf die Frage der Lohnzahlungspflicht während der Sperrfrist. Die Lohnzahlungspflicht besteht nur in den Grenzen von Art. 324a und 324b OR (s. oben S. 385).

VI. Sachliche Kündigungsbeschränkungen

1. Bei der sachlichen Kündigungsbeschränkung ergibt sich die materielle Rechtswidrigkeit aus dem Beweggrund, der zur Kündigung führt. Gesetzestechnisch sind drei Lösungen möglich:

- eine abschließende Aufzählung der Tatbestände;
- eine Generalklausel, welche die Konkretisierung dem Richter überläßt;
- die Erwähnung von Beispielen, die keine abschließende Kasuistik darstellen soll.

2. Wie bereits erwähnt, stellte die sachliche Kündigungsbeschränkung eines der Hauptprobleme der Revision dar. Das ORvRev. bekannte sich

---

[17] Ist die fristlose Entlassung, welche an dem Tag erfolgt, an dem der Arbeitnehmer zufällig gerade krank wird, zulässig? Das ist zu bejahen, denn nur, wo Fristen im Interesse des Arbeitnehmers überhaupt bestehen – wie bei der ordentlichen Kündigung durch den Arbeitgeber – hat die Sperrfrist einen Sinn. Vgl. dazu auch die Gesetzessystematik, wonach sich die Sperrfristbestimmung an die Regelung der ordentlichen Kündigung anschließt, die fristlose Entlassung aber im folgenden Abschnitt gesondert behandelt wird.

zur abstrakten Kündbarkeit des Arbeitsverhältnisses und sah keine sachlichen Auflösungsbeschränkungen vor. Es ist aber in der Literatur anerkannt, daß auch die Kündigung unter dem Rechtsmißbrauchverbot von Art. 2 Abs. 2 ZGB steht, was bedeutet, daß eine Kündigung nicht zweckwidrig ohne schützenswertes Interesse erfolgen darf[18].

Trotz der an sich gegebenen Rechtsgrundlage findet sich in der bundesgerichtlichen Praxis kein Entscheid, in welchem eine Kündigung unter dem Gesichtspunkt des Rechtsmißbrauchs als unzulässig bezeichnet wurde. Die Ursache hierfür dürfte in der Beweisschwierigkeit liegen: Da die Kündigung ohne Angabe von Gründen erfolgen kann, ist es in der Regel für den Arbeitnehmer schwierig nachzuweisen, daß sie rechtsmißbräuchlich erfolgt sei. Die Gewerbe- und Arbeitsgerichte, die vorwiegend oder ganz aus Laien zusammengesetzt sind, eignen sich wenig, ohne Anleitung durch höchstrichterliche Judikatur den Tatbestand von Art. 2 Abs. 2 ZGB bei der Kündigung zu konkretisieren. Ein weiterer Grund der Nichtanwendung von Art. 2 Abs. 2 ZGB liegt in der unbefriedigenden Rechtsfolgeordnung: Die mißbräuchliche Kündigung müßte als nichtig erklärt und das Arbeitsverhältnis zwangsweise weitergeführt werden. Vertrauen und Zusammenarbeit sind aber in der Regel nach durchgeführtem Prozeß kaum wieder herzustellen[19].

Das Bundesgesetz über die Beschränkung der Kündigung von Anstellungsverhältnissen bei Militärdienst erklärte die wegen der Leistung von Militärdienst ausgesprochene Kündigung als nichtig.

Das Fabrikgesetz ermächtigte in Art. 69 Abs. 5 die Schwangere, auf blosse Anzeige hin von der Arbeit wegzubleiben oder diese zu verlassen, ohne daß ihr deswegen gekündigt werden durfte. Diese Bestimmung schützte nur die Fabrikarbeiterinnen, und dies bloß im Fall, daß sie den Arbeitsplatz verließen. Eine Arbeiterin, die ihre Stelle ohne Unterbrechung versah, genoß diesen Schutz nicht, was eine unvollständige und unbefriedigende Lösung darstellte. Das neue OR hat auf eine Regelung dieses Tatbestands ganz verzichtet.

Es fällt auf, daß in den Gesamtarbeitsverträgen die sachlichen Kündigungsbeschränkungen kaum je generell geregelt sind, sondern nur vereinzelt spezielle Tatbestände erwähnt werden. So wird etwa der Entlassungsgrund des Militärdienstes ausgeschlossen oder auf den entsprechenden Artikel im Kündigungsschutzgesetz verwiesen. Vereinzelt findet sich etwa das Verbot, den Vertrag wegen der Geltendmachung von vertraglichen oder gesetzlichen Rechten oder wegen der Erfüllung öffentlich-rechtlicher Verpflichtungen durch den Arbeitnehmer aufzulösen. Die Koalitionsfreiheit wird zwar häufig in den Gesamtarbeitsverträgen im Sinne einer sog. indirekt schuldrechtlichen Bestimmung garantiert. Solche Bestimmungen verpflichten lediglich die Vertragsparteien und haben keine direkte normative Wirkung. Ihre Verletzung kann nur durch verbandsrechtliche Sanktionen wie Konventionalstrafe, Verfall von geleisteten Kautionen usw. geahndet werden. Sie haben deshalb bloß Präventivcharakter, helfen jedoch dem Gekündigten nicht, seine zivilrechtlichen Ansprüche durchzusetzen. Wird die Koalitionsfreiheit im Gesamtarbeitsvertrag hingegen näher umschrieben und insbesondere die Kündigung wegen der Mitgliedschaft oder Nichtmitgliedschaft in einer Gewerkschaft ausdrücklich verboten oder sogar

---

[18] Hug, Bd. I, S. 151 ff.; Oser/Schönenberger, N. 14 zu Art. 347 ORvRev.
[19] Vgl. dazu auch Arnold, S. 121.

als nichtig erklärt, so ist den Bestimmungen normative Wirkung zuzuerkennen[20], die dem Betroffenen ein selbständiges und direktes Klagerecht gibt. Als Rechtsfolge ist, wenn auch in der Mehrzahl der Gesamtarbeitsverträge darüber nichts ausdrücklich bestimmt ist, die Nichtigkeit der Kündigung anzunehmen.

3. Es dürfte von Interesse sein, kurz auf die Vorarbeiten zum Arbeitsgesetz und zur Revision des Dienstvertragsrechts in der Frage des sachlichen Kündigungsschutzes hinzuweisen. Dieser gehörte ursprünglich zu den zentralen Revisionspostulaten der Arbeitnehmerschaft[21].

Im VE 1945 zu einem BG über die Arbeit im Handel und in den Gewerben wurden in einem Artikel erstmals Tatbestände ungerechtfertigter Kündigung (zusammen mit zeitlichen Kündigungsbeschränkungen) aufgezählt. Sinn und Zweck der Regelung war, einige zwar gegenüber der Staatsgewalt gesicherte, aber im Arbeitsverhältnis durch privatrechtliche Vorkehren besonders gefährdete Rechtspositionen des Arbeitnehmers durch entsprechende zivilrechtliche Bestimmungen umfassender zu schützen. Wohl eher unter dem Gesichtspunkt des Schutzes der Persönlichkeitsrechte (Art. 27/28 ZGB) als dem des Rechtsmißbrauchsverbots von Art. 2 Abs. 2 ZGB wurden die politischen Rechte (insbesondere die Ausübung des passiven Wahlrechts), die Meinungs-, Religions-, Vereins- und Koalitionsfreiheit des Arbeitnehmers privatrechtlich gewährleistet. Als Rechtsfolgen ungerechtfertigter Kündigung waren ein Anspruch auf Entgelt, im Falle weiteren Schadens Schadenersatzansprüche vorgesehen.

Im Entwurf der Professoren GERMANN und HUG vom Jahre 1948 wurden der zeitliche und sachliche Kündigungsschutz in getrennten Artikeln geregelt, der letztere eindeutig unter dem Gesichtspunkt des Rechtsmißbrauchs. Die Fälle mißbräuchlicher Kündigung wurden in Art. 55 abschließend, unter Verzicht auf eine Generalklausel, aufgezählt und entsprachen weitgehend den Tatbeständen im VE 1945.

Art. 55 lautete:
«Die Kündigung des Dienstverhältnisses durch den Arbeitgeber gilt als mißbräuchlich, wenn sich aus den Umständen ergibt, daß sie vorgenommen wird:
a. wegen schweizerischen obligatorischen Militärdienstes,
b. wegen der Übernahme oder Ausübung eines öffentlichen Amtes durch den Arbeitnehmer,
c. wegen dessen Zugehörigkeit oder Nichtzugehörigkeit zu einer bestimmten Konfession oder zu einem nicht rechtswidrigen politischen oder beruflichen Verein,
d. wegen seiner politischen oder gewerkschaftlichen Betätigung außerhalb des Betriebes,
e. wegen seiner Tätigkeit in einer betrieblichen Arbeitnehmervertretung,
f. bei Schwangeren wegen Aussetzens der Arbeit gemäß Art. 47 Abs. 2.
Wird der Grund der Kündigung vom Arbeitgeber nicht angegeben, so darf nicht deshalb Mißbrauch des Kündigungsrechts angenommen werden.»

Im bereinigten Entwurf GERMANN/HUG wurde erstmals das Paritätsprinzip verwirklicht: Arbeitgeber wie Arbeitnehmer sollten vor einer sachlich ungerechtfertigten Auflösung des Vertragsverhältnisses geschützt sein. Den Tatbeständen von Art. 55 des Entwurfs GERMANN/HUG wurde eine Generalklausel vorangestellt.

Im amtlichen Entwurf von 1950 wurden sämtliche zivilrechtlichen Bestimmungen über das Arbeitsverhältnis weggelassen. Diese Vorschriften, und somit auch der Artikel über die mißbräuchliche Kündigung, sollten durch Partialrevision in den Dienstvertragstitel des OR

---

[20] So auch ARNOLD, S. 135.
[21] Zur grundsätzlichen Problematik, ob ein Kündigungsschutz mit der Vertragsfreiheit vereinbar sei, vgl. WICHSER, ZSGV 66, 1965, S. 361 ff., insbes. S. 366 ff.

eingegliedert werden. Diese sah gegenüber dem bereinigten Entwurf GERMANN/HUG in Art. 351c OR[22] eine Erschwerung der Beweissituation des Klägers (d. h. normalerweise des Arbeitnehmers) vor, indem sich der Mißbrauch aus den Umständen «eindeutig erkennen lassen» mußte (die frühere Fassung hatte gelautet: aus den Umständen «ergeben»).

Der Gedanke einer Partialrevision wurde später fallengelassen und die Totalrevision des gesamten Dienstvertragsrechts an die Hand genommen.

Der VE 1963 mit Begleitbericht 1964 regelte die mißbräuchliche Kündigung in einer generell-abstrakten Formulierung.

Art. 42 des VE 1963 bestätigte bloß explicite die Anwendbarkeit des Rechtsmißbrauchsverbotes von Art. 2 Abs. 2 ZGB auf das Kündigungsrecht, sah aber bei dessen Verletzung eine dem Wesen des Arbeitsvertrags besser entsprechende Rechtsfolge vor: Der Gekündigte hat eine Einsprachemöglichkeit und, falls die Parteien keine Einigung über das Weiterbestehen des Arbeitsverhältnisses erzielen können, einen Entschädigungsanspruch.

Art. 42 des VE 1963 wurde in der Vernehmlassung so heftig kritisiert, daß befürchtet wurde, die Aufnahme eines Artikels über den Kündigungsmißbrauch könnte den gesamten Gesetzesentwurf zu Fall bringen.

Während der Schweizerische Gewerkschaftsbund den Artikel des VE 1963 mit der Generalklausel als einen Rückschritt gegenüber früheren Entwürfen mißbilligte, machten die Arbeitgeberverbände ihre Zustimmung zur gesamten Vorlage von der Streichung der Vorschrift abhängig. Auch der Schweizerische Anwaltsverband hatte die größten Bedenken gegenüber einer so weitgehenden Beschränkung der Kündigungsfreiheit geäußert.

Der Bundesrat verzichtete als Folge der Kritik auf eine einschlägige Ordnung der Materie. Als einzige Kündigungsbeschränkung findet sich im Entwurf 1967 (Art. 336 g) das Verbot der Kündigung wegen Militär- oder Zivilschutzdienstes, womit der bereits durch Spezialgesetz statuierte Schutz beider Vertragsparteien ins ordentliche Arbeitsvertragsrecht übergeführt und in einem einzigen Artikel zusammengefaßt wird.

In der Botschaft des Bundesrates wurde der mangelnde Kündigungsschutz mit folgenden Argumenten begründet:

– Es könne auch ohne Grundangabe gekündigt werden.
– Richterliche Entscheidungen fehlten gänzlich, eine entsprechende Regelung sei deshalb nicht aktuell.
– Es sei den GAV überlassen, die Regelung der mißbräuchlichen Kündigung wegen Militärdienstes auf andere Tatbestände, z.B. auf die Kündigung wegen Zugehörigkeit zu einem Arbeitnehmerverband oder wegen gewerkschaftlicher Tätigkeit, auszudehnen.
– In den Fällen, in denen nicht der Militärdienst den mißbräuchlichen Kündigungsgrund bilde, sei der Betroffene nicht schutzlos, er könne sich auf Rechtsmißbrauch berufen. Es bleibe dann dem Richter überlassen zu entscheiden, ob er im Wege der Analogie die Vorschrift über die sachliche Kündigungsbeschränkung bei Militärdienst anwenden wolle.

In den parlamentarischen Beratungen wurde im NR von sozialdemokratischer Seite der sog. «Schicksalsartikel» erneut zur Debatte gestellt. Ein Minderheitsantrag WELTER[23] wollte den Begriff «mißbräuchliche Kündigung» ins Arbeitsvertragsrecht aufnehmen, drei schutzwürdige Tatbestände, nämlich Militärdienst, Vereins- oder Verbandstätigkeit und Mitwirkung in der betrieblichen Arbeitnehmervertretung ausdrücklich anführen, durch Einfügung des Wörtchens «namentlich» die Fälle als nicht abschließend bezeichnen und damit eine Generalklausel aufstellen; dieser Antrag wurde indessen abgelehnt.

In der Diskussion ergaben sich keine neuen Gesichtspunkte gegenüber denjenigen in der bundesrätlichen Botschaft[24].

---

[22] Kritisch zu Art. 351 c OR STOFER, WuR 4. Jg., 1952, S. 197 ff.
[23] StenBullNR 1969, S. 831 f.
[24] Vgl. StenBullNR 1969, S. 832 ff.

4. Der einzige im Gesetz festgehaltene Tatbestand der sachlichen Kündigungsbeschränkung ist die Kündigung wegen schweizerischen obligatorischen Militärdienstes oder Zivildienstes (Art. 336 g OR)[25].

Das Gesetz sieht für den Fall der unzulässigen Kündigung eine von der normalen Rechtsfolge von Art. 2 Abs. 2 ZGB abweichende Regelung vor: Der Gekündigte hat innert 30 Tagen, längstens aber bis zum Ende der Kündigungsfrist, beim Kündigenden schriftlich Einsprache zu erheben. Einigen sich die Vertragsparteien nicht über die Fortsetzung des Arbeitsverhältnisses, so endigt es mit dem Ablauf der Kündigungsfrist, da das Vertrauensverhältnis ohnehin als gefährdet erscheint, doch hat der Gekündigte Anspruch auf eine Entschädigung, die vom Richter nach seinem Ermessen unter Würdigung aller Umstände, namentlich der Dauer des Arbeitsverhältnisses, festzusetzen ist, aber den Betrag nicht übersteigen darf, der dem Lohn des Arbeitnehmers für 6 Monate entspricht. Der Anspruch auf Entschädigung ist innert 30 Tagen nach Beendigung des Arbeitsverhältnisses durch Klage oder Betreibung geltend zu machen, andernfalls er als verwirkt gilt (Art. 336 g Abs. 2, 3 und 4 OR)[26].

5. Die singuläre Regelung im OR wirft zahlreiche Probleme auf.

Nach der Botschaft ist, wie bereits bemerkt, zwar weiterhin auch auf den Tatbestand der Kündigung die Generalklausel von Art. 2 Abs. 2 ZGB anwendbar, obwohl die gesetzliche Regelung, die keinerlei Vorbehalt weiterer Fälle sachlich nicht gerechtfertigter Kündigungstatbestände enthält, eher das Gegenteil vermuten läßt. Die Anwendung von Art. 2 Abs. 2 ZGB stellt aus den bereits angegebenen Gründen, insbesondere wegen der Rechtsfolge der Nichtigkeit, allerdings keine praktikable Lösung dar. MERZ[27] will deshalb den Kündigungsmißbrauch vom Rechtsmißbrauchsverbot lösen und unter dem Gesichtspunkt der unerlaubten Handlung, namentlich der absichtlichen sittenwidrigen Schädigung, bewerten. Dadurch würde die Gültigkeit der Kündigung nicht tangiert, die Kündigungswillkür jedoch angesichts der Schadenersatzfolgen eingedämmt[28]. Dies bedeutet im Ergebnis eine analoge Anwendung der Rechtsfolge von Art. 336 g OR auf alle Fälle der sachlich nicht gerechtfertigten Kündigung. Für die Anwendung

---

[25] Damit ist das BG vom 1. April 1949 über die Beschränkung der Kündigung von Anstellungsverhältnissen bei Militärdienst aufgehoben worden. Vgl. Art. 6 Ziff. 6 Schluß- und Übergangsbestimmungen zum 10. Titel OR.

[26] Zu einer erheblichen Verbesserung der Prozeßsituation des Arbeitnehmers hat auch die in Art. 343 OR statuierte Offizialmaxime beigetragen (vgl. ARNOLD, S. 123, 168).

[27] Vgl. Berner Kommentar, N. 316–318 zu Art. 2 ZGB.

[28] DESCHENAUX (in: Schweiz. Privatrecht, Bd. 2, S. 155) verbindet die Anwendung von Art. 2 Abs. 2 ZGB und Art. 41 Abs. 1 OR miteinander: Auch wo ein Rechtsmißbrauch vorliegt, «kann gegebenenfalls der verletzten Partei ein direktes Mittel zuerkannt werden: ... eine Klage auf Schadenersatz, wenn die Folgeerscheinungen (sc. des Rechtsmißbrauches) nicht abgestellt werden können (da die Ausübung einer ‹Berechtigung› jenseits ihrer Schranken unerlaubt ist)».

Im Resultat ist es aber gleichgültig, ob die Klage über Art. 2 Abs. 2 ZGB in Verbindung mit Art. 41 Abs. 1 OR konstruiert wird (so DESCHENAUX) oder über Art. 41 Abs. 2 OR (so MERZ). Sowohl Art. 2 Abs. 2 ZGB wie Art. 41 Abs. 2 OR verweisen als Blankettnormen auf die Gebote der allgemeinen Rechtsordnung und müssen in ihrem Gehalt als identisch angesehen werden. (Vgl. DESCHENAUX, ZSR 70 I, 1951, S. 149 f.) «Deshalb führt, wenn zwischen den Beteiligten durch eine unzulässige Rechtsausübung nurmehr der verursachte Schaden ausgeglichen werden kann, der ungewohnte rechtsmethodische Weg über die sittenwidrige Schädigung (Art. 41 Abs. 2 OR) zum gleichen materiellen Ergebnis wie eine Klage auf Rechtsmißbrauch und eines daraus abgeleiteten Schadenersatzanspruchs aus Art. 41 Abs. 1 OR.» So ARNOLD, S. 198, mit einläßlicher Auseinandersetzung mit der Literatur.

von Art. 41 OR spricht der Umstand, daß eine Kündigung, die sachlich nicht gerechtfertigt ist, in der Regel eine Verletzung der Persönlichkeitsrechte beinhaltet. Dies gilt insbesondere für eine Kündigung, die als Maßregelung für die Zugehörigkeit oder Nichtzugehörigkeit zu einer Gewerkschaft, wegen gewerkschaftlich aktiver Betätigung, wegen Zugehörigkeit zu einer Partei oder wegen Erfüllung eines öffentlichen Amtes ausgesprochen wurde.

6. Die Freiheit der Kündigung kann durch gesamtarbeitsvertragliche Vereinbarungen beschränkt sein (z.B. Kündigung nur unter schriftlicher Angabe der Gründe; nur bei vorheriger Verwarnung etc.). In der Regel statuieren solche Vorschriften Gültigkeitsvoraussetzungen; ihre Nichteinhaltung bewirkt die Unwirksamkeit der in Verletzung der Vorschrift ausgesprochenen Kündigung.

VII. Die fristlose Auflösung des Arbeitsvertrages

1. Der Arbeitsvertrag beruht auf der Voraussetzung des gegenseitigen Vertrauens. Seine Aufrechterhaltung kann einer Partei nicht aufgezwungen werden, wenn das Vertrauen durch das Verhalten der andern grundlegend zerstört ist. Deshalb muß die fristlose Auflösung des Arbeitsvertrags vorbehalten bleiben (Art. 337 OR).

2. Die Handlungen oder das Verhalten, die als vertrauenszerstörend geltend gemacht werden, müssen von einer objektiven Schwere sein. Je länger die Vertragsdauer, desto anspruchsvoller muß man bezüglich dieses Erfordernisses sein. Notwendig ist, daß das Vertrauen tatsächlich zerstört ist. Die Tatbestände, die vertrauenszerstörend wirken, können vielfältiger Natur sein.

In der Regel sind einmalige Verfehlungen, wie z.B. unentschuldigte Absenz, einmalige fahrlässige Schadenszufügung oder verspätete Beibringung des Arztzeugnisses bei Krankheit, kein Auflösungsgrund. Laut Art. 337 Abs. 3 OR darf in keinem Falle die unverschuldete Verhinderung des Arbeitnehmers an der Arbeitsleistung (z.B. wegen Krankheit) als wichtiger Grund anerkannt werden. Die Nichterfüllung von Erwartungen, die der Arbeitgeber in den Arbeitnehmer setzt, ist nur dann als wichtiger Grund zu werten, wenn der Arbeitnehmer die minimalen Erfordernisse, die man von jedem Arbeitnehmer der gleichen Art erwarten darf, nicht erfüllt und dies nicht bereits während der Probezeit ersichtlich sein konnte. Die berufliche Unfähigkeit kann als wichtiger Grund nur gelten, wenn der Arbeitgeber vor der Anstellung die notwendigen Erkundigungen angestellt hat und die Leistungen des Arbeitnehmers den – auch unter Berücksichtigung der Offerte desselben – gerechtfertigten Erwartungen schlechterdings nicht entsprechen[29]. Verschulden ist grundsätzlich nicht eine notwendige Voraussetzung für die fristlose Auflösung, doch ist es immerhin bei der Entscheidung, ob das Vertrauensverhältnis zerstört wurde, von Bedeutung.

Als Entlassungsgründe werden von der kantonalen Rechtsprechung z.B. anerkannt: Regelmäßige wesentliche Unredlichkeit des Arbeitnehmers wie Diebstahl innerhalb des Geschäfts-

---

[29] Vgl. BGE 97 II, 1971, S. 142 ff. Unfähigkeit eines Lizentiaten der Rechte in einer Treuhandfirma.

betriebes; über längere Zeit andauerndes bewußtes Aufschreiben von zu vielen Arbeitsstunden; die falsche Bedienung von Kassen in betrügerischer Absicht; die Verweigerung der zu leistenden Arbeit, soweit sie im Rahmen des Arbeitsverhältnisses zumutbar ist; schwere Verstöße gegen die arbeitsvertragliche Treuepflicht wie dauernde Konkurrenzierung des Arbeitgebers; Tätlichkeiten, grobe Beschimpfungen oder Beleidigungen, Mißhandlung von Mitarbeitern; Annahme von Bestechungsgeldern[30].

3. Die Berufung auf den wichtigen Grund muß ohne Verzug, d.h. nach Ablauf einer relativ kurzen Überlegungsfrist erfolgen. Längeres Zuwarten bedeutet Verzicht auf die Geltendmachung[31]. Eine vorherige Mahnung oder Verwarnung ist grundsätzlich nicht erforderlich, doch kann sich ihre Notwendigkeit aus gesamtarbeitsvertraglichen Vereinbarungen oder aus den Umständen ergeben. So bildet das Versäumen der Arbeitszeit normalerweise nur im Wiederholungsfalle und bei erfolgter Verwarnung einen Entlassungsgrund.

4. Das Gesetz verlangt keine Angabe der wichtigen Gründe im Zeitpunkt der Aufhebungserklärung[32], doch hat der Auflösende das Vorhandensein des wichtigen Grundes, somit die Zerstörung des Vertrauensverhältnisses zu beweisen.

Fraglich ist, ob die vertragsauflösende Partei sich im Streitfall auch auf Gründe berufen kann, die im Zeitpunkt der Auflösungserklärung zwar objektiv vorhanden, dem Erklärenden aber noch nicht bekannt waren.

Entgegen BECKER[33] bejaht das Bundesgericht diese Möglichkeit[34]. Es meint, ein objektiver Grund könne der Fortsetzung des Arbeitsvertrags nach Treu und Glauben schon im Wege stehen, bevor ihn der Zurücktretende kenne. Wer aufs Geratewohl die Auflösung erkläre, handle auf eigene Gefahr; denn es verbleibe dem Erklärungsempfänger der Erfüllungsanspruch[35]. Demgegenüber weist BECKER mit Recht darauf hin, daß die Auflösungserklärung durch Tatsachen veranlaßt sein müsse, die nicht nur objektiv als wichtiger Grund gelten, sondern bei Abgabe der Erklärung vom Erklärenden auch als solcher empfunden werden; andernfalls sei dem Erklärenden die Fortsetzung des Arbeitsverhältnisses zuzumuten. Das Argument des Bundesgerichts, es lasse sich dies nur dann rechtfertigen, wenn der Erklärende den objektiven Grund im Zeitpunkt der Erklärung, sofern er ihn dann erkannt hätte, als unwichtig empfunden hätte, vermag nicht zu überzeugen.

5. Die Möglichkeit der fristlosen Auflösung aus wichtigem Grund kann nicht zum vornherein wegbedungen werden (Art. 362 OR). Führt der Ar-

---

[30] Vgl. Bericht des gew. Schiedsgerichts Basel-Stadt über die Rechtsprechung in den Jahren 1956–58, BJM 1960, S. 180; CANNER, 1. Folge, Nr. 53; vgl. die Zusammenstellung der Kasuistik bei VON BÜREN, Schweiz. OR, Bes. Teil, S. 172–175.
[31] BGE 75 II, 1949, S. 233; vgl. dazu auch BJM 1970, S. 214f.
[32] BGE 94 II, 1968, S. 184.
[33] N. 2 zu Art. 352 ORvRev.
[34] BGE 94 II, 1968, S. 184.
[35] BGE 78 II, 1952, S. 441; 79 II, 1953, S. 388; BGHZ 27, Nr. 31, S. 222ff.

beitsvertrag besondere Punkte an, die als wichtige Gründe zur Auflösung gelten sollen, so ist darin nur ein Indiz dafür zu erblicken, was von den Parteien als wichtig angesehen wird, nicht aber ein negativer Ausschluß der Möglichkeit der Anrufung anderer Gründe[36].

6. Liegt der wichtige Grund zur fristlosen Auflösung des Arbeitsverhältnisses im vertragswidrigen Verhalten einer Vertragspartei, so hat diese unter Berücksichtigung aller aus dem Arbeitsverhältnis entstehenden Forderungen vollen Schadenersatz zu leisten. Art. 337b Abs. 1 OR nimmt die Vorschrift von Art. 353 Abs. 1 ORvRev. mit der Änderung auf, daß beim Schadenersatz nicht bloß die aus dem Arbeitsverhältnis erwachsenden «Nebeneinnahmen», sondern alle daraus entstandenen Forderungen zu berücksichtigen sind[37].

Die Wirkungen der fristlosen Auflösung des Arbeitsverhältnisses beginnen ex nunc. Bis zum Auflösungsdatum bleiben die Ansprüche des Arbeitnehmers bestehen. Der Arbeitgeber kann nicht, durch analoge Anwendung von Art. 44 OR, wegen Selbstverschuldens des Arbeitnehmers eine Reduktion des bis zum Auflösungsdatum geschuldeten Gehalts vornehmen. Er kann lediglich im Rahmen von Art. 323b Abs. 2 OR die Lohnzahlungspflicht mit eigenen Schadenersatzansprüchen verrechnen[38]. Art. 337b Abs. 2 OR bestimmt allerdings für den Fall der gerechtfertigten Auflösung, die nicht wegen vertragswidrigem Verhalten einer Vertragspartei erfolgte, daß der Richter die vermögensrechtlichen Folgen unter Würdigung aller Umstände nach seinem Ermessen zu bestimmen habe. Diese gesetzliche Vorschrift kann aber den bis zur Auflösung geschuldeten Lohnanspruch nicht tangieren, sondern sich nur auf allfällige pro-rata-Ansprüche, auf Gratifikationszahlungen, Ferienansprüche, Abgangsentschädigung usw. beziehen.

7. War die fristlose Auflösung durch den Arbeitgeber ungerechtfertigt, so verbleibt das Arbeitsverhältnis bis zum Ablauf der festen Vertragsdauer, respektive bis zum Ablauf der ordentlichen Kündigungsfrist in Kraft. Der Arbeitnehmer muß, soweit es ihm zuzumuten ist, seine Arbeitsleistung weiterhin dem Arbeitgeber anbieten, wobei jedes Verhalten genügt, das auf ein solches Angebot schließen läßt[39]. Weigert sich letzterer, sie entgegenzunehmen, so verbleibt dem Arbeitnehmer der **volle Lohnanspruch** sowie der Ersatz der aus dem Arbeitsverhältnis erwachsenden Vorteile (Gratifikation, Abgangsentschädigung etc.)[40]. Der Arbeitnehmer soll grund-

---

[36] BGE 89 II, 1963, S. 35.
[37] Botschaft BBl 1967 II, S. 389.
[38] BGE 97 II, 1971, S. 142 ff.
[39] Unterbleibt ein derartiges Angebot, so muß angenommen werden, der Arbeitnehmer stimme der Entlassung zu und das Dienstverhältnis sei in gegenseitigem Einverständnis aufgehoben worden (BJM 1970, S. 215).
[40] Das Gesetz sieht von einem Anspruch auf Wiedereinstellung ab. Es geht davon aus, daß bei einmal ausgesprochener fristloser Entlassung das Vertrauensverhältnis so getrübt ist, daß eine Weiterbeschäftigung nicht mehr möglich ist.

sätzlich so gestellt sein, wie wenn das Arbeitsverhältnis ordnungsgemäß zu Ende geführt worden wäre (Art. 337 Abs. 1 OR). Allerdings darf keine Bereicherung des Arbeitnehmers eintreten. Deshalb sieht Art. 337c Abs. 2 die Anrechnung von Ersparnissen und anderweitigen Verdiensten vor, wobei es grundsätzlich Sache des Arbeitgebers ist, diese nachzuweisen[41]. Der Arbeitnehmer ist verpflichtet, anderweitige zumutbare Arbeit anzunehmen, um zur Schadensverminderung beizutragen. Soweit er absichtlich einen anderweitigen Arbeitserwerb unterläßt, ist dies bei der Bemessung des Anspruchs zu berücksichtigen.

Fraglich ist, ob im Falle der ungerechtfertigten Entlassung eine Reduktion des Lohnanspruchs bis zum Zeitpunkt der ordentlichen Beendigung des Arbeitsverhältnisses wegen erheblichen Mitverschuldens des Arbeitnehmers möglich ist. Das Bundesgericht bejaht diese Frage[42] mit der Begründung, der Anspruch auf Lohn und Ersatz der aus dem Arbeitsverhältnis erwachsenen Vorteile habe der wirtschaftlichen Funktion nach Schadenersatzcharakter, weshalb Art. 44 OR analog anzuwenden sei. Das neue Arbeitsvertragsrecht verzichtet auf die Regelung dieser Frage. Die Botschaft[43] will eine Herabsetzung jedoch nur in solchen Ausnahmefällen in Betracht ziehen, in denen die Zusprechung der gesamten Ansprüche mit Rücksicht auf das Verhalten des Arbeitnehmers offensichtlich unbillig wäre. Fraglich erscheint allerdings, ob der Ansatzpunkt der bundesgerichtlichen These, der Schadenersatzcharakter der Ansprüche des Arbeitnehmers, richtig ist. Wertet man die Ansprüche als Lohnansprüche, so dürfte eine Herabsetzung nach Art. 44 OR kaum in Betracht kommen.

8. Verläßt der Arbeitnehmer die Arbeitsstelle ohne wichtigen Grund, so hat der Arbeitgeber Anspruch auf vertraglichen Schadenersatz, der nach Art. 337 d OR einem Viertel des Lohnes für einen Monat entspricht. Diese Pauschalentschädigung hat den Charakter einer Konventionalstrafe. Der Arbeitgeber hat Anspruch auf Ersatz eines über die Pauschalentschädigung hinausgehenden Schadens, doch ist er hiefür beweispflichtig. Die Pauschalentschädigung kann vom Richter nach seinem Ermessen herabgesetzt werden, wenn dem Arbeitgeber kein oder bloß ein geringerer Schaden erwachsen ist. Damit soll eine Parität mit der Verpflichtung des Arbeitnehmers auf Anrechnung anderweitiger Verdienste (Art. 337 c Abs. 2 OR) hergestellt werden. So dürfte der Schadenersatz dann wegfallen, wenn dargetan ist, daß der Arbeitgeber die vom vertragswidrig austretenden Arbeitnehmer innegehabte Arbeitsstelle sofort anderweitig besetzen konnte, oder es unterlassen hat, die erforderlichen Vorkehren zur Vermeidung oder Verminderung des Schadens zu treffen[44].

Die dem Arbeitgeber zustehende Entschädigung kann mit dem verdienten Lohn unbeschränkt verrechnet werden, da es sich in der Regel um absichtlich zugefügten Schaden handelt (Art. 323 b

---

[41] BGE 78 II, 1952, S. 444.
[42] BGE 97 II, 1971, S. 142; 79 II, 1953, S. 389; 78 II, 1952, S. 444; 57 II, 1931, S. 186.
[43] BBl 1967 II, S. 390.
[44] Botschaft BBl 1967 II, S. 391.

Abs. 2 OR). Wird der Arbeitgeber durch die Verrechnung nicht oder nicht in vollem Umfange befriedigt, so hat er den Anspruch innert 30 Tagen durch Klage oder Betreibung geltend zu machen, andernfalls der Anspruch verwirkt. Die Frist ist eine Verwirkungsfrist und soll zu einer raschen Klärung der Rechtslage zwingen (Art. 337d Abs. 3 OR; Botschaft BBl 1967 II, S. 391).

Die gleichen Folgen, die an das Verlassen der Arbeitsstelle ohne wichtigen Grund geknüpft sind, gelten auch für den Fall, daß der Arbeitnehmer ohne wichtigen Grund die Arbeitsstelle überhaupt nicht antritt.

VIII. Die Folgen der Beendigung des Arbeitsverhältnisses

1. Mit der Beendigung des Arbeitsverhältnisses werden alle Forderungen aus dem Arbeitsverhältnis fällig (Art. 339 Abs. 1 OR). Durch schriftliche Abrede kann die Fälligkeit für Provisionsforderungen aus Geschäften, die ganz oder teilweise nach Beendigung des Arbeitsverhältnisses erfüllt werden, verschoben werden, jedoch in der Regel nicht mehr als 6 Monate, bei Geschäften mit gestaffelter Erfüllung nicht mehr als ein Jahr und bei Versicherungsverträgen sowie Geschäften, deren Durchführung mehr als ein halbes Jahr erfordert, nicht mehr als 2 Jahre (Art. 339 Abs. 2 OR). Die Forderung auf einen Anteil am Geschäftsergebnis wird fällig nach Maßgabe von Art. 323 Abs. 3 OR (spätestens 6 Monate nach Ablauf des Geschäftsjahres).

2. Auf den Zeitpunkt der Beendigung des Arbeitsverhältnisses hat jede Vertragspartei der andern herauszugeben, was sie für dessen Dauer von ihr oder von Dritten für deren Rechnung erhalten hat. Lohn- und Auslagenvorschüsse sind zurückzuerstatten, soweit sie die Forderungen des Arbeitnehmers übersteigen (Art. 339a OR).

Vorbehalten bleiben die Retentionsrechte (Art. 895 ff. ZGB). Ein spezielles Retentionsrecht steht dem Handelsreisenden an beweglichen Sachen und Wertpapieren sowie an Zahlungen von Kunden zu, die er auf Grund einer Inkassovollmacht entgegengenommen hat (Art. 349e OR).

3. Auch nach Beendigung des Arbeitsverhältnisses besteht eine Schweigepflicht des Arbeitnehmers für geheimzuhaltende Tatsachen, von denen er im Dienste des Arbeitgebers Kenntnis erlangte, soweit es zur Wahrung der berechtigten Interessen des Arbeitgebers erforderlich ist (Art. 321a Abs. 4 OR; s. oben S. 343f.).

§ 69. Das Konkurrenzverbot

Literatur: P. BRENNEISEN, Das dienstvertragliche Konkurrenzverbot als zweiseitiges Vertragsverhältnis in rechtsvergleichender Darstellung, Diss. Basel 1952; A. HAEFLIGER, Das Konkurrenzverbot im neuen schweizerischen Arbeitsvertragsrecht, Bern 1974; A. KUTTLER, Vertragliche Konkurrenzverbote, Basel 1955; F. PFLÜGER, Das vertragliche Konkurrenzverbot im Dienstvertrag, Diss. Bern 1949; PH. PIDOUX, La prohibition de concurrence dans le contrat de travail, Diss. Lausanne 1969; E. WILHELM-ISELIN, Das dienstvertragliche Konkurrenzverbot, eine rechtsvergleichende Betrachtung, Diss. Basel 1958.

I. Grundlagen

1. Das Konkurrenzverbot ist eine zum Arbeitsvertrag hinzutretende, grundsätzlich von ihm unabhängige Verabredung, in welcher sich der Arbeitnehmer gegenüber dem Arbeitgeber verpflichtet, sich nach Beendigung des Arbeitsverhältnisses einer konkurrierenden Tätigkeit zu enthalten. Das Konkurrenzverbot tangiert in erheblicher Weise die wirtschaftliche Entfaltungsfreiheit des Arbeitnehmers, die ihm als ein Persönlichkeitsrecht garantiert ist.

Man kann sich die Frage stellen, ob in einer Rechtsordnung, die auf die freie Entfaltung der Persönlichkeit ausgerichtet ist, das Konkurrenzverbot überhaupt zulässig erscheint. Es ist daran zu erinnern, daß der Arbeitnehmer ohnehin auch ohne Vereinbarung eines Konkurrenzverbotes über die Dauer des Arbeitsverhältnisses hinaus an die Geheimhaltungspflicht gebunden ist (Art. 321a Abs. 3 OR; vgl. oben S. 348). Nach dem OR von 1881 war denn auch jede Verabredung eines Konkurrenzverbots unter dem Gesichtspunkt der Unsittlichkeit ungültig (Art. 17 aOR). Das OR von 1911 hat, wenn auch in relativ engen Grenzen, ein Konkurrenzverbot als zulässig anerkannt. Die Revision hat, abgesehen von einer textlichen Umgestaltung, die Lösung beibehalten. Man kann aber nicht darüber hinwegsehen, daß bei jedem Konkurrenzverbot potentiell eine Verletzung von Art. 27 ZGB besteht. Dies muß auch dazu führen, die Voraussetzungen eng und im Zweifel gegen den Arbeitgeber auszulegen[1, 2, 3].

2. Das Konkurrenzverbot ist grundsätzlich als eine einseitige Verpflichtung des Arbeitnehmers ausgestaltet.

Immer wieder wurde das Postulat nach Umgestaltung in einen entgeltlichen synallagmatischen Vertrag erhoben: die einschneidende Beschränkung des Arbeitnehmers in seiner wirtschaftlichen Entfaltung nach Beendigung des Arbeitsverhältnisses solle nur gegen Entgelt möglich sein[4]. Das gleiche Ziel verfolgte 1920 eine Motion SCHERRER und 1953 eine Motion SCHMID.

---

[1] Vgl. BGE 92 II, 1966, S. 23.
[2] Die eng gezogenen Voraussetzungen für ein Konkurrenzverbot in Art. 340 OR sind auf die spezifische wirtschaftliche und soziale Lage des Arbeitnehmers abgestimmt und lassen sich deshalb nicht auf Konkurrenzklauseln in anderen Vertragsarten übertragen, auch nicht auf eine Konkurrenzklausel, die nach Beendigung des Dienstverhältnisses vereinbart wurde. Vgl. BGE 95 II, 1969, S. 535/36; OSER/SCHÖNENBERGER, N. 5 zu Art. 356 ORvRev.
[3] Zum Überblick über ausländische Regelungen vgl. WILHELM-ISELIN und BRENNEISEN (beide in Lit.verz. vor § 69).
[4] So schon Nationalrat STUDER, StenBullNR 1909, S. 674ff. und 685ff.

In der Botschaft zum neuen Arbeitsvertragsrecht[5] lehnte der Bundesrat die obligatorische Ausgestaltung des Konkurrenzverbots zu einem zweiseitigen entgeltlichen Vertrag ab, mit der Begründung, es ginge zu weit, den Arbeitgeber in jedem Fall zur Ausrichtung des Lohnes für die Dauer des Konkurrenzverbots zu verpflichten. Auch wird das bei jeder Ablehnung einer Neuerung wiederkehrende Argument angeführt, die Entwicklung müsse grundsätzlich der Regelung durch die Gesamtarbeitsverträge überlassen bleiben. Dabei wird allerdings übersehen, daß Konkurrenzverbote meist Arbeitnehmern auferlegt werden, deren Arbeitsverhältnis nicht durch einen Gesamtarbeitsvertrag geregelt ist. Für die Arbeiterschaft im engeren Sinne stellt sich in der Regel die Frage des Konkurrenzverbotes nicht. Es ist denn auch nicht erstaunlich, daß sich kaum gesamtarbeitsvertragliche Bestimmungen über das Konkurrenzverbot finden. Ferner scheint nicht zweifelsfrei, ob es überhaupt Sache des Gesamtarbeitsvertrags sein kann, die Stellung des Arbeitnehmers nach Beendigung des Arbeitsverhältnisses zu regeln.

Selbstverständlich steht es den Parteien frei, für die Einhaltung des Konkurrenzverbots ein Entgelt zu vereinbaren, die Konkurrenzentfaltung damit zum gegenseitigen Verhältnis auszugestalten. Eine allfällige Gegenleistung des Arbeitgebers ist bei der Frage der Zulässigkeit des Konkurrenzverbots nach ausdrücklicher neuer Gesetzesvorschrift mit zu berücksichtigen (Art. 340a Abs. 2 OR).

II. Voraussetzungen der Gültigkeit des Konkurrenzverbots

1. Das Konkurrenzverbot kann nur vom voll handlungsfähigen Arbeitnehmer eingegangen werden. Es bedarf der schriftlichen Vereinbarung (Art. 340 Abs. 1 OR)[6,7].

2. Das Konkurrenzverbot ist nur verbindlich, wenn das Arbeitsverhältnis dem Arbeitnehmer Einblick[8] in den Kundenkreis oder in Fabrikations- und Geschäftsgeheimnisse gewährt und die Verwendung dieser Kenntnisse den Arbeitgeber erheblich schädigen könnte (Art. 340 Abs. 2 OR).

a) Unter den Begriff «Kundenkreis» fallen nicht solche Personen, die lediglich als hypothetische Abnehmer des bisherigen Arbeitgebers in Frage kommen. Sinn eines Wettbewerbverbots kann nicht die Sicherung zukünftiger Kunden, sondern lediglich der Schutz des Kundenstammes

---

[5] BBl 1967 II, S. 398/99.

[6] Die nachträgliche Genehmigung durch Stillschweigen nach erreichter Volljährigkeit heilt die Ungültigkeit eines von Unmündigen eingegangenen Konkurrenzverbots nicht (SJZ 35, 1939, S. 268).

[7] Grund für diese Regelung ist erstens die allgemeine Überlegung, daß dem Unmündigen die nötige Einsicht in die Tragweite seiner Handlungsweise fehlen kann, zweitens das spezielle Problem, daß der Minderjährige nicht in einer Zeit, die er zu seiner Berufsausbildung nötig hat, bereits durch ein Konkurrenzverbot gefesselt sein soll. So KUTTLER, S. 13; PFLÜGER, S. 29f.

[8] Einblick in Geschäftsgeheimnisse oder den Kundenkreis kann auch während einer Probezeit genommen werden. Zwar besteht der Sinn der Probezeit darin, «daß jede Partei in diesem Stadium das Dienstverhältnis auf kurze Zeit und ohne Rechtsnachteil soll auflösen können.... Mit dieser Situation läßt sich die Geltung des Konkurrenzverbots bei Kündigung während der Probezeit schwer vereinbaren.» Indessen kann auch in diesem Fall ein schutzwürdiges Interesse des Arbeitgebers an der Aufrechterhaltung des Verbots bestehen. «Die Streitfrage darf deshalb nicht generell, sondern muß je nach der konkreten Sachlage entschieden werden» (BJM 1961, S. 262).

sein[9]. Einmalige Bestellung macht noch nicht zum Kunden. Als solche gelten jene Personen, die von Zeit zu Zeit Bestellungen aufgeben[10]. Dabei fällt unter den Kundenkreis auch derjenige, den der Arbeitnehmer selbst geschaffen hat.

b) Voraussetzung ist, daß durch die Verwendung der besonderen Kenntnisse die konkurrenzierende Tätigkeit den Arbeitgeber erheblich schädigen könnte[11]. Der Konkurrenzverpflichtete muß es in der Hand haben, mit Hilfe seiner Kenntnisse Kunden abspenstig zu machen und für ein Konkurrenzunternehmen zu gewinnen[12, 13].

c) Das Konkurrenzverbot beinhaltet die Verpflichtung des Arbeitnehmers, sich einer konkurrenzierenden Tätigkeit zu enthalten, insbesondere weder auf eigene Rechnung ein Geschäft zu betreiben, noch sich an einem solchen, das mit dem Arbeitgeber im Wettbewerb steht, zu beteiligen (Art. 340 Abs. 1 OR).

Die konkurrenzierende Tätigkeit des Arbeitnehmers muß eine aktive Verwertung der Geschäfts- und Fabrikationsgeheimnisse beinhalten; die bloße finanzielle Beteiligung an einem Konkurrenzgeschäft (z.B. durch Erwerb von Aktien) ohne direkte Einflußmöglichkeit genügt nicht[14]. Der durch das Konkurrenzverbot Verpflichtete hat sich jeder Konkurrenz zu enthalten, gleichgültig, welcher Mittel er sich dabei bedient.

Voraussetzung ist ferner, daß es sich um ein Geschäft handelt, das mit demjenigen des Arbeitgebers im Wettbewerb steht. Der Begriff «Wettbewerb» hat sich dabei nicht in erster Linie an demjenigen des UWG zu orientieren, denn das Konkurrenzverbot dient nicht der Durchsetzung von Treu und Glauben im Wettbewerb[15]. Entscheidend für das Vorliegen eines Wettbewerbsverhältnisses ist, daß die beiden Geschäfte bei ganz oder teilweise übereinstimmendem Kundenkreis gleichartige Leistungen anbieten und folglich unmittelbar das gleiche Bedürfnis befriedigen. Dabei ist auf eine landläufige Auslegung des Begriffs «Konkurrenz» abzustellen[16].

d) Ein Konkurrenzverbot ist nicht zulässig bei einem Beruf, bei dem die berufliche Tätigkeit und die persönliche Beziehung zur Kundschaft die überragende Rolle spielen. Deshalb kann ein berühmter Arzt seinem Assistenten, ein bekannter Anwalt seinem angestellten Juristen kein Konkurrenzverbot auferlegen[17]. Der potentielle Schaden ist in diesen Fällen nicht, oder jedenfalls nicht wesentlich, auf die Kenntnis der Kundschaft des Arbeitgebers zurückzuführen, sondern ergibt sich als Auswirkung der persönlichen Fähigkeiten des Arbeitnehmers, deren Entfaltung im wirtschaftlichen Wettbewerb keine Fesseln auferlegt werden dürfen. Allerdings führt das nicht zum Ausschluß des Konkurrenzverbots in allen Berufen, in denen die berufliche Tüchtigkeit oder die persönliche Beziehung zur Kundschaft von einer gewissen Bedeutung sind. «Nur wo dieser Faktor von ganz besonderem Gewicht ist, darf der Dienstherr dem Dienstpflichtigen kein Konkurrenzverbot auferlegen[18].» Wenn der Arbeitnehmer über die Wünsche und Bedürfnisse der Kundschaft auf dem laufenden und deshalb in der Lage ist, durch Ausnützung dieser Kenntnisse die Kunden abspenstig zu machen, ist das Konkurrenzverbot zulässig[19].

---

[9] BAG 21. März 1964, WENZEL, Nr. 37.
[10] BGE 55 II, 1929, S. 260; 78 II, 1952, S. 41; 91 II, 1965, S. 372. Vgl. auch PIDOUX, S. 26ff.
[11] BGE vom 29. Sept. 1959, ARV 1960, S. 41, Erw. b.
[12] BGE vom 17. Sept. 1955, ARV 1956, S. 5, CANNER, 2. Folge, Nr. 172; BGE 41 II, 1915, S. 115; 61 II, 1935, S. 90.
[13] Da die Schädigung also zufolge der Verwendung des gewonnenen Einblicks in Geschäftsgeheimnisse oder in den Kundenkreis entstehen muß, darf der Arbeitnehmer auch nicht an der Verwertung seiner rein persönlichen Fähigkeiten gehindert werden. So KUTTLER, S. 12.
[14] BGE 89 II, 1963, S. 129; vgl. PFLÜGER, S. 36ff.
[15] Vgl. BGE 92 II, 1966, S. 24.
[16] Vgl. BGE 51 II, 1925, S. 444: nicht Weinhändler gegen Gastwirt; 92 II, 1966, S. 22: nicht Aerosolabfüllmaschinen gegen abgefüllte Aerosolerzeugnisse.
[17] BGE 78 II, 1952, S. 39; 56 II, 1930, S. 442; 44 II, 1918, S. 59.
[18] BGE 81 II, 1955, S. 152.
[19] Zum Beispiel auch für Reisende im Kleinhandel (BGE 91 II, 1965, S. 378).

e) Für die Beurteilung dieser Voraussetzungen ist der Zeitpunkt, an dem das Verbot seine Wirkungen entfalten soll, maßgebend und nicht der Zeitpunkt des Abschlusses des Arbeitsvertrags[20]. Fehlt eine der obigen Voraussetzungen, so ist das Konkurrenzverbot widerrechtlich und daher nach Art. 20 OR nichtig; dies im Gegensatz zur noch zu erörternden Teilnichtigkeit gemäß Art. 340a Abs. 2 OR[21].

3. Das Konkurrenzverbot ist nach Ort, Zeit und Gegenstand angemessen zu begrenzen, so daß eine unbillige Erschwerung des wirtschaftlichen Fortkommens des Arbeitnehmers ausgeschlossen ist. Es darf nur unter besonderen Umständen drei Jahre überschreiten[22]. Zwischen den einzelnen Beschränkungsvoraussetzungen besteht eine Wechselwirkung. Ein örtlich und sachlich eng begrenztes Konkurrenzverbot kann u. U. auf eine längere Dauer eingegangen werden als ein solches, das nach Ort und Gegenstand weniger stark eingeschränkt ist[23].

Es ist allerdings nicht zu übersehen, daß in gewissen Berufen, bei denen Konkurrenzverbote üblicherweise bestehen, die Festlegung einer örtlichen und sachlichen Beschränkung, die eine unbillige Erschwerung des wirtschaftlichen Fortkommens vermeidet, außerordentliche Schwierigkeiten bereitet. Man denke nur im Falle des Chemikers an die Konzentration der Schweizerischen Chemischen Industrie im Raume Basel. Um das wirtschaftliche Fortkommen eines solchen Akademikers nicht zu behindern, kommt eine örtliche Begrenzung kaum in Frage; eine sachliche Begrenzung ist angesichts der vielseitigen Verwendungsmöglichkeiten von Kenntnissen bei einem Akademiker wenig wirkungsvoll. Man wird deshalb in solchen Fällen die Gültigkeit des Konkurrenzverbots von einer angemessenen Entschädigung abhängig machen müssen[24].

4. Übermäßige Konkurrenzverbote sind nicht als Ganzes ungültig, sondern vom Richter angemessen zu beschränken (Art. 20 Abs. 2 OR)[25]. Dabei sind allfällige Gegenleistungen des Arbeitgebers zu berücksichtigen.

III. Folgen der Übertretung des Konkurrenzverbots

1. Die primäre Folge der Übertretung des Konkurrenzverbots ist die Schadenersatzpflicht des Arbeitnehmers. Dabei ist nicht nur derjenige Schaden, den der Arbeitnehmer durch die Ausnützung seiner Kenntnisse über die Kundschaft und die Geschäftsgeheimnisse seines ehemaligen Arbeitge-

---

[20] BGE 91 II, 1965, S. 372; 92 II, 1966, S. 419.
[21] Vgl. unter Ziff. 3, 4; ferner KUTTLER, S. 13.
[22] Vgl. BGE 96 II, 1970, S. 139.
  Diese Bestimmung wurde auf Begehren der Arbeitnehmerseite bei der Revision neu eingeführt. Vgl. BBl 1967 II, S. 282, 400.
[23] BGE 91 II, 1965, S. 372; 44 II, 1918, S. 95.
[24] Anderer Ansicht HGer Zürich, Urteil vom 15. April 1947 (ZR 46, Nr. 154, CANNER, 2. Folge, Nr. 174), das die örtliche Begrenzung des Konkurrenzverbots eines Chemikers auf das Gebiet der Schweiz für zulässig ansah, da dieser bei einem ausl. Unternehmen seine Kenntnisse und Fähigkeiten ausnützen könne. Die Dauer betrug zwei Jahre.
[25] BGE 96 II, 1970, S. 136.

bers herbeiführt, zu berücksichtigen, sondern auch derjenige, den er durch den Einsatz seiner persönlichen Tüchtigkeit und seiner beruflichen Fähigkeiten im Dienste des neuen Arbeitgebers verursacht; der Arbeitgeber kann das volle Erfüllungsinteresse, d.h. das Interesse an der Einhaltung der Konkurrenzklausel geltend machen[26].

Ist, was in der Regel zutrifft, bei Übertretung des Verbots eine Konventionalstrafe geschuldet und nichts anderes verabredet, so kann sich der Arbeitnehmer mit deren Leistung vom Verbot befreien (Wandelpön). Er bleibt jedoch für weiteren Schaden ersatzpflichtig.

Die vorgesehene Konventionalstrafe muß so bemessen sein, daß sie einerseits geeignet ist, den Pflichtigen von Vertragsverletzungen abzuhalten, anderseits in einem angemessenen Verhältnis zur ökonomischen Situation des Pflichtigen steht, ihn nicht ungerechtfertigten wirtschaftlichen Schwierigkeiten aussetzt. Sie muß endlich in einem angemessenen Verhältnis zum Interesse des Berechtigten stehen, da sie in gewisser Weise dessen Anspruch auf das positive Vertragsinteresse ersetzt. Übermäßige Konventionalstrafen können vom Richter herabgesetzt werden[27].

2. Die tatsächliche Durchsetzung des Konkurrenzverbots im Wege der Klage auf Beseitigung des vertragswidrigen Zustandes ist nur unter den Voraussetzungen der besonderen schriftlichen Verabredung und der Rechtfertigung durch die verletzten oder bedrohten Interessen des Arbeitgebers und das Verhalten des Arbeitnehmers möglich (Art. 340b Abs. 3 OR)[28]. Der Anspruch auf Realerfüllung setzt einen Sachverhalt voraus, der es als offensichtlich unbillig erscheinen ließe, den Arbeitgeber auf den Weg des Schadenersatzes zu verweisen. Der Schaden, der aus der Übertretung erwächst, müßte den Arbeitgeber so empfindlich treffen, daß nur eine Wiederherstellung des status quo ante den berechtigten Interessen des Arbeitgebers gerecht werden könnte[29].

IV. Der Wegfall des Konkurrenzverbots

1. Das Konkurrenzverbot fällt dahin, wenn der Arbeitgeber nachweisbar kein erhebliches Interesse mehr hat, es aufrechtzuerhalten (Art. 340c Abs. 1 OR)[30].

---

[26] BGE 72 II, 1946, S.80. Der Arbeitgeber kann auf Feststellung klagen, wenn er die Leistungsklage vorläufig auf einen Teil des Schadens beschränken müßte, weil er weitere Forderungen noch nicht beziffern oder abschätzen kann (so BGE 99 II, 1973, S.172).
[27] BGE 51 II, 1925, S.445; HGer Zürich, 15. April 1947, ZR 46, Nr.154, CANNER, 2. Folge, Nr.174.
[28] So auch BJM 1962, S.224; ARV 17, Nr.54 mit eingehender Auseinandersetzung mit der Literatur.
[29] KassGer Zürich, Urteil vom 26. Juni 1970, ZR 69, Nr.100, CANNER, 2. Folge, Nr.177.
[30] Dies entspricht der Regelung in Art. 340 Abs. 2 OR: Wenn kein Interesse mehr am Verbot besteht, so ist auch keine erhebliche Schädigung des Arbeitgebers mehr möglich und umgekehrt. Vgl. dazu PIDOUX, S.96f.

2. Das Konkurrenzverbot fällt ferner dahin, wenn der Arbeitgeber das Arbeitsverhältnis kündigt, ohne daß ihm der Arbeitnehmer begründeten Anlaß dazu gegeben hat, oder wenn dieser es aus einem begründeten, vom Arbeitgeber zu verantwortenden Anlaß auflöst (At. 340 c Abs. 2 OR).

Diese Bestimmung soll verhindern, daß der Arbeitgeber, welcher dem Arbeitnehmer die Weiterarbeit im eigenen Betrieb verunmöglicht, diesem auch eine anderweitige Betätigung verwehrt oder erschwert[31]. Daraus ergibt sich die Notwendigkeit, daß im Entlassungsschreiben mindestens die Gründe der Entlassung angegeben werden müssen, sofern das Konkurrenzverbot aufrechterhalten bleiben soll[32]. Es besteht die Vermutung, daß ohne Angabe von Gründen im Entlassungsschreiben kein begründeter Anlaß zur Kündigung bestand, vorausgesetzt, daß der Arbeitnehmer gutgläubig war[33]. Der Begriff «begründeter Anlaß» ist nicht identisch mit dem «wichtigen Grund» zur fristlosen Auflösung[34]. Die beim letzteren verlangte besondere Schwere der Erschütterung des Vertrauensverhältnisses ist nicht erforderlich. Es muß genügen, daß die Kündigung aus einem in der Person des Partners liegenden gerechtfertigten Grund erfolgt[35].

3. Ist das Konkurrenzverbot als entgeltlicher Vertrag ausgestaltet, so befreit der Verzicht des Arbeitgebers auf die Konkurrenzenthaltung nicht von der Bezahlung der Entschädigung für die vorgesehene Dauer[36]. Dabei hat sich der Arbeitnehmer allerdings den Verdienst anrechnen zu lassen, den er auf dem Konkurrenzgebiet nach Aufhebung des Verbots erzielt. Der übrige Verdienst, der schon vor Aufhebung des Konkurrenzverbots erlaubt war, ist dagegen nicht einzubeziehen.

Hat sich der Arbeitgeber für den Fall des Verzichts Befreiung von der eigenen Leistung ausbedungen, so kann er nicht mit sofortiger Wirkung die Zahlungen einstellen, sondern hat eine angemessene Kündigungsfrist zu beachten[37]. Der Arbeitnehmer wird bei Entgeltlichkeit des Konkurrenzverbots sehr oft auf eine effektive Arbeitsleistung verzichten oder wegen den besondern Umständen verzichten müssen. Eine sofortige Aufhebung des Konkurrenzverbots würde ihm unvermittelt die Existenzgrundlage entziehen[38].

---

[31] BGE 76 II, 1950, S. 225.
[32] BGE 70 II, 1944, S. 163; AppGer Basel-Stadt, Urteil vom 29. Aug. 1961, BJM 1961, S. 262.
[33] BGE 70 II, 1944, S. 163.
[34] BGE 92 II, 1966, S. 35. Vgl. auch PIDOUX, S. 100; BBl 1967 II, S. 402.
[35] Umstritten ist, ob das Konkurrenzverbot bestehen bleibt, wenn der Arbeitsvertrag wegen eines in der Person des Dienstpflichtigen eingetretenen Zufalls aufgelöst wird, d.h. ob dies unter den Wortlaut «begründeter» Anlaß fällt. OSER/SCHÖNENBERGER (N. 4 zu Art. 360 ORvRev.) bejahen den Bestand der Konkurrenzklausel in diesem Falle, während KUTTLER (S. 27) m. E. zu Recht für eine Interessenabwägung im Einzelfall eintritt, wobei vor allem darauf zu achten ist, daß das wirtschaftliche Fortkommen des Arbeitnehmers, z.B. nach einer längeren Krankheit, nicht unbillig erschwert wird.
[36] SJZ 45, 1949, S. 346, Nr. 161; VON BÜREN, Schweiz. OR, Bes. Teil, S. 180.
[37] BGE 78 II, 1952, S. 234, E. 2.
[38] Wenn ein Konkurrenzverbot wegen Art. 340 c Abs. 2 OR wegfällt, bedeutet dies grundsätzlich noch kein Unmöglichwerden der Unterlassungspflicht des Arbeitnehmers im Sinne von Art. 119 OR. Damit der Arbeitnehmer die versprochene Gegenleistung fordern kann, muß er gemäß Art. 82 OR entweder seiner Unterlassungspflicht nachgekommen sein oder zumindest zu ihrer Einhaltung bereit sein. Der Arbeitnehmer kann also über die Einhaltung des Vertrages entscheiden, womit durchaus dem Schutzzweck des Art. 340 c OR entsprochen wird. So KUTTLER, S. 30 f.

Drittes Kapitel

Besondere Einzelarbeitsverträge

§ 70. Der Lehrvertrag

Literatur: OSER/SCHÖNENBERGER, Kommentar zu Art. 325 OR; H. EICKHOFF, Die rechtlichen Grundlagen des Lehrverhältnisses in Deutschland und der Schweiz, Diss. Basel 1960; A. GYSIN, Arbeitsrecht, Zürich 1943; D. M. KOBI, Rechtsprobleme des Normalarbeitsvertrages, erläutert am Beispiel des Normalarbeitsvertrages für das Pflegepersonal, Diss. Zürich 1973; H. C. NIPPERDEY, Die Regelung des Anlernverhältnisses der Jugendlichen, in: Festschrift für J. W. Hedemann, Jena 1938; K. STRAESSLE, Das Lehrverhältnis, Diss. Zürich 1975.

I. Begriff des Lehrvertrages

1. Durch den Lehrvertrag verpflichtet sich der Lehrmeister, den Lehrling für einen bestimmten Beruf sachgemäß auszubilden, und der Lehrling, zu diesem Zweck Arbeit im Dienst des Lehrmeisters zu leisten (Art. 344 OR)[1].

Im bisherigen Art. 362a OR war die Verpflichtung des Lehrlings, Arbeit im Dienste des Lehrmeisters zu leisten, nicht erwähnt. Auch war der Lehrvertrag nicht notwendigerweise entgeltlich (Art. 362b Abs. 1 ORvRev. sprach von einer «allfälligen Entschädigung»). Art. 344a Abs. 2 OR bestimmt nun, daß der Lehrvertrag den Lohn zu regeln habe, «weil heute die Ausrichtung eines Lohnes allgemein üblich geworden ist»[2], und zur Arbeitsleistung notwendigerweise die Entschädigung gehört (vgl. oben S. 361 ff.). Der Lohnanspruch ist um so eher gerechtfertigt, wenn man bedenkt, daß die Ausbildung in der Schweiz in der Regel beinahe unentgeltlich ist, der Lehrling aber für seine Ausbildung eine Arbeitsleistung zu erbringen hat.

2. Der Lehrvertrag ist durch zwei Elemente gekennzeichnet: durch den Zweck der Ausbildung und durch das hierzu eingegangene Arbeitsverhältnis. Bisher war umstritten, ob der Lehrvertrag überhaupt eine Unterart des Arbeitsvertrages sei[3].

---

[1] Zur Abgrenzung des Lehrvertrags von Anlernverhältnis, Volontärverhältnis, Umlern- und Umschulungsverhältnis vgl. REHBINDER, Grundriß, S. 99 f.
[2] Botschaft BBl 1967 II, S. 408.
[3] Zur Konstruktion des Lehrverhältnisses als Gegensatz zum Arbeitsverhältnis vgl. noch NIPPERDEY, in: Festschrift für J. W. Hedemann, S. 299 f.

In der schweizerischen Doktrin herrschte die Meinung vor, er sei nach seinem Inhalt ein doppeltypischer Vertrag, da sich sowohl der Lehrmeister wie der Lehrling zu Dienstleistungen verpflichteten, der Lehrmeister zur Unterweisung, der Lehrling zur Leistung von Berufsarbeit, soweit ihm dies nach dem Stand der Ausbildung zuzumuten ist[4].

Aus der heutigen Gesetzessystematik ist aber im Einklang mit der deutschen Doktrin zu schließen, daß der Lehrvertrag, obwohl er aus Elementen der Arbeitsleistung und solchen der Berufsausbildung gemischt ist, doch eine Unterart des Arbeitsvertrags darstellt; der Lehrzweck erfüllt sich auf der Grundlage eines Arbeitsvertrages[5,6]. Die allgemeinen Bestimmungen über den Einzelarbeitsvertrag finden denn auch ergänzend Anwendung (Art. 355 OR), allerdings nur soweit, als dies mit dem besonderen Zweck des Lehrvertrags vereinbar ist.

II. Das Verhältnis zum Bundesgesetz über die Berufsbildung vom 20. September 1973[7]

1. Mit Rücksicht auf die zu knappe Regelung des Lehrvertrags im OR von 1911 wurden im BG vom 26. Juni 1930 über die berufliche Ausbildung (BBG) weitere zivilrechtliche Bestimmungen über das Lehrverhältnis aufgestellt, ohne allerdings deren Verhältnis zu den Normen über den Lehrvertrag im Dienstvertragstitel klarzustellen, was zu erheblichen Auslegungsschwierigkeiten geführt hat[8]. Bei der Revision des Berufsbildungsgesetzes wurde deshalb dem OR ein 10. Titel^{bis} eingefügt, und gleichzeitig wurden die früheren Art. 319 Abs. 3, 325 und 337 OR aufgehoben. Die Bestimmungen über den Lehrvertrag wurden deshalb in einem neuen Titel des OR untergebracht, weil sich die Systematik des alten Dienstvertragstitels für eine Einfügung nicht eignete. Das neue OR übernimmt inhaltlich den 10. Titel^{bis} mit geringfügigen Änderungen, führt aber das Lehrverhältnis im zweiten Abschnitt des 10. Titels unter den besonderen Einzelarbeitsverträgen (Art. 344 ff.) auf.

Für die vom Berufsbildungsgesetz erfaßten Berufe (Industrie, Handwerk, Handels-, Bank-, Versicherungs-, Transport- und Gastgewerbe sowie

---

[4] Vgl. BECKER, N. 29 und 30 zu Art. 319 OR, ebenso EICKHOFF, S. 47; BGE 56 I, 1930, S. 17; vgl. auch OSER/SCHÖNENBERGER, N. 38 zu Art. 319 OR, die auf die werk- bzw. auftragsvertraglichen Elemente im Lehrvertrag hinweisen.
[5] HUECK/NIPPERDEY, Lehrbuch, Bd. I, S. 83 ff., 737 f.
[6] KASKEL/DERSCH, Arbeitsrecht, S. 248; NIKISCH, Arbeitsrecht, Bd. I, S. 870; H. SINZHEIMER, Grundzüge des Arbeitsrechtes, Jena 1927, S. 41.
[7] AS 1969, S. 321 ff.; vgl. dazu Botschaft BBl 1962 II, S. 885 ff.
[8] Vgl. E. SCHWEINGRUBER, Das Arbeitsrecht der Schweiz, Zürich 1946, S. 63 ff.; GYSIN, Arbeitsrecht, S. 48 ff.

andere Dienstleistungsbetriebe und Hauswirtschaft, Art. 1 BBG) gelten überdies die Bestimmungen des BBG, für die dem Landwirtschaftsgesetz unterstellten Verhältnisse die besonderen Bestimmungen des Landwirtschaftsgesetzes vom 3. Okt. 1951, die sich mit der Berufsbildung befassen. Der Bund hat nach dem Wortlaut von Art. 34ter Abs. 1 lit. g BV eine öffentlich-rechtliche Gesetzgebungskompetenz nur auf den Gebieten der Industrie, des Gewerbes, des Handels, der Landwirtschaft und des Hausdienstes. Für die nicht unter diese Kategorien fallenden Berufe ist ausschließlich der Lehrvertrag des OR maßgebend[9, 10].

2. Das Berufsbildungs- und das Landwirtschaftsgesetz[11] enthalten vorwiegend öffentlich-rechtliche, zum Teil allerdings auch öffentlich-rechtlich verstärkte privatrechtliche Vorschriften (sog. Doppelnormen)[12]. Das BBG regelt die Berufslehre im 3. Abschnitt. Es legt u.a. die Voraussetzungen fest, welche ein Lehrmeister zur Ausbildung von Lehrlingen erfüllen muß, umschreibt die Ausbildungspflichten des Lehrmeisters und die Mitwirkungspflichten des Lehrlings und seines gesetzlichen Vertreters und ordnet die Auflösung des Lehrverhältnisses. Es regelt ferner den im Zusammenhang mit der Lehrausbildung notwendigen beruflichen Unterricht sowie die Lehrabschlußprüfung. Gemäß BBG gelten als Lehrlinge nur die aus der Schulpflicht entlassenen Minderjährigen vom 15. Altersjahr an, die in einem Betrieb oder in einer Lehrwerkstätte einen dem Gesetz unterstellten Beruf erlernen. Der Lehrvertrag des OR verlangt dagegen nicht, daß die Lehrlinge minderjährig sind. Mündige Lehrlinge unterstehen deshalb allein dem OR. Das Mindestalter von 15 Jahren wird dagegen durch Art. 30 ArG auch für den Lehrvertrag des OR verlangt[13].

---

[9] Dies betrifft z.B. die Ausbildung in den Gebieten der Kunst, Wissenschaft, Erziehung, Unterricht und Krankenpflege (vgl. BBl 1962 II, S. 898). Man könnte hier ein spezifisches Anwendungsgebiet für einen Normallehrvertrag vermuten, wie ihn Art. 324 OR noch ausdrücklich vorgesehen hat. Da aber ein Lehrverhältnis zu seiner Gültigkeit der Schriftform bedarf, der NAV als subsidiäres Recht aber vor allem dort nötig ist, wo keine schriftlichen Abmachungen getroffen wurden, blieb Art. 324 ORvRev. weitgehend toter Buchstabe. So z.B. Kobi, S. 13.
[10] Speziell zur Ausbildung des Pflegepersonals vgl. Kobi, S. 160/61; nach Meinung dieses Autors handelt es sich hier um ein Lehrverhältnis (kein Schülerverhältnis), so daß das OR anwendbar ist, insbes. Art. 344a Abs. 4 OR.
[11] Rechtsquellen: BG über die Berufsbildung vom 20. Sept. 1963, AS 1965, S. 321 ff.; BG über die Förderung der Landwirtschaft und die Erhaltung des Bauernstandes vom 3. Okt. 1951, AS 1953, S. 1073 ff.
[12] Vgl. Botschaften in BBl 1962 II, S. 909 f.; 1967 II, S. 246.
[13] Das Landwirtschaftsgesetz enthält einerseits Bestimmungen zur Förderung der landwirtschaftlichen Ausbildung und Fortbildung: Die Kantone oder mit deren Einverständnis die Berufsverbände haben die bäuerliche Berufslehre zu organisieren. Der Bund unterstützt die berufliche Ausbildung durch Subventionierung von Fortbildungs- und Berufsschulen und durch Ausrichtung von Stipendien zu Studienzwecken (Art. 5–15 LWG). Andererseits umfaßt das Gesetz Vorschriften über das Lehrverhältnis: Die Lehrbetriebe sind behördlich anzuerkennen. Die Kantone oder mit deren Einverständnis die Berufsverbände geben einen Normalvertrag für die landwirtschaftliche Berufslehre heraus. Der einzelne Lehrvertrag bedarf der Schriftlichkeit und muß inhaltlich eine Reihe von Angaben enthalten, welche im Gesetz aufgezählt werden. Die ersten 4 Wochen der Lehre gelten als Probezeit, in der jede Partei mit einer 3-tägigen Kündigungsfrist vom Vertrag zurücktreten kann. Die Lehre dauert mindestens 2 Jahre, wird von der zuständigen Behörde überwacht und endet mit einer Abschlußprüfung. Das Lehrverhältnis kann jederzeit aus wichtigem Grund fristlos aufgelöst

III. Abschluß und Inhalt des Lehrvertrages

1. Art. 344a Abs. 1 OR verlangt für den Abschluß des Lehrvertrags die Schriftform. Inhaltlich soll der Vertrag nicht bloß die begriffswesentlichen Elemente des Lehrvertrags enthalten, sondern alle in Art. 344a Abs. 2 OR erwähnten Punkte (Art und Dauer der Ausbildung, Lohn, Probezeit, Arbeitszeit und Ferien) regeln. Für die dem BBG unterstellten Lehrverhältnisse bedarf es überdies der behördlichen Genehmigung (Art. 15 BBG). Die Nichterfüllung der inhaltlichen Voraussetzungen macht den Vertrag nicht nichtig, es handelt sich nur um eine Ordnungsvorschrift[14, 15]. Den fehlenden Inhalt hat der Richter zu ergänzen und dabei auf die «üblichen» Bedingungen abzustellen (vgl. Art. 347a Abs. 2 OR für den Handelsreisendenvertrag).

2. Über die Bedeutung der Schriftform besteht in Doktrin und Praxis Unklarheit. Art. 15 Abs. 4 BBG schreibt die Anwendung dieses Gesetzes auch dann vor, wenn der Abschluß des Lehrvertrags unterlassen wurde. Das Verhältnis wird de facto als Lehrvertrag angesehen und unterliegt den entsprechenden öffentlich-rechtlichen Bestimmungen. Die privatrechtlichen Folgen der Nichterfüllung des Schriftlichkeitserfordernisses sind nach Art. 320 Abs. 3 OR zu beurteilen, wonach für die Arbeitsleistung, die ohne gültigen Vertrag, aber im guten Glauben geleistet wird, die gleichen Rechte und Pflichten gelten, wie wenn ein gültiger Vertrag vorliegen würde, solange das Arbeitsverhältnis nicht aufgehoben ist (vgl. oben S. 333). Die Einschränkung des guten Glaubens kann allerdings gerade für den Lehrling nachteilig sein, da man ihm vorwerfen kann, daß er sich über die Voraussetzungen des Vertragsschlusses hätte erkundigen müssen. In der Regel kann aber derselbe Einwand oft auch gegenüber dem Lehrmeister erhoben werden. Meines Erachtens müßte der besondere Zweck des Lehrvertrags dazu führen, vom Erfordernis des guten Glaubens im Interesse des Lehrlings Abstand zu nehmen. Wenn Art. 320 Abs. 3 OR bloß vom guten Glauben des Arbeitnehmers spricht, so kann dies nur bedeuten, daß dem bösgläubigen Arbeitgeber die Berufung auf den bösen Glauben des Arbeitnehmers schon aus Treu und Glauben verwehrt sein muß. Dies führt dazu, die Schriftlichkeit nicht als Gültigkeitsvoraussetzung, sondern bloß als Ordnungsvorschrift gelten zu lassen[16]. Allerdings kann das Lehrverhältnis jederzeit aufgehoben werden. Mit dieser Auslegung kann eine annähernde Übereinstimmung des OR mit Art. 15 Abs. 4 BBG herbeigeführt werden.

---

werden, doch hat ein von der kantonalen Behörde angeordneter Aussöhnungsversuch vorauszugehen (Art. 5 LWG; VO über das landwirtschaftliche Bildungs- und Versuchswesen vom 29. März 1955, insbes. Art. 6-18, AS 1955, S. 369ff.).

Die Vorschriften des Berufsbildungsgesetzes sowie diejenigen des Landwirtschaftsgesetzes gehen den Bestimmungen des OR (Art. 344ff.) als leges speciales vor.

[14] BECKER, N. 4 zu Art. 325 OR; OSER/SCHÖNENBERGER, N. 6 zu Art. 325 OR.
[15] Die partielle Handlungsfähigkeit eines Kindes oder Mündels (nach Art. 295/96 und Art. 412 ZGB) kann sich noch nicht beim Abschluß eines Lehrvertrages manifestieren, sondern nur bei demjenigen eigentlicher Arbeitsverträge (vgl. dazu EGGER, N. 6 zu Art. 281 ZGB, N. 4 zu Art. 295 ZGB; TH. MÜLLER, Der Abschluß des Dienstvertrages und des Lehrvertrages, Diss. Zürich 1948, S. 97ff.).
[16] Anderer Meinung SCHWEINGRUBER in Kommentar zu Art. 325 ORvRev.; vgl. aus der Praxis: SJZ 48, 1952, S. 258 (Schriftlichkeit nicht Gültigkeitserfordernis); dagegen SJZ 51, 1955, S. 26; SJZ 57, 1961, S. 353 (Schriftlichkeit Gültigkeitsvoraussetzung); ARV 4, 1956, Nr. 60 (keine Gültigkeitsvoraussetzung für die dem BBG unterstellten Rechtsverhältnisse).

3. Zur Wahrung des für den Lehrling besonders wichtigen Rechts auf freie Berufsausübung und Berufswahl (vgl. oben S. 298) bestimmt Art. 344a Abs. 4 OR, daß Abreden, die den Lehrling im freien Entschluß über die berufliche Wahl und berufliche Tätigkeit nach beendigter Lehre beeinträchtigen, nichtig sind.

4. Der Lehrvertrag ist gekennzeichnet durch die gegenseitigen Pflichten zur Mitwirkung auf das Lehrziel. Die Pflicht trifft auch den gesetzlichen Vertreter des Lehrlings, der den Lehrmeister in der Erfüllung seiner Aufgaben nach Kräften zu unterstützen und das gute Einvernehmen zwischen Lehrmeister und Lehrling zu fördern hat (Art. 345 und 345a OR)[17].

Der Lehrmeister hat dem Lehrling ohne Lohnabzug die erforderliche Zeit zum Besuch des beruflichen Unterrichts und zur Teilnahme an den Lehrabschlußprüfungen freizugeben (Art. 345a Abs. 2 OR). Er darf den Lehrling zu andern als beruflichen Arbeiten und zu Akkordarbeiten nur soweit verwenden, als solche Arbeiten mit dem zu erlernenden Beruf im Zusammenhang stehen und die Ausbildung nicht beeinträchtigen (Art. 345a Abs. 4 OR). Der Lehrling soll nicht zu Handlangerdiensten mißbraucht und nicht als billige Arbeitskraft ausgebeutet werden. Andererseits muß der Lehrmeister den Lehrling in alle zur Berufsausübung nötigen Arbeiten systematisch einführen[18].

5. Der Ferienanspruch des Lehrlings beträgt bis zum vollendeten 20. Altersjahr drei Wochen. Die Kantone sind befugt, die Mindestdauer bis auf 4 Wochen zu verlängern (Art. 345a Abs. 3 OR).

Im Nationalrat wurde im Zusammenhang mit dem Ferienanspruch zu Recht auf das soziale Problem des Übergangs von der Schulzeit in das Berufsleben hingewiesen und ein eidgenössisch verankerter Ferienanspruch von mindestens 4 Wochen ohne Begrenzung auf das 20. Altersjahr gefordert[19]. Der Antrag wurde im Hinblick auf die notwendige Übereinstimmung mit der Ferienregelung der Jugendlichen allgemein abgelehnt[20], doch ist damit eine adäquate sozialmedizinische Lösung nicht erzielt worden.

Es ist nicht zu übersehen, daß der Lehrling neben der vollen Arbeitstätigkeit, die nur durch den beruflichen Schulunterricht unterbrochen wird, Hausaufgaben zu erledigen hat. Ein längerer Ferienanspruch wäre deshalb gerechtfertigt.

IV. Auflösung des Lehrvertrages

1. Der Lehrvertrag kann während der Probezeit mit 7 Tagen Kündigungsfrist jederzeit aufgelöst werden (Art. 346 Abs. 1 OR).

---

[17] Bezüglich der Gehorsamspflicht, der Sorgfaltspflicht und der Pflicht zur Wahrung der Geschäftsgeheimnisse, wie sie in Art. 362c ORvRev. enthalten waren, gelten nach Art. 355 OR die allgemeinen Bestimmungen (vgl. insbes. Art. 321a OR, 321d OR).
[18] Vgl. EICKHOFF, S. 85; ferner auch Art. 7 Abs. 1 BBG.
[19] StenBullNR 1969, S. 856 (SCHAFFER).
[20] StenBullNR 1969, S. 857 (HOFSTETTER).

2. Das Gesetz sieht eine Reihe von Tatbeständen vor, bei deren Vorhandensein das Lehrverhältnis fristlos aufgelöst werden kann (Art. 346 Abs. 2 OR), so namentlich, wenn

- dem Lehrmeister oder seinem Vertreter die erforderlichen beruflichen Fähigkeiten oder persönlichen Eigenschaften zur Ausbildung des Lehrlings fehlen,
- der Lehrling nicht über die für die Ausbildung unentbehrlichen körperlichen oder geistigen Anlagen verfügt oder gesundheitlich oder sittlich gefährdet ist,
- die Ausbildung nicht oder nur unter wesentlich veränderten Verhältnissen zu Ende geführt werden kann.

Es handelt sich um Konkretisierungen des «wichtigen Grundes» i. S. von Art. 337 OR, bezogen auf die besonderen Verhältnisse des Lehrvertrages.

3. Der Lehrling hat Anspruch auf ein Zeugnis, das sich ohne gegenteiliges Verlangen des Lehrlings oder seines gesetzlichen Vertreters nur auf die erforderlichen Angaben über den erlernten Beruf und die Dauer der Lehre zu beschränken hat. Die Bestimmung dient dem Persönlichkeitsrecht des Lehrlings auf freie wirtschaftliche Entfaltung (vgl. oben S. 350)[21].

§ 71. Der Handelsreisendenvertrag

Literatur: M. GAMMETER, Die privatrechtliche Stellung des schweizerischen Handelsreisenden, Diss. Bern 1940; R. GRÜTER, Die gesetzliche Regelung neuer Auftragsverhältnisse, Diss. Basel 1954; A. HAGMANN, Die finanziellen Ansprüche des Handelsreisenden, Diss. Basel 1957; E. HUBER, Die Stellung des Handelsreisenden im schweizerischen Recht, Diss. Bern 1934; H. G. JUNDT, Das besondere Dienstverhältnis des Handelsreisenden, Diss. Basel 1946; F. KORNMEIER, Die rechtliche Stellung des Handelsreisenden, Diss. Bern 1950; D. L. STARLAY, Untersuchungen über die Rechtsverhältnisse des Handelsreisenden, Diss. Bern 1947.

I. Der Begriff des Handelsreisendenvertrages

1. Ein Handelsreisendenvertrag liegt vor, wenn sich der Handelsreisende gegenüber dem Inhaber eines Handels-, Fabrikations- oder andern nach kaufmännischer Art geführten Geschäfts auf der Grundlage eines Arbeits-

---

[21] In diesem Zusammenhang ist auch auf die Bestimmung des Art. 344a Abs. 4 OR zu verweisen, womit jedes Konkurrenzverbot – weitergehend als Art. 340 OR – ausgeschlossen wird (vgl. oben S. 424 ff.; REHBINDER, Grundriß, S. 101).

vertrages[1] verpflichtet, gegen Lohn Geschäfte jeder Art[2] außerhalb der Geschäftsräume des Arbeitgebers zu vermitteln oder abzuschließen (Art. 347 OR).

Für den Begriff des «Geschäftes» ist auf den Begriff des «Gewerbes» in der Handelsregisterverordnung (Art. 52 Abs. 3) zu verweisen. Als Gewerbe ist eine selbständige, auf dauernden Erwerb gerichtete wirtschaftliche Tätigkeit zu betrachten. Nach Art. 53 lit. c HRegV liegt ein nach kaufmännischer Art geführtes Gewerbe vor, wenn es nach Art und Umfang des Unternehmens einen kaufmännischen Betrieb und eine geordnete Buchführung erfordert.

Nicht unter die Sondervorschriften des Handelsreisendenvertrages fallen die Arbeitnehmer, die nicht vorwiegend eine Reisetätigkeit ausüben oder nur gelegentlich oder vorübergehend für den Arbeitgeber tätig sind, sowie der Reisende, der Geschäfte auf eigene Rechnung abschließt[3].

Das Gesetz bestimmt nicht, ob der Handelsreisende im eigenen Namen oder im Namen des Arbeitgebers tätig wird. In der Regel ist wohl eine direkte Stellvertretung anzunehmen, da der Handelsreisende den Namen der Firma, für die er arbeitet, dem Kunden bekanntgeben wird. Hinsichtlich der Vollmacht besteht insofern eine besondere Ordnung, als der Handelsreisende, wenn nichts anderes schriftlich verabredet ist, Geschäfte bloß vermitteln, nicht aber abschließen darf (Art. 348b Abs. 1 OR). Ist er auf Grund einer besonderen Vollmacht zum Abschluß von Geschäften ermächtigt, so erstreckt sich diese nur auf all diejenigen Rechtshandlungen, welche die Ausführung dieser Geschäfte gewöhnlich mit sich bringt; für die Entgegennahme von Zahlungen von Kunden und die Bewilligung von Zahlungsfristen bedarf es einer speziellen Ermächtigung (Art. 348b Abs. 2 OR)[4, 5].

2. Der Handelsreisendenvertrag war bisher durch das BG über das Anstellungsverhältnis der Handelsreisenden vom 13. Juni 1941 (HRAG) geregelt[6, 7]. Die Revision des Arbeitsvertrags-

---

[1] Dies im Gegensatz zum selbständig tätigen Agenten. Als Abgrenzungskriterium dient auch hier das Unterordnungsverhältnis, indiziert durch eine Bindung an Weisungen und Instruktionen des Dienstherrn, periodische Rapportpflicht u.a. Hingegen ist das Faktum einer bloß teilzeitlichen Beschäftigung kein Kriterium. Vgl. Pra. 63, 1974, Nr. 55.

[2] Wie schon vom HRAG werden hier also nicht nur die Warenreisenden erfaßt, was beim BG vom 4. Oktober 1930 und im NAV vom 7. Juli 1931 noch der Fall war (vgl. JUNDT, S. 29).

[3] So auch die Botschaft (BBl 1967 II, S. 409): «Das hindert nicht, daß im Streitfall der Richter gewisse Vorschriften dieses Abschnitts analog auf die Arbeitsverhältnisse der genannten Angestellten zur Anwendung bringt».

[4] Art. 463 OR (betreffend die Ermächtigung eines an «auswärtigen Orten» tätigen Handelsreisenden) ist aufgehoben worden; vgl. dazu BBl 1967 II, S. 411: «Angesichts der heutigen Verkehrs- und Kommunikationsverhältnisse wie der heute üblichen Inkassomethoden erscheint die Sondervorschrift über Inkasso- und Stundungsvollmacht des Reisenden, der ‹an auswärtigen Orten Geschäfte zu besorgen hat›, als überholt.»

[5] Der Dritte, der dem Reisenden Zahlung leisten will, muß also den Nachweis der Vollmacht verlangen. «Entgegen einem Vorschlag des schweizerischen Anwaltsverbandes wird ... keine Vorschrift des Inhalts aufgenommen, daß die mangelnde Vollmacht des Reisenden zum Inkasso dem gutgläubigen Dritten nicht entgegengehalten werden dürfe» (BBl 1967 II, S. 411).

[6] Vgl. BS, Bd. 2, S. 776 und Botschaft BBl 1940, S. 1328 ff.

rechts hat eine Reihe von Bestimmungen des Handelsreisendengesetzes als allgemeine Normen des Einzelarbeitsvertrages ausgestaltet (so z.B. Art. 322b Provision, Art. 322c Abrechnungsart und Art. 327a, b und c Auslagenersatz). Im übrigen enthält das Gesetz im 2. Abschnitt in Art. 347 ff. weitere, nur für den Handelsreisenden bestimmte Sondervorschriften.

3. Die besondere Problematik des Handelsreisendenvertrags, der ein Arbeitsvertrag ist, liegt in der Abgrenzung gegenüber dem auf dem Auftrag beruhenden Agenturvertrag (vgl. hierzu die Ausführungen oben Anm. 1).

II. Abschluß und Inhalt des Handelsreisendenvertrages

1. Das Arbeitsverhältnis des Handelsreisenden ist durch schriftlichen Vertrag zu regeln. Art. 347a OR enthält eine Reihe von Bestimmungen, die in den Vertrag aufgenommen werden sollen (Dauer und Beendigung des Arbeitsverhältnisses, Vollmacht, Entgelt und Auslagenersatz, anwendbares Recht und Gerichtsstand, sofern eine Vertragspartei ihren Wohnsitz im Ausland hat). Doch ist die Schriftform nicht Gültigkeitserfordernis, sondern bloße Ordnungsvorschrift. Fehlt ein schriftlicher Vertrag oder wird der vom Gesetz verlangte Inhalt im Vertrag nur unvollständig geregelt, so wird der Inhalt durch die gesetzlichen Vorschriften und durch die üblichen Arbeitsbedingungen bestimmt. Mündliche Abreden haben gegenüber dem schriftlichen Vertrag bzw. dem Gesetz und den üblichen Arbeitsbedingungen nur Geltung für die Festsetzung des Beginns der Arbeitsleistung, der Art und des Gebiets der Reisetätigkeit sowie für weitere Bestimmungen, die mit den gesetzlichen Vorschriften und dem schriftlichen Vertrag nicht in Widerspruch stehen (Art. 347a Abs. 3 OR).

2. Die primäre Vertragspflicht des Handelsreisenden besteht im Besuch der Kundschaft in der ihm vorgeschriebenen Weise und in der Vermittlung von Geschäften für Rechnung des Arbeitgebers. Aus der Treuepflicht des Handelsreisenden ergibt sich, daß er ohne schriftliche Bewilligung des Arbeitgebers weder für eigene Rechnung noch für Rechnung eines Dritten

---

[7] Zu den Vorstufen der heutigen Regelung vgl. Botschaft in BBl 1967 II, S. 248: Zunächst war mit Hilfe eines NAV (vgl. BRB vom 7. Juli 1931, AS 1931, S. 453) versucht worden, die Bedingungen für die Handelsreisenden zu verbessern. Dieses Institut war jedoch ungenügend, da es nur dispositives Recht schafft (vgl. dazu HUBER, S. 49 ff., S. 88 ff.; GAMMETER, S. 5 ff., S. 108 ff.; Befürworter der vertraglichen Lösung jedoch GRÜTER, S. 107 ff.).
Die ersten gesetzlichen Bestimmungen, das Patenttaxengesetz vom 24. Juni 1892 (AS, Bd. 13, S. 43) und das BG über die Handelsreisenden vom 4. Oktober 1930 (AS 1931, S. 361), hatten nur den Publikumsschutz vor unlautern Praxen der Reisenden im Auge, nicht aber den Schutz des Berufsstandes (vgl. JUNDT, S. 11 ff.; Botschaft in BBl 1929 I, S. 56 ff., S. 64 ff.).

Geschäfte vermitteln oder abschließen darf. Er hat sich, sofern er zum Abschluß von Geschäften ermächtigt ist, an die ihm vorgeschriebenen Preise und anderen Geschäftsbedingungen zu halten und hat für Änderungen die Zustimmung des Arbeitgebers vorzubehalten (Art. 348 Abs. 1 und 2 OR). Aus der Sorgfaltspflicht ergibt sich die Verpflichtung zur regelmäßigen Berichterstattung über die Reisetätigkeit, zur Übermittlung der erhaltenen Bestellungen und zur Bekanntgabe von erheblichen Tatsachen, die den Kundenkreis betreffen (Art. 348 Abs. 3 OR).

Grundsätzlich kann der Handelsreisende keine Delcredere-Haftung übernehmen. Abreden, daß der Handelsreisende für die Zahlung oder anderweitige Erfüllung der Verbindlichkeiten der Kunden einzustehen oder die Kosten der Einbringung von Forderungen ganz oder teilweise zu tragen hat, sind deshalb nichtig (Art. 348a Abs. 1 OR). Eine begrenzte Delcredere-Haftung ist mit schriftlicher Verpflichtung allerdings möglich bei Geschäften, die der Handelsreisende mit Privatkunden[8] abschließt, und bei Versicherungsverträgen (Art. 348a Abs. 2 und 3 OR).

3. Die Pflichten des Arbeitgebers bestehen zunächst in der Garantie des Reisegebietes oder des Kundenkreises. Ohne besondere abweichende schriftliche Abrede hat der Handelsreisende ein diesbezügliches Exklusivrecht. Der Arbeitgeber bleibt jedoch befugt, mit den Kunden im Gebiet oder Kundenkreis des Handelsreisenden persönlich Geschäfte abzuschließen. Eine einseitige Änderung des Reisegebietes oder des Kundenkreises durch den Arbeitgeber kann nur bei begründetem Anlaß erfolgen[9]. In diesem Fall bleiben dem Handelsreisenden Schadenersatzansprüche und das Recht auf Auflösung des Arbeitsverhältnisses aus wichtigem Grund gewahrt.

4. Über die Entlöhnung des Handelsreisenden, die zu einem wesentlichen Teil auf Provisionsbasis erfolgt, vgl. oben S. 370.

5. Zur Sicherung der fälligen Forderungen aus dem Arbeitsverhältnis, bei Zahlungsunfähigkeit des Arbeitgebers auch der nichtfälligen Forderungen, steht dem Handelsreisenden das Retentionsrecht an beweglichen Sachen und Wertpapieren sowie an Zahlungen von Kunden zu, die er auf Grund einer Inkassovollmacht entgegengenommen hat (Art. 349e OR)[10].

---

[8] Der Handelsreisende, der Geschäfte mit Privatkunden abschließt, ist der Detail- oder Hausreisende. Der Detailreisende nimmt seine Bestellungen in den privaten Haushaltungen auf. Anders der Großreisende, der mit Wiederverkäufern und Großabnehmern in Geschäftsverkehr tritt. Nur bei Geschäften, die der Reisende abzuschließen und nicht nur zu vermitteln hat, ist die Ausnahme vom Delcredere-Verbot zugelassen (vgl. Botschaft BBl 1940 II, S. 1334ff.). Diese Ausnahme beim Kleinreisenden wird deshalb getroffen, weil der Geschäftsherr die Kreditwürdigkeit der einzelnen Privatkunden nur schwer oder bloß mit verhältnismäßig großem Aufwand überprüfen kann. Er ist also ganz besonders auf die sorgfältige Auswahl durch den Reisenden angewiesen (vgl. dazu JUNDT, S. 128ff.).

[9] Art. 8 HRAG, Art. 349 Abs. 2 OR.

[10] Art. 349e Abs. 2 OR versteht sich von selbst, da es sich um Sachen handelt, die ihrer Natur nach eine Verwertung nicht zulassen. «Auch bei Musterkollektionen kann es streitig sein, ob

III. Beendigung des Handelsreisendenvertrages

1. Gegenüber dem allgemeinen Arbeitsvertragsrecht besteht beim Handelsreisenden, bei dem die Provision mindestens einen Fünftel des Lohnes ausmacht und erheblichen saisonmäßigen Schwankungen unterliegt, ein besonderer Kündigungsschutz[11]. Der Arbeitgeber darf dem Handelsreisenden, der seit Abschluß der letzten Saison bei ihm gearbeitet hat, während der Saison nur auf das Ende des zweiten der Kündigung folgenden Monats kündigen. Unter den gleichen Voraussetzungen darf der Handelsreisende dem Arbeitgeber, der ihn bis zum Abschluß der Saison beschäftigt hat, bis zum Beginn der nächsten nur auf das Ende des zweiten der Kündigung folgenden Monats kündigen[12] (Art. 350 OR).

2. Bei Beendigung eines Arbeitsverhältnisses ist dem Handelsreisenden die Provision auf allen Geschäften auszurichten, die er abgeschlossen oder vermittelt hat, sowie auf allen Bestellungen, die bis zur Beendigung des Arbeitsverhältnisses dem Arbeitgeber zugehen, ohne Rücksicht auf den Zeitpunkt ihrer Annahme und ihrer Ausführung (Art. 350a Abs. 1 OR).

Im Unterschied zum Agenten (Art. 418u OR) hat der Handelsreisende keinen besonderen Entschädigungsanspruch gegenüber dem Arbeitgeber für die durch seine Tätigkeit erfolgte Erweiterung des Kundenkreises.

3. Auf den Zeitpunkt der Beendigung des Arbeitsverhältnisses hat der Handelsreisende die ihm für die Reisetätigkeit zur Verfügung gestellten Muster und Modelle, Preistarife, Kundenverzeichnisse und anderen Unterlagen zurückzugeben; das Retentionsrecht (vgl. oben S. 422) bleibt vorbehalten (Art. 350a Abs. 2 OR).

§ 72. Der Heimarbeitsvertrag

Literatur: W. BRUNNER, Das Bundesgesetz über den Heimarbeitsvertrag, Zürich 1946; H. HUGELSHOFER, Die gesetzliche Regelung der Heimarbeit nach dem

---

sie eine verwertbare Sache darstellen» (so JUNDT, S. 127). Vgl. aber auch ZR 12, Nr. 140, wonach eine Musterkollektion als verwertbare Sache retiniert werden darf.

[11] Voraussetzung ist natürlich, daß der Arbeitsvertrag nicht auf bestimmte Zeit abgeschlossen ist, da er dann nach Art. 335 OR mit Ablauf dieser Zeit endigt.

[12] Mißverständlich ist allerdings die Formulierung des Abs. 1, insbes. die Erläuterungen dazu in der Botschaft: «Der Dienstherr kann dem Reisenden, der während der ruhigen Zeit zwischen dem Abschluß der einen und dem Beginn der nächsten Saison bei ihm gearbeitet hat, während dieser (bezieht sich dies auf ‹ruhige Zeit› oder auf ‹Saison› im Sinne von reger Zeit?) nur auf das Ende des zweiten der Kündigung folgenden Monats kündigen» (BBl 1940 II, S. 1347). Mit ‹Saison› dürfte nach allg. Sprachgebrauch und dem Zweck des Gesetzes eher die rege Geschäftszeit gemeint sein, anders allerdings die Auffassung KORNMEIERS (in: Die rechtliche Stellung des Handelsreisenden, S. 138 f.) mit entsprechender Interpretation der Botschaft. In Art. 350 Abs. 2 wird aber ‹Saison› auch im Sinne von geschäftsreger Zeit verwendet (was auch vom oben zitierten Autor angenommen wird, a.a.O., S. 139), so daß es willkürlich wäre, diesen Begriff im selben Artikel in zwei völlig entgegengesetzten Bedeutungen anzuwenden.

Bundesgesetz von 1940, Diss. Zürich 1946; U.KISSLING, Der Lohnschutz in der Heimarbeit, Diss. Basel 1955.

I. Der Begriff des Heimarbeitsvertrages

1. Durch den Heimarbeitsvertrag verpflichtet sich der Heimarbeiter, in seiner Wohnung oder in einem andern, von ihm bestimmten Arbeitsraum allein oder mit Familienangehörigen Arbeiten im Lohn für den Arbeitgeber auszuführen (Art. 351 OR).

2. Der Heimarbeiter untersteht dem Bundesgesetz vom 12. Dezember 1940 über die Heimarbeit (HAG)[1, 2]. Das HAG enthält in der Hauptsache öffentlich-rechtliche Arbeitsschutzbestimmungen. Seine privatrechtlichen Vorschriften sind ergänzt und in die Sonderbestimmungen von Art. 351–354 OR übernommen worden. Das Arbeitsgesetz hat in Art. 68 eine Reihe von Bestimmungen des HAG geändert oder aufgehoben.

Der Geltungsbereich des HAG deckt sich nicht mit demjenigen des OR. Er ist zum Teil weiter, zum Teil enger: Weiter ist er insofern, als das HAG den Hausgewerbetreibenden, der fremde Hilfskräfte in seine Dienste aufnimmt, einbezieht, während Art. 351 OR den Vertrag des Hausgewerbetreibenden mit fremden Hilfskräften ausdrücklich ausschließt[3]. Dem OR untersteht somit nur der Heimarbeiter, der die Arbeit allein oder mit Familienangehörigen, die nicht in einem Arbeitsverhältnis zu ihm stehen dürfen, ausführt. Beschäftigt er Familienangehörige im Arbeitsverhältnis, so gilt er als Hausgewerbetreibender und untersteht nicht dem Geltungsbereich des Heimarbeitsvertrages des OR. Das Rechtsverhältnis des Hausgewerbetreibenden zum Arbeitgeber (Besteller, Auftraggeber) kann ein Werkvertrag sein, es kann aber auch ein sog. gestuftes Arbeitsverhältnis vorliegen (vgl. oben S. 307 ff.). Der Geltungsbereich des Heimarbeitsvertrags des OR ist hingegen insofern weiter, als er nicht nur wie das HAG auf gewerbliche und industrielle Arbeit Anwendung findet, sondern auf alle Arbeiten, insbesondere also auch auf den wichtigen Fall der kaufmännischen Heimarbeit.

3. Das für den Heimarbeitsvertrag kennzeichnende Merkmal besteht in der Verpflichtung des Heimarbeiters, die ihm vom Arbeitgeber übertragene Arbeit in seiner Wohnung oder in einem andern, von ihm bestimmten Arbeitsraum auszuführen. Als selbstbestimmter Arbeitsraum gilt auch derjenige, der von einigen Heimarbeitern gemeinsam gewählt wird.

Nicht begriffswesentlich ist die freibestimmte Arbeitszeit. Zwar wird der Heimarbeiter in der Regel Dauer und Einteilung der Arbeitszeit selbst festsetzen können, aber es ist nicht ausgeschlos-

---

[1] BS, Bd. 8, S. 229 ff., Botschaft BBl 1938 II, S. 197 ff.
[2] Zur Vorgeschichte des HAG vgl. HUGELSHOFER, S. 7–71.
[3] Der engere Geltungsbereich des OR rechtfertigt sich: «Denn beim Hausgewerbetreibenden, der einen oder mehrere Arbeitnehmer beschäftigt, liegt ein Betrieb im Sinne von Art. 1 Abs. 2 ArG vor, so daß er schon nach öffentlichem Recht als Arbeitgeber behandelt wird. Stellt er einen oder mehrere Arbeitnehmer an, so ist er auch Arbeitgeber im Sinne des Arbeitsvertragsrechts» (BBl 1967 II, S. 284).

sen, daß eine bestimmte Arbeitszeit verabredet oder dadurch üblich wird, daß ein bestimmter Zeitraum für die Ausführung der Arbeit festgesetzt wird. Ebenso ist nicht begriffsnotwendig, daß sich der Lohn nach dem Arbeitsergebnis bestimmt. Zwar ist der Akkordlohn die normale Lohnform für die gewerbliche und technische Heimarbeit, aber auch die Verabredung eines Zeitlohns ist möglich, was häufig bei der kaufmännischen Heimarbeit zutrifft[4].

4. Mit der Übernahme des Heimarbeitsvertrags in das OR wurde die Streitfrage entschieden, ob der Heimarbeitsvertrag Arbeitsvertrag oder Werkvertrag sei. Der Heimarbeitsvertrag ist dadurch charakterisiert, daß der Heimarbeiter sozial vom Arbeitgeber abhängig ist, dagegen in der Regel kein ausgeprägtes Unterordnungsverhältnis vorliegt. Die soziale Abhängigkeit hat den Gesetzgeber bewogen, den Heimarbeitsvertrag als Arbeitsvertrag zu qualifizieren[5].

Inhaltlich finden aber auch Grundsätze des Werkvertrages analoge Anwendung (vgl. unten II 2, 3). Wo allerdings die Arbeit nicht gegen Lohn ausgeführt wird, sondern gegen bloße Vergütung, somit keine soziale Abhängigkeit und kein Unterordnungsverhältnis bei der Ausführung der Arbeit vorliegt, sind andere Vertragsformen denkbar, so namentlich Werkvertrag und Auftrag[6].

II. Abschluß und Inhalt des Heimarbeitsvertrages

1. Art. 351a Abs. 1 OR übernimmt die Vorschrift von Art. 5 HAG, wonach dem Heimarbeiter vor jeder Ausgabe von Arbeit die für deren Ausführung erheblichen Bedingungen bekanntzugeben sind, soweit sie nicht durch allgemein geltende Arbeitsbedingungen geregelt sind. Der Arbeitgeber hat das vom Heimarbeiter zu beschaffende Material und **schriftlich** die dafür zu leistende Entschädigung sowie den Lohn anzugeben. Dadurch soll vor allem der sogenannte blinde Akkord, d.h. die Bekanntgabe des Lohnansatzes erst bei oder nach Ablieferung der Arbeit, unterbunden werden.

Auch hier ist das Erfordernis der Schriftform nicht Gültigkeitsvoraussetzung. Die Nichtbeachtung der Form hat, wie beim Handelsreisendenvertrag, nur die Wirkung, daß für den Arbeitslohn und die Materialentschädigung nicht die vom Arbeitgeber angegebenen, sondern die üblichen Arbeitsbedingungen gelten (Art. 351a Abs. 2 OR)[7].

---

[4] Vgl. Botschaft BBl 1967 II, S. 414.
[5] Vgl. GYSIN, Arbeitsrecht, S. 33; SCHWEINGRUBER, Kommentar, Vorbem. zu Art. 351 OR.
[6] Vgl. GYSIN, Arbeitsrecht, S. 33.
[7] «Dadurch erhält die Vorschrift von Abs. 1, die unter dem Heimarbeitsgesetz nur eine Ordnungsvorschrift **ohne** zivilrechtliche Folgen ist, eine wirksame zivilrechtliche Sanktion» (BBl 1967 II, S. 415).

2. Der Heimarbeiter hat mit der übernommenen Arbeit rechtzeitig zu beginnen, sie bis zum verabredeten Termin fertigzustellen und das Arbeitserzeugnis dem Arbeitgeber zu übergeben[8]. Bei verschuldeter mangelhafter Ausführung der Arbeit durch den Heimarbeiter ist dieser zur unentgeltlichen Verbesserung des Arbeitserzeugnisses verpflichtet, soweit die Mängel dadurch behoben werden können (Art. 352 OR). Die Verletzung der Verpflichtung zur rechtzeitigen Fertigstellung und zur Verbesserung macht den Heimarbeiter schadenersatzpflichtig und kann unter Umständen ein wichtiger Grund zur sofortigen Auflösung des Vertrags sein.

Der Heimarbeiter hat eine besondere Sorgfaltspflicht für Material und Geräte, die ihm vom Arbeitgeber übergeben werden (Art. 352a OR)[9].

3. Der Arbeitgeber hat das Arbeitserzeugnis nach Ablieferung zu prüfen und allfällige Mängel spätestens innert einer Woche dem Heimarbeiter bekanntzugeben, ansonst die Arbeit als abgenommen gilt (Art. 353 OR)[10].

4. Die Entlöhnung des Heimarbeiters erfolgt in der Regel auf der Grundlage des Akkords. Gemäß Art. 12 Abs. 1 HAG (in der Fassung von Art. 68 Ziff. 5 ArG) kann der Bundesrat durch Verordnung Mindestlöhne für die dem HAG unterstellten Verhältnisse festsetzen, sofern die Löhne in der Heimarbeit eines Erwerbszweiges außerordentlich niedrig sind und nicht durch Gesamtarbeitsvertrag[11] in angemessener Weise geregelt werden können[12, 13].

Für die Zahlungsfristen und -termine unterscheidet das Gesetz zwischen ununterbrochen dauernden und andern Heimarbeitsverhältnissen. Für die ersteren gilt die periodische Lohnzahlung (halbmonatlich oder mit Zustimmung des Heimarbeiters am Ende jedes Monats), für die letzteren die Ausrichtung des Lohns bei der jeweiligen Ablieferung des Arbeitserzeugnisses

---

[8] Der bisherige Art. 329 OR, der bei Arbeiten im Akkord, die nicht unter Aufsicht des Dienstherrn geleistet werden, hinsichtlich der Verantwortlichkeit für die vertragsgemäße Ausführung auf die Bestimmungen des Werkvertrages verwies, wurde fallengelassen, da er den Eigenarten des Heimarbeitsvertrages nicht gerecht zu werden vermochte. Vgl. BBl 1967 II, S. 312, 415.

[9] Dies entspricht der Regelung beim Werkvertrag, vgl. Art. 365 Abs. 2 OR.

[10] «Im Interesse des Arbeitnehmers sieht der Entwurf – im Gegensatz zum Kauf- und Werkvertragsrecht – eine bestimmte Rügefrist vor .... Diese Frist ist eine Verwirkungsfrist, weil gemäß Abs. 2 die Arbeit als abgenommen gilt, wenn innert der Frist keine Mängel bekanntgegeben werden» (BBl 1967 II, S. 416).

[11] Die Lösung auf dem Wege der Gesamtarbeitsverträge genügt nicht, da in vielen Branchen, in denen Heimarbeit vergeben wird, die Arbeitnehmer nicht organisiert sind. Dies liegt z.T. in der Natur der Heimarbeit selbst begründet, da diese oft nur vorübergehend oder als Nebenerwerb geleistet wird. Weitere Gründe vgl. bei HUGELSHOFER, S. 114 ff.

[12] Vgl. über diesen einzigartigen Fall der behördlichen Lohnfestsetzung oben S. 362.

[13] BRUNNER, Anm. 3 zu Art. 12 HAG; KISSLING, S. 30 ff.

(Art. 353a Abs. 1 OR)¹⁴. Die gleiche Unterscheidung gilt für den Fall der unverschuldeten Verhinderung an der Arbeitsleistung. Für den Heimarbeiter, der ununterbrochen im Dienst des Arbeitgebers steht, kommt Art. 324 und 324a OR zur Anwendung. Diese Regelung darf nicht zuungunsten des Arbeitnehmers abgeändert werden (Art. 353b und 362 OR). Die übrigen Heimarbeiter, die mehr oder weniger regelmäßig oder nur gelegentlich oder vorübergehend für einen Arbeitgeber tätig sind und bei welchen das Arbeitsverhältnis stets durch die einzelne Arbeitsaufgabe begrenzt ist, können sich dagegen nicht auf Art. 324 und 324a berufen. In der Regel wird schon die Voraussetzung der dreimonatigen Dauer des Arbeitsverhältnisses nicht erfüllt sein, doch schließt das Gesetz, um der Rechtssicherheit willen, die Anwendbarkeit von Art. 324 und 324a in allen Fällen aus, also auch dort, wo ausnahmsweise die Ausführung eines Arbeitsauftrages die Zeit von mehr als 3 Monaten in Anspruch nimmt.

5. Ein eigentlicher Ferienanspruch des Heimarbeiters besteht nur, wenn dieser ununterbrochen im Dienste des Arbeitgebers steht. Der Ferienlohn ist in diesem Fall nach dem durchschnittlichen Lohn des Dienstjahres zu entrichten. In den andern Fällen der gewöhnlichen Heimarbeit besteht eine pauschalierte Ferienentschädigung, die im Juli jedes Jahres auszurichten ist und wenigstens 4% des Lohnes der vergangenen 12 Monate zu betragen hat (Art. 353c OR).

III. Beendigung des Heimarbeitsverhältnisses

1. In der Regel gibt es in der Praxis bei der Heimarbeit keine Probezeit, sondern eine Probearbeit, mit der die Rechtsbeziehung zwischen Arbeitgeber und Heimarbeiter beginnt. Deshalb bestimmt Art. 354 OR, daß die Übergabe einer Probearbeit ein Arbeitsverhältnis zur Probe auf bestimmte Zeit begründet, sofern nichts anderes bestimmt ist. Wird im Anschluß an die Probezeit dem Heimarbeiter ein weiterer Arbeitsauftrag erteilt, so entsteht ein neues Arbeitsverhältnis¹⁵.

2. Das Arbeitsverhältnis gilt als auf unbestimmte Zeit abgeschlossen, wenn der Heimarbeiter ununterbrochen im Dienst des Arbeitgebers steht; in den andern Fällen, sofern nichts anderes verabredet ist, nur als auf bestimmte Zeit eingegangen. Für die Beendigung des Arbeitsverhältnisses gelten im übrigen die Vorschriften der Art. 335 ff. OR.

---

[14] Gleichzeitig muß dem Heimarbeiter eine schriftliche Lohnabrechnung übergeben werden, analog zu Art. 323b Abs. 1 OR. Dies vor allem, um das Verbot des früher gerade in der Heimarbeit weitverbreiteten Trucksystems durch Kontrollen durchsetzen zu können. Allfällige Lohnabzüge und deren Grund sind in dieser Abrechnung aufzuführen, auch dies im Hinblick auf die schikanöse, willkürliche Berechnung der Abzüge, wie sie im Heimarbeitswesen oft vorkamen (vgl. Art. 353a Abs. 1 OR; HUGELSHOFER, S. 94–97). Die Regelung des OR entspricht Art. 8 Abs. 3 HAG. Der Heimarbeiter kann demnach seine diesbezüglichen Ansprüche sowohl zivilrechtlich wie auch öffentlich-rechtlich durchsetzen gemäß Art. 20 Abs. 1 lit. a HAG (vgl. dazu KISSLING, S. 20, 22).
[15] Botschaft BBl 1967 II, S. 418.

§ 73. Der Heuervertrag

Literatur: H. J. ABRAHAM, Das Seerecht, Berlin 1969; D. v. GIERKE, Handelsrecht und Schiffahrtsrecht, Berlin 1955; R. HAAB, Schweizerisches Seerecht, in: Festgabe zum Schweiz. Juristentag 1942, Basel 1942; N. SCHLUP, Der Heuervertrag der Schiffsleute, Diss. Basel 1943.

I. Begriff des Heuervertrages

1. Durch den Heuervertrag verpflichtet sich das Mitglied einer Schiffsbesatzung als Arbeitnehmer gegenüber dem Reeder als Arbeitgeber zum entgeltlichen Dienst auf einem bestimmten Schiff[1]. Unter Schiffsdienst ist Arbeit für das und regelmäßig auch auf dem Schiff zu verstehen[2,3].

2. Maßgebend für den Heuervertrag ist das Bundesgesetz über die Seeschiffahrt unter der Schweizerflagge (SSchG)[4,5]. Der Heuervertrag ist insbesondere in den Art. 68 ff. (mit den Änderungen vom 14. Dezember 1965)[6] geregelt. Subsidiär kommen die Bestimmungen des OR zur Anwendung (Art. 68 Abs. 2 SSchG). Auf eine Übernahme des Vertrags in das OR wurde verzichtet, da der Inhalt des Heuervertrages in starkem Maße durch die internationalen Konventionen, die ständig geändert werden, bestimmt wird.

Die Bestimmungen des Seeschiffahrtsgesetzes über den Heuervertrag finden Anwendung auf alle an Bord schweizerischer Seeschiffe dienenden Seeleute ohne Rücksicht auf deren Staatsangehörigkeit (Art. 68 Abs. 1 SSchG). Mitglieder der Schiffsbesatzung sind der Kapitän und die andern Seeleute, die den Dienst an Bord versehen und als solche in der Musterrolle

---

[1] Vgl. dazu auch SCHLUP, S. 37, mit Angaben der entsprechenden ausländischen Literatur.
[2] «Die besonderen Verhältnisse, unter denen die Leistung der Dienste erfolgt, haben auf die Ausgestaltung der aus dem Heuervertrag entspringenden Pflichten der Schiffsmannschaft bestimmend eingewirkt» (vgl. Art. 71, 72, 78 SSchG). So erklärt sich, «daß nicht nur das Privatrecht die Erfüllung der Vertragspflichten ... durch eigentümliche Mittel zu sichern sucht, sondern ihm auch das öffentliche Recht zur Erzwingung der Vertragserfüllung seine Hilfe gewährt» SCHLUP, S. 39 f.; vgl. z. B. Art. 130, 137, 138 SSchG.
[3] Vgl. zum Begriff des Schiffes v. GIERKE, S. 575.
[4] Seeschiffahrtsgesetz vom 23. September 1953 (AS 1956, S. 1305 ff.).
[5] Zur Vorgeschichte vgl. den BRB über den Heuervertrag der Schiffsleute vom 20. Januar 1942 (AS 1942, S. 70). Seine Rechtsgrundlage war nur schwach, bestand sie doch im BRB vom 9. April 1941, welcher auf Grund der außerordentlichen Vollmachten des Bundesrats erging. Vgl. ferner die diesbezüglichen Ausführungen von HAAB, in: Festgabe zum schweizerischen Juristentag 1942, S. 125 ff., sowie die Botschaft des Bundesrats zum Entwurf des Seeschiffahrtsgesetzes, BBl 1952 I, S. 253 ff.
[6] AS 1966 II, S. 1453.

eingetragen sind (Art. 60 Abs. 1 SSchG). Innerhalb der Besatzung besteht eine hierarchische Gliederung (Kapitän, Schiffsoffiziere, übrige Seeleute).

Arbeitgeber ist der Reeder, d. h. die Person, die ein Seeschiff als Eigentümer, Nutznießer oder Mieter in ihrem Besitz hat und damit den Betrieb der Seeschiffahrt ausübt (Art. 45 Abs. 1 SSchG).

3. Eine besondere Stellung nimmt der Kapitän ein[7]. In seinem Verhältnis zum Reeder ist er Arbeitnehmer. Dieser Ansicht steht das selbständige Entscheidungsrecht und die alleinige Verantwortung, die er für die Führung des Schiffes trägt, nicht entgegen. In rechtlicher Hinsicht ist er gleich zu behandeln wie die andern Fälle der sogenannten höheren freien Dienste. Der Reeder hat lediglich Zielanweisungen, nicht aber Fachanweisungen zu erteilen[8]. Allerdings untersteht auch das Rechtsverhältnis des Kapitäns zum Reeder nur subsidiär dem OR. Primär maßgebend ist das Seeschiffahrtsgesetz.

An Bord des Schiffes hat der Kapitän die Stellung eines gesetzlichen Vertreters des Arbeitgebers gegenüber der übrigen Schiffsbesatzung, weshalb auch seine Stellung arbeitgeberähnlich ausgestattet ist. Insbesondere steht ihm ein unbeschränktes Weisungsrecht gegenüber der übrigen Schiffsbesatzung zu. Anderseits trägt er gegenüber dem Reeder die volle Verantwortung für die nautische Führung des Schiffes. Zugleich ist der Kapitän aber auch öffentlich-rechtliches Organ des Flaggenstaates und als solches mit besonderen öffentlich-rechtlichen Funktionen ausgestattet[9]. Er bedarf eines vom schweizerischen Seeschiffahrtsamt ausgestellten oder anerkannten Kapitänpatentes (Art. 62 Abs. 3 SSchG).

II. Abschluß und Inhalt des Heuervertrages

1. Der Heuervertrag wird zwischen dem Reeder und dem Mitglied der Schiffsbesatzung schriftlich abgeschlossen[10,11].

Der Heuervertrag kann auf eine bestimmte Zeit für eine oder mehrere Reisen oder auf unbestimmte Zeit abgeschlossen werden (Art. 69 Abs. 1 SSchG). Dauert ein auf bestimmte Zeit oder für mehrere Reisen abgeschlossener Heuervertrag länger als ein Jahr, so gilt der Vertrag als auf unbestimmte Zeit abgeschlossen. Läuft der auf bestimmte Zeit abgeschlossene Vertrag auf einer Reise ab, so verlängert er sich bis zur Ankunft des Schiffes im nächsten Hafen (Art. 77 Abs. 1 SSchG).

2. Der Unterschied zum allgemeinen Arbeitsvertrag liegt in der besonders starken Unterordnung der Schiffsbesatzung unter das Weisungsrecht des

---

[7] Vgl. HAAB, S. 123 ff.
[8] Nach HAAB (S. 163 ff.) vereinigt die Stellung des Kapitäns gegenüber dem Reeder Elemente des Dienstvertrages und des Mandats. Nach deutschem Recht handelt es sich um einen Dienstvertrag im Sinne von § 675 BGB; vgl. ABRAHAM, S. 102 ff.
[9] Vgl. dazu auch HAAB, S. 163.
[10] Art. 69 SSchG.
[11] Da der formelle Abschluß des Vertrages unter Umständen erst an Bord nach Dienstantritt erfolgen kann, werden die Wirkungen nach Art. 69 Abs. 3 SSchG auf den Zeitpunkt der Einschiffung zurückbezogen (vgl. BBl 1952 I, S. 296).

Kapitäns[12]. Das Arbeitsverhältnis der Schiffsmannschaft ergreift die Person des Arbeitnehmers mit einer Intensität, die für jedes andere Schuldverhältnis undenkbar wäre. Der Schiffsmann wird mit Dienstantritt in die Gemeinschaft der Schiffsmannschaft eingegliedert. Er ist den Vorgesetzten zu militärischem Gehorsam verpflichtet (Art. 71 SSchG)[13].

3. Die Vergütung der Arbeitsleistung besteht teils in Geld, teils in Naturalleistungen (Verpflegung und Unterkunft, Art. 73 SSchG). Die früher häufig aufgetretene Beteiligung der Schiffsmannschaft an der Fracht oder am Gewinn ist nur noch selten anzutreffen.

III. Beendigung des Heuervertrages

1. Neben den im OR genannten Gründen finden sich beim Heuervertrag besondere Beendigungsgründe, die sich aus den Verhältnissen der Seeschiffahrt erklären (vgl. Art. 77 SSchG)[14].

2. Die Folgen der Beendigung des Arbeitsverhältnisses werden dadurch gemildert, daß dem Mitglied der Besatzung sowohl Entschädigung wegen Arbeitslosigkeit als auch Heimschaffung auf Kosten des Reeders gewährt wird (Art. 82 SSchG). Kein Heimschaffungsanspruch besteht allerdings, wenn der Seemann selbst den Heuervertrag gekündigt hat oder wenn der Vertrag aus einem von ihm zu verantwortenden wichtigen Grund aufgelöst wurde. Zur Sicherung seiner Ansprüche kann der Schiffsmann vor einem Schweizer Konsul oder der zuständigen ausländischen Behörde abgemustert werden, worüber ein Protokoll aufzunehmen ist.

---

[12] Die Befehlsgewalt des Kapitäns ist öffentlich-rechtlich verstärkt durch Straf- und Disziplinarbestimmungen, vgl. Art. 140, 155 SSchG.
[13] Vgl. dazu auch BBl 1952 I, S. 296.
[14] So z.B. wegen Mißbrauchs der Befehls- oder Disziplinargewalt, wegen schwerer Verstöße gegen die Disziplin, oder wenn der Seemann wegen Krankheit oder Unfalls an Land gesetzt werden muß.

Viertes Kapitel

Der Gesamtarbeitsvertrag

Literatur

Zum schweizerischen Recht

Kommentar OSER/SCHÖNENBERGER zu Art. 322, 323 OR; E. SCHWEINGRUBER/ W. BIGLER, Kommentar zum Gesamtarbeitsvertrag mit Einschluß der Allgemeinverbindlicherklärung, 2. Aufl., Bern 1972; A. GYSIN, Probleme des kollektiven Arbeitsrechts, Zürich 1950; DERSELBE, Inhalt, Wirkungen, Anwendung und Durchsetzung des Gesamtarbeitsvertrages, ZBJV 93, 1957, S. 417 ff.; F. H. HEITHER, Das kollektive Arbeitsrecht der Schweiz, in: Arbeits- und sozialrechtliche Studien, Heft 13, Stuttgart 1964; W. HUG, Probleme des kollektiven Arbeitsrechts, in: Kleine Schriften zur Sozialpolitik und zum Arbeitsrecht, 2. Folge, Heft 3, München 1953; DERSELBE, Die neue schweizerische Gesetzgebung über den Gesamtarbeitsvertrag und dessen Allgemeinverbindlichkeit, RdA 1958, S. 81 ff.; DERSELBE, Koalitionsfreiheit und Tarifautonomie als Probleme der modernen schweizerischen Demokratie, in: Internationale Tagung der Sozialakademie Dortmund, Hrsg. H. Duvernell, Berlin 1968; E. LUSSER, Zur Konstruktion kollektiver Verträge, SJZ 50, 1954, S. 137 ff.; E. SCHWEINGRUBER, Entwicklungstendenzen in der Praxis des Gesamtarbeitsvertrags, ZBJV 83, 1947, S. 193 ff.; H. P. TSCHUDI, Koalitionsfreiheit und Koalitionszwang, ZSR 67, 1948, S. 355 ff.; U. BÖNI, Der Begriff des Arbeitskampfes und dessen Folgen für das Arbeitsverhältnis, Diss. Basel 1970; H. P. BUCHLI, Zur Auslegung des Gesamtarbeitsvertrages und des allgemeinverbindlich erklärten Gesamtarbeitsvertrages, Diss. Bern 1969; G. FLEMMING, Rechtsvergleichende Untersuchungen zum Gesamtarbeitsvertrag nach deutschem, schweizerischem und österreichischem Recht unter besonderer Berücksichtigung der Rückwirkung als Beispiel für die Grenzen der Kollektivmacht, Diss. Basel 1967; A. KÄGI, Koalitionsfreiheit und Streikfreiheit, Diss. Zürich 1969; P. MATHYS, Das Verhältnis zwischen Kartellrecht und kollektivem Arbeitsrecht, Diss. Basel 1969; R. SCHOLZ, Die Koalitionsfreiheit als Verfassungsproblem, Münchener Universitätsschriften, Reihe der Jur. Fakultät, Bd. 18, München 1971; R. SCHOOP. Der Gesamtarbeitsvertrag, Flawil 1969; P. WEHRLI, Die gemeinsame Durchführung des Gesamtarbeitsvertrages gemäß Art. 323ter OR, Diss. Zürich 1961.

Zum deutschen Recht

BLANKE/ERD/MUECKENBERGER/STASCHEIT (Hrsg.), Kollektives Arbeitsrecht, 2 Bde., Hamburg 1975; BROX/RÜTHERS, Arbeitskampfrecht, Stuttgart 1965; HUECK/NIPPERDEY, Lehrbuch des Arbeitsrechts, Bd. II: Kollektives Arbeitsrecht, 7. Aufl., Berlin/Frankfurt a.M. 1970; HUECK/NIPPERDEY, Grundriß des Arbeitsrechts, 5. Aufl., Berlin/Frankfurt a.M. 1970; A. NIKISCH, Arbeitsrecht, Bd. II:

Koalitionsrecht, Arbeitskampfrecht und Tarifvertragsrecht, 2.Aufl., Tübingen 1959; Th. Mayer-Maly, Die negative Koalitionsfreiheit am Prüfstein, Zeitschr. f. Arbeitsrecht 1969, S.81; R. Richardi, Kollektivgewalt und Individualwille bei der Gestaltung des Arbeitsverhältnisses, München 1968; H. Seiter, Streikrecht und Aussperrungsrecht, Tübingen 1975; N. Stecher, Der Verhandlungsanspruch eines tariffähigen Arbeitnehmerverbandes, Diss. Würzburg 1971.

Weiteres ausländisches Recht

F. Schmidt, Das kollektive Arbeitsrecht Schwedens, in: Arbeits- und sozialrechtliche Studien, Heft 10, Stuttgart 1968; A. Brun, La jurisprudence en droit du travail, Paris 1967; G.H. Camerlynck/G. Lyon-Caen, Précis de droit du travail, 2. Aufl., Paris 1967; H. Floretta/R. Strasser, Kommentar zum Arbeitsverfassungsgesetz, Wien 1975; R. Latournerie, Le Droit Français de la Grève, Paris 1972; B.D. Meltzer, Labor Law: Cases, Materials and Problems, Boston/Toronto 1970.

§ 74. Begriff und rechtstheoretische Begründung

I. Der Begriff

1. Der Gesamtarbeitsvertrag (GAV) ist die Vereinbarung zwischen Arbeitgebern oder deren Verbänden und Arbeitnehmerverbänden, in welcher gemeinsame Bestimmungen über Abschluß, Inhalt und Beendigung der einzelnen Arbeitsverhältnisse der beteiligten Arbeitgeber und Arbeitnehmer (normativer Teil) und andere Bestimmungen (indirekt schuldrechtlicher resp. vertragsrechtlicher Teil) aufgestellt und die Rechte und Pflichten der Vertragsparteien untereinander (schuldrechtlicher, vertragsrechtlicher Teil) geregelt werden. Ferner kann der GAV Bestimmungen über die Kontrolle und die Durchsetzung des Vertragsinhaltes enthalten.

2. Der GAV ist ein echter Vertrag insofern, als er auf der Willensübereinkunft mindestens zweier Vertragspartner beruht. Der Vertragscharakter besteht auch dann, wenn der GAV durch Schiedsspruch zustandekommt, da die bindende Wirkung des Schiedsspruchs von den Parteien zunächst vereinbart werden muß.

3. Soweit der GAV die Rechte und Pflichten der Vertragsparteien selbst regelt, bewegt er sich im Rahmen der schuldrechtlichen Verträge. Soweit der GAV dagegen Bestimmungen über die Vertragsverhältnisse der beteiligten Arbeitgeber und Arbeitnehmer aufstellt, ist er mehr als ein Vertrag, weil er für Dritte, die beteiligten Arbeitgeber und Arbeitnehmer, relativ zwingende Bestimmungen erläßt (vgl. unten S.459ff.).

4. Über den Grundgedanken des GAV vgl. oben S. 294f. Zusammenfassend kann mit dem Bundesgericht festgestellt werden:

«Zu den Zwecken, um derentwillen der GAV in das Gesetz aufgenommen wurde, gehört das Bestreben, den Arbeitnehmer als den wirtschaftlich schwächeren Teil zu schützen und ihm zu einer angemessenen Verwertung seiner Arbeitskraft zu verhelfen. Dadurch, daß das Gesetz die Organisation der Arbeitnehmer als Vertragspartei anerkennt, soll die wirtschaftliche Überlegenheit der Arbeitgeberseite ausgeglichen und dieser bei der Festlegung der Arbeitsbedingungen ein nicht nur rechtlich, sondern auch tatsächlich gleichberechtigter Vertragspartner gegenübergestellt werden.[1]»

Dazu tritt das Ordnungsinteresse, das nach gleichartigen Arbeitsbedingungen verlangt und damit die Arbeitsbedingungen als Faktor des wirtschaftlichen Wettbewerbs ausschaltet[2].

II. Die theoretische Begründung des Gesamtarbeitsvertrages

1. Im Vordergrund der theoretischen Auseinandersetzung steht der normative Teil des GAV. Bestimmungen des GAV über Inhalt, Abschluß und Beendigung der einzelnen Arbeitsverhältnisse haben für die beteiligten Arbeitgeber und Arbeitnehmer Gesetzeswirkung in dem Sinne, daß widersprechende Verträge nichtig sind, sofern nicht das Günstigkeitsprinzip eingreift (Art. 357 OR)[3].

2. Die Gesetzestheorie geht von der Tatsache aus, daß die GAV-Parteien objektives Recht schaffen und damit eine Funktion erfüllen, die sonst nur dem Gesetzgeber zusteht. Die gesetzgeberähnliche Macht der Vertragspartner des GAV beruht auf einer ausdrücklichen Ermächtigung durch das Gesetz zum Erlaß solcher Normen; ihr allein verdankt der GAV die normative Wirkung[4]. Zutreffend erklärt W. Burckhardt: «Ich sage: ‹Wenn der sog. GAV die

---

[1] BGE 74 II, 1948, S. 159.
[2] Als sozialpolitische Komponente der gesamtarbeitsvertraglichen Regelung ist mit Tschudi (ZSR 67, 1948, S. 356) hervorzuheben: «Die zunehmende Regelung des wirtschaftlichen und sozialen Lebens, welche seit der Abkehr vom wirtschaftlichen Liberalismus stattfindet ..., soll nicht allein durch den Staat, sondern auch durch autonome Verbände vorgenommen werden. In dieser Aufgaben- und Kompetenzteilung liegt ähnlich wie in der Gewaltentrennung ein Schutz sowohl vor der Allmacht der Behörden als auch vor der Willkür der Berufsorganisationen ... .» Ebenso Gysin, Probleme des kollektiven Arbeitsrechts, S. 9f.
[3] Vgl. Oser/Schönenberger, N. 17ff. zu Art. 322 und N. 10ff. zu Art. 323 OR; O. Holer, Die Rechtsnatur des GAV, SJZ 39, 1936, S. 1ff.; J. Wackernagel, Die Konstruktion des GAV, ZSR 49, 1930, S. 215ff.; A. Hueck, Der Normenvertrag, Iherings Jahrbücher 73, 1929, S. 33ff.; W. Burckhardt, Gedanken des Juristen zum Korporationenstaat, ZBJV 70, 1934, S. 125ff.; R. Zumbühl, Bemerkungen zur geplanten Gesetzgebung über den GAV, WuR 1954, S. 174ff.; F. Guisan, La place du contrat collectif du travail, Diss. Lausanne 1936, S. 70ff.; E. Lusser, Untersuchungen zum Gesamtarbeitsvertrag, Winterthur 1957; L. Burckhardt, Der Ausbau der Basler Gesamtarbeitsverträge seit der Schaffung des Arbeitsrappens in den Jahren 1936–46, Basel 1953; H. Thalmann, Die Allgemeinverbindlicherklärung des GAV, Zürich 1944, S. 32ff.
[4] Zum deutschen Recht vgl. Nikisch, Arbeitsrecht, Bd. II, S. 213ff.; Flemming, S. 22ff.

Gültigkeit späterer eigentlicher Verträge bestimmt, ist er mehr als ein bloßer Vertrag; er umschreibt die Vertragsfähigkeit selbst und gibt einer Mehrheit von einzelnen die Macht, gemeinschaftlich zu bestimmen, was einige unter ihnen gültig vereinbaren können oder nicht können. Wer das tut, übt eine gesetzgeberische Funktion aus: kraft Ermächtigung des Gesetzes selbst umschreibt er, für den Kreis der Beteiligten, die Grenzen der gesetzlichen Vertragsfreiheit›»[5, 6].

3. Die sog. **Vertragstheorie** sieht im GAV primär einen Vertrag zugunsten Dritter, d.h. zugunsten der einzelnen beteiligten Arbeitnehmer und Arbeitgeber. Dagegen ist einzuwenden, daß im Falle, in welchem auf Arbeitgeberseite ein Verband GAV-Partei ist, ein Anspruch nur gegenüber dem Verband bestünde, nicht aber gegenüber dem einzelnen Arbeitgeber, der nicht Vertragspartei ist. Die Theorie scheitert aber vor allem daran, daß der GAV in seinen normativen Bestimmungen auch dem beteiligten Arbeitnehmer Verpflichtungen auferlegt (z.B. die Friedenspflicht), somit auch zum Teil einen Vertrag zu Lasten Dritter darstellt, was unserer Rechtsordnung fremd ist.

4. Die **Verbandstheorie** will die normative Wirkung daraus ableiten, daß die Einhaltung der Bestimmungen der GAV durch die Statuten oder durch Verbandsbeschluß als Mitgliedschaftspflicht auferlegt wird. Die Theorie sieht im GAV eine Erscheinung des Verbandsrechts, welche letztlich auf der Privatautonomie der Verbände ruht. Die normative Wirkung wird aus der Unterwerfung des Mitgliedes unter die Satzungsautonomie oder Rechtsordnungsgewalt der Verbände abgeleitet[7]. Die Verbandstheorie kann allerdings nicht erklären, weshalb Bestimmungen, welche die von ihr angenommenen Mitgliedschaftspflichten verletzen, nichtig sind. Sie gibt auch keine Begründung für die Klagmöglichkeit des einzelnen Arbeitnehmers gegen den Arbeitgeber, wenn der Einzelarbeitsvertrag die Bestimmungen des GAV verletzt. Logischerweise könnte nur dem Verband wegen Verletzung der Mitgliedschaftspflicht ein Kiaganspruch zustehen.

5. Nur die **Gesetzestheorie** vermag die normative Wirkung der Bestimmungen des GAV, die Abschluß, Inhalt und Beendigung der einzelnen Arbeitsverhältnisse der beteiligten Arbeitgeber und Arbeitnehmer betreffen, befriedigend zu erklären[8]. Insofern stellt der GAV eine Ausnahme von der alleinigen Gesetzgebungsbefugnis des Staates dar[9]. Der Gesamtarbeitsvertrag wurde durch die Praxis aus den Bedürfnissen des Arbeitsrechts außerhalb des Gesetzes entwickelt[10].

---

[5] ZBJV 70, 1934, S.127/28. Nach der Grundlage der Gesetzestheorie bedarf es somit der Verleihung der Gesetzgeberfunktion an die Vertragsparteien durch das objektive Recht.
[6] Auch in der Bundesrepublik ist die Gesetzestheorie vorherrschend. Vgl. HUECK/NIPPERDEY, Lehrbuch, Bd. II, S.346ff. und dortige Literaturangaben. Im österreichischen Recht ist neben der Gesetzestheorie auch die Fiktionstheorie stark vertreten: die normativen Bestimmungen werden durch «fingierten Konsens» zum Inhalt des Einzelarbeitsvertrages und zeigen nur eine den staatlichen Gesetzen vergleichbare Wirkung, gelten also nur mittelbar. Vgl. § 9 Abs.1 Kollektivvertragsgesetz vom 26.Febr. 1947; FLEMMING, S.32ff. Aus dieser Konstruktion ergibt sich auch eine Nachwirkung der Bestimmungen des GAV über dessen Beendigung hinaus, vgl. unten S.472ff.
[7] So insbes. WACKERNAGEL, a.a.O. (Anm.3), S.189ff.
[8] Vgl. auch BGE 40 II, 1914, S.518, Erw.5.
[9] Darauf zielt auch die Kritik von GUISAN, der darin eine Gefährdung der Ordnung der Normsetzungsbefugnisgewalt im Staate durch eine «souveraineté syndicale» sieht.
[10] Vgl. zur Geschichte des GAV E.EICHHOLZER, Aus der Geschichte des schweiz. GAV, ZSR 83 I, 1964, S.41ff. «Der Gesetzgeber erklärt den von ihm vorgefundenen GAV als Gesetz für die Dienstverträge der Beteiligten» (vgl. EUGEN HUBER, StenBullNR 1909, S.595).

III. Die Parteien des Gesamtarbeitsvertrages

1. Auf der Arbeitnehmerseite sind nur die Verbände zum Abschluß befugt. Vor der Revision des OR im Jahre 1956 waren auch nichtverbandsmäßig organisierte Arbeitnehmer als Vertragsparteien zugelassen (Arbeiter und Arbeitervereinigung)[11]. Den nichtverbandsmäßig organisierten Arbeitnehmern fehlt es aber an Organen, die einerseits mit Vertretungsmacht für ihre Mitglieder auftreten können, andererseits die Möglichkeit haben, die Durchführung des GAV auch mit verbandsinternen Mitteln zu bewirken.

2. Das schweizerische Recht kennt keinen eng definierten Gewerkschaftsbegriff. Deshalb sind auch im Unterschied zum deutschen Recht[12] für die Tariffähigkeit der Verbände keine besonderen Voraussetzungen notwendig. Insbesondere kann im schweizerischen Recht nicht verlangt werden, daß der Verband auf überbetrieblicher Basis besteht[13]; auch ein sog. Hausverband kann Partei eines GAV sein. Die Bereitschaft zum Arbeitskampf muß nicht vorhanden sein[14]. Dagegen ist heute die Unabhängigkeit von der Gegenseite aus der Einwirkungspflicht der Verbände abzuleiten[15].

Unter dem Begriff «Verband» ist somit jede Vereinigung zu verstehen, welche die juristische Persönlichkeit besitzt und nach ihren Statuten zum Abschluß von GAV befugt ist. Die Gewerkschaften haben in der Regel die Rechtsform des Vereins gewählt, obwohl mit dem Abschluß von GAV nicht rein ideale Zwecke verfolgt werden und deshalb die Rechtsform der Genossenschaft adäquater wäre. Im Entscheid des Bundesgerichts 90 II, 1964, S. 333 ff. ist die Frage der Zulässigkeit der Vereinsform für Gewerkschaften grundsätzlich bejaht worden, entgegen den Zweifeln, die BGE 88 II, 1962, S. 209 entstehen ließ[16, 17].

---

[11] Dies vor allem deshalb, weil dazumal die Gewerkschaften vielfach nicht als juristische Personen anerkannt wurden. Vgl. SCHOOP, S. 23.

[12] Vgl. für den Begriff «Gewerkschaft» im deutschen Recht: HUECK/NIPPERDEY, Lehrbuch, Bd. II, S. 81 ff.; NIKISCH, Arbeitsrecht, Bd. II, S. 2 ff.

[13] Zur überbetrieblichen Basis in Deutschland vgl. HUECK/NIPPERDEY, Lehrbuch, Bd. II, S. 98 ff. Ein Grund für dieses Erfordernis ist das Bestreben, eine klare Trennung des Instituts der Betriebsräte, welche nur die Interessen des einzelnen Betriebes wahrnehmen, von demjenigen der Gewerkschaften zu erhalten (vgl. a.a.O., S. 100).

[14] Vgl. Urteil Bundesverfassungsgericht, 6. Mai 1964, WENZEL, Nr. 44, wonach auch für das deutsche Recht die fehlende Kampfwilligkeit die Tariffähigkeit nicht ausschließt.

[15] Vgl. allerdings für die Anfänge des GAV EICHHOLZER, ZSR 83 I, 1964, S. 41 ff.

[16] Vgl. hierzu A. HEINI, Die Vereine, in: Schweiz. Privatrecht, Bd. II, S. 523 ff., insbes. S. 526 ff.

[17] Das italienische Recht verlangt eine Registrierung der Gewerkschaften zur Erlangung der Rechtspersönlichkeit. Um sich aber der damit angestrebten staatlichen Kontrolle und Einflußnahme zu entziehen, sind die vier großen italienischen Gewerkschaften bis heute gemäß Art. 36 ff. CCit. sog. faktische Vereine geblieben. Dies ergibt diverse Probleme für die juristische Konstruktion eines Kollektivvertrages (insbes. des vertragsrechtlichen Teils).

3. Auf der Arbeitgeberseite sind sowohl die einzelnen Arbeitgeber wie die Arbeitgeberverbände zum Abschluß von GAV befugt[18,19].

IV. Typen der Gesamtarbeitsverträge[20]

1. Nach den Vertragsparteien unterscheidet man Verbandsverträge (beide Parteien sind rechtsfähige Verbände), Firmenverträge (auf der Arbeitgeberseite tritt ein einzelner Arbeitgeber, auf seiten der Arbeitnehmer die Gewerkschaft als Vertragspartei auf) und Hausverbandsverträge (der einzelne Arbeitgeber schließt mit der organisierten Arbeitnehmerschaft seines Betriebes den GAV ab).

2. Nach dem örtlichen Geltungsbereich unterscheidet man Landesverträge, regionale Verträge und lokale Verträge. Landesverträge werden nur als sog. Mantelverträge abgeschlossen, die keine normativen Wirkungen besitzen, sondern lediglich den Rahmen abstecken, innerhalb dessen die einzelnen GAV sich bewegen müssen.

3. Nach dem Inhalt der GAV unterscheidet man sog. ausgebaute Verträge, die sowohl vertragsrechtliche wie normative Bestimmungen enthalten, und rein obligatorische Verträge ohne normative Wirkung, die lediglich die Verpflichtungen der beiden Vertragsparteien umschreiben und Institutionen für die Beilegung von Arbeitsstreitigkeiten beinhalten. Typisches Beispiel für einen solchen Vertrag ist das Friedensabkommen in der Maschinen- und Metallindustrie vom 19. Juli 1937 (vgl. unten S. 465 ff.).

Vgl. näheres bei M. BIAGGI, Der Kollektivvertrag im ital. Recht, in: Festgabe zum Schweizerischen Juristentag 1973, Basel/Stuttgart 1973, S. 81.

Vgl. auch HUG, Probleme des kollektiven Arbeitsrechts, S. 19: «Will man die Überführung des kollektiven Arbeitsrechts in das staatliche Arbeitsrecht vermeiden, dann ergibt sich daraus notwendig die Folgerung, den freien privatrechtlichen Charakter der Verbände völlig zu erhalten.» Sobald aber die Tariffähigkeit eingeschränkt wird, werden Monopolorganisationen begünstigt. So z.B. im österreichischen Recht, vgl. Kollektivvertragsgesetz von 1947, § 35: neben den «gesetzlichen Interessenvertretungen» gibt es die «Berufsvereinigungen», denen Tariffähigkeit erst zukommt, wenn sie gewisse Voraussetzungen erfüllen und dies durch das sog. Obereinigungsamt beim Bundesministerium für soziale Einigung festgestellt worden ist. Näheres bei FLEMMING, S. 50 ff.

[18] Andererseits sind zum Beitritt zu einem GAV gemäß Art. 356 Abs. 4 OR nur Verbände befugt, und zwar auch auf Arbeitgeberseite (vgl. BUCHLI, S. 19).

[19] Im österreichischen Recht hingegen ist dem einzelnen Arbeitgeber die Tariffähigkeit verwehrt. Vgl. FLEMMING, S. 51.

[20] Vgl. REHBINDER, Grundriß, S. 134; SCHWEINGRUBER/BIGLER, Kommentar zum GAV, S. 21 ff.

§ 75. Abschluß des Gesamtarbeitsvertrages

I. Die Stellung der Gewerkschaften beim Abschluß eines Gesamtarbeitsvertrages

1. Im schweizerischen Recht besteht keine Pflicht zur Eingehung von GAV. Aus der Tatsache, daß der GAV als ein besonderes Instrument zur Regelung arbeitsvertraglicher Fragen ausgebildet wurde, folgt nicht, daß ein Kontrahierungszwang besteht. Dies wurde vom Bundesgericht im BGE 74 II, 1948, S. 159 ausdrücklich bestätigt.

2. An sich wäre denkbar, den Sozialpartnern einen Verhandlungszwang aufzuerlegen, wie es z.B. das schwedische Recht vorsieht[1], indem es den Arbeitgeber verpflichtet, mit den Vertretern der Gewerkschaft in eine sachliche Diskussion über den Inhalt eines GAV einzutreten[2]. Ein solcher Verhandlungszwang stünde in keinem Widerspruch zu einem freiheitlichen System des vertraglichen Kollektivarbeitsrechts.

Voraussetzung eines Verhandlungszwangs wäre allerdings, daß alle Gewerkschaften, die für die in Frage stehenden Arbeitnehmer zumindest einigermaßen repräsentativ sind, als Verhandlungs- und eventuelle spätere Vertragspartner anerkannt würden. Der Verhandlungszwang steht zum Vertragszwang insoweit in einer Relation, als dem Arbeitgeber oder dem Arbeitgeberverband die Wahl des Vertragspartners nicht mehr frei stünde, die Freiheit sich nur noch auf den Abschluß an sich und auf den Inhalt des Vertrags beziehen würde. Mit Recht stellt das BG im Entscheid 74 II, 1948, S. 159 fest, «daß der Anspruch des Verbandes auf Mitwirkung ohne weiteres auch zu dessen Annahme als Vertragspartner zwingen würde, sofern er den vertraglichen Bedingungen zustimmt».

3. Das Bundesgericht lehnt jedoch eine Beschränkung der freien Wahl des Partners und damit den Verhandlungszwang ab. Der Arbeitgeber oder dessen Verband soll im Prinzip frei sein, den Vertragspartner auf der Gegenseite unter den Vertretern der Gewerkschaft selbst auszuwählen.

Nach dem Bundesgericht kann der Arbeitgeber sogar nur mit der Minderheitsgewerkschaft über einen Gesamtarbeitsvertrag verhandeln und die Mehrheitsgewerkschaft übergehen. Allerdings nimmt das Bundesgericht im genannten Entscheid eine Überschreitung des Rechts auf freie Partnerwahl an, wenn sich ein Arbeitgeber oder eine Organisation von solchen «ohne jeden vernünftigen Grund weigern würde, eine bestimmte Arbeitnehmerorganisation zu Verhandlungen über einen GAV beizuziehen, in der offenbaren Absicht, auf diese Weise die Stellung der Arbeitnehmerschaft zu schwächen und dadurch ein vorteilhafteres Ergebnis für sich selbst zu erreichen». Ein solches Verhalten wäre rechtswidrig und unsittlich, «weil dadurch die Arbeit-

---

[1] Vgl. F. Schmidt, Arbeits- und sozialrechtliche Studien, Heft 10, S. 107 ff.
[2] § 7 des Gesetzes über das Vereinigungs- und Verhandlungsrecht vom 11. September 1936, wiedergegeben bei Schmidt, S 193 ff. Vgl. dazu die in parlamentarischer Beratung stehende Novelle, welche auf den 1. Jan. 1977 den Verhandlungszwang noch auf Fragen der Mitbestimmung ausdehnen will.

nehmerschaft des vom Gesetz gewollten Schutzes beraubt und damit einer der Grundgedanken, auf dem die Bestimmungen über den GAV beruhen, verletzt würde».

Der Grundsatz der angemessenen Vertretung der Arbeitnehmerschaft ist meines Erachtens immer dann verletzt, wenn sich die Arbeitgeberseite grundlos nur an die Minderheitsgewerkschaft hält, die Mehrheitsgewerkschaft dagegen ignoriert. Die Weigerung des Arbeitgebers, die Mehrheitsgewerkschaft als potentielle GAV-Partei anzuerkennen, würde sich als mißbräuchliche Betätigung der negativen Vertragsfreiheit erweisen, weil sie die Grundkonzeption des Kollektivvertragsrechts in das Gegenteil verkehren, die legitime Stellung und das Betätigungsrecht des Verbandes selbst beeinträchtigen und indirekt auch die Persönlichkeitsrechte der einzelnen Arbeitnehmer verletzen würde. Ist die Arbeitgeberseite an sich bereit, einen GAV abzuschließen, so hat meines Erachtens die Mehrheitsgewerkschaft Anspruch darauf, als Partner zu den Verhandlungen beigezogen zu werden[3]. Selbstverständlich ist die Arbeitgeberseite frei, mit der Minderheitsgewerkschaft allein zu verhandeln, respektive den Vertrag abzuschließen, wenn z.B. die Mehrheitsgewerkschaft selbst nicht vertragswillig ist oder bei den Verhandlungen unakzeptable Forderungen stellt[4].

4. Aber auch die Minderheitsgewerkschaft kann einen Anspruch haben, als GAV-Partei anerkannt zu werden. Die Weigerung der Arbeitgeberseite kann eine Verletzung der Koalitionsfreiheit, hier insbesondere der Freiheit des Arbeitnehmers in der Wahl der Gewerkschaft bedeuten.

Die Tatsache, als Partner eines Gesamtarbeitsvertrags anerkannt zu werden, stellt, wie die Erfahrung im In- und Ausland zeigt, ein wichtiges Element im Kampf der Gewerkschaften um ihre Mitglieder dar, sowohl im Hinblick auf die Vermehrung des Prestiges des vertragschließenden Verbandes gegenüber den eigenen Mitgliedern, den Außenseitern und ganz besonders gegenüber den Mitgliedern der beim Vertragsabschluß übergangenen Gewerkschaften; dies wegen der Situation der Mitglieder der nicht als Vertragspartner zugelassenen Gewerkschaften. Sie sind Außenseiter und gelangen in der Regel nur durch Anschlußvertrag in den Genuß des Gesamtarbeitsvertrages und seiner Vorteile, wobei der Anschluß von der Zahlung eines Solidaritätsbeitrages abhängig gemacht werden kann, der sich neben dem nutzlos erscheinenden

---

[3] Zum deutschen Recht vgl. STECHER (oben Lit.verz. vor § 74).

Die Antinomie: Vertragsfreiheit – Verhandlungszwang wird durch die Schaffung einer speziellen kollektiven Vertragsfreiheit aufgelöst. «Die Tarifvertragsparteien sind daher an diese kollektive Vertragsfreiheit gebunden, und zwar so, daß es ihr gegenüber eine rechtfertigende Berufung auf die individuelle Vertragsfreiheit nicht geben kann. Letztere kann darum auch nicht gegenüber anderen Koalitionsrechten vorrangig sein» (STECHER, S.86).

[4] Das französische Recht hatte durch Gesetz vom 23. Dezember 1946 den Kreis der zum Abschluß von Tarifverträgen berechtigten Arbeitnehmerverbände auf die «organisations syndicales les plus représentatives» beschränkt. Für die Repräsentativerklärung wurden als Kriterien der tatsächliche Mitgliederbestand, die politische, konfessionelle und wirtschaftliche Unabhängigkeit, die Beitragsbestimmungen, Erfahrungen und Bestandesdauer sowie die vaterländische Haltung während der Besatzungszeit herangezogen. Durch Gesetz vom 11.Februar 1950 wurden wiederum sämtliche Berufsverbände zum Abschluß von Kollektivverträgen berechtigt erklärt; jedoch wurde eine Zweiteilung eingeführt. Nur die «conventions conclues par les organisations syndicales les plus représentatives» fallen für eine Allgemeinverbindlicherklärung in Betracht (vgl. CAMERLYNCK/LYON-CAEN, Précis de droit du travail, no 58). Im Unterschied zu den «conventions collectives conclues par les organisations syndicales les plus représentatives» fallen somit die «conventions collectives ordinaires» und die Betriebsvereinbarungen für eine Allgemeinverbindlicherklärung nicht in Betracht (vgl. H.U.SCHÄR, Die negative Koalitionsfreiheit, Diss. Basel 1949, S.54ff.; P.DURAND, Traité de droit du travail, Paris 1947–1950, S.363ff.).

Gewerkschaftsbeitrag als zusätzliche Belastung erweist. Meines Erachtens muß deshalb dem Mitglied der Minderheitsgewerkschaft, die nicht als Vertragspartei zugelassen ist, das Recht auf beitragslosen Beitritt zum GAV zuerkannt werden (vgl. unten S. 469 ff.).

Konsequenter und richtiger wäre es, im Falle der grundlosen Verweigerung der Mitwirkung der Außenseitergewerkschaft einen Schritt weiter zu gehen und nicht nur dem organisierten Außenseiter selbst das Recht zum Anschluß an den Gesamtarbeitsvertrag zu gewähren, sondern auch dem Außenseiterverband einen Anspruch auf Beitritt zum Gesamtarbeitsvertrag oder auf Abschluß eines Parallelvertrages zuzusichern, vorausgesetzt, daß der Verband ein berechtigtes Interesse nachweisen und ausreichende Gewähr für die Einhaltung des Vertrages bieten kann.

In der Botschaft des Bundesrates vom 29. Januar 1954 zum Entwurf eines Bundesgesetzes über den Gesamtarbeitsvertrag und dessen Allgemeinverbindlicherklärung wird ausgeführt (S. 141):

«Was die Sicherung der Abschlußfreiheit anbelangt, so sollten in der Tat grundsätzlich alle Verbände die Möglichkeit haben, von der ihnen durch das Gesetz eingeräumten Befugnis zur Aufstellung von Vorschriften für die beteiligten Arbeitgeber und Arbeitnehmer mittels des Gesamtarbeitsvertrages Gebrauch zu machen. Es ist deshalb mit dem Grundgedanken des GAV nicht vereinbar, daß einzelne Verbände dieser Möglichkeit beraubt werden.»

Die Botschaft wirft die Frage auf, ob Bestimmungen des Gesamtarbeitsvertrags, Abreden und Maßnahmen, die eine Gewerkschaft vom Abschluß eines GAV abhalten sollen, nicht schon nach geltendem Recht widerrechtlich sind. Die Frage ist meines Erachtens zu bejahen. Solche Bestimmungen, Abmachungen und Maßnahmen beeinträchtigen einerseits in unzulässiger Weise die Entschlußfreiheit des abschlußwilligen Partners, in der Regel des Arbeitgebers oder dessen Verbandes; sie erweisen sich andererseits deshalb als Mißbrauch der Vertragsfreiheit, weil sie die Rechtsstellung der Minderheitsgewerkschaft verletzen: sie vereiteln nämlich grundlos deren Recht auf eine den Zielen, um derentwillen unsere Rechtsordnung die Arbeitnehmerverbände anerkennt, entsprechende Betätigung überhaupt und auf Vertretung ihrer Mitglieder beim Gesamtarbeitsvertragsabschluß; sie greifen endlich indirekt in das Persönlichkeitsrecht der Koalitionsfreiheit der Mitglieder der ausgeschlossenen Gewerkschaft ein und widersprechen deshalb der Garantie der Koalitionsfreiheit, wie sie in Art. 365a Abs. 1 OR neu ausdrücklich normiert wurde. Der vom Bundesgericht anerkannte Grundsatz der freien Wahl der Gewerkschaft durch den Arbeitnehmer bedingt die gleiche Rechtsstellung aller vertragswilligen Arbeitnehmerorganisationen beim oder zumindest nach Abschluß eines Gesamtarbeitsvertrags, somit auch die Ablehnung jedes rechtlichen oder faktischen Monopols einer einzigen Gewerkschaft auf Abschluß eines GAV, was notwendigerweise zur Einheitsgewerkschaft führen würde[5, 6]. Art. 2 Ziff. 6 des BG betr. Allgemeinverbindlicherklärung vom 28. September 1956 statuiert deshalb zu Recht als Voraussetzung der Allgemeinverbindlicherklärung eines GAV, daß allen Gewerkschaften, die ein berechtigtes Interesse nachweisen und ausreichende Gewähr für die Einhaltung des Vertrages bieten, der Beitritt zum GAV zu den gleichen Rechten und Pflichten offen stehen muß.

II. Der Verband als Partei eines Gesamtarbeitsvertrages

1. Die Verbände handeln beim Abschluß des GAV in eigenem Namen, nicht in Vertretung ihrer Mitglieder (BGE 40 II, 1914, S. 419).

---

[5] Die im englischen Industrial Relations Act 1971 geregelte Stellung des «sole bargaining agent» (s.b.a.), mit welchem ein besonderer Verhandlungszwang bestand, ist durch den Trade Union Labour Relations Act 1974 aufgehoben worden.

[6] Vgl. F. VISCHER, Zur Stellung der Mehrheits- und der Minderheitsgewerkschaft im Gesamtarbeitsvertragsrecht, in: Festgabe zum Schweizerischen Juristentag 1963, Basel 1963, S. 287 ff.

2. Die Vertragsparteien können die inhaltliche Ausgestaltung des GAV einem Dritten überlassen; dies kann vor allem im Falle eines Arbeitskampfes mit Beendigung durch ein Schiedsgericht der Fall sein. Voraussetzung ist, daß die Parteien von vornherein die verbindliche Wirkung des Schiedsspruches anerkennen oder diesem nachträglich zustimmen. Eine Zwangsschlichtung des Arbeitskampfes besteht nicht.

III. Die Form des Gesamtarbeitsvertrages

Da der GAV in seinem normativen Teil Gesetzeswirkung für die Beteiligten hat, ist er als formstrenger Vertrag ausgebildet. Der Abschluß des GAV, dessen Änderung und Aufhebung durch gegenseitige Übereinkunft, der Beitritt einer neuen Vertragspartei sowie die Kündigung bedürfen zu ihrer Gültigkeit der schriftlichen Form. Das Gesetz betont in Art. 356c OR ausdrücklich, daß die Form Gültigkeitserfordernis ist. Der Schriftform bedarf auch die Anschlußerklärung einzelner Arbeitgeber und Arbeitnehmer, die Zustimmung der Vertragsparteien dazu gemäß Art. 356b OR (vgl. unten S. 470 ff.) sowie die Kündigung des Anschlusses.

IV. Die Dauer des Gesamtarbeitsvertrages

Der GAV kann auf eine bestimmte oder unbestimmte Dauer abgeschlossen werden (Art. 356c Abs. 2 OR).

§ 76. Der Inhalt des Gesamtarbeitsvertrages

I. Die Garantie der Freiheit der Organisation und der Berufsausübung

1. Der Inhalt des GAV wird durch die verfassungsmäßig garantierten Rechte der Koalitionsfreiheit und der Freiheit der Berufsausübung, wie sie in den Art. 356a OR übernommen worden sind, eingeschränkt[1].

---

[1] Damit erübrigt sich eine Diskussion über die Drittwirkung dieser beiden Grundrechte im Bereiche des GAV. Vgl. H. Huber, Die Bedeutung der Grundrechte, ZSR 74, 1955, S. 180, Anm. 34: Vor der Revision von 1956 war die Drittwirkung der Koalitionsfreiheit nur indirekt gewährleistet, insofern als sie Voraussetzung zur Allgemeinverbindlicherklärung (AVE) war. Vgl. Art. 34ter Abs. 2 BV; BG über die AVE von GAV vom 28. Sept. 1956, Art. 2 Ziff. 5.
Allerdings hat diese «Drittwirkung» nur zivilrechtliche Konsequenzen. Anders liegt die Situation in der Bundesrepublik, wo bereits die Weimarer Verfassung in Art. 159 und jetzt

2. Abreden eines GAV, wonach Arbeitgeber oder Arbeitnehmer zum Eintritt in einen vertragschließenden Verband gezwungen werden sollen, sind nichtig (Art. 356a Abs. 1 OR). Damit wird in erster Linie die **negative Koalitionsfreiheit**, der freie Entschluß, einem Verband anzugehören oder nicht, garantiert. Schon BGE 82 II, 1956, S. 214, E. 2 hat ein solches privates Freiheitsrecht i. S. von Art. 28 ZGB grundsätzlich anerkannt. Deshalb sind ungültig: **closed-shop-Klauseln**, wonach der Arbeitgeber nur Mitglieder der Gewerkschaft beschäftigen darf, oder **union-shop-Klauseln**, wonach der Arbeitnehmer innert einer bestimmten Frist unter Androhung des Verlustes seiner Arbeitsstelle sich der vertragschließenden Gewerkschaft anzuschließen hat[2]. Ferner wird durch diese Bestimmung die

---

Art. 9 Abs. 3 GG eine besondere arbeitsrechtliche Koalitionsfreiheit mit Drittwirkung gewährt, womit auch eine Beschwerde ans Bundesverfassungsgericht wegen Grundrechtsverletzung ermöglicht wird. (Vgl. HUECK/NIPPERDEY, Grundriß d. Arbeitsrechts, S. 170 ff.; W. DÄUBLER/TH. MAYER-MALY, Negative Koalitionsfreiheit, Recht und Staat, Heft 397/98, Tübingen 1971; SCHOLZ, Koalitionsfreiheit als Verfassungsproblem, S. 43).

[2] Im Unterschied zum aufgehobenen Industrial Relations Act 1971 sieht der Trade Union Labour Relations Act 1974 einen Schutz des Arbeitnehmers vor dem Koalitionszwang nur unter dem Gesichtspunkt des «unfair dismissal» vor. Eine Entlassung wegen Nichtzugehörigkeit zur vertragschließenden Gewerkschaft ist unfair und deshalb ungültig, wenn der Arbeitnehmer nachweist, daß es ihm aus religiösen Gründen oder aus jedem anderen «reasonable ground» unmöglich war, der Gewerkschaft beizutreten [Sched. 6 § 1 (5)]. Closed-shop-Vereinbarungen sind deshalb per se nicht ungültig. Es ist zu erwarten, daß der Einwand des «reasonable ground» durch eine Gesetzesnovelle beseitigt wird.

Im amerikanischen Recht ist die closed-shop-clause durch den Taft-Hardley Act von 1947 verboten worden, hingegen ist die union-shop-clause zulässig (vgl. Art. 8c a) [3]). Voraussetzung ist, daß sich die Mehrheit der betroffenen Arbeitnehmer zugunsten eines «union security agreement» ausspricht, bzw. nicht dessen Aufhebung verlangt. Ebenso sind andere union security agreements zulässig, sofern sie weniger eingreifend als eine closed-shop-clause sind (vgl. NLRB v. General Motors Corp., 373 U.S. 734, 1963, zit. in MELTZER, S. 958).

Der Grund für die Zulässigkeit der union-shop-clause liegt darin, daß sich die derart erzwungene Gewerkschaftsmitgliedschaft in rein finanziellen Leistungen erschöpft. «Membership as a condition of employment is whittled down to its financial core» (vgl. NLRB v. General Motors Corp., zit. a.a.O., S. 959).

Die Abgrenzung zum bloßen agency shop agreement besteht darin, daß mit letzterem nie zwingend ein Gewerkschaftsbeitritt verbunden ist, bei der union-shop-clause aber zumindest eine formale Mitgliedschaft. «The agency shop agreement places the option of membership in the employee while still requiring the same monetary support as does the union shop» (vgl. NLRB v. General-Motors Corp., zit. a.a.O., S. 959).

Die Einzelstaaten können allerdings union-security arrangements in ihren Verfassungen für ungesetzlich erklären. Ca. 19 Staaten haben solche «right-to-work laws» erlassen, welche vom Supreme Court als verfassungsmäßig angesehen werden (vgl. MELTZER, a.a.O., S. 955).

Vgl. H. E. PIETSCH, Die Individualrechte des Arbeitnehmers gegenüber den Gewerkschaften – Minderheitsschutz im Arbeitsrecht der Vereinigten Staaten von Amerika, Diss. Göttingen 1969; K. GÜNTHER, Die gewerkschaftliche Zwangsmitgliedschaft in den Vereinigten Staaten von Amerika und ihre Auswirkungen auf die Stellung der Gewerkschaften, Diss. Köln 1970.

Höhe des sog. **Solidaritätsbeitrages** des Außenseiters im Falle des Anschlusses an den GAV beschränkt (vgl. unten S. 469 ff.)[3].

Schwieriger zu beantworten ist unter diesem Gesichtspunkt die Frage der Zulässigkeit des sog. **preferential-shop**, d.h. der Besserstellung der dem GAV unterstellten Arbeitnehmer gegenüber den übrigen Arbeitnehmern des Betriebes in bezug auf Lohn und andere Sozialbedingungen. In dieser Frage treffen entgegengesetzte Prinzipien aufeinander:

<small>Auf der einen Seite erstreckt sich der persönliche Geltungsbereich des GAV primär nur auf die Mitglieder der vertragschließenden Verbände (Art. 356 Abs. 1 OR); die Bestimmungen des GAV gelten deshalb nur für die Verbandsmitglieder. Der Außenseiter kann allerdings unter gewissen Voraussetzungen mit Zustimmung der GAV-Parteien durch Anschlußvertrag in den Geltungsbereich des GAV einbezogen werden und wird damit zum «beteiligten Arbeitnehmer» (Art. 356b OR; vgl. unten S. 469 ff.).</small>

<small>Auf der andern Seite ist der GAV, trotz seines beschränkten persönlichen Geltungsbereichs, als Ordnungsinstrument gedacht, welches in einem Betrieb, Arbeitszweig oder Beruf die sozialen Spannungen durch eine einheitliche Regelung der Sozialbedingungen lösen soll; endlich soll und darf keine Abrede der Vertragsparteien oder Bestimmung im GAV die Koalitionsfreiheit beeinträchtigen.</small>

Die Zulässigkeit von preferential-shop-Klauseln ist unter diesen zwei Gesichtspunkten, die in einem gewissen Widerspruch zueinander stehen, zu beurteilen. Der Ausgleich ist m.E. darin zu finden, daß Privilegierungsklauseln dann unzulässig sind, wenn gleichzeitig die Vertragspartner nicht bereit sind, mit dem Außenseiter einen Anschlußvertrag abzuschließen, weil sonst die Koalitionsfreiheit des Außenseiters beeinträchtigt wird, da dieser nur durch Beitritt zur Gewerkschaft in den Genuß der Vorteile des GAV gelangen kann. Preferential-shop-Klauseln sind deshalb nur möglich, wenn die Vertragsparteien von vornherein die nach Art. 356b Abs. 1 OR an sich notwendige Zustimmung zum Anschluß des Außenseiters an den GAV erteilen.

<small>SCHWEINGRUBER (Die Gewerkschaften und die Unorganisierten in der heutigen Zeit, Mitteilungsblatt des VHTL, Nr. 23, vom 10. Juni 1966) will zwar für die Schweiz auf förmliche Differenzierungsklauseln im GAV verzichten, glaubt aber, daß es bei paritätisch finanzierten, verwendeten oder kontrollierten Sozialleistungen wie Familiengeldern, Zuschüssen zum Feriengeld, Beiträgen zur Vermögensbildung, Treueprämien, Jahresabschlußprämien usw. aus technischen, finanziellen und administrativen Gründen selbstverständlich sei, daß nur die Gewerkschaftsmitglieder als Begünstigte in Frage kommen; Außenseiter hätten keinen Platz in solchen Einrichtungen[4].</small>

<small>[3] Vgl. auch SCHWEINGRUBER/BIGLER, Kommentar zum GAV, S. 45 ff. Aus Art. 356a Abs. 1 OR wird gefolgert, daß Zwangsmaßnahmen ohne entsprechende Abrede, so z.B. einseitig beschlossene und durchgeführte Aktionen, ebenfalls widerrechtlich sind und unerlaubte Handlungen im Sinne von Art. 41 OR darstellen.</small>

<small>[4] Vgl. auch HUG, Koalitionsfreiheit und Tarifautonomie, S. 194/95: Nach diesem Autor ist eine einfache Differenzierungsklausel, d.h. das Vorsehen einer Sonderleistung an die Gewerkschaftsmitglieder, zulässig, «wenn dadurch die Vertragsfreiheit der Arbeitgeber gegenüber</small>

In Deutschland wird von einigen Autoren (vgl. insbes. F. GAMILLSCHEG, Die Differenzierung nach der Gewerkschaftszugehörigkeit, Schriften zum Sozial- und Arbeitsrecht, Bd. I, 1966) die Auffassung vertreten, Vereinbarungen über Privilegierungen seien gültig, sofern sie jedenfalls für die Außenseiter nicht «an das Lebendige» gehen, in Anbetracht dessen, daß die Gewerkschaften ihre staatlich sanktionierte und ihnen zugedachte Ordnungsfunktion nur ausüben können, wenn sie auch die Mehrzahl der in Frage stehenden Arbeitnehmer vertreten. Das Prinzip der Gleichbehandlung im Betrieb sei nicht verletzt, da die Gewerkschaftszugehörigkeit einen Tatbestand darstelle, der im Hinblick auf die besondere, vom Staate den Gewerkschaften zugedachte Aufgabe eine Differenzierung erlaube. Nicht das Gleichbehandlungsprinzip, über welches noch zu sprechen ist, steht aber hier zur Diskussion, sondern die negative Koalitionsfreiheit[5]. Die exklusive Besserstellung der Gewerkschaftsmitglieder beinhaltet notwendigerweise eine Abwertung der Koalitionsfreiheit.

Eine der wesentlichsten Grundlagen unserer Wirtschaft besteht darin, daß die privaten Ordnungsmächte auf dem Arbeitsmarkt freie Assoziationen sind, deren Mitglieder sich freiwillig zusammengeschlossen haben. Die konsequente Weiterführung der von den Gewerkschaften erhobenen Forderungen, insbesondere die Betonung ihrer öffentlichen Funktion, müßte zur Ausbildung der Verbände als Zwangskorporationen mit öffentlich-rechtlichem Status führen, was wiederum in den Korporationsstaat ausmünden würde.

3. Der GAV darf die aus der Handels- und Gewerbefreiheit[6] abgeleitete und als Persönlichkeitsrecht im Sinne von Art. 28 ZGB anerkannte **Freiheit der Berufsausübung** nicht beeinträchtigen (vgl. oben S. 298 f.). Bestimmungen eines GAV und Abreden zwischen den Vertragsparteien, durch die Arbeitnehmer von einem bestimmten Beruf, einer bestimmten Tätigkeit oder von einer hierfür erforderlichen Ausbildung ausgeschlossen oder darin beschränkt werden, sind deshalb nichtig (Art. 356a Abs. 2 OR). Die in zahlreichen GAV anzutreffenden Bestimmungen, wonach sich der Arbeitgeber verpflichtet, z. B. nur gelernte Arbeitnehmer einzustellen, wären an sich grundsätzlich ungültig.

Doch wird der Grundsatz der freien Berufsausübung wesentlich eingeschränkt (Art. 356a Ab. 3 OR). Bestimmungen und Abreden, die eine Beschränkung der freien Berufsausübung beinhalten, sind ausnahmsweise

---

den nichtbeteiligten, nichtorganisierten oder nicht angeschlossenen Arbeitnehmern nicht beeinträchtigt wird. Eine solche Differenzierungsklausel kann aber **nicht allgemeinverbindlich** erklärt werden, weil zu den Voraussetzungen der AVE gehört, daß der GAV die Rechtsgleichheit nicht verletzt (Art. 2 Ziff. 4), und weil die Vertragsparteien überdies öffentlich-rechtlich verpflichtet sind, die Arbeitnehmer, auf welche der Geltungsbereich des Gesetzes ausgedehnt wird, tatsächlich gleich wie die beteiligten Arbeitnehmer zu behandeln (Art. 5 Abs. 2). Eine Tarifausschlußklausel, die dem Arbeitgeber **verbietet**, dem am GAV nicht beteiligten Arbeitnehmer bestimmte tarifliche Sonderleistungen zu gewähren, halte ich für unzulässig, weil sie erstens in die Vertragsfreiheit des Arbeitgebers und die Rechtsstellung Dritter eingreift und zweitens sich ausgesprochen als eine Maßnahme des Verbandszwangs qualifiziert, der in allen seinen Formen widerrechtlich ist.»

[5] Vgl. dazu auch MAYER-MALY, Die negative Koalitionsfreiheit, Zeitschr. für Arbeits- und Sozialrecht 1969, S. 81 und dortige Literaturangaben.

[6] Die «Drittwirkung» des Rechts auf freie Berufsausübung wurde bei Anlaß der Vorbereitungen zum Kartellgesetz postuliert, vgl. BBl 1967 II, S. 285.

gültig, wenn sie durch überwiegende schutzwürdige Interessen, namentlich zum Schutz der Sicherheit und Gesundheit von Personen oder der Qualität der Arbeit gerechtfertigt sind. Jedoch gilt nie als schutzwürdig das Interesse, neue Berufsangehörige fernzuhalten. Art. 356a Abs. 3 OR ist Art. 5 des Bundesgesetzes über Kartelle und ähnliche Organisationen vom 20. Dezember 1962 nachgebildet und hebt zu einem wesentlichen Teil den allgemeinen Grundsatz der Garantie der Berufsfreiheit wieder auf. Meines Erachtens muß besonderes Gewicht auf das Wort «ausnahmsweise» in Abs. 3 gelegt werden, somit von den Vertragspartnern ein strenger Nachweis der Notwendigkeit der Beschränkung der Berufsfreiheit verlangt werden.

II. Die normativen Bestimmungen des Gesamtarbeitsvertrages

1. Die normativen Bestimmungen betreffen den Abschluß, den Inhalt und die Beendigung der einzelnen Arbeitsverhältnisse der beteiligten Arbeitgeber und Arbeitnehmer[7]. Durch das Instrument des GAV soll den Verbänden eine reale Einflußmöglichkeit auf die Gestaltung des Arbeitsverhältnisses in die Hand gegeben werden. Die Festlegung der Arbeits- und Sozialbedingungen für die einzelnen Arbeitnehmer steht im Vordergrund. Diese Bestimmungen haben deshalb normative Wirkung: Sie gelten während der Dauer des Vertrags unmittelbar für die beteiligten Arbeitgeber und Arbeitnehmer und können nicht wegbedungen werden, sofern der GAV nichts anderes bestimmt (Art. 357 Abs. 1 OR).

Abreden zwischen beteiligten Arbeitgebern und Arbeitnehmern, die gegen die unabdingbaren Bestimmungen verstoßen, sind nichtig und werden durch die Bestimmungen des GAV ersetzt.

Während der Dauer des Arbeitsverhältnisses und eines Monats nach dessen Beendigung kann der Arbeitnehmer auf Forderungen aus unabdingbaren Bestimmungen eines GAV nicht verzichten (Art. 341 Abs. 1 OR).

Der Umkehrschluß, daß die Ansprüche innerhalb eines Monats seit Beendigung des Arbeitsverhältnisses geltend gemacht werden müssen, ansonst sie verwirken[8], scheint mir nicht zulässig. Erst die Verjährung (vgl. Art. 341 Abs. 2 OR, Art. 128 Ziff. 3 OR) verhindert die klagweise Durchsetzung des Anspruchs.

---

[7] Vgl. dazu im deutschen Recht HUECK/NIPPERDEY, Grundriß des Arbeitsrechts, § 48. Demnach gehören zu den normativen Bestimmungen auch solche, die betriebliche Fragen ordnen, Normen über betriebsverfassungsrechtliche Fragen und Normen über gemeinsame Einrichtungen der Tarifvertragsparteien, auch und gerade wenn sie keine Inhaltsnormen sind!
[8] So GewGer Bern, 9. April 1963, ARV 1964, Nr. 12 d.

Die normativen Bestimmungen werden nicht zum Inhalt des Arbeitsvertrags, sondern haben die gleiche Bedeutung wie gesetzliche Vorschriften. Damit verbindet sich die Folge, daß die normative Wirkung mit der Aufhebung des GAV endet. Wäre davon auszugehen, daß die normativen Bestimmungen zum Inhalt des Einzelarbeitsvertrags werden, so müßte eine automatische Weitergeltung bis zur Kündigung des einzelnen Arbeitsvertrags angenommen werden. Nach dem geltenden Recht ist indessen eine solche Nachwirkung abzulehnen. Immerhin kann der Richter nach der Beendigung des GAV auf diesen als Ausdruck der maßgebenden Übung zurückgreifen, womit eine gewisse de facto-Nachwirkung entsteht[9]; auf diesen Fall dürfte der Hinweis auf die Übung in Art. 322 Abs. 1 OR zugeschnitten sein. Fehlt eine Vereinbarung, so ist derjenige Lohn zu entrichten, der «üblich ist».

2. Die Abgrenzung zwischen dem normativen und dem vertragsrechtlichen Teil des GAV bietet oft Schwierigkeiten. Das OR von 1956 hatte die normativen Wirkungen nur denjenigen Bestimmungen zuerkannt, die an sich zulässiger und möglicher Inhalt eines Dienstvertrags sein können, weil das Wesen der normativen Bestimmungen in der Einwirkung auf bestehende Dienstverhältnisse erblickt wurde. Bereits das deutsche Tarifvertragsgesetz von 1940 hat aber den normativen Teil wesentlich ausgedehnt, insbesondere auch diejenigen Bestimmungen mit normativer Wirkung ausgestattet, die sich auf den Abschluß eines Arbeitsvertrags beziehen.

Diesem Vorbild ist auch die Revision des OR von 1956 gefolgt (vgl. Art. 356 Abs. 1 OR)[10]; das Prinzip der Einwirkung auf bestehende Dienstverträge wurde aufgehoben. Neben den Inhaltsnormen, die nach dem alten Recht allein den normativen Teil ausmachten, zählten nun auch Abschlußnormen zum normativen Teil, d.h. Bestimmungen, die das Zustandekommen des Vertrags regeln, wie Formvorschriften, Abschlußverbote (z.B. Verbot der Einstellung bestimmter Arbeitnehmer auf bestimmten Arbeitsplätzen, vgl. hierzu BGE 81 I, 1955, S.1), Abschlußgebote (d.h. Bestimmungen, die einen Kontrahierungszwang beinhalten, z.B. für ältere Angestellte), Besitzstandsklauseln und Wiedereinstellungsklauseln nach beendigtem Arbeitskampf.

3. Ob den einzelnen Bestimmungen des GAV normative Wirkung zukommen soll, entscheidet sich nach der Natur der Normen.

---

[9] Vgl. Botschaft BBl 1954, S.161; OSER/SCHÖNENBERGER, N.10 zu Art. 323 OR.
[10] Vgl. auch GYSIN, ZBJV 93, S.429.

Die Parteien können bezüglich einzelner Normen über Abschluß, Inhalt und Beendigung des Arbeitsvertrages theoretisch die normative Wirkung ausschließen. In der Regel haben Bestimmungen über gemeinsame Einrichtungen (vgl. Art. 357b OR) keine normativen Wirkungen. Auch wird man den betriebsrechtlichen und betriebsverfassungsrechtlichen Bestimmungen im allgemeinen nur sog. indirekt vertragsrechtliche Wirkung zuerkennen[11]. Mit Recht stellt SCHWEINGRUBER[12] fest, daß trotz der berechtigten begrifflichen Unterscheidung zwischen der normativen und der schuldrechtlichen (vertragsrechtlichen) Wirkung in der Praxis diese Wirkungen kaum isoliert vorkommen, sondern oft kombiniert werden[13]. Die normative Wirkung schließt schuldrechtliche (vertragsrechtliche) Bindungen nicht aus. Umgekehrt kann die Normwirkung nach dem Willen der Vertragsparteien durch Sanktionen verstärkt werden. Lohnfestsetzungen haben normative Wirkungen, wenn sie, was die Regel ist, Mindestansätze beinhalten. Wird dagegen nur ein Durchschnittslohn festgesetzt, so sind begründete Abweichungen nach unten, die durch eine objektiv unterschiedliche Bewertung der verschiedenen Arbeitnehmer gerechtfertigt sein können, zulässig. Willkürliche Abweichungen nach unten stellen dagegen eine GAV-Verletzung dar. Dem Richter muß die freie Kognition der Berechtigung der Abweichung zustehen[14].

4. Gegenüber den normativen Bestimmungen des GAV können sich Regelungen in Einzelarbeitsverträgen behaupten, soweit sie für den Arbeitnehmer günstiger sind (Günstigkeitsprinzip, Art. 357 Abs. 2 letzter Satz OR). Der GAV soll in erster Linie dem sozialen und wirtschaftlichen Schutz des Arbeitnehmers dienen, ihm ein Mindestmaß an Schutz gewähren, dem Arbeitgeber ein Mindestmaß an Pflichten auferlegen. Die Vertragsfreiheit soll deshalb nur insoweit eingeschränkt sein, als dieses Mindestmaß an Rechten in Frage steht. Günstigere Arbeitsbedingungen als im GAV vorgesehen sind zulässig[14a].

Nur die positiven Inhaltsnormen sind dem Günstigkeitsprinzip zugänglich, nicht dagegen negative, d. h. Abreden über Bestimmungen, die ein Arbeitsverhältnis nicht beinhalten darf (z. B. Verbot des Akkordlohns, der Nachtarbeit etc.). Solche negative Inhaltsnormen werden durch jede Abweichung verletzt. Ebenso können die sog. Abschlußnormen nicht zugunsten des einzelnen Arbeitnehmers durchbrochen werden (z. B. Verzicht auf Formvorschriften etc.).

Die Frage, ob eine Regelung für den einzelnen Arbeitnehmer günstiger ist als die Normen des GAV, ist oft schwierig zu entscheiden. Beim Vergleich muß das Ordnungsinteresse hinter dem Spezialitätsprinzip zurücktre-

---

[11] Anders in Deutschland, vgl. HUECK/NIPPERDEY, Grundriß, S. 204 ff.; ferner oben Anm. 7.
Vgl. auch BUCHLI, S. 27 ff., wonach nur Bestimmungen über den Abschluß, Inhalt und die Beendigung je nach Parteiwillen normativ oder vertraglicher Natur sein können, alle andern aber vertraglich (direkt oder indirekt) sind.
[12] Kommentar zum Dienstvertrag, S. 30.
[13] Zum deutschen Recht vgl. HUECK/NIPPERDEY, Grundriß, S. 220.
[14] Vgl. ObGer Baselland, 1. März 1963, BJM 1964, S. 98, CANNER, 2. Folge, Nr. 102.
[14a] Absolut zwingende Normen im Sinne unabänderlicher GAV-Höchstarbeitsbedingungen (z. B. Löhne, Ferien) sind deshalb grundsätzlich unzulässig.

ten. Das Interesse an gleichförmigen Arbeitsbedingungen ist deshalb beim Günstigkeitsvergleich nicht zu berücksichtigen. Ein Vergleich kann sich nur auf die Bestimmungen beziehen, die denselben Gegenstand regeln (sog. Gruppenvergleich, z.B. bei Lohn, Ferienansprüchen etc.). Der Einzelarbeitsvertrag ist nicht als Ganzes mit der normativen Regelung des GAV zu vergleichen. Kürzere Ferien können somit z.B. nicht durch höheren Lohn kompensiert werden, weil sonst die Schutzwirkung des GAV beeinträchtigt würde[15].

III. Die vertraglichen Bestimmungen des Gesamtarbeitsvertrages

1. Der GAV regelt in seinen vertragsrechtlichen Bestimmungen die Beziehungen unter den Vertragsparteien. Die herkömmliche Bezeichnung «schuldrechtlicher» und «normativer» Teil ist unbefriedigend[16]. «Schuldrechtlich» und «normativ» sind kein echtes Gegensatzpaar. Die Bezeichnung normativ sagt nichts über den Inhalt der Normen aus, sie kennzeichnet nur die Wirkungsart und den Geltungsgrund der Normen. Auch normative Bestimmungen können schuldrechtlichen Inhalt haben[17]. Sucht man nach einer zutreffenden Bezeichnung der Abreden, die das Verhältnis der Vertragsparteien untereinander regeln, so ist richtiger von vertragsrechtlichen Normen zu sprechen; denn die Wirkungsart und der Geltungsgrund der nicht normativen Bestimmungen bestehen in dem die Gesamtarbeitsvertragsparteien bindenden Vertrag und seinen Bestimmungen.

2. Man unterscheidet zwischen den eigentlichen vertragsrechtlichen Bestimmungen und den sog. indirekt vertragsrechtlichen Bestimmungen: die eigentlichen vertragsrechtlichen Bestimmungen regeln die Rechte und Pflichten der Gesamtarbeitsvertragsparteien unter sich (Art. 356 Abs. 3 OR). Hierunter fallen vor allem die Friedenspflichten, die Einwirkungspflichten, die Durchführungspflichten und die Kontrollpflichten, sowie die Verpflichtung auf ein vertragliches Schiedsgericht.

Die indirekt vertragsrechtlichen Bestimmungen betreffen Rechte und Pflichten der einzelnen beteiligten Arbeitnehmer und Arbeitgeber gegen-

---

[15] Hingegen verstößt es nicht gegen das Günstigkeitsprinzip, wenn eine Ferienentschädigung durch die Bewilligung eines höheren Stundenlohnes beglichen werden soll (SJZ 51, 1955, S. 228).
[16] W. Siebert, RdA 1959, S. 167.
[17] Vgl. dazu auch Nikisch, Arbeitsrecht, Bd. II, S. 210.

über den GAV-Parteien. Hierunter fallen z.B. materielle Bestimmungen über Vertragsleistungen an Kassen, über Arbeitnehmervertretungen im Betrieb, über Kontrollen und Durchführung der normativen Bestimmungen, über die Friedenspflicht sowie weitere Fragen, die das Verhältnis zwischen Arbeitgeber und Arbeitnehmer regeln, aber keinen normativen Charakter besitzen. Die indirekt vertragsrechtlichen Bestimmungen begründen keine direkt durchsetzbaren Pflichten der beteiligten Arbeitgeber und Arbeitnehmer gegenüber den GAV-Parteien, da es keinen Vertrag zu Lasten Dritter gibt. Die Durchsetzung der indirekt vertragsrechtlichen Bestimmungen kann deshalb nur über die Einwirkungspflicht der Verbände auf ihre Mitglieder erfolgen. Das Gesetz hat allerdings in Art. 357b OR die Möglichkeit geschaffen, daß in einem zwischen Verbänden geschlossenen GAV die Vertragsparteien vereinbaren können, daß ihnen gemeinsam ein Anspruch auf Einhaltung des Vertrages gegenüber den beteiligten Arbeitgebern und Arbeitnehmern in abschließend aufgezählten Fragen zusteht (sog. gemeinsame Durchführung, vgl. unten S. 467 ff.). Vertragliche Abreden zugunsten der beteiligten Arbeitnehmer oder Arbeitgeber sowie der Außenseiter können getroffen werden.

3. Unter den vertragsrechtlichen Bestimmungen steht an erster Stelle die Einwirkungs- und Durchführungspflicht der GAV-Partner (Art. 357a OR). Diese haben dafür zu sorgen, daß die von ihnen im GAV getroffene Ordnung durchgeführt wird. Diese Pflicht folgt bereits aus dem Grundsatz der Vertragstreue. Die Einhaltungs- und Durchführungspflicht bezieht sich auch auf den normativen Teil[18].

Die Verbände haben gegenüber ihren Mitgliedern zur Durchsetzung der GAV-Bestimmungen die statutarischen und gesetzlichen Mittel anzuwenden. Unter den gesetzlichen Mitteln ist auch an den Ausschluß eines Mitgliedes aus dem Verband aus wichtigem Grund gedacht (Art. 72 Abs. 3 ZGB)[19].

4. Zu den vertraglichen Pflichten gehört insbesondere auch die Friedenspflicht. Jeder GAV ist auch ein Friedensabkommen, denn sein Ziel ist es, den Arbeitsfrieden durch einheitliche Regelung der Arbeitsbedingungen, die auf der Grundlage gleichstarker Partner ausgehandelt

---

[18] Vgl. dazu auch SCHWEINGRUBER/BIGLER, Kommentar zum GAV, S. 68. Dies empfiehlt sich vor allem deshalb, weil der Anspruchsberechtigte seine Ansprüche oftmals nicht durchsetzt, die Verbände aber dann gleichwohl die Möglichkeit haben, von Verbandswegen die Verletzung des GAV zu ahnden.

[19] Mit Recht bemerkt die Botschaft (BBl 1954 I, S. 163) allerdings: «Es ist ohnehin zu befürchten, daß die Verbände aus begreiflichen Rücksichten auf ihre Mitglieder bei der Handhabung der Einwirkungspflicht eher nachsichtig sein werden.»

wurden, zu sichern. Auch die Friedenspflicht ergibt sich nach Treu und Glauben aus der Vertragseinhaltungspflicht, weshalb die in Art. 357a Abs. 2 OR ausdrücklich normierte Friedenspflicht nur die gesetzliche Verankerung der Vertragstreue ist. Das Ergreifen von Kampfmaßnahmen zur Erreichung von Zielen, die bereits im GAV geregelt sind, bedeutet Vertragsbruch.

Die gesamtarbeitsvertragliche Friedenspflicht hat eine negative und eine positive Seite: Die GAV-Parteien müssen sich während der Dauer des GAV Kampfmaßnahmen enthalten. Sie sind aber auch verpflichtet, streikenden Arbeitnehmern, die dem GAV unterstehen, jegliche Unterstützung zu verweigern und mit allen Mitteln auf die Beilegung des Arbeitskampfes hinzuwirken. Insofern ist die Friedenspflicht Teil der Einwirkungspflicht. Voraussetzung zu einer wirksamen Durchsetzung der Friedenspflicht ist allerdings, daß der Vertrag geeignete Möglichkeiten zur Beilegung der Streitigkeiten vorsieht.

Ist die Friedenspflicht Ausdruck der Vertragstreue, so kann sie nur eine relative sein. Sie beinhaltet nur die Verpflichtung, keine Kampfmaßnahmen[20] zu treffen, soweit es sich um Fragen handelt, die im GAV geregelt sind[21] oder von den Partnern absichtlich nicht normiert wurden; sie gilt auch, soweit dem Arbeitnehmer Vorteile entzogen werden, die über den GAV hinausgehen (Günstigkeitsprinzip). Zulässig ist der Streik dagegen z.B. als Abwehrkampf gegenüber einer von der Gegenpartei begangenen Verletzung der Friedenspflicht, als Kampf um solche Fragen, die im GAV nicht geregelt sind, als Sympathiestreik[22] zur Unterstützung von berechtigten Forderungen von Arbeitnehmern anderer Betriebe, die keiner Friedenspflicht unterstehen (so auch BGE 45 II, 1919, S. 557). Allerdings dürfen beim Sympathiestreik nicht eigene, gesamtarbeitsvertragswidrige Ziele verfolgt werden.

Durch ausdrückliche Anordnung im GAV kann auch die **unbeschränkte (absolute) Friedenspflicht** vereinbart werden (Art. 357a Abs. 2 letzter Satz OR). Eine solche Abmachung hat zur Folge, daß sich die Ver-

---

[20] Zum Begriff der «Kampfmaßnahme» vgl. BROX/RÜTHERS, S. 81; a.M. HUECK/NIPPERDEY, Lehrbuch, Bd. II, S. 307 ff.; BAG 6, S. 353; BÖNI, S. 102 ff.

[21] Vgl. dazu BROX/RÜTHERS, S. 75: «In der Regel wird man vermuten dürfen, daß eine im Tarifvertrag geregelte Frage abschließend geregelt werden sollte. Arbeitskämpfe, die eine Ergänzung der bestehenden Regelung erzwingen wollen, sind daher, wenn keine gegenteilige Vereinbarung getroffen wurde, regelmäßig tarifwidrig.»
Vgl. zum Umfang der relativen Friedenspflicht, BÖNI, S. 95 ff.

[22] Anders wohl nach französischem Recht, wo nur betriebsinterne Solidaritätsstreiks unter bestimmten Voraussetzungen zulässig sind, externe Sympathiestreiks hingegen nicht, so zumindest die Doktrin, vgl. CAMERLYNCK/LYON-CAEN, Précis de droit du travail, no 620.
Vgl. auch J. HARTJE, Der Sympathiearbeitskampf, Diss. Freiburg i. Br. 1971.

tragsparteien während der Dauer der Verträge jeglicher Kampfmaßnahmen enthalten müssen, auch soweit es um Ziele geht, die nicht im GAV geregelt sind.

IV. Insbesondere das Friedensabkommen

1. Ein GAV kann sich auf die Normierung der vertraglichen Rechte und Pflichten der Partner beschränken (so ausdrücklich Art. 356 Abs. 2 OR). Dagegen ist es nicht denkbar, daß ein GAV bloß normativen und keinen vertragsrechtlichen Inhalt hat; aus jedem GAV entstehen automatisch vertragliche Beziehungen zwischen den Vertragspartnern, die sich aus dem Gesetz ergeben oder stillschweigend vereinbart sind.

2. Ein GAV ohne normative Bestimmungen war früher das sog. Friedensabkommen in der Schweizerischen Maschinen- und Metallindustrie vom 19. Juli 1937[23].

a) Die Entstehungsgeschichte des Friedensabkommens weist auf eine grundsätzliche und in der Schweiz noch nicht eindeutig geklärte Problematik des Arbeitsrechts hin. Im September 1936 entschied sich der Bundesrat[24] zur Abwertung des Schweizerfrankens. Er befürchtete wegen des damit verbundenen Kaufkraftverlustes des Schweizerfrankens eine Verschärfung der sozialen Spannungen und ermächtigte deshalb das Volkswirtschaftsdepartement, bei interkantonalen Lohnkonflikten endgültig zu entscheiden. Die Vorteile der Frankenabwertung im Export durften nicht durch massive Lohnforderungen in Frage gestellt werden. Der Entscheid des Bundesrates zur staatlichen Zwangsschlichtung von Arbeitskonflikten bedeutete letztlich die Aufhebung des Streikrechtes.

Um durch Einführung der staatlichen Zwangsschlichtung die drohende Gefährdung der Streikfreiheit abzuwenden, ergriffen der Schweizerische Metall- und Uhrenarbeiterverband (Präsident Konrad Ilg) und der Arbeitgeberverband Schweiz. Maschinen- und Metallindustrieller (Präsident Ernst Dübi) die Initiative zum Abschluß des sog. Friedensabkommens. Sein wesentlicher Inhalt bestand darin, «wichtige Meinungsverschiedenheiten in allfälligen Streitigkeiten nach Treu und Glauben gegenseitig abzuklären, nach den Bestimmungen dieser Vereinbarung zu erledigen suchen und für die ganze Dauer unbedingt den Frieden zu wahren». Deshalb wurde die absolute Friedenspflicht statuiert: «Infolgedessen gilt jegliche Maßnahme wie Sperre, Streik oder Aussperrung als ausgeschlossen, dies auch bei allfälligen Streitigkeiten über Fragen des Arbeitsverhältnisses, die durch die gegenwärtige Vereinbarung nicht berührt werden» (Präambel des Friedensabkommens).

b) Dies wirft die Frage auf, ob der Bundesrat überhaupt befugt war, das Streikrecht durch staatliche Zwangsschlichtung einzuschränken. Die Antwort hängt

---

[23] Vgl. hierzu «25 Jahre Friedensabkommen in der schweizerischen Maschinen- und Metallindustrie», Separatabdruck aus der NZZ vom 18. Juli 1962, Nr. 2824/25; W. Klaus, Die Vereinbarung in der Schweiz. Maschinen- und Metallindustrie, Diss. Basel 1957; E. Wüthrich, Das Friedensabkommen als sozialpolitische Pioniertat, NZZ vom 31. Juli 1961, Nr. 2846. Mit der Erneuerung des Abkommens vom 19. Juli 1974 wurde nunmehr auch ein wesentlicher normativer Teil im Friedensabkommen vereinbart.

[24] BRB betr. außerordentl. Maßnahmen betr. die Kosten der Lebenshaltung vom 7. Sept. 1936 (AS 52, S. 744 ff.).

wesentlich davon ab, ob man ein ungeschriebenes Verfassungsrecht der Streikfreiheit anerkennt. Die schweizerische Doktrin ist in dieser Frage uneinig. BERENSTEIN[25] erblickt im «droit de grève» «un corollaire nécessaire du droit de coalition», sieht somit in der Vereinsfreiheit, auf deren Grundlage die Koalitionsfreiheit beruht, auch die Streikfreiheit eingeschlossen. Von anderer Seite wird der Streik lediglich als ein von der Verfassung und vom Gesetz toleriertes Kampfmittel angesehen, das aber durch die Möglichkeit einer gesetzlichen Beschränkung oder Aufhebung bedroht ist[26]. Das geltende Wirtschaftssystem, das dem Staat, jedenfalls dem Grundsatz nach, die direkte Festsetzung der Löhne und anderer Arbeitsbedingungen verwehrt (vgl. oben S. 362f.), rechtfertigt zwar die Duldung des Streikes, weil aus kollektiven Kampfhandlungen als letztes Mittel der «bargaining power» der Verbände auch die adäquaten Arbeitsbedingungen resultieren können. Bei veränderter Wirtschaftslage könnte aber durch Gesetzgebung die Streikfreiheit beschränkt werden[27, 28]. Die moderne deutsche Doktrin folgert eine Arbeitskampfgarantie aus dem Zwecke des Koalitionsgrundrechts und seinem Bezug auf die Sozialstaatsklausel, also aus dem systematischen Zusammenhang von Art. 9 und Art. 28 Abs. 1 GG. Tarifkonflikte könnten vom freiheitlichen Tarifsystem nur auf zweierlei Wegen gelöst werden: auf dem Wege der freiheitlichen Schlichtung oder im Arbeitskampf. Ohne diese beiden Institute sei die Funktion eines freiheitlichen Tarifsystems unter den sozialen Bedingungen der Gegenwart nicht denkbar[29, 30, 31, 32].

---

[25] Le droit de grève dans la législation suisse, WuR 1951, S. 37 ff.
[26] So z.B. BÖNI, S. 78.
[27] Vgl. hierzu BROX/RÜTHERS, S. 40 und die dort zit. Autoren.
[28] Eine weitere Auffassung geht dahin, daß der Streik seine Rechtsgrundlage in der Anerkennung der natürlichen Handlungsfreiheit finde. So KÄGI, S. 91 ff. Demgegenüber wird eingewendet: «Der organisierte Arbeitskampf ist schon qualitativ und in seiner sachlich-funktionalen Begrenzung nicht bloß Entfaltung der individuellen Handlungsfreiheit. Im übrigen staut sich Handlungsfreiheit immer am Gerechtigkeitsprinzip des ‹neminem laedere›» (W. SCHLUEP, Überbordungsgefahren von Arbeitskonflikten in unserer Zeit, in: «Arbeitskonflikt und Arbeitskampf», Beitrag zur Arbeitstagung 1972 der Stiftung «Humanum», Köln 1973, S. 118 ff.

Nach Auffassung des letztzitierten Autors liegt die Grundlage der Streikfreiheit darin, «daß einerseits Koalitionsfreiheit gewährt, andererseits auf Zwangsschlichtung verzichtet wird» (a.a.O., S. 111, Anm. 21).

Dies bedeutet für den Ausgangsfall, daß von der Verfassung her eine Zwangsschlichtung unzulässig ist. Dieselbe Auffassung findet sich auch in der modernen deutschen Doktrin.
[29] Der Arbeitskampf ist in Deutschland mit dem Erlaß des 17. Gesetzes zur Ergänzung des Grundgesetzes vom 24. Juni 1968 (BGBl I, 709) nunmehr auf Verfassungsebene indirekt anerkannt worden (vgl. Art. 9 Abs. 3 GG: «Maßnahmen nach ... dürfen sich nicht gegen Arbeitskämpfe richten, die zur Wahrung und Förderung der Arbeits- und Wirtschaftsbedingungen von Vereinigungen im Sinne des Satzes 1 geführt werden»).
[30] HUECK/NIPPERDEY, Lehrbuch, Bd. II, S. 41 ff.; BROX/RÜTHERS, S. 44; vgl. auch Bundesverfassungsgericht 4, S. 96; BAG 1, S. 291; Entscheid des BAG vom 21. April 1971, Arbeitsrechtliche Praxis, N. 43 zu Art. 9 GG (ebenso RdA 71, S. 185 ff.) über die verfassungsrechtlichen Grundlagen.
[31] Vgl. auch BÖNI, S. 122 f.; P. FUTTER, Schlichtungswesen und Zwangstarif, Diss. Freiburg i. Br. 1970, S. 70 a.
[32] In Frankreich, ebenso wie in Italien, ist das Streikrecht ein von der Verfassung garantiertes Grundrecht (vgl. die Zusammenstellung bei KÄGI, S. 80).

Nach französischem Recht hat der Streikende demnach einen Rechtfertigungsgrund für die Nichterfüllung seiner Dienstpflicht, da er ja in Ausübung seines subjektiven privaten Rechts handelt. Vgl. Art. 4 Loi sur les conventions collectives, vom 11. Februar 1950: «La grève ne rompt pas le contrat de travail sauf faute lourde imputable au salarié.» Eine «faute lourde» wäre z.B. ein Streik aus politischen Gründen. Vgl. BRUN, Jurisprudence en droit du travail, S. 636 ff.

3. Zur Sicherung der absoluten Friedenspflicht wurden eine mehrstufige vertragliche Schiedsgerichtsbarkeit, die Einsetzung von Kontrollorganen und Sanktionen in Form von Konventionalstrafen vorgesehen. Das mit besonderer Umsicht geregelte Schlichtungs- und Schiedswesen des Vertrags fand insofern auch staatliche Anerkennung, als das Bundesgesetz vom 12. Februar 1949 über die eidgenössische Einigungsstelle vorsieht, daß diese nicht in Funktion tritt, wenn eine private Einigungsstelle besteht, und zwar auch dann nicht, wenn die Einigungsverhandlungen vor dieser Stelle zu keinem Ergebnis geführt haben. Auf einen Weiterzug an die eidgenössische Einigungsstelle wurde ausdrücklich verzichtet, weil dadurch die Tätigkeit der vertraglichen Einigungsstelle erschwert, u.U. sogar nutzlos gemacht würde.

4. Das Friedensabkommen von 1937 enthielt (von einer Ausnahme abgesehen) keine normativen Bestimmungen über Abschluß, Inhalt und Beendigung der einzelnen Dienstverhältnisse der beteiligten Arbeitgeber und Arbeitnehmer[33].

V. Das Institut der gemeinsamen Durchführung[34]

1. Den Vertragsparteien des GAV ist ein gemeinsames Auftreten gegen außen ohne besondere gesetzliche Ermächtigung verwehrt. Jedoch ist es wünschbar, daß die Durchsetzung des GAV nicht bloß auf dem Wege der Einwirkung jeder Vertragspartei auf ihre Mitglieder erfolgt, sondern den Vertragsparteien selbst als Gemeinschaft das Recht zusteht, notwendigenfalls im Wege der Klage für die Einhaltung der Bestimmungen des GAV gegenüber den beteiligten Arbeitnehmern und Arbeitgebern zu sorgen. In der Botschaft von 1954[35] wird besonderes Gewicht auf die Feststellung gelegt, daß auf die Durchsetzung der Bestimmungen des GAV mit behördlichen Maßnahmen, d.h. auf öffentlich-rechtlichem Wege, nur verzichtet werden könne, wenn die Möglichkeit einer GAV-Gemeinschaft der vertragschließenden Verbände geschaffen werde, die in eigenem Namen gegenüber den beteiligten Arbeitgebern und Arbeitnehmern auftreten und den GAV wenn nötig auf prozessualem Wege durchsetzen könne. Die konsequente Verwirklichung des Gedankens müßte dazu führen, daß die GAV-Partner sich zu einer Personengesellschaft zusammenfinden. Der formellen Formulierung, z.B. als Kollektivgesellschaft, steht allerdings entgegen, daß nur natürliche Personen Mitglieder sein können (Art. 552 OR), daß die

---

[33] Das Friedensabkommen in der Fassung vom 19. Juli 1974 enthält nunmehr einen umfangreichen normativen Teil: So sind insbesondere Arbeitszeit, Ferien- und Feiertagsentschädigung, Beiträge der Arbeitgeber an die Krankengeldversicherung, Bezahlung von Absenzen zufolge Heirat, Geburt, Todesfall oder Militärdienst normiert.
[34] W. Hug, Die Gesetzgebung über den GAV und dessen AVE, WuR 1954, S. 117ff.; R. Zumbühl, Bemerkungen zur geplanten Gesetzgebung über den GAV und dessen AVE, WuR 1954, S. 103ff.; W. Büchi, Ein soziologisches Modell der Vertragsgemeinschaft, WuR 1956, S. 1ff.; W. Zähner, Die Durchsetzung des GAV in der Schweiz, Diss. Basel 1949; Wehrli (oben Lit.verz. vor § 74).
[35] BBl 1954 I, S. 135.

Personengesellschaften auf den Betrieb eines nach kaufmännischer Art geführten Gewerbes ausgerichtet sind und unter einer Firmenbezeichnung auftreten. Die Bildung eines Vereins oder einer Genossenschaft würde eine Überorganisation bedeuten, welche die Autonomie der Verbände beeinträchtigt und die Vertragsgemeinschaft in einer Weise verselbständigt, die mit dem Grundgedanken des freiwilligen und zeitlich beschränkten Zusammenwirkens der Sozialpartner nicht vereinbar wäre.

2. Der Gesetzgeber hat in Art. 357 b OR die rechtlichen Grundlagen dafür geschaffen, daß in einem zwischen Verbänden abgeschlossenen GAV die Vertragspartner vereinbaren können, daß ihnen gemeinsam ein Anspruch auf Einhaltung des Vertrages gegenüber den beteiligten Arbeitgebern und Arbeitnehmern in abschließend aufgezählten Fragen zusteht. Voraussetzung ist, daß die Vertragsparteien durch die Statuten oder einen Beschluß des obersten Verbandsorgans ausdrücklich hierzu ermächtigt sind (Art. 357 b Abs. 2). Eine Verpflichtung des einzelnen Arbeitnehmers oder Arbeitgebers gegenüber der Vertragsgemeinschaft soll auf eine freiwillig übernommene Mitgliedschaftpflicht abgestützt werden können. Damit ist eine neue Verbandsform geschaffen: im Innenverhältnis der Vertragsparteien gelten die Grundsätze über die einfache Gesellschaft (Art. 357 b Abs. 3). Im Außenverhältnis dagegen kann die Vertragsgemeinschaft in bestimmten Fragen gegenüber den beteiligten Arbeitgebern und Arbeitnehmern wie etwa eine Kollektivgesellschaft auftreten.

3. Der direkte Anspruch der Vertragsgemeinschaft gegenüber den beteiligten Arbeitgebern und Arbeitnehmern ist gegenstandsmäßig beschränkt. Direkte Ansprüche bestehen bei folgenden Gegenständen:

a) Abschluß, Inhalt und Beendigung des Arbeitsverhältnisses,
b) Beiträge an Ausgleichskassen und andere das Arbeitsverhältnis betreffende Einrichtungen, Vertretung der Arbeitnehmer in den Betrieben und Wahrung des Arbeitsfriedens,
c) Kontrolle, Kautionen und Konventionalstrafen in bezug auf Bestimmungen gemäß a) und b).

Für die Ansprüche aus dem Arbeitsverhältnis (lit. a) ist der Klageanspruch der Gemeinschaft auf Feststellung beschränkt (Art. 357 b Abs. 1 lit a letzter Satz.)

Dem einzelnen Arbeitnehmer soll die Willensentscheidung über die Leistungsklage vorbehalten bleiben; dem Einzelnen könne der Entscheid und die Verantwortung für die prozessuale Geltendmachung seines Anspruchs nicht abgenommen werden. Dieser Auffassung von der höchst persönlichen Natur der Leistungsklage steht allerdings die besondere Situation des Arbeitnehmers, seine wirtschaftliche Abhängigkeit vom Arbeitgeber entgegen, die jenem oft die Geltendmachung seines Rechts verwehrt. Es wird aber erwartet, daß der durch eine Feststellungsklage der Vertragsgemeinschaft ausgeübte Druck genüge, um den Arbeitgeber zu vertragskonformem Verhalten gegenüber dem Arbeitnehmer zu veranlassen. Die Leistungsklage ist somit beschränkt auf die sogenannten indirekt vertragsrechtlichen Bestimmungen. Es ist nicht zu übersehen, daß damit, zumindest teilweise, gesetzlich ein echter Vertrag zu Lasten Dritter geschaffen wird[36].

Wegen der Voraussetzung, daß die gemeinsame Durchsetzung in den Verbandsstatuten oder in einem Beschluß des obersten Verbandsorgans verankert sein muß, besteht die Vermutung, daß sich der einzelne Arbeitnehmer und Arbeitgeber, soweit er den vertragschließenden Verbänden angehört, mit dieser Rechtsmacht der Gemeinschaft einverstanden erklärt hat; für den Außenseiter, der sich durch Anschlußvertrag am GAV beteiligt, trifft diese Rechtfertigung nicht zu. Letzterer untersteht allerdings auch nicht der Einwirkung durch den Verband, weshalb sich die direkte Verpflichtung gegenüber den Vertragsparteien als Gemeinschaft als besonders notwendig erweist.

§ 77. Gesamtarbeitsvertrag und Außenseiter

I. Der persönliche Geltungsbereich des Gesamtarbeitsvertrages

Die normativen Bestimmungen des GAV haben auf der Seite der Arbeitnehmer Geltung für die Mitglieder der vertragschließenden Gewerkschaften, die im Dienst eines beteiligten Arbeitgebers stehen. Auf der Arbeitgeberseite sind die Mitglieder der vertragschließenden Arbeitgeberorganisation vom Geltungsbereich erfaßt. Diese sind die sog. beteiligten Arbeitgeber und Arbeitnehmer i. S. des Gesetzes (Art. 356 Abs. 1 OR). Das schweizerische Recht kennt nicht, wie z.B. das österreichische, eine sog. Fernwirkung des GAV auf alle in einem «beteiligten» Betrieb arbeitenden Arbeitnehmer[1]. Angesichts des sehr unterschiedlichen und häufig geringen Organisationsgrades der Arbeitnehmer sind oft nur eine Minderzahl von Arbeitnehmern eines Betriebs vom Geltungsbereich des GAV direkt erfaßt, was mit der bereits mehrfach erwähnten Aufgabe des GAV als Ordnungsinstrument zur Schaffung adäquater Arbeitsbedingungen und zur Erhaltung des Arbeitsfriedens im Widerspruch steht.

Der Grundgedanke des GAV verlangt, daß die Mehrzahl der Arbeitnehmer in einem Betrieb vom Geltungsbereich des GAV erfaßt werden. Es sind deshalb gesetzliche Möglichkeiten notwendig, um auch den Außenseiter an den GAV zu binden. Dabei kann allerdings die Problematik nicht übersehen werden, welche dadurch entsteht, daß eine Gewerkschaft, die

---

[36] Daraus folgt auch, daß die gesetzliche Aufzählung der Gegenstände, welche von den Parteien direkt durchgesetzt werden können, abschließend sein muß.
[1] Vgl. § 10 Kollektivvertragsgesetz vom 26. Febr. 1941.

nur eine Minderheit der Arbeitnehmer vertritt, zusammen mit dem Arbeitgeber oder einem Arbeitgeberverband für eine Mehrheit der Arbeitnehmer Recht setzen kann.

II. Formen der Erfassung des Außenseiters

1. Das vom Gesetz in Art. 356b OR vorgesehene Instrument[2] zur Erfassung des Außenseiters ist der sog. Anschlußvertrag. Einzelne Arbeitgeber und einzelne im Dienst beteiligter Arbeitgeber stehende Arbeitnehmer können sich mit Zustimmung der Vertragsparteien dem GAV anschließen. Sie gelten dann als beteiligte Arbeitgeber und Arbeitnehmer im Sinne von Art. 356 Abs. 1 OR.

Der Anschlußvertrag wird somit zwischen dem Außenseiter und den Parteien des GAV geschlossen. Grundsätzlich gilt für die GAV-Parteien auch mit Bezug auf einen Abschlußvertrag das Prinzip der Abschlußfreiheit. Doch kann die Ablehnung einer Offerte zum Abschluß eines Anschlußvertrages einen Rechtsmißbrauch darstellen (so z.B. in den Fällen der sog. preferential-shop-Klauseln [vgl. oben S. 457], der willkürlichen Diskriminierung einzelner Arbeitnehmer, der Ablehnung zum Zwecke des Koalitionszwanges).

2. Die Vertragsparteien können bereits im GAV den Anschluß näher regeln. Insbesondere können sie den Anschluß abhängig machen von der Zahlung eines sog. Solidaritätsbeitrages des Außenseiters. Der Solidaritätsbeitrag beruht ursprünglich auf dem Gedanken, daß die vertragschließenden Gewerkschaften Arbeit und Kosten für den Abschluß eines GAV aufgewendet haben, die durch die Gewerkschaftsbeiträge der Mitglieder finanziert worden sind. Der Außenseiter soll nicht ohne einen Beitrag an diese Kosten in den Genuß der Vorteile des GAV gelangen.

Der Solidaritätsbeitrag kann allerdings zu einem indirekten Gewerkschaftszwang werden, wenn er der Höhe nach dem Gewerkschaftsbeitrag des Verbandsmitglieds nahe kommt. Das BG hat deshalb in den Entscheiden 75 II, 1949, S. 305 und 74 II, 1948, S. 158 eine Begrenzung der zulässigen Höhe des Solidaritätsbeitrages vorgenommen: Dieser muß wesentlich unter dem normalen Gewerkschaftsbeitrag liegen, um nicht unter dem Gesichtspunkt des indirekten Koalitionszwangs ungültig zu sein[3]. Art. 356b Abs. 2 OR ermächtigt den Richter, unangemessene Bedingungen des Anschlusses, insbesondere übermäßige Solidaritätsbeiträge, für nichtig zu erklären oder auf das zulässige Maß zu beschränken.

---

[2] Zu den generell denkbaren Methoden der Erfassung von Außenseitern vgl. SCHWEINGRUBER/BIGLER, Kommentar zum GAV, S. 27 ff.
[3] Das BG hat darauf hingewiesen, daß die Gewerkschaften mit den Mitgliedschaftsbeiträgen nicht bloß die Aufwendungen zum Abschluß des GAV, sondern noch andere Aktivitäten finanzieren, wie z.B. das gewerkschaftliche Bildungswesen usw., in dessen Genuß der Außenseiter nicht gelangt.

Der Gedanke, daß die Außenseiter an die Kosten der Gewerkschaften für den Abschluß des GAV einen Beitrag zu leisten haben, wird allerdings vom Gesetz durch die Vorschrift in Frage gestellt, daß die Beiträge des Außenseiters nur an die Vertragsparteien gemeinsam entrichtet werden dürfen. Bestimmungen oder Abreden über Beiträge zugunsten einer einzelnen Vertragspartei sind nichtig (Art. 356b Abs. 2 OR). Die Solidaritätsbeiträge sind somit nach der Revision von 1956 von den Vertragsparteien in erster Linie zu Zwecken zu verwenden, an denen auch der Außenseiter teilhaben kann (z.B. Ausbildungswesen, Erholungsstätten usw.). Damit soll vermieden werden, daß der Solidaritätsbeitrag der finanziellen Stärkung der Gewerkschaft dient. Die Verwendung eines angemessenen Teils des Beitrages für die Vertrags- und Kontrollkosten ist jedoch nicht ausgeschlossen, da letztlich auch der GAV gemeinsamen Zwecken dient und dem Außenseiter zugute kommt. Die Beschränkung des Beitrages auf die eigentlichen Vollzugskosten mit Verwendung zugunsten der Gewerkschaften ist deshalb zulässig.

Ein Solidaritätsbeitrag kann nicht von Mitgliedern von Gewerkschaften erhoben werden, die nicht als Vertragspartei zugelassen werden, weil die damit verbundene doppelte Belastung (Gewerkschaftsbeitrag bei der eigenen Gewerkschaft und Solidaritätsbeitrag zugunsten der Vertragspartei) sich zwangsweise als Druck auf das Mitglied auswirkt, die Gewerkschaft zu wechseln, somit eine Beeinträchtigung des Rechts der freien Wahl der Gewerkschaft beinhaltet (vgl. oben S. 453 ff.).

3. Im Unterschied zum Gewerkschaftszwang ist der Vertragszwang[4] nicht von vorneherein unzulässig[5,6]. So sind Abreden eines GAV, wonach sich die beteiligten Arbeitgeber verpflichten, nur solche Arbeitnehmer in den Dienst zu nehmen, die bereit sind, einen Anschlußvertrag abzuschließen, zulässig, sofern jeglicher indirekte Gewerkschaftszwang vermieden wird.

Art. 356 Abs. 3 OR erklärt einen Vertragszwang dann als unzulässig, wenn er sich auf Mitglieder von Verbänden bezieht, denen die Beteiligung am GAV oder der Abschluß eines neuen gleichen Vertrags nicht offensteht. Diese Bestimmung erhält einen sinnvollen Inhalt nur, wenn daraus das Recht der übergangenen Gewerkschaft gefolgert wird, als Vertragspartei anerkannt zu werden, oder wenn zumindest dem Mitglied der übergangenen Gewerkschaft der beitragslose Anschluß an den GAV offensteht (vgl. oben S. 454)[7,8].

---

[4] Die Form des Anschlusses ist im deutschen Recht unbekannt, dies vor allem deshalb, weil ein Druck auf die Außenseiter, sich anzuschließen, unzulässig ist. Bestimmungen, daß nur organisierte bzw. angeschlossene Arbeitnehmer eingestellt werden, würden gegen das Grundrecht der freien Arbeitsplatzwahl nach Art. 12 I GG verstoßen. Vgl. Hueck/Nipperdey, Lehrbuch, Bd. II, S. 163/64; Flemming, S. 78.

[5] Vgl. hierzu H. P. Tschudi, GAV und Außenseiter, WuR 1953, S. 43 ff.

[6] Hug, Die neue schweizerische Gesetzgebung über den Gesamtarbeitsvertrag, RdA 1958, S. 86. Ebenso: Heither, S. 64.

Kritisch zum Vertragszwang Mathys, S. 82 ff., insbes. S. 87/88: Das Institut der AVE sollte jeden privaten Vertragszwang überflüssig werden lassen.

[7] Dazu F. Vischer, Zur Stellung der Mehrheits- und der Minderheitsgewerkschaft im GAV-Recht, in: Festgabe zum Schweiz. Juristentag 1963, Basel/Stuttgart 1963, S. 291 ff.

[8] Vor allem unorganisierte Außenseiter unterliegen demnach dem Vertragszwang.

4. Der förmliche Anschlußvertrag ist nicht die einzige Form zur Erfassung des Außenseiters.

Der GAV kann z.B. bestimmen, daß der Geltungsbereich sich von vorneherein auf alle Arbeitnehmer einer bestimmten Kategorie des Unternehmens bezieht. Eine solche Klausel beinhaltet aber lediglich eine Verpflichtung des Arbeitgebers, Außenseiter nur zu den Bedingungen des GAV einzustellen und den Inhalt des Einzelarbeitsvertrags den Bestimmungen des GAV anzupassen. Der Außenseiter wird dagegen nicht «beteiligter Arbeitnehmer» im Sinne von Art. 356 Abs. 1 OR. Er unterliegt nicht der normativen Wirkung der Bestimmungen des GAV und nicht der Einwirkung durch die vertragschließende Gewerkschaft; er kann im Falle einer gemeinsamen Durchsetzung nicht von den Vertragsparteien gemeinsam belangt werden. Verletzt der Arbeitgeber seine Verpflichtung, so wird er nur gegenüber der andern Vertragspartei, somit der Gewerkschaft, verantwortlich[9], es sei denn, die Vereinbarung zwischen den Parteien des GAV beinhalte einen echten Vertrag zugunsten des Außenseiters[10]. Ist auf der Arbeitgeberseite der Arbeitgeberverband Vertragspartei, so kann allerdings eine Außenseiterklausel dem Außenseiter nicht mehr Rechte verleihen, als dem vertragschließenden Arbeitnehmerverband selbst zustünden. Der Außenseiter kann lediglich vom Arbeitgeberverband verlangen, daß er auf das Mitglied einwirkt mit dem Ziel, einen dem GAV konformen Einzelarbeitsvertrag abzuschließen. Es ist kaum anzunehmen, daß der Arbeitgeberverband selbst ein Garantieversprechen zugunsten des einzelnen Außenseiterarbeitnehmers eingegangen ist[11].

§ 78. Insbesondere die Allgemeinverbindlicherklärung (AVE) des Gesamtarbeitsvertrages

Literatur: SCHWEINGRUBER/BIGLER, Kommentar zum Gesamtarbeitsvertrag; F. W. BIGLER, Die Praxis der Allgemeinverbindlicherklärung von Gesamtarbeitsverträgen, Diss. Bern 1956; H. BORSCHBERG, Die Allgemeinverbindlicherklärung von Gesamtarbeitsverträgen im Rahmen des schweizerischen Verfassungsrechts, Diss. Zürich 1945; H. P. BUCHLI, Zur Auslegung des Gesamtarbeitsvertrages und des allgemeinverbindlicherklärten Gesamtarbeitsvertrages, Diss. Bern 1969; A. HEIL, Die Allgemeinverbindlicherklärung schuldrechtlicher Bestimmungen von Gesamtarbeitsverträgen, Diss. Zürich 1950; H. HUBER, Die staatsrechtliche Bedeutung der Allgemeinverbindlicherklärung von Verbandsbeschlüssen und -vereinbarungen, ZSR 59, 1940, S. 331 ff.; O. HOLER, Gesamtarbeitsvertrag und Allgemeinverbindlichkeit, SJK Nr. 841–43; J. LAUTNER, Die Allgemeinverbindlicherklärung von Gesamtarbeitsverträgen, SJZ 38, 1941/42, S. 191 ff.; H. NAWIASKY, Die Allgemeinverbindlicherklärung des Gesamtarbeitsvertrages, SJZ 37, 1940/41, S. 246 ff.; H. C. NIPPERDEY/H. HEUSSNER, Die Rechtsnatur der Allgemeinver-

---

[9] Vgl. auch BGE 81 I, 1955, S. 1: ein Verstoß gegen die Lohnbestimmungen eines GAV, der auf sämtliche Arbeitnehmer Anwendung finden soll, kann Nachzahlungen an die paritätische Kommission im Sinne einer Konventionalstrafe zur Folge haben. Der Arbeitnehmer selbst hat aber keinen Anspruch auf die Differenz, da sich sein Verhältnis zum Arbeitgeber ausschließlich nach dem Einzelarbeitsvertrag richtet.

[10] OSER/SCHÖNENBERGER, N. 45 und 46 zu Art. 322 OR.

[11] Vgl. den instruktiven Entscheid ObGer Schaffhausen, 28. Sept. 1956, SJZ 53, 1957, S. 125, CANNER, 2. Folge, Nr. 95.

bindlicherklärung von Tarifverträgen, in: Staatsbürger und Staatsgewalt, Bd. 1, 1963, S. 211 ff.; A. NYDEGGER, Die wirtschaftliche Bedeutung der Allgemeinverbindlicherklärung von Gesamtarbeitsverträgen in der Schweiz, Diss. St. Gallen 1956; W. SIEGRIST/B. ZANETTI, Zukunft der Allgemeinverbindlichkeit von Gesamtarbeitsverträgen, Zürich 1946; H. THALMANN, Die Allgemeinverbindlichkeit der Gesamtarbeitsverträge, Zürich 1944; F. WALZ, Die Allgemeinverbindlicherklärung von Gesamtvereinbarungen, Zürich 1948.

1. Der Geltungsbereich eines zwischen Verbänden abgeschlossenen GAV (somit nicht eines GAV, bei dem auf der Arbeitgeberseite kein Verband Vertragspartner ist) kann auf Antrag aller Vertragsparteien durch behördliche Anordnung auf Arbeitgeber und Arbeitnehmer des betreffenden Wirtschaftszweiges oder Berufes ausgedehnt werden, die am Vertrag nicht beteiligt sind. Die verfassungsrechtliche Grundlage für diese behördliche Ausdehnung des Geltungsbereichs liegt in Art. 34ter Abs. 1 lit. c und Abs. 2 BV. Der Bund hat von seiner Gesetzgebungsbefugnis im Bundesgesetz über die Allgemeinverbindlicherklärung von GAV vom 28. September 1956 Gebrauch gemacht[1]. Der am 1. Januar 1957 in Kraft getretene Erlaß ersetzte den wiederholt verlängerten BB vom 23. Juni 1943 und 8. Oktober 1948 über die Allgemeinverbindlicherklärung von GAV. Das Wesen der AVE liegt darin, daß der Gesetzgeber den normativen Teil eines GAV sowie die Bestimmungen über die gemeinsame Durchführung im Sinne von Art. 357b OR auch für verbandsfremde Arbeitgeber und Arbeitnehmer des betreffenden Wirtschaftszweiges oder Berufes anwendbar erklärt. Die AVE verändert den Inhalt eines GAV nicht; sie läßt auch den rechtlichen Charakter des Gesamtarbeitsvertragsrechts bestehen: es bleibt objektives Recht, geschaffen durch Vereinbarung hierfür vom Gesetzgeber ermächtigter privater Rechtssubjekte[2]. Die behördliche AVE ist weder ein Akt der Rechtsetzung noch ein Akt der Rechtsanwendung. Es werden keine neuen Rechtssätze aufgestellt, sondern es wird der personelle Geltungsbereich[3]

---

[1] Vgl. Botschaft BBl 1954 I, S. 125 ff. Das Gesetz wird zur Zeit einer Generalrevision unterzogen.

[2] Vgl. zur «privatrechtlichen Ausgestaltung» der Allgemeinverbindlicherklärung die Botschaft des BR, BBl 1954 I, S. 148/49; Pra. 62, Nr. 4, S. 12.
Zudem handelt es sich um eidgenössisches Privatrecht, was für die Berufungsfähigkeit eines Entscheides über Ansprüche aus einem allgemeinverbindlich erklärten Gesamtarbeitsvertrag von Bedeutung ist: «In dieser Befugnis des Kantons ist kein Einbruch in die Zivilrechtshoheit des Bundes zu erblicken, noch wird der Inhalt eines GAV zu kantonalem Recht, wenn ein Kanton ihn für sein Gebiet allgemeinverbindlich erklärt»; somit ist also eine Berufung an das BG wegen Verletzung von Bundesrecht möglich. Vgl. Pra. 62, Nr. 4, S. 12/13.

[3] Zum persönlichen Geltungsbereich eines allgemeinverbindlich erklärten GAV vgl. ARV 20, Nr. 21, S. 64, wonach ein für ausgebildete Berufsangehörige abgeschlossener GAV nicht auch für Lehrlinge allgemeinverbindlich erklärt werden kann.

bestehender Rechtsnormen ausgedehnt. Dadurch wird die AVE zu einem Teil des Rechtsetzungsverfahrens[4]. Der räumliche Geltungsbereich einer AVE beruht dagegen grundsätzlich auf dem GAV; die AVE dehnt den GAV nur in personeller, nicht in räumlicher Hinsicht aus[5, 6].

Die AVE ist vom rechtsstaatlichen Gesichtspunkt aus nicht völlig problemlos.

Sie bringt eine Unterstellung des Außenseiters gegen seinen Willen unter den Machtbereich eines GAV und dessen Vertragspartners. Es wird in Form eines Vertrags bestimmt, was richtigerweise in Form einer staatlichen Satzung geregelt werden müßte[7]. Eine Überprüfung der Angemessenheit der Ordnung besteht nicht in gleicher Weise wie im Falle der ordentlichen staatlichen Rechtsetzungsverfahren. Der Außenseiter wird durch die AVE eines GAV insofern besonders betroffen, als nicht nur die Festsetzung des Inhalts der Rechtsnormen den GAV-Parteien überlassen wird, sondern er auch der Kontrolle und der Vollzugsgewalt der Vertragsparteien unterstellt wird, ohne daß ihm die Möglichkeit offensteht, sich dem GAV durch Austritt aus dem vertragschließenden Verband zu entziehen. Damit wird die parastaatliche Stellung der Verbände besonders betont. Endlich ist darauf hinzuweisen, daß die AVE im Arbeitsrecht zu einem Sonderrecht für bestimmte Wirtschafts- und Berufszweige führt, das unter Ausschaltung des staatlichen Gesetzgebungsverfahrens und ausschließlich unter Mitwirkung der direkt Beteiligten zustande kommt, obwohl es auch andere Kreise von Rechtssubjekten betrifft und die nationale Wirtschaft im ganzen beeinflußt. Durch die AVE kann z.B. eine Minderheit von Arbeitgebern gezwungen werden, Löhne auszurichten, auf die sie sich in freier Vereinbarung nicht geeinigt hätten.

Auf der andern Seite ist festzustellen, daß der Staat auf die direkte Festsetzung der Löhne und Sozialbedingungen nur verzichten kann, wenn ihm ein Instrument zur Verwendung privater Abmachungen der Sozialpartner zur Verfügung steht, weil nur damit die Arbeitsbedingungen, insbesondere die Löhne, als Faktoren des Konkurrenzkampfes in einem bestimmten Wirtschaftszweig oder Beruf eliminiert werden können und das soziale Dumping wirksam bekämpft werden kann. Die Verwendung der privaten Abmachungen eines GAV durch den Staat im Wege der AVE hat dabei den Vorteil, daß die im GAV festgehaltenen Lösungen das Resultat von Verhandlungen gleich starker Partner sind und somit immerhin Gewähr bieten, im betreffenden Wirtschaftszweig oder Beruf die an sich mögliche und tragbare Lösung darzustellen. Die Alternative, die direkte Intervention des Staates, würde ein kompliziertes Rechtsetzungsverfahren voraussetzen und den Staat in die direkte Auseinandersetzung der Sozialpartner hineinziehen.

Die AVE von Verbandsrecht ist nach Art. 34ter Abs. 2 BV nur für Sachgebiete zulässig, welche das Arbeitsverhältnis betreffen. Die bei der Schaffung der Wirtschaftsartikel angestrebte AVE von Verbandsbeschlüssen auch auf andern Gebieten (z.B. über Preise usw.) wurde abgelehnt. Dagegen wird durch den Art. 34[septies] BV über den Mieterschutz neuerdings auch die AVE von zwischen Vermieter- und Mieterverbänden ausgehandelten Rahmenmietverträgen als möglich erklärt.

2. Wegen der genannten rechtsstaatlichen Bedenken ist die AVE nur unter besonderen Voraussetzungen möglich (Art. 2 und 3 des BG über AVE von GAV):

---

[4] Vgl. HUBER, ZSR 59, 1940, S.338, insbes. Anm. 12.
[5] Vgl. Reg.Rat. Kt. Zürich, 13.Febr. 1958, ARV 6, S.67ff.; dazu W. HERZOG, Der Geltungsbereich des GAV und die Konkurrenz der Verträge, Diss. Zürich 1940, S.45ff.
[6] Ferner SCHWEINGRUBER/BIGLER, Kommentar, S.88, S.130f.
[7] Vgl. W.BURCKHARDT, Gedanken eines Juristen über den Korporationenstaat, ZBJV 70, 1934, S.97ff., insbes. S.126ff.

§ 78   Allgemeinverbindlicherklärung des Gesamtarbeitsvertrages   475

a) Die AVE muß sich wegen der für die beteiligten Arbeitgeber und Arbeitnehmer andernfalls zu erwartenden erheblichen Nachteile als notwendig erweisen. Sie darf den Gesamtinteressen nicht zuwiderlaufen und die berechtigten Interessen anderer Wirtschaftsgruppen und Bevölkerungskreise nicht beeinträchtigen. Sie muß ferner den auf regionalen oder betrieblichen Verschiedenheiten beruhenden Minderheitsinteressen innerhalb des betreffenden Wirtschaftszweiges oder Berufes angemessen Rechnung tragen.

b) Ein GAV kann nur allgemeinverbindlich erklärt werden, wenn er von einer Mehrheit der beteiligten Arbeitgeber und Arbeitnehmer getragen ist. Deshalb müssen mehr als die Hälfte aller Arbeitgeber und mehr als die Hälfte aller Arbeitnehmer, auf die der Geltungsbereich des GAV ausgedehnt werden soll, an ihm beteiligt sein. Überdies müssen die beteiligten Arbeitgeber mehr als die Hälfte aller Arbeitnehmer beschäftigen[8].

c) Der GAV darf die Rechtsgleichheit nicht verletzen und dem zwingenden Recht des Bundes und der Kantone nicht widersprechen. Diese Voraussetzung ist an sich selbstverständlich, da von ihrer Erfüllung schon die Gültigkeit des GAV selbst abhängt. Hierzu hatte sich auch schon der Bundesrat zu äußern[9]. Die vom Bundesrat zu entscheidende Frage war, ob eine Bestimmung eines GAV allgemeinverbindlich erklärt werden kann, durch welche dem Arbeitgeber ein zusätzlicher Beitrag für die Altersversorgung der Arbeitnehmer auferlegt wird, obwohl Art. 83 Abs. 2 des BG über die AHV vom 20. Dez. 1946 die Kantone zwar ermächtigt, durch Gesetz kantonale Zusatzversicherungen einzuführen, ihnen aber ausdrücklich verbietet, zu diesem Zwecke vom Arbeitgeber AHV-Beiträge zu erheben. Kann dem Außenseiter im Wege der AVE eines GAV eine Verpflichtung auferlegt werden, die im Wege der kantonalen Gesetzgebung nicht möglich wäre? Der Bundesrat hat die Frage bejaht, weil die Gegenstände, über die ein Kanton legiferieren könne, und diejenigen, welche in einem GAV geregelt werden dürfen, nicht identisch seien. So könne z. B. der Kanton keine Mindestlöhne für alle Arbeitnehmer einführen (BGE 80 I, 1954, S. 161), während Bund und Kanton zweifellos befugt seien, tarifvertraglich festgelegte Löhne für einzelne Erwerbszweige allgemeinverbindlich zu erklären, somit auch den Außenseiter darauf zu verpflichten. Art. 83 Abs. 2 AHV-Gesetz wolle lediglich verhindern, daß der Arbeitgeber zu weiteren Beiträgen an staatliche Altersversorgungen verpflichtet würde, schließe aber nicht aus, daß auf dem Wege der AVE private Altersversorgungsregelungen des GAV für den Außenseiter verbindlich würden und dieser dadurch zu Beitragsleistungen verpflichtet werde. Die Argumentation des Bundesrates läßt allerdings einige Zweifel offen. Es scheint mir fraglich, ob der Vorrang des zwingenden staatlichen Rechts hier nicht zu einer andern Lösung hätte führen müssen, weil eben das AHV-Gesetz grundsätzlich das Maximum der Belastung des Arbeitgebers festsetzen will. Den Arbeitgeberaußenseiter trifft es in gleicher Weise, ob er auf dem Wege der kantonalen Gesetzgebung oder der AVE eines GAV zu weiteren Beitragsleistungen gegen seinen Willen verpflichtet wird.

d) Der GAV darf die Verbandsfreiheit nicht beeinträchtigen[10] und muß einen offenen Vertrag in dem Sinne darstellen, daß er allen Arbeitgeber- oder Arbeitnehmerverbänden den Beitritt zum GAV zu den gleichen Be-

---

[8] Vgl. dazu auch SCHWEINGRUBER/BIGLER, Kommentar, S. 95 f. Unklar bleibt allerdings, wie mehr als die Hälfte aller Arbeitnehmer, die dem GAV nach dessen AVE unterstehen würden, beteiligt sein kann, ohne daß sie zugleich von einem beteiligten Arbeitgeber beschäftigt wird, so daß das letztere Erfordernis meines Erachtens überflüssig ist.
[9] Vgl. zu diesem Problem insbes. den Entscheid des BR vom 10. Nov. 1956, ARV 1957, S. 21 ff.
[10] So können z. B. gesamtarbeitsvertragliche Bestimmungen über die Versicherung gegen Arbeitslosigkeit nicht für allgemeinverbindlich erklärt werden in Kantonen, in denen keine öffentlichen Arbeitslosenversicherungskassen bestehen, die Außenseiter sich also einer Gewerkschaftskasse anschließen müßten, was in der Regel von der Verbandsmitgliedschaft abhängig gemacht wird. Vgl. SCHWEINGRUBER/BIGLER, Kommentar, S. 102/03.

dingungen (vgl. oben S. 453 ff.) und dem einzelnen Außenseiter den Beitritt zum vertragschließenden Verband oder den Anschlußvertrag ermöglicht.

e) Besondere Voraussetzungen stellt Art. 3 BG über die AVE von GAV für Bestimmungen über Ausgleichskassen und andere Einrichtungen im Sinne von Art. 357b Abs. 1 lit b OR sowie über Kontrollen, Kautionen und Konventionalstrafen auf.

3. Durch die AVE werden die nichtbeteiligten Arbeitgeber und Arbeitnehmer den Beteiligten rechtlich gleichgestellt (Art. 4). Für die Vertragsparteien besteht die Pflicht, Beteiligte und Außenseiter gleich zu behandeln (Art. 5).

Durch die AVE wird der Außenseiter allerdings auch der Kontrolle der vertragschließenden Verbände unterstellt. Einzelne Arbeitgeber und Arbeitnehmer können zwar bei der zuständigen kantonalen Behörde die Einsetzung eines besondern, von der Vertragspartei unabhängigen Kontrollorgans anstelle der vertraglichen Kontrollorgane verlangen (Art. 6 Abs. 1). Dies ist aber bloß insofern ein theoretischer Ausweg, als die staatlichen Kontrollkosten zu Lasten des Arbeitgebers oder Arbeitnehmers gehen, der eine besondere Kontrolle verlangt, es sei denn, spezifische Umstände würden es rechtfertigen, die Kosten ganz oder teilweise den Vertragsparteien aufzuerlegen (Art. 6 Abs. 3).

4. Die AVE wird vom Bundesrat angeordnet, wenn der Geltungsbereich der Allgemeinverbindlichkeit sich auf mehrere Kantone erstreckt, andernfalls von der vom Kanton zu bezeichnenden Behörde (Art. 7).

Um den rechtsstaatlichen Bedenken Rechnung zu tragen, wird der AVE ein demokratisches, kontradiktorisches Verfahren vorgeschaltet: der Anstoß erfolgt durch die Vertragsparteien, die der zuständigen Behörde einen schriftlichen Antrag auf AVE des GAV zu unterbreiten haben (Art. 8). Dieser ist zu veröffentlichen (Art. 9). Wer ein Interesse glaubhaft macht, kann bei der zuständigen Behörde gegen den Antrag Einspruch erheben (Art. 10). Vor dem Entscheid hat die Behörde das Gutachten unabhängiger Sachverständiger einzuholen, wenn sich dies nicht von vorneherein als überflüssig erweist (Art. 11). Die Behörde selbst hat zu prüfen, ob die Voraussetzungen für die AVE erfüllt sind, und sie entscheidet über den Antrag auf AVE. Wird diese angeordnet, so hat die zuständige Behörde den räumlichen, beruflichen und betrieblichen Geltungsbereich sowie den Beginn und die Dauer der Allgemeinverbindlichkeit festzulegen (Art. 12).

Die kantonale AVE bedarf zu ihrer Gültigkeit der Genehmigung des Bundesrates (Art. 13).

5. Auch nach einer Allgemeinverbindlicherklärung bleibt der GAV die Grundlage des Rechts. Wird er geändert, so bedarf es eines neuen Verfahrens zur AVE (Art. 16)[11]. Endigt der GAV vor Ablauf der Geltungs-

---

[11] Vgl. dazu M. IMBODEN, Schweizerische Verwaltungsrechtsprechung, Bd. I, 3. Aufl., Basel/Stuttgart 1968, Nr. 213: «Es gibt keine elastischen, sich einer nicht vom verantwortlichen Rechtsetzer selbst gesetzten Gegebenheit automatisch anpassenden Rechtssätze.»

dauer der Allgemeinverbindlichkeit, so ist auch diese auf den gleichen Zeitpunkt durch behördliche Anordnung außer Kraft zu setzen. Eine automatische Endigung findet aus Gründen der Rechtssicherheit nicht statt. Die Behörde muß die Allgemeinverbindlichkeit allerdings auch ohne Beendigung des GAV auf Antrag aller Vertragsparteien außer Kraft setzen (Art. 18 Abs. 1). Die Aufhebung erfolgt ex officio, wenn die Voraussetzungen für die Allgemeinverbindlichkeit nicht oder nicht mehr erfüllt sind (Art. 18 Abs. 2).

§ 79. Die Beendigung des Gesamtarbeitsvertrages

I. Ordentliche Beendigungsgründe

1. Der GAV endet durch Zeitablauf, wenn er auf bestimmte Zeit abgeschlossen wurde.

2. Ist der GAV auf unbestimmte Zeit abgeschlossen, so kann er, sofern nichts anderes verabredet ist, von jeder Vertragspartei mit Wirkung für alle anderen Parteien nach Ablauf eines Jahres jederzeit auf 6 Monate gekündigt werden. Den gleichen Kündigungsvoraussetzungen untersteht auch der Anschlußvertrag (Art. 356 c Abs. 2 OR).

II. Die Auflösung aus wichtigen Gründen

1. Es ist in der Literatur umstritten, ob ein GAV, der auf bestimmte Zeit abgeschlossen ist, während der Vertragsdauer und ein GAV mit unbestimmter Dauer ohne Einhaltung einer Kündigungsfrist aus wichtigem Grund aufgelöst werden kann. Art. 337 OR kann nicht ohne weiteres Anwendung finden, weil der GAV ein Normenvertrag ist, der Wirkungen für Dritte entfaltet, und die gesetzesähnliche Wirkung der normativen Bestimmungen auf die beteiligten Arbeitgeber und Arbeitnehmer ein erhöhtes Maß an Rechtssicherheit erfordert. Der GAV verlangt deshalb von den Parteien ein besonders qualifiziertes Maß an Vertragstreue. Andererseits kann auch beim GAV auf die Möglichkeit der sofortigen Auflösung, die bei allen langdauernden Verträgen besteht, nicht völlig verzichtet werden. Doch sind die Voraussetzungen und Wirkungen einer Auflösung auf die Beson-

derheit des GAV auszurichten: Die Auflösung ist nur als letztes Mittel zulässig, wenn die nach Gesetz und Vertrag verfügbaren Mittel wie Einwirkungspflicht, Verhandlungen über inhaltliche Änderungen, vertragliche Schiedsgerichte etc. versagt haben. Eine sofortige Auflösung sollte nur durch den Richter erfolgen können. Das Gesetz verlangt jedoch diese Voraussetzung nicht.

Die Botschaft zum BG über die Allgemeinverbindlicherklärung[1] begründet den Verzicht auf Aufnahme dieser Voraussetzung in das Gesetz mit dem Hinweis auf die oft lange Dauer eines gerichtlichen Verfahrens. Die Notwendigkeit, im Hinblick auf die normative Wirkung des GAV klare Rechtsverhältnisse zu schaffen, verlangt aber meines Erachtens gebieterisch nach einer richterlichen Auflösung (vgl. die analoge Regelung in Art. 545 Abs. 1 Ziff. 7 OR für die einfache Gesellschaft[2]).

Die Wirkung der Auflösung tritt nur ex nunc ein; ein Urteil hätte somit konstitutive Wirkung[3].

III. Die Wirkung der Beendigung des Gesamtarbeitsvertrages

1. Mit der Auflösung des GAV fallen dessen schuldrechtliche und normative Wirkungen dahin. Das schweizerische Recht kennt im Gegensatz zum deutschen[4, 5] keine gesetzliche Nachwirkung bis zum Abschluß einer neuen Vereinbarung.

2. Da die normativen Bestimmungen des GAV nicht zum Inhalt des Einzelarbeitsvertrags werden, haben sie nach dem Dahinfallen des GAV keine Wirkung mehr; doch wird man in der Regel annehmen müssen, daß die aufgehobenen Bestimmungen des GAV weiterhin als betriebsübliche Normen gelten[6]. SCHWEINGRUBER[7] erblickt im Fehlen einer Nachwirkung

---

[1] BBl 1954 I, S. 160.
[2] Vgl. allerdings die grundsätzlichen Ausführungen des BG zur Auflösung langdauernder Verträge aus wichtigen Gründen (BGE 92 II, 1966, S. 299 für den Lizenzvertrag), in denen die Ausnahmestellung von Art. 545 Abs. 1 Ziff. 7 OR betont wird; das Rücktrittsrecht, das auf Art. 107 OR abgestützt wird, setze in der Regel keinen Richterspruch voraus. Der GAV ist im Hinblick auf seine Wirkung auf Dritte ein typischer Ausnahmefall.
[3] Vgl. Botschaft BBl 1954 I, S. 160.
[4] Tarifvertragsgesetz § 4 Abs. 5.
[5] Vgl. HUECK/NIPPERDEY, Lehrbuch, Bd. II, S. 538 f. Ähnlich auch in Österreich nach § 13 Kollektivvertragsgesetz. Auch aus der in der Doktrin vorherrschenden Fiktionstheorie wird die Nachwirkung abgeleitet: mittels «fingierten Konsenses» werden die normativen Bestimmungen zu einem Bestandteil des Einzelarbeitsvertrages. Vgl. FLEMMING, S. 33 ff.
[6] Vgl. BGE 98 I, 1972, S. 561, wonach der GAV als Inhalt des mutmaßlichen Parteiwillens im Einzelarbeitsverhältnis gilt.
[7] Das Arbeitsrecht der Schweiz, 2. Aufl., Zürich 1951, S. 77.

des GAV eine besondere Schwäche des schweizerischen Gesamtarbeitsvertragsrechts: das Kollektivrecht könne eine staatliche Sozialgesetzgebung nicht vollwertig ersetzen, solange die Möglichkeit eines plötzlichen Zusammenbruchs der Kollektivanordnung bestehe. Dieses Risiko ist aber andererseits die notwendige Konsequenz einer privatrechtlichen Konzeption des Gesamtarbeitsvertragsrechts. Die Alternativen wären die Übernahme des Kollektivrechts in das öffentliche Recht oder die inhaltliche Bestimmung eines neuen GAV im Wege der Zwangsschlichtung, die dem GAV den Charakter einer freiwilligen Vereinbarung nähme.

Fünftes Kapitel

Der Normalarbeitsvertrag

Literatur: Kommentar BECKER zu Art. 324 OR; Kommentar OSER/SCHÖNENBERGER zu Art. 324 OR; Kommentar SCHWEINGRUBER zum Dienstvertrag zu Art. 324 OR; F.W. BIGLER, Der Normalarbeitsvertrag in der rechtlichen Ordnung des Dienstverhältnisses, WuR 5, S. 202 ff.; M. REHBINDER, Schweizerisches Arbeitsrecht, 2. Aufl., Bern 1973, S. 104 f.; J.M. KOBI, Rechtsprobleme des Normalarbeitsvertrages, erläutert am Beispiel des Normalarbeitsvertrages für das Pflegepersonal, Diss. Zürich 1973; E. STEINER, Normalarbeitsverträge, Diss. Fribourg 1946.

§ 80. Begriff und Bedeutung des Normalarbeitsvertrages (NAV)

I. Begriff

1. Der NAV ist, entgegen seinem Wortlaut, nicht eine vertragliche Vereinbarung, sondern eine hoheitliche, staatliche Normierung von Bestimmungen über Abschluß, Inhalt und Beendigung bestimmter Arbeitsverhältnisse (vgl. oben S. 295). Er ist mehr als ein von der Behörde aufgestellter Mustervertrag, da seine Normen für die vom Geltungsbereich erfaßten Arbeitnehmer und Arbeitgeber die gleichen Wirkungen wie gesetzliche Vorschriften haben. Der NAV ist in der Normenhierarchie als Verordnung zu betrachten und setzt dispositives Recht[1]. Nach Art. 360 Abs. 1 OR gelten die Bestimmungen des NAV unmittelbar und nicht wie nach dem alten Recht als gesetzliche Fiktion des Vertragswillens[2].

---

[1] Vgl. dazu BBl 1967 II, S. 242; STEINER, S. 9 ff.; BIGLER, WuR 5, S. 203 f. und KOBI, S. 26 ff.
  Zum Zwecke des Instituts des NAV vgl. BBl 1905 II, S. 35: «Mit einer solchen Ordnung läßt sich die Vielgestaltigkeit der Dienstverhältnisse zu einer den Umständen entsprechenden Regelung bringen, ohne daß durch die Gesetzgebung irgendein Zwang ausgeübt oder das praktische Leben in unzulässiger Weise reglementiert wird.» Dies in Analogie zum Grundgedanken des GAV.
  Zur Unterscheidung NAV, GAV, allgemeinverbindlich erklärter GAV vgl. STEINER, S. 19–23; BIGLER, WuR 5, S. 206 ff.
[2] Der NAV verdrängt die dispositiven Gesetzesbestimmungen (vgl. Art. 360 Abs. 1 OR; REHBINDER, Schweizerisches Arbeitsrecht, S. 27). Hingegen weicht der NAV dem zwingenden

2. Die Normen des NAV können allerdings durch Einzelabreden zwischen Arbeitgeber und Arbeitnehmer ersetzt werden. Die bisherige Voraussetzung, daß solche den NAV ersetzende Abreden schriftlich zu erfolgen haben (Art. 324 ORvRev.), ist in der Revision fallengelassen worden[3]. Allerdings kann der NAV selbst vorsehen, daß Abreden, die von einzelnen seiner Bestimmungen abweichen, zu ihrer Gültigkeit der schriftlichen Form bedürfen (Art. 360 Abs. 2 OR)[4]. Durch diese Regelung tritt der NAV als Rechtsquelle in der Rangordnung hinter die vertragliche Vereinbarung zurück. Darin liegt auch seine Schwäche: Der NAV will vor allem eine Regelung der Arbeitsbedingungen in denjenigen Berufen und Wirtschaftszweigen herbeiführen, in welchen die Arbeitnehmer nicht organisiert sind, somit die Möglichkeit des Abschlusses von Gesamtarbeitsverträgen nicht besteht. Will man aber mit dem Mittel des NAV die fehlende «bargaining power» des einzelnen Arbeitnehmers ausgleichen, so müßte die Konsequenz in der Aufstellung zumindest relativ zwingender Normen bestehen, die nur durch das Günstigkeitsprinzip durchbrochen werden können. Die dagegen erhobenen rechtsstaatlichen Bedenken werden m. E. gegenüber den sozialpolitischen Zielen, die mit dem NAV verfolgt werden, überbewertet.

3. Die NAV enthalten in der Regel keine Lohnfestsetzungen, obwohl dies durch den Wortlaut von Art. 359 OR, der bezüglich des Inhalts mit Art. 356 OR (GAV) übereinstimmt, keineswegs ausgeschlossen ist und Art. 322 OR bei der Lohnfestsetzung ausdrücklich auf den NAV verweist. Besonders für das landwirtschaftliche Arbeitsverhältnis wäre die Lohnfestsetzung wünschbar.

Gesetzesrecht, es sei denn, das Günstigkeitsprinzip, wie es in Art. 358 OR formuliert ist, komme zur analogen Anwendung (vgl. Art. 359 Abs. 3 OR). Ebenso weichen die bloß dispositiven Normen des NAV dem GAV mit seiner zwingenden, unabdingbaren Wirkung, vorbehalten auch hier das Günstigkeitsprinzip (vgl. BIGLER, WuR 5, S.207/208: «Die Unabdingbarkeit des Gesamtarbeitsvertrages bezieht sich nicht auf die für den Arbeitnehmer günstigen Vereinbarungen der Parteien des Einzeldienstvertrages. Aus dem Zweck des Gesamtarbeitsvertrages, einheitliche Mindestnormen aufzustellen, folgt, daß solche günstigen Vereinbarungen dem Gesamtarbeitsvertrag nicht widersprechen …»). Ebenda, S.208. Vgl. ferner KOBI, S.60ff.

[3] «Die grundlegende Neuordnung des Normalarbeitsvertrages beruht auf der Erwägung, daß die eingehende und weithin zwingende Regelung des Einzelarbeitsvertrages im Entwurf die Bedeutung der Normalarbeitsverträge zurückdrängt und bei diesen den allgemeinen Ausschluß jeder mündlichen Abrede nicht mehr rechtfertigt. Nach dem System des Entwurfs (und des geltenden Rechts, der Verf.) ist die abweichende Abrede von nicht zwingenden Vorschriften (sc. des Gesetzes) in jeder Form zulässig, während nur für bestimmte Abreden die Schriftform als Gültigkeitsvoraussetzung vorgeschrieben ist. Dieses System wird nun auf den Normalarbeitsvertrag übertragen, weil kein Grund besteht, seinem Verordnungsrecht eine stärkere Wirkung beizulegen als dem nicht zwingenden Gesetzesrecht» (Botschaft BBl 1967 II, S.423).

[4] Immerhin ist damit die «faktisch zwingende» Wirkung des NAV, wie sie nach altem Recht bestand (vgl. BBl 1967 II, S.287), weitgehend beseitigt. Diese entstand dadurch, daß wegen des Erfordernisses der Schriftform für abweichende Abreden solche kaum je getroffen wurden.

II. Erlaß des Normalarbeitsvertrages

Der Erlaß von NAV steht grundsätzlich im freien Ermessen der zuständigen Behörde. Eine Ausnahme gilt für die Arbeitsverhältnisse der Arbeitnehmer in der Landwirtschaft und im Hausdienst. Hier besteht für die Kantone das Obligatorium des NAV mit gesetzlich vorgeschriebenem Inhalt. Für die landwirtschaftlichen Verhältnisse ist das Obligatorium bereits in Art. 96 Abs. 1 Landwirtschaftsgesetz vorgesehen.

Dies rechtfertigt sich für die Arbeitsverhältnisse der Landwirtschaft und des Hausdienstes einmal durch die Tatsache, daß in der Schweiz die Arbeitnehmer in diesen beiden Arbeitszweigen nicht organisiert sind; so kennt die Schweiz keine Gewerkschaft der Arbeitnehmer in der Landwirtschaft. Zum andern besteht gerade in diesen beiden Arbeitszweigen ein besonderes Schutzbedürfnis für den Arbeitnehmer, der in aller Regel schon durch die Hausgemeinschaft in eine besonders qualifizierte Abhängigkeit zum Arbeitgeber gerät. Gerade in diesen zwei Arbeitsgebieten bestehen auch keinerlei öffentlich-rechtliche Schutzvorschriften[5].

Der obligatorische Inhalt des NAV erstreckt sich in diesem Gebiet namentlich auf die Arbeits- und Ruhezeit und auf die Arbeitsbedingungen der weiblichen und jugendlichen Arbeitnehmer (Art. 359 Abs. 2 OR). Mit Rücksicht auf die zwingenden Regelungen des Einzelarbeitsvertragsrechts zählt die Regelung der Pflichten der Vertragsparteien über Ferien, Lohnzahlung im Krankheitsfall und Kündigung nicht mehr zum obligatorischen Inhalt (so noch Art. 96 Abs. 2 Landwirtschaftsgesetz). Die gesetzliche Ordnung bietet in diesen Fragen einen genügenden Schutz für den Arbeitnehmer. Zwingende gesetzliche Bestimmungen gehen den Regelungen des NAV immer vor. (Art. 359 Abs. 3 OR).

§ 81. Zuständigkeit und Verfahren

1. Zum Erlaß des NAV ist der Bundesrat zuständig, sofern sich der Geltungsbereich des NAV auf mehrere Kantone erstreckt, andernfalls der Kanton (Art. 359a Abs. 1 OR)[1,2]. Die Kantone können die zum Erlaß des NAV zuständige Behörde selbst bestimmen[3]. Bei den Vorbereitungsarbeiten wurde gefordert, daß im Hinblick darauf, daß der NAV privates Recht für bestimmte Gruppen von Arbeitsverhältnissen setze, die Anwendbarkeit des ordentlichen Rechtsetzungsverfahrens vorgeschrieben werden müsse

---

[5] Vgl. StenBullNR 1969, S. 402 und Art. 2 Abs. 1 lit. d und lit. g ArG.
[1] «Um eine Differenzierung auch nach regionalen Gesichtspunkten zu ermöglichen, ist die Verordnungsbefugnis den Kantonen eingeräumt worden» (vgl. Botschaft BBl 1967 II, S. 242).
[2] Wo der Kanton einen NAV erläßt, handelt es sich um den einzigen Fall von kantonalem Privatrecht auf dem Gebiete des Arbeitsrechts. Vgl. BIGLER, WuR 5, S. 204.
[3] Zum Überblick über die bestehenden kantonalen Regelungen vgl. KOBI, S. 31.

(im Bund z.B. Erlaß durch allgemeinverbindlichen Bundesbeschluß; im Kanton auf dem Wege der ordentlichen Gesetzgebung)[4]. Das Gesetz hat auf die Verwirklichung solcher Postulate verzichtet. Dagegen wurde, um der auf rechtsstaatlichen Prinzipien beruhenden Kritik Rechnung zu tragen, ein gewisses demokratisches Verfahren dem Erlaß vorgeschaltet, das demjenigen bei der AVE nachgebildet ist:

> Der NAV ist vor Erlaß zu veröffentlichen, und es ist eine Frist anzusetzen, innert deren jedermann, der ein Interesse glaubhaft macht, schriftlich dazu Stellung nehmen kann. Außerdem sind Berufsverbände oder gemeinnützige Vereinigungen, die ein Interesse haben, anzuhören (Art. 359a Abs. 2 OR). Damit soll garantiert werden, daß die beteiligten Arbeitgeber und Arbeitnehmer indirekt vor dem Erlaß zu Worte kommen. Die Wirksamkeit dieser Vorschrift wird aber gerade durch das Fehlen von Organisationen der betroffenen Arbeitnehmer in Frage gestellt[5].

2. Entgegen dem alten Recht (Art. 324 Abs. 2 ORvRev.) tritt der NAV erst in Kraft, wenn er nach den für die amtlichen Veröffentlichungen geltenden Vorschriften bekanntgemacht worden ist (Art. 359a Abs. 3 OR)[6]

Das für den Erlaß vorgeschriebene Verfahren gilt auch für die Abänderung und Aufhebung des NAV (Art. 359a Abs. 4 OR).

---

[4] Vgl. BBl 1967 II, S. 422.
[5] Zu einer weiteren möglichen Erlaßmodalität vgl. Botschaft BBl 1967 II, S. 286/87: «Bei der Vorbereitung des Entwurfs ist die Frage erneut aufgeworfen worden, ob nicht das Erfordernis der Genehmigung durch den Bundesrat aufgenommen werden sollte, vor allem, weil auch die kantonale AVE eines GAV zu ihrer Gültigkeit der Genehmigung des Bundesrates bedarf. ... Die Genehmigung müßte wie bei der AVE als Gültigkeitserfordernis vorgesehen werden. Damit müßte aber auch bestimmt werden, nach welchen Kriterien die Prüfung des Inhalts des Normalarbeitsvertrages vorzunehmen wäre ... . Da die Festlegung solcher materieller Voraussetzungen beim NAV eine fast unlösbare Aufgabe darstellt und ohne sie die Genehmigungspflicht ihren Zweck nicht erreichen würde, wird im Entwurf davon abgesehen.» Weshalb allerdings die Probleme bei Prüfung eines kantonalen NAV wesentlich anders gelagert sein sollten als bei der AVE eines kantonalen GAV, will nicht recht einleuchten.
[6] Im Bund ist der Entwurf im BBl, der vom Bundesrat erlassene NAV in der eidgenössischen Gesetzessammlung zu publizieren. Für kantonale NAV gelten die entsprechenden kantonalen Vorschriften (vgl. Botschaft BBl 1967 II, S. 422).

Sechstes Kapitel

Einrichtungen und Verfahren bei Arbeitsstreitigkeiten

Literatur: P. FUTTER, Schlichtungswesen und Zwangstarif, Diss. Freiburg im Breisgau 1970; W. GRUNSKY, Arbeitsgerichtsgesetz, Kommentar, München 1976; F. H. HEITHER, Das kollektive Arbeitsrecht der Schweiz, Stuttgart 1964; P. LEHNER, Die Sicherung des prozessualen Verfahrens vor dem aargauischen Einigungsamt, Diss. Bern 1962; G. MARANTA, Der Begriff der Kollektivstreitigkeit, Diss. Fribourg 1961; A. NIKISCH, Die Schlichtung von Arbeitsstreitigkeiten, in: Festschrift zum hundertjährigen Bestehen des deutschen Juristentages, Karlsruhe 1960; K. REICHERT, Die staatliche Schlichtung kollektiver Arbeitsstreitigkeiten im deutschen, französischen, schweizerischen und nordamerikanischen Recht, Diss. Basel 1963; N. RING, Die staatliche Schlichtung in der Schweiz und in der Bundesrepublik Deutschland, Diss. Basel 1958; J. STAHN, Soziale Konflikte und ihre Regelung, dargestellt am Beispiel der Schlichtung kollektiver Arbeitsstreitigkeiten, Diss. Fribourg 1969; H. THEILER, Die Bestimmungen der schweizerischen Gesamtarbeitsverträge über die Erledigung arbeitsrechtlicher Streitigkeiten, Diss. Bern 1951; H.P. TSCHUDI, Die Sicherung des Arbeitsfriedens durch das schweizerische Recht, in: Festgabe für E. Ruck, Basel 1952; K. WALDNER, Die Schlichtung von kollektiven Arbeitsstreitigkeiten in der Schweiz, Diss. Basel 1949; G. VETSCH, Prozessuale Fragen in Arbeitsstreitigkeiten, in: Festgabe für den schweizerischen Juristentag 1944, St. Gallen 1944; Die Gerichtsbarkeit in Arbeitssachen und in Sachen der sozialen Sicherheit in den Ländern der europäischen Gemeinschaft, Sammlung des Arbeitsrechts der Kommission der europäischen Gemeinschaft, Luxembourg 1968; F. VISCHER, Zur Rolle des Bundesgerichts bei Arbeitsstreitigkeiten, in: Festgabe der schweizerischen Rechtsfakultäten zur Hundertjahrfeier des Bundesgerichts 1975, Basel 1975, S. 431–442.

§ 82. Einrichtungen und Verfahrensvorschriften bei Streitigkeiten aus dem Arbeitsverhältnis

I. Gerichtsstand

Für Streitigkeiten aus dem Arbeitsverhältnis gilt wahlweise der Gerichtsstand des Wohnsitzes des Beklagten oder des Ortes des Betriebs oder Haushalts, für den der Arbeitnehmer Arbeit leistet (Art. 343 Abs. 1 OR).

Der alternative Gerichtsstand stellt eine Verletzung der Garantie des Wohnsitzrichters gemäß Art. 59 BV dar[1, 2]. Allerdings finden sich Durchbrechungen des verfassungsmäßigen Gerichtsstandsprinzips in zahlreichen Spezialgesetzen[3]. Die Gerichtsstände des Betriebsortes und des Haushaltes dienen der leichteren Durchsetzbarkeit der Ansprüche des Arbeitnehmers[4].

II. Besondere Verfahrensvorschriften bei Rechtsstreitigkeiten aus dem Arbeitsverhältnis

1. Bereits durch die Spezialgesetzgebung (Fabrikgesetz Art. 29; Heimarbeitsgesetz Art. 19; Landwirtschaftsgesetz Art. 97) waren Sondervorschriften für Streitigkeiten aus dem Arbeitsverhältnis geschaffen worden. (Dabei wurden allerdings keine Gerichtsstandsnormen aufgestellt.) Durch die Revision des OR werden für alle Arbeitsverhältnisse Sondervorschriften geschaffen. Es mag zweifelhaft sein, ob die in Artikel 343 OR festgelegten prozessualen Vorschriften verfassungskonform sind[5, 5a], greifen sie doch in erheblichem Maße in die kantonale Prozeßhoheit ein. Die besonderen Verfahrensvorschriften werden dadurch gerechtfertigt, daß die Regeln des gewöhnlichen Zivilprozeßrechtes den Arbeitnehmer oft gar nicht in die Lage versetzen, zur Durchsetzung seiner Ansprüche den Richter anzurufen. Die zahlreichen zwingenden Bestimmungen des neuen Arbeitsvertragsrechts setzen voraus, daß der Arbeitnehmer bereit ist, seine Ansprüche – wenn notwendig – auch gerichtlich durchzusetzen, und zwar ohne komplizierte Verfahrensvorschriften und ohne Kostenrisiko.

---

[1] Vgl. J.F. AUBERT, Traité de droit constitutionnel suisse, Neuchâtel 1967, Nr. 848.

[2] Zum Problem der Verfassungsmäßigkeit dieser Bestimmung wurde in den parlamentarischen Beratungen geäußert: «Lehre und Rechtsprechung leiten aus dem Text der Verfassung ab, daß dann, wenn es zur Verwirklichung des Bundeszivilrechts nötig ist, der Gesetzgeber gewisse Verfahrensvorschriften aufstellen könne» (StenBullNR 1969, S. 854).
Vgl. dazu für viele M. GULDENER, Bundesprivatrecht und kantonales Zivilprozeßrecht, ZSR 80 II, S. 22, 23: «Oftmals sind in den privatrechtlichen Bestimmungen des Bundes prozessuale Vorschriften mitenthalten oder abzuleiten, auch wenn sie nicht ausdrücklich ausgesprochen sind. Dieses Verhältnis von Bundesprivatrecht und kantonalem Zivilprozeßrecht, das sich aus dem Wesen der Sache ergibt, steht mit dem Grundsatz von Art. 64 BV nicht im Widerspruch. ... Es kann unmöglich Meinung der BV sein, daß das kantonale Verfahren anders geordnet werden dürfte als so, wie es das Bundesprivatrecht erfordert .... Die Kantone sind überhaupt nicht befugt, öffentlich-rechtliche Bestimmungen aufzustellen, die Sinn und Geist des Bundesprivatrechts widersprechen und seine Verwirklichung verunmöglichen; sie dürfen nicht durch das öffentliche Recht verneinen, was das Bundesprivatrecht bejaht.»
Weitere Literaturangaben, a.a.O., Anm. 50.

[3] Vgl. als eindeutiges Beispiel einer verfassungswidrigen Regelung Art. 84 SVG, dazu AUBERT, a.a.O., Nr. 848.

[4] Vgl. StenBullStR 1970, S. 316, 364.

[5] Vgl. oben I, Anm. 2.

[5a] Vgl. das Verzeichnis der schweizerischen erstinstanzlichen Gerichte gemäß Art. 343 OR, in: ARV 23, 1975, S. 9 ff.

Die Durchsetzungskraft der Bestimmungen des OR und die Weiterbildung des schweizerischen Arbeitsrechts allgemein leiden allerdings darunter, daß die alltäglichen Arbeitsstreitigkeiten wegen der Streitwertgrenze nicht der bundesgerichtlichen Überprüfung offenstehen. Letztlich kommen nur atypische, ausgefallene Rechtsfragen auf dem Wege der Berufung vor das Bundesgericht. Ein wesentlicher Beitrag zur Stärkung und Fortbildung des schweizerischen Arbeitsrechts hätte darin bestanden, wenn die Revision des OR mit einer Änderung des OG verbunden worden wäre, die es den Kantonen erlaubt hätte, unabhängig von der Höhe des Streitwertes, Rechtsstreitigkeiten, die Rechtsfragen von grundsätzlicher Bedeutung aufwerfen, als berufungsfähig zu erklären[6,7].

2. Das Gesetz verpflichtet die Kantone, für Streitigkeiten aus dem Arbeitsverhältnis bis zu einem Streitwert von Fr. 5000.– ein einfaches und rasches Verfahren vorzusehen. Dabei bemißt sich der Streitwert nach der eingeklagten Forderung, ohne Rücksicht auf Widerklagebegehren (Art. 343 Abs. 2 OR)[8]. Diese Verpflichtung der Kantone hängt nicht davon ab, ob ein Weiterzug an eine obere kantonale Instanz möglich ist.

Entscheidend für die Anwendung von Art. 343 Abs. 2 und 3 OR ist nur der vor erster Instanz erhobene Anspruch[9].

Das Gesetz spezifiziert nicht, was unter dem Begriff eines «einfachen und raschen Verfahrens» zu verstehen ist. Es muß sich nicht notwendigerweise um ein rein mündliches Verfahren handeln. Die Kantone können innerhalb der Streitwertgrenze eine weitere Abstufung vornehmen und für Streitigkeiten über einen gewissen Betrag das schriftliche Verfahren vorsehen, oder bei schwierigen Verhältnissen die Schriftlichkeit des Verfahrens besonders anordnen.

Das Bundesrecht schreibt den Kantonen nicht die Einrichtung besonderer Gerichte für Arbeitsstreitigkeiten vor. Solche bestehen allerdings in zahl-

---

[6] Vgl. im deutschen Recht: Arbeitsgerichtsgesetz vom 3. Sept. 1953, §§ 64–69 Abs. 3, §§ 72–76. F. VISCHER, Zur Rolle des Bundesgerichts bei Arbeitsstreitigkeiten, op. cit., S. 434 ff.

[7] Eine andere Möglichkeit hätte darin bestanden, analog den deutschen Bundesarbeitsgerichten eine spezielle Bundesinstanz für die letztinstanzliche Entscheidung arbeitsrechtlicher Streitigkeiten ohne Rücksicht auf den Streitwert zu schaffen. Mit dieser Aufgabe hätte z.B. das eidg. Versicherungsgericht betraut werden können.

[8] Umstritten war in den parlamentarischen Beratungen, ob die Streitwertgrenze eine untere oder obere Limite setze. Vgl. StenBullNR 1969, S. 854, Voten: HOFSTETTER, MUGNY.

Da mit dieser Bestimmung letztlich ins kantonale Prozeßrecht eingegriffen wird, hat die Auffassung einiges für sich, es handle sich nur um eine Mindestvorschrift, das weitere aber bleibe dem kantonalen Prozeßrecht überlassen. Andernfalls müßte der Wortlaut klar ergeben, daß ein weiterer Eingriff in die Kantonskompetenz, nämlich das Verbot eines einfachen Verfahrens bei einem Streitwert über Fr. 5000.–, beabsichtigt ist.

[9] BGE 100 II, 1974, S. 358 ff.

reichen Kantonen (gewerbliche Schiedsgerichte, Gewerbegerichte, Tribunaux de Prud'hommes). Die kantonalen Arbeitsgerichte setzen sich oft aus Vertretern von Arbeitnehmern und Arbeitgebern zusammen und sind vorwiegend Laiengerichte[10].

3. Das Verfahren muß grundsätzlich kostenlos sein. Den Parteien dürfen weder Gebühren noch Auslagen des Gerichts auferlegt werden. Der unterlegene Arbeitgeber sollte allerdings zur Tragung der Anwaltskosten des Arbeitnehmers, der sich vertreten ließ, verurteilt werden können[11]. Das Prinzip der Kostenlosigkeit dient in erster Linie der schwächeren Partei, dem Arbeitnehmer. Eine Ausnahme gilt lediglich bei mutwilliger Prozeßführung (Art. 343 Abs. 3 OR).

4. Für das Verfahren gilt das Prinzip der Offizialmaxime. Der Richter hat den Sachverhalt von Amtes wegen festzustellen und nach freiem Ermessen zu würdigen (Art. 343 Abs. 4 OR)[12].

Diese Vorschrift hindert den Richter nicht, die Parteien an der Sammlung des Prozeßstoffes zu beteiligen und sie zu verhalten, ihm das in Betracht fallende Tatsachenmaterial zu unterbreiten und die Beweismittel zu bezeichnen; doch hat der Richter immer auch selbst den Sachverhalt zu erforschen und zu prüfen, ob die Tatsachenbehauptungen der Parteien vollständig sind. Er ist insbesondere nicht an die Beweisanträge der Parteien gebunden und darf deshalb auch solche Tatsachen berücksichtigen, die von keiner Partei behauptet worden sind[13].

5. Das Gesetz schreibt (im Unterschied zu Art. 29 Abs. 3 FG) den Ausschluß der berufsmäßigen Prozeßvertretung nicht mehr vor. Nach der

---

[10] In den kontinentalen Mitgliedstaaten der EWG wird die Arbeitsgerichtsbarkeit überwiegend von besonderen Zivilgerichten ausgeübt. Am reinsten ist dieses System in der BRD verwirklicht, wo auch ein Instanzenzug innerhalb der Spezialgerichte möglich ist. Frankreich und Luxemburg kennen nur erstinstanzliche Arbeitsgerichte, Belgien erst- und zweitinstanzliche. Hingegen werden in Italien und Holland die Arbeitsstreitigkeiten vom ordentlichen Richter entschieden.

Typisch für die Arbeitsgerichte in all diesen Ländern, soweit sie als besondere Gerichte existieren, ist ihre teilweise Besetzung mit Laienrichtern aus den Kreisen der Arbeitnehmer und Arbeitgeber.

Vgl. dazu, Die Gerichtsbarkeit in Arbeitssachen, in: Sammlung des Arbeitsrechts der Kommission der europäischen Gemeinschaften, S. 23 ff.

[11] Ebenso ObGer Zürich, Urteil vom 9. März 1972, SJZ 68, 1972, S. 176.

[12] Die Offizialmaxime ist z.T. schon vom kantonalen Prozeßrecht vorgesehen. Vgl. z.B. Basel-Stadt, § 217 Abs. 1 ZPO.

[13] Vgl. Botschaft BBl 1967 II, S. 406/07.

Unklar ist, ob sich die Offizialmaxime auf sämtliche «Streitigkeiten aus dem Arbeitsverhältnis» oder nur auf diejenigen innerhalb der Streitwertgrenze bezieht. Aus der heutigen Formulierung des gesamten Art. 343 OR wäre eher ersteres anzunehmen; aus der ursprünglichen bundesrätlichen Vorlage hingegen geht hervor, daß nur an Streitigkeiten innerhalb der Streitwertgrenze gedacht war. «Eine Absicht, diesen Grundsatz auf alle Arbeitsstreitigkeiten auszudehnen, ist aus den Beratungen weder des National- noch des Ständerates ersichtlich.» So H.U. WALDER, Die Offizialmaxime, in: Zürcher Schriften zum Verfahrensrecht, Heft 1, 1973, S. 22, Anm. 71.

Botschaft[14] können die Kantone die Frage regeln und z. B. die berufsmäßige Prozeßvertretung ganz ablehnen oder von bestimmten Voraussetzungen abhängig machen.

Es stellt sich allerdings die grundsätzliche, bisher kaum erörterte Frage, ob nicht ein verfassungsrechtlicher Anspruch des Klägers auf einen berufsmäßigen Rechtsbeistand besteht.

Meines Erachtens ist es fraglich, ob der Ausschluß der berufsmäßigen Rechtsvertretung durch kantonale Prozeßrechte mit dem verfassungsrechtlichen Anspruch auf richterliches Gehör und mit dem Gebot von Treu und Glauben im Verhältnis zwischen Staat und Privatem vereinbar ist[15, 16].

§ 83. Einrichtungen und Verfahren bei Kollektivstreitigkeiten

I. Vorbemerkungen

1. Die Sozialordnung, welche den Streik und andere Formen des Arbeitskampfes zuläßt, muß geeignete Institutionen vorsehen, um die Schlichtung der Kollektivstreitigkeiten zu ermöglichen. Deshalb verpflichtet der (weiterhin in Kraft stehende) Art. 30 FG die Kantone zur Einrichtung ständiger Einigungsstellen[1]. Auf Bundesebene kann der Bundesrat bei interkantonalen Kollektivstreitigkeiten auf Grund des Bundesgesetzes über die eidg.

---

[14] Vgl. BBl 1967 II, S. 407.
[15] Vgl. P. SALADIN, Grundrechte im Wandel, Bern 1970, S. 374; AUBERT, a.a.O. (Anm. 1), Nr. 1813 ff. Das Offizialmaximeprinzip macht jedenfalls bei schwierigen Rechtsfragen das Recht auf Beizug eines Anwaltes nicht überflüssig (vgl. jedoch BGE 66 I, 1940, S. 16). Um allerdings nicht dem zahlungskräftigeren Arbeitgeber, der einen berufsmäßigen Vertreter bestimmt, ein Übergewicht im Prozeß zu geben, müßte dem Arbeitnehmer ein unentgeltlicher Rechtsbeistand liberal gewährt werden.
[16] Analoge Vorschriften finden sich auch im ausländischen Verfahren in Arbeitssachen. So kennen die kontinentalen Mitgliedstaaten der EWG eine Einschränkung der Parteimaxime, indem das Gericht Beweise von Amtes wegen erheben kann. In all diesen Staaten wird das Verfahren vom Grundsatz der Mündlichkeit beherrscht. Des weitern gelten auch hier die Prinzipien der Beschleunigung, der Vereinfachung und einer möglichst weitgehenden Kostenlosigkeit. Vgl. dazu: Die Gerichtsbarkeit in Arbeitssachen, S. 42 ff.

Besonderer Wert wird auch auf die gütliche Einigung gelegt. So wird diese im französischen Recht als das eigentliche Ziel der Errichtung von Arbeitsgerichten betrachtet. Der Versuch zur gütlichen Einigung ist eine wesentliche Formvorschrift, und ob er stattgefunden hat, muß der über die Sache entscheidende Richter von Amtes wegen prüfen. Dieselbe Regelung besteht in Belgien: erst wenn das Einigungsverfahren gescheitert ist, schließt sich das streitige Verfahren an. Vgl. Die Gerichtsbarkeit in Arbeitssachen, S. 312, 346 und S. 213, 225 ff.

[1] Ein geschichtlicher Überblick über die Entwicklung des Einigungswesens in der Schweiz findet sich bei WALDNER, S. 59 ff.

Einigungsstelle zur Beilegung von Kollektivstreitigkeiten vom 12. Februar 1949[2] das Eidgenössische Volkswirtschaftsdepartement ermächtigen, von Fall zu Fall eine eidgenössische Einigungsstelle einzusetzen[3]. Neben der Einigungsfunktion kommt dem staatlichen Schlichtungswesen auch die Aufgabe zu, die Zusammenarbeit zwischen Arbeitgebern und Arbeitnehmern, bzw. deren Verbänden zu fördern, indem es z.B. auf den Abschluß von GAV hinwirkt oder Kontrollstellen zur Durchführung der getroffenen Vereinbarungen schafft[4].

2. Aufgabe der Einigungsstelle ist die Schlichtung von sog. Regelungsschwierigkeiten, d.h. Differenzen über eine zu treffende Sozialordnung. Rechtsstreitigkeiten, d.h. Entscheide über Ansprüche aus Gesetz, Vertrag (Einzelarbeits- oder Gesamtarbeitsvertrag) oder Normalarbeitsvertrag, können von Schlichtungsstellen nicht entschieden werden[5], es sei denn als freiwillig anerkannte Schiedsgerichte (Art. 34 FG; Art. 5 BG über die Eidg. Einigungsstelle). Diesem Grundsatz widerspricht allerdings auf den ersten Blick der in Art. 30 FG umschriebene Aufgabenbereich der kantonalen Einigungsstelle: Vermittlung von Kollektivstreitigkeiten «über das Arbeitsverhältnis sowie über die Auslegung und Ausführung von Gesamtarbeits- oder Normalarbeitsverträgen». Soweit es sich aber um Rechtsansprüche handelt, kann, auch wenn sie von einem Kollektiv von Arbeitnehmern oder Arbeitgebern geltend gemacht werden, die letztliche Zuständigkeit des Richters nicht in Frage gestellt werden[6]. Die Einigungsstelle kann deshalb in diesen Fällen lediglich die Bedeutung eines vorgeschalteten friedensrichterlichen Verfahrens haben[7].

---

[2] AS 1949, S. 1298 ff.

[3] Zu den verschiedenen möglichen Systemen eines Einigungswesens: Zwangsschlichtung – Schlichtungszwang – freiwillige Schlichtungsvereinbarungen und Kombinationen vgl. Nikisch, in: Festschrift zum hundertjährigen Bestehen des deutschen Juristentages 1860–1960, S. 323 ff.

[4] Vgl. § 4 lit. b, c Gesetz des Kantons Basel-Stadt betr. das ständige staatliche Einigungsamt. Dazu auch L. Burckhardt, Die Tätigkeit des Basler Einigungsamtes als Organ der Kontrolle über die vor ihm abgeschlossenen Gesamtarbeitsverträge, Zeitschrift für schweizerische Statistik und Volkswirtschaft, 77. Jahrgang, Heft 4, 1941, S. 524 ff.

[5] So auch Tschudi, in: Festgabe für E. Ruck, S. 106, 107: «Die Lösung von Rechtsstreitigkeiten ist eine Frage der Rechtsanwendung, während die Interessenkonflikte (i.e. Regelungsschwierigkeiten) auf Grund wirtschafts- und sozialpolitischer Überlegungen sowie Billigkeitserwägungen beigelegt werden müssen.»

[6] So auch das deutsche Recht, in dem die Schlichtungsstellen (Landesschlichter und Schiedsausschüsse) ausschließlich zur Vermittlung in Interessenkonflikten, für die Behandlung regelungsbedürftiger Fragen kompetent sind. Schon geregelte Punkte, also Rechtsstreitigkeiten, müssen den Arbeitsgerichten unterbreitet werden. (Hueck/Nipperdey, Lehrbuch, Bd. II/1, S. 725).

[7] So auch Tschudi, a.a.O., S. 107.

3. Der Begriff der Kollektivstreitigkeit wird in den Bundesgesetzen nicht näher umschrieben. Das Wesen einer Kollektivstreitigkeit liegt im gemeinsamen Handeln einer Mehrheit von Arbeitnehmern oder Arbeitgebern, die durch das Band der Solidarität zu einer Einheit verbunden sind [8, 9, 10, 11].

4. Die staatlichen Einigungsstellen können nur tätig werden, wenn nicht freiwillige Einigungsstellen auf der Grundlage von Verträgen[12] zwischen den beteiligten Arbeitgebern und Arbeitnehmern bestehen (Art. 33 FG; Art. 1 Abs. 3 und 4 BG über die Eidg. Einigungsstelle). Das letztere ver-

---

[8] Vgl. TSCHUDI, a.a.O., S. 106.
[9] Zur Definition «Kollektivstreitigkeit» vgl. auch WALDNER, S. 118 ff.; MARANTA, S. 105 ff.
   Nach letzterem Autor soll nur von einer Kollektivstreitigkeit gesprochen werden, wenn es sich um Regelungsstreitigkeiten zwischen Parteien eines GAV handelt: «Wenn die Kollektivstreitigkeiten die Gefahr in sich tragen, daß die Parteien bei Scheitern des Schlichtungsverfahrens zu kollektiven Maßnahmen greifen dürfen, dann können die Kollektivstreitigkeiten nicht beliebige Regelungsstreitigkeiten sein.» Sie müssen vielmehr folgende Voraussetzungen erfüllen:
   1. Kollektivstreitigkeiten sind Regelungsstreitigkeiten auf der Stufe des GAV. «Kollektivstreitigkeiten auf der Stufe des Dienstvertrages kommen deshalb nicht vor, weil die Parteien dieses Vertrages einen Arbeitskampf kaum mit Erfolg durchführen können» (MARANTA, S. 105).
   2. Ein Arbeitskampf muß bei derartigen Streitigkeiten zulässig sein.
[10] Vgl. auch das deutsche Recht: «Das Wesen der Gesamtstreitigkeit kennzeichnet die besondere Art der Parteien und des Streitgegenstandes. Die Gesamtstreitigkeit findet ihre Erledigung in einer Gesamtvereinbarung. Parteien können deshalb nur solche Rechtsträger sein, die zum Abschluß einer Gesamtvereinbarung befugt sind. ... Die Gesamtarbeitsstreitigkeit kann nur solche Bedingungen ... zum Gegenstand haben, die noch nicht durch eine Gesamtvereinbarung rechtlich verankert sind» (REICHERT, S. 31 f.).
   Daraus folgt, daß nur in Ausnahmefällen eine Einzelarbeitsstreitigkeit mit kollektiven Auswirkungen schlichtungsfähig ist. Nie ist dies der Fall bei Arbeitsstreitigkeiten aus politischen Gründen oder bei Sympathiestreiks, da hier eine Gesamtvereinbarung undenkbar ist. So auch für das schweizerische Recht, vgl. REICHERT, S. 43 f.; MARANTA, S. 82 f. Auch Streitigkeiten über die Abänderung von GAV sind nicht schlichtungsfähig: «Würde nämlich auch beim Vorliegen einer rechtlichen Regelung eine Schlichtungsmöglichkeit anzuerkennen sein, dann hieße das eine Durchbrechung des das gesamte Privatrecht beherrschenden Prinzips der Vertragstreue» (REICHERT, S. 35); HUECK/NIPPERDEY, Lehrbuch, Bd. II, S. 725/26.
[11] § 3 des baselstädtischen Gesetzes betreffend das ständige staatliche Einigungsamt vom 9. Nov. 1911 (Gesamtausgabe der Basler Gesetzessammlung, Bd. III, S. 3043 ff.) sieht eine Kollektivstreitigkeit dann als gegeben an, wenn an der Streitsache wenigstens 10 Arbeiter und 1 oder mehrere Geschäftsinhaber beteiligt sind. Bei der Beteiligung von weniger als 10, aber mindestens 3 Arbeitern ist das Einigungsamt nur zuständig, wenn es von einer Partei angerufen oder wenn die Einleitung des Verfahrens vom Regierungsrat im öffentlichen Interesse verfügt wird. Das BG über die eidg. Einigungsstelle zur Beilegung von Kollektiv- und Arbeitsstreitigkeiten vom 12. Februar 1949 verzichtet dagegen auf eine Umschreibung des Begriffs der Kollektivstreitigkeit.
[12] Vgl. als Beispiel einer vertraglichen Regelung des Einigungswesens das Friedensabkommen in der schweiz. Maschinen- und Metallindustrie vom 19. Juli 1937/1954. Zur Bedeutung dieses Abkommens auch für neue Wege der Schlichtung in Deutschland vgl. O. H. KAUFFMANN, RdA 1958, S. 1.

langt allerdings, daß die vertraglichen Einigungs- oder Schiedsstellen paritätisch zusammengesetzt sind.

5. Die Einigungsstellen können verbindliche Schiedssprüche nur fällen, wenn die Parteien sich von vornherein einem solchen Schiedsspruch[13] unterworfen haben oder ihm nachträglich zustimmen (Art. 34 FG; Art. 5 BG über die Eidg. Einigungsstelle). Das Schlichtungswesen ist also beherrscht vom Prinzip der Freiwilligkeit und Unverbindlichkeit. Immerhin wurde in den Einigungsgesetzen für die Parteien von Kollektivkonflikten der Erscheinungs- und Verhandlungszwang statuiert[14,15].

6. Das Schlichtungswesen teilt sich in ein Schlichtungs- und ein Schiedsverfahren[16], dies sowohl im Bund als auch in den Kantonen. Im Gegensatz zur Bundesrepublik kennt die Schweiz aber nicht die Trennung der Schlichtungsorgane nach dem Einigungs- und Schiedsgerichts-

---

[13] Dabei handelt es sich oft nicht um eigentliche Schiedsgerichte: «Als Schiedsgerichte sind nur solche Einrichtungen anzusehen, denen die Entscheidung bürgerlicher Rechtsstreitigkeiten an Stelle der staatlichen Gerichte durch Privatwillenserklärung übertragen ist. Handelt es sich also im Schiedsverfahren um die Abgabe eines Schiedsspruchs in einer Regelungsstreitigkeit, wie dies in der Regel der Fall ist, so amtet die Schiedsstelle nicht als ein Schiedsgericht; die Stellung der Schiedsstelle ist hier diejenige eines privaten Beauftragten, dem die Bestimmung einer Leistung überlassen ist» (RING, S. 90, mit Verweis auf M. GULDENER, Das Schweiz. Zivilprozeßrecht I, Zürich 1947, S. 1, Anm. 2).

[14] Vgl. Art. 3 BG über die eidg. Einigungsstelle; Art. 31 Abs. 2 FG; § 16 des baselstädtischen Gesetzes betr. das ständige staatliche Einigungsamt.

[15] Das deutsche Schlichtungswesen, geregelt vom Kontrollratsgesetz Nr. 35 vom 20. Aug. 1946, kennt nicht einmal diese Einschränkungen des Freiwilligkeitsprinzips. Diese sehr liberale Regelung führt aber dazu, «daß das Schlichtungsverfahren vor den Schiedsausschüssen kaum mehr praktiziert wird. In letzter Zeit wird es immer üblicher, daß bei Regelungsstreitigkeiten mit größerer Tragweite der Bundesminister oder die Landesminister mit dem Einverständnis der Sozialpartner Vermittlungsdienste übernehmen» (REICHERT, S. 70). Weitere Kritik bei NIKISCH, Schlichtung, S. 339. Immerhin ist ein Einlassungszwang für das Schiedsverfahren und sogar die Verbindlicherklärung eines Schiedsspruchs, sofern er von nur einer Partei akzeptiert worden ist, in einzelnen Landesgesetzen vorgesehen. Vgl. REICHERT, S. 67f.

Zur verfassungsrechtlichen Problematik dieser Einschränkungen des Freiwilligkeits- und Unverbindlichkeitsprinzip vgl. FUTTER, S. 70a: «Freiwillige Schlichtung wie Arbeitskampf sind als Einrichtungen sowohl durch Art. 9 III GG als auch durch das in Art. 20 I, 28 I GG niedergelegte Sozialstaatsprinzip geschützt. Das bedeutet, daß ein Kern dieser Institutionen dem Eingriff des Gesetzgebers verschlossen ist: Im Falle der Schlichtung darf die Freiheit der letzten Entscheidung über Annahme oder Ablehnung eines Schiedsspruchs ... nicht angetastet werden.» Solange aber dieser Kern, die Freiwilligkeit der letzten Entscheidung, unangetastet bleibt, sind gesetzliche Regelungen über die Einhaltung des Schiedsverfahrens von Amtes wegen oder der Einlassungszwang mit dem Grundgesetz vereinbar. Vgl. REICHERT, S. 60; BROX/RÜTHERS, Arbeitskampfrecht, S. 46. Sogar eine Zwangsschlichtung ist in Ausnahmefällen verfassungsrechtlich zulässig, wenn nämlich durch einen Arbeitskampf ein «sozialer Notstand» heraufbeschworen würde. Vgl. HUECK/NIPPERDEY, Lehrbuch, Bd. II/1, S. 734ff.; FUTTER, S. 70d; STAHN, S. 159ff.

[16] Vgl. WALDNER, S. 48 ff.

prinzip. Das Einigungs- und Schiedsgerichtsprinzip wird hier in Form von Verfahrensstufen verwirklicht[17].

II. Die kantonalen Einigungsstellen

1. Die kantonale Einigungsstelle (Art. 30 ff. FG) wird durch die Kantone organisiert. Die Organisation unterliegt der Genehmigung des Bundesrates. Einschlägige Bestimmungen für das kantonale Einigungswesen sind die jeweiligen kantonalen Einigungsamtserlasse sowie das Fabrikgesetz. Das Gesetz sieht vor, daß für alle von der Einigungsstelle Vorgeladenen die Pflicht besteht, zu erscheinen, zu verhandeln und Auskünfte zu erteilen (Art. 31 Abs. 2 FG).

2. Die kantonale Einigungsstelle hat ihre Vermittlung von sich aus oder auf Begehren der Behörde oder der Beteiligten eintreten zu lassen (Art. 31 Abs. 1 FG). Als Schiedsgericht wird die kantonale Einigungsstelle nur tätig, wenn die Parteien im konkreten Fall der Behörde die Befugnis erteilen, einen verbindlichen Schiedsspruch zu fällen. Einer vertraglichen Einigungsstelle kann auch allgemein, d.h. von vornherein für alle allfälligen Streitigkeiten, diese Befugnis übertragen werden (Art. 34 FG; betr. Friedensvertrag vgl. oben S. 465 f.)[18].

III. Die eidgenössische Einigungsstelle

1. Die eidgenössischen Einigungsstellen werden seit Erlaß des BG über das eidgenössische Einigungswesen ausschließlich von dessen Vorschriften geregelt[19]. Zur Vermittlung in Kollektivstreitigkeiten über das Arbeitsverhältnis, die über die Grenzen eines Kantons hinausreichen, kann der

---

[17] Vgl. RING, S. 111. In der Bundesrepublik findet das sog. Ausgleichsverfahren vor dem Landesschlichter (ein Beauftragter der Provinzial- oder Landesarbeitsbehörde) oder der vereinbarten Schlichtungsstelle statt, das eigentliche Schiedsverfahren hingegen vor den Schiedsausschüssen. Vgl. HUECK/NIPPERDEY, Lehrbuch, Bd. II/1, § 42.

[18] Vgl. als Überblick über die unterschiedlichen Regelungen in den einzelnen Kantonen REICHERT, S. 109. Ferner die Zusammenstellung der kantonalen Schlichtungsgesetze bei MARANTA, S. 13–17.

[19] «Mit dem BG wird nicht in die Kompetenz der kantonalen Einigungsämter eingegriffen, da diesen die Behandlung von Kollektivstreitigkeiten auf kantonaler Ebene überlassen ist. Gleichzeitig wird mit dieser Regelung zum Ausdruck gebracht, daß Kollektivstreitigkeiten, über die es vor den kantonalen Einigungsämtern zu keiner Verständigung gekommen ist, nicht an die eidgenössische Einigungsstelle weitergezogen werden können» (RING, S. 55).

Bundesrat das eidg. Volkswirtschaftsdepartement ermächtigen, von Fall zu Fall eine eidg. Einigungsstelle einzusetzen (Art. 1 Abs. 1 BG über die Eidg. Einigungsstelle)[20].

2. Die Einsetzung der eidgenössischen Einigungsstelle erfolgt nur auf Ersuchen der Beteiligten, sofern alle Verständigungsversuche der Parteien durch direkte Verhandlungen nicht zum Ziele geführt haben, und nur, wenn keine vertragliche paritätische Einigungs- oder Schiedsstelle besteht (Art. 1 Abs. 3 BG über die Eidg. Einigungsstelle).

Im Unterschied zu den kantonalen Einigungsstellen (Art. 31 Abs. 1 FG) ist deshalb auf eidgenössischer Ebene keine Schlichtung ex officio möglich; ohne das Ersuchen von Beteiligten kann die Einigungsstelle nicht eingesetzt werden.

3. Das Volkswirtschaftsdepartement bezeichnet die Mitglieder der Einigungsstelle, bestehend aus einem Obmann, ausgewählt aus 5 hierzu vom Bundesrat ernannten Personen, und je einem Beisitzer, ausgewählt aus je 6 vom Bundesrat auf Vorschlag der Spitzenverbände der Arbeitgeber und der Arbeitnehmer ernannten Personen (Art. 2 BG über die Eidg. Einigungsstelle).

4. Auch bei der eidgenössischen Einigungsstelle besteht die Unterteilung in das Schlichtungs- und in das Schiedsverfahren. Dem Schiedsverfahren kann ein erfolgloses Einigungsverfahren vorausgegangen sein, doch kann jenes auch direkt ohne vorheriges Schlichtungsverfahren durchgeführt werden (Art. 5 Abs. 1 des erwähnten BG).

Im Schlichtungs- oder Einigungsverfahren sucht die Einigungsstelle zwischen den Parteien eine Verständigung zu erreichen. Mißlingt dieses Vorhaben, so unterbreitet sie einen Vermittlungsvorschlag, der den Parteien zur Annahme oder Ablehnung eröffnet wird (Art. 4 Abs. 1). Scheitert eine Einigung und sind die Parteien nicht zur Durchführung eines Schiedsverfahrens bereit, so unterrichtet die Einigungsstelle in der Regel die Öffentlichkeit über den Sachverhalt in der ihr geeignet scheinenden Weise (Art. 4 Abs. 3).

Im Schiedsverfahren fällt die Einigungsstelle unter den Voraussetzungen, daß sich beide Parteien damit einverstanden erklären und keine vertragliche Schiedsstelle besteht, einen verbindlichen und endgültigen Schiedsspruch, der hinsichtlich der Vollstreckbarkeit einem gerichtlichen Urteil gleichgestellt ist (Art. 5).

Die Parteien sind verpflichtet, vor der eidgenössischen Einigungsstelle zu erscheinen, zu verhandeln, Auskunft zu erteilen und die von der Einigungsstelle verlangten Unterlagen vorzulegen (Art. 3).

5. Während der Dauer des Einigungs- oder Schiedsverfahrens vor der eidgenössischen Einigungsstelle besteht eine Friedenspflicht für die Par-

---

[20] «Gegenüber den Einigungsstellen des FG wurden die Kompetenzen der eidgenössischen Schlichtungsstelle in dem Sinne erweitert, daß ihre Zuständigkeit unabhängig von der Art der Betriebe und der Arbeitnehmer ist, die an dem Konflikt beteiligt sind. Auf der andern Seite wurde ihre Zuständigkeit gegenüber den kantonalen Einigungsstellen dahingehend eingeschränkt, daß sie sich nur mit der Beilegung kollektiver Arbeitsstreitigkeiten zu befassen hat und nicht wie jene auch für Streitigkeiten über die Auslegung oder die Ausführung von Gesamt- oder Normalarbeitsverträgen zuständig ist» (REICHERT, S. 116).

teien (Art. 6 des erwähnten BG). Sie beginnt vom Zeitpunkt der Bekanntgabe der Einsetzung der Einigungs- oder Schiedsstelle an und dauert 45 Tage[21]. Sie kann, wenn nötig, verlängert werden.

Die dem amerikanischen Recht nachgebildete «cooling off period» soll Verhandlungen in einer arbeitskampffreien Sphäre ermöglichen. Öffentlich-rechtliche Sanktionen für den Fall der Verletzung der Friedenspflicht bestehen allerdings nicht, insbesondere ist auch die Möglichkeit des Streikunterbruches durch vorsorgliche Maßnahmen, wie sie z.B. dem Präsidenten der Vereinigten Staaten zustehen, nicht vorgesehen (vgl. Taft-Hartley Act, Labor Management Relations Act, Sc. 206 und 208: die Anordnung eines Streikunterbruchs durch eine vom Präsidenten veranlaßte injunction ist möglich, wenn der Streik «will, if permitted to occur or to continue, imperil the national health or safety»). Im Falle der Verletzung der Friedenspflicht besteht nur die Möglichkeit eines Appells an die Öffentlichkeit[22].

---

[21] Diese Beschränkung der Zeitdauer deshalb, weil sonst die Friedenspflicht durch Hinzögern oder Erschweren der Verhandlung über Gebühr ausgedehnt werden könnte.
  Dies, wie auch die Bestimmung in einzelnen kantonalen Einigungsamtsgesetzen, wonach das Einigungsverfahren bei Andauern der Kollektivstreitigkeiten jederzeit wieder aufgenommen werden kann (vgl. z.B. Aargau, § 14 VV), würde eine sehr weitgehende Beschränkung des Streikrechts bedeuten. Vgl. dazu RING, S. 78.
[22] Vgl. Art. 6 Abs. 3 BG über die Eidg. Einigungsstelle. Dazu TSCHUDI, S. 120.

Werkvertrag, Verlagsvertrag, Lizenzvertrag
MARIO M. PEDRAZZINI

Die wichtigsten Veröffentlichungen und Entscheide wurden bis zum 30. April 1976 berücksichtigt.

Erstes Kapitel

Der Werkvertrag

Literatur zum Werkvertrag

Die hier angegebenen Werke werden lediglich mit dem Namen des Verfassers, bei mehreren Werken des gleichen Verfassers mit einem Stichwort zitiert. Weitere Werke sind in den Fußnoten angegeben.

Allgemeine Werke: H. BECKER, Kommentar zum Schweizerischen Zivilgesetzbuch, Bd. VI, Obligationenrecht, 2. Abteilung: Die einzelnen Vertragsverhältnisse Art. 184–551, Bern 1934 (Berner Kommentar); B. VON BÜREN, Der Auftrag. Ein Beitrag zur Systematik des schweizerischen Arbeitsrechts, Zürich 1944 (zit.: Auftrag); DERSELBE, Schweizerisches Obligationenrecht, Besonderer Teil, Zürich 1972 (zit.: OR II); W. BÜRGI, Der Werkvertrag, SJK, Karten Nrn. 623, 624, 625; K. DÜRR, Der Werkvertrag, Bern 1958; G. GAUTSCHI, Berner Kommentar, Der Werkvertrag, 2. Aufl., Bern 1967; T. GUHL/H. MERZ/M. KUMMER, Das Schweizerische Obligationenrecht, 6. Aufl., Zürich 1972; A. KELLER, Haftpflicht im Privatrecht, Bern 1970; K. OFTINGER, Schweizerisches Haftpflichtrecht, Bd. I, IV. Aufl., Zürich 1975; H. OSER/W. SCHÖNENBERGER, Kommentar zum Schweizerischen Zivilgesetzbuch, Bd. V, Obligationenrecht, 2. Teil: Die einzelnen Vertragsverhältnisse Art. 184–418, Zürich 1936 (Zürcher Kommentar); J. VON STAUDINGER, Kommentar zum Bürgerlichen Gesetzbuch, Bd. II, 3. Teil (zu § 631 ff.), 11. Aufl., Berlin 1958; P. TUOR/B. SCHNYDER, Das schweizerische Zivilgesetzbuch, 9. Aufl., Zürich 1975.

Werke über spezifische Fragen: G. BOLLAG, Die kontraktliche Haftung des Architekten, Diss. Basel 1932, (MS); V. VON CASTELBERG, Die rechtliche Bedeutung des Kostenansatzes beim Werkvertrag nach schweizerischem Obligationenrecht, Diss. Fribourg 1917; M. DANNENBERGER, Das richterliche Eingriffsrecht beim Werkvertrag nach Art. 373 OR, Diss. Basel 1930, (MS); A. EGGER, Richterliche Aufhebung und Abänderung eines Werkvertrages, in: Ausgewählte Schriften und Abhandlungen, Bd. II, Zürich 1957, S. 169; G. EICHLER, Der Werkvertrag im internationalen Privatrecht (Ein Beitrag zur Lösung des Kollisionskonflikts), Diss. Basel 1961, (MS); P. GAUCH, Der Unternehmer im Werkvertrag und seine Haftung für Mängel des Werkes, Zürich 1974; G. VAN HECKE, Locatio operis faciendi. Ein Beitrag zur Systematik der Vertragstypen, in: Festgabe für M. Gutzwiller, Basel 1959, S. 673 ff; H. HÄRING, Der Architektenvertrag und seine Rechtsprobleme, Neuwied 1969; D. HUHN, Probleme des Werkvertragsrechts (unter besonderer Berücksichtigung der Reiseveranstaltungsverträge), in: Vertragsschuldverhältnisse (ohne Kaufrecht), Vahlens Rechtsbücher, Reihe Zivilrecht Band 3, München 1974, S. 99–121; DERSELBE, Der Bauvertrag, im gleichen Werk, S. 123–153; DERSELBE, Der Architektenvertrag, im gleichen Werk, S. 157–219;

E. H. Kaden, Etudes sur l'origine du contrat d'entreprise dans le droit romain, in: Genfer Festgabe zum Juristentag, Genf 1938, S. 181 ff.; P. Klauser, Die werkvertragliche Mängelhaftung und ihr Verhältnis zu den allgemeinen Nichterfüllungsfolgen, Diss. Zürich 1973; L. Knipper, Die neuere Rechtsprechung zur Abgrenzung des Arbeitsverhältnisses vom Werk- und Dienstvertrag im Bereich höherer geistiger Leistung, Diss. Göttingen 1972; H. Kreis, Der Architektenvertrag, Diss. Zürich 1938; R. Mosimann, Der Generalunternehmervertrag im Baugewerbe, Diss. Zürich 1972; H. Müller, Die Gefahrentragung nach schweizerischem Werkvertragsrecht, Diss. Zürich 1926; R. Mustafa, La distinction du mandat et du contrat d'entreprise en droit suisse, Diss. Genf 1958; J.-F. Perrin, Le contrat d'architecte, Genf 1970; A. Quinche, Du cas fortuit dans le louage d'ouvrage, Diss. Lausanne 1923; H. Raschle, Grundsätzliches zum Werkvertragsrecht, SJZ 15, 1919, S. 129; E. Riezler, Der Werkvertrag in rechtsvergleichender Darstellung, Zeitschrift für ausländisches und internationales Privatrecht 1952, S. 522 ff.; W. Sauter, Das Rechtsverhältnis zwischen Bauherrn und Architekten unter Berücksichtigung der Normalien des Schweizerischen Ingenieur- und Architektenvereins, Diss. Zürich 1938; H. Schlatter, Die Haftung des Unternehmers im Werkvertrag, Diss. Bern 1934; M. Stütz, Mangelhafte Werkherstellung und Neuherstellungsanspruch, Diss. München 1970; F. de Torrenté, La dernière révision du Code fédéral des obligations et l'objet du contrat d'entreprise, Diss. Lausanne 1926; G. Trachsel, Begriff und Abgrenzung des Werkvertrages, Diss. Bern 1923; R.-F. Vaucher, La prescription des actions des artisans pour leur travail, JT 111, 1964, I, S. 230; H. Witschi, Garantieklauseln und Garantiefristen im Kauf- und Werkvertrag nach schweizerischem Recht, Diss. Bern 1950.

§ 84. Begriff und Abgrenzung*

I. Begriff

Der Werkvertrag ist ein zweiseitiger Vertrag, durch den sich die eine Partei (der Unternehmer) zur Herstellung eines Werkes, die andere Partei (der Besteller) zur Leistung einer Vergütung verpflichtet (Art. 363 OR).

Unbestritten in Literatur und Praxis ist, daß Gegenstand des Werkvertrages die Herstellung oder Veränderung[1] einer körperlichen (beweglichen oder unbeweglichen) Sache sein kann. Umstritten ist hingegen die Frage, ob Gegenstand des Werkvertrages auch ein anderer, durch Arbeit oder Dienst-

---

* An diesem Beitrag hat Herr Dr. August Schubiger, Basel, wesentlich mitgewirkt.
[1] StenBullNR 1909, S. 714. Gegenstand des Werkvertrages kann auch die Zerstörung eines Werkes sein (z. B. Abbruch eines Gebäudes).

leistung herbeizuführender (einheitlicher) Erfolg nicht körperlicher Art sein kann[2], wie es z. B. § 631 BGB für das deutsche Recht ausdrücklich vorsieht[3].

Nach dem Wortsinn kann «Werk» sowohl ein körperliches als auch ein unkörperliches Ergebnis bedeuten. Auch der ganze Wortlaut von Art. 363 OR läßt nicht darauf schließen, Gegenstand des Werkes könne nur die Herstellung oder Veränderung einer körperlichen Sache sein. § 631 Abs. 1 BGB entspricht (bezüglich des in Frage stehenden Punktes) Art. 363 OR. Abs. 2 von § 631 BGB, wonach Gegenstand des Werkvertrages auch ein unkörperlicher Erfolg sein kann, darf (nur) als Erläuterung und nicht etwa als Ergänzung von Abs. 1 aufgefaßt werden.

Das Fehlen einer solchen erläuternden Bestimmung im OR erschwert wohl die Auslegung von Art. 363 OR gegenüber jener von § 631 Abs. 1 BGB, führt aber nicht notwendigerweise zu einem anderen Ergebnis. Mit dem Wortlaut von Art. 363 OR läßt sich also eine Einschränkung auf körperliche Sachen nicht begründen. Der Wortsinn von Art. 363 OR spricht daher grundsätzlich eher für die Ansicht, Gegenstand des Werkvertrages (und daher auch der Art. 363 ff. OR) könne auch ein immaterielles Objekt sein.

Nun ist aber nicht vor allem der Wortlaut einer Norm für die Auslegung maßgebend, sondern unbestrittenerweise deren Sinn und Zweck (die ratio legis)[4]. Weiter kann die Frage nach dem Gegenstand des Werkvertrages nicht allein auf Grund von Art. 363 OR, sondern nur auf Grund aller Normen über den Werkvertrag und darüber hinaus im Rahmen des ganzen OR, insbeson-

---

[2] GAUTSCHI (Vorbem. zu Art. 363–379 OR, N. 1 f., S. 9) ist der Auffassung, Gegenstand des Werkvertrages könne nur ein körperlicher Erfolg sein. Gl. M. SCHLATTER, S. 15 f. Anderer Ansicht DÜRR, S. 5: «Unter Werk i. S. des Werkvertrages ist also ein Arbeitsergebnis als solches zu verstehen, das dem Einstehensollen zugänglich ist. Dieses kann körperlich oder unkörperlich sein.» Weiter OSER/SCHÖNENBERGER, Art. 363, N. 31 ff.; BECKER, Art. 363, N. 4; GUHL/MERZ/KUMMER, S. 418 f.; VON BÜREN, Auftrag, S. 9 f.; MUSTAFA, S. 14 f.; MOSIMANN, S. 56 ff.; KLAUSER, S. 5. Vgl. auch die Praxis des BGer in BGE 83 II, 1957, S. 529 mit dem viel zitierten Satz, ein Werk im Sinne von Art. 363 OR sei «un certain résultat matériel ou immatériel, mais objectivement constatable». Weiter BGE 48 II, 1922, S. 370 ff.; 59 II, 1933, S. 261 ff.; 70 II, 1944, S. 218. Gl. M. auch im Bericht des Bundesrates an die Bundesversammlung, betreffend die Revision des Obligationenrechtes (Nachtrag zur Botschaft vom 3. März 1905) vom 1. Juni 1909, S. 752. Das BGer hat aber in BGE 98 II, 1972, S. 305 ff. seine Ansicht geändert und die Meinung vertreten, nur noch körperliche (stoffliche) Werke könnten Vertragsgegenstand sein. Vgl. zur Problematik die zwei neuesten Aufsätze von JÄGGI, SJZ 69, 1973, S. 301 ff. und GAUTSCHI, SJZ 70, 1974, S. 21 ff. zu BGE 98 II, 1972, S. 305; sowie GAUCH, S. 15, N. 12 ff.

[3] § 631 BGB lautet: «Durch den Werkvertrag wird der Unternehmer zur Herstellung des versprochenen Werkes, der Besteller zur Entrichtung der vereinbarten Vergütung verpflichtet.
  Gegenstand des Werkvertrages kann sowohl die Herstellung oder Veränderung einer Sache als ein anderer durch Arbeit oder Dienstleistung herbeizuführender Erfolg sein.»

[4] Vgl. H. DESCHENAUX, Der Einleitungstitel, Schweizerisches Privatrecht, Bd. II, Basel/Stuttgart 1967, S. 80 und die dort zitierte Literatur und Praxis.

dere im System der darin geregelten Vertragsarten über Arbeitsleistungen beantwortet werden[5]. Auch der Wille des Gesetzgebers ist bei diesen Abgrenzungsfragen zu berücksichtigen[6]. Die Frage nach dem Gegenstand des Werkvertrages ist also zugleich im wesentlichen die Frage nach der Abgrenzung des Werkvertrages gegenüber den anderen Vertragstypen über Arbeitsleistungen, insbesondere des Auftrages.

II. Abgrenzung gegenüber anderen Vertragsarten

1. Auftrag und Werkvertrag

a) Allgemeines

Wesentlich für den Werkvertrag ist die obligatorische Verpflichtung des Unternehmers, einen bestimmten Arbeitserfolg, ein bestimmtes Arbeitsresultat (gegen Entgelt) zu erbringen[7].

Der Unternehmer haftet für Mängel des Werkes, auch wenn er den Beweis der sorgfältigen Arbeitsleistung erbringen kann. Charakteristisch für die Erfolgshaftung des Unternehmers ist seine Ablieferungspflicht (Art. 367 OR). Demgegenüber haftet der Beauftragte nicht für den Erfolg seiner Arbeitsleistung, sondern (einzig) für getreue und sorgfältige Ausführung der übertragenen Geschäfte[8]. Ein weiterer wesentlicher Unterschied zwischen Werkvertrag und Auftrag besteht im Recht zur außerordentlichen Vertragsauflösung.

Anläßlich des Erlasses im Jahre 1888 und der Revision der Bestimmungen des OR über den Werkvertrag und über den Auftrag haben dem Gesetzgeber wohl typische Sachverhalte vorgeschwebt, die er einerseits durch die Normen über den Werkvertrag, andererseits durch jene über den Auftrag regeln wollte[9]. Dabei darf man GAUTSCHI[10] darin zustimmen, daß der Gesetzgeber

---

[5] Vgl. MEIER-HAYOZ, Berner Kommentar, Einleitung, Bern 1962, Art. 1, N. 188.

[6] Vgl. DESCHENAUX, a.a.O., S. 90; MEIER-HAYOZ, Art. 1, N. 217.

[7] Vgl. OSER/SCHÖNENBERGER, Art. 363, N. 14; DÜRR, S. 10; MUSTAFA, S. 15; VON BÜREN, Auftrag, S. 9; MOSIMANN, S. 56 ff.; BGE 48 II, 1922, S. 370 ff.; 59 II, 1933, S. 261; 70 II, 1944, S. 218; 83 II, 1957, S. 529.

[8] OSER/SCHÖNENBERGER, Art. 363, N. 14 ff.; VON BÜREN, Auftrag, S. 9 f.; MUSTAFA, S. 15.

[9] Vgl. zur Frage der Typologie A. KOLLER, Grundfragen einer Typuslehre im Gesellschaftsrecht, Freiburg/Schweiz 1967, S. 36. Dem Gesetzgeber schweben bei Erlaß eines Gesetzes typische Einzelfälle vor, da ein Gesetzgeber weder die Gesamtheit aller Fälle überblicken kann, noch sich mit abstrakten Denkschematas begnügen will (G. RADBRUCH, Klassenbegriffe und Ordnungsbegriffe im Rechtsdenken, Internationale Zeitschrift für Theorie des Rechts 12, 1938, S. 53); vgl. auch MEIER-HAYOZ, Zur Typologie im Aktienrecht, in: Lebendiges Aktienrecht, Festgabe für W. F. Bürgi, Zürich 1971, S. 263.

[10] Art. 363, N. 2a.

als typische Sachverhalte des Werkvertrages die Herstellung oder Veränderung einer körperlichen Sache gegen Entgelt vor Augen hatte. Damals folgte der Gesetzgeber dem Werkbegriff der locatio conductio operis des gemeinen Rechtes[11]. **Typische** Gegenstände des Werkvertrages sind daher z.B. die Herstellung oder Reparatur eines Möbelstückes, eines Kleides oder eines Gebäudes, sofern es sich um ein objektivierbares materielles Arbeitsresultat handelt[12].

Andererseits haben dem Gesetzgeber als typische Tatbestände, die er durch die Normen über den Auftrag regeln will, Tatbestände vorgeschwebt, in denen eine Partei (der Beauftragte) entgeltlich oder unentgeltlich für die andere Partei (den Auftraggeber) Geschäfte (Rechtsgeschäfte oder Tathandlungen) besorgt, bei denen wegen der Art der Geschäfte auch bei sorgfältiger Ausführung ein Mißerfolg möglich ist und die ein besonderes Vertrauensverhältnis zwischen den Parteien voraussetzen, ohne daß die eine Partei der anderen im Sinne des Dienstvertragsrechtes subordiniert ist. Solche typischen Auftragsgeschäfte sind die Tätigkeit des Anwaltes, des Arztes, des Treuhänders, des Vermögensverwalters[13].

Die Zuordnung solch typischer Tatbestände zu den beiden Vertragsarten bietet grundsätzlich keine Schwierigkeiten. Die Normen des OR über den Werkvertrag und den Auftrag sind auf dieselben gleichsam zugeschnitten[14]. Schwierigkeiten kann die rechtliche Behandlung der atypischen Tatbestände bieten, jener Tatbestände also, die weder die typischen Merkmale eines Werkvertrages, noch jene eines Auftrages aufweisen und sich deshalb irgendwo im Grenzbereich zwischen Werkvertrag und Auftrag bewegen, ohne daß sie die typischen Merkmale eines anderen im OR geregelten Vertrages über Arbeitsleistungen aufweisen. GAUTSCHI[15] will alle Tatbestände, die nicht einen körperlichen Leistungserfolg zum Gegenstand haben und sich im Grenzbereich Auftrag/Werkvertrag bewegen, als Auftrag behandelt wissen. Differenzierter ist das Vorgehen jener Autoren, die Verträge, welche einen objektiven Leistungserfolg zum Gegenstand haben, auch wenn er nicht körperlicher Natur ist, den Normen über den Werkvertrag, Verträge, die «nur» ein (sorg-

---

[11] Vgl. GAUTSCHI, Art. 363, N. 2a; StenBullNR 1909, S. 709.
[12] Vgl. beispielsweise VON BÜREN, Auftrag, S. 12ff.
[13] VON BÜREN, Auftrag, S. 10; StenBullStR 1910, S. 229; Nachtrag zur Botschaft vom 1. Juni 1909, S. 753.
[14] Vgl. zum Problem K. LARENZ, Methodenlehre der Rechtswissenschaft, 2. Aufl., Berlin 1969, S. 444; KOLLER, a.a.O., S. 56 und S. 86f.; F. FICK, Kommentar zum schweiz. Obligationenrecht, Zürich 1915/16, Art. 363, N. 61; vgl. auch W. OTT, Die Problematik einer Typologie im Gesellschaftsrecht, dargestellt am Beispiel des schweizerischen Aktienrechtes, Diss. Zürich 1972, Abh. Schweiz. Recht Nr. 412, Bern 1972.
[15] Vorbem. zu Art. 363-379, N. 2.

fältiges) Tätigwerden in einer bestimmten Richtung (ohne Leistungserfolg) zum Gegenstand haben, den Normen über den Auftrag unterstellen[16].

Es ist aber fraglich, ob diese Auffassungen das Wesen der Rechtsanwendung im Bereich der Schuldverträge (auch der Arbeitsverträge) treffen. Denn bei atypischen Sachverhalten muß in jedem Einzelfall und bezüglich jeder einzelnen Norm unter Abwägung der Interessen und unter Berücksichtigung der Rechtssicherheit geprüft werden, ob der durch die Norm bezweckte Interessenausgleich auch beim (atypischen) Sachverhalt erreicht wird. Dabei kommt man nicht darum herum, sich noch näher mit den Unterschieden zwischen Werkvertrag und Auftrag zu befassen.

b) Erfolgshaftung und Sorgfaltshaftung

Wie schon angetönt[17], ist ein wesentliches Merkmal des Werkvertrages die Erfolgshaftung des Unternehmers. Diese Erfolgshaftung bedeutet in concreto, daß der Unternehmer nur dann einen Anspruch auf das Entgelt gegenüber dem Besteller hat, wenn der Leistungserfolg eintritt. Der Leistungserfolg aber kann aus folgenden Gründen **nicht** eintreten:

1. Drittverschulden;
2. Selbstverschulden des Bestellers;
3. Zufall oder höhere Gewalt (das begonnene, aber nicht abgelieferte Werk geht z.B. durch Zufall unter);
4. eigenes Unvermögen des Unternehmers.

Tritt der Leistungserfolg wegen Selbstverschuldens des Bestellers nicht ein, trägt der Besteller die Haftung[18]. Bleibt der Erfolg wegen eigenen Unvermögens des Unternehmers aus, trifft den Unternehmer (auf Grund objektivierten Verschuldens)[19] eine Sorgfaltspflichtverletzung. Folglich liegt der Unterschied (bezüglich der Erfolgshaftung) darin, daß der Unternehmer (im Gegensatz zum Beauftragten) auch bei sorgfältiger Tätigkeit keinen Anspruch auf das Entgelt hat, wenn der Leistungserfolg infolge Drittverschuldens, höherer Gewalt oder Zufalls nicht eingetreten ist.

Charakteristisch für den Werkvertrag ist in diesem Zusammenhang auch die Pflicht des Unternehmers, das Werk abzuliefern (Ablieferungspflicht).

c) Rücktritt

Ein weiterer wesentlicher Unterschied zwischen Auftrag und Werkvertrag besteht darin, daß der Auftrag von beiden Parteien grundsätzlich jeder-

---

[16] Vgl. OSER/SCHÖNENBERGER, Art. 363, N. 14; DÜRR, S. 10.
[17] Vgl. vorne § 84 I.
[18] Vgl. hinten § 86 I Ziff. 5.
[19] Vgl. OFTINGER, Bd. I, S. 125; KELLER, S. 69 ff. und die dort zitierte Rechtsprechung.

zeit und ohne Begründung widerrufen oder gekündigt werden kann[20], und die Parteien nur im Falle eines Widerrufes oder einer Kündigung zur Unzeit zum Ersatz des negativen Interesses verpflichtet sind[21]. Demgegenüber kann vom Werkvertrag nur der Besteller (nicht aber der Unternehmer) jederzeit und ohne Begründung zurücktreten und dies auch nur gegen volle Schadloshaltung (unter Ersatz des Erfüllungsinteresses). Das beiden Parteien (nach herrschender Lehre zwingend) gewährte gesetzliche Recht zum jederzeitigen Rücktritt vom Auftrag wird durch das beim Auftrag herrschende, qualifizierte Vertrauensverhältnis zwischen dem Auftraggeber und dem Beauftragten begründet[22].

d) Differenzierte Betrachtung

Nun ist aber bei der Rechtsanwendung auf atypische Tatbestände im Einzelfall für jede einzelne Norm zu fragen, ob ihr Sinn und Zweck die Anwendung auf den konkreten Sachverhalt verlangt oder nicht[23].

In diesem Sinne und im Sinne der vorstehenden Ausführungen ist in jedem Fall insbesondere zu fragen, ob es sich rechtfertigt, daß der Schuldner der typischen Hauptleistung (also der Arbeitsobligation) nicht eine Sorgfaltshaftung, sondern eine Erfolgshaftung übernimmt, mit anderen Worten, ob es sich rechtfertigt, daß dem Schuldner der Arbeitsobligation kein Anspruch auf das Entgelt gewährt wird, wenn der Erfolg infolge Zufalls, höherer Gewalt oder Drittverschuldens nicht eingetreten ist. Die Erfolgshaftung des Schuldners der Arbeitsobligation ist nicht nur dann gerechtfertigt, wenn Gegenstand des Vertrages die Herstellung oder Veränderung eines körperlichen Gegenstandes ist, sondern immer dann, wenn aus der Natur der Tätigkeit bei sorgfältiger Ausführung ein Erfolg garantiert werden kann. Kann hingegen wegen der Natur der Tätigkeit auch bei sorgfältiger Arbeit kein Erfolg garantiert werden, finden nicht die (werkvertraglichen) Normen über die Erfolgshaftung, sondern die (auftragsrechtlichen) Normen über die Sorgfaltshaftung Anwendung.

Auf jene Sachverhalte, die ein besonderes Vertrauensverhältnis begründen, findet das beidseitige Widerrufs- und Kündigungsrecht von Art. 404 OR Anwendung. In allen anderen Fällen gilt Art. 377 OR.

In den meisten Fällen wird man zur Auffassung gelangen, daß entweder alle Normen über den Werkvertrag oder alle Normen über den Auftrag auch

---

[20] Vgl. Art. 404 Abs. 1 OR.
[21] Vgl. Art. 404 Abs. 2 OR.
[22] Vgl. z.B. H.-P. FRIEDRICH, Fragen aus dem Auftragsrecht, ZBJV 1955, 1919, Bd. 91, S. 475; BGE 98 II, 1972, S. 308.
[23] Vgl. LARENZ, a.a.O., S. 445. Die Gedankengänge, die KOLLER (a.a.O., S. 148 ff.) zum Gesellschaftsrecht darlegt, sind mutatis mutandis auch für das Vertragsrecht gültig.

auf den untersuchten atypischen Tatbestand Anwendung finden. Das ist z.B. der Fall bei einem Vertrag, dessen typische Hauptleistung in der Übersetzung eines Prospektes[24] besteht. Die Natur dieser Tätigkeit ermöglicht eine Erfolgshaftung (und es entspricht dem gerechten Ausgleich, daß der Übersetzer das Risiko für Zufall, höhere Gewalt und Drittverschulden trägt), daneben besteht auch eine (werkvertragliche) Ablieferungspflicht des Übersetzers, die Normen über die Sachgewährleistung beim Werkvertrag (sogar über die Ausbesserung) sind anwendbar. Auch liegt kein qualifiziertes Vertrauensverhältnis vor[25], das das Widerrufsrecht des Auftrages rechtfertigen würde; das (werkvertragliche) Widerrufsrecht von Art. 377 OR wird der Sachlage gerecht. Ein solcher Vertrag ist ein (reiner) Werkvertrag, da alle Normen des OR über den Werkvertrag anzuwenden sind, obwohl er möglicherweise dem historischen Gesetzgeber bei Erlaß des OR nicht als typischer Werkvertrag vorgeschwebt hat[26].

Bei der Frage nach der Rechtsanwendung muß man nicht notwendigerweise (wie im Beispiel der Übersetzung) zum Ergebnis gelangen, daß ein Sachverhalt entweder dem Werkvertrag oder dem Auftrag subsumiert wer-

---

[24] Die Leistung des Übersetzers eines Prospektes besteht darin, daß nach Erfüllung des Vertrages der gleiche Text in einer anderen Sprache vorliegt. Ein Erfolg für eine solche Leistung kann übernommen werden. Demgegenüber ist die Übersetzung eines Romanes oder eines Gedichtes künstlerisch anspruchsvoller. Der Übersetzer eines Romanes bzw. eines Gedichtes kann keine Garantie dafür übernehmen, daß in der fremden Sprache die subtilen Gedankengänge des Verfassers und die Feinheiten des sprachlichen Ausdruckes richtig wiedergegeben sind. Hierher gehört auch die Frage nach der Rechtsnatur eines Vertrages über die Ausfertigung eines Gutachtens (vgl. VON BÜREN, Auftrag, S.25f.; ZR 54, 1955, Nr.183, S.370).

[25] Ein qualifiziertes Vertrauensverhältnis würde aber bei der Übersetzung eines Romanes oder Gedichtes vorliegen. Die Übersetzung eines Prospektes ist geistig «handwerkliche» Tätigkeit, während die Übersetzung eines Romanes geistig künstlerische Tätigkeit ist, bei der beide Parteien nach herrschender Lehre und Praxis das Recht haben müssen, ohne Grundangabe jederzeit den Vertrag gemäß Art. 404 OR auflösen zu können, wenn sie das Gefühl haben, das Vertrauensverhältnis sei gestört.

[26] Werkverträge in diesem Sinne sind auch:
- Vertrag über das Beschlagen eines Pferdes durch den Hufschmid (ZR 19, 1920, Nr.182);
- Vertrag über Verputzarbeiten an einer Hausfassade (BJM 1972, S.25);
- Vertrag über die Reinigung einer Heizung durch Kaminfegermeister (falsch deshalb der Entscheid in SJZ 52, 1956, Nr.1, S.10, wo Auftrag angenommen wurde);
- Vertrag über Holzschlagarbeiten (nicht Auftrag wie in ZR 22, 1923, Nr.54, S.101 angenommen wurde, vgl. die Anm. der Redaktion auf S.102 in ZR 22);
- Vertrag über die Herstellung einer Zahnprothese (vgl. BGE 47 II, 1921, S.215; SJZ 48, 1952, Nr.86, S.226; Sem.jud. 61, 1940, S.528), während andere zahnärztliche Arbeiten unter den Auftragsvertrag fallen (BGE 61 II, 1935, S.111; SJZ 56, 1960, S.144; SJZ 57, 1961, Nr.101, S.252). Vgl. dagegen SJZ 37/38, 1941, S.157 wo das Gericht die Erfolgshaftung für eine Zahnprothese eingeschränkt hat;
- Verpflichtung zur Komposition von Instrumentalbegleitsätzen (SJZ 70, 1974, Nr.25, S.143; eher Auftrag wäre wohl die Komposition eines musikalischen Werkes an sich);
- Herstellung von Werbefotos (SJZ 71, 1975, Nr.15, S.27ff.; BJM 1975, S.193f.).

den muß, sondern es sind auch im Bereiche der Arbeitsverträge Innominatkontrakte[27] vorstellbar[28]. So werden auf die Vorstellungsbesuchsverträge nach herrschender Praxis[29], vor allem was die Haftung für den Erfolg und die Sorgfalt betrifft[30], die Normen des OR über den Werkvertrag angewendet,

---

[27] Unter Innominatkontrakten sind sowohl die Verträge sui generis als auch die gemischten Verträge zu verstehen: vgl. MEIER-HAYOZ, Verträge (gesetzlich nicht geregelte) I, Allgemeines – Verträge «sui generis», SJK 1134, 1965, S.1.

[28] Anderer Ansicht z.B. GAUTSCHI, Berner Kommentar, 2. Aufl., Bern 1959, Der einfache Auftrag (Art.394, N.56), der auf Grund von Art.394 Abs.2 OR im Arbeitsvertragsrecht keine Verträge sui generis zuläßt. Eine Auslegung von Art.394 Abs.2 OR im Sinne von GAUTSCHI würde Typengebundenheit im Arbeitsvertragsrecht bedeuten, wie beispielsweise im System der beschränkten dinglichen Rechte des Sachenrechtes oder im Gesellschaftsrecht. Wenn man aber die Entstehungsgeschichte verfolgt, muß man diesem Abs.2 von Art.394 eine andere Bedeutung geben, als GAUTSCHI und auch andere Autoren (vgl. z.B. FRIEDRICH, a.a.O., S.451ff.) ihm beimessen. Nach Erlaß der OR im Jahre 1888 wurde anfänglich die Auffassung vertreten, der Auftrag sei lediglich das Innenverhältnis der Stellvertretung (vgl. H. HAFNER, Das schweizerische Obligationenrecht, Textausgabe mit Anmerkungen und Sachregister, 1. Aufl., Zürich 1883, Art.382, N.2, S.114). Die rechtliche Einordnung der Leistung faktischer Dienste (heute als sogenannte Tathandlungsaufträge bezeichnet) bereitete deshalb unter dem alten OR einige Schwierigkeiten. Obwohl aber schon im Zeitpunkt der Revision des OR im Jahre 1909 die herrschende Lehre und Praxis die Ansicht geändert hatten und auch die faktischen Dienste unter dem Auftragsrecht subsumierten, glaubte der Gesetzgeber dieser Ansicht noch im Wortlaut des Gesetzes Ausdruck geben zu müssen. Die Expertenkommission fügte deshalb den unglücklich formulierten Abs.2 in den Entwurf ein. Unglücklich formuliert ist Abs.2 von Art.394 OR deshalb, weil sein Wortlaut weiter gefaßt ist als sein Zweck. Das geht deutlich aus dem Votum des Berichterstatters Hoffmann im Ständerat hervor; denn nach Hoffmann, der übrigens auch der Expertenkommission angehörte, sollte der neue Abs.2 von Art.394 Antwort geben auf die Frage, wie das «Verhältnis zum Arzt, Rechtsanwalt und zu andern Trägern der sogenannten freien Berufe zu behandeln» sei (vgl. StenBullStR 1910, S.229). Aus diesem Grunde bezieht sich Art.394 Abs.2 OR nur auf die reinen Arbeitsverträge (vgl. MOSIMANN, S.65) oder Arbeitsverträge im engeren Sinne, die sogenannten Tätigkeitsverträge, und nicht auf alle Verträge der Titel 10 bis 19, die gemeinhin als Verträge über Arbeitsleistung bezeichnet werden. Eine andere Ansicht findet keine Stütze im Wortlaut des Gesetzes, denn der Begriff «Verträge über Arbeitsleistung» wird außer im erwähnten Abs.2 nirgends verwendet. Wenn in den Beratungen bei der Revision des OR etwa die Auffassung vertreten wurde, «der Auftrag habe eine subsidiäre Bedeutung, insofern ein Vertrag über die Arbeitsleistung, die weder Dienst- noch Werkverträge sind, als Auftrag behandelt werden» (StenBullStR 1910, S.229), so sind solche Äußerungen aus der damaligen Situation zu interpretieren und nicht ohne weiteres auf Interessenlagen zu beziehen, die den gesetzgebenden Instanzen (noch) gar nicht bewußt waren.
Auch das BGer läßt Verträge sui generis im Arbeitsvertragsrecht zu (BGE 70 II, 1944, S.218; 83 II, 1957, S.525). Vgl. dazu auch KLAUSER, S.9; Sem.jud. 84, 1963, 1962, S.251; SJZ 59, 1963, Nr.138, S.310.

[29] Vgl. BGE 70 II, 1944, S.218/19; 79 II, 1953, S.69; 80 II, 1954, S.34; ZR 56, 1957, Nr.101, S.201; SJZ 48, 1952, S.365, SJZ 62, 1966, S.329; Sem.jud. 81, 1960, S.66 und 69; JT 108, I, 1961, S.252, JT 108, I, 1961, S.92; Sem.jud. 75, 1954, S.257, Sem.jud. 83, 1962, S.161; JT 109, I, 1962, S.238; Zeitschrift für Walliser Rechtsprechung 2, 1968, S.170ff.

[30] Bezüglich der Haftung des Unternehmers für Sorgfaltspflichten können ebensogut die Normen über den Auftrag herbeigezogen werden (vgl. hinten § 85 I Ziff.1).

obwohl kein reiner Werkvertrag vorliegt, da andere werkvertragliche Normen (z.B. über die Ablieferung, den zufälligen Untergang) nicht auf einen solchen Vertrag angewendet werden können[31].

e) Architektenvertrag

Von diesen Abgrenzungsproblemen wird auch der Architektenvertrag erfaßt. Die herrschende Lehre und früher das Bundesgericht unterstellen die einzelnen Obliegenheiten eines Architekten verschiedenen Vertragsarten. Die Herstellung von Skizzen und Bauprojekten sowie von Ausführungs- und Detailplänen sei Werkvertrag[32], die Herstellung von Kostenvoranschlägen, die Vergebung von Arbeiten, die Oberaufsicht und die Revision seien wohl eher Gegenstand eines Auftrages[33]. Mit dem Bundesgericht kann man ohne Zweifel darin einig gehen, daß die Herstellung von Kostenvoranschlägen, die Vergebung von Arbeiten usw. einer Erfolgshaftung nicht zugänglich und deshalb den Normen des Auftrages über die Sorgfaltshaftung zu unterstellen sind. Andererseits ist die Herstellung von Ausführungs- und Detailplänen eine rein technische, handwerkliche Arbeit und deshalb ohne Zweifel einer Erfolgshaftung des Werkvertrages zugänglich[34]. Ein Grenzfall in diesem Sinne bildet die Herstellung von Skizzen und Bauprojekten.

Doch kommt man bei einer richtigen Betrachtung der Tätigkeit des Architekten zur Auffassung, die Herstellung von Skizzen und Bauprojekten seien dem Auftrag zu unterstellen; denn die geistig-schöpferische Tätigkeit, welche eine Erfolgshaftung ausschließt, überwiegt[35]. Die meisten Verträge mit

---

[31] Ähnliche Rechtsanwendungsprobleme ergeben sich auch beim Insertionsvertrag (BGE 59 II, 1933, S.261; ZBJV 81, 1945, S.240; SJZ 48, 1952, S.160), beim Fernsehwerbevertrag (vgl. hiezu H. MÜLLER, Der Fernsehwerbevertrag im Schweizerischen Recht, SJZ 64, 1968, Nr.1, S.197), für die Dressur eines Pferdes (SJZ 40, 1944, Nr.75, S.124), für den Annoncenpachtvertrag (BGE 57 II, 1931, S.161).

[32] Vgl. BGE 63 II, 1937, S.176; 64 II, 1938, S.9; Sem.jud. 60, 1939, S.505; JT 87, I, 1940, S.158; ZBJV 75, 1939, S.593; Sem.jud, 84, 1963, S.251; JT 110, I, 1963, S.382; SJZ 71, 1975, Nr.10, S.12; BECKER, Art.363, N.4f.; OSER/SCHÖNENBERGER, Art.363, N.19; DÜRR, S.15; vgl. auch die Darstellung bei PERRIN, S.28ff.; gl.M. für das deutsche Recht: HÄRING, S.16ff.; W. BINDHARDT/R. RUHKOPF, Die Haftung der Architekten, 7. Aufl., Düsseldorf 1976; H.W. SCHMIDT, Aus der Rechtsprechung des BGH zum Bau- und Architektenrecht, Monatsschrift für Deutsches Recht, 1975, S.710ff.; HUHN, S.155ff. Inzwischen hat das BGer seine Praxis (in nicht überzeugender Weise) geändert (BGE 98 II, 1972, S.310 E 3a).

[33] Vgl. BGE 63 II, 1937, S.176f.; GUHL/MERZ/KUMMER, S.293; ZBJV 102, 1966, S.147; SJZ 42, 1946, S.187; SJZ 62, 1966, S.191; DÜRR, S.15; PERRIN, S.33; KREIS, S.72ff. Nach deutschem Recht wäre das Gegenstand des Dienstvertrages (vgl. HÄRING, S.16f.).

[34] Vgl. Sem.jud. 84, 1962, S.251; SJZ 59, 1963, Nr.138, S.310.

[35] Gl.M. bei GAUTSCHI, Art.394, N.43a; PERRIN, S.32ff.; MOSIMANN, S.73 mit eingehender und zutreffender Begründung; BOLLAG, S.16; ZBJV 102, 1966, S.147 (Obergericht Luzern). Es sei nicht zu übersehen, daß Baupläne urheberrechtsfähige Werke sein können, was ebenfalls für Auftrag spricht.

Architekten umfassen aber alle, nicht nur einzelne der oben genannten Tätigkeiten. Der Architekt übernimmt die Projektierung, die Ausarbeitung der Detailpläne, die Arbeitsvergebung und die Bauleitung. Bei solchen Verträgen ist das werkvertragliche Element von untergeordneter Bedeutung. Auf solche Verträge sind die Vorschriften über den Auftrag anwendbar[36], insbesondere auch Art. 404 OR, denn das Verhältnis zwischen Architekt und Bauherr ist durch ein besonderes Vertrauen gekennzeichnet.

f) Generalunternehmervertrag

Der Generalunternehmervertrag (Vertrag auf Erstellung eines schlüsselfertigen Gebäudes)[37] tritt in verschiedenen Erscheinungsformen auf. Die Einordnung gestaltet sich anders, wenn der Generalunternehmer neben der Erstellung der Baute auch die Planung vorzunehmen hat. Einen Einfluß auf die Rechtsanwendung hat auch die Frage, ob der Generalunternehmer die Baute auf einem vom Besteller angewiesenen Baugrund auszuführen und eventuell zu planen hat, oder ob der Generalunternehmer dem Besteller das Eigentum am Baugrund zu verschaffen hat[38].

Die Leistung des Generalunternehmers, der sich verpflichtet, auf einem vom Bauherrn angewiesenen Baugrund gemäß den vom Bauherrn[39] zur Verfügung gestellten Plänen eine Baute zu erstellen[40], ist einer Erfolgshaftung zugänglich, selbst dann, wenn der Unternehmer keine Arbeit am Werk selber ausführt oder durch Arbeitnehmer ausführen läßt. Im letzteren Fall gleicht zwar der Generalunternehmervertrag einem Architektenvertrag, dessen Gegenstand die Vergebung von Arbeiten und die Bauaufsicht ist. Der Architekt übernimmt bei der Bauleitung – wie wir gesehen haben – nur eine Sorgfaltshaftung und keine Erfolgshaftung; er schließt die Verträge mit den Handwerkern und Lieferanten im Namen des Bauherrn ab. Der Generalunternehmer (selbst wenn er von Beruf Architekt ist) schließt hingegen die Verträge

---

[36] BGE 63 II, 1937, S. 179; 98 II, 1972, S. 312; SJZ 42, 1946, Nr. 73, S. 187; ZBJV 102, 1966, S. 147; GUHL/MERZ/KUMMER, S. 293; PERRIN, S. 32ff.; a.A. OSER/SCHÖNENBERGER, Art. 363, N. 19; W. RUPPERT, in SJZ 66, 1970, S. 284ff. Für Werkvertrag SJZ 67, 1971, Nr. 29, S. 61 und Nr. 49, 1953, S. 112. Zur Verjährung der Honorarforderung vgl. BGE 98 II, 1972, S. 184ff.
[37] Vgl. GAUTSCHI, Vorbem. zu Art. 363–379, N. 18; zum deutschen Recht vgl. z.B. H.-U. GRABA, Zur Rechtsnatur des Fertighausvertrages, Monatsschrift für Deutsches Recht, 1974, S. 975ff.
[38] Gleiche Einteilung auch bei MOSIMANN, S. 75ff.
[39] Die gleiche Sachlage liegt vor, wenn der Generalunternehmer nach selber entworfenen Plänen arbeitet, der Vertrag auf Herstellung des Projektes aber nicht Gegenstand des Generalunternehmervertrages bildet, indem z.B. die Pläne von andern Bauten übernommen worden sind oder der Generalunternehmervertrag erst abgeschlossen wird, nachdem die Planung beendet ist.
[40] MOSIMANN, S. 75, nennt diese Erscheinungsform zutreffend den Werkvertrag im engeren Sinne.

mit den Handwerkern in eigenem Namen ab. Der Generalunternehmer übernimmt das gesamte Baurisiko und damit eine Erfolgshaftung. Er hat das Bauwerk nicht nur zu vollenden, sondern auch abzuliefern. Ein solcher Vertrag qualifiziert sich als reiner Werkvertrag, auch für den Fall, daß der Unternehmer keine handwerkliche Arbeit am Bauwerk selber ausführt[41].

Eine weitere Erscheinungsform des Generalunternehmervertrages liegt vor, wenn Gegenstand des Vertrages nicht nur die Ausführung, sondern auch die Planung des Bauwerkes ist[42]. Vertragspartner bei einem solchen Vertrag ist regelmäßig entweder ein Unternehmer, der Architekten und Ingenieure beschäftigt, oder ein Architekt, der die Ausführung seiner Pläne auf eigenes Risiko übernimmt.

Planung und Ausführung sind zwei grundverschiedene Tätigkeiten[43], die je einem Vertragstyp im OR entsprechen, nämlich dem Auftrag und dem Werkvertrag. Die Subsumtion unter einen Vertragstyp des OR (entweder Auftrag oder Werkvertrag) wäre nicht sachgerecht. Die ausschließliche Anwendung der Regeln über den Auftrag ist deshalb abzulehnen, weil der Zweck des ganzen Vertrages nicht nur ein sorgfältiges Tätigwerden des Unternehmers ist, sondern die Herstellung eines Werkes. Andererseits wäre eine ausschließliche Subsumtion unter die Regeln des Werkvertrages abzulehnen, weil die Planungsarbeiten, welche für sich genommen auftragsrechtlicher Natur sind, nicht nur Vorbereitungsarbeiten für die Ausführung des Werkes sind, sondern eine selbständige Bedeutung haben, indem sie das auszuführende Bauwerk, d.h. das Werk als Gegenstand des den Planungsarbeiten folgenden Werkvertrages, bestimmbar machen. Diese Bestimmbarkeit fehlt im Zeitpunkt, in dem die ganze Arbeit (Planung und Ausführung) vergeben wird.

Der Generalunternehmervertrag, bei dem sich der Unternehmer zur Planung und Ausführung verpflichtet, ist daher ein gemischtes Vertragsverhältnis[43a]. Die beiden Vertragsleistungen können zeitlich auseinanderge-

---

[41] Gl.M. sind das BGer in 94 II, 1968, S.162 und 97 II, 1971, S.68; vgl. auch 99 II, 1973, S.134 Erw.2; PERRIN, S.34 und MOSIMANN, S.76; GAUCH, S.27, N.62. Nach GAUTSCHI (Art.363, N.15e) kann ein solcher Vertrag nur dann Werkvertrag sein, wenn der Generalunternehmer wenigstens einen Teil der übernommenen Gesamtherstellung selbst ausführt oder durch «betriebseigene Hilfspersonen unter seiner Leitung» (also Arbeitnehmer) ausführen läßt. Das BGer (94 II, 1968, S.162) hat diese Ansicht von GAUTSCHI zu Recht ausdrücklich abgelehnt. Durch eine solche Qualifikation will GAUTSCHI verhindern, daß als Unternehmer im Sinne des Werkvertragsrechtes auch gilt, wer keine stoffliche Arbeit an einem körperlichen Werk leistet, da GAUTSCHI sonst mit seiner vorne in Anm.2 zitierten grundlegenden Meinung in Widerspruch käme.

[42] MOSIMANN, S.78, nennt diese Erscheinungsform den Generalunternehmervertrag im weiteren Sinne; GAUCH, S.28, N.63, nennt ihn den Totalunternehmervertrag.

[43] MOSIMANN, S.82f.

[43a] a.A. GAUCH, S.28, N.63, der diesen Vertrag als Werkvertrag qualifiziert.

nommen werden. In der Planungsphase gilt Auftragsrecht; daher liegt für die Planungsarbeit nur Sorgfaltshaftung und keine Erfolgshaftung vor. Der Vertrag ist in dieser Zeit gemäß Art. 404 OR von beiden Parteien lösbar. Sobald die Planung abgeschlossen und das Projekt vom Bauherrn genehmigt worden ist, ist das zu errichtende Werk bestimmt und der Generalunternehmer hat im Sinne des Werkvertrages für den Erfolg seiner Arbeit einzustehen. Er haftet für die Mängel des Werkes[44]. Der Vertrag ist in der Ausführungsphase nach den Regeln von Art. 377 OR nur für den Bauherrn auflösbar.

Sofern zu den vorerwähnten Verpflichtungen, entweder die Baute zu erstellen oder zu planen und zu erstellen, noch die Pflicht des Generalunternehmers hinzutritt, dem Bauherrn das Eigentum am Baugrund zu verschaffen, tritt ein kaufrechtliches Element hinzu. Die Vorschriften über den Kauf sind auf ein solches Vertragsverhältnis analog anzuwenden, insbesondere gilt dies für die Formvorschriften von Art. 216 OR[45].

2. Arbeitsvertrag und Werkvertrag

Der typische Arbeitsvertrag unterscheidet sich vom typischen Werkvertrag dadurch, daß der Schuldner der Arbeitsobligation beim Arbeitsvertrag (also der Arbeitnehmer) in einem Subordinationsverhältnis zum Gläubiger (also zum Arbeitgeber) steht, welches Subordinationsverhältnis dem Werkvertrag fehlt[46].

Dieses Subordinationsverhältnis konkretisiert sich in einem Weisungsrecht des Arbeitgebers gegenüber dem Arbeitnehmer, das als qualifiziert bezeichnet werden kann, weil das Weisungsrecht nicht nur (wie beim Werkvertrag) das Arbeitsergebnis betrifft, sondern darüber hinausgeht. Das Kriterium der Subordination gilt auch, wenn das Entgelt Stück- oder Akkordlohn ist[47]. Gleichzeitig unterscheidet auch die anders genormte Risikoverteilung die beiden Vertragsarten. Der Arbeitnehmer arbeitet für fremdes Risiko; der Unternehmer trägt ein eigenes Unternehmerrisiko, das auch zusätzlich honoriert wird[48].

---

[44] Nach MOSIMANN, S. 85, hat der Generalunternehmer für sämtliche Mängel Gewähr zu leisten, auch wenn sie auf fehlerhafte Planung zurückzuführen sind. Ein Teil der auftragsrechtlichen Sorgfaltshaftung wird daher durch die werkvertragliche Gewährleistung konsumiert.
[45] Vgl. MOSIMANN, S. 92 ff.; GAUTSCHI, Art. 365, N. 23 ff.; BGE 94 II, 1968, S. 270 ff.
[46] Vgl. GAUTSCHI, Vorbem. zu Art. 363–379, N. 13a; OSER/SCHÖNENBERGER, Art. 363, N. 13; BGE 16, 1890, S. 762 ff.; 22, 1896, S. 198 ff.; 23 I, 1897, S. 231; 30 II, 1904, S. 495; 34 II, 1908, S. 219 ff.; 73 I, 1947, S. 420 f. Vgl. auch Sem. jud. 64, 1943, S. 273; 66, 1945, S. 346 und Repertorio 76, 1945, S. 321. Vgl. zu diesem Problem U. CH. NEF, Temporäre Arbeit, Diss. Zürich 1971, Abh. zum Schweiz. Recht Nr. 404, S. 50 ff. GUHL/MERZ/KUMMER, S. 381.
[47] GAUTSCHI, Vorbem. zu Art. 363–379, N. 13b und die dort zitierte Praxis. Vgl. auch DÜRR, S. 8.
[48] Vgl. ESSER, Schuldrecht, Bd. II, Besonderer Teil, 4. Aufl., Karlsruhe 1971, § 76 II 2.

3. Kauf und Werkvertrag

Schwierigkeiten ergeben sich bei der Abgrenzung zwischen Werkvertrag und Kauf, wenn es sich um einen Vertrag über die Lieferung einer zukünftigen Sache[49] handelt, die mit dem vom Unternehmer gelieferten Stoff hergestellt wird. Ein Werkvertrag liegt dann vor, wenn der zu erstellende Gegenstand eine persönliche Prägung erhält, sei es, daß er nach besonderen Wünschen und Weisungen des Bestellers erstellt wird, sei es, daß der Besteller aus Vorschlägen und Mustern des Unternehmers eine individuelle Wahl trifft[50]. Diese Unterscheidung ist von Bedeutung zur Beantwortung vor allem folgender Fragen: Wann die Gefahr an den Erwerber übergehen soll (vgl. Art. 185 OR beim Kauf und 376 OR beim Werkvertrag); ob der Erwerber ein Recht auf Ausbesserung nach Art. 368 Abs. 2 OR besitze[50a]; ob die Berechtigung zur Eintragung eines Bauhandwerkerpfandrechtes besteht, da nach Art. 837 Ziff. 3 ZGB nur derjenige ein Recht auf Eintragung hat, der Arbeit und Material oder Arbeit liefert, nicht derjenige aber, der Material allein liefert[51]; ob dem Erwerber ein Rücktrittsrecht nach Art. 377 OR zustehe[52].

4. Schlußfolgerung

Der Vergleich des Werkvertrages mit anderen Verträgen, besonders mit dem Auftrag zeigt, daß für ersteren nicht die materielle Natur des Werkes maßgebend ist, vielmehr die Vertretbarkeit im konkreten Falle der den Unternehmer treffenden Erfolgshaftung. Letztere erscheint demnach als das maßgebende Kriterium für das Vorliegen eines Werkvertrages.

---

[49] DÜRR, S. 6.

[50] Geht die Verpflichtung auf Herstellung eines serienmäßig produzierten Massenartikels, ist Kauf einer zukünftigen Sache anzunehmen (KLAUSER, S. 4).

In diesem Sinne die Judikatur: Werkvertrag ist ein Vertrag über Lieferung einer hydraulischen Presse zur Herstellung von Platten eines bestimmten Formats (BGE 42 II, 1916, S. 622 ff., insbesondere S. 632); über die Erstellung und Lieferung von Balkendecken samt Verteileisen für zwei Einfamilienhäuser (BGE 72 II, 1946, S. 348 ff.); ebenso über die Herstellung eines Straßenhobels, wobei die Ideen der Besteller liefert. Ein Grenzfall ist der Vertrag über die Anfertigung einer Wäscheaussteuer nach Mustern der Wäschefabrik (vgl. ZBJV 85, 1949, S. 455, wo der bernische Appellationshof für das Vorliegen eines Kaufes entschied). Kauf ist die Lieferung von serienmäßig hergestellten Möbeln (ZR 37, 1938, Nr. 54, S. 98). Vgl. auch GAUTSCHI, Vorbem. zu Art. 363–379, N. 7.

[50a] Vgl. zu dieser Frage nach deutschem Recht: HUHN, S. 103 f.

[51] TUOR/SCHNYDER, S. 603; BGE 53 II, 1927, S. 472 f.

[52] Gerade diese Frage kann von Bedeutung sein (vgl. ZBJV 85, 1949, S. 455). – Es kann sich auch die Abgrenzungsfrage Mietvertrag oder Werkvertrag stellen. Die Frage wurde allerdings offengelassen in BGE 97 II, 1975, S. 126 Erw. 2b für das Rechtsverhältnis zwischen dem Bauunternehmer und dem von ihm beigezogenen Eigentümer und Führer eines Bulldozers.

§ 85. Pflichten des Unternehmers

I. Hauptleistungen

Die Hauptpflichten des Unternehmers beim Werkvertrag bestehen einerseits in einer Arbeitsobligation (Pflicht zur Herstellung oder Veränderung eines Werkes) andererseits in einer Sachleistungsobligation (Ablieferungspflicht). Beide Pflichten (Arbeitspflicht und Ablieferungspflicht) gehören wesentlich zum Werkvertrag. Konsequenz der Arbeitsobligation ist die Haftung für Sorgfalt (Art. 364 OR) und die Pflicht zur rechtzeitigen Vornahme und vertragsgemäßen Ausführung der Arbeit (Art. 366 OR).

1. Pflicht zur rechtzeitigen Erfüllung der Arbeitsobligation

Der Unternehmer ist zur rechtzeitigen Vornahme und vertragsgemäßen Ausführung der Arbeit verpflichtet. Für den Fall, daß der Unternehmer nicht erfüllt oder nicht rechtzeitig erfüllt, stehen dem Besteller grundsätzlich die Rechtsbehelfe des Allgemeinen Teils des OR zur Verfügung. Während aber normalerweise die Rechtsmittel wegen verspäteter Erfüllung oder Nichterfüllung (Art. 97 ff. OR) erst nach (unbenütztem) Ablauf des Leistungstermines ergriffen werden können, gibt Art. 366 Abs. 1 OR als Spezialnorm dem Besteller das Recht, ohne den Liefertermin abzuwarten, vom Werkvertrag zurückzutreten, wenn der Unternehmer das Werk nicht rechtzeitig beginnt, die Ausführung in vertragswidriger Weise verzögert oder ohne Schuld des Bestellers so sehr im Rückstand ist, daß die rechtzeitige Vollendung nicht mehr vorauszusehen ist. Dieses Rücktrittsrecht ist eine Konsequenz der Arbeitsobligation des Unternehmers[1]. Dabei stellt sich die Frage, ob der Besteller dem Unternehmer eine Frist ansetzen muß, bevor er den Rücktritt (nach Art. 366 Abs. 1 OR) erklären kann. Gemäß Art. 107 OR ist grundsätzlich eine angemessene Frist zum nachträglichen Beginn oder zur nachträglichen Beschleunigung zu setzen[1a]. Die Ansetzung einer Frist als Voraussetzung des Rücktrittes ist aber einmal dann nicht erforderlich, wenn aus dem Verhalten des Schuldners hervorgeht, daß sie sich als unnütz erweisen würde (Art. 108 Ziff. 1 OR)[1b], weiter dann, wenn (nach Art. 108 Ziff. 2 OR) vorauszusehen ist,

---

[1] Wenn kein Zeitpunkt vereinbart ist, kann der Besteller grundsätzlich verlangen, daß der Unternehmer die Arbeit sofort beginne (Art. 75 OR; Sem.jud. 97, 1975, S. 509).
[1a] BGE 46 II, 1920, S. 251; für die Anwendung der Normen von Art. 107 ff. OR auch BGE 98 II, 1972, S. 115; GAUCH, S. 30, N. 70; Sem.jud. 97, 1975, S. 509.
[1b] Vgl. Sem.jud. 97, 1975, S. 509.

daß die Leistung selbst bei sofortigem Beginn oder intensivster Beschleunigung für den Gläubiger nutzlos wird sowie in den Fällen von Art. 108 Ziff. 3 OR. Bei letzteren sind allerdings die Arbeits- und die Ablieferungsobligation zu unterscheiden. Wenn die Arbeit am Werk an einem bestimmten oder bis zu einem bestimmten Zeitpunkt zu beginnen ist, liegt bezüglich der Arbeitsobligation ein Fixgeschäft vor, und nach Art. 108 Ziff. 3 OR ist die Ansetzung einer Frist als Voraussetzung des Rücktrittes nicht erforderlich.

> Zur Erläuterung diene etwa folgendes Beispiel: A möchte an einem bestimmten Tag in die Ferien reisen. Am vorgesehenen Abreisetag zeigt sich ein Defekt am Auto. A geht sofort zum Garagisten und vereinbart mit diesem, daß die Reparatur sofort zu beginnen sei. Das Ende der Reparaturarbeiten und damit der Zeitpunkt der Ablieferung können unter Umständen durch die Parteien nicht festgelegt werden. Wohl aber ist der Beginn der Arbeit festgelegt worden und zwar im Sinne eines Fixtermins nach Art. 108 Ziff. 3 OR, welcher eine Fristansetzung für den Rücktritt nicht verlangt, falls der Garagist – entgegen der Verpflichtung – die Reparaturarbeiten nicht sofort beginnt.

Bei diesem Beispiel hängt der Ablieferungstermin vom Zeitpunkt des Beginns ab. Wenn dagegen das Werk an einem oder bis zu einem bestimmten Termin abzuliefern ist, liegt bezüglich der Ablieferungsobligation ein Fixgeschäft vor, was aber nicht notwendigerweise bedeutet, daß auch die Arbeitsobligation ein Fixgeschäft sei, so daß die Fristansetzung nach Art. 108 Ziff. 3 OR für den Beginn der Arbeit meistens notwendig ist. Die Ansetzung einer Frist ist in diesem Fall nur dann nicht erforderlich, wenn unzweifelhaft vorauszusehen ist, daß auch bei sofortigem Beginn und stärkster Beschleunigung der Zeitpunkt im Sinne von Art. 108 Ziff. 3 OR für die Ablieferung nicht eingehalten werden kann.

Ein Verschulden des Unternehmers ist zur Geltendmachung des Rücktrittes durch den Besteller nicht notwendig, wohl aber für eine allfällige Schadenersatzforderung, wobei der Unternehmer nach Art. 109 Abs. 2 OR seine Schuldlosigkeit beweisen kann.

2. Sorgfaltspflichten

Die Sorgfalts- und Treuepflichten treten neben die Pflicht zur Gewährleistung. Deshalb kann eine Sorgfaltspflichtverletzung auch dann vorliegen, wenn das Werk rechtzeitig und mängelfrei abgeliefert wird, die Ablieferungsobligation also gehörig erfüllt worden ist[2]. Anderseits kann der Besteller vom Unternehmer nicht mehr verlangen, als ihm durch vertragsgemäßen

---

[2] z.B. durch Verletzung einer Geheimhaltungspflicht (BGE 93 II, 1967, S.276; 77 II, 1951, S.263). Deshalb ist die Formulierung von KELLER, S.348, der Unternehmer könne den Besteller entweder durch Mängel des Werkes oder in Ausführung des Werkes schädigen, zu eng, denn die Verletzung einer Geheimhaltungspflicht kann auch erst nach Ablieferung des Werkes erfolgen.

Erfolg zukommen soll. Ist die Sachleistung mangelhaft, finden die Vorschriften über die Sachgewährleistung auch dann ausschließliche Anwendung, wenn der Sachmangel auf eine Sorgfaltspflichtverletzung zurückzuführen ist[3]. Die Sorgfaltshaftung wird durch die Sachgewähr absorbiert. Der Schaden infolge Sorgfaltspflichtverletzung braucht nicht notwendigerweise am Werk selber zu entstehen[4].

Art. 364 OR enthält eine ähnliche Sorgfaltspflicht wie Art. 398 Abs. 2 für den Beauftragten. Aus diesem Grunde kann die Haftung des Veranstalters eines Feuerwerks für Verletzungen eines Zuschauers durch unsorgfältiges Abbrennen des Feuerwerks[5] sowohl auf Art. 364 wie auf Art. 398 Abs. 2 zurückgeführt werden[6].

Die Verletzung dieser Sorgfalts- und Treuepflichten zieht unter den gesetzlichen Voraussetzungen die Pflicht zum Ersatz des Schadens nach sich. Aus den Grundsätzen des Schadenersatzrechtes ergibt sich, daß der Besteller (als Gläubiger der Schadenersatzforderung) den Eintritt und die Höhe des Schadens, die Sorgfaltspflichtverletzung[7] und den Kausalzusammenhang zwischen dem Schaden und der Sorgfaltspflichtverletzung zu beweisen hat[8]. Sorgfaltspflichtverletzung in diesem Sinne bedeutet widerrechtliches bzw. vertragswidriges Verhalten und nicht Verschulden[9]. Deshalb hat der Geschädigte zu beweisen, daß durch das schädigende Verhalten eine (objektive) Pflicht verletzt worden ist und zwar entweder eine allgemeine Pflicht (im Sinne von Art. 41 OR), z. B. die Pflicht, keine Tötung, Körper- oder Persönlichkeitsverletzung zu begehen[10], oder eine relative Pflicht, also eine (vertragliche) Pflicht, die der Unternehmer nur gegenüber dem Besteller eingegangen

---

[3] GAUTSCHI, N. 5e zu Art. 364; MOSIMANN, S. 61. Ein Steiggurt ist unsorgfältig repariert worden und reißt auf einem Mast (vgl. BGE 69 II, 1943, S. 256).

[4] Ein typisches Beispiel hiezu ist die Verursachung einer Feuersbrunst durch den Unternehmer (oder einer seiner Hilfspersonen) an einem Bauwerk anläßlich von Reparaturarbeiten in den Räumen des Bestellers (BGE 77 II, 1951, S. 243). Vgl. KELLER, S. 312 und 348f. Vgl. auch BGE 89 II, 1963, S. 232 ff.; 80 II, 1954, S. 248; 90 IV, 1964, S. 247; SJZ 52, 1956, S. 16 und das Beispiel oben in Anm. 2.

[5] BGE 70 II, 1954, S. 217.

[6] Vgl. KLAUSER, S. 52.

[7] Vgl. KELLER, S. 317 und den dort angeführten Entscheid des BGer zum Dienstvertragsrecht 95 II, 1969, S. 133, der ohne weiteres auch zur Beantwortung unserer Frage beigezogen werden kann.

[8] Vgl. statt vieler GUHL/MERZ/KUMMER, S. 222 ff.; KELLER, S. 317f. und 349.

[9] Der Begriff der Sorgfaltspflicht kann in diesem Zusammenhang zur Verwechslung mit der Frage nach dem Verschulden führen, da in der herrschenden Literatur und Rechtsprechung der Begriff der Sorgfalt in Verbindung mit der Frage nach dem Verschulden verwendet wird (vgl. OFTINGER, Bd. I, S. 142: «Fahrlässigkeit ist die mißbilligende Qualifikation der voraussehbaren Herbeiführung eines Schadens durch mangelnde Sorgfalt.»).

[10] Vgl. OFTINGER, Bd. I, S. 130.

ist[11]. Problematisch ist vor allem der Beweis der Verletzung einer relativen Pflicht, indem der Geschädigte sich nicht nur mit dem Beweis begnügen kann, die (allgemeine) Pflicht, niemanden (widerrechtlich) zu schädigen, sei verletzt worden[12], sondern darlegen und beweisen muß, daß Ursache des Schadens ein nicht vertragsgemäßes Verhalten ist. Der Geschädigte hat demnach einmal zuerst das Sollverhalten gemäß Sonderbeziehung darzulegen und zu beweisen, daß das tatsächliche Verhalten, welches zur Schädigung geführt hat, eine widerrechtliche (genauer: vertragswidrige) Abweichung vom Sollverhalten darstellt[13]. In diesen Rahmen gehört auch die Frage nach dem (schon erwähnten) Kausalzusammenhang. Genau wie der wegen Sachmängel oder Nichterfüllung Geschädigte die Adäquanz des Kausalzusammenhanges zwischen dem Schaden einerseits und dem Mangel bzw. der Nichterfüllung andererseits zu beweisen hat[14], muß in unserem Fall der Geschädigte die Adäquanz des Kausalzusammenhanges zwischen Schaden und vertragswidrigem Verhalten beweisen.

Unabhängig von der Widerrechtlichkeit bzw. Vertragswidrigkeit ist die Frage zu beantworten, ob der Unternehmer den Schaden schuldhaft verursacht hat, insbesondere die Frage, ob die (widerrechtliche oder vertragswidrige) Abweichung vom Sollverhalten, die (adäquat) zum Schaden geführt hat, auf ein Verschulden des Unternehmers zurückzuführen ist. Nach Art. 97 OR, der hier – mangels einer Spezialnorm im Werkvertragsrecht – Anwendung findet, hat der Schuldner (also der Unternehmer) der Schadenersatzforderung zu beweisen[15], daß ihn kein Verschulden trifft und er deshalb nicht zum Schadenersatz verpflichtet ist.

Art. 364 Abs. 1 OR enthält die Bestimmung, daß der Unternehmer für die gleiche Sorgfalt haftet wie der Arbeitnehmer im Arbeitsverhältnis. Art. 364 Abs. 1 ist in diesem Sinne auszufüllen mit den Vorschriften der Art. 321 a und 321 e OR. Art. 321 a enthält den Grundsatz der Sorgfalts- und Treuepflicht und Art. 321 e bestimmt das Maß des Verschuldens.

Durch Art. 364 Abs. 1 OR wird aber nicht etwa gesagt, an die Sorgfaltspflichten des Unternehmers seien die gleichen Anforderungen zu stellen, wie

---

[11] P. JÄGGI, Zum Begriff der vertraglichen Schadenersatzforderung, in: Festgabe für Wilhelm Schönenberger, Freiburg/Schweiz 1968, S. 186f.; U. NEUENSCHWANDER, Die Schlechterfüllung im schweizerischen Vertragsrecht, Diss. Bern 1971, S. 17f. Verletzen der Unternehmer und der Architekt ihre Sorgfaltspflichten gegenüber dem Besteller, liegt unechte Solidarität gemäß Art. 51 OR vor (BGE 93 II, 1967, S. 313 und 322).
[12] Vgl. OFTINGER, Bd. I, S. 128 ff.
[13] Die gleiche Problematik stellt sich bei Verletzung der Sorgfaltspflichten bei allen Arbeitsverträgen, auch beim Dienstvertrag und beim Auftrag.
[14] Vgl. BECKER, Art. 97, N. 54 und 97.
[15] Vgl. ZR 46, 1947, Nr. 106; Sem.jud. 73, 1952, S. 433; KELLER, S. 318; gl.M. mit eingehender Begründung, KLAUSER, S. 63.

nach Arbeitsrecht an den Arbeitnehmer[16], sondern durch Art. 364 Abs. 1 wird das Maß der Sorgfalt von den gleichen Faktoren abhängig gemacht, wie sie Art. 321 e für das Arbeitsrecht vorsieht[17]. Generell sind an die Sorgfaltspflichten des Unternehmers höhere Anforderungen zu stellen, als an den Arbeitnehmer, weil der Unternehmer gegenüber dem Besteller normalerweise die sachkundige Person ist[18].

Ausdruck der Sorgfaltspflicht des Unternehmers ist auch seine Pflicht, den vom Besteller gelieferten Stoff mit aller Sorgfalt zu behandeln und über dessen Verwendung Rechenschaft abzulegen. Ein allfälliger Rest des gelieferten Stoffes ist dem Besteller zurückzugeben (Art. 365 Abs. 2 OR). Das Risiko des zufälligen Unterganges oder der zufälligen Beschädigung des Stoffes trägt unzweifelhaft der Besteller (Art. 376 Abs. 2 OR).

3. Ablieferungspflicht und Sachgewährleistung

a) Allgemeines

Der Unternehmer hat nicht nur Arbeitspflichten, sondern auch eine Ablieferungspflicht. Will der Unternehmer gehörig erfüllen, muß er das Ergebnis seiner Arbeit rechtzeitig und mängelfrei abliefern. Das Hauptgewicht bei der Leistung liegt offensichtlich auf der mängelfreien Lieferung, weshalb die Ablieferungspflicht vornehmlich Sachgewährleistungsrecht ist. Letzteres ist um so wichtiger als, wie gesehen, es die Sorgfaltshaftung im Rahmen der Arbeitsleistung absorbiert. Das Sachgewährleistungsrecht des Werkvertrages entspricht zu einem großen Teil jenem des Kaufvertrages. Insbesondere entspricht der Begriff des Werkmangels dem Mängelbegriff im Kaufrecht[19]. Der Unternehmer haftet (wie der Verkäufer) sowohl für die zugesicherten Eigenschaften[20], als auch für Mängel, die den Wert oder die Tauglichkeit des Werkes zum vorausgesetzten Gebrauch aufheben oder erheblich mindern[21].

---

[16] Vgl. GUHL/MERZ/KUMMER, S. 421.
[17] Vgl. GAUTSCHI, Art. 398, N. 24a.
[18] Vgl. GUHL/MERZ/KUMMER, S. 421. Allerdings ist in Einzelfällen der Arbeitnehmer gegenüber dem Arbeitgeber ebenso die sachkundige Person, wie der Unternehmer im Verhältnis zum Besteller, wenn der Arbeitgeber etwa einen Spezialisten anstellt, z. B. einen Juristen als Chef des Rechtsdienstes.
[19] Vgl. ZR 46, 1947, Nr. 106, S. 173 ff.; OSER/SCHÖNENBERGER, Art. 368, N. 2; KLAUSER, S. 21 ff.; BGE 100 II, 1974, S. 32; eingehend GAUCH, S. 32, N. 78 ff.
[20] Über den Unterschied zwischen zugesicherten Eigenschaften beim Werkvertrag und solchen beim Kauf vgl. im speziellen KLAUSER, S. 24 ff.
[21] Keinen Werkmangel im Sinne von Art. 367 OR bewirkt unsorgfältiges Vorgehen des Unternehmers, das sich in der Beschaffenheit des Werkes nicht auswirkt, sondern (nur) zu einem übermäßigen Aufwand an Arbeit und Stoff führt (BGE 96 II, 1970, S. 58; GAUCH, S. 41, N. 118).

Die Beschaffenheit, die das Werk aufweisen soll, ergibt sich aus dem Vertrag. Den Normen von Art. 367 OR unterstehen nur solche Fehler des Werkes, die einer Sachmängelhaftung zugänglich sind, bei der Herstellung einer Statue demnach nur Fehler, welche die handwerkliche Seite betreffen und nicht abweichende künstlerische Vorstellung[22].

Das Gesetz (Art. 368 OR) gewährt bei Mängeln des Werkes vier Arten von Ansprüchen, die mit Ausnahme der Schadenersatzansprüche dem Besteller alternativ und auch ohne Verschulden des Unternehmers zur Verfügung stehen:

1. den Anspruch auf Annahmeverweigerung verbunden mit dem Recht auf Rücktritt,
2. das Recht auf Minderung,
3. das Recht auf unentgeltliche Verbesserung des mangelhaften Werkes,
4. den Schadenersatzanspruch neben den vorerwähnten Ansprüchen oder als selbständigen Anspruch.

Der Besteller kann unter diesen Ansprüchen allerdings nicht völlig frei wählen. Das Recht zum Rücktritt vom Vertrag steht dem Besteller nur zu, wenn das Werk an so erheblichen Mängeln leidet oder so sehr vom Vertrag abweicht, daß es für den Besteller unbrauchbar ist. Dabei ist die subjektive Brauchbarkeit für den Besteller ausschlaggebend[23]. Das Rücktrittsrecht steht dem Besteller weiter zu – ohne daß das Werk für ihn unbrauchbar zu sein braucht – wenn ihm die Annahme aus andern Gründen billigerweise nicht zugemutet werden kann. Das ist z. B. dann der Fall, wenn der Unternehmer dem Besteller wesentliche Mängel verschweigt oder ihn täuscht. Allerdings gilt für Werke, die auf einem Grundstück des Bestellers errichtet werden, die Einschränkung von Art. 368 Abs. 3 OR, wonach der Rücktritt vom Besteller nicht durchsetzbar ist, wenn das Werk seiner Natur nach nur mit unverhältnismäßigen Nachteilen entfernt werden kann. Ob die Wandelung zulässig ist, hängt von den gegenseitigen Interessen ab, die nach den Grundsätzen von Recht und Billigkeit gegeneinander abzuwägen sind[24]. Das Recht zur Ablehnung des Werkes ist außerdem beschränkt durch Art. 376 Abs. 1 OR, wonach der Besteller (analog den Vorschriften von Art. 207 Abs. 3 im Kaufsrecht) nur Minderung (nicht aber die anderen Rechte) geltend machen

---

[22] SJZ 29/30, 1932/33, S. 218.
[23] Vgl. GAUTSCHI, Art. 368, N. 13c.
[24] Ob dem Hersteller durch Entfernung unverhältnismäßige Nachteile entstehen, beurteilt sich nach den Umständen des Einzelfalles, insbesondere nach dem Wert, den das Werk in Verbindung mit dem Grundstück hat und nach der Wertminderung, die es im Falle einer Trennung erlitte (BGE 98 II, 1972, S. 123).

kann, wenn er sich mit der Annahme in Verzug befindet und das Werk durch Zufall untergeht.

Eine weitere Beschränkung ergibt sich aus der Natur des Rechtsverhältnisses beim Reparaturvertrag und Veredelungsvertrag. Der Besteller ist in diesen Fällen Eigentümer der ganzen Sache und kann die Rücknahme der in seinem Eigentum stehenden Sachen nicht verweigern. Ihm stehen in diesem Fall nur die Rechte auf Minderung und Ausbesserung zu[25].

Falls das Recht auf Wandelung mangels der erwähnten sachlichen Voraussetzungen ausgeschlossen ist, hat der Besteller das Recht, entweder Minderung oder Ausbesserung zu verlangen.

Allerdings stehen dem Besteller auch diese Rechte nicht ausnahmslos zu. Ihm gewährt Art. 368 Abs. 2 OR das Recht auf Ausbesserung nur dann, wenn dies dem Unternehmer nicht übermäßige Kosten verursacht[26]. Das Wort «übermäßig» darf in diesem Zusammenhang nicht absolut, sondern es muß relativ zu den andern Behelfen verstanden werden. Die Ausbesserung darf dem Unternehmer im Verhältnis zu den andern Rechtsbehelfen des Bestellers, also im Verhältnis zum Rücktritt und zur Minderung, nicht übermäßige Kosten verursachen. Diese Vorschrift dient dem Ausgleich der Interessen von Unternehmer und Besteller.

Wenn der geforderte Minderwert die Höhe des Entgeltes erreicht, darf der Besteller nicht Minderung geltend machen, sondern hat den Rücktritt zu erklären. Dies auf Grund einer analogen Anwendung von Art. 205 Abs. 3 OR[27].

b) Die einzelnen Ansprüche

aa) Annahmeverweigerung

Das Recht zur Annahmeverweigerung kommt in grundsätzlicher Hinsicht dem Recht auf Wandelung im Kaufrecht gleich[28]. Der Besteller hat das Recht, den Werkvertrag ex tunc aufzulösen. Beide Parteien können die Erfüllung der vertraglichen Leistungspflichten verweigern und das schon Geleistete zurückfordern. Der Rücktritt nach Art. 368 OR unterscheidet sich von der kaufrechtlichen Wandelung nach Art. 208 durch eine unterschied-

---

[25] GAUTSCHI, Art. 368, N. 13f.
[26] Unzweifelhaft sind die Kosten übermäßig, wenn sie die Höhe des vereinbarten Entgeltes erreichen (GAUTSCHI, Art. 368, N. 13b). Sofern ein Unternehmer dem Besteller gewisse Eigenschaften des Werkes ausdrücklich zugesichert («garantiert») hat, kann (nach BGE 93 II, 1967, S. 316 Erw. 3b) – entgegen der Regelung in Art. 368 Abs. 2 – Nachbesserung ohne Rücksicht auf die Höhe der dem Unternehmer entstehenden Kosten verlangt werden. Eine solche «Garantie» wirkt ähnlich der Zusicherung von Eigenschaften einer Kaufsache (Art. 196 OR).
[27] Vgl. GAUTSCHI, Art. 368, N. 13b.
[28] Vgl. GAUTSCHI, Art. 368, N. 10a; SCHLATTER, S. 60; DÜRR, S. 68; SJZ 40, 1944, Nr. 207, S. 333.

liche Ordnung des Rechtes auf Schadenersatz. Art. 368 Abs. 1 OR gewährt dem Besteller das Recht auf Schadenersatz nur bei Verschulden. Aus diesem Grunde kommt im Falle des Vertragsrücktrittes nicht die Spezialnorm von Art. 208 OR, welche für den unmittelbaren Schaden Kausalhaftung, für den weitern Schaden Verschuldenshaftung kennt, zur Anwendung, sondern die allgemeine Regelung von Art. 109 Abs. 2 OR, welche einen Schadenersatzanspruch nur bei Verschulden des Unternehmers gewährt und die im Vertragsrecht allgemein übliche Beweislastverteilung enthält. Nach Art. 368 Abs. 1 in Verbindung mit Art. 109 Abs. 2 OR hat demnach der Unternehmer zu beweisen, daß ihn kein Verschulden trifft[29].

bb) Minderung

Anstelle des Rücktrittes vom Vertrag kann der Besteller das Werk trotz seiner Mängel annehmen und unter den besprochenen Voraussetzungen Minderung des Werklohnes geltend machen. Minderung bedeutet hier wie im Kaufsrecht[30] die Herabsetzung des Entgeltes um den Betrag, um den die Mängel das Werk entwerten[31]. Nach der heute herrschenden Auffassung ist bei der Minderung der Werklohn in dem Verhältnis herabzusetzen, in dem der objektive Wert des mängelfreien Werkes zum objektiven Wert des fehlerhaften Werkes steht[32]. Maßgeblicher Zeitpunkt zur Berechnung ist der Zeitpunkt des Gefahrenüberganges, also der Ablieferung[33].

cc) Verbesserung

Der Verbesserungsanspruch ist der Anspruch des Bestellers gegenüber dem Unternehmer auf Beseitigung sämtlicher Mängel am gelieferten Objekt. Er steht dem Besteller auch ohne Verschulden des Unternehmers zu[34]. Der Besteller hat dem Unternehmer die Verbesserung zu ermöglichen, insbesondere ein bewegliches Werk zur Ausbesserung zur Verfügung zu stellen und

---

[29] DÜRR, S. 78; ZR 48, 1949, Nr. 106; VON BÜREN, OR II, S. 149; OSER/SCHÖNENBERGER, Art. 368, N. 13; BGE 70 II, 1944, S. 219; 93 II, 1967, S. 315; KLAUSER, S. 55 ff. Anderer Ansicht BECKER, Art. 368, N. 13; GAUTSCHI, Art. 368, N. 11b; GAUCH, S. 72, N. 259 ff.
[30] SCHLATTER, S. 59.
[31] Vgl. hiezu GAUTSCHI, Art. 368, N. 16; DÜRR, S. 68; GAUCH, S. 53, N. 170 ff.
[32] Vgl. GAUTSCHI, Art. 368, N. 16a; SCHLATTER, S. 59; BGE 81 II, 1955, S. 210; 85 II, 1959, S. 193; 88 II, 1962, S. 414.
[33] Vgl. hinten § 86 I Ziff. 4.
[34] Weigert sich der Unternehmer, die Verbesserung vorzunehmen, haftet er deshalb auch ohne Verschulden für die Kosten der Behebung der Mängel durch einen Dritten (Sem. jud. 73, 1952 S. 433). Vgl. hiezu BGE 93 II, 1967, S. 325 ff.; 98 II, 1972, S. 120. Erweist sich ein Unternehmer als unfähig, die ihm anvertraute Arbeit vorzunehmen, muß der Besteller nicht auf seinen Verbesserungsanspruch verzichten. Er kann die Verbesserung einem Dritten übertragen und deren Kosten dem Unternehmer gegenüber als Schadenersatz geltend machen (BGE 96 II, 1970, S. 351); vgl. auch SJZ 68, 1972, Nr. 104, S. 222.

bei einem unbeweglichen Werk den Zutritt zu gestatten. Sofern der Besteller dem Unternehmer eine Frist setzt, hat diese angemessen zu sein.

Erfolgreiche Ausbesserung des Werkes bedeutet wohl Erfüllung der Hauptschuld, nicht aber ordnungsgemäße Erfüllung; deshalb steht dem Besteller neben dem Anspruch auf Ausbesserung grundsätzlich ein Schadenersatzanspruch zu (Art. 368 Abs. 2 OR), sofern dem Besteller ein Schaden entstanden ist und der Unternehmer sich gemäß Art. 97 OR nicht exkulpieren kann. Kein Recht, die Ausbesserung vorzunehmen, hat der Unternehmer[35].

dd) Zusätzliche Schadenersatzansprüche

Schadenersatzansprüche stehen dem Besteller – wie besprochen – bei Verschulden und unter den Voraussetzungen von Art. 97 ff. OR neben den anderen Ansprüchen (auf Rücktritt, Neuherstellung, Ausbesserung, Minderung) zu. Daneben kann der Besteller – gleich wie der Käufer nach herrschender Lehre und Praxis[36] – unter den Voraussetzungen von Art. 97 ff. OR – einen Schadenersatzanspruch unter Verzicht auf die anderen Ansprüche geltend machen. Er kann also das (mit Mängeln behaftete) Werk annehmen und auf die Minderung verzichten und trotzdem – sofern die in den Art. 97 ff. OR verlangten Voraussetzungen vorliegen – seinen Schaden geltend machen.

c) Verhältnis der einzelnen Ansprüche zueinander

Unter Vorbehalt der entsprechenden (vorne besprochenen) gesetzlichen Voraussetzungen, kann der Besteller grundsätzlich unter den ihm zur Verfügung stehenden Ansprüchen frei wählen. Auf die Interessen des Unternehmers muß nur im Rahmen der Vorschriften des OR (insbesondere der Art. 368 ff.) und des Rechtsmißbrauchsverbotes (Art. 2 ZGB) Rücksicht genommen werden. Die Ausübung dieses Wahlrechtes erfolgt durch eine empfangsbedürftige Willenserklärung des Bestellers. Die Ausübung dieses Wahlrechtes ist grundsätzlich unwiderruflich[36a]. Durch deren Ausübung konzentrieren sich die Ansprüche des Bestellers auf den gewählten Anspruch, die anderen Ansprüche werden konsumiert. Eine Ausnahme davon besteht einmal bezüglich der Schadenersatzansprüche, die neben den anderen An-

---

[35] ZBJV 86, 1950, S. 129. Der Besteller kann demnach ohne Fristansetzung Minderung geltend machen und das Werk durch einen Dritten ausbessern lassen (SJZ 40, 1944, S. 127).
[36] Vgl. A. SCHUBIGER, Verhältnis der Sachgewährleistung zu den Folgen der Nichterfüllung oder nicht gehörigen Erfüllung. Art. 197 ff./97 ff. OR, Diss. Bern 1957, Abh. zum Schweiz. Recht, Heft 325, S. 78; NEUENSCHWANDER, a.a.O., S. 39 ff; OSER/SCHÖNENBERGER, Art. 197. N. 6; BGE 63 II, 1937, S. 405.
[36a] BGE 68 II, 1942, S. 250; GAUCH, S. 51, N. 161 ff., S. 57, N. 191.

sprüchen (unter den entsprechenden Voraussetzungen) geltend gemacht werden können. Eine weitere Ausnahme besteht darin, daß wieder ein Wahlrecht entsteht, wenn die Ausbesserung mißlingt. In diesem Fall kann der Besteller erneut sein Wahlrecht im Rahmen der gesetzlichen Vorschriften geltend machen. Er kann also entweder den Rücktritt oder die Minderung geltend machen und (bei Verschulden) Schadenersatz verlangen.

Die gesetzliche Ordnung im Falle von Mängeln des Werkes ist grundsätzlich dispositives (ergänzendes) Recht, welches durch Vereinbarung zwischen den Parteien aufgehoben oder abgeändert werden kann[37]. Allerdings ist die Vertragsfreiheit eingeschränkt durch die Vorschriften von Art. 100 OR. Weiter ist eine analoge Anwendung der Vorschriften von Art. 199 OR gerechtfertigt, wonach eine Vereinbarung über die Aufhebung und Beschränkung der Gewährspflicht ungültig ist, wenn der Unternehmer dem Besteller die Mängel arglistig verschweigt[38]. Beschränkungen der Geltung ergeben sich auch für solche Abreden über die Rechtsfolgen bei Sachmängeln, die nicht individuell ausgearbeitet wurden, sondern sich in Allgemeinen Geschäftsbedingungen (ABG) oder sogenannten Standardverträgen befinden[39].

d) Verhältnis zu den anderen Rechtsbehelfen

Das Verhältnis der besprochenen Normen der Art. 367 ff. OR zu andern Rechtsbehelfen, wie Ansprüchen wegen Nichterfüllung (Art. 97 ff. OR), Willensmängeln (Art. 23 ff. OR) oder außervertraglicher Haftung (Art. 41 ff. OR) stellt sich ähnlich wie bei den Normen über die Sachgewährleistung beim Kaufrecht (Art. 197 ff. OR). Die herrschende Lehre nimmt grundsätzlich Anspruchskonkurrenz an, wobei auch für die Schadenersatzklage nach Art. 97 OR die Verjährungsfristen der Gewährleistungsansprüche gelten und daneben Voraussetzung für die Geltendmachung der Schadenersatzansprü-

---

[37] Vgl. GAUTSCHI, Art. 368, N. 5a.
[38] Vgl. GAUTSCHI, Art. 368, N. 5c.
[39] Vgl. SCHÖNENBERGER/JÄGGI, Das Obligationenrecht, Bd. V 1a, 3. Aufl., Zürich 1961, Art. 1, N. 427–525; MERZ, Berner Kommentar, Einleitung, Bern 1962, Art. 2, N. 176f.; DERSELBE, Massenvertrag und Allgemeine Geschäftsbedingungen, in: Festgabe für Wilhelm Schönenberger, Freiburg/Schweiz 1968, S. 139 ff.; W. A. HECHT, Der standardisierte Vertrag als rechtsdogmatisches und rechtspolitisches Problem, ZSR NF 79, S. 64 ff.; MERZ, Länderbericht Schweiz, in: richterliche Kontrolle von Allgemeinen Geschäftsbedingungen, Frankfurt/Berlin 1968, S. 78; E. AUER, Die richterliche Korrektur von Standardverträgen, Abh. zum Schweiz. Recht, Heft 361, Bern 1964; H. KELLER, Allgemeine Geschäftsbedingungen, Abh. zum Schweiz. Recht, Heft 395, Bern 1970. Bei Werkverträgen über die Errichtung von Bauwerken werden häufig SIA-Normalien 118 als Vertragsinhalt gewählt (vgl. GAUCH, S. 121, N. 495 ff.; DERSELBE, Einige Fragen zum Bauvertrag, SJZ 72, 1976, S. 156). Auch andere Berufsverbände kennen solche allgemeinen Geschäftsbedingungen (vgl. DÜRR, S. 32 ff.; GAUTSCHI, Art. 363, N. 17b; MOSIMANN, S. 48 ff.).

che auch nach Art. 97 OR die rechtzeitige Erhebung der Mängelrüge ist[40]. KLAUSER[41], der die alternative Konkurrenz der Bestimmungen von Art. 367 ff. und Art. 97 ff. OR ebenfalls anerkennt, möchte dagegen dem Besteller die Rechte aus den Art. 97 ff. OR unabhängig davon gewähren, ob der Besteller rechtzeitig oder überhaupt einmal Mängelrüge erhoben hat, dies vor allem deshalb, weil die Anrufung der Art. 97 ff. OR gegenüber jener der Art. 367 ff. OR für den Besteller in zweifacher Hinsicht eine Schlechterstellung mit sich bringt, welche durch den Wegfall der Rügepflicht als Voraussetzung der Klage wenigstens teilweise ausgeglichen werden soll. Die Schlechterstellung nach den Art. 97 ff. OR besteht darin, daß nach Art. 107 OR dem Unternehmer eine Chance zur nachträglichen richtigen Erfüllung eingeräumt werden muß[42] und nach den Normen der Art. 97 ff. OR keine Minderung des Werklohnes vorgesehen ist.

Ist aber die durch den Unternehmer begangene Vertragsverletzung zugleich eine widerrechtliche Handlung gemäß Art. 41 OR, kann der Besteller auch diese Normen anrufen, ohne daß ihm der Unternehmer Einwendungen aus dem Vertragsrecht (z. B. Verjährung, verspätete Mängelrüge) entgegenhalten kann, denn andernfalls wäre der Geschädigte durch den Werkvertrag schlechter gestellt als derjenige, dem nur die Ansprüche der Art. 41 ff. OR zur Verfügung stehen, was kaum dem Sinne des Gesetzes entsprechen dürfte[43].

e) Kaufrechtliche Sach- und Rechtsgewährleistung beim Werklieferungsvertrag

Art. 365 OR enthält eine besondere Norm für die Sachgewährleistung beim Werklieferungsvertrag, bei dem der Unternehmer nicht nur die Arbeit, sondern auch den Stoff liefert. Da das OR den Werklieferungsvertrag grundsätzlich als gemischten Vertrag mit Elementen des Kaufes und des Werkver-

---

[40] Vgl. GUHL/MERZ/KUMMER, S. 340; BECKER, Vorbem. zu Art. 97, 109, N. 13 und Art. 210, N. 6; A. SCHUBIGER, a.a.O., S. 107 ff.; NEUENSCHWANDER, a.a.O., S. 89 ff.; BGE 41 II, 1915, S. 736; 58 II, 1932, S. 207; 63 II, 1937, S. 401; 82 II, 1956, S. 139; 94 II, 1968, S. 26; 100 II, 1974, S. 32 ff.; SJZ 65, 1969, S. 278; ZBJV 56, 1920, S. 76; ZR 43, 1944, N. 243, S. 359; ZR 42, 1943, Nr. 2, S. 2; ZR 32, 1933, Nr. 71, S. 144; a.A. vor allem GAUTSCHI (Art. 369, N. 11b und Art. 370, N. 10), wonach Art. 367 ff. den Tatbestand der Schlechterfüllung abschließend regle.
[41] S. 162.
[42] Dies im Gegensatz zu Art. 368 OR, wo der Besteller bei erheblichen Mängeln einfach Wandelung erklären kann.
[43] In diesem Sinne das Kantonsgericht St. Gallen (SJZ 65, 1969, S. 278); vgl. auch BGE 90 II, 1964, S. 89, wo diese Frage – entgegen der einmal in BGE 67 II, 1941, S. 132 vertretenen abweichenden Auffassung – für den Kaufvertrag offengelassen worden ist. Bezüglich des Verhältnisses zum Grundlagenirrtum vgl. GAUCH, S. 128, N. 521 ff.

trages auffaßt⁴⁴, haftet der Unternehmer beim Werklieferungsvertrag für die Mängel des von ihm gelieferten Stoffes wie ein Verkäufer⁴⁴ᵃ. Dabei hat der Werklieferant nicht nur die Sachgewähr gemäß den Art. 197ff., sondern auch die Rechtsgewähr gemäß den Art. 192ff. OR zu leisten. Allerdings ist die Rechtsgewähr von geringer praktischer Bedeutung, da der Werklieferant meist durch die Verarbeitung des Stoffes Eigentümer wird⁴⁵. Die von Art. 365 OR verlangte Anwendung der Sachgewährleistungsnormen ist aber keine direkte, sondern nur eine analoge, denn beim Werklieferungsvertrag handelt es sich ja nicht um einen Kaufvertrag, sondern um einen gemischten Vertrag, und die Anwendung von Normen des Speziellen Teiles auf gemischte Verträge ist keine unmittelbare, sondern immer eine analoge⁴⁶. Insbesondere gilt es beim Werklieferungsvertrag zu beachten, daß der Besteller – sofern es sich um Mängel des Werkes handelt, die auf den Stoff und nicht auf die Arbeit zurückzuführen sind – kein Recht auf Ausbesserung hat.

Wenn es sich bei den hergestellten Sachen um Gattungssachen handelt, die werkvertragliche Arbeitsleistung von untergeordneter Bedeutung ist und der Sachmangel auf einen Fehler im (vom Unternehmer gelieferten) Stoff zurückzuführen ist, kann dem Besteller ein Recht auf Ersatzlieferung gemäß Art. 206 Abs. 1 OR gewährt werden. Dieses Recht auf Ersatzlieferung schließt auch ein Recht auf Neuherstellung in sich; denn es genügt ja nicht, neuen Stoff zu liefern, sondern der Stoff muß durch den Werklieferanten wieder verarbeitet werden.

Im Zweifel, das heißt dann, wenn nicht eindeutig feststeht, ob ein Mangel auf den Stoff oder auf die Arbeit zurückzuführen ist, gilt das Recht des Werkvertrages, da das werkvertragliche Element nach schweizerischem Recht überwiegt, im Gegensatz zum deutschen Recht, wo das kaufvertragliche Element maßgebend ist (vgl. § 651 BGB)⁴⁷.

f) Voraussetzungen der Haftung für Sachmängel

aa) Ablieferung

Von den Sachverhalten des Art. 366 Abs. 2 OR abgesehen, ist die Ablieferung des Werkes an den Besteller Voraussetzung der Geltendmachung der

---

⁴⁴ Nach MEIER-HAYOZ, SJK 1135, S. 1, ist er ein im Gesetz geregelter gemischter Vertrag. Vgl. auch GAUTSCHI, Art. 365, N. 1b.

⁴⁴ᵃ So die herrschende Lehre und Praxis (GAUTSCHI, Art. 365, N. 8d; BECKER, Art. 365, N. 2; OSER/SCHÖNENBERGER, Art. 365, N. 2; a.A. neuerdings GAUCH, S. 114, N. 465, mit ernstzunehmender Argumentation.

⁴⁵ Vgl. OSER/SCHÖNENBERGER, Art. 365, N. 1; BECKER, Art. 365, N. 2.

⁴⁶ Vgl. MEIER-HAYOZ, SJK 1135, S. 5f.

⁴⁷ Vgl. hierzu allerdings ESSER, Schuldrecht, Bd. II, Besonderer Teil, 4. Aufl., Karlsruhe 1971,

Mängel des Werkes gemäß den Art. 367 ff. OR durch den Besteller[47a]. Ablieferung ist Übergabe (Besitzverschaffung) des vollendeten, dem Vertrag in allen Teilen entsprechenden Werkes[48] bzw. Rückgabe der Sache beim Verarbeitungs- und Reparaturvertrag von beweglichen Sachen[49]. Vollendet ist ein Werk, wenn alle im Vertrag vorgesehenen Arbeiten ausgeführt worden sind[50]. Zur Ablieferung gehört unter Umständen die Montierung[51] und/oder Inbetriebsetzung des Werkes[52]. Beim Werklieferungsvertrag, bei dem bekanntlich der Unternehmer den ganzen Stoff liefert, bleibt das Werk bis zur Übergabe im Eigentum des Unternehmers. Bei der Ablieferung geht das Eigentum auf den Besteller über[53]. Wenn der Besteller den ganzen zu verarbeitenden Stoff liefert, muß zur Beantwortung der Frage, wer vor Übergabe an den Besteller das Eigentumsrecht am Werk besitzt, Art. 726 ZGB beigezogen werden[54]. Danach wird der Werkunternehmer Eigentümer des Werkes, wenn der Wert der Arbeit größer ist, als der Wert des verarbeiteten Stoffes[55]. Im umgekehrten Fall, wenn der Wert des Stoffes größer ist als jener der Arbeit, bleibt das ganze Werk im Eigentum des Bestellers. Beim Reparaturvertrag bleibt das Werk im Eigentum des Bestellers, selbst wenn – was allerdings selten vorkommen mag – der Wert der Arbeit größer ist, als der Wert des zu reparierenden Objektes, denn beim Reparaturvertrag werden nicht Rohstoffe zu einer neuen Sache (dem Werk) verarbeitet, sondern bei einem schon vorhandenen Werk wird durch die Arbeit des Unternehmers die Störung beseitigt.

Ist nach diesen Regeln der Besteller vor Übergabe Eigentümer des Werkes, hat er neben seiner (obligatorischen) Klage auf Erfüllung des Vertrages gegen den Unternehmer die (dingliche) Eigentumsklage. Liegt das Eigentum vor Übergabe beim Unternehmer, hat der Besteller lediglich die vertragliche

---

S. 179f. K. LARENZ, Lehrbuch des Schuldrechts, Bd. II, Besonderer Teil, 10. Aufl., München 1972, S. 245 und HUHN, S. 105.
[47a] Vgl. GAUCH, S. 41, N. 115.
[48] BGE 97 II, 1971, S. 353.
[49] Demgegenüber ist die tatsächliche Übernahme des Werkes durch den Besteller mit dem Willen, dasselbe zu behalten, als Annahme anzusehen.
[50] BGE 94 II, 1968, S. 164 und die dort aufgeführte Literatur und Praxis.
[51] BGE 25 II, 1909, S. 866.
[52] OSER/SCHÖNENBERGER, Art. 367, N. 2. Vgl. auch BGE 72 II, 1946, S. 349; 89 II, 1963, S. 237.
[53] BGE 98 II, 1972, S. 299 ff.
[54] Vgl. GAUTSCHI, Art. 365, N. 12a.
[55] Abzulehnen ist die Ansicht von DÜRR, S. 18/19, der Verarbeiter beim Werkvertrag sei stets in bösem Glauben gemäß Art. 726 Abs. 2 ZGB, da er mit einer Zusprechung gemäß Art. 726 Abs. 2 ZGB rechnen müsse. Deshalb habe der den Stoff liefernde Besteller stets einen dinglichen Anspruch auf Aushändigung der Sache. Nun bezieht sich aber die Bösgläubigkeit in Art. 726 Abs. 2 ZGB nicht auf das Eigentum an der verarbeiteten Sache, sondern auf das Recht zur Verarbeitung. In diesem Sinne ist der Unternehmer immer gutgläubig, denn er hat ja das

Klage. Im Verhältnis zwischen den Vertragsparteien ist die Frage, wer Eigentum am Werk vor Übergabe hat, nicht von allzu großer Bedeutung, wohl aber im Verhältnis zu Dritten. Art. 726 ZGB bezweckt vor allem den Schutz der Rechte der Gläubiger der beiden Vertragspartner. Deshalb ist Art. 726 Abs. 1 ZGB im Außenverhältnis eine zwingende Bestimmung[56]. So könnte den (Konkurs- oder Nachlaß-) Gläubigern beispielsweise des Unternehmers durch Abrede im Werkvertrag das Werk nicht zu Gunsten des Bestellers vorenthalten werden, wenn der Wert der Arbeit des Unternehmers größer ist, als der Wert des durch den Besteller gelieferten Stoffes.

Bei unbeweglichen Werken auf einem Grundstück des Bestellers ist die Übergabe bzw. Rückgabe im eigentlichen Sinne nicht möglich. Hier müssen für den Besteller erkennbare Vollendung der Arbeiten und Ablieferung gleichgesetzt werden. Bei Bauwerken ist der Einzug des Bestellers für sich allein nicht entscheidend. Erfolgt der Einzug vor Vollendung der Arbeiten, bedeutet es nicht Ablieferung[57]. Die Ablieferung des vollendeten Werkes zeigt den Willen des Unternehmers, sich von seiner Arbeits- und Sachleistungsobligation zu befreien. Dazu kommt der Wille des Bestellers, das Werk als beendigt zu betrachten. Art. 371 OR nennt diesen Zeitpunkt die A b n a h m e[58]. Im Gegensatz zum Kaufvertrag ist beim Werkvertrag die Ablieferung nicht Voraussetzung aller Gewährleistungstatbestände wegen Sachmängel[59], indem Art. 366 Abs. 2 OR dem Besteller Rechte gewährt, bevor das Werk abgeliefert, ja bevor es überhaupt vollendet ist, sofern eine mangelhafte oder sonst vertragswidrige Ausführung bestimmt voraussehbar ist. Art. 366 Abs. 2 ist in dem Sinne eine Spezialbestimmung von Art. 98 OR, als der Besteller – im Gegensatz zu Art. 98 auch ohne richterliche Ermächtigung – bei Verschulden des Unternehmers nach unbenütztem Ablauf einer angemessenen Frist die Verbesserung oder Fortführung des Werkes auf Gefahr und Kosten des Unternehmers einem Dritten übertragen kann. Dabei trägt der Vertragspartner nicht nur die Mehrkosten der Ausführung durch einen Dritten, sondern auch das Risiko des zufälligen oder drittverschulde-

---

(vertragliche) Recht zur Verarbeitung des vom Besteller gelieferten Stoffes. Anderer Ansicht K. HELBLING, Verarbeitung nach schweizerischem Recht, Diss. Zürich 1958, S. 58.

[56] Anderer Ansicht F. A. STAEHELIN, Probleme aus dem Gebiete des Eigentumsvorbehaltes, Diss. Basel 1934, S. 104 f. Ihm ist aber entgegenzuhalten, daß auch die Interessen der Gläubiger des Unternehmers berücksichtigt werden müssen, jener Partei also, die in unserem Fall wertmäßig mehr zur Vollendung beigetragen hat, als der Besteller durch die Zurverfügungstellung des Rohstoffes. Es ist hier gleich vorzugehen, wie bei der Frage nach der Bestandteilseigenschaft eines Objektes (Art. 642 ZGB): Wenn die Voraussetzungen dieses Artikels erfüllt sind, wird die Sache Bestandteil, auch wenn die Parteien das Gegenteil vereinbaren.

[57] BGE 94 II, 1968, S. 164.

[58] Vgl. unten Anm. 88.

[59] Anderer Ansicht GAUTSCHI, Art. 367, N. 7.

ten Unterganges⁶⁰. Sofern aus dem Verhalten des Unternehmers hervorgeht, daß eine Frist sich als unnütz herausstellen würde, ist die Ansetzung nicht notwendig (Art. 108 Ziff. 1 OR). Der Besteller muß nicht notwendigerweise eine Ersatzvornahme androhen und nach Ablauf der Frist veranlassen, sondern er kann den Rücktritt vom Werkvertrag auch ohne Ersatzvornahme erklären, so z. B. dann, wenn es auf die persönliche Ausführung durch den Unternehmer angekommen wäre⁶¹. Der Zeitpunkt der Ablieferung ist besonders maßgebend für den Beginn der Rügefrist (nach Art. 367 OR), die Fälligkeit des Entgeltes (Art. 372 OR), die Verwirkung der Gewährleistungsansprüche des Bestellers für offene Mängel (nach Art. 370 OR)⁶² und die Haftung für Zufall⁶³.

bb) Prüfungspflicht des Bestellers

Weitere Voraussetzung der Haftpflicht des Unternehmers ist (analog dem Kaufrecht) die Prüfung des Werkes durch den Besteller (Art. 367 Abs. 1 OR). Gegenstand der Prüfung ist die Feststellung der Nichterfüllung, das heißt, es gilt die Frage zu beantworten, ob zugesicherte Eigenschaften des Werkes fehlen oder (und) ob das Werk Mängel aufweist, die den Wert oder die Tauglichkeit zum vorausgesetzten Gebrauch aufheben oder erheblich mindern⁶⁴. Im übrigen kann – was den Begriff des Mangels und den Gegenstand der Prüfung anbetrifft – auf die Ausführungen über den Kaufvertrag verwiesen werden⁶⁵. Prüfungsort ist nach allgemeiner Auffassung der Ort, an dem das Werk abzuliefern ist, sofern nicht der Werkvertrag einen anderen Prüfungsort vorsieht⁶⁶. Wie im Kaufrecht hat der Besteller sofort nach Ablieferung das Werk zu prüfen und nach Mängeln zu untersuchen. Der Besteller hat dabei grundsätzlich sorgfältig vorzugehen. Er verliert seine Ansprüche bezüglich Mängeln, die bei sorgfältiger Prüfung erkennbar gewesen wären, die er aber nicht entdeckt hat und deshalb nicht anzeigen kann⁶⁷. Das Maß der bei der Prüfung anzuwendenden Sorgfalt richtet sich nach einem objektiven Kriterium. Maßgebend ist, was der durchschnittliche Fachmann der betreffenden Branche am Werk als Mangel entdecken würde. Allerdings haben auch die Umstände des Einzelfalles einen großen Einfluß auf das Maß der durch den Besteller anzuwendenden Sorgfalt, indem z. B. im bürgerlichen

---

⁶⁰ BECKER, Art. 366, N. 6.
⁶¹ Vgl. OSER/SCHÖNENBERGER, Art. 366, N. 6.
⁶² Vgl. vorne § 85 I Ziff. 3 lit. f.
⁶³ Vgl. hinten § 86 I Ziff. 4.
⁶⁴ Vgl. GAUTSCHI, Art. 367, N. 14a.
⁶⁵ Vgl. vorne S. 70 ff.
⁶⁶ Vgl. BGE 88 II, 1962, S. 365 ff.
⁶⁷ BGE 85 II, 1959, S. 194.

Verkehr, wo normalerweise nur der Unternehmer (und nicht auch der Besteller) Fachmann ist, weniger strenge Anforderungen zu stellen sind, als im kaufmännischen Verkehr, wo im allgemeinen beide Parteien Fachleute sind[68]. Sehr sorgfältig hat der Besteller aber die Prüfung vor allem dann vorzunehmen, wenn das Werk nach seinen Plänen hergestellt worden ist. Die Prüfungspflicht hat auch seine Grenzen. Der Besteller braucht nicht nach geheimen Mängeln zu suchen[69]. Bei großen Mengen, besonders von maschinell hergestellten Gütern, genügen Stichproben[70]. Bei Herstellung eines Werkes nach Muster, genügt die Beantwortung der Frage, ob das abgelieferte Werk musterkonform sei. Maschinen, Autos usw. müssen zur sorgfältigen Prüfung in Betrieb gesetzt werden[71]. Im allgemeinen hat der Besteller keine Sachverständigen herbeizuziehen[72]. Abs. 2 von Art. 367 OR gewährt aber jeder Partei das Recht zu verlangen, daß auf ihre eigenen Kosten[73] ein Sachverständiger die Prüfung vornehme und der Befund der Prüfung amtlich beurkundet werde. Bei der Prüfung nach Art. 367 Abs. 2 OR handelt es sich immer um einen amtlichen (vom Richter ernannten)[74] Sachverständigen, obwohl es das Gesetz nicht ausdrücklich sagt[75]. Sie dient vor allem der Beweissicherung. Die Frist zur rechtzeitigen Prüfung gilt als eingehalten, wenn der Besteller die Prüfung durch einen Sachverständigen unverzüglich nach Ablieferung verlangt.

cc) Anzeigepflicht

Sofern sich bei der Prüfung Mängel des Werkes ergeben, hat der Besteller diese dem Unternehmer anzuzeigen, sobald es nach dem üblichen Geschäftsgang tunlich ist (Art. 367 OR). Diese Anzeige hat grundsätzlich die gleiche Funktion wie die Mängelrüge im Kaufsrecht (vgl. Art. 201 OR). Aus der Mängelrüge muß erkennbar sein, daß der Besteller die Lieferung des mit Mängeln behafteten Werkes nicht als Erfüllung des Werkvertrages gelten lassen will. Die Ausübung der dem Besteller zustehenden Rechte aus der Mängelrüge gehört nicht zu deren Gültigkeit. Der Besteller kann die in Art. 368 OR vorgesehene Wahlerklärung auch später noch abgeben[76]. Wohl

---

[68] Vgl. hiezu KLAUSER, S. 140 ff.; VON BÜREN, OR II, S. 147; ZR 52, 1953, S. 169.
[69] BGE 76 II, 1950, S. 224.
[70] Vgl. GAUTSCHI, Art. 367, N. 17.
[71] Vgl. GAUTSCHI, Art. 367, N. 18.
[72] Vgl. BGE 63 II, 1937, S. 408; 66 II, 1940, S. 137.
[73] Vgl. GAUTSCHI, Art. 367, N. 23.
[74] Vgl. Entscheidung des Appellationsgerichtes Basel-Stadt, Bd. VII, 1940, S. 181; BGE 96 II, 1970, S. 270 f.
[75] Ergibt die Untersuchung Mängel, hat der Unternehmer die Kosten des Sachverständigen zu übernehmen (SJZ 40, 1944, S. 124).
[76] BGE 98 II, 1972, S. 120.

aber müssen die Mängel aufgeführt werden[77]. Eine besondere Form ist für die Mängelanzeige nicht vorgesehen; es gilt daher das Prinzip der Vertragsfreiheit (Art. 19 OR).

Im wesentlichen ist die Länge der Anzeigefrist abhängig von der Zeit, die vernünftigerweise zur sorgfältigen Prüfung des Werkes gebraucht wird. Diese Zeit ist ihrerseits wiederum abhängig von den Umständen des Einzelfalles und richtet sich auch unbestrittenerweise nach den Fachkenntnissen und dem Bildungsgrad des Bestellers[78]. Im allgemeinen dürfen die herrschende Lehre und Praxis des Kaufrechtes bei dieser Frage beigezogen werden, wobei allerdings die Untersuchung eines Werkes eher genauer vorgenommen werden muß und mehr Zeit braucht als die Untersuchung einer Kaufsache, da ein Werk normalerweise individueller und komplizierter gestaltet ist und die Kaufsache oft schon durch Zwischenhändler geprüft worden ist[79].

Unterläßt der Besteller die rechtzeitige Anzeige der Mängel, gilt das Werk stillschweigend als genehmigt. Daneben besteht auch das Recht (nicht aber die Pflicht) des Bestellers, das Werk ausdrücklich zu genehmigen (bzw. anzunehmen). Durch die (ausdrückliche oder stillschweigende) Genehmigung ist der Unternehmer von der Haftung für offene Mängel und deren Folgen befreit, nicht aber für sogenannte geheime Mängel, für Mängel also, die bei der ordnungsgemäßen Prüfung nicht erkennbar waren und Mängel, die vom Unternehmer absichtlich verschwiegen wurden, auch wenn sie bei einer sorgfältigen Prüfung erkennbar gewesen wären. Die geheimen Mängel hat der Besteller sofort nach der Entdeckung anzuzeigen, ansonst das Werk auch bezüglich dieser Mängel als genehmigt gilt (Art. 370 Abs. 1 OR). Über die Bedeutung des Begriffes «sofort» herrscht in der Lehre und Rechtsprechung keine einheitliche Auffassung. Während die Praxis den Begriff eher zu Gunsten des Bestellers interpretiert[80], indem der Besteller sich erst Gewißheit über die Bedeutung und Tragweite später entdeckter Mängel verschaffen darf, bevor er rügen muß, interpretiert ein Teil der Literatur den Begriff

---

[77] Vgl. GAUTSCHI, Art. 367, N. 26.
[78] Vgl. GAUTSCHI, Art. 367, N. 28a; OSER/SCHÖNENBERGER, Art. 367, N. 1; BECKER, Art. 367, N. 3; SJZ 24/25, 1928, Nr. 207, S. 298; ZR 52, 1953, S. 169; JT 94, I, 1947, S. 434. GAUCH, S. 94, N. 375.
[79] BlZR 52, 1953, S. 169; GAUCH, S. 94, N. 375. Dabei ist allerdings GAUTSCHI, Art. 367, N. 28a zuzustimmen, daß die Länge der Rügefrist grundsätzlich nicht von der Vertragsart, sondern von der Beschaffenheit des Gegenstandes und der Stellung des Erwerbers (kaufmännischer Verkehr oder nicht) abhängt.
[80] Vgl. JT 94 I, 1947, S. 434; Sem.jud. 69, 1948, S. 552; Sem.jud. 85, 1964, S. 239; ZR 52, 1953, Nr. 92; BGE 63 II, 1937, S. 408; 66 II, 1940, S. 136/39; 76 II, 1950, S. 224f. Vgl. auch die Entscheide bei DÜRR, S. 63.

«sofort» enger, indem die Anzeige zu erfolgen hat, sobald feststeht, daß ein Mangel vorliegt[81]. Letztere Ansicht ist richtig, sobald es sich um einen Mangel handelt, bei dem die Gefahr besteht, daß er zu einem größeren Schaden führen könnte. Bei andern Mängeln darf man in Übereinstimmung mit der Praxis annehmen, der Besteller dürfe sich Zeit zu einer gründlichen Prüfung nehmen. Keine Mängelrüge ist erforderlich für Mängel, die der Unternehmer absichtlich verschweigt, denn es wäre stoßend, wollte man den Besteller dazu verpflichten, den Unternehmer vom Scheitern seines Versuchs, Werkmängel zu verschweigen, in Kenntnis zu setzen[82].

g) Verantwortlichkeit des Bestellers

Die dargestellten Ansprüche wegen Mängel des Werkes gewährt Art. 369 OR dem Besteller nur, wenn er die Mängel nicht selbst verschuldet hat. Art. 369 OR geht von der Voraussetzung aus, daß objektiv gesehen das Werk Mängel aufweist. Der Besteller kann aber deshalb die ihm an sich daraus erwachsenden Ansprüche nicht durchsetzen, weil die Mängel auf sein eigenes relevantes Verhalten zurückzuführen sind. Art. 369 OR bringt den gleichen Gedanken zum Ausdruck wie Art. 44 OR[83]. Haben demnach Umstände, für die der Besteller einstehen muß, auf die Entstehung oder Verschlimmerung der Mängel eingewirkt, fallen die Ansprüche des Bestellers wegen Sachmängel dahin. Allerdings beschränkt sich Art. 369 OR nicht nur auf die Schadenersatzansprüche, die nach allgemeiner Lehre (Art. 44 in Verbindung mit Art. 99 Abs. 3 OR) bei Selbstverschulden des Geschädigten ganz oder teilweise dahinfallen; Art. 369 erstreckt sich vielmehr auf alle (gesetzlichen oder vertraglichen) Ansprüche des Bestellers. Sofern die Voraussetzungen von Art. 369 auf seiten des Bestellers vorliegen, hat er das (mangelhafte) Werk anzunehmen, wie wenn es mängelfrei wäre und das volle Entgelt zu zahlen.

Art. 369 OR hat den Hauptfall im Auge, wo der Besteller entgegen den gegenteiligen ausdrücklichen[84] Mahnungen des Unternehmers eine Weisung über die Ausführung des Werkes erteilt, welche kausal für den relevanten

---

[81] Vgl. GAUTSCHI, Art. 367, N. 28.
[82] KLAUSER, S. 68.
[83] Vgl. GAUTSCHI, Art. 369, N. 2. Nach Art. 369 fallen die Ansprüche dahin, nach Art. 44 kann der Richter die Ersatzpflicht reduzieren oder davon befreien (vgl. KLAUSER, S. 134).
[84] Die Abmachung muß bestimmt, deutlich und klar sein und dem Besteller unmißverständlich zum Bewußtsein bringen, daß bei der von ihm angeordneten Ausführung Schäden entstehen könnten und der Unternehmer im Falle, daß der Besteller auf seinen Anordnungen beharrt, die Pflicht zu Schadenersatz ablehnt (BGE 95 II, 1969, S. 51). Allerdings handelt es sich nicht um eine Willenserklärung, sondern um eine Wissenserklärung, um einen Rat des Bestellers (vgl. GAUCH, S. 78, N. 290).

Mangel (bzw. die relevanten Mängel) ist. Daraus ergibt sich mittelbar, daß der Unternehmer als Fachmann die Pflicht hat, den Besteller ausdrücklich darauf aufmerksam zu machen, wenn eine der Weisungen des Bestellers zu einem Mangel am Werk führen würde oder könnte. Unterläßt er diese Mahnung schuldhaft, wahrt der Besteller (trotz objektiv falschen Weisungen) seine Rechte wegen Mängel der Sache. Daneben enthält Art. 369 OR eine Art Generalklausel, die dem Besteller die Ansprüche wegen Sachmängel verweigert, wenn er auf andere Art als durch falsche Weisungen die Mängel selbst verschuldet hat[85].

h) Verjährung

Art. 371 OR setzt für Ansprüche wegen Mängel eines beweglichen Werkes eine Verjährungsfrist von einem Jahr seit Ablieferung. Diese Verjährungsfrist ist zu unterscheiden von der Verwirkungsfrist gemäß Art. 370 OR und entspricht der Verjährungsfrist nach Kaufvertragsrecht (Art. 210 OR)[86].

Bei unbeweglichen Bauwerken[87] verjähren die Ansprüche des Bestellers nach Ablauf von 5 Jahren seit Abnahme des Werkes[88] und zwar nicht nur die

---

[85] Vgl. hiezu BGE 23 II, 1907, S. 1736 ff.; 37 II, 1911, S. 200; 52 II, 1926, S. 75 ff.; SJZ 37/38, 1941, S. 157; SJZ 62, Nr. 5, S. 12; Repertorio 97, 1966, S. 240.

[86] Für die Frage der Unterbrechung und des Stillstandes der Verjährungsfrist vgl. Art. 134 ff. OR.

[87] Der Begriff des unbeweglichen Bauwerkes ist enger als der des unbeweglichen Werkes schlechthin. Eine Leistung stellt nur dann ein (unbewegliches) Bauwerk dar, wenn der Gegenstand des Werkvertrages, durch den sie versprochen wird, seiner Natur nach selbst als Bauwerk angesprochen werden kann. Es hängt von den Umständen des Einzelfalles ab, ob eine werkvertragliche Leistung, die dem Umbau oder dem Unterhalte eines unbeweglichen Bauwerkes dient, selber als solches gelten kann. Entscheidend ist nach BGer (BGE 93 II, 1967, S. 246), ob es den Anforderungen der Festigkeit oder den geologischen und atmosphärischen Bedingungen standhält. Das Malen einer Hausfassade kann für sich allein als Bauwerk im Sinne von Art. 371 OR betrachtet werden (a.A. BGE 93 II, 1967, S. 242 ff.; gl.A. wie hier: GAUCH, SJZ 72, 1976, S. 161; DERSELBE, S. 104, N. 420 ff. und S. 107, N. 438 ff.). Demgegenüber bildet eine Badeeinrichtung im allgemeinen einen Bestandteil des Grundstückes, so daß Ansprüche des Bestellers wegen Mängel mit Ablauf von fünf Jahren verjähren (ZBGR 39, 1959, S. 158). Die Ansprüche wegen Mängel an einer Warmwasseranlage (Sem.jud. 88, 1967, S. 587) und an einer Pumpanlage, die dauernd mit Grund und Boden verbunden ist (Sem.jud. 62, 1945, S. 505 und SJZ 37/38, 1941, Nr. 44, S. 118), verjähren in fünf Jahren, ebenso Ansprüche betreffend in den Boden verlegte Wasserleitungen (ZBJV 107, 1971, S. 359).

[88] In BGE 89 II, 1963, S. 408 f. wird als Abnahme im Sinne von Art. 371 OR bei Bauhandwerken der Zeitpunkt betrachtet, zu dem der Unternehmer dem Besteller mitteilt, das Werk sei fertig, und es der Besteller seinerseits als beendigt betrachtet. Allerdings muß das Werk vollendet sein. Die Verjährungsfrist beginnt nicht zu laufen, wenn nicht alle vorgesehenen Arbeiten ausgeführt sind, selbst wenn der Besteller schon ins Haus eingezogen ist (vgl. BGE 94 II, 1968, S. 164). Widersprüchlich und unklar ist GAUTSCHI (Art. 367, N. 13c und Art. 371, N. 4a) zu dieser Frage. Von der Abnahme ist die Annahme oder Genehmigung nach der Prüfung zu unterscheiden. Die Abnahme bei unbeweglichen Werken entspricht funktionell der Ablieferung bei beweglichen Werken. Vgl. im einzelnen vorne § 85 I Ziff. 3 lit. f.

Ansprüche gegen den Unternehmer, sondern auch gegen den Architekten und den Ingenieur, die im Hinblick auf die Erstellung Arbeit geleistet haben. Obwohl in der Lehre und Praxis keine Einigkeit über die Frage besteht, ob der Vertrag mit einem Architekten oder Ingenieur Auftrag oder Werkvertrag sei[89], schafft Art. 371 OR wenigstens in bezug auf die Verjährung Klarheit, indem Forderungen gegen den Architekten und Ingenieur nach Werkvertragsrecht (und nicht nach Auftragsrecht) verjähren und die Verjährungsfrist nicht mit Beendigung der Tätigkeit des Architekten und Ingenieurs zu laufen beginnt, sondern mit Abnahme des Werkes, sofern es sich um Sorgfaltspflichtverletzungen handelt, die sich in Mängeln des Werkes niederschlagen[90]. Vorbehalten bleibt die längere Frist des Strafrechts (Art. 60 OR).

Für Ansprüche aus vom Unternehmer absichtlich verschwiegenen Mängeln des Werkes gilt die zehnjährige Verjährungsfrist[91].

Die Verjährungsvorschriften von Art. 371 Abs. 2 OR sind nach herrschender Lehre und Praxis nicht zwingend[92]. Die Interessen des Gläubigers dürfen aber durch eine Abänderung dieser Fristen nicht in unbilliger Art und Weise erschwert werden[93] und die Verjährungsfrist darf nicht über zehn Jahre seit der Ablieferung ausgedehnt werden[94]. Nicht nur die Verjährungsfrist kann abgeändert werden; die Parteien können auch die Rügefrist verlängern oder es kann dem Besteller erlaubt werden, offene und versteckte Mängel während der ganzen Verjährungsfrist anzuzeigen[95].

Welche Fristen die Parteien verlängern oder verkürzen wollen und in welchem Sinne, ist grundsätzlich im Einzelfall durch Auslegung der betreffenden Abrede festzustellen. Im Zweifel – bei unklaren Abreden – hat eine vertragliche Garantiefrist die Bedeutung der Verjährungsfrist[96]. Nur bei einer diesbezüglichen Abrede oder bei besonderen Umständen darf angenommen werden, eine vertragliche Garantiefrist beziehe sich auch auf die Rügefrist

---

[89] Vgl. vorne § 84 II Ziff. 1 lit. d.
[90] Die fünfjährige Verjährungsfrist gemäß Art. 371 Abs. 2 OR gilt für jede Mitwirkung des Architekten ohne Rücksicht auf die Art der geleisteten Dienste oder des abgeschlossenen Vertrages (BGE 89 II, 1963, S. 405).
[91] Vgl. BGE 89 II, 1963, S. 409.
[92] BGE 63 II, 1937, S. 180; SJZ 58, 1962, Nr. 122, S. 171; BECKER, N. 4 zu Art. 371; OSER/SCHÖNENBERGER, Art. 129, N. 3 und Art. 371, N. 1; GAUTSCHI, Art. 371, N. 5b; vgl. zur ganzen Problematik WITSCHI.
[93] So ist nach einem Entscheid des Kantonsgerichtes Graubünden eine Vereinbarung, wonach die Haftpflicht des Architekten mit Ablauf von zwei Jahren seit Fertigstellung des Werkes verjähre, nur gültig, wenn es sich nicht um verborgene Mängel handelt (SJZ 51, 1955, Nr. 118, S. 212).
[94] GAUTSCHI, Art. 371, N. 5b.
[95] Vgl. VON BÜREN, OR II, S. 151.
[96] BGE 52 II, 1926, S. 149 und 63 II, 1937, S. 180.

und der Besteller dürfe deshalb während der Garantiefrist jederzeit Mängelrüge erheben[97]. Ohne besondere Anhaltspunkte darf bei der Verabredung einer Garantiefrist auch nicht angenommen werden, die Parteien hätten vereinbaren wollen, die Verjährungsfrist beginne erst mit Ablauf der Rügefrist[98]. Besonders bei solchen Abreden hat der vom BGer[99] aufgestellte Satz, daß eine Ausnahme von der gesetzlichen Regelung im Vertrag klar zum Ausdruck kommen muß, seine Bedeutung[100].

II. Nebenleistungen

1. Pflicht zur persönlichen Ausführung und persönlichen Leitung

Im Werkvertragsrecht ist der Unternehmer – entgegen der allgemeinen Regel von Art. 68 OR – nach Art. 364 Abs. 2 OR grundsätzlich verpflichtet, das Werk persönlich auszuführen oder unter seiner persönlichen Leitung ausführen zu lassen[101]. Der Unternehmer ist nach dem Wortlaut von Art. 364 Abs. 2 OR nur dann ermächtigt, die Arbeit durch einen Unterakkordanten ausführen zu lassen, wenn es nach der Natur des Geschäftes auf persönliche Eigenschaften des Unternehmers nicht ankommt, außerdem dann, wenn der Unternehmer zur Ausführung durch einen (selbständigen) Unterakkordanten ermächtigt ist.

Im Gesetz sind demnach drei Möglichkeiten vorgesehen:

a) die höchstpersönliche Ausführung durch den Vertragspartner;
b) die Ausführung durch einen Dritten, aber unter persönlicher Leitung des Unternehmers;

---

[97] BJM 1971, S. 283. Anderer Ansicht offensichtlich noch das Appellationsgericht Basel-Stadt (BJM 1955, S. 13).

[98] Gleicher Ansicht BJM 1971, S. 281f. und BGE 78 II, 1952, S. 367. Die Tatsache allein, daß Rügefrist und Verjährungsfrist gleich lang sind, darf nicht zur Auffassung verleiten, die Parteien hätten den Beginn der Verjährungsfrist hinausschieben wollen mit der Begründung des Handelsgerichtes Zürich (ZR 43, Nr. 210), wenn dem Besteller das Recht eingeräumt werde, bis zum letzten Tag Beanstandungen vorzunehmen, müsse er auch die Möglichkeit haben, sie nach diesem Zeitpunkt auf dem Klageweg noch geltend zu machen.

[99] BGE 91 II, 1965, S. 348.

[100] Da solche Garantiefristen oft in Standardverträgen und Allgemeinen Geschäftsbedingungen enthalten sind, müssen die Regeln zur Auslegung von solchen vorgeformten Verträgen beachtet werden (vgl. die vorne unter Anm. 90 angeführte Literatur).

[101] Persönliche Leistung bedeutet demnach negativ, daß der Unternehmer die Ausführung der übernommenen Werkarbeit nicht an selbständige Unterakkordanten übertragen darf (GAUTSCHI, Art. 364, N. 11 b).

c) die Ausführung durch einen (selbständigen) Unterakkordanten.

Während im Streitfalle der Unternehmer zu beweisen hat, daß er zur Übertragung an einen (selbständigen) Unterakkordanten ermächtigt war, hätte der Besteller im Zweifel zu beweisen, daß der Unternehmer das Werk höchstpersönlich auszuführen hatte und nicht berechtigt wäre, es einem (unselbständigen) Dritten (z.B. Angestellten) unter seiner persönlichen Leitung zu übertragen.

2. Haftung des Unternehmers für Hilfspersonen und Unterakkordanten

Die Haftung für Werkmängel und Nichterfüllung bzw. verspätete Erfüllung, also die Erfolgshaftung, trifft den Unternehmer unabhängig davon, ob er die Arbeit erlaubterweise oder unerlaubterweise einem selbständigen oder unselbständigen Dritten übertragen hat.

Bei der Sorgfaltshaftung ist zu unterscheiden, ob der Unternehmer die Ausführung befugter- oder unbefugterweise an einen Dritten übertragen hat. Die unbefugte Übertragung stellt eine eigene Sorgfaltspflichtverletzung des Unternehmers dar. Hat demnach ein (unbefugterweise) beigezogener Unterakkordant einen Schaden verursacht, haftet der Unternehmer aus eigenem Verschulden[102], da der unbefugte Beizug eine Verletzung der persönlichen Leistungspflicht und damit der Sorgfaltspflicht des Unternehmers darstellt. Die Haftung des Unternehmers für den unbefugten Beizug einer Hilfsperson oder eines Unterakkordanten entfällt allerdings dann, wenn der Kausalzusammenhang zwischen dem unbefugten Beizug und dem Schaden nicht vorhanden ist oder wenn das schadenstiftende Verhalten des Beigezogenen auch für den Unternehmer ein schuldloses Verhalten darstellen würde[103]. Zieht der Unternehmer befugterweise einen Unterakkordanten oder eine Hilfsperson bei, haftet er einmal nach Art. 101 OR im Rahmen seiner Sorgfaltspflichten für culpa in eligendo und instruendo, weiter dann, wenn den Unterakkordanten oder seine Hilfsperson ein Verschulden trifft[104], wobei aber – entgegen der Ansicht von GAUTSCHI[105] – in Anlehnung an das BGer[106] der Unternehmer zu beweisen hat, daß ihn oder den Unterakkordanten kein Verschulden trifft. Demgegenüber hat der Geschädigte

---

[102] Vgl. GAUTSCHI, Art. 364, N. 27b.
[103] Vgl. hiezu VON BÜREN, Schweizerisches Obligationenrecht, Allgemeiner Teil, Zürich 1964, S. 396.
[104] GAUTSCHI, Art. 364, N. 28b; BGE 70 II, 1944, S. 216/21.
[105] Art. 364, N. 28a ff.
[106] BGE 70 II, 1944, S. 216 ff.

den Kausalzusammenhang zwischen der Handlung des Unterakkordanten oder dessen Hilfsperson und dem Schaden, sowie die Verletzung (eines allgemeinen oder relativen) Rechtes durch den Unterakkordanten oder dessen Hilfspersonen zu beweisen[107]. Gegenüber dem Unterakkordanten (oder dessen Hilfsperson) hat der Besteller einen (außervertraglichen) Anspruch unter den Voraussetzungen der Art. 41 ff. OR.

3. Pflicht bezüglich Hilfsmittel

Beim Werkvertrag hat grundsätzlich (im Zweifel) der Unternehmer für die zur Ausführung des Werkes notwendigen Hilfsmittel, Werkzeuge und Gerätschaften, auf eigene Kosten zu sorgen (Art. 364 Abs. 3 OR), das heißt, dieselben bereitzustellen, instandzuhalten und notfalls zu ersetzen. Anders dann, wenn Verabredung oder Übung den Besteller hiezu verpflichten, was der Unternehmer zu beweisen hätte.

§ 86. Pflichten des Bestellers

I. Die Entgeltlichkeit des Werkvertrages

1. Allgemeines

Der Werkvertrag ist grundsätzlich entgeltlich und damit ein synallagmatischer Vertrag[1]. Die Arbeitsleistungen beim Werkvertrag haben einen in Geld meßbaren Wert. Unentgeltliche Verträge über Arbeitsleistungen können nicht als Werkverträge qualifiziert werden, und die Normen über den Werkvertrag können auf solche Verträge größtenteils nicht angewendet werden. Entweder ist ein solcher Vertrag ein Auftrag, oder es sind die schenkungsrechtlichen Vorschriften heranzuziehen.

2. Leistung und Gegenleistung

Art. 372 OR stellt das Prinzip der Fälligkeit des Werklohnes bei Ablieferung des Werkes auf[2]. Der Unternehmer ist also in dem Sinne vorleistungs-

---

[107] Vgl. vorne § 85 I Ziff. 2.
[1] Vgl. GAUTSCHI, Art. 363, N. 8c; DÜRR, S. 23.
[2] Das hat zur Folge, daß die Verjährung der Forderung des Unternehmers auf den Werklohn mit Ablieferung des Werkes zu laufen beginnt und nicht erst mit Rechnungstellung (vgl. SJZ 55, 1959, S. 196; Repertorio 96, 1965, S. 263). Die Verjährungsfrist der Forderung für Bauarbeiten richtet sich nach Art. 128 Ziff. 3 OR, unabhängig davon, ob sie von einem großen

pflichtig, als er nach Art. 372 OR ohne Vorschuß das Werk herstellen muß. Indem der Unternehmer das Werk nur gegen Leistung des Entgeltes zu übergeben hat, gleicht die (dispositive) Regelung dem (vom Gesetz vermuteten) Zug um Zug-Kauf (Art. 213 OR)[3]. Streitig ist, ob der Besteller Vergütung leisten muß, bevor er das Werk geprüft hat. Als Grundsatz darf wohl gelten, daß nur die mängelfreie Ablieferung die Fälligkeit des Werklohnes herbeiführt[4]. Dem Besteller ist demnach vor Bezahlung Gelegenheit zur Prüfung zu geben. Andererseits kann der Unternehmer verlangen, daß das Werk dem Besteller ohne Bezahlung des Entgeltes auch zur Prüfung nicht ausgehändigt wird. Oft läßt sich die Prüfung durch den Besteller vor Übergabe beim Unternehmer vornehmen. In jenen Fällen, in denen sich eine Prüfung beim Unternehmer nicht verwirklichen läßt, müssen die Parteien, um beiden Seiten gerecht zu werden, zum Rechtsmittel der Hinterlegung des Entgeltes[5] greifen. Das kann z.B. dann der Fall sein, wenn das Werk nicht ohne Installation beim Besteller geprüft werden kann.

Ergibt die Prüfung, daß das Werk Mängel hat, kann der Besteller grundsätzlich die Zahlung des Entgeltes verweigern[6]. Art. 109 OR gibt ihm dieses Recht ausdrücklich für den Fall des Rücktrittes. Das gleiche Recht muß dem Besteller auch dann gewährt werden, wenn er Ausbesserungen verlangt, denn solange die Ausbesserung nicht erfolgreich abgeschlossen ist, ist das Werk nicht abgeliefert und der Besteller hat das Recht, den Minderwert bis zur mängelfreien Ablieferung zurückzubehalten. Nimmt der Besteller das Werk (trotz der Mängel) an, wird das Entgelt fällig[7]. Macht der Besteller Minderung geltend, wird der Werklohn um jenen Betrag nicht fällig, um den er Minderung geltend macht[8].

3. Teilleistungen

Sofern die Leistung des Unternehmers und jene des Bestellers in Teilen zu erbringen ist, sind die einzelnen Teilleistungen – mangels abweichender Abrede – Zug um Zug zu erbringen (Art. 372 Abs. 2 OR). Sofern das Werk in Teilen zu liefern ist, ist es oft schwierig zu sagen, ob die Vergütung (in

---

Bauunternehmen oder von einem handwerklichen Kleinunternehmen ausgeführt werden, sofern die ausgeführten Arbeiten ihrer Natur nach Handwerksarbeiten sind (SJZ 55, 1959, S. 196). Wenn es sich aber nicht um Handwerksarbeiten handelt, beträgt die Frist 10 Jahre gemäß Art. 127 OR (Sem.jud. 82, 1961, S. 554).

[3] Vgl. BECKER, Art. 372, N. 2; OSER/SCHÖNENBERGER, Art. 372, N. 3.
[4] BGE 89 II, 1963, S. 232. Vgl. GAUTSCHI, Art. 372, N. 4; OSER/SCHÖNENBERGER, Art. 372, N. 2.
[5] OSER/SCHÖNENBERGER, Art. 372, N. 3.
[6] BGE 89 II, 1963, S. 232.
[7] ZR 49, 1950, Nr. 196.
[8] BECKER, Art. 372, N. 3.

Teilbeträgen) jeweils nach Ablieferung jedes Werkteiles fällig wird oder erst am Schluß nach Ablieferung des ganzen Werkes zu entrichten ist, weil unbestrittenerweise eine Teilzahlung nicht nur ausdrücklich, sondern auch stillschweigend vereinbart sein kann. Die Vereinbarung zur Teilzahlung kann sich demnach aus den Umständen ergeben. Letztlich läßt sich nur im Einzelfall sagen, ob Teilzahlung vereinbart ist oder nicht. Eine stillschweigende Vereinbarung zu Teilzahlungen ist aber grundsätzlich nur dann anzunehmen, wenn eine Gattungslieferung den Werkvertragsgegenstand bildet und die Vergütung nach Zahl, Maß oder Gewicht bestimmt ist[9]. Eine stillschweigende Vereinbarung zu Teilzahlungen ist aber nicht anzunehmen, wenn alle Teillieferungen zusammen erst den Vertragsgegenstand ausmachen (z. B. Lieferung einer Maschine in Teilen).

4. Verzug des Bestellers mit der Zahlung des Entgeltes

Befindet sich der Besteller mit der Zahlung des Werklohnes in Verzug, finden die Bestimmungen der Art. 107 bis 109 OR Anwendung[10].

5. Verrechnung, Retentionsrecht, Eigentumsvorbehalt, Bauhandwerkerpfandrecht

Bezüglich der Gewährleistungsansprüche kann der Besteller gegen den Unternehmer oder jeden Zessionar[11] des Werklohnes Verrechnung geltend machen, dies auf Grund der allgemeinen Normen über die Verrechnung (Art. 120 ff. OR).

Beim Reparaturvertrag und bei jenen Verträgen, bei denen das Werk bis zur Übergabe gemäß Art. 726 Abs. 1 ZGB im Eigentum des stoffliefernden Bestellers bleibt[12], hat der Unternehmer für den Werklohn das dingliche Retentionsrecht von Art. 895 ZGB, sofern der Werklohn fällig ist, denn Werklohn und Werk (als Gegenstand der Retention) stehen ihrer Natur nach immer miteinander im Zusammenhang gemäß Art. 895 Abs. 1 ZGB[13]. Der Werklohn ist im Zeitpunkt der Ablieferung (und damit im Zeitpunkt der möglichen Geltendmachung des Retentionsrechtes) fällig, wenn entweder der Besteller vorzuleisten hat oder der Austausch der Leistungen Zug um Zug zu erfolgen hat, nicht aber dann, wenn der Werklohn nach Ablieferung des Werkes zu entrichten ist.

---

[9] Vgl. GAUTSCHI, Art. 372, N. 19 und die Beispiele bei N. 18 daselbst.
[10] Art. 214 OR kann weder auf den eigentlichen Werkvertrag noch auf den Werklieferungsvertrag angewendet werden.
[11] ZR 41, 1942, Nr. 65.
[12] Vgl. vorne § 85 I Ziff. 3 lit. f.
[13] Vgl. BGE 46 II, 1920, S. 388; BGE 78 II, 1952, S. 144.

In den Fällen, in denen Art. 895 ZGB Anwendung findet, ist das Zurückbehaltungsrecht des Unternehmers stärker als das Eigentumsrecht des Bestellers. Im übrigen kann in diesem Rahmen auf die Literatur und Rechtsprechung über das Retentionsrecht verwiesen werden[14].

Beim Werklieferungsvertrag und bei jenen Werkverträgen, bei denen nach Art. 726 ZGB das Eigentum bis zur Übergabe beim Unternehmer liegt, ist die gültige Vereinbarung und Eintragung eines Eigentumsvorbehaltes gemäß Art. 715 ZGB am beweglichen Werk zur Sicherung der Lohnforderung möglich, sofern der Werklohn nach Ablieferung des Werkes zu bezahlen ist[15]. Ist der Werklohn beim Werklieferungsvertrag nach Ablieferung in Teilzahlungen zu entrichten, finden die Bestimmungen des OR über den Abzahlungsvertrag Anwendung (Art. 226a–m)[16], sofern es sich um ein bewegliches Werk handelt. Unternehmern und Handwerkern, die Arbeit und Material oder Arbeit allein für einen Bau oder ein anderes Werk auf einem Grundstück geliefert haben, gewährt Art. 837 Ziff. 3 ZGB einen Anspruch auf Eintragung eines gesetzlichen Pfandrechtes[17]. Dieser (realobligatori-

---

[14] Vgl. K. OFTINGER, Kommentar zum Schweizerischen Zivilgesetzbuch, IV. Bd., Das Sachenrecht, Zürich 1952, Art. 895, insbesondere N. 94.

[15] Unbestritten ist, daß der Unternehmer beim Werklieferungsvertrag das Recht zum Eintrag des Eigentumsvorbehaltes besitzt. Beim (eigentlichen) Werkvertrag ist folgendes zu unterscheiden: dem Unternehmer, dessen Arbeit mehr wert ist als der Wert des vom Besteller gelieferten Stoffes, muß das Recht zum Eintrag des Eigentumsvorbehaltes gewährt werden, sofern (selbstverständlich) ein Eigentumsvorbehalt vereinbart ist (vgl. H. LEEMANN, Kommentar zum Schweizerischen Zivilgesetzbuch, Bd. IV, Sachenrecht, Bern 1920/25, Art. 715, N. 8; F.A. STAEHELIN, Probleme aus dem Gebiete des Eigentumsvorbehaltes, Diss. Basel 1937, S. 31; GAUTSCHI, Vorbem. zu Art. 363–379, N. 26. Anderer Ansicht HAAB/SIMONIUS/SCHERRER, Kommentar zum Schweizerischen Zivilgesetzbuch, Bd. IV, Das Sachenrecht, Zürich 1953, Art. 715/16, N. 43). Hingegen ist ein Eigentumsvorbehalt nicht möglich, wenn der Wert des vom Besteller gelieferten Stoffes höher ist, als der Wert der Arbeit des Unternehmers. Der Wert des Beitrages jeder Partei hat demnach diesen Interessenkonflikt zu entscheiden.

[16] Vgl. OSER/SCHÖNENBERGER, Art. 226, N. 3; BECKER, Art. 226, N. 2; GAUTSCHI, Vorbem. zu Art. 363–379, N. 27a; H. STOFER, Der Abzahlungsvertrag de lege ferenda, ZSR, NF 77, 1958, S. 252a; DERSELBE, Kommentar zum Schweizerischen Bundesgesetz über den Abzahlungs- und Vorauszahlungsvertrag, Basel/Stuttgart 1972, S. 58; SCHUBIGER, Der Leasing-Vertrag nach schweizerischem Privatrecht, Diss. Freiburg/Schweiz 1970, S. 94. Dagegen findet das Abzahlungsgesetz (Art. 226a–m OR) keine Anwendung auf Werkverträge, bei denen der Unternehmer nur Arbeit und nicht auch den Stoff liefert, denn Art. 226a–m OR gelten nur für Veräußerungs- (bzw. Sachlieferungs-)verträge und nicht für Arbeitsverträge. Anderer Ansicht H. GIGER (Geldleistung als vertragstypenbestimmender Faktor, Revolution der Technik, Evolution des Rechtes, in: Festgabe OFTINGER, Zürich 1969, S. 76 ff.; sowie in Systematische Darstellung des Abzahlungsrechts, Zürich 1972, S. 81 ff.), der diese Bestimmungen auch für Verträge über Arbeitsleistungen (z.B. den Auftrag) anwenden will.

[17] Das Handwerkerpfandrecht ist ein subsidiäres Sicherungsmittel, indem der Anspruch auf Eintragung nur besteht, wenn der Eigentümer für die zum Eintrag angemeldete Forderung nicht andere genügende Sicherheit leistet (Art. 839 Abs. 3 ZGB). Das Pfandrecht darf nur innert der in Art. 839 ZGB erwähnten Frist eingetragen werden.

sche)[18] Anspruch auf Eintragung steht nach Art. 837 Ziff. 3 ZGB jenen (selbständigen)[19] Handwerkern und Unternehmern zu, die entweder mit dem Grundeigentümer oder mit einem dazwischengeschalteten Unternehmer in einem Werkvertragsverhältnis[20] stehen[21]. Die Eintragung des Pfandrechtes darf nach Art. 839 Abs. 3 ZGB nur erfolgen, wenn die Forderung vom Eigentümer anerkannt oder gerichtlich festgestellt ist.

II. Die Bestimmung des Entgeltes[21a]

1. Allgemeines

Der Werkvertrag unterscheidet sich vom Kaufvertrag[22] (und anderen entgeltlichen Verträgen) u.a. dadurch, daß keine Einigung über die Höhe des Entgeltes für das Zustandekommen des Werkvertrages notwendig ist. Die Höhe des Werklohnes ist deshalb kein objektiv wesentliches Element des Werkvertrages[23]. Ein Werkvertrag kann zustandekommen, auch wenn der Werklohn im Zeitpunkt des Vertragsabschlusses weder bestimmt noch bestimmbar ist, wobei letzteres aber in der Praxis eher selten vorkommen wird.

Man unterscheidet drei Hauptarten der Bestimmung des Entgeltes:

a) die Verabredung eines festen Werklohnes gemäß Art. 373 OR. Der Unternehmer trägt die Preisgefahr, ausgenommen bei unvoraussehbaren außer-

---

[18] Der Anspruch steht dem Berechtigten gegenüber dem jeweiligen Eigentümer des Grundstückes zu, auf dem die Baute erstellt wurde, also auch gegenüber dem Dritterwerber, der nicht Partner am Werkvertrag ist (BGE 92 II, 1966, S. 229; TUOR/SCHNYDER, S. 603). Der Unternehmer, der die Frist von Art. 839 wahrt, kann sein Pfandrecht nach BGer selbst nach Eröffnung des Konkurses über den Besteller, dem das Grundstück gehört, eintragen lassen (BGE 95 II, 1969, S. 32; a.A. P. PIOTET, ZBGR 49, 1969, S. 201). Der Unterakkordant behält das Recht auf Eintragung eines Bauhandwerkerpfandrechtes, selbst wenn der Eigentümer des Grundstückes den Generalunternehmer für dessen Forderung befriedigt hat (BGE 95 II, 1969, S. 32; vgl. auch die in diesem Entscheid zitierte Literatur).
[19] Dieses Recht steht nicht den Angestellten des Unternehmers zu (vgl. TUOR/SCHNYDER, S. 603).
[20] Im letzteren Fall handelt es sich um einen Unterakkordanten (vgl. Art. 837 Ziff. 3 ZGB in fine), der zwar keinen Werklohnanspruch gegen den Bauherrn, aber gegen den Unternehmer besitzt (vgl. z.B. SJZ 45, 1949, Nr. 16, S. 45; JT 1956, S. 223 f.; BGE 95 II, 1969, S. 32).
[21] Keinen Anspruch auf Eintragung hat nach herrschender Lehre und Praxis der Architekt für seinen Architektenlohn (vgl. TUOR/SCHNYDER, S. 603; BGE 65 II, 1939, S. 1; GAUTSCHI, Vorbem. zu Art. 363-379, N. 12; anderer Ansicht bei DÜRR, S. 29; vgl. auch SJZ 57, 1961, S. 133 ff.), wohl aber für das Entgelt, auf das er allenfalls als Generalunternehmer einen Anspruch hat (vgl. MOSIMANN, S. 162; anderer Ansicht GAUTSCHI, Art. 365, N. 25b).
[21a] Vgl. zur Problematik im deutschen Recht: G. HONIG, Probleme um die Vergütung beim Werkvertrag, Der Betriebsberater 1975, S. 447-449.
[22] OSER/SCHÖNENBERGER, Art. 184, N. 2-17.
[23] BGE 92 II, 1966, S. 332 f.

ordentlichen Umständen und Änderungen der durch beide Parteien angenommenen Voraussetzungen;

b) die Verabredung eines ungefähren Werklohnes (Kostenvoranschlag) gemäß Art. 375 OR;

c) die Festsetzung des Werklohnes nach Fertigstellung nach Maßgabe des Wertes der Arbeit und der Aufwendungen des Unternehmers gemäß Art. 374 OR.

2. Verabredung eines festen Werklohnes

Sofern das Entgelt im Werkvertrag genau vereinbart wird, enthält Art. 373 OR die Pflicht des Unternehmers, das Werk zum vereinbarten Lohn zu erstellen, auch wenn die Fertigstellung des Werkes mehr Arbeit oder größere Auslagen verursacht als vorgesehen. Demgegenüber hat der Besteller den vollen Werklohn zu bezahlen, auch wenn die Fertigstellung des Werkes nachträglich weniger Arbeit und geringere Auslagen[24] verursacht, als die Parteien vorgesehen haben.

Die spekulative Komponente[25], die dem Werkvertrag mit festem Entgelt eigen ist, wird gemildert durch die Bestimmung von Art. 373 Abs. 2 OR, wonach der Richter den Werklohn nach eigenem Ermessen (vgl. Art. 4 ZGB) erhöhen oder die Auflösung des Werkvertrages bewilligen kann, wenn außerordentliche Umstände die Fertigstellung des Werkes hindern oder übermäßig erschweren. Nach Art. 373 Abs. 2 OR kommen einerseits solche außerordentliche Umstände in Frage, mit denen der fachkundige, vorsichtige Unternehmer nach dem gewöhnlichen Lauf der Dinge nicht rechnen mußte[26]. Der Begriff der Voraussehbarkeit bzw. Nichtvoraussehbarkeit wird damit objektiviert[27]. Den Unternehmer trifft bei der Preisberechnung eine Sorgfaltspflicht. Die Konsequenzen einer Verletzung dieser Sorgfaltspflicht hat er selber zu tragen. An die Sorgfalt ist ein strenger Maßstab zu legen, besonders, wenn der Unternehmer die Arbeit gewerbsmäßig ausführt, denn er ist im Normalfall der Fachmann, der die Umstände kennen sollte, welche seine Arbeit beeinflussen könnten[28]. Einflüsse aus höherer Gewalt sind in jedem Fall außerordentliche, unvorhersehbare Umstände. Auch zufällige

---

[24] Art. 373 OR spricht nur von Einsparungen durch weniger Arbeit. Gleich zu behandeln sind aber dem Zwecke von Art. 373 Abs. 3 OR nach auch Kosteneinsparungen am Material, das der Unternehmer zu liefern hat.

[25] Vgl. Dürr, S. 98.

[26] Vgl. BGE 58 II, 1932, S. 423; Gautschi, Art. 373, N. 15a. Vgl. zur Frage bei behördlich vorgeschriebenen Änderungen SJZ 69, 1973, Nr. 51, S. 75.

[27] Vgl. zur Objektivierung an sich Oftinger, Bd. I, S. 129f.

[28] Allerdings gibt es auch Fälle, bei denen sich der Unternehmer auf die Angaben des (fachkundigen) Bestellers verlassen darf (vgl. BGE 52 II, 1926, S. 440ff.).

Ereignisse können solche Umstände darstellen, selbst wenn sie nicht die Intensität der höheren Gewalt erreichen[29]. Art. 373 Abs. 2 OR konkretisiert in diesem Sinne den Grundsatz der clausula rebus sic stantibus[30], der seinerseits wieder auf Art. 2 ZGB zurückzuführen ist. Solche Umstände müssen – um relevant zu sein – die Fertigstellung hindern oder übermäßig erschweren. Die Erhöhung oder Auflösung darf demnach bei geringfügiger Kostenüberschreitung nicht bewilligt werden, selbst wenn sie auf außerordentliche Umstände zurückzuführen ist. Das Unternehmerrisiko schließt auch nichtvoraussehbare geringfügige Überschreitungen ein. Indem der Unternehmer mit kleineren Überraschungen rechnen muß, werden diese im Grunde zu voraussehbaren Umständen.

Nicht nur unvorhergesehene, sondern auch voraussehbare Umstände geben dem Richter das Recht, den Lohn zu mindern oder den Vertrag aufzulösen, wenn sie von beiden Vertragspartnern (ausdrücklich oder stillschweigend) ausgeschlossen waren. Der Unternehmer hat zu beweisen, daß ein solcher, die Fertigstellung erschwerender oder hindernder Umstand durch die Parteien ausgeschlossen war.

Sofern die außergewöhnlichen Umstände die Fertigstellung hindern, ist dieselbe nicht mehr möglich, so daß der Richter nur auf Vertragsauflösung erkennen kann. Liegen außerordentliche Umstände vor, die die Fertigstellung lediglich erschweren und nicht hindern, kann der Richter entweder den Werklohn erhöhen oder den Vertrag auflösen. Das Gesetz gewährt dem Richter einen Ermessensspielraum: einmal für die Frage, ob Erhöhung oder Auflösung zweckmäßiger ist, wobei dieses Ermessen dadurch eingeschränkt ist, daß im Zweifel und besonders dann, wenn das Werk schon fertiggestellt ist, zu Gunsten der Aufrechterhaltung des Vertrages entschieden werden soll[31]. Sodann kann der Richter, wenn er sich für die Erhöhung entschieden hat, den Werklohn nach eigenem Ermessen erhöhen. Er wird einen Billigkeitsentscheid nach Art. 4 ZGB treffen und normalerweise die Wirkungen der außerordentlichen Umstände nach einem gerechten Interessenausgleich auf beide Parteien verteilen.

Art. 373 Abs. 2 und 3 OR sind dispositive Bestimmungen. Der Unternehmer kann demnach zum vorneherein auch die in Abs. 2 erwähnten Ge-

---

[29] Vgl. die Judikatur: BGE 48 II, 1922, S. 119 ff; 50 II, 1924, S. 166 f.; 58 II, 1932, S. 422 f. – Die Abwertung des Schweizer Frankens im Jahre 1936 stellte nach Ansicht des Cour de Justice Genève einen unvorhersehbaren Umstand dar, der die richterliche Erhöhung des bestimmten Werklohnes rechtfertigte (Sem.jud. 63, 1942, S. 536). Vgl. auch BGE 59 II, 1933, S. 375.
[30] RIEZLER, S. 565.
[31] Solange eine Erhöhung unter Aufrechterhaltung des Vertrages den Interessen der Parteien entspricht, wird der Richter von einer Vertragsauflösung absehen. (Vgl. MERZ, Länderbericht, a.a.O. [Anm. 39 zu § 85], Art. 2, N. 158).

fahren übernehmen³². Weiter können die Parteien bei einer Festübernahme vereinbaren, daß der Unternehmer den Werklohn um den Betrag reduzieren muß, den er an Kosten einspart.

3. Die Verabredung eines ungefähren Ansatzes

Der ungefähr vereinbarte Werklohn hat die Bedeutung eines Richtpreises. Ungefähr für dieses Entgelt soll das Werk fertiggestellt werden. Damit ist etwas ausgesagt über den Wert, den das Werk nach Fertigstellung haben soll; einmal über den Wert der Materialien, die der Unternehmer zu liefern hat, und dann auch über die Arbeitszeit, die der Unternehmer für die Erstellung des Werkes ungefähr verwenden soll³³. Mit der Vereinbarung eines ungefähren Ansatzes ist noch nichts Endgültiges über die Höhe des Werklohnes gesagt. Es ist lediglich der Rahmen abgesteckt. Eine gewisse Erhöhung des Werklohnes nach Fertigstellung muß der Besteller in Kauf nehmen, da ja – wie gesagt – der ungefähre Ansatz die Bedeutung einer (allerdings verbindlichen) Richtlinie hat³⁴. Nur wenn die Überschreitung des Ansatzes durch den Unternehmer eine unverhältnismäßige ist, hat der Besteller gemäß Art. 375 OR das Recht, den Vertrag aufzulösen, sofern der Unternehmer seine Forderung nicht auf eine Höhe reduziert, die gemäß Art. 375 OR noch als verhältnismäßige Überschreitung zu gelten hat, wobei der Unternehmer dann mit weniger oder gar ohne Gewinn arbeitet. Art. 375 Abs. 1 regelt die Auflösung abschließend. Bei beweglichen Werken ist kein Raum für das Recht des Bestellers auf Bezahlung eines billigen Ersatzes für gehabte Auslagen wie in Abs. 2³⁵. Das Auflösungsrecht steht dem Besteller allerdings nur unter der Voraussetzung zu, daß die unverhältnismäßige Kostenüberschreitung weder durch den Besteller veranlaßt worden ist, noch daß außerordentliche Umstände gemäß Art. 373 Abs. 2 OR vorliegen, welche den Richter ermächtigen, nach eigenem Ermessen den Werklohn zu erhöhen. Zeichnet sich während der Arbeit eine unverhältnismäßige Überschreitung ab, hat der Unternehmer den Besteller darüber zu orientieren³⁶.

Zur Frage, wann eine übermäßige Kostenüberschreitung vorliegt, findet man in Lehre und Praxis wenig Äußerungen. Als Kriterium kann die Frage gelten, ob der Besteller das Werk bestellt hätte, wenn er bei Vertragsabschluß

---

³² Vgl. GAUTSCHI, Art. 373, N. 4a; SJZ 60, 1946, Nr. 47, S. 72f.
³³ Vgl. BGE 29 II, 1903, S. 542f.
³⁴ Allerdings hat der Unternehmer auch eine verhältnismäßige Überschreitung des Kostenvoranschlages zu begründen (vgl. GAUTSCHI, Art. 375, N. 11d; SJZ 18/19, 1923, Nr. 291, S. 372). Der Unternehmer hat verschuldete Kostenüberschreitungen selber zu tragen
³⁵ BGE 98 II, 1972, S. 303.
³⁶ BGE 92 II, 1966, S. 330ff.

gewußt hätte, zu welchem Preis es schließlich hergestellt würde[37]. Im allgemeinen wird angenommen, eine Kostenüberschreitung von 10 oder mehr Prozent sei übermäßig[38].

Für den Fall, daß das Werk auf dem Boden des Bestellers errichtet wird, ist eine besondere Regelung nötig, da gemäß Art. 671 ZGB, das verwendete Material Eigentum des Grundeigentümers wird. Ist das Werk auf dem Grundeigentum des Bestellers schon vollendet, kommt nur eine angemessene Herabsetzung des geforderten Werklohnes in Frage, da ein Rücktrittsrecht eine Verweisung des Unternehmers auf die Klage aus ungerechtfertigter Bereicherung (Art. 62 ff. OR) zur Folge hätte, was der Interessenlage der Parteien nicht entsprechen würde. Art. 375 Abs. 2 OR ermächtigt den Besteller demnach, den Werklohn herabzusetzen, bei Schuldlosigkeit des Unternehmers auf eine Höhe, die irgendwo in der Mitte zwischen dem vereinbarten Lohn und dem effektiven Wert des Objektes liegt[39]. Ist das Werk noch unvollendet, hat der Besteller alternativ noch das Recht, unter billigem Ersatz der bereits ausgeführten Arbeit des Unternehmers, diesem die Fortführung der Arbeit zu entziehen und den Vertrag aufzulösen.

4. Festsetzung nach dem Wert der Arbeit

Ist der Preis im Werkvertrag nicht bestimmt, wird der Werklohn nach Vollendung der Arbeit auf Grund des tatsächlichen Wertes der geleisteten Arbeit und der Aufwendungen des Unternehmers festgesetzt (Art. 374 OR)[40]. Dasselbe sieht Art. 374 OR für den Fall vor, daß der Preis zum voraus nur ungefähr bestimmt worden ist. Diese ungefähre Preisbestimmung nach Art. 374 OR hat eine andere Bedeutung als der soeben unter Ziff. 3 besprochene, verabredete ungefähre Ansatz in Art. 375 OR. Der Kostenansatz in Art. 375 hat die Bedeutung eines für den Unternehmer verbindlichen Richtpreises, der gemäß Art. 375 grundsätzlich nicht unverhältnismäßig überschritten werden darf, während die ungefähre Preisbestimmung in Art. 374 nur die Bedeutung eines für den Unternehmer grundsätzlich unverbindlichen Kostenvoranschlages, einer unverbindlichen Schätzung der voraussicht-

---

[37] Vgl. BGE 98 II, 1972, S. 303 f.; BECKER, Art. 375, N. 3.
[38] Vgl. GAUTSCHI, Art. 375, N. 2a; BECKER, Art. 375, N. 2; OSER/SCHÖNENBERGER, Art. 375, N. 2; SJZ 60, 1964, Nr. 186, S. 72; vgl. auch BGE 98 II, 1972, S. 299 ff., wo eine Kostenüberschreitung von 150% eindeutig als unverhältnismäßig betrachtet wurde.
[39] Vgl. SJZ 68, 1972, Nr. 186, S. 313; DÜRR, S. 111.
[40] Die Berechnung nach Art. 374 OR bezieht sich auf mängelfreie Arbeit. Davon kann die Minderung abgezogen werden, selbst wenn die Berechnung nach Art. 374 für mangelhafte Ausführung angemessen wäre (ZR 69, 1970, Nr. 8, S. 47).

lichen Kosten hat[41]. Welche Bedeutung nun im Einzelfall einer solchen ungefähren Preisbestimmung zukommt, muß auf Grund des jeweiligen Vertrages festgestellt werden[42].

Bei der Berechnung des Werklohnes auf Grund des tatsächlichen Aufwandes hat der Unternehmer Anspruch auf:

a) Ersatz der für die Erstellung des Werkes notwendigen Sachaufwendungen[43],

b) Ersatz der nötigen Auslagen[44] für den Arbeitsaufwand (des Unternehmers selbst, der Angestellten und Arbeiter des Unternehmers, möglicher Unterakkordanten),

c) einen angemessenen Unternehmergewinn[45].

Maßgebend sind:

a) die am Ort üblichen Ansätze bzw. die bestehenden Tarife, z.B. die Verbandstarife und

b) ergänzend das Ermessen des Richters[46].

Die Beweislast für die Tatsachen, welche die Grundlagen zur Bemessung des Werklohnes bilden, liegt beim Unternehmer (Art. 8 ZGB)[47].

III. Mitwirkungspflichten des Bestellers

Oft ist die Herstellung eines Werkes ohne die Mitwirkung des Bestellers nicht möglich[48]. Häufig ergeben sich solche Mitwirkungspflichten aus der Natur der Leistung, ohne daß sie ausdrücklich vereinbart worden oder ge-

---

[41] Vgl. K. LARENZ, Lehrbuch des Schuldrechts, Bd. II, Besonderer Teil, 10. Aufl., München 1972, S. 240.

[42] Im Zweifel ist ein vom Unternehmer unterbreiteter Kostenvoranschlag eine ungefähre Preisbestimmung im Sinne von Art. 374 OR (vgl. SJZ 18/19, 1923, S. 372; BGE 92 II, 1966, S. 328 ff.) und kein Pauschalpreis im Sinne von Art. 373 OR (BJM 1965, S. 21).

[43] Nicht Ersatz der tatsächlichen Aufwendungen ist geschuldet, sondern Ersatz des Aufwandes, der für die Ausführung des Werkes bei sorgfältigem Vorgehen notwendig ist. Sind die Parteien über das Maß des Aufwandes uneins, liegt eine Auseinandersetzung über den Werklohn und nicht über das Vorliegen eines Sachmangels vor. Für den Einwand des Bestellers, der Unternehmer hätte bei sorgfältigem Vorgehen weniger Material oder Arbeit gebraucht, ist deshalb keine Frist vorgesehen (BGE 96 II, 1970, S. 61).

[44] Vgl. oben Anm. 43.

[45] Entweder wird dieser Unternehmergewinn in Prozenten von den Selbstkosten gerechnet oder ist bei jedem einzelnen Aufwand schon eingeschlossen.

[46] Vgl. GAUTSCHI, Art. 374, N. 4d; ZR 32, 1933, Nr. 22, S. 40.

[47] Vgl. SJZ 18/19, 1923, Nr. 291, S. 372.

[48] Vgl. LARENZ, a.a.O., S. 241.

setzlich vorgeschrieben sind[49]. So hat der Besteller dem Unternehmer oft Weisungen zu erteilen, Materialien zu liefern oder Gebäulichkeiten, Anschlüsse usw. vorzubereiten, Anproben vorzunehmen usw. Die Unterlassung einer solchen Mitwirkungshandlung des Bestellers bewirkt einen Gläubigerverzug (Art. 91 ff. OR). Art. 95 OR gibt in diesem Fall dem Unternehmer ein Recht zum Rücktritt vom Vertrag nach den Regeln der Art. 107–109 OR. Daraus kann dem Unternehmer bei Verschulden des Bestellers eine Forderung auf Schadenersatz erwachsen. Mitwirkungspflichten im Sinne von Obliegenheiten sind auch die Prüfungs- und Anzeigepflicht des Bestellers bei Mängeln der Sache[50].

§ 87. Gefahrtragung, Rücktritt und andere Beendigungsgründe

I. Gefahrtragung

1. Grundsatz

Art. 376 Abs. 1 OR enthält den Grundsatz, daß der Unternehmer seinen vertraglichen Anspruch auf den Werklohn verliert, sofern das Werk vor Ablieferung[1] an den Besteller durch Zufall untergeht. Daneben besteht eine grundsätzliche Haftung des Unternehmers für den Erfolg seiner Arbeit. Wenn dieser Erfolg – auch ohne Verschulden des Unternehmers oder einer seiner Hilfspersonen – nicht eintritt, gilt der Vertrag grundsätzlich als nicht erfüllt[2]. Die Folge des zufälligen Unterganges ist das Erlöschen des Schuldverhältnisses, damit der Untergang der Hauptforderungen, auch der Forderung auf Bezahlung des Werklohnes.

Der Verlust oder die Wertverminderung des gelieferten Stoffes trifft gemäß Art. 376 Abs. 2 OR beim Zufall jene Partei, die ihn geliefert hat, unabhängig der Eigentumsverhältnisse gemäß Art. 726 ZGB im Zeitpunkt des zufälligen Unterganges oder der zufälligen Beschädigung. Das bedeutet, daß

---

[49] RIEZLER, S. 554.
[50] Vgl. VON TUHR/SIEGWART, Allgemeiner Teil des schweizerischen Obligationenrechts, 2. Aufl., Zürich 1942, Bd. I, S. 10.
[1] Das Gesetz spricht zwar von Übergabe. In diesem Zusammenhang ist unter Übergabe aber die Ablieferung zu verstehen (vgl. vorne § 85 I Ziff. 3 lit. f).
[2] Zufall ist im Sinne von Art. 376 Abs. 1 OR demnach vorhanden, wenn die Ursache der Beschädigung, des Unterganges oder der Unmöglichkeit der Vollendung nicht durch eine Partei zu vertreten ist, wobei im Zufall die höhere Gewalt und Drittverschulden eingeschlossen sind (GAUTSCHI, Art. 376, N. 3b). Vgl. hiezu BGE 23 II, 1897, S. 1126 ff.

beim eigentlichen Werkvertrag, insbesondere beim Reparatur- und Veredelungsvertrag, der Besteller den Verlust des von ihm gelieferten Stoffes zu tragen hat[3], während der Unternehmer – wie gesagt – den Anspruch auf seinen Werklohn verliert. Beim Werklieferungsvertrag hat der Unternehmer nach der Regel von Art. 376 Abs. 2 OR nebst dem Verlust des Anspruches auf den Werklohn auch die Folgen des Unterganges des von ihm gelieferten und bereits verarbeiteten Materials zu tragen.

Der Unternehmer trägt diese Folgen des Zufalles bis zur Ablieferung des Werkes an den Besteller. Von diesem Zeitpunkt trifft das Risiko des zufälligen Unterganges und der zufälligen Beschädigung den Besteller, was zur Folge hat, daß der Besteller die Forderung des Unternehmers auf den Werklohn – trotz Untergang oder Beschädigung – zu erfüllen hat. Übergabe bedeutet Ablieferung (livraison, consegna) des Werkes an den Besteller und nicht etwa die Genehmigung nach der Prüfung[4]. Die Haftung für Zufall geht nicht nur mit Übergabe, sondern auch mit Annahmeverzug des Bestellers auf diesen über. Der Annahmeverzug des Bestellers ist Gläubigerverzug gemäß den Art. 91 ff. OR.

2. Ausnahmen

Der dargestellte Grundsatz von Art. 376 Abs. 1 OR, wonach der Unternehmer den Anspruch auf den Werklohn verliert, falls das Werk vor Ablieferung durch Zufall untergeht, erfährt in Art. 376 Abs. 3 OR Ausnahmen.

Danach erhält der Unternehmer einen Anspruch auf Vergütung der bereits geleisteten Arbeit und Ersatz der im Arbeitslohn nicht eingeschlossenen, gehabten Auslagen[5], sofern ein Mangel des vom Besteller angewiesenen Baugrundes Ursache des Unterganges des begonnenen und noch nicht abgelieferten Werkes ist, gleichgültig, ob dieser Mangel auf höhere Gewalt, Zufall oder Drittverschulden zurückgeht. Die gleichen Ansprüche stehen dem Unternehmer zu, wenn der Untergang des Werkes auf die vom Besteller vorgeschriebene Art der Ausführung oder nach dem Zweck von Art. 378 Abs. 1 OR auf einen Zufall in der Betriebssphäre des Bestellers[6] zurückzuführen ist.

---

[3] Vgl. BGE 59 II, 1933, S. 64 ff. Vgl. allgemein auch SJZ 64, 1968, Nr. 187, S. 359.
[4] Vgl. GAUTSCHI, Art. 376, N. 4a. Zutreffend auch die Ansicht bei OSER/SCHÖNENBERGER, Art. 376, N. 3, unter Übergabe im Sinne von Art. 376 OR sei die «körperliche oder tatsächliche Entgegennahme eines Werkes zwecks Prüfung und Annahme» zu verstehen. Vgl. auch H. MÜLLER, S. 39 ff.
[5] Vgl. GAUTSCHI, Art. 378/79, N. 9; DÜRR, S. 114; OSER/SCHÖNENBERGER, Art. 376, N. 13.
[6] Gleicher Ansicht ist offensichtlich H. MÜLLER, S. 73. Der zufällige Untergang des Werkes vor Ablieferung regelt eigentlich Art. 376 OR, dies aber nicht abschließend. Der Untergang des Werkes aus einem Zufall in der Betriebssphäre des Bestellers kann ebenso – wie die anderen

Sofern den Besteller am Mangel des von ihm gelieferten Stoffes oder angewiesenen Baugrundes oder bei der Erteilung von Anweisungen an den Unternehmer, die zum Untergang führen, ein Verschulden trifft, hat der Unternehmer nicht nur Anspruch auf Vergütung der bereits geleisteten Arbeit und der gehabten Auslagen, sondern Anspruch auf vollen Schadenersatz.

Allerdings stehen dem Unternehmer alle Ansprüche aus Art. 376 Abs. 3 OR nur unter der Voraussetzung zu, daß er den Besteller auf die Gefahren des gelieferten Stoffes, des angewiesenen Baugrundes und der Anweisungen des Bestellers selbst aufmerksam gemacht hat. Eine Verletzung der Aufklärungspflicht liegt vor, wenn der Unternehmer diese Gefahren erkannt hat oder bei Beachtung seiner Sorgfaltspflichten hätte erkennen müssen[7]. In diesem Falle steht der Unternehmer gemäß Art. 365 Abs. 3 OR ein.

Art. 376 Abs. 3 OR enthält deshalb einerseits eine Verlagerung der Folgen des Zufalls auf den Besteller, andererseits Normen über die Haftung des Bestellers für eigenes (schuldhaftes und nicht schuldhaftes) Verhalten. Bezüglich des letzteren enthält Art. 376 Abs. 3 OR den gleichen Grundgedanken wie Art. 369 OR[8].

Daneben enthält Art. 378 Abs. 1, ebenfalls als Ausnahme der Gefahrtragung durch den Unternehmer[9], noch die Bestimmung, daß der Unternehmer Anspruch auf Vergütung der geleisteten Arbeit und der im Lohn nicht inbegriffenen Auslagen – analog der Vorschriften in Art. 376 Abs. 3 OR – hat, falls die Vollendung des Werkes durch einen beim Besteller eingetretenen Zufall unmöglich geworden ist.

Art. 378 OR findet Anwendung, wenn der Grund, welcher die Unmöglichkeit der Fertigstellung bildet, in der Person oder im Gefahrenkreis des Bestellers liegt. Das Gesetz verlangt – wie in Art. 119 OR – eine objektive, das heißt für jedermann bestehende Unmöglichkeit. Art. 378 OR erfaßt daher einmal jene Fälle, bei denen der Besteller verpflichtet ist, bei der Herstellung des Werkes in einer bestimmten Art mitzuwirken und aus einem Grund, der dem Zufall oder der höheren Gewalt zuzurechnen ist, diese Mitwirkungspflichten nicht erfüllen kann[10]. Jemand bestellt beispielsweise eine Prothese oder einen Maßanzug. Vor Vollendung des Werkes stirbt der Besteller. Die

---

erwähnten Gründe – eine Unmöglichkeit der Fertigstellung auf seiten des Bestellers darstellen, wie sie Art. 378 Abs. 1 OR im Auge hat.
[7] Auch hier wird die Sorgfaltspflicht objektiviert.
[8] Vgl. GAUTSCHI, Art. 376, N. 3b.
[9] Vgl. OSER/SCHÖNENBERGER, Art. 378, N. 1; BGE 69 II, 1943, S. 143. Anderer Ansicht GAUTSCHI, Art. 378/79, N. 11.
[10] Vgl. BGE 69 II, 1943, S. 139. Art. 378 OR beschränkt sich allerdings nicht nur auf die Fälle bei denen der Besteller mitzuwirken hat.

Prothese kann nicht mehr eingebaut, der Maßanzug nach Fertigstellung nicht mehr angepaßt werden.

Die Formulierung in Art. 378 Abs. 1 OR «durch einen beim Besteller eingetretenen Zufall» ist weit auszulegen und bezieht sich nicht nur auf Zufälle, welche in der Person des Bestellers, sondern überhaupt in der Betriebssphäre des Bestellers liegen[11]. Die Erstellung oder Vollendung einer Baute wird z. B. wegen Expropriation des Baugrundstückes unmöglich[12]. Abzulehnen ist die Ansicht[13], wonach der Besteller verpflichtet sei, die Auslagen gemäß Art. 378 Abs. 1 OR zu ersetzen, wenn die Vollendung des Werkes für den Besteller lediglich «unzumutbar» oder «unerträglich», aber noch möglich ist. Unzumutbarkeit oder Unerträglichkeit stellen keine Unmöglichkeit im Sinne von Art. 378 Abs. 1 OR dar[14].

Notwendige Voraussetzung für die Anwendbarkeit ist die Unmöglichkeit der Herstellung des Werkes[15]. Davon ist der Tatbestand der Unerreichbarkeit des objektiven Vertragszweckes auf seiten des Bestellers zu unterscheiden, ein Tatbestand, der nach den allgemeinen Regeln über den Fortfall der Geschäftsgrundlage zu lösen ist, und nicht durch Art. 378 OR erfaßt wird, sofern die Herstellung des Werkes objektiv noch möglich ist.

Das ist z. B. der Fall, wenn für eine alte Kirche die Herstellung eines architektonisch angepaßten Portals vereinbart wird, die Kirche infolge Blitzschlages abbrennt und nicht wieder in

---

[11] Vgl. H. MÜLLER, S. 73. Die herrschende Lehre in Deutschland lehnt diesen Sphärengedanken, d. h. «die von vornherein wirksame Teilung des Gefahrenkreises zwischen Unternehmer und Besteller», wie sie das OR für den Werkvertrag kennt, auf Grund des Wortlautes und des Sinnes von § 644 Abs. 1 BGB ab (vgl. W. ERMANN, deutsche JZ 1965, S. 659). Allerdings hält ERMANN (S. 660) die Regelung von § 644 Abs. 1 vom Standpunkt der Interessenabwägung für unrichtig, was wieder für die hier vertretene Ansicht auf Grund der von § 644 Abs. 1 verschiedenen Bestimmung des OR spricht.

[12] Vgl. aber unten Anm. 21.

[13] Vgl. GAUTSCHI, Art. 378/79, N. 7 und 11.

[14] Diese Ansicht entspricht nicht nur dem Sinn und Zweck des Gesetzes, sondern stellt auch eine gerechte Lösung dar und zwar aus folgenden Gründen: Einerseits trägt der Unternehmer (grundsätzlich) die Haftung für den Erfolg seiner Arbeit; andererseits muß ihm das Recht zur Vollendung des Werkes oder volle Schadloshaltung (und nicht nur Ersatz der Auslagen und Aufwendungen) gewährt werden, auch wenn die Fertigstellung des Werkes für den Besteller «eine übermäßige Härte» (GAUTSCHI, Art. 378/79, N. 7) bedeutet. In diesem Sinne ist das Beispiel von GAUTSCHI (Art. 378/79, N. 7) illustrativ: Ein Mann läßt sich einen Ruhesitz im Tessin erbauen. Beim Tod des Bestellers könne – nach GAUTSCHI – die Fertigstellung des Bauwerkes oder die volle Schadloshaltung unzumutbar sein, wenn alle Erben in Amerika leben und ein Verkauf des nach den Wünschen des Verstorbenen geplanten Bauwerkes nur mit beträchtlichen Verlusten möglich ist. GAUTSCHI ist aber einmal entgegenzuhalten, daß der (unverschuldete) Tod entweder Zufall oder höhere Gewalt (und zwar beim Besteller eingetreten) darstellt (vgl. H. MÜLLER, S. 74). Art. 378 OR findet aber nur Anwendung, wenn durch den Tod die Herstellung unmöglich geworden ist. Die Herstellung des Werkes ist in unserem Fall aber noch möglich; vgl. hiezu auch H. MÜLLER, S. 74.

[15] Anderer Ansicht MOSIMANN, S. 146; vgl. auch vorangehende Anm.

der alten Art aufgebaut werden kann. Die Herstellung des Tores ist für den Unternehmer noch möglich. Deshalb findet nicht Art. 378 OR Anwendung. Aber möglicherweise ist die objektive Geschäftsgrundlage weggefallen, weil – trotz Herstellung des Tores – der objektive Vertragszweck dauernd nicht mehr erreicht werden kann[16].

Allerdings sind die Bestimmungen von Art. 376 Abs. 3 und 378 OR nur Ausnahmen vom Prinzip, daß der Unternehmer beim Werkvertrag die Gefahr trägt. Dieses Prinzip und seine Ausnahmen haben – zusammenfassend gesagt – folgende Konsequenzen:

a) Der Unternehmer hat keinen Anspruch auf eine Entschädigung, wenn das Werk vor Übergabe durch Zufall untergeht oder nicht fertiggestellt werden kann und der Zufall in der Sphäre des Unternehmers oder in einer neutralen Sphäre liegt. Eine Ausnahme besteht dann, wenn der Besteller sich in Annahmeverzug befindet.

b) Der Unternehmer hat Anspruch auf Vergütung der bereits geleisteten Arbeit und der Auslagen gemäß Art. 376 Abs. 3 bzw. 378 Abs. 1 OR, wenn der Zufall, der zum Untergang oder zur Nichtvollendung des begonnenen, aber noch nicht übergebenen Werkes führt, in der Person oder in der Sphäre des Bestellers liegt. Die Beweislast dafür, daß der Zufall in der Sphäre des Bestellers liegt, trägt der Unternehmer.

c) Im Zweifel trägt – dem Grundsatz entsprechend – der Unternehmer die Gefahr des zufälligen Unterganges und der Nichtvollendung aus Zufall.

II. Unmöglichkeit der Ausführung aus Verschulden des Bestellers

Für den Fall, daß das Werk nicht vollendet werden kann aus Verschulden[17] des Bestellers, gewährt Art. 378 Abs. 2 OR dem Unternehmer nicht nur den Anspruch von Art. 378 Abs. 1 auf Vergütung der bereits geleisteten Arbeit und der im Lohn nicht inbegriffenen Auslagen wie beim Zufall in der Sphäre

---

[16] Vgl. K. LARENZ, Lehrbuch des Schuldrechts, Bd. I, Allgemeiner Teil, 9. Aufl., München 1968, S. 238 ff. und DERSELBE, Geschäftsgrundlage und Vertrauenserfüllung, 2. Aufl., München/Berlin 1963, S. 132 f. LARENZ (Geschäftsgrundlage, S. 149) sieht für diese Fälle die gleiche Rechtsfolge, wie sie Art. 378 Abs. 1 OR positivrechtlich formuliert hat, vor, indem er dem Unternehmer den Anspruch auf den Aufwendungsersatz zuspricht.

[17] Wenn Art. 378 Abs. 2 OR die Formulierung verwendet, «hat der Besteller die Unmöglichkeit der Ausführung verschuldet», bedeutet das nicht, daß notwendigerweise ein Verschulden des Bestellers vorliegen muß. Der Besteller kann auch zu Schadenersatz gemäß Art. 378 OR verpflichtet werden, wenn seine Hilfsperson die Erfüllung des Werkvertrages hindert und die Voraussetzungen von Art. 101 OR erfüllt sind, ohne daß den Besteller ein Verschulden trifft (vgl. KELLER, S. 320).

des Bestellers, sondern einen Anspruch auf Ersatz des Schadens, der ihm durch die Unmöglichkeit der Vollendung des Werkes entsteht[18]. Art. 378 Abs. 2 hat in diesem Sinne eine sehr umfassende Bedeutung. Jede schuldhafte Handlung des Bestellers oder einer seiner Hilfspersonen, welche die Herstellung des Werkes unmittelbar oder mittelbar hindert, löst die Schadenersatzpflicht des Bestellers gemäß Art. 378 Abs. 2 OR aus. Solche Handlungen sind einmal die unmittelbaren positiven Vertragsverletzungen des Bestellers, die die Fertigstellung des Werkes hindern. Beispiele: Der Grundeigentümer (zugleich Besteller) verhindert schuldhaft den Unternehmer an der Erfüllung seiner Vertragspflicht[19], indem er z.B. die nötigen Vorarbeiten unterläßt. In diesem Sinne enthält Art. 378 Abs. 2 OR den gleichen Grundgedanken und die gleichen Rechtsfolgen wie Art. 97 OR[20]. Im besonderen findet Art. 378 Abs. 2 aber Anwendung, wenn die Handlung, für die der Besteller verantwortlich ist, nur mittelbar die Vollendung des Werkes durch den Unternehmer hindert. Die Expropriation des Grundstückes, auf dem das Werk errichtet werden soll, stellt grundsätzlich einen in den Gefahrenkreis des Bestellers gehörenden Zufall dar[21]. Daraus ergibt sich grundsätzlich objektive Unmöglichkeit der Herstellung oder Vollendung des Werkes aus einem Zufall beim Besteller. Der Unternehmer hat Anspruch auf Ersatz der gehabten Aufwendungen (Art. 378 Abs. 1 OR)[22]. Wenn nun aber die Expropriation gesetzeswidrig ist und der Besteller sich schuldhaft gegen diese gesetzeswidrige Expropriation nicht wehrt, ist die an und für sich objektive Unmöglichkeit nicht als Zufall zu werten, sondern durch schuldhaftes Unterlassen des Bestellers eingetreten; der Unternehmer hat nicht nur Anspruch auf Ersatz der Aufwendungen, sondern Anspruch auf Schadenersatz gemäß Art. 378 Abs. 2[23]. In diesem Sinne muß auch unterschieden werden, ob der Tod des Bestellers einer maßgefertigten Prothese zufällig oder durch Verschulden des Bestellers (z.B. durch Selbstmord) eingetreten ist. In all diesen Fällen führt das relevante (schuldhafte) Verhalten des Bestellers mittelbar zur Hinderung der Vollendung des Werkes.

---

[18] In diesem Sinne wiederholt Art. 378 Abs. 2 OR zum Teil den Grundgedanken und die Rechtsfolgen von Art. 97 OR, nämlich dann, wenn es sich um unmittelbare positive Vertragsverletzungen des Bestellers handelt, welche die Erfüllung des Vertrages hindern (vgl. z.B. GAUTSCHI, Art. 378/79, N. 12).

Der Schadenersatz nach Art. 378 Abs. 2 entspricht jenem gemäß Art. 377 OR bei der grundlosen Abbestellung (GAUTSCHI, Art. 378/79, N. 12).

[19] Vgl. GAUTSCHI, Art. 378/79, N. 12.
[20] Vgl. oben Anm. 18.
[21] Vgl. oben Anm. 12 und insbesondere BECKER, Art. 378, N. 1.
[22] Vgl. oben Anm. 12.
[23] Vgl. SJZ 50, 1954, S. 361.

III. Beendigung durch Rücktritt des Bestellers

Da das Rechtsverhältnis beim typischen Werkvertrag kein qualifiziertes Vertrauensverhältnis wie beim Auftrag darstellt, gewährt das Gesetz nicht jeder Partei ein jederzeitiges, grundsätzlich entschädigungsloses Rücktrittsrecht ohne Grundangabe wie beim Auftrag, sondern lediglich dem Besteller das Recht, jederzeit vom Werkvertrag zurückzutreten und dies nur gegen vollen Schadenersatz, solange das Werk nicht vollendet ist (Art. 377 OR). Der Besteller kann dieses Rücktrittsrecht ohne Angabe eines Grundes (die sogenannte Abbestellung) nur bis zur Vollendung, nicht aber bis zur Abnahme des Werkes geltend machen[24]. Das Abbestellungsrecht gemäß Art. 377 OR ist ein auflösendes Gestaltungsrecht. Der Rücktritt ist gültig durch einseitige empfangsbedürftige Willenserklärung auch ohne gleichzeitiges Anbieten von Schadenersatz durch den Besteller[25].

Der grundlose Rücktritt verpflichtet den Besteller zu vollem Schadenersatz dem Unternehmer gegenüber. Dies bedeutet Ersatz des Erfüllungsinteresses[26]. Art. 377 OR kennt für die Bemessung des Schadenersatzes die positive Berechnungsmethode[27].

---

[24] Vgl. STAUDINGER, § 649, N. 2; Die Rücktrittserklärung kurz vor Vollendung braucht nicht rechtsmißbräuchlich zu sein (BGE 98 II, 1972, S. 117).

[25] Vgl. BGE 96 II, 1970, S. 195; 98 II, 1972, S. 115; DÜRR, S. 115; GAUTSCHI, Art. 377, N. 9b; Sem.jud. 68, S. 429; abzulehnen BECKER, Art. 377, N. 2.

[26] Der ganze Schaden ist auch ohne Verschulden des Bestellers zu ersetzen. Vgl. GAUTSCHI, Art. 377, N. 13 ff.; BECKER, Art. 377, N. 6; OSER/SCHÖNENBERGER, Art. 377, N. 2; DÜRR, S. 114.

[27] Dies im Gegensatz zu § 649 BGB, wo der Besteller bei grundloser Kündigung die vereinbarte Vergütung bezahlen muß, abzüglich jenes Betrages, den der Unternehmer infolge der Aufhebung des Vertrages an Aufwendungen erspart oder durch anderweitige Verwendungen seiner Arbeitskraft erwirbt oder zu erwerben böswillig unterläßt. (Eine ähnliche Formulierung enthält Art. 337c OR für den Arbeitsvertrag, wenn der Arbeitgeber den Arbeitnehmer ungerechtfertigt entläßt). Sofern die Höhe des Werklohnes bei Vertragsabschluß vereinbart worden ist, führen beide Berechnungsmethoden grundsätzlich zum gleichen Betrag (vgl. BGE 96 II, 1970, S. 197; GAUTSCHI, Art. 377, N. 13 ff.). Ein wesentlicher Unterschied besteht aber in der Beweislastverteilung: nach Art. 377 OR hat der Unternehmer als Geschädigter – in Übereinstimmung mit der allgemeinen Regel – den Schaden zu beweisen, während nach § 649 BGB der Unternehmer grundsätzlich Anspruch auf den vollen Werklohn hat, so daß der Besteller die Reduktion im Sinne von § 649 BGB zu beweisen hat. (STAUDINGER, § 649, N. 4). Gl.M. bei BECKER N. 14 im Kommentar zum Art. 332 aOR, der ähnlich lautet wie jetzt Art. 337c OR. Der Interessenlage nach wäre eine Regelung wie in § 649 BGB angemessener, denn wer einen fest abgeschlossenen Vertrag grundlos widerruft, soll grundsätzlich verpflichtet sein, das vereinbarte Entgelt zu zahlen, ausgenommen jenen Teil, den der Vertragsgegner nachweislich durch den Widerruf erspart oder auf andere Weise einbringt. Da aber Art. 378 Abs. 2 OR für den Fall der positiven Vertragsverletzung die positive Schadensberechnung vorsieht, wäre der Besteller wegen der unterschiedlichen Beweislastverteilung für den Fall einer positiven Vertragsverletzung günstiger gestellt als im Fall eines grundlosen Rücktrittes vom Vertrag, wenn man dem Unternehmer – wie dies GAUTSCHI (Art. 377, N. 15d) vorschlägt – im

Der Schadenersatz setzt sich nach dem Gesetz zusammen aus dem Ersatz der Aufwendungen einerseits und dem entgangenen Gewinn andererseits[28]. Oberste Grenze ist die Höhe des Anspruches, der dem Unternehmer zustehen würde, wenn er das Werk vollendet und mängelfrei abgeliefert hätte[29]; in besonderen Fällen ist auch ein Anspruch auf Genugtuung denkbar, z.B. dann, wenn der Unternehmer durch den Rücktritt in seiner Persönlichkeit verletzt ist.

Die Arbeitsleistung des Unternehmers ist nicht auf fortwährende, sondern auf einmalige Erfüllung angelegt[30]. Daher ist der Werkvertrag kein Dauerschuldverhältnis und seine Auflösung wirkt ex tunc[31]. Dies gilt auch in den Fällen der Art. 375 Abs. 2, 376 und 378 OR, in denen der Besteller dem Unternehmer die bereits geleistete Arbeit und die Auslagen zu ersetzen hat, denn diese Entschädigung ist nicht das ordentliche Entgelt für eine zeitweise gehörig erbrachte Leistung, was für eine Auflösung ex nunc notwendig wäre[32], sondern sie ist das Ergebnis einer Interessenabwägung[33].

IV. Beendigung aus Gründen in der Person des Unternehmers

Sofern der Besteller den Werkvertrag mit Rücksicht auf die persönlichen Eigenschaften des Unternehmers eingegangen ist, was eher selten der Fall sein dürfte, und der Unternehmer stirbt[34] oder ohne Schuld sonst unfähig

---

Falle des grundlosen Rücktrittes die Wahl ließe, den Schaden nach der positiven oder negativen Berechnungsmethode geltend zu machen. Aus diesem Grunde hat der Unternehmer keine Wahlmöglichkeit der Berechnungsmethode. Er hat den Schaden nach allgemeinen Regeln zu beweisen. Das BGer hat in 69 II, 1943, S. 146 die positive Berechnungsmethode angewendet, in 96 II, 1970, S. 196 die Frage grundsätzlich offen gelassen, da bei letzterem Entscheid beide Berechnungsmethoden zum gleichen Ergebnis führten, gleichzeitig aber ausgeführt, die Wahl hängt vom Einzelfall ab (S. 197, Erw. 5, letzter Satz).

[28] Vgl. BGE 69 II, 1943, S. 147; vgl. auch 34 II, 1908, S. 260ff.
[29] GAUTSCHI, Art. 377, N. 16.
[30] Vgl. P. GAUCH, System der Beendigung von Dauerverträgen, Freiburg/Schweiz 1968, S. 11.
[31] Vgl. BGE 98 II, 1972, S. 304; LARENZ, zit. in Anm. 47 zu § 85, S. 239; GAUCH, a.a.O., S. 11 Anderer Ansicht GAUTSCHI, Art. 377, N. 1b, Art. 378/79, N. 1 und N. 6.
[32] Vgl. GAUCH, a.a.O., S. 149ff.
[33] Wenn wir die Ansicht von GAUTSCHI (vgl. oben Anm. 31), der Werkvertrag sei ein Dauerschuldverhältnis und seine Auflösung erfolge ex nunc aus dogmatischen Gründen, ablehnen, ist GAUTSCHI doch darin zuzustimmen, daß die Wirkung der Auflösung in jenen Fällen, in denen der Besteller dem Unternehmer Aufwendungsersatz schuldet, meistens einer Auflösung ex nunc nahekommt, was die Ansicht von O. VON GIERKE (Dauernde Schuldverhältnisse, in: Iherings Jahrbücher für die Dogmatik des Bürgerlichen Rechts, Bd. 64, S. 396) unterstützt, daß beim Werkvertrag in das grundsätzlich einfache Schuldverhältnis ein vorbereitendes Dauerschuldverhältnis eingebaut sei.
[34] Art. 379 OR findet keine Anwendung beim Konkurs (vgl. GAUTSCHI, Art. 378/79, N. 18; DÜRR, S. 119).

ist, die Leistung zu erbringen, erlischt der Vertrag (Art. 379 Abs. 1 OR). Der Besteller ist in diesem Falle aber verpflichtet, das begonnene, aber noch nicht vollendete Werk anzunehmen und zu bezahlen, soweit es für ihn brauchbar ist (Art. 379 Abs. 2 OR). Brauchbar ist ein Teilwerk, auch wenn es erst durch weitere Bearbeitung nützlich wird und die geleistete Arbeit nicht vergebens war[35]. Das Entgelt, das der Besteller für das Teilwerk zu bezahlen hat, entspricht dem Wert, den das Teilwerk für den Besteller objektiv besitzt und nicht (wie in Art. 376 Abs. 3 und 378 Abs. 1 OR) der durch den Unternehmer geleisteten Arbeit (und den gehabten Auslagen)[36].

Ist der Werkvertrag nicht mit Rücksicht auf die persönlichen Fähigkeiten des Bestellers eingegangen, erlischt der Werkvertrag mit dem Tod des Unternehmers nicht, sondern die Rechte und Pflichten aus dem Vertrag gehen auf die Erben über.

---

[35] Vgl. DÜRR, S. 119.
[36] In diesem Falle liegt also keine Auflösung ex nunc vor, was die vorne (§ 87 III) vertretene Ansicht, der Werkvertrag sei (grundsätzlich) kein Dauerschuldverhältnis, unterstützt.

Zweites Kapitel

Der Verlagsvertrag

Literatur zum Verlagsvertrag

Die hier angegebenen Werke werden lediglich mit dem Namen des Verfassers zitiert.

Verlagsrechtliche Literatur

Schweiz. W. BAPPERT/TH. MAUNZ, Verlagsrechtkommentar zum Gesetz über das Verlagsrecht vom 19. Juni 1901 unter Berücksichtigung des österreichischen und schweizerischen Rechts und einiger praktischer Fragen aus dem Verlags- und Buchhandelswesen, München/Berlin 1952; H. BECKER, Berner Kommentar, Die einzelnen Vertragsverhältnisse Art. 184–551; F. LÜDIN, Das Erlöschen des Verlagsrechtes nach schweizerischem Urheber- und Obligationenrecht, Liestal 1950; R. MUTTENZER, Der urheberrechtliche Lizenzvertrag, Basler Studien zur Rechtswissenschaft, Basel/Stuttgart 1970; H. OSER/W. SCHÖNENBERGER, Zürcher Kommentar, Die einzelnen Vertragsverhältnisse Art. 184–418; M. RINTELEN, Urheberrecht und Urheberrechtsvertrag nach österreichischem, deutschem und schweizerischem Recht, Wien 1958; J. STÄMPFLI, Die Beziehungen zwischen Urheber und Verleger eines Schriftwerks, Diss. Bern 1947; P. A. TÂCHE, Le contrat d'édition de l'œuvre littéraire, Diss. Lausanne 1970; A. TROLLER, Immaterialgüterrecht, 2. Aufl., Band I und II, Basel/Stuttgart 1968/71; DERSELBE, Kommentar zum Schweizerischen Zivilgesetzbuch, Das Obligationenrecht, Teilband V/3A, Der Verlagsvertrag, Zürich 1976 (zit. Verlagsvertrag).

Ausland. L. DELP, Der Verlagsvertrag, 3. Aufl., Neuwied/Berlin 1965; R. DITTRICH, Das österreichische Verlagsrecht, Wien 1968; H. HUBMANN, Urheber- und Verlagsrecht, 2. Aufl., München 1966; H. SCHADEL, Das französische Urhebervertragsrecht, München 1966; V. DE SANCTIS, Contratto di edizione, contratti di rappresentazione e di esecuzione, Milano 1965; E. ULMER, Urheber- und Verlagsrecht, 2. Aufl., Berlin 1960.

Zusätzliche wichtige Urheberrechtsliteratur

W. A. COPINGER/B. SKONE, Law of copyright, 11. Aufl., London 1971; H. DEBOIS, Le droit d'auteur, 2. Aufl., Paris 1966; P. GRECO, I diritti sui beni immateriali, Torino 1948; PH. MÖHRING/E. SCHULZE/E. ULMER/K. ZWEIGERT, Quellen des Urheberrechtes, Berlin 1960ff.; PH. MÖHRING/K. NICOLINI, Urheberrechtsgesetz, Berlin 1970; E. SCHULZE, Rechtsprechung zum Urheberrecht, Berlin 1954ff.

§ 88. Einleitung*

Die Vermittlung von Werken der Literatur und Kunst ist heute das Anliegen eines sich rasch entwickelnden Wirtschaftszweiges geworden. Neue technische Methoden ermöglichen dem Urheber die Verbreitung seiner Werke in einem in früheren Epochen unvorstellbaren Ausmaße. Allerdings erfordert ihre Anwendung so bedeutende organisatorische und finanzielle Mittel, daß der Urheber sie nicht selbst an die Hand nehmen kann. Meist ist er deshalb auf die Mithilfe von finanzstarken und fachkundigen Werkmittlern angewiesen. Unter diesen nimmt bei einer Anzahl von Werkarten der Verleger eine Schlüsselstellung ein: er führt das ihm vom Urheber überlassene Werk in den Markt ein und finanziert und organisiert seine Verbreitung. Seine Tätigkeit bildet häufig die Voraussetzung für die weitere Verwertung des Werkes, mag er diese selbst organisieren oder nicht. Der Weg zum Publikum führt deshalb für die meisten Urheber über den Verleger.

In die Beziehung zwischen Verleger und Urheber spielen die verschiedenartigsten Interessen hinein; auf der einen Seite die des Schöpfers eines Werkes der Ästhetik – oft in ideeller Weise seinem Werk verbunden und doch auf das Materielle angewiesen –, auf der anderen Seite die des Verlegers, der als Leiter eines kaufmännischen Unternehmens – selbst wenn er sich ideellen Werten verpflichtet fühlt – wirtschaftliche Gesichtspunkte nicht außer acht lassen kann. Der Interessenausgleich zwischen diesen Parteien läßt sich auf verschiedene Arten finden. Der Urheber kann das finanzielle Risiko der Werkvermittlung auf sich nehmen und das Werk entweder im Selbst- oder im Kommissionsverlag herausgeben. Diese Art des Interessenausgleichs läßt ihm die größte Freiheit, bürdet ihm aber eine schwere finanzielle Last auf, so daß sie selten anzutreffen ist. Häufiger läßt sich die gegenteilige Lösung finden: Der Urheber gibt seine selbständige Stellung auf und begibt sich in ein Unterordnungsverhältnis zum Verleger, was meistens in der Form eines Arbeits- oder Auftragsvertrages geschieht. Dies verschafft ihm eine wirtschaftliche Sicherheit, jedoch unterwirft er sich damit bezüglich der Werkgestaltung mehr oder weniger der Weisungsbefugnis seines Lohngebers, ohne daß dieser eine Pflicht zur Verbreitung des Werkes übernimmt. In gewissen Sparten des Verlagswesens ist jedoch diese Art des Interessenausgleichs die vorherrschende, so insbesondere im Zeitschriften- und Zeitungsverlag. Die für das Verlagswesen typische Art der Gestaltung der Beziehungen zwischen Urheber und Verleger besteht jedoch im Verlagsvertrag im engeren, hier zu behandelnden Sinne. Der Urheber überläßt sein Werk dem

---

* Herr Dr. iur. Ernst Brem, Zürich, hat an diesem Beitrag wesentlich mitgewirkt.

Verleger, dieser verpflichtet sich, für dessen Verbreitung zu sorgen, wobei er das Risiko übernimmt. Urheber und Verleger treten sich als gleichberechtigte Partner gegenüber; die Interessenverbindung bezüglich der Werkverbreitung bleibt meist während der ganzen Dauer des Vertrages erhalten.

Die gesetzliche Regelung des Verlagsvertrages im 12. Titel des OR ist angesichts der Vielfalt der zu regelnden Interessen mit ihren vierzehn Artikeln eher knapp gehalten. Im wesentlichen war sie schon im alten Obligationenrecht von 1881 enthalten[1]. Die seitherige Entwicklung des Urheberrechtes sowie die Umwälzungen auf dem Kunstmarkt und die Entwicklung der Technik auf dem Gebiete der Werkverwendung haben in ihr keinen Niederschlag gefunden. Es verwundert deshalb nicht, daß sie ihre Funktion, als dispositives Recht den Vertragsinhalt zu ergänzen und als Richtlinie für die Vertragsgestaltung zu dienen, nur ungenügend erfüllen kann. Dies hat verschiedene Gründe: schon der Gesetzgeber sah sich der Schwierigkeit gegenübergestellt, für ein außerordentlich vielfältiges Rechtsgebiet eine einheitliche Regelung zu finden, ohne, wie für andere Vertragsarten, auf eine filtrierende geschichtliche Entwicklung zurückgreifen zu können. Er hat die Lösung in häufigen Verweisen auf die Übung sowie ergänzendes richterliches Recht gesucht, was eine gewisse Elastizität der Regelung ergibt. Doch trägt der 12. Titel des OR von seiner grundlegenden Konzeption her den heutigen wirtschaftlichen Gegebenheiten auf dem Gebiete des Verlagswesens zu wenig Rechnung. Vom gesetzlichen Verlagsbegriff her ist die Tätigkeit des Verlegers durch die Vervielfältigung und Verbreitung von Werkexemplaren charakterisiert. Dies ist heute jedoch oft nur ein Teil der tatsächlichen Verlagsarbeit. Die Verleger sind heute je länger je mehr bestrebt, die gesamte Verwertung eines Werkes zu organisieren, da sich durch die Zusammenfassung der Verwertungsarten in einer Hand ein besseres wirtschaftliches Ergebnis erzielen läßt. Der gesetzliche Verlagsbegriff deckt deshalb oft nur einen Teil der Rechtsbeziehungen zwischen Urheber und Verleger, es ergeben sich dadurch Lücken im dispositiven Recht, die eine genaue Vertragsgestaltung erforderlich machen.

Im allgemeinen werden Verlagsverträge schriftlich abgeschlossen. In vielen Branchen werden Formulare verwendet, die entweder von den Verlegern oder den Verlegerverbänden ausgearbeitet worden sind[2]. In einigen Fällen sind in dem Maße, wie die Urheberseite organisiert ist, auch Normalvertrags-

---

[1] Vgl. die Zusammenstellung der Änderungen bei OSER/SCHÖNENBERGER, S. 1432.
[2] Dabei dienen vor allem im literarischen Bereich die von den deutschen Verlegerverbänden ausgearbeiteten Vertragsformulare als Vorbild. Vgl. die Zusammenstellung der gebräuchlichsten Formulare bei DELP und BAPPERT/MAUNZ. Der schweizerische Buchhändler- und Verlegerverein plant die Herausgabe eigener Richtlinien für die Vertragsgestaltung.

formulare ausgearbeitet worden, die auf Abkommen zwischen Urheber- und Verlegerverbänden beruhen[3]. Kennzeichnend für alle verwendeten Vertragsformulare ist, daß sie die gesetzliche Regelung, die zum größten Teil dispositives Recht enthält, weitgehend durch detailliertere, der spezifischen Art des Verhältnisses besser angepaßte Regeln ersetzen. Die ordentlichen schweizerischen Gerichte hatten sehr selten Gelegenheit, sich mit Verlagsvertragsproblemen auseinanderzusetzen[4]. Dies mag an der Lückenlosigkeit der verwendeten Formulare liegen.

Der Verlagsvertrag ist der einzige gesetzlich geregelte Urhebervertrag. Ob in Folge der laufenden Revision des Urheberrechtes[5] der Verlagsvertrag selbständig bleiben oder zu einem Teil eines weiter gezogenen Rahmens des Urhebervertragsrechtes werden wird, bleibt abzuwarten. Auch wenn letzteres verwirklicht werden sollte, wäre eine Versetzung der Regelung in das URG fragwürdig: bei aller Eigenart des Grundtatbestandes dürfte die Vertragsnatur im Vordergrund stehen und die Anknüpfung an das Schuldrecht die primäre bleiben. Auch ist der zentrifugalen Tendenz der Sondergebiete im Interesse einer einheitlichen Weiterentwicklung des Rechts nicht ohne Not nachzugeben.

§ 89. Begriff und Abgrenzung

I. Wesen des Verlagsvertrages

Durch den Verlagsvertrag verpflichtet sich der Urheber eines literarischen oder künstlerischen Werkes oder sein Rechtsnachfolger (Verlaggeber), das Werk einem Verleger zum Zwecke der Herausgabe zu überlassen, der Verleger dagegen, das Werk zu vervielfältigen und in Vertrieb zu setzen (Art. 380

---

[3] Vgl. z.B. die Vereinbarung über Vertragsnormen bei wissenschaftlichen Verlagswerken zwischen dem Hochschulverband und dem Börsenverein deutscher Verleger und Buchhändler vom 2. März 1951 (abgedruckt bei DELP, S. 65).

[4] In den neueren veröffentlichten Bundesgerichtsentscheiden befindet sich ein einziger typisch verlagsrechtlicher Entscheid, nämlich BGE 101 II, 1975, S. 102 ff.; die wenigen kantonalen Entscheide sind mit einigen Ausnahmen (z.B. ZR 50, 1951, S. 222) nicht sehr ergiebig. Jedoch kann die reiche Rechtsprechung der deutschen Gerichte herangezogen werden, da die grundsätzlichen Überlegungen für beide Rechte gültig sind.

[5] Vgl. Vorentwurf der I. Expertenkommission, Bern 1971 (zit. VE I). Dazu die Erläuterungen, Bern 1971 (zit. Erläuterungen I). 1974 ist der Vorentwurf der II. Expertenkommission (zit. VE II) mit entsprechenden Erläuterungen (II) veröffentlicht worden. Zum VE I vgl. insbesondere: PEDRAZZINI, UFITA 1950, S. 915 ff.; LARESE, UFITA 1965, S. 21 ff.; TROLLER, Vorentwurf der Expertenkommission für ein schweizerisches Bundesgesetz betreffend das Urheberrecht, München 1972. Zum VE II vgl.: PEDRAZZINI, Le droit d'auteur, 1975, S. 248 ff. (engl. Fassung in Copyright, 1975, S. 247 ff.); ULMER, in: Homo creator, Festschrift für A. Troller, Basel 1976, S. 189 ff.

OR)[1]. Der Verlagsvertrag ist ein formloser[2] schuldrechtlicher Vertrag mit zwei im Austauschverhältnis zueinander stehenden Leistungspflichten, die gleichermaßen für ihn typisch sind[3].

Charakteristisch an der Leistungspflicht des Verlaggebers ist die Überlassung eines literarischen oder künstlerischen Werkes zum Zwecke der Herausgabe. Überlassen bedeutet in tatsächlicher Hinsicht die Übergabe eines als Vorlage zur Vervielfältigung geeigneten Werkexemplars, in rechtlicher Hinsicht aber entweder die Übertragung der für die Abwicklung des Vertrages erforderlichen absoluten[4] Rechte über das Werk oder die obligatorische Verpflichtung, diese im Rahmen des Vertragszwecks gegen den Verleger nicht geltend zu machen. Es ist also für das Vorliegen eines Verlagsvertrages nicht wesentlich, daß dem Verleger seinerseits das Werk mit (beschränkt) dinglicher Wirkung zugeordnet wird – was zum sog. Verlagsrecht (im subjektiven Sinne) führt[5]. Allerdings ist dies die Regel, da der Verleger andernfalls kaum das Risiko der Vervielfältigung und Verbreitung auf sich nehmen wird. Es ist auch in Art. 381 Abs. 1 OR von Gesetzes wegen vorgesehen. Es sind aber Rechtsverhältnisse denkbar, in welchen dem Verleger nur eine Lizenz eingeräumt wird und die trotzdem unter die Legaldefinition von Art. 380 OR fallen[6].

---

[1] Vgl. Deutsches Gesetz über das Verlagsrecht vom 19. Juni 1901 § 1 ff.; österreichisches ABGB §§ 1172 und 1173; französisches URG Art. 48–63 (loi no. 57–298 du 11 mars 1957 sur la propriété littéraire et artistique); italienisches URG art. 118–136 (no. 663 vom 22. April 1951).

[2] Vgl. Art. 11 Abs. 1 OR.

[3] Daraus ergeben sich Schwierigkeiten bei der Bestimmung des anwendbaren Rechtes in internationalprivatrechtlichen Tatbeständen. Aus der Interessenlage im Rahmen eines eigentlichen Verlagsvertrages dürfte aber die Leistung des Verlegers als die typische und deshalb für obige Frage maßgebend bewertet werden. Bei fehlender Rechtswahl durch die Vertragsparteien ist also auf den Verlagsvertrag das Recht des Wohnsitzes des Verlegers anzuwenden. Vgl. TROLLER, Das internationale Privat- und Zivilprozeßrecht im gewerblichen Rechtschutz und Urheberrecht, Basel 1952, S. 221 ff. sowie W. SCHÖNENBERGER/P. JÄGGI, Das Obligationenrecht, Bd. V 1a, Nr. 289 (Zürcher Kommentar).

[4] Die Übertragung des Rechts bewirkt nicht die Einordnung des Verlagsvertrages unter die Veräußerungsverträge, wie TROLLER (II, S. 899) anzunehmen scheint, denn diese Übertragung ist Mittel zum Zweck, der Zweck ist aber sicher nur Gebrauchsüberlassung.

[5] Die Frage ist in der Literatur umstritten; für das schweizerische Recht: gleicher Meinung OSER/SCHÖNENBERGER, N. 4 zu Art. 380 OR; BECKER, S. 504; anderer Ansicht TROLLER II, S. 897 ff.; LÜDIN, S. 80; für das deutsche Recht: gleicher Meinung ULMER, S. 330; BAPPERT/MAUNZ, S. 30. Meines Erachtens besteht keinerlei Grund dafür, Art. 381 Abs. 1 OR als Teil der Legaldefinition zu betrachten. Die Funktion des Verlagsvertrages wird durch das lediglich schuldrechtliche Substrat nicht tangiert – nur das Risiko des Verlegers wird größer. In BGE 101 II, 1975, S. 104 wird aber die Übertragung urheberrechtlicher Befugnisse als Wesensmerkmal des (echten) Verlagsvertrags angesehen.

[6] Lizenzen sind vor allem in Rechtsverhältnissen denkbar, in welchen der Verleger durch andere als urheberrechtliche Mittel eine Monopolstellung besitzt (Lehrmittelvertrag, Lizenzausgaben für Buchgemeinschaften), oder für ihn eine solche infolge Verwertungsgesellschaften und Zwangslizenzen (Schallplattenherstellung) nicht ohne weiteres erreichbar ist.

Charakteristisch an der Leistungspflicht des Verlegers ist die Übernahme einer Vervielfältigungs- und Verbreitungspflicht. Unter Vervielfältigung ist die unbearbeitete Wiedergabe eines Werkes in einer Mehrzahl von Werkexemplaren zu verstehen. Als wichtigstes Mittel dazu dient die Drucklegung, daneben gewinnt in neuester Zeit das Festhalten von Werken auf Ton- und Bildträgern zunehmend an Bedeutung[7]. Die Werkexemplare müssen zur Hauptsache dem Werkgenuß dienen. Nicht unter den Verlagsbegriff fallen also künstlerisch gestaltete Gebrauchsgegenstände deren Gebrauchswert sich von dem in ihnen verkörperten ästhetischen Gehalt trennen läßt[8]. Weiter ist für das Vorliegen eines Verlagsvertrages wesentlich, daß sich der Verleger verpflichtet, die hergestellten Werkexemplare in Vertrieb zu setzen. Dies kann durch Veräußerung, aber auch durch Gebrauchsüberlassung[9] derselben an andere als an der Herstellung beteiligte Personen geschehen. Zum Wesen des Verlagsvertrages gehört ferner, daß der Verleger seine Pflichten auf eignes Risiko übernimmt. Dies hindert nicht, daß der Verlaggeber einen Vervielfältigungskostenanteil übernehmen kann, solange es sich um einen festen Betrag handelt. Erklärt er sich aber bereit, für einen eventuellen Verlust selber aufzukommen oder wird die gemeinsame Tragung eines solchen vereinbart, so liegt kein Verlagsvertrag mehr vor. Nicht wesentlich an der Leistungspflicht des Verlegers ist, daß er sich gegenüber dem Verlaggeber zur Zahlung eines Honorars verpflichtet.

II. Abgrenzung von andern Vertragsarten

1. Kommissionsverlagsvertrag[10]

Im Unterschied zum Verlagsvertrag trägt beim Kommissionsverlagsvertrag der Verlaggeber das wirtschaftliche Risiko der Vervielfältigung und der

---

[7] Die Einbeziehung dieser Vervielfältigungsarten unter den Verlagsbegriff ist für das schweizerische Recht umstritten. Gleicher Meinung TROLLER II, S. 901; anderer Ansicht RINTELEN, S. 301. Die deutsche Lehre und Praxis schließt sie vom Verlagsbegriff aus: ULMER, S. 324; HUBMANN, S. 200; BAPPERT/MAUNZ, S. 40. Zu beachten ist aber, daß die Übertragung eines literarischen Werkes auf einen Bildträger immer, die Übertragung eines musikalischen Werkes auf einen Tonträger häufig eine Bearbeitung des Werkes darstellt und deshalb über den Verlagsbegriff hinausreicht. Dies hindert nicht, daß die hergestellten Bearbeitungen selbst in Verlag gegeben werden können.

[8] z. B. Glückwunschkarten (Grenzfall), Werbeplakate, künstlerisch gestaltete Möbel, Porzellangeschirr usw. In diesen Fällen wird meistens Werkvertrag anzunehmen sein.

[9] Die Gebrauchsüberlassung von Aufführungsmaterial kommt vor allem im Musik- und Bühnenverlag vor, vgl. O. VON HASE, Der Musikverlagsvertrag, München 1961.

[10] Vgl. TROLLER II, S. 921; RINTELEN, S. 265; BAPPERT/MAUNZ, S. 49 f.; H. GELLERT, Der Kommissionsverlag, Bern 1914, S. 112 ff.

Verbreitung des Werkes. Er erhält dadurch gegenüber dem Verleger eine Weisungsbefugnis, ähnlich der des Auftraggebers gegenüber dem Beauftragten. Auch im übrigen trägt der Kommissionsvertrag stark auftragsrechtliche Züge. Eine Rechtsübertragung findet in der Regel nicht statt[11], sollte dennoch eine solche vereinbart werden, so ist zu beachten, daß sie meist nur fiduziarisch erfolgt und im internen Verhältnis nicht entgegengehalten werden kann.

2. Gesellschaftsvertrag[12]

Der Verlagsvertrag weist von seinem Zweck her, nämlich dem vertraglichen Zusammenschluß zur Verbreitung des Werkes, eine ganze Reihe von gesellschaftsrechtlichen Elementen auf. Von diesem unterscheidet er sich dadurch, daß nur eine Partei – nämlich der Verleger – das wirtschaftliche Risiko trägt[13].

3. Bestellvertrag[14]

Ein Bestellvertrag liegt vor, wenn sich ein Urheber vertraglich zur Schaffung eines Werkes (meist gegen Vergütung) verpflichtet. Der Bestellvertrag enthält insofern ein werkvertragliches Element, als die Ablieferung eines Arbeitsresultates vereinbart ist. Hingegen läßt sich das Wesen künstlerischer Arbeit, insbesondere die mangelnde Erzwingbarkeit und Meßbarkeit des künstlerischen Erfolges nur schlecht mit dem Charakter des Werkvertrages vereinbaren[15]. Angemessener erscheint eine analoge Anwendung der Regeln über den Auftrag. Als besonderes Problem stellt sich bei Auftragswerken die Frage nach Art und Umfang der Nutzungsrechte des Werkbestellers am bestellten Werk. Bezüglich des Umfanges der Rechtseinräumung gilt mangels anderer Abmachung die Regel, daß der Besteller soviele Rechte erhält, wie er zum vom Vertragszweck vorausgesetzten Gebrauch benötigt[16]. Bezüg-

---

[11] TROLLER II, S. 922.
[12] Vgl. BAPPERT/MAUNZ, S. 39; RINTELEN, S. 271 f.
[13] Die Vereinbarung der Gewinnteilung macht das Verhältnis noch nicht zur Gesellschaft, doch stellt sie ein gesellschaftliches Element dar, das die Anwendung gesellschaftsrechtlicher Regeln (insbesondere bezüglich Einsichtnahme in Geschäftsbücher und Abrechnung) rechtfertigt (vgl. HUBMANN, S. 198, der RGZ 81, 1918, S. 235, 115, 358 und 140, 264 zitiert). Von der Vereinbarung der Gewinnteilung (echtes partiarisches Verhältnis) ist die bloße Umsatzbeteiligung zu unterscheiden. ULMER, S. 331, gibt an, daß Fälle echter Gesellschaft im deutschen Verlagswesen relativ selten anzutreffen sind, hingegen in der französischen Verlagspraxis vorkommen. Vgl. auch PEDRAZZINI, Lizenzvertrag, § 96 V und VI.
[14] Zum Bestellvertrag vgl. TROLLER II, S. 920; ULMER, S. 327 und BAPPERT/MAUNZ, S. 423; ebenso RINTELEN, S. 263; BGE 101 II, 1975, S. 104.
[15] Vgl. die Ausführungen von PEDRAZZINI, Werkvertrag, § 84 I.
[16] Vgl. unten § 91 II 5.

lich der Art der Rechtseinräumung dürfte analog zum Verlagsrecht im Zweifel anzunehmen sein, daß sie absolut wirkt, d.h. daß der Besteller die entsprechenden Rechte übertragen erhält[17]. Übernimmt der Besteller zum voraus eine Vervielfältigungs- und Verbreitungspflicht, ist der Vertrag als Verlagsvertrag zu behandeln.

4. Urheberrechtlicher Lizenzvertrag[18]

Die Erteilung einer Lizenz bedeutet die Verpflichtung des Inhabers einer absoluten Rechtsstellung über ein Immaterialgut, einer bestimmten Person den Gebrauch desselben zu ermöglichen und seinen Ausschließlichkeitsanspruch gegen sie nicht geltend zu machen[19].

Die Begriffe urheberrechtlicher Lizenzvertrag und Verlagsvertrag stimmen in ihrer Aussage insofern überein, als der Lizenzgeber wie der Verlaggeber der andern Vertragspartei ein Werk zum Gebrauch überläßt. Während aber vom Begriff des Lizenzvertrages her die Überlassung zwingend obligatorischen Charakter hat, kann sie beim Verlagsvertrag absoluter oder obligatorischer Natur sein. Daneben wird der Verlagsvertrag aber auch durch die Leistungspflicht des Urheberrechtsnutzers charakterisiert, während die Leistungspflicht des Lizenznehmers für den Begriff des Lizenzvertrages nicht charakteristisch ist; meistens besteht sie in einer Geldleistung. Daraus ergibt sich ein Überschneidungsbereich der Begriffe verlags- und urheberrechtlicher Lizenzvertrag bei jenen Verträgen, bei welchen der Verlaggeber dem Verleger ein Werk nur mit obligatorischer Wirkung überläßt, dieser aber die vollen Verlagspflichten übernimmt.

Es ist aber der häufig nicht-juristische Sprachgebrauch in der Praxis des Verlagswesens zu beachten. So herrscht in Gebieten, die nicht als typisch verlagsrechtliche betrachtet werden – insbesondere in Randgebieten des Kunstverlages – der Begriff Lizenzvertrag auch für Verträge vor, die unter den Verlagsbegriff fallen. Andererseits wird der Ausdruck «Lizenzvertrag» im Verlagswesen auch als Gegensatzbegriff zum Verlagsvertrag verwendet, um jene urheberrechtlichen Nutzungsverträge zu bezeichnen, in welchen der Urheberrechtsnutzer keine Ausführungspflicht übernimmt[20].

---

[17] Kein Bestellvertrag liegt im Fall von Art. 393 OR vor. Hier leistet der Besteller die urheberrechtliche Arbeit, während dem Bearbeiter bloße Hilfsfunktion zukommt. Wird aber Art. 393 anders interpretiert (wie z.B. von TROLLER II, S. 921), dann widerspricht diese Norm urheberrechtlichen Grundsätzen. Sie wird deshalb im VE II aufgehoben (Art. 78), was eine klare Rechtslage schafft.
[18] Vgl. TROLLER II, S. 938 ff., besonders S. 966; monographisch MUTTENZER.
[19] Das Nähere bei PEDRAZZINI, Lizenzvertrag, § 95.
[20] Vgl. BAPPERT/MAUNZ, S. 286.

Weniger Schwierigkeiten bieten die Abgrenzung und Verwendung der Begriffe, wenn man – wie dies ein Teil der schweizerischen Lehre tut – den Verlagsvertrag wesentlich als urheberrechtlichen Verfügungsvertrag betrachtet[21]. Dann kann logischerweise der Begriff Lizenzvertrag verwendet werden.

5. Herausgebervertrag[22]

Bei Sammelwerken treten häufig die Urheber der einzelnen Beiträge nicht in eine direkte Rechtsbeziehung zum Verleger des Sammelwerkes, sondern es schaltet sich eine weitere Person dazwischen: der Herausgeber. Dieser sammelt die Beiträge – oft veranlaßt er sie – und fügt sie zu einer Gesamtheit zusammen. Der Sammlung kann als solcher Werkcharakter zukommen, an welcher der Herausgeber das Urheberrecht hat. Unter dem Begriff des Herausgebervertrages versteht man die Rechtsbeziehung zwischen dem Herausgeber und dem Verleger eines Sammelwerkes. Zur Hauptsache kommen die beiden folgenden Vertragsarten vor:

a) *Herausgebervertrag als Verlagsvertrag*

Der Herausgeber kann die Sammlung und Zusammenstellung der Beiträge auf eigene Kosten und eigenes Risiko unternehmen. Dies läßt ihm freie Hand bei der Wahl der Mitarbeiter und der Gestaltung des Werkes. In einem solchen Fall wird er mit einem Verleger einen Verlagsvertrag über das Sammelwerk abschließen.

b) *Herausgebervertrag als gemischter Vertrag*

Die Sammlung und Zusammenstellung der Beiträge kann aber auch auf Kosten und Risiko des Verlegers erfolgen. Der Herausgebervertrag ist dann in der Regel ein gemischter Vertrag[23] mit einem starken auftragsrechtlichen Element. Kennzeichnend für diese Art des Herausgebervertrages ist, daß sich der Verleger meist ein Mitspracherecht bei der Wahl der Mitarbeiter einräumen läßt. Übernimmt der Verleger zum voraus gegenüber dem Herausgeber eine Ausführungspflicht, erhält auch diese Art des Herausgebervertrages einen stark verlagsvertragsähnlichen Charakter.

---

[21] TROLLER II, S. 898, und im Anschluß daran BGE 101 II, 1975, S. 104.
[22] Vgl. A. L. SELLIER, Die Rechte der Herausgeber, Mitarbeiter und Verleger bei Sammelwerken, Diss. München 1964; TROLLER II, S. 924; ULMER, S. 364 f.
[23] BGH in GRUR 1954, S. 130; ULMER, S. 365 f. Ein Beispiel in DELP, S. 118 ff.

III. Typische und atypische Elemente des Verlagsvertrages

1. Allgemeines

Relativ selten werden heute noch reine Verlagsverträge im Sinne der Legaldefinition von Art. 380 OR abgeschlossen. Solche können noch im Bereiche schöngeistiger Literatur vorkommen. Im Normalfall enthalten die zwischen Verlaggeber und Verleger abgeschlossenen Verträge eine Reihe von Elementen, die andern Vertragsarten angehören, im Sinne der Legaldefinition also atypisch sind. Dies hängt mit der Tatsache zusammen, daß sich heute die Verleger je länger je mehr mit der Gesamtheit der Verwertung eines Werkes befassen. Die entsprechenden Vertragswerke lassen sich im allgemeinen nicht in einzelne Verträge auflösen, sondern sind als Gesamtheit zu betrachten. Die gesetzlichen Bestimmungen der einzelnen Vertragstypen lassen sich nur unter Berücksichtigung des ganzen Vertragsverhältnisses auf die einzelnen typischen Elemente anwenden[24]. Allerdings gelten viele Regeln, die im folgenden zum Verlagsvertrag entwickelt werden, für alle urheberrechtlichen Verwertungsverträge; darüber hinaus bildet in vielen Verwertungsverträgen das verlagsvertragliche Element das Kernstück des Vertrages, von welchem die übrigen Elemente mehr oder weniger abhängig sind.

2. Interessenwahrungsklauseln

Vom gesetzlichen Verlagsvertragstypus her gesehen ist der Verleger zur Interessenwahrung des Verlaggebers nur insofern verpflichtet, als es sich um die Vervielfältigung und den Vertrieb von Werkexemplaren handelt. Häufig übernimmt aber der Verleger die Pflicht, für die allgemeine Verbreitung und Bekanntmachung des Werkes zu sorgen und den Abschluß von weiteren Verwertungsverträgen (Aufführungsverträge, Bearbeitungsverträge usw.) zu vermitteln[25].

3. Bearbeitungsklauseln

Unter den Verlagsvertragsbegriff fällt nur die unbearbeitete Wiedergabe des Werkes. Nicht selten aber enthält der Verlagsvertrag eine Bestimmung,

---

[24] Vgl. zur allgemeinen Problematik solcher Verträge, PEDRAZZINI, Werkvertrag, § 84 I.
[25] Von den Interessenwahrungsverträgen auseinanderzuhalten sind die sogenannten Wahrnehmungsverträge, die von Urhebern (gelegentlich auch von Verlegern) mit Dritten abgeschlossen werden, welche sich zur Verwertung der Nutzungsrechte verpflichten (so die Verträge im Rahmen des Verwertungsgesetzes).

wonach der Verleger das Recht und eventuell die Pflicht hat, neben der unbearbeiteten noch bearbeitete Wiedergaben (z. B. Übersetzungen) vorzunehmen oder vornehmen zu lassen. Eine solche Klausel sollte mit Vorteil auch Bestimmungen bezüglich der Wahl des Bearbeiters[26] sowie der Aufteilung der Einnahmen aus der bearbeiteten Wiedergabe enthalten.

4. Optionsklauseln

Häufig enthalten Verlagsverträge Optionsklauseln bezüglich zukünftiger Werke des Verlaggebers. Durch diese wird der Verlaggeber verpflichtet, zukünftige Werke dem Verleger zum Verlage anzubieten. Der Verleger erhält dadurch das Recht, diese Werke zu den Optionsbedingungen in Verlag zu nehmen, ist aber dazu nicht verpflichtet[27]. Durch die Optionsklausel wird das Vertragsverhältnis auf weitere Werke ausgedehnt. Die Bindung des Verlaggebers an einen Verleger darf aber dabei nicht so weit gehen, daß sie gegen sein Persönlichkeitsrecht verstößt. Dies wäre z. B. dann der Fall, wenn sich die Option auf sämtliche zukünftigen Werke des Urhebers beziehen würden[28].

§ 90. Der Vertragsgegenstand

I. Der verlagsrechtliche Werkbegriff

1. Geschützte Werke

Art. 380 OR nennt als Gegenstand des Verlagsvertrages ein literarisches oder künstlerisches Werk. Damit wird derselbe Begriff verwendet wie im Titel des URG. Doch sucht man sowohl im URG wie in der RBUe[1] vergeblich nach einer Definition des Werkbegriffes. Beide enthalten eine exemplifikative Aufzählung von verschiedenen Werkkategorien. In Art. 1 Abs. 2 URG spricht das Gesetz allerdings im Zusammenhang mit kinematographischen

---

[26] Mangels solcher Vereinbarung dürfte wohl der Verleger als Inhaber des Bearbeitungsrechtes zur Wahl des Bearbeiters zuständig sein. Dem Urheber steht bei Gefährdung seiner Interessen ein Vetorecht zu.
[27] Zur Option im allgemeinen vgl. PEDRAZZINI, Lizenvertrag, § 98 II, sowie H. G. ISELE, Optionsrechte des Verlegers, in: Festschrift für Walter Bappert 1974, S. 87ff. Sehr spezifisch die Regelung im französischen URG Art. 34.
[28] BGHZ 22, S. 347.
[1] Revidierte Berner Übereinkunft zum Schutze der Literatur und Kunst (Brüsseler Fassung vom 26. Juni 1948). Über das Verhältnis zwischen Berner Übereinkunft und URG vgl. F. CURCHOD, La convention de Berne et la loi fédérale sur le droit d'auteur, Diss. Lausanne 1969.

Werken von einer «eigenartigen Schöpfung». Gemäß BGE 59 II, 1933, S. 404 und übereinstimmender Lehrmeinung[2] gilt aber dieses Schutzerfordernis über den engen grammatikalischen Zusammenhang hinaus für sämtliche Werkkategorien. Die schweizerischen Gerichte hatten wiederholt Gelegenheit sich mit dem urheberrechtlichen Werkbegriff auseinanderzusetzen[3]. Im Entscheid BGE 77 II, 1951, S. 379 faßte das Bundesgericht seine bisherige Rechtsprechung zusammen. Demnach ist ein Werk eine «eigenartige Geistesschöpfung von selbständigem Gepräge», «die Verkörperung eines Gedankens für die es einer individuellen geistigen Tätigkeit bedurfte», «der Ausdruck einer neuen originellen geistigen Idee». An diesen Umschreibungen hat die Rechtsprechung auch in den neueren Entscheiden festgehalten[4]. In neuester Zeit ist auch in der Schweiz die Diskussion um den urheberrechtlichen Werkbegriff wieder aufgegriffen worden[5]. Einige Autoren wollen die bisherigen Kriterien durch das Kriterium der statistischen Einmaligkeit, der Einzigartigkeit ersetzen. Dies scheint auf den ersten Blick eine beträchtliche Ausweitung des Werkbegriffes mit sich zu bringen, da im Unterschied zu früheren Definitionen versucht wird, das Werk aus sich selbst heraus, unabhängig vom Urheber, zu definieren. Die Ausweitung ist aber deshalb nicht von großer Bedeutung, weil ja nur der Urheber eines Werkes den Schutz des Gesetzes beanspruchen kann. Da die Beziehung zwischen Urheber und Werk das eigentliche Schutzobjekt des Urheberrechtes ist, wird der Schutzbereich des Gesetzes sowohl durch den Begriff des Urhebers wie durch den des Werkes abgegrenzt[6]. Der Gebrauch des Kriteriums der statistischen Einmaligkeit dürfte deshalb kaum zu wesentlich anderen Resultaten führen, als sie auf Grund der bisherigen Kriterien erarbeitet worden sind.

Gegenstand eines Verlagsvertrages kann auch ein Werk sein, welches im Moment des Vertragsschlusses noch nicht geschaffen ist[7]. Allerdings ist es

---

[2] Zum Werkbegriff im Urheberrecht vgl. TROLLER I, S. 405 ff.; für das deutsche Recht ULMER, S. 105 ff. und dort zitierte Literatur.
[3] Vgl. Darstellung der bundesgerichtlichen Rechtsprechung bei TROLLER I, S. 410 f. und 448 ff. Aus der neueren Praxis vgl. besonders: BGE 85 II, 1959, S. 120 ff.; BGE 100 II, 1974, S. 167 ff.; ObG Zürich in ZR 1972, Nr. 35.
[4] Vgl. z.B. BGE 85 II, 1959, S. 123. In BGE 100 II, 1974, 167 ff. findet eher eine Abschwächung obgenannter Kriterien statt.
[5] Besonders im Anschluß an M. KUMMER, Das urheberrechtlich schützbare Werk, Bern 1968. Dazu TROLLER, ZbJV 1968, S. 232 ff.
[6] Über den Grund des Schutzes PEDRAZZINI, Kunst und Recht, St. Gallen 1975. – Während der VE I sich an die Definition von KUMMER anlehnte, scheint die II. Expertenkommission zur traditionellen, hier vertretenen Auffassung zurückzukommen (vgl. VE II, Art. 1).
[7] Vgl. B. HOLZER, Die Übertragung urheberrechtlicher Befugnisse an künftigen Werken, Frankfurt a.M. 1963.

notwendig, das Werk genau zu spezifizieren, ansonst es an der Bestimmtheit des Vertragsgegenstandes mangelt.

2. Ungeschützte Werke

Von der Interessenlage im Verlagsrecht her scheint es naheliegend, einzig ein durch das Urheberrecht geschütztes Werk als Vertragsgegenstand in Betracht zu ziehen. Aus dem Wortlaut von Art. 381 Abs. 2 OR, der dem Verlaggeber eine Gewährleistungspflicht für das Urheberrecht nur auferlegt, wenn es sich um ein schutzfähiges Werk handelt, muß aber e contrario geschlossen werden, daß der Gesetzgeber auch die Möglichkeit des Abschlusses eines Verlagsvertrages über nicht urheberrechtlich geschützte Erzeugnisse zuläßt. Das Motiv für die weitere Fassung des Werkbegriffes im Verlagsrecht ist wahrscheinlich darin zu suchen, daß die ältere Lehre und Rechtsprechung den urheberrechtlichen Werkbegriff als qualitativen Begriff wertete. So wird z.B. in BGE 18, 1892, S. 121 davon gesprochen, daß sich ein Kupferstich als Werk der Kunst qualifiziere, da ihm «ein eigener, manchmal hoher Kunstwert zukomme» und der Künstler «eigenes künstlerisches Können zu betätigen habe». Der Gedanke, daß ein Interesse zum Abschluß von Verlagsverträgen über Werke bestehe, die auch minimalen qualitativen Ansprüchen nicht genügen würden, mag den Gesetzgeber im Anschluß an das deutsche Verlagsgesetz[8] zur Anerkennung des Verlagsvertrages über ein ungeschütztes Werk, – des uneigentlichen Verlagsvertrages, wie er in der Literatur genannt wird[9] – bewogen haben. Nachdem die heutige Lehre und Rechtsprechung auf eine qualitative Betrachtungsweise des Werkbegriffes weitgehend verzichten[10], muß man sich fragen, ob sich überhaupt noch Anwendungsgebiete für diesen Vertragstypus finden lassen. Hier ist vorerst an Werke zu denken, deren gesetzliche Schutzfrist abgelaufen ist oder an ausländische Werke, die keinen konventionsrechtlichen oder auf Grund von Gegenseitigkeit erwachsenden Schutz in der Schweiz genießen[11]. Da aber der Verlaggeber ein faktisches Ausschließlichkeitsverhältnis gegenüber dem Werk besitzen muß, damit überhaupt ein Interesse zum Abschluß eines Vertrages besteht, und von der Legaldefinition her als Verlaggeber nur der Urheber oder sein Rechtsnachfolger in Frage kommt, lassen sich nur mit Mühe

---

[8] §§ 39 und 40 DVerlG; BAPPERT/MAUNZ, S. 385 ff.
[9] Vgl. zur Kritik der gesetzlichen Regelung LÜDIN, S. 117.
[10] Vgl. dazu KUMMER, a.a.O., S. 22 und ULMER, S. 116. Im Zusammenhang mit einem Verlagsvertrag BGE 101 II, 1975, S. 105. Vgl. auch BGE 100 II, 1974, S. 167 ff.
[11] Gemäß Art. 6 Abs. 2 und 3 URG genießen im Ausland zuerst herausgegebene Werke von Ausländern nur auf Grund von Gegenrecht (Abs. 2) oder Staatsvertrag (Abs. 3) in der Schweiz urheberrechtlichen Schutz. Der VE II will diese Einschränkung fallen lassen (Art. 6).

praktische Fälle denken. Daneben kann man sich aber Verträge über Erzeugnisse denken, die wohl das Ergebnis einer oft bedeutenden geistigen Leistung sind, aber keinerlei schöpferisches Element aufweisen, man denke z.B. an die Übertragung einer mittelalterlichen Lautentabulatur in moderne Notenschrift, an die Herausgabe eines Textes aus der Antike unter Angabe sämtlicher Fundstellen und Textvariationen oder die Faksimileherausgabe alter, im Original evtl. beschädigter Landkarten. Es kann darin eine jahrelange Forschungsarbeit liegen: da jedoch das Ergebnis von der Sache her vorbestimmt ist, genießt der, der eine solche Leistung vollbringt, keinen urheberrechtlichen Schutz[12]. Dennoch kann sehr wohl ein Interesse zum Abschluß eines Verwertungsvertrages über ein solches Arbeitsergebnis bestehen. Übernimmt der Verleger eine Vervielfältigungs- und Verbreitungspflicht, ist die Abmachung als Verlagsvertrag zu behandeln. Das Gesetz stellt – abgesehen von der fehlenden Rechtsgewährleistungspflicht des Verlaggebers – keine Spezialbestimmungen für den uneigentlichen Verlagsvertrag auf, so daß mangels anderer Abrede die dispositive Regelung des OR gelten würde. Durch den Abschluß eines solchen Vertrages einigen sich die Parteien, das Verlagsobjekt im Rahmen des Vertragszweckes wie ein schutzfähiges Werk zu behandeln[13]. Vor einer vertragswidrigen Auswertung des Verlagsgegenstandes durch den Verleger ist dabei der Verlaggeber schon während den Vertragsverhandlungen durch Art.2 ZGB (culpa in contrahendo) geschützt. Die obligatorischen Unterlassungspflichten gelten jedoch nur im Rahmen des Verlagszweckes, also der Vervielfältigung und dem Vertrieb der Werkexemplare. In der weiteren Nutzung des Vertragsobjektes sind die Parteien wie die übrigen Rechtsgenossen frei. Eine Berufung des Verlaggebers z.B. auf Bearbeitungsrecht, wie sie die Anwendung von Art.387 OR voraussetzt, würde beim uneigentlichen Verlagsvertrag sinnlos sein. Auch der Verleger eines solchen Verlagsobjektes geht ein nicht unerhebliches Risiko ein. Gegen einen unveränderten Nachdruck dürfte er zwar einen beschränkten wettbewerbsrechtlichen Schutz auf Grund von Art.1 Abs.1 UWG, unter Umständen Abs.2 lit.d genießen – diese Schutzquelle ist aber nach der Praxis unsicher[14]. Daß die Bedeutung des urheberrechtlichen Schutzes für das Verlagswesen auch nicht überschätzt werden sollte, zeigt auf der anderen Seite die im Verlagsgeschäft nach wie vor sehr beliebte Herausgabe gemeinfreier Werke.

---

[12] Da die Untersuchung, ob ein schöpferischer Beitrag vorliege oder nicht, sich nur im konkreten Fall durchführen läßt, beanspruchen obige Beispiele keine direkte Geltung.
[13] Vgl. BAPPERT/MAUNZ, S.385f. Für eine sinngemäße Anwendung der Regeln über den (sog. echten) Verlagsvertrag ausdrücklich BGE 101 II, 1975, S.104.
[14] Vgl. ZR 1969, Nr.104 auch abgedruckt in GRUR Int.1970, S.358.

II. Die verschiedenen Werkarten

1. Allgemeines

Als Gegenstand des Verlagsvertrages kommen von der Legaldefinition her sämtliche Werkkategorien des Urheberrechtes in Frage, insbesondere auch solche der bildenden Kunst. Eine Einschränkung ergibt sich allerdings aus der Tatsache, daß sich nicht alle Werkarten gleichermaßen zur Vervielfältigung und Verbreitung eignen. Innerhalb der einzelnen Werkarten ergeben sich aus den verschiedenen Vervielfältigungs- und Verbreitungsmethoden Variationsmöglichkeiten. Daraus resultiert eine erstaunliche Vielfalt des Verlagswesens. Dieses weist eine ausgeprägte Branchenstruktur aus, in welcher den Geschäftsgebräuchen und Übungen eine große Rolle zukommt. Zu beachten ist, daß der Begriff des «Verlegens» einerseits im normalen Sprachgebrauch die Finanzierung und Organisation der Werkvermittlung bedeutet[15], andererseits aber an eine historisch gewachsene Branchenorganisation gebunden ist und deshalb zugleich weiter und enger als der juristische Verlagsbegriff sein kann. In vielen als Verlag bezeichneten Unternehmen werden keine oder nur selten Verlagsverträge abgeschlossen.

2. Literarische Werke

Auch heute noch stellt der Buchverlag die bedeutendste Sparte des Verlagswesens dar. Die in ihm zur Anwendung gelangenden Formulare[16] entsprechen noch am ehesten dem gesetzlichen Vertragstypus. Der Buchverlag ist in sich selbst wiederum in verschiedene Branchen gegliedert. So hat insbesondere der Verlag wissenschaftlicher Werke eine eigene Ausbildung erfahren. Für das Vertragswesen ist wichtig, daß die Verträge meist im Hinblick auf einen internationalen Wirkungskreis, insbesondere innerhalb des betreffenden Sprachgebietes, abgeschlossen werden. Dies bedingt ein Anpassen an die einzelnen Urheberrechtsgesetzgebungen. Ein wichtiger Bestandteil der Verträge bildet meist die Regelung des Bearbeitungs-, insbesondere des Übersetzungsrechtes in andere Sprachen.

Im Zeitungsverlag werden häufig keine Verlagsverträge abgeschlossen[17]. Auch wenn der Verleger eine Vervielfältigungs- und Verbreitungs-

---

[15] Zum Begriff des «Verlegens» vgl. RINTELEN, S. 247.
[16] Vgl. Sammlung der gebräuchlichsten Musterverträge in DELP sowie BAPPERT/MAUNZ. Diese dienen in der Schweiz zum Teil als Vorbild für die Vertragsgestaltung, jedoch herrscht hier eher noch das vom einzelnen Verleger entworfene Vertragsformular oder ein individuell ausgehandelter Vertrag vor.
[17] TROLLER II, S. 901.

pflicht übernehmen sollte, sieht das Gesetz für den Zeitungs- und Zeitschriftenverlag Sonderregeln vor.

Eine besondere Interessenlage herrscht schließlich beim Verlag von Bühnenwerken[18]. Hier wirkt sich die Tatsache auf die Vertragsgestaltung aus, daß dem Vervielfältigungs- und Vertriebsrecht im Rahmen der Verwertung des Werkes wirtschaftlich nur eine geringe Bedeutung zukommt, andererseits aber die Voraussetzung für die übrigen Verwertungsarten bildet. Die Bühnenverlagsverträge befassen sich heute meist mit der gesamten Verwertung eines Werkes. Es ergibt sich dabei eine Ähnlichkeit zum Verlag musikalischer Werke.

3. Musikalische Werke[19]

Der Musikverleger verpflichtet sich in der Regel, um die gesamte Verwertung eines Werkes besorgt zu sein. Der Vervielfältigung eines Werkes mittels Notendruckes kommt dabei eine meist nur geringe Bedeutung zu, teilweise wird sogar auf Drucklegung verzichtet. Es kommt auch vor, daß die Übernahme der Vervielfältigungs- und Verbreitungspflicht von einem bestimmten Erfolg des Werkes abhängig gemacht oder überhaupt nicht übernommen wird. Damit verlieren die Verträge den verlagsrechtlichen Charakter.

4. Werke der bildenden Kunst[20]

Der Kunstverlag kann nicht als eine einheitliche Verlagsart aufgefaßt werden, sondern ist in viele Unterbranchen aufgegliedert, die sich kaum auf einen gemeinsamen Nenner bringen lassen. Entsprechend der Natur des Verlagsobjektes kommt der Technik der Vervielfältigung eine entscheidende Bedeutung zu. Die Verträge sind meist auf eine bestimmte, genau umschriebene Vervielfältigungstechnik zugeschnitten. Eine besondere Interessenlage herrscht beim Verlag von sogenannten Originalen (Originalgrafik, Originalplastiken). Hier treffen den Urheber oft Mitwirkungspflichten bei der Vervielfältigung, gelegentlich übernimmt er auch die endgültige Fertigung und

---

[18] Ein Beispiel für einen Bühnenverlagsvertrag in BAPPERT/MAUNZ, S. 502. Typisch ist die Klausel, daß sich der Verleger nur zur Herstellung von Bühnenmanuskripten verpflichtet, während der Schwerpunkt des Vertrages auf der Regelung der Einnahmenverteilung aus den Nebenrechten liegt. Der Vervielfältigung kommt hier im Rahmen der Verwertung bloße Hilfsfunktion zu.
[19] Vgl. O. VON HASE, Der Musikverlagsvertrag, München 1961; E. SCHULZE, Urheberrecht in der Musik, 4. Auflage, Berlin 1972.
[20] Vgl. BAPPERT/MAUNZ, S. 54 ff.; H. ISENSCHMID, Das Verlagsrecht an Werken der bildenden Kunst und der Verlagsvertrag, Diss. Bern 1912; ULMER, S. 387 ff.

signiert die Exemplare einzeln. Die Auflagenzahl wird tiefgehalten, um den Wert der einzelnen Werkexemplare zu erhöhen.

5. Verlag audiovisueller Werke[21]

Heute ist es möglich auch audiovisuelle Werke so zu vervielfältigen, daß die einzelnen Werkexemplare für Privatpersonen erschwinglich sind und deshalb in großen Auflagen Verbreitung finden können. Eine entsprechende Verlagsorganisation ist im Hinblick auf die zu erwartende Verbreitung elektromagnetischer Bildträger im Aufbau begriffen. Die Interessenlage liegt bei diesen Verlagsarten etwas anders als beim Normaltyp, weil hier meist schon die Schaffung des Werkes – in Analogie zur Filmherstellung – eine organisatorische Zusammenfassung der Werkschöpfer unter einer künstlerischen und kaufmännischen Führung erfordert.

§ 91. Urheberrecht und Verlagsvertragsrecht

I. Natur und Inhalt des Urheberrechtes[1] (Überblick)

«Das Urheberrecht ist ein subjektives, ausschließliches und gegenüber jedermann wirksames Recht, das dem Urheber für eine bestimmte Zeit innerhalb der Schranken der Rechtsordnung und unter Vorbehalt der vom Gesetz vorgesehenen Ausnahmen eine absolute Herrschaft über sein Werk verleiht.»[2] Das Urheberrecht anerkennt die natürliche Beziehung zwischen dem Werkschöpfer und dem von ihm geschaffenen Werk und verstärkt sie durch den Schutz der Rechtsordnung. Dieser Schutz umfaßt einerseits die ideelle Beziehung des Schöpfers zu seinem Werk; gleichzeitig erstreckt er sich aber auch auf den vermögensrechtlichen Aspekt, indem dem Urheber durch das Gesetz in gewissen Grenzen die alleinige Verwendung des Werkes vorbehalten ist. Dadurch wird es dem Urheber möglich, das Werk entweder selber zu verwerten oder aber die Verwertung vertraglich gegen Entgelt anderen Personen zu überlassen. Das URG zählt in Art. 12 die wichtigsten, dem Urheber vorbehaltenen Nutzungsarten auf und enthält in dessen Ziff. 1 und 2 auch die für das Verlagsrecht bedeutsamen ausschließlichen Rechte zur

---

[21] Vgl. G. BRUGGER, Die neuen audiovisuellen Systeme, Schriftenreihe der UFITA, Heft 40.
[1] Vgl. das eingangs wiedergegebene Literaturverzeichnis zum Urheberrecht.
[2] Erläuterungen I, S. 9.

körperlichen Wiedergabe und Verbreitung des Werkes. Als wichtigste Ausnahme vom Wiedergaberecht nennt das Gesetz in Art. 23 die Wiedergabe zum privaten eigenen Gebrauch. Gemäß Art. 36 endet der Schutz des Werkes mit dem Ablauf von 50 Jahren seit dem Tod des Urhebers. Bei der Betrachtung der gesetzlichen Regelung fällt auf, daß sie sich nahezu ausschließlich auf den vermögensrechtlichen Aspekt beschränkt. Damit negiert das Gesetz nicht etwa die Schutzwürdigkeit der ideellen Beziehungen des Urhebers zu seinem Werk, doch geht es davon aus, daß dieser Schutz durch das Persönlichkeitsrecht gemäß Art. 28 ZGB vermittelt sei[3]. Diesem gesetzlichen System liegt die sogenannte dualistische Auffassung vom Urheberrecht zugrunde, nämlich die der Aufspaltung desselben in eine persönlichkeitsrechtliche, das sogenannte «droit moral», und eine vermögensrechtliche Komponente. Dieser Theorie folgten zur Zeit der Entstehung des Gesetzes die bedeutendsten Rechtslehrer[4] und auch OSER/SCHÖNENBERGER bezeichneten sie noch 1936 als die herrschende Lehre[5].

In der Zwischenzeit hat sich – vor allem in der deutschen Lehre und Gesetzgebung – die sog. monistische Konzeption des Urheberrechtes durchgesetzt[6]. Diese geht vom einheitlichen Charakter sämtlicher dem Urheber aus dem Akt der Werkschöpfung zustehenden rechtlichen Befugnisse bezüglich des Werkes aus. In jedem dieser Befugnisse sind die ideelle und die materielle Komponente untrennbar voneinander vorhanden, auch wenn bald die eine und bald die andere überwiegen kann. Demgemäß ist die Aufspaltung des Urheberrechtes in vermögensrechtliche und ideelle Befugnisse gar nicht möglich und es ist dieses deshalb als einheitliches umfassendes Herrschaftsrecht aufzufassen. Die monistische Auffassung vom Urheberrecht hat im deutschen Urheberrechtsgesetz vom 9. September 1965[7] ihren Niederschlag gefunden. Dieses Gesetz enthält die Aufzählung einer Reihe von Befugnissen, die gemäß der schweizerischen gesetzlichen Konzeption unter das Persönlichkeitsrecht zu subsumieren wären, so das Recht auf Anerkennung der Urheberschaft und das Recht auf Verbietung von Werkentstellungen[8]. Die monistische Theorie hat auch in der schweizerischen Rechtswissenschaft Anerkennung gefunden[9] und wird heute beinahe überall vertreten. Es ist in

---

[3] Art. 44 URG; vgl. Botschaften des Bundesrates, BBl 1930 II, S. 113 und 1954 II, S. 649.
[4] So z. B. J. KOHLER, Urheberrecht an Schriftwerken und Verlagsrecht, Stuttgart 1907, S. 3 ff.
[5] OSER/SCHÖNENBERGER, S. 1431.
[6] Vgl. die Darstellung der Entwicklung der Lehrmeinungen bei TROLLER I, S. 30 ff. und ULMER, S. 46 ff.
[7] Deutsches Gesetz über das Urheberrecht und verwandte Schutzrechte vom 9. September 1965 (DURG).
[8] §§ 13 und 14 DURG.
[9] Vgl. TROLLER I, S. 30 ff.

diesem Punkt also ein Auseinanderfallen von Theorie und Gerichtspraxis zu beachten, da die letztere naturgemäß von der gesetzlichen Konzeption ausgeht[10]. Nach dem Vorentwurf II soll in der Schweiz eine ähnliche Lösung angestrebt werden wie im deutschen Recht[11]. Allerdings ist mit der Entscheidung monistisch oder dualistisch noch nicht viel über die konkrete Ausgestaltung des Rechtschutzes gesagt, die theoretischen Erwägungen finden eher in der Gesetzestechnik als in der Entscheidung materieller Probleme ihren Niederschlag. So werden die von der schweizerischen Gerichtspraxis aus der Auslegung von Art. 28 ZGB erarbeiteten Grundsätze auch unter einem monistisch ausgerichteten zukünftigen Gesetz ihre Gültigkeit beibehalten.

II. Urheberrechtliche Verfügungsverträge

1. Allgemeines

In der Mehrzahl der Fälle überläßt der Urheber eines Werkes dessen Verwertung vertraglich anderen Personen. Notwendiger Bestandteil dieser Verwertungsverträge ist die Einräumung der notwendigen Rechtsstellung an den Vertragspartner. Grundsätzlich lassen sich zwei verschiedene Typen von Verwertungsverträgen unterscheiden, nämlich der Lizenz-[12] und der Verfügungsvertrag. Im Unterschied zum Lizenzvertrag tritt beim Verfügungsvertrag eine absolute Wirkung ein, d.h. der Urheber gibt einen Teil seiner absoluten Herrschaftsmacht zugunsten des Nutzungsberechtigten auf. Es ergeben sich dabei ähnliche Probleme wie bei der Verfügung über dingliche Rechte, jedoch lassen sich die sachenrechtlichen Grundsätze wegen der verschiedenen Natur der geschützten Rechtsgüter nicht ohne weiteres auf das Urheberrecht übertragen.

2. Die Übertragbarkeit des Urheberrechtes

Das geltende Recht erklärt in Art. 9 URG das Urheberrecht für übertragbar. Dies ist die logische Konsequenz der obgenannten dualistischen Auffassung. Der Erwerber des Rechts oder eines Teils desselben tritt in die Rechtsstellung des Urhebers ein und genießt – wenn er das Recht als eigenes erworben hat – dieselben vermögensrechtlichen Befugnisse. Gegen Verletzungen durch Dritte kann er sich aus eigenem Recht zur Wehr setzen. Die persönlichkeitsrechtlichen Aspekte des Urheberrechtes bleiben davon un-

---

[10] BGE 69 II, 1943, S. 53; 84 II, 1958, S. 570.
[11] Vorentwurf II, Art. 14.
[12] Vgl. oben § 89 II 4.

berührt. Der Urheber kann weiterhin darüber wachen, daß er in seinen persönlichen Beziehungen zu seinem Werk nicht verletzt wird. Von der gesetzlichen Konzeption her ist diese Befugnis ein Teil des Persönlichkeitsrechtes des Urhebers und demgemäß nicht übertragbar. Nun bestreitet schon die herrschende Lehre zum geltenden Recht die Subsumtion des «droit moral» des Urhebers unter das allgemeine Persönlichkeitsrecht[13]. Aber auch sie hält die Übertragbarkeit dieser Befugnisse unter Lebenden mit ihrer Natur nicht vereinbar. Allerdings kann der Urheber vertraglich auf ihre Ausübung verzichten, so z. B. auf das Recht auf Anerkennung der Urheberschaft und das Recht, Änderungen des Werkes zu verbieten[14]. Dabei sind aber zwei Grenzen zu beachten. Die eine ergibt sich aus dem Urheberrecht. Ein Kern von Befugnissen, die dem Schöpfer eines Werkes von der Rechtsordnung in bezug auf sein Werk zuerkannt werden, sind so eng mit der Person des Rechtsinhabers verknüpft, daß ein Verzicht über sie als stoßend empfunden würde und deshalb nicht anerkannt wird. Die zweite Schranke ergibt sich aus dem Persönlichkeitsrecht des Inhabers des Rechtes (Art. 27 ZGB und Art. 19 Abs. 2 OR)[15].

Der Entwurf der II. Expertenkommission für die Revision des URG sieht die generelle Unübertragbarkeit des Urheberrechtes unter Lebenden vor[16]. Er vermeidet die mit der monistischen Konzeption schwer zu vereinbarende Unterscheidung zwischen übertragbaren und unübertragbaren urheberrechtlichen Befugnissen und folgt damit im wesentlichen dem Weg des deutschen Gesetzes. Der Urheber wäre bei einer konsequenten Durchführung des Gedankens der Unübertragbarkeit zur Verwertung des Werkes auf die Erteilung von Lizenzen angewiesen. Der Entwurf versucht diese für den Verwerter, aber auch für den Urheber nicht unbedingt vorteilhafte Konsequenz dadurch zu umgehen, daß es ihm anstelle der Rechtsübertragung eine neue Verfü-

---

[13] Vgl. TROLLER II, S. 888 ff.; ULMER, S. 303 ff.; TÂCHE, S. 61 ff.; TROLLER, Bedenken zum Urheberpersönlichkeitsrecht, UFITA, 1959 II, Heft 28, S. 257 ff.

[14] TROLLER II, S. 890; ULMER, S. 304; HUBMANN, S. 175.

[15] Es ist nicht leicht, den unverzichtbaren Kern des Urheberrechtes sauber vom allgemeinen Persönlichkeitsrecht des Rechtsinhabers auseinanderzuhalten, da sie sich in ihrem Wirkungsbereich weitgehend decken. Dennoch sind sie auseinanderzuhalten. Daß sie auch in ihrem Wirkungsbereich verschieden sein können, zeigen die folgenden Beispiele. Das allgemeine Persönlichkeitsrecht schützt den Rechtsinhaber im Gegensatz zum Urheberrecht nicht nur von einer qualitativ sittenwidrigen, sondern auch von einer quantitativ sittenwidrigen Belastung (z. B. Verfügung über sämtliche zukünftige Werke). Auf der andern Seite kann der Wirkungsbereich des unverzichtbaren Teils des «droit moral» in jenen Fällen über denjenigen des Persönlichkeitsrechtes hinausgehen, wo ein durch Erbgang Urheberrechtsberechtigter keinerlei persönliche Beziehung zum Urheber und seinem Werk hatte, so daß er Werkentstellungen nicht auf Grund seines eigenen Persönlichkeitsrechtes verhindern könnte, wohl aber auf Grund des durch Erbgang auf ihn übergegangenen «droit moral».

[16] Art. 22 Abs. 1 Vorentwurf II.

gungsmöglichkeit anbietet, nämlich die Einräumung von sogenannten Verwendungsbefugnissen[17]. Im Unterschied zur Lizenz haben diese eine gewisse Drittwirkung, die aber nicht soweit geht wie bei der Übertragung. Die Verwendungsbefugnis kann ausschließlich[18] oder einfach[19] sein, je nachdem, ob dem Urheberrechtsnutzer die entsprechende Verwendungsart des Werkes allein vorbehalten ist, oder ob er sie mit andern teilen muß. Der Urheber kann sein Urheberrecht durch die Einräumung von ausschließlichen Verwendungsbefugnissen derart belasten, daß ihm im Extremfall nur noch das leere Recht, eine Art «nuda proprietas» übrigbleibt. Allerdings sind auch hier die beiden schon zum geltenden Recht erwähnten Grenzen zu beachten, die im Entwurf ausdrücklich formuliert sind[20].

3. Das Verfügungsgeschäft

Nach schweizerischer Lehre und Praxis kann über das Urheberrecht durch bloße formlose[21] Willenseinigung verfügt werden[22]. Es bedarf also zur Wirksamkeit der Verfügung keines Realaktes wie z.B. der Übergabe eines Werkexemplares. Wenn nichts anderes vereinbart ist, kann davon ausgegangen werden, daß die Verfügung gleichzeitig mit dem Verpflichtungsgeschäft erfolgt. Es ist auch möglich, über das Urheberrecht an einem Werk zu verfügen, das im Zeitpunkt der Verfügung noch nicht geschaffen ist. Die entsprechenden Rechte des Erwerbers am zu schaffenden Werk gehen dabei gemäß herrschender schweizerischer Lehre den Rechten sämtlicher späterer Verfügungsempfänger und im Rahmen der Verfügungsfreiheit auch demjenigen des Urhebers vor, sind also unter der Voraussetzung, daß das Werk entsteht, absolut[23].

4. Verhältnis zwischen Verpflichtungs- und Verfügungsgeschäft. Kausalität des Verfügungsgeschäftes.

Nach schweizerischem Sachenrecht ist die Gültigkeit des Verfügungsgeschäftes von der Gültigkeit des zugrundeliegenden Verpflichtungsgeschäftes

---

[17] Art. 22 Abs. 2 Vorentwurf II.
[18] Art. 23 Vorentwurf II.
[19] Art. 24 Vorentwurf II.
[20] Art. 15 und Art. 16 Vorentwurf II. Nach Art. 23 Abs. 3 VE II ist bei Einräumung ausschließlicher Befugnisse einfache Schriftlichkeit verlangt.
[21] In der Praxis wird sehr oft einfache Schriftlichkeit vereinbart, was aus Gründen der Rechtssicherheit zu begrüssen ist.
[22] Vgl. BGE 101 II, 1975, S. 102 ff.; für die analoge Situation im Patentrecht vgl. R.E. BLUM/ M.M. PEDRAZZINI, Das schweizerische Patentrecht, Bd. II, Art. 33. Die Rechtslage entspricht derjenigen im Urheberrecht.
[23] Vgl. TROLLER II, S. 883 (für das Patent).

abhängig[24]. Die Gerichtspraxis hatte meines Wissens noch nie Gelegenheit, zu dieser Frage bei einer urheberrechtlichen Verfügung Stellung zu nehmen. Eine kausale Behandlung des Verfügungsgeschäftes hat beim Urheberrecht deshalb schwerwiegende Folgen, weil die Drittwirkung der Ungültigkeit nicht wie bei dinglichen Verfügungen durch den Schutz des gutgläubigen Rechtserwerbers begrenzt ist[25]. Trotzdem dürfte Kausalität anzunehmen sein, da die abstrakte Verfügung im schweizerischen Recht Ausnahmecharakter hat[26].

5. Umfang der Verfügung

Für den Umfang der Verfügung ist zunächst auf den Parteiwillen abzustellen. Zudem gilt dies im Rahmen der Vertragsfreiheit (Art. 19 OR) ohne Einschränkung. Eine andere Frage ist, inwieweit die internen Abreden eine absolute Wirkung entfalten, also den Umfang des übertragenen Rechtes definieren. Aus Art. 9 Abs. 2 URG läßt sich schließen, daß sich das Urheberrecht in einzelne Teile aufspalten läßt, die einzeln übertragen werden können. Aus Art. 58 Abs. 1 und 2 URG muß e contrario geschlossen werden, daß einschränkende Abreden bezüglich der Werkverwendungsbefugnis des Rechtserwerbers, die nicht auf eine räumliche Beschränkung im Sinne von Art. 58 Abs. 1 hinauslaufen, absolute Wirkung entfalten und demgemäß ihre Verletzung eine Verletzung des Urheberrechts und nicht lediglich eine (interne) Vertragsverletzung darstellt. Im Unterschied zum Sachenrecht können also die Parteien im Urheberrecht die absolute Wirkung des Verfügungsgeschäftes weitgehend frei gestalten[27]. Es ist jedoch sinnvoll, diesen Grundsatz dahingehend einzuschränken, daß nur solchen Beschränkungen des Urheberrechtes absolute Wirkung zukommen kann, in welchen entweder die Möglichkeit einer vom betreffenden Vertrag unabhängigen Werknutzung enthalten ist, die dem Verfügenden vorbehalten werden soll, oder eine andere

---

[24] Vgl. Art. 974 ZGB für unbewegliche Sachen und, für Fahrnis, BGE 55 II, 1929, S. 303. Seither ständige Praxis.

[25] Nach deutschem Recht nehmen u.a. Kausalität des Verfügungsgeschäftes an: RINTELEN und ULMER, S. 337. Dies deshalb, weil man sich infolge des Zusammenfalls von Verpflichtungs- und Verfügungsgeschäft die Gültigkeit des Verfügungsgeschäftes bei gleichzeitiger Ungültigkeit des Verpflichtungsgeschäftes nicht gut vorstellen kann.

[26] Vgl. zur Problematik bei der Abtretung TH. GUHL/H. MERZ/M. KUMMER, Das schweizerische Obligationenrecht, Zürich 1972, S. 235 ff.

[27] TROLLER II, S. 893, ist der Ansicht, daß die Aufspaltung des Urheberrechtes wohl theoretisch Schwierigkeiten, der Praxis aber kein Kopfzerbrechen mache. ULMER, S. 292, der das Problem der Aufspaltung noch als wenig geklärt bezeichnet. D. REIMER, Schranken der Rechtsübertragung im Urheberrecht in GRUR 1962, S. 624 ff. H. LESSMANN, Übertragbarkeit und Teilübertragung urheberrechtlicher Befugnisse, Diss. München 1967.

urheberrechtliche Befugnis (mit vorwiegend ideellem Gehalt) zum Ausdruck kommt.

Oft kann aus dem erklärten Willen der Parteien der Umfang der Rechtsübertragung nicht eindeutig ermittelt werden. Art. 9 Abs. 2 URG enthält eine Richtlinie für die Auslegung: «Die Übertragung eines im Urheberrecht enthaltenen Rechtes schließt die Übertragung anderer Teilrechte nicht in sich, wenn nichts Gegenteiliges vereinbart ist.» Gemäß diesem Grundsatz ist also nur dort und nur insoweit eine Rechtsübertragung anzunehmen, wo sich bei Abschluß des Vertrages ein entsprechender eindeutiger Parteiwille manifestiert hat. Diese Regelung trägt aber der Tatsache wenig Rechnung, daß die Parteien bei Vertragsabschluß oft keine oder nur ungenaue Vorstellungen vom Urheberrecht und eventuell auch von den Verwertungsmöglichkeiten eines Werkes haben. Der Vorentwurf II[28] geht deshalb bei Werken, die in Erfüllung eines Auftrages oder Arbeitsvertrages geschaffen worden sind, von einem andern Grundsatz der Vertragsauslegung aus. Demgemäß ist der Umfang der Verfügung, soweit es sich dabei nicht um essentialia negotii handelt, bei Abwesenheit eines entsprechend erklärten Parteiwillens zum Zweck des Vertrages her zu bestimmen, also durch ergänzende Vertragsauslegung[29]. Als Richtlinie für diesen gerechten Interessenausgleich dient im Urheberrecht der Gedanke, daß der Urheberrechtsnutzer nur soviele Rechte erhalten soll, wie er vom Vertragszweck her benötigt. Insofern bleibt der in der geltenden Regelung steckende Schutzgedanke zugunsten des Urhebers erhalten. Im Grunde genommen ist das Prinzip der Bestimmung des Umfangs der Rechtsübertragung vom Vertragszweck her für den Verlagsvertrag schon in Art. 381 Abs. 1 OR enthalten[30].

III. Der Verlagsvertrag als Urhebervertrag

1. Art und Umfang der Rechtseinräumung

Abgesehen vom untypischen Fall des Verlagsvertrages über ein ungeschütztes Werk ist der Verlagsvertrag ein Urhebervertrag. Über Art und Umfang der dem Verleger eingeräumten Rechtsstellung ist zunächst auf den Parteiwillen abzustellen. Haben die Parteien diesen Punkt bei Vertragsabschluß nicht bedacht, so enthält Art. 381 Abs. 1 OR eine subsidiäre Regelung:

---

[28] Art. 27 Vorentwurf II.
[29] Vgl. K. LARENZ, Lehrbuch des Schuldrechtes, Bd. I, 9. Aufl., München 1968, § 8 II.
[30] Vgl. unten § 91 III 1.

«Die Rechte des Urhebers werden insoweit und auf solange dem Verleger übertragen, als es für die Ausführung des Vertrages erforderlich ist.» Von Gesetzes wegen handelt es sich also beim Verlagsvertrag normalerweise[31] um einen urheberrechtlichen Verfügungsvertrag, d.h. er bewirkt eine Verschiebung des absoluten Rechtsbestandes. Der Umfang der Übertragung ist auf diejenigen Rechte beschränkt, die der Verleger zur Ausführung des Vertrages benötigt. Mangels anderer Abrede erhält der Verleger also nur insoweit Rechte, als er sie zur Erfüllung seiner Leistungspflicht benötigt, d.h. im Normalfall das Vervielfältigungs- und Verbreitungsrecht[31a]. Zur Verdeutlichung bestimmt Art. 387 OR, daß der Verleger im Zweifel nicht berechtigt sei, eine Übersetzung des Werkes zu veranstalten. Ebenso enthält Art. 386 OR die Vorschrift, daß es ihm verwehrt sei, ein Gesamtwerk in mehrere Teilwerke zu zerlegen oder mehrere bei ihm verlegte Werke desselben Autors zu einem Gesamtwerk zusammenzufassen. Art. 381 Abs. 1 beschränkt auch die zeitliche Dauer der Rechtsübertragung. Von Gesetzes wegen fallen die Rechte auf den Verlaggeber zurück, sobald der Verleger sie zur Erfüllung des Vertrages nicht mehr benötigt[32]. Da er gemäß Art. 383 Abs. 1 mangels anderer Abrede nur zu einer Auflage berechtigt ist, enden die Rechte im Zweifel mit der Herstellung und Verbreitung der einen Auflage.

Eine besondere Regelung gilt für Zeitungsartikel und kleinere Beiträge für Zeitschriften: Da gemäß Art. 382 Abs. 2 OR der Verlaggeber von Gesetzes wegen berechtigt bleibt, die Beiträge jederzeit weiter zu verwenden, muß geschlossen werden, daß kein Rechtsübergang stattfindet. Es muß hier deshalb mangels anderer Abrede die Erteilung einer einfachen Lizenz angenommen werden. Ähnliches gilt für größere Beiträge an Zeitschriften oder Beiträge für Sammelwerke, mit dem Unterschied, daß in solchen Fällen den Verlaggeber eine auf drei Monate beschränkte Unterlassungspflicht trifft (Art. 382 Abs. 3 OR)[33].

2. Das Verlagsrecht[34]

Unter Verlagsrecht im subjektiven Sinne wird die Gesamtheit der dem Verleger zustehenden absoluten Rechte über das Werk verstanden. Für das schweizerische Recht ist der Begriff nicht bedeutsam, es handelt sich um den

---

[31] Eine gesetzliche Ausnahme gilt in dem Fall von Art. 382, vgl. § 91 III, weiter unten.
[31a] So ausdrücklich BGE 101 II, 1975, S. 106.
[32] OSER/SCHÖNENBERGER, S. 1140, die von einer Art Gebrauchsüberlassung mit absoluter Wirkung sprechen. § 9 Abs. 1 DVerlG.
[33] Gleicher Meinung TROLLER II, S. 922. Anderer Ansicht BAPPERT/MAUNZ, S. 101 und OSER/SCHÖNENBERGER, S. 1444, die einen befristeten Rechtsübergang annehmen.
[34] TROLLER II, S. 900; ULMER, S. 336 f.; HUBMANN, S. 205; BGHZ 19, 113.

übertragenen Teil des Urheberrechtes[35]. Im Rahmen des Verlagsrechtes kann der Verleger Dritten – aber auch dem Urheber selber – Verwertungshandlungen verbieten und als Urheberrechtsverletzungen verfolgen. Dabei kann sein Verbietungsrecht weiter gehen als sein Benutzungsrecht. So kann er Dritten auch in gewissen Grenzen die veränderte Wiedergabe verbieten, obwohl er selbst nur zur unveränderten Wiedergabe berechtigt ist. Ein besonderes Problem stellt die Weiterübertragbarkeit des Verlagsrechtes dar. Da es sich um einen Teil des Urheberrechtes handelt, steht gemäß der geltenden Urheberrechtskonzeption der Weiterübertragung nichts im Wege. Die Übertragbarkeit kann aber schuldrechtlich ausgeschlossen werden. Einem solchen Ausschluß kommt aus den genannten Gründen absolute Wirkung zu. Für den Verlagsvertrag ist im Zweifel aber die Weiterübertragbarkeit des Verlagsrechtes deshalb auszuschließen, weil der Verleger seine Pflicht im allgemeinen persönlich zu erfüllen hat und somit zur Erfüllung seiner Pflicht kein weiterübertragbares Recht benötigt[36]. Zulässig ist hingegen die Übertragung im Zusammenhang mit der Übernahme des gesamten Verlages durch eine andere Person[37], es sei denn, dies verletze das Urheberpersönlichkeitsrecht des Urhebers.

3. Absolute und obligatorische Rechte im Verlagsvertrag

Das Verlagsverhältnis besteht als vertragliches Verhältnis aus einer Reihe von gegenseitigen obligatorischen Rechten und Pflichten. Zugleich ist es aber dadurch gekennzeichnet, daß die Parteien im Normalfall Träger von absoluten Rechten sind. Die Parteien können sich auch im internen Verhältnis auf ihre absolute Rechtsstellung berufen und einerseits Verletzungen derselben als Urheberrechtsverletzungen verfolgen, andererseits unter gewissen Umständen auf Grund ihres Rechtes gestaltend ins Vertragsverhältnis eingreifen[38]. Die Unterscheidung, ob ein bestimmtes Recht vertraglicher oder absoluter Natur sei oder beide Aspekte aufweise, kann eine große praktische Bedeutung haben. Dies gilt zunächst einmal bei Rechtsverletzungen. Das URG stellt dem in seinem Recht Verletzten eine ganze Reihe von Möglich-

---

[35] TROLLER II, S. 899. Im deutschen Recht ist die Konstruktion des Verlagsrechtes umstritten: vgl. HUBMANN, S. 182 ff. und ULMER, S. 336 ff.
[36] Vgl. TROLLER II, S. 919, der zur Auffassung kommt, daß aus Art. 2 ZGB sowie der analogen Anwendung von Art. 364 Abs. 2 OR im schweizerischen Verlagsrecht derselbe Grundsatz zur Anwendung komme wie in § 34 DURG: «Ein Nutzungsrecht kann nur mit Zustimmung des Urhebers übertragen werden. Der Urheber darf die Zustimmung nicht wider Treu und Glauben verweigern.» Diese Auffassung scheint mir zu weit zu gehen. Es ist Sache des Verlegers, im Einzelfalle auf eine entsprechende Regelung im Vertrag zu drängen.
[37] Art. 181 OR.
[38] Vgl. oben und BAPPERT/MAUNZ, S. 47.

keiten zur Verfügung, die das Vertragsrecht nicht kennt, insbesondere eine Reihe von vorsorglichen Maßnahmen (Art. 52 und 53 URG) und die Möglichkeit, rechtswidrig hergestellte Werkexemplare auch bei Dritten zu verfolgen. Aber auch abgesehen vom Fall der Rechtsverletzung ist bedeutsam, daß ein absolutes Recht gegenüber jedermann geltend gemacht werden kann. Oft ist der Schöpfer eines Werkes nicht unmittelbar Partei des Verlagsvertrages. Es ist dann für ihn unter Umständen entscheidend, ob der Verleger lediglich obligatorisch oder aber dinglich berechtigt ist – im ersteren Falle steht nämlich dem Urheber selbst möglicherweise noch die absolute, also auch gegen den Verleger geltend zu machende Befugnis zu[39].

§ 92. Pflichten des Verlaggebers

I. Die Überlassung eines Werkexemplares

Durch den Abschluß eines Verlagsvertrages übernimmt der Verlaggeber die Pflicht, den Verleger in den Besitz eines Werkexemplares zu setzen. Wird ein im Zeitpunkt des Vertragsschlusses noch nicht entstandenes Werk in Verlag gegeben, ist darin die Verpflichtung eingeschlossen, das Werk zu schaffen. Dadurch erhält der Vertrag gewisse werkvertragsähnliche Züge, indem die Ablieferung eines bestimmten Arbeitsresultates vereinbart ist[1]. Die Art des zu schaffenden Werkes ergibt sich meistens ausdrücklich oder stillschweigend aus dem Vertrag, jedoch liegt es im Wesen des Vertragsgegenstandes, daß er sich zum voraus nicht beliebig eng umgrenzen läßt. Innerhalb der von Parteiwillen und Vertragszweck gesteckten Grenzen ist der Verlaggeber in der Gestaltung seines Werkes frei und insbesondere keiner Weisungsbefugnis des Verlegers unterworfen. Mangels anderer Abrede hat er das Werk persönlich zu schaffen[2]. Haben die Parteien den Zeitpunkt der Ablieferung nicht näher bestimmt, so dürfte auch für die schweizerische Praxis die Bestimmung des deutschen VerlG § 11 Abs. 2 als Richtlinie gelten: «Soll das Werk erst nach dem Abschluß des Verlagsvertrages hergestellt werden, so richtet sich die Frist der Ablieferung nach dem Zwecke,

---

[39] Gemäß Art. 22 Abs. 4 VE II kann der Urheber sein Recht gegenüber Dritten auch nach Einräumung einer ausschließlichen Befugnis geltend machen.
[1] Vgl. hiezu PEDRAZZINI, Werkvertrag, § 84 II.
[2] OSER/SCHÖNENBERGER, S. 1437, und BAPPERT/MAUNZ, S. 166.

welchem das Werk dienen soll. Soweit sich hieraus nichts ergibt, richtet sich die Frist nach dem Zeitraum, innerhalb dessen der Verfasser das Werk bei einer seinen Verhältnissen entsprechenden Arbeitsleistung herstellen kann; eine anderweitige Tätigkeit des Verfassers bleibt bei der Bemessung der Frist nur dann außer Betracht, wenn der Verleger die Tätigkeit bei dem Abschluß des Vertrages weder kannte noch kennen mußte.»[3]

Das abgelieferte Werkexemplar muß sich als Vorlage für die Vervielfältigung eignen. Dies bedeutet, daß der Verleger mit durchschnittlich geschulten Hilfspersonen in der Lage sein sollte, anhand der Vorlage die Vervielfältigung vorzunehmen[4].

Mit der Genehmigung des abgelieferten Werkexemplares durch den Verleger erschöpft sich im allgemeinen die Ablieferungspflicht des Verlaggebers. Eine besondere Regelung ist in Art. 390 OR für den Fall vorgesehen, daß das Werkexemplar nach seiner Ablieferung an den Verleger durch Zufall untergeht. Der Verlaggeber ist in einem solchen Fall verpflichtet, ein sich eventuell in seinem Besitz befindliches zweites Werkexemplar abzuliefern oder ein neues zu erstellen, falls ihm dies ohne große Mühe möglich ist. Für diese zusätzlichen Pflichten ist er angemessen zu entschädigen.

Vertraglich kann der Verlaggeber weitergehende Pflichten übernehmen, so z.B. ein wissenschaftliches Werk durch Verfassung von Ergänzungsbänden stets auf dem neuesten Stand zu halten oder es für den Fall einer Neuauflage auf den neuesten Stand zu bringen.

II. Die Verschaffung der nötigen Rechtsstellung

Der Verlaggeber hat dem Verleger die vertraglich vereinbarte oder gesetzlich vorgesehene Rechtsstellung bezüglich des in Verlag gegebenen Werkes zu verschaffen. Meistens ist das unproblematisch, weil der Verlaggeber im Normalfall gleichzeitig mit Vertragsabschluß dem Verleger die erforderlichen Rechte einräumt. Es ist allerdings möglich, daß der Verlaggeber bei Vertragsabschluß noch nicht die erforderliche Verfügungsmacht zur Übertragung der Rechte besitzt. Dann ist er verpflichtet, die entsprechenden Rechte dem Verleger noch nachträglich zu verschaffen. Der Verlaggeber kann auch verpflichtet sein, dem Verleger andere als urheberrechtliche Befugnisse zu verschaffen, so z.B. die Einwilligung einer abgebildeten Person zur Vervielfältigung ihres Bildes gemäß Art. 35 URG.

---

[3] Vgl. TROLLER II, S. 903.
[4] Vgl. BAPPERT/MAUNZ, S. 158.

III. Unterlassungspflichten

Art. 382 Abs. 1 OR lautet: «Solange die Auflagen des Werkes, zu denen der Verleger berechtigt ist, nicht vergriffen sind, darf der Verlaggeber weder über das Werk im ganzen noch über dessen einzelne Teile zum Nachteil des Verlegers anderweitig verfügen.» Dies ist insofern selbstverständlich, als es sich um Rechte handelt, über welche der Verlaggeber zugunsten des Verlegers verfügt hat. Hier ist der Verlaggeber nicht nur in seinem Dürfen, sondern in seinem rechtlichen Können beschränkt[5]. Hingegen ist die vertragliche Unterlassungspflicht in jenen Fällen bedeutsam, in welchen der Verleger aus irgendwelchen Gründen keine absolute Rechtsstellung erhält.

Die Unterlassungspflicht besteht im Rahmen des Verlagszweckes, also im Normalfall umfaßt sie die unveränderte Wiedergabe in der betreffenden Wiedergabeart und die Verbreitung der entsprechenden Werkexemplare. In ihr eingeschlossen sind aber auch gewisse Arten der veränderten Wiedergabe, wie z.B. die gekürzte Wiedergabe oder die Vervielfältigung in einem nah verwandten Verfahren. Dem Verlaggeber ist also nicht nur verboten, Werkexemplare herzustellen oder herstellen zu lassen, die genau dem Verlagsprodukt entsprechen, sondern auch solche, die geeignet sind, das Verlagsprodukt aus der Sicht des Durchschnittskunden zu ersetzen[6].

Entgegen dem Wortlaut von Art. 382 Abs. 1 OR bleibt jedoch der Verlaggeber in der Verfügung über die im Rahmen des Verlagszweckes bei ihm verbleibenden selbständigen Nutzungsbefugnisse frei (z.B. Übersetzungsrecht, Verfilmungsrecht, Senderecht, Aufführungsrecht), auch wenn dadurch einmal ein Nachteil des Verlegers entstehen könnte (z.B. Fernsehsendung eines Bühnenstückes). Dies ergibt sich zwingend aus dem Sinn der genannten Bestimmung, die sich auf die Weiterbenutzung der dem Verleger gewährten

---

[5] TROLLER II, S. 904.
[6] Die überwiegende schweizerische Lehre möchte Art. 387 OR (Übersetzungsrecht) im Sinne von § 2 DVerlG ausweiten (OSER/SCHÖNENBERGER, S. 1441; TROLLER II, S. 905). So würden dem Verlaggeber das Recht zur Übertragung in die Mundart, die Wiedergabe einer Erzählung in dramatischer Form oder eines Bühnenwerkes in die Form einer Erzählung, die Bearbeitung eines Werkes der Tonkunst, soweit sie nicht bloße Übertragung in eine andere Tonart oder Stimmlage ist, sowie die Benutzung eines Schriftwerkes oder einer Abbildung zur Schaffung eines Filmwerkes zur freien Verwendung verbleiben. Eine unbesehene Übernahme dieser Bestimmung für das schweizerische Recht ist jedoch meines Erachtens nicht gerechtfertigt. So darf das Übersetzungsrecht in die Mundart oder die Dramatisierung ebenso wie die Bearbeitung von Musikwerken nicht ohne weiteres vom Verbietungsrecht des Verlagsrechtes ausgeschlossen werden, sondern es ist jeweils zu prüfen, ob es sich dabei um eine selbständige Verwertungsart handelt, die vom Zweck des Vertrages her beim Verlaggeber bleiben soll (vgl. oben § 91 II 5). Zu weit meines Erachtens TROLLER, S. 905, der z.B. die Umwandlung eines Romans in ein Jugendbuch als im Bereich des Verlagsrechts liegend betrachtet. Normalerweise ist dieser Vorgang als Bearbeitung zu werten, die dem Verlaggeber zusteht.

Verwertungsart bezieht, sowie aus den Regeln über den Umfang der übertragenen Befugnisse. Auch gelegentlich vereinbarte Wettbewerbsverbote sind mit Vorsicht zu beurteilen. Die Funktion der Zweckübertragungsnorm von Art. 381 Abs. 1 OR, darf nicht leicht durch Umgehung illusorisch gemacht werden. Gemäß Art. 382 Abs. 1 OR endet die Unterlassungspflicht des Verlaggebers erst, wenn die rechtmäßig hergestellte Auflage vollständig vergriffen ist. Doch ist darüber hinaus auch in jenen Fällen ihre Beendigung anzunehmen, wo das Verlagsverhältnis aus irgend einem Grunde früher endet und der Verleger sein Verbreitungsrecht verliert.

IV. Gewährleistungspflicht

1. Allgemeines

Grundsätzlich steht dem Verleger gegenüber dem Verlaggeber sowohl bezüglich der Überlassung des Werkexemplars wie der Rechtsverschaffungspflicht ein Erfüllungsanspruch zu. Er kann sich bis zur vollständigen Erfüllung des Vertrages durch den Verlaggeber auf Nichterfüllung bzw. Verzug berufen und seine eigenen Leistungen – soweit sie nicht ausnahmsweise zum voraus zu erbringen sind – zurückhalten[7]. Bei der Ablieferung des Werkes hat er dieses auf seine Vertragsmäßigkeit zu prüfen, bei Mängelhaftigkeit kann er die Annahme bis zur Behebung der Mängel verweigern. Bei verborgenen Mängeln hat er diese rechtzeitig nach Entdeckung mitzuteilen. Gegenüber dem Verlaggeber hat er einen Nachbesserungsanspruch, der als Erfüllungsanspruch zu werten ist. Die Folgen der Nichterfüllung richten sich mangels besonderer Vorschrift nach Art. 97 ff. OR. Immerhin dürfte in Analogie zum Werkvertrag (Art. 368 Abs. 1 OR) anzunehmen sein, daß der Verleger nicht wegen kleiner Mängel, die die Verlaggabe nicht beeinträchtigen, zurücktreten kann, auch wenn sich diese nicht beheben lassen[8].

2. Rechtsgewährleistung

Der Verlaggeber haftet dem Verleger für die Verschaffung der gesetzlichen oder vertraglich vereinbarten Rechtsstellung (Art. 381 Abs. 2 OR). Insbesondere ist er dafür verantwortlich, daß kein Dritter eigene Rechte am Werk geltend machen und die Herausgabe verhindern kann. Für diesen Fall dürften die Vorschriften des Kaufrechtes über die Entwehrung (Art. 192 ff. OR) analog anzuwenden sein, wobei allerdings der Verlaggeber dem Verleger

---

[7] Vgl. Art. 82 OR. Aus der Praxis SCHULZE, BGHZ 80.
[8] Vgl. PEDRAZZINI, Werkvertrag, § 85 I 3.

mangels spezieller Vorschrift im Verlagsrecht nur für Verschulden gemäß Art. 97 OR haftet[9].

3. Sachgewährleistung

a) rechtliche Mängel

Der Verlaggeber haftet dafür, daß das Werk nicht selbst rechtliche Mängel aufweist, die es für den vorausgesetzten Gebrauch ungeeignet machen. Dies ist z.B. dann der Fall, wenn das Werk in widerrechtlicher Weise in fremde Interessen (z.B. Persönlichkeitsrecht) eingreift, oder gegen die öffentliche Ordnung verstößt. Allerdings haftet der Verlaggeber dann nicht, wenn der Verleger mit diesen Mängeln rechnen mußte und sie bewußt in Kauf nahm.

b) sachliche Mängel

Der Verlaggeber kann nicht für die künstlerische oder wissenschaftliche Qualität seines Werkes garantieren[10]. Eine solche Haftung widerspricht dem Wesen schöpferischer Tätigkeit. Sie kann deshalb auch nicht vertraglich übernommen werden. Der Verleger, der ein noch nicht geschaffenes Werk in Verlag nimmt, geht deshalb immer ein gewisses Risiko ein. Allerdings kann sich der Verlaggeber verpflichten, bei der Schaffung des Werkes nach einer bestimmten Methode vorzugehen. Ebenso kann er zusichern, daß das Werk gewisse Merkmale aufweisen werde, die nicht die schöpferische oder wissenschaftliche Qualität betreffen, z.B. Eignung für einen bestimmten Gebrauch. Mit dem Begriff des Verlagsvertrages unvereinbar ist die Haftung des Verlaggebers für den wirtschaftlichen Erfolg des Werkes. Eine solche Haftungsübernahme käme auf eine Risikoübernahme hinaus, so daß je nachdem Kommissionsverlag oder Gesellschaftsvertrag vorliegen würde. Gemäß Art. 381 Abs. 3 OR haftet der Verlaggeber auch dafür, daß das in Verlag gegebene Werk nicht schon bei einem andern Verleger veröffentlicht worden ist. Dieser Artikel enthält sowohl eine Rechts- wie eine Sachgewährleistung: nämlich zunächst die selbstverständliche Haftung des Verlaggebers dafür, daß er nicht schon zugunsten eines anderen Verlegers über das Werk verfügt hat; darüber hinaus aber die Haftung dafür, daß dieses noch nicht veröffentlicht ist, wenn er diesen Umstand dem Verleger nicht mitgeteilt hat. Über

---

[9] BAPPERT/MAUNZ, S. 156, der aber schon aus dem Begriff der Gewährleistung eine analoge Anwendung der Kaufregeln insbesondere auch Kausalhaftung für unmittelbaren und Verschuldenshaftung für den weiteren Schaden befürwortet. Ebenso OSER/SCHÖNENBERGER, S. 1443.
[10] BAPPERT/MAUNZ, S. 321; ULMER, S. 332; ZR 50, 1951, Nr. 222.

den Wortlaut des Artikels hinaus dürfte der Verlaggeber verpflichtet sein, den Verleger über jede frühere Verwendung des Werkes vor Vertragsschluß zu informieren, sofern diese geeignet ist, die Verbreitung des Werkes zu beeinträchtigen.

Bezüglich des übergebenen Werkexemplares haftet der Verlaggeber für seine Eignung als Vorlage zur Vervielfältigung.

V. Mitwirkungspflichten

Grundsätzlich ist die Vervielfältigung und Verbreitung des Werkes Sache des Verlegers. Mit der Ablieferung eines vervielfältigungsreifen Werkexemplares erschöpft sich im allgemeinen die Pflicht des Verlaggebers. Es gibt allerdings Fälle, wo der Verleger zur Erfüllung seiner Pflichten der Mithilfe des Verlaggebers bedarf. Dies ist vor allem dort der Fall, wo die Vervielfältigungsart soviel Kunstfertigkeit erfordert, daß sie am besten vom Künstler selbst vorgenommen wird (z.B. Handdruck von Radierungen). Doch abgesehen von diesen eher seltenen Fällen, wird der Verlaggeber häufig vertraglich Mitwirkungspflichten übernehmen, so insbesondere die Pflicht zur Korrektur der Druckfahnen[11].

§ 93. Pflichten des Verlegers

I. Vervielfältigungs- und Verbreitungspflicht

1. Allgemeines

Die Übernahme der Vervielfältigungs- und Verbreitungspflicht durch den Verleger ist für das Vorliegen eines Verlagsvertrages wesentlich. Der Verleger kann sich ihrer auch nicht durch die Zahlung des vollen Honorars entledigen. Erfolg oder Mißerfolg eines Werkes hängen oft zum großen Teil vom Geschick und guten Ruf des Verlegers ab. Dieser hat deshalb seine

---

[11] TROLLER, S.906, der DITTRICH, S.104, zitiert, nimmt an, daß eine entsprechende Verpflichtung gemäß Verkehrssitte im Buchverlag bestehe. Ebenso BAPPERT/MAUNZ, S.36. Ebenso dürfte eine solche Verpflichtung im Musiknotenverlag bestehen, können hier doch Fehler in der Notierung praktisch nur vom Komponisten erkannt werden.

Pflichten – vorbehältlich einer andern Abrede – persönlich zu erfüllen[1]. Persönliche Erfüllung bedeutet, daß er das Werk unter seinem Namen und auf seine Verantwortung herausgeben muß. Wohl wird er im Normalfall die meisten im Zusammenhang mit der Herausgabe des Werkes anfallenden Arbeiten weiterdelegieren, verwehrt ist ihm aber im Zweifel die Weiterdelegation der eigentlichen organisatorischen Arbeit. Insbesondere kann er sich nicht mit der bloßen Lizenzerteilung im Rahmen seines Rechtes an andere Verleger begnügen, die dann die Vervielfältigung und Verbreitung übernehmen[2]. Etwas anderes kann sich ausdrücklich oder stillschweigend aus dem Vertrag ergeben. So findet man in Musikverlagsverträgen die Klausel, daß der Verleger seine Pflicht auch dann erfüllt hat, wenn das Werk in eine Sammlung aufgenommen wird, selbst wenn diese nicht im Namen des betreffenden Verlegers herausgegeben wird[3]. Der Verleger ist bei der Erfüllung seiner Pflichten im Rahmen des Vertrages frei und insbesondere keiner Weisungsbefugnis des Verlaggebers unterworfen. Es steht ihm ein weiter Spielraum des Ermessens zur Verfolgung seiner eigenen wirtschaftlichen Ziele zur Verfügung. Jedoch hat er das Urheberrecht des Werkschöpfers zu berücksichtigen, unbeachtet ob dieser selbst Vertragspartner ist oder nicht. Aus diesem läßt sich ein Verbietungsrecht gegenüber gewissen Entscheiden des Verlegers herleiten; in besonderen Fällen gibt es dem Urheber aber auch die Möglichkeit, gestaltend ins Vertragsverhältnis einzugreifen. So kann dieser im Normalfall dem Verleger jede Änderung des Werkes verbieten, darüber hinaus aber von ihm auch verlangen, daß Verbesserungen am Werk vorgenommen werden (Art. 385 Abs. 1 OR). Allerdings dürfen dadurch die Verlagsinteressen nicht verletzt werden. Für allfällige unvorhergesehene Kosten, die dadurch verursacht werden, hat der Urheber aufzukommen. Der Verleger seinerseits hat auch auf die seinem Vertragspartner eingeräumten Beteiligungsrechte am Erlös Rücksicht zu nehmen. Er darf keine Entscheidungen treffen, durch welche er diese Rechte zu seinem eigenen Vorteil schmälert. Der in Art. 385 Abs. 1 getroffene Interessenausgleich ist wegweisend für die Lösung von Konflikten, die sich zwischen Verleger und

---

[1] Vgl. Art. 68 OR. Vgl. auch TROLLER II, S. 919, der auf die werkvertragliche Regel von Art. 364 Abs. 2 verweist. Das Verlagsverhältnis ist noch in höherem Maße als der Werkvertrag ein Vertrauensverhältnis, bei welchem es auf die persönlichen Eigenschaften der Parteien ankommt.
[2] Diese ist ihm nur soweit erlaubt, als er vom Urheber ermächtigt ist oder der Vertragszweck es erfordert. Hingegen ist meines Erachtens eine im Rahmen des Verlagsrechtes ohne Erlaubnis des Verlaggebers erteilte Lizenz trotzdem gültig im Gegensatz zu einer unbefugten Weiterübertragung des Rechts. Anders gemäß Vorentwurf II, Art. 23 Abs. 2.
[3] Im Musikverlag, insbesondere bei der Vervielfältigung auf Tonträger ist es häufig, daß wenig bekannte Stücke mit bekannteren zu Sammelwerken zusammengestellt werden, um den Absatz zu fördern.

Urheber ergeben können, falls der Urheber nicht gleichzeitig Verlaggeber ist.

Das Gesetz enthält keine Spezialbestimmung darüber, wann der Verleger mit der Vervielfältigung beginnen muß. Es gilt deshalb die allgemeine Regel, daß vertragliche Pflichten sofort zu erfüllen sind (Art. 85 OR). Doch steht dem Verleger ein gewisser Ermessensspielraum für die Bestimmung des genauen Zeitpunktes zu, sofern dies im Interesse eines besseren Erfolges des Werkes liegt[4]. Oft läßt sich der Verleger das Recht einräumen, selbst den Zeitpunkt des Erscheinens zu bestimmen. Doch auch durch eine solche Klausel kann der Verleger die Erfüllung seiner Pflicht nicht über Treu und Glauben hinaus aufschieben[5].

2. Die Vervielfältigungspflicht

Unter Vervielfältigung ist die unveränderte Wiedergabe in mehreren Werkexemplaren zu verstehen. Heute stehen je nach Werkart eine Unzahl verschiedener Techniken zur Verfügung. Neben dem Druck gewinnen zunehmend photomechanische Verfahren sowie das Festhalten auf Ton- und Bildträgern an Bedeutung. In neuester Zeit werden urheberrechtlich geschützte Werke auch in elektronischen Datenverarbeitungsanlagen gespeichert[6]. Dies stellt dann eine Vervielfältigung im Sinne des Vertragsrechtes des gespeicherten Werkes dar, wenn der gespeicherte Text im Sinne einer Verbreitung wiedergegeben werden kann[7]. Die Entwicklung weiterer Verfahren liegt heute im Rahmen des Möglichen. Im Musikverlag findet sich noch vereinzelt das Abschreiben von Musiknoten, während im Kunstverlag dem Abguß von Plastiken eine gewisse Bedeutung zukommt. Meistens vereinbaren die Parteien eine bestimmte Vervielfältigungsart oder setzen diese stillschweigend voraus. Ausnahmsweise ist die Klausel anzutreffen, daß der Verleger zwischen verschiedenen Wiedergabearten wählen kann[8].

Der Verleger ist verpflichtet, das Werk ohne Kürzungen, ohne Zusätze und ohne Abänderungen zu vervielfältigen (Art. 384 Abs. 1 OR). Verstöße gegen diese Pflicht kann der Urheber als Urheberrechtsverletzungen ver-

---

[4] Vgl. VON HASE, a.a.O., S. 20.
[5] Art. 23 Abs. 4 VE II gewährt dem Urheber das Recht, die (ausschließliche) Befugnis u.U. zu entziehen.
[6] Vgl. dazu ULMER, Elektronische Datenbanken und Urheberrecht, München 1971.
[7] So z.B. durch Erscheinen des Textes auf einem Tischbildschirm zur Ermöglichung der Lektüre. Zu diesen neuen technischen Möglichkeiten vgl. etwa TH. LUTZ/H. KLIMESCH, Die Datenbank im Informationssystem, München 1971.
[8] Im Musikverlag läßt sich der Verleger häufig die Wahlmöglichkeit zwischen Notendruck und der Herausgabe auf einem Tonträger einräumen.

folgen. Von der Verpflichtung des Verlegers zur werktreuen Wiedergabe zu unterscheiden ist seine Pflicht, das Werk in angemessener Ausstattung erscheinen zu lassen (Art. 384 Abs. 1 OR): diese Pflicht bezieht sich auf die äußere Qualität des einzelnen Werkexemplares, was z. B. vom verwendeten Material und von der handwerklichen Fertigung abhängen kann. Angemessenheit bedeutet, daß der Verleger, einerseits auf die Natur des verlegten Werkes, anderseits aber auf die Übung zu achten hat. Die Pflicht zur werktreuen Wiedergabe und zu angemessener Ausstattung lassen sich aber nicht immer klar unterscheiden. Bei Werken der bildenden Kunst und auch bei der Vervielfältigung von Werken auf Ton- und Bildträger kann eine schlechte Wiedergabetechnik auch die Werktreue beeinträchtigen.

Wesentlich für die Abwicklung des Vertrages ist die Festlegung des Umfanges der Vervielfältigungspflicht. Diese wird in der gesetzlichen Regelung von Art. 383 OR durch den Begriff der Auflage bestimmt. Darunter wird diejenige Anzahl von Werkexemplaren verstanden, die in einem Arbeitsgang hergestellt werden[9]. Der Verleger ist nur zu einer Auflage berechtigt und verpflichtet[10]. Die Stärke der Auflage wird vom Verleger bestimmt, doch hat er mindestens so viele Exemplare herzustellen, als zu einem gehörigen Umsatz erforderlich sind[11]. Der gesetzliche Begriff der Auflage setzt voraus, daß eine größere Anzahl von Werkexemplaren in einem Arbeitsgang

---

[9] Vgl. Art. 383 Abs. 2 OR (maßgebend sei der «erste Druck»); TROLLER II, S. 908; ULMER, S. 348f.; BAPPERT/MAUNZ, S. 107f. und RINTELEN, S. 320, gehen von einem andern Auflagenbegriff aus, sie verstehen darunter «diejenige Anzahl von Exemplaren, zu deren Herstellung der Verleger im Rahmen des Verlagsverhältnisses oder eines Abschnittes des Verlagsverhältnisses berechtigt ist». TROLLER verkennt aber meines Erachtens, daß diese für das deutsche Verlagsgesetz brauchbare Interpretation für das schweizerische OR nicht anwendbar ist. Im Unterschied zum schweizerischen Recht enthält nämlich die deutsche Regelung eine ziffernmäßige Umschreibung der Auflage (1000 Exemplare) während die schweizerische Regelung die Höhe derselben durch den Verleger festlegen läßt (Art. 383 Abs. 2 OR). Die Übernahme des von TROLLER auf S. 908 erwähnten Auflagenbegriffes würde so dem Verleger freie Hand zum Nachdruck im Rahmen derselben Auflage lassen, während das Beharren auf dem ursprünglichen Begriff der Auflage ihn wenigstens zwingt, von vorneherein einen Entscheid über die Höhe der Auflage zu treffen. Es steht den Parteien ja frei, sich vom gesetzlichen Begriff der Auflage zu lösen. Dies dürfte dann der Fall sein, wenn die Parteien den Umfang des Vervielfältigungsrechtes und der Vervielfältigungspflicht ziffernmäßig festlegen. Vgl. dazu auch TÂCHE, S. 213f.

[10] Art. 383 Abs. 1 OR.

[11] Art. 383 Abs. 2 OR; vgl. RINTELEN, S. 320ff. «Gehörig» bedeutet die für entsprechende Werke übliche Mindestauflage. § 5 DVerlG kann meines Erachtens höchstens als Ansatzpunkt einer Übung im Buchhandel herangezogen werden. Anderer Ansicht offenbar TROLLER, S. 909. Für den Kunsthandel vgl. Richtlinien für den Abschluß und Auslegung von Verträgen zwischen bildenden Künstlern und Verlegern (zitiert nach BAPPERT/MAUNZ, S. 484). § 3 Abs. 2: «Ist die Zahl der Vervielfältigungen im Vertrage nicht bestimmt, so ist, falls sich nicht aus der Eigenart des vorliegenden Verlagsvertrages ein anderes ergibt, der Verleger berechtigt, 500 und von Vervielfältigungen, die zur Massenverbreitung bestimmt oder geeignet sind, 5000 herzustellen.»

hergestellt wird. Gemäß der gesetzlichen Regelung muß sich also der Verleger von vornherein entscheiden, wieviele Exemplare er herstellen will. Ein späterer Nachdruck ist ihm nur im Rahmen einer Neuauflage gestattet. Doch ist es den Parteien unbenommen, sich vom gesetzlichen Begriff der Auflage zu lösen. Neue Techniken ermöglichen es bei gewissen Werkarten, die Vervielfältigung eines Werkes allmählich, entsprechend dem Absatz, vorzunehmen. Doch ist in einem solchen Fall erforderlich, daß die Parteien anderweitig den Umfang der Vervielfältigungsrechte und Pflichten des Verlegers festlegen, z.B. durch Bestimmung der Anzahl der Werkexemplare im Vertrag[12]. Insbesondere kann sich der Verleger nur dort auf Art. 383 Abs. 2 OR berufen, wonach der Verleger den Umfang der Auflage bestimmt, wo die Parteien auch tatsächlich vom gesetzlichen Begriff der Auflage ausgehen. Ist nichts anderes vereinbart, erschöpft sich die Vervielfältigungspflicht des Verlegers mit der Herstellung einer Auflage. Der Verleger kann sich aber auch zum voraus zur Veranstaltung einer Neuauflage verpflichten. In diesem Fall hat er, sobald das Werk vergriffen ist, d.h. sämtliche Werkexemplare in Verkehr gesetzt worden sind, eine Neuauflage herzustellen. Dem Urheber hat er vorher Gelegenheit zu geben, Verbesserungen an seinem Werk vorzunehmen (Art. 385 Abs. 2 OR). Für die Neuauflage gelten im Zweifel die gleichen Bedingungen wie für die vorhergehende (Art. 388 Abs. 3 OR)[13].

Oft läßt sich der Verleger die Rechte für sämtliche Auflagen einräumen, ohne daß er eine Pflicht zur Veranstaltung von Neuauflagen übernimmt. Diesen Fall regelt Art. 383 Abs. 3 OR: «Wurde das Verlagsrecht für mehrere Auflagen oder für alle Auflagen übertragen und versäumt es der Verleger, eine neue Auflage zu veranstalten, nachdem die letzte vergriffen ist, so kann ihm der Verlaggeber gerichtlich eine Frist zur Herstellung einer neuen Auflage ansetzen lassen, nach deren fruchtlosem Ablauf der Verleger sein Recht verwirkt.» Damit wird eine sich im Rahmen von Art. 107 ff. OR einfügende, aber für den Verlagsvertrag spezielle Regelung eingeführt. «Verwirkung des Rechts» dürfte nichts anderes bedeuten, als daß der Verlagsvertrag bzw. die fragliche Klausel dahinfällt. Die Folgen sind analog dem Rücktrittsfall

---

[12] Wurde nur die Berechtigung ziffernmäßig festgelegt, so dürfte die Verpflichtung der Berechtigung entsprechen. Meines Erachtens kann sich auch dann, wenn sich die Parteien vom gesetzlichen Auflagenbegriff lösen und die Auflage sukzessive herstellen, der Verleger der Vervielfältigungspflicht nicht mit dem Hinweis entziehen, es finde kein Absatz mehr statt.

[13] Art. 388 Abs. 3 OR bestimmt, daß im Zweifel für jede folgende Auflage dieselben Vertragsbedingungen gelten, wie für die erste Auflage. Diese Formulierung dürfte auf einem Versehen des Gesetzgebers beruhen und wäre wenig sinnvoll, wenn im Vertrag für spätere Auflagen andere Abmachungen getroffen worden sind. Vgl. OSER/SCHÖNENBERGER, S. 1454, der darüber hinaus der Ansicht ist, daß Art. 388 Abs. 3 nicht Anwendung finde, wenn für die vorhergehende Auflage keinerlei Honorar zu leisten war.

nach Art. 109 OR zu ziehen. Dem Verlaggeber stehen trotz Art. 383 Abs. 3 OR die sonstigen Mittel gemäß Art. 107 wahlweise zur Verfügung, mit Ausnahme des Rücktrittsrechtes. Diese Regelung ist zweckmäßig, würde ja das Rücktrittsrecht den ganzen Vertrag erfassen, also auch den schon erfüllten Teil. Der Vorgang ist als bedingte Kündigung zu werten. Nach Ablauf der Frist erlischt das Recht des Verlegers ohne weiteres. Der Verleger wird unter Umständen schadenersatzpflichtig[14]. Der Verlaggeber kann sich deshalb nicht auf Nichterfüllung berufen und gemäß Art. 97ff. OR vorgehen.

Die Vervielfältigungspflicht des Verlegers erschöpft sich im allgemeinen mit der Herstellung der vereinbarten Auflagenzahl. Eine besondere Regelung sieht Art. 391 Abs. 2 OR für den Fall vor, daß die schon hergestellte Auflage vor dem Vertrieb untergeht. Hier hat der Verleger die Auflage wiederherzustellen, wenn dies ohne unverhältnismäßig hohe Kosten geschehen kann.

3. Die Verbreitungspflicht

Durch den Abschluß eines Verlagsvertrages verpflichtet sich der Verleger, das Werk in Vertrieb zu setzen. Dies bedeutet, daß er die vervielfältigten Werkexemplare in Verkehr zu bringen und für gehörige Bekanntmachung zu sorgen hat[15]. Zur Verbreitung des Werkes ist er nur soweit verpflichtet, als dies als übliches Mittel für einen gehörigen Absatz notwendig ist (Art. 384 Abs. 1 OR).

Bei der Erfüllung seiner Verbreitungspflicht haftet der Verleger für sorgfältige Ausführung ähnlich dem Beauftragten. Er ist nicht verpflichtet, sich für ein schwer verkaufbares Werk mehr einzusetzen, als für die übrigen bei ihm verlegten Werke. Allerdings kann die Art des Werkes besondere Maßnahmen erfordern. So soll z. B., wenn sich das Werk nur an einen bestimmten Interessenkreis wendet, eine zweckentsprechende Werbung betrieben werden. Dem Verleger stehen heute in den meisten Verlagssparten gut ausgebaute Verteilerorganisationen zur Verfügung, die für ihn den Vertrieb des Werkes übernehmen. Steht eine solche Organisation zur Verfügung, so genügt der Verleger im allgemeinen seiner Vertriebspflicht, wenn er das Erscheinen des Werkes genügend bekanntmacht und die Verbreitung des Werkes dieser Organisation überläßt[16]. Auch bei der Erfüllung der Verbreitungs-

---

[14] Vgl. OSER/SCHÖNENBERGER, S. 1446; STÄMPFLI, S. 80; TROLLER II, S. 912 (Verneinung der Schadenersatzpflicht). Anderer Ansicht LÜDIN, S. 124f.
[15] Was durch Prospekte, Versendung von Besprechungsexemplaren, Belieferung der Sortimente usw. geschieht.
[16] Vgl. BAPPERT/MAUNZ, S. 189.

pflicht hat der Verleger auf das Urheberrecht des Werkschöpfers sowie die dem Verlaggeber eingeräumten Gewinnanteile Rücksicht zu nehmen. Dies kann sich bei der Festsetzung des Ladenpreises, aber auch der Form der Werbung auswirken. So kann sich der Urheber sowohl gegen eine übersetzte Ladenpreisforderung, die den Absatz übermäßig erschwert (Art. 384 Abs. 2 OR) wie gegen eine plötzliche unverhältnismäßige Herabsetzung des Ladenpreises (sog. Verramschung), die den Ruf des Werkes beeinträchtigen können, zur Wehr setzen. Erweist sich das Werk trotz üblicher Sorgfalt als unverkäuflich, so hat der Verleger seine Verbreitungspflicht trotzdem erfüllt. Ist auch in Zukunft kein ordentlicher Absatz mehr zu erwarten, so kann er, wenn sich der Urheber einer Verramschung widersetzt, oder eine solche erfolglos geblieben ist, den unverkauften Teil der Auflage vernichten[17]. Der Verlaggeber kann dies dadurch abwenden, daß er den Rest der Auflage zum Makulaturwert aufkauft.

II. Die Honorarpflicht

Ein Honorar an den Verlaggeber gilt als vereinbart, wenn nach den Umständen die Überlassung des Werkes nur gegen ein Honorar zu erwarten war (Art. 388 Abs. 1 OR). Enthält der Vertrag keine Abmachung bezüglich Honorar, ist deshalb den Umständen des Einzelfalles zu entnehmen, ob der Verlaggeber für die Überlassung des Werkes ein Honorar erwarten durfte. Dabei ist vor allem die Übung zu berücksichtigen, aber auch die generelle Gewinnerwartung des Werkes bei Vertragsabschluß. Die Höhe des Honorars setzt im Streitfall der Richter nach dem Gutachten von Sachverständigen fest (Art. 388 Abs. 2 OR).

Der Verleger kann den Verlaggeber mit einer Pauschale abfinden. Dies wird er meistens dann tun, wenn sich der Erfolg des einzelnen Werkes nicht beurteilen läßt (z. B. bei Beiträgen zu Sammelwerken). Meist aber wird ein Honorar vereinbart, das den Verlaggeber in irgend einer Form am Erfolg des Werkes beteiligt, z. B. in einem Prozentsatz des Umsatzes. Seltener findet man die Ausgestaltung des Verlagsvertrages als echtes partiarisches Verhältnis[18], indem der Verlaggeber am Reingewinn beteiligt wird. Falls das Honorar ganz oder teilweise vom Absatz abhängig gemacht wird, ist der Verleger zu übungsgemäßer Abrechnung und Nachweis des Absatzes verpflichtet (Art. 389 Abs. 2 OR). Das Honorar wird fällig, sobald das ganze Werk oder –

---

[17] Vgl. TROLLER II, S. 906; BAPPERT/MAUNZ, S. 242.
[18] Vgl. dazu Anm. 13 zu § 89.

wenn es in Abteilungen erscheint – sobald die Abteilung gedruckt ist und ausgegeben werden kann (Art. 389 Abs. 1 OR). Anders wenn das Honorar vom Absatz abhängig ist. Hier dürfte analog zum Arbeitsvertrag mangels anderer Abrede und Übung anzunehmen sein, daß jeweils auf Ende eines Geschäftsjahres abzurechnen ist und das Honorar fällig wird, sobald dieses festgestellt ist, jedoch spätestens sechs Monate nach Ablauf des Geschäftsjahres (Art. 322a Abs. 1 und Art. 323 Abs. 3 OR)[19].

Geht das Werk nach der Ablieferung an den Verleger durch Zufall unter, so ist dieser gleichwohl zur Zahlung des Honorars verpflichtet. Wurde eine Beteiligung des Verlaggebers am Umsatz vereinbart, so ist diese nach dem wahrscheinlichen Umsatz zu berechnen[20]. Dabei kann die in Aussicht genommene oder übliche Auflagenhöhe als Richtlinie dienen. Für die Wiederherstellung von vor dem Vertrieb untergegangenen Werkexemplaren hat der Verlaggeber keinen Anspruch auf Honorar (Art. 391 Abs. 1 OR).

III. Freiexemplare und Verfasservergünstigungen

Von alters her ist es im Buchvertrag üblich, daß der Verleger dem Verfasser nach erfolgter Vervielfältigung einige Werkexemplare unentgeltlich zu dessen persönlichem Gebrauch oder für Geschenkzwecke abgibt. Das Gesetz folgt diesem Brauch insofern, als es mangels einer anderen Abrede, eine gesetzliche Pflicht des Verlegers zur Abgabe von Freiexemplaren vorsieht (Art. 389 Abs. 3 OR). Dies ist in nahezu allen Verlagssparten üblich, wobei aber die Zahl unterschiedlich ist. Beim Zeitungsverlag ist meistens nur die Abgabe eines einzigen Belegexemplares üblich, während bei Beiträgen zu wissenschaftlichen Sammelwerken oft eine größere Anzahl von Sonderdrucken abgegeben wird. Als Anhaltspunkt einer Übung zumindest für den Buchvertrag dürfte § 25 Abs. 1 DVerlG angesehen werden, das bei literarischen Werken (ausgenommen Beiträgen zu Sammelwerken) vorsieht, daß der Verleger auf je 100 Vervielfältigungen 1 Freiexemplar, mindestens jedoch fünf und höchstens 15 zu liefern hat. Das deutsche Verlagsgesetz gibt in § 26 dem Verfasser überdies das Recht, eine beliebige Anzahl der dem Verleger zur Verfügung stehenden Werkexemplare zu einem Vorzugspreis zu beziehen, d.h. zum niedrigsten Preis für welchen dieser das Werk im Vertrieb seines Verlagsgeschäftes abgibt. Ähnliche Klauseln finden sich ab und

---

[19] Gleicher Meinung für das alte Arbeitsrecht OSER/SCHÖNENBERGER, S. 1455; TROLLER II, S. 914.
[20] Vgl. OSER/SCHÖNENBERGER, S. 1456, die für die Berechnung auf das richterliche Ermessen verweisen (analog Art. 388 Abs. 2 OR).

zu auch in den in der Schweiz verwendeten Vertragsformularen. Für das schweizerische Recht läßt sich jedoch aus dem Gesetz eine solche Verpflichtung des Verlegers nicht herleiten[21]. Der Verleger darf während der Dauer des Vertrages weder mit den Freiexemplaren noch mit den zum Vorzugspreis gekauften Exemplaren in Konkurrenz zum Verleger treten. Dies ergibt sich aus der vertraglichen Treuepflicht.

§ 94. Die Beendigung des Verlagsverhältnisses

I. Beendigungsgründe

1. Erschöpfung der Auflage oder Zeitablauf

Meist wird dem Verleger das Vervielfältigungs- und Verbreitungsrecht für eine bestimmte Anzahl Werkexemplare, Auflagen oder aber für eine bestimmte Zeitdauer eingeräumt. Das Verlagsrecht erlischt, sobald der Verleger seine vertragliche oder gesetzliche Berechtigung ausgeschöpft hat oder die vereinbarte Zeit abgelaufen ist[1]. Haben die Parteien nichts anderes vereinbart, so endet das Vertragsverhältnis auch mit dem Ablauf der Schutzfrist des Werkes[2].

2. Verzicht des Verlegers auf Ausübung des Verlagsrechtes

Oft läßt sich der Verleger über den Umfang seiner Vervielfältigungs- und Verbreitungspflicht hinaus Rechte einräumen. Ist dies der Fall, so befindet sich das Verlagsverhältnis nach Erfüllung der Verlegerpflichten in einer Art Schwebezustand. Die einzelnen vertraglichen Pflichten sind durch Erfüllung erloschen, der Verleger ist hingegen weiterhin Inhaber von Verwertungsrechten. Er besitzt das Recht, das Vertragsverhältnis durch Veranstaltung einer Neuauflage zu den bisherigen Bedingungen fortzusetzen, ohne aber dazu verpflichtet zu sein[3]. Der Verlaggeber kann diesen Schwebezustand

---

[21] LÜDIN, S. 110; BAPPERT/MAUNZ, S. 272.
[1] Vgl. TROLLER II, S. 909; RINTELEN, S. 412 ff.; BAPPERT/MAUNZ, S. 307; § 29 Abs. 1 DVerlG.
[2] LÜDIN, S. 117; HUBMANN, S. 213. Es bleibt den Parteien frei, den Vertrag über die gesetzliche Schutzfrist hinaus als unechten Verlagsvertrag fortzusetzen (BAPPERT/MAUNZ, S. 301).
[3] TROLLER II, S. 912 spricht von einem Optionsrecht. Von der Option aber unterscheidet sich dieser Zustand dadurch, daß der Verleger schon Inhaber des Verlagsrechtes ist, während die normale Option nur obligatorisch wirkt.

dadurch beenden, daß er dem Verleger Frist zur Ausübung seines Rechtes ansetzt. Macht der Verleger davon keinen Gebrauch, fallen seine Rechte von Gesetzes wegen an den Verlaggeber zurück. Jedoch kann der Verleger auch von sich aus in einem solchen Fall auf seine Rechte verzichten. Als ein solcher Verzicht ist zu betrachten, wenn der Verleger den unverkaufbaren Rest einer Auflage vernichtet, nachdem er sich ordnungsgemäß für den Absatz eines Werkes eingesetzt hat; dies gilt wohl auch in jenen Fällen, wo er sich die Rechte für sämtliche Auflagen einräumen ließ.

3. Rücktritt oder Kündigung

Rücktritt oder Kündigung beenden ein Vertragsverhältnis durch Ausübung eines Gestaltungsrechtes. Der Verlagsvertrag ist ein Dauerschuldverhältnis, dessen Abwicklung sich über einen längeren Zeitraum erstreckt. Ist ein Teil des Vertrages bereits ordnungsgemäß abgewickelt worden, sind insbesondere bereits Werkexemplare in Umlauf gesetzt worden, so wäre es sinnlos, diese Wirkungen des Vertrages nachträglich rückgängig machen zu wollen, es kommt hier auf jeden Fall nur die Kündigung in Frage. Diese bringt den Vertrag für die Zukunft zum Erlöschen, wobei die allgemeinen Regeln über die Auseinandersetzung bei vorzeitiger Auflösung von Verträgen, insbesondere bezüglich Schadenersatz und Bereicherung, gelten. Für den bereits abgewickelten Teil des Vertragsverhältnisses bleibt jedoch der Vertrag weiterhin in Kraft, die daraus entstandenen Ansprüche bleiben bestehen[4].

Als Kündigungsgrund kann zunächst einmal bei zweiseitigen Verträgen der sonst zum Rücktritt legitimierende Verzug der Gegenpartei (Art. 107 in Verbindung mit Art. 109 OR) angerufen werden. Zu beachten ist jedoch, daß diese Kündigungsmöglichkeit nur gegeben ist bei Verzug mit Leistungen, die im Austauschverhältnis zueinander stehen. Der Verlagsvertrag ist zwar ein zweiseitiger Vertrag, doch enthält er neben dem eigentlichen Vertragssynallagma meist eine Anzahl von Nebenpflichten, die eher eine Hilfsfunktion erfüllen. Dies ist vor allem bei atypischen Verlagsverträgen der Fall. Für solche Pflichten (Rechnungsstellungspflichten, Korrekturpflichten usw.) besteht zwar ebenfalls ein Erfüllungsanspruch, doch kann bei Verzug die Gegenpartei nicht ohne weiteres das ganze Vertragsverhältnis kündigen. Dies ist nur dann der Fall, wenn die Nichterfüllung der Nebenpflicht geeignet ist, Sinn und Zweck des ganzen Vertrages zu gefährden.

---

[4] Vgl. bezüglich dieser Rechtslage bei Dauerschuldverhältnissen die weiteren Hinweise bei PEDRAZZINI, Lizenzvertrag, § 96 IV.

Wie bei andern Dauerschuldverhältnissen besteht auch beim Verlagsvertrag eine zusätzliche Kündigungsmöglichkeit, wenn sich eine Partei auf einen wichtigen Grund[5] berufen kann. Haben sich die Umstände stark verändert, kann auf Grund der clausula rebus sic stantibus ebenfalls eine Kündigung ausgesprochen werden[6]. Neben den engen Voraussetzungen der clausula muß man dem Urheber eines Werkes wohl auch auf Grund seines Urheberpersönlichkeitsrechtes[7] eine außerordentliche Kündigungsmöglichkeit gewähren, so z.B. wenn ein politischer Schriftsteller seine politische Überzeugung vollständig ändert und ähnliche Fälle. Doch besteht für das schweizerische Recht keine Grundlage, dem Urheber ein sogenanntes freies Rückrufsrecht zuzuerkennen[8], dessen Ausübung allein in seiner Willkür liegt; vielmehr muß er schwerwiegende Gründe glaubhaft machen, die seine Lösung vom einmal geschlossenen Vertrag rechtfertigen. Die Natur der Sache bringt es freilich mit sich, daß an eine Beweisführung keine allzu großen Anforderungen gestellt werden dürften. Der Urheber hat den Verleger für die vorzeitige Auflösung des Vertrages angemessen zu entschädigen.

4. Konkurs des Verlegers

Durch den Eintritt des Konkurses über den Verleger werden die Interessen des Verlaggebers in hohem Maße gefährdet. Der Verlag eines Werkes benötigt erhebliche finanzielle Mittel, daneben sieht der Urheber oft auch seine ideellen Interessen gefährdet, wenn der Ruf des Werkes oder gar sein eigener Ruf mit demjenigen eines Konkursiten verknüpft wird. Es würde deshalb naheliegen, dem Verlaggeber ein generelles Rücktrittsrecht beim Konkurs des Verlegers zuzugestehen. Dies wurde seinerzeit bei der Revision des Obligationenrechtes angeregt, der Vorschlag jedoch nicht angenommen[9]. Art. 392 Abs. 3 OR begnügt sich damit, dem Verlaggeber das Recht einzuräumen, von der Konkursverwaltung Sicherstellung für die noch nicht verfallenen Verlagsverbindlichkeiten zu verlangen. Darunter sind sämtliche aus dem Verlagsvertrag eventuell erwachsenden Ansprüche, insbesondere auch

---

[5] Vgl. TROLLER II, S. 918; LÜDIN, S. 227 ff.; BAPPERT/MAUNZ, S. 356; § 35 DVerlG.
[6] Darüber MERZ in Berner Kommentar zum Art. 2 ZGB, N. 181 ff.
[7] Vgl. § 42 DURG; HUBMANN, S. 191.
[8] § 42 Abs. 3 DURG, vgl. dazu O. VON GAMM, Urheberrechtsgesetz, München 1968, S. 501 ff.; sehr zurückhaltend B. SAMSON, Urheberrecht, Pullach 1973, S. 149. Derselbe Gedanke kommt auch in Art. 385 Abs. 1 OR zum Ausdruck. Die Anwendung des Rückrufrechtes für das schweizerische Recht befürworten TROLLER, S. 918 (nur mit größter Zurückhaltung); LÜDIN, S. 227 f.; BAPPERT/MAUNZ, S. 356. Der Vorentwurf II enthält kein Rückrufsrecht.
[9] Vgl. TÂCHE, S. 236. Der Vorschlag umfaßte nur das Rücktrittsrecht vor Beginn der Vervielfältigung.

Honoraransprüche zu verstehen[10]. Erst wenn die Konkursverwaltung dem Begehren nicht nachkommt, kann der Verlaggeber «das Verlagsrecht auf einen andern Verleger übertragen». Diese nicht sehr klare Formulierung ist als Kündigungsrecht des Verlaggebers zu deuten[11]. Die Regelung ist im Grunde genommen die Wiederholung des Grundsatzes von Art. 83 OR, daß eine Partei in zweiseitigen Verträgen beim Konkurs der Gegenpartei nur gegen Sicherstellung zu leisten braucht, wenn der Anspruch auf die Gegenleistung gefährdet erscheint. Beim Verlagsvertrag wird in Art. 392 Abs. 3 der Anspruch auf Sicherheitsleistung aber von keiner besonderen Gefährdung der Interessen des Verlaggebers abhängig gemacht – obwohl diese beim Verlagskonkurs immer gegeben sein dürfte[12].

Leistet die Konkursverwaltung die verlangte Sicherheit oder ist eine solche nicht verlangt worden, so bleibt das Verlagsverhältnis grundsätzlich bestehen. Die Konkursverwaltung kann nun entweder selbst in das Vertragsverhältnis eintreten – die ihr daraus entstehenden Verbindlichkeiten sind Masseverbindlichkeiten – oder sie kann im Rahmen der Verwertung des Verlages die Verlagsrechte auf einen andern Verleger übertragen. Es besteht beim Verlagskonkurs gemäß überwiegender Auffassung eine Ausnahme von der Regel, daß das Verlagsrecht nur mit Zustimmung des Verlaggebers übertragbar ist[13]. Dieser kann das Vertragsverhältnis gegenüber dem Erwerber des Verlagsrechtes nur kündigen, wenn in dessen Person ein wichtiger Grund zur Kündigung vorliegt.

5. Unmöglichkeit der Leistung

Der Verlagsvertrag erlischt, wenn der Urheber vor der Vollendung des Werkes stirbt oder unfähig oder ohne sein Verschulden verhindert wird, es zu vollenden (Art. 392 Abs. 1 OR). Dies kann in jenen Fällen zu Unbilligkeiten führen, wo das Werk kurz vor der Vollendung steht oder bereits teilweise vollendet ist. Das Gesetz ermächtigt deshalb in Art. 392 Abs. 2 OR den Richter, dort, wo die Fortsetzung des Vertragsverhältnisses möglich und billig erscheint, diese zu bewilligen und die nötigen Anordnungen zu treffen.

---

[10] Vgl. OSER/SCHÖNENBERGER, S. 1460.
[11] TROLLER II, S. 917; BAPPERT/MAUNZ, S. 369. Anderer Ansicht sind offenbar OSER/SCHÖNENBERGER und BGE 49 II, 1923, S. 460, die eine Art Ersatzvornahme durch den neuen Verleger auf Kosten des Schuldners annehmen. Letztere Lösung scheint aber bei der gegebenen Situation unzweckmäßig zu sein. Sie ist auch aus dem Gesetzestext nicht ohne weiteres abzuleiten.
[12] Nach dem Vorentwurf II, Art. 78 Ziff. 3, werden (zutreffenderweise) auch die persönlichen Interessen des Verlaggebers vorbehalten.
[13] Vgl. TROLLER II, S. 917 sowie BAPPERT/MAUNZ, S. 365, die aber dies als Indiz für die freie Übertragbarkeit der Verlegerrechte auch im schweizerischen Recht werten.

Dabei hat er auf den Willen des Urhebers, wie er z.B. in einer letztwilligen Verfügung zum Ausdruck kommt, Rücksicht zu nehmen[14]. Stirbt der Verlaggeber nach Ablieferung des Werkes, so bleibt der Verlagsvertrag aufrecht und die Erben treten in die Stellung des Verlaggebers ein.

Die Leistungen der Parteien können aber auch unmöglich werden, weil das Werk untergeht. Untergegangen ist das Werk, wenn sämtliche Werkexemplare zerstört oder nicht mehr auffindbar sind[15]. Geschieht dies vor der Ablieferung an den Verleger, so kann der Verlaggeber seiner Ablieferungspflicht nicht nachkommen. Trifft ihn dabei kein Verschulden, kommt das Vertragsverhältnis gemäß Art. 119 OR zum Erlöschen, der Verlaggeber hat keinerlei Anspruch auf ein Honorar. Geht das Werk erst nach der Ablieferung an den Verleger unter, so kann der Verleger seiner Verpflichtung zur Vervielfältigung und Verbreitung nicht nachkommen, was ebenfalls zum Erlöschen des Verlagsverhältnisses führt. Allerdings sieht das Gesetz für diesen Fall vor, daß der Verlaggeber gleichwohl Anspruch auf ein Honorar hat (Art. 390 Abs. 1 OR).

Anders ist die Rechtslage, wenn der Verlaggeber leicht wieder ein Werkexemplar erstellen kann. Er ist in einem solchen Fall gegen angemessene Entschädigung zur Wiederherstellung des Werkes verpflichtet (Art. 390 Abs. 2 OR). Dabei ist es nicht so wichtig, daß das wiederhergestellte Werk genau dem untergegangenen entspricht, es genügt, wenn es von seinem Zweck und seiner Qualität her im Rahmen des Vertragsverhältnisses ohne weiteres an seine Stelle treten kann[16].

II. Die Liquidation

1. Vertragliche Rechte und Pflichten

Die Aufhebung des Vertrages bringt im allgemeinen sämtliche Rechte und Pflichten aus dem Vertrag zum Erlöschen. Ausgenommen davon sind Ansprüche, die sich auf Grund der bisherigen Abwicklung des Vertrages ergeben. Dazu treten neu die Schadenersatz- und Bereicherungsansprüche aus der Liquidation des in der Zukunft liegenden Teils des Vertrages. Die Auseinandersetzung bei vorzeitiger Auflösung des Verlagsvertrages kann sich

---

[14] Vgl. dazu OSER/SCHÖNENBERGER, S. 1459. Es sind Fälle denkbar, bei denen der Urheber zwar nicht mehr in der Lage ist, das Werk zu vollenden, aber trotzdem urteilsfähig bleibt. Auf keinen Fall darf hier der Richter das Werk gegen den Willen des Urhebers in Verlag geben.
[15] Davon zu unterscheiden ist der Untergang eines einzelnen Werkexemplares, solange noch andere vorhanden sind.
[16] Vgl. TROLLER II, S. 914, der von einer gewissen «Auswechselbarkeit» spricht.

sehr kompliziert gestalten. Es ist zu bedenken, daß die Parteien im Vertrag den Interessenausgleich nicht für einen bestimmten Zeitpunkt, sondern für eine längere Periode gesucht haben. Leistung und Gegenleistung halten sich nicht in jeder Phase das Gleichgewicht; oft hat eine Partei bedeutende Vorleistungen erbracht, die durch die vorzeitige Auflösung des Vertrages wertlos werden können.

In gewissen Fällen können vertragliche Pflichten über die Beendigung des Vertragsverhältnisses hinaus fortbestehen. Haben sich der Verleger und der Verlaggeber z.B. beim Verlag eines graphischen Werkes oder einer Plastik von vornherein auf die Beschränkung der Auflagenhöhe geeinigt, so darf der Verlaggeber das Werk auch nach der Beendigung des Verlagsverhältnisses nicht in derselben Form weiter verwenden.

2. Die Verlagsrechte

Die Beendigung des Verlagsverhältnisses führt von Gesetzes wegen zum Erlöschen der Verlegerrechte[17]. Ist die Schutzfrist für das verlegte Werk noch nicht abgelaufen, fallen diese an den Verlaggeber zurück. Der Verleger darf deshalb keine Vervielfältigungen mehr vornehmen, aber auch bereits vervielfältigte Werkexemplare nicht mehr verbreiten. Diese Konsequenz ist aber meistens für beide Parteien ungünstig. Sie tun deshalb oft besser daran, ein allmähliches Auslaufen des Vertragsverhältnisses zu vereinbaren und insbesondere sich auf eine Verbreitung der bereits vervielfältigten Exemplare zu einigen[18].

3. Eigentumsrechte

Ist nichts anderes vereinbart, bleibt der Verlaggeber Eigentümer der von ihm dem Verleger übergebenen Vervielfältigungsvorlage[19] (Manuskript, Original). Sobald dieses nicht mehr zur Vervielfältigung benötigt wird, kann er es zurückverlangen. Die Vervielfältigungen sind, soweit sie noch nicht veräußert sind, Eigentum des Verlages. Dieser kann über sie jedoch nur insoweit verfügen, als er das Urheberrecht nicht verletzt.

---

[17] Dies folgt aus Art. 381 Abs. 1 OR.
[18] Eine ähnliche Situation wie im Lizenzvertrag, vgl. PEDRAZZINI, Lizenzvertrag, § 104 III 7.
[19] TROLLER II, S. 919; BAPPERT/MAUNZ, S. 275.

Drittes Kapitel

Der Lizenzvertrag

Literatur zum Lizenzvertrag

Die hier angegebenen Werke werden lediglich mit dem Namen des Verfassers zitiert.

R. E. BLUM/M. M. PEDRAZZINI, Das schweizerische Patentrecht, 2. Aufl., 3 Bände, Bern 1975; H. DAVID/L. DAVID, Kommentar zum schweizerischen Markenschutzgesetz, 3. Aufl., mit Supplement, Basel/Stuttgart 1974; G. KLAUER/PH. MÖHRING, Patentrechtskommentar, 3. Aufl., 2 Bände, München 1971; E. MATTER, Kommentar zum Bundesgesetz betreffend den Schutz der Fabrik- und Handelsmarken, Zürich 1939; A. TROLLER, Immaterialgüterrecht, 2. Aufl., Band I und II, Basel/Stuttgart 1968/71.

§ 95. Begriff und Funktionen

I. Begriff

Durch den Lizenzvertrag verpflichtet sich der Lizenzgeber, dem Lizenznehmer die Benutzung eines Immaterialgutes, bzw. von faktisch begründeten Ausschließlichkeitszuständen, die den Immaterialgütern in ihrer Wirkung nahekommen, zu gestatten und der Lizenznehmer (normalerweise) dem Lizenzgeber hierfür eine Lizenzgebühr zu bezahlen.

1. In dieser Definition erfolgt eine Gleichstellung eigentlicher Immaterialgüter (Patent, urheberrechtlich geschütztes Werk, Muster und Modell, Marke) mit sonstigen Gütern, die lediglich faktisch eine Ausschließlichkeitsposition des Lizenzgebers beinhalten (so wie Fabrikationsgeheimnis, Knowhow, Betriebserfahrungen). Im einzelnen ergeben sich aus der Lizenzierung der einen oder anderen Art von Gütern indessen tiefgreifende Unterschiede, so besonders in bezug auf die Haftung bei Leistungsstörungen. Das gleiche gilt aber auch innerhalb der eigentlichen Immaterialgüter[1], so daß die all-

---

[1] So bedingt z.B. die wettbewerbsrechtliche Komponente im Markenrecht die Beachtung der Abnehmerinteressen, was bei technischen Lizenzverträgen hingegen irrelevant ist.

gemeine Definition des Lizenzvertrages lediglich im Sinne eines Oberbegriffes zu verstehen ist, in welchem nur das eine Element sicher gemeinsam ist, nämlich die Gestattung der Benutzung.

2. Die hier angenommene Definition ist positiv, d.h. sie beschreibt in positiver Art die primäre Leistungspflicht des Lizenzgebers[2]. Eine negative Deutung[3] dürfte zu wenig dem Umstand Rechnung tragen, daß das absolute subjektive Recht primär eine (positive) Zuordnungsfunktion ausübt[4], und daß die Lizenzierung ein Ausfluß derselben ist.

3. Die charakteristische Leistung im Rahmen eines Lizenzvertrages ist diejenige des Lizenzgebers. Der Lizenznehmer verpflichtet sich grundsätzlich zur Zahlung eines Entgeltes, also zu einer Gegenleistung, die atypisch ist. Die Leistung hingegen, die der Lizenzgeber zu erbringen hat, nämlich dem Lizenznehmer zu ermöglichen, den Gegenstand des Vertrages zu benutzen, ist, in Verbindung mit der Natur des Gegenstandes selbst, dem Lizenzvertrag eigen[5]. Wie die Pflicht im einzelnen gestaltet sein wird, hängt wiederum vom Gegenstand ab – entweder wird der Lizenzgeber dem Lizenznehmer die Befugnis zur Benutzung des Gegenstandes einräumen (so bei eigentlichen Immaterialgütern)[6], oder er wird dem Lizenznehmer die Kenntnis der faktischen Lage verschaffen müssen, oder endlich – so bei der sogenannten Ausstattungslizenz – er wird, durch Erlaubnis der Nachahmung seiner eigenen Leistung, das sonst damit verbundene unlautere Element ausschalten. Im einzelnen ist die Leistung des Lizenzgebers je nach Vertragsgegenstand zu behandeln.

---

[2] So auch BGE 96 II, 1970, S. 157.
[3] Wie sie z.B. TROLLER II, S. 942 vertritt. Näheres hierüber bei BLUM/PEDRAZZINI, Art. 34, Anm. 56. In den USA herrscht die negative Fassung, vgl. E. LIECHTENSTEIN, Die Patentlizenz nach amerikanischem Recht, Tübingen 1965, S. 5ff., was mit dem rechtlich grundlegenden Unterschied zwischen Erfindung und Schutzrecht zusammenhängt (LIECHTENSTEIN, S. 112ff.). Rechtsvergleichende Ausführungen besonders bei G. HENN, Problematik und Systematik der internationalen Patentlizenzverträge, München 1967, S. 15ff. Auch in Frankreich ist die negative Deutung überholt, vgl. J.-J. BURST, Breveté et licencié, Paris 1970, S. 20ff.
[4] Vgl. dazu etwa K. LARENZ, Allgemeiner Teil des bürgerlichen Rechts, München 1967, § 18 II. Auch wenn man dem absoluten subjektiven Recht einen negativen Gehalt zuerkennt (vgl. z.B. E. BUCHER, Das subjektive Recht als Normsetzungsbefugnis, Tübingen 1965, S. 156), braucht die Lizenzierung nicht auch negativ aufgefaßt zu werden.
[5] Über die Benutzung vgl. unten § 104 III 2.
[6] Wobei hier im Zweifel alle Ausführungsformen des geschützten Gegenstandes, beim Patent also im Rahmen des ganzen Geltungsbereiches nach Art. 51 PatG erfaßt werden. Über mögliche Beschränkungen der Benutzungsbefugnis vgl. BLUM/PEDRAZZINI, Art. 34, Anm. 22; aus der neueren Literatur besonders KLAUER/MÖHRING, § 9, Anm. 47ff.

4. Die Leistung des Lizenznehmers besteht in der Regel in der Zahlung eines Entgeltes, der sogenannten Lizenzgebühr[7]. Zwar ist diese Gegenleistung nicht begriffsnotwendig – es sind Fälle bekannt, in denen der Lizenznehmer als Gegenleistung einen beabsichtigten Angriff auf das Schutzrecht unterläßt, bzw. eine Nichtigkeitsklage gegen das lizenzierte Schutzrecht zurückzieht – die geldwerte Gegenleistung entspricht aber der normalen Lage.

Die Lizenzgebühr kann verschieden berechnet werden: als Stücklizenz, als Pauschallizenz, als gemischte Lizenz. Erfolgt die Leistung des Lizenznehmers auf einmal, oder bewirkt die lizenzmäßig bezahlte Gebühr nach einer bestimmten Quote den Übergang des Schutzrechtes auf den Lizenznehmer, so wird man die lizenzrechtliche Natur des Vertrages verneinen und einen Veräußerungsvertrag annehmen. Nicht hingegen, wenn die Pauschalzahlung lediglich die Funktion einer Minimalgarantie für den Lizenzgeber erfüllt (sogenannte Minimallizenz)[8]. Mit dieser Hauptpflicht sind einige Nebenpflichten verbunden, so insbesondere auf Rechnungslegung. Andere Nebenpflichten des Lizenznehmers sind den einzelnen Vertragskategorien eigen und dort zu behandeln.

II. Die Funktionen des Lizenzvertrages

Der Lizenzvertrag erfüllt mannigfache Funktionen – die im Hinblick auf ihre Bedeutung für die Auslegung des einzelnen Vertrages einer kurzen Aufzählung bedürfen[9].

1. Die normale Funktion des Lizenzvertrages besteht darin, dem Lizenznehmer die Benutzung eines Gutes zu ermöglichen, das ihm sonst aus rechtlichen oder faktischen Gründen nicht zur Verfügung steht. Durch die Erweiterung der von ihm einsetzbaren gewerblichen Güter beabsichtigt der Lizenznehmer eine Verbesserung seiner Konkurrenzlage, insbesondere die Erreichung eines Wettbewerbsvorsprunges – indem er an der privilegierten Stellung des Lizenzgebers teilhat[10]. In diesen durchaus normalen Fällen

---

[7] In der Praxis auch «Royalty» genannt. Aus der Praxis ZüHG in ZR 73, 1974, Nr. 32.
[8] Die Folgen der Nichtleistung der Minimallizenz können verschieden sein, z.B. Auflösung des Lizenzvertrages, Umwandlung einer ausschließlichen in eine einfache Lizenz, sonstige (gegenständliche, gebietsmäßige oder zeitliche) Einschränkungen der Lizenz.
[9] Wirtschaftliche Daten zum internationalen Lizenzaustausch bei A. WOLF/C. WERTH, Der internationale technisch-industrielle Lizenzaustausch, Düsseldorf 1972.
[10] Beim Lizenzvertrag bezüglich urheberrechtsfähiger Werke ist die Funktion insofern etwas anders, als dort, eher als bei technischen Lizenzverträgen, eine Art Arbeitsteilung sich aus der

erfüllt der Lizenzvertrag die Funktion eines Gebrauchsüberlassungsvertrages und zwar auch dann, wenn die Interessen der Vertragsparteien zu einem Lizenzaustausch führen.

2. Sonstige Funktionen

In der Praxis wird der Lizenzvertrag, vor allem derjenige über technische Sachverhalte, auch zu anderen Zwecken eingesetzt, besonders zu folgenden[11]:

a) Lizenzvertrag als Vergleichsmittel

In der Unterart der Freilizenz wird der Lizenzvertrag öfters dazu benutzt, einen Vergleich bei Verletzungs- oder Nichtigkeitsprozessen einzukleiden, mit dem beiden Teilen zukommenden Vorteil der Erhaltung der in Frage stehenden Rechtssituation bzw. des entsprechenden Immaterialgüterrechtes[12].

b) Lizenzvertrag als Mittel zum wirtschaftlichen Zusammenschluß

Die Komplementarietät der technischen und wirtschaftlichen Interessen zweier oder mehrerer Unternehmen kann eine Zusammenarbeit nahelegen – der Lizenzvertrag bietet dann, bei entsprechender tatsächlicher Grundlage, einen wirksamen Weg dazu, der zum eigentlichen Zusammenschluß führen kann[13]. Die Interessenten können sich in einem System von Lizenzaustauschverträgen binden oder ihren lizenzfähigen Besitz vergemeinschaften, wobei der Grad der Vergemeinschaftung durch die gewählte Gesellschaftsform bedingt ist. Der Lizenzvertrag übernimmt hier also Funktionen, die einem synallagmatischen Vertrag nicht mehr eigen sind – dementsprechend wird er rechtlich zu behandeln sein.

c) Der Lizenzvertrag als Form des Schadenersatzes

Kann der Schadenersatz bei Verletzung eines Immaterialgüterrechts nach der sonst geschuldeten Lizenzgebühr berechnet werden[14], so gibt es Fälle,

---

Tatsache ergibt, daß der Urheber selten die Auswertung des Werkes selbst übernehmen kann. Vgl. hierüber die Ausführungen bei PEDRAZZINI, Verlagsvertrag.
[11] Näheres bei BLUM/PEDRAZZINI, Art. 34, Anm. 3 ff.
[12] Vgl. ZüHG in ZR 1909, Nr. 105 und BGE 96 II, 1970, S. 154 ff.; Ob dieser Weg zur Erhaltung eines Immaterialgüterrechtes zulässig sei, kann auf Grund kartellrechtlicher Überlegungen bestritten werden. Vgl. die Hinweise sub § 109.
[13] Vgl. dazu aus der neueren Literatur besonders H.-J. SCHULTE, Lizenzaustausch und Patentgemeinschaften im amerikanischen und im deutschen Recht, Frankfurt 1971.
[14] Vgl. dazu TH. FISCHER, Schadenberechnung im gewerblichen Rechtsschutz, Basel 1961.

in denen ein eigentlicher Lizenzvertrag abgeschlossen wird, um die stattgefundene Verletzung aufzufangen und so dem Verletzten Ersatz des ihm zugefügten Schadens zu leisten. Dies wird besonders dann der Fall sein, wenn das Recht auf das Patent dem Geschädigten zustand, eine Situation, die sonst durch Art. 29 PatG gelöst wird.

d) Der Lizenzvertrag als Mittel zur erweiterten Marktbeherrschung

Das Immaterialgüterrecht gewährt seinem Inhaber eine ausschließliche Einsatzmöglichkeit des erfaßten Gutes, woraus also eine bestimmte Marktbeherrschung entstehen kann. Wenn nun der Lizenzvertrag in der Regel den Markt für andere Wettbewerber öffnet, so kann diese Wirkung dadurch illusorisch gemacht werden, daß das Immaterialgut dem Lizenzgeber die Möglichkeit gibt, sich immaterialgüterrechtsfremde Vorteile auszubedingen.

Bei der Lizenzierung eines Patentes werden z.B. Bezugsverpflichtungen vereinbart, die mit dem Geltungsbereich des entsprechenden Schutzrechtes in keinem Zusammenhang mehr stehen. Der Lizenzvertrag wird also zu einem Mittel, das im Vergleich zum immaterialgüterrechtlichen Anspruch eine erweiterte Marktbeherrschung vermittelt – ein Tatbestand, der kartellrechtlich überprüft werden muß.

§ 96. Die rechtliche Einordnung des Lizenzvertrages

I. Gebrauchsüberlassungsvertrag

Es ist schon bemerkt worden, daß der Lizenzvertrag dem Lizenznehmer die Benutzung eines Rechtes bzw. einer faktischen Ausschließlichkeitslage des Lizenzgebers zu gewähren bestimmt ist. Der Lizenzvertrag ist also grundsätzlich unter die Gebrauchsüberlassungsverträge einzuordnen. Neben dem reinen Einordnungswert dieser Erkenntnis[1] ist dieselbe auf dem Gebiete des Immaterialgüterrechts auch insofern von Bedeutung, als diesen Verträgen gemeinsam die Trennung von Innenverhältnis einerseits und der Stellung des Empfängers gegen Dritte andererseits eigen ist[2].

---

[1] Rein formelle Einordnungsfunktion erfüllt diese Kategorie in den meisten Behandlungen des Schuldrechtes. Typisch etwa K. LARENZ, Lehrbuch des Schuldrechts, Bd. II, 9. Aufl., München 1972, §§ 48 ff. Auch bei GUHL/MERZ/KUMMER, Obligationenrecht, 6. Aufl., Zürich 1972, finden sich keine Hinweise auf allgemeine Züge dieser Kategorie (§ 44).
[2] Vgl. PH. HECK, Grundriß des Schuldrechts, Tübingen 1929, § 96.

Bedenkt man aber, daß die genannte Kategorie durchwegs lediglich Miet- und Pachtvertrag erfaßt, so ist der Wert der Unterstellung in bezug auf den Lizenzvertrag gering. In der Tat, Lizenzvertrag einerseits und Miete bzw. Pacht andererseits unterscheiden sich zu stark in wesentlichen Punkten, als daß eine Heranziehung der gesetzlichen Vorschriften für den nichtnormierten Lizenzvertrag sinnvoll wäre. Nur für einige Fragen kann z. B. das Pachtrecht analog auf Lizenzverträge Anwendung finden, so etwa die Art. 279 und 288 OR. Wenn auch Art. 275 OR von «nutzbaren Rechten» spricht, hat sich nämlich der Pachtvertrag geschichtlich auf so spezifische Tatbestände konzentriert, daß seine Übertragung auf dem Gebiete der Immaterialgüter besonders in Anbetracht der Unterschiede im Objekt und in den Funktionen, entsprechend aber auch in der Haftung, nicht sinnvoll wäre, und die Gefahr mit sich bringen würde, charakteristische Züge des Lizenzvertrages der Analogie zu opfern[3].

II. Kaufvertrag

Die gelegentlich behauptete Analogie des Lizenzvertrages mit dem Kaufvertrag[4] kommt, bei eigentlichen Lizenzverträgen, nicht zum Tragen. Als rein synallagmatischer Vertrag und grundsätzlich einem einmaligen Leistungsaustausch dienend, geht der Kaufvertrag von ganz anderen Interessen aus, so daß die entsprechende gesetzliche Regelung höchstens punktuell auf den Lizenzvertrag angewandt werden darf – so etwa bei Mängeln des Vertragsgegenstandes. Anders nur für jene nicht typischen Lizenzverträge, bei denen die Gebrauchsüberlassung von einer eigentlichen Veräußerung des Vertragsgegenstandes ersetzt wird – ein Weg, der bezüglich der Immaterialgüterrechte bewußt oder unbewußt unter der Bezeichnung «Lizenzvertrag» gelegentlich begangen wird. Es gibt auch Fälle, in denen die Vertragsparteien aus besonderen Gründen einen Lizenzvertrag abschließen, wobei aber dem Lizenzgeber sozusagen die nuda proprietas verbleibt – bei denen also die Interessenlage eher derjenigen eines Kauf- als eines Lizenz-

---

[3] Ausführlich dazu BLUM/PEDRAZZINI, Art. 34, Anm. 12. Vgl. auch R. RAMSEYER, Le contrat de licence des brevets d'invention, Diss. Genf 1948, S. 24 ff.; TROLLER II, S. 939 ff. Überholt GUHL/MERZ/KUMMER, a.a.O., S. 350 sowie B. VON BÜREN, Schweizerisches Obligationenrecht, II, Zürich 1972, S. 109. Zutreffend BGE 92 II, 1966, S. 299 f. Eine sehr weitgehende Analogie zur Miete nimmt auch das französische Recht an, aber unter Anerkennung wesentlicher Unterschiede, vgl. BURST, a.a.O., besonders die Zusammenfassung auf S. 95.
[4] So die ältere Rechtsprechung, vgl. die Hinweise bei BLUM/PEDRAZZINI, Art. 34, Anm. 13.

vertrages entspricht. Dann ist aber die Heranziehung kaufrechtlicher Vorschriften gerechtfertigt[5].

III. Vertrag sui generis

Zweck, Funktion und Gegenstand des Vertrages führen dazu, den Lizenzvertrag als Vertrag sui generis zu kennzeichnen[6] – was den Vorteil einer freieren Regelung auf Grund von Art.1 ZGB bietet. In seiner normalen Form läßt sich der Lizenzvertrag als synallagmatischer Vertrag kennzeichnen, was wiederum zur Anwendung von Art.1 ff. OR führt.

IV. Dauerschuldverhältnis

Der Lizenzvertrag wird regelmäßig unter die sogenannten Dauerschuldverhältnisse einzuordnen sein[7]. Für diese Kategorie ist die Tatsache typisch, daß die Leistung eine fortgesetzte ist, womit der Vertrag eine zeitliche Komponente aufweist. Diese Charakteristik wirkt sich besonders dahingehend aus, daß sie eine stärkere Heranziehung des Treu-und-Glauben-Grundsatzes ermöglicht, was bei der Festlegung der Vertragsleistung und der Auflösungsmöglichkeiten zu berücksichtigen ist[8].

V. Vertrag mit gesellschaftsrechtlichem Einschlag

Der grundsätzlich synallagmatische Zug von Lizenzverträgen hindert nicht, daß dieselben sehr oft Elemente aufweisen, die den Lizenzvertrag in die Nähe des eigentlichen Gesellschaftsvertrages rücken[9]. Während eigentliche Gesellschaften gesondert zu behandeln sind, ist hier auf jene Zwischenfälle einzugehen, die dem Gesellschaftsrecht vorgelagert sind. Sie weisen

---

[5] Vgl. BGer im (unveröffentlichten) Entscheid vom 17.Mai 1944 in Sachen Schoop/Color Metall AG. Besonders lehrreich RG in GRUR 1935, S.952ff.
[6] Heute herrschende Meinung: BLUM/PEDRAZZINI, Art.34, Anm.11 ff., besonders Anm.18; TROLLER II, S.938 ff. Rechtsvergleichend HENN, a.a.O., S.10 ff.; BGE 92 II, 1966, S.299 ff.; BGE 96 II, 1970, S.156 ff.
[7] BLUM/PEDRAZZINI, Art.34, Anm.16.
[8] Vgl. BGE 92 II, 1966, S.300.
[9] Vgl. aus der Praxis besonders BGE 75 II, 1949, S.166 ff.; BGE 96 II, 1970, S.156; BGH in GRUR 1965, S.135 ff.; frühere Praxis bei BLUM/PEDRAZZINI, Art.34, Anm.14 und 15. Interessant besonders auch der Entscheid des Bundespatentgerichtes in EBPatG 2, S.102 ff. Ausführliche Angaben bei P. SCHADE, Die Ausübungspflicht bei Lizenzen, Köln 1967, S.51 ff.

den gemeinsamen Nenner eines engeren Zusammenwirkens der Parteien auf – sind also das Ergebnis von komplementären Interessen. Der gesellschaftsrechtliche Einschlag wirkt sich dementsprechend aus: Verstärkung des Treueelementes einerseits – so z.B. durch Nichtzulassung der Nichtigkeitseinrede bezüglich des lizenzierten Patentes[10] – andererseits erleichterte Lossagung vom Vertrag bei Gefährdung des gegenseitigen Vertrauens, da dieser Umstand ein wichtiger Grund zur Kündigung bzw. zur Auflösung darstellt[11].

Die Frage, wann ein Lizenzvertrag gesellschaftsrechtliche Elemente aufweist, kann nicht abschließend beantwortet werden – damit würde man übrigens gerade jene Beweglichkeit ausschalten, die ein Vorzug dieser Zwischenkategorie bildet. Entscheidend bleibt jedenfalls die im Vergleich zum normalen Lizenzvertrag gesteigerte Pflicht der Parteien zur Zusammenarbeit – denn daraus ist auf das Vorliegen eines gemeinsamen Zweckes zu schließen, was wiederum die Gesellschaft gesetzlich charakterisiert (vgl. Art. 530 OR). Als Anzeichen einer solchen gesteigerten Mitwirkung können besonders folgende Vereinbarungen angesehen werden: Benutzung der Erfindung auf gemeinsame Rechnung[12]; sogenannte Nichtangriffsabrede[13]; die Überlassung von weiteren Schutzrechten, besonders von Patenten[14]; der Austausch weitergehender Unterlagen, so z.B. von Verbesserungen, Weiterentwicklungen usw. im Rahmen eines Patentlizenzvertrages[15]; die gemeinsame Tragung der Kosten für die Aufrechterhaltung bzw. für die Verteidigung der lizenzierten Schutzrechte[16] usw.

VI. Gesellschaftsvertrag

Das Interesse der Parteien an einer engeren Zusammenarbeit kann derart vorherrschend sein, daß ein Gesellschaftsvertrag abgeschlossen wird. Das ist dann der Fall, wenn das Interesse an der Ausnutzung eines Immaterialgutes ein ausgesprochen gemeinsames ist und zur Vergemeinschaftung des entsprechenden Rechtes führt, was in den beiden, dem Gesellschaftsrecht bekannten Arten (quoad usum und quoad sortem) geschehen kann. Der Ver-

---

[10] Vgl. BGE 95 II, 1969, S. 271 ff.
[11] Vgl. BGE 96 II, 1970, S. 156.
[12] BGE 75 II, 1949, S. 167; besonders auch RG in GRUR 1935, S. 812 ff.
[13] RG in GRUR 1939, S. 700 ff.
[14] BGE 75 II, 1949, S. 167; BGH in BlPMZ 1957, S. 186.
[15] BGE 75 II, 1949, S. 167; BGE 85 II, 1959, S. 43; BGH in GRUR 1955, S. 338 ff.; BJM 1955, S. 297 ff.
[16] BGer in JT 1915, S. 391 ff.; BGH in GRUR 1955, S. 338.

trag verliert dann seine synallagmatischen Züge, und es erfolgt eine direkte Anwendung besonders der Vorschriften von Art. 530ff. OR, da in der Mehrzahl der Fälle einfache Gesellschaft anzunehmen sein wird. Dieser Tatbestand verwirklicht sich besonders bei technischen Lizenzverträgen, so bei den sogenannten einfachen bzw. durchgeführten Patentgemeinschaften[17].

VII. Schlußfolgerungen

Der Lizenzvertrag ist grundsätzlich ein synallagmatischer Vertrag sui generis, gehört somit in die Kategorie der Innominatkontrakte. Diese Auffassung, die heute vorherrschend ist, erlaubt eine weitgehende Beweglichkeit in der Erfassung der zum Teil sehr verschiedenen Tatbestände, die unter den Oberbegriff des Lizenzvertrages fallen.

Oft wird der Lizenzvertrag als gemischter Vertrag[18] zu bewerten sein, nämlich dann, wenn zu der typischen Grundleistung (Gebrauchsüberlassung) andere Hauptleistungen hinzukommen, die für andere Vertragstypen wesentlich sind. Es wird sich dabei hauptsächlich um Leistungsinhalte aus Kaufrecht und aus Gesellschaftsrecht handeln.

§ 97. Arten des Lizenzvertrages

Lizenzverträge unterscheiden sich hauptsächlich durch den lizenzierten Gegenstand, worauf sub § 103 näher einzugehen ist. Sonstige Unterscheidungen haben für jeden Lizenzvertrag, unabhängig von seinem Gegenstand, Geltung, und sie sollen im folgenden aufgezeichnet werden:

I. Einfache und ausschließliche Lizenzverträge

Die wichtigste Unterscheidung ist die in einfache und ausschließliche Lizenzverträge[1], welche auf dem Kriterium der dem Lizenznehmer eingeräumten Stellung basiert.

---

[17] Vgl. BLUM/PEDRAZZINI, Art. 34, Anm. 15; O. LIEBERKNECHT, Patente, Lizenzverträge und Verbot von Wettbewerbsbeschränkungen, Frankfurt 1953, S. 248ff.; SCHULTE, a.a.O., S. 92ff.
[18] Hierüber im allgemeinen GUHL/MERZ/KUMMER, a.a.O., S. 292f.; J. ESSER, Schuldrecht, Bd. I, Allgemeiner Teil, 3. Aufl., Karlsruhe 1968, § 15 II.
[1] BLUM/PEDRAZZINI, Art. 34, Anm. 39.

1. Die einfache Lizenz

Sie liegt dann vor, wenn der Lizenznehmer keine Ausschließlichkeitsstellung besitzt, vielmehr mit der Erteilung gegenständlich, gebietsmäßig und zeitlich konkurrierender Lizenzen an Dritte rechnen muß. Der Lizenznehmer erhält demnach eine Benutzungsbefugnis, die in ähnlicher Ausdehnung auch anderen zustehen kann. Oft wird, zur Aufrechterhaltung der Wettbewerbsfähigkeit des einfachen Lizenznehmers, eine sogenannte Meistbegünstigungsklausel vereinbart. Damit verpflichtet sich der Lizenzgeber, den Lizenznehmer im Verhältnis zu eventuellen späteren Lizenznehmern nicht schlechter zu stellen. Wegen der mitunter komplexen Vertragslage ist der Entscheid darüber, ob eine Schlechterstellung erfolgt oder nicht, sehr schwer zu beantworten. Eine Pflicht des Lizenzgebers, Patentverletzer zu verfolgen, dürfte aber auch beim Bestehen einer Meistbegünstigungsklausel allgemein nicht anzunehmen sein[2].

2. Die ausschließliche Lizenz

Ausschließlich ist der Lizenzvertrag dann, wenn der Lizenzgeber sich verpflichtet, Dritten keine Lizenzen auf den gleichen Gegenstand und eventuell mit den gleichen (räumlichen, zeitlichen, gegenständlichen) Beschränkungen zu erteilen[3]. Diese Lizenz soll also die direkte Konkurrenz des Lizenznehmers ausschließen.

Vornehmlich bei der ausschließlichen Lizenz stellt sich die Frage der Aktivlegitimation des Lizenznehmers in bezug auf das lizenzierte Immaterialgüterrecht. Die prozeßrechtliche Stellung des Lizenznehmers interessiert hier insofern, als er bei Lizenzverträgen über Immaterialgüter die Benutzungsbefugnis an einem absoluten Recht erhält, weshalb sich die Frage stellt, ob er auch zur Verteidigung dieser Rechtslage gegen Dritte legitimiert sei. Da ein dem Besitz ähnlicher Rechtsbehelf bei Immaterialgütern nicht besteht[4], könnte sich der Lizenznehmer nur auf das Grundrecht selbst berufen. Eine solche Berufung ist aber nach schweizerischem Recht nicht statthaft, auch nicht für den ausschließlichen Lizenznehmer[5]. Ob die zukünftige Ge-

---

[2] Vgl. KLAUER/MÖHRING, § 9, Anm. 45. Aus der Praxis besonders BGH in GRUR 1965, S. 591 ff.
[3] So zutreffend ZüHG in ZR 1915, Nr. 34.
[4] Die Redewendung «Erfindungsbesitz» kann sich nur auf entfernte Analogie stützen und darf nicht zu Rückschlüssen führen. Besonders die Ubiquität der immateriellen Güter widerstrebt einer provisorischen Einordnung auf Grund der «tatsächlichen Gewalt» – wie dies beim Besitz geschieht. Eher wären Immaterialgüter, wenn schon, als den Grundstücken verwandt anzusehen. Vgl. Entscheid der (USA) Court of Claims, 21 Ct. Cl. 479.
[5] Hierüber ausführlich BLUM/PEDRAZZINI, Art. 34, Anm. 42; P. PESTALOZZI, Zur Stellung des

setzgebung neue Wege gehen wird, bleibt abzuwarten[6]. Der Lizenznehmer kann also nach geltendem Recht und herrschender Meinung nur auf dem Wege eines Auftrages vom Lizenzgeber aktiv legitimiert werden. Diese Regelung hat ihre Berechtigung, geht es doch bei der Geltendmachung von Ansprüchen aus dem Immaterialgüterrecht primär um Interessen des Rechtsinhabers selbst – gegen den der Lizenznehmer seine relativen Ansprüche geltend machen kann[7].

II. Die Unterlizenz

Die Unterlizenz charakterisiert sich dadurch, daß der Lizenznehmer selbst und in bezug auf den gleichen Gegenstand Lizenzgeber ist, wobei er seine Lizenzgebereigenschaft aus dem (Haupt-) Lizenzvertrag ableitet[8]. Der Hauptlizenzvertrag gibt den Rahmen für die Unterlizenzierung, nach ihm entscheidet sich insbesondere auch, ob eine solche überhaupt zulässig ist. Dadurch können direkte Rechtsbeziehungen zwischen Hauptlizenzgeber und Unterlizenznehmer entstehen – die sonst unabhängig voneinander, jeweils nur mit dem Hauptlizenznehmer, der gleichzeitig Unterlizenzgeber ist, verbunden sind. Die Zulässigkeit einer Unterlizenzierung soll im Einzelfall überprüft werden – sie ist dann von vorneherein auszuschließen, wo es auf die Person des Lizenznehmers ankommt bzw. dort, wo die Interessen des Hauptlizenzgebers dadurch schwer beeinträchtigt würden. Weniger bedenklich bei technischen Lizenzverträgen[9], ist das Recht zur Einräumung einer Unterlizenz auf urheberrechtlichem und markenrechtlichem Gebiet nicht zu vermuten.

Lizenznehmers bei Patentverletzungen, Diss. Zürich 1974; H.B. WYSS, Die schuldrechtliche Natur des Lizenzvertrages, Diss. Zürich 1964.

[6] Ein selbständiges Recht des ausschließlichen Benutzungsberechtigten hält der II. Vorentwurf zum URG, 1973, in Art. 77 fest, wohl als Ausgleich zur Abschaffung der Abtretbarkeit urheberrechtlicher Befugnisse. Das direkte Klagerecht des ausschließlichen Lizenznehmers wurde in Frankreich durch das Patentgesetz vom Jahre 1968 (Art. 53 Abs. 2) eingeführt.

[7] Es ist auch zu beachten, daß der Lizenznehmer unter Umständen ein Interesse daran hat, durch eine Verletzungsklage einen Angriff auf das Schutzrecht zu provozieren und damit letzteres zu Fall zu bringen – womit seine Leistungspflicht entfallen würde. Der Entscheid darüber muß aber dem Lizenzgeber vorbehalten bleiben.

[8] BLUM/PEDRAZZINI, Art. 34, Anm. 41 und 49; W. LÜDECKE/E. FISCHER, Lizenzverträge, Weinheim 1957, S. 425 ff.

[9] Eine Ausnahme bilden Lizenzverträge über Fabrikationsgeheimnisse, wo nach herrschender Meinung eine Unterlizenzierung im Zweifel nicht statthaft ist. BLUM/PEDRAZZINI, Art. 34, Anm. 50.

III. Lizenzvertrag und Verlagsvertrag

Über die Unterscheidung zwischen Lizenzvertrag und Verlagsvertrag, die das Urheberrecht interessiert, orientieren die Bemerkungen beim Verlagsvertrag[10].

IV. Die sogenannten Zwangslizenzen

Besteht auf Seiten des Lizenznehmers ein Anspruch auf Abschluß eines Lizenzvertrages, so spricht man von Zwangslizenzen. Sie werden vom Gesetz eingeführt und dienen entweder öffentlichen Interessen[11] oder der Korrektur des privatrechtlichen Ausgleiches in Sonderfällen[12]. Da ein Anspruch des Lizenznehmers auf Gewährung der Benutzungsbefugnis besteht, der Lizenzgeber aber nicht zum Abschluß eines Vertrages angehalten werden kann, ist im Streitfalle die Zwangslizenz vom Richter durch Gestaltungsurteil zu gewähren.

Die Zwangslizenz scheint an Bedeutung stark zuzunehmen, und zwar nicht nur in Systemen mit zentral gelenkter Wirtschaft[13]: besonders auf internationalem urheberrechtlichem Gebiet hat sie neuerdings eine starke Stellung eingenommen[14].

V. Freilizenz

Hat der Lizenznehmer keine Gegenleistung zu erbringen, so spricht man von Freilizenz.

---

[10] PEDRAZZINI, Verlagsvertrag, § 89 II 4.
[11] Typisch hierfür die Fälle von Art. 37 und 40 PatG.
[12] So z. B. die Lizenzen gemäß Art. 36 PatG sowie Art. 4 Abs. 3 URG.
[13] Vgl. – mit Hinweisen – etwa A. DIETZ, GRUR Int. 1971, S. 311 ff.
[14] Vgl. dazu PEDRAZZINI, UFITA, Bd. 63, S. 29 ff.

§ 98. Der Abschluß des Lizenzvertrages

I. Allgemeines

Der Abschluß des Lizenzvertrages wirft an sich keine besonderen Probleme auf[1]. Zu bemerken ist lediglich, daß mit der Annahme eines stillschweigenden Lizenzvertrages Vorsicht geboten ist – die geduldete Verletzung ist in der Regel nicht als stillschweigende Lizenzierung umzudeuten[2]. Ein wesentlicher Unterschied zu den Gebrauchsüberlassungsverträgen mit körperlichen Gegenständen dürfte hier wegen der ubiquitären Natur des lizenzfähigen Objektes, welche eine Kontrolle seitens des Rechtsinhabers äußerst erschwert, gerechtfertigt sein.

II. Sonderfälle

Besonders bei Erfindungs- und Patentlizenzverträgen besteht oft Unsicherheit über den Eignungs- und Rentabilitätsgrad des in Aussicht genommenen Vertragsgegenstandes, weshalb der Lizenznehmer vor Abschluß des Vertrages ein Interesse an einer näheren Prüfung desselben hat, ohne aber riskieren zu wollen, daß ein Dritter ihm zuvorkommt. Vorvertrag und Optionsvertrag sind deshalb im Rahmen von Lizenzverträgen häufig anzutreffen[3]. Bei Fabrikationsgeheimnissen wird sich der Lizenzgeber, wenn er überhaupt in einen Optionsvertrag einwilligt, stark dagegen sichern, daß der Vertragspartner die ihm offenbarte technische Lehre mißbräuchlich anwendet, da er sich ja nicht auf einen absoluten Schutz berufen kann.

---

[1] Der schriftlichen Form bedarf der Lizenzvertrag nur, wenn er Kartellverpflichtungen begründet, vgl. Art. 11 Abs. 1 KG.
[2] Anders m.W. nur die USA-Praxis. Näheres bei LIECHTENSTEIN, a.a.O., S. 29 ff.
[3] Vgl. BLUM/PEDRAZZINI, Art. 34, Anm. 53. D. HEINRICH, Vorvertrag, Optionsvertrag und Vorrechtsvertrag, Berlin 1965. Aus der Rechtsprechung besonders BGH in MDR 1963, S. 37 ff.

§ 99. Die Beendigung des Lizenzvertrages

Für die Beendigung des Lizenzvertrages gelten an sich die allgemeinen Grundsätze[1], wobei folgendes hervorzuheben ist:

I. Beendigung durch Zeitablauf

Der Lizenzvertrag ist ein auf Dauer gerichteter Vertrag. Die Dauer wird im konkreten Vertrag praktisch immer vereinbart sein – fehlt eine diesbezügliche Angabe, so wird man die allgemeinen Auslegungsregeln anwenden müssen. Bildet ein Immaterialgut den Gegenstand des Lizenzvertrages, so ist im Zweifel anzunehmen, daß der Lizenzvertrag so lange wie das Schutzrecht dauern soll[2]. Lediglich für Lizenzverträge über urheberrechtsfähige Werke wäre in Anbetracht der sehr langen Dauer des Schutzrechts, aber auch der persönlichkeitsrechtlichen Komponente, eine solche Auffassung kaum vertretbar. Hingegen werden Lizenzverträge über Fabrikationsgeheimnisse normalerweise für kürzere Zeit abgeschlossen – um das Risiko des Verlustes des Geheimseins zu berücksichtigen[3].

II. Beendigung durch Kündigung

Normalerweise wird im Lizenzvertrag das Kündigungsrecht der Vertragsparteien festgehalten sein. Daneben gelten die allgemein anerkannten gesetzlichen Kündigungsgründe. Insbesondere die Kündigung aus wichtigem Grund spielt beim Lizenzvertrag als Dauerschuldverhältnis eine wichtige Rolle[4]. Ist der Lizenzvertrag als Gesellschaftsvertrag ausgestaltet, so ist die Regelung von Art. 545 Abs. 2 OR zu beachten.

---

[1] Vgl. GUHL/MERZ/KUMMER, a.a.O., S. 260 ff.; A. VON TUHR/A. ESCHER, Allgemeiner Teil des schweizerischen Obligationenrechts, Bd. II, Zürich 1974, § 74 ff.; BLUM/PEDRAZZINI, Art. 34, Anm. 111 ff.
[2] Die gesetzliche Höchstdauer des betreffenden Rechtes bildet normalerweise die zeitliche Höchstgrenze der Vertragsdauer. So zutreffend BGE 92 II, 1966, S. 300. Eine abweichende Regelung wird gelegentlich getroffen; über deren kartellrechtliche Zulässigkeit vgl. sub § 109.
[3] Dafür wird die Lizenzgebühr entsprechend höher sein.
[4] Hierüber besonders P. GAUCH, System der Beendigung von Dauerverträgen, Diss. Freiburg 1968. Vgl. auch BLUM/PEDRAZZINI, Art. 34, Anm. 114 und seither BGE 92 II, 1966, S. 301. Die Kündigung ersetzt bekanntlich den Rücktritt bei Dauerschuldverhältnissen.

III. Sonstige Beendigungsgründe

Unter den sonstigen Erlöschungsgründen seien hier noch folgende genannt:

1. Der Tod einer Vertragspartei, insbesondere des Lizenznehmers, kann bei Lizenzverträgen einen Erlöschungsgrund abgeben, wenn der Lizenzvertrag intuitu personae abgeschlossen wurde, was bei urheberrechtlichen Lizenzverträgen öfters zutreffen dürfte[5].

2. Der Wegfall der Geschäftsgrundlage bildet einen außerordentlichen Erlöschungsgrund von Lizenzverträgen[6].

§ 100. Die Außenwirkungen des Lizenzvertrages

Wie eingangs angedeutet, zeigen die Gebrauchsüberlassungsverträge auch Außenwirkungen, in dem Sinne, daß auch zwischen Nehmer und Dritten Rechtsbeziehungen aus dem Bestehen des Vertrages sich anbahnen können. Wird bei Miete und Pacht dieses Verhältnis schon durch die Besitzregeln hergestellt, so bedarf es beim Lizenzvertrag einer besonderen gesetzlichen Grundlage, da der Lizenzvertrag, zumindest nach schweizerischer Rechtsauffassung, rein schuldrechtlicher Natur ist[1]. Allein im Patentrecht besteht eine solche Möglichkeit, indem gemäß Art. 34 Abs. 3 PatG die Lizenz im Patentregister eingetragen werden kann, mit der Wirkung, daß sie auch den gutgläubigen Dritterwerbern von Rechten am Patent entgegengehalten werden kann[2]. Die anderen Sondergesetze haben keine entsprechende Vorschrift, so daß der Lizenznehmer gutgläubigen Dritterwerbern des Grundrechtes weichen muß[3].

Keine Außenwirkungen zeigen jedenfalls die nicht auf Immaterialgüter bezogenen Lizenzverträge – bei denen ja sogar die absolute Grundlage des lizenzierten Rechtes fehlt.

---

[5] BLUM/PEDRAZZINI, Art. 34, Anm. 116. Die Veräußerung des lizenzierten Patentes an einen Dritten stellt nach BGer-Praxis keinen wichtigen Grund zur Kündigung dar, vgl. JT 1964, S. 289 ff. (293).
[6] Vgl. die Ausführungen hinten sub § 104 II 2. Grundsätzlich MERZ im Berner Kommentar zum ZGB, Einleitung, Art. 2, N. 181 ff.
[1] WYSS, a.a.O.; BLUM/PEDRAZZINI, Art. 34, Anm. 42 ff.
[2] Hierüber ausführlich WYSS, a.a.O., sowie BLUM/PEDRAZZINI, Art. 34, Anm. 109.
[3] Eine Ausnahme bahnt sich im Rahmen der URG-Revision, vgl. VE II, Art. 23.

§ 101. Die Lizenz als Gegenstand des Rechtsverkehrs

Untersucht man das Verhalten des Lizenzvertrages im Rechtsverkehr, so ist lediglich sinnvoll, die Stellung des Lizenznehmers zu betrachten, die als Lizenz bezeichnet werden kann – die Ansprüche des Lizenzgebers gehen normalerweise hauptsächlich auf Zahlung der Lizenzgebühr und sind also an sich abtretbar.

Hingegen dürften die Ansprüche des Lizenznehmers nicht ohne weiteres einer Abtretung zugänglich sein. Persönliche Elemente können einer Abtretung entgegenstehen (Art. 164 OR)[1]. Auch die Verflechtung der Gläubiger- mit der Schuldnerstellung beim Lizenznehmer und insbesondere die quantitative Abhängigkeit seiner schuldnerischen Leistung (Zahlung von Lizenzgebühren) von seiner Gläubigerstellung (z.B. Herstellungsbefugnis) lassen die Abtretung öfters als unzulässig erscheinen.

Ähnliche Bedenken stehen der durch Kombination von Zession und Schuldübernahme erreichbaren «Vertragszession» entgegen – wobei aber die Interessen der verbleibenden Vertragspartei schon dadurch geschützt sind, daß die nötige privative Schuldübernahme von ihrer Zustimmung abhängt[2]. Die Übergangsmöglichkeit auf Grund von Art. 182 OR wird der Lizenzgeber ausdrücklich ausschließen müssen.

Über Sonderfälle, wie Beitritt des Lizenznehmers zu einem Konzern bzw. Fusion des Lizenznehmers mit Dritten, ist auf die Spezialliteratur hinzuweisen[3].

§ 102. International-privatrechtliche Probleme des Lizenzvertrages

Die international-privatrechtliche Regelung von Lizenzverträgen folgt grundsätzlich derjenigen der sonstigen Schuldverhältnisse[1].

---

[1] Das persönliche Element spielt bei urheberrechtlichen Lizenzverträgen eine primäre Rolle. Aber auch technische Lizenzverträge können intuitu personae abgeschlossen worden sein, so daß Unabtretbarkeit anzunehmen ist. Vollends ist eine Abtretung der Benutzungsbefugnis des Lizenznehmers im Rahmen eines Markenlizenzvertrages im Zweifel ausgeschlossen; vgl. darüber hinten § 108.
[2] Vgl. Art. 176 OR.
[3] Vgl. Blum/Pedrazzini, Art. 34, Anm. 51. Seither besonders Schulte, a.a.O.
[1] Vgl. W. Schönenberger/P. Jäggi, Das Obligationenrecht (Zürcher Kommentar), Allgemeine Einleitung, Bd. V 1a, Zürich 1961, N. 76 ff.; F. Vischer, Internationales Vertragsrecht, Bern

Darnach ist, wenn die Parteien keine Rechtswahl getroffen haben[2], die Leistung des Lizenzgebers, als die charakteristische, für die Bestimmung der geltenden Rechtsordnung maßgebend. Eine Änderung dieser Grundsätze kann sich aber daraus ergeben, daß der engste räumliche Zusammenhang nicht durch die eine oder andere Vertragsleistung, vielmehr durch das lizenzierte Schutzrecht hergestellt wird. Besonders für Lizenzverträge über Immaterialgüter wird das Gelegensein des Gutes selbst, so z.B. des Patentrechtes, mindestens teilweise für die Bestimmung des anwendbaren Rechtes maßgebend sein. Hält man sich an die sonstige Regelung der Schuldverhältnisse, so würde man der Tatsache nicht genügend Rechnung tragen, daß das Immaterialgut, so z.B. das Patent, den Lizenzvertrag trägt und daß es unter Umständen sinnlos wäre, eine andere Rechtsordnung anzuwenden, da immaterialgüterrechtliche Fragen unausweichlich auftreten (so bei Patentlizenzverträgen, z.B. Bestand, Geltungsbereich, Drittrechte, wie Mitbenutzungsrecht und dgl.), die nur durch das nationale Recht des Immaterialgutes selbst gelöst werden können.

§ 103. Der Gegenstand des Lizenzvertrages im allgemeinen

Durch den Lizenzvertrag soll der Lizenznehmer die Befugnis zur Benutzung eines bestimmten Gutes erhalten. Bevor man die Leistungspflichten der Parteien im einzelnen untersucht, ist es zweckmäßig, darzulegen, welche Güter als lizenzfähig betrachtet werden können. Es wird sich zeigen, daß der Gegenstand des Lizenzvertrages die Regelung stark beeinflußt.

Allgemein läßt sich bemerken, daß jene Güter als lizenzfähig zu betrachten sind, die vom Lizenznehmer nicht ohne Einwilligung des Lizenzgebers gewerblich[1] benutzt werden dürfen bzw. können. Bei den einen Gütern – den echten Immaterialgütern – steht die Einräumung einer Benutzungsbefugnis

---

1962; BLUM/PEDRAZZINI, Art. 34, Anm. 120; TROLLER in GRUR Int. 1952, S. 114 ff.; B. GODENHIELM in GRUR Int. 1957, S. 149 ff.; Rechtsvergleichend besonders HENN, a.a.O., S. 86 ff. Aus der Rechtsprechung etwa BGE 92 II, 1966, S. 111 ff. (115).

[2] Vgl. BGE 79 II, 1953, S. 295; BGE 81 II, 1955, S. 276 ff.

[1] Hier darf man dieses Kriterium allgemein anwenden – in der Tat handelt es sich, je nach dem lizenzierten Gut, um besondere Arten der Benutzung. So ist z.B. beim urheberrechtlich geschützten Werk schon die «nicht private», nicht erst die gewerbliche Benutzung vorbehalten; bei der Marke muß hingegen die Gewerblichkeit der Benutzung auf gleiche bzw. gleichartige Ware eingeschränkt werden.

im Vordergrund, da die Rechtsordnung dem Inhaber die ausschließliche Benutzung zuerkennt. Dies gilt für die patentgeschützte Erfindung, für das urheberrechtlich geschützte Werk, für die Marke, für Muster und Modelle. In den anderen Fällen hingegen ist die Benutzung durch Dritte grundsätzlich[2] erlaubt – der Gegenstand ist aber dem Dritten faktisch nicht bzw. nur schwer erreichbar. Dies gilt für Fabrikationsgeheimnisse bzw. für das sogenannte Know-how. Es kann also allgemein bemerkt werden, daß ein lizenzfähiger Gegenstand dort fehlt, wo die Benutzung des entsprechenden Gutes dem Dritten rechtlich freisteht und auch faktisch möglich ist.

Wie schon angedeutet, weisen die lizenzfähigen Gegenstände derart große Unterschiede auf, daß sie die Regelung des jeweiligen Vertrages stark beeinflussen und zwar so, daß eine gemeinsame Behandlung nicht möglich ist.

Im einzelnen gilt es, folgende Kategorien von lizenzfähigen Gütern auseinanderzuhalten und die Darstellung entsprechend zu differenzieren:

1) technische Güter (§ 104)
2) urheberrechtsfähige Werke (§ 105)
3) Muster und Modelle (§ 106)
4) wettbewerbsrechtlich relevante Güter (Ausstattung) (§ 107)
5) Marken (§ 108)

§ 104. Lizenzverträge über technische Güter

I. Die lizenzfähigen Güter

Lizenzfähig sind auf dem Gebiete der Technik[1] folgende Güter:

1. Die geschützte Erfindung

Die Erfindung, eine Regel zum technischen Handeln[2], ist der klassische Gegenstand eines technischen Lizenzvertrages. An und für sich nicht stärker als ein Fabrikationsgeheimnis geschützt, gewährt sie jedoch eine durchsetz-

---

[2] Eine Ausnahme bilden jene Tatbestände, in denen ein Element des unlauteren Wettbewerbs mit hineinspielt, so z.B. bei unlauterer Kenntnisnahme eines Fabrikationsgeheimnisses, vgl. Art.1 Abs.2 lit.g UWG.
[1] Über den patentrechtlichen Begriff der Technik vgl. BLUM/PEDRAZZINI, Art.1, Anm.8.
[2] Vgl. BLUM/PEDRAZZINI, Art.1, Anm.5ff.

bare Schutzanwartschaft[3] und vermittelt, bei Erfüllung bestimmter materieller und formeller Voraussetzungen, eine starke Rechtsstellung. Der Erfinder hat nämlich nach Art. 3 PatG das Recht auf das Patent und der Inhaber des Erfindungspatentes hat nach Art. 8 PatG die ausschließliche Befugnis, die Erfindung gewerbsmäßig zu benutzen, eine Befugnis, die durch Lizenzvertrag auf Dritte ausgedehnt werden kann[4]. Aus der Eigenart des Patenterteilungsverfahrens ergeben sich folgende Variationen dieses Gegenstandes[5]:

a) Lizenzierung der noch nicht angemeldeten Erfindung

Die noch nicht angemeldete Erfindung[6] kann Gegenstand eines Lizenzvertrages bilden, wobei folgendes zu beachten ist: die Erfindung ist zwar noch nicht angemeldet, soll aber zur Anmeldung gelangen. Ist dies nicht der Fall, so hat man es, bei Geheimsein und Geheimfähigkeit, mit der Lizenzierung eines Fabrikationsgeheimnisses zu tun. Fehlen auch die Voraussetzungen zur Annahme eines solchen (insbesondere fehlt die Geheimfähigkeit), so wird man eher Kaufvertrag als Lizenzvertrag annehmen müssen – die eventuell vereinbarte Lizenzgebühr wird als Kaufpreis umzudeuten und entsprechend umzurechnen sein. Zu beachten ist, daß die noch nicht angemeldete Erfindung durch die Rechtsmittel von Art. 29 PatG gegen Entnahme geschützt ist – besonders die Abtretungsklage wird bei schon abgeschlossenen Lizenzverträgen zweckmäßig sein.

b) Lizenzierung der angemeldeten Erfindung, für die ein Patent noch nicht erteilt wurde[7]

Da dem Anmelder grundsätzlich ein Anspruch auf Patenterteilung zusteht, unterscheidet sich dieser Fall nicht wesentlich von der nächsten Variante. Lediglich für die nach Art. 87 PatG der Vorprüfung unterstehenden Gesuche kann die Erfindung in dem erteilten Geltungsbereich wesentlich von der angemeldeten abweichen, ohne daß die Parteien dies bei Vertragsabschluß gewußt hätten[8]. Bei sonstigen Erfindungen hingegen erstreckt

---

[3] Vgl. Art. 3 i.V.m. Art. 29 PatG.
[4] Näheres hierüber bei BLUM/PEDRAZZINI, Art. 3 und Art. 8.
[5] Ausführlicher hiezu BLUM/PEDRAZZINI, Art. 34, Anm. 21 ff.
[6] Die Erfindung muß natürlich fertig sein, vgl. hierüber BLUM/PEDRAZZINI, Art. 1, Anm. 16. Dieses Erfordernis wird in der USA-Praxis wegen seiner Bedeutung im Interference-Verfahren besonders hervorgehoben. Vgl. LIECHTENSTEIN, a.a.O., S. 122f. Aus der deutschen Praxis besonders BGH in GRUR 1961, S. 466ff.
[7] Vgl. einen Fall in ZR 67, 1968, Nr. 118.
[8] Vgl. Art. 96ff. PatG. Bezüglich der Änderung der Patentansprüche vgl. Art. 105 und 58 PatG, dazu PEDRAZZINI, Änderungen im Geltungsbereich eines Patentes, in: Festschrift für W. Hug, Bern 1968, S. 227ff.

sich die Prüfung des Amtes auf Elemente, die auch von den Parteien eher erkannt werden können[9], was bei der Lösung der Haftungsfrage im Falle der Nichterteilung zu berücksichtigen ist. Bei Erfindungen, die der Vorprüfung unterstehen, ist zu beachten, daß sie nach der sogenannten Bekanntmachung einen gewissen Schutz genießen[10].

c) Die patentierte Erfindung (sogenannte Patentlizenz)

Ist für die lizenzierte Erfindung ein Patent erteilt worden, so liegt die Hauptleistung des Lizenzgebers in der Einräumung einer sich auf sein ausschließliches Benutzungsrecht stützenden Benutzungsbefugnis zugunsten des Lizenznehmers.

d) Gemeinsames

In den Fällen gemäß lit. a) bis c) wirkt sich das im Patentrecht geltende Territorialprinzip aus und zwar in dem Sinne, daß eine solche Lizenz im Zweifel territoriale Geltung hat. Gemeinsam es auch, daß Mängel der lizenzierten Erfindung unter Umständen als Rechtsmängel zu bewerten sind.

So stellt z.B. die Unausführbarkeit der Erfindung zwar einen Sachmangel derselben dar – der gleiche Fehler ist aber auch ein Nichtigkeitsgrund des entsprechenden Patentes (vgl. Art. 26 Abs. 1 Ziff. 3 PatG), was als Rechtsmangel zu bewerten ist. Es liegt auf der Hand, daß dies die Haftung des Lizenzgebers beeinflussen wird.

2. Das Fabrikationsgeheimnis

Ein Fabrikationsverfahren ist dann als lizenzfähiges Geheimnis zu betrachten, wenn neben dem subjektiven Willen des Inhabers auf Geheimhaltung, es auch geheim[11] und geheimfähig ist. Die Tatsache des Geheimseins genügt im Rahmen eines Lizenzvertrages nicht – hinzu muß die Geheimfähigkeit kommen, denn erst letztere legitimiert das Interesse an der Gebrauchsüberlassung. Andernfalls würde der Vertrag als Veräußerungsvertrag anzusehen sein, indem durch die Mitteilung bzw. offenkundige Erstbenutzung das Geheimnis offenbart würde, womit der weiteren Gebrauchsüberlassung der Boden entzogen wäre.

Steht bei der patentgeschützten Erfindung die Befugnis zur Benutzung im Vordergrund, so ist hingegen bei der Lizenzierung von Fabrikationsge-

---

[9] Vgl. Art. 59 PatG.
[10] Vgl. Art. 108 (73bis) PatG.
[11] Geheimsein bedeutet in bezug auf eine technische Lehre nicht unbedingt absolute Unkenntnis seitens Dritter. Ist die Lehre zwar nicht allgemein, wohl aber der Konkurrenz bekannt, den Dritten aber unbekannt und unzugänglich, so kann diese Lehre als geheim lizenzfähig sein. Näheres bei BLUM/PEDRAZZINI, Art. 34, Anm. 24.

heimnissen die Offenbarung des Verfahrens maßgebend[12] – was sich wiederum bei der Haftung des Lizenzgebers widerspiegelt.

Da kein absolutes Recht auf das Geheimnis besteht[13], deshalb auch keine territoriale Beschränkung des Schutzes, gilt hier nicht die Vermutung der territorialen Geltung des Lizenzvertrages wie im Falle der patentierten Erfindung.

3. Das Know-how

Öfters wird bei Lizenzverträgen der Gegenstand, allein oder zum Teil, mit Know-how bezeichnet. Die Parteivorstellungen hierüber sind recht vage, und auch in der Literatur ist der Begriff schillernd[14]. In Anbetracht der klaren Grenzziehung durch Patent einerseits und Geheimnis andererseits dürfte Know-how jene Kenntnisse (technischer, aber auch kaufmännischer bzw. betriebswirtschaftlicher Natur) erfassen, die weder patentrechtlich geschützt noch geheim zu sein brauchen, die an sich also für einen Dritten zugänglich bzw. eruierbar wären – die er aber nicht ohne einen großen zeitlichen bzw. finanziellen Aufwand erreichen könnte. Typisches Know-how ist das Wissen des Patentinhabers um die bestmögliche Ausführung der Erfindung – oder das Wissen des spezialisierten Unternehmens um das Zusammenspiel von Regeln verschiedenster Natur zwecks Hervorbringung der wirtschaftlichsten Leistung. Know-how kann somit einen sehr uneinheitlichen Gegenstand kennzeichnen, und in der Praxis wird darunter viel mehr verstanden als obige Definition an sich erfaßt, insbesondere auch Fabrikations- oder sonstige Geschäftsgeheimnisse, so daß die Definition einen relativen Wert hat. Je nachdem, ob Schutzrechte bzw. Geheimnisse mitenthalten sind oder nicht, wird man von einem Lizenzvertrag oder von einem Veräußerungsvertrag

---

[12] Die patentierte Erfindung muß ja in der Patentschrift offenbart sein und zwar so, daß der Fachmann die Erfindung danach ausführen kann. Vgl. Art. 50 i.V.m. Art. 26 Abs. 1 Ziff. 3 PatG.

[13] Der Schutz des Geheimnisses als solches ist nie ein absoluter. Insbesondere gewährt das UWG lediglich einen indirekten Schutz, vgl. Art. 1 Abs. 2 lit. f und g UWG.

[14] Hierüber besonders H. STUMPF, Der Know-how-Vertrag, Heidelberg 1970; TROLLER, Der Schutz des Know-how im schweizerischen Recht, in: Recueil de travaux suisses, 8e congrès international de droit comparé, Basel/Stuttgart 1970, S. 213 ff.; R. TREADWELL, Der Schutz von Geschäfts- und Fabrikationsgeheimnissen im schweizerischen Wettbewerbsrecht, Diss. Zürich 1957; S. LADAS, Legal Protection of know-how, in: Industrial Property 1963, S. 222 ff.; PH. MÖHRING, in: Festgabe H. C. Nipperdey, Köln 1965, Bd. II, S. 415 ff.; P. DEMIN, Le contrat de know-how, Bruxelles 1968; FINGER, GRUR 1970, S. 3 ff.; R. KRASSER, GRUR 1970, S. 587 ff.; F. MAGNIN, Know-how et propriété industrielle, 2e éd., Paris 1973; LÜDECKE/FISCHER, a.a.O., S. 661; BURST, a.a.O., S. 81 ff.; F. DESSEMONTET, Le savoir-faire industriel. Définition et protection du «know-how» en droit américain, Diss. Lausanne 1974; Aus der Praxis: Cour de Paris, Ann. 1967, S. 225 sowie BGHZ 16, S. 175 f.; B. PFISTER, Das technische Geheimnis «know-how» als Vermögensrecht, München 1974.

reden müssen – wobei Verträge vorkommen, in denen beide (lizenzfähige und nichtlizenzfähige) Objekte vermischt sind – andere hingegen, bei denen eine klare Trennung möglich ist. Die Bedeutung der einen oder anderen Lösung liegt auf der Hand: sind keine lizenzfähigen Objekte vorhanden, so gehen dieselben in das Vermögen des Vertragspartners ein – ein Anspruch auf Rückgabe bzw. auf Gebrauchsüberlassung bei eventueller Auflösung des Vertrages besteht also nicht. Es dürfte richtig sein, das Know-how bei fehlender Spezifizierung im konkreten Vertrag[15] nicht als lizenzfähigen, vielmehr als veräußerungsfähigen Gegenstand anzusehen.

4. Verbesserungen, Weiterentwicklungen und Neukonstruktionen

Keine selbständige Bedeutung als Gegenstand eines Lizenzvertrages, dafür aber eine große praktische Bedeutung im Rahmen eines solchen, besitzen die Verbesserungen bzw. die Weiterentwicklungen und die Neukonstruktionen. Es handelt sich um Gegenstände, die nur mit Bezug auf den lizenzierten Grundtatbestand (besonders Erfindung und Fabrikationsgeheimnis) festgestellt werden können. Ihre Abgrenzung wirft im konkreten Falle schwere Probleme auf. Als Richtlinie kann die Feststellung dienen, daß die Verbesserung bei gleichbleibendem Grundtatbestand auf die Lösung der gestellten Aufgabe mittels untergeordneter Anweisungen wirkt, während die Weiterentwicklung den lizenzierten Grundtatbestand selbst betrifft. Von der sogenannten Neukonstruktion ist die Weiterentwicklung dadurch abzugrenzen, daß erstere die lizenzierte Grundlehre nicht mehr benutzt bzw. den Rahmen des Vertrages wirtschaftlich sprengt, indem sie z.B. zur Befriedigung eines anderen Bedürfnisses führt.

Sehr oft treffen die Parteien bezüglich der Verbesserungen eine ausdrückliche Regelung – mit dem Zweck, die Stellung des Lizenznehmers (in technischer Hinsicht) derjenigen des Lizenzgebers jeweils anzugleichen[16]. Ist eine solche Klausel nicht vorgesehen, so wird man unter Umständen trotzdem die Mitteilung der Verbesserungen zur Nebenpflicht des Lizenzgebers machen, so zum Beispiel, wenn der Lizenzvertrag eine weitgehende Mitwirkung beider Parteien vorsieht[17].

---

[15] Wobei zu beachten ist, daß auch in solchen Fällen der Parteiwille nicht allein maßgebend ist. Neben kartellrechtlichen Bedenken sind die Grenzen der Parteiautonomie zu beachten.
[16] Natürlich spielt die Verbesserungsklausel auch in der umgekehrten Richtung eine Rolle, indem der Lizenznehmer angehalten werden kann, jede Verbesserung des Lizenzgegenstandes dem Lizenzgeber (eventuell gegen Sonderleistung) mitzuteilen.
[17] Über Verbesserungen, Weiterentwicklungen und Neukonstruktionen vgl. BLUM/PEDRAZZINI, Art. 34, Anm. 27; BURST, a.a.O., S. 45 ff.; ZüHG in ZR 73, 1974, Nr. 32.

II. Die Leistungspflicht des Lizenzgebers bei Lizenzverträgen über technische Güter

Die Eigenart technischer Güter und die Funktion des diesbezüglichen Lizenzvertrages bewirken folgende besondere Inhalte der Leistungspflicht des Lizenzgebers[18]:

1. Allgemeines

a) Die Pflicht zur Genußverschaffung

Der Lizenzgeber hat zunächst einmal die Pflicht, dem Lizenznehmer den Genuß der entsprechenden technischen Lehre zu verschaffen. Bezieht sich der Lizenzvertrag auf eine patentierte Erfindung, so erschöpft sich diese Pflicht in der Einräumung eines Benutzungsrechtes am Patent, weil Zweck des Vertrages die Beteiligung des Lizenznehmers an der durch das Patentrecht gesicherten Vorzugsstellung ist. Die technische Lehre selbst soll ja aus der Patentschrift ersichtlich sein, weshalb den Lizenzgeber an sich keine weitere Mitteilungspflicht trifft.

Bei Lizenzverträgen mit sonstigen Objekten, besonders bei solchen über Fabrikationsgeheimnisse, ist hingegen der Lizenzgeber hauptsächlich zur Mitteilung der technischen Regel als solcher angehalten. Durch diese Mitteilung soll der Lizenznehmer in die Lage versetzt werden, die lizenzierte technische Lehre mit dem entsprechenden Erfolg anzuwenden. Die Mitteilungspflicht ist also eine umfassende und läßt sich nur im konkreten Falle genauer umschreiben.

b) Die Pflicht zur Genußerhaltung

Da der Lizenzvertrag kein Veräußerungsvertrag, vielmehr ein Gebrauchsüberlassungsvertrag ist[19], spielt bei der Hauptleistung des Lizenzgebers die zeitliche Komponente eine entscheidende Rolle und führt zur Pflicht zur Genußerhaltung. Der Lizenzgeber muß mit anderen Worten dafür Sorge tragen, daß der Lizenznehmer während der Vertragsdauer auch im Genuß der Vertragsleistung bleiben kann[20].

---

[18] Dazu im einzelnen BLUM/PEDRAZZINI, Art. 34, Anm. 56 ff.; STUMPF, a.a.O., S. 123 ff. ZüObG in ZR 67, 1968, Nr. 118.

[19] Auf eventuelle Ausnahmen besonders bei Know-how-Verträgen ist schon hingewiesen worden. Wie relativ aber der Unterschied ist bzw. wie in der Praxis reines Know-how selten vorkommt, zeigt die Tatsache, daß die meisten Verträge über Know-how auch für eine bestimmte Zeit abgeschlossen werden.

[20] Eine Pflicht des Lizenzgebers hingegen, Verbesserungen der lizenzierten Grundlehre mitzuteilen und mitzulizenzieren, besteht an sich nicht. Großzügiger ist diesbezüglich die USA-Praxis, vgl. LIECHTENSTEIN, a.a.O., S. 110.

Bei Patentlizenzverträgen trifft den Lizenzgeber die Pflicht zur Aufrechterhaltung des Patentes, bei Lizenzverträgen mit sonstigem Inhalt trifft ihn die Pflicht zur Aufrechterhaltung des den Vorsprung des Lizenznehmers gewährenden Zustandes, so etwa die Geheimhaltung des lizenzierten Fabrikationsverfahrens.

Die zeitliche Ausdehnung des Lizenzvertrages verbunden mit der nicht zu behebenden Unsicherheit über die Rechtsbeständigkeit des lizenzierten Patentes bzw. die Labilität der Geheimhaltung eines Verfahrens bringt es mit sich, daß dem Lizenzvertrag ein weitgehendes Risikomoment innewohnt und daß die Genußverschaffungspflicht die zentrale Frage bei der Haftung des Lizenzgebers ist[21].

2. Grundsätzliches zur Haftung des Lizenzgebers

Die Behandlung der Haftung des Lizenzgebers bei Mängeln des lizenzierten Gegenstandes ist nur bei einer sehr differenzierten Fragestellung möglich[22]. Hier können lediglich einige Grundsätze dargelegt werden, denen notwendigerweise eine gewisse Ungenauigkeit innewohnt.

a) *Haftung des Lizenzgebers für Rechtsmängel*

Die Rechtsmängelhaftung spielt hauptsächlich bei Patentlizenzverträgen eine Rolle, da bei diesen die rechtliche Erfassung des Immaterialgutes in einem subjektiven absoluten Recht einerseits für den Lizenznehmer von primärer Bedeutung ist, andererseits während der ganzen Dauer des Patentes in Frage gestellt werden kann. Auch können nicht vorhersehbare konkurrierende Ansprüche Dritter auftreten.

aa) *Materielles Nichtbestehen des Patentes*

Ein erteiltes Patent kann aus besonderen Gründen nichtig sein[23] – Nichtigkeit ist die Feststellung, daß das Patent nie zu Recht bestanden, also lediglich eine formelle Existenz hatte. Da Nichtigkeit eine Feststellung ist, kann das nichtige Patent überhaupt keine rechtlichen Wirkungen entfalten bzw. entfaltet haben. Die Nichtigkeit ist also ein Rechtsmangel, der öfters gegeben

---

[21] Über die Bedeutung des Risikoelementes besonders treffend KLAUER/MÖHRING, Art. 9, Anm. 10 und 75.
[22] Ausführlich dazu BLUM/PEDRAZZINI, Art. 34, Anm. 59 ff. Für das deutsche Recht vgl. die ausführlichen Angaben bei KLAUER/MÖHRING zu § 9 und M. SERNATINGER, Das Problem des Veräußerungs- und Lizenzvertrages bei nachträglicher Vernichtung oder Beeinträchtigung des gewerblichen Schutzrechtes, Diss. Freiburg i. Br. 1967; J. WITTMER, Garantie et responsabilité contractuelles en droit des brevets d'invention, Basel 1962.
[23] Vgl. Art. 26 PatG.

ist. Die entscheidende Frage, ob und wie die Nichtigkeit die Haftung des Lizenzgebers auslöst, hängt wesentlich von der Kenntnis bzw. Unkenntnis der Nichtigkeit seitens der Parteien ab.

Bei Kenntnis der Nichtigkeit des Patentes bei Vertragsabschluß ist die Lage einfach, indem diejenige Partei die Folgen zu tragen hat, die den Mangel kannte bzw. kennen mußte[24].

Kannte[25] hingegen die Partei die materielle Nichtigkeit des Patentes nicht, was der Normalfall sein dürfte, so bietet die Lösung der Haftungsfrage etliche Schwierigkeiten. Dies rührt insbesondere daher, daß das lizenzierte Patent bis zur Nichtigerklärung formell seine Funktion erfüllte und möglicherweise auch materiell dem Lizenznehmer jenen Vorsprung gewährte, den er durch den Lizenzvertrag suchte[26]. Von den verschiedenen Lösungsmöglichkeiten, die von Lehre und Praxis für diesen Fall aufgezeichnet worden sind[27], dürfte jene den Vorzug verdienen, die mit anfänglicher Unmöglichkeit nach Art. 20 OR operiert. Der Lizenzvertrag, der auf einem nichtigen Patent basiert, ist damit von Anfang an nichtig. Die grundsätzliche Folge davon ist, daß die eventuell schon erfüllten Vertragsleistungen nach den Regeln der ungerechtfertigten Bereicherung (Art. 62 ff. OR) zurückzuerstatten sind. Diese Lösung ist grundsätzlich richtig – der Lizenzgeber muß also insbesondere die schon empfangenen Lizenzgebühren rückerstatten, denn ein Anspruch auf dieselben kann ihm aus einem nichtigen Vertrag nicht erwachsen[28]. Es muß aber gleichzeitig berücksichtigt werden, daß das Scheinpatent – in der Regel bis zur formellen Nichtigerklärung[29] – möglicherweise die erwartete Wirkung (Blockierung der Konkurrenz) entfaltet hat. Aus dieser rein faktischen Erreichung des Vertragszweckes kann dem auf Rückerstattung belangten Lizenzgeber eine exceptio doli erwachsen. Praktisch führt also die nachträgliche Vernichtung des Patentes zur Anerkennung der

---

[24] Ein Beispiel des BGH in GRUR 1965, S. 160 ff. Über culpa in contrahendo vgl. R. NIRK in Rabels Z, 1953, S. 310 ff.

[25] Dem Kennen ist das Kennenmüssen (als Gegenstück der fahrlässigen Unkenntnis) gleichzustellen.

[26] Vgl. BGE 85 II, 1959, S. 42.

[27] Hierüber BLUM/PEDRAZZINI, Art. 34, Anm. 65; MÖHRING, Mitteilungen der deutschen Patentanwälte 1969, S. 296 ff.; ausführlich KLAUER/MÖHRING, § 9, Anm. 59 ff. Aus der Praxis BGE 75 II, 1949, S. 166 ff. und 85 II, 1959, S. 38 ff.

[28] Dies wurde in BGE 75 II, 1949, S. 172 wohl übersehen. Mit der Frage setzt sich BGE 85 II, 1959, S. 38 ff. auseinander.

[29] Eventuell auch früher, so bei offensichtlicher Nichtigkeit bzw. bei allgemeiner Nichtbeachtung des Patentes durch die Wettbewerber (sogenannte drohende Vernichtung des Patentes), wozu aber strenge Anforderungen zu stellen sind. Vgl. aus der Praxis BGE 85 II, 1959, S. 45; BGH in GRUR 1957, S. 595 ff. sowie in GRUR 1958, S. 532. Dazu besonders SERNATINGER, a.a.O., S. 77 ff.

lizenzvertraglichen Wirkungen bis zum Zeitpunkt der Nichtigkeit. Der Lizenzgeber darf die geschuldeten Lizenzgebühren eventuell, bei erfolgter Pauschalleistung, eine entsprechende Summe pro rata temporis behalten[30]. Ein darüber hinausgehender Anspruch des Lizenznehmers auf Ersatz des aus dem Dahinfallen des Vertrages erwachsenen Schadens kann nur bei Verschulden des Vertragspartners begründet sein. Hat der Lizenzgeber schuldhaft gehandelt[31], so ist also dem Lizenznehmer das negative Vertragsinteresse zu ersetzen.

bb) Sonstige Fälle

Das lizenzierte Patent kann eingeschränkt werden, sei es freiwillig vom Patentinhaber (auf Grund von Art. 24 PatG), sei es im Rahmen einer Nichtigkeitsklage nach Art. 27 PatG[32]. Je nachdem wird der Lizenzgeber für den Verlust einstehen müssen, oder aber es wird ein Fall der Teilunmöglichkeit eintreten, mit ähnlichen Wirkungen wie sub lit. aa) dargelegt. Hat der Lizenznehmer am eingeschränkten Schutzrecht immer noch ein objektives Interesse, so wird man auf eine Minderung der Lizenzgebühren erkennen[33].

Sodann kann ein Rechtsmangel dadurch entstehen, daß Dritte Rechte auf das lizenzierte Patent geltend machen, die zu einer Abschwächung des Ausschließlichkeitsrechtes führen. Es handelt sich besonders um die Fälle eines Vorbenutzungsrechtes nach Art. 35 PatG[34] bzw. eines abhängigen Patentes nach Art. 36 PatG[35].

In beiden Fällen wird man ähnlich wie bei lit. aa) bzw. wie bei Einschränkung des Patentes vorgehen müssen, mit der zusätzlichen Möglichkeit aber, daß bei Bestehen eines Abhängigkeitsverhältnisses der Lizenznehmer vom Lizenzgeber die Erwirkung der Abhängigkeitslizenz verlangen darf.

Rechtsmängel können sich weiter ergeben bei Enteignung (Art. 32 PatG), bei Zwangslizenzierung (Art. 37 und 40 PatG), bei Löschung des Patentes gemäß Art. 38 PatG, sowie bei einer Abtretungsklage nach Art. 29 PatG. Für diese Fälle sei auf die Sonderliteratur hingewiesen[36].

---

[30] BLUM/PEDRAZZINI, Art. 34, Anm. 65 ff.; BGE 85 II, 1959, S. 38 ff. Die neuere französische Praxis folgt dem gleichen Weg – vgl. Cour de Paris, Ann. 1963, S. 361. Eine gewisse Analogie kann mit der Lage gemäß Art. 320 Abs. 2 OR festgestellt werden.
[31] So z.B., weil er die Nichtigkeit des Patentes nicht beachtet hat, bzw. weil er den entsprechenden Nichtigkeitsprozeß unsorgfältig geführt hat.
[32] PEDRAZZINI, zit. oben in Anm. 8 zu diesem Paragraphen.
[33] Vgl. BGH in GRUR 1958, S. 231. Eine analoge Überlegung auch in ZR 67, 1968, Nr. 118.
[34] Hierüber P. DILGER, Die Abgrenzung des Vorbenutzungsrechts vom Patentrecht, bez. Voraussetzungen und Wirkungen, Diss. St. Gallen 1971.
[35] Ausführlich KLAUER/MÖHRING, § 9, Anm. 69 f.
[36] Vgl. BLUM/PEDRAZZINI, Art. 34, Anm. 69 und 70.

cc) Den Rechtsmangel der Nichterteilung des Patentes bei einem Erfindungslizenzvertrag wird man, falls keine besondere Regelung, insbesondere keine Bedingung vereinbart wurde, grundsätzlich als Grundlagenirrtum bzw. als Wegfall der Geschäftsgrundlage ansehen.

dd) Wichtig ist der Hinweis auf die Behandlung der Rechtsmängel bei sogenannten gemischten Lizenzverträgen, d. h. solchen, bei denen das Patent die Grundlage, die entsprechende technische Lehre aber der eigentliche Gegenstand des Lizenzvertrages bildet. Dementsprechend wiegt ein Mangel im Recht weniger schwer als bei Patentlizenzverträgen. Es kann in diesen Fällen angenommen werden, daß der Lizenzvertrag bis zur Nichtigerklärung vollen Bestand hat, weil die formelle Existenz des Patentes eine ausreichende Grundlage des Vertrages bildete und erst durch die Vernichtung des Patentes dem Vertrag – mindestens teilweise – die Grundlage entzogen wurde.

ee) Bildet ein Fabrikationsgeheimnis bzw. das sogenannte Know-how den Gegenstand des Lizenzvertrages, so sind Rechtsmängel kaum festzustellen. Es handelt sich ja dabei um lediglich relativ geschützte Güter, so daß der eventuell beim Lizenzgeber vorhandene Rechtsmangel in der Person des Lizenznehmers nicht wirksam werden kann[37].

ff) Tritt der Rechtsmangel im Rahmen eines einfachen Lizenzvertrages auf, so kann seine Wirkung eine schwächere sein, da die Ausschließlichkeit des lizenzierten Rechtes bei der einfachen Lizenz eine sekundäre Rolle spielt[38].

b) Haftung für Sachmängel

aa) Gemeinsames

Sachmängel treffen primär diejenigen Lizenzverträge, bei denen die technische Lehre selbst Gegenstand des Lizenzvertrages ist bzw. im Vordergrund steht[39].

Der Behandlung der einzelnen, nach Gegenstand unterschiedlichen Fälle sind folgende allgemeine Bemerkungen vorauszuschicken:

Hat der Lizenzgeber dem Lizenznehmer bestimmte Eigenschaften der lizenzierten technischen Lehre zugesichert, so hat er dafür in Analogie zum Kaufrecht einzustehen (Art. 197 OR)[40].

---

[37] Als Rechtsmangel wäre z.B. aber das Bestehen eines die Auswertung des lizenzierten Gegenstandes verhindernden Patenrechts eines Dritten anzusehen.
[38] Näheres bei BLUM/PEDRAZZINI, Art. 34, Anm. 82.
[39] BGH in GRUR 1965, S. 298 ff. sowie GRUR 1970, S. 547 ff.; E. MALZER, GRUR 1971, S. 96 ff.
[40] Vgl. BGH in GRUR 1960, S. 44; 1970, S. 547 ff.; MALZER, GRUR 1971, S. 96.

Für die Rentabilität der Lizenzausübung haftet der Lizenzgeber an sich nicht[41].

Die Haftung für Sachmängel kann vertraglich ausgeschlossen werden[42]. Ein solcher Ausschluß ist besonders dann anzunehmen, wenn dem Lizenznehmer eine Frist zur Prüfung des Lizenzgegenstandes eingeräumt wurde[43].

bb) Bei Patentlizenzverträgen spielen Sachmängel an sich keine entscheidende Rolle – sie können aber an der Grundlage des Vertrages rühren. Es gilt auch zu beachten, daß Sachmängel eventuell zu Rechtsmängeln werden, weil dieselben zur Nichtigkeit des Patentes führen. Der Mangel in der Sache bedeutet dann einen Mangel im Recht. Typisch hierfür die fehlende Ausführbarkeit der Erfindung[44].

cc) Bei Lizenzverträgen über Fabrikationsgeheimnisse bzw. über Knowhow stehen hingegen die Sachmängel im Vordergrund. Besonders Mängel technischer Natur können schwerwiegend sein. Diesbezüglich sind die genannten Lizenzverträge besonders empfindlich, da ja vor Perfektion des Vertrages der Lizenznehmer kaum die Möglichkeit haben wird, die lizenzierte technische Lehre zu überprüfen. Er muß sich auf die Angaben des Lizenzgebers verlassen. Sind diese Angaben unzutreffend, liegt der Mangel in der Lehre selbst, so wird man Nicht- bzw. Schlechterfüllung annehmen und nach Art. 97 OR vorgehen müssen, falls nicht gerade Täuschung (Art. 28 OR) vorliegt. Weist der Lizenzvertrag kaufrechtliche Elemente auf, so sind die spezifischen Rechtsbehelfe anwendbar[45]. Gleich verhält es sich, wenn der Mangel nicht in der Lehre, vielmehr in der Information liegt. Besonders bei Lizenzverträgen über Fabrikationsgeheimnisse ist die fehlende Neuheit der lizenzierten Lehre im Sinne der Kenntnis derselben durch die Konkurrenz ein schwerwiegender Mangel. Fehlende Geheimfähigkeit wird hingegen selten eine Rolle spielen, da dieselbe auch dem Lizenznehmer erkennbar ist. Ist der Verlust des Geheimseins der lizenzierten Lehre nach Vertragsabschluß auf eine Partei zurückzuführen, so richtet sich ihre Haftung nach Art. 97 OR, denn Bekanntgabe an die Allgemeinheit, aber auch an einzelne Dritte, ist für beide Parteien eine typische Vertragsverletzung.

Beim Lizenzvertrag über Know-how muß besonders beachtet werden, daß es sich dabei (mindestens vorwiegend) um einen Veräußerungsvertrag handelt, auf welchen die Kaufvorschriften direkt anwendbar sind. Die Lage des konkreten Vertrages kann aber auch so sein, daß auch bei (unverschul-

---

[41] Vgl. BGH in NJW 1970, S. 1313.
[42] Allgemeine Grenzen hierzu bieten die Art. 23 ff. sowie 100 OR.
[43] Davon zu unterscheiden ist der Fall der Einräumung einer Optionsfrist.
[44] Aus der Praxis besonders BGH in GRUR 1965, S. 298 ff.
[45] Vgl. BGH in GRUR 1963, S. 207 ff.

detem) Bekanntwerden der lizenzierten Geheimlehre Lizenzgebühren weiter zu bezahlen sind, so z. B. wenn dieselben niedrig gehalten wurden, um den Lizenznehmer anfänglich nicht ungebührlich zu belasten[46].

3. Die Nebenpflichten des Lizenzgebers

Neben der Hauptpflicht treffen den Lizenzgeber verschiedene Nebenpflichten, die an sich nur im Einzelfalle genau festgelegt werden können, von denen die häufigsten aber hier aufzuzählen sind. Je nach Vertragsinhalt bzw. je nach Funktion und Gegenstand des Lizenzvertrages wird die eine oder andere Nebenpflicht aktuell werden.

a) Nebenpflichten, die mit dem lizenzierten Immaterialgut im Zusammenhang stehen

aa) Pflicht zur Patentanmeldung

bb) Aus der (eventuellen Haupt-) Pflicht zur Aufrechterhaltung des lizenzierten Patentes ergeben sich folgende sekundäre Pflichten:
- Zahlung der Patentgebühren (eventuell Einreichung eines Wiedereinsetzungsgesuches)
- Einschränkung des Patentes[47]
- Erhebung einer Abtretungsklage.

cc) Pflicht zur Verfolgung von Patentverletzern[48].

dd) Pflicht zur Verteidigung des lizenzierten Patentes, also insbesondere gegen eine Nichtigkeitsklage oder gegen einen Drittanspruch, wie Vorbenutzungsrecht oder abhängige Lizenz.

ee) Eventuelle Pflicht zur Eintragung der Lizenz im Patentregister, wodurch die Stellung des Lizenznehmers verstärkt wird (vgl. Art. 34 Abs. 3 PatG).

ff) Pflicht zur Übertragung der Lizenz an einen eventuellen Nachfolger im Schutzrecht[49].

---

[46] In der USA-Praxis ausdrücklich anerkannt, vgl. etwa Supreme Court USA, 123 PQ 431.

[47] Die Einschränkung des Patentes bedeutet zwar eine Verschlechterung der Stellung des Lizenznehmers, sie kann aber wünschenswert sein, um ein Schutzrecht überhaupt noch aufrechtzuerhalten.

[48] Diese Pflicht gilt grundsätzlich. In einzelnen Fällen, etwa bei schwachem Schutzrecht, wird es zweckmäßig sein, die Verletzungsklage (und so den Gegenangriff auf das Schutzrecht) zu vermeiden, dafür z. B. die Lizenzgebühren herabzusetzen oder die ausschließliche Lizenz in eine einfache umzuwandeln, mit einer entsprechend kleineren Belastung des Lizenznehmers.

[49] Vgl. W. LÜDECKE, GRUR 1964, S. 470 ff.

*b) Nebenpflichten, die auch bei sonstigen
lizenzfähigen Gegenständen entstehen können*

aa) Pflicht zur technischen Einweisung des Lizenznehmers, Zurverfügungstellung von Fachkräften, Ausbildung von Arbeitnehmern des Lizenznehmers, Beistand des Lizenzgebers beim Auftreten besonderer Schwierigkeiten, Bekanntgabe der Bezugsquellen, eventuell Mitteilung des Knowhow[50] und dergleichen.

bb) Pflicht zur Vermittlung von sonstigen Gegenständen, die zur Erreichung des Vertragszweckes nötig bzw. zweckmäßig sind, wie besondere Maschineneinrichtungen, Grundstoffe und dergleichen.

cc) Pflicht zur Mitteilung von Verbesserungen, Weiterentwicklungen und dergleichen[51].

dd) Eventuell eine gesteigerte Treuepflicht, so bei starkem gesellschaftsrechtlichem Einschlag im Lizenzvertrag, was z. B. seitens des Lizenzgebers zu einer gewissen Konkurrenzenthaltung, auf Seiten des Lizenznehmers hingegen zum Ausschluß der Anfechtungsmöglichkeit des lizenzierten Schutzrechtes führen kann.

III. Die Leistungspflicht des Lizenznehmers

Die Hauptleistung des Lizenznehmers besteht in der Zahlung der sogenannten Lizenzgebühren und weist im Rahmen technischer Lizenzverträge keine nennenswerten Besonderheiten auf. Es sind lediglich einige Ergänzungen nötig.

1. Die lizenzpflichtigen Handlungen

Welche Handlungen lizenzpflichtig sind, entscheidet sich zunächst nach dem konkreten Vertrag – im Zweifel bietet die Art des Gegenstandes aber eine wichtige Auslegungsquelle. So ist für Lizenzverträge bezüglich technischer Gegenstände die Aufteilung der Benutzungshandlungen in Art. 8 Abs. 2 PatG maßgebend. Zu Unsicherheiten kann die Tatsache Anlaß geben,

---

[50] Eine allgemeine Bejahung dieser Rechtspflicht dürfte die Folge einer undifferenzierten Betrachtung des Lizenzvertrages bezüglich seines Gegenstandes sein. Sehr weit geht BURST, a.a.O., S. 77 ff.

[51] Die Pflicht zur Mitteilung von Verbesserungen wird im französischen Recht allgemein anerkannt (vgl. BURST, a.a.O., S. 58 ff.). Diese Auffassung dürfte zu weit gehen – eine Mitteilungspflicht des Lizenzgebers bzw. die Pflicht, spätere Verbesserungen mitzulizenzieren, dürfte im Zweifel nur unter besonderen Umständen anzunehmen sein, so bei engerer Zusammenarbeit der Vertragspartner.

daß die lizenzierte Lehre neben lizenzfähigen Elementen auch sogenannte neutrale Teile enthält[52]. Behauptet der Lizenznehmer nach einer anderen Methode als der lizenzierten herzustellen, so ist er hierfür beweispflichtig[53].

2. Die Benutzungspflicht des Lizenznehmers[54]

Bei ausschließlichen Lizenzverträgen besteht normalerweise eine Benutzungspflicht (auch Ausübungspflicht genannt) seitens des Lizenznehmers, denn sonst könnten die Interessen des Lizenzgebers arg getroffen werden, indem die vom Umsatz abhängige Gegenleistung ausbleibt oder die Folge von Art. 37 PatG eintreten kann. Bei einfachen Lizenzverträgen bildet hingegen die Annahme einer Benutzungspflicht einen Ausnahmefall[55], indem es der Lizenzgeber in der Hand hat, durch sonstige Lizenzierung des gleichen Gegenstandes den Lizenznehmer unter Druck zu setzen. Auch wo sie zu bejahen ist, kann aber die Benutzungspflicht nicht unter allen Umständen aufrecht erhalten werden. Fälle kommen vor, in denen die weitere Benutzung die Zumutbarkeitsgrenze des Lizenznehmers überschreitet, so besonders wenn die technische Lehre schlechthin überholt ist[56].

3. Die Kennzeichnungs- und Werbepflicht des Lizenznehmers

Den Lizenznehmer kann die Pflicht treffen, die in Lizenz hergestellten Gegenstände besonders zu kennzeichnen, so mit Angaben betreffend das lizenzierte Schutzrecht (vgl. Art. 11 PatG) oder mit der Marke bzw. der Ausstattung des Lizenzgebers – letzteres eventuell auf Grund eines beigeordneten Markenlizenz- oder Ausstattungslizenzvertrages.

4. Die sogenannte Nichtangriffsabrede

Besonders bei technischen und bei Markenlizenzverträgen wird oft vereinbart, daß der Lizenznehmer das lizenzierte Schutzrecht nicht angreifen

---

[52] BLUM/PEDRAZZINI, Art. 34, Anm. 100. ZüHG in ZR 73, 1974, Nr. 32.
[53] Vgl. AGVE 1963, S. 67 ff.
[54] Hierüber besonders B. STOCKER, Benutzungsrecht und Benutzungspflicht des Lizenznehmers bei technischen Lizenzverträgen, Diss. Zürich/Luzern 1971 sowie SCHADE, a.a.O. Aus der Praxis BGE 85 II, 1959, S. 43.
[55] Anders BGE 96 II, 1970, S. 156 f., wobei aber die besonderen Umstände des Falls zu berücksichtigen sind.
[56] Das normalerweise vom Lizenznehmer zu tragende Risiko muß eine Grenze finden. Der Rechtsbehelf wird aus Art. 2 Abs. 2 ZGB abzuleiten sein. Vgl. hierüber besonders MERZ, Berner Kommentar zum ZGB, Einleitung, Art. 2, N. 191. Weitergehend die deutsche Theorie und Praxis, vgl. etwa LARENZ, a.a.O., Bd. I, § 10 II/c; KLAUER/MÖHRING, Art. 9, Anm. 10; eingehend SCHADE, a.a.O., S. 87 ff.

dürfe, die sogenannte Nichtangriffsabrede[57]. Eine solche Pflicht kann in besonderen Fällen auch ohne Vereinbarung angenommen werden, so wenn der Lizenzvertrag gesellschaftsrechtliche Züge oder gar die Form eines Gesellschaftsvertrages aufweist[58].

5. Pflicht zur Mitteilung allfälliger Patentverletzungen

Da besonders der ausschließliche Lizenznehmer die Marktentwicklung genau verfolgt, ist es zweckmäßig, ihm durch den Lizenzvertrag die Pflicht zur Mitteilung allfälliger Schutzrechtsverletzungen aufzubürden. Sie kann aber auch als Folge der den Lizenzgeber treffenden Pflicht zur Verfolgung von Patentverletzungen unterstellt werden.

6. Pflicht zur Mitteilung von weiteren Erfindungen und Verbesserungen bezüglich des Vertragsgegenstandes

Der Lizenzgeber, der ein ausgedehntes Lizenzvertragssystem hat, besitzt ein großes Interesse daran, seine Lizenznehmer zu einem Austausch der jeweiligen Verbesserungen und Weiterentwicklungen auf dem Vertragsgebiet anzuhalten. Zu diesem Zweck vereinbart er die Mitteilung solcher technischer Maßnahmen mit der Klausel der freien Weitergabe an die Mitlizenznehmer. Eine unentgeltliche und einseitige Mitteilungspflicht kann aber das vertragliche Gleichgewicht stören und unter Umständen kartellrechtlich fraglich sein[59].

7. Pflichten des Lizenznehmers nach Vertragsablauf

Das Verhalten des Lizenznehmers nach Vertragsablauf kann vertraglich in bestimmten Grenzen gehalten werden – auch hier spielt der Gegenstand des konkreten Lizenzvertrages die maßgebende Rolle. So ist bei Beendigung eines Lizenzvertrages über ein Fabrikationsgeheimnis der Lizenznehmer angehalten, alles zu unterlassen, was das Geheimnis in Frage stellen könnte[60].

---

[57] Vgl. BGE 95 II, 1969, S. 271 ff. Näheres bei BLUM/PEDRAZZINI, Art. 34, Anm. 104. Zur kartellrechtlichen Problematik einer solchen Klausel vgl. sub § 109. – Weiter SCHIPPEL, GRUR 1955, S. 322; W.-M. PEETZ, Die Nichtangriffsklausel in Lizenzverträgen, Diss. Göttingen 1961; BGH in GRUR 1965, S. 135 ff.; R. SCHWERDTNER, GRUR 1968, S. 9 ff.; FRITZE, GRUR 1969, S. 218 ff.; für das Recht der USA vgl. Supreme Court in GRUR Int. 1970, S. 44 ff. (= 162 US PQ 1, 1969); EBPatG 6, 191.
[58] Die schweizerische Praxis ist eher zurückhaltend. Vgl. BGer in SchwMitt. 1973, S. 132 ff.
[59] Vgl. hinten § 109.
[60] Ist der «Lizenzvertrag» in Wahrheit ein Veräußerungsvertrag, so bestehen im Zweifel keine Pflichten des Lizenznehmers mehr. Dies gilt besonders für Know-how-Verträge im engeren Sinne.

Praktisch wichtig sind sodann die lizenzvertraglichen Normen, welche das Verhalten des Lizenzgebers nach Vertragsende regeln und zwar im Hinblick auf den sogenannten Auslauf des Vertrages[61].

§ 105. Lizenzverträge über urheberrechtsfähige Werke

Lizenzverträge können auch Werke zum Gegenstand haben, die durch das URG geschützt sind. Solche Verträge werden im Zusammenhang mit dem Verlagsvertrag behandelt[1].

§ 106. Lizenzverträge über Muster und Modelle

Muster und Modelle sind vom Gegenstand her den urheberrechtsfähigen Werken verwandt[1]. Die Schutztechnik ist hingegen derjenigen des Patentrechtes nachgebildet[2], weshalb bezüglich Lizenzverträgen die Regeln gemäß § 104 entsprechend anzuwenden sind. Änderungen ergeben sich ausschließlich in materieller Hinsicht, so bezüglich der Ungültigkeitsgründe eines Muster- oder Modellrechtes, was aber für die Behandlung des Lizenzvertrages von untergeordneter Bedeutung ist[3]. Lizenzverträge über Muster und Modelle sind relativ selten.

---

[61] Hierüber besonders ausführlich LÜDECKE/FISCHER, a.a.O., S. 587 ff.
[1] Vgl. PEDRAZZINI, Verlagsvertrag, § 89 II 4.
[1] Vgl. Bundesgesetz betreffend die gewerblichen Muster und Modelle (MMG) und dazu insbesondere TROLLER I, S. 514 ff. Aus der neueren Praxis BGE 92 II, 1966, S. 202 ff.
[2] Vgl. TROLLER II, S. 839 ff. über die Nichtigkeit von Muster und Modellen.
[3] Über einen Lizenzvertrag über Muster und Modelle vgl. kurz TROLLER II, S. 966. Nach deutschem Recht lehnt sich das Geschmacksmusterrecht wesentlich stärker dem Urheberrecht an, weshalb der entsprechende Lizenzvertrag dem Verlagsvertrag analog gehandhabt wird. So VON GAMM, Geschmacksmustergesetz, München 1966, Art. 3, Anm. 45. Differenzierter H. FURLER, Das Geschmacksmustergesetz, 3. Aufl., Köln 1966, Art. 5, Anm. 35/36.

§ 107. Lizenzverträge über die sogenannte Ausstattung

Auf Grund des UWG werden keine Leistungen direkt geschützt, denn die Funktion dieses Gesetzes besteht darin, zur Erhaltung der guten Sitten im wirtschaftlichen Wettbewerb Sorge zu tragen[1]. Die Tatsache aber, daß der Unrechtstatbestand des UWG unter anderem durch die Nachahmung der Leistung eines Mitbewerbers erfüllt ist (Art. 1 Abs. 2 lit. d UWG) bewirkt einen indirekten Schutz dieser Leistung. Damit entsteht die für einen Lizenzvertrag typische Ausgangslage, da es für den Dritten von Interesse sein kann, den in dieser Leistung liegenden Vorsprung mitbenutzen zu dürfen[2]. Das Objekt eines solchen Lizenzvertrages ist die sogenannte Ausstattung, das heißt die Art und Weise der Präsentation einer Leistung, insbesondere einer Ware[3], die nach erlangter Verkehrsgeltung[4] im Rahmen des Verwechslungstatbestandes Schutz genießt. Der Lizenzvertrag beinhaltet an sich keine Rechtseinräumung, da dem Lizenzgeber selbst kein subjektives Recht auf den Vertragsgegenstand zusteht. Es handelt sich aber auch nicht lediglich, wie etwa beim Lizenzvertrag über ein Fabrikationsgeheimnis, um die Einräumung der Benutzungsbefugnis eines rein faktisch dem Zugriff Dritter entzogenen Objektes, denn dieses Objekt ist, wie ausgeführt, gegen Nachahmung geschützt. Eher aber als den Lizenzverträgen über technische Güter nähert sich der Lizenzvertrag über die Ausstattung dem Markenlizenzvertrag: letzterem analog hat er nämlich nicht nur das Objekt (ein Kennzeichen) sondern auch die Einwirkung von Drittinteressen. Die Ausstattung erfüllt nämlich für die beteiligten Verkehrskreise (insbesondere für die Abnehmer der Ware oder der sonstigen Leistung) eine Garantiefunktion bezüglich der Herkunft bzw. der Qualität, weshalb an die Lizenzierung die gleichen strengen Anforderungen in bezug auf beide genannten Faktoren gestellt sind, wie

---

[1] Zum UWG i.a. vgl. VON BÜREN, Kommentar zum Wettbewerbsgesetz, Zürich 1957, S. 4 ff.; E. PFENNINGER, Schutz und Standort der Ausstattung im schweizerischen gewerblichen Rechtsschutz, Diss. Zürich 1971.
[2] Vgl. vorn § 95.
[3] Über die Ausstattung vgl.: BGE 95 II, 1969, S. 470 ff. (477 ff.); BGE 92 II, 1966, S. 202 ff. (207 ff.); VON BÜREN, a.a.O., S. 110 ff.; aus dem deutschen Recht die Kommentare zum deutschen Warenzeichengesetz § 25. Über die Ausstattungslizenz: D. WUNDERLICH, Die Warenzeichenlizenz in der Schweiz, in: Die Warenzeichenlizenz, hrg. von BEIER/DEUTSCH/FIKENTSCHER, Köln 1963, S. 264 ff. Für das deutsche Recht vgl. besonders A. BAUMBACH/W. HEFERMEHL, Wettbewerbs- und Warenzeichenrecht, 10. Aufl., Bd. II, München 1971, § 25, Anm. 25. Aus der Rechtsprechung BGE 70 II, 1944, S. 156 ff.
[4] Verkehrsgeltung liegt dann vor, wenn die Ausstattung nach der in den beteiligten Verkehrskreisen herrschenden durchschnittlichen Auffassung über die Herkunft oder Qualität der Ware überhaupt etwas aussagt (so BGE 92 II, 1966, S. 208).

bei der Markenlizenz. Die Anlehnung ergibt sich in der Praxis auch aus der Tatsache, daß ein Ausstattungslizenzvertrag selten allein, meistens mit einem Markenlizenzvertrag gekoppelt vorkommt. Der Markenlizenzvertrag ist dann normalerweise das herrschende Element. Eine undifferenzierte Unterstellung des Ausstattungslizenzvertrages unter den Markenlizenzvertrag[5] scheint aber aus folgenden Gründen nicht zutreffend zu sein.

Eine Eigenart erhält nämlich die Ausstattungslizenz dadurch, daß der Schutz der Ausstattung von der Verkehrsgeltung derselben als das kennzeichnende Element eines Wettbewerbsteilnehmers abhängt. Da bei ausschließlicher Lizenzierung ein Wechsel des Benutzers, bei einfacher Lizenz hingegen eine Vervielfältigung der Benutzer erfolgt, ist dafür zu sorgen, daß dadurch nicht die Kennzeichnungswirkung zuungunsten des Lizenzgebers verloren geht.

Das Bundesgericht hat deshalb[6] die Zulässigkeit einer Ausstattungslizenz davon abhängig gemacht, daß in der Vorstellung der beteiligten Verkehrskreise die Beziehung zwischen der Ware und deren Hersteller bestehen bleibe. Dies könne dadurch gesichert sein, daß der Lizenznehmer die Ware ausdrücklich als Erzeugnis des Lizenzgebers vertreibt. Die Zulässigkeit der Ausstattungslizenz ergibt sich aber auch dann, wenn Lizenznehmer und Hersteller (Lizenzgeber) in einer derart engen, den Verkehrskreisen bekannten Verbindung zueinander stehen, daß sie in der Vorstellung der Verkehrskreise als wirtschaftliche Einheit erscheinen. In diesem Falle kann die Originalität der Ausstattung eine Verkehrsgeltung zugunsten beider Vertragsparteien entstehen lassen – während im ersten Falle das Ausstattungsrecht lediglich zugunsten des Lizenzgebers weiterbesteht. Nach der bundesgerichtlichen Praxis ist sodann noch eine örtlich beschränkte Ausstattungslizenz möglich, in welchem Falle eine getrennte Verkehrsgeltung für den Lizenzgeber sowie für den Lizenznehmer entstehen kann – eine Hypothese, die selten erfüllt sein dürfte.

---

[5] So TROLLER II, S. 966.
[6] In BGE 70 II, 1944, S. 156f.

§ 108. Markenlizenzverträge

I. Die lizenzfähigen Güter

Objekt eines Lizenzvertrages kann auch eine Marke bilden, das heißt das zur Kennzeichnung von Erzeugnissen oder Waren bestimmte und dazu auch geeignete und verwendete Zeichen, das vom Gesetz[1] im Rahmen eines subjektiven absoluten Rechtes erfaßt und dem Markeninhaber zugeordnet wird, womit letzterer einen warenmäßig begrenzten Schutz genießt[2]. Das so entstandene Ausschließlichkeitsrecht eignet sich zur Lizenzierung, da auch hier eine komplementäre Interessenlage entstehen kann, wonach der Markeninhaber als Lizenzgeber eine Auswertung seines Rechtes, der Dritte als Lizenznehmer die Erreichung eines Vorsprunges gegenüber der Konkurrenz dank der Verwertung des Zeichens in seiner typischen Funktion erstrebt[3].

Wegen der materiell-rechtlich lediglich rechtsvollendenden Bedeutung des Eintrages im Markenregister im Verhältnis zur Erstbenutzung[4] kann diese

---

[1] Bundesgesetz betreffend den Schutz der Fabrik- und Handelsmarken, der Herkunftsbezeichnungen von Waren und der gewerblichen Auszeichnungen vom 26. September 1890 (MSchG).

[2] Zu den einzelnen hier zusammengefaßten Elementen der Marke nach schweizerischem Recht vgl. TROLLER I, S. 252 ff.; DAVID, Art. 1, N. 1 und Supplement, S. 33; B. BECCHIO, Der kennzeichnungsrechtliche Schutz von Waren- und Verpackungsformen, St. Gallen 1971, S. 14 ff. Über das Wesen der Marke zuletzt BGE 99 II, 1973, S. 104 ff. (113 ff.). Die seit einigen Jahren eingeleitete Revision des MSchG ist bis heute nicht über den Vorentwurf von 1968 hinausgekommen. Es ist deshalb hier nicht näher darauf Bezug zu nehmen.

[3] Die Markenlizenz, die im Gesetz nicht ausdrücklich vorgesehen ist, wurde von der Praxis, dem Bedürfnis der Wirtschaft entsprechend, relativ spät zugelassen. Für die Hypothese einer Gebrauchsüberlassung der Marke ohne Übertragung des Geschäftsbetriebes wurde sie noch in BGE 50 II, 1924, S. 79 ff. (85) verneint. Vgl.: BGE 61 II, 1935, S. 59 ff.; 72 II, 1946, S. 423 ff.; 75 I, 1949, S. 340 ff. (richtunggebend); 79 II, 1953, S. 219 ff. (221); 83 II, 1957, S. 312 ff.; 84 IV, 1958, S. 119 ff.; BGer in: PMMBl 1973 I, S. 57 ff.; BGer in: SchwMitt. 1974, S. 118 ff. (S. 126 ff.) und 133 ff. BGE 101 II, 1975, S. 293 ff. Über die Entwicklung der Praxis vgl. E. MARTIN-ACHARD, La cession libre de la marque, Genève 1946; aus der (allgemeinen) Literatur seien genannt: DAVID, S. 197 ff.; TROLLER II, S. 962 ff.; TROLLER, SchwMitt. 1956, S. 46 ff.; MARTIN-ACHARD, a.a.O., S. 55 ff.; M. HAUSER, Die Inzidenz der Publikumsinteressen auf Wesen und Umfang des Markenrechts, Diss. Zürich 1966, S. 11 ff., F. FALB, Die Übertragung der Fabrik- und Handelsmarke nach Art. 11 MSchG, Diss. Bern 1943, S. 112 ff.; M. SCHWANK, Die Entwicklung des Markenwesens und die freie Übertragbarkeit der Marke, Diss. St. Gallen/Wädenswil 1953, S. 125 ff.; MATTER, ZSR 53, 1934, S. 72 ff. Die deutsche Lehre und Praxis ist vorsichtig heranzuziehen, und zwar wegen der hier spezifischen Auffassung, wonach es sich um eine bestimmte Art der Gebrauchsüberlassung handle. Vgl. VON GAMM, Warenzeichengesetz, München 1965, § 8, Anm. 19; praxisbezogener D. REIMER, Wettbewerbs- und Warenzeichenrecht, 4. Aufl., Köln 1966, Bd. I, S. 574 ff. (bearbeitet von TRÜSTEDT); R. STORKEBAUM/A. KRAFT, Warenzeichengesetz, Berlin 1967, S. 32 ff.; BAUMBACH/HEFERMEHL, a.a.O., Bd. II, Anhang zu § 8. Vgl. im weiteren die eingangs zitierte Literatur.
Zum englischen Recht vgl. D. M. KERLY, On trade marks, 8. Aufl., London 1960, S. 237 ff.

[4] Art. 4 und 5 MSchG. Zuletzt BGer in SchwMitt. 1974, S. 133 ff.

Interessenlage grundsätzlich auch bei einer erst gebrauchten aber (noch) nicht eingetragenen Marke bestehen, obwohl normalerweise das Zeichen eingetragen sein wird[5].

Von primärer Bedeutung für die Regelung des Markenlizenzvertrages ist der Entscheid darüber, welche rechtlich erfaßte **Funktion** eine Marke erfüllt[6]. Ist die Herkunftsfunktion allgemein anerkannt[7], wobei Herkunft nicht im Sinne eines Hinweises auf einen konkreten Betrieb aufzufassen ist, weshalb man auch von Individualisierungsfunktion sprechen kann, gehen die Meinungen bezüglich der rechtlichen Relevanz der sogenannten Garantiefunktion (oder Qualitätsfunktion) immer noch auseinander[8]. Die Abneigung gegen eine klare Anerkennung der letzteren leitet sich aus der Schwierigkeit der Festlegung der Qualitätsparameter und der entsprechenden Kontrolle und, auch wenn nicht offen zugegeben, aus dem Wunsch her, den Markeninhaber bezüglich der Einhaltung einer bestimmten Qualität nicht zu belasten. Gemessen an den Erwartungen des Abnehmers läßt sich aber heute kaum leugnen, daß die Marke als Garantie- und nicht nur als Unterscheidungszeichen gewertet wird[9].

---

[5] Bildet eine noch nicht eingetragene Marke Gegenstand der Lizenz, so handelt es sich um die Lizenzierung einer anwartschaftsähnlichen Rechtsstellung, die aber als Eigenart bei Eintragung rückwirkend verstärkt wird. Insofern unterscheidet sich die Marken- von der Ausstattungslizenz.

[6] Ausführlich hierüber Hauser, a.a.O., S.55ff.; W. Bener-Wittwer, Le caractère du droit de marque et les importations parallèles, Bern 1970, S.39ff.; Falb, a.a.O., S.38ff.; W. Huber, Die Handelsmarke, Diss. St. Gallen/Winterthur 1961, S.1ff.; Schwank, a.a.O., S.45ff.; David, Supplement, S.33f.; A. Vanzetti, GRUR Int. 1965, S.128ff. und 185ff.; K. Spoendlin, Das Markenrecht im Lichte der schutzwürdigen Interessen, Basel 1974.

[7] Im Rahmen der Praxis zur Markenübertragung bzw. Lizenzierung ist diese Funktion immer wieder als primär hervorgehoben worden. Vgl. BGE 58 II, 1932, S.175ff. (S.180); 78 II, 1952, S.164ff. (S.172); 86 II, 1960, S.270ff.; 89 II, 1963, S.101; 95 II, 1969, S.354ff. (S.360). Vgl. dazu auch Troller, GRUR Int. 1961, S.298.

[8] Im Rahmen von Art. 6bis MSchG spielt das Qualitätskriterium eine entscheidende Rolle. Vgl. BGE 95 II, 1969, S.361. Dieser Tatbestand weist weitgehende Ähnlichkeiten mit demjenigen des Markenlizenzvertrages auf, so daß eine analoge Anwendung dieser Praxis gerechtfertigt ist. Positiv (im Rahmen von Art. 11) BGE 75 I, 1949, S.340 (S.349), hingegen wiederum negativ BGE 89 II, 1963, S.101. Zur Frage vgl. auch David, Supplement, S.34; H.-G. Burgbacher, Warenzeichenlizenzverträge im Recht der Wettbewerbsbeschränkungen, Frankfurt 1972, S.17ff.; ausführlich Schwank, a.a.O., S.78ff. Vgl. auch M. Löwenheim, GRUR Int. 1971, S.260ff. Die Frage der Funktion der Marke spielt in den Entscheiden über die (markenrechtliche) Zulässigkeit von sogenannten Parallelimporten eine wichtige Rolle. Hiezu BGE 86 II, 1960, S.270ff. und besonders interessant BGH in GRUR Int. 1973, S.562ff. Dazu Bener-Wittwer, a.a.O. und W. Miosga, GRUR Int. 1968, S.570ff.

[9] Die Meinung, die Garantiefunktion hänge von der Erfahrung des Käufers ab und sei deshalb dem Markenbegriff nicht wesenseigen (so Erläuterungen zum Vorentwurf 1968, S.6) stellt eine zu starke Abstraktion dar, die gerade auf dem marktbezogenen Gebiet des Zeichenrechtes

II. Die Funktion der Markenlizenz

Durch den (formlosen) Markenlizenzvertrag verpflichtet sich der Lizenzgeber, dem Lizenznehmer das Recht zur markenmäßigen Benutzung einer ihm zustehenden Marke für bestimmte Erzeugnisse bzw. Waren zu gewähren[10,11]. Normalerweise wird der Lizenznehmer dem Lizenzgeber hiefür ein Entgelt bezahlen[12]. Eine (Teil-)Übertragung des Markenrechtes findet dadurch nicht statt[13]. Da beim Markenlizenzvertrag die Marke eines Dritten (des Lizenzgebers) benutzt wird, unterscheidet sich die Markenlizenz von Instituten, die sich in der Praxis analog auswirken, wie die Konzernmarke (Art. 6bis), und die Kollektivmarke (Art. 7bis)[14]. Die wirtschaftliche Funktion der Markenlizenz liegt primär in der Erhöhung der eigenen Absatzmöglichkeiten durch Ausnutzung der Werbekraft einer Marke (öfters in Verbindung mit besonderen technischen Herstellungs- oder Bearbeitungsverfahren), ein klarer Hinweis darauf, daß mit der Markenlizenz Qualitätsvorstellungen verbunden sind bzw. beim Abnehmer erweckt werden sollen[15].

III. Die Publikumsbezogenheit der markenrechtlichen Lizenz

Die Gültigkeit einer Marke hängt entscheidend von ihrer Fähigkeit ab, die ihr zugesprochenen Funktionen zu erfüllen – Eigenwerte sind zweitrangig

---

gesetzgeberisch nicht tragbar erscheint. Im Zusammenhang mit der Markenlizenz zeigt sich dies besonders deutlich, vgl. unten II. Bedenklich der unter dem Gesichtspunkt der Freihaltung des Wettbewerbs in Anwendung der EG-Wettbewerbsregeln aufgestellte Grundsatz der Zulässigkeit der Verwendung der gleichen Marken durch völlig selbständige Mitbewerber, sofern die betreffende Marke den gleichen Ursprung hat. Die Interessen der Abnehmer werden so durch einseitige Bestimmung wettbewerbspolitischer Faktoren übersehen. Entscheidend EuGH, 3. Juli 1974, Slg. 1974/75, S. 731 ff.

[10] Aus Art. 11 ergibt sich meines Erachtens also nicht, daß die Marke schon verwendet sein müsse. Vgl. BGE 75 I, 1949, S. 349; wie hier WUNDERLICH, a.a.O., S. 247. Anderer Ansicht DAVID, S. 192 f.

[11] Die sogenannte negative Deutung vertritt TROLLER II, S. 962 und SchwMitt 1956, S. 53 f. Vgl. auch MATTER, Kommentar, S. 161. Anzeichen dazu in BGE 92 II, 1966, S. 280. Die positive Deutung vertreten hingegen u.a.: FALB, a.a.O., S. 126 ff. sowie H.-J. HELD, Die Markenlizenz sowie Beziehungen zu der Übertragbarkeit der Marke, Diss. Bern/Winterthur 1958, S. 35.

[12] Vgl. HELD, a.a.O., S. 52 ff.

[13] Vgl. BGE 92 II, 1966, S. 280 sowie BGer in SchwMitt. 1974, S. 118 ff. (S. 127).

[14] TROLLER, SchwMitt. 1956, S. 47 ff.

[15] Über die verschiedenen Funktionen der Marke vgl. Z. VIRÀG, SchwMitt. 1962, S. 108 ff.; SCHWANK, S. 134 ff.; MATTER, ZSR 53, 1934, S. 96 ff. Über die sogenannte begleitende Marke vgl. C. ZEHNDER, Die begleitende Marke, Diss. St. Gallen 1975.

bzw. auf die Hauptfunktion hingeordnet[16]. Aus den Funktionen der Marke ergibt sich nun ihre starke Publikumsbezogenheit[17]. Das wirkt sich besonders auch bei der Lizenzierung aus: sie tangiert nicht lediglich Interessen der Vertragsparteien, die im Rahmen von Art. 1 OR ausgeglichen werden können – sie ist vielmehr dazu geeignet, auch Interessen der am Vertrag selbst unbeteiligten Abnehmer und Mitbewerber zu berühren. Es ist deshalb richtig, wenn die Zulässigkeit der Markenlizenz von der Berücksichtigung der Abnehmerinteressen abhängig gemacht wird und an denselben ihre Grenze findet. Erweist sich im Einzelfall, daß die Lizenz dazu geeignet ist, das Publikum zu täuschen[18], so ist sie als unzulässig zu betrachten. Aus dieser für das Markenrecht grundlegenden Publikumsbezogenheit ergeben sich also die wichtigsten Voraussetzungen der Markenlizenz, die vornehmlich von der Praxis herausgearbeitet worden sind, sowie einige charakteristische Eigenschaften, die sie insbesondere von der Lizenz an technischen Gütern unterscheidet. Unter Hinweis auf die allgemeinen Ausführungen sub § 95 I ist hier lediglich auf die spezifische markenrechtliche Problematik einzugehen.

IV. Die Voraussetzungen der Markenlizenz

1. Die Gültigkeit der Marke

Erste logische Voraussetzung einer Markenlizenz ist die Rechtsgültigkeit der den Vertragsgegenstand bildenden Marke[19]. Dazu gehört grundsätzlich nicht die Eintragung der Marke, da ein die Voraussetzungen der Marken-

---

[16] Vgl. auch BGE 86 II, 1960, S. 270 ff. (S. 280/81), wo die Unselbständigkeit des Markenrechtes bezüglich des Unternehmens betont wird. Dies wird bestätigt durch das BGer in PMMBl 1973 I, S. 57 ff. Hiezu auch TROLLER II, S. 964.

[17] Als Publikum sollen hier in einem allgemeinen Sinne die Abnehmerkreise verstanden werden, so wie in Art. 6bis, 7bis und 11 MSchG. Auf die Publikumsbezogenheit weisen praktisch alle Entscheide hin, bei denen es um die Übertragung oder Lizenzierung oder um ein sonstiges besonderes Verhältnis einer Marke geht, vgl. BGE 99 II, 1973, S. 104 ff.; 86 II, 1960, S. 270 ff. (278 f.); 79 II, 1953, S. 219 ff. (S. 221) und schon BGE 41 II, 1915, S. 281 ff.

[18] Vgl. Art. 6bis sowie Art. 11 MSchG. Die entscheidende Funktion der Wahrung der Publikumsinteressen erhellt besonders deutlich aus BGE 86 II, 1960, S. 270 ff. (S. 285); BGE 83 II, 1957, S. 312 ff. (S. 329/330). Vgl. auch schon BGE 58 II, 1932, S. 175 ff.

[19] An sich kann auch ein Zeichen, das nicht als Marke anzuerkennen ist (mit Ausnahme von sitten- und gesetzeswidrigen Zeichen) Gegenstand eines Lizenzvertrages bilden – unter der Voraussetzung, daß die Mitbewerber es respektieren (durch Erreichung einer starken Verkehrsgeltung kann ja ein Freizeichen sich zur gültigen Marke entwickeln, vgl. etwa TROLLER I, S. 363 f.). Die Situation ist dann derjenigen bei Lizenzierung eines an sich nichtigen aber von der Konkurrenz respektierten Patentes analog.

würdigkeit erfüllendes, markenmäßig verwendetes[20] Zeichen jederzeit ohne Nachteile hinterlegt werden kann. Zur Gültigkeit der Marke gehört hingegen, daß deren Inhaber ein Unternehmen (Fabrikations- oder Handelsbetrieb) innehat[21]. Die Erfüllung dieser Voraussetzung ist bei Markenlizenzverträgen besonders streng zu beachten – der Inhaber eines solchen Zeichens könnte gerade durch die Möglichkeit einer Markenlizenz dazu verführt werden, eine (unzulässige) «blinde» Marke zu hinterlegen bzw. zu lizenzieren[22].

2. Fehlen einer täuschenden Wirkung

Die Markenlizenz ist nur dann gültig, wenn durch sie weder das Publikum getäuscht noch sonstwie das öffentliche Interesse verletzt wird[23]. Dies wäre aber dann der Fall, wenn Lizenzgeber und Lizenznehmer die gleiche Marke benutzen, der Abnehmer aber verschiedene Leistungen erhalten würde. Dann würde nämlich die lizenzierte Marke dem Lizenznehmer einen unbegründeten Vorsprung gewähren und zwar auf Kosten des Abnehmers, für welchen die Marke, wie sie vom Lizenzgeber benutzt wird oder wurde, das für ihn maßgebende Kriterium (der Herkunft, der Qualität usw.) abgibt. Da aber durch die Lizenzierung (mindestens dann, wenn der Lizenznehmer Hersteller ist) notwendigerweise einen Wechsel im Ursprung der Leistung gegeben ist, kann die zu schützende Erwartung des Abnehmers nur darin liegen, unter der lizenzierten Marke Leistungen gleicher Qualität zu erhalten[24].

---

[20] Über das Erfordernis des markenmäßigen Gebrauches (Art. 1 Ziff. 2 MSchG) vgl. BGE 92 II, 1966, S. 278.
[21] Art. 7 MSchG; dazu BGE 100 II, 1974, S. 164 ff. Eine Ausnahme hat das BGer für sogenannte Holding-Gesellschaften zugelassen, vgl. BGE 75 I, 1949, S. 340 ff.
[22] Vgl. dazu DAVID, zu Art. 7 MSchG.
[23] Vgl. die oben in Anm. 3 wiedergegebenen Entscheide. Heranzuziehen ist die Praxis zu Art. 6bis, 7bis und 11 MSchG. Art. 11 regelt zwar die Übertragung der Marke, er wird aber seit jeher analog auf den Markenlizenzvertrag angewandt. Über die Funktion von Art. 11 vgl. BGE 50 II, 1924, S. 84; 75 I, 1949, S. 340 ff.; 83 II, 1957, S. 312 ff. (S. 326); 84 IV, 1958, S. 119 ff.; 86 II, 1960, S. 270 ff. (S. 277) sowie BGer in PMMBl, 1973 I, S. 57 ff. Relevant für den Markenlizenzvertrag ist auch die Praxis zu Art. 6bis und 7bis MSchG, weil es sich auch hier um eine mehrfache Zulassung der gleichen Marke für verschiedene Rechtssubjekte handelt. Dazu besonders BGE 84 IV, 1958, S. 119 ff. (S. 122); 86 II, 1960, S. 270 ff.; 89 II, 1963, S. 96 ff.: BGer in PMMBl 1973 I, S. 57 ff. Der Schutz des Publikums vor Täuschung über die Herkunft der Erzeugnisse steht im Vordergrund. Das ebenfalls geschützte öffentliche Interesse wird, im Rahmen des Markenlizenzvertrages, nicht näher spezifiziert. Vgl. aber R. SCHNAUFER-BAUER, Die Wahrung öffentlicher Interessen bei der gesetzlichen Regelung der Fabrik- und Handelsmarken, Diss. Neuchâtel/Stuttgart 1957.
[24] Dieser Grundsatz wird klar festgehalten in BGE 83 II, 1957, S. 312 ff. (S. 326). Vgl. auch BGE 75 I, 1949, S. 340 ff. (S. 347). Diese Bedingung gilt für den Markenlizenzvertrag in stärkerem Maße als für den Fall der Übertragung der Marke. Bei letzterer sorgt nämlich schon die erforderliche (eventuell Teil-) Übertragung des Betriebes für die Einhaltung der Qualitätsvorschriften, eine Garantie, die beim Markenlizenzvertrag nicht von selbst gegeben ist. Vgl. auch

Notgedrungen erfordert also das Recht, daß die Leistungseigenschaft, welche die Marke beim Lizenzgeber bekannt gemacht hat, auch bei der unter der Lizenznehmermarke angebotenen Leistung bestehe. Nur dies kann der Sinn der starken Betonung des Schutzes des Publikums vor Täuschung sein. Diese betont wirtschaftliche Betrachtungsweise[25] führt zu folgenden Bedingungen, bei deren Nichteinhaltung Nichtigkeit des Vertrages[26] anzunehmen ist:

a) Der Markenlizenznehmer muß alle jene Kenntnisse bzw. Rechte besitzen, die es ihm erlauben, die besagte Leistungseigenschaft zu erreichen, und den Markenlizenzgeber treffen die entsprechenden Pflichten dazu. Neben Patenten kommen in Frage Fabrikationsgeheimnisse, Know-how, betriebswirtschaftliche Verfahrens- und Operationsregeln und dgl. mehr[27]. Über den Umfang dieser Unterlagen entscheidet deren Notwendigkeit zur Erreichung des verlangten Leistungsniveaus – es handelt sich also dabei um ein objektives, am Ergebnis meßbares Kriterium, welches vom Parteiwillen nicht beeinflußbar ist. Die Analogie zu Art. 11 MSchG ist evident. Eine Übertragung des Geschäftsbetriebes[28] ist aber nicht notwendig.

b) Es genügt aber nicht, den Lizenznehmer in die Lage zu versetzen, dieses Leistungsniveau zu erreichen. Gewähr muß auch dafür gegeben sein, daß dies auch geschehe. Deswegen erfordert die Praxis, daß der Markenlizenzvertrag ein **Kontrollrecht des Markenlizenzgebers** statuiere bzw. ermögliche[29]. Darnach soll der Lizenzgeber jederzeit die Möglichkeit haben, die Leistung des Lizenznehmers zu kontrollieren. Die Nichterreichung des Leistungsniveaus bedeutet für den Lizenzgeber einen wichtigen Grund zur sofortigen Kündigung des Lizenzvertrages[30]. Die Modalitäten eines solchen Kontrollrechtes sind dem jeweiligen Fall anzupassen und auch hier erfordert

---

BGE 58 II, 1932, S.175 ff. (S.180); 61 II, 1935, S.59 ff. (S.62); BGer in SchwMitt. 1974, S.118 ff. (S.126f.).

[25] Klar ersichtlich in BGE 84 IV, 1958, S.119 ff. (S.122f.).

[26] Nach Art. 20 OR. Vgl. TROLLER II, S.965; HELD, a.a.O., S.59 ff. Lediglich Anfechtbarkeit nimmt FALB, a.a.O., S.125 an.

[27] Vgl. BGE 83 II, 1957, S.312 ff. (S.326) bezüglich der Markenübertragung; 61 II, 1935, S.59 ff. (betreffend Markenlizenzvertrag); BGer in SchwMitt. 1974, S.118 ff. (S.126f.); DAVID, S.194.

[28] Wie sie noch BGE 50 II, 1924, S.85 auch für die Markenlizenz indirekt verlangte.

[29] BGE 61 II, 1935, S.59 ff. (S.62); TROLLER II, S.962f. (die Kontrolle ist aber meines Erachtens auch dann zu verlangen, wenn für die Herstellung der Produkte genaue Anweisungen des Lizenzgebers vorhanden sind). WUNDERLICH, a.a.O., S.245 ff.; HELD, a.a.O., S.29; VIRÀG, a.a.O., S.123 ff. (betreffend Qualitätskontrolle bei Markenlizenzverträgen über sogenannte Fasermarken); A. AMSLER, Die gemeinschaftliche Markenbenutzung verschiedener Unternehmer, Diss. Zürich 1949, S.62f.; besonders eingehend M. RÖTTGER, GRUR 1955, S.564 ff.; HELD, a.a.O., S.29 ff. In BGE 75 I, 1949, S.340 ff. spielte der Kontrollgedanke eine entscheidende Rolle. Derselbe wird im Entscheid des BGH in GRUR Int. 1970, S.286 ff. stark betont.

[30] BGE 61 II, 1935, S.59 ff. (S.62).

das kontrollauslösende Interesse der Abnehmer die Ansetzung eines objektiven und strengen Maßstabes. Diese sozusagen vertragsinterne Kontrolle wird ergänzt durch die Möglichkeit für den Wettbewerber und sogar für den einzelnen Abnehmer, bei Nichteinhaltung des Leistungsniveaus die Auswirkung der Lizenz im Wettbewerb auf Grund von UWG zu unterbinden[31].

c) Analog zu der Konzernmarke (Art. 6bis) und zu der Kollektivmarke (Art. 7bis) wird von der Praxis die Zulässigkeit eines Markenlizenzvertrages dann angenommen, wenn Lizenzgeber und Lizenznehmer **wirtschaftlich eng verbunden** sind – was die Täuschung des Publikums ausschließt[32]. Diese enge wirtschaftliche Verbindung kann aber nicht als absolutes Erfordernis der Zulässigkeit einer Markenlizenz verstanden werden. Es ist denn auch mit der Zeit zu Recht verwässert worden, indem bei Erfüllung der Voraussetzungen gemäß lit. a) und b) eine enge wirtschaftliche Verbundenheit angenommen wird[33]. Jede Täuschungsmöglichkeit entfällt auch dann von vornherein, wenn der Lizenznehmer nur zum Vertrieb der vom Lizenzgeber hergestellten (Original-) Produkte befugt ist und sich auch daran hält[34]. Unzulässig ist hingegen die Erteilung der Lizenz an ein Unternehmen, das vom Geschäftsbetrieb des Markeninhabers völlig losgelöst ist[35].

d) Nicht erforderlich ist die Anbringung eines **Lizenzvermerks** auf die vom Lizenznehmer hergestellten oder vertriebenen Waren, da die Identität der Produkte entscheidend ist. Ein solcher Vermerk liegt aber im Interesse des Lizenzgebers, weil dadurch die Verbindung der Marke mit seinem Unternehmen nicht verloren gehen kann – im Gegenteil immer wieder betont wird. Auch wird der Lizenzvermerk die Entartung der Marke zu einem Freizeichen verhindern, zumindest aber hemmen. Dessen ist bei Aufstellung von Markenlizenzverträgen Rechnung zu tragen[36].

---

[31] Dies auf Grund von Art. 1 Abs. 1 i.V.m. Art. 2 UWG.
[32] Vgl. BGE 58 II, 1932, S. 175 ff. (S. 180); 61 II, 1935, S. 61; 75 I, 1949, S. 347; 83 II, 1957, S. 312 ff.; 84 IV, 1958, S. 119 ff. Ausführlich BGer in SchwMitt. 1974, S. 118 ff. (S. 126 ff.) und BGE 101 II, 1975, S. 300 f.
[33] Vgl. die oben in Anm. 32 zitierten Entscheide. Zutreffend SCHWANK, a.a.O., S. 169 ff.; HELD, a.a.O., S. 28 ff.; VIRÀG, a.a.O., S. 124. Sehr klar die It. Corte di cassazione in GRUR Int. 1973, S. 44 ff.
[34] BGE 72 II, 1946, S. 423 ff. (S. 426).
[35] So BGer in PMMBl, 1973 I, S. 57 ff. Das BGer dürfte hier etwas einseitig die wirtschaftliche Verbindung (abstrakt) betont haben: ist die Identität der Waren (etwa durch Übertragung der Herstellungsrezepte und dgl.) gegeben und ein Kontrollrecht gesichert und kann dasselbe wirksam ausgeübt werden, so braucht keine wirtschaftliche Bindung zwischen beiden Unternehmen vorzuliegen, um die Markenlizenz als rechtsgültig anzusehen. Dies meint wohl auch das BGer, wie sich aus den sonstigen Überlegungen im genannten Entscheid ergibt. Präziser BGer in SchwMitt. 1974, S. 118 ff. (S. 126 ff.).
[36] Vgl. TROLLER II, S. 964; SCHWANK, a.a.O., S. 155.

V. Die Arten des Markenlizenzvertrages

Markenlizenzverträge können **einfacher oder ausschließlicher Natur** sein[37]. Bei der ausschließlichen Markenlizenz sind die üblichen Voraussetzungen (primär also keine Täuschung der Abnehmer) wesentlich leichter zu erfüllen als bei der einfachen Lizenz, so daß die Zulässigkeit der letzteren Kategorie gelegentlich (zu Unrecht) bezweifelt wird. Dabei spielt auch der Gedanke eine Rolle, daß die zu starke Vervielfältigung einer Marke auf Grund einfacher Lizenzen dieselbe zu einem Freizeichen werden lasse[38]. In der Praxis kann bei Unklarheit des Vertrages fraglich sein, welche Kategorie anzunehmen sei. Spezifische Auslegungsregeln dürften aber nicht bestehen[39].

Der Vorrang der Publikumsinteressen liefert auch den Ansatz für die Beantwortung der Frage, ob im Rahmen eines Markenlizenzvertrages eine Abtretung durch den Lizenznehmer oder eine **Unterlizenz** zulässig sei oder nicht[40]. Neben der jeweiligen vertraglichen Regelung[41] sind die Interessen des Publikums zu beachten und eine Abtretung bzw. eine Unterlizenzierung immer dann als unzulässig zu betrachten, wenn durch diesen Wechsel in der Person des Lizenznehmers bzw. durch die Vervielfältigung des Benutzungsrechtes eine Täuschung der Abnehmer eintritt bzw. zu befürchten ist[42].

VI. Die Kontrollpflicht des Lizenzgebers[43]

Den Lizenzgeber trifft im Rahmen einer Markenlizenz neben den sonstigen, in Analogie zu den zu technischen Lizenzverträgen zu eruierenden Pflichten, zur Wahrung der Abnehmerinteressen aber gleichzeitig auch zur Aufrechterhaltung der Markenlizenz, die seinem Recht entsprechende Kontrollpflicht bezüglich des Leistungsniveaus beim Lizenznehmer. Die genaue Erfüllung

---

[37] Vgl. hiezu vorn § 97 I. Dazu SCHWANK, a.a.O., S. 161 ff., sowie HELD, a.a.O., S. 44 ff.
[38] Vgl. DAVID, S. 198; die neuere Auffassung in Supplement, S. 65; TROLLER II, S. 964; MARTIN-ACHARD, a.a.O., S. 82; FALB, a.a.O., S. 138 u.a.m.
[39] Vgl. HELD, a.a.O., S. 45 und SCHWANK, a.a.O., S. 166.
[40] Vgl. zur Unterlizenz BGE 72 II, 1946, S. 423 ff.; BGer in SchwMitt. 1974, S. 133 ff. (S. 138); HELD, a.a.O., S. 61 f.
[41] Eine Unterlizenz ist ohne Einwilligung des Lizenzgebers nicht zulässig, da dieselbe für die Marke gewisse Gefahren nach sich zieht (Freizeichenbildung) und ein direktes Kontrollrecht des Markeninhabers gewährleistet sein muß.
[42] So ausdrücklich BGE 72 II, 1946, S. 423 ff. (S. 426).
[43] Vgl. Näheres zu den Pflichten des Lizenzgebers vorn sub § 104. Aus der Praxis bes. BGE 101 II, 1975, 300 f.

dieser Pflicht liegt oft auch im Interesse des Lizenznehmers. Wenn es nämlich auch seine Sache ist, die erforderte Leistungshöhe einzuhalten, sind gerade im Anlaufstadium leicht Fälle denkbar, bei denen dies nur vom Lizenzgeber als dem Fachmann kontrolliert werden kann. Die Kontrollpflicht kann insofern als in der Genußerhaltungspflicht betrachtet werden, wozu auch die Ergänzungspflicht bezüglich der Unterlagen (vgl. oben IV 2 lit. a) gehört.

VII. Die Pflichten des Lizenznehmers

Auch bezüglich der Pflichten des Lizenznehmers besteht eine weitgehende Analogie zu der Lizenz bezüglich technischer Leistungen. Besonders in zweierlei Hinsicht ist eine Spezifizierung anzubringen.

1. Einhaltung des Leistungsniveaus

Die grundsätzliche Bedeutung des Leistungsniveaus für die Gültigkeit einer Markenlizenz führt dazu, dessen Erhaltung zu den Hauptpflichten des Lizenznehmers zu machen. Als sekundäre Leistungspflicht ist die Pflicht des Lizenznehmers zu nennen, dem Lizenzgeber entsprechende Mitteilung zu machen, etwa über Schwierigkeiten in der Erreichung des erforderten Niveaus oder bei Unmöglichkeit der Einhaltung desselben und dergleichen.

2. Benutzungspflicht

Die wettbewerbsrechtliche Inzidenz im Markenrecht bedingt, daß die Rechtsgültigkeit einer Marke von deren (markenmäßigen) Benutzung abhängig ist (Art. 9). Darf nun auf Grund eines Markenlizenzvertrages der Lizenznehmer allein die Marke benutzen, so muß er dies auch tun, damit das Markenrecht aufrecht erhalten bleibt[44]. Dem trägt die Praxis in der Weise Rechnung, daß der Gebrauch der Marke durch den Lizenznehmer dem Lizenzgeber zugerechnet wird (sogenannter stellvertretender Gebrauch)[45].

---

[44] Nach DAVID (S. 198 f.) kann der Gebrauch durch den Lizenznehmer dem Lizenzgeber nur dann zugerechnet werden, wenn der Lizenzvertrag gültig war. Dem kann m.E. nur beigepflichtet werden, wenn die Ungültigkeit des Lizenzvertrages i.c. wegen der Täuschung des Publikums anzunehmen ist. So zutreffend BGE 72 II, 1946, S. 423 ff. (S. 426). Es wäre nämlich störend, wenn eine täuschende Verwendung der Marke dem Markeninhaber zugute kommen dürfte. Anders hingegen, wenn der Nichtigkeitsgrund des Lizenzvertrages keine Wettbewerbsbeziehung aufweist. Vgl. ein Beispiel in GRUR Int. 1973, S. 44 ff.

[45] Vgl. BGE 61 II, 1935, S. 59 ff.; 72 II, 1946, S. 423 ff. (S. 426: auch der Gebrauch durch den Unterlizenznehmer ist grundsätzlich dem Markeninhaber zugute zu halten); 83 II, 1957, S. 312 ff.

Daß der Markenlizenznehmer den eventuellen früheren Gebrauch, zu dem er auf Grund des Markenlizenzvertrages berechtigt war, wohl Dritten, nicht aber dem Markenlizenzgeber selbst entgegenhalten kann, ist aus Art. 2 ZGB bzw. aus UWG abzuleiten[46].

VIII. Die Beendigung des Markenlizenzvertrages

Ein Markenlizenzvertrag weist auch bezüglich der Beendigungsgründe eine weitgehende Analogie zum Lizenzvertrag über technische Sachverhalte, weshalb grundsätzlich auf die Ausführungen sub § 99 hingewiesen werden darf[47]. Bezüglich der Beendigung wegen Zeitablaufs ist hervorzuheben, daß das Markenrecht in bestimmten Abständen erneuert werden kann[48], so daß der Lizenzvertrag von der zeitlichen Begrenzung des ihm zugrundeliegenden Markenrechtes im Zweifel nicht abhängig sein wird. Auf Grund von Art. 27 ZGB wird man bei zu weitgehender Bindung eine Kündigungsmöglichkeit annehmen.

Ein spezifisches Problem ergibt sich dann, wenn mit dem Markenlizenzvertrag ein Lizenzvertrag über ein sonstiges Sonderrecht (Patent-, Muster- oder Modellrecht) gekoppelt ist. Da letzterer mit dem Dahinfallen des Sonderrechts (normalerweise) sein Ende nimmt[49], fragt sich, ob der Markenlizenzvertrag aufrechterhalten werden darf. Besteht keine Täuschungsgefahr, ist die Frage grundsätzlich zu bejahen – wobei die Parteien von der Reduktion des Vertragsgegenstandes auf die Marke allein in der Bemessung der Lizenzgebühren Rechnung tragen werden. Eine eventuell sich daraus ergebende zu weitgehende Bindung des Markenlizenznehmers wird man unter kartellrechtlichen Gesichtspunkten untersuchen müssen[50].

(S. 330); BGer in SchwMitt. 1974, S. 118 ff. (S. 128) sowie S. 133 ff. (S. 138: zum stellvertretenden Gebrauch des Unterlizenznehmers); BGE 101 II, 1975, S. 293 ff.; ARObG in SJZ 1963, S. 311. Über den Gebrauch selbst vgl. besonders A. F. HOLZAPFEL, Die rechtliche Bedeutung des Gebrauches von Fabrik- und Handelsmarken, Diss. Bern/Winterthur 1958 und HELD, a.a.O., S. 48 ff. Zu beachten Art. 5 Abs. 1 des Übereinkommens zwischen der Schweiz und Deutschland betr. den gegenseitigen Patent-, Muster- und Markenschutz, vom 13.4.1892 (BS 11, S. 1057); darüber BGE 100 II, 1974, S. 230 ff. und 101 II, 1975, S. 297.

[46] So zutreffend BGE 61 II, 1935, S. 61 f. und 72 II, 1946, S. 423 ff. (S. 427 f.); vgl. auch BGH in GRUR Int. 1970, S. 286.
[47] Vgl. HELD, a.a.O., S. 55 ff.
[48] Vgl. Art. 8 MSchG.
[49] Vgl. vorn § 99 I.
[50] Darüber besonders W. SCHLUEP, Markenschutzgesetz und Kartellgesetz, in: St. Galler Festgabe zum schweizerischen Juristentag, St. Gallen 1965, S. 381 ff.

IX. Sonderfragen

Es sei zum Schluß auf folgende Sonderfragen hingewiesen:

a) Die Legitimation des Markenlizenznehmers. Der Markenlizenznehmer ist nach herrschender Meinung zu den markenrechtlichen Klagen, die dem Markeninhaber zustehen, nicht aktiv legitimiert[51]. Dieses Ergebnis kann durch (fiduziarische) Eintragung des Lizenznehmers als Markeninhaber erreicht werden[52].

b) Die Geltendmachung eines eigenen **Markenrechts durch den Markenlizenznehmer** gegen den Lizenzgeber auf Grund der Markenlizenz stellt einen klaren Verstoß gegen Treu und Glauben dar und ist deshalb nicht zu schützen[53].

c) Aus der **Territorialität** des Markenrechtes ist abzuleiten, daß Markenlizenzverträge grundsätzlich territoriale Geltung haben[54].

§ 109. Kartellrechtliche Behandlung von Lizenzverträgen

Es ist schon vermerkt worden, daß lizenzvertragliche Tatbestände auch unter dem Gesichtspunkt des KG untersucht werden müssen[1]. Unter Hinweis auf die Spezialliteratur seien hier lediglich einige grundsätzliche Bemerkungen angebracht, wobei gleich hervorzuheben ist, daß eigentliche Probleme sich in der Praxis bisher vor allem unter dem Geltungsbereich ausländischer Gesetze stellen.

I. Schweizerisches Kartellgesetz

1. Das KG[2] bezweckt, jedenfalls auf Grund der hier primär interessierenden privatrechtlichen Bestimmungen, grundsätzlich den Schutz des Persönlichkeitsrechtes auf freien Wettbewerb[3]. Dies erfolgt dadurch, daß gemäß

---

[51] BGer in SchwMitt. 1974, S.133ff. (S.137). In BGE 84 IV, 1958, S.119ff. (S.124) wurde die Frage hingegen offengelassen. Hierüber auch MATTER, Kommentar, S.244; HELD, a.a.O., S.37ff. Zu beachten ist dabei, daß die Eintragung einer Markenlizenz im Markenregister nicht möglich ist.
[52] Hierüber MATTER, ZSR 53, 1934, S.100ff.
[53] BGer in SchwMitt. 1974, S.118ff. (S.129ff.).
[54] Vgl. BGE 89 II, 1963, S.96ff. (S.100) und 95 II, 1969, S.354ff. (S.362).
[1] Vgl. etwa Anm.12 zu § 95; Anm.2 zu § 99; Anm.57 zu § 104.
[2] BG über Kartelle und ähnliche Organisationen vom 20. Dezember 1962. Dazu im allgemeinen: MERZ, Das schweizerische Kartellgesetz, Bern 1967; KUMMER, Der Begriff des Kartells, Bern

Art. 4 KG Vorkehren eines Kartells, mit denen Dritte vom Wettbewerb ausgeschlossen oder in dessen Ausübung erheblich behindert werden sollen, unter bestimmten Vorbehalten (Art. 5 KG) unzulässig sind. Als Kartelle gelten dabei Kartelle im engeren Sinne (Art. 2 KG) sowie kartellähnliche Organisationen (Art. 3 KG), worunter sogenannte marktbeherrschende Unternehmen fallen. Trotz des allgemeinen Vorbehaltes zugunsten des UWG und der gewerblichen Schutzrechte in Art. 23 Abs. 2 KG, ist die Anwendung dieses Gesetzes in Fällen einer mißbräuchlichen Anwendung der Sonderrechte möglich, was insbesondere auch für entsprechende Lizenzverträge gilt[4].

2. Die kartellrechtliche Relevanz von Lizenzverträgen kann grundsätzlich in folgenden Fällen gegeben sein:

a) Der Lizenzvertrag als Mittel zur Kartellbildung

Erfolgt durch den Lizenzvertrag eine Interessenvergemeinschaftung oder führt der Lizenzvertrag sonst zu einer (zwischen Lizenzgeber und Lizenznehmer bzw. unter Lizenznehmern) gemeinsamen Beschränkung des Wettbewerbes im Sinne von Art. 2 KG, so kann darin ein Kartell erblickt werden[5]. Der Lizenzvertrag stellt in solchen Fällen lediglich eine der Möglichkeiten zur Schaffung eines Kartells dar und verhält sich insofern kartellrechtlich neutral, als Kartelle an sich zulässig sind. Erst ein Einsatz im Sinne von Art. 4 KG kann seine kartellrechtliche Relevanz begründen, wobei sich der Lizenzvertrag dann nicht wesentlich von den sonstigen Mitteln zur Beeinflussung des Wettbewerbes unterscheidet.

1966; L. SCHÜRMANN, Bundesgesetz über Kartelle und ähnliche Organisationen, Zürich 1964; E. HOMBURGER, ZSR 1970 II, S. 1ff.; J. MATILE, ZSR 1970 II, S. 159ff. Das KG verwirklicht für die Schweiz auch das kartellrechtliche Programm des EFTAV (Art. 15), so daß letzterer hier keiner besonderen Berücksichtigung bedarf. Hierüber A. SZOKOLÒCZY, EFTA: Restrictive Business Practices, Bern 1973; A. WILLEMSEN, Wettbewerbstheorie, Wettbewerbspolitik und die kartellrechtlichen Bestimmungen des EWG-Vertrages und des EFTA-Vertrages, Bern 1971, S. 279ff.

[3] Hiezu besonders A. KOLLER, WuR 1970, S. 149ff. Zuletzt BGE 99 II, 1973, S. 228ff. (S. 231).

[4] Vgl. BLUM/PEDRAZZINI, Art. 1, Anh. zu Anm. 60 sowie Art. 34, Anm. 121; SCHLUEP, a.a.O.; A. FISCHER, Das Verhältnis zwischen Kartellrecht und gewerblichem Rechtsschutz, Diss. Basel 1971 (MS), S. 94ff. sowie die sehr reiche ausländische Literatur (vgl. die Grundangaben unten in Anm. 12). Eine ausgezeichnete, zusammenfassende Darstellung der Rolle der gewerblichen Schutzrechte bei internationalen Kartellen bei H. KRONSTEIN, Das Recht der internationalen Kartelle, Berlin 1967, S. 172ff.

[5] Vgl. ein Beispiel in BJM 1955, S. 297ff. In ZR, 1974, S. 87 wurde die Vereinbarung einer Umsatzbeteiligung als Lizenzgebühr als Indiz gegen ein gesellschaftsähnliches Verhältnis angesehen.

b) Der Lizenzvertrag als Mittel zur Wettbewerbsbehinderung

Der Lizenzvertrag vermag mit dem KG eher in Konflikt zu geraten, wenn er direkt eingesetzt wird, also wenn er zwischen einem Kartell (oder einer kartellähnlichen Organisation) und einem Dritten abgeschlossen wird, wobei die bestehende Marktmacht des ersteren dazu mißbraucht wird, sonderrechtsfremde Vorteile zu erreichen. Daß nur letztere durch das KG erfaßt werden, ergibt sich deutlich aus dem genannten Vorbehalt des Art. 23 Abs. 2 KG.

3. Als sonderrechtsfremde Vorteile, die vom Vorbehalt von Art. 23 KG nicht mehr gedeckt werden und die bei Erfüllung der Tatbestandsmerkmale von Art. 4 KG die Unverbindlichkeit des Lizenzvertrages zur Folge haben, gelten solche, die von der Funktion des jeweils eingesetzten Ausschließlichkeitsrechtes (Patentrecht, Markenrecht, usw.) nicht mehr getragen werden. Hier zeigt sich besonders deutlich die vertragsrechtliche Auswirkung des KG im Sinne der Aufstellung gewisser Grenzen, jenseits welcher die Vertragsfreiheit sich nicht mehr zugunsten des marktmächtigeren Partners frei auszuwirken vermag. Die Auffindung allgemeingültiger Kriterien für die Entscheidung der Frage, wann eine Lizenzvertragsbestimmung nicht mehr vom Sonderrecht gedeckt wird, erscheint kaum möglich, zumal die Differenzierung sehr weit gehen muß, um der Praxis helfen zu können[6].

Als sonderrechtliche Vorteile, die gegebenenfalls aus KG unzulässig sind, können angesehen werden: Bezugspflichten über Ausgangsstoffe oder Produkte, deren Bezugsmöglichkeit bzw. Beschaffenheit nicht mit dem lizenzierten Schutzrecht im Zusammenhang stehen; einseitig zugunsten des Lizenzgebers spielende Mitteilungs- und Überlassungspflichten bezüglich technischer Sachverhalte (Geheimnisse, Erfindungen, Know-how), die mit der Verbesserungsarbeit an der lizenzierten technischen Lehre in keinem Zusammenhang stehen; Liefersperren zu Lasten Dritter, die zur Einhaltung des durch den Lizenzvertrag bezweckten Vorsprungs nicht nötig sind[7].

Je nach Umständen des Einzelfalles kann die Aufrechterhaltung einer Markenlizenz nach Ablauf des Patentlizenzvertrages kartellrechtlich unzulässig sein. Grundsätzlich wird die Vereinbarung einer über das Schutzrecht hinaus dauernden Lizenzverpflichtung kartellrechtlich ebenfalls unzulässig sein – es sei denn, daß trotz des Dahinfallens des Patentes ein Lizenzträger übrig bleibt, wie Fabrikationsgeheimnis oder Marke, und das Entgelt der neuen Situation angepaßt wird.

---

[6] Vgl. die Einordnungsversuche bei KUMMER, a.a.O., S. 109ff.; SCHLUEP, a.a.O.; FISCHER, a.a.O.

[7] Liefersperren können deshalb bei Lizenzverträgen über Fabrikationsgeheimnisse zulässig sein, so wenn durch die Lieferung das Geheimnis preisgegeben werden müßte.

Kartellrechtlich unbedenklich erscheinen hingegen: die sogenannte Nichtangriffsabrede; die Lizenzierung von nur einzelnen Anwendungen einer geschützten Erfindung; die Begrenzung der Verwertung des lizenzierten Gutes (jedenfalls) nach Zeit[8].

Die Praxis hat sich noch nicht mit diesen Problemen beschäftigen müssen, die Theorie ist zum Teil stark von ausländischen Vorbildern abhängig, die aber nicht für die Entscheidung des Einzelfalles, höchstens für dessen bessere Diagnose herangezogen werden dürfen. Wegen des Zusammenwirkens verschiedenster Faktoren ist es auch äußerst schwierig, allgemeingültige Kriterien aufzustellen – erst aus der (gegenwärtig noch fehlenden) Erfahrung heraus werden sich solche ausarbeiten lassen.

4. Rechtsfolgen

Die Tatsache, daß ein Lizenzvertrag unter das KG fällt, führt zu folgenden Konsequenzen:

a) Lizenzverträge, die grundsätzlich formfrei abgeschlossen werden können, bedürfen im Geltungsbereich des Kartellgesetzes der Schriftform (Art. 11 KG).

b) Die an einem kartellistischen Lizenzvertrag Beteiligten können bei Vorliegen eines wichtigen Grundes die Befreiung von ihren nach Treu und Glauben unzumutbaren Verpflichtungen verlangen (Art. 12 KG). Wettbewerbsbehindernde Sanktionen zur Durchsetzung bestehender Kartellverpflichtungen sind nur zulässig, wenn sie nicht übermäßig sind (Art. 14 KG).

c) Sofern unter das KG fallende Lizenzverträge zu einer erheblichen Wettbewerbsbeschränkung (sogenannte Wettbewerbsbehinderung) führen, sind sie, unter Vorbehalt der in Art. 5 KG genannten Ausnahmefälle, unzulässig, d. h. widerrechtlich (Art. 4 KG). Dies zieht für den am Lizenzvertrag nicht beteiligten Dritten wichtige Rechtsfolgen nach sich. Dem Dritten, der durch einen kartellrechtlich relevanten Lizenzvertrag geschädigt oder gefährdet wird, stehen die Ansprüche gemäß Art. 6 Abs. 1 KG zu. Zur Durchsetzung des Beseitigungs- oder Unterlassungsanspruches kann der Richter den Lizenzvertrag gegenüber dem Kläger als unverbindlich erklären. Nötigenfalls wird er auch die Beteiligung des Betroffenen am Kartell anordnen (Art. 6 Abs. 2 KG), was im Falle kartellistischer Lizenzverträge auf die Erteilung einer besonderen kartellrechtlichen Zwangslizenz hinauskommt.

---

[8] In beiden Fällen anderer Ansicht KUMMER, a.a.O., S. 109.

5. Öffentlich-rechtliche Vorschriften

Das KG hat zur Bekämpfung der mißbräuchlichen Wettbewerbsbeschränkung auch verwaltungsrechtliche Bestimmungen aufgestellt (Art. 17 ff. KG). Bei festgestellten Mißbräuchen können die zuständigen Behörden verwaltungsrechtliche Klage einreichen, insbesondere auf Aufhebung oder Änderung von Kartellbestimmungen. Nötigenfalls sind Vorkehren von Kartellen und ähnlichen Organisationen zu verbieten (Art. 22 KG). Diese Bestimmungen sind gegebenenfalls auch auf Lizenzverträge anzuwenden.

II. Art. 23 des Freihandelsvertrages zwischen der Schweiz und der EWG

Durch Art. 23 des Abkommens zwischen der Schweiz und der EWG vom 22. Juli 1972 (in Kraft getreten am 1. Januar 1973) wurde ein auf staatsvertraglichem Recht beruhendes besonderes Kartellrecht geschaffen[9], über dessen Tragweite aber Unsicherheit besteht. Die starke Anlehnung des Textes von Art. 23 an die Art. 85 und 86 des EWG-Vertrages spricht dafür, daß die Grundsätze des EWG-Kartellrechts die Anwendung der neuen Vorschrift zumindest stark beeinflussen werden. Es darf aber dabei nicht übersehen werden, daß vom Zweck her der Assoziationsvertrag mit der Schaffung einer Freihandelszone wesentlich weniger weit geht, als der EWG-Vertrag (Schaffung eines gemeinsamen Marktes), was die Inzidenz des Kartellrechtes gerade auf gewerbliche Schutzrechte abschwächen dürfte[10].

Wegen des sogenannten Auswirkungsprinzips (vgl. III unten), dürfte übrigens Art. 23 in der Praxis keine zentrale Rolle spielen, weil die eventuell darunter zu subsumierenden Tatbestände auch vom EWG-Recht erfaßt werden können.

III. Ausländische Kartellgesetze

Wie das schweizerische KG, so beruhen auch die für schweizerische Wettbewerbsteilnehmer wichtigeren ausländischen Kartellvorschriften auf dem

---

[9] Vgl. hierüber A. KOLLER, Die unmittelbare Anwendbarkeit völkerrechtlicher Verträge und des EWG-Vertrages im innerstaatlichen Bereich, Bern 1971.
[10] Vgl. Botsch. des BR, BBl 1972 II, S. 653 ff.; die parlamentarische Diskussion ist wiedergegeben im StenBull 1972 NR, S. 1434 ff., S. 1648 ff. und StR, S. 625 ff., 663 ff.; H.-J. MEYER-MARSILIUS, (Hrg.), Wettbewerb und Kartellrecht im Freihandelsabkommen Schweiz-EWG, Zürich 1974.

sogenannten Auswirkungsprinzip – das heißt, diese Normen erfassen alle Wettbewerbsbeschränkungen, die sich im betreffenden Land auswirken bzw. dort Einfluß haben können[11]. Dies gilt vor allem für den EWG-Vertrag, für das deutsche Gesetz gegen Wettbewerbsbeschränkungen und für das USA-Antitrust-Recht[12]. Der Einfluß dieser Vorschriften auf Lizenzverträge, die sich in den entsprechenden Geltungsbereichen auswirken können, ist i. c. umso genauer zu untersuchen, als sie das Verbotsprinzip verwirklichen, was die Nichtigkeit kartellrechtswidriger Lizenzverträge zur Folge hat[13].

---

[11] Vgl. E. REHBINDER, Extraterritoriale Wirkungen des deutschen Kartellrechts, Baden-Baden 1965; FISCHER, a.a.O., S. 136ff.; GROEBEN/BOECKH/THIESING, Kommentar zum EWG-Vertrag, 2. Aufl., Baden-Baden 1974, Bd. I, S. 646ff.; M. HAYMANN, Extraterritoriale Wirkungen des EWG-Wettbewerbsrechts, Diss. Zürich 1974.

[12] Vgl. zu den einzelnen Kartellordnungen aus dem sehr reichen Schrifttum (jeweils mit erschöpfenden Angaben) aus neuerer Zeit:
Zum EWG-Vertrag
H. VON DER GROEBEN/H. VON BOECKH/J. THIESING, a.a.O., zu Art. 85/86; E.-J. MESTMÄCKER, Europäisches Wettbewerbsrecht, München 1974; H. JOHANNES, Gewerblicher Rechtsschutz und Urheberrecht im europäischen Gemeinschaftsrecht, Heidelberg 1973. Die maßgebende Rechtsprechung des europäischen Gerichtshofes sowie die Entscheidungspraxis der Kommission ist in den genannten Werken angegeben. Seither vgl. EuGH, 3. Juli 1974, Slg. 1974, S. 731 ff. (Hag); 31. Oktober 1974, Slg. 1974, S. 1147 ff. und S. 1183 ff. (Centrafarm); ABl 1975 L 222/34 (Kabelmetal-Luchaire); ABl 1975 L 249/27 (Bronbemaling/Heidematschappij) und ABl 1976 L 6/8 (AOIP/Beyrard). Noch unveröffentlicht ist der Entscheid vom 22. Juni 1976 i.S. Terrapin/Terranova.
Zum deutschen Gesetz gegen die Wettbewerbsbeschränkungen
H. MÜLLER-HENNEBERG/G. SCHWARTZ (Hrg), Gesetz gegen Wettbewerbsbeschränkungen und europäisches Kartellrecht, 3. Aufl., Köln 1972ff.; G. STROHM, Wettbewerbsbeschränkungen in Patentlizenzverträgen nach amerikanischem und deutschem Recht, Köln 1971; U. DREISS, Die kartellrechtliche Beurteilung von Lizenzvertragssystemen, Köln 1972.
Zum USA-Antitrust-Recht
Die oben angegebenen Werke von STROHM und DREISS sowie zuletzt P. J. KITTLER, Current State of Patent and Know-How Licensing, 27 Business Lawyer 691–708, 1973.

[13] Über die zivilrechtlichen Folgen der Widerrechtlichkeit von Verletzungen nach Art. 85 EWGV vgl. R. ZÄCH, SJZ 1974, S. 253 ff.

Der Hinterlegungsvertrag
RENÉ JACQUES BAERLOCHER

Das Manuskript wurde im September 1973 abgeschlossen.

Der Beitrag wurde unter Mitwirkung von Dr. PETER MOSIMANN, Basel, auf den neuesten Stand gebracht. Die wichtigsten Veröffentlichungen und Entscheidungen sind bis zum 31. März 1976, soweit erschienen, berücksichtigt.

Zitierte Literatur

ALBISETTI/BODMER/RUTSCHI. Handbuch des Bank-, Geld- und Börsenwesens der Schweiz, Thun 1964.
AMSLER, R. Die Sicherheitshinterlegung im schweizerischen Recht, Bern 1951.
AUBERT, M. Berufsgeheimnis des Bankiers (SJK, Ersatzkarte 69 vom 31.12.1970 und 69a vom 1.8.1971).
AUTENRIETH-GANDER, F. Das einfache Verwahrungsdepot (SJK Nr.657 vom 1.7.1942).
– Die Sequestration (SJK Nr.658 vom 1.7.1942).
– Die Hinterlegung vertretbarer Sachen (Depositum irregulare) (SJK Nr.659 vom 1.7.1942).
– Das Lagergeschäft (SJK Nr.660 vom 1.7.1942).
– Gast- und Stallwirte (SJK Nr.661 vom 1.7.1942).
BAUMBACH, A./DUDEN, K. Handelsgesetzbuch, Beck'sche Kurz-Kommentare, 20.Aufl., München 1972
BECKER, H. Obligationenrecht, Berner Kommentar:
  I.Abt.: Art.1–183 OR, Bern 1941;
  II.Abt.: Art.184–551 OR, Bern 1934.
BERGER, W. Das Kommissionsgeschäft im Rechtsvergleich und Internationalprivatrecht unter Berücksichtigung der Rechtsbeziehungen zu Drittpersonen, Düsseldorf 1955.
BIEDERMANN, J.R. Die Hinterlegung als Erfüllungssurrogat, Aarau 1944.
BLASER, S. Le contrat d'Entrepôt, Lausanne 1923.
BÖCKLI, P. Das Aktienstimmrecht und seine Ausübung durch Stellvertreter, Basel 1961.
BOEHMER, G. Realverträge im heutigen Rechte, in: Archiv für bürgerliches Recht, 38.Band, Berlin 1913, S.314ff.
BONNANT, G. La Consignation en Droit Civil Suisse, Genève 1950.
BRASS, O. Die Möglichkeiten zur Vereinfachung des Wertschriftenverkehrs unter besonderer Berücksichtigung des deutschen Effektengiros, Heidelberg 1958.
BRON, R. Le Compte Joint en Droit Suisse, Lausanne 1958.
BRÜGELMANN, H. Lagergeschäft und Lagerscheinwesen, Oberhausen-Sterkrade 1930.
BUCHLI, P. Die Haftung der Gast- und Stallwirte nach dem Schweiz. Obligationenrecht, Hinwil 1932.
VON BÜREN, B. Schweizerisches Obligationenrecht:
  Allgemeiner Teil, Zürich 1964;
  Besonderer Teil, Zürich 1972.
BÜRGI, F.W. Obligationenrecht, Zürcher Kommentar: Die Aktiengesellschaft, Art.660–697 OR, Zürich 1957.
CABRILLAC, H. Les difficultés d'interprétation des contrats bancaires, in: Mélanges Roger Secrétan, Montreux 1964.
CAVIN, P. La promesse de contracter, La Semaine Judiciaire 92, 1970, S.321ff.
COMMENT, A. Le dépôt d'épargne et la compensation de la créance de la banque sur le déposant contre la volonté de celui-ci, SJZ 33, 1936/37, S.65ff.
DALLOZ, ENCYCLOPÉDIE JURIDIQUE, Répertoire de Droit Civil, II, Paris 1971.
DERNBURG, H. Pandekten, 2.Band (Obligationenrecht), 3.Aufl., Berlin 1892.

DUPERREX, E. De quelques problèmes soulevés par le séquestre en banque, in: Cinquième Journée Juridique, Genève 1966, S. 77 ff.

EDELMANN, P. E. Das gemeinschaftliche Bankdepot (compte-joint) nach schweizerischem Recht, Bern 1925.

EIGENBRODT, H. Der unregelmäßige Hinterlegungsvertrag, insbesondere die Rechtsnatur des Sparkassavertrages, Zürich 1970.

EISELE, FR. Über Realcontracte mit besonderer Rücksicht auf das schweizerische Obligationenrecht, ZSR NF 3, 1884, S. 1 ff.

ELLENBERGER, H. Das offene Bankdepot, Bern 1925.

ENGEL, P. Quelques problèmes relatifs au contrat de dépôt bancaire, in: Huitième Journée Juridique, Genève 1969, *zitiert: Dépôt bancaire.*

– Traité des obligations en droit suisse, Dispositions générales du CO, Neuchâtel 1973, *zitiert: Traité.*

ENNECCERUS/LEHMANN. Recht der Schuldverhältnisse, Tübingen 1958.

FELLMANN, W. Die obligatorischen und dinglichen Rechtsverhältnisse bei besonderen Formen der handelsrechtlichen Hinterlegung, Basel 1947.

FRANCKE, B. Entwurf eines allgemeinen deutschen Gesetzes über Schuldverhältnisse, Dresden 1866, *zitiert: FRANCKE, Dresdner Entwurf 1866.*

FRITZSCHE, H. Schuldbetreibung und Konkurs nach schweizerischem Recht; 1. Halbband: Zürich 1967; 2. Halbband: Zürich 1968.

FRÜH, P. Die Erbenausschlußklausel beim «Compte joint», SJZ 68, 1972, S. 137 ff.

GAUCH, P. System der Beendigung von Dauerverträgen, Freiburg (Schweiz) 1968.

GAUTSCHI, G. Obligationenrecht, Berner Kommentar: Der einfache Auftrag (Art. 394–406 OR), Bern 1971; Besondere Auftrags- und Geschäftsführungsverhältnisse sowie Hinterlegung (Art. 425–491 OR), Bern 1962.

– Das Depotstimmrecht der Banken, in: Probleme der Aktienrechtsrevision, Berner Tage für die juristische Praxis 1972, Bern 1972, S. 123 ff., *zitiert: Depotstimmrecht.*

– Im Ausland hinterlegte Wertpapiere im Konkurs, bei Arrestlegung oder Pfändung gegenüber Depotkunden einer Schweizer Bank, SJZ 65, 1969, S. 249 ff., *zitiert: Arrestlegung.*

– Verhandlungen des Schweiz. Juristenvereins 1954, Protokoll vom 5. September, Votum in ZSR NF 73, 1954, S. 525a ff., *zitiert: Votum.*

VON GIERKE, J. Handelsrecht und Schiffahrtsrecht, Berlin 1958.

GIOVANOLI, S. Zufall und höhere Gewalt im schweiz. Rechte, ZSR NF 54, 1935, S. 1 ff.

GLÜCKSMANN, F. Die Rechtsnatur der Sparhefte, Zürich 1971.

GRANER, P. Bankengesetz XI, I. Spareinlagen, SJK Nr. 461 vom 1.7.1942.

GUBLER, F. Besteht in der Schweiz ein Bedürfnis nach Einführung des Institutes der angelsächsischen Treuhand (Trust)?, ZSR 73, 1954, S. 215a ff.

GUGGENHEIM, D. Le Compte-Joint, SJK Nr. 1351, Genf 1973.

GUHL/MERZ/KUMMER. Das Schweizerische Obligationenrecht, 6. Aufl., Zürich 1972.

HAAB, R./SIMONIUS, A. Das Sachenrecht, Zürcher Kommentar, Art. 704 ff. ZGB, Zürich 1948.

HABERSTICH, J. Handbuch des schweizerischen Obligationenrechts, 2. Band, 1. Teil, Zürich 1885.

HAFNER, H. Das schweizerische Obligationenrecht mit Anmerkungen und Sachregister, 2. Aufl., 1. Abteilung, Zürich 1896.
HINDERLING, H. Persönlichkeit und subjektives Recht, Basel 1963.
HIRSCHFELD, E. Zur Einführung des Sammeldepots in die Schweiz, Basel 1934.
HOLZACH, F. Die Bankdepotgeschäfte, Basel 1923.
HOMBERGER, A. Das Sachenrecht, Zürcher Kommentar, Art. 919–977 ZGB, Zürich 1938.
HUBER, H. G. Verarrestierbarkeit von Wertpapieren, welche durch inländische Banken im Ausland verwahrt werden, SJZ 65, 1969, S. 149 ff.
JÄGGI, P. Das Obligationenrecht, Zürcher Kommentar: Die Wertpapiere, Art. 965–989 OR und Art. 1145–1155 OR, Zürich 1959.
– Verhandlungen des Schweiz. Juristenvereins 1954, Protokoll vom 5. September, Votum in ZSR NF 73, 1954, S. 536a ff., *zitiert: Votum.*
JENNY, R. Privatrechtsverhältnisse der Vermengung von Wertpapieren im Verwaltungsdepot der Bank (die Haussammelverwahrung), Zürich 1969.
JOST, A. Der Übergang von Eigentums- und Forderungsrechten vom Beauftragten auf den Auftraggeber (Art. 401 OR), ZSR NF 72, 1953, S. 131 ff.
IRNIGER, E. Lagerhausgeschäft und Warenbeleihung in der Schweiz, Zürich 1929.
KETTIGER, R. Die Hinterlegung sicherheitshalber, Basel 1947.
KLEINER, B. Die allgemeinen Geschäftsbedingungen der Banken, Giro- und Kontokorrentvertrag, 2. Aufl., Zürich 1964, *zitiert: AGB.*
– Die Gesetzgebung über das Bankwesen in Bund und Kantonen, Zürich 1972, *zitiert: Gesetzgebung.*
– Bankdepot – auswärtsliegende Titel und deren Pfändung bzw. Verarrestierung, SJZ 64, 1968, S. 211 ff., *zitiert: Bankdepot.*
– Automation und Mikrofilm im Bankgeschäft aus der Sicht des Juristen, SJZ 69, 1973, S. 146 ff., *zitiert: Automation.*
KUMMER, M. Rezension von BGE 100 II, 1974, S. 153 f. (Sparkasseneinlage), ZBJV 112, 1976, S. 144 ff.
LANG, K. Zur Rechtsnatur des Viehsömmerungsvertrages, SJZ 70, 1974, S. 279 ff.
LARENZ, K. Lehrbuch des Schuldrechts:
   1. Band, Allg. Teil, München 1970;
   2. Band, Bes. Teil, München 1972.
LEEMANN, H. Sachenrecht, Berner Kommentar, Art. 730–918 ZGB, Bern 1925.
LEMP, P. Das Eigentum am Erlös aus Kommissionsware, ZSR NF 61, 1942, S. 281 ff.
LOTZ, P. Der Schrankfachvertrag unter besonderer Berücksichtigung des Bankgeheimnisses, Basel 1940.
– Schrankfachvertrag, SJK Nr. 26 vom 31. 8. 1941.
LÜTHI, H. Die wirtschaftliche und rechtliche Bedeutung des Lagerhalters in der Schweiz und die Bedeutung des Lagerscheins, Bern 1943.
MATTER, A. Zur rechtlichen Konstruktion des Compte-joint, SJZ 43, 1947, S. 319 ff.
MEIER-HAYOZ, A. Das Sachenrecht, Berner Kommentar:
   Systematischer Teil und Art. 641–654 ZGB, 3. Aufl., Bern 1959;
   Systematischer Teil und Art. 641–654 ZGB, 4. Aufl., Bern 1966.
MERZ, H. Legalzession und Aussonderungsrecht gemäß Art. 401 OR, in: Erhaltung und Entfaltung des Rechts in der Rechtsprechung des Schweizerischen Bundesgerichts, Basel 1975, S. 451 ff.

MÜLLER, V. Das Treuhandverhältnis unter Berücksichtigung aktueller Fragen aus dem Sachen- und Zwangsvollstreckungsrecht, ZBGR 55, 1974, S. 257 ff.

MUNZINGER, W. Von den Lagerscheinen und Pfandscheinen (Warrants), in: Motive zu dem Entwurfe eines schweizerischen Handelsrechtes, Bern 1865, S. 422 ff.

NOBEL, P. Vom Minderheitenschutz bis zur Machtkontrolle aus öffentlichem Interesse im Aktienrecht, SJZ 70, 1974, S. 33 ff.

OFTINGER, K. Das Sachenrecht, Zürcher Kommentar: Systematischer Teil und Art. 884–918 ZGB, Zürich 1952.

OSER/SCHÖNENBERGER. Das Obligationenrecht, Zürcher Kommentar: 1. Halbband, Art. 1–183 OR, Zürich 1929; 2. Halbband, Art. 184–418 OR, Zürich 1936; 3. Halbband, Art. 419–529 OR, Zürich 1945.

OSTERTAG, F. Sachenrecht, Berner Kommentar, Art. 919–977 ZGB, Bern 1917.

– Die Hinterlegung zugunsten Dritter, SJZ 19, 1922/23, S. 353 ff.

PIOTET, P. La pratique américaine des nominees en matière de titres nominatifs et ses conséquences juridiques notamment pour l'exécution forcée en Suisse, JdT 112, 1964 I, S. 630 ff.

PORTMANN, P. Die gerichtliche Hinterlegung, Gossau 1913.

DE PREUX, R. Le contrat de dépôt ouvert de titres en banque, Sion 1946.

RATZ, P. Kommentar zum Handelsgesetzbuch, 5. Band, §§ 383–460, Berlin 1960, *zitiert:* RATZ *in RGR Komm. z. HGB.*

REYMOND, C. L'arrêt Ferras Anstalt et Cons. c. Vallugano SA et l'Evolution de la Jurisprudence du Tribunal Fédéral sur l'Acte Fiduciaire, JdT 122, 1974 I, S. 596 ff.

– Placements fiduciaires sur l'Euromarché par l'intermédiaire d'une banque – Exceptions du débiteur cédé en cas de subrogation légale, SAG 47, 1975, S. 157 ff.

ROHRER, P. Das Lagergeschäft im Verhältnis zum Depositum, Basel 1941.

RUPE, H. Das gemeinschaftliche Bankdepot, Basel 1934.

RUSCA, J. Gemeinschaftsabrede bei Bankverträgen, Diss. Zürich 1973.

SECRÉTAN, R. Note sur la responsabilité du garagiste et sur celle de l'hôtelier pour les voitures garées dans l'hôtel, JdT 99, 1951 I, S. 179 ff.

SCHAAD, H.-P. Das Depotstimmrecht der Banken nach schweizerischem und deutschem Recht, Zürich 1972.

SCHNEIDER/FICK. Das schweizerische Obligationenrecht, 2 Bände, Zürich 1896.

SCHÖNENBERGER/JÄGGI. Das Obligationenrecht, Zürcher Kommentar: Einleitung, Internationales Privatrecht, Zürich 1961.

SCHÜTZ, W. Bankgeschäftliches Formularbuch, 18. Ausgabe, mit Nachtrag, Köln 1969.

SCHWAGER, P. Das schweizerische Bankgeheimnis, Zürich 1973.

SPIRO, K. Die Begrenzung privater Rechte durch Verjährungs-, Verwirkungs- und Fatalfristen, 2 Bände, Bern 1975.

STAEHELIN, A. Die Hinterlegung zu Handen wes Rechtes und der Prätendentenstreit, BJM 1972, S. 225 ff.

STARK, E. W. Das Sachenrecht, Berner Kommentar, Art. 926–941 ZGB, Bern 1966.

STAUFFER/EMCH. Das schweizerische Bankgeschäft, Thun 1972.

STEINER, H. Wann ist ein Lagervertrag zustande gekommen?, SJZ 50, 1954, S. 240 f.

TANZI, A. La posizione giuridica del magazziniere nel diritto svizzero, Lugano 1948.

THILO, E. Comptes joints, JdT 92, 1944 I, S. 478 ff.
TREYVAUD, P.-A. Le contrat de dépôt bancaire, Lausanne 1972.
UMBRICHT-MAURER, R. M. Das Depotgeschäft, Handbuch für Praktiker und Juristen, mit ausführlichem Formularteil, Zürich 1976.
VON TUHR/SIEGWART. Allgemeiner Teil des Schweizerischen Obligationenrechts, 2 Bde., Zürich 1942/44.
VON TUHR/ESCHER. Allgemeiner Teil des Schweizerischen Obligationenrechts, Bd. 2, 3. Aufl., Zürich 1974.
VON TUHR/PETER. Allgemeiner Teil des Schweizerischen Obligationenrechts, Bd. 1, Lfg. 1, 3. Aufl., Zürich 1974.
TUOR/SCHNYDER. Das schweizerische Zivilgesetzbuch, 9. Aufl., Zürich 1975.
VISCHER, F./RAPP, F. Zur Neugestaltung des schweizerischen Aktienrechts, Bern 1968.
WÄLLI, P. Das reine fiduziarische Rechtsgeschäft, Zürich 1969.
WEBER/DÜRLER, H. Das Depotstimmrecht der Banken, SAG 46, 1974, S. 49 ff.
WEBER, W. Reform der Gastwirtshaftung, Freiburg i/Br. 1964.
WIELAND, C. Das Sachenrecht, Zürcher Kommentar, Zürich 1909.
WOLF, E. Bemerkungen zum Aussonderungsrecht des Fiduzianten bei der Zwangsvollstreckung gegen den Fiduziar, in: Aequitas und Bona Fides, Festgabe August Simonius, Basel 1955, *zitiert: Aussonderungsrecht.*
– Die Berechtigungen am Compte joint nach dem Tod eines Kontoinhabers, SJZ 67, 1971, S. 349 ff. und 68, 1972, S. 64, *zitiert: compte joint.*
ZEHNDER, J. Das Lagergeschäft mit Ausschluß des Lagerscheines, Bümpliz 1913.
ZIMMERMANN, F. Das Bankdepot in der Schweiz, Zürich 1922.
ZWEIFEL, F. Wann ist ein Lagervertrag zustande gekommen?, SJZ 50, 1954, S. 191 ff.

> «... tout serait dit en neuf articles
> qui renferment une bonne part de ma
> fortune, de la vôtre et toutes celles
> qui font le renom de la Suisse.»
>
> PIERRE ENGEL[1]

§ 110. Vorbemerkung

Der 19. Titel des Obligationenrechtes, der Hinterlegungsvertrag – umfassend die Hinterlegung, das Lagergeschäft und die Gast- und Stallwirthaftung –, erweist sich bei näherer Betrachtung als ein gesetzestechnisch und rechtsdogmatisch nicht leicht verständliches Rechtsgebiet. Zahlreiche Vorschriften wurden aus dem alten OR von 1881 fast unverändert übernommen. Manche ebenso interessante wie schwierige Einzelprobleme finden sich zerstreut in juristischen Zeitschriften. So mag es schon erwünscht sein, die mühsam zugängliche Literatur und eidgenössische und kantonale Rechtsprechung zusammenzutragen und systematisch und rechtsdogmatisch auszuwerten.

Über die wirtschaftliche Bedeutung des Themas braucht man keine Worte zu verlieren. So sind beispielsweise Wertschriftenbesitz und damit die Unterhaltung von Bankdepots längst nicht mehr das Privileg einer dünnen, kapitalistischen Gesellschaftsschicht. Das Depotgeschäft ist denn auch – zusammen mit seinen Anschlußgeschäften (siehe § 111 I 3., S. 657) – ein wichtiger Erwerbszweig der Banken geworden. Um so erstaunlicher mutet die Vielzahl bestrittener Fragen über Massentransaktionen an, die tagtäglich unzählige Male durchgeführt werden und die Rechtsstellung vieler Personen tangieren. Im Ausland bestehen über das Bankdepotgeschäft und die hineinspielenden Rechtsfiguren vielfach einläßliche und klare Spezialgesetzgebungen; in der Schweiz müssen wir uns mit wenigen allgemeinen Rechtsvorschriften behelfen, die weitgehend am römischen Recht orientiert sind. Im Gegensatz zu zahlreichen, namentlich neueren Autoren zum Thema glauben wir, daß in diesem Bereiche für die Lösung der sich stellenden Fragen von der Rechtsgeschichte wenig zu erhoffen ist; auch bei der Rechtsvergleichung ist im Hinblick auf die bestehenden, auf nationale Besonderheiten der Gesetzgebung und lokale Handelsusanzen Rücksicht nehmenden Spezialerlasse Behutsamkeit geboten.

Dazu kommt gerade bei unserem Thema die Erscheinung, der sich der moderne Jurist auch anderwärts gegenübergestellt sieht: er muß versuchen,

---
[1] Dépôt bancaire, S. 8.

verwiesen auf starre und verhältnismäßig alte Gesetzesbestimmungen, den Anforderungen gerecht zu werden, die das rasche Fortschreiten der technischen Entwicklung und die durch das enorme Wirtschaftswachstum der letzten Jahrzehnte und Jahre bedingten Rationalisierungsmaßnahmen gerade im Bereiche der Dienstleistungsbetriebe stellen. Der Jurist sieht sich konfrontiert mit der altbekannten Antinomie: den sich rasch verändernden Realien auf der einen und der vom elementaren Anspruche der Rechtssicherheit gebotenen Trägheit der Gesetzgebung auf der anderen Seite. Wenn wir bei dieser Sachlage auch gezwungen sein werden, da und dort Neuland zu betreten und Thesen zu vertreten, die sich erst noch in der Rechtsprechung zu bewähren haben werden, so soll damit keineswegs einer übereilten Forderung nach neuen Gesetzen das Wort geredet werden. Die modernen Sondergesetzgebungen erweisen sich im allgemeinen als wenig glücklich. Indessen scheint uns wichtig, daß bei jeder Frage sorgfältig danach geforscht wird, was die Parteien eigentlich bezwecken. Dieser Gesichtspunkt wird nicht immer genügend berücksichtigt. – Auch die bekannte Neigung, beim Auftreten dogmatischer Schwierigkeiten zu wenig aussagekräftigen Rechtsbehelfen Zuflucht zu nehmen (z.B. der Annahme von «gemischten» Verträgen; der Unterstellung auftragsrechtlicher Bestimmungen oder «fiduziarischer» Rechtsgeschäfte), soll, soweit es der zur Verfügung stehende Raum zuläßt, auf ihre Berechtigung und ihre Konsequenzen hin überprüft werden. Der Versuch zur dogmatischen Erfassung von Rechtsfiguren ist mehr als bloße, scheinbar für die Rechtspraxis fruchtlose Theorie: sie zwingt dazu, den Bereich des Vorgegebenen und Möglichen auszuschöpfen, ehe zu Hilfskonstruktionen gegriffen wird.

§ 111. Der Hinterlegungsvertrag im allgemeinen

I. Echte Hinterlegung

Begriffsmerkmale und Rechtsnatur des Hinterlegungsvertrages
(Art. 472–481 OR)

1. Der Gesetzgeber versteht unter dem gewöhnlichen Hinterlegungsvertrag die im Zweifel unentgeltliche Verpflichtung des Aufbewahrers, eine ihm vom Hinterleger anvertraute bewegliche Sache zu übernehmen, sie an einem sicheren Orte aufzubewahren und sie ihm, auf jederzeitige Aufforderung hin,

nebst allfälligem Zuwachs zurückzugeben (Art. 472 Abs. 1, 2; Art. 475 Abs. 1 OR).

a) Es muß sich um eine bewegliche Sache handeln, ob vertretbar (Art. 481, 484 OR) oder nicht, die verkehrsfähig und zur Hinterlegung geeignet ist. Zum Begriff der Sache vgl. MEIER-HAYOZ, Syst. Teil, N. 93 f., S. 52 ff.

b) Nichtig ist die Hinterlegung zu einem widerrechtlichen oder unsittlichen Zwecke (Art. 20 OR. Der vom Bundesgericht entschiedene Fall zu Art. 17 und 75 altOR [entsprechend Art. 20 und 66 rev.OR] in BlZR 10, 1911, Nr. 22, S. 63 f., wo eine hinterlegungsvertragsrechtliche Rückforderungsklage abgewiesen wurde, weil der Hinterleger Vermögensbestandteile durch Hinterlegung im bevorstehenden Konkurs verheimlichen wollte, dürfte zu weit gehen. Zur Auslegung von Art. 66 OR VON TUHR/SIEGWART, Bd. I, S. 414; VON BÜREN, Allg. Teil, S. 301 f.).

2. Die charakteristische Hauptverpflichtung des Aufbewahrers ist die Aufbewahrung der hinterlegten Sache an einem sicheren Orte (la garder en lieu sûr; custodirla in luogo sicuro).

a) In Literatur und Rechtsprechung wird zuweilen noch immer, doch wohl in Verkennung der wirtschaftlichen Gegebenheiten und der Parteiinteressen, die Meinung vertreten, die wesentliche Hauptverpflichtung des Aufbewahrers sei die «Erstattungsobligation», d.h. die Verpflichtung zur Rückgabe der hinterlegten Sache. So GAUTSCHI, Vorbem. zu Art. 472 OR, N. 1e, S. 589, N. 1a zu Art. 475 OR, S. 655; BGE 58 II, 1932, S. 351, Erw. 1; BGE 97 II, 1971, S. 361 f., Erw. 3. – Richtig aber BGE 91 II, 1965, S. 451, Erw. 5b; BGE 98 II, 1972, S. 217, Erw. 6 am Ende: «Ce qui est décisif pour la qualification du contrat, c'est l'élément de la conservation de la chose dans l'intérêt du déposant», unter Berufung auf GUHL/MERZ/KUMMER, OR, 6. Aufl., S. 479; auch BJM 1975, S. 196 und PKG 1945, Nr. 34, S. 92, Erw. 2. – Dies sind Nachwirkungen der überholten gemeinrechtlichen Auffassung, die Hinterlegung sei als Realkontrakt zu begreifen. Da die Hingabe der res zum Vertragsabschluß gehöre, dürfe sie also nicht der erstrebte Vertragszweck sein; als solcher könne nur die Rückgabe verstanden werden. Is quoque, apud quem rem aliquam deponimus, re nobis tenetur: ... de ea re quam acceperit restituenda tenetur (GAIUS in D. 44.7.1.5.). Da in der Praxis der Hingabe vielfach die Abrede zur Hinterlegung zeitlich vorausgeht, mußte zur Rechtsfigur des Vorvertrages gegriffen werden (pactum de deponendo). Grundlegende Kritik bei BOEHMER, passim; auch die zutreffende Rezension von KARL SPIRO in BJM 1964, S. 162 und GAUCH, S. 12 oben und S. 13, zu Anm. 4. – Heute wird der Hinterlegungsvertrag als *Konsensualvertrag* und Verpflichtungsgeschäft[1] aufgefaßt, für dessen Zustandekommen Art. 1 ff. des OR gelten[2]. Damit entfällt die bemühende Notwendigkeit, zum Mittel eines Vorvertrages greifen zu müssen, der heute ohnehin mit Recht als «lettre morte» bezeichnet wird (PIERRE CAVIN, SemJud 92, 1970, S. 325). – Im deutschen Recht ist die Frage noch immer umstritten, die Annahme eines Konsensualvertrages scheint sich aber durchzusetzen[3]. Die gleiche Tendenz ist im französischen Recht festzustellen, trotz der irreführenden, rechtshistorisch bedingten Vorschrift von Art. 1919 CCfr., wonach der Hinterlegungsvertrag «n'est parfait que par la tradition réelle ou feinte de la chose déposée»[4]. – Zum Realvertrag vgl. weiterhin hinten § 112 II 3., S. 664; § 115 I 2./3., S. 702; § 115 II 2., S. 704. – Die Hingabe der aufzubewahrenden Sache stellt die Erfüllungshandlung des Hinterlegers dar, vergleichbar jener z.B. eines Vermieters, Verpächters oder Bestellers beim Werkvertrag (z.B. auf Reparatur einer Sache). Natürlich ist aber zur Substan-

---

[1] BGE 67 II, 1941, S. 97.
[2] KG GR in PKG 1970, Nr. 9, S. 42; OG ZH in BlZR 69, 1970, Nr. 99, S. 256; OSER/SCHÖNENBERGER, N. 14 zu Art. 472 OR, S. 1732; DE PREUX, S. 46 und 88; TREYVAUD, S. 37 f.; ENGEL, Dépôt bancaire, S. 9; einläßlich ROHRER, S. 24 ff.
[3] LARENZ, Bd. II, § 58, S. 281, gegenüber z.B. ENNECCERUS/LEHMANN, § 169, S. 710.
[4] DALLOZ, Encyclopédie Juridique 1971, Bd. II, s. v. Dépôt, no. 2 i. f., S. 1; no. 19, S. 2; no. 47, S. 4.

tiierung der Rückforderungsklage nach Art. 475 OR Behauptung und Beweis der Sachhingabe Voraussetzung (BOEHMER, S. 322 und hinten § 115 I 2., S. 702 und § 115 I 3., S. 702). Zur Frage der konsensualen Vertragsnatur des Darlehens BGE 83 II, 1957, S. 210, Erw. 2 und GAUCH, S. 167, Anm. 2; der Leihe OSER/SCHÖNENBERGER, Vorbem. zum 9. Titel, N. 2, S. 1092 f.; des Faustpfandes OFTINGER, N. 95 zu Art. 884 ZGB, S. 130.

Das Rückforderungsrecht des Hinterlegers (Art. 475 OR) ist bloß die «juristische Form der zeitlichen Begrenzung des Vertragsverhältnisses» (BOEHMER, S. 333), d. h. die dem Gläubiger – Hinterleger – vorbehaltene Möglichkeit, jederzeit die Beendigung des Dauervertragsverhältnisses herbeizuführen und damit den (dinglichen oder obligatorischen) Rückforderungsanspruch entstehen zu lassen[5].

b) Was unter einem «sicheren Ort» (Art. 472 Abs. 1 OR; schon Art. 475 Abs. 1 altOR) zu verstehen ist, läßt sich nicht allgemein umschreiben. Es ist vom Aufbewahrer auf die besonderen Eigenschaften der aufzubewahrenden Sache Rücksicht zu nehmen. Vielfach wird der Hinterleger Kenntnis vom Aufbewahrungsort haben, was im Einzelfalle den Aufbewahrer beim Auftreten von Schäden am Hinterlegungsobjekt u. U. zu entlasten vermag (Art. 99 Abs. 3, 44 OR).

3. Im bürgerlichen Verkehr ist die Hinterlegung vielfach unentgeltliches Gefälligkeitsgeschäft im ausschließlichen Interesse des Hinterlegers (Art. 472 Abs. 2 OR, hinten § 115 VI, S. 709 und § 116 II 10., S. 713). Bei den in der Regel gewerblichen (Lagergeschäft, Art. 485 Abs. 1 OR) und handelsrechtlichen Hinterlegungsarten (z. B. beim Bankdepotgeschäft) trifft dies nicht zu. Das Synallagma ist beim Hinterlegungsvertrag also nicht gesetzliches Typenmerkmal; er kommt sowohl als unvollkommen und vollkommen zweiseitiges Rechtsgeschäft vor (SCHÖNENBERGER/JÄGGI, N. 118 zu Art. 1 OR, S. 261), was u. a. für die Frage des Haftungsmaßes von Bedeutung sein kann (Art. 99 OR). Kein Synallagma besteht im Hinblick auf Hin- und Rückgabe des Hinterlegungsobjektes[6] oder Rückgabepflicht und Entgelt; es besteht zwischen Aufbewahrungspflicht und Entgelt.

Die Banken verlangen z. B. eine (in einer «Konvention» der Schweizerischen Bankiervereinigung für deren Mitgliederbanken einheitlich festgelegte) «Depotgebühr». Die Bank ist am Depotgeschäft auch wegen der daraus fließenden sog. «Anschlußgeschäfte» (Börsengeschäfte, Titelbelehnungen, Verwaltungsaufträge, Plazierungskraft etc.) interessiert. Das schließt aber nicht aus, daß die Aufbewahrung im überwiegenden Interesse des Hinterlegers erfolgt (hinten § 112 III 4., S. 670). Aus dieser Interessenlage lassen sich zwanglos die Abgrenzungen begründen zu jenen Rechtsgeschäften, bei denen die Übergabe der Sache im überwiegenden Interesse der die Sache übernehmenden Partei oder Dritter (z. B. zum Zwecke der Sicherung) erfolgt. So bei der Gebrauchsleihe (dazu AGE 8, 1944, Nr. 12, S. 108 f.); der Miete und Pacht; dem Darlehen (dazu auch hinten § 114 V, S. 700); der Sequestration (Art. 480 OR, vgl. hinten § 111 II 6., S. 660); der Viehverstellung (Art. 302 OR; vgl. ZBJV 60, 1924, N. 15, S. 454 f.; BECKER, N. 1 zu Art. 303 OR i. f., S. 279); der Hinterlegung als Erfüllungssurrogat (oder «zuhanden wes Rechts», hinten § 111 II 5., S. 661); der Hinterlegung sicherheitshalber (hinten § 111 II 4., S. 660); dem Pfandrecht und dem pignus irregulare (hinten § 111 II 3., S. 659). Zur Abgrenzung vom Auftrag siehe hinten § 112 III, S. 667. – Zur Interessenlage beim depositum irregulare vgl. EIGENBRODT, S. 54 f. und 122 f. und FELLMANN, S. 108.

---

[5] BGE 91 II, 1965, S. 451, Erw. 5b; GAUCH, S. 38 und hinten § 115 I 1., S. 701.
[6] EIGENBRODT, S. 14; wahrscheinlich a. M. GAUTSCHI, N. 5c zu Art. 473 OR, S. 641.

4. Der Parteiwille wird regelmäßig darauf gerichtet sein, daß die dingliche Rechtsstellung des Hinterlegers an der hinterlegten Sache nicht beeinträchtigt wird: er «anvertraut» sie dem Aufbewahrer (confie, confida, Art. 472 Abs. 1 OR) und kann sie nach Vertragsbeendigung «zurückfordern» (réclamer, chiedere la restituzione, Art. 475 Abs. 1 OR). Der Aufbewahrer soll also im Zweifel nicht Eigentümer der hinterlegten Sache werden; es streitet eine Vermutung dafür, der Hinterleger solle Eigentümer der regulär hinterlegten Sache bleiben (oder, hinterlegt er eine fremde Sache, der Dritte).

Der Hinterleger ist im Verhältnis zum Depositar – auch wenn er nicht Eigentümer der hinterlegten Sache ist – selbständiger, der Verwahrer – ohne Rücksicht auf die Gültigkeit des das Herrschaftsverhältnis über die Sache begründenden Rechtsverhältnisses – unselbständiger, im Verhältnis zu einem Unteraufbewahrer (Substituten) aber selbständiger Besitzer[7]. Der Hinterleger braucht also nicht Eigentümer der hinterlegten Sache zu sein (BGE 96 II, 1970, S. 152, Erw. 5; hinten § 115 III 1., S. 705). Grundsätzlich steht folglich sowohl dem Hinterleger wie dem Aufbewahrer der Besitzesschutz zu. Im einzelnen STARK, N. 8 zu Art. 934 ZGB, S. II/151. – Zur Eigentumsvermutung hinten § 115 III 2., S. 705. – Bei gewerbsmäßigen Aufbewahrern, Banken, Treuhandgesellschaften, Rechtsanwälten, Notaren etc., insbesondere aber im Wertschriftenverkehr zwischen Banken, dürfte ohnehin eine Vermutung dafür sprechen, daß sie für fremde Rechnung tätig sind, so daß im Einzelfalle u.U. erhöhte Anforderungen an den guten Glauben an die Verfügungsbefugnis gestellt werden mögen (vgl. z.B. den illustrativen Schiedsspruch in BlZR 32, 1933, Nr. 191, S. 367f., insbesondere S. 370).

Zur Konkurrenz des dinglichen und obligatorischen Anspruches des Hinterlegers siehe hinten § 115 II 1., S. 704 und § 115 III 1./2., S. 705. Bei Substitution durch den Aufbewahrer ist eine petitorische Klage sowohl gegen den Erst- wie den Unteraufbewahrer denkbar; dazu hinten § 112 III 8b, S. 673; im ersteren Falle u.U. auf Abtretung des dinglichen Herausgabeanspruches (MEIER-HAYOZ, N. 42 zu Art. 641 ZGB, S. 246). – Die etwa vorgebrachte Meinung, die dingliche Rückforderungsklage sei zur obligatorischen subsidiär, erscheint als unbegründet (so wohl auch MEIER-HAYOZ, N. 53 zu Art. 641 ZGB, S. 251). – In einer Betreibung auf Pfändung gegen den Aufbewahrer hat der Eigentümer (Hinterleger oder Dritteigentümer) sein Eigentum im Widerspruchsverfahren (Art. 106f. SchKG) und im Konkurs als Aussonderungsanspruch nach Art. 242 SchKG geltend zu machen. Im internationalen Verhältnis versagen diese Rechtsbehelfe oftmals, soweit nicht Staatsverträge bestehen (dazu MEIER-HAYOZ, Syst. Teil, N. 278f., S. 225f.; N. 106 zu Art. 641 ZGB, S. 269).

5. Bei gestatteter Vermengung von hinterlegten vertretbaren Sachen (ausgenommen Geld) mit anderen – oder eigenen – durch den Aufbewahrer geht das Eigentum nicht auf diesen über, sofern dies dem Parteiwillen entspricht (Lagergeschäft, Art. 484 Abs. 2 OR; Banksammelverwahrung, siehe hinten § 113 I ff., S. 685). In diesen Fällen liegt also gewöhnliche Aufbewahrung vor (depositum regulare).

6. Eine Ausnahme bildet lediglich das sog. depositum irregulare nach Art. 481 OR, bei dem der Aufbewahrer Eigentümer wird und dem Hinter-

---

[7] Art. 920 ZGB; z.B. HOMBERGER, N. 3, 11 und 14 zu Art. 920 ZGB, S. 22, 24/25; zur Frage der Substitution hinten § 112 III 8b, S. 673.

leger bloß ein obligatorischer Anspruch verbleibt, was im Konkursfalle des Aufbewahrers von Bedeutung wird. Dazu hinten § 114 I ff., S. 696.

7. Der Hinterlegungsvertrag bedarf zu seiner Begründung keiner besonderen Form (Art. 11 OR).

II. Unechte Hinterlegungsarten

In folgenden Fällen findet das Hinterlegungsvertragsrecht nach Art. 472 f. OR keine (oder bloß analoge) Anwendung, weil keine Hinterlegung zur Aufbewahrung im überwiegenden Interesse des Hinterlegers vorliegt:

1. Kein Hinterlegungsvertrag

Es handelt sich überhaupt nicht um einen Hinterlegungsvertrag (Art. 18 OR): Als Beispiel sei erwähnt das «Bierdepot» (BGE 41 II, 1915, S. 105 f.). Im Sprachgebrauch der Banken und des Handelsverkehrs überhaupt werden die Ausdrücke «Hinterlegung» und «Depot» vielfach in einem untechnischen Sinne verwendet (BGE 21, 1895, S. 1170; HaG ZH in HRE 12, 1893, S. 312, Erw. 3; BGE 25 II, 1899, S. 580, Erw. 3).

Keine Hinterlegung, sondern *Miete* liegt vor bei der «Hinterlegung» von Vermögenswerten in einem Bankschrankfach[8] und bei der Einstellung von Motorfahrzeugen in verschließbaren Autoboxen gegen Entgelt (hinten § 117 II 3., S. 719).

2. Öffentlich-rechtlicher Hinterlegungsvertrag

Beispiele: BGE 55 II, 1929, S. 111 f., «Hinterlagen» Privater bei einer schweizerischen Gesandtschaft im Ausland während politischer Unruhen, ein späterer Anwendungsfall des römischen depositum miserabile (das im schweizerischen Recht bewußt ausgeschlossen wurde, HABERSTICH, II/1, S. 117; SCHNEIDER/FICK, N. 5 zu Art. 475 altOR, S. 654). Wenig überzeugend BlZR 54, 1955, Nr. 13, S. 46 ff., Hinterlegung in einem Fürsorgefall. Dem öffentlichen Recht unterstehen auch die «Depots» beim sog. Pflichtlagervertrag (z.B. BGE 77 I, 1951, S. 39 f., Erw. 3; BGE 92 I, 1966, S. 424, Erw. 1). Die Gerichtspraxis zieht in solchen Fällen vielfach die Regeln von Art. 472 ff. OR bei, soweit sie sich mit dem öffentlich-rechtlichen Charakter solcher Hinterlegungen vertragen. Im allgemeinen wird man davon ausgehen dürfen, daß durch die Hinterlegungsstelle ein Hinterlegungsvertrag abgeschlossen wird, der zwar öffentlich-rechtlicher Natur ist, auf den aber die privatrechtlichen Bestimmungen sinngemäß Anwendung finden. Für einen verwandten Sachverhalt auch OFTINGER, Syst. Teil, N. 212, S. 62: kraft öffentlichen Rechtes begründete Hinterlegung sicherheitshalber.

3. Pfandrechtsähnliche Hinterlegungen (Kautionen, pignus irregulare)

a) Oft werden «Kautionen hinterlegt» zur Sicherung einer zukünftigen Eventualschuld des «Hinterlegers» gegenüber dem «Aufbewahrer». Gewöhnlich wird in solchen Fällen bei Sach-

---

[8] Safe, dazu LOTZ, S. 27 f.; DERSELBE in SJK Nr. 26 «Schrankfachvertrag», S. 1; a. M. TREYVAUD, S. 87, der einen gemischten Vertrag (Miete und Auftrag) annimmt, wozu u. E. keine Notwendigkeit besteht. Vgl. z. B. BGE 95 II, 1969, S. 544, Erw. 2, wo wohl nicht nur an die Miete eines Hotelsafes gedacht wird; auch hinten § 117 III 7., S. 721.

übergabe ein Faustpfandrecht (BONNANT, S. 65) anzunehmen sein; bei Geldhingabe ein sog. pignus irregulare. Vorsorglich wird bei diesem Vorgehen auf die Einhaltung der für die Pfandbestellung erforderlichen Vorschriften geachtet werden (dazu OFTINGER, Syst. Teil, N. 334/35, S. 95).

Das pignus irregulare wird von der Rechtsprechung als gültig anerkannt und, soweit es möglich ist, den Vorschriften über das Faustpfandrecht unterstellt, ähnlich wie die sog. Sicherungsübereignung. Im einzelnen OFTINGER, Syst. Teil, N. 182 ff., S. 54 ff.; N. 18/19 zu Art. 894 ZGB, S. 343 f. Da der Gläubiger Eigentümer des «hinterlegten» Geldes wird, hat der «Hinterleger» bloß obligatorische Ansprüche gegen ihn. Irrtümlicherweise wird in der Praxis zuweilen auf Feststellung des «Eigentums am Depot» geklagt (ohne eventualiter Zusprechung eines obligatorischen Anspruches zu begehren). Das kann vernünftigerweise nicht schaden, weil der Grundsatz iura novit curia auch auf Rechtsbegehren Anwendung findet, soweit deren Sinn im übrigen unmißverständlich ist (OG BL in BJM 1955, S. 269/270; ähnlich OG ZH in BlZR 51, 1952, Nr. 181, S. 332, Erw. 3).

Für die «Kaution» (sûreté, cauzione) von Arbeitnehmern ist jetzt Art. 330 OR (evtl. in Verbindung mit Art. 219 Abs. 4 SchKG) des revidierten Arbeitsvertragsrechtes zu beachten.

b) In Allgemeinen Geschäftsbedingungen und Depotreglementen der Banken wird häufig an den vom Deponenten hinterlegten Vermögenswerten ein allgemeines Pfandrecht zugunsten der Aufbewahrerbank für deren (bestehende und/oder künftige) Forderungen ausbedungen. Tritt die Bedingung zur Entstehung des Pfandrechtes ein, so verwandelt sich der Besitz des Aufbewahrers aus dem Hinterlegungsvertrag in Pfandbesitz (OFTINGER, N. 100 zu Art. 884 ZGB, S. 132; TREYVAUD, S. 76 f. und dort Zitierte).

4. Die sog. Hinterlegung sicherheitshalber

Bei der Hinterlegung sicherheitshalber (consignation à titre de sûreté, BONNANT, S. 60 f.) sind drei Parteien beteiligt: der «Hinterleger» (Schuldner oder, ausnahmsweise, Dritter, der für ihn hinterlegt), der Begünstigte (Gläubiger) und der «Aufbewahrer», die privat- oder öffentlichrechtliche Hinterlegungsstelle, die zum Zwecke der Sicherung die hinterlegte Sache im Interesse des Gläubigers aufbewahrt und sie ihm bei Fälligkeit der Forderung gegen den Schuldner herausgibt (VON TUHR/PETER, S. 141). Die vorherrschende Auffassung, daß diese Hinterlegung als Vertrag zugunsten Dritter aufzufassen sei (BONNANT, § 2 I C, S. 7 und § 10, S. 67 f. und dort Zitierte), führt zu unbefriedigenden Ergebnissen und gekünstelten Konstruktionen beim Versuche, eine Präsumption zu schaffen für die Erklärung des Begünstigten, von seinem Rechte Gebrauch zu machen (und damit den Schuldner oder dessen Gläubiger oder Konkursmasse vom Widerruf auszuschließen), oder sogar für den Verzicht des Hinterlegers auf den Widerruf[9]. Es setzt sich heute die wohl zutreffendere Meinung durch, der mit einer derartigen «Hinterlegung» verbundenen Abrede des Sicherungszweckes müsse der Sinn beigelegt werden, daß die Hinterlage dem Hinterleger nicht gegen den Willen des Gläubigers zurückerstattet werden darf, also ein Vertrag sui generis anzunehmen ist (so offenbar OFTINGER, Syst. Teil, N. 214, S. 62/63), wobei das dem Begünstigten zustehende Recht als vertragliches Pfandrecht aufzufassen sei. In diese Richtung scheint auch BGE 94 I, 1968, S. 50, Erw. 2 zu weisen, ebenso KETTIGER, S. 107 f.; VON TUHR/PETER, S. 141 zu Anm. 13a, und, ohne Begründung, GUHL/MERZ/KUMMER, OR, 6. Aufl., S. 479. Zuweilen wird eine derartige Hinterlegung vom Gesetze selbst als Verpfändung qualifiziert (Pflichtaktien, Art. 710 Abs. 2 OR; VON STEIGER, SAG 30, 1957, S. 12 f.). Man kann sich fragen, ob die Sicherstellung nach Art. 43 Abs. 2 AFG nicht analog aufzufassen sei (unbestimmt BGE 94 III, 1968, S. 72/73, Erw. 3), mit der Maßgabe allerdings, daß hier die Rechte und Pflichten des Hinterlegers und u. U. des Gläubigers weitgehend von der Aufsichtsbehörde wahrgenommen werden.

---

[9] Art. 112 Abs. 2 und 3 OR; OSTERTAG, SJZ 19, 1923, S. 356/57; AGE 9, 1947, Nr. 20, S. 71 f.

Wird die Sicherheit bei der Hinterlegungsstelle in Form von vertretbaren Sachen, insbesondere Geld, deponiert, so wird diese Eigentümerin, womit die Regeln über das pignus irregulare sinngemäß Anwendung finden können (OFTINGER, Syst. Teil, N. 225, S. 65; zur Aufbewahrungspflicht DERSELBE, N. 9ff. zu Art. 890 ZGB, S. 291f. Beim pignus irregulare übergibt der Schuldner dem Gläubiger Geld, nicht einem Dritten: vorne II 3., S. 659).

Bei dieser Betrachtungsweise übt die Hinterlegungsstelle vertretungsweise für den Gläubiger den Pfandbesitz aus, so daß die allgemeinen Regeln über das Faustpfandrecht, insbesondere Art. 890 ZGB, Anwendung finden und keine Notwendigkeit bestehen sollte zur analogen Beiziehung der Regeln von Art. 472ff. OR (a.M. OFTINGER, Syst. Teil, N. 225, S. 65). – Zum Verhältnis zur Sequestration vgl. hinten II 6., S. 661.

5. Die Hinterlegung als Erfüllungssurrogat, insbesondere die Hinterlegung «zuhanden wes Rechts»

Sie bezweckt die Befreiung des Schuldners durch Hinterlegung der dem Gläubiger geschuldeten Leistung bei einer (in der Regel staatlichen) Hinterlegungsstelle, also nicht, wie sub II 4., S. 660 vorstehend, die Sicherstellung des Gläubigers (im einzelnen ADRIAN STAEHELIN, in BJM 1972, S. 225ff.). Diese Hinterlegung stellt ein Erfüllungssurrogat dar und findet Anwendung, wenn die Erfüllung an den Gläubiger aus bestimmten Gründen nicht oder nach Meinung des Schuldners nicht mit schuldbefreiender Wirkung stattfinden kann. Beispiele: Art. 92 Abs. 1 OR, Gläubigerverzug; Art. 96 OR, Hinterlegung aus einem andern in der Person des Gläubigers liegenden Grunde oder infolge unverschuldeter Ungewißheit über die Person des Gläubigers, und der spezielle Anwendungsfall dazu in Art. 168 OR (BlZR 56, 1957, Nr. 47, S. 74), Prätendentenstreit bei der Zession; weitere Anwendungsbeispiele bei BONNANT, S. 14, Anm. 1. – Im Hinblick auf die in Art. 94 OR vorgesehene Möglichkeit der Rücknahme der Hinterlage durch den Schuldner, bis der Gläubiger die Annahme (ausdrücklich oder stillschweigend) erklärt hat, ist der in der Literatur vorherrschend vertretenen Meinung, es liege ein Vertrag zugunsten Dritter vor, beizutreten (STAEHELIN, a.a.O., S. 231f. und dort Zitierte; E OG LU 1947, Nr. 494, S. 445f.; BGE 72 I, 1946, S. 15f., Erw. 1).

Da die Rechtswohltat der Hinterlegung als Erfüllungssurrogat im Interesse des Hinterlegers erfolgt, steht auch nichts entgegen, im Verhältnis des Hinterlegers zur Aufbewahrungsstelle die Regeln von Art. 472ff. OR analog heranzuziehen. Der Rückforderungsanspruch nach Art. 475 OR wird in diesem Falle vom Hinterleger durch die an die Hinterlegungsstelle gerichtete Erklärung des Widerrufes des Vertrages zugunsten Dritter (Art. 94, 112 OR) ausgelöst (BONNANT, § 9 I A, S. 37/38).

6. Exkurs: Die Sequestration (Art. 480 OR)

In diesen Zusammenhang gehört auch die auf das römische Recht zurückgehende Rechtsfigur des Sequesters (séquestre, sequestro; FLORENTINUS in D. 16.3.17.pr.). Sequestration liegt vor, wenn «mehrere eine Sache, deren Rechtsverhältnisse streitig oder unklar sind, zur Sicherung ihrer Ansprüche bei einem Dritten (dem Sequester) hinterlegen», so daß dieser «die Sache nur mit Zustimmung der Beteiligten oder auf Geheiß des Richters herausgeben darf» (Art. 480 OR). Der Zweck der Sequestration wird vielfach derselbe sein wie bei der Hinterlegung sicherheitshalber (vorne II 4., S. 660), nur mit der

Besonderheit, daß eben mehrere, gewöhnlich die verschiedenen Ansprecher einer Sache gemeinsam, hinterlegen. Sie ist keine typische Hinterlegung «zur Aufbewahrung» im Interesse des Hinterlegers, der dem Aufbewahrer die Last der Obsorge überbürden will. Sie soll vielmehr dazu dienen, die hinterlegte Sache bis zur Beilegung der Streitigkeit (Urteil, Vergleich) oder der Aufhellung der Unklarheit über die rechtlichen Verhältnisse der Verfügung durch einen u. U. nicht Berechtigten zu entziehen (OSER/SCHÖNENBERGER, N. 1 zu Art. 480 OR, S. 1745). Der Sequester darf die Sache ohne Gefahr nur bei Einigkeit unter allen Hinterlegern oder auf richterliches Geheiß (an einen, mehrere oder alle gemeinsam) herausgeben. Das «jederzeitige» Rückforderungsrecht nach Art. 475 OR spielt nicht, bis die Bedingung zur Freigabe durch den Sequester erfüllt ist. Die vorzeitige Rückgabe der Sache durch den Sequester (Art. 476 OR) ist nur mit richterlicher Zustimmung oder bei Einigkeit aller Hinterleger möglich (GAUTSCHI, N. 3c zu Art. 480 OR, S. 695. Die dort zitierten Fälle der Hinterlegung als Erfüllungssurrogat betreffen allerdings einen anderen Sachverhalt, siehe vorne II 5., S. 661). Vgl. auch VON TUHR/ESCHER, S. 325.

Es werden in der Literatur «sequestrationsähnliche» Hinterlegungen erwähnt, z. B. nichtstreitige oder nicht unklare Sicherheitshinterlegungen bei einer Bank durch Gläubiger und Schuldner gemeinsam mit der Abrede, daß die Hinterlage nur an alle Hinterleger gemeinsam herausgegeben werden dürfe (AMSLER, S. 8). Im Banksprachgebrauch ist etwa von «Kollektivdepots» die Rede (hinten § 115 III 5., S. 706). Da sich die Bank im Zweifel nicht um das Innenverhältnis zwischen den Hinterlegern kümmern soll oder will (hinten § 115 III 4., S. 706), liegt aber in solchen Fällen in der Regel weder Sequestration noch ein sequestrationsähnliches Geschäft vor. Es handelt sich im Verhältnis zur aufbewahrenden Bank lediglich um den legitimationsrechtlichen Aspekt eines normalen Hinterlegungsvertrages (hinten § 115 III ff., S. 705), solange die Bank in Kenntnis des Streitfalles oder der rechtlichen Unklarheit nicht ausdrücklich die Rolle eines Sequesters zu übernehmen bereit ist.

Normalerweise ist der Sequester an der Hinterlegung nicht direkt interessiert. Er ist grundsätzlich nicht Partei im Streit um die Herausgabe, der zwischen den Hinterlegern (Ansprechern der Sache) auszutragen ist (RecNE III, 1961–1965/I, S. 15f.). Das Urteil kann ihn – muß es aber nicht tun – beiläufig auffordern, die Sache dem oder den Berechtigten herauszugeben (AGVE 1962, Nr. 8, S. 53ff.).

In der Rechtsprechung werden Hinterlegung zuhanden wes Rechts und Sequestration zuweilen gleichgestellt (so BGE 7, 1881, S. 494, zum praktisch gleichlautenden Art. 483 altOR; BGE 68 III, 1942, S. 55; unrichtig SJZ 19, 1922/23, Nr. 165, S. 202).

7. Aufbewahrung als bloße Nebenverpflichtung eines anderen Vertragstypus

Vielfach ist die «Aufbewahrung» einer Sache nur vertragliche Nebenverpflichtung der zur Leistung der Sache verpflichteten Partei, was die Anwendung der Regeln des Hinterlegungsvertragsrechtes ausschließt. Beispiele: Übergabe von Clichés an eine Druckerei; nebensächlicher Bestandteil eines Werkvertrages, ZBJV 39, 1903, Nr. 17, S. 177/79. Wird verkaufte Ware beim Verkäufer belassen, bis der Käufer dafür Verwendung hat, ist im Zweifel kein Hinterlegungsvertrag, der als besonderes Rechtsverhältnis für ein Besitzkonstitut dienen könnte, anzunehmen (Art. 202 altOR; Art. 717 Abs. 1 und 924 Abs. 1 ZGB: BlZR 8, 1909, Nr. 41, S. 86, Erw. 2; anders [bei teilweise entgeltlicher Aufbewahrung] BlZR 14, 1915, Nr. 36, S. 83 ff.).

In der Regel wird man eine derartige «Aufbewahrung» als Vorbereitungshandlung der geschuldeten Sachleistungspflicht, ohne daß die Aufbewahrung ausschließliche oder doch hauptsächliche Vertragspflicht darstellt, auffassen müssen (BECKER, N. 3 zu Art. 184 OR, S. 14; N. 5 zu Art. 472 OR, S. 744; OSER/SCHÖNENBERGER, N. 5 zu Art. 472 OR, S. 1731). Solche über die eigentliche Leistungspflicht des Schuldners hinausgehende, aber mit ihr in einem inneren Zusammenhang stehende Pflichten werden zutreffend als «weitere Verhaltenspflichten» des Schuldners bezeichnet (LARENZ, Bd. I, S. 7 f.).

§ 112. Das depositum regulare

I. Vorbemerkung

Anhand der vorne sub § 111 I, S. 655 dargestellten Begriffsmerkmale soll im folgenden von der regulären Hinterlegung im Sinne von Art. 472 ff. OR die Rede sein.

II. Die Aufbewahrungspflicht im allgemeinen

1. Die charakteristische Leistung im Hinterlegungsvertrag ist die Aufbewahrungspflicht (vorne § 111 I 2., S. 656). Über den Umfang dieser Hauptverpflichtung, die, wie das Gesetz sagt, Aufbewahrung der zur Hinterlegung

anvertrauten Sache an einem sicheren Orte (Art. 472 Abs. 1 OR), herrscht in Rechtsprechung und Literatur Unsicherheit. Besondere Mühe scheint die Abgrenzung vom Mandat zu bereiten. Die herrschende Meinung geht heute dahin, daß immer dann, wenn zur (angeblich passiven) Aufbewahrung ein wie immer geartetes Tun des Aufbewahrers tritt, in der Regel ein gemischter Vertrag (Hinterlegung und Auftrag) anzunehmen sei. Wie diese gemischten (oder zusammengesetzten, z.B. FELLMANN, S.18) Verträge zu behandeln sind, wird nicht oder bloß andeutungsweise gesagt.

GAUTSCHI spricht, im Zusammenhang mit dem sog. «offenen Wertschriftendepot» bei Banken, von einem «Koordinations- oder Kumulationsverhältnis» (Vorbem. zu Art. 472 OR, N. 4b, S. 597). Für ein Beispiel von Typenkumulierung vgl. z.B. den nach altOR entschiedenen Fall KG VD in SJZ 13, 1917, Nr. 9, S. 37. Es entstehen auch schwer verständliche Sprachschöpfungen wie z.B. «mandataire dépositaire» (BGE 94 II, 1968, S. 317, Erw. 4), was in Pra 58, 1969, Nr. 120, S. 403 mit «beauftragter Aufbewahrer» zu übersetzen versucht wird.

Die sich aus Typenmischungen ergebenden Probleme sind komplex und noch wenig geklärt. Will man, mit der herrschenden Meinung, solche annehmen, so wird wohl am ehesten mit einer Zerlegung der Dienstleistungen (Hinterlegung und Auftrag) im Sinne der sog. Trennungstheorie zu helfen sein (dazu z.B. LARENZ, Bd. II, § 62, S. 334). Viel ist indessen damit auch nicht ausgesagt. Ehe man aber zu Typenmischungen greift, sollte in jedem Einzelfalle sorgfältig durch Auslegung geprüft werden, ob tatsächlich die Notwendigkeit besteht, zu solchen Hilfskonstruktionen zu greifen. – Im einzelnen wird etwa vorgebracht:

2. Ein Hinterlegungsvertrag liege nur vor, wenn die physische Aufbewahrung an einem sicheren Orte ausschließlicher Vertragszweck sei.

So z.B. ELLENBERGER, S. 33ff. (dazu unten § 112 II 3., S. 665); ähnlich TREYVAUD, § 2, S. 40f. Trete ein Tun zur Aufbewahrung (z.B. beim offenen Wertschriftendepot), so entstehe ein gemischter Vertrag oder ein Vertrag sui generis, «uniforme dans son intention, et mixte dans sa construction» (l.c., S. 41; ebenso schon DE PREUX, S. 45). Die Frage erhebt sich, ob mit solchen Begriffskonstruktionen die Rechtsanwendung erleichtert wird.

3. Eine nebensächliche Tätigkeit des Aufbewahrers mache den Hinterlegungsvertrag noch nicht notwendig zum Mandat. Ein «koordiniertes» Mandat oder ein gemischter Vertrag solle aber vorliegen, wenn die Verwaltung zur Hauptsache werde, z.B. beim sog. offenen Wertschriftendepot.

a) In der praktischen Handhabung läuft dieses Kriterium auf das in § 112 II 2., S. 664 umschriebene hinaus. Vgl. in diesem Sinne z.B. GAUTSCHI, N. 4a zu Art. 472 OR, S. 615, der einen Auftrag oder mindestens einen mit dem Hinterlegungsvertrag koordinierten Auftrag annimmt, wenn «die Bewachung (custodia) oder Verwaltung zur Hauptsache» wird. Nun ist doch die custodia gerade die typische Verpflichtung des Aufbewahrers, und alles wird daran hängen, durch Auslegung dieses Begriffes herauszufinden, was custodia eigentlich bedeutet. – GAUTSCHI wendet aber unterschiedliche Kriterien an. Den Auftrag kennzeichne eine obligatio faciendi, die Verpflichtung des

Aufbewahrers eine obligatio dandi, der sich ein allfälliges facere bei der custodia unterordnen soll (Vorbem. zu Art. 472 OR, N. 1e, S. 589). Wie zu zeigen sein wird – vgl. schon § 111 I 2., S. 656 –, ist aber die obligatio dandi (Rückerstattungspflicht) gerade nicht die charakteristische Verpflichtung eines Aufbewahrers. Er hat in erster Linie *aufzubewahren*; seine Hauptverpflichtung ist ein *facere*. Anderseits werden Aufbewahrung als obligatio faciendi und damit als mandatsähnlich und weiterhin die Grenze zwischen Hinterlegung und Auftrag als fließend bezeichnet und deren strukturelle Ähnlichkeit betont (N. 1a zu Art. 475 OR, S. 655; N. 1a zu Art. 478 OR, S. 679). – In diesem Sinne auch BGE 63 II, 1937, S. 242f. zum offenen Wertschriftendepot (dazu nachstehend lit. b), wo an sich zutreffend die «üblichen» Verwaltungsdienste der aufbewahrenden Bank und eigentliche, entgeltliche sog. Verwaltungsaufträge unterschieden, beide aber als Mandat qualifiziert werden, das zur Hinterlegung «hinzutrete», womit ein gemischter Vertrag entstehe. Das Bundesgericht beruft sich insbesondere auf ELLENBERGER, der leider in seiner Dissertation vom Jahre 1925 mit sehr formalistischen Kategorien arbeitet, diese Meinung vertritt und erklärt, die Aufgabe des Aufbewahrers erschöpfe sich in sicherer Aufbewahrung und, z. B. beim Bankdepot, der ständigen Bewachung der Tresoranlagen. Verspreche der Aufbewahrer «Dienstleistungen», so liege ein Mandat vor. Der Hinterlegungsvertrag gehe auf «Sachleistung, d. h. auf die Nutzung der Selbstschutzwirkung eines sicheren Raumes» (S. 43). Er muß aber gleich einräumen, daß z. B. beim offenen Wertschriftendepot Aufbewahrung und «übliche Verwaltung» wirtschaftlich so eng verknüpft seien, daß sie für die Bank eine einzige und unteilbare Leistung darstellten (l. c., S. 84; vorne § 112 II 2., S. 664). Gleichwohl werden diese wirtschaftlich untrennbaren Leistungen – dies auch aus der Sicht des Bankkunden (S. 33) – rechtlich verschieden qualifiziert, als Folge eben des formalistischen Aufbewahrungsbegriffes, der nach Meinung von ELLENBERGER gar *keiner Auslegung* fähig sein soll (S. 44). ELLENBERGER, der mit diesen u. E. unhaltbaren Thesen Rechtsprechung und Literatur nachhaltig beeinflußt hat, fällt hier in den gemeinrechtlichen Aufbewahrungsbegriff zurück, der sich in bloßer Raumgewährung erschöpfte (WINDSCHEID; kritisch dazu schon DERNBURG, § 92, zu Anm. 4, S. 245). Früher hat das Bundesgericht die «übliche» Verwaltungstätigkeit der Bank beim offenen Wertschriftendepot im Sinne der Depotreglemente als «Inhalt des Depotvertrages» bezeichnet, ohne einen Auftrag anzunehmen (in BlZR 20, 1921, Nr. 153, S. 302, Sp. I).

Endlich erscheint die Unterstellung, aus der Sicht des Bankkunden sei beim offenen Wertschriftendepot (vgl. nachstehend lit. b) die von der Aufbewahrerbank erbrachte sog. «übliche» Verwaltung die Haupt- und die «sichere Aufbewahrung» die Nebensache, als sehr fraglich. Als determinierende Verpflichtung erscheint die Aufbewahrung und Bestandeserhaltung, zu der verwaltende Nebenpflichten treten.

TREYVAUD, der das offene Wertschriftendepot ebenfalls als gemischten Vertrag verstehen will, qualifiziert die «üblichen Verwaltungsdienste», die die Bank ohne besonderen Auftrag und ohne zusätzliches Entgelt leistet, als «administration ordinaire (ayant) pour but d'assurer la *conservation économique* du dépôt, sans en modifier la composition ou la structure» (S. 46 oben), bzw. «de sauvegarder la valeur du dépôt» (S. 46/47), wohl im Anschluß an DE PREUX, S. 121/22: «Tous ces actes (d'administration ordinaire) visent à maintenir la situation économique du dépôt et à en assurer le rapport régulier, sans apporter de modification à sa structure interne». – Worin sonst soll aber der Leistungspflicht eines sorgfältigen, remunerierten und gewerbsmäßigen Aufbewahrers bestehen? Neuestens bezeichnet auch das Bundesgericht die «*conservation*» der hinterlegten Sache im Interesse des Deponenten als wesentliche Leistung des Aufbewahrers (BGE 98 II, 1972, S. 217, Erw. 6). Vgl. dazu hinten § 112 III 3., S. 670.

b) Das sog. offene und verschlossene Bankdepot

Man unterscheidet beim Bankdepotgeschäft offene und verschlossene Depots. (Zum Begriff der sog. «Depositen» siehe hinten § 114 V, S. 700). Beim verschlossenen Depot wird der Bank das Hinterlegungsobjekt versiegelt oder sonstwie unter Verschluß (in Umschlägen, Paketen, Behältern etc.) anvertraut. Die Banken verlangen in der Regel Angabe einer Wertdeklaration und Versiegelung oder Plombierung, um einen Beweisnotstand bei der Rückgabe der Hinterlage und

Beanstandungen des Hinterlegers zu vermeiden und allenfalls die Haftung wertmäßig zu limitieren. Nach den vertraglichen Vereinbarungen erschöpft sich die Aufbewahrungspflicht in diesem Falle in der Regel auf Verschluß der Hinterlagen in geeigneten Räumen (z.B. Tresoranlagen). (Dazu z.B. TREYVAUD, S.79ff.; STAUFFER/EMCH, S.281f.; UMBRICHT-MAURER, S.15ff.).

Beim offenen Depot verwahrt, wie sich die Depotreglemente oder Allgemeinen Geschäftsbedingungen der Banken in der Regel ausdrücken, die Bank Wertschriften des Hinterlegers (u.U. in hauseigener Sammelverwahrung oder bei einer Sammeldepot-Zentralstelle, dazu hinten § 113, S.685) und besorgt «*ohne ausdrücklichen Auftrag* des Deponenten» und ohne zusätzliches Entgelt die «*üblichen* Verwaltungsarbeiten», wie z.B. Inkasso von Zinsen und Dividenden (Coupons) oder rückzahlbaren Titeln, Beschaffung neuer Couponsbogen, Überwachung von Auslosungen, Bezugsrechten oder Amortisationen. Vgl. dazu hinten § 112 IV 4., S.684.

Nur auf rechtzeitig erfolgten, i.d.R. schriftlich geforderten *Auftrag* des Hinterlegers übernimmt die Bank die sonst nach der Meinung der Depotreglemente oder AGB dem Kunden obliegenden übrigen Vorkehrungen wie z.B. Ausübung von Wandelrechten oder Bezugsrechten, Einzahlungen auf nicht voll liberierte Aktien, Konversionen (z.B. TREYVAUD, S.48).

Darüber hinaus kann der Hinterleger mit der aufbewahrenden Bank einen besonderen Verwaltungsauftrag abschließen und sie beauftragen, für ihn anlagepolitische Entscheide zu treffen (z.B. TREYVAUD, S.48f.)[1].

4. Häufig wird ein neben der (nicht weiter ausgelegten) sog. Aufbewahrungspflicht mitlaufendes auftragsähnliches Element zum Anlaß genommen, das ganze Vertragsverhältnis kurzerhand dem Auftragsrecht zu unterstellen.

So z.B. BGE 94 II, 1968, S.169, Erw.2: offenes Wertschriftendepot mit der Verpflichtung der Bank, Gelderträgnisse in laufender Rechnung einem Konto gutzuschreiben. Zweck sei folglich Verwahrung und Verwaltung; es liege ein gemischter Vertrag vor, grundsätzlich sei Auftragsrecht anzuwenden. – Gerade der in diesem Entscheid zu beurteilende Sachverhalt zeigt die Fragwürdigkeit dieser schon rechtsdogmatisch merkwürdig anmutenden Auffassung, weil bei dieser Konstruktion die dem Hinterlegungsvertragsrecht fremde Bestimmung von Art.405 OR (Erlöschen des Auftrages durch den Tod einer Partei, falls das Gegenteil nicht vereinbart ist oder aus der Natur des Geschäftes gefolgert werden muß) spielt, weshalb doch wieder auf die «mitenthaltenen Tatbestandsmerkmale des Hinterlegungsvertrages» abgestellt werden mußte (a.a.O., S.171, Erw.4a). Weiterhin BGE 94 II, 1968, S.316, Erw.2 und BGE 96 II, 1970, S.149, Erw.2.

Auch hier fragt sich (vorne § 112 II 3., S.664): Was ist Haupt- und was ist Nebensache? Handelt es sich nicht vielmehr um einen reinen Hinterlegungsvertrag, und sollten nicht die «mitenthaltenen», scheinbar auftragsähnlichen Tatbestandsmerkmale als Bestandteile einer richtig aufgefaßten Aufbewahrungspflicht verstanden werden? (Vgl. auch BRON, S.16, der im offenen Wertschriftendepot im wesentlichen einen Hinterlegungsvertrag erblickt; ebenso FELLMANN, S.18). – Daß mitlaufende andere vertragliche Verpflichtungen (in casu z.B. Ausstellung der deponierten Objekte, was weiterhin den Verzicht auf die jederzeitige Rückforderung [Art.475 rev.OR] bedingte) den Charakter eines Hinterlegungsvertrages nicht notwendig verändern, stellte das Bundesgericht schon zum altOR fest; BGE 25 II, 1899, S.149, Erw.3. Es wird sich vielfach um von den Parteien rechtsgeschäftlich vereinbarte Nebenpflichten handeln (dazu MERZ, N.260 zu Art.2 ZGB, S.297f.).

---

[1] Beim gewöhnlichen «offenen Depot» besteht z.B. keine Verpflichtung der Bank, ohne Auftrag des Hinterlegers Papiere bei sinkenden Börsenkursen zu verkaufen. SemJud 96, 1974, S.426. Zum Verwaltungsauftrag auch hinten § 112 IV 6., S.685.

III. Exkurs: Der Hinterlegungsvertrag ein gemischter Vertrag? Abgrenzung vom Auftrag

Das unter II, S.663 vorstehend dargestellte Ergebnis der herrschenden Meinung vermag nicht zu befriedigen und sollte neu überdacht werden. Es beruht zum Teil auch auf ungeklärten Voraussetzungen und wohl einer Verkennung der in der Literatur eher vernachlässigten dogmatischen Rechtsnatur des Hinterlegungsvertrages.

1. Systematische Stellung des depositum

Das Mandat wird heute in der Regel systematisch zu den Arbeitsverträgen, der Hinterlegungsvertrag zu den «Verwahrungsverträgen» (etwa zusammen mit den «Sicherungsverträgen») gerechnet[2]. HABERSTICH bezeichnet in seinem Handbuch von 1885 den Hinterlegungsvertrag noch, getreu der romanistischen Auffassung, als «Vertrag auf Rückgabe» (Bd. II/1, Inhaltsverz., S. XXI), weist aber mit Recht darauf hin, daß gerade auch für diese Rechtsfigur der Dresdner Entwurf von 1866 als Vorbild gedient habe (l.c., S. 105). Dort finden wir, was, soweit ersichtlich, allgemein unbeachtet blieb, eine viel einleuchtendere und wirklichkeitsnähere Systematik: Auftrag wie Hinterlegungsvertrag werden unter den gemeinsamen Oberbegriff der «Schuldverhältnisse aus fremder Geschäftsführung» gestellt (FRANCKE, Dresdner Entwurf 1866, S. XI, 4. Abt., 1. und 4. Hauptstück). Heute möchte man sagen: die Hinterlegung ist ein besonders geartetes Dienstleistungsgeschäft neben dem Auftrag, wobei Aufbewahrer wie Beauftragter im ausschließlichen oder doch vorwiegenden Interesse des Hinterlegers bzw. Auftraggebers tätig werden. (In diese Richtung weist auch die Systematik bei VON BÜREN, Bes. Teil, Inhaltsverz., S. V/VI, §§ 4/5, der unter dem Oberbegriff der Arbeitsverträge den Auftrag und die Hinterlegung [letztere als «besonderes Dienstleistungsgeschäft»] ohne weitere Begründung unterbringt.) In diesem Sinne glauben wir auch KARL SPIRO in BJM 1964, S. 162 verstehen zu dürfen, der auf die Affinität von Mandat und depositum hinweist.

Der Hinterlegungsvertrag ist, zusammenfassend, als Vertrag auf Arbeitsleistung, und zwar als besonderer Dienstleistungsvertrag im (überwiegenden)

---

[2] GUHL/MERZ/KUMMER, OR, 6.Aufl., Inhaltsverzeichnis, S.14/15; ausdrücklich, S.294, Ziff.III. Gleich schon OSER, Kommentar zum OR, Zürich 1915, Vorbem. zur 2.Abt., N.5c/d, S.458; abweichend und richtiger aber Vorbem. zum 10.Titel, N.1e, S.629, wo der (entgeltliche) Hinterlegungsvertrag als Arbeitsvertrag bezeichnet und in Beziehung zum Mandat gestellt wird. Gleich OSER/SCHÖNENBERGER, Vorbem. zu Art.184–238 OR, N.18, S.787, gegenüber Vorbem. zu Art.319–362 OR, N.5, S.1117. Auch GAUCH (S.11, Ziff.2) klassifiziert das depositum bei den Arbeitsverträgen.

Interesse des Hinterlegers (dazu hinten § 112 III 4., S. 670) aufzufassen. Er ist ein Dauervertrag (GAUCH, S. 11).

2. Grammatikalische Auslegung

«Aufbewahren», «Verwahren» (Art. 472 Abs. 1 OR) enthalten sprachlich und etymologisch die Grundbedeutung von «für etwas sorgen, etwas sichern, beschützen, behüten; etwas in Obhut, unter Aufsicht haben»[3].

Sprachlich darf man «Aufbewahrung» («garde», «custodia») im Sinne von Art. 472 Abs. 1 OR also als sorgende Obhut, und damit als *fürsorgerisches Tun* verstehen. Dieses Tun ist als *Bestandeserhaltung* zu begreifen, denn der Aufbewahrer soll bei Vertragsbeendigung die Sache, samt dem während der Aufbewahrungsdauer eingetretenen Zuwachs, so zurückgeben, wie er sie übernommen hat (Art. 475 Abs. 1 OR, hinten § 115 I 5., S. 703). Unter «Zuwachs» sind die natürlichen (Tierjunge, Milch usw.) und sog. «bürgerlichen» Früchte (Zinsen, Dividenden, Couponsbogen usw.) der hinterlegten Sache zu verstehen (hinten § 115 I 5. am Ende, S. 703; BECKER, N. 7 zu Art. 475 OR, S. 754; GAUTSCHI, N. 4 zu Art. 475 OR, S. 660/61). Bei unentgeltlicher Aufbewahrung z. B. unter Freunden, also eigentlichen Gefälligkeitsgeschäften, mag zutreffen – was sonst als allgemeiner Grundsatz aufgestellt wird: GAUTSCHI, Vorbem. zu Art. 472 OR, N. 1e, S. 589 –, daß nur der ohne Tätigkeit des Aufbewahrers eingetretene Zuwachs zu erstatten ist. Aber auch hier erheben sich Zweifel. Wird ein trächtiges Tier hinterlegt, weil man es z. B. nicht in die Ferien mitnehmen kann, so darf doch wohl der Aufbewahrer, auch beim Fehlen einer entsprechenden Vereinbarung, nicht einfach die Hände in den Schoß legen und das Tier seinem Schicksal überlassen. Beim offenen Wertschriftendepot (vorne § 112 II 3., S. 664) wird bloß vereinbart, was sich aus der Natur der Sache und der wohlverstandenen Auf-

---

[3] J. und W. GRIMM, Deutsches Wörterbuch, Bd. 12/I, Leipzig 1956, Sp. 2076, sub verbo «verwahren». Der determinierende Wortbestandteil «wahren» gehört etymologisch zur indogermanischen Wortwurzel *u̯er-; urverwandt sind Wörter wie οὖρος (Hüter, Wächter, Beschützer) und ὤρα (Fürsorge, Hut); F. KLUGE, Etymolog. Wörterbuch der deutschen Sprache, 19. Aufl., Berlin 1963, s. v. «wahren», S. 834.

Custodia ist etwa als «Obhut, achtsame Fürsorge» zu verstehen (K. E. GEORGES, Ausführliches lat.-deutsches Wörterbuch, Basel 1959, s. v., Sp. 1851/52) und, in der Rechtssprache, ein schillernder Begriff («oscillating expression»; A. BERGER, Encyclopedic Dictionary of Roman Law, Philadelphia 1953, s. v., S. 422/23).

Das französische «garde, garder» ist als «action de garder pour conserver» aufzufassen (Grand LAROUSSE encyclopédique in 10 Bänden, Paris 1962, Bd. V, s. v., S. 367, mit Belegen; ähnlich P. E. LITTRÉ, Dictionnaire de la langue française, 4 Bände, Monte Carlo 1957, s. v., S. 2712). Wie schon erwähnt, bezeichnet auch das Bundesgericht die wesentliche Leistungspflicht des Aufbewahrers (garder, Art. 472 Abs. 1 OR) als «conservation» (BGE 98 II, 1972, S. 217, Erw. 6; vorne § 112 II 3a. am Ende, S. 665).

bewahrungspflicht ergeben müßte: daß der Aufbewahrer dafür sorgt, daß der *abzuliefernde* Zuwachs nicht in Frage gestellt wird. Diese Tätigkeit ist *nicht* als *Auftrag* unabhängig vom oder koordiniert mit dem Hinterlegungsvertrag zu verstehen; sie muß bei richtiger Auslegung von einem sorgfältigen (insbesondere gewerblichen und remunerierten) Aufbewahrer nach Treu und Glauben erwartet werden, weil ja die Sache und damit in der Regel die Möglichkeit zur Sicherung des «Zuwachses» *willentlich* dem direkten Zugriff des Hinterlegers entzogen ist, solange die Hinterlegung dauert. Dazu hinten § 115 I 5., S. 703.

Anders verhält es sich bloß dort, wo die Sicherung des Zuwachses oder die Bestandeserhaltung der Sache besonderen Aufwand erfordert, der üblicherweise nur vom Interessierten, dem Hinterleger selbst, erwartet werden darf. Beim offenen Wertschriftendepot z.B. bedeutet dies: jene Verwaltungstätigkeit, die über die sog. «übliche» Verwaltung und bloße Tätigkeit im Interesse der Erhaltung und Sicherung der hinterlegten Sachen und ihres Zuwachses hinausgeht (Entscheide, die nach den vertraglichen Vereinbarungen als «Obliegenheiten des Hinterlegers» bezeichnet werden und die Anlage der Wertschriften betreffen), ist keine «Aufbewahrung» im Sinne von Art. 472 OR mehr. Dazu hinten § 112 IV 6., S. 685.

3. Umfang der Aufbewahrungspflicht

Die vorstehenden Ausführungen mögen deutlich machen, daß die Aufbewahrungspflicht nicht generell umschrieben werden kann. Vielfach wird aber unter den Parteien genau festgelegt, in welchem Umfange Tätigkeit und Obsorge des Aufbewahrers erwartet werden. Solange solche fürsorgerische, zur «Aufbewahrung an sicherem Orte» im engsten Sinne – d.h. bloßer Raumgewährung – hinzutretende «weitere Verhaltenspflichten» (vorne § 111 II 7., S. 663) des Aufbewahrers in einem inneren Zusammenhange mit der Natur der hinterlegten Sache stehen und auf deren *Erhaltung* und *Bestandessicherung* (und die *Sicherung* und Sorge für den Eingang des abzuliefernden *Zuwachses*) abzielen, sprengt dieses Tun den Rahmen eines gewöhnlichen Hinterlegungsvertrages nicht und macht die «Kumulierung» mit einem Auftrag oder die Annahme eines «gemischten» Vertrages entbehrlich. Dies gilt insbesondere bei entgeltlicher und gewerbsmäßiger Aufbewahrung. Der Hinterleger will, gibt er die Sache aus der Hand, dem Aufbewahrer in der Regel nicht nur die Last des raumbeanspruchenden Verschlusses der Sache, sondern im Hinblick auf deren, bei Vertragsbeendigung, erwartete Zurückgabe in unverändertem Zustande auch die elementaren, bestandeserhaltenden Maßnahmen überbürden. Die «zwingende Qualifikationsregel von Art. 394

Abs. 2 OR» (GAUTSCHI, N. 2b zu Art. 472 OR, S. 610) sollte in diesem Falle gerade *nicht* spielen, weil die im Einzelfalle vereinbarte oder übliche Dienstleistung des Aufbewahrers einer besonderen Vertragsart untersteht, nämlich den Vorschriften des Hinterlegungsvertrages.

In BGE 91 II, 1965, S. 451, Erw. 5b umschreibt das Bundesgericht einmal die Verpflichtung des Aufbewahrers bei der Hinterlegung von Vermögenswerten «in erster Linie» als Sorge «für die Erhaltung des Vermögens», allerdings ohne die Konsequenzen aus dieser Feststellung zu ziehen; ähnlich BGE 98 II, 1972, S. 217, Erw. 6: «conservation», vgl. vorne § 112 II 3 a. am Ende, S. 665, § 112 III 2., S. 668 und hinten § 112 IV 3., S. 683. – Gleiches gilt für GAUTSCHI, der in N. 1 e zu Vorbem. zu Art. 472 OR, S. 589 die custodia des Aufbewahrers als «die Erhaltung bestehender beweglicher Vermögenswerte» bezweckend umschreibt. Auch räumt er ein, daß es den Parteien frei stehe, «den Inhalt der konkreten Aufbewahrungsobligation» zu bestimmen; N. 3 b zu Art. 473 OR, S. 636. In diesem Sinne auch EIGENBRODT, S. 24, lit. b und insbesondere S. 49 oben, wo es als möglich bezeichnet wird, daß der Aufbewahrer neben der «Verwahrung» (die nicht weiter ausgelegt wird) noch weitere Pflichten übernimmt, die an und für sich anderen Vertragstypen angehören mögen. Das depositum behalte jedoch weiterhin seinen rechtlichen Charakter, solange die Aufbewahrung den wesentlichen Geschäftszweck bilde. Dem ist im Ergebnis, nicht völlig in der Begründung, zuzustimmen. Was «Aufbewahrung» bedeutet, muß eben im Einzelfalle durch Auslegung und auf Grund der Parteimeinung (Art. 1 OR; Art. 2 Abs. 1 ZGB) ermittelt werden.

4. Interessenlage

Man kann, will man diesen Überlegungen folgen, den Hinterlegungsvertrag im Hinblick auf die Interessenlage (Dienstleistung in fremdem Interesse) als eine mandatsähnliche Figur verstehen, die wegen ihrer besonderen Wesensart vom Gesetzgeber mit besonderen Wirkungen ausgestattet worden ist. Es erweist sich darum als verständlich, wenn OSER/SCHÖNENBERGER, N. 25 zu Art. 394 OR, S. 1471, die Abgrenzung vom Mandat, scheinbar etwas hilflos, nur so vornehmen können, daß sie eine «etwas beschränktere Vertragsverpflichtung des Aufbewahrers» annehmen. Gegenüber dem Mandat als theoretisch umfassende Geschäfts- und Dienstbesorgung (Art. 394 Abs. 1 OR) erweist sich die Tätigkeit des Aufbewahrers in der Tat als beschränktere: als Obhutspflicht, d.h. (physische) Aufbewahrung und die damit zusammenhängende (vereinbarte oder übliche) bestandeserhaltende Tätigkeit, die von ihm nach Treu und Glauben erwartet werden darf.

Der Hinterlegungsvertrag wird in qualifizierter Weise vom Interesse des Hinterlegers beherrscht: der Aufbewahrer betätigt sich nicht bloß im Interesse des Hinterlegers, sondern «geradezu in dessen Interessekreis, also für ihn und an dessen Stelle» (GAUCH, S. 47). Der Aufbewahrer mag am Hinterlegungsgeschäft als solchem und am Entgelt interessiert sein; sein Interesse bezieht sich aber niemals auf das Objekt des Vertrages: die hinterlegte Sache. Deren sorgfältige Aufbewahrung liegt im ausschließlichen Interesse des Hinterlegers, ob die Hinterlegung entgeltlich ist oder nicht.

5. Rechtshistorische Argumente

Zuweilen wird die Anwendung des Auftragsrechtes auf hinterlegungsvertragliche Verpflichtungen mit einer isoliert zitierten Digestenstelle begründet: «quia plenius fuit mandatum habens et custodiae legem», D. 16.3.1.12. Vgl. GAUTSCHI, N. 2b zu Art. 472 OR, S. 610; erwähnt auch in N. 1a zu Art. 478 OR, S. 679 und bei EISELE, ZSR NF 3, 1884, S. 36. Diese auf Anhieb überzeugend wirkende Digestenstelle, die übrigens schon in der Pandektenwissenschaft zu Mißverständnissen Anlaß gegeben hat (z.B. DERNBURG, Pandekten, 3. Aufl., 1892, § 92, Anm. 3, S. 245, dessen Erklärung aber auch nicht überzeugt), betrifft indessen, liest man sie im Kontext nach, einen sehr speziellen Sachverhalt: Es wird zunächst (D. 16.3.1.11) untersucht, ob die actio mandati oder depositi Anwendung finde, wenn A den B ersucht, die Sache des A dem T zur Aufbewahrung zu überbringen. In D. 16.3.1.12 wird der Fall geprüft, wenn T die Annahme zur Aufbewahrung verweigert und nun B die Sache selbst aufbewahrt. Eine damals schon bestehende Unsicherheit wird mit der Begründung entschieden, es sei die Mandatsklage zu gewähren, eben «quia plenius fuit mandatum habens et custodiae legem». Sie wird wohl darum gewährt, weil die ursprünglich vereinbarte Verpflichtung, die Sache einem Dritten zur Aufbewahrung zu überbringen (mandatum), als die typische angesehen wird. (In diesem Sinne offenbar WINDSCHEID, Lehrbuch des Pandektenrechts, 9. Aufl., 1906, Bd. II, S. 601, Anm. 1 in fine.) Die Pandektisten sprechen in diesem Falle auch von einem mandatum rei custodiendae (FR. L. KELLER, Pandekten (Vorlesungen), 1861, § 307, zu Anm. 6, S. 581). Indessen unterscheidet sich auch das mandatum (rei) custodiae vom depositum. Es wird als Beispiel angeführt: soll jemand meine Sache bei sich aufbewahren, so liege depositum, soll er aber z.B. während meiner Abwesenheit in meinem Hause wohnen und meine Sachen bewachen und bewahren, so liege ein mandatum custodiae vor. Es gehe letztlich um ein «Repräsentationsproblem»: der Depositar nehme die fremde Sache unter seine eigenen auf und unter seine Obhut; er handle um eines anderen willen, aber nicht an dessen Stelle; der Mandatar aber vertrete den Auftraggeber. So J. CH. HASSE, Die Culpa des römischen Rechts, Kiel 1815, S. 484–89, wo auf die umstrittene Digestenstelle (S. 487, Anm. a) Bezug genommen wird.

Dieser atypische und uneinheitlich beurteilte Fall scheint wenig geeignet, als Begründung für die Anwendung des Auftragsrechtes im heutigen Rechte bei (wie immer gearteter) Tätigkeit des Aufbewahrers angerufen zu werden. Daß zum mandatum die «lex custodiae» gehört, ist keine Besonderheit dieser Rechtsfigur. Aufbewahrung als Nebenverpflichtung eines anderen Vertragstypus kommt vielfach vor (vorne § 111 II 7., S. 663).

6. Gemeinsame Elemente von Hinterlegung und Auftrag

Weiterhin sind Gemeinsamkeiten und Verschiedenheiten von Auftrag und Hinterlegung in Erwägung zu ziehen. Eine summarische Prüfung zeigt:

a) Weitgehende *Übereinstimmung* besteht bei der Haftung des Hinterlegers und derjenigen des Auftraggebers (Art. 473 Abs. 2 und 402 Abs. 2 OR). Gleiches gilt für die gesetzliche Anordnung der Solidarhaftung mehrerer Aufbewahrer bzw. Beauftragter (Art. 403 und 478 OR), den Eintritt der Verjährung (dazu § 115 II, S. 704 hinten) und die Möglichkeit der jederzeitigen Beendigung des Vertragsverhältnisses durch die überwiegend interessierte Partei (Art. 404 und 475 OR; BGE 91 II, 1965, S. 450, Erw. 5a); eine Art. 476 Abs. 1 OR entsprechende Bestimmung fehlt jedoch im Auftragsrecht. Beauftragter wie Aufbewahrer schulden ihrer Gegenpartei Rechenschaftsablage (Art. 400 Abs. 1 OR; für den Hinterlegungsvertrag BGE 91 II, 1965, S. 453, Erw. 5c). Der Erstattungsanspruch des Auftraggebers (Art. 400 OR) wird indessen beim Hinterlegungsvertrag durch den Rückforderungsanspruch ausgeübt (Art. 475 OR).

b) Die *Haftung des Aufbewahrers* wird durch schuldhafte Verletzung der vertraglichen Aufbewahrungspflicht begründet und ist durch die allgemeinen Vorschriften von Art. 97 ff. OR geregelt, d.h. der Aufbewahrer haftet für jedes Verschulden. Statt vieler BGE 97 II, 1971, S. 362, wo dies für den Hinterlegungsvertrag und das Lagergeschäft ausgesprochen wird. Ebenso BGE 98 II, 1972, S. 219 f. (depositum irregulare). Vgl. auch hinten § 115 VII, S. 710. – Der Beauftragte hingegen haftet für getreue und sorgfältige Ausführung des Auftrages (Art. 398 Abs. 2 OR), wobei für das Maß der Haftung die gleiche Sorgfalt wie für den Arbeitnehmer im Arbeitsverhältnis gilt (Art. 398 Abs. 1 OR in Verbindung mit Art. 321a Abs. 1 und 321e OR). Es kann also im Einzelfalle eine Haftungsmilderung eintreten durch die subjektive Umschreibung des Maßes der Sorgfalt, für die der Arbeitnehmer nach dem einzelnen Arbeitsverhältnis einzustehen hätte (Berufsrisiko, Bildungsgrad, Fachkenntnisse, Fähigkeiten und Eigenschaften, die der Arbeitgeber bzw. Auftraggeber kannte oder hätte kennen sollen; Art. 321e Abs. 2 OR; Botschaft zum Arbeitsvertrag, BBl 1967 II, S. 278 ff., S. 310 ff.). Die Exkulpationsmöglichkeit des Beauftragten ist also theoretisch differenzierter als jene des Aufbewahrers (GAUTSCHI, N. 23b zu Art. 398 OR, S. 379). Vgl. dazu hinten § 115 I 6., S. 703.

7. Typisch hinterlegungsvertragliche Elemente

Mit der Besonderheit des Hinterlegungsvertrages hängt, abgesehen vom oben § 112 III 6a, S. 672 erwähnten Falle von Art. 476 Abs. 1 OR, die Vorschrift zusammen, daß die Verpflichtung zur Rückgabe oder zum Ersatze hinterlegter Sachen nicht gegen den Willen des Hinterlegers durch Verrechnung getilgt werden kann (Art. 125 Ziff. 1 OR; unklar in bezug auf das Mandat BGE 51 II, 1925, S. 449). GAUTSCHI empfindet diese Abweichung vom Mandatsrecht dort als wenig sinnvoll, wo über die «Vertragsqualifikation als Auftrag oder Hinterlegung in guten Treuen gestritten werden» könne (N. 6c zu Art. 475 OR, S. 664). Dies sollte aber, im Sinne dieser Ausführungen, selten der Fall sein. – Weiterhin ist die Sondervorschrift von Art. 479 OR (Eigentumsansprüche Dritter auf die hinterlegte Sache) zu erwähnen; hinten § 115 III, S. 705, insbesondere Anm. 4 und GAUTSCHI, N. 13c zu Art. 400 OR, S. 473.

8. Herübernahme mandatsrechtlicher Vorschriften

Anderseits gibt es typisch mandatsrechtliche Vorschriften, deren Übertragbarkeit auf das Hinterlegungsvertragsrecht sorgfältig zu prüfen ist:

a) Das Weisungsrecht

Das Weisungsrecht (Art. 397 OR) ergibt sich aus der Natur des Auftrages als das Tätigwerden im Interesse eines andern. Trotz des Interessenparallelismus bei Auftrag und Hinterlegung, der die Herübernahme nahelegt, wird das Weisungsrecht bei dieser weniger praktisch werden. Das Weisungsrecht des Hinterlegers ist immerhin in Art. 483 OR (Lagergeschäft) impliziert (abweichend GAUTSCHI, N. 2b zu Art. 483 OR, S. 735) und sollte grundsätzlich auch beim gewöhnlichen Hinterlegungsvertrag anwendbar sein; a. M. FELLMANN, S. 14. Art und Umfang der (physischen) Aufbewahrung und der bestandeserhaltenden «weiteren Verhaltenspflichten» des Aufbewahrers sind aber von den Parteien oft durch Abrede, vielfach durch Standardverträge (Depotreglemente, Allgemeine Geschäftsbedingungen) zum voraus festgelegt, was laufende Weisungen des Hinterlegers in der Regel entbehrlich macht. Immerhin muß das Weisungsrecht als ein minus im jederzeitigen Kündigungsrecht des Hinterlegers enthalten sein. Weisungen mögen auch etwa vorkommen über Art und Umfang des bewilligten Gebrauchsrechtes (Art. 474 OR).

b) Die Substitution

aa) Fragestellung

Durch Substitution überträgt der Aufbewahrer seine Verpflichtungen auf einen Dritten durch den Abschluß eines zusätzlichen Hinterlegungsvertrages im Namen des Erstaufbewahrers, aber auf Rechnung (und, nach den vertraglichen Vereinbarungen, in der Regel auch auf Gefahr) des Hinterlegers. Es handelt sich also nicht bloß um Vertragserfüllung durch Hilfspersonen des Aufbewahrers, die immer zulässig sein wird (Art. 398 Abs. 3 und 399 OR gegenüber Art. 101 OR; zur Abgrenzung dieser Institute zutreffend VON BÜREN, Allg. Teil S. 398/99). Im Bankdepotgeschäft wird dieser Fall häufig praktisch, z. B. dann, wenn ausländische Wertschriften des Hinterlegers aus Rationalisierungs- und Kostenersparnisgründen bei einer ausländischen Bank, z. B. der Verkäuferin der Wertschriften, auf den Namen der substituierenden Bank aufbewahrt bleiben. Beim Mandat kann sich der Beauftragte zur Substitution ermächtigen lassen, sofern sie nicht schon übungsgemäß zulässig ist, wobei er nur für gehörige Sorgfalt bei der Wahl und Instruktion (nicht Überwachung) des Substituten einzustehen hat (Art. 398 Abs. 3, 399 Abs. 2 OR). Bei unbefugter Substitution haftet der Beauftragte selbstverständlich für die Handlungen des Substituten wie für seine eigenen (Art. 399 Abs. 1 OR).

Beim Bankdepotgeschäft werden die Aufbewahrerbanken in den Allgemeinen Geschäftsbedingungen bzw. Depotreglementen in der Regel zur Substitution im vorgenannten Sinne ermächtigt.

Gegen die Substitution wird zuweilen der dem gewöhnlichen Hinterlegungsvertrag «eigentümliche Charakter eines Vertrauensgeschäftes» ins Feld geführt (z. B. OG ZH in BlZR 18, 1919, Nr. 173, S. 336; abweichend das Bundesgericht im gleichen Falle, l. c., S. 343). Indessen sollte der Vertrauenscharakter der Hinterlegung nicht überbetont werden. Auch bei anderen Vertragstypen werden Sachen einem Dritten «anvertraut». Ausschlaggebend erscheint weniger der Vertrauenscharakter als das den Hinterlegungsvertrag beherrschende Interesse des Hinterlegers (GAUCH, S. 47). Dieses erscheint nicht als verletzt, wenn der Hinterleger in die Substitution einwilligt (volenti non fit iniuria, Art. 99 Abs. 3, 44 OR).

bb) Bewilligte Substitution ist möglich

Die Ermächtigung zur Substitution nach Analogie der auftragsrechtlichen Vorschriften[4] sollte beim Hinterlegungsvertrag möglich sein. Schon der Dresdner Entwurf ließ Substitution beim depositum zu und ließ sogar die dem Aufbewahrer gegen den Substituten zustehenden Ansprüche durch Subrogation auf den Hinterleger übergehen (FRANCKE, Dresdner Entwurf 1866, S. 146, Art. 736, insbesondere letzter Satz des 2. Absatzes, entsprechend der geltenden auftragsrechtlichen Regelung, Art. 399 Abs. 3 OR).

Beim Hinterlegungsvertrag ist indessen mangels dahingehender Verein-

---

[4] Art. 398 Abs. 3 OR; Art. 399 Abs. 1 und 2 OR, vorstehend § 112 III 8b aa, S. 673.

barung unter allen Beteiligten ein obligatorischer Direktanspruch des Hinterlegers gegen den Substituten nicht zu vermuten [5]. Es gibt keine Vermutung für (echte oder unechte, aktive oder passive) Solidarität (es sei denn, das Gesetz ordne sie an). Die analoge Anwendung einer so ungewöhnlichen Vorschrift wie Art. 399 Abs. 3 OR verbietet sich darum. Versteht man den dort vorgesehenen Rechtsübergang als «Legalobligation» [6] oder «cessio legis» [7], so kommt auch deren vertragliche Begründung nicht in Frage, wohl aber dann, wenn man ihn mit GAUTSCHI [8] als echten Vertrag zugunsten eines Dritten auffaßt. Mangels dahingehender Abrede wird es aber beim Hinterlegungsvertrag regelmäßig am Nachweis der Willensmeinung, der Hinterleger solle selbständig Erfüllung vom Substituten fordern können (Art. 112 Abs. 1 OR), gebrechen. Zur Zession der Ansprüche des Erstaufbewahrers gegen den Substituten an den Hinterleger wird kaum je ein Bedürfnis bestehen. Der Hinterleger hat es ja in der Hand, durch die Ausübung seines jederzeitigen Rückforderungsrechtes nach Art. 475 Abs. 1 OR den Erstaufbewahrer zur Erfüllung anzuhalten, der dann seinerseits den Unteraufbewahrer zur Herausgabe der Sache an ihn zu veranlassen haben wird. Immerhin wird der Hinterleger in diesem Falle eine entsprechende Verzögerung der Erfüllung als Folge der bewilligten Substitution ohne Ersatzanspruch hinnehmen müssen (für einen verwandten Fall – Bankagentur muß Wertschriften beim Hauptsitz abrufen – vgl. TREYVAUD, S. 55; ähnlich ENGEL, Dépôt bancaire, S. 28). – Unbefugte Substitution durch den Aufbewahrer hingegen ist Vertragsverletzung, für die er nach Art. 97 f. OR einzustehen hat, sofern ein Schaden nachweisbar ist. Beim Exkulpationsversuch wird ihm in diesem Falle das Verhalten des Substituten als eigenes angerechnet werden.

Wie dargestellt, kommt es nicht selten vor, daß die Bank als Kommissionärin des Bankkunden ausländische Titel durch eine ausländische Bank kaufen und sie in der Folge bei dieser aufbewahren läßt. Darüber hinaus werden solche ausländische Titel in diesem Falle vielfach auf einen sog. «nominee» indossiert. Zur Vereinfachung der Darstellung sollen im folgenden das Rechtsverhältnis zwischen Bankkunde und substituierender Bank und anschließend die sich stellenden Fragen bei vertretbaren Titeln (Inhaberpapiere, blanko indossierte Namenaktien) und ausländischen auf einen «nominee» indossierten Namenaktien geprüft werden.

---

[5] OSER/SCHÖNENBERGER, N. 14 zu Art. 475 OR, S. 1741; GAUTSCHI, N. 4e in fine zu Art. 472 OR, S. 618; schon HABERSTICH, Handbuch 1885, Bd. I, S. 106/07.
[6] OSER/SCHÖNENBERGER, N. 11 zu Art. 399 OR, S. 1485.
[7] BECKER, N. 7 zu Art. 399 OR, S. 552, abweichend von TUHR/SIEGWART, Bd. II, S. 553, Anm. 122 = VON TUHR/ESCHER, S. 113, Anm. 122.
[8] N. 10a zu Art. 399 OR, S. 440.

cc) Fiduziarischer Auftrag?

In Literatur und Rechtsprechung wird gerne mit «fiduziarischen» oder «treuhänderischen» Rechtsgeschäften operiert. Anwendungsbereich und Rechtswirkungen dieses Instituts sind aber wenig klar. Der Fiduziar soll Eigentümer der ihm übergebenen oder zugekommenen Vermögenswerte werden; ob sich der Fiduziant auf die «Aussonderung» nach Art. 401 OR berufen kann, ist umstritten[9]. Das Bundesgericht hat nunmehr das sog. fiduziarische Rechtsgeschäft uneingeschränkt dem Auftragsrecht unterstellt und Art. 401 OR auf Forderungsrechte und bewegliche Sachen für anwendbar erklärt, die der Fiduziar von Dritten erworben hat, sofern sie aus dem Vermögen des Fiduziars genügend ausgeschieden sind. Bedauerlicherweise ist aber das Bundesgericht nicht auf die These von PETER JÄGGI (Diskussionsvotum in ZSR NF 73, 1954, S. 536a–540a) eingegangen, der u. E. mit seiner Frage nach der causa der Rechtsübertragung auf den entscheidenden Punkt hingewiesen hat: wird im Einzelfall tatsächlich von den Parteien ein – u. U. Art. 401 OR in Frage stellender – Eigentumsübergang gewollt? M. a. W., wird den Parteien nicht einfach mit der oft etwas leichtfertigen Annahme eines sog. fiduziarischen Rechtsgeschäftes eine Absicht unterschoben, die sie möglicherweise im Einzelfalle gar nicht haben und die für sie weitreichende rechtliche Konsequenzen haben kann? Bestehen für den Willen zur Eigentumsübertragung keine Anhaltspunkte, so liegt gar keine echte fiducia vor (WOLF, in: Festschrift SIMONIUS, S. 429/30, der dies allerdings nur für «Grenzfälle» gelten lassen will). Dies scheint auch aus BGE 85 II, 1959, S. 99, Erw. 1 hervorzugehen. – Der Eigentumsübergang an Mobilien setzt Willenseinigung und eine gültige causa voraus: BGE 55 II, 1929, S. 302 ff. Eine Schädigung Dritter, die z. B. dem Fiduziar im Vertrauen auf die treuhänderisch überlassenen Vermögenswerte Kredit gewähren, ist jedenfalls dort kaum denkbar, wo sich schon aus der Berufsbezeichnung eine Vermutung für Fremdverwaltung ergibt, wie dies z. B. bei Banken, Treuhand- und «Nominee»-Gesellschaften, Anwälten und Notaren der Fall ist. Zur Bilanzierung von Treuhandgeschäften in Bankbilanzen vgl. BGE 99 II, 1973, S. 399 f., Erw. 8b; MÜLLER in ZBGR 55, 1974, S. 261.

Wesentlich ist in diesem Zusammenhange, daß sich der Bankkunde in der Regel beim zur Frage stehenden Sachverhalt für einen Deponenten hält und damit im Zweifel für den Eigentümer der Sache (vorne § 111 I 4., S. 658).

---

[9] BGE 99 II, 1973, S. 393 ff. = Pra 63, 1974, Nr. 121; dazu MERZ, ZBJV 111, 1975, S. 113 ff.; MERZ, Legalzession und Aussonderungsrecht gemäß Art. 401 OR, in: Erhaltung und Entfaltung des Rechts in der Rechtsprechung des schweizerischen Bundesgerichts, Basel 1975, S. 451 ff.; MÜLLER, Das Treuhandverhältnis, ZBGR 55, 1974, S. 257 ff., insbesondere S. 276 ff.; REYMOND, SAG 47, 1975, S. 157 ff. und JdT 122, 1974 I, S. 596 ff.

Die substituierende Bank anderseits führt i.d.R. diese Wertschriften im «Depotauszug» des Bankkunden auf. Ehe man also zu die dingliche Rechtsstellung des Hinterlegers tangierenden Konstruktionen greift, sollte sorgfältig geprüft werden, ob keine naheliegenderen und dem Parteiwillen entsprechenden Rechtsbehelfe existieren.

Beim unterstellten Sachverhalt wird geltend gemacht, der Hinterleger selbst habe dem Erstaufbewahrer (der substituierenden Schweizerbank) keine Sache zur Aufbewahrung anvertraut; weder der Hinterleger noch der Erstaufbewahrer hätten sie je «in Händen gehabt» (zum Prinzip GAUTSCHI, N. 2d zu Art. 472 OR, S. 611). KLEINER (SJZ 64, 1968, S. 212), ENGEL (Dépôt bancaire, S. 23) und schon PIOTET (JdT 112, 1964 I, S. 631) qualifizieren darum das zwischen Kunde und Schweizerbank bestehende Rechtsverhältnis als Auftrag. KLEINER verneint das Bestehen eines Herausgabeanspruches sowohl gegenüber der substituierenden Bank wie dem Substituten, solange der «Dauerauftrag» nicht beendet sei (a.a.O., S. 212, Sp. I und Sp. II zu Anm. 4; die Dauervertragsnatur des Auftrages ist übrigens bestritten, GAUCH, S. 12, Anm. 5 i.f.). Substitution sei beim Hinterlegungsvertrag nicht möglich. GAUTSCHI nimmt für diesen Fall einen «fiduziarischen» Auftrag an, will aber dem Bankkunden den auftragsrechtlichen Ablieferungsanspruch nach Art. 400 OR, nicht aber dingliche Ansprüche, zugestehen und erklärt Art. 401 OR als anwendbar (SJZ 65, 1969, S. 250; schon ZSR NF 73, 1954, S. 525a ff., insbesondere S. 534a und Vorbem. zu Art. 472 OR, N. 5e, S. 601/02; N. 2f. zu Art. 472 OR, S. 612; ähnlich MÜLLER in ZBGR 55, 1974, S. 263 zu Anm. 28; unklar UMBRICHT-MAURER, S. 89f.). – Eine andere Auffassung vertritt HUBER (SJZ 65, 1969, S. 153, Ziff. VII), der u. E. mit Recht im Verhältnis Bankkunde/Schweizerbank einen Hinterlegungsvertrag annimmt.

dd) Zwischen Bankkunde und substituierender Bank besteht ein Hinterlegungsvertrag
Es ist nicht einzusehen, weshalb in diesem Falle zwischen Bankkunde und substituierender Bank (Erstaufbewahrerin) kein Hinterlegungsvertrag bestehen soll. Daß das Hinterlegungsobjekt auswärts – beim ausländischen Unteraufbewahrer – liegt, ist durch die Ermächtigung des Hinterlegers zur Substitution ja gerade vorgesehen. Abgesehen davon, daß für das Zustandekommen des (konsensualen) Hinterlegungsvertrages die Hingabe der Sache nicht einmal begriffswesentlich ist[10], erscheint es als formalistisch zu verlangen, daß die Sache dem Aufbewahrer vom Hinterleger selbst über-

---

[10] EIGENBRODT, S. 10, Ziff. 3b und S. 11, Ziff. 4a, der aber zu Unrecht eine Besitzübertragung nach Art. 924 Abs. 1 ZGB zum Wirksamwerden der Aufbewahrungspflicht als nicht ausreichend ansieht (S. 26).

geben werden müsse. Woher die Sache dem Aufbewahrer zukommt, ist unwesentlich. Entscheidend ist allein, daß dem Hinterleger ein, wie immer gearteter, Besitz zusteht und er mit dem Aufbewahrer die konsensuale Abrede trifft, er solle die Sache für den Hinterleger aufbewahren oder durch einen Substituten aufbewahren lassen[11]. Jedenfalls darf nicht vermutet werden, der Bankkunde, der seiner Schweizerbank den Auftrag erteilt, für ihn ausländische Aktien zu kaufen und seinem Depot einzuverleiben, wolle mit ihr einen «fiduziarischen Auftrag» mit oft unklaren Konsequenzen abschließen[12], nur weil die Titel aus technischen Rationalisierungs- und Kostenersparnisgründen bei einer ausländischen Bank körperlich aufbewahrt werden. Er will in der Regel Eigentümer der Wertschriften werden und hinterlegungsvertragliche (dingliche und obligatorische) Rückforderungsansprüche gegen seine Bank erwerben. Es liegen in Wirklichkeit *zwei* verschiedene Rechtsgeschäfte vor, die rechtlich getrennt zu qualifizieren und hier kurz darzustellen sind.

Die erste Phase stellt sich als *Einkaufskommission* dar. Ist diese abgeschlossen, so entsteht spätestens mit der Ausführungsanzeige des Kommissionärs an den Kommittenten der *Hinterlegungsvertrag*.

Über die Frage, ob der Kommittent direkt Eigentum erwirbt, wenn es dem Veräußerer gleichgültig ist, mit wem er das Geschäft abschließt, und eine dahingehende (ausdrückliche oder stillschweigende) Willensmeinung zwischen Kommissionär und Kommittent besteht, existiert eine beachtliche Literatur.

Nach GAUTSCHI soll heute unbestritten sein, daß der Einkaufskommissionär das Eigentum am Kommissionsgut erwirbt (N.1a zu Art.434 OR, S.83, unter Berufung auf BERGER, S.32/34). Die Möglichkeit des direkten Eigentumserwerbs des Kommittenten bei der Einkaufskommission (siehe oben) bejahen immerhin OSER/SCHÖNENBERGER, N.12 zu Art.401 OR, S.1493/94; VON TUHR/SIEGWART, Bd.I, S.333ff.; HOMBERGER, N.13 zu Art.923 ZGB, S.38; BECKER, N.1 und 2 zu Art.434 OR, S.642f.; LEMP in ZSR NF 61, 1942, passim, insbesondere S.300f., 330/333f.; wohl auch JOST in ZSR NF 72, 1953, S.132/33, unklar aber S.139, wo «Aussonderung» nach Art.401 OR und Eigentumsübergang vermengt werden; dazu VON BÜREN, Bes. Teil, S.133, Anm.25. In diese Richtung weist auch BGE 84 II, 1958, S.262, Erw.3, wo ein Teil der vorstehend zitierten Literatur angeführt wird. Dazu auch ENGEL, Dépôt bancaire, S.12, Anm.12. – Besitzerwerb durch Stellvertretung ist möglich (OSTERTAG, N.4 zu Art.923 ZGB, S.31; HOMBERGER,

---

[11] Anderer Meinung GAUTSCHI, N.1 b2 und N.2d zu Art.472 OR, S.608 und 611.
[12] Wie dies z.B. auch WÄLLI (S.44) ohne Begründung unterstellt, wobei er einräumen muß, die meisten Kunden seien sich nicht bewußt, daß sie der Bank eine «fiduziarische» Rechtsstellung einräumten, doch dürfe «in dieser Beziehung eine stillschweigende Einigung vorausgesetzt» werden. Wie allerdings eine Willenseinigung über einen nicht bewußten Sachverhalt zustandekommen soll, wird nicht gesagt. Diese Hypothese ist um so abwegiger, als sie eine durch nichts gerechtfertigte Einschränkung der Rechtsstellung des Hinterlegers zur Folge hat. – Die Ermächtigung zur Substitution ist im übrigen ein Element des Hinterlegungsvertrages (und kein Auftrag).

N. 10 zu Art. 923 ZGB). Zum Besitz der Bank siehe nachstehend. Die Kommissionärin erwirbt die Sache zugleich als Aufbewahrerin aus dem Hinterlegungsvertrag mit dem Bankkunden. So erscheint der direkte Eigentumserwerb des Kommittenten/Deponenten als begründbar[12a].

Spätestens wird aber der Kommittent Eigentum an den vom Kommissionär für seine Rechnung gekauften Wertpapieren erwerben, wenn er von diesem die Anzeige über die Ausführung des Kommissionsauftrages erhält (die in der Regel eine Belastung für den Kaufbetrag und die Spesen enthält, u.U. den Aufbewahrungsort bezeichnet und zum Ausdruck bringt, daß die Wertschriften dem Depot des Kunden einverleibt worden sind). Diese Anzeige ist als Besitzanweisung zu qualifizieren, für die seitens des Drittbesitzers (Substituten) weder Zustimmung noch auch nur Kenntnisnahme erforderlich ist[13]. – Natürlich setzt dies voraus, daß die Schweizerbank selbst Eigentümerin geworden ist. Dies wird bei vertretbaren Titeln immer der Fall sein, wenn diese vom Veräußerer für die substituierende Bank gestützt auf einen Hinterlegungsvertrag aufbewahrt werden (Besitzeskonstitut, Art. 924 Abs. 1 ZGB). Vorbehalten bleiben müssen abweichende Rechtsvorschriften am Orte der physisch aufbewahrenden Bank (des Substituten): lex rei sitae. Es darf aber davon ausgegangen werden, daß in der Regel der substituierenden Bank ein unserem dinglichen Eigentum vergleichbares Recht am Hinterlegungsobjekt zusteht, das auf die dargestellte Weise auf den Hinterleger weiterübertragen werden kann.

Das gleiche gilt für die immer häufiger werdenden Fälle, wo ausländische Namenaktien an Schweizerbörsen gehandelt werden. In der Regel handelt es sich um Namenzertifikate, die blanko indossiert sind und in der Schweiz, zuweilen in Sammelverwahrung (hinten § 113, S.685), aufbewahrt werden (siehe die entsprechenden Hinweise in den täglich erscheinenden Kursblättern der schweizerischen Effektenbörsen). Auch hier sollte der Eigentumserwerb des Hinterlegers, spätestens mit der Anzeige über die ausgeführte Einkaufskommission, nicht in Frage gestellt werden können.

ee) Nominee
Anders soll es sich verhalten, wenn es sich um ausländische Namenaktien (z.B. amerikanische «registered shares») handelt, die kraft Substitution im

---

[12a] Erst nach Drucklegung dieses Beitrages erschien der Entscheid Pra 65, 1976, Nr. 200, dessen Erw. 3 (S.495/96), ohne auf die Probleme der Substitution einzugehen, in ähnliche Richtung weist.
[13] Zu diesen Fragen z.B. Homberger, N.13 zu Art.923 ZGB, S.38; N.3 und 6 zu Art.924 ZGB, S.41/42; Ostertag, N.4 und 8 zu Art.924 ZGB, S.34/35; Wieland, N.1b zu Art.924 ZGB, S.497; Haab/Simonius, N.39 zu Art.717 ZGB, S.815; Oser/Schönenberger, N.14 zu Art.401 OR, S.1494; Tuor/Schnyder, ZGB, 9.Aufl., S.477, Ziff.2; Jäggi, N.43 zu Art.967 OR, S.253. – Vorbehalten bleiben natürlich Einreden des Substituten nach Art.924 Abs.3 ZGB, sofern der Hinterleger ihm gegenüber dingliche Rechtsansprüche geltend machen will.

Ausland bei der Korrespondenzbank[14] aufbewahrt bleiben und auf einen «nominee» indossiert sind[15].

Auch hier erhält der Bankkunde von der Kommissionärin die Mitteilung, sie habe die Titel für ihn gekauft, z.B. mit dem Vermerk: «in Ihr Depot; in oder ‹loco› New York», was besagen will, daß die Wertschriften in Zukunft auf den sog. Depotauszügen des Hinterlegers erscheinen werden mit dem Hinweis darauf, daß sie körperlich (kraft bewilligter Substitution) im Ausland liegen (und u.U. auf einen nominee indossiert sind). Es wird behauptet, der Nominee sei Eigentümer solcher Aktien[16]. Das dürfte kaum zutreffen. Solche Aktien werden in der Regel weder in den Bilanzen des «nominee», des Substituten noch der substituierenden Bank figurieren. Keine dieser Personen wird Eigentümer dieser Titel sein wollen, außer dem Bankkunden (Kommittenten, in der Folge Hinterleger). Der Nominee vertritt die Hinterleger (Banken) bzw. den Bankkunden lediglich im Verhältnis zur Gesellschaft. Das hat mit der Berechtigung zu Eigentum oder dessen Übertragungsmöglichkeit nichts zu tun. Der Besitz des Hinterlegers läßt sich wie unter lit. dd) vorstehend dargestellt begründen. Auch für Namenaktien genügt jede Form der in Art. 922 ff. ZGB vorgesehenen Besitzübertragung (BGE 93 II, 1967, S. 479 f., Erw. 5). – Anders verhält es sich mit der nach Art. 967 OR bei Namenaktien zusätzlich geforderten Übertragungsform, d.h. der Indossierung auf den Hinterleger. (Keine Probleme sollten sich stellen, wenn der Nominee die Aktie blanko indossiert, was im Einzelfall Tatfrage ist.) Sollte der schweizerische Hinterleger in die Lage kommen, sein Eigentum geltend machen oder nachweisen zu müssen, so wäre hier die Lösung durch schöpferische Rechtsprechung zu finden. Dem Eigentumsübergang stehen rein technische und durch ausländische Bank- und Gesellschaftsusanzen bedingte Hindernisse entgegen. Für die Annahme einer «fiduzia» ist auch hier kein Raum; Indizien für einen entsprechenden Parteiwillen werden sich selten finden lassen. Daß die Schweizerbank gegenüber der ausländischen Verwahrerbank «en nom» auftritt, ist bloß die Folge bewilligter Substitution der Aufbewahrungspflicht. Der Gesetzgeber hat diesen Fall nicht bedacht. Man könnte sich überlegen, ob man dieses bloß «technisch» bedingte Indossament auf einen Nominee aus schweizerischer Sicht nicht einem Blankoindossament gleichstellen muß. Der Nominee wird,

---

[14] Oft handelt es sich sogar um eine ausländische Zweigniederlassung der Schweizerbank.
[15] Zu den technischen Vorgängen siehe die Stichwörter «nominee», «transfer agent» und «Zertifikat» im Handbuch von ALBISETTI/BODMER/RUTSCHI, S. 477, 569 und 638 und etwa SCHÜTZ, S. 46.
[16] PIOTET, JdT 112, 1964 I, S. 631; offenbar auch ENGEL, Dépôt bancaire, S. 29. KLEINER spricht in SJZ 64, 1968, S. 212, Sp. II, von einer «Beeinflussung des Depotvertrages».

wie sich schon aus seiner Bezeichnung ergibt, für Dritte tätig (vorne lit. cc). Zweck des Indossamentes auf den Nominee ist, wie beim Blankoindossament, die Gewährleistung der erleichterten Zirkulationsfähigkeit von Namenaktien (Orderpapieren).

Für diesen wie unter lit. dd) dargestellten Fall ist der Vergleich mit dem deutschen Depotgesetz aufschlußreich. (Gesetz über die Verwahrung und Anschaffung von Wertpapieren vom 4.2.1937, kommentiert z.B. bei RATZ, in: RGR Komm. z. HGB, Bd. V, S. 261 ff. Der vollständige Gesetzestext mit den seitherigen Änderungen ist abgedruckt z.B. bei BAUMBACH/DUDEN, Kurzkommentar zum HGB, 21. Aufl., 1974, Anhang V nach § 406, S. 811 ff.). Das Depotgesetz stellt für die Einkaufskommission im Bankgeschäft Sondervorschriften auf und bestimmt z.B., daß der Kommittent (Bankkunde) Eigentum an den für seine Rechnung gekauften Wertpapieren mit der «Absendung des Stückeverzeichnisses» erhält, «wenn es nicht nach den Bestimmungen des bürgerlichen Rechts schon früher auf ihn übergegangen ist» (§ 18 III DepG). Das «Stückeverzeichnis» stellt die Ausführungsanzeige über den Einkaufskommissionsauftrag dar. Für das Auslandgeschäft sieht das DepG vor, daß der Kommissionär das Stückeverzeichnis über «vereinbarungsgemäß im Ausland angeschaffte und aufbewahrte» Wertpapiere «erst auf Verlangen des Kommittenten» übersenden muß, wobei diesem dieses Recht aber jederzeit zusteht, «es sei denn, daß ausländisches Recht der Übertragung des Eigentums an den Wertpapieren durch Absendung des Stückeverzeichnisses entgegensteht» (§ 22 I DepG). Im einzelnen dazu auch J.v. GIERKE, S. 527 ff., insbesondere S. 532f.

ff) Zusammenfassung

Die vorstehenden Ausführungen können wie folgt *zusammengefaßt* werden:

1. Läßt sich der Hinterleger (Bankkunde) im Verhältnis zur ausländischen Gesellschaft selbst als Aktionär eintragen, so sollte seinem Eigentumserwerb, spätestens mit Bestätigung der Kommissionärin über die Ausführung der Einkaufskommission, nichts entgegenstehen, und zwar auch dann, wenn die Wertpapiere kraft bewilligter Substitution im Ausland (z. B. beim Veräußerer) aufbewahrt werden.

2. Ist im Verhältnis zur ausländischen Gesellschaft ein «nominee» als Aktionär (zur Ausübung des Stimmrechts, zum Dividendenbezug) eingetragen, so ist ein Eigentumsanspruch des Hinterlegers (Bankkunden) gleichwohl gegeben.

3. Zwischen Bankkunde und substituierender Bank besteht ein Hinterlegungsvertrag, sobald der Hinterleger Besitzer der eingekauften Wertpapiere geworden ist (durch Besitzanweisung bzw. Konstitut).

4. Ist der Eigentumsübergang auf den Hinterleger (z.B. wegen Rechtsvorschriften der lex rei sitae) nicht nachweisbar, so besteht zwischen ihm und der substituierenden Bank weder ein einfacher noch ein fiduziarischer Auftrag. Die Rechtsbeziehung zwischen diesen Personen stellt sich als ein «*in der Schwebe gebliebener*», noch nicht zu Ende geführter *Einkaufskommissionsauftrag* dar. Zweck der Einkaufskommission ist ja, dem Kommittenten Eigentum

am einzukaufenden Gute zu verschaffen (GAUTSCHI, N. 5a zu Art. 425 OR, S. 19). Solange dieser Endzweck nicht erreicht ist, läuft der Kommissionsauftrag weiter. Im Kommissionsrecht ist Art. 401 OR anwendbar (Art. 425 Abs. 2 OR; BGE 47 II, 1921, S. 218), der in diesem Falle (fehlender Eigentumserwerb des Kommittenten) relevant wird, sofern der Kommittent den Verbindlichkeiten aus dem Kommissionsvertrag nachgekommen ist.

gg) Dingliche Rechtsstellung des Hinterlegers/Fiduzianten
Überblicken wir die vorstehenden Ausführungen, so wird deutlich, daß die bloße Bewilligung zur Substitution und deren Vornahme den Rechtscharakter des Hinterlegungsvertrages grundsätzlich nicht verändern kann. Die von neueren Autoren vertretene Ersetzung des Hinterlegungsvertrages durch einen einfachen oder fiduziarischen Auftrag bei Substitution, insbesondere im Falle der von der erstaufbewahrenden Bank getätigten Einkaufskommission, führt weiterhin zum unnatürlichen Ergebnis, daß einmal Auftrag und einmal Hinterlegung – u. U. im gleichen Vertragsverhältnis zwischen Bankkunde und Bank – anzunehmen ist, je nach dem, ob nun die Wertpapiere (aus technischen Gründen oder solchen der Kostenersparnis) bei der Schweizer oder einer ausländischen Bank (kraft bewilligter Substitution) aufbewahrt sind. Indessen mögen diese Ausführungen auch deutlich gemacht haben, daß durch solche scheinbar bloß theoretischen Konstruktionen, die überdies vielfach dem Parteiwillen zuwiderlaufen dürften, die dingliche Rechtsstellung des Bankkunden gefährdet werden kann. Dieser ist aber gerade beim Hinterlegungsvertrag besondere Beachtung zu schenken (vorne § 111 I 4., S. 658 und hinten § 113 IV 2., S. 690).

Der Entscheid über die rechtliche Qualifikation und die sich daraus ergebenden (dinglichen und obligatorischen) Rechtsfolgen kann nur im Einzelfalle, anhand aller Umstände des Falles und des nachgewiesenen Parteiwillens, gefällt werden.

9. Unvereinbare Vorschriften von Hinterlegung und Auftrag

Abgesehen von den schon vorne sub § 112 III 7., S. 672 genannten Fällen ist völlig inkompatibel mit dem Hinterlegungsvertragsrecht die Vorschrift von Art. 405 OR, wonach der Auftrag, sofern das Gegenteil nicht vereinbart oder aus der Natur des Geschäftes zu folgern ist, durch Tod, Handlungsunfähigkeit oder Konkurs des Auftraggebers oder Beauftragten erlischt.

ELLENBERGER (S. 82) nimmt diese Frage auf, läßt sie aber ungelöst. Vgl. dazu auch HUBER, in SJZ 65, 1969, S. 153 VII und vorne § 112 II 4., S. 666. – Immerhin ist bei Bankgeschäften zu vermuten, daß der Tod der Vertragspartei den Vertrag nicht beendigt (BGE 101 II, 1975, S. 120, Erw. 5).

IV. Ergebnis

1. Zusammenfassend läßt sich sagen, daß Hinterlegungsvertrag und Auftrag im Hinblick auf den Interessenparallelismus vielfach übereinstimmen, aber im einzelnen dennoch bedeutsame materielle Divergenzen zutage treten. Besonders kann im Einzelfalle die Anwendung von Auftragsrecht oder «fiduziarischen» Rechtsgeschäften die Rechtsstellung des Hinterlegers beeinträchtigen. Mit Auftragsrecht läßt sich weiterhin die gesetzliche Möglichkeit zur Entstehung von Miteigentum bei der Sammelverwahrung (Art. 484 OR, hinten § 113, S. 685) kaum begründen. Wohl genügt deren vertragliche Begründung, aber die später darzustellenden Reflexwirkungen aus Art. 484 OR sind von praktisch großer Bedeutung und können nicht entbehrt werden. (Eine Vorschrift aus dem Lagergeschäft wird sich kaum auf das Auftragsrecht übertragen lassen, vgl. § 113 III 3. in fine, S. 688.) Darum erscheint die heute in Rechtsprechung und Literatur betriebene Vermengung der Rechtsfiguren von Auftrag und Hinterlegung ebenso unerwünscht wie die unbesehene Unterstellung von «gemischten» Verträgen und die Konstruktion von «(fiduziarischen) Aufträgen zur Hinterlegung», solange nicht überzeugende Argumente dafür vorgebracht werden können. Folgendes *Ergebnis* dürfte sich aufdrängen:

2. Die Aufbewahrung einer zu diesem Zwecke anvertrauten Sache ist den Regeln über den Hinterlegungsvertrag zu unterstellen.

3. Der Umfang der Aufbewahrungspflicht bemißt sich nach der Natur der hinterlegten Sache und/oder der Parteiabrede.

Dazu vorne § 112 II, S. 663 und § 112 III, S. 667. Weitere Belege aus der Rechtsprechung: Naturgemäß kann Aufbewahrung auch die Pflicht zu Handlungen in sich schließen, die auf Erhaltung hinzielen, was von der Art des hinterlegten Gegenstandes abhängt. So ist selbstverständlich bei Übernahme eines Tieres oder einer Pflanze dem Aufbewahrer auch die Verpflichtung zur Wartung (Fütterung, Pflege) auferlegt. Ausnahmen sind kraft Parteiabrede denkbar und bei reinen Gefälligkeitsgeschäften zu vermuten; OG SH in SJZ 11, 1915, Nr. 81, S. 320/21, Erw. 1. – Aufbewahrungspflicht bedeutet nicht nur passives Verhalten (Gewährenlassen, z. B. Einbringen der Sache in Räumlichkeiten des Aufbewahrers), sondern Pflicht zu positiver Leistung und besagt soviel wie Obsorge gewähren; KG GR in SJZ 59, 1963, Nr. 121, S. 256, Erw. 2. – Hinterlegung eines Motorbootes in einer Werft: Entleerung des Motors und Probefahrt bei Wasserung sind Nebenpflichten im Rahmen des Hinterlegungsvertrages; SemJud 92, 1970, S. 132, Erw. a): «travaux accessoires nécessairement impliqués par ce dépôt.» – Entgeltliche Sömmerung eines Ochsen umfaßt nicht nur Aufbewahrung an einem sicheren Orte, sondern auch Beaufsichtigung, insbesondere des Gesundheitszustandes, und Pflege des Tieres, damit es bei Vertragsbeendigung zurückgegeben werden kann; ZBJV 62, 1926, S. 555 f. Ähnlich E OG LU 1974, S. 222/23: Der Viehsömmerungsvertrag (Sömmerung, Weidung, Sorge für Pflege und Obhut) unterliegt den Regeln des Hinterlegungsvertrages. Auftragsrecht spielt erst, wenn Obhut und Pflege besondere Bedeutung zukommt. Unklar dazu LANG, in SJZ 70, 1974, S. 279 f. – Pferdepension: zu den typisch hinterlegungsvertraglichen Verpflichtungen gehören Obhut und Pflege, wie Wartung,

Fütterung, Bewegung, soweit die Gesundheit des Tieres dies erfordert. Verpflichtung des Depositars ist Aufbewahrung und *Erhaltung* des anvertrauten Gutes im Interesse des Hinterlegers durch Treffen der erforderlichen Vorkehren. Auftrag wäre z.B. Einreiten oder Trainieren eines Pferdes: BJM 1975, S.195f. – Hinterlegung von Pelzen bei einem Pelzhändler: erschöpft sich nicht in reiner Aufbewahrung (pura custodia); die Hinterlegung erfolgt gerade, weil die Aufbewahrung von Pelzen wegen Mottengefahr heikel ist. Darum muß der Aufbewahrer die Pelze reinigen und die «custodia» übernehmen. Die Art der Aufbewahrung hängt von den vertraglichen Abmachungen ab und bei deren Fehlen von der Natur der hinterlegten Sache, wobei Abreden unnötig sind, wenn die übliche Sorgfalt erwartet wird: CC in Rep. Patria 1949, S.136/37; stark gekürzt in SJZ 46, 1950, Nr.70, S.192. – Gegenstand des Hinterlegungsvertrages ist die Übernahme zur Obhut durch den Aufbewahrer. Obhut ist aber eine positive Leistung, nicht das bloße Gestatten, die Sache in seinen Räumlichkeiten unterzubringen. Diese Obhut stellt die einzige oder doch hauptsächliche Vertragspflicht dar (PKG 1945, Nr.34, S.92, Erw.2). – Offenes Depot ohne zusätzlichen Verwaltungsauftrag (dazu vorne § 112 II 3a, S.665) unterliegt dem Hinterlegungsvertragsrecht. Keine Anwendung von Auftragsrecht: SemJud 96, 1974, S.426/27.

4. Der Aufbewahrer hat nicht nur Raum zu gewähren (physische Aufbewahrung). Er hat, insbesondere bei entgeltlicher und berufsmäßiger Aufbewahrung, die Maßnahmen zu treffen, die zur Erhaltung der Sache und zur Sicherung des zu erstattenden Zuwachses unerläßlich erscheinen und von ihm nach Treu und Glauben erwartet werden dürfen; dies grundsätzlich sogar ohne entsprechende Parteiabrede. Diese weiteren Verhaltenspflichten des Aufbewahrers ergeben sich aus seiner Verpflichtung, die hinterlegte Sache bei Vertragsbeendigung so zurückzugeben, wie er sie übernommen hat (samt Zuwachs). Der Hinterlegungsvertrag ist ein vom Gesetze mit besonderen Wirkungen ausgestatteter Dienstleistungsvertrag. Auftragsrecht findet erst Anwendung, wenn der Aufbewahrer mehr leisten muß als die übliche, bestandeserhaltende und -sichernde Verwaltungstätigkeit, wie sie von einem sorgfältigen, remunerierten und insbesondere gewerblichen Aufbewahrer gefordert werden muß. Das offene Wertschriftendepot untersteht, soweit die Bank die sog. «üblichen Verwaltungsdienste», ohne besonderen Auftrag des Hinterlegers (vorne § 112 II 3a, S.665 und § 112 IV 3. in fine, S.684) und wie sie in Allgemeinen Geschäftsbedingungen und Depotreglementen umschrieben werden, zu erbringen hat, den Regeln des Hinterlegungsvertrages. Auftragsrecht findet nicht Anwendung; es liegt weder ein gemischter noch ein zusammengesetzter Vertrag vor (vorne § 112 II, S.663 und § 112 III, S.667).

5. Die Gutschrift von Erträgnissen hinterlegter Vermögenswerte durch eine Bank auf ein Konto macht den Hinterlegungsvertrag nicht zu einem Auftrag, sowenig wie bewilligte Substitution. Das Bankdepot unterliegt Hinterlegungsvertragsregeln, das Konto ist rechtlich unabhängig davon zu qualifizieren (als Auftrag oder depositum irregulare, je nach den Umständen des Falles und dem Parteiwillen).

Erträgnisse werden normalerweise von den Banken nicht «auf Depot» genommen; die Bank erwirbt das Eigentum daran (BGE 78 II, 1952, S. 253/54, Erw. 5c). Beiläufig hat das Bundesgericht einmal ein solches Zinsenkonto als «Akzessorium eines Bankdepots» bezeichnet, dessen Schicksal es teilen soll (BGE 84 III, 1958, S. 156, Erw. 3 am Ende). Dazu besteht aber kein Anlaß. Zudem werden die dinglichen Rechtsbeziehungen an Depot und Konto in der Regel verschieden sein (depositum regulare und irregulare oder getrennt zu qualifizierender und zu behandelnder Auftrag).

6. Übernimmt der Aufbewahrer über die übliche und von ihm zu fordernde Verwaltungstätigkeit hinaus weitergehende Verpflichtungen, so sind diese rechtlich separat zu qualifizieren. Es liegen *verschiedene* Rechtsgeschäfte mit verschiedenen Wirkungen vor. Sie tangieren die Rechtsnatur des Hinterlegungsvertrages nicht (analog § 112 IV 5., S. 684 vorstehend); es entsteht kein gemischter oder zusammengesetzter Vertrag.

Beispiel: Verwaltungsdienste, die die Banken nur auf besonderen Auftrag des Kunden hin übernehmen, oder eigentliche entgeltliche sog. Verwaltungsaufträge. Vorne § 112 III 2. am Ende, S. 669; § 112 II 3a, S. 665. – Unrichtig daher BGE 101 II, 1975, S. 121 ff., wonach der Verwaltungsauftrag ein gemischtes Rechtsgeschäft (Hinterlegung, Auftrag und Kommission) sein soll. Ist der Kommissionsauftrag erfüllt, so werden die gekauften Papiere dem Depot des Hinterlegers einverleibt, auf das nur Hinterlegungsvertragsrecht Anwendung findet. Es liegen also verschiedene Rechtsgeschäfte mit verschiedenen Wirkungen vor.

Maßgebend ist in erster Linie der Parteiwille. Bei Hinterlegung spricht die Vermutung dafür, daß der Hinterleger seine dingliche Rechtsstellung nicht aufgeben will.

Es sei denn, es werde irreguläre Hinterlegung vereinbart. Im Zweifel sind keine «fiduziarischen» Rechtsverhältnisse anzunehmen. Auch der Vermögensverwaltungsauftrag ist i.d.R. kein «fiduziarischer» Auftrag. Es geht nicht an, hinterlegungsvertragliche und allenfalls bestehende auftragsrechtliche Elemente zu «mischen». Soweit die Verwaltung tatsächlich den Rahmen der Hinterlegung sprengt, ist (aber nur) auf diese Auftragsrecht anwendbar. Insbesondere die dinglichen und vorstehend dargestellten für das depositum typischen Rechtswirkungen aus der Aufbewahrungsverpflichtung dürfen ausschließlich nach Hinterlegungsvertragsrecht beurteilt werden. Weder bewilligte Substitution noch zusätzlich zum «Depot» vereinbarte Aufträge (oder daneben bestehende Konti) verändern grundsätzlich die Rechtsnatur des «Depots», d.h. des Hinterlegungsvertrages.

§ 113. Die reguläre Hinterlegung vertretbarer Sachen (Sammelverwahrung)

I. Einführung und Arten der Sammelverwahrung

1. Noch im Handbuch des Geld-, Bank- und Börsenwesens der Schweiz vom Jahre 1964 wird es als unsicher bezeichnet, ob die Sammelverwahrung

(und der «Effektengirodienst» in Anlehnung an die Verhältnisse besonders in Deutschland) in der Schweiz in nächster Zeit Eingang finden werde. Die Entwicklung, bedingt wohl insbesondere durch das rasche Anwachsen des Depot- und Edelmetallgeschäftes, die Probleme der Personal- und Raumbeschaffung und der kostensenkenden Rationalisierung, verlief indessen anders. Die schweizerischen Banken sind in großem Umfange zur sog. hausinternen Sammelverwahrung (dépôt collectif)[1] übergegangen und seit einiger Zeit sogar zur Girosammelverwahrung.

2. In den Allgemeinen Geschäftsbedingungen bzw. Depotreglementen der Banken wird dies im allgemeinen so ausgedrückt, daß der Hinterleger sein Einverständnis damit bekundet, daß die Bank die in seinem Depot liegenden Titel oder Edelmetalle ganz oder teilweise in ein Sammeldepot legt, das bei der Bank selbst oder bei einer Sammeldepot-Zentralstelle geführt wird. Es wird auch etwa von der Ermächtigung zur bloß gattungsmäßigen Aufbewahrung gesprochen. Regelmäßig wird mit dem Hinterleger Miteigentum im Verhältnis der von ihm hinterlegten Werte zum jeweiligen Sammeldepotgesamtbestand (bzw. der betreffenden Sorte) vereinbart.

3. Ziel der «Sammeldepot-Zentralstelle» war die Ermöglichung des am bargeldlosen Zahlungsverkehr inspirierten Wertschriften- und Edelmetallverkehrs, wobei – als Folge des Verzichtes auf nummernmäßige Zuordnung der einzelnen Werte – die Übertragungen durch bloße *Buchungen* (Belastungen, Gutschriften) und ohne Bewegung der hinterlegten Sachen erreicht werden sollen. Hier wie bei der Haussammelverwahrung der Banken kommen nur *sammelverwahrungsfähige Wertpapiere* in Betracht wie z.B. Inhaberpapiere, blanko indossierte Namenpapiere bzw. Zertifikate. Bei *Edelmetallen* (und Münzen ohne numismatischen Wert) variieren die Anforderungen an die Sammelverwahrungsfähigkeit in der Praxis der Banken. Es erscheint trotz vorkommender Gewichts- und Feinheitsdifferenzen als vertretbar, die Sammelverwahrungsfähigkeit auch hier zu bejahen, wenn es nach der *Parteimeinung nicht auf die Spezifikation* der hinterlegten Sache *ankommt*. Vgl. dazu auch hinten § 113 IV 1., S. 690.

<small>Sammelverwahrungsfähig sind auch Wertschriften von Fondsleitungen, da bei der Sammelverwahrung (anders als beim irregulären Depot, vgl. § 114 III 1., S. 698) dem Aufbewahrer keine Verfügungsbefugnis eingeräumt wird (J.B. SCHUSTER, Taschenausgabe AFG, 2. Aufl., Zürich 1975, Anm. 1 und 2 zu Art. 13 Abs. 2 AFG, S. 45/46; mißverständlich noch die 1. Aufl. von 1967, Anm. 2 zu Art. 13 AFG, S. 30. Vgl. auch Botschaft zum AFG, BBl 1965 III, S. 320 zu Art. 13).</small>

---

[1] TREYVAUD (S. 123) schlägt die Bezeichnung «dépôt générique» vor.

Bei der Zentrale wie bei den einzelnen Banken (Haussammelverwahrung) werden eingelieferte Wertpapiere gleichwohl numerisch (aber ohne Zuordnung an die Hinterleger) erfaßt, dies z. B. zu Kontrollzwecken und um Aufrufen in amtlichen Publikationen bei Kraftloserklärungen Nachachtung schenken oder verlorengegangene Titel amortisieren lassen zu können. Nach der Vertragsmeinung der der Zentrale angeschlossenen Banken wie den das Hinterlegungsvertragsverhältnis zwischen den Banken und den Hinterlegern regelnden Allgemeinen Geschäftsbedingungen bzw. Depotreglementen erfaßt der Miteigentumsanteil des Hinterlegers auch die bei der Zentrale aufbewahrten Wertpapierbestände[2].

Ähnliche Institutionen lassen sich bis ins 19. Jahrhundert zurückverfolgen und finden sich z.B. in Deutschland (vgl. das Deutsche Depotgesetz, vorne § 112 III 8b ee, S. 681), Österreich, Frankreich (vgl. DALLOZ, Encyclopédie Juridique 1955, V, s. v. valeurs mobilières, no. 15, S. 586); Belgien, Luxemburg und in den USA. Teilweise existieren für solche Aufbewahrungsformen besondere Depotgesetze.

II. Sammelverwahrung ist modifizierte reguläre Hinterlegung

1. Regelfall der Hinterlegung ist die Sonderverwahrung (in der Banksprache auch Einzel- oder Streifbandverwahrung genannt) mit Alleineigentum des Hinterlegers. Die Haussammelverwahrung und jene bei einer Zentrale sind ein modifiziertes depositum regulare:

2. *modifiziert*, weil von der aufbewahrenden Bank die Werte nicht gesondert nach Hinterlegern aufbewahrt werden müssen, sondern einem für alle Hinterleger gemeinsam und zusammen errichteten Stapel der entsprechenden Wertpapiergattung bzw. Edelmetallsammeldepots beigefügt werden können;

3. *depositum regulare*, weil der Hinterleger dinglich an den hinterlegten Werten berechtigt bleibt (als Miteigentümer).

III. Zustimmung des Hinterlegers zur Sammelverwahrung

1. Der mit der Ermächtigung zur Sammelverwahrung ausgesprochene Verzicht auf den Speziesanspruch bei einem depositum regulare zugunsten einer gattungsmäßigen Aufbewahrung und des obligatorischen und dinglichen

---

[2] Zur schweizerischen Zentralstelle (SEGA = Schweizerische Effekten-Giro AG) vgl. auch STAUFFER/EMCH, S. 280 f.; TREYVAUD, S. 126.

Anspruches auf eine restitutio in genere bedarf der ausdrücklichen Zustimmung des Hinterlegers.

2. Dies müßte sich schon aus allgemeinen Rechtsgrundsätzen und der Auslegung von Art. 472 Abs. 1 und 475 Abs. 1 OR ergeben: Verpflichtung des Aufbewahrers zur Aufbewahrung und Rückgabe der hinterlegten Sache.

3. Es ergibt sich weiterhin explizit aus Art. 484 Abs. 1 OR, der nach einhelliger Meinung von Literatur und Rechtsprechung auf das Sammelverwahrungsdepot anwendbar ist. Mit Recht wird darauf hingewiesen, daß der in Art. 484 OR anvisierte Tatbestand – die Vermengung vertretbarer «Güter» mit anderen der gleichen Art und Güte durch den «Lagerhalter» mit ausdrücklicher Gestattung durch den «Einlagerer» in der Meinung, daß dieser die seinem Beitrag entsprechende Menge vom Lagerhalter herausverlangen darf, ohne daß es für diese Ausscheidung der Mitwirkung der anderen Einlagerer bedürfte – keineswegs nur für das Lagergeschäft typisch ist, sondern bei der regulären Hinterlegung allgemein vorkommen kann und vorkommt, ohne daß dadurch die Banksammelverwahrung als Lagergeschäft zu qualifizieren wäre. Die Vorschrift von Art. 484 OR spricht einen Rechtsgrundsatz aus, der für das Hinterlegungsvertragsrecht generell Geltung hat[3], und findet darum als subsidiäre Rechtsgrundlage bei Vermengungsdepots auch außerhalb des Lagergeschäftes Anwendung[4], also auch auf die Hinterlegung sammelverwahrungsfähiger Wertpapiere und Edelmetalle.

4. Die nach Art. 484 Abs. 1 OR erforderliche ausdrückliche Gestattung – bloßes Dulden, stillschweigende Zustimmung genügen nicht (TANZI, S. 59) – wird bei der Sammelverwahrung regelmäßig durch Unterwerfung des Hinterlegers unter die Allgemeinen Geschäftsbedingungen bzw. Depotreglemente des Aufbewahrers erteilt. Vermengung ohne Gestattung des Hinterlegers ist Vertragsverletzung. Die Voraussetzungen von Art. 727 ZGB dürften in einem solchen Falle kaum erfüllt sein, weil keine «neue Sache» entsteht[5]. Es mutet als stoßend an, daß der Hinterleger durch die Vertragsverletzung schlechter gestellt sein soll als jener, der die Vermengung gestattet hat. Reicht der Depotbestand aus, so sollte Art. 484 OR gleichwohl Anwendung finden, d.h. Miteigentum angenommen werden, da der Verlust der

---

[3] GAUTSCHI, N. 1a zu Art. 484 OR, S. 746; TREYVAUD, S. 139.
[4] JENNY, S. 24, 26, 27, 32 und dort Zitierte; BGE 77 I, 1951, S. 40, Erw. 3; beiläufig bestätigt in BGE 90 II, 1964, S. 162/63, Erw. 4b und dort Zitierte.
[5] Anderer Meinung HAAB, N. 13 zu Art. 650/51 ZGB, S. 158; ähnlich LEMP, ZSR 61, 1942, S. 328, der sich auch zu den weiteren Voraussetzungen von Art. 727 ZGB (Schwierigkeit der Trennung) äußert.

Identität der hinterlegten Sache bloß die Folge der fehlenden Ermächtigung ist (JENNY, S. 81 ff., 102). Voraussetzung ist aber eine vertragswidrige Handlung des Aufbewahrers, ohne daß der Hinterleger darum wußte oder hätte wissen können, weil sonst das Erfordernis der ausdrücklichen Zustimmung überspielt werden könnte, z. B. zu Lasten von Kurrentgläubigern im Konkurse des Aufbewahrers.

IV. Miteigentum der Hinterleger

1. Nimmt der Aufbewahrer mit Ermächtigung der Hinterleger die Vermengung vor, so entsteht nach Art. 484 OR und Art. 646 ff. ZGB Miteigentum für die Hinterleger im Verhältnis der von ihnen hinterlegten Anzahl Titel bzw. Edelmetallbestände zum jeweiligen Sammeldepotbestand der betreffenden Sorte[6].

Die Entstehung von Miteigentum findet eine zusätzliche Begründung in der dahingehenden Vereinbarung der Parteien, wie sie in den Allgemeinen Geschäftsbedingungen bzw. Depotreglementen, denen sich der Hinterleger unterwirft und die er als Vertragsinhalt anerkennt, ausgesprochen ist.

Das Miteigentum hat folglich in der Regel einen doppelten Entstehungsgrund: Gesetz und Vertrag. Mag man bei der gesetzlichen Entstehung zweifeln, so wird man bei vertraglicher Begründung annehmen müssen, daß das Miteigentum (bzw. der Übergang von Allein- in Miteigentum) im Zeitpunkt des Abschlusses des Vertrages entsteht, d. h. mit der Ermächtigung zur Vermengung[7].

Die Miteigentümer haben – andere Vereinbarung vorbehalten – Verluste der sammelverwahrten Sachen im Verhältnis zu ihrem Herausgabeanspruch (Miteigentumsquote) zu tragen (GAUTSCHI, N. 5b zu Art. 475 OR, S. 662). Voraussetzung dafür ist aber, daß den Aufbewahrer kein Verschulden trifft. Hinten § 115 VII, S. 710. – Ein Sonderfall liegt vor, wenn die Parteien verein-

---

[6] MEIER-HAYOZ, N. 7 zu Art. 651 ZGB, S. 485; N. 33 zu Art. 646 ZGB, S. 388; HAAB, N. 13 zu Art. 650/51 ZGB, S. 158; OSER/SCHÖNENBERGER, N. 4 zu Art. 484 OR, S. 1764 (unter Berufung auf Art. 727 ZGB) in Verbindung mit N. 23 zu Art. 481 OR, S. 1753 f.; so schon die 1. Aufl. von OSER (1915), N. 5 zu Art. 481 OR, S. 838; BECKER, N. 1 zu Art. 481 OR, S. 762 und N. 2 zu Art. 434 OR, S. 643; SCHAAD, S. 78; TREYVAUD, S. 141; JENNY, § 5 und §§ 10/11 und passim; VON BÜREN, Bes. Teil, S. 184; GAUTSCHI, N. 3c 5 zu Vorbem. zu Art. 472 OR, S. 595; l.c., N. 5d, S. 600; N. 5b zu Art. 475 OR, S. 662 (immer mit Berufung auf Art. 727 ZGB); N. 10a zu Art. 481 OR, S. 714; JÄGGI, N. 318 zu Art. 967 OR, S. 162/63; ENGEL, Dépôt bancaire, S. 14 f.; FELLMANN, S. 57; HIRSCHFELD, S. 19 f. und 41; ohne weitere Begründung RUPE, S. 12; HOLZACH, S. 39 ff. – BGE 77 I, 1951, S. 40, Erw. 3; 90 II, 1964, S. 162/63, Erw. 4b. – BRASS begründet das Miteigentum mit der Vermengungstheorie (S. 77 f.); ENGEL (Dépôt bancaire, S. 14) stützt es bloß auf die vertragliche Vereinbarung ab.
[7] GAUTSCHI, N. 2a zu Art. 484 OR, S. 747 unter Berufung auf RATZ, RGR Komm. z. HGB; a.M. JENNY, S. 71 f.

baren, daß voraussehbare Wertdifferenzen im Zeitpunkt der Rückgabe der Sache abzugelten seien (wie dies etwa bei der Sammelverwahrung von Edelmetallen im Hinblick auf vorkommende Gewichts- und Feinheitsdifferenzen stipuliert wird, vgl. auch vorne § 113 I 3., S. 686).

2. Macht der Aufbewahrer beim Sammeldepot vom vertraglich eingeräumten Recht der Substitution (vorne § 112 III 8b bb, S. 674) Gebrauch, z.B. durch Abschluß eines Unteraufbewahrungsvertrages mit der Sammeldepotzentralstelle (vorne § 113 I 2./3., S. 686), so wird die dingliche Stellung des Hinterlegers als Miteigentümer nicht verändert. Die substituierende Bank hinterlegt, kraft Substitution, auf ihren Namen fremdes Eigentum. Der von den angeschlossenen Banken eigens zu diesem Zwecke geschaffenen Organisation ist dies bekannt; in deren Geschäftsbedingungen, denen sich die einliefernden Banken unterwerfen müssen, ist i.d.R. vorgesehen, daß die Zentralstelle die eingelieferten Wertpapiere ungetrennt von den Beständen anderer Teilnehmer aufbewahrt, aber den Kunden der einliefernden Bank (bzw. dieser selbst bei Einlieferung von Eigenbeständen) ein Miteigentumsrecht im Verhältnis der von ihnen deponierten Titel zum Gesamtbestand des Sammeldepots zusteht. Indessen stehen dem Bankkunden keine obligatorischen Herausgabeansprüche gegen den Substituten (Sammelverwahrungs-Zentralstelle) zu (vorne § 112 III 8b bb, S. 674).

V. Besonderheiten der Miteigentümergemeinschaft bei Sammelverwahrung

1. Einführung

Bei der Sammelverwahrung entsteht ein *modifiziertes*[8], *labiles*[9] Miteigentum. Das «reine» Miteigentum im Sinne von Art. 646 ff. ZGB setzt zwar keine persönliche Gebundenheit unter den Beteiligten voraus, schafft aber eine solche, obwohl es ebenfalls hinsichtlich der Verfügungsmacht der Miteigentümer einen individualistischen Grundzug aufweist[10].

a) Beim Vermengungsdepot im Lagergeschäft und noch ausgeprägter bei der Banksammelverwahrung erweist sich die vom Sachenrecht unterstellte Miteigentümergemeinschaft als in mancher Hinsicht fragwürdig. (Ähnlich für das deutsche Recht und die Frage nach der Anwendbarkeit von § 741 ff. BGB Ratz, in: RGR Komm. z. HGB, 1960, § 424, Anh. II, Anm. 83, S. 282.) Das Miteigentum wurde für die *Zufallsgemeinschaft* der jeweiligen Deponenten am Sammeldepot als bloßer «de lege lata bedingter Notbehelf» bezeichnet,

---

[8] Oser/Schönenberger, N. 4 zu Art. 484 OR, S. 1764.
[9] Jenny, S. 112.
[10] Meier-Hayoz, N 4a/b zu Vorbem. zu Art. 646–654 ZGB, S. 359.

und die – für die dingliche Rechtsstellung des Hinterlegers allerdings erforderliche – Unterordnung der Sammelverwahrung unter die Regeln des sachenrechtlichen Miteigentums diene «mehr der rechtlichen Rechtfertigung als einer geplanten Rechtswirkung» (Jenny, S. 60/61). Eine Beziehung unter den Beteiligten oder gar deren Herstellung durch die zwischen die einzelnen Miteigentümer und die «Gemeinschaft» (Gesamtheit der Hinterleger) gestellte Bank (Aufbewahrerin) besteht in der Tat nicht; sie wäre bei Banken überdies im Hinblick auf das Bankgeheimnis undenkbar, da die Ermächtigung zur Sammelverwahrung nicht als Verzicht auf dieses interpretiert werden darf. Theoretisch mögen wohl so viele Miteigentumsverhältnisse bestehen, wie Wertpapiere im Depot liegen. Die Wirkung dieser Miteigentümergemeinschaft muß aber ihre *Grenze* finden am Sinn und Zweck des Lagergeschäftes bzw. der Banksammelverwahrung von Wertpapieren bzw. Edelmetallen[11].

b) Das *sachenrechtliche* Institut des Miteigentums wird durch die lex specialis von Art. 484 OR – soweit die von dieser Gesetzesbestimmung erfaßten Tatbestände zur Frage stehen – *im Mark getroffen*. Art. 484 OR soll ein «Miteigentumsverhältnis anvisieren» und, obgleich primär obligationenrechtliche Wirkungen entfaltend, «sekundär auch entscheidenden Einfluß auf die dinglichen Verhältnisse des Vermengungsdepots haben»[12]. Zweifellos derogiert Art. 484 Abs. 2 und 3 OR den Vorschriften von Art. 650/651 ZGB[13]. Faßt man Art. 650/651 ZGB als dingliche[14] oder als realobligatorische[15] Vorschriften auf, so muß dasselbe auch für Art. 484 Abs. 2 und 3 OR gelten[16]. Art. 484 OR hat zweifellos auch dinglichen Charakter. Die sachenrechtlichen Konsequenzen aus solchen Überlegungen sind hier so wenig zu ziehen wie bei anderen Vorschriften des ZGB und OR. Aus der Stellung einer gesetzlichen Vorschrift im OR kann nichts gegen ihre dingliche Wirkung abgeleitet werden[17]. Immerhin wird man aus Art. 484 Abs. 2 und 3 OR und den oben in § 113 IV, S. 689 und § 113 V, S. 690 gemachten Ausführungen als generelle Auslegungsnorm für einige jetzt zu behandelnde Rechtsfragen

---

[11] Dazu Jenny, S. 94.
[12] Jenny, S. 64.
[13] Meier-Hayoz, N. 7 zu Art. 651 ZGB, S. 485; Haab, N. 13 zu Art. 650/51 ZGB, S. 158; Oser/Schönenberger, N. 5 zu Art. 484 OR, S. 1764.
[14] So Meier-Hayoz, 3. Aufl., 1951, N. 4 zu Art. 650 ZGB, S. 320 und N. 12 zu Art. 651 ZGB, S. 332.
[15] So derselbe in der 4. Aufl., 1966, N. 4 zu Art. 650 ZGB, S. 475; wohl versehentlich aus der Vorauflage übernommen N. 12 zu Art. 651 ZGB, S. 488.
[16] So offenbar Jenny, S. 101, Anm. 6.
[17] Vgl. in anderem Zusammenhang über solche noch wenig erforschte Überschneidungen der Ordnungsprinzipien z.B. Hinderling, Persönlichkeit und subjektives Recht, Basel 1963, S. 18, Anm. 41.

ableiten dürfen, daß der individuelle Beteiligte an diesem modifizierten, labilen Miteigentumsverhältnis beim Vermengungsdepot, soweit es die (freilich auch sonst schon etwa durchbrochene) Typengebundenheit der Sachenrechtsinstitute bzw. deren Auslegung und/oder Wegbedingung deren dispositiver Vorschriften nur immer zuläßt, *wie ein Alleineigentümer* zu behandeln ist[18].

2. Stellung des Aufbewahrers

Die Aufbewahrerbank erhält durch die Sammelverwahrung keine spezifisch neuen Funktionen, die sie nicht schon als Depositarin beim Sonderdepot hätte. Ihr kommt aber die Rolle einer – im Hinblick auf den Interessenparallelismus der Beteiligten legitimen – Doppelvertreterin zu. Sie vertritt den Miteigentümer gegenüber der «Gemeinschaft» und diese gegen jenen. Fügt sie dem Sammeldepot eigene Bestände zu, so hat sie überdies die Stellung einer Miteigentümerin. Auch in diesem Falle besteht aber im Hinblick auf den Vertragszweck – die sorgfältige Aufbewahrung – kein Interessekonflikt.

3. Stellung der Hinterleger

Im Sammeldepot liegt, zwar bloß der Gattung nach für den Deponenten bestimmbar, aber wert- und zahlenmäßig bestimmt, pro Hinterleger eine Anzahl vertretbarer Werte (z.B. mindestens ein Titel bzw. Edelmetallbarren pro Hinterleger). Der Wille aller am Sammeldepot Beteiligten geht darauf, die Rechtsstellung des einzelnen Hinterlegers als Eigentümer soweit als möglich unangetastet zu lassen, ihn verfügen und alle aus dem Papier fließenden Rechte ausüben zu lassen, zugleich aber auch die Rechte der Gläubiger des einzelnen Deponenten nicht zu schmälern, da kein Deponent für die andern haftet. Die Vorstellung, daß so viele Miteigentumsverhältnisse bestehen, wie Wertpapiere bzw. Edelmetallbarren vorhanden sind, erweist sich insofern als bloße juristische, von der Starrheit des Sachenrechts diktierte Konstruktion, ist aber in dieser Form von niemandem (und nicht einmal vom Gesetze, Art. 484 OR) ernstlich gewollt. Es liegt, genau besehen, kein Miteigentum vor wie in jenen typischen Fällen, wo an *einer* Sache *mehrere* berechtigt sind. Das Miteigentum beim Vermengungsdepot kann ohne Mitwirkung oder Einspruchsmöglichkeit eines Mitdeponenten jederzeit gemäß Art. 484 Abs. 2 und 3 OR aufgelöst und in so viele Alleineigentumsverhältnisse, als Deponenten bestehen, zerlegt werden, was beim «echten» Miteigentum nach

---

[18] Im Ergebnis gleich JENNY, S. 104. Übrigens stellen sich durch die Wiedereinführung des Stockwerkeigentums ähnliche Probleme, vgl. z.B. MEIER-HAYOZ, Vorbem. zu Art. 646–654 ZGB, N. 21, S. 366.

Art. 650/51 ZGB in dieser Form nicht möglich ist. Sobald sich für die Lösung einer Rechtsfrage aus der Miteigentumskonstruktion Schwierigkeiten ergeben, ist dieser Sachverhalt im Auge zu behalten.

An drei besonders umstrittenen Beispielen sollen diese Thesen geprüft werden.

4. Ausübung des Stimmrechtes an sammelverwahrten Aktien

Nach Art. 690 Abs. 1 OR können die Berechtigten an einer in gemeinschaftlichem Eigentum stehenden Aktie die Rechte nur durch einen gemeinsamen Vertreter ausüben. Lit. C des 18. Titels des ZGB umfaßt unter dem Oberbegriff des gemeinschaftlichen Eigentums sowohl Mit- wie auch Gesamteigentum. Nun wird zwar eingeräumt, daß bei einer Mehrzahl von Aktien in gemeinschaftlichem Eigentum die Vertretung der Titel auf die verschiedenen Beteiligten aufgeteilt werden kann, diese aber in diesem Falle Vertreter der Eigentümergemeinschaft seien, da das Recht des Miteigentümers ein Quotenrecht sei (BÜRGI, N. 3 zu Art. 690 OR, S. 363/64; ähnlich GAUTSCHI, Depotstimmrecht, S. 146, Ziff. 11 d). Art. 690 OR steht in einem schwer erklärbaren Widerspruch zu Art. 648 ZGB, der jedem Miteigentümer die Befugnis zur Vertretung, zum Gebrauch und zur Nutzung verleiht, soweit es mit den Rechten der anderen verträglich ist. Die Gebrauchsbefugnis des Miteigentümers wird also nicht dem Quotenverhältnis entsprechend abgegrenzt (MEIER-HAYOZ, N. 13 zu Art. 648 ZGB, S. 447/48). Es wird aus dieser Gebrauchsbefugnis des Miteigentümers mit Recht der Schluß gezogen, er stimme im Umfang seines Anspruches auf die entsprechende Anzahl Aktien aus *eigenem* Recht (SCHAAD, S. 80 und Zitierte). Meist kommen für das Stimmrecht aus sammelverwahrten Aktien Inhaberaktien in Frage. Im Verhältnis zur Gesellschaft legitimiert sich der Deponent durch den Besitz der Aktien (bzw. die entsprechende Bescheinigung seiner Bank, daß eine entsprechende Anzahl Aktien gesperrt seien). Art. 690 OR bezieht sich nur auf das Innenverhältnis der Miteigentümer unter sich (GUHL/MERZ/KUMMER, OR, 6. Aufl., S. 595/96). Auf dieses braucht aber beim modifizierten, labilen Miteigentum, wie es hier zur Frage steht, keine Rücksicht genommen zu werden. Es besteht keine Gemeinschaft unter den Miteigentümern, die eine gemeinsame, interessewahrende Stimmabgabe erheischte. Vielmehr soll jeder Deponent so stimmen können, wie es ihm richtig erscheint. Es handelt sich nicht darum, «Begriff und Wirkungen des uralten sachenrechtlichen Instituts des Miteigentums» abzuändern oder gar abzuschaffen, wie GAUTSCHI (Depotstimmrecht, S. 150) meint, sondern darum, daß das Obligationenrecht eine Bresche in dieses Institut geschlagen hat, die offenbar lange Zeit in ihrer Tragweite nicht realisiert worden ist. Wenn schon beim wichtigsten Akt dieser Miteigentümergemeinschaft, der Aufhebung derselben (Art. 650/651 ZGB), keine Rücksicht auf die übrigen Beteiligten genommen werden muß (Art. 484 Abs. 2 und 3 OR), so wäre es doch seltsam, wenn es sich beim bloßen Gebrauch der Sache, z.B. der Ausübung der Mitgliedschaftsrechte aus einem Wertpapier, anders verhalten sollte (arg. a maiori ad minus). Der Deponent könnte sich übrigens ohne weiteres die Aktien aushändigen lassen und mit ihnen, jetzt als Alleineigentümer, stimmen. Damit würde aber natürlich der (wohl auch im Interesse des Deponenten liegende kostensparende) Rationalisierungseffekt der Sammelverwahrung dahinfallen (SCHAAD, S. 79).

5. Depotstimmrecht bei Sammelverwahrung

Das Institut des Banken- oder Depotstimmrechts wird zuweilen als echtes Bedürfnis für das Funktionieren der Generalversammlungen von Publikumsgesellschaften begrüßt, zuweilen fast leidenschaftlich bekämpft[19].

---

[19] Im allgemeinen zustimmend z.B. PREISIG, SAG 9, 1936, S. 4ff. und S. 32ff. (vor Revision des OR); kritisch z.B. WALDER, SAG 8, 1936, S. 148ff. (vor Revision des OR) und besonders

Ohne daß hier auf die Kontroverse näher eingegangen werden soll, sei immerhin auf die Ausführungen von VISCHER/RAPP (Zur Neugestaltung des schweizerischen Aktienrechts, Bern 1968, S. 136 ff.) verwiesen, deren ausgewogene Kritik der Problematik wohl am nächsten kommt. Daß Mißbräuche möglich sind, wird man so wenig bestreiten können, wie anderseits der Nachweis zu führen wäre, daß (jedenfalls in der Schweiz) ins Gewicht fallende Aktionärsinteressen durch das Depotstimmrecht tatsächlich kausal verletzt worden sind. Immerhin wird man sich überlegen müssen, ob wirklich die «Bequemlichkeit» des Aktionärs, der die Generalversammlungen nicht selbst besucht (und, tut er es doch, kaum jemals Opposition einlegt), mit einem Verbot des Depotstimmrechtes verschwinden würde und damit die Kontrolle der Verwaltung besser gewährleistet wäre.

Hier ist lediglich festzuhalten, daß die Sammelverwahrung das Depotstimmrecht weder erleichtert noch fördert, da die Banken auch hier der Bevollmächtigung zur Stimmrechtsausübung bedürfen (SCHAAD, S. 80).

6. Exkurs: Spezialexekution bei Sammelverwahrung

Der speziellen Frage des Schicksals des Miteigentümeranteils des Sammelverwahrungsdeponenten in der Spezialexekution hat sich, soweit ersichtlich, die Literatur noch kaum angenommen. Es besteht auch noch keine Rechtsprechung[20].

Da sich Art. 132 SchKG in der Praxis als zu wenig aussagekräftig erwies, erließ das Bundesgericht im Jahre 1923 die Verordnung über die Pfändung und Verwertung von Anteilen an Gemeinschaftsvermögen (VVAG), die aber offensichtlich auf den Fall der Sammeldepots nicht zugeschnitten ist. Zwar bezieht sich die VVAG auch auf Fahrnis (davon ist, direkt oder indirekt, die Rede in den Art. 2, 5 Abs. 2 und 8 Abs. 1) und insbesondere auf Miteigentumsanteile (JAEGER/DAENIKER, SchKG-Praxis, Zürich 1947, Bd. II, N. 1 zu Art. 1 VVAG, S. 241; so wohl auch BGE 82 III, 1956, S. 72, Erw. 3). Die VVAG hat aber offensichtlich «echtes» Miteigentum im Sinne von Art. 646 ff. ZGB im Auge und *nicht* das modifizierte, *labile* Miteigentum beim Vermengungsdepot nach Art. 484 OR. Schon der Hinweis in Art. 1 VVAG, daß nur der «Liquidationsanteil» gepfändet werden könne, zeigt, daß man an die Fälle dachte, wo die Liquidation des Gemeinschaftsverhältnisses durch Vereinbarung oder notfalls mit Amtshilfe herbeigeführt werden muß (Art. 650/51 ZGB), weshalb z. B. bei der Verwertung in erster Linie eine Einigung u. a. mit den Teilhabern der Gemeinschaft zu erzielen ist (Art. 9 VVAG) und schon die Pfändung allen «Mitanteilhabern» (membres de la communauté) mitzuteilen ist (Art. 6 VVAG, weiterhin z. B. Art. 10, 11, 13, wo überall Mitwirkung der Beteiligten vorausgesetzt wird). Beim Sammeldepot findet aber die, hier keine Probleme stellende «Liquidation» bloß zwischen dem ausscheidenden Deponenten und Miteigentümer einer- und dem Aufbewahrer (bzw. Lagerhalter) anderseits statt, ohne Mitwirkung der Beteiligten (Art. 484 Abs. 2 und 3 OR), abgesehen davon, daß bei der Sammelverwahrung die praktische Durchsetzung der Mitteilung angesichts der Vielheit der Beteiligten auf unüberwindliche Schwierigkeiten stoßen müßte. So wird man wieder auf Art. 104 und 132 SchKG zurückverwiesen, wobei für Art. 104 SchKG noch festzustellen bleibt, daß die Anzeige der Pfändung an die beteiligten Dritten (aux tiers intéressés) aus den vorstehenden Gründen unterbleiben muß. Schöpferische Rechtsprechung wird hier den Weg aufzeigen müssen, da vom

---

GAUTSCHI, Depotstimmrecht, passim; NOBEL, SJZ 70, 1974, S. 40 ff. – Vermittelnd z. B. G. B., SAG 27, 1955, S. 125 f.; yp, SAG 27, 1955, S. 183 f.; BÖCKLI, S. 226 ff.; WEBER/DÜRLER, SAG 46, 1974, S. 49 ff. Besprechung der Richtlinien der Schweiz. Bankiervereinigung, SAG 39, 1967, S. 189 f.; SCHAAD, passim und insbesondere S. 187/88. Dort ist auch ein nachgeführtes Literaturverzeichnis zu finden.

[20] Vgl. immerhin GAUTSCHI, N. 3d zu Art. 484 OR, S. 750; zum Teil überholt HIRSCHFELD, S. 48 ff.; AUTENRIETH spricht beim Vermengungsdepot im Lagergeschäft (ohne Erwähnung des Wertschriften-Sammeldepots) von einer Pfändung «der Quoten»; SJK Nr. 660, Hinterlegungsvertrag IV, Ziff. IV, S. 4.

Gesetzgeber dieser Fall offenbar nicht bedacht worden ist. Die vorne (§ 113 V 1b, S. 691 und § 113 V 3., S. 692) entwickelte These, der Sammeldepot-Miteigentümer sei, soweit es nur immer möglich ist, wie ein Alleineigentümer zu behandeln, muß die Richtung weisen: die Pfändung sollte die Sache selbst ergreifen, d.h. die der Miteigentümerquote des Hinterlegers entsprechende Anzahl von sammelverwahrten Wertpapieren, die mit Beschlag belegt werden. Sie sind vom Aufbewahrer (Bank oder, bei vermengten Waren, Lagerhalter) zu diesem Zwecke auszuscheiden, damit sie das Betreibungsamt auf Verlangen in Verwahrung nehmen kann (Art. 98 Abs. 1 SchKG; in diese Richtung scheint BGE 82 III, 1956, S. 73 unten zu weisen). Für die Verwertung stellen sich, folgt man dieser Ansicht, keine besonderen Probleme. Man wird sich bei dieser Sachlage auch fragen müssen, ob solche Ansprüche tatsächlich unter Abs. 3 von Art. 95 SchKG fallen, was für die Reihenfolge der Pfändung von Bedeutung ist.

7. Verarrestierung/Pfändung des Herausgabeanspruches?

Nach der bundesgerichtlichen Rechtsprechung soll weder der dingliche noch der obligatorische *Herausgabeanspruch* des Hinterlegers gegen den Aufbewahrer verarrestierbar oder pfändbar sein[21]. – Die Frage wird z.B. dort praktisch, wo Wertpapiere des Hinterlegers (Arrest- bzw. Pfändungsschuldners) nicht körperlich bei der Aufbewahrerbank, bei der die Zwangsvollstreckungsmaßnahme vollzogen werden soll, liegen, sondern außerhalb des Zuständigkeitsbereiches der Vollzugsbehörde. Beispiele: die Titel liegen bei einem Unteraufbewahrer im *Ausland* (vorne § 112 III 8b, S. 674) oder bei einer anderen Niederlassung der Bank oder einer Sammelverwahrungs-Zentrale (vorne § 113, S. 686) in einem anderen Kanton *innerhalb der Schweiz*).

Durch diese Gerichtspraxis werden einseitig die Interessen des Schuldners begünstigt unter Aufopferung jener des betreibenden Gläubigers. Sie gibt, wie sich HAAB (ZBJV 71, 1935, S. 746) ausdrückte, «geradezu ein Rezept für eine möglichst sichere Vermögensverschiebung großen Stils» ab. Anderseits ist dem Bundesgericht und der Mehrzahl der angeführten Autoren darin beizupflichten, daß das SchKG de lege lata keine befriedigende Lösung für diese Frage bereithält, für deren vertiefte Prüfung hier auch nicht der Ort sein kann. Das Problem liegt insbesondere darin, daß auch bei der Zwangsverwertung des bloßen Herausgabeanspruches in Wirklichkeit doch dessen Objekt – die Wertpapiere selbst – mitverwertet wird. Es haben sich deshalb Diskussionen z.B. über den Vermögenswert des Herausgabeanspruches, die befriedigende Durchführung des Widerspruchsverfahrens und insbesondere die Frage der Territorialität ergeben[22].

Es bleibt abzuwarten, ob das Bundesgericht, sollte die Frage wiederholt praktisch werden, seine Praxis in schöpferischer Rechtsprechung ändern wird. Es mutet in der Tat seltsam an, daß der Gläubiger schutzlos sein soll, wenn Wertpapiere – vielfach aus rein technischen Gründen und solchen der Rationalisierung und Kostenersparnis – auswärts aufbewahrt werden.

Die Frage muß indessen offenbleiben für im Ausland (i.d.R. kraft bewilligter Substitution) aufbewahrte Wertpapiere des Schuldners bzw. Hinterlegers. Eine Lösung sollte aber für den

---

[21] BGE 41 III, 1915, S. 388; BGE 60 III, 1934, S. 229 ff., kritisiert von HAAB, ZBJV 71, 1935, S. 743 ff., Nr. 3, unter Berufung auf HAAB, ZSR NF 51, 1932, S. 357 a f. und GERWIG, ZSR NF 53, 1934, S. 128/29; weiterhin BGE 90 II, 1964, S. 158 ff., wo diese Frage von der I. Zivilkammer als Vorfrage zu entscheiden war; mit anderer Begründung zustimmend PIOTET, JdT 112, 1964 I, S. 630 ff.; HUBER, SJZ 65, 1969, S. 149 ff.; FRITZSCHE, Bd. I, S. 171. – Kritisch KLEINER, SJZ 64, 1968, S. 211 ff.; GAUTSCHI, SJZ 65, 1969, S. 249 ff. und ENGEL, Dépôt bancaire, S. 31 f. – Offen gelassen in BlZR 30, 1931, Nr. 167, S. 342 und von DUPERREX, S. 85 ff.

PIOTET, KLEINER und GAUTSCHI gehen von einer Beurteilung der materiellen Rechtslage aus, die mit den hier vertretenen Auffassungen nicht übereinstimmt. Vgl. dazu vorne § 112 III 8b, S. 673 zu den Fragen der Substitution und der Rechtsstellung eines «nominee».

[22] Zur örtlichen Zuständigkeit beim Pfändungsvollzug vgl. z.B. FRITZSCHE, Bd. I, S. 161 f. und im einzelnen die in Anm. 21 zitierten Autoren.

häufigen Fall gefunden werden, wo die Wertpapiere *innerhalb der Schweiz*, aber außerhalb des Zuständigkeitsbereiches der Vollzugsbehörde liegen. Diese Situation ergibt sich z.B., wenn die Bankfiliale, mit der der Depotvertrag abgeschlossen wurde, nicht über genügend Tresorraum verfügt und die Titel körperlich bei einer größeren Filiale oder dem Hauptsitz der Bank, oder insbesondere bei einer Sammelverwahrungs-Zentrale aufbewahren läßt. In solchen Fällen scheint das Territorialitätsprinzip in einem erträglicheren Maße verletzt, wenn die Filiale, bei der die Vollstreckungsmaßnahme vollzogen wurde, die Wertpapiere zu sich abruft, damit sie der Zwangsvollstreckung zugeführt werden können. Allerdings ist auch dieses Procedere de lege lata durch die gesetzlichen Zwangsvollstreckungsvorschriften nicht gedeckt. Es handelt sich dabei aber nicht um die Verarrestierung bzw. Pfändung des Herausgabeanspruches, sondern darum, daß das Zwangsvollstreckungssubstrat *nach* diesen Vollstreckungsmaßnahmen «herbeigeschafft» wird. Selbstverständlich kann aber dieses Vorgehen nur dann Anwendung finden, wenn die Bankfiliale, bei welcher der Arrest gelegt oder die Pfändung vollzogen wird, in einem Depotvertragsverhältnis zum Schuldner (Hinterleger) steht [23].

§ 114. Das depositum irregulare (Art. 481 OR)

I. Einführung

1. Art. 472–480 OR stehen unter dem Marginale «*A. Hinterlegung im allgemeinen*». Jenes zu Art. 481 OR hingegen lautet: «*B. Die Hinterlegung vertretbarer Sachen*». Im ersten Falle wird von regulärer, im zweiten von irregulärer Hinterlegung gesprochen.

2. Es ist auch die Rede von «Werthinterlegung» (VON BÜREN, Bes. Teil, S. 183), «Summendepot» (BGE 77 III, 1951, S. 64, Erw. 1) oder darlehensähnlicher Hinterlegung (OSER/SCHÖNENBERGER, N. 1 zu Art. 481 OR, S. 1747; die Affinität des depositum irregulare mit dem Darlehen [und damit den Abstand zum Hinterlegungsvertrag, einem Arbeitsvertrag] stellt auch GAUCH, S. 14 fest). Die Bezeichnung depositum irregulare bzw. unregelmäßiger Hinterlegungsvertrag trifft die Sache wohl am besten, weil sie zum Ausdruck bringt, daß auf diese besondere Hinterlegungsart von der «allgemeinen, gewöhnlichen» und regulären abweichende Regeln anwendbar sind.

II. Sammelverwahrung und depositum irregulare

1. Das Sammeldepot ist *reguläre* Hinterlegung vertretbarer Sachen. Die Hinterleger sind Miteigentümer und haben bei Vertragsbeendigung einen Anspruch auf restitutio in genere [1]. Die Irregularität der Hinterlegung im

---

[23] Erst nach Drucklegung dieses Beitrages erschien der Entscheid Pra 65, 1976, Nr. 200, S. 493ff., mit dem das Bundesgericht seine langjährige Praxis aufgibt und jetzt mit überzeugenden Gründen die Pfändung bzw. Verarrestierung des dinglichen und/oder obligatorischen Anspruches auf Herausgabe von im Ausland aufbewahrten Wertpapieren, und zwar ohne Rücksicht auf die materiellen Eigentumsverhältnisse, zuläßt.
[1] Vorne § 113, S. 685.

Sinne von Art. 481 OR kann folglich nicht (oder nicht nur) in der Tatsache der Hinterlegung vertretbarer Sachen, wie das Marginale vermuten ließe, und der Begründung einer Genusschuld liegen[2]. Dem wenig glücklich redigierten, weitgehend aus Art. 484/85 altOR übernommenen Gesetzeswortlaut von Art. 481 Abs. 1–3 OR kann bloß entnommen werden:

2. Daß bei der Hinterlegung von Geld mit der ausdrücklichen oder stillschweigenden Vereinbarung, wonach der Aufbewahrer nicht dieselben Stücke, sondern nur die gleiche Geldsumme zurückzuerstatten habe, *Nutzen* und *Gefahr* auf den Aufbewahrer übergehen.

Der Übergabe von Geld im vorstehenden Sinne wird in der Regel die Übergabe von Geldrollen gleichzustellen sein (EIGENBRODT, S. 15; AUTENRIETH, SJK Nr. 659, Hinterlegung III, Ziff. II und Zitierte).

3. Daß eine stillschweigende Vereinbarung in diesem Sinne zu vermuten sei, wenn Geld unversiegelt und unverschlossen übergeben wird (praesumptio iuris, VON TUHR/SIEGWART, Bd. I, S. 154/55 = VON TUHR/PETER, S. 164/65).

4. Daß bei Hinterlegung von anderen vertretbaren Sachen oder Wertpapieren der Aufbewahrer darüber nur *verfügen* dürfe, wenn ihm diese Befugnis vom Hinterleger ausdrücklich eingeräumt worden sei (BGE 98 II, 1972, S. 217, implicite). – Unregelmäßige Hinterlegung von Wertpapieren kommt praktisch sehr selten vor (BRON, S. 16; STAUFFER/EMCH, S. 271; UMBRICHT/MAURER, S. 7).

III. Eigentum an der irregulär hinterlegten Sache

1. Lehre und Rechtsprechung legen Art. 481 OR so aus, daß der Aufbewahrer Eigentümer der irregulär hinterlegten Sachen werde. In diesem Eigentumsübergang ist die Irregularität, die Abweichung von der Regel, daß durch die Hinterlegung die dingliche Rechtsstellung des Hinterlegers nicht beeinträchtigt werden soll (vorne § 111 I 4., S. 658), begründet[3].

Der Eigentumsübergang bedarf einer causa[4]. Diese wird in der Regel im depositum irregulare erblickt, d.h. einem Vertrag, mit dem eben Eigentum

---

[2] Unklar EIGENBRODT, S. 7/8, 22/23.
[3] Vgl. zum Eigentumsübergang z.B.: BGE 31 I, 1905, S. 369f. zum (Art. 481 Abs. 1, 2 rev.OR entsprechenden) Art. 484 altOR; BGE 77 I, 1951, S. 40, Erw. 3; BGE 77 III, 1951, S. 64, Erw. 1; OG ZH in BlZR 69, 1970, Nr. 99, S. 257, Erw. 5. – BECKER, N. 7 zu Art. 481 OR, S. 764; OSER/SCHÖNENBERGER, N. 9 zu Art. 481 OR, S. 1749; FELLMANN, S. 87 und 89f.; GAUTSCHI, Vorbem. zu Art. 472 OR, N. 5c/d, S. 600/01; N. 3d zu Art. 481 OR, S. 701; GAUCH, S. 14; TREYVAUD, S. 112; AUTENRIETH, SJK Nr. 659, Hinterlegung III, Ziff. III.
[4] BGE 55 II, 1929, S. 306, Erw. 2.

übertragen werden soll⁵. Es muß also der Wille des Hinterlegers darauf gerichtet sein, dem Aufbewahrer Eigentum zu verschaffen. Zuweilen wird unterstellt, der Eigentumsübergang sei beim depositum irregulare durch die Parteien nicht «als wesentlicher Vertragsbestandteil» beabsichtigt oder «primär bezweckt» (EIGENBRODT, S. 39 und 63). Dies würde aber den Eigentumsübergang in Frage stellen und im Zweifel auf reguläre Hinterlegung schließen lassen⁶. Der Wille zur Eigentumsübertragung ergibt sich indessen aus der Einräumung der *Verfügungsbefugnis* des Aufbewahrers über die hinterlegten Sachen, die bei anderen vertretbaren Sachen als Geld und bei Wertpapieren vom Hinterleger ausdrücklich eingeräumt werden muß (Art. 481 Abs. 3 OR); bei Geldhingabe genügt es, daß eine bloß generische Rückerstattung (gleiche Geldsumme, aber nicht dieselben Stücke) ausdrücklich oder stillschweigend ausbedungen wird (Art. 481 Abs. 1 OR), wobei das Gesetz in diesem Sinne eine Vermutung aufstellt, wenn Geld unverschlossen übergeben wird (Art. 481 Abs. 2 OR). Trifft eine dieser Voraussetzungen nicht zu, so liegt reguläre Hinterlegung vor, die im Zweifel immer zu vermuten ist (mit Ausnahme eben der praesumptio iuris von Art. 481 Abs. 2 OR).

2. Der Depositar trägt, ohne Rücksicht auf seine Sorgfaltspflicht bei der Aufbewahrung, die Gefahr und hat auch für Zufall einzustehen, und zwar bei jeder Form irregulärer Hinterlegung nach Art. 481 Abs. 1 und 3 OR (GAUTSCHI, N. 3e zu Art. 473 OR, S. 638; N. 4a zu Art. 481 OR, S. 702; GAUCH, S. 216; auch BGE 98 II, 1972, S. 219, Erw. 9). Vorbehalten bleibt allenfalls der Untergang der ganzen Gattung (Art. 119 OR; EIGENBRODT, S. 20 f.; offenbar a. M. OG ZH in BlZR 25, 1926, Nr. 64, S. 103, Sp. I). Hingegen hat der Aufbewahrer Wertverminderungen (z. B. Kursverluste, Abwertungsverluste etc.) nicht zu vertreten (GAUTSCHI, N. 4a zu Art. 481 OR, S. 702). Er befreit sich gültig durch Rückerstattung des *Nennwertes* (EIGENBRODT, S. 23). Vgl. auch hinten § 115 VII 4., S. 710.

3. Voraussetzung des Eigentumsüberganges ist natürlich auch beim depositum irregulare der Besitzübergang auf den Aufbewahrer.

4. Bei der Miteigentum der Hinterleger begründenden Sammelverwahrung darf der Aufbewahrer nicht über die Sache verfügen oder sie gebrauchen (Art. 474 OR); er darf lediglich selbständig, ohne Mitwirkung der anderen, einem Hinterleger die seinem Beitrag entsprechende Menge auf Verlangen herausgeben (Art. 484 Abs. 2 und 3 OR).

5. Für irregulär hinterlegtes Geld nach Art. 481 Abs. 1 und 2 OR wird der Eigentumsübergang auch mit der Vermischung oder (richtiger) Vermengung begründet, weil bei der (im Gesetze nicht geregelten) Vermengung vertretbarer Sachen *gleicher Art* nach der gemeinrechtlichen Regel Alleineigentum des Vermischenden eintreten soll⁷. Diese Auffassung stützt sich auf EUGEN

---

⁵ GAUTSCHI, N. 3d zu Art. 481 OR, S. 702; FELLMANN, S. 92.
⁶ Sofern es sich nicht um Geld handelt, bei dem der Eigentumsübergang ohne Rücksicht auf den Parteiwillen erfolgen soll; hinten § 114 III 5., S. 698. Irreguläre Wertpapierhinterlegung kommt praktisch kaum vor; vorne § 114 II 4., S. 697.
⁷ LEEMANN, N. 19 zu Art. 727 ZGB, S. 492; WIELAND, N. 6 zu Art. 727 ZGB, S. 197; Art. 727 ZGB findet also nicht Anwendung. – GAUTSCHI, N. 5a und 9a zu Art. 481 OR, S. 705 und 713; EIGENBRODT, S. 17/18. – BGE 47 II, 1921, S. 270, Erw. 2: keine Vindikation von vermischtem Geld, auch nicht gegen einen Bösgläubigen; bestätigt in BGE 78 II, 1952, S. 254, Erw. 5 c;

HUBER, Erläuterungen zum Vorentwurf des ZGB, Bd. II, S. 126 (2. Aufl., Bern 1914), wonach man sich bei der Vermengung von Geld «mit einer Rückforderungsklage von hüben und drüben hinreichend» behelfen könne und im übrigen die Ordnung betreffend die Vermengung gleichartiger Sachen «stillschweigend den allgemeinen Rechtsgrundsätzen» überlassen wird. Daraus ist zu folgern, daß «Sammelverwahrung» (mit Miteigentum der Hinterleger) an Geld nicht begründet werden kann[8].

IV. Aufbewahrungspflicht

1. Beim depositum regulare darf der Aufbewahrer nicht über die Sache verfügen. Die Verfügungsgewalt ist dem Eigentümer (Hinterleger) vorbehalten. Er darf sie ohne Einwilligung des Hinterlegers nicht einmal gebrauchen; andernfalls schuldet er dem Hinterleger eine Gebrauchsvergütung und haftet für Zufall, sofern er nicht beweist, daß dieser die Sache auch sonst getroffen hätte (Art. 474 Abs. 1 und 2 OR; dazu VON TUHR/SIEGWART, Bd. I, S. 83 = VON TUHR/PETER, S. 90/91 und hinten § 115 I 2., S. 702). Dies entspricht der Interessenlage beim regulären Hinterlegungsvertrag. Der Aufbewahrer soll daraus in der Regel keinen Nutzen ziehen (GAUTSCHI, N. 3b zu Art. 474 OR, S. 650).

2. Der Aufbewahrer beim depositum irregulare hingegen soll die hinterlegte Sache nutzen und darüber verfügen können; natürliche Folge seines Eigentumserwerbes. Darum wird auch etwa die Hinterlegungsvertragsnatur der irregulären Hinterlegung bestritten[9]. Eine Obhutspflicht des Aufbewahrers wie bei der regulären Aufbewahrung besteht in der Tat nicht (JENNY, S. 30, Anm. 4; TREYVAUD, S. 112), weil eben nicht dieselbe Sache bei Beendigung des Vertrages zurückzuerstatten ist. – Hingegen sind der Dispositionsbefugnis des Aufbewahrers Grenzen gesetzt durch die hinterlegungsvertragliche Bindung: er muß mit dem jederzeitigen Rückforderungsanspruch des Hinterlegers rechnen und ihm genügen können (Art. 475 OR; GAUCH, S. 14), der sich in diesem Falle als obligatorischer Anspruch auf Übertragung des Eigentums an Sachen der nämlichen Art in gleicher Menge und Güte darstellt (FELLMANN, S. 103). Er erfaßt auch beim depositum irregulare den Zuwachs (OSER/SCHÖNENBERGER, N. 11 zu Art. 481 OR, S. 1749; EIGEN-

---

90 IV, 1964, S. 188, Erw. 6; ebenso AGE 9, 1947, Nr. 20, S. 70; KG GR in SJZ 57, 1961, Nr. 38, S. 157; unklar (mit Berufung auf Art. 727 ZGB) BGE 95 II, 1969, S. 602, Erw. 4d.
[8] Die interessanten gegenteiligen Ausführungen von LEMP (ZSR NF 61, 1942, S. 325 ff., lit. b) haben bis heute in der Literatur keine Beachtung gefunden.
[9] ZIMMERMANN, S. 128; ELLENBERGER, S. 66; zur Abgrenzung vom Darlehen unten § 114 V, S. 700. Immerhin bringt schon die Bezeichnung depositum «irregulare» das Atypische dieser Hinterlegungsvertragsart zum Ausdruck. Zur Rechtsgeschichte vgl. M. KASER, Das römische Privatrecht, München 1971, Bd. I, § 126, II, S. 536.

BRODT, S. 19 und 22, der darum von einer Aufbewahrungspflicht über das «tantundem der Gattung» spricht, S. 25; zutreffend GAUTSCHI, N. 4a zu Art. 481 OR, S. 702).

3. Diese vertragliche Beschränkung der Verfügungsfreiheit des Eigentümers/Aufbewahrers (Art. 641 Abs. 1 ZGB) wirkt sich besonders dort aus, wo irreguläre Geldhinterlagen gewerbsmäßig und in großer Zahl entgegengenommen werden.

V. Sparkassengeschäft

Die alte Streitfrage, ob das Sparkassengeschäft der Banken bzw. die Entgegennahme von «Depositen», «Einlagen», «Anlagen» etc., meist mit Verurkundung in Heften, Büchlein (zu deren Rechtsnatur hinten § 116 II 3., S. 712) oder in Form von Konti, rechtlich als depositum irregulare oder als Darlehen zu qualifizieren sei, verstummt nicht und ist wohl auch gar nicht schlüssig in allgemeiner Form entscheidbar. Im allgemeinen neigt man heute eher zur Anwendung von Art. 481 OR[10]. Die bankrechtliche Literatur spricht sich eher für Darlehen aus[11]. Der Entscheid ist im Einzelfalle anhand des von den Parteien angestrebten wirtschaftlichen Zweckes und der vertraglichen Gestaltung (i.d.R. des formularvertraglichen Sparkassenreglementes) zu fällen[12]. In der Regel dürfte, jedenfalls vom Hinterleger her gesehen, der wirtschaftliche Zweck der Aufbewahrung, also der Sicherheit, im Vordergrund stehen (und nicht jener der Kreditgewährung).

Die Frage hat Bedeutung z.B. im Hinblick auf den *Erfüllungsort* (Gelddarlehen: Bringschuld, Art. 74 OR; depositum irregulare: Holschuld, Art. 477 OR), auf die *Fälligkeit* (Art. 318 OR gegenüber Art. 475 OR) und damit reflexweise auch auf die Frage der *Verjährung* (BGE 91 II, 1965, S. 451/52, Erw. 5b), und insbesondere die *Verrechnungsmöglichkeit* (Art. 125 Ziff. 1 OR sieht vor, daß gegen den Willen des Gläubigers [Hinterlegers] Verpflichtungen zur Rückgabe oder zum Ersatze hinterlegter Sachen durch Verrechnung nicht getilgt werden können)[13]. Es handelt sich aber dabei um dispositive Bestimmungen, über die in der Regel, z.B. in Allgemeinen Geschäftsbedingungen oder Reglementen, eine Vereinbarung getroffen wird, so daß der Wert nach der Suche der zutreffenden rechtlichen Qualifikation vielfach praktisch gering ist[14].

---

[10] GAUTSCHI, N. 1c zu Art. 474 OR, S. 648; N. 6 zu Art. 481 OR, S. 706f.; EIGENBRODT, passim, Zusammenstellung der Lehrmeinungen auf S. 103, Anm. 185; TREYVAUD, S. 117.
[11] ALBISETTI/BODMER/RUTSCHI, s. v. Spareinlagen, S. 540; STAUFFER/EMCH, S. 96/97, wo ein guter Überblick über die praktische Handhabung geboten wird; ebenso COMMENT, SJZ 33, 1936/37, S. 67, Sp. I; ENGEL, Dépôt bancaire, S. 28 und GRANER, SJK Bankengesetz XI, I. Spareinlagen, S. 2.
[12] BGE 100 II, 1974, S. 155ff. = Pra 63, 1974, Nr. 277. Dazu KUMMER, ZBJV 112, 1976, S. 144ff.
[13] Wie Anm. 12; BGE 45 III, 1919, S. 249, Erw. 3. – Betr. Ungleichartigkeit der Leistungen z.B. hinterlegter Titel und einer Schadenersatzforderung BGE 91 III, 1965, S. 108, Erw. 5.
[14] Mit Ausnahme allenfalls der Frage der Verjährung; BGE 91 II, 1965, S. 451/52, Erw. 5b.

Beim Sparkassengeschäft der Banken (und bei Depositen, Einlagen etc.) wird i.d.R. von der aufbewahrenden Bank für Rückzüge des Hinterlegers eine «Kündigungsfrist» ausbedungen. Eine solche wird trotz der zwingenden Vorschrift von Art. 475 OR toleriert, sofern sie zeitlich nicht übermäßig[15] und sachlich gerechtfertigt ist. Im Bankgeschäft, wo Depositen und Spareinlagen sehr vieler Hinterleger entgegengenommen werden, bedarf die Bank solcher Kündigungsfristen, weil sie sonst theoretisch alle hinterlegten Mittel jederzeit liquid bereithalten müßte und sie nicht ertragsbringend anlegen könnte, womit ihr zugleich verunmöglicht würde, den Hinterlegern einen «Depotzins» zu vergüten. Darin liegt eben die Rechtfertigung für die hinterlegungsrechtlich atypische Vergütung des Aufbewahrers an den Hinterleger, besonders dort, wo solche irregulären Hinterlagen gewerbsmäßig entgegengenommen werden[16]. Immerhin ist eine Gebrauchsvergütung auch beim regulären Hinterlegungsvertrag vorgesehen (Art. 474 Abs. 2 OR, bei nicht bewilligtem Gebrauch der Sache durch den Aufbewahrer).

§ 115. Die Rückgabe (restitution, restituzione) der hinterlegten Sache

I. Die Rückgabepflicht des Aufbewahrers

1. Durch die Geltendmachung des Rückforderungsanspruches kann der Hinterleger jederzeit durch einseitige Willenserklärung den Hinterlegungsvertrag beendigen, und zwar selbst dann, wenn für die Aufbewahrung eine bestimmte Dauer vereinbart wurde (vgl. aber vorne § 114 V, S. 701). Jedoch hat er bei vorzeitiger Beendigung dem Aufbewahrer den Aufwand zu ersetzen, den dieser mit Rücksicht auf die vereinbarte Zeit gemacht hat. Der Rückforderungsanspruch erfaßt die hinterlegte Sache nebst allfälligem Zuwachs (Art. 475 Abs. 1 und 2 OR).

---

[15] EIGENBRODT, S. 73f. und 135f.; FELLMANN, S. 103; ähnlich GAUTSCHI, N. 8e zu Art. 475 OR, S. 668/69; vgl. auch den vorne unter § 112 II 4. in fine, S. 666 zit. BGE 25 II, 1899, S. 149, Erw. 3.

[16] Dazu einläßlich BGE 100 II, 1974, S. 155ff. und dort Zitierte. Zu Spareinlagen im technischen Sinne vgl. BaG 15 und dazu KLEINER, Gesetzgebung, S. 44f. – KUMMER (vorne Anm. 12) neigt, u.E. mit Recht, dazu, im einzelnen Spareinlagevertrag i.d.R. ein depositum irregulare zu sehen (und auf *diesen* kommt es ja wohl an), in der Gesamtheit der Verträge aus der Sicht der Bank hingegen eher auf Darlehen zu schließen.

2. Der Erfüllungsanspruch des *Hinterlegers* richtet sich: a) auf die vertragsgemäße Aufbewahrung und b) die (gänzliche, oder – bei teilbaren Sachen – teilweise) Rückgabe der hinterlegten Sachen bei Vertragsbeendigung. Er setzt voraus, daß auch der Hinterleger den Vertrag erfüllt und die Sache dem Aufbewahrer anvertraut hat (vorne § 111 I 2., S. 656). Dieser Erfüllungsanspruch des *Aufbewahrers* soll nach vorherrschender Auffassung nicht vollstreckbar sein, d.h. der Realexekution nicht unterliegen; und zwar nicht etwa mit der (überholten) Begründung, daß es sich um einen Realvertrag handle, sondern im Hinblick auf die besondere Interessenlage beim Hinterlegungsvertrag (weitergehend offenbar ENGEL, Dépôt bancaire, S. 10, der bei entgeltlicher Aufbewahrung die Meinung vertritt, daß der «dépositaire [peut] réclamer la tradition»; a.M. TREYVAUD, S. 38. Hingegen gerät der die Annahme verweigernde Aufbewahrer in Verzug; TREYVAUD, a.a.O., Anm. 3; vgl. zu diesen Fragen nachstehend § 115 I 3., S. 702). Der Aufbewahrer ist, bei entgeltlicher Aufbewahrung, an seinem Entgelt interessiert, nicht aber an der hinterlegten Sache (vorne § 112 III 4., S. 670). Aus dieser Interessenlage heraus ist auch das Gebrauchsverbot zu verstehen (vorne § 114 IV 1., S. 699). Die Bewilligung zum Gebrauch der Sache widerspricht im Grunde genommen dem Wesen des Hinterlegungsvertrages, tangiert aber seine Rechtsnatur nicht, solange sich das Gebrauchsrecht dem gewollten Vertragszweck, der Aufbewahrung, unterordnet. Es kann sich im Einzelfalle u. U. als Gegenleistung für die Aufbewahrung (AGE 8, 1944, Nr. 12, S. 108/09) oder sogar als Bestandteil der wohlverstandenen Aufbewahrungspflicht darstellen (z.B. Bewegen von Pferden, Melken von Kühen, Ziegen etc., Probefahrt mit hinterlegtem Motorboot, siehe vorne § 112 IV 3., S. 683).

3. Art. 475 Abs. 2 OR bezieht sich nicht nur auf die Rückforderung des Hinterlegers beim depositum regulare vor Ablauf der vereinbarten Aufbewahrungsdauer, sondern auch auf den eher akademischen Fall, daß der Hinterleger nach dem (konsensualen) Abschluß des Hinterlegungsvertrages die Sache dem Aufbewahrer nicht übergibt, dieser aber im Vertrauen auf die Hinterlegung nachweisbare Aufwendungen gemacht hat[1].

4. Dem der Interessenlage und dem Vertrauenscharakter des Hinterlegungsvertrages (vorne § 112 III 8b aa, S. 674) entsprechenden jederzeitigen Rückforderungsrecht des Hinterlegers (Art. 475 Abs. 1 OR) entspricht nicht ein gleichwertiges jederzeitiges Rückgaberecht des Aufbewahrers. Sofern eine Aufbewahrungsdauer vereinbart wurde, kann er die hinterlegte Sache vor deren Ablauf nur zurückgeben, «wenn unvorhergesehene Umstände ihn außerstand setzen, die Sache länger mit Sicherheit oder ohne eigenen Nachteil aufzubewahren» (Art. 476 Abs. 1 und 2 OR; anders beim Lagergeschäft, Art. 486 Abs. 1 OR). Kann der Aufbewahrer diesen Nachweis führen, so muß der Hinterleger die Sache zurücknehmen oder sich, ist er in Gläubigerverzug geraten, Hinterlegung (als Erfüllungssurrogat, Art. 92 Abs. 1 OR, dazu vorne § 111 II 5., S. 661) gefallen lassen. Die Frage, ob im Hinblick auf die Dauervertragsnatur des depositum über Art. 476 OR hinaus auch «wichtige Gründe» den Aufbewahrer zur Rückgabe legitimieren (dazu GAUCH,

---

[1] OSER/SCHÖNENBERGER, N. 35 zu Art. 472 OR, S. 1736; schon HAFNER, N. 6 zu Art. 478 altOR, S. 283, N. 9 zu Art. 475 altOR, S. 281; ähnlich GAUTSCHI, N. 10c zu Art. 475 OR, S. 671; vorne § 115 I 2., S. 702 und § 111 I 2a, S. 656.

S. 194f.), wird kaum je praktisch werden. Sie wäre u. E. zu verneinen. Die Regelung von Art. 476 OR dürfte den Parteiinteressen genügend Rechnung tragen.

5. Bei regulärer Aufbewahrung hat der Aufbewahrer die hinterlegte Sache, bei regulärer Sammelverwahrung (restitutio in genere) die dem Beitrag und damit der Miteigentumsquote des Hinterlegers entsprechende Menge zurückzugeben, und zwar grundsätzlich in dem Zustande, wie er die Sache übernommen hat (GAUTSCHI, N. 1 b zu Art. 473 OR, S. 635; GAUCH, S. 214, zu Anm. 6; zur Sammelverwahrung vorne § 113 IV 1., S. 689). – Zum irregulären Depositum vorne § 114 II, S. 696 und § 114 IV 2., S. 699. – Nach den allgemeinen Regeln hat der Aufbewahrer, sofern er sich zu exkulpieren vermag, für wertvermindernde Veränderungen, die Folge der Aufbewahrung sind, sowenig einzustehen wie für Zufall und höhere Gewalt oder sonstige Umstände, die er nicht zu verantworten hat (Art. 119 OR) und die zum gänzlichen oder teilweisen Untergang der Sache führen (GAUTSCHI, N. 3c zu Art. 475 OR, S. 659; N. 5a i. f. zu Art. 472 OR, S. 619; vorne § 113 IV 1. in fine, S. 689). Vorbehalten bleiben die vom Gesetze vorgesehenen Ausnahmen (Art. 474 Abs. 2, 481, 103 OR). Ist die Rückgabe der Sache nicht mehr möglich, so tritt an deren Stelle Schadenersatz, sofern der Aufbewahrer nicht zu beweisen vermag, daß ihn kein Verschulden trifft (Art. 97 Abs. 1, Art. 99 Abs. 1–3 OR). Vgl. auch hinten § 115 VII, S. 710. – Zu restituieren ist auch der «Zuwachs», bürgerliche und natürliche Früchte, auch soweit sie noch nicht tatsächlich bezogen worden sind (z. B. Couponsbogen über noch nicht verfallene Dividenden). Vorne § 112 III 2., S. 668.

6. GAUTSCHI will für die Bemessung der Sorgfalt an die Aufbewahrungspflicht, die zu Unrecht als Auftrag verstanden wird, einen differenzierteren Maßstab anlegen als an die Verletzung der Rückgabepflicht (N. 1 b zu Art. 475 OR, S. 656, dazu auch vorne § 112 III 6b, S. 672). Dogmatisch vermag auch hier die Zerlegung in Auftrag oder auftragsähnliche Pflichten und Hinterlegungsvertrag nicht zu befriedigen. Der Richter wird ohnehin bei der Abwägung des Verschuldens die verschiedenen relevanten Kriterien in Rechnung stellen wie Entgeltlichkeit, zumutbare Sachkenntnis des u. U. gewerblichen und sich für die Aufbewahrung anpreisenden Aufbewahrers und die Eigenart der jeweiligen Aufbewahrungsart nach der Natur der hinterlegten Sache und der stillschweigenden oder ausdrücklichen Vereinbarung. Überdies ist ohne Verletzung der Aufbewahrungspflicht mangelhafte Restitution kaum denkbar. (Zur Haftung des Aufbewahrers im einzelnen GAUTSCHI, N. 4d zu Art. 474 OR, S. 652; N. 3 zu Art. 475 OR, S. 658f.; hinten § 115 VII, S. 710.)

7. Rechte und Pflichten des Hinterlegers und des Aufbewahrers aus dem Hinterlegungsvertrag sind aktiv und passiv vererblich. (Zur Frage, ob bei unentgeltlicher Aufbewahrung den Erben die Erbringung einer Gefälligkeit zuzumuten und u.U. Art. 252 OR analog heranzuziehen sei, vgl. GAUCH, S. 78. In der Regel wird Art. 476 OR zum Ziele führen.)

II. Verjährung

1. Neben dem der zehnjährigen Verjährungsfrist unterliegenden Rückforderungsanspruch (Art. 475, 127 OR) steht dem Hinterleger, der zugleich Eigentümer der regulär hinterlegten Sache ist, auch der unverjährbare, dingliche Herausgabeanspruch nach Art. 641 Abs. 2 ZGB zu [2].

2. Früher wurde angenommen, die zehnjährige Verjährung beginne wegen der jederzeitigen Rückforderungsmöglichkeit mit dem Tage der Übergabe des Hinterlegungsobjektes zu laufen (Art. 475 Abs. 1, 130 Abs. 2 OR). Das Bundesgericht (91 II, 1965, S. 442 ff.) hat neuerdings mit überzeugenden Argumenten seine Praxis geändert und festgestellt, daß die Rückerstattungspflicht nicht bestehen könne, solange der Aufbewahrer die Aufbewahrungspflicht auszuüben hat, da die Rückerstattungspflicht des Aufbewahrers (anders als z.B. beim Darlehen) nicht als Hauptpflicht des Aufbewahrers von Anfang an bestehe. Im Hintergrund der jetzt überholten Ansicht standen offensichtlich auch hier Relikte der zu verfehlten Schlußfolgerungen verleitenden gemeinrechtlichen Auffassung, die Restitutionspflicht sei die Hauptverpflichtung aus dem als Realvertrag verstandenen Hinterlegungsvertrag; vorne § 111 I 2a, S. 656.

Folglich beginnt die Verjährung erst mit Beendigung des Hinterlegungsvertrages – Übereinkunft, Ablauf der vereinbarten Dauer, Aufhebung durch eine der Parteien, d.h. Kündigung des Vertragsverhältnisses (dazu GAUCH, S. 37 f.) – zu laufen.

Beruft sich der Aufbewahrer auf einen Beweisnotstand, z.B. darauf, er habe die hinterlegte Sache vor mehr als zehn Jahren zurückgegeben, ohne dafür den Beweis antreten zu können, so muß diese Behauptung vom Hinterleger oder dessen Rechtsnachfolgern widerlegt werden [3].

---

[2] BGE 48 II, 1922, S. 44 f., Erw. 2 c; keine Vindikation für zurückbezahlte Titel oder Gelderträgnisse, sofern der Aufbewahrer durch Vermengung Eigentümer geworden ist: BGE 78 II, 1952, S. 253 f., Erw. 5 c.

[3] BGE 91 II, 1965, S. 450 ff., Erw. 5 a–d; dazu einläßlich TREYVAUD, S. 62 ff., der sich u.a. für eine nuanciertere Interpretation von Art. 134, Ziff. 6 OR beim Hinterlegungsvertrag – und insbesondere beim Bankdepot – ausspricht. Interessanterweise hatte schon die Basler Stadtgerichtsordnung von 1719 (Art. 204/05) für das depositum diese Lösung kodifiziert (Unmöglichkeit der Geltendmachung des Rückforderungsanspruches innerhalb der ordentlichen Verjährungsfrist mit Beweislastumkehr; J. SCHNELL, Rechtsquellen von Basel, Basel 1856, S. 820 f.). De lege lata dürfte sich diese Ansicht kaum begründen lassen. Kritisch zur Praxisänderung des Bundesgerichtes SPIRO, Bd. I, S. 55–59.

3. Hat der Hinterleger eine fremde Sache hinterlegt, so besteht neben dem obligatorischen Rückforderungsanspruch des Hinterlegers die unverjährbare Vindikationsmöglichkeit des Dritteigentümers. Diesen Fall hat Art. 479 OR im Auge. Dazu nachstehend § 115 III 1., S. 705 und, bei Substitution durch den Aufbewahrer, vorne § 112 III 8b dd, S. 677.

III. Die Legitimation des Hinterlegers zur Rückforderung der hinterlegten Sache

1. Das Gesetz sagt nicht, wie sich ein Hinterleger oder dessen Bevollmächtigter gegenüber dem Aufbewahrer zur Rückforderung der hinterlegten Sache auszuweisen hat (BGE 64 II, 1938, S. 356, Erw. 1). Wurde eine fremde Sache hinterlegt, so kann der dingliche Eigentumsanspruch mit dem obligatorischen Rückforderungsanspruch des Hinterlegers kollidieren. Art. 479 OR sieht für diesen Fall vor, daß der Aufbewahrer die Sache gleichwohl dem Hinterleger, mit dem allein er in vertraglichen Beziehungen steht, zurückgeben muß, solange der Eigentum behauptende Dritte nicht «gerichtlich Beschlag auf die Sache gelegt» oder gegen den Aufbewahrer die «Eigentumsklage anhängig gemacht hat». Von diesen Hindernissen hat der Aufbewahrer den Hinterleger sofort zu benachrichtigen (Art. 479 Abs. 1 und 2 OR).

2. Der Dritteigentümer muß also auf die beim Aufbewahrer liegende Sache gerichtlich Beschlag legen bzw. die Vindikationsklage einleiten (BGE 100 II, 1974, S. 214f., Erw. 9), beides nach Maßgabe des anwendbaren kantonalen Zivilprozeßrechts. Im gegen ihn gerichteten Vindikationsprozeß kann der Aufbewahrer als unselbständiger Besitzer die Vermutung des Eigentums des Hinterlegers anrufen (Art. 931 ZGB), diesem allenfalls den Streit verkünden (BGE 47 II, 1921, S. 270, Erw. 1) und, wo dies das kantonale Zivilprozeßrecht vorsieht, sich des Prozesses entschlagen (für Zürich GAUTSCHI, N. 4b zu Art. 479 OR, S. 689)[4].

3. Kollidieren obligatorische Rückforderungsansprüche miteinander, z.B. jener des Zedenten und des Zessionars des Rückforderungsanspruches, so kann sich der Aufbewahrer durch Hinterlegung (als Erfüllungssurrogat) der vom Prätendentenstreit ergriffenen Sache befreien (Art. 168 OR; vgl. vorne § 111 II 5., S. 661). Art. 479 OR findet nicht Anwendung.

4. Insbesondere beim Bankdepotgeschäft kommt es etwa zu Kollisionen von obligatorischen Rückforderungsansprüchen zwischen Bevollmächtigten des Hinterlegers und dessen Erben. Sofern, wie es im Bankverkehr die Regel darstellt, die Vollmacht auch nach dem Ableben des Vollmachtgebers in Kraft bleiben soll (Art. 35 Abs. 1, 405 Abs. 1 OR), hat der Aufbewahrer Rückforderungsansprüchen des Bevollmächtigten auch bei Kenntnis vom

---

[4] KUMMER spricht sich in seiner Rezension von BGE 100 II, 1974, S. 200ff. für sinngemäße Anwendung von Art. 479 OR beim depositum irregulare aus (ZBJV 112, 1976, S. 148/49). Dies geht angesichts des Gesetzeswortlautes sehr weit. Auf Bankkonti – um ein solches handelte es sich im besprochenen BGE – findet indessen i.d.R. Auftragsrecht Anwendung, das die Vorschrift von Art. 479 OR nicht kennt (vorne § 112 III 7., S. 673).

Ableben des Vollmachtgebers so lange Folge zu leisten, als kein Erbe oder der Testamentsvollstrecker die Vollmacht widerrufen haben (zum Prinzip vgl. von Büren, Allg. Teil, S. 160/61; Gautschi, N. 5 b zu Art. 405 OR, S. 680/81). Der Aufbewahrer hat bis zum erfolgten Widerruf auch Verfügungen des Bevollmächtigten zu eigenen Gunsten – insbesondere wo die Vollmacht diese Befugnis vorsieht – zuzulassen, da er sich um die internen und materiellen Rechtsbeziehungen zwischen den Hinterlegern und deren Rechtsnachfolgern oder Bevollmächtigten nicht zu kümmern hat[5]. Dies ergibt sich auch aus dem Wortlaut von Art. 479 OR. Erheben mehrere dem Anschein nach Berechtigte Ansprüche auf die hinterlegte Sache, so muß dem Aufbewahrer die Rechtswohltat der schuldbefreienden Hinterlegung nach Art. 96 OR zugestanden werden (vorne § 111 II 5., S. 661; im einzelnen Adrian Staehelin in BJM 1972, S. 227f.). Die Wahrung eines Berufs- oder des Bankgeheimnisses steht solcher Hinterlegung nicht notwendig entgegen. Es sind im Einzelfalle die sich widerstreitenden Interessen bzw. Persönlichkeitsgüter – Schutz der Geheimsphäre einer- und Wahrnehmung berechtigter eigener Interessen anderseits – abzuwägen[6]. – Auch hier liegt kein Anwendungsfall von Art. 479 OR vor.

5. Endlich findet Art. 479 OR auch keine Anwendung, wenn mehrere Hinterleger gemeinsam mit dem Aufbewahrer den Hinterlegungsvertrag abgeschlossen haben. In der Regel wird die Legitimation zur Ausübung der Rechte der Hinterleger vertraglich geregelt. Fehlt eine solche Regelung, so besteht die Vermutung für gesamthänderische Berechtigung mehrerer Hinterleger (BGE 94 II, 1968, S. 170, Erw. 3). Eine Gemeinschaft zur gesamten Hand besteht in den gesetzlich vorgesehenen Fällen wie z.B. Erbengemeinschaft (Art. 602 ZGB), eheliche Gütergemeinschaft (Art. 215f., 217 ZGB), einfache Gesellschaft (Art. 544 OR). Gesamthänderische Berechtigung wird auch unter Hinterlegern zuweilen vereinbart (z.B. gemeinsame Hinterlegung von Eigentümer und Nutznießer; in der Banksprache ist zuweilen von sog. Kollektiv- oder «Und»-Depots die Rede, vorne § 111 II 6., S. 662). An die Stelle eines durch Tod ausscheidenden Kollektivhinterlegers treten dessen Erben (Bron, S. 15), sofern kein Erbenausschluß vereinbart wurde (dazu nachstehend).

---

[5] Dazu BGE 94 II, 1968, S. 172 oben, Erw. 4; BGE 94 II, 1968, S. 317, Erw. 4, beide teils auf Auftrags-, teils auf Hinterlegungsvertragsrecht abstellend, dazu vorne § 112, S. 667; weiterhin OG ZH in BlZR 54, 1955, Nr. 5, S. 31, Sp. I und Thilo, JdT 92, 1944 I, S. 480; Bron, S. 38, § 3, der aber dennoch dem Aufbewahrer kaum durchfführbare Überwachungspflichten auferlegen möchte, S. 54. Zum Selbstkontrahieren des Stellvertreters vgl. BGE 89 II, 1963, S. 326.
[6] Zum Grundsatze der Güterabwägung Hinderling, Persönlichkeit und subjektives Recht, Basel 1963, S. 35f.

Häufiger findet sich, insbesondere im Bankverkehr, die sog. «gemeinschaftliche Rechnung» (Compte joint, joint (and several) account); jeder Hinterleger soll selbständig und ohne Mitwirkung der anderen befugt sein, über die hinterlegten Vermögenswerte zu verfügen, womit unter den Hinterlegern aktive Solidarität begründet wird, die Bank also durch Leistung an einen Hinterleger von den Forderungen der übrigen befreit wird[7].

In den sog. gemeinschaftlichen Depots wird etwa stipuliert, daß im Falle des Todes eines Hinterlegers die verbleibenden Hinterleger allein (unter Ausschluß der Erben) berechtigt sein sollen, über die hinterlegten Sachen zu verfügen. Diese sog. Erbenausschlußklausel wird vom Bundesgericht als gültig anerkannt und als Resolutivbedingung der Forderung eines jeden Solidargläubigers aufgefaßt[8]. Eine solche Klausel vermag selbstverständlich bloß die Anspruchsberechtigung (Legitimation) der Hinterleger bzw. deren Rechtsnachfolger im Verhältnis zum Aufbewahrer zu regeln; die erbrechtlichen (und materiellen) Beziehungen zwischen den Hinterlegern (und allfälligen Dritten) können dadurch weder präjudiziert noch verändert werden. – Sofern die Zustimmung aller Hinterleger vorliegt, erscheint die Erbenausschlußklausel auch beim (vorstehend dargestellten) gesamthänderischen «Kollektiv»-Depot als zulässig. – Umstritten ist in diesem Zusammenhang auch die Anwendung des in Art. 150 Abs. 3 OR ausgesprochenen «Wahlrechtes» des Schuldners (Aufbewahrers) und des sog. «Präferenzprinzips»[9]. Bei Vereinbarung aktiver Solidarität ohne Erbenausschlußklausel treten an die Stelle vorversterbender Hinterleger deren Rechtsnachfolger und können die jenen zustehenden Rechte aus dem Hinterlegungsvertrag ausüben (BRON, S. 44f.). Besteht eine gültige Erbenausschlußklausel, so sind die Erben gegenüber der Bank nicht zu Verfügungen aus dem Hinterlegungsvertrag und damit auch nicht zur rechtlichen Belangung im Sinne von Art. 150 Abs. 3 OR

---

[7] BGE 94 II, 1968, S. 170, Erw. 3 mit Literaturhinweisen; BGE 94 II, 1968, S. 316f., Erw. 4; TREYVAUD, S. 121. Abweichend THILO, JdT 92, 1944 I, S. 479f., der darauf hinweist, daß bloß ein der Gläubigersolidarität ähnliches Rechtsverhältnis begründet werde, das ohne Einfluß auf die internen Rechtsbeziehungen unter den Hinterlegern sei und lediglich die legitimationsrechtliche Verfügungsbefugnis im Verhältnis zur aufbewahrenden Bank regle. Die herrschende Lehre spricht sich aber für Gläubigersolidarität aus. Siehe weiterhin KLEINER, AGB, S. 36, zu Anm. 116; GAUTSCHI, N. 3d zu Art. 472 OR, S. 614; GUGGENHEIM, S. 2f.; RUSCA, S. 66ff.

[8] BGE 94 II, 1968, S. 172, Erw. 4 in fine; in bezug auf die Tragweite offen gelassen in BGE 94 II, 1968, S. 318, Erw. 5 in fine; zustimmend weiterhin KLEINER, AGB, S. 74 mit Literaturhinweisen; FRÜH, SJZ 68, 1972, S. 137f.; ENGEL, Traité, S. 261, Ziff. 2; GUGGENHEIM, S. 6/7; UMBRICHT-MAURER, S. 41f.; anderer Meinung WOLF, SJZ 67, 1971, S. 356ff.; unbestimmt BRON, S. 55.

[9] Der Aufbewahrer kann mit schuldbefreiender Wirkung gegenüber allen an einen der Solidargläubiger nur solange leisten, als er nicht von einem rechtlich belangt worden ist; dazu WOLF, a.a.O., S. 350ff.; FRÜH, a.a.O., S. 140; BGE 94 II, 1968, S. 170f., Erw. 4/5 und S. 318, Erw. 6; VON TUHR/ESCHER, S. 324, zu Anm. 21a.

(auch nur im Sinne einer «Sperre» des Depots) legitimiert[10]. Vorbehalten bleiben allfällige dingliche Rechtsbehelfe, die ihnen in ihrer Eigenschaft als Erben eines compte joint-Hinterlegers zustehen mögen.

6. Der Aufbewahrer muß die Identität des Hinterlegers, auch wenn sich dieser eines Bevollmächtigten bedient, prüfen, z. B. die Übereinstimmung der Unterschrift auf einer Quittung oder Vollmachtsurkunde mit einer allfällig hinterlegten Unterschriftenprobe vergleichen. Wegbedingung der Haftung des Aufbewahrers für das Nichterkennen von Fälschungen ist im Rahmen von Art. 100 OR zulässig und vielfach üblich[11]. Melden sich Universalsukzessoren des verstorbenen Hinterlegers, so hat der Aufbewahrer deren Berechtigung nachzuprüfen (z. B. BGE 95 II, 1969, S. 117f.). Man wird aber die Anforderungen auch an gewerbsmäßige Aufbewahrer i.d.R. nicht überspannen dürfen im Hinblick auf die notorischen Schwierigkeiten, z. B. ausländische Erbenbescheinigungen auf ihre Echtheit und materielle Tragweite hin zu beurteilen und zuweilen auch nur mit für alle Beteiligten zumutbarem Aufwand die Legalisierung von Dokumenten zu erreichen[12].

IV. Ort der Rückgabe

Nach der dispositiven Vorschrift von Art. 477 OR ist die hinterlegte Sache auf Kosten und Gefahr des Hinterlegers da zurückzugeben, wo sie «aufbewahrt werden sollte» (où la chose a dû être gardée; nel luogo in cui doveva essere custodita, Art. 477 OR). Es handelt sich im Zweifel um eine Holschuld. Die Sache ist also mangels anderer Abrede am Domizil des Aufbewahrers auch dann zurückzugeben, wenn sie auswärts aufbewahrt worden ist (z. B. bei zentraler Sammelverwahrung; bei Substitution. Zur dadurch u. U. bedingten Erfüllungsverzögerung vorne § 112 8b bb, S. 675).

Soll die hinterlegte Sache nicht am Hinterlegungsort zurückgegeben und z. B. an den Hinterleger oder einen Drittort versandt werden, so soll ein Auftrag vorliegen (BGE 33 II, 1907, S. 424, Erw. 2 zu Art. 480 altOR = Art. 477 rev.OR). Dies trifft nicht zu. Es handelt sich um die Wegbedingung einer dis-

---

[10] Wobei umstritten ist, ob die Erben individuell oder kollektiv vorgehen müßten, PIOTET, JdT 118, 1970 I, S. 50.
[11] BGE 64 II, 1938, S. 356, Erw. 2/3; nicht publ. BGE vom 25.10.1960 i. S. Okc; einläßlich ENGEL, Dépôt bancaire, S. 16f. – Zu Identifikationsproblemen im Zusammenhang mit der Automation vgl. KLEINER, SJZ 69, 1973, S. 146ff.
[12] Vgl. dazu die Botschaft des Bundesrates vom 11.8.1971 betr. das internationale Haager Abkommen zur Befreiung ausländischer öffentlicher Urkunden von der Beglaubigung und das entsprechende Übereinkommen, AS 1973 I, S. 347ff.

positiven hinterlegungsvertraglichen Gesetzesvorschrift, so daß der Aufbewahrer ex deposito haftet. Für Sonderfälle siehe GAUTSCHI, N. 2 b zu Art. 477 OR, S. 678.

V. Mehrere Aufbewahrer

Im Gegensatz zum häufigen Fall, wo mehrere Hinterleger einem Aufbewahrer gegenüberstehen (vorne § 115 III 5., S. 706), hat das Gesetz den seltenen Fall vorgesehen, wo mehrere die hinterlegte Sache gemeinschaftlich (conjointement, insieme) zur Aufbewahrung erhalten haben. Diese haften solidarisch (Art. 478, 143 Abs. 2 OR). Substitution begründet keine Solidarhaftung in diesem Sinne (vorne § 112 III 8 b bb, S. 675).

VI. Verpflichtungen des Hinterlegers

Der Hinterleger hat dem Aufbewahrer die ausbedungene oder nach den Umständen zu erwartende Vergütung (Art. 472 Abs. 2 OR) zu entrichten, die sich in der Regel nach der Dauer der Aufbewahrung und/oder dem Wert der hinterlegten Sachen bemessen wird (beim Lagergeschäft vielfach auch nach dem Volumen von Sperrgütern). Weiterhin haftet der Hinterleger dem Aufbewahrer für die mit der Erfüllung des regulären Hinterlegungsvertrages notwendig verbundenen Auslagen (Art. 473 Abs. 1 OR), d. h. Aufwendungen, die im Interesse des Hinterlegers bzw. der Bestandeserhaltung der zur Hinterlegung anvertrauten Sache erforderlich geworden sind. Dieser Verwendungsersatz wird, mangels anderer Vereinbarung, sofort fällig (GAUCH, S. 204, Anm. 3). Endlich haftet der Hinterleger dem Aufbewahrer für den durch die Hinterlegung verursachten Schaden, sofern jener nicht beweist, daß der Schaden ohne jedes Verschulden von seiner Seite entstanden ist (Art. 473 Abs. 2 OR). Der Schaden kann eintreten, weil der Hinterleger dem Aufbewahrer gefährdende Eigenschaften der hinterlegten Sache verschwieg[13], oder er kann durch geheime Mängel verursacht werden, für die der Hinterleger

---

[13] Was VON TUHR/SIEGWART, Bd. I, S. 183 = VON TUHR/PETER, S. 192/93, als Anwendungsfall der culpa in contrahendo begreifen. GAUTSCHI (N. 7 d zu Art. 473 OR, S. 645) nimmt in diesem Falle die einjährige Verjährungsfrist nach Art. 60 OR an, was aber zu unbilligen Ergebnissen führt. Vgl. wohl richtiger VON TUHR/SIEGWART, a.a.O., S. 183f., zu Anm. 86 = VON TUHR/PETER, S. 193, zu Anm. 86 und insbesondere ENGEL, Traité, S. 506. Unseres Erachtens liegt eine Vertragsverletzung vor, für die der Hinterleger nach Art. 97ff. OR einzustehen hat, so daß keine Notwendigkeit bestehen sollte, zur ohnehin wenig klaren Rechtsfigur der culpa in contrahendo zu greifen.

allenfalls nach Art. 44 OR in Verbindung mit Art. 99 Abs. 3 OR einzustehen hat [14].

Zum Retentionsrecht des Aufbewahrers vgl. hinten § 116 VI, S. 716.

VII. Haftung des Aufbewahrers

Die Haftung des Aufbewahrers wurde verschiedentlich im Kontext behandelt. Zusammenfassend läßt sich sagen:

1. Der Aufbewahrer haftet aus Verschulden nach Art. 97 ff. OR (im einzelnen vorne § 112 III 6b, S. 672; § 115 I 5., S. 703; § 115 I 6., S. 703); bei bewilligter Substitution findet Art. 399 Abs. 2 OR Anwendung (vorne § 112 III 8b, S. 674).

Zu ersetzen ist der Schaden im Umfange des Erfüllungsinteresses; der Hinterleger hat nicht nur Anspruch auf Rückforderung der hinterlegten Sache, sondern auch auf den Zuwachs derselben; Art. 475 OR; BGE 97 II, 1971, S. 362, Erw. 3 und Zitierte.

2. Bei gewerblicher Aufbewahrung sind Umfang der Aufbewahrungspflicht und Haftung meist vertraglich geregelt (z. B. in Allgemeinen Geschäftsbedingungen oder Depotreglementen). Vertragliche Beschränkung der Haftung im Rahmen von Art. 100 OR ist möglich (für einen Anwendungsfall vorne § 115 III 6., S. 708).

3. An die Haftung gewerblicher Aufbewahrer, zum Beispiel der Banken, werden i.d.R. strengere Anforderungen gestellt werden[15].

4. Bei regulärer Aufbewahrung haftet der Aufbewahrer weder für Zufall und höhere Gewalt[16], soweit das Gesetz nicht Ausnahmen vorsieht (vorne § 115 I 5., S. 703), noch für unverschuldete Wertverminderungen oder Schwund[17]. Für abhanden gekommene Wertpapiere (bei Sonder- und insbesondere Sammelverwahrung) kann die Bank i.d.R. die Kraftloserklärung beantragen (vorne § 113 I 3., S. 687; im einzelnen z. B. JENNY, S. 130 f.). – Zur Haftung bei unregelmäßiger Hinterlegung vgl. vorne § 114 III 2., S. 698.

---

[14] BECKER, N. 5/6 zu Art. 473 OR, S. 749/50, der mit Recht und wohl im Hinblick auf die Interessenlage empfiehlt, es mit dem Entlastungsbeweis des Hinterlegers streng zu nehmen; ebenso OSER/SCHÖNENBERGER, N. 4 zu Art. 473 OR, S. 1737; immerhin nur dann, wenn der Aufbewahrer die Gefährdung nicht kannte und in Kauf nahm; GAUTSCHI, N. 7a zu Art. 473 OR, S. 643.
[15] TREYVAUD (S. 96) geht zu weit, wenn er eine Bank für Umstände haften lassen will, die bei einem gewöhnlichen Aufbewahrer als höhere Gewalt (force majeure) zu qualifizieren wären. Vgl. auch vorne § 115 I 6., S. 703.
[16] GAUTSCHI, N. 3c zu Art. 475 OR, S. 659; zum Grundsatze GIOVANOLI, ZSR NF 54, 1935, S. 1 ff.
[17] GAUTSCHI, N. 3c zu Art. 475 OR, S. 659; vorne § 113 IV 1., S. 689 und § 115 I 5., S. 703.

VIII. Berufs- und Bankgeheimnis

Häufig unterstehen Aufbewahrer einem Berufs- oder dem Bankgeheimnis (Rechtsanwälte, Notare, Banken; Art. 321 StGB; Art. 47 BaG in der Fassung vom 11.3.1971; auch Art. 273 StGB: wirtschaftlicher Nachrichtendienst; vgl. auch vorne § 115 III 4., S. 706). Für das Bankgeheimnis muß hier auf die Spezialliteratur verwiesen werden.

Vgl. SCHWAGER, passim, wo auch Kontroversen aus letzter Zeit zusammengestellt sind, ferner z.B. AUBERT, in SJK Nr. 69 und 69a, Stand 31.12.1970/1.8.1971. Eine Zusammenfassung der wesentlichsten Grundzüge findet sich auch in der Botschaft des Bundesrates über die Revision des Bankengesetzes vom 13.5.1970, BBl 122, 1970 I, S. 1159ff. und 1181ff. Vgl. auch Le Secret bancaire dans la C.E.E. et en Suisse, Rapport national du Colloque organisé par le Centre d'Economie Bancaire internationale et le Centre Universitaire d'Etudes des Communautés Européennes, Paris 1973. Zur Begründung des Bankgeheimnisses ferner die Rezension von THEO GUHL in ZBJV 70, 1934, S. 548ff.

§ 116. Das Lagergeschäft (le contrat d'entrepôt, magazzini di deposito)

I. Einführung

1. Gesetzliche Grundlagen sind: Art. 482–486 OR, Art. 1153–1155 OR; Art. 902 und 925 ZGB. Über die kantonalrechtliche Situation im 19. Jahrhundert vermittelt die auch rechtsvergleichend und wirtschaftshistorisch interessante Studie von WALTER MUNZINGER (Motive zu dem Entwurfe eines schweiz. Handelsrechtes, Bern 1865, S. 422ff.) Aufschlüsse.

2. Der Lagervertrag ist, wie der gewöhnliche Hinterlegungsvertrag, Konsensualvertrag[1].

II. Abgrenzung von gewöhnlicher Hinterlegung nach Art. 472f. OR

1. Das Lagergeschäft kam erst mit der Revision von 1912 ins OR. Die Materialien betonen die Notwendigkeit der sich aus der «eminenten öffent-

---

[1] Vorne § 111 I 2a, S. 656; BLASER, S. 28ff.; TANZI, S. 20ff.; und für das deutsche Recht, wo die Frage umstritten bleibt BAUMBACH/DUDEN, Kurzkomm. 1972, N. 3B zu § 416 HGB, S. 857. Anderer Meinung GAUTSCHI, N. 4a zu Art. 483 OR, S. 739; ZEHNDER, S. 71.

lichen Vertrauensstellung rechtfertigenden» behördlichen Bewilligung zur Ausgabe von auf das eingelagerte Gut lautenden Warenpapieren durch den Lagerhalter und verweisen im übrigen ausdrücklich auf die deutsche Regelung in den §§ 416–424 HGB[2].

2. Die Abgrenzung dieser «qualifizierten» Hinterlegung von der gewöhnlichen nach Art. 472 und 481 OR bereitet Mühe. Als Kriterien kommen in Frage:

3. Nur der konzessionierte Lagerhalter kann Warenpapiere mit Wertpapiercharakter ausgeben, Art. 482 OR. Fehlt die Konzession, so sind aber solche Warenpapiere dennoch als Wertpapiere anzuerkennen, sofern sie den gesetzlichen Formvorschriften von Art. 1153 Ziff. 1–8 OR entsprechen. Der Aussteller unterliegt aber in diesem Falle einer Ordnungsbuße (Art. 1155 Abs. 2 OR). – Indessen können auch gewöhnliche Aufbewahrer über reguläre oder irreguläre Hinterlagen Wertpapiere ausstellen und tun dies auch etwa[3].

4. Ob sich der Lagerhalter öffentlich zur Aufbewahrung anerbietet (Art. 482 Abs. 1 OR), kann kaum als schlüssiges Kriterium dienen (GAUTSCHI, N. 6b zu Art. 482 OR, S. 723 f.; a. M. JENNY, S. 20 und GAUCH, S. 14). Die Banken z. B. tun dies auch für das Depotgeschäft, das zu ihren angestammten Dienstleistungen gehört, ohne deshalb Lagerhalter zu sein. Ebensowenig kann es zur Unterscheidung darauf ankommen, ob der Aufbewahrer ermächtigt werden kann, vertretbare Objekte verschiedener Deponenten (Einlagerer) zu vermengen, so daß diese nur noch auf Miteigentumsquoten berechtigt sind. Art. 484 OR spricht keinen für das Lagergeschäft typischen, sondern einen dem allgemeinen Hinterlegungsvertragsrecht angehörenden Grundsatz aus (GAUTSCHI, N. 7c zu Art. 482 OR, S. 726; vorne § 113, S. 688 zur Banksammelverwahrung). Auch der Betrieb von der Allgemeinheit dienenden Einrichtungen zur entgeltlichen Lagerung beweglicher Sachen gibt für sich allein noch kein schlüssiges Abgrenzungsmerkmal her (a. M. GAUTSCHI, N. 6f zu Art. 482 OR, S. 725), weil als solche Einrichtungen z. B. auch Banktresorgewölbe zur Aufbewahrung von Effekten, Edelmetallen und allen bei Banken – auch als sog. verschlossene Depots – hinterlegungsfähigen Sachen verstanden werden können. (Für Kohle und ähnliche Güter kann u. U. ein offener Platz, soweit er abgesichert ist, genügend sein; vgl. LÜTHI, S. 22.)

5. Eine einigermaßen befriedigende Abgrenzung des 1912 dem Hinterlegungsvertragsrecht aufgepfropften Lagergeschäftes zum gewöhnlichen regulären oder irregulären Depositum läßt sich nur anhand *aller* gesetzlichen Kriterien gewinnen:

6. Es muß sich um einen Aufbewahrer handeln, der sich öffentlich zur entgeltlichen Aufbewahrung von Waren anerbietet;

7. Die Waren müssen so beschaffen sein oder derart der Möglichkeit physischer Veränderung unterliegen, daß sie besonderer Beaufsichtigung bedürfen und sich direkte überwachende Eingriffe des Deponenten (Einlage-

---

[2] Bericht August 1904, S. 47 f.; BBl 1905 II, S. 42 f.; StenBullNR 1909, S. 710, Sp. I; StenBullStR 1910, S. 229 f.; Prot. Exp. Komm., 13. Sitzung vom 19. 10. 1908, S. 9 f.
[3] JÄGGI, N. 26–30 zu Art. 978 OR, S. 484 betr. Inhabersparhefte; GLÜCKSMANN, S. 113 betr. Namenssparhefte und S. 121 betr. Inhabersparhefte; auch ZBJV 104, 1968, S. 76; a. M. GAUTSCHI, N. 7c zu Art. 481 OR, S. 709 und N. 6a zu Art. 482 OR, S. 723. Siehe vorne § 114 V, S. 700.

rers), wie Besichtigung der Güter, Entnahmen von Proben, Gestattung der nötigen Erhaltungsmaßregeln (Art. 482 Abs. 3 OR), ebenso rechtfertigen wie die Verpflichtung des Lagerhalters, dem Einlagerer, soweit tunlich, «Mitteilung zu machen, wenn Veränderungen an den Waren eintreten, die weitere Maßregeln rätlich erscheinen lassen» (Art. 483 Abs. 2 OR);

8. Die Waren müssen sich weiterhin eignen, durch ein Warenpapier vertreten zu werden. –

9. Die Termini «Waren» und «Güter» (Art. 482, 483, 484, 485 Abs. 3, 486 OR), «Erstattung der Auslagen ... wie Frachtlohn, Zoll, Ausbesserung» (Art. 485 Abs. 1 OR) und die Möglichkeit, für die «gelagerten Güter Warenpapiere auszugeben» (Art. 482 Abs. 1 OR) sprechen ebenso für Gewerblichkeit des Lagergeschäftes wie für die Einlagerung von (raumbeanspruchender) Handelsware. Beides ist aber nicht strikt erforderlich[4].

10. Nicht begriffswesentlich ist der Umfang der Aufbewahrungspflicht. Sie kann auch bei gewöhnlicher Aufbewahrung weiter oder enger gestaltet sein, sei es kraft Vertragsabrede oder aus der Natur der hinterlegten Sache (hinten § 116 IV 2., S. 714). – Entgeltlichkeit kann ein Indiz für einen Lagervertrag sein (Art. 485 Abs. 1 OR), erscheint aber so wenig als begriffswesentlich wie die Unentgeltlichkeit der gewöhnlichen Hinterlegung (ebenso ROHRER, S. 30; a. M. GAUTSCHI, N. 7c zu Art. 482 OR, S. 726). Das Entgelt ist verzichtbar oder wegbedingbar, ohne daß dadurch der Lagervertrag zu einer gewöhnlichen Hinterlegung wird, wobei überdies im Einzelfalle abzuklären bleibt, ob das Entgelt nicht in einer wirtschaftlich anderen Form als einer Geldleistung erbracht worden ist (z. B. Beiträge an die Erstellung, den Unterhalt oder Betrieb von genossenschaftlich betriebenen Lagerräumen; Austausch von Dienstleistungen usw.).

11. Eindeutig liegt also ein Lagervertrag nur vor im Falle der Ausgabe von Warenpapieren im Sinne von Art. 1153 OR durch den Lagerhalter. Dies kommt aber in der Praxis nicht sehr häufig vor (STAUFFER/EMCH, S. 183 ff.). In allen anderen Fällen ist anhand aller Sachverhaltselemente und des Parteiwillens im Einzelfalle festzustellen, welches Rechtsgeschäft vorliegt: Lagervertrag oder gewöhnliche reguläre oder irreguläre Hinterlegung.

12. Beim Lagervertrag ist nach den für die gewöhnliche Hinterlegung entwickelten Grundsätzen (vorne § 112 III 8b, S. 673) Substitution zulässig[5].

---

[4] Zum Beispiel Einlagerung eines Hausrats im Lagerhaus während der Dauer eines Auslandaufenthaltes. – Zur Gewerblichkeit des Lagerhalters LÜTHI, S. 25.
[5] TANZI, S. 55; BLASER, S. 68; ZEHNDER, S. 118; für das deutsche Recht BAUMBACH/DUDEN, Kurzkomm. 1972, N. 3 zu § 416 HGB, S. 857; offenbar anders GAUTSCHI, N. 5a zu Art. 483 OR, S. 740.

III. Warenpapiere

1. Die Formerfordernisse von auf Herausgabe der eingelagerten Waren lautenden Warenpapieren (Art. 1153 und 482 Abs. 1 und 2 OR) bzw. solchen für Pfandbestellungen (Warrant, Art. 1154 OR, Art. 902 ZGB; ein Anwendungsfall der Mobiliarhypothek) sind im Gesetze erschöpfend aufgezählt. Sind sie nicht erfüllt, so wird das Papier nicht als Wertpapier anerkannt und gilt als bloße Beweisurkunde[6].

Entsprechend dem Sinn der Verurkundung der Ware in einem Wertpapier und damit der Möglichkeit zur Mobilisierung eingelagerten Gutes gilt die Übertragung des Papieres als solche der Ware selbst, wobei aber der gutgläubige Empfänger der Ware einem gutgläubigen Besitzer des Warenpapieres gegenüber die stärkere Stellung hat[7]. Warenpapiere können als Namen-, Order- oder Inhaberpapiere ausgestaltet sein (Art. 482 Abs. 3, 1153 Ziff. 8 OR). Bestehen Warenpapiere, darf das Lagergut nur dem aus dem Papier Berechtigten herausgegeben werden (Art. 486 Abs. 2 OR).

Nach Art. 6 Abs. 2 AFG ist den Anlagefonds die Anlage in Warenpapieren untersagt (dazu Botschaft zum AFG, BBl 1965 III, S. 274).

IV. Aufbewahrungspflicht

1. Nach dem freilich klarer formulierten Vorbild von § 417 Abs. 1 HGB soll der Lagerhalter zur Aufbewahrung der Güter verpflichtet sein wie ein Kommissionär (Art. 483 Abs. 1 OR), dessen Aufbewahrungspflicht allerdings bloß unspezifische Nebenverpflichtung ist wie z.B. jene eines Verkäufers (vorne § 111 II 7., S. 663). Das Kommissionsrecht enthält wiederum einen Verweis auf das Auftragsrecht (Art. 425 Abs. 2 OR), wo wir dieselbe Rechtslage antreffen. Das Gesetz gibt folgende Anhaltspunkte:

2. Eine weitergehende Obhutspflicht, als sie von einem sorgfältigen, insbesondere gewerblichen Aufbewahrer erwartet oder mit ihm im Rahmen eines Hinterlegungsvertrages vereinbart werden kann, sollte dem Lagerhalter nicht obliegen, mit der Maßgabe immerhin, daß ihm vom Gesetze die schon erwähnte Mitteilungspflicht beim Auftreten von Veränderungen des einge-

---

[6] Zum Beispiel Empfangsschein, Art. 1155 Abs. 1 OR. Indessen muß der Lagerhalter auch dann jene Person (z.B. die kreditgewährende Bank) als verfügungsberechtigt ansehen, zu deren Gunsten er einen Lagerschein – ohne Wertpapiercharakter, z.B. als bloße unübertragbare Beweisurkunde – ausstellt BGE 43 II, 1917, S. 645f., Erw. 1.

[7] Art. 925 ZGB, dazu JÄGGI, N. 64 in fine zu Vorbem. zum 7. Abschnitt, S. 679f.; BGE 93 II, 1967, S. 377, Erw. 1 am Ende und F. GUISAN, La protection de l'acquéreur de bonne foi en matière mobilière, Lausanne 1970, S. 206. – Art. 925 ZGB ist aus Art. 209 altOR hervorgegangen.

lagerten Gutes auferlegt ist (Art. 483 Abs. 2 OR), und er dem Einlagerer während der Geschäftszeit die Besichtigung der Güter, die Entnahme von Proben und die nötigen Erhaltungsmaßregeln (mesures conservatoires nécessaires, Art. 483 Abs. 3 OR) gestatten muß; letztere sogar «jederzeit», also im Notfall auch außerhalb der Geschäftszeiten (TANZI, S. 66; ZEHNDER, S. 135). Meistens sind in den Lagerverträgen die für die Aufrechterhaltung der Ordnung und der Sicherheit des Betriebes des Lagerhalters erforderlichen Vorschriften enthalten.

Aus dem Verweis auf das Kommissionsrecht kann abgeleitet werden, daß der Lagerhalter zur Versicherung des Lagergutes nur auf Weisung des Einlagerers (Art. 426 Abs. 2 OR) und bei der Übernahme zu einer Prüfung auf äußerlich erkennbare Mängel verpflichtet ist, von denen er dem Einlagerer sofort Kenntnis zu geben hat (Art. 427 OR). Man wird die Anforderungen an diese Prüfungspflicht des Lagerhalters, andere Parteiabrede vorbehalten, nicht überspannen (im einzelnen TANZI, S. 51 und Zitierte). Übrigens wird auch der gewöhnliche Aufbewahrer zum Schutze seiner eigenen Interessen eine solche Prüfung vornehmen, weil in der Regel eine Vermutung dafür sprechen wird, daß sich das hinterlegte Objekt bei unbeanstandeter Entgegennahme durch den Aufbewahrer, soweit äußerlich ohne weiteres erkennbar, in ordnungsgemäßem Zustand befunden hat. – Das Notverkaufsrecht des Kommissionärs (Art. 427 Abs. 3 OR) dürfte für einen Lagerhalter seltener praktisch werden. In der Regel wird er nach Art. 483 Abs. 2 OR dem Einlagerer Mitteilung machen, wenn z. B. die Gefahr der Verderbnis oder sonstiger Veränderung der eingelagerten Ware erkennbar ist; es sei denn, der Einlagerer reagiere nicht oder sei verhindert, selbst einzugreifen, oder die Mitteilung käme offensichtlich zu spät (BLASER, S. 72; TANZI, S. 58). Von diesen Sondervorschriften abgesehen kann die Obhutspflicht des Lagerhalters allgemein mit der Sorge dafür umschrieben werden, das Lagergut in dem Zustande zu erhalten, in dem es ihm übergeben wurde, so daß es nicht abhanden kommt, beschädigt oder sonst verschlechtert oder zerstört wird (dazu LÜTHI, S. 38 und 44). Diese Obsorge obliegt aber auch einem gewöhnlichen, sorgfältigen und remunerierten Aufbewahrer.

3. Vielfach sind die Aufbewahrungspflichten und die Haftungsverhältnisse in Vertragsformularen des Lagerhalters standardisiert. Der Lagerhalter haftet nach den allgemeinen Regeln aus Verschulden nach Art. 97 ff. OR (BLASER, S. 69 f.; vorne § 112 III 6., S. 672).

V. Vermengung vertretbarer Güter

Der Lagerhalter darf vertretbare Güter mit anderen (anderer Einlagerer oder des Lagerhalters selbst) gleicher Art und Güte vermengen, sofern es ihm die Einlagerer ausdrücklich gestatten. Dies hat zur Folge, daß für alle Einlagerer (und u. U. den Lagerhalter selbst) Miteigentum entsteht und jeder Einlagerer eine seinem Beitrag entsprechende Menge vom Lagerhalter herausverlangen kann, wobei dieser die Ausscheidung ohne Mitwirkung der anderen vornehmen und dem Rückgabe fordernden Einlagerer seinen Anteil zurückerstatten darf (Art. 484 OR; BGE 77 I, 1951, S. 40, Erw. 3). Es kann dazu auf die Ausführungen zum Banksammeldepot verwiesen werden (vorne § 113, S. 685). Für das Lagergeschäft ist wichtig die Vorschrift, daß der Lagerhalter nur Waren gleicher Güte vermengen darf.

VI. Entgelt

Der Lagervertrag ist im Gegensatz zum gewöhnlichen Hinterlegungsvertrag grundsätzlich entgeltlich (Art. 485 OR gegenüber Art. 472 Abs. 2 OR, vorne § 116 II 10., S. 713; weitergehend GAUTSCHI, N. 6f. zu Art. 482 OR, S. 725). Der Lagerhalter hat weiterhin Anspruch auf Erstattung der mit der vollständigen Erfüllung seiner übernommenen Vertragspflichten zusammenhängenden Auslagen, die nicht aus der eigentlichen Aufbewahrung selbst erwachsen sind, wie Frachtlohn, Zoll, Ausbesserungskosten (Art. 485 Abs. 1 OR) oder z. B. Versicherungsprämien (Art. 483 Abs. 1, 426 Abs. 2 OR). Im Gegensatz zu diesen sofort fälligen Auslagen ist das Lagergeld im Zweifel quartalsweise postnumerando zu entrichten, in jedem Falle aber bei vollständiger oder (pro rata temporis) bei teilweiser Rücknahme des Gutes. Dem Lagerhalter steht so lange für seine Forderungen ein Retentionsrecht am eingelagerten Gute zu, als er in dessen Besitz ist oder mit Warenpapieren darüber verfügen kann[8]. Dieses Retentionsrecht findet auch zugunsten des gewöhnlichen Aufbewahrers Anwendung, soweit die Voraussetzungen von Art. 895 ZGB erfüllt sind[9]. Aus der § 420 HGB nachgebildeten Vorschrift von Art. 485 Abs. 2 OR wird abgeleitet, der Anspruch des Lagerhalters auf das Lagergeld unterliege als periodische Leistung der fünfjährigen Verjährung nach Art. 128 Ziff. 1 OR (GAUTSCHI, N. 4c zu Art. 485 OR, S. 758, unter Berufung auf LÜTHI, S. 61; ZEHNDER, S. 152; unklar BLASER, S. 86). Nach dem Wortlaut des Gesetzes ist diese Auslegung vertretbar, führt aber zum kaum beabsichtigten Ergebnis, daß der Lagerhalter schlechter gestellt wird als ein gewöhnlicher, gewerblicher Aufbewahrer, sofern eine Vergütung ausbedungen oder nach den Umständen zu erwarten war und nicht ebenfalls periodisch verfällt (Art. 472 Abs. 2 OR; zur Ratio von Art. 128 Ziff. 1 OR z. B. BGE 69 II, 1943, S. 303, Erw. 3).

---

[8] Art. 485 Abs. 2, 3 OR. Kompetenzstücke sind nicht retinierbar (OFTINGER, N. 33 zu Art. 896 ZGB, S. 411, ohne Bezugnahme auf Art. 485 OR; offengelassen für das Retentionsrecht des Lagerhalters in BGE 83 III, 1957, S. 33). Unseres Erachtens spricht Art. 896 Abs. 1 ZGB einen allgemeinen Rechtsgrundsatz aus, der für jede Art von Retinierung Geltung haben sollte.
[9] BlZR 51, 1952, Nr. 181, S. 332f.; zur Streitfrage einläßlich OFTINGER, N. 26 zu Art. 896 ZGB, S. 409f.; TREYVAUD, S. 73ff.

VII. Rückgabe

Nach Art. 486 OR hat der Lagerhalter das eingelagerte Gut «gleich einem Aufbewahrer» zurückzugeben, ist aber an die vertragsmäßige Aufbewahrungsdauer in Abweichung von Art. 476 Abs. 1 OR auch dann gebunden, wenn infolge unvorhergesehener Umstände ein gewöhnlicher Aufbewahrer vor Ablauf der bestimmten Zeit zur Rückgabe berechtigt wäre (Art. 486 Abs. 1 OR). Im übrigen finden die Vorschriften über die gewöhnliche Hinterlegung Anwendung.

§ 117. Gast- und Stallwirthaftung (Art. 487–491 OR)

I. Einführung

1. Wo ein Gast dem ihn beherbergenden Hotelier Wertsachen zur sicheren Aufbewahrung anvertraut, liegt erkennbar ein Hinterlegungsvertrag vor. Der Gastwirt haftet aber unter bestimmten Voraussetzungen darüber hinaus auch für jede Beschädigung, Vernichtung oder Entwendung der vom Gast «eingebrachten» Sachen (Art. 487 OR), Sachen also, die der Gast z. B. in seinem Hotelzimmer zurückbehält. Es bereitet Mühe, hierin einen Hinterlegungsvertrag zu erblicken. Die Sachen werden dem Gastwirt nicht zur Aufbewahrung anvertraut (Art. 472 OR); er kennt in der Regel weder Wert noch Art der vom Gast mitgeführten Objekte. Die Verpflichtung zur custodia des Gastwirtes über die vom Gast eingebrachten Sachen kann allenfalls als eine vom Gesetze angeordnete Nebenverpflichtung aus dem sog. Beherbergungsvertrag verstanden oder damit begründet werden, daß die «Miete» eines Hotelzimmers besonderen Charakter hat. In der Regel haben nämlich der Gastwirt und seine Hilfspersonen mit Wissen und Willen des Gastes ebenfalls Zugang zum Hotelzimmer, das gereinigt, hergerichtet und überwacht werden soll. Meist wird der Zimmerschlüssel zu diesem Zwecke vom Gast hinterlegt[1]. Der Gastwirt hat also in einem gewissen Umfange Mitgewahrsam an den Objekten des Gastes. So mag die dogmatisch Mühe bereitende Haftung der Gastwirte[2], die das Gesetz ebenfalls im 19. Titel des OR

---

[1] Die Miete eines Banksafes mit dem System der Doppelschlüssel (BGE 95 II, 1969, S. 544, Erw. 2) beruht auf einer anderen Grundlage: Bank und Mieter haben nur zusammen und gemeinsam Zugang zum Mietobjekt. Vorne § 111 II 1., S. 659.

[2] Das römisch-rechtliche receptum cauponum; vgl. DERNBURG, Bd. II, § 39, 1, S. 105.

unterbringt, einigermaßen ihre hinterlegungsvertragliche Begründung finden.

2. Zu Art. 486 altOR entschied das Bundesgericht, daß nach der Meinung des Gesetzes zwischen Gastwirt und Gast ein Hinterlegungsvertrag bestehe über alle Gegenstände, mit Einschluß der Kostbarkeiten, die der Gast ins Hotel einbringe, womit dem Gastwirt ebenfalls eine Aufbewahrungs- und Obhutspflicht überbürdet werde: BGE 33 II, 1907, S. 424, Erw. 2; ähnlich BGE 76 II, 1950, S. 162, Erw. 4: «Der Gast begibt sich damit (in casu: mit der Einstellung des Automobils in die Hotelgarage) *gleich wie mit seiner übrigen Habe in die Obhut* des Hoteliers». – Meist wird die Gastwirthaftung als «gesetzliche Garantie», eine der Haftung aus Vertrag «analoge Haftbarkeit» begriffen (OSER/SCHÖNENBERGER, N. 3, 4, 18 zu Art. 487 OR, S. 1770 und 1773 und Zitierte), als vertragliche Gewährspflicht – mit Ausnahme des Falles von Art. 488 Abs. 2 OR – (GAUTSCHI, N. 2a–d, N. 4a und 6a zu Art. 487 OR, S. 772/73, 778 und 780 und Zitierte). Für Vertragshaftung (aus einem «eigenartigen Verwahrungsvertrag») BECKER, N. 1–3 zu Art. 487 OR, S. 784/86. Für Haftung ex lege (ohne vertragliche Momente) BUCHLI, S. 15; ähnlich GIOVANOLI, in ZSR NF 54, 1935, S. 9, lit. c. – Das französische Recht begreift die Haftung für eingebrachte Objekte als «dépôt nécessaire»; vgl. im einzelnen DALLOZ, Encyclopédie Juridique, 2. Aufl., 1971, s. v. Dépôt, no. 251 ff., S. 19; Art. 1952 CCfr.

3. Unter bestimmten Voraussetzungen haftet der Gastwirt, wenn auch dem Betrage nach begrenzt, kausal. Während einerseits der Europarat diese Haftungsgrundsätze in seiner Konvention vom 17. Dezember 1962 (Convention No. 41 on «the Liability of Hotel-Keepers concerning the property of their guests», European Conventions and Agreements, Vol. II, No. 41) zu vereinheitlichen anstrebt (bisher in Kraft in Frankreich, Deutschland, Irland, Malta und England [UK]), wird anderseits für den Wegfall der Bestimmungen von Art. 487–491 OR plädiert, an deren Wurzel die allerdings in der Tat nicht mehr zeitgemäße Befürchtung steht, ohne solche Vorschriften möchten die Gastwirte versucht sein, mit den Diebesbanden gemeinsame Sache zu machen (ROGER SECRÉTAN, unter Mitwirkung von PHILIPPE MEYLAN, in JdT 99, 1951 I, S. 182 f., Ziff. IV). Auch bei den Beratungen im Ständerat war ausdrücklich die Rede vom «modernen Zeitalter der Hoteldiebsbanden» (StenBullStR 1910, S. 230). Anderseits ist heutzutage der Hotelier ein kommerzieller Berufsstand wie jeder andere auch. Solange aber an der Haftung für die vom Gast eingebrachten Sachen festgehalten wird, hat die Haftungsbegrenzung zweifellos ihren guten Sinn. Dazu einläßlich WOLFGANG WEBER, passim.

II. Stallwirthaftung und Garagierung von Motorfahrzeugen

1. Das Bundesgericht hat Art. 490 OR, der Stallwirthaftung, praktisch das Anwendungsgebiet entzogen, indem es in Abänderung seiner früheren Rechtsprechung folgende Grundsätze aufgestellt hat:

2. Wird ein Motorfahrzeug in einem zum Hotelbetrieb gehörenden Garageraum eingestellt, so haftet der Hotelier nicht als Stallwirt nach Art. 490 OR, sondern – wie für andere vom Gast eingebrachte bewegliche Sachen – als Gastwirt nach Art. 487 OR[3].

---

[3] BGE 76 II, 1950, S. 161 f., Erw. 4. Vgl. zur früheren Praxis etwa BGE 36 II, 1910, S. 55 f. zu Art. 488 altOR; dazu CURTI, SJZ 6, 1909, S. 5 f. und ZBJV 46, 1910, Anm. zu Nr. 10, S. 183. – AG BS in SJZ 46, 1950, Nr. 47, S. 126 f. Der Garagist wird als Stallwirt behandelt vom KG GR, PKG 1945, Nr. 34, S. 91 f. BGE 62 II, 1936, S. 151. Siehe dazu unten § 117 II 3., S. 719.

3. Vorübergehende oder für längere Dauer beabsichtigte entgeltliche Einstellung von Motorfahrzeugen in einer gewerblich betriebenen Garage ist Miete, wenn eine verschließbare Boxe zur Verfügung gestellt wird (BGE 76 II, 1950, S. 156/57, Erw. 1), und reguläre Hinterlegung nach Art. 472 ff. OR bei Einstellung in einer Sammelgarage, und zwar auch dann, wenn dem Hinterleger ein bestimmter Platz zugewiesen wird (etwa als «Stunden»- oder «Dauerparking» bezeichnet). Es besteht also keine limitierte Kausalhaftung, sondern Ersatzpflicht im vollen Umfange nach Art. 97 f. OR (BGE 76 II, 1950, S. 156 ff., Erw. 1–3 und 5; zur früheren Rechtsprechung vorne § 117 II 2., S. 718).

4. In BGE 95 II, 1969, S. 544, Erw. 2 wird Art. 490 OR als praktisch obsolet erklärt, womit zugleich ein Stück Zeitgeschichte abgeschlossen wird (von allerdings auch nicht ganz unproblematischer Romantik, wenn man ältere Berichte über Reisen mit Wagen und Zugtier liest).

III. Die Gastwirthaftung im einzelnen

1. Der Fremde zur Beherbergung – Logierung, nicht bloß Verköstigung (Restauration) – aufnehmende Gastwirt haftet für jede Beschädigung, Vernichtung oder Entwendung der vom Gast eingebrachten Sachen, sofern er nicht zu beweisen vermag, daß der Schaden durch den Gast oder dessen Besucher, Begleiter oder «Dienstleute», durch höhere Gewalt[4] oder durch die Beschaffenheit der Sache *verursacht* worden ist. Gelingt dem Gastwirt für sich und seine «Dienstleute» die Exkulpation, so besteht indessen diese Haftung für die eingebrachten Sachen eines jeden einzelnen Gastes nur bis zum Betrage von Fr. 1000.– (Art. 487 Abs. 1 und 2 OR).

2. Die Haftungsbeschränkung wurde vom Hotelierverein beantragt (Exp. Komm. Langenthal, 18. Sitzung vom 4.10.1904, S. 88; BBl 1909 III, S. 754; StenBullNR 1909, S. 710).
Das Prinzip der «Mitverursachung» des Schadens durch den Gast bzw. dessen Begleiter gemäß Art. 487 und 488 Abs. 3 OR wurde von der Gerichtspraxis im Sinne einer Abwägung des Verschuldens der Beteiligten relativiert (BGE 46 II, 1920, S. 119 f., Erw. 4; Art. 97 f. und 43 f. OR). – Die summenmäßige Limitierung der Kausalhaftung des Gastwirtes entfällt aber bei Nachweis seines Verschuldens (BGE, a.a.O., S. 122, Erw. 7; Art. 487 Abs. 2 OR).
In der Haftungslimite von Fr. 1000.– ist auch das in der Hotelgarage eingestellte Automobil inbegriffen (dazu GAUTSCHI, N. 2b–f zu Art. 490 OR, S. 804 f.).

3. Für Kostbarkeiten, größere Geldbeträge oder Wertpapiere, die dem Gastwirt nicht zur Aufbewahrung übergeben werden, ist er nur haftbar, wenn ihn oder seine «Dienstleute» ein Verschulden trifft, womit die Haf-

---

[4] Zur Herkunft dieser Vorschrift vgl. ZBJV 33, 1897, Nr. 72, S. 425 f.

tungsbeschränkung entfällt. Hat der Gastwirt die Aufbewahrung übernommen oder abgelehnt, so haftet er aus Hinterlegungsvertrag nach Art. 472 ff. OR, also für den vollen Wert mit Exkulpationsmöglichkeit[5]. – Darf dem Gast die Deponierung nicht zugemutet werden, so haftet der Gastwirt für diese nicht hinterlegten Objekte wie für die anderen, vom Gast eingebrachten Sachen nach Art. 487 OR (Art. 488 Abs. 1, 2, 3 OR). Wann eine Verpflichtung zur Deposition von Wertsachen besteht, läßt sich nicht allgemein, sondern bloß im Einzelfalle entscheiden, wobei die Stellung des Gastes und der Rang des Hotels mitzuberücksichtigen sind (BGE 39 II, 1913, S. 726, Erw. 3 ad c zu Art. 486 altOR; Rep. Patria 76, 1943, S. 427/28).

4. Die Ansprüche des Gastes erlöschen, wenn er den Schaden nach dessen Entdeckung nicht sofort dem Gastwirt anzeigt[6]. Ablehnung der Verantwortlichkeit des Gastwirtes durch Anschläge in den Räumen des Gasthofes ist so wenig möglich wie deren Abhängigmachung von Bedingungen, die im Gesetze nicht genannt sind (Art. 489 OR, ähnlich schon Dresdner Entwurf von 1866, Art. 751 Abs. 2). Für Forderungen aus Beherbergung und Unterkunft steht dem Gastwirt an den eingebrachten und hinterlegten Sachen des Gastes ein Retentionsrecht analog dem Vermieterretentionsrecht zu (Art. 491 Abs. 1, 2 OR)[7].

5. Nach allgemeiner Auffassung haften nach Art. 487 f. OR nur Gastgewerbebetriebe, die gewerbsmäßig und gegen Entgelt Leute zur Logierung aufnehmen (im einzelnen GAUTSCHI, N. 3 zu Art. 487 OR, S. 774 ff.). Nicht darunter fallen sollen Betriebe, die aus der Logierung keinen Gewinn ziehen wollen, also insbesondere die heute viel frequentierten Jugendherbergen, soweit sie diese Voraussetzung erfüllen (GAUTSCHI, a.a.O., N. 3a–b, S. 774/76). Es erscheint als billig, für solche Betriebe keine (auch nicht eine betragsmäßig begrenzte) Kausalhaftung anzunehmen, sondern bloß die hinterlegungsvertragliche Haftung nach Art. 472 f. und 481 OR, sofern der Logierende dem Aufsichtspersonal, das nach Treu und Glauben zur Entge-

---

[5] GAUTSCHI, N. 2c zu Art. 488 OR, S. 790; a.M. VON BÜREN, Bes. Teil, S. 190, der unbeschränkte Kausalhaftung annimmt und den Gastwirt auf den Entlastungsbeweis nach Art. 487 Abs. 1 OR verweist. Es ist aber nicht ersichtlich, weshalb ein Hotelier schlechter gestellt sein sollte als ein sonstiger Aufbewahrer, wobei eingeräumt werden muß, daß im Falle der Ablehnung des Depositums allerdings kein echter Hinterlegungsvertrag besteht. Aber auch dann sollte er nicht schlechter gestellt werden, da die meist unentgeltliche Entgegennahme solcher Depositen durch den Gastwirt eine einseitig onerose Dienstleistung darstellt.

[6] Zum Falle von länger dauernden, zeitweilig unterbrochenen Logierungen vgl. BlZR 21, 1922, Nr. 42, S. 98 ff.

[7] Das Retentionsrecht soll nicht untergehen, wenn das betreibungsamtliche Retentionsinventar seine Wirkung verliert, vgl. BJM 1958, S. 100 f.

gennahme von Depositen ermächtigt scheint, Wertgegenstände zur Aufbewahrung übergibt. In diesen Fällen muß indessen der Logis Gewährende die Entgegennahme ohne Begründung seiner Haftung ablehnen können (in Abweichung von Art. 488 Abs. 2 OR) und ermächtigt sein, diese Haftungssituation durch Anschläge verbindlich kundbar zu machen (in Abweichung von Art. 489 Abs. 2 OR). Gleichwohl kann man sich fragen, ob die Haftung für eingebrachte Objekte auch bei unentgeltlicher Logierung durch einen «Gastwirt» dann bejaht werden müßte, wenn ihm ein erhebliches Verschulden zur Last gelegt werden muß. Nach BGE 33 II, 1907, S. 265/66, Erw. 3 scheint die Gastwirthaftung (nach Art. 486 altOR) auch bei unentgeltlicher Beherbergung zu spielen (ebenso HAFNER, N. 1a zu Art. 486 altOR, S. 289).

6. Anders als bei der betragsmäßig unbegrenzten Verschuldenshaftung des Gastwirtes hat dieser bei erfolgreicher Inanspruchnahme aus bloß limitierter Kausalhaftung nach Art. 487 Abs. 2 OR den Sachwert der beschädigten, vernichteten oder entwendeten Sachen nur bis zur *Haftungsgrenze* zu ersetzen[8].

7. Stellt der Hotelier dem Gast Safes zur Verfügung, so liegt Miete vor, nicht Hinterlegung oder Gastwirthaftung (einläßlich BGE 95 II, 1969, S. 541 ff.).

8. Durch die Deponierung von Kleidern in bewachten Garderoben eines Restaurants oder Hotels – durch einen dort nicht logierenden Gast – oder in solchen anläßlich von Veranstaltungen wird in der Regel ein Hinterlegungsvertrag nach Art. 472 f. OR begründet[9], für den die allgemeinen Haftungsnormen ohne summenmäßige Begrenzung gelten.

---

[8] Nicht aber z. B. Auslagen wegen auf das Abhandenkommen von Objekten zurückgeführten Gesundheitsschädigungen (z. B. Nervenzerrüttung, Genugtuungsansprüche) oder das Affektionsinteresse: BGE 37 II, 1911, S. 194, Erw. 1 und 6 zu Art. 486 altOR.
[9] Zum Beispiel BlZR 19, 1920, Nr. 29, S. 39 ff., ZBJV 100, 1964, S. 278. – Für einen Grenzfall (Aufforderung an die Gäste einer Hotelbar, die Kleider an Garderobeständern in der Hotelhalle zu deponieren) KGA GR in SJZ 59, 1963, Nr. 121, S. 255/56; zum Prinzip GAUTSCHI, N. 4b zu Art. 472 OR, S. 616.

Gesetzesregister

I. Bundesverfassung

Art. 4	364
Art. 34ter	*Abs. 1, lit. a:* 298
	Abs. 1, lit. b: 298
	Abs. 1, lit. c: 298, 473
	Abs. 1, lit. e: 298
	Abs. 1, lit. f: 298
	Abs. 2: 473, 474
Art. 34quater	390
Art. 34septies	474
Art. 56	299
Art. 59	67, 485
Art. 64	298

II. Schweizerisches Zivilgesetzbuch, vom 10. Dezember 1907

Art. 2	249, 666, 670
	Abs. 2: 414 f.
Art. 3	333
Art. 5	6
	Abs. 2: 204
Art. 8	94
Art. 19	185
Art. 27	403, 410, 415, 423
	Abs. 2: 339
Art. 28	241, 357, 456, 458, 706
Art. 72	*Abs. 3:* 463
Art. 89bis	391
Art. 161	327
Art. 191	*Ziff. 2:* 329
Art. 207	*Abs. 2:* 233
Art. 215	706
Art. 217	706
Art. 220	*Abs. 2:* 233
Art. 241	185
Art. 243	*Abs. 3:* 233
Art. 334	330
Art. 334a	331
Art. 334bis	330
Art. 395	184
Art. 420	185
Art. 602	706
Art. 617	258
Art. 619bis	258
Art. 619sexies	258
Art. 620 ff.	258
Art. 641	**658**, 676 ff., **682**, 685, 687, **697 ff.**, 704
Art. 646 ff.	658, 683, 686, **689 ff.**, 696, 698, 703, 712, **715 f.**
Art. 648	693
Art. 650	693 f.
Art. 651	693 f.
Art. 652 ff.	662, 706 f.
Art. 655	9, 127
Art. 714	40
Art. 715	13, 26
Art. 717	663
Art. 726	13, 307
Art. 727	688, 689_{N6}
Art. 745	706
Art. 755	210

Art. 884	657, 659 ff.		Art. 43	22, 102, 250
Art. 890	661		Art. 44	102, 250, 420, 421, 528, 710
Art. 895	716		Art. 47	357
Art. 895 ff.	253		Art. 49	357
Art. 902	711, 714		Art. 51	388
Art. 920	658, 678		Art. 55	116, 318, 337, 359
Art. 922	21, 39		Art. 58	225
Art. 923	678 f.		Art. 60	530
Art. 924	21, 39 *Abs. 1:* 663, 677$_{N10}$, 679, 681		Art. 62	620
			Art. 63	233 *Abs. 1:* 263
Art. 925	39, 711, 714$_{N7}$		Art. 66	656
Art. 931	658, 705		Art. 68	14, 51, 285
Art. 933	13, 41, 62		Art. 69	74
Art. 934	658		Art. 71	112
Art. 935	41		Art. 74	14, 36, 700 *Abs. 2:* 231
Art. 959	230			
Art. 973	41, 194		Art. 75	14, 218
Art. 974	24		Art. 77	244 *Abs. 2:* 244

III. Schweizerisches Obligationenrecht, vom 30. März 1911/ 18. Dezember 1936

			Art. 81	*Abs. 1:* 365
Art. 1	5, 656 f., 670		Art. 82	17, 56, 231
Art. 2	131, 155 *Abs. 1:* 212		Art. 83	17
			Art. 84	14, 231
Art. 11	659		Art. 91	381, 543, 544
Art. 12	130		Art. 92	231, 657, **661**, 662, 702
Art. 16	325		Art. 94	661
Art. 18	659		Art. 95	543
Art. 19	527 *Abs. 1:* 313		Art. 96	657, **661**, 662, 702, **706**
Art. 20	241, 332, 385, 426, 620, 656 *Abs. 2:* 263, 300, 426		Art. 97	74, 109 ff., 217, 224, 360, 385, 519, 520, 672, 675, 703, 709, **710**, 715 *Abs. 1:* 218, 224, 246, 252
Art. 21	332		Art. 98	524 *Abs. 1:* 223
Art. 22	151, 656			
Art. 24	42, 117 ff.		Art. 99	224, 250, 657, 710
Art. 35	705		Art. 100	520, 708, 710 *Abs. 2:* 358
Art. 41	113, 114 ff., 217, 322, 351, 520 f. *Abs. 2:* 22			
			Art. 101	318, 359, 532, 674

Art. 102	214	Art. 185	510
Art. 103	31, 52, 703		*Abs. 1:* 6, **28 ff.**, **33 ff.**
Art. 107	44 ff., 53 ff., 217, 225, 235, 246, 511, 591		*Abs. 2:* 35 ff.
			Abs. 3: 32
Art. 108	43, 217, 235	Art. 187	*Abs. 1:* 7, 127
	Ziff. 1: 511		*Abs. 2:* 7
	Ziff. 2: 511	Art. 188	6, 39
	Ziff. 3: 512	Art. 189	6, 39
Art. 109	26, 44, 217, 235	Art. 190	4, **43 ff.**, 129
	Abs. 2: 512, 518	Art. 191	4
Art. 111	72		*Abs. 1:* 46
Art. 112	660, 661, 675		*Abs. 2:* 47, **48 ff.**, 129
Art. 115	130		*Abs. 3:* 47, **49 ff.**
Art. 119	17, 21, 27 f., 218, 385, 594, 698, 703	Art. 192	226
			Abs. 1: 63 ff.
	Abs. 2: 385		*Abs. 2:* 64
Art. 120	535, 700$_{N13}$		*Abs. 3:* 65
Art. 125	*Ziff. 1:* 673, 700	Art. 193	66 ff.
Art. 127	704 f.	Art. 194	63, 64
Art. 128	716	Art. 195	68
	Ziff. 1: 232	Art. 196	69
	Ziff. 3: 379	Art. 197	**73 ff.**, 520
Art. 130	700 f., 704	Art. 198	87 f.
Art. 134	*Ziff. 4:* 331	Art. 199	73, 86, 520
Art. 143	672, **675**, **707 f.**, **709**	Art. 200	84, 85, 102
Art. 150	707	Art. 201	526
Art. 151	161		*Abs. 1:* 84, **89 ff.**, 102, 128
Art. 161	338		*Abs. 2:* 53, 91
Art. 166	262		*Abs. 3:* 91, 252
Art. 168	231, 657, **661**, 705	Art. 202	94 ff.
Art. 169	262	Art. 203	95, 119
Art. 171	10, 62	Art. 204	53, 92 ff., 102
Art. 176	237	Art. 205	26, **96 ff.**, **103 ff.**
	Abs. 3: 229, 237		*Abs. 3:* 517
Art. 181	*Abs. 2:* 406	Art. 206	74, 92, **123 ff.**
Art. 184	663		*Abs. 2:* 125
	Abs. 1: 2	Art. 207	97
	Abs. 2: 6, 14, **17 ff.**		*Abs. 3:* 27
	Abs. 3: **15 ff.**	Art. 208	517 f.
			Abs. 1: 26, 97, 104
			Abs. 2: 99 ff., 104, 112
			Abs. 3: 92, 101 ff., 104, 111 f.
		Art. 209	98

Art. 210	90 *Abs. 1:* 105 ff. *Abs. 2:* 108 *Abs. 3:* 108		Art. 235	164
			Art. 236	164
			Art. 237	181
Art. 211	*Abs. 1:* **51 ff.**		Art. 238	182
Art. 212	6, 14, 15		Art. 239	183 ff. *Abs. 3:* 186
Art. 213	204 *Abs. 1:* **17 ff.** *Abs. 2:* 6		Art. 240	184
			Art. 241	185
Art. 214	*Abs. 1:* 53 *Abs. 2:* 53 *Abs. 3:* 26, 54 ff., 128		Art. 242	187
			Art. 243	188 ff.
Art. 215	4, **56 ff.**, 129		Art. 245	192
Art. 216	509 *Abs. 1:* 129, 133, 151 ff. *Abs. 2:* 156, 210		Art. 246	189 ff.
			Art. 247	193 f.
			Art. 248	195
Art. 218	142		Art. 249	196
Art. 218 bis	143		Art. 250	196
Art. 218 ter	143		Art. 251	197
Art. 218 quinquies	144		Art. 252	704
Art. 219	139 f. *Abs. 2:* 139 *Abs. 3:* 106, 138		Art. 253	209, 211, 657, 659, 719
			Art. 254	213, 214, 216, 217, 219, 221, 225, 232, 250, 260 *Abs. 1:* 216, 221 *Abs. 2:* 216, 220, 221, 245 *Abs. 3:* 204, 216, 245
Art. 220	137			
Art. 221	128			
Art. 222	158 ff. *Abs. 3:* 94, 159		Art. 255	213, 214, 216, 217, 221, 223, 225, 227, 232, 237, 245, 250 *Abs. 1:* 222, 245 *Abs. 2:* 224
Art. 223	160 ff.			
Art. 224	161			
Art. 225	161		Art. 256	213, 216, 232 *Abs. 1:* 223 *Abs. 2:* 216, 223
Art. 226 a	536			
Art. 226 a–m	166 ff.			
Art. 226 m	*Abs. 1:* 210		Art. 257	213, 214, 216 *Abs. 1:* 218 *Abs. 2:* 216
Art. 227 a–i	170 ff.			
Art. 228	170 ff.		Art. 258	213, 216, 218, 226, 227, 234
Art. 229	163 ff.		Art. 259	213, 216, 228, 229, 230, 242, 248, 261 *Abs. 1:* 211, 229 *Abs. 2:* 215, 230 *Abs. 3:* 227
Art. 230	165			
Art. 231	164			
Art. 232	164			
Art. 233	165		Art. 260	213, 215, 216, 230 *Abs. 1:* 230 *Abs. 2:* 230
Art. 234	165			

Art. 261	213, 216, 234, 237, 245 *Abs.1:* 252 *Abs.2:* 235, 245	Art. 276	260
		Art. 277	261 *Abs.2:* 267
Art. 262	204, 213, 216 *Abs.1:* 204 *Abs.2:* 231, 246	Art. 278	261, 264, 268
		Art. 280	261
Art. 263	204, 213 *Abs.2:* 212, 221, 223, 224	Art. 281	261 *Abs.2:* 262
Art. 264	213, 215, 235, 266 *Abs.1:* 236 *Abs.3:* 236	Art. 281bis	206, 207, 258, 261
		Art. 281ter	206, 258, 262
		Art. 282	262
Art. 265	204, 213, 216, 246 *Abs.3:* 246	Art. 283	*Abs.1:* 260 *Abs.2:* 265
Art. 266	213, 246	Art. 284	204 *Abs.1:* 261, 264 *Abs.2:* 261, 264
Art. 267	204, 213, 230, 240, 242, 249, 250 *Abs.2, Ziff.1:* 240		
		Art. 285	264
Art. 267a	206, 207, 215, 218, 226, 227, 228, 242, 245, 267 *Abs.3:* 244 *Abs.4:* 233	Art. 286	204 *Abs.1:* 204, 262 *Abs.2:* 262
		Art. 287	204, 263, 264 *Abs.2:* 264
Art. 267b	206, 226, 239, 267 *Abs.1:* 239 *Abs.2:* 244	Art. 288	261
		Art. 289	*Abs.1:* 265 *Abs.3:* 266
Art. 267c	206, 242, 243, 244, 267		
Art. 267d	206, 242, 267	Art. 290	204, 262, 267 *Abs.1:* 266, 267, 268 *Abs.2:* 266, 269
Art. 267e	206, 216, 245, 267		
Art. 267f	206, 242, 267		
Art. 268	213, 238, 239, 266	Art. 290a	242, 267
Art. 269	213, 219, 246, 249, 250, 251, 254 *Abs.3:* 250	Art. 291	269 *Abs.2:* 269
		Art. 292	266, 267
Art. 270	213, 242, 246, 248	Art. 293	268
Art. 271	213 *Abs.1:* 204, 210 *Abs.2:* 216, 252 *Abs.3:* 220, 251, 252	Art. 294	268
		Art. 295	247 *Abs.1:* 268 *Abs.2:* 268
Art. 272	213, 232, 233, 253, 254, 255 *Abs.2:* 255	Art. 296	269 *Abs.1:* 270
Art. 273	213, 255 *Abs.1:* 255 *Abs.2:* 256	Art. 297	268
		Art. 298	260 *Abs.1:* 269 *Abs.2:* 270 *Abs.3:* 260, 270
Art. 274	213 *Abs.2:* 253		
Art. 275	657 *Abs.1:* 211, 246, 258, 260		

Art. 299	260	Art. 321 c	**344 ff.**
	Abs.1: 270		*Abs.2:* 345
	Abs.2: 270		*Abs.3:* 346
	Abs.3: 270	Art. 321 d	288, **334**
Art. 300	260	Art. 321 e	342, **360 f.**, 672
	Abs.1: 270		*Abs.2:* 360
	Abs.2: 271	Art. 322	**362**, 481
Art. 301	*Abs.1:* 271		*Abs.1:* 333, **364**, 460
	Abs.2: 271		*Abs.2:* 362
Art. 302	204, 259, 657	Art. 322 a	*Abs.2:* 371
	Abs.1: 272	Art. 322 b	*Abs.1:* 370
	Abs.2: 272		*Abs.2:* 370
Art. 303	204, 259		*Abs.3:* 370
	Abs.1: 272	Art. 322 d	**373 f.**
	Abs.2: 272		*Abs.1:* **372 f.**
Art. 304	204, 259, 272		*Abs.2:* 374
	Abs.2: 277	Art. 323	293, 380
Art. 305	274, 275, 276, 657		*Abs.1:* 364
Art. 306	212		*Abs.2:* 380
	Abs.1: 277		*Abs.3:* 380, 422
Art. 307	275, 276		*Abs.4:* 365
	Abs.1: 277	Art. 323 a	**377**
	Abs.2: 277, 278		*Abs.2:* 377
Art. 308	277		*Abs.3:* 377
Art. 309	275	Art. 323 b	*Abs.1:* 378
	Abs.1: 276, 278		*Abs.2:* 377 f., 420, 422
	Abs.2: 278		*Abs.3:* 378
Art. 310	278	Art. 324	336, 442
Art. 311	278		*Abs.1:* 381
Art. 312	657, 700		*Abs.2:* 383
Art. 312 a	672	Art. 324 a	388, 413, 442
Art. 318	700		*Abs.1:* 339, **386**
Art. 319	*Abs.1:* **284 ff.**		*Abs.2:* 339, **386 f.**, 388
	Abs.2: 286		*Abs.3:* 386
Art. 320	*Abs.1:* **324 f.**		*Abs.4:* **387**, 393
	Abs.2: **326 ff.**	Art. 324 b	**387**, 413
	Abs.3: 300, **332 f.**, **432**	Art. 325	*Abs.1:* 379
Art. 321	248, **285**, 360		*Abs.2:* 379
Art. 321 a	**341 ff.**	Art. 326	**367 f.**
	Abs.2: 342		*Abs.1:* 367
	Abs.3: 286, 342, **348**, 423		*Abs.2:* 367
	Abs.4: **285**, **343**, 422		*Abs.3:* 367
Art. 321 b	**346 f.**		*Abs.4:* 368
	Abs.2: 361, **399**, 402	Art. 326 a	367
		Art. 327 a	375

Art. 327 b	375 *Abs. 1:* 376 *Abs. 2:* 376 *Abs. 3:* 376	Art. 336	407 *Abs. 2:* 241, **410 f.**
		Art. 336 a	*Abs. 1:* 411
Art. 327 c	376	Art. 336 b	*Abs. 1:* 411 *Abs. 2:* 412
Art. 328	337, 358 *Abs. 1:* 339, **347 ff.** *Abs. 2:* **349**	Art. 336 c	412
		Art. 336 d	410
Art. 328 a	349 *Abs. 3:* 350	Art. 336 e	**412 f.**
		Art. 336 g	**417**
Art. 329	*Abs. 1:* 351 *Abs. 2:* 352, 365	Art. 337	407, **418**, 434, **477** *Abs. 1:* 245, 421
Art. 329 a	354 *Abs. 1:* 355 *Abs. 2:* 354 *Abs. 3:* 354	Art. 337 a	407
		Art. 337 b	*Abs. 1:* 420 *Abs. 2:* **420**
		Art. 337 c	*Abs. 2:* **421**
Art. 329 b	356 *Abs. 2:* 356	Art. 337 d	388, **421**
		Art. 338	407 *Abs. 2:* 397
Art. 329 c	*Abs. 1:* 354		
Art. 329 e	354	Art. 338 a	407
Art. 330	660	Art. 339	380 *Abs. 1:* 377, **422** *Abs. 2:* 422
Art. 330 a	*Abs. 1:* **350**		
Art. 331	*Abs. 1:* **391** *Abs. 3:* 390, **391**	Art. 339 a	**422**
		Art. 339 b	*Abs. 1:* **396** *Abs. 2:* **396**
Art. 331 a	*Abs. 1:* 391 *Abs. 2:* 392 *Abs. 3:* 392 *Abs. 4:* 392	Art. 339 c	*Abs. 1:* 397 *Abs. 2:* 397 *Abs. 4:* 398
Art. 331 b	*Abs. 1:* **392** *Abs. 2:* **393** *Abs. 4:* **393**	Art. 339 d	**398**
		Art. 340	285 *Abs. 1:* 424, **425** *Abs. 2:* **424 f.**
Art. 331 c	*Abs. 1:* 394 *Abs. 2:* 379, **394** *Abs. 3:* 395 *Abs. 4:* **394** *Abs. 14:* **395**	Art. 340 a	*Abs. 2:* **424**, 426
		Art. 340 b	*Abs. 3:* **427**
		Art. 340 c	*Abs. 1:* 427 *Abs. 2:* **428**
Art. 332	346 *Abs. 2:* **402** *Abs. 3:* 402 *Abs. 4:* **403**	Art. 341	384 *Abs. 1:* 379, 459
		Art. 342	*Abs. 2:* 300
Art. 332 a	346, **404**	Art. 343	**485** *Abs. 1:* **484** *Abs. 2:* 486 *Abs. 3:* 487 *Abs. 4:* 487
Art. 333	**404 f.** *Abs. 4:* 406		
Art. 334	**408**		
Art. 335	*Abs. 1:* **409**		

Art. 344	**429**	Art. 356 b	455, 457, **470**
Art. 344 a	*Abs. 1:* 325, **432**		*Abs. 2:* 470, **471**
	Abs. 2: 288, **429**, 432	Art. 356 c	**455**
	Abs. 4: 433		*Abs. 2:* 477
Art. 345	433	Art. 357	448
Art. 345 a	**433**		*Abs. 1:* **459**
	Abs. 3: 354		*Abs. 2:* **461**
Art. 346	*Abs. 1:* 433	Art. 357 a	**463**
	Abs. 2: **434**		*Abs. 2:* **464**
Art. 347	**434 f.**	Art. 357 b	**461**, 463, **468**, 473
Art. 347 a	325, **436**		*Abs. 1, lit. b:* 476
	Abs. 1, lit. d: 325	Art. 359	295, 481
	Abs. 2: 325, 432		*Abs. 2:* 482
	Abs. 3: 325, **436**		*Abs. 3:* 482
Art. 348	*Abs. 3:* 437	Art. 359 a	*Abs. 1:* **482 f.**
Art. 348 a	**437**		*Abs. 3:* 483
Art. 348 b	*Abs. 1:* 435, **437**		*Abs. 4:* 483
	Abs. 2: 435, **437**	Art. 360	295
Art. 349 a	*Abs. 1:* 370		*Abs. 1:* 480
	Abs. 2: 370		*Abs. 2:* **481**
Art. 349 b	*Abs. 3:* 380	Art. 361	293, 311
Art. 349 e	422, **437**	Art. 362	293, 353, **419**, 462
Art. 350	**438**	Art. 363	**304 ff.**, 311, 498, 663
Art. 351	**439**		*Abs. 1:* **533**
Art. 351 a	*Abs. 1:* **440**	Art. 364	511, **512**, 531
	Abs. 2: 440		*Abs. 1:* 515
Art. 352	**441**		*Abs. 2:* **531**
Art. 352 a	441		*Abs. 3:* 533
Art. 353	441	Art. 365	11, 13, **521**
Art. 353 b	442		*Abs. 2:* 515
Art. 353 c	442		*Abs. 3:* 545
Art. 354	442	Art. 365 a	*Abs. 1:* **454**
Art. 355	292, 430	Art. 366	**511**
Art. 356	481		*Abs. 2:* 524
	Abs. 1: **457, 460**, 469, 470, 472	Art. 367	500, **515**, 525, 526
	Abs. 2: **465**		*Abs. 1:* 525
	Abs. 3: **462**, 471		*Abs. 2:* 526
Art. 356 a	**455**	Art. 368	**516**
	Abs. 1: **456**		*Abs. 1:* 518, 580
	Abs. 2: 298, **458**		*Abs. 2:* 510, **517**
	Abs. 3: 298, **458 f.**	Art. 369	**528**
		Art. 370	525, 527
		Art. 371	524, **529**
			Abs. 2: 314

Art. 372	13, 525, **533**	Art. 391	589
Art. 373	232, **537**		*Abs. 1:* 589
Art. 374	**541**		*Abs. 2:* 587
Art. 375	**540**, 550	Art. 392	**590**
Art. 376	510, **543**, 550		*Abs. 1:* 593
	Abs. 1: 516, **543**		*Abs. 2:* 593
	Abs. 2: 515, **543**		*Abs. 3:* 592
	Abs. 3: **544**, 551	Art. 393	559
Art. 377	503f., 509, 510, **549**	Art. 394	657, 664f., **667-685**, 708f.
Art. 378	**545**, 550		*Abs. 2:* 303, 311, **313**, 505
	Abs. 1: **545**	Art. 397	310, 673
	Abs. 2: **547**	Art. 398	*Abs. 1 u. 2:* 672
Art. 379	**550**		*Abs. 2:* 513
Art. 380	**552**		*Abs. 3:* 658, **673-682**, **684f.**,
Art. 381	**574**		**690**, 708, 710
	Abs. 1: 556, **574**	Art. 399	658, **673–682**, **684f.**, **690**, 708, 710
	Abs. 2: 564, 580	Art. 400	310, 346, 672, 677
	Abs. 3: 581	Art. 401	676ff., 681f.
Art. 382	**579**	Art. 402	672
	Abs. 1: **579**	Art. 403	672
	Abs. 2: 575	Art. 404	314, 503f., 507, 509, 672
	Abs. 3: 575		*Abs. 2:* 277
Art. 383	**585**	Art. 405	248, 666, 682, 705
	Abs. 1: 575, 585	Art. 418u	438
	Abs. 2: 585	Art. 425	678–682, 685, 715
	Abs. 3: 587	Art. 426	715, 716
Art. 384	**584**	Art. 427	715
	Abs. 1: **584**	Art. 472	*Abs. 1:* 655ff., 661, **663ff.**,
	Abs. 2: 588		**667ff.**, 685ff., 696, 701ff.,
Art. 385	583		709f., 711ff., 717f.
	Abs. 1: 583		*Abs. 2:* 655, **657**, 668, 683f.,
	Abs. 2: 586		702f., **709**, **713**, 715, **716**
Art. 386	575	Art. 473	*Abs. 1:* 709
Art. 387	565, 579		*Abs. 2:* 672, **709**
Art. 388	**588**	Art. 474	673, **699**, 700, **701**, 702
	Abs. 1: 588	Art. 475	*Abs. 1:* **656**, **657**, 658, 661, 662,
	Abs. 2: 588		665, 666, **668**, **669**, 672, 673,
	Abs. 3: 586		675, 677, 678, 684, 688, 689, 699,
Art. 389	588		700, **701–709**, 710
	Abs. 1: 589		*Abs. 2:* 702
	Abs. 2: 588	Art. 476	662, 672, **702f.**, 717
	Abs. 3: 589	Art. 477	700, 708
Art. 390	578		
	Abs. 1: 594		
	Abs. 2: 594		

Art. 478	672, 709		Art. 334	*Abs. 2*: 347
Art. 479	673, **705 ff.**		Art. 334bis	393
Art. 480	657, **661 f.**		Art. 339	347
Art. 481	656, 657, 658, 672, 684 f., 686, **696 ff.**, 700, 703, 710, 712		Art. 346	*Abs. 1*: **409**
Art. 482	711 ff.		Art. 347	*Abs. 3*: **410 f.**
Art. 483	673, 713, **714 f.**, 716		Art. 353	*Abs. 1*: 420
Art. 484	656, 658, 683, **685–696**, 698, 703, 708, 712, 713, **715 f.**		Art. 361	311
Art. 485	657, 713, **716**		Art. 362 b	*Abs. 1*: 429
Art. 486	702, 713, **717**			
Art. 487	717 ff.		**V. Bundesgesetz über das Obligationenrecht, vom 14. Brachmonat 1881**	
Art. 488	719, 721			
Art. 489	720, 721		Art. 17	423, 656
Art. 490	718, 719		Art. 75	656
Art. 491	720		Art. 202	663
Art. 517	325		Art. 209	714_{N7}
Art. 544	706		Art. 275	215
Art. 545	*Abs. 1, Ziff. 7*: 478		Art. 283	234
Art. 552	467		Art. 335	291
Art. 690	693		Art. 475	657
Art. 707	*Abs. 3*: 276		Art. 480	708
Art. 709	*Abs. 2*: 276		Art. 483	662
Art. 710	660		Art. 484	697
Art. 748	406		Art. 485	697
Art. 749	406		Art. 486	718, 721_{N8}
Art. 967	680			
Art. 1153	711, **712**, 713, **714**		**VI. Bundesgesetz über die Allgemeinverbindlicherklärung von Gesamtarbeitsverträgen, vom 28. September 1956**	
Art. 1154	711, 714			
Art. 1155	712		Art. 2	**474 f.** *Ziff. 4*: 458 *Ziff. 5*: 455 *Ziff. 6*: 454
IV. Schweizerisches Obligationenrecht, vor der Revision des 10. Titels und des Titels 10bis			Art. 3	**474 ff.**
Art. 134	*Ziff. 4*: 331		Art. 4	476
Art. 321	296		Art. 5	476 *Abs. 2*: 458
Art. 323	*Abs. 3*: 379		Art. 6	*Abs. 1*: 476 *Abs. 3*: 476
Art. 324	481 *Abs. 2*: 483			

Art. 7	476
Art. 9–13	476
Art. 16	476
Art. 18	*Abs. 2:* 477

VII. Bundesgesetz betreffend die Arbeit in den Fabriken, vom 18. Juni 1914

Art. 11	296, 383
Art. 13	338
Art. 21	*Abs. 2:* 410
Art. 25	*Abs. 3:* 377
Art. 28	378
Art. 29	*Abs. 3:* 487
Art. 30	488 f.
Art. 31	*Abs. 1:* 492, 493 *Abs. 2:* 492
Art. 33	490
Art. 34	489, 491, 492
Art. 65	*Abs. 5:* **414**

VIII. Bundesgesetz über die Arbeit in Industrie, Gewerbe und Handel, vom 13. März 1964

Art. 1	299
Art. 2	299 *Abs. 1, lit. a:* 319 *Abs. 1, lit. b:* 320 *Abs. 2:* 319
Art. 3	299 *lit. d:* 312
Art. 5	*Abs. 2:* 320
Art. 6	337
Art. 11	383
Art. 12	345
Art. 13	300
Art. 29	*Abs. 2:* 348
Art. 30	300, 333, 431
Art. 33	*Abs. 1:* 348

Art. 37	*Abs. 4:* 337
Art. 38	**296 f.** *Abs. 1:* 296, 338 *Abs. 2:* 296
Art. 39	297
Art. 64	286
Art. 71 c	300

IX. Bundesgesetz über die Arbeitslosenversicherung, vom 22. Juni 1951

Art. 1	301

X. Bundesgesetz über die Alters- und Hinterlassenenversicherung, vom 20. Dezember 1946

Art. 83	*Abs. 2:* **475**

XI. Bundesgesetz über die berufliche Alters-, Hinterlassenen- und Invalidenvorsorge (Entwurf)

Art. 28	390, 392

XII. Bundesgesetz über die Kranken- und Unfallversicherung, vom 13. Juni 1911

Art. 100	*Abs. 1:* 359
Art. 129	*Abs. 2:* 358 f.
Art. 130	387

XIII. Bundesgesetz über die Heimarbeit, vom 12. Dezember 1940

Art. 5	440
Art. 12	**362 f.**, 441
Art. 13	362

XIV. Bundesgesetz über das Dienstverhältnis der Bundesbeamten, vom 30. Juni 1927

Art. 8	321

Art. 13	*Abs. 2:* 321		Art. 71	445
Art. 14	321		Art. 73	445
Art. 15	321		Art. 77	445
Art. 23	321			*Abs. 1:* 444
Art. 24	321		Art. 82	445
Art. 26	321		Art. 90	*Abs. 2:* 215
Art. 27	321			
Art. 30	*Abs. 1:* 323			
	Abs. 2: 323			
Art. 31	*Ziff. 9:* 320			
Art. 33	323			
Art. 38	*Abs. 2:* 321			
Art. 48	321			
Art. 53	320			
Art. 55	320			
Art. 58	323			
Art. 60	323			

XVII. Bundesgesetz über die Anlagefonds, vom 1. Juli 1966

Art. 6	714
Art. 13	686
Art. 43	*Abs. 2:* 660

XVIII. Bundesgesetz über die Banken und Sparkassen, vom 8. November 1934/ 11. März 1971

Art. 47	691, 706, 711

XV. Bundesgesetz über die Verantwortlichkeit des Bundes sowie seiner Behördemitglieder und Beamten, vom 14. März 1958

Art. 3	*Abs. 1:* 322
Art. 6	322
Art. 7	322
Art. 11	322
Art. 14	322
Art. 15	322
Art. 18	*Abs. 1:* 323

XIX. Bundesgesetz betreffend die Erfindungspatente, vom 25. Juni 1954

Art. 3	*Abs. 1:* 401
Art. 8	76
Art. 34	**596**

XX. Bundesgesetz über Kartelle und ähnliche Organisationen, vom 20. Dezember 1962

Art. 1 ff.	642
Art. 5	459

XVI. Bundesgesetz über die Seeschiffahrt unter der Schweizerflagge, vom 23. September 1953

Art. 45	*Abs. 1:* 444
Art. 60	*Abs. 1:* 444
Art. 62	*Abs. 3:* 444
Art. 68	*Abs. 1:* 443
	Abs. 2: 443
Art. 69	*Abs. 1:* 444

XXI. Bundesgesetz betreffend den Schutz der Fabrik- und Handelsmarken, vom 26. September 1890/ 22. Juni 1939

Art. 1	*Ziff. 2:* 635
Art. 6bis	**633**
Art. 7bis	**633**
Art. 11	**634**

XXII. Bundesgesetz über den unlauteren Wettbewerb, vom 30. September 1943

Art. 1   629, 637

XXIII. Bundesgesetz betreffend das Urheberrecht an Werken der Literatur und Kunst, vom 7. Dezember 1922/ 24. Juni 1955

Art. 4   *Abs. 2:* 76
Art. 12   76

XXIV. Bundesgesetz über die Erhaltung des bäuerlichen Grundbesitzes, vom 12. Juni 1951/6. Oktober 1972

Art. 1 ff.   206, 207, 261, 263
Art. 6–17   145 f.
Art. 18–21   147 ff.
Art. 23   266
Art. 24bis 267, 269
Art. 24ter 267
Art. 25   267
Art. 26   258

XXV. Bundesgesetz über die Entschuldung landwirtschaftlicher Heimwesen, vom 12. Dezember 1940

Art. 1 ff.   258

XXVI. Bundesgesetz über die Kontrolle der landwirtschaftlichen Pachtzinse, vom 21. Dezember 1960

Art. 1 ff.   206, 257, 258, 262
Art. 12   *Abs. 1:* 263

XXVII. Bundesgesetz über Änderungen des bäuerlichen Zivilrechts, vom 6. Oktober 1972

Art. 1 ff.   206, 258, 267

XXVIII. Bundesbeschluß über die Bewilligungspflicht für den Erwerb von Grundstücken durch Personen im Ausland, vom 23. März 1961

Art. 1 ff.   141$_{N1}$

XXIX. Bundesbeschluß über Maßnahmen gegen Mißbräuche im Mietwesen, vom 30. Juni 1972

205, 206, 207, 213, 215, 216, 232, 233

XXX. Bundesgesetz über Schuldbetreibung und Konkurs, vom 11. April 1889/ 28. September 1949

Art. 72 ff.   232
Art. 92   255
Art. 93   378
Art. 95   *Abs. 3:* 695
Art. 98   695
Art. 104   694
Art. 106   658, 695
Art. 106–109   255
Art. 132   694
Art. 175   268
Art. 211   *Abs. 1:* 248
            Abs. 2: 248
Art. 219   660
            Abs. 4, lit. a: 379
Art. 242   658
Art. 282 ff.   247, 268
Art. 283–284   255 f.

XXXI. Verordnung des Bundesgerichts über die Pfändung und Verwertung von Anteilen an Gemeinschaftsvermögen, vom 17. Januar 1923

    694

XXXII. Schweizerisches Strafgesetzbuch, vom 21. Dezember 1937

Art. 273	711
Art. 321	711

XXXIII. Abkommen zwischen der Schweizerischen Eidgenossenschaft und der Europäischen Wirtschaftsgemeinschaft, vom 22. Juli 1972

Art. 23	645

XXXIV. Bundesrepublik Deutschland

Bürgerliches Gesetzbuch, vom 18. August 1896

§ 433	9
§ 439	42, 64
§ 459	79
§ 477	36, 106
§ 497	155
§§ 535–580	203
§§ 556 a ff.	245
§§ 581–597	203
§§ 598–606	205

XXXV. Frankreich

Code civil, von 1804

Art. 1582	20
Art. 1583	20
Art. 1641	83
Art. 1673	155
Art. 1713–1778	202
Art. 1779–1799	202
Art. 1800–1831	202
Art. 1875–1891	274
Art. 1891	277

XXXVI. Italien

Codice civile, von 1942

Art. 1406–1410	203
Art. 1571–1654	229
Art. 1803–1812	274

XXXVII. Digesta

13.6	274
19.2.2.pr.	202
43.26	274

Sachregister

Abgangsentschädigung 396 ff.
- Höhe und Fälligkeit 398 f.
- Voraussetzung 397 f.
Abhängige Arbeit 292
Abschlußvermutung siehe Arbeitsvertrag
Absorptionsmethode 314
Abstrakte Schadensberechnung 49
Abtretung
- des dinglichen Herausgabeanspruches des Hinterlegers 658
- der Miete 237
- der Pacht 265
Abzahlungsvertrag; siehe auch Vorauszahlungsvertrag 166 ff.
- Nebenabreden 168
- Verzug des Käufers 169
Akkordlohn; siehe auch Blind-, Faust-, Gruppen-, Meisterakkord 366 ff.
- selbständige Akkordgruppe 369
Akkreditiv 19
Alleinvertretungsvertrag 174
Annahmeverzug siehe Arbeitgeber
Anteil am Geschäftsergebnis siehe Arbeitsvertrag
Arbeit
- abhängige 292
- Begriff 285
- menschliche 285
- Recht auf 302
- Teilzeit- 286, 316
- temporäre 315
- unselbständige siehe abhängige
Arbeitgeber
- Annahmeverzug 381 ff.
- Beschäftigungspflicht 348 f., 412
- Fürsorgepflicht 339, 340 f., **347 ff.**, 358
- Haftung 357 ff.
- - Beschränkung 358 f.
- - vertraglicher Ausschluß gegenüber Arbeitnehmer 358
- Konkurs 379
- Weisungspflicht 337

- Weisungsrecht 317, **333 ff.**
- - Schranken 338 ff.
Arbeitnehmer
- Ausleihe von Arbeitskräften siehe Leiharbeit
- Beendigung des Arbeitsverhältnisses 407 ff.
- - Folgen 422
- - infolge Todes des Arbeitnehmers 396 f., 407
- Befolgungspflicht 333 ff.
- - Schranken 338 ff.
- Beschäftigungsanspruch 348 f., 412
- Geheimhaltungspflicht **343 f.**, 423 f.
- Haftung 285, **360 f.**
- Herausgabepflicht 346 f.
- Persönlichkeitsrecht, Schutz 339, **348**
- Rechenschaftspflicht 346
- Schwarzarbeitsverbot 342
- Schweigepflicht **343 f.**, 423 f.
- Sorgfaltspflicht 340 ff.
- Treuepflicht 340 ff.
- Verhinderung an der Arbeitsleistung 385 ff.
- Verlassen der Arbeitsstelle ohne wichtigen Grund 421 f.
- Vorleistungspflicht 364 f.
- Zeugnis 350 f.
Arbeitnehmerschutznormen; siehe auch Arbeitnehmer, Arbeitsschutzrecht
- Umgehung 287
Arbeitskampf; siehe auch Aussperrung, Streik 456
Arbeitskraft, Ausleihe siehe Leiharbeit
Arbeitsleistung
- im Rahmen eines familienrechtlichen Verhältnisses 326 ff.
- im Rahmen eines quasi-familienrechtlichen Verhältnisses 329 f.
- unentgeltliche 288
- Verhinderung des Arbeitnehmers 385 ff.
Arbeitslosenversicherung **301 f.**, 384 f.
Arbeitsmarkt, freier 290

Arbeitsniederlegung; siehe auch Arbeitskampf, Aussperrung, Streik 389
Arbeitsordnung siehe Betriebsordnung
Arbeitsrecht, Schlichtungswesen und -verfahren 491 f., 493
Arbeitsschutzrecht; siehe auch Arbeitnehmerschutznormen 299 ff.
Arbeitsstreitigkeiten; siehe auch Arbeitskampf, kollektive Arbeitsstreitigkeiten 485 ff.
– besondere Verfahrensvorschriften 486
– Eidgenössische Einigungsstelle 489 f.
– Gerichtsstand 485
– Offizialmaxime 488
– Prinzip der Kostenlosigkeit 488
Arbeitsverhältnis
– Beendigung; siehe auch Arbeitnehmer 407 ff.
– Probezeit 408
– Übergang 404
Arbeitsvermittlung 302
Arbeitsvertrag; siehe auch Gesamt-, Normalarbeitsvertrag **284 ff., 297 ff.**
– Abgrenzung zu andern Verträgen auf Arbeitsleistung 302 ff.
– – zum Agenturvertrag 310
– – zum Auftrag 308 ff.
– – zum Gesellschaftsvertrag 314 f.
– – zum Werkvertrag 304 ff., 509
– Abschlußvermutung, gesetzliche 326 ff.
– Anteil am Geschäftsergebnis 371 f.
– – Fälligkeit 380
– Auflösung, fristlose **418 ff.**
– – Gründe 418 ff.
– – ungerechtfertigte 420 f.
– – – Anspruch auf Wiedereinstellung 420
– Auslagenersatz 375 f.
– Form 324 f.
– Geheimhaltungspflicht **343 f.**, 423
– Geschichtliches 289 ff.
– gestufter 308
– Kündigung 407 ff.
– – bedingte 410
– – Beschränkung 408
– – – sachliche 408, 413 ff.
– – – zeitliche Verbote 412 f.
– – Frist 409
– – – gesetzliche 411 f.
– – – Paritätserfordernis 411 f.
– – Schutz 408 f.
– Nebenpflichten 285
– Nichtigkeit 331 ff.

– politische Rechte, Drittwirkung 339
– Probezeit 408 f.
– Retentionsrecht 422, 437, 438
– Schweigepflicht **343 f.**, 423
– Suspension der Arbeits- und Lohnpflicht 384
– typische Elemente 285 ff.
Arbeitszeugnis 350 f.
Architekturvertrag 314, **506**, 530
Arrest siehe Hinterleger: Verarrestierung des Herausgabeanspruchs
Aufbewahrer
– Haftung
– – beim depositum irregulare 698
– – beim depositum regulare 672, 703, **710**
– Hauptverpflichtung 656
– Hilfspersonen 674
– Mehrheit 709
– Rückgabepflicht siehe Hinterleger: Rückforderungsrecht
– Rückgaberecht 662, 672, **702 f.**, 717
– Schwund, Haftung 710
– Substitution 658, **673-682, 684 f., 690,** 695 f., 708, 710
– – Verzögerung der Erfüllung bei bewilligter 675, 708
Aufbewahrung, gewöhnliche siehe depositum regulare
Aufbewahrungsort; siehe auch Hinterlegungsvertrag: Substitution durch den Aufbewahrer **657,** 677 f., 695
Aufbewahrungspflicht; siehe auch Hinterlegungsvertrag 656, 663 ff., 669 f., **683 f., 699 f.,** 703, **713, 714 ff.**
– als bloße Nebenverpflichtung **663,** 671, 714
Auflage siehe Schenkung
Auflösung, fristlose siehe Arbeitsvertrag
Ausgleichskasse 476
Auslagenersatz
– beim Arbeitsvertrag 375 f.
– beim Hinterlegungsvertrag 709
Außenseitergewerkschaft; siehe auch Gewerkschaft 455
Aussonderungsanspruch des Fiduzianten siehe fiduziarischer Auftrag
Aussperrung; siehe auch Arbeitskampf, Streik 388 f.
Ausstattung siehe Lizenzvertrag
Austauschtheorie 56 ff.
Autoeinstellung siehe Garagierung von Motorfahrzeugen

Bankdepot
- offenes 665 f.
- verschlossenes 665 f.
Banken, allgemeine Geschäftsbedingungen 660, 666, 686, 688 f.
Bankgeheimnis 691, 706, 711
Bankkonto 684 f.
Banksammelverwahrung siehe Sammelverwahrung
Bauhandwerkerpfandrecht 536
Beamte siehe Dienstverhältnis, öffentlich-rechtliches
Beauftragter, Haftung 672
Befolgungspflicht siehe Arbeitnehmer
Beherbergungsvertrag 717, 719
- Entgeltlichkeit 720
Beruf
- Bildung 431 f.
- - Urlaub 357
- Freiheit der Ausübung 298, 456, 459 f.
- Krankheit 301
- liberaler 310 f.
- Unfähigkeit 419
- Unterricht 433
- Wahl, freie **298 f.**, 434
Beschäftigung; siehe auch Arbeitgeber, Arbeitnehmer
- Anspruch 348 f., 412
- effektive 348 f.
- Pflicht 348 f., 412
Besitzanweisung 21, 679, 681
Besitzeskonstitut 21, 663, 679, 681
Besitzverhältnisse an der hinterlegten Sache siehe dingliche Rechtsstellung des Hinterlegers
Besonderes Gewaltverhältnis siehe Dienstverhältnis, öffentlich-rechtliches
Bestellvertrag **558**
Betrieb(s-) 299 f.
- betrieblicher Geltungsbereich des Arbeitsgesetzes 319 f.
- Nachfolge 406 f.
- - Solidarhaftung 406
- Ordnung **295 ff.**, 338
- Risiko 381 ff.
- Übung 374
- Unfall 301
Bevollmächtigte siehe Hinterleger: Bevollmächtigte
Beweislast siehe Mängel
Bierdepot 659
Bildungsurlaub siehe Beruf
Blankoindossament 680 f.

Blindakkord; siehe auch Akkordlohn 367, 441
Buchverlag 566

Closed-shop-Klausel 456
Compte-joint siehe gemeinschaftliche Rechnung
Contractus aestimatorius 176 ff.
Cooling off period 494

Darlehen 657, 700
Dauerparking 719
Dauervertrag 668, 677, 702
Delcredere 438
Depositum
- irregulare 656, 657, 658, 672, 684 f., 686, **696 ff.**, 700, 703, 710
- - Gefahrtragung 697, 698
- - Nutzen 697, 699
- - Verfügungsbefugnis 698, 699
- miserabile 659
- regulare 655 ff., **663 ff.**, 685 ff.
Depot; siehe auch Bankdepot
- Gebühr 657
- gemeinschaftliches 662, 706 ff.
- gesamthänderisches siehe Hinterlegungsvertrag
- Reglement der Banken 660, 666, 686, 688, 689
- Sammeldepot 685 ff.
- Stimmrecht bei Sammelverwahrung 693 f.
- Zins 701
Dienstbefehl siehe Dienstverhältnis, öffentlich-rechtliches
Dienste, freie 310 ff.
Dienstleistungsvertrag (Hinterlegung) 667, 684
Dienstverhältnis, öffentlich-rechtliches 318 ff.
- Beamte 319 ff.
- - besonderes Gewaltverhältnis 321
- - Dienstbefehl 321
- - Nebenbeschäftigungen 321
- - Verantwortlichkeit 322 f.
Dienstverschaffungsvertrag 308
Dienstvertrag siehe Arbeitsvertrag
Differenztheorie 57
Dingliche Rechtsstellung
- des Fiduzianten siehe fiduziarischer Auftrag
- des Hinterlegers **658**, 676 f., **681 f.**, 685, **690 f.**, **696 f.**, 703, 704

Dinglicher Vertrag 23
Distanzkauf siehe Kauf
Doppelvertretung bei Sammelverwahrung 692

Edelmetall siehe Sammelverwahrung
Effektengirodienst 686
Eidgenössisches Volkswirtschaftsdepartement, Bestellung einer eidg. Einigungsstelle 489
Eigengruppe siehe Akkordlohn: selbständige Akkordgruppe
Eigentum
– Erwerb des Kommittenten 678f., 681f.
– an der hinterlegten Sache, Ansprüche Dritter 673, **705ff.**
– an der irregulär hinterlegten Sache 697ff.
– an der regulär hinterlegten Sache siehe dingliche Rechtsstellung des Hinterlegers
– Übergang 19ff., 164
– Übertragung 19
Einigungsstelle siehe kollektive Arbeitsstreitigkeiten
Einigungsverfahren bei Kollektivstreitigkeiten siehe kollektive Arbeitsstreitigkeiten
Einkaufskommission 678f., 681f., 685
Einrede; siehe auch Kauf, Mängel 108
Einsatzvertrag 317
Einzelverwahrung 687
Entfaltungsfreiheit, wirtschaftliche 423
Entgeltlichkeit
– des Beherbergungsvertrages 720
– des Hinterlegungsvertrages 655, **657**, 668, 683f., 702f., **709**, **713**, **716**
– des Lagervertrages 657, 713, **716**
Entgelttheorie 352
Entlassungsschreiben 428
Erbenausschlußklausel 706f.
Erfindung; siehe auch Lizenzvertrag
– Betriebserfindung 399
– Diensterfindung 400
– Erfindernamensrecht 402
– freie Erfindung 403
– Vorbehaltserfindung 402
Erfüllung
– Anspruch des Aufbewahrers 702
– Handlung des Hinterlegers 702
– Ort beim Hinterlegungsvertrag 700, 708
– Verzögerung bei Substitution beim Hinterlegungsvertrag 675, 708

Erstreckung; siehe auch Mietvertrag, Pachtvertrag
– der Miete 205f., **241f.**
– der Pacht 205f., **267**
EWG-Vertrag und Lizenzvertrag 646

Fabrikationsgeheimnis; siehe auch Lizenzvertrag 343, 425
Fachanweisung 336
Fahrniskauf, Gegenstand 8
Familienausgleichskassen 300
Faustakkord; siehe auch Akkordlohn 367
Faustpfandrecht 659ff.
Ferien 352ff.
– Anspruch, Kürzung 356f.
– Erkrankung 356
– Zeitpunkt 354f.
Fiduziarischer Auftrag 676f., 682f., 685
– Aussonderungsanspruch des Fiduzianten 676ff., 681f.
Firmenvertrag 451
Fixgeschäft **43ff.**
Forderungskauf 10
Form
– Arbeitsvertrag 324f.
– Hinterlegungsvertrag 659
– Kaufvertrag 5f., 129
– Lizenzvertrag 608, 644
– Schenkung 187ff.
– Verlagsvertrag 554, **556**
Freihandelsvertrag zwischen der EWG und der Schweiz siehe Lizenzvertrag
Freiwillig anerkannte Schiedsgerichte siehe Schiedsgericht
Freizeit 351f.
Freizügigkeitspolice 494f.
Friedensabkommen 451, 463, **465ff.**
Friedenspflicht **464ff.**, 494
– absolute 464f.
– relative 464
Fünftagewoche 351f.
Fürsorgepflicht des Arbeitgebers 339, 340f., **347ff.**, 358

Garagierung von Motorfahrzeugen 659, **718f.**
Garderobenhaftung 721
Gast- und Stallwirthaftung 717ff.
Gattungskauf 8, 35
– Gewährpflicht 74, **121ff.**

Gebrauchsleihe
- Beendigung 277 f.
- Rechte und Pflichten der Parteien 276 f.
- Vertragsinhalt 273 f.
Gebrauchsüberlassung
- im Mietvertrag 209 f.
- - durch den Mieter 234 f.
- im Pachtvertrag 261
Gebrauchsverbot siehe Hinterlegungsvertrag
Gefahrtragung siehe depositum irregulare
Gefälligkeitsgeschäft siehe Entgeltlichkeit: Hinterlegungsvertrag
Geheimhaltungspflicht siehe Arbeitsvertrag
Geldhinterlegung siehe Hinterlegung
Geldrollen siehe Hinterlegung
Gemeinschaftliche Rechnung 707
Gemeinschaftliches Depot siehe Depot
Gemeinschaft zur gesamten Hand 662, 706 f.
Gemischter Vertrag (bei Hinterlegung) 664 f., **667-685**
Generalunternehmervertrag **507**
Genußschuld 688, 696 f., 703
Gesamtarbeitsvertrag **293 ff.**, 414 f., **447 ff.**
- Abschluß 452 ff.
- - Kontrolle der vertragschließenden Verbände 476
- - Stellung der Gewerkschaften 453 ff.
- - Voraussetzungen 475 ff.
- Abschlußnormen 461
- Allgemeinverbindlicherklärung 294, **473 ff.**
- - Beendigung der Allgemeinverbindlichkeit 477
- Anschlußvertrag 457, 470
- Beendigung 477
- - Kündigungsfrist 477
- Geltungsbereich 469 ff.
- indirekt vertragsrechtliche Bestimmungen 462 f.
- Inhalt 455 ff.
- Institut der gemeinsamen Durchführung 467 ff.
- normativer Teil 448 f., 459 ff.
- Parteien 450 f.
- - Verband als Partei 454 f.
- schuldrechtlicher Teil siehe vertragsrechtlicher Teil
- Solidaritätsbeitrag des Außenseiters 457, 471 f.

- Stellung des Außenseiters 470 ff.
- theoretische Begründung 448 ff.
- - Gesetzestheorie 448 f.
- - Verbandstheorie 449
- - Vertragstheorie 449
- Typen 451
- vertragsrechtlicher Teil 447, **462 ff.**
Gesamtarbeitsvertragspartner
- Durchführungspflicht 464
- Einwirkungspflicht 464
Gesamthänderische Hinterlegung 662, 706 f.
Geschäft, Begriff 435
Geschäftsgeheimnis 424 f.
Geschäftsübung 6
Gestufter Arbeitsvertrag siehe Arbeitsvertrag
Gesundheitsfürsorge 296
Gewährleistung, Vereinbarung 85 ff.
Gewerbe 435
Gewerbegericht 487
Gewerbliches Schiedsgericht siehe Schiedsgericht
Gewerkschaften 294, 451, **452 ff.**
- Außenseitergewerkschaften 455
- Mehrheitsgewerkschaft 453 f.
- Minderheitsgewerkschaft 453 f.
Gewerkschaftsbeitrag 471
Girosammelverwahrung 686
Gratifikation 372 ff.
Grundlagenirrtum 117 ff.
Grundstückskauf; siehe auch Kauf 127 ff.
- Form 129 ff.
- Gewährleistung für den Flächeninhalt 138
- Nutzen und Gefahr 137
Gruppenakkord; siehe auch Akkordlohn 368 ff.
Gruppenarbeitsverhältnis 307 f.
Gruppenprämie 368 ff.
Günstigkeitsprinzip 448, **461 f.**
Güteprämie 368

Haftung
- des Arbeitgebers 357 ff.
- - Beschränkung 358 f.
- - vertraglicher Ausschluß gegenüber dem Arbeitnehmer 358
- des Arbeitnehmers 285, **360 f.**
- des Aufbewahrers
- - beim depositum irregulare 698
- - beim depositum regulare 672, 703, **710**
- des Beauftragten 672
- des Gastwirtes 717 ff.

– des Hinterlegers 672, **709 f.**
– des Lagerhalters 672, **715**
– des Stallwirtes 718 f.
Handelskauf siehe Kauf
Handelsreisendenvertrag 325, 376, **434 ff.**
– Abschluß 436
– Beendigung 438
– Inhalt 436
Handels- und Gewerbefreiheit 298 f., 458
Handlungsunfähigkeit siehe Hinterlegungsvertrag
Hausdienst 482
Hausgemeinschaft 349 f.
Hausgewerbetreibender 439
Hausinterne Sammelverwahrung siehe Sammelverwahrung
Hausverband 451
Hausverbandsvertrag 451
Hausverwaltervertrag 308
Heimarbeiter 439
Heimarbeitsvertrag 303, 362 f., **349 ff.**
– Abschluß 440
– Beendigung 442
– Entlöhnung 441
– Ferienanspruch 442
– Inhalt 441 f.
– Probearbeit 442
Herausgabepflicht des Arbeitnehmers 346 f.
Herausgebervertrag 560
Heuervertrag 292, **443 ff.**
– Abschluß 444
– Beendigung 445
– besondere Stellung des Kapitäns 444
– Heimschaffungsanspruch 445
– Inhalt 444
– Vergütung der Arbeitsleistung 445
Hinterleger
– Bevollmächtigte 705 f.
– dingliche Rechtsstellung siehe dort
– Erben 704, 705 f.
– Haftung 672, **709 f.**
– Innenverhältnis 662, 706
– Legitimation zur Rückforderung der hinterlegten Sache 705 ff.
– Mehrheit 661 f., 706 ff.
– Pfändung des Herausgabeanspruchs 695 f.
– Rückforderungsrecht **656 ff.,** 672, 675, 677, **701-709,** 710, 717
– Verarrestierung des Herausgabeanspruchs 695
– Weisungsrecht 673
Hinterlegung
– von ausländischen Namenaktien 679 f.

– als Erfüllungssurrogat 657, **661,** 662, 702, 706
– von Geld 697 ff.
– von Geldrollen 697
– gesamthänderische 662, 706 f.
– nichtige 656
– pfandrechtsähnliche 659 f.
– reguläre, modifizierte 687
– restitutio in genere 688, 696 ff., 703
– sequestrationsähnliche 662
– unechte Arten 659 ff.
– unregelmäßige siehe depositum irregulare
– von Wertpapieren, Kursverluste 666$_{N1}$, 698
– «zuhanden wes Rechts» siehe Hinterlegung als Erfüllungssurrogat
Hinterlegungsvertrag; siehe auch Erfüllung
– Abgrenzung allgemein 657
– – vom Auftrag 657, 664 f., **667-685,** 708 f.
– – von der Gastwirthaftung 717 f.
– – vom Lagergeschäft 711 ff.
– Aufbewahrungspflicht 656, 663 ff., 669 f., **683 f., 699 f.,** 703, **713 f.**
– Auslagenersatz 709
– Begriffsmerkmale 655 ff.
– depositum irregulare 656, 657, 658, 672, 684 f., 686, **696 ff.,** 700, 703, 710
– depositum regulare 655 ff., **663 ff.,** 685 ff.
– dingliche Rechtsstellung des Hinterleger **658,** 676 f., 681 f., 685, **690 f., 696 f.,** 703, 704
– Entgeltlichkeit 655, **657,** 668, 683 f., 702 f., **709, 713, 716**
– Form 659
– Garagierung 659, **718 f.**
– Gast- und Stallwirthaftung 717 ff.
– Gebrauchsverbot 673, **699,** 700, **701,** 702
– gemeinschaftliches Depot 662, 706 ff.
– gemischter Vertrag 664 f., **667-685**
– gesamthänderisches Depot 662, 706 f.
– grammatikalische Auslegung 668
– Haftung des Aufbewahrers 672, 698, 703, **710**
– – des Gast- und Stallwirtes 717 ff.
– – des Hinterlegers 672, **709 f.**
– – des Lagerhalters 672, **715**
– Handlungsunfähigkeit einer Partei 682
– Innenverhältnis zwischen Hinterlegern 662, 706
– Interessenlage **657,** 659, 662, 667, **670,** 674, 702
– Konkurs einer Partei 658, 682
– Konsensualvertrag **656 f.,** 677, 702, 704, **711**

– Lagergeschäft 657, 673, 683, 688, **711 ff.**
– Mehrheit von Aufbewahrern 709
– – von Hinterlegern 661 f., 706 ff.
– Miteigentum bei Sammelverwahrung 658, 683, 686, **689 ff.**, 696, 698, 703, (beim Lagergeschäft) 712, **715 f.**
– Nebenpflichten **663**, 666, 671, 714
– Nominee 675, **679 ff.**
– – Offenes Wertschriftendepot 664, 665 f., **668 f.**, 684
– öffentlich-rechtlicher 659
– Rechenschaftsablage 672
– Rechtsnatur **655 ff.**, 659 ff., **667 ff.**, **683 ff.**
– Retentionsrecht 716, 720
– Rückforderungsrecht des Hinterlegers/ Einlagerers **656 ff.**, 672, 675, 677, **701-709**, 710, **717**
– Rückgabeort 700, 708 f.
– Rückgaberecht des Aufbewahrers 662, 672, **702 f.**, 717
– Sammelverwahrung 658, 683, **685-696**, 698, 703, 708, (Lagergeschäft) **715 f.**
– Sequestration 657, **661 f.**
– Solidarität 672, **675**, **707 f.**, **709**
– Sparkassengeschäft 700 f.
– Substitution durch den Aufbewahrer 658, **673-682**, **684 f.**, **690**, 695 f., 708, 710
– Synallagma 657
– systematische Stellung 667 f.
– Tod einer Partei 666, 682, 705
– unechte Hinterlegung 659 ff.
– Vererblichkeit der Ansprüche 704, 705 f.
– Verjährung 672, **700**, **704 f.**, 716
– Verrechnung 673, 700
– verschlossenes Bankdepot 665 f.
– Weisungsrecht 673
– wichtige Gründe 702 f.
– Zufallshaftung 698, 703, 710
– Zuwachs 656, **668 f.**, 684, 703
Höchstarbeitszeit 344 f.
Höhere Gewalt 703, 710, 719
Hotelsafe 659, 721

Incoterms 40
Indossierung 680
Ingenieurvertrag 530
Interessenlage siehe Hinterlegungsvertrag
Internationale Arbeitsorganisation 363
Invalidenversicherung 302
Iura novit curia 660

Jugendherberge 720 f.

Kartellgesetz, schweizerisches, und Lizenzvertrag **642**
Kartellgesetze, ausländische, und Lizenzvertrag **645**
Kartellrecht und Lizenzvertrag **641**
Kauf
– Annahme der Sache 51 ff.
– Distanzkauf 19, 36, 38, **92 ff.**
– Einrede wegen Mängeln 108
– Form 5 f., 129
– Gewährleistung für Mängel **70 ff.**
– – Eigenschaft 73 ff.
– – – rechtliche Eigenschaft 75 ff.
– – bei Gattungssachen 121 ff.
– – Wandelungsklage 26
– – Wertpapiere 9, 78 ff.
– – zukünftige Verhältnisse 77
– Gewährleistung(Rechts-) **60 ff.**
– – Wirkungen 66 ff.
– Handelskauf 3, **43 ff.**, **47 ff.**, 59
– Kosten der Übergabe 39
– einer Kundschaft 10
– nach Muster 158 ff.
– Nutzen und Gefahr 27 ff.
– – bei bedingten Verträgen 32
– – bei Gattungssachen 35
– – bei Grundstückkäufen 137
– Preis 14
– auf Probe 160 ff.
– Prüfung der gekauften Sache 89 ff.
– Rücktritt 26, 54
– Schadenersatzklage 100, 104, 109 ff.
– Verpflichtung zur Übergabe **38 ff.**
– Verschaffung des Eigentums **40 ff.**
– Verzug des Käufers 53 ff.
– – beim Handelskauf 59
– – Schadensberechnung 56 ff.
– Verzug des Verkäufers **42 ff.**
– – beim Handelskauf 44 ff.
– – Schadensberechnung 46
– Vorvertrag 150 ff.
– und Werkvertrag 11
– Zahlung des Preises 51
Kaufmännische Übung 6
Kaufmännischer Verkehr 4
Kaufpreis siehe Kauf
Kaufsrecht 153 ff.
Kaution 377, 379, 659
Know-How siehe Lizenzvertrag
Koalitionsfreiheit 299, 415 f., 454
Kollektivdepot 662, 706 f.

Kollektive Arbeitsstreitigkeiten 388f., **489ff.**
- Begriff 490
- Einigungsstelle, eidgenössische 490, **493f.**
- Einigungsstellen, freiwillige 491
- – kantonale 489, 493
Kombinationsmethode 314
Kommission 678-682, 685, 714f.
Kommissionsverlagsvertrag **557**
Kommittent, Eigentumserwerb 678f., 681f.
Konkurrenzverbot **423ff.**
- Begrenzung 426
- Folgen der Übertretung 426f.
- Nichtigkeit 426
- tatsächliche Durchsetzung 427
- übermäßiges 426
- Voraussetzung der Gültigkeit 424ff.
- Wegfall 427f.
Konkurs
- des Arbeitgebers 379
- des Mieters 247
- des Pächters 268
- einer Partei beim Hinterlegungsvertrag 658, 682
- des Verlegers 592
- des Vermieters 248
Konto (Begriff) 684f.
Kontrolle
- des Mietzinses 205
- des Pachtzinses 206, 262, 263
Konventionalstrafe 421, 427
Konzession (Lagergeschäft) 712
Kraftloserklärung von Wertpapieren 687, 710
Krankenversicherung 387
Kündigung; siehe auch Arbeits-, Miet-, Pachtvertrag
- Beschränkung beim Arbeitsvertrag 408
- – sachliche 413ff.
- – zeitliche Verbote 412f.
Kündigungsfrist; siehe auch Arbeitsvertrag
- beim Arbeitsvertrag 409
- – gesetzliche Kündigungsfristen 411f.
- – Paritätserfordernis der Kündigungsfrist 411f.
- beim Mietvertrag 240
- beim Pachtvertrag 267
- beim Sparkassengeschäft 701
Kündigungsgrund, wichtiger
- beim Mietvertrag 249
- beim Pachtvertrag 269

Kündigungsschutz siehe Arbeitsvertrag
Künstlerische Darbietungen 307f.
Kundenkreis 424f.
Kundschaft, Abtretung 10
Kunstverlag 567

Lagergeschäft 657, 672, 673, 683, 688, **711ff.**
- Entgeltlichkeit siehe dort
- Konzession 712
- Notverkaufsrecht 715
Lagergut, Versicherung 715, 716
Lagerhalter
- Haftung 672, **715**
- Retentionsrecht 716
Landesvertrag 451
Landwirtschaft 482
Landwirtschaftliche Grundstücke 142ff.
- Einspruch gegen Käufe 147ff.
- gesetzliche Vorkaufsrechte 144ff.
- Verbot des Wiederverkaufs 142ff.
Landwirtschaftliches Pachtverhältnis
- Auseinandersetzung bei Beendigung 270f.
- Dauer 257, **266**
- Erstreckung 267
- im Falle der Veräußerung des Pachtgegenstandes 261f.
- generell 257
- Kündigung aus wichtigen Gründen 269
- Kündigungsfristen 267
- Pachtzinskontrolle 257, 258, **262**
Lehrling 429, 431, 432f.
Lehrvertrag 325, **429ff.**
- Abschluß 432
- Auflösung 433f.
- – fristlose 434
- Ausbildung 430
- Ferienanspruch 433
- Inhalt 432
- Lehrziel 433
Leiharbeit 315ff.
- unechtes Leiharbeitsverhältnis 316
Leistungsgerechtigkeit 370
Leistungslohn 366ff.
- sozialer Aspekt 370
Lidlohn 330
Lizenz siehe Lizenzvertrag
Lizenzvertrag; siehe auch Erfindung **596**
- Abschluß **608**
- Abtretbarkeit 611
- anwendbares Recht **612**, 645
- Arten **604**
- ausschließlicher **605**

– Außenwirkungen 610
– über Ausstattung **629**
– Beendigung **609**
– – durch Kündigung 609
– – durch Tod einer Vertragspartei 610
– – durch Wegfall der Geschäftsgrundlage 610
– – durch Zeitablauf 609
– Begriff **596**
– Dauerschuldverhältnis 602
– einfacher **605**
– exklusiver 605
– über Fabrikationsgeheimnis **615**
– Form 608, 644
– als Form des Schadenersatzes 599
– Freihandelsvertrag zwischen der EWG und der Schweiz 645
– Freilizenz 607
– Funktionen **598**
– Gegenstand im allgemeinen **612**
– über geschützte Erfindung **613**
– mit gesellschaftsrechtlichem Einschlag 602
– als Gesellschaftsvertrag **603**
– international privatrechtliche Regelung **611**
– und Kartellrecht **641 ff.**
– und Kaufvertrag 601
– Know-How **616**
– Leistung des Lizenzgebers 597, **618**
– – des Lizenznehmers 598, **625**
– über Marken siehe Markenlizenzvertrag
– als Mittel der Kartellbildung **642**
– – zur erweiterten Marktbeherrschung 600
– – zum Vergleich 599
– – zur Wettbewerbsbehinderung **643**
– – des wirtschaftlichen Zusammenschlusses 599
– über Muster und Modelle **628**
– über Neukonstruktionen 617
– Nichtigkeit 646
– Optionsvertrag 608
– über Patent **615**
– über Patentanmeldung 614
– rechtliche Einordnung 600
– über technische Güter **613**
– – Gegenstand **613**
– – Haftung des Lizenzgebers **619**
– – Leistungspflichten des Lizenzgebers **618**
– – – des Lizenznehmers **625**
– – Nebenpflichten des Lizenzgebers **624**
– Unterlizenz **606**
– urheberrechtlicher **559**
– über Verbesserungen 617

– und Verlagsvertrag 607
– Vertrag sui generis 602
– Vorvertrag 608
– über Weiterentwicklung 617
– Zwangslizenzen 607
Lohn; siehe auch Leistungs-, Zeitlohn 361 ff.
– Berechnung 365 ff.
– Fortzahlungspflicht 351
– Fristen für Auszahlung 380
– Gleichheit 363 f.
– Mindestlohn 362 f.
– Rückbehalt 376 f.
– Sicherung des Anspruchs 377 ff.
– bei Verhinderung an der Arbeitsleistung 380 ff.
– Vorschuß 365
– Zahlungspflicht 381 ff.
– – zeitlich beschränkte 385 f.

Mängel der verkauften Sache **82 ff.**
– Beweislast **94**, 159
– Einrede 108
– vom Käufer gekannte 84 ff.
Mängelrüge **89 ff.**
Mantelvertrag 451
Marke siehe Markenlizenzvertrag
Markenlizenzvertrag **631**
– Arten 638
– Beendigung **640**
– Benutzungspflicht **639**
– bei enger wirtschaftlicher Verbundenheit **637**
– Funktion **633**
– Gegenstand **631**
– Gültigkeitsvoraussetzungen **634**
– Kontrollrecht des Lizenzgebers **636**, **638**
– Legitimation des Lizenznehmers 641
– Lizenzvermerk 637
– Marke 631
– Pflichten des Lizenznehmers **639**
– Publikumsbezogenheit **633**
– täuschende Wirkung **635**
– territoriale Geltung 641
– Voraussetzungen **634**
Marktpreis 49 ff.
Mehrheit
– von Aufbewahrern 709
– von Hinterlegern 661 f., 706 ff.
Mehrheitsgewerkschaft 453 f.
Meisterakkord; siehe auch Akkordlohn 367
Mengenprämie 368

Miete
- als Dauerschuldverhältnis 201
- als Gebrauchsüberlassungsvertrag 201
- historisch und rechtsvergleichend 202
- eines Safes 659, 717
- Unterscheidung zur Pacht 257f.
- einer verschließbaren Autoboxe 719

Mietgegenstand **211f.**
- Erhaltung durch Mieter 233f.
- Erhaltungspflicht 221f.
- Haftung des Vermieters für Sachmängel 219f.
- Nutzung durch Mieter 234
- Rechtsgewährleistung 226f.
- Rechtsstellung des neuen Eigentümers 229f.
- Rückgabe bei Beendigung des Mietvertrages 251f.
- Übergabe 217
- Veräußerung 227f.

«Mietkaufvertrag» 210

Mietvertrag; siehe auch Gebrauchsüberlassung
- Abtretung 237
- Auflösung, vorzeitige 245f.
- Beendigung 239f.
- – durch Kündigung 239f.
- Dauer 238f.
- Erstreckung, richterliche 241f.
- Kündigung aus wichtigen Gründen 249f.
- Kündigungsfrist 240
- Merkmale 209f.
- Pflichten des Mieters 231f.
- – des Vermieters 216f.
- Rechtsnatur 213f.
- Retentionsrecht 253f.
- Rückgabe des Mietgegenstandes bei Beendigung 251f.
- Untermiete 235f.
- Vormerkung im Grundbuch 230f.

Mietwesen, Mißbräuche (BB vom 30.6.1972) **205,** 207, 213, 215, 216, 232, 233, 240$_{N1}$

Militärdienst 388, 412, 415, 417

Minderheitsgewerkschaft 453f.

Minderungsklage 71, **103ff.**

Mindestlohn 362f.

Mindestlohnsystem 363

Mitarbeiteraktien 372

Miteigentum; siehe auch Sammelverwahrung 658, 683, 686, **689ff.,** 696, 698, 703, 712, **715f.**
- labiles 690ff.
- modifiziertes 690ff.
- Verwertung von Anteilen siehe Sammelverwahrung

Miteigentümergemeinschaft; siehe auch Sammelverwahrung 690ff.

Modell; siehe auch Lizenzvertrag 403

Modifizierung siehe Hinterlegung, reguläre; Miteigentum

Montagevertrag 315f.

Motorfahrzeuggaragierung 659, **718f.**

Musikverlagsvertrag siehe Verlagsvertrag

Muster; siehe auch Lizenzvertrag 403f.

Mustervertrag 480

Nachtarbeit 344

Namenaktien, ausländische siehe Hinterlegung

Naturallohn 362

Nebenbeschäftigungen siehe Dienstverhältnis, öffentlich-rechtliches

Nebenpflichten
- beim Arbeitsvertrag 285
- beim Hinterlegungsvertrag **663,** 666, 671, 714

Nichtbetriebsunfall 301

Nominee 675, **679ff.**

Normalarbeitsvertrag 295, **480ff.**
- obligatorischer Inhalt 482
- Zuständigkeit zum Erlaß 482f.

Notverkaufsrecht siehe Lagergeschäft

Obhutspflicht siehe Aufbewahrungspflicht

Ordnungsinteresse 448, 463

Ordnungsstrafen 338

Organisationsgewalt siehe Weisungsrecht

Organization-test 312

Pacht
- als Dauerschuldverhältnis 201
- als Gebrauchsüberlassungsvertrag 201
- historisch und rechtsvergleichend 202f.
- Unterscheidung zur Miete 257f.

Pachtgegenstand
- Bewirtschaftung 264
- Früchte 260
- Gebrauch 260
- nutzbare Sache, nutzbares Recht als 258
- Überlassung 261
- Unterhalt 261, 264
- Veräußerung 261
- Viehpacht und -verstellung 271f.
- Zurückerstattung 269f.

Pachtvertrag; siehe auch Gebrauchsüberlassung
- Abtretung 265
- Auseinandersetzung bei Beendigung 269
- Beendigung 266 f.
- Dauer 266
- Erstreckung 267
- Kündigung 267
- - Frist 267
- Miete und Pacht, Unterscheidung 257 f.
- Pachtgegenstand 258 f.
- Pflichten des Pächters 262 f.
- - des Verpächters 261 f.
- Unterpacht 265
- Vormerkung im Grundbuch 262
- vorzeitige Auflösung 267
Pachtzins
- generell 260
- Höhe und Kontrolle 262
- Nachlaß 263 f.
- vorzeitige Auflösung wegen Nichtzahlung 268
- Zahlung 262
Patent siehe Lizenzvertrag
Patentanmeldung siehe Lizenzvertrag
Personalfürsorge **389 ff.**
- Pflichten des Arbeitgebers 390 f.
- - der Personalfürsorgeeinrichtung **391 ff., 393 ff.**
- Spareinrichtung 391 ff.
- Versicherungseinrichtung 392 f.
Persönlichkeitsrecht siehe Arbeitnehmer
Pfändung
- des Herausgabeanspruchs des Hinterlegers 695 f.
- bei Sammelverwahrung 694 ff.
Pflichtaktien 660
Pflichtlagervertrag 659
Pignus irregulare 657, **659 ff.**
Präferenzprinzip 707
Prämie 368
Prätendentenstreit 657, **661**, 705
Preferential-shop-Klausel 457
Preis
- Differenz 48 ff.
- Minderung 103 ff.
Probezeit 408 f.
Produktenhaftpflicht 113 ff.
Provision **370**, 380, 423
Prüfung siehe Kauf

Rahmenarbeitsvertrag 317
Realkontrakt **656 f.**, 677, 702, 704, **711**
Rechenschaftsablage siehe Hinterlegungsvertrag
Rechenschaftspflicht siehe Arbeitnehmer
Recht auf Arbeit siehe Arbeit
Reeder 443, 444
Regelungsschwierigkeiten 489
Regiearbeit 305
Reguläre Hinterlegung vertretbarer Sachen siehe Sammelverwahrung
Reparaturvertrag 517, 523, 535, 544
Restitutio in genere siehe Hinterlegung
Retentionsrecht
- beim Arbeitsvertrag 422, 437, 438
- des Gastwirtes 720
- des Lagerhalters 716
- des Vermieters 253 f.
Rückfallsrecht 193
Rückforderungsansprüche, Kollision 705 ff.
Rückforderungsrecht siehe Hinterleger
Rückgabeort siehe Hinterlegungsvertrag
Rückgabepflicht siehe Hinterleger: Rückforderungsrecht
Rückgaberecht siehe Aufbewahrer
Rückkaufsrecht 155 ff.

Safe **659**, 717, 721
Sammeldepot 685 ff.
Sammelgarage 719
Sammelverwahrung 658, 683, **685-696**, 698, 703, 708, (Lagergeschäft) **715 f.**
- Depotstimmrecht 693 f.
- Doppelvertretung 692
- Edelmetall 686, 687, 690
- Ermächtigung 687 ff.
- hausinterne 687
- Miteigentum 658, 683, 686, **689 ff.**, 696, 698, 703, 712, **715 f.**
- Miteigentümergemeinschaft 690 ff.
- Pfändung 694 ff.
- Spezialexekution 694 ff.
- Stimmrecht an Aktien 693
- Verlust der sammelverwahrten Sache 689 f.
- Verwertung von Miteigentumsanteilen 694
- Wertdifferenzen von sammelverwahrten Sachen 690
- Zentralstelle 686 f., 690, 695
- Zustimmung des Hinterlegers 687 ff.
Sammelverwahrungsfähige Sachen 686, 689 f.

Sammelverwahrungs-Zentralstelle 686f., 690, 695
Schadenersatzklage beim Kauf 100, 104, 109ff.
Schadensberechnung, abstrakte 49
Schenkung 183ff.
– mit Auflage 189ff.
– Begriff 183ff.
– Form 187ff.
– von Hand zu Hand 187
– mit Rückfallsrecht 193
– auf den Todesfall 192
– Versprechen 188
– Widerruf 196ff.
Schiedsgericht 492
– freiwillig anerkanntes 490
– gewerbliches 487
Schiedsspruch 492
Schiedsverfahren 491, 493
Schiff
– Besatzung 444f.
– Dienst 443
Schlichtungsstellen, staatliche 490
Schlichtungswesen und -verfahren siehe Arbeitsrecht
Schmiergeld 346
Schrankfach **659**, 717, 721
Schutzpflicht siehe Fürsorgepflicht
Schwangere 415
Schwarzarbeit 342
Schweigepflicht siehe Arbeitsvertrag
Schwund, Haftung siehe Aufbewahrer
SEGA 687$_{N2}$
Sequestration 657, **661f.**
Sequestrationsähnliche Hinterlegungen 662
Solidarhaftung siehe Betriebsnachfolge: Solidarhaftung
Solidarität (Hinterlegungsvertrag) 672, **675, 707f., 709**
– Wahlrecht 707
Sonderverwahrung 687
Sorgfaltspflicht des Arbeitnehmers 340ff.
Sozialversicherung 387f.
Sparhefte **700,** 712
Sparkassengeschäft 700f.
– Fälligkeit 700
– Kündigungsfrist 701
Spezialexekution siehe Sammelverwahrung
Spezialitätsprinzip 461
Stallwirthaftung 718f.
Steigerungskauf 162ff.
Stellenantritt 408
Stellenvermittlung 316

Stimmrecht an sammelverwahrten Aktien 693
Streifbandverwahrung 687
Streik 388f., 465
– Freiheit 466f.
– Verbot 321
Streitverkündung; siehe auch Kauf 66
Streitwertgrenze 486
Stundenparking 719
Substitution siehe Hinterlegungsvertrag: Substitution durch den Aufbewahrer
Sukzessivlieferungskauf 172ff.
Summendepot siehe depositum irregulare
Suspension der Arbeits- und Lohnpflicht 384
Sympathiestreik 464
Synallagma (Hinterlegungsvertrag) 657

Tageshöchstarbeitszeit 345
Tantième 371f.
Tariffähigkeit 450
Tausch 180ff.
Teilzeitarbeit 286, 316
Temporäre Arbeit 315
Trennungstheorie 664
Treuepflicht des Arbeitnehmers 340ff.
Tribunaux de Prud'hommes 487
Trödelvertrag 176ff.
Truckverbot 378f.
Typenmischung siehe gemischter Vertrag

Überstundenarbeit 344ff.
«Und»-Depot 662, 706f.
Unechte Hinterlegungsarten 659ff.
Unfallverhütung 296
Union-shop-Klausel 456
Unregelmäßige Hinterlegung siehe depositum irregulare
Unselbständige Arbeit siehe Arbeit, abhängige
Unteraufbewahrungsvertrag siehe Aufbewahrer: Substitution
Untermiete 235f.
Unterpacht 265
Unterschriftenprüfung 708
Urheberrecht **568**
– Übertragbarkeit **570**
– Umfang der Verfügung **573**
– Verfügungsverträge über **570**
Urheberverträge; siehe auch Verlagsvertrag 555, **570**
– Auslegung 574
Urkunden, Legalisierung 708
Usanzen 6

Verarrestierung siehe Hinterleger:
  Verarrestierung
Verband 451, 456
Verbandsfreiheit 454, 475
Verbandsvertrag 451
Veredelungsvertrag 517, 544
Vereinsfreiheit 299
Verfallsklausel (Kaufvertrag) 54 ff.
Verfügungsbefugnis siehe depositum
  irregulare
Verhaltensanweisung; siehe auch Arbeitgeber 336 f.
Verhaltensvereinbarung 337
Verhandlungszwang 452 f.
Verjährung
– beim Kaufvertrag 105 ff.
– beim Hinterlegungsvertrag und
  Lagergeschäft 672, **700, 704,** 716
Verlaggeber siehe Verlagsvertrag
Verlagsrecht siehe Verlagsvertrag
Verlagsvertrag **552**
– Abgrenzung **557**
– absolutes Recht 576
– anwendbares Recht 556
– Arten 553
– atypische Elemente **561**
– audiovisuelle Werke 568
– Auflage, Begriff 585
– Bearbeitungsklausel 561
– Beendigung **590**
– Bestellvertrag **558**
– Buchverlag 566
– über Bühnenwerke 567
– Form 554, **556**
– Freiexemplare 589
– Funktion **553**
– und Gesellschaftsvertrag 558
– und Herausgebervertrag **560**
– Honorar 588
– Interessenwahrungsklausel 561
– Kommissionsverlagsvertrag 557
– Konkurs des Verlegers 592
– Kündigung **591**
– Kunstverlag 567
– Leistungspflicht des Verlaggebers 556, **577**
– Liquidation 594
– Manuskript 595
– obligatorische Rechte 576
– Optionsklausel 562
– Pflichten des Verlaggebers **577**
– – Ablieferungspflicht 577
– – Gewährleistungspflicht **580**

– – Mitwirkungspflichten 582
– – Rechtsgewährleistung 580
– – Sachgewährleistung **581**
– – Unterlassungspflichten **579**
– – Verschaffung der Rechtsstellung 578
– Pflichten des Verlegers 582
– – Honorarpflicht **588**
– – beim Musikverlagsvertrag 583
– – Pflicht zur Neuauflage 586
– – Vervielfältigungspflicht **584**
– – Vorbereitungspflicht **587**
– Rechtseinräumung 574
– Rücktritt **591**
– typische Elemente **561**
– Unmöglichkeit der Leistung 593
– Untergang des Werkes 594
– und urheberrechtlicher Lizenzvertrag **559**
– Verfasservergünstigungen 589
– Verlagsrecht **575**
– Verramschung 588
– Vertragsgegenstand **562**
– Vervielfältigung **584**
– Verzicht des Verlegers 590
– Weiterübertragbarkeit des Verlagsrechts 576
– Werkarten **566**
– Werkbegriff **562**
– Wesen **555**
– Zeitungsverlag 566
Verleger siehe Verlagsvertrag
Vermengung vertretbarer Güter siehe
  Sammelverwahrung
Vermischung beweglicher Sachen 688, 698 f.
Vermögensverwaltungsauftrag 665, **666,** 669, 684, **685**
Verpflichtungsgeschäft 656
Verrechnung beim Hinterlegungsvertrag 673, 700
Versteigerung 162
– freiwillige öffentliche 163
– Zwangsversteigerung 162
Vertrag zugunsten Dritter 660, 661, 675
Vertragsfreiheit 293, 300
Vertragszwang 471
Vervielfältigung (Verlagsvertrag) **584**
Verwaltungsauftrag 665, **666,** 669, 684, **685**
Verwaltungsdienste, übliche siehe Wertschriftendepot, offenes
Verzug
– des Käufers 53 ff.
– des Verkäufers 42 ff.
Viehhandel **87 ff.,** 94 ff.

Viehpacht und Viehverstellung 271 f.
Vollbeschäftigung 302
Vollmacht; siehe auch Hinterleger:
   Bevollmächtigte
– Widerruf 706
Vorauszahlungsvertrag; siehe auch
   Abzahlungsvertrag 170 ff.
Vorkaufsrecht 156 ff.
– gesetzliches 144 ff.
Vorleistungspflicht des Arbeitnehmers 364 f.
Vormerkung im Grundbuch siehe Miet-,
   Pachtvertrag
Vorschuß 365
Vorsorge, berufliche 390
Vorvertrag 656

Wahlrecht siehe Solidarität
Wandelungsklage 26, 71, **96 ff.**
Warenpapiere **712**, 713, **714**
Warrant 714
Weisungspflicht des Arbeitgebers 337
Weisungsrecht
– des Arbeitgebers 317, **333 ff.**
– – Schranken 338 ff.
– des Einlagerers 673
– des Hinterlegers 673
Werkexemplar 577
Werklieferungsvertrag 13, **521**
– Eigentumsvorbehalt 536
Werkunternehmer siehe Werkvertrag
Werkvertrag **497**
– Abbestellung 549
– Abgrenzung **500**
– Ablieferung des Werkes **522**, 544
– Abnahme des Werkes 524
– Ansprüche des Bestellers 517 ff.
– – Minderungsanspruch **518**
– – Schadenersatzanspruch **519**
– – Verbesserungsanspruch **518**
– – Verjährung **529**
– und Arbeitsvertrag 304 ff., 509
– und Auftrag **500**
– Begriff **498**
– Eigentumsvorbehalt 535
– Entgelt **537**
– Gefahrtragung **543**
– Gegenstand **498**
– Genehmigung des Werkes **527**
– Haftungsverhältnisse 502, **511**
– und Kaufvertrag 11 ff., 510
– Kostenüberschreitung 540
– Pflichten des Bestellers 533
– – Anzeigepflicht 526

– – Mitwirkungspflichten 542
– – Prüfungspflicht 525
– – Teilleistungen 534
– – Zahlung des Entgelts **533**
– Pflichten des Unternehmers **511**
– – Ablieferungspflicht **515**
– – Arbeitsobligation **511**
– – Haftung für Hilfspersonen **532**
– – – für Unterakkordanten **532**
– – Nebenleistungen **531**
– – Schadenersatzpflicht **513**
– – Sorgfaltspflichten **512**
– – Treuepflicht **512**
– positive Vertragsverletzung 548
– Retentionsrecht des Unternehmers 535
– Rücktritt 502, 516, 517, 534, **549**
– Sachgewährleistung **521**
– Selbstverschulden des Bestellers **528**
– Tod des Werkunternehmers 552
– Unmöglichkeit der Fertigstellung **545**
– unverschuldete Unmöglichkeit 547
– Verjährung der Ansprüche des
   Bestellers **529**
– Verrechnung durch Besteller 535
– Verzug des Bestellers 535
– Werklohn 533, **537**, 543
– – Herabsetzung 541
– – ungefährer 540
– – nach Wert der Arbeit 541
– Werkmangel **515**
– – Ansprüche **516**
– Zufall 546
Wertdifferenzen von sammelverwahrten
   Sachen 690
Wertpapiere, hinterlegte, Kursverluste
   666$_{N1}$, 698
Wertschriftendepot, offenes 664, 665 f.,
   668 f., 684
Wettbewerb 425
Wettbewerbsverbot siehe Konkurrenz-
   verbot
Wichtige Gründe siehe Hinterlegungs-
   vertrag
Widerruf von Vollmachten 706
Widerspruchsverfahren 658, 695

Zeitlohn 366
Zeitungsverlag 566
Zeugnisanspruch 350 f.
Zielanweisung 335 f.
Zivildienst 417
Zufallshaftung beim Hinterlegungsvertrag
   698, 703, 710

Zugehör 76
Zusicherung von Eigenschaften (Kauf) 79 ff.
Zustimmung des Hinterlegers zur
　Sammelverwahrung 687 ff.

Zuwachs 656, **668 f.**, 684, 703
Zwangslohnsystem 300
Zwangsschlichtung, staatliche 465 ff.
Zweckübertragungstheorie 404

Schweizerisches Privatrecht

Inhalt des Gesamtwerkes

Band I	**Geschichte und Geltungsbereich**
	Herausgegeben von Max Gutzwiller
Ferdinand Elsener	Geschichtliche Grundlegung
Marco Jagmetti	Vorbehaltenes kantonales Privatrecht
Gerardo Broggini	Intertemporales Privatrecht
Frank Vischer	Internationales Privatrecht

Band II	**Einleitung und Personenrecht**
	Herausgegeben von Max Gutzwiller
Henri Deschenaux	Der Einleitungstitel
Jacques-Michel Grossen	Das Recht der Einzelpersonen
Ernst Götz	Die Beurkundung des Personenstandes
Max Gutzwiller	Die Verbandspersonen – Grundsätzliches
Anton Heini	Die Vereine
Max Gutzwiller	Die Stiftungen

Band III	**Familienrecht**
	Herausgegeben von Hans Hinderling
	unter Mitarbeit von Henri Deschenaux, Cyril Hegnauer, Bernhard Schnyder

Band IV	**Erbrecht**
	Herausgegeben und bearbeitet von Paul Piotet

Band V	**Sachenrecht**
	Herausgegeben von Arthur Meier-Hayoz
	Erster Halbband
Peter Liver	Das Eigentum
Hans Hinderling	Der Besitz
Paul Piotet	Dienstbarkeiten und Grundlasten
	Zweiter Halbband
Hans Peter Friedrich	Das Pfandrecht
Henri Deschenaux	Das Grundbuch

Band VI Obligationenrecht – Allgemeine Bestimmungen

Herausgegeben und bearbeitet von HANS MERZ

Band VII Obligationenrecht – Besondere Vertragsverhältnisse

Herausgegeben von
FRANK VISCHER

Erster Halbband

PIERRE CAVIN	Kauf, Tausch, Schenkung
CLAUDE REYMOND	Gebrauchsüberlassungsverträge
FRANK VISCHER	Der Arbeitsvertrag
MARIO M. PEDRAZZINI	Werkvertrag, Verlagsvertrag, Lizenzvertrag
RENÉ J. BAERLOCHER	Der Hinterlegungsvertrag

Zweiter Halbband

JOSEF HOFSTETTER	Auftrag, Geschäftsführung ohne Auftrag
BERNHARD CHRIST	Kredit- und Sicherungsgeschäfte
KURT AMONN	Kollektivanlagevertrag
GEORGES SCYBOZ	Bürgschaft, Garantievertrag
WILLY KOENIG	Der Versicherungsvertrag
HELMUT STOFER	Der Leibrentenvertrag
KURT AMONN	Spiel und Wette
WALTER R. SCHLUEP	Innominatverträge

Band VIII Handelsrecht

Herausgegeben von
WERNER VON STEIGER

Erster Halbband

ROBERT PATRY	Grundlagen des Handelsrechts
WERNER VON STEIGER	Gesellschaftsrecht – Allgemeiner Teil
	Besonderer Teil – Die Personengesellschaften

Zweiter Halbband

CHRISTOPH VON GREYERZ	Die Aktiengesellschaft
PETER JÄGGI	Allgemeines Wertpapierrecht
ROBERT PATRY	Wechsel- und Checkrecht
**	Die Gesellschaft mit beschränkter Haftung
**	Die Genossenschaft
**	Unternehmensverbindungen